中国期货业协会联合研究计划
（第十四期）研究报告集

CHINA'S FUTURES INDUSTRY

RESEARCH ON INNOVATIONS AND RISK MANAGEMENT

中国期货业发展创新与风险管理研究⑫

中国期货业协会 ◎ 编

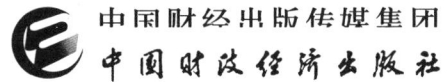

图书在版编目（CIP）数据

中国期货业发展创新与风险管理研究：中国期货业协会联合研究计划（第十四期）研究报告文集.12／中国期货业协会编.－－北京：中国财政经济出版社，2022.8

ISBN 978－7－5223－1483－9

Ⅰ.①中⋯　Ⅱ.①中⋯　Ⅲ.①期货市场－经济发展－研究－中国 ②期货市场－风险管理－研究－中国　Ⅳ.①F832.5

中国版本图书馆 CIP 数据核字（2022）第 101982 号

责任编辑：马真　等　　　　　责任校对：胡永立
封面设计：张利敏　　　　　　　责任印制：刘春年

中国期货业发展创新与风险管理研究 12
ZHONGGUO QIHUOYE FAZHAN CHUANGXIN YU FENGXIAN GUANLI YANJIU 12

中国财政经济出版社 出版

URL：http://www.cfeph.cn
E-mail：cfeph@cfeph.cn

（版权所有　翻印必究）

社址：北京市海淀区阜成路甲 28 号　邮政编码：100142
营销中心电话：010－88191522　编辑部电话：010－88190957
天猫网店：中国财政经济出版社旗舰店
网址：https://zgczjjcbs.tmall.com
北京时捷印刷有限公司印刷　各地新华书店经销
成品尺寸：185mm×260mm　16 开　44 印张　843 000 字
2022 年 9 月第 1 版　2022 年 9 月北京第 1 次印刷
定价：128.00 元
ISBN 978－7－5223－1483－9
（图书出现印装问题，本社负责调换，电话：010－88190548）
本社质量投诉电话：010－88190744
打击盗版举报热线：010－88191661　QQ：2242791300

编委会

编委会主任 洪 磊

编委会委员 张晓轩 陈东升 吴亚军 王颖 冉丽

执行主编 贾 燕

责任编辑 张陶陶 刘月鹏 贾昆鹏 时 锋

前　言

从 20 世纪 90 年代至今，我国期货市场已走过 30 年的发展历程，经历了培育、治理、规范、快速发展等阶段，高标准、高质量发展的势头逐步显现。2021 年，习近平总书记在浦东开发开放 30 周年庆祝大会上指出，要提升重要大宗商品的价格影响力，更好服务和引领实体经济发展，为期货市场建设提供了方向指引。2022 年 8 月 1 日起，《期货和衍生品法》正式施行，填补了金融法律体系中的期货领域空白，对于促进行业和市场高质量发展意义重大。

期货始于创新，而研究工作是市场创新发展的先行和基础。持续做好期货研究工作，为行业提供与时俱进的理论支撑和源源不竭的动能，是期货同仁推动市场创新发展的共识。

"中期协联合研究计划"自 2003 年开始已连续开展十三期，对行业理论研究起到了较为积极的推进作用。2021 年 5 月 7 日，中国期货业协会以"新发展格局下中国期货市场高质量发展"为主题，面向全社会发布中期协联合研究计划（第十四期）启动公告，组织和鼓励业内机构、大专院校、科研院所、实体企业等机构或单位围绕期货市场基础理论、期货市场服务实体经济及国家宏观发展战略、期货经营机构发展、金融科技应用、期货行业自律管理及行业生态优化五大研究方向开展课题研究。

本次联合研究计划得到了社会各界的积极响应，协会遵循公开、公平、公正的基本原则，经过形式审查、线上评审、线下评审，最终评选出 15 个获奖课题成果，并在公示后给予了经费资助。为扩大研究成果影响力，引导社会各界持续关注期货市场，协会现将第十四期联合研究计划部分获奖课题集结成册，以期对行业研究水平的提升起到推动作用，并促进理论成果更好地落地和转化。由于科研管理经验和行业研究水平所限，不足之处在所难免，请广大读者批评、斧正。

当前，我国期货市场发展正面临着严峻复杂的内外部环境，"道阻且长，行则将至；行而不辍，未来可期"。行业的持续发展需要理论研究与创新的有力支撑，中国期货业协会将以《期货和衍生品法》为依托，立足自律组织的法定权责，继续做好行业研究创新的组织、引导、宣传工作，推动研究成果惠及整个市场，凝聚大众共识，汇集各方合力，为期货行业的发展奉献更多、更新、更具建设性的建议，推动期货市场以三十而立为起点，持续奋进！

编委会
2022 年 9 月

目　　录

我国商品期货市场大交割的理论探究 　1

- 一、引言 …………………………………………………………………（ 2 ）
  - （一）选题背景和意义 …………………………………………（ 2 ）
  - （二）相关理论与文献综述 ……………………………………（ 2 ）
- 二、近年来国内期货市场交割量呈明显上涨态势 ……………………（ 4 ）
  - （一）全市场交割量均实现同比增长 …………………………（ 4 ）
  - （二）交割量增长的品种涵盖多个类型 ………………………（ 4 ）
  - （三）新品种交割量出现较大幅度增长 ………………………（ 5 ）
- 三、多角度分析下 PTA、铝、铜期货出现了大交割 …………………（ 6 ）
  - （一）从交割量和交割率来看，能源化工、有色金属等交割规模较大 …………………………………………………………（ 6 ）
  - （二）与现货市场规模相比，期货市场的交割量较小 ………（ 7 ）
  - （三）PTA、铝、铜期货出现大交割 …………………………（ 9 ）
- 四、大交割的出现没有引发传统观念上的风险事件 …………………（ 10 ）
  - （一）期现价格收敛较好 ………………………………………（ 10 ）
  - （二）品种持仓量在交割月附近明显下降 ……………………（ 11 ）
  - （三）交割月的仓单量能够满足交割需求 ……………………（ 12 ）
- 五、企业利用交割缓解经营风险是出现大交割的主要原因 …………（ 14 ）
  - （一）现货市场在大交割合约前后存在明显供需矛盾 ………（ 14 ）
  - （二）大交割多发生在现货贸易的"核心"区域 ……………（ 19 ）
  - （三）企业利用交割缓解经营风险是出现大交割的主要原因 ………（ 23 ）
- 六、期货交割方式与品种适配性不断提高，为大交割创造了有利条件 …………………………………………………………………（ 29 ）
  - （一）厂库仓单交割和车（船）板交割 ………………………（ 29 ）

（二）贸易商厂库、集团交割和厂库送货制 …………………………（30）
七、与国外同类成熟品种相比，国内品种交割量较小，交割率较高 ……（31）
　　（一）品种和指标的选取 …………………………………………………（31）
　　（二）原油期货不论是交割量还是交割率均大于其他国际品种 ……（32）
　　（三）国内外同类期货品种相比，国内品种交割量较小、交割率
　　　　　较大 ……………………………………………………………（34）
八、主要结论和建议 …………………………………………………………（37）
　　（一）主要结论 ……………………………………………………………（37）
　　（二）相关建议 ……………………………………………………………（39）
参考文献 ………………………………………………………………………（41）

大宗商品期货价格影响力评估指标体系研究　　　　　　　　53

一、导论 ………………………………………………………………………（54）
　　（一）研究背景 ……………………………………………………………（54）
　　（二）研究意义 ……………………………………………………………（56）
　　（三）研究目标 ……………………………………………………………（58）
　　（四）主要难点和创新点 …………………………………………………（58）
二、大宗商品期货价格影响力理论概述 ………………………………………（59）
　　（一）大宗商品价格形成与价格影响力内涵 ……………………………（59）
　　（二）大宗商品期货价格影响力的主要影响因素 ………………………（65）
　　（三）大宗商品价格影响力的形成特点与形成条件 ……………………（68）
三、以原油为例分析大宗商品价格影响力的典型特征 ………………………（70）
　　（一）全球原油定价 ………………………………………………………（71）
　　（二）原油期货价格影响力 ………………………………………………（71）
　　（三）小结 …………………………………………………………………（75）
四、大宗商品期货价格影响力评估指标体系构建 ……………………………（75）
　　（一）评估体系构建原则与评估框架 ……………………………………（75）
　　（二）评估指标体系 ………………………………………………………（77）
　　（三）评估方法 ……………………………………………………………（82）
五、上海期货交易所对外开放期货品种价格影响力现状评价 ……………（83）
　　（一）国内价格影响力评价 ………………………………………………（83）
　　（二）国际价格影响力评价 ………………………………………………（84）
　　（三）小结 …………………………………………………………………（85）
六、结论和展望 ………………………………………………………………（85）
参考文献 ………………………………………………………………………（87）

我国农产品期货主力及近月合约的动态价格发现能力研究　　91

一、引言 …………………………………………………………（92）
（一）研究背景与研究意义 ……………………………………（92）
（二）研究目标 …………………………………………………（94）
（三）研究内容与方法 …………………………………………（94）
（四）创新点与不足 ……………………………………………（97）

二、国内外的相关研究综述 ……………………………………（98）
（一）农产品期货合约流动性格局分布 ………………………（98）
（二）"159现象"的成因 ………………………………………（99）
（三）主力合约价格发现功能 …………………………………（100）

三、我国农产品期货合约的"159问题"与应对措施 …………（102）
（一）"159问题"的起源 ………………………………………（102）
（二）"159问题"的现状 ………………………………………（104）
（三）我国治理"159问题"的对策 ……………………………（106）
（四）"159问题"的政策效果与局限性 ………………………（110）

四、合约流动性格局与价格发现功能的关系分析 ……………（111）
（一）主力合约与近月合约价格发现水平的动态关系 ………（111）
（二）主力合约换月行为与价格发现功能的关系 ……………（115）
（三）做市商制度对主力合约价格发现功能的影响 …………（117）

五、结论与建议 …………………………………………………（120）
（一）主要结论 …………………………………………………（120）
（二）思考和建议 ………………………………………………（120）
（三）研究展望 …………………………………………………（121）

参考文献 …………………………………………………………（121）

我国农产品期货对金融资产组合的风险分散作用研究　　125

一、引言 …………………………………………………………（126）
（一）研究背景与研究意义 ……………………………………（126）
（二）研究目标与研究内容 ……………………………………（127）
（三）研究方法与技术路线图 …………………………………（128）
（四）研究的创新与不足 ………………………………………（130）

二、国内外相关研究综述 ………………………………………（131）
（一）商品期货与金融资产的关联性研究 ……………………（131）
（二）商品期货另类风险溢价因子研究进展 …………………（134）

（三）评述文献 …………………………………………………（136）
二、商品期货投资指数化与另类风险溢价投资 ……………………（136）
　　　（一）商品指数化投资 ……………………………………………（137）
　　　（二）国际商品期货另类风险溢价和风险分散效果 ……………（144）
　　　（三）小结 …………………………………………………………（147）
四、我国农产品期货交易现状与关联性分析 ………………………（148）
　　　（一）我国农产品期货交易现状分析 ……………………………（148）
　　　（二）国内外农产品期货关联性分析 ……………………………（157）
　　　（三）小结 …………………………………………………………（166）
五、我国农产品期货与国内金融资产的风险溢出效应 ……………（167）
　　　（一）研究方法与数据来源 ………………………………………（167）
　　　（二）农产品期货与金融期货的高阶距风险溢出效应 …………（171）
　　　（三）农产品期货与股指组合风险分散的效果分析 ……………（174）
　　　（四）小结 …………………………………………………………（178）
六、我国农产品期货对股市尾部风险的多样化收益 ………………（179）
　　　（一）研究方法与研究样本 ………………………………………（180）
　　　（二）极端风险溢出效应估计与分析 ……………………………（182）
　　　（三）商品期货的极端风险分散的多样化收益分析 ……………（187）
　　　（四）小结 …………………………………………………………（190）
七、我国农产品期货市场的另类风险溢价研究 ……………………（191）
　　　（一）我国商品期货市场另类风险溢价因子分析 ………………（191）
　　　（二）我国商品期货市场的时间序列动量分析 …………………（194）
　　　（三）我国农产品期货的另类风险溢价因子分析 ………………（198）
　　　（四）小结 …………………………………………………………（204）
八、结论与建议 ………………………………………………………（205）
　　　（一）主要结论 ……………………………………………………（205）
　　　（二）政策建议 ……………………………………………………（206）
　　　（三）未来展望 ……………………………………………………（206）
参考文献 …………………………………………………………………（207）

中国期货市场投资者行为因素及其对期货价格发现功能的影响　217

一、引言 ………………………………………………………………（218）
　　　（一）研究背景和研究目的 ………………………………………（218）
　　　（二）本课题的研究内容、研究方法 ……………………………（218）
　　　（三）课题的创新与特色之处 ……………………………………（219）

- 二、我国期货市场投资者过度自信的实证研究 …………………… (219)
  - （一）数据来源和研究方法 ………………………………… (220)
  - （二）实证结果与分析 ……………………………………… (221)
  - （三）结论分析 ……………………………………………… (223)
- 三、我国期货市场投资者处置效应的实证研究 …………………… (224)
  - （一）研究方法和数据的初步处理 ………………………… (224)
  - （二）实证过程与结果 ……………………………………… (225)
  - （三）结论分析 ……………………………………………… (228)
- 四、我国期货市场投资者锚定效应的实证研究 …………………… (228)
  - （一）数据来源和理论方法 ………………………………… (228)
  - （二）实证过程与结果 ……………………………………… (230)
  - （三）总结和建议 …………………………………………… (232)
- 五、期货投资者羊群行为对期货市场价格的波动性及有效性的影响 …… (233)
  - （一）期货市场交易者交易行为的理论分析 ……………… (233)
  - （二）期货市场交易的模拟仿真模型设计与校准 ………… (239)
  - （三）模仿交易、羊群行为及对期货市场影响的模拟仿真分析 …… (242)
  - （四）结论与启示 …………………………………………… (255)
- 六、课题总结 …………………………………………………………… (256)
- 参考文献 ……………………………………………………………… (257)

基于行为金融学的我国原油期货市场国际定价权及期权定价模型研究　265

- 一、引言 ……………………………………………………………… (266)
- 二、文献综述 …………………………………………………………… (267)
  - （一）心理关口 ……………………………………………… (267)
  - （二）信息传递与国际定价权 ……………………………… (268)
  - （三）BS 模型修正 …………………………………………… (269)
- 三、心理关口研究 ……………………………………………………… (270)
  - （一）价格频率检验 ………………………………………… (270)
  - （二）条件效应检验 ………………………………………… (274)
- 四、国际定价权与心理关口 …………………………………………… (278)
  - （一）研究方法 ……………………………………………… (278)
  - （二）国际定价权与心理关口实证研究 …………………… (281)
- 五、基于心理关口与涨跌停制度的期权修正模型 …………………… (289)
  - （一）模型设定 ……………………………………………… (289)
  - （二）修正后的期权定价模型 ……………………………… (292)

　　　　六、结论 …………………………………………………………………… (297)
　　参考文献 …………………………………………………………………………… (298)

基于期货市场看宏观经济的分析框架研究　　　　　　　　　　　　303

　　一、引言 ……………………………………………………………………… (304)
　　　　（一）研究背景 ………………………………………………………… (304)
　　　　（二）研究意义 ………………………………………………………… (304)
　　　　（三）研究综述 ………………………………………………………… (304)
　　　　（四）研究方法 ………………………………………………………… (306)
　　二、期货市场为观察宏观经济提供独特视角 …………………………… (307)
　　　　（一）期货市场相关功能的发挥 ……………………………………… (307)
　　　　（二）期货市场功能与宏观经济关联 ………………………………… (307)
　　　　（三）从期货市场看宏观经济的优劣势 ……………………………… (308)
　　三、基于期货市场看价格 ………………………………………………… (309)
　　　　（一）从易盛工业品指数观察 PPI …………………………………… (309)
　　　　（二）从 RJ/CRB 指数观察 PPI ……………………………………… (312)
　　　　（三）从板块指数观察 PPI …………………………………………… (313)
　　　　（四）从猪肉、原油期货价格观察 CPI ……………………………… (315)
　　　　（五）基于期货市场看价格的分析框架 ……………………………… (317)
　　四、基于期货市场看行业 ………………………………………………… (318)
　　　　（一）从期货价格看行业需求 ………………………………………… (318)
　　　　（二）从跨品种期货价格看行业利润 ………………………………… (324)
　　　　（三）从期货价格指数看上下游利润分配 …………………………… (328)
　　　　（四）基于期货市场看相关行业的分析框架 ………………………… (330)
　　五、基于期货市场看经济 ………………………………………………… (331)
　　　　（一）从品种比价看宏观经济的不同方面 …………………………… (332)
　　　　（二）从国债期货看货币供应量与利率 ……………………………… (335)
　　　　（三）基于期货市场看经济增长的分析框架 ………………………… (337)
　　六、对我国期货市场的启示与建议 ……………………………………… (338)
　　参考文献 …………………………………………………………………… (339)
　　附录 A：从期货价格能够观察 PPI 而不能观察 CPI …………………… (340)
　　附录 B：有关线性回归的实证分析——以易盛工业品指数对 PPI 同比影响
　　　　　　为例 ……………………………………………………………… (345)
　　　　B.1　研究方法、指标选取及数据说明 ………………………………… (345)
　　　　B.2　单位根检验 ………………………………………………………… (345)

B.3 Granger 因果关系检验 ……………………………………………… (346)

B.4 建立线性回归方程 ……………………………………………… (346)

附录 C：黑色、能化、有色指数对 PPI 贡献率的实证分析 ……………… (347)

C.1 研究方法、指标选取及数据说明 ……………………………… (347)

C.2 利用 VAR 模型进方差分解分析 ……………………………… (347)

附录 D：国债期货价格对宏观指标影响的实证分析——以国债期货价格对 7 天银行间质押式回购加权利率影响为例 …………………… (348)

D.1 研究方法、指标选取及数据说明 ……………………………… (348)

D.2 单位根检验 ……………………………………………………… (349)

D.3 Granger 因果关系检验 ………………………………………… (349)

D.4 利用 VAR 模型进行脉冲响应分析 …………………………… (350)

商业银行参与衍生品市场的路径方式研究　　　　353

一、商业银行参与衍生品的路径方式研究 ………………………………… (354)

（一）全球视角下商业银行参与衍生品的现状与特征 ……………… (354)

（二）商业银行参与衍生品市场的影响因素及内在逻辑 …………… (356)

（三）我国商业银行参与衍生品的业务类型及特点 ………………… (364)

（四）商业银行参与衍生品市场的组织形式和实现方式 …………… (370)

（五）研究结论与推进商业银行参与衍生品的路径方式 …………… (371)

二、美国商业银行的衍生品交易业务研究 ………………………………… (374)

（一）美国商业银行参与衍生品业务总体情况 ……………………… (375)

（二）美国商业银行参与衍生品业务特征与功能 …………………… (379)

（三）美国商业银行参与衍生品相关监管改革与规范 ……………… (384)

（四）结论与建议 ………………………………………………………… (392)

三、德国商业银行衍生品业务及监管研究 ………………………………… (394)

（一）德国商业银行开展衍生品业务的背景 ………………………… (395)

（二）德国商业银行衍生品交易业务的类型 ………………………… (396)

（三）德国商业银行衍生品业务总体特点 …………………………… (399)

（四）针对德国商业银行参与衍生品业务的监管 …………………… (403)

（五）对推进我国商业银行参与衍生品业务的启示 ………………… (405)

四、英国商业银行参与衍生品市场交易业务及监管 ……………………… (406)

（一）英国商业银行衍生品交易业务的现状与特征 ………………… (406)

（二）英国商业银行参与衍生品交易的监管演变 …………………… (412)

（三）研究结论及对推进我国商业银行参与衍生品业务的启示 …… (417)

参考文献 ……………………………………………………………………… (418)

期货市场服务上市公司风险管理作用评价　421

一、引言 (422)
二、现状分析 (423)
　（一）中国期货市场的发展现状 (423)
　（二）中国上市公司参与期货市场的现状 (424)
三、理论机制与实证分析 (433)
　（一）文献归纳与评述 (433)
　（二）理论机制分析 (435)
　（三）计量模型的实证分析 (438)
四、综合评价与政策建议 (454)
参考文献 (456)
附录 A (458)
附录 B (460)

G20 场外衍生品监管改革国际实践对我国的启示与建议　471

一、引言 (472)
二、G20 全球场外衍生品市场监管改革倡议 (472)
　（一）改革的背景、宗旨与措施 (472)
　（二）改革承诺与改革宗旨的关系 (473)
　（三）实施机制 (475)
三、全球场外衍生品监管改革的总体进展 (475)
　（一）从理论和实践看，改革承诺的导向与部分现实情况还有待融合 (475)
　（二）五大改革承诺进展不一 (476)
　（三）不同产品大类的改革进展不一 (477)
　（四）不同国家改革进展不同 (478)
　（五）总体效果和存在问题 (479)
四、各类场外金融衍生品市场发展情况和改革进展 (481)
　（一）各类场外衍生品规模占比情况 (481)
　（二）各类场外衍生品 CCP 清算的占比情况 (482)
　（三）各类场外衍生品纳入平台交易的情况 (484)
　（四）各类场外衍生品交易纳入交易报告库的情况 (486)
　（五）场外衍生品资本金监管改革情况 (487)
　（六）场外衍生品保证金监管改革情况 (488)

          （七）小结与启示 …………………………………………………… （489）
    五、我国证券期货场外金融衍生品市场发展监管情况与比较 …………… （491）
          （一）市场发展情况与监管现状 …………………………………… （492）
          （二）与G20改革承诺和全球落实进展的比较 ………………… （499）
          （三）与海外成熟市场的比较 ……………………………………… （502）
          （四）与银行间场外衍生品市场和监管的比较和不足 …………… （504）
    六、我国证券期货场外金融衍生品市场监管改革建议 …………………… （507）
          （一）借鉴国际经验，完善证券期货场外金融衍生品市场顶层设计
                  ………………………………………………………………… （507）
          （二）完善法律法规，加强监管协调以及监管标准的统一性 …… （510）
          （三）加快补短板进度，促进市场基础设施建设和完善 ………… （511）
          （四）发挥交易商和交易场所的协同作用，促进场内外衍生品的
                  融合发展 …………………………………………………… （512）
          （五）进一步完善监管改革方案的评估和分析框架，建立监管规则
                  特别是自律监管规则的动态完善机制 …………………… （513）
    参考文献 ……………………………………………………………………… （513）
    附件1：交易报告库改革的参考数据与资料 ……………………………… （514）
    附件2：平台交易改革的参考数据与资料 ………………………………… （515）
    附件3：CCP清算改革的参考数据与资料 ………………………………… （516）
    附件4：保证金监管改革的参考数据与资料 ……………………………… （518）
    附件5：资本金监管改革的参考数据与资料 ……………………………… （519）

商品指数化投资在财富管理中的作用研究　　　　　　　　　　　　**523**

    一、绪论 …………………………………………………………………… （524）
          （一）课题背景与研究意义 ………………………………………… （524）
          （二）国内外文献综述 ……………………………………………… （525）
          （三）研究内容及结构安排 ………………………………………… （527）
          （四）研究方法与技术路线 ………………………………………… （528）
    二、商品指数的发展状况 ………………………………………………… （529）
          （一）国际商品指数的发展概述 …………………………………… （529）
          （二）国内商品指数的发展状况总结 ……………………………… （531）
          （三）商品指数的评价体系 ………………………………………… （532）
          （四）商品指数与其他金融产品的相关性研究 …………………… （533）
          （五）商品指数在ESG领域的发展 ………………………………… （536）
    三、国内商品指数产品发展及其在财富管理中的作用 …………………… （537）

（一）国外商品指数产品化发展路线 …………………………………（537）
　　（二）国内商品指数产品化发展现状 …………………………………（539）
　　（三）国内商品指数产品调研成果及存在的问题总结 ………………（544）
　　（四）商品指数化产品调研总结 ………………………………………（547）
四、商品指数期货发展探索及其在财富管理中的作用 …………………（548）
　　（一）上市商品指数期货的可行性和必要性 …………………………（548）
　　（二）商品指数开发期货产品的可行性研究 …………………………（549）
　　（三）商品指数期货产品板块组成分析和设计思路建议 ……………（550）
　　（四）商品指数期货投资在财富管理中的作用 ………………………（555）
五、研究展望 ………………………………………………………………（558）
　　（一）重视投资者对商品指数的需求 …………………………………（558）
　　（二）保持商品指数编制的灵活性 ……………………………………（559）
参考文献 ……………………………………………………………………（560）

高分辨率卫星对地观测数据对原油价格发现和预测的应用研究报告　563

一、引言 ……………………………………………………………………（564）
二、市场信息发布对原油价格形成的作用 ………………………………（565）
　　（一）不同价格波动率下库存对油价的影响——以 WTI 和美国原油
　　　　　库存为例 ………………………………………………………（567）
　　（二）库存信息发布对油价的短期影响——以 EIA 库存信息发布为例
　　　　　 ……………………………………………………………………（570）
　　（三）库存的跨市场影响——以美国原油库存与中国原油库存互相
　　　　　影响为例 ………………………………………………………（575）
　　（四）发布全球原油库存数据的重要性 ………………………………（576）
三、卫星观测全球原油库存数据集的构建 ………………………………（578）
　　（一）卫星观测区域的选择 ……………………………………………（578）
　　（二）以合成孔径雷达（SAR）卫星为核心的观测系统设计 ………（580）
　　（三）原油库存观测原理及自动化监测算法 …………………………（582）
　　（四）基于齐鲁一号、齐鲁四号和佛山一号卫星的观测成果 ………（594）
　　（五）下一步卫星计划 …………………………………………………（596）
四、基于原油库存数据的价格发现模型初步研究 ………………………（596）
　　（一）中科星睿对库欣地区库存的长期观测 …………………………（596）
　　（二）卫星库存观测与原油价格的相关性分析 ………………………（601）
　　（三）WTI Signals：基于机器学习模型的价格发现因子 ……………（609）
　　（四）逐罐库存观测可能产生的信息增量 ……………………………（614）

五、宏观经济指标的卫星观测 (625)
  (一) 宏观经济对原油价格的影响机制 (625)
  (二) 卫星实时观测宏观经济的原理 (626)
  (三) 实证结果 (634)
六、卫星观测金融大数据分析平台设计 (636)
  (一) 卫星观测金融大数据分析平台——卫星数据与金融应用的桥梁 (637)
  (二) 原油产业链信息的卫星观测与系统整合 (640)
  (三) 柔性的数据分析平台 (644)
七、结论 (644)
参考文献 (645)

大数据与人工智能助力农业金融稳定——大宗农产品衍生品定价研究　649

一、引言 (650)
  (一) 研究背景及意义 (650)
  (二) 文献综述 (651)
  (三) 研究方法、研究目标及创新点 (652)
二、模型及系统方法论 (654)
  (一) 基于XGBoost的波动率预测模型 (654)
  (二) 期权定价模型 (656)
  (三) 期权定价及对冲支持系统 (658)
三、期权定价和管理系统应用 (664)
  (一) "保险＋期货" 实际案例操作流程 (664)
  (二) 案例操作中实际波动率（RV）预测效果 (664)
四、推广应用 (665)
参考文献 (665)
附录：论文成果 (666)
参考文献 (679)

中期协联合研究计划（第十四期）项目

我国商品期货市场大交割的理论探究

课题负责单位：郑州交易所期货及衍生品研究所有限公司
课题研究编号：202131010
课题负责人：韦钰涛
课题组成员：陈海龙　陈玫茜　杨　洁　田子奇　原　楠

一、引言

（一）选题背景和意义

交割是指期货合约的买卖双方于合约到期时，根据期货交易所制定的规则和程序，通过期货合约标的物所有权转移，将到期未平仓合约进行了结的行为。交割业务的发展和创新在我国期货市场历史中有着重要地位。

与国外期货市场的发展历程不同，20世纪90年代，我国期货市场建立之初，现货市场的基础尚不稳固，标准化和规范化发展不足，现货商品进入期货市场交割难免会带来一定问题。再加上当时以美国等成熟期货市场经验为标准，认为交割率越低，期货市场成熟度越高，所以在期货市场发展初期，交割制度漏洞多，部分交易所还设置各种条款避免交割，导致交割风险事件时有发生，交割月的风险防范任务十分艰巨。历史上著名的期货风险（逼仓）事件也多发于这个时期，如1996年苏州商品交易所红小豆风险事件、1997年海南中商联合期货交易所橡胶R708事件等，均是投机资金抓住了风控和交割制度漏洞所引发的。

期货市场频发的风险事件虽然产生了不良的舆论影响，但也推动和促进了各方对期货市场的进一步研究。随着研究的深入，学者和从业人员逐步加深了对期货市场运行规律的认识，确立了"交割是期现价格趋合的制度保证，期货市场不鼓励交割，但绝不限制交割"的理念。1996年中国证监会发布《关于加强期货交易实物交割环节管理的通知》，规定对实物交割实行总量控制的交易所，自无持仓合约月份或新推出合约月份起，一律取消对实物交割进行总量控制的有关规定。自此，国内期货市场不再限制交割。

实物交割是联系商品期货市场和现货市场的重要桥梁和纽带，是商品期货市场发挥功能所必需的制度保证，交割是否顺畅直接影响着期货市场服务实体经济功能的发挥。近年来，国内部分品种出现"大交割"现象，一方面体现了期货服务实体经济的功能作用，另一方面也需要进一步深入研究这些现象是否正常，出现这些现象背后的原因，以及对这一现象的可持续性进行判断，从而为我国期货市场进一步实现高质量发展提供参考和指引。

（二）相关理论与文献综述

1. 零交割观点

1977年，希隆尼（Hierongmus）在《为了商业利益和个人利益而进行交易的期货经济学》一书中提出"零交割"观点。他认为：正常运行的市场几乎不进行交割，达成期货合约并不是为了交换所有权，存在大量交割的市场是失败的。因为大量交割的存在，说明合约数量失衡，这种失衡对多头或空头有利。期货市场作为虚拟经济，有别于实体经济，期货合约不应成为实物交易的媒介，期货市场也不应当成为标的商品的货源渠道，经常发生实物交割的期货市场并不是一个良好的套期保值市场。

2. 限制交割观点

相对于零交割，理论界曾经提出过限制交割观点。持此观点者认为，期货市场参与者主要分为三类：投机者、套保者、套利者。由于投机者承担了套保和套利者转移的风险，为市场提供了流动性，因此，该理论主张通过限制交割来增加投机者的数量，促进期货市场发展。

3. 无限制交割观点

目前，期货理论界主流观点认为期货交割不应当加以限制。如马歇尔、凯恩斯、萨缪尔森、希克斯、沃金等，他们虽没有明确提出无限制交割的观点，但均很重视交割的作用，而且不主张人为干预交割。如凯恩斯的交割延期费理论，从套期保值的角度阐述了交割在期货交易中的重要性，期货市场如果没有商品交割功能，套期保值就不可能实现。实物交割量的大小，应取决于市场内在的力量平衡，而不应人为加以限制。

安妮·派克等在《期货交割》一书中，利用芝加哥期货交易所24年的数据，通过对小麦、玉米、大豆期货交易和其他市场的分析，说明期货交割对商品期货市场的发展具有举足轻重的作用，交割管理要不断发展完善，才能适应现货市场和期货市场的不断变化和投资者的需要。但该书同时也提出，期货交割制度是为了保证期现货价格在交割月份聚合，而不是要成为标的商品的货源渠道，后者是现货市场的功能。1953年，沃金（H. Working）在其重要著作《套期保值市场上的投机》一书中提出了基差套期保值理论。他认为，套期保值也是投机的一种形式，不同点在于套期保值不是直接对价格投机，而是对基差投机。他认为套期保值者，是为了消除基差风险或致力于从基差变动中获得收益的投机套期保值者，他们不一定进行数量相等、方向相反的操作，而会对套期保值的品种、合约的月份以及商品的交易方向和持仓量进行积极的选择和调整。2002年，我国学者杨玉川等在其《现代期货期权创新与风险管理》一书中也认为，基差逐利型套期保值者因为主要关注基差变动，所以当基差形势有利于其套期保值操作时，实物交割往往是其最后了结交易的方式。因此，无限制的交割制度，不仅可以促进基差收敛，而且能够抑制过度投机行为。2009 年,霍瑞戎在其著作《现货市场对期货交割的影响分析》中指出,在我国期货市场中,大部分套期保值者属于基差逐利型套期保值者,标准套期保值者(方向相反、数量相等)数量少。因此,只要存在交割利润大于对冲平仓利润(或交割损失小于对冲平仓的损失)的情况,基差逐利型套期保值者便会选择实物交割。

二、近年来国内期货市场交割量呈明显上涨态势

(一) 全市场交割量均实现同比增长

2021 年上半年国内商品期货总交割量 110.58 万手,较 2020 年上半年的 93.88 万手同比增长 17.79%;上海期货交易所(以下简称上期所)、郑州商品交易所(以下简称郑商所)、大连商品交易所(以下简称大商所)交割量分别同比增长 15.44%、0.39%、59.97%。2020 年国内商品期货总交割量 180 万手,较 2019 年的 126.45 万手,同比增长 42.35%。此外,从交割金额来看,2020 年国内商品期货总交割金额 0.13 万亿元,较 2019 年的 0.09 万亿元,同比增长 44.44%。其中,上期所、郑商所分别同比增长 42.86%、100%(见表 1)。

表 1　　2019—2021 年上半年各期货交易所交割量及交割金额统计

交易所	交割量(万手)				交割金额(万亿元)	
	2021 年上半年	2020 年上半年	2020 年	2019 年	2020 年	2019 年
上期所	55.19	47.81	92.06	60.74	0.10	0.07
郑商所	30.85	30.73	57.66	30.76	0.02	0.01
大商所	24.54	15.34	30.28	34.95	0.01	0.01
合计	110.58	93.88	180.00	126.45	0.13	0.09

资料来源:上期所、郑商所、大商所。

(二) 交割量增长的品种涵盖多个类型

通过对国内 3 家商品期货交易所共 49 个活跃品种各年份交割量进行统计,2018—2021 年上半年,交割量出现增长的品种基本涵盖各个类型。

一是 2021 年上半年交割量已经超过近 3 年(2018—2020 年)均值的品种共有 15 个[1],占全市场比例为 31.25%。其中,有色金属和贵金属类 3 个,分别是铅、锡、白银;能化类 4 个,分别是石油沥青、纸浆、聚氯乙烯、聚乙烯;黑色系 4 个,分别是热轧卷板、锰硅、焦煤、焦炭;农产品 4 个,分别是菜粕、红枣、玉米淀粉、

---

[1] 不锈钢、纯碱、尿素、液化石油气均为 2018 年以后上市,不包括在统计范围内。

鸡蛋。

二是2020年的交割量较2019年呈现同比增长的品种共有26个，占全市场比例为53.06%。其中，有色金属和贵金属类6个，分别是铜、铅、锡、镍、白银、黄金；能化类8个，分别是原油、燃料油、石油沥青、纸浆、动力煤、PTA、甲醇、聚乙烯；黑色系5个，分别是热轧卷板、锰硅、硅铁、焦煤、铁矿石；农产品6个，分别是棉花、菜粕、红枣、豆粕、玉米淀粉、鸡蛋；建材类1个，玻璃。

三是2019年和2020年交割量均实现同比增长的品种共有11个，占全市场比例为22.45%。其中，有色金属和贵金属类3个，分别是铅、镍、白银；能化类3个，分别是原油、甲醇、聚乙烯；黑色系2个，分别是热轧卷板、硅铁；农产品3个，分别是棉花、玉米淀粉、鸡蛋。

（三）新品种交割量出现较大幅度增长

近年来，我国商品期货市场新品种上市步伐明显加快，自2019年至今，已累计上市新品种13个。其中郑商所5个，包括红枣、尿素、纯碱、短纤和花生；上期所4个，包括20号胶、不锈钢、低硫燃料油和国际铜；大商所4个，包括粳米、苯乙烯、液化石油气和生猪。截至2021年上半年，上述13个新品种，有11个品种进行了实物交割（见表2）。

2019—2021年上半年，上期所、郑商所、大商所新品种总交割量分别为67.24万吨、73.68万吨、44.14万吨。近3年来，不锈钢、纯碱、液化石油气分别是3家交易所各自交割量最大的新品种，其中纯碱是全市场所有新品种中交割量最大的，上市两年总交割量达到52.7万吨。

2021年上半年，3家商品期货交易所新品种的交割量，已经超过2020年全年。郑商所、上期所、大商所新品种2021年上半年交割量分别是2020年全年的1.2倍、3.6倍、1.4倍。

表2　　　　　　　2019年以来新上市品种交割量统计　　　　　单位：万吨

	品种	交割量		
		2019年	2020年	2021年
上期所	20号胶	—	11.57	3.40
	不锈钢	—	3.08	22.39
	低硫燃料油	—	0	21.11
	国际铜（BC）	—	—	5.69
	合计	—	14.65	52.59

续表

	品种	交割量		
		2019年	2020年	2021年
郑商所	红枣	0.05	0.38	0.38
	尿素	—	7.70	10.00
	纯碱	—	25.40	27.30
	短纤	—	—	2.47
	花生	—	—	—
	合计	0.05	33.48	40.15
大商所	粳米	—	1.37	3.0
	苯乙烯	—	9.11	7.05
	液化石油气	—	8.30	15.31
	生猪	—	—	—
	合计		18.78	25.36

注：2021年数据截至6月末。

资料来源：上期所、郑商所、大商所。

三、多角度分析下PTA、铝、铜期货出现了大交割

根据《证券期货业统计指标标准指引》，目前行业内衡量交割规模的指标主要是交割量和交割率。在当前期现货市场融合度越来越高的背景下，如果仅用这两个指标测算期货品种的交割规模，可能较为片面。所以本部分在分析中，加入了"交割量与现货市场表观消费量之比"这一指标，以更客观地观察各品种的交割规模。

（一）从交割量和交割率来看，能源化工、有色金属等交割规模较大

1. 从实际交割量来看，原油和动力煤领先全市场

2018—2021年上半年，经过对国内期货市场活跃品种（共49个）的交割量进行统计后发现：一是原油和动力煤实际交割量远大于其他品种，统计期内两品种累计交割量分别达到1749.6万吨、1462.2万吨，这两个品种的交割量是全市场超过千万吨级的品种；二是统计期内全市场活跃品种，累计交割量均值为136.78万吨、中位数为59.1万吨，其中累计交割量超过均值的品种包括原油、动力煤、玉米、PTA、铝、铜、热轧卷板、豆油；三是能化类、有色类、部分农产品交割量相对靠前，从上期所、郑商所、大商所各自交割量排名前3的品种来看，上期所的原油、铝、铜，统计期内累计交割量分别达到1749.6万吨、338万吨、161.8万吨；郑商

所的动力煤、PTA、棉花，累计交割量分别达到1462.2万吨、345.8万吨、119万吨；大商所的玉米、豆油、焦煤，累计交割量分别达到468.1万吨、138.5万吨、106.2万吨（见图1）。

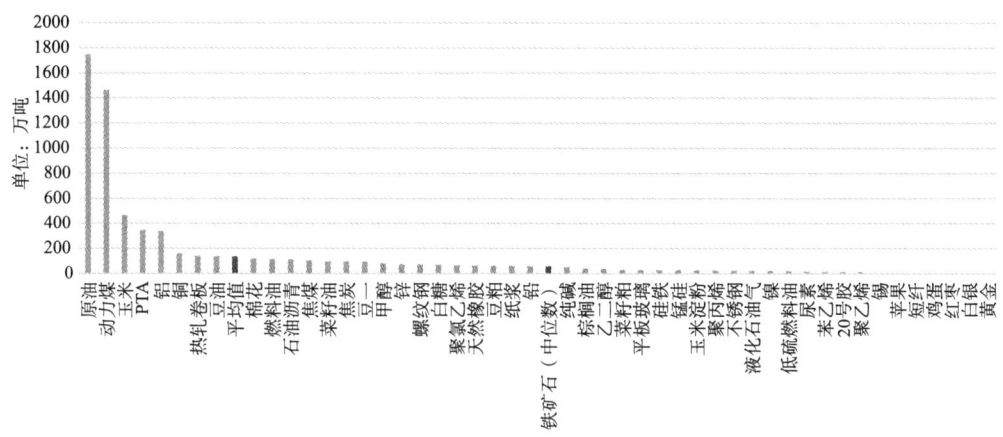

图1 2018—2021年上半年我国商品期货市场活跃品种累计交割量统计

注：原油合约单位为1000桶/手，图中按照7.3桶＝1吨进行折算。

资料来源：上期所、郑商所、大商所。

2. 从交割率来看，有色金属类品种相对较高

从交割率[①]来看，针对我国期货市场交割量较大的品种，计算各品种自1801合约至2106合约的交割率情况（结果见附表2）。通过分析各品种2018—2021年上半年期间主力合约的平均交割率[②]，结果显示只有铝期货1个品种的平均交割率超过10%；铝、原油、铅、铜、黄大豆一号5个品种的平均交割率超过5%；超过六成品种主力合约平均交割率不足3%，其中8个品种集中在2%—3%区间，12个品种不足2%。从整体来看，有色金属类品种交割率较高，全部在3%以上，其余类型品种交割率大小分布没有明显的规律。

（二）与现货市场规模相比，期货市场的交割量较小

为衡量各品种交割量与现货市场规模间的大小，本报告引入现货消费量指标，依据"年度交割量/现货表观消费量"计算各品种年度交割量占现货市场的规模（见表3）。结果显示，该指标最高不超过8%，最低低至0.1%，期货交割量远不及现货市场规模。原油、动力煤这两个近年来实际交割量最大的品种，交割量在现货

---

① 合约交割量/合约期内单边日度最大持仓量。
② 由于各品种非主力合约交割率偏差较大、离散程度较高，为呈现一般规律，此处选择各品种主力合约计算均值进行比较。

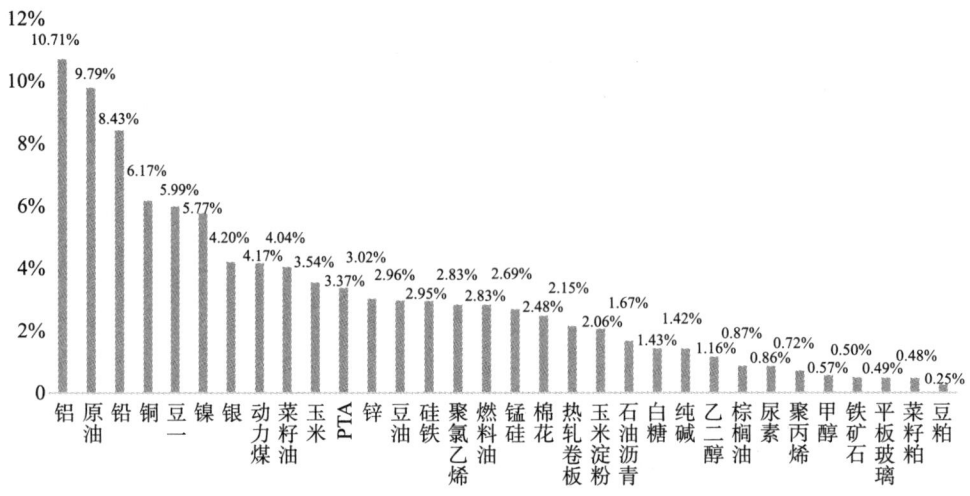

图 2　各主要商品品种近 3 年主力合约平均交割率

资料来源：上期所、郑商所、大商所。

市场中所占规模近 3 年平均占比分别仅为 0.72%、0.14%，且低于大部分期货品种。有色和贵金属中，铅、铝、铜、锌、镍、白银的交割量在现货市场中所占规模普遍较高，近 3 年平均占比均超过 2%，镍和白银的平均占比超过 5%，分别达 7.56% 和 6.33%；农产品中，棉花、菜籽油、豆油、棕榈油 4 个品种年度交割量平均占比较高，均高于 2%；能化类品种中，乙二醇和 PTA 这两个聚酯原料品种近 3 年交割量在现货流通中的占比最高，分别达 1.93% 和 1.90%。此外，共有 19 个品种 2020 年交割量占现货市场规模较 2019 年呈现增长（见图 3）。

表 3　各主要商品品种近 3 年交割量占现货市场规模情况

交易所	品种	表观消费量（万吨）			交割量/表观消费量（%）			
		2018 年	2019 年	2020 年	2018 年	2019 年	2020 年	均值
上期所	热轧卷板	8093	8525	9123	0.3	0.3	0.4	0.34
	石油沥青	3874	4793	5924	0.4	0.3	0.8	0.51
	原油	65288	69828	75192	0.1	0.4	1.7	0.72
	燃料油	3597	3596	4186	—	0.5	1.7	1.11
	铅	452	522	563	2.5	2.8	2.8	2.69
	铝	3661	3587	3744	4.1	2.6	1.8	2.86
	铜	1142	1166	1343	4.4	3.3	3.5	3.74
	锌	545	585	598	2.5	4.8	4.0	3.77
	白银（吨）	24377	19922	18447	2.0	3.3	13.7	6.33
	镍	85	105	89	4.6	6.5	11.6	7.56

续表

交易所	品种	表观消费量（万吨）			交割量/表观消费量（%）			
		2018年	2019年	2020年	2018年	2019年	2020年	均值
郑商所	尿素	4778	4711	6047	—	—	0.1	0.13
	动力煤	307900	310600	313200	0.1	0.1	0.2	0.14
	甲醇	6802	7767	8352	0.1	0.3	0.5	0.31
	锰硅	876	1042	1020	0.5	0.3	1.1	0.63
	菜籽粕	1116	1105	1134	1.2	0.3	0.5	0.68
	纯碱	2474	2679	2657	—	—	1.0	0.96
	白糖	1464	1465	1541	2.9	0.5	0.4	1.25
	硅铁	479	527	512	0.7	0.8	3.5	1.66
	平板玻璃	504	503	502	2.0	0.6	2.6	1.75
	PTA	4084	4524	4925	1.6	1.4	2.7	1.90
	菜籽油	793	798	859	4.7	5.4	0.9	3.69
	棉花	802	749	904	3.4	3.8	5.5	4.20
大商所	铁矿石	173407	180923	192636	0.1	0.1	0.1	0.09
	聚丙烯	2042	2228	2582	0.1	0.2	0.1	0.15
	玉米淀粉	2815	3097	3314	0.2	0.2	0.2	0.22
	豆一	10376	10554	11791	0.4	0.3	0.1	0.25
	豆粕	6972	7407	7590	0.3	0.2	0.3	0.25
	聚氯乙烯	1874	2011	2074	0.2	0.4	0.3	0.30
	玉米	24595	24106	23897	0.4	0.6	0.5	0.51
	乙二醇	669	815	970	—	2.2	1.7	1.93
	棕榈油	358	561	466	2.0	2.9	2.2	2.39
	豆油	1579	1722	1815	3.2	3.5	1.1	2.62

资料来源：国家统计局、海关总署、Wind、USDA、隆众资讯、钢联数据、卓创资讯、产业信息网、相关行业协会。

（三）PTA、铝、铜期货出现大交割

从交割量来看，2018—2021年上半年累计交割量在全市场均值以上的品种包括：原油、动力煤、玉米、PTA、铝、铜、热轧卷板、豆油；从交割率来看，2018—2020年，主力合约平均交割率高于均值（3%）的品种包括：铝、原油、铅、铜、豆一、镍、银、动力煤、菜籽油、玉米、PTA、锌；从交割量与现货市场规模的比值来看，2018—2020年交割量与现货表观消费量的值大于均值（1.76%）的品种包括：镍、银、棉花、锌、铜、菜籽油、铝、铅、豆油、棕榈油、乙二醇、PTA。

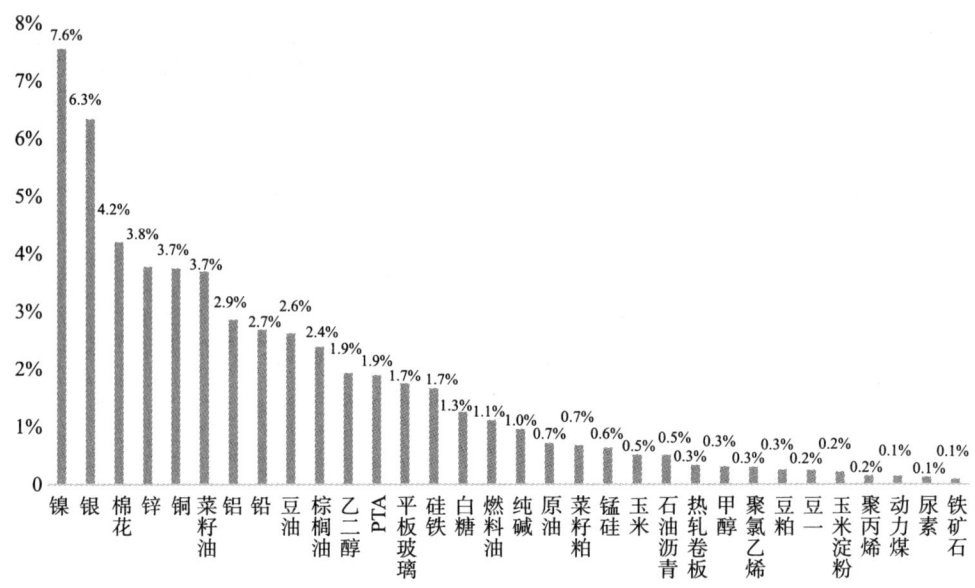

图3　主要商品品种近3年交割量在现货市场中平均规模占比

资料来源：Wind。

根据这一分析结果，我们认为近年来PTA、铝、铜出现了大交割。主要依据是这3个品种的交割量、交割率、交割量占现货市场规模等指标，在全市场中的排名均较为靠前。但对于铅、镍、白银、菜籽油、锌这5个交割量和交割率较高的品种，以及原油、动力煤、玉米、豆一这4个交割量或交割率突出的品种，我们认为依然具有进一步研究的价值，所以在下文的分析中会继续研究。

四、大交割的出现没有引发传统观念上的风险事件

为分析出现"大交割"的品种合约是否会存在风险隐患（如逼仓等），本部分根据上面的分析结果，从PTA等12个品种中，选取2018—2021年上半年，各品种交割量最大的合约进行进一步分析。

（一）期现价格收敛较好

从原油2008、动力煤2005、PTA2005、铝1805、铜2003、锌1906、铅2106、镍1911、白银2012、玉米2005、菜籽油1809、豆一1805这12个出现大交割的合约，在交割月及交割月前一个月的期现价格关系来看（见表4），期货价格围绕现货价格小幅波动，期货合约到期后期现价格收敛情况较好。上述12个合约，在交割月前一个月至最后交易日，基差率均值分别为−1.5%、−0.3%、−2.6%、−0.14%、−0.14%、2.7%、0.48%、−0.2%、−0.26%、1%、0.48%、0.51%；最后交易

日基差率分别为 1.4%、-0.9%、-2.6%、0.07%、0.4%、1.8%、0.7%、2.1%、-0.18%、3%、0.5%、2.7%。对比我国期货市场功能评估的有关标准（最优0.2%、最劣20%），出现大交割的合约期现价差率处于正常水平。

表4　　　　　　　　　出现大交割的合约期现基差率情况

合约	最后交易日基差率（%）	交割月前一个月至最后交易日		
		基差率均值（%）	基差率最大值（%）	基差率最小值（%）
原油2008	1.4	-1.5	4.2	-7.7
动力煤2005	-0.9	-0.3	3.4	-4.3
PTA2005	-2.6	-2.6	-1.4	-3.6
铝1805	0.07	-0.14	0.9	-0.95
铜2003	0.4	-0.14	0.37	-0.5
锌1906	1.8	2.7	3.7	1.7
铅2106	0.7	0.48	0.96	-0.1
镍1911	2.1	-0.2	0.59	-2.1
白银2012	-0.18	-0.26	0.7	-1.73
玉米2005	3	1	3	-3
菜油1809	0.5	0.48	2.1	-0.6
豆一1805	2.7	1.7	3.15	-2.58

资料来源：Wind。

（二）品种持仓量在交割月附近明显下降

从上述12个出现大交割的合约在交割月前一个月的首个交易日至最后交易日的日均持仓量来看，其占本合约上市期间最大持仓量的比值，分别约为49%、12%、16%、39%、37%、41%、49%、19%、31%、8%、18%、13%（见表5）。非农产品中，原油和铅在交割月附近持仓量相对较高；农产品在交割月附近的持仓量明显下降。

表5　　　　　　　　　大交割品种交割月附近持仓量情况

合约	合约上市期间的最大持仓量（手）	交割月前一个月首个交易日至最后交易日的日均持仓量（手）	交割月附近日均持仓量/最大持仓量（%）	最大持仓量出现的时间
原油2008	54343	26621	48.99	2020-06-19
动力煤2005	298940	36835	12.32	2019-12-24
PTA2005	1547586	244708	15.81	2019-12-30
铝1805	405582	158025	38.96	2018-03-13

续表

合约	合约上市期间的最大持仓量（手）	交割月前一个月首个交易日至最后交易日的日均持仓量（手）	交割月附近日均持仓量/最大持仓量（%）	最大持仓量出现的时间
铜2003	210762	77306	36.68	2019-12-31
锌1906	301468	122970	40.79	2019-04-24
铅2106	55340	27202	49.15	2021-05-07
镍1911	467714	88926	19.01	2019-08-30
白银2012	638981	197202	30.86	2020-08-05
玉米2005	1456516	121406	8.34	2019-12-26
菜油1809	501942	92713	18.47	2018-05-31
豆一1805	321302	41221	12.83	2018-02-01

资料来源：Wind。

（三）交割月的仓单量能够满足交割需求

从上述11个出现大交割合约（动力煤除外[①]）的最终交割量与交割月前一个月首个交易日至最后交易日的最大仓单量的比值来看（见表6），非农产品中，原油、PTA、铝、铜、锌、铅、镍、白银分别约为31%、30%、20%、46%、79%、36%、49%、28%；实际发生交割的数量均不及已注册仓单的最大值。在农产品中，豆一、菜油、玉米的比值分别为59%、82%、75%，相较于工业品，农产品交割量与仓单量的比例略高。对于锌（1906）、豆一（1805）、菜油（1809）和玉米（2005），期货仓单大量生成均集中在交割月，上述4个品种交割月最大仓单量（截至最后交易日）分别为6.97万吨、26.21万吨、29.17万吨、75.13万吨，分别是交割量的1.27倍、1.68倍、1.23倍、1.33倍，交割月的仓单量能够满足交割需要。

表6　　　　　　　大交割品种交割量与仓单注册量对比

品种	合约	交割量	交割月前一个月至最后交易日间最大仓单量	交割量/最大仓单量（%）	当年最大仓单量
原油	2008	1385.9万桶	4529万桶	30.60	4529万桶（2020年7月）原油期货上市以来最大仓单量
PTA	2005	34.88万吨	118万吨	29.56	168.23万吨（2020年12月）
铝	1805	17.94万吨	87.96万吨	20.40	87.96万吨（2020年7月）铝期货上市以来最大仓单量

---

① 动力煤为车船板交割，不生成期货标准仓单。

续表

品种	合约	交割量	交割月前一个月至最后交易日间最大仓单量	交割量/最大仓单量（%）	当年最大仓单量
铜	2003	11.41万吨	24.69万吨	46.21	24.69万吨（2020年3月）铜期货上市以来最大仓单量
锌	1906	5.48万吨	6.97万吨	78.62	6.97万吨（2019年6月）
铅	2106	4.07万吨	11.37万吨	35.80	18.59万吨（2021年8月）铅期货上市以来最大仓单量
镍	1911	1.76万吨	3.6万吨	48.89	3.74万吨（2019年12月）
白银	2012	0.076万吨	0.27万吨	28.15	0.3万吨（2020年12月）
豆一	1805	15.57万吨	26.21万吨	59.40	44.06万吨（2018年12月）
菜油	1809	23.81万吨	29.17万吨	81.62	29.17万吨（2018年9月）
玉米	2005	56.39万吨	75.13万吨	75.06	95.87万吨

注：各品种日均仓单量统计周期分别是：原油为交割月前一个月和最后交易日（交割月前一个月最后一个交易日）后连续5个交易日；PTA为交割月前一个月和交割月前13个交易日；铝、铜、锌、铅、镍为交割月前一个月和最后交易日（合约月份的15日）后连续3个交易日；豆一、玉米为交割月前一个月和最后交易日（合约月份第10个交易日）后连续3个交易日；菜油为交割月前一个月和最后交易日（合约月份第10个交易日）后连续3个交易日。

资料来源：Wind。

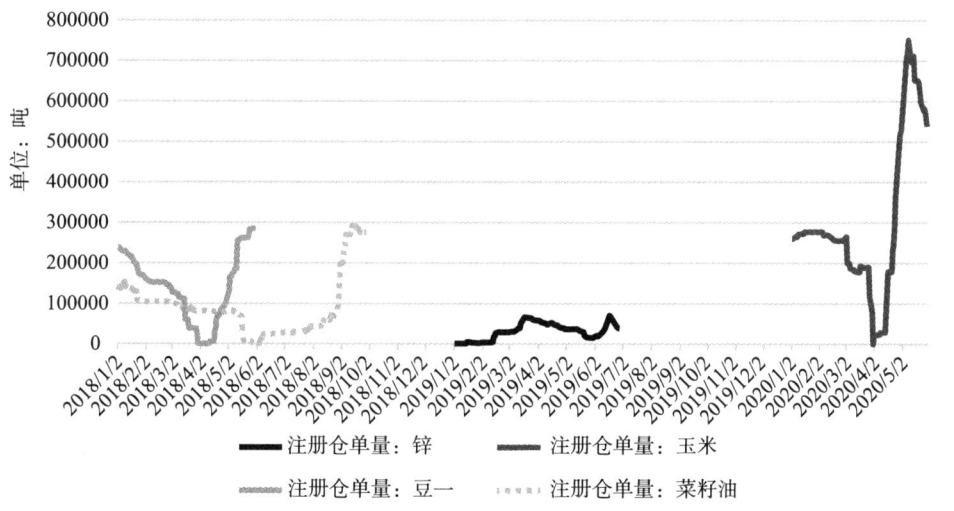

图4 锌、玉米、豆一、菜油仓单注册情况

资料来源：Wind。

五、企业利用交割缓解经营风险是出现大交割的主要原因

(一) 现货市场在大交割合约前后存在明显供需矛盾

2018—2021年上半年，从原油、动力煤、PTA、铝、铜、锌、铅、镍、玉米、菜油、豆一这11个品种来看，上述品种出现大量交割的月份，现货市场在合约到期前后存在明显的供需矛盾，且基本以供大于求为主（见表7）。

表7　　　　　　　　　出现大交割时各品种现货基本面

品种名	交割量最大的合约	交割量（万吨）	现货供需情况	现货基本面
原油	SC2008	198.31	供大于求	2020年新冠肺炎疫情发生后，国际原油价格大幅下跌，国内进口原油数量大增，由于内需相对疲软，国内原油库存量大幅增长
动力煤	ZC2005	152	阶段性供需偏紧	2020年上半年，受新冠肺炎疫情影响，动力煤现货市场产运受限，煤炭供应阶段性紧张
玉米	C2005	56.39	供需偏紧	2016—2020年，国内玉米种植面积和产量逐年下降；2020年，临储玉米去库存基本完成，同时生猪养殖也在逐步恢复，饲料需求开始回升。2020年玉米整体供需偏紧
PTA	TA2005	34.88	供大于求	2020年受新冠肺炎疫情影响，PTA下游需求启动不及供应增长，社会整体开启快速累库
菜油	OI1809	23.81	供大于求	2018年1—7月，国内菜油进口73万吨，同比上涨35.48%，较往年全年60万—70万吨的进口量大幅增加。此外，2018年前8个月，菜油临储拍卖成交27万吨，进口与临储拍卖共同促使国内菜油库存增长
铝	AL1805	17.94	供大于求	2018年上半年，由于下游企业开工率偏低，需求持续疲软，国内铝库存不断累积
豆一	A1805	15.57	供大于求	2018年，在大豆增产、下游豆粕消费低迷的背景下，国内大豆库存持续保持高位
铜	CU2003	11.41	供大于求	2020年初的新冠肺炎疫情对铜产业链上游的影响明显小于对下游的冲击，冶炼厂与加工企业生产时长、开工情况不匹配，造成电解铜供大于求，库存大幅增长
锌	ZN1906	5.48	供大于求	2019年3月，国内锌冶炼企业在高冶炼利润下，供应上升（正常产能加快释放和减停产企业复产）；叠加5月、6月消费季节性走弱，二季度供大于求形势显现

续表

品种名	交割量最大的合约	交割量（万吨）	现货供需情况	现货基本面
铅	PB2106	4.07	供大于求	2021年上半年国内的铅酸电池成品库存持续偏高，同时锂电池对铅酸电池的挤出效应不断加深，国内铅库存持续增加
镍	NI1911	1.76	供需偏紧	2019年上半年国内镍铁产量释放，但市场供应改善程度不及预期；需求端增量主要来自不锈钢相对稳定发展。下半年，由于印度尼西亚出口限制导致镍价大涨，总体来看2019年镍供需维持微有缺口状态

资料来源：Wind、市场研报。

1. 2020年二季度，国内原油库存大幅累积，原油期货出现大交割

2020年新冠肺炎疫情发生后，国际原油价格大幅下跌，国内原油进口量出现大幅增长，其中5—7月进口量同比分别增长19%、34%和25%。但在疫情影响下，国内下游消费相对疲软，国内原油库存大幅增长（见图5），从年初的19.11亿桶增至7月末的21.09亿桶（年内高点）。在此背景下，原油期货仓单量也从4月初的340万桶增至7月末的4529万桶（年内高点）。原油期货2008合约在此背景下，共计交割1385.9万桶（198.31万吨）。

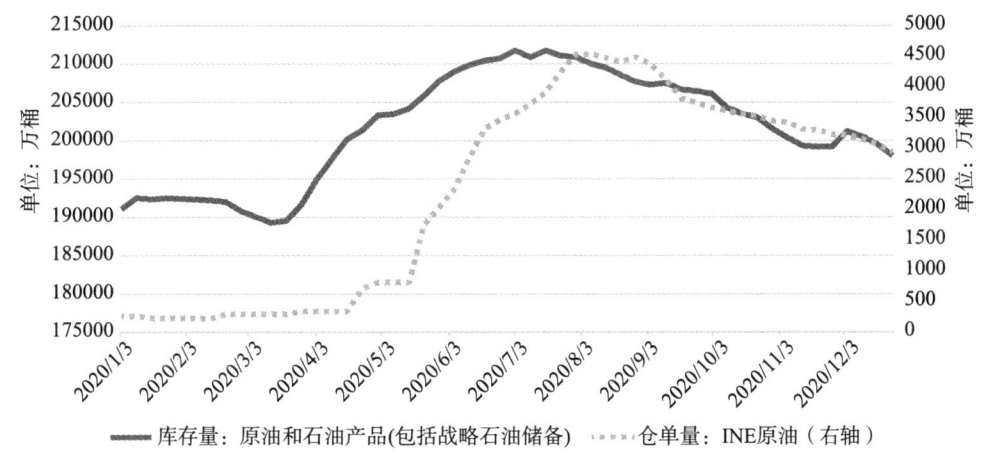

图5 2020年国内原油库存与原油期货仓单量的对比

资料来源：Wind。

2. 2020年上半年，国内煤炭市场阶段性供应紧张，动力煤期货出现大交割

自2020年初起，受新冠肺炎疫情影响，动力煤现货市场产运受限，煤炭供应阶

段性紧张。秦皇岛港煤炭库存自 4 月中旬近 700 万吨的高点，快速降至 5 月末的 370 余万吨。同时在国内复工复产有序推动的背景下，下游电力需求逐渐增大，国内发电企业耗煤量逐步增加，六大发电集团日耗煤量从 2 月末的 37 万吨左右，增加到 5 月中旬的约 70 万吨。在此背景下，煤电企业存在利用期货市场转移风险，并作为补充购煤渠道的需求较大，动力煤 2005 合约出现大量交割，累计交割 152 万吨（见图 6）。

图 6　2019—2020 年秦皇岛港煤炭库存与国内六大发电集团日均耗煤量

资料来源：Wind。

3. 2020 年上半年，PTA 生产厂家库存天数创新高，PTA 出现大交割

2020 年上半年受新冠肺炎疫情影响，PTA 下游需求启动不及供应增长，社会整体开启快速累库。国内 PTA 厂家平均库存天数从年初的 3 天，在 2 月末达到最高值 10 天，创 2015 年以来新高。在此背景下 PTA 期货仓单数量大幅增长，从 2020 年初的 2 万张左右，迅速增长至 5 月的 20 余万张，PTA 期货 2005 合约，最终实现交割 34.88 万吨（见图 7）。

4. 2018—2021 年主要金属期货出现大交割月份，均是阶段性供大于求的时间段

2018—2021 年，铝、铜、锌、铅和镍等金属期货品种均出现了较大体量的交割，交割量分别达到 17.94 万吨、11.41 万吨、5.48 万吨、4.07 万吨、1.76 万吨。上述品种在出现大交割前，均一定程度发生了产业链上下游供需错配，社会库存累积的情况。一是铝（大交割合约为 1805），2018 年上半年，由于下游企业开工率偏低，需求持续疲软，国内氧化铝库存不断累积，从年初的约 40 万吨，增至 6 月中旬的 67 万吨；在此背景下，2018 年 4 月，铝期货仓单量最大值 175917.4 手，是 2018 年以来最高点。二是铜（大交割合约为 2003），2020 年初的新冠肺炎疫情对铜产业链上游影响明显小于对下游的冲击，冶炼厂与加工企业生产时长、开工情况不匹配，造成铜供大于求，库存大幅增长，如保税区铜库存从年初的近 24 万吨，涨至 3 月中

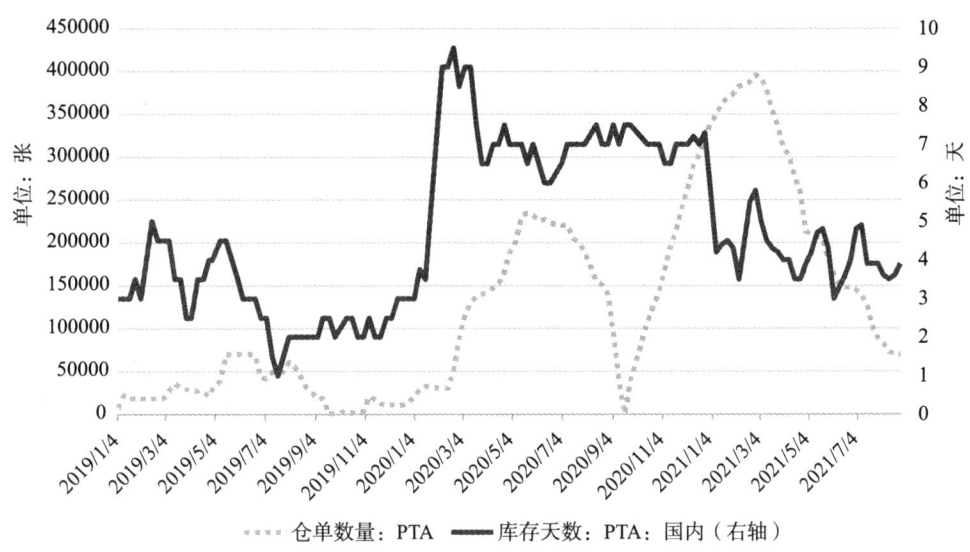

图 7　国内 PTA 厂家平均库存天数与 PTA 期货仓单量的对比

资料来源：Wind。

旬的 36 万吨，增幅 50%。三是锌（大交割合约为 1906），2019 年一季度，国内锌冶炼企业在高冶炼利润下，供应上升（正常产能加快释放和减停产企业复产）；叠加 5 月、6 月消费季节性走弱，当年二季度供大于求形势显现；锌锭市场总库存从年初的约 21 万吨，增至 3 月末的 41 万吨。四是铅（大交割合约为 2106），2021 年上半年国内的铅酸电池成品库存持续偏高，同时锂电池对铅酸电池的挤出效应不断加深，国内铅库存持续增加，原生铅库存从年初的约 5 万吨增至 6 月末的 12 万吨，创近 4 年的高点。五是镍（大交割合约为 1911），2019 年国内镍铁上半年产量释放，但市场供应改善程度不及预期；需求端增量主要来自不锈钢相对稳定发展，我国不锈钢产量同比增量超预期，新能源汽车增速虽然放缓但依然同比增长。下半年，由于印度尼西亚禁止镍矿出口事件导致镍价大涨，总体来看 2019 年镍供需维持微有缺口状态（见图 8）。

5. 2020 年全年玉米供需偏紧，玉米 2005 合约出现大交割

2016 年中央一号文件提出适当调减非优势区玉米种植，国内玉米产量从 2016 年的 2.61 亿吨，降至 2020 年的 2.59 亿吨。同时，玉米临储库存也在不断降低，2020 年临储玉米成交量为 5398 万吨，当年临储玉米结余量不足 250 万吨。在此背景下，国内玉米供需格局逐步由宽松转向偏紧。2020 年 3—5 月，国内工厂玉米库存量月度周均值（每月各周的均值）从 1714 吨降至 1230 吨；同期，由于生猪产能恢复的拉动，下游饲料产量跟随大幅增长，从 2113.7 万吨增至 2305 万吨。2020 年

上半年，国内玉米供给总体偏紧（见图9）。

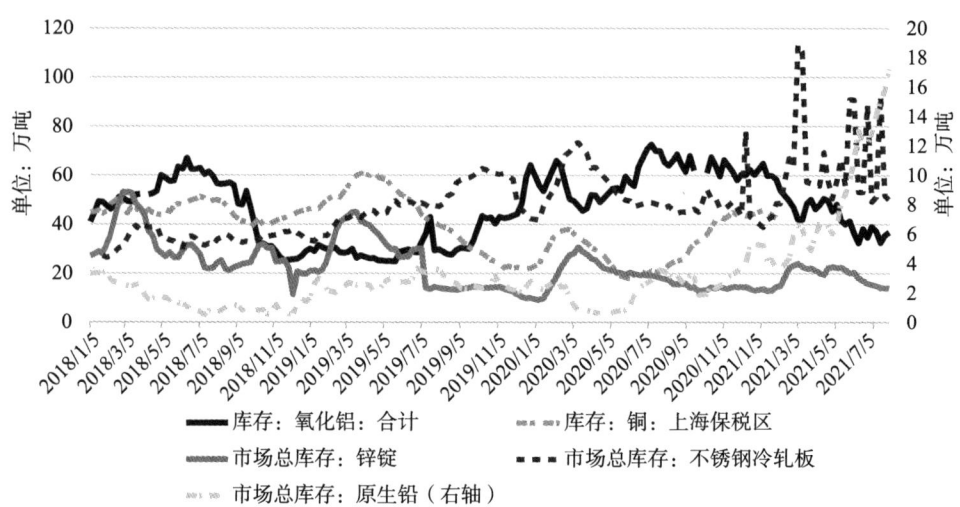

图 8　2018—2021 年国内主要金属品种及下游产品社会库存统计

资料来源：Wind、百川盈孚。

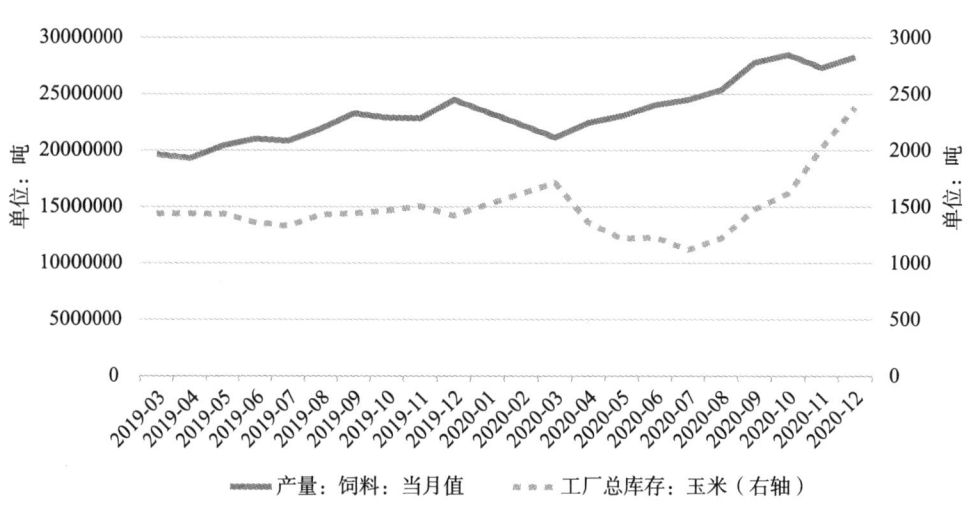

图 9　2019—2020 年玉米工厂库存及饲料产量

注：工厂总库存为当月的周均值，饲料产量为月度值。

资料来源：Wind、百川盈孚。

6. 2018 年国内油脂库存高于往年，菜籽油 1809 合约出现大交割

2018 年一季度，国内油厂持续维持较高开机率，菜籽油的产出量持续增加；二季度，菜油、大豆到港量大增，致使国内豆油与菜油库存均增，同时马来西亚棕榈油也将进入增产周期，国内油脂总体供大于求；三季度，国储菜籽油的持续拍卖进一步加剧了市场压力，国内油脂库存上升至同期高位。从 2014—2018 年国内油厂菜

籽库存来看，2018年周度平均库存为52.89万吨，大幅高于2014—2017年的32.7万吨、43.35万吨、41.5万吨、48.7万吨。其中，2018年9月的周度平均库存达到57.43万吨，高于2014—2018年同期均值的16.6%（见图10）。

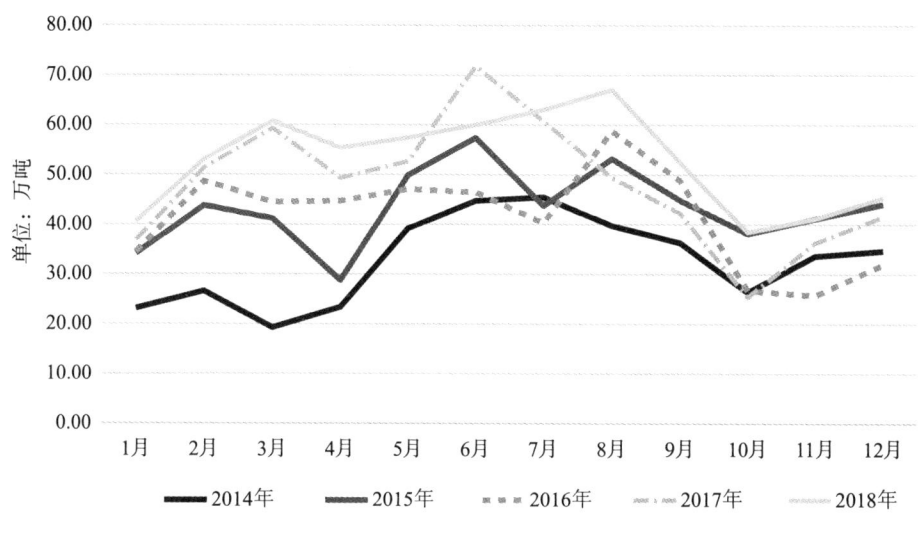

图10　2014—2018年国内油厂菜籽库存量月度统计

资料来源：Wind。

7. 2017/2018年度国内大豆增产，下游消费需求疲弱，豆一1805合约出现大交割

2017/2018年度，国内大豆增产至1528万吨，同比增长12%。2018年5月，国内猪肉价格跌至近10年的最低点，生猪价格接近10000元/吨。在大豆增产、下游豆粕消费低迷的背景下，国内大豆库存2018年保持高位，自4月的约356万吨开始逐渐增加，5月底市场总库存量约为573万吨，较上年同期增长8.8%，直至10月的近5年高点，约758万吨。此外，2018年5月，豆油市场总库存约为134万吨，也同比增长8.9%。

（二）大交割多发生在现货贸易的"核心"区域

本部分我们以各交割库（地点）新增的仓单注册量[①]考察各交割库的交割业务发生情况[②]。通过分析出现大交割的11个品种在大交割月份的仓单变化情况，发现以下三个特点。

[①] 由于无法获得各交割库（地点）在出现"大交割"当月实际发生的交割量，所以本部分以各交割库（地点）新增的仓单注册量考察各交割库的交割业务发生情况。仓单注册是期货交割的前提，但期货交割并不必然导致仓单被注销。因此，仓单在交割月前的新增注册量比交割后的仓单注销量更能反映合约交割时各交割库实际发生的交割业务情况。

[②] 动力煤为车船板交割，暂无仓单注册量数据，后文分析时选择实际交割量数据。

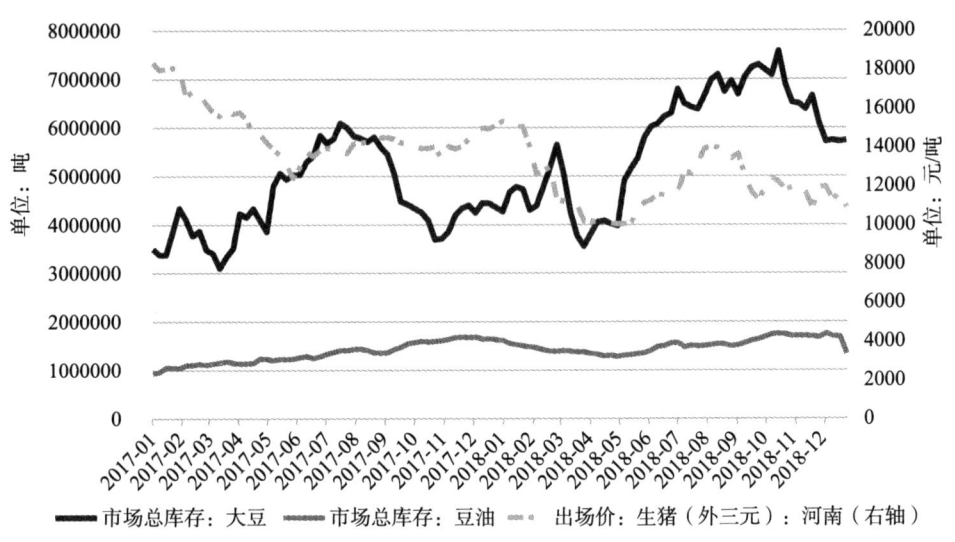

图11 2017—2018年国内大豆、豆油库存量及生猪价格

资料来源：Wind、百川盈孚。

1. 大交割合约的仓单注册量绝大多数表现为净增加

依然以前文已经分析的11个出现大交割的品种为例。除了铝期货外，其余9个期货品种的仓单注册量均呈净增加趋势，大豆、菜籽油、玉米等农产品仓单增量超过200%，有色金属、原油、PTA等工业品的仓单增长率也将近30%及以上（见表8）。这说明，在发生大交割的月份，市场上有大量现货被注册成期货仓单以备交割。

表8　　　　绝大多数期货品种大交割前仓单注册量净增加

品种名	合约	交割月前一个月	交割月	增加量	增长率（%）
大豆	A1805	4265	26210	21945	514.54
菜籽油	OI1809	5823	28200	22377	384.29
玉米	C2005	17883	65037	47154	263.68
锌	ZN1906	29422	62644	33222	112.92
铜	CU2003	159347	246520	87173	54.71
镍	NI1911	23686	35982	12296	51.91
PTA	TA2005	161835	235017	73182	45.22
铅	PB2106	77337	106062	28725	37.14
原油（桶）	SC2008	35185000	45290000	10105000	28.72
铝	AL1805	871751	849192	-22559	-2.59

资料来源：上期所、郑商所、大商所。

2. 大交割合约的仓单增量集中度较高

从出现大交割的 11 个合约来看，虽然各期货品种的交割库（地点）数量较多，但在发生大交割时仓单增量的集中度普遍较高。据统计，仓单增量前 3 名的交割库（地点）占新增仓单总量的近 40%。例如，原油期货共设置了 14 家交割仓库，在 SC2008 合约到期前一个月（2020 年 7 月 8 日—2020 年 8 月 7 日），原油期货仓单共增加 1010.5 万桶，但仅有中化弘润潍坊、中油国际大连、中油大连 3 个交割库的仓单净增加，其中，中化弘润潍坊增加 690.3 万桶，占净增加量的 68.31%。又如，PTA 期货共有 24 个交割库，在 TA2005 合约到期前一个月（2020 年 4 月 22 日—2020 年 5 月 20 日），PTA 期货仓单共增加 73182 张，其中建发物流、平湖华瑞、恒力石化（厂库）三者仓单增量 39284 张，占比 53.68%（见表 9）。这说明，大交割只发生在少数交割库（地点）。

表 9　　　　　　　　　　大交割合约的仓单增量集中度较高

品种名	合约	交割库总数	仓单注册量净增加	增加量前 3 名的交割库	该交割库增加量	占比（%）
原油	SC2008	14	1010.5	中化弘润潍坊	690.3	68.31
				中油国际大连	200.4	19.83
				中油大连	189.8	18.78
				小计	1080.5	106.93*
大豆	A1805	8	21945	大连中船	6059	27.61
				北安直属库	5430	24.74
				哈尔滨益海	3210	14.63
				小计	14699	66.98
玉米	C2005	12	47154	吉林云天化	14700	31.17
				锦州港	10080	21.38
				中粮贸易	6750	14.31
				小计	31530	66.87
铜	CU2003	21	87173	上港物流	37762	43.32
				中储吴淞	18587	21.32
				中储大场	13361	15.33
				小计	69710	79.97
锌	ZN1906	21	33222	上海裕强	11153	33.57
				南储仓储	8133	24.48
				全胜物流	6375	19.19
				小计	25661	77.24

续表

品种名	合约	交割库总数	仓单注册量净增加	增加量前3名的交割库	该交割库增加量	占比（%）
铅	PB2106	13	28725	中储无锡	10715	37.30
				五矿无锡	5972	20.79
				浙江田川	3336	11.61
				小计	20023	69.71
镍	NI1911	15	12296	中储大场	6435	52.33
				上港物流	2234	18.17
				中海华东宝山	1633	13.28
				小计	10302	83.78
PTA	TA2005	24	73182	建发物流	22008	30.07
				平湖华瑞	9276	12.68
				恒力石化（厂库）	8000	10.93
				小计	39284	53.68
菜籽油	OI1809	26	22377	中粮安徽	3050	13.63
				益海广汉	3000	13.41
				江苏江海	2800	12.51
				小计	8850	39.55
动力煤**	ZC2005	32	16000	唐山港	7400	46.25
				秦皇岛港	3200	20.00
				唐山曹妃甸港	2000	12.50
				小计	12600	78.75
铝	AL1805	45	-22559	浙江田川	5987	—
				中储无锡	5081	—
				外运华东张华浜	3284	—
				小计	14352	—

注：* 在此期间，原油期货新增仓单注册1080.5万桶，注销仓单70万桶，仓单净增1010.5万桶。前3家交割库仓单增量累计为1080.5万桶，超过净增量。** 动力煤为实际交割量。

资料来源：上期所、郑商所、大商所。

3. 大交割合约的仓单注册或交割地多发生在现货市场贸易的"核心"区域

虽然期货交割库（地点）都设置在产销地或集散地，但由于地理位置或交割仓库仓储能力等客观条件的限制，各交割仓库实际发生的交割量仍然存在一定区别。从发生大量交割的交割库（地点）的特点来看，这些交割库（地点）的地理位置、仓储物流优势等更加符合现货的贸易习惯。

例如，动力煤 ZC2005 的大交割主要发生在唐山港、秦皇岛港。这与我国煤炭市场"北煤南运"的格局高度相符，上述港口均是我国煤炭现货市场上煤炭的重要贸易节点，期货市场上的卖方有充分的意愿在此处进行交割。相比之下，在南方港口交割的意愿就很低，交割量也不会太大。

又如，有色金属的大交割多发生在以上海为中心的长三角地区。这是因为上海一直是现货市场上有色金属的主要贸易集散地，当地有色金属的贸易活跃，长三角地区也是有色金属的主要消费地。上港物流、中储大场等交割仓库也是有色金属现货贸易的主流仓库。同时，上海还是自由贸易试验区，进出口贸易方便，能够便利企业同时参与有色金属的国际期货市场。

再如，PTA 的生产消费主要集中于江浙地区，其中又以嘉兴地区贸易最为活跃，TA2005 合约发生大交割时仓单注册量最大的建发物流交割库及其临时存货点正位于嘉兴地区。

农产品方面，大豆、玉米、菜籽油发生大量交割的交割库也与各自现货市场特点高度相关。大豆 A1805、玉米 C2005 合约发生大量交割时，新增仓单注册量主要集中在东北三省，这与我国大豆和玉米的主要产地和贸易地在东北地区相一致。菜油 OI1809 合约发生大量交割，新增仓单注册地主要为安徽、四川和江苏，上述三地是我国油菜主要种植和压榨区域。

不过，个别发生大交割的交割库（地点）也可能具有一定的特殊性。例如，原油期货 SC2008 合约的仓单新增注册量主要集中于中化弘润潍坊交割库。该交割库尽管在地理位置上也符合我国原油进口和冶炼的布局特征，但地处内陆，原油出入库不如沿海库方便。该库交割量较大主要在于当时沿海相关的交割库已经基本处于没有库容状态，但市场上又具有较多的交割需求，因此上期所及时启用了中化弘润潍坊交割库，并根据其地理位置设置了适当的升贴水，满足客户的交割需求，避免了市场出现交割库容不足的风险。

（三）企业利用交割缓解经营风险是出现大交割的主要原因

1. 参与交割的买卖双方动机分析（见表10）

从原油 2008、动力煤 2005、TA2005、铝 1805、铜 2003、锌 1906、铅 2106、镍 1911、玉米 2005、菜籽油 1809、豆一 1805 这 11 个出现大交割的合约来看，我们发现各个品种间形成大交割的背景并不完全相同。11 个出现大交割的合约，有 8 个是发生在现货市场供大于求的阶段，另外 3 个则是发生在阶段性供需偏紧的时候。

（1）现货市场供大于求背景下，参与大交割买卖双方的动机分析。在现货市场供大于求阶段出现的 8 个大交割合约，在最后交易日基本是期货贴水现货的市场结构（仅 TA2005 除外），所以从买卖双方参与交割的动机来看，基本是卖方通过交割，能够缓解库存压力，实现保值销售；买方能够以低于市场的价格采购到相应的商品。具体到各个品种，情况具体如下。

一是原油，如图 12 所示，2020 年 3—4 月，国际油价贴水国内期货价，国内原油进口数量和库存大幅增加；6—7 月国内期货价格部分时间开始贴水国际现货，原油 2008 合约，买方在交割接货后，直接将原油转运至韩国、缅甸、马来西亚等国，可以获得一定的交割利润。

但需注意的是，此类情况发生的概率较小，在实际操作中，参与交割的买方需要有国际市场销售原油的渠道和实力、国际运输能力，所以有实力参与原油交割的企业屈指可数，目前主要是中石油、中石化、中海油等企业。

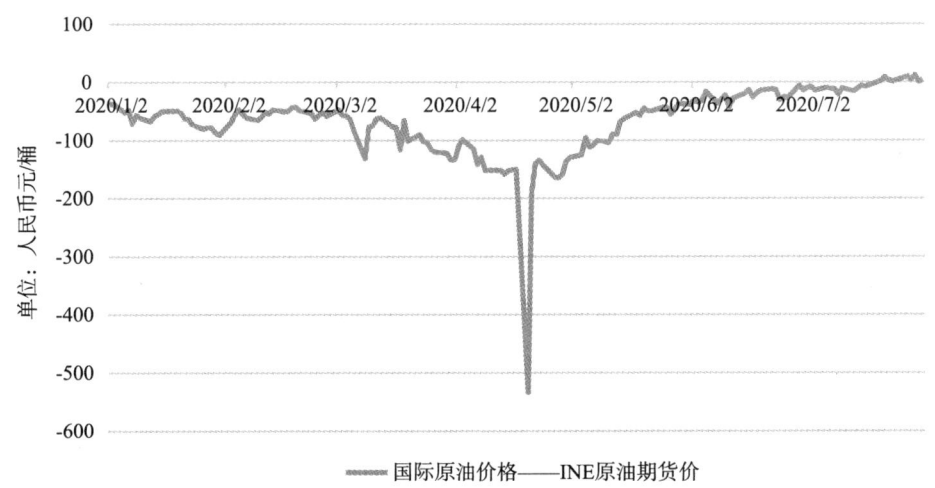

图 12　2020 年 1—8 月内外盘原油价差

注：外盘原油价格按当日汇率价格折算为人民币。
资料来源：Wind。

二是铜，2020 年 3 月，突发新冠肺炎疫情背景下，消费减弱，库存大幅增加，卖方借助交割能够缓解胀库风险。对于买方通过交割接货，一是在期货贴水现货背景下，买入交割存在一定利润；二是在 3 月市场预期 4 月国家将会降低增值税税率（疫情期间），买方可以通过在降税前交割买入，在新的增值税实施后再销售，进而通过进项税率高于销项税率，从而减少企业增值税缴纳，赚取增值税税率调整的收益。

三是 PTA 和铝、锌、铅等品种，这些品种期现货市场结合得较为紧密，产业企业参与利用期货市场的经验相对丰富。正如前文分析，期货交割库的合理布局，使企业不论是把现货注册为期货仓单，还是在接到期货仓单后进行转卖均较为方便，期货交割是企业灵活利用期现两个市场的重要途径。此类品种出现大交割，主导方一般是作为卖方的产业链中上游企业，他们参与交割的原因是现货市场供大于求，企业存在胀库风险，所以注册期货仓单，在远月合约进行卖出套期保值（此时市场结构一般是近低远高），这样一是可以规避存货贬值的风险，二是如果合约到期存在交割利润，可以利用交割作为销售渠道。而对于买方，由于这些品种在消费地设置有一批交割库且仓单量充足，所以在供大于求的时期，买方可以降低自身的常备库存，减轻原料库存压力和资金压力，在缺货时先买现货，买不到现货时可以利用期货市场履约担保的功能，参与交割接货确保生产正常开展。

四是菜籽油和豆一，2018年国内油脂市场库存高企，菜籽油、大豆分别因进口量及抛储量增加、国内增产面临供大于求的局面，对于卖方存在卖出交割，降低库存压力的需求。对于买方，则是考虑到两品种对外依存度较高，在中美贸易争端背景下，预期未来价格可能上涨，所以考虑交割接货。

（2）现货市场供需偏紧背景下，参与大交割买卖双方的动机分析。在现货市场供需偏紧阶段出现的3个大交割合约（动力煤、玉米、镍），从买卖双方参与交割的动机来看，基本动机是买方通过交割接货，确保正常生产经营；卖方则是因市场给出了交易机会，通过卖出交割能够获取相应利润。如动力煤2005合约，买方（主要是发电企业）在供需存在缺口的背景下，通过买入交割能够以低于长协价的价格，采购到相应数量动力煤，卖方则能够以高出市场煤的价格（期货升水现货）卖出，获取交割利润。又如玉米2005合约，2020年2—4月，玉米期货升水现货，给卖方提供了交易机会；进入5月后，随着上半年玉米期现货价格上涨，贸易商已经赚取了一定利润，开始逐步分批出货。同时，在供需偏紧、期货贴水现货结构下，部分用粮企业存粮收粮意愿充足，决定参与交割。

表10　　　　　　　　出现大交割的品种买卖双方参与交割动机

品种名	交割量最大的合约	最后交易日基差结构	交割月的期限结构	现货基本面	交割动机分析
原油	SC2008	期货贴水	近低远高	供大于求	2020年3—4月国际油价贴水国内期货价，卖方积极参与交割，国内库存大增，6—7月国内期货价格部分时间贴水国际现货，买方接货动机更强，接货后出口至韩国、缅甸、马来西亚
动力煤	ZC2005	期货升水市场煤，贴水长协煤	近低远高	供需偏紧	买卖双方均有动机参与交割，买方低于长协价采购，且能够确保采购到相应数量动力煤，卖方能够以高出市场煤的价格进行卖出

续表

品种名	交割量最大的合约	最后交易日基差结构	交割月的期限结构	现货基本面	交割动机分析
玉米	C2005	期货贴水	近低远高	供需偏紧	2020年2—4月，玉米期货升水现货，给卖方提供了交易机会；进入5月后，随着上半年玉米期现货价格上涨，贸易商已经有利可图，开始逐步分批出货。同时，供需偏紧，期货贴水现货结构下，部分用粮企业存粮收粮意愿充足，买方参与交割动机增强
PTA	TA2005	期货升水	近低远高	供大于求	供大于求，期货升水结构下，卖方交割动机更强。但买方可以降低自身的常备库存，减轻原料库存压力和资金压力，还可以通过套保缓解库存跌价损失
菜籽油	OI1809	期货贴水	近低远高	供大于求	2018年1—7月上旬，菜籽油期货升水现货，在供大于求背景下，给卖方提供了交易机会和动机；7月中旬至9月，期货价格逐渐贴水现货，考虑到中美贸易争端前景难辨，国内菜油供应依赖国外，且国储库存基本见底，所以买方预期未来价格可能上涨，存在交割动机
铝	AL1805	期货贴水	近低远高	供大于求	对于买方，2018年4月，美国制裁俄铝事件，推升铝价大幅上涨，给买方提供交易机会，同时期货贴水的结构也使买方存在交割动机。对于卖方，国内高库存的背景下，其存在卖出套保及交割的动机
豆一	A1805	期货贴水	近低远高	供大于求	对于卖方，由于2017/2018年大豆增产，现货需求疲弱，大豆库存增加，卖方存在卖出交割，降低库存压力的动机；对于买方，3月至4月中旬，由于受到中国对美豆进口加征关税，大豆期价阶段性上涨，期货价格从贴水变为升水现货，给买方创造出交易/交割机会

续表

品种名	交割量最大的合约	最后交易日基差结构	交割月的期限结构	现货基本面	交割动机分析
铜	CU2003	期货贴水	近低远高	供大于求	对于卖方,突发疫情背景下,消费减弱,库存大幅增加,存在卖出交割动机。对于买方,一是期货贴水,存在交割利润;二是 2020 年 3 月市场传言,国家 4 月将会降低增值税税率,买方可以通过在降税前交割买入,在新的增值税实施后再销售,进而通过进项税率高于销项税率,从而减少企业增值税缴纳,赚取增值税税率调整的收益
锌	ZN1906	期货贴水	近高远低	供大于求	对于卖方,下游需求不足,库存增加,存在卖出交割的动机
铅	PB2106	期货贴水	近低远高	供大于求	对于卖方,铅锭持续累库,且由于现货多为贴水状态,卖交割意愿较高
镍	NI1911	期货升水	近高远低	供需偏紧	对于买方,自 2019 年 9 月起,在印度尼西亚镍矿禁止出口事件推动下,镍期现货价格大幅上涨,买方存在买入套期保值以及交割接货的需求

资料来源:Wind、市场调研。

(3)交割是买卖双方基于不同目标的"共赢"行为。首先,交割时的买卖双方并非交易时的对手方,由于期货价格的实时波动,买卖双方均有可能以适合自己的价位入场并最终交割。买卖双方的进场时间点不同,当买方低位、卖方高位进场时,双方都能实现盈利。此外,买卖双方也可能利用基差获取收益,实际的盈亏不一定和盘面完全对称。所以通常情况下,买卖双方既然决定参与交割,很少存在某一方亏损的情况(即便期货端亏损,也有可能在现货端实现盈利),在交割中买卖双方是一个共赢的关系。

2. 期货市场帮助产业企业缓冲供需矛盾,缓解库存压力

期货大仓单和大交割体现出期货市场作为现货市场"蓄水池和减压阀"的功能。实体企业通过借助期货仓单能够对冲价格风险、促进企业稳健经营。上一节的分析已经表明,期货品种出现"大交割",主要集中在行业产能过剩、库存累积时期,实体企业预期价格下跌,会选择在期货市场上注册仓单卖出保值,规避价格下跌风险。待供需逐渐平衡,库存降低,市场价格预期上涨时,注销仓单,对现货流动性及时补充。期货市场的虚拟库存在一定程度上可以缓冲供需矛盾,缓解产业企

业库存压力。

以PTA为例（见图13），自2018年以来，PTA期货仓单数量与库存天数呈正向波动，与PTA产业链负荷率呈反向波动。当库存累积过高，库存天数较长时，PTA产业的负荷率趋向降低，PTA期货的仓单数量开始增加，这一点从2018年9月下旬至11月中旬及2019年12月初至2020年3月中旬等时期可以得到印证。以2019年为例，自12月6日，PTA现货库存累积天数逐渐升高，在次年2月下旬达到近3年的最高值9.5天。伴随着库存天数过长，库存累积过高，PTA生产企业负荷率从2019年12月6日的94%一路下滑到2020年3月20日的70%。同一时期，PTA期货的仓单数量开始攀升，从11173张增加到134519张，扩大10余倍。供强需弱之下高库存只能向期货市场转移，利用虚拟库存和对冲交易灵活调整现货敞口风险。

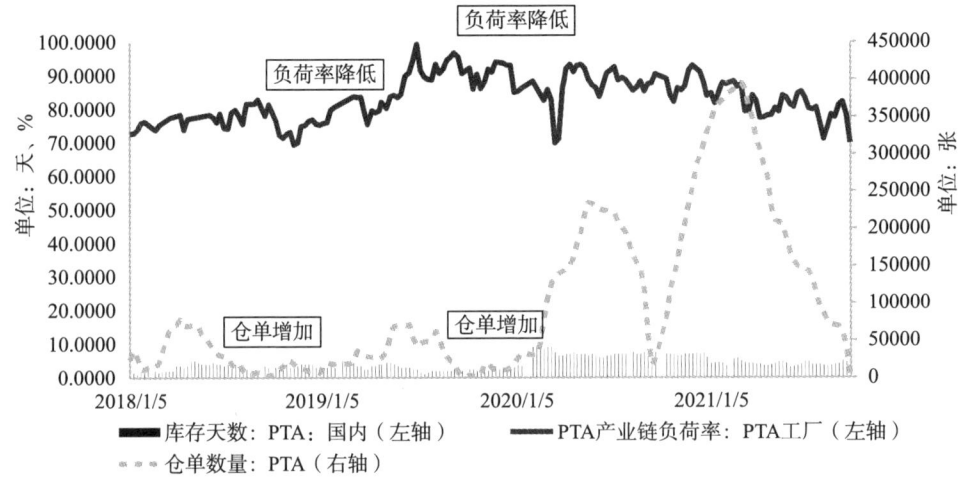

图13　自2018年以来PTA库存天数、工厂负荷率及仓单数量情况统计

资料来源：wind资讯、郑商所研究所。

3. 期货交割的标准化和安全性为买卖双方提供了重要保障

首先，期货交割具有高度标准化的特征。期货交割品的标准都按照国家和相关行业的标准进行设定，兼具权威性和强制性，期货交割环节对货物的质量标准较为严格，对交割流程、质量检验、争议处理等均有明确的规定，能够同时保障买卖双方的利益。其次，期货交易所在交割环节实行严格的结算交割制度，为买卖双方提供结算交割服务和履约担保，市场信用风险很小，履约有保障，让买卖双方"卖得放心，买得安心"。如2020年新冠肺炎疫情期间（11个大交割的合约有4个出现在2020年3月至5月），面对疫情影响等因素造成的供应链"梗阻"，许多实体企业积极利用期货市场实物交割功能，作为克服物流障碍、实现原料采购、扩大市场销售、降低企业库存的重要途径，期货交割在特殊时期充当了企业的采购和销售渠道。

六、期货交割方式与品种适配性不断提高,为大交割创造了有利条件

合理的交割方式意味着交割成本较低、仓单流转顺畅,期货与现货在交割月份能够实现渠道共通、资源流转。在我国期货市场发展壮大过程中,交割方式的持续完善和创新,无疑提高了投资者参与交割的便利性,这也为国内期货市场交割量的提升创造了有利条件。我国商品期货交割方式设置如表11、表12所示。

表11　　　　　　　我国商品期货交割方式设置(规则设计允许)

交割方式	交易所	规则设计允许		上市品种总数量
		品种	数量	
仓库仓单 (57个)	郑商所	强麦、玻璃、动力煤、短纤、花生除外	18个	23个
	大商所	全部品种(LPG除外)	20个	21个
	上期所	全部品种	19个	19个
厂库仓单 (44个)	郑商所	强麦、普麦、棉花、红枣、菜籽油、早籼稻除外	17个	23个
	大商所	全部品种(豆一除外)	20个	21个
	上期所	螺纹钢、沥青、低硫燃料油、纸浆、热轧卷板、线材、不锈钢	7个	19个
车(船)板 (8个)	郑商所	强麦、普麦、菜籽油、动力煤、苹果、花生	6个	23个
	大商所	鸡蛋、生猪	2个	21个
提货单(1个)	大商所	铁矿石	1个	21个

资料来源:上期所、郑商所、大商所、郑商所研究所。

表12　　　我国商品期货交割方式设置(规则设计允许,实际未启用)

交割方式	交易所	规则设计允许,但实际未启用		上市品种总数量
		品种	数量	
仓库仓单	大商所	鸡蛋	1个	21个
厂库仓单	郑商所	晚籼稻	1个	23个
	大商所	胶合板	1个	21个
	上期所	线材、热轧卷板、不锈钢	3个	19个

资料来源:上期所、郑商所、大商所。

(一)厂库仓单交割和车(船)板交割

厂库仓单交割于2004年在豆粕品种上启用,从解决保鲜问题逐渐拓展到解决无社会库(玻璃)、异地交割(动力煤)、社会库不满足交割库资质要求(粳稻)的问题,再到为质量做信用背书(棉纱、短纤)等。比较而言,厂库仓单交割避免了

仓库仓单交割下的迂回运输，减少了入库、装卸、检验等中间环节，交割成本低、效率高；在信用背书机制下能够保证交割商品的质量安全；且对于具有交割库资质的现货企业而言，仓单注册方便快捷，有助于其参与期货市场交易交割。

2013年，车（船）板交割在普麦品种上启用，从解决交割成本占单位价值较高的问题，拓展到解决质检误差不易追溯（强麦）、质量稳定性差（苹果、鸡蛋）、活体集中交收疫情疫病控制（生猪）的问题，再到扩大交割区域（花生）等。由于不依赖交割库，车（船）板交割可以有效解决交割库设立难、辐射范围小、形成仓单时间较长等问题。例如，动力煤贸易单批次量大，一般是露天存放，但其重量和热值受天气、自然环境变化影响较大，易发生自燃，不耐储。如果以仓库仓单交割，交割库应承担存储期间的质量问题，风险较大；而车（船）板交割为短时期内实现买卖双方货物的直接交收，无须长期仓储，责任划分明确，交收方便易行。

（二）贸易商厂库、集团交割和厂库送货制

1. 贸易商厂库模式在促进品种发展、保障平稳运行、助力产业经营等方面发挥了积极作用

2013年，铁矿石期货创立了贸易商厂库模式；2017年，玻璃期货启用了第一家以期货公司风险管理子公司为主体的贸易商厂库。截至2021年初，国内期货市场共有16个品种设立贸易商厂库87家，占全市场厂库数量的三成左右。通过设立贸易商厂库，对于期货交易所来说，促进了仓单生成和交割，有助于优化市场结构，促进期现价格回归，有效防范市场风险；对于市场参与者来说，有效降低了交割成本，突破地域、规格等交割瓶颈，扩展贸易空间和灵活性，深化产业合作模式。贸易商厂库模式在促进品种发展、保障平稳运行、助力产业经营等方面发挥了积极作用，并对传统贸易商向产业服务商转型提供了有效助力。

2. 集团交割延伸了交割区域，有利于实现交割风险的分层管理

目前，国内期货市场开展集团交割业务的品种包括玉米、生猪、低硫燃料油、螺纹钢和原油期货。其中，玉米、生猪和原油采用集团仓库，低硫燃料油和螺纹钢采用集团厂库。

玉米是国内第一个开展集团交割业务的品种，旨在利用集团经营网点多的便利性，将集团公司设为交割仓库，解决库容不足等交割风险，如在产区难以寻找符合资质的仓库。其集团交割的发展可以分为三个阶段：一是港口存货地点（2008年设立），在港口仓库周边增加协议库容作为补充，由仓库统一管理。二是延伸库区（1701合约实行），在港口仓库周边发展多个存货地点后，向吉林等地进一步延伸交

割布局。若选择在延伸库区出入库,升贴水由货主与仓库根据现货实际商定。三是集团交割(1709 合约实行),即选择仓储资源丰富、交割风险承受能力强、能够有效管理的大型企业作为集团仓库,其授权分库办理交割业务,风险由集团库承担,从而实现交割风险的分层管理。2017 年至 2021 年 3 月间,其年度集团仓库的累计注册仓单量分别占仓库仓单总注册量的 14.6%、31.5%、28.4%、21.1% 和 30.1%。

低硫燃料油的集团交割是将中石油设为集团厂库,通过"境内交割+境外提货"的交收模式,解决交易所未在境外设库、无法直接交割的问题。螺纹钢期货未在规则中明确采用集团交割,但实际效果类似。通过将鞍钢、江苏沙钢和敬业钢铁设为交割厂库,买方提货时可以选择提货地点(非基准地升贴水由厂库确定),从而达到拓展交割库布局和辐射范围的目的。

上海国际能源中心集团交割的成员包括交割库和交收库。集团可确定交收库的提货升贴水指导价,提供异地交收服务,并负责对加入集团的成员进行监督管理,确保所有成员遵守能源中心规定。集团成员不能向标准仓单持有人交付符合要求货物的,集团承担全部责任。以原油为例。2021 年 6 月,原油期货共有 16 个库,其中的 8 个库由 2 个交割集团提供。中国石化集团石油商业储备共有 5 个库,分布在河北、山东、浙江、广东及海南;大连中石油国际储运有 3 个库,分布在大连和广西。

3. 厂库送货制有效解决产区厂库升贴水设置难题

目前,国内期货市场实施厂库送货(异地交收)制度的品种包括 PTA、硅铁、锰硅、纯碱和焦炭期货,最早于 2015 年在 PTA 和焦炭期货上实行,旨在解决厂库升贴水设置的难题。例如,PTA 从大连、漳州等产区运送至江苏、浙江等销区港口的过程中,运费实时波动,导致厂库设置固定升贴水难度较大。实行厂库送货制后,由厂库负责从产地到港口两地间的仓单货物运输,即物流仓储成本由市场自行消化,有效避免了固定升贴水设置不合理及调整滞后的问题。

七、与国外同类成熟品种相比,国内品种交割量较小,交割率较高

(一)品种和指标的选取

为对比分析国内外期货市场主要品种交割规模,本部分选取了国外成熟市场具有一定代表性,且采用实物交割的 7 个品种,分别是大豆(CBOT)、玉米(CBOT)、11 号原糖(ICE)、2 号棉(ICE)、铜(COMEX)、WTI 原油(NY-

MEX）、亨利港天然气（NYMEX），品种类型涉及农产品类、有色金属类和能源类。统计周期和范围为2018年至2020年，各品种挂牌的所有合约。

由于国外期货交易所各品种合约的交割量数据获取难度较大，所以本部分设置了两个指标来间接统计上述7个品种各挂牌合约的最终交割量。一是对于11号糖、WTI原油、亨利港天然气这3个品种，由于它们的合约在合同月份（交割月）不再进行交易，交割方式类似于国内的"集中交割"，所以统计它们的交割量，可以直接采用最后交易日的持仓量[1]。但需要指出的是，此类方式统计出的交割量可能仍存在微小误差，无法排除较小概率下的特殊情况[2]。

二是对于大豆、玉米、2号棉、铜，由于它们的合约在合同月份仍有几个交易日，交割方式类似于国内的"滚动交割"，所以统计它们的交割量，除了采用最后交易日的持仓量外（命名为指标1），还会统计这些品种合约在交割月前一个月份的最后交易日的持仓量（命名为指标2）。主要有两方面考虑：首先是在滚动交割方式下，如果只用最后交易日的持仓量反映交割量，可能存在较大误差；其次是交割月合约流动性及持仓限制（大户报告）等原因，一般持有到交割月的持仓，都是具有较强交割意愿的持仓，在反映交割量方面具有一定的代表性。

（二）原油期货不论是交割量还是交割率均大于其他国际品种

1. 从交割量来看，原油期货大幅领先其他国际品种

2018—2020年，11号糖、WTI原油、亨利港天然气这3个品种3年累计交割量分别为1305.55万吨、11771.33万吨、3460.14万吨；3个品种在3年间平均每个合约交割量分别为108.80万吨、326.99万吨、96.11万吨。

2018—2020年，大豆、玉米、2号棉、铜这4个品种，如果用指标1统计3年间累计交割量，则分别为40.99万吨、41.99万吨、1.74万吨、19.53万吨；如果用指标2统计3年间累计交割量，则分别为2591.55万吨、3160.62万吨、4.33万吨、177.51万吨。如果用指标1统计4个品种在3年间平均每个合约交割量，则分别为1.95万吨、2.80万吨、0.12万吨、0.54万吨；如果用指标2统计4个品种在3年间平均每个合约交割量，则分别123.41万吨、210.71万吨、0.29万吨、4.93万吨（见表13）。

---

[1] 此种统计方法下，不包括期货转现货（EFP）、期货转掉期等交割形式（EFS）。
[2] 以WTI原油期货为例，WTI原油期货合约的交割方式除合约到期实物交割外，还有备用交割程序（ADI）、期货转现货（EFP）、期货转掉期（EFS）三种；其中备用交割程序在交割月的最后一日前的任何时间，买卖双方都可以在协商一致的基础上改变交割方式、交割时间、交割商品的质量与型号，以及交割设施的指定；即便进入交割月，买卖双方仍存在将期货转掉期的可能，即场内交易转为场外，实物交割变成现金交割。

表 13　　　　　　　　2018—2020 年国外主要期货品种累计交割量统计　　　　　　单位：万吨

统计方式	品种	累计交割量	各合约平均交割量
按指标 1 统计	11 号糖	1305.55	108.80
	WTI 原油	11771.33	326.99
	亨利港天然气	3460.14	96.11
	大豆	40.99	1.95
	玉米	41.99	2.80
	2 号棉	1.74	0.12
	铜	19.53	0.54
按指标 2 统计	大豆	2591.55	123.41
	玉米	3160.62	210.71
	2 号棉	4.33	0.29
	铜	177.51	4.93

注：指标 1 用最后交易日持仓量代表交割量；指标 2 用交割月前一个月的最后交易日持仓量代表交割量。
资料来源：Wind。

2. 从交割率来看，原油、11 号糖和铜期货大于其他国际品种

2018—2020 年，11 号糖、WTI 原油、亨利港天然气这 3 个品种，用指标 1 统计 3 年间平均交割率①，则分别为 4.7%、5.2%、1.6%；平均交割率最大值分别为 13.1%、7.9%、3.4%；平均交割率最小值分别为 0.51%、2.06%、0.63%。

2018—2020 年，大豆、玉米、2 号棉、铜这 4 个品种，如果用指标 1 统计 3 年间平均交割率，则分别为 0.07%、0.03%、3.38%、6.06%；平均交割率最大值分别为 0.24%、0.06%、39.11%（非活跃合约）、23.55%（非活跃合约）；平均交割率最小值分别为 0、0.01%、0、0.16%。如果用指标 2 统计上述 4 个品种 3 年间平均交割率②，则分别为 3.88%、2.1%、4.09%、42.12%；4 个品种 3 年间交割率最大值分别为 11.32%、3.29%、39.11%（非活跃合约）、94.59%，最小值分别为 1.27%、1.39%、0、5.59%。

考虑到大豆、2 号棉、铜期货的不同合约间有明显的活跃度差异，在选取主力合约后③：如果用指标 1 统计大豆、玉米、2 号棉、铜期货 3 年间平均交割率，则分别为 0.04%、0.03%、0.04%、0.38%；平均交割率最大值分别为 0.09%、0.06%、0.14%、0.82%；平均交割率最小值分别为 0、0.01%、0、0.16%。如果

---

① 最后交易日持仓量/合约挂牌期间最大持仓量。
② 交割月前一个月的最后交易日持仓量/合约挂牌期间最大持仓量。
③ 大豆为 1 月、3 月、5 月、7 月、11 月，2 号棉为 3 月、5 月、7 月、12 月，铜为 3 月、5 月、7 月、9 月、12 月。

用指标 2 统计上述 4 个品种 3 年间平均交割率，则分别为 2.77%、2.1%、0.11%、4.31%；4 个品种 3 年间交割率最大值分别为 4.27%、3.29%、0.2%、6.72%，最小值分别为 1.27%、1.39%、0、2.59%（见表 14）。

表 14　　2018—2020 年国外主要期货品种交割率统计（主力合约）

统计方式	品种	均值	最大值	最小值
按指标 1 统计	11 号糖	4.7%	13.1%	0.51%
	WTI 原油	5.2%	7.9%	2.06%
	亨利港天然气	1.6%	3.4%	0.63%
	大豆	0.04%	0.09%	0
	玉米	0.03%	0.06%	0.01%
	2 号棉	0.04%	0.14%	0
	铜	0.38%	0.82%	0.16%
按指标 2 统计	大豆	2.77%	4.27%	1.27%
	玉米	2.1%	3.29%	1.39%
	2 号棉	0.11%	0.2%	0
	铜	4.31%	6.72%	2.59%

注：指标 1 用最后交易日持仓量代表交割量；指标 2 用交割月前一个月的最后交易日持仓量代表交割量。
资料来源：Wind。

3. 从近 30 年的发展趋势来看，多数国际品种的交割量处于下降趋势

通过观察 WTI 原油、11 号原糖、2 号棉花、大豆、玉米、铜在 1995 年、2000 年、2005 年、2010 年、2015 年、2020 年这 6 个年份的累计交割量（全部按指标 1 统计），可以发现除了 11 号原糖外，其余 5 个品种在近 30 年中，交割量基本处于下降趋势当中（见图 14）。

（三）国内外同类期货品种相比，国内品种交割量较小、交割率较大

1. 从交割量看，国内外均上市的相同品种，大部分国内品种不及国外

从国内外期货市场均上市的期货品种来看，2018—2020 年，国内交割量最大的原油期货，3 年累计交割 1519.9 万吨，仅占 WTI 原油期货 11771.33 万吨的 13%；国内交割量最大的农产品期货，玉米期货 3 年累计交割 373 万吨，仅占 CBOT 玉米期货 3160 万吨（按指标 2 计算）的 12%；铜、糖、大豆期货的交割量也均不及国外品种（按指标 2 计算）。国内仅棉花期货交割量大于国外品种，3 年累计交割量 104.7 万吨，是 ICE 2 号棉花期货 4.33 万吨（按指标 2 统计）的 24 倍。

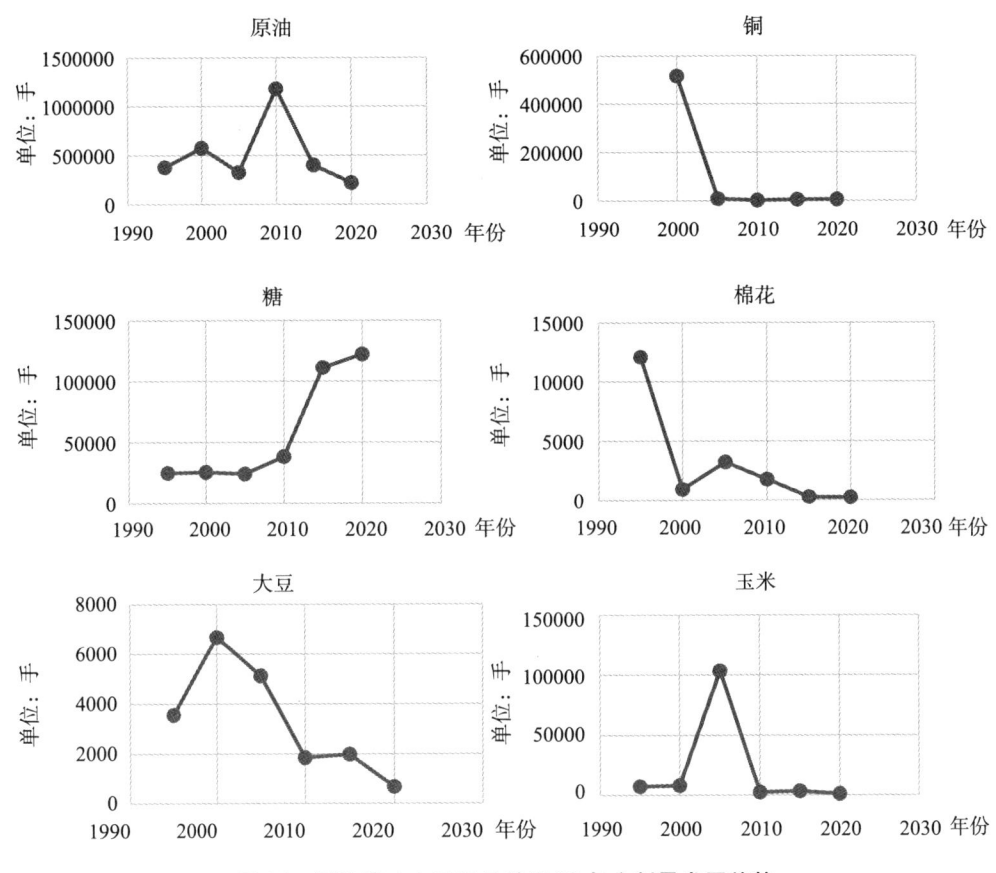

图 14　原油等 6 个国际品种近 30 年交割量发展趋势

资料来源：Wind。

表 15　　　　　　2018—2020 年国内外相同品种累计交割量对比　　　　　　单位：万吨

品种	国外（指标1）	国外（指标2）	国内
原油	11771.33	—	1519.9
铜	19.53	177.51	136.2
棉花	1.74	4.33	104.7
糖	1305.55	—	55.2
玉米	41.99	3160.62	373
大豆	40.99	2591.55	78.5

资料来源：Wind。

出现这种现象的主要原因：一是市场规模有一定差距，如 2021 年上半年，WTI 原油期货和 INE 原油期货分别累计成交 1.25 亿手、0.22 亿手；白糖和原糖期货分别累计成交 5600 万手和 1800 万手，约合 5.6 亿吨和 9.1 亿吨；DCE 豆一和 CBOT 大豆期货分别成交 2300 万手和 3000 万手，约合 2.3 亿吨和 40.8 亿吨；DCE 玉米期货和 CBOT 玉米期货分别成交 9600 万手和 5200 万手，约合 9.6 亿吨和 66 亿吨。二是在投资者结构方面,国内外市场也有一定差异,特别是大宗商品交易商在国内外市场的参与占比有较大差异。以11号原糖期货为例,常年参与该品种交割的企业,基本是具有产业背景的大宗商品交易商,其在有实际需求时,可以借助期货交割实现原糖的全球贸易(11号原糖期货在全球各产糖国均设有交割库,交割方式为车船板,交割的便利性十分高)。如11号原糖期货2110合约,单边交割22.56万吨,路易达孚是唯一的买方,丰益国际是主要的卖方(交货量16.4万吨)。由于大宗商品交易商本身企业规模较大(多是世界500强),所以只要出现交割机会,其交割的货物数量会远大于普通客户。

2. 从交割率看,国内外均上市的相同品种,大部分国内品种超过国外

2018—2020年,从国内外期货市场均上市的期货品种来看,国外品种不论按指标1或指标2计算,其主力合约平均交割率基本小于国内期货。其中,WTI原油期货、COMEX铜期货、ICE 2号棉期货、CBOT玉米和大豆期货,交割率(按指标2计算)分别为国内期货的53%、70%、3%、59%、46%。仅ICE 11号原糖期货交割率大于国内白糖期货,约为3.6倍(见表16)。

表16　　　　2018—2020年国内外相同品种主力合约平均交割率对比

品种	国外(指标1)	国外(指标2)	国内
原油	5.2%	—	9.79%
铜	0.38%	4.31%	6.17%
棉花	0.04%	0.11%	4.2%
糖	4.7%	—	1.3%
玉米	0.03%	2.1%	3.54%
大豆	0.04%	2.77%	5.99%

资料来源:Wind。

出现这种现象,我们认为国外品种作为全球定价基准,交割只是市场参与者利用期货的途径之一,且在这些品种上各类型(套保、投机)投资者充分参与,所以交割率较低。虽然国内期货市场经过30多年发展,部分成熟品种的国内定价能力、市场参与度在不断提高,但如原油、铜、大豆、原糖等品种的全球定价基准仍在国外市场。由于这些期货品种的价格具有较高的权威性,所以国际上具有产业或贸易背景的市场参与者,更多的是利用国外期货市场开展套期保值、基差点价等,参与实物交割是其利用期货市场的途径之一,但并不是主要途径。

"期货品种定价能力强,交割率不会太高"这一特点,在国内的棉花期货上也能体现,棉花期货近年来也一直保持一定的交割量,近3年半累计交割接近120万吨,但主力合约实际交割率不到2.5%,主要原因就是基差点价已经成为棉花贸易

中的主流模式，企业参与棉花期货，更多是利用期货套期保值和定价的功能，并不一定参与交割。

3. 国外品种交割量的连续性更好，WTI 原油期货最为明显

从 2018—2020 年的交割情况来看，不论是国外期货市场还是国内，大部分品种均是某个合约出现大规模交割，并非持续保持较大的交割量。但国内与国外品种仍有两个明显的区别：一是国外品种虽然会在某个合约出现大规模交割，但其他月份合约间的交割量不会有太大差距，交割量表现得更为"连续"。以 11 号原糖和白糖期货为例，11 号原糖期货，除 202005 合约和 202010 合约分别交割 224 万吨和 275 万吨外，其他合约交割量基本维持在 30 万吨至 90 万吨之间，不同合约间交割量均在一个数量级；国内白糖期货，除 201801 合约交割 28.86 万吨，其他合约交割量在 0.01 万吨至 8.79 万吨之间，不同合约间交割量相差几百倍。二是 WTI 原油期货的交割量，每个合约之间交割量相对稳定，2018—2020 年的 36 个合约中，35 个合约的交割量在 207 万吨至 473 万吨之间，仅出现负油价的 202005 合约交割量缩减至 178 万吨。

国外品种的合约连续性更好，客户可以方便地在近月合约进行套保，如果有交割需求可以直接进行交割。相较于国外，国内客户参与主力合约套保，由于时间跨度相对较大，价格不确定性更高，可能在合约到期时交割需求已经消失；同时非主力合约流动性相对较低，无法承载大量交割，这是造成国内品种交割量在合约间出现较大差距的主要原因。

八、主要结论和建议

（一）主要结论

1. 期货市场出现大交割是正常现象，大交割的出现表明现货市场存在突出的供需矛盾

从品种自身的交割情况来看，可能会存在部分月份合约的交割量比其他月份十分突出的情况，此时一般就认为是该品种在某个月份发生了"大交割"。如果某个合约的交割量突出，说明市场基本面出现了较为明显的供需矛盾，供求变动超出了正常水平，现货市场化解难度大（风险无法转移出去），才导致期货市场上出现了大交割现象。我们认为，如果大交割不是频繁出现，且出现大交割时期货市场没有发生明显风险事件，那么大交割就是一种市场自我调节的正常现象。

2. 大交割体现了期货市场"蓄水池"和"调节器"的作用

近年来，我国期货市场发展日趋成熟，市场流动性和产业参与度持续提升，布局合理的交割仓库和充沛的仓单资源，不仅发挥了现货蓄水池的作用和功能，还为产业链上下游企业提供了一个标准化、便利化的采销渠道，特别是在上下游供需错配时期，能够有效缓解供需矛盾，在稳定企业生产和商品价格方面发挥了重要作用。对于上游生产企业，通过期货仓单转让、质押、充抵（折抵）保证金等操作，能够实现资金回流的目的，大大减轻其资金压力。对于下游消费企业，只要手中握有期货仓单，在消费地有充足的交割资源，就能够帮助企业实现低库存运营，降低库存和资金压力，缺货时可以在交割库注销仓单来满足生产。此外，期货仓单还能够实现产业库存逐步显性化，有助于市场供需双方的价格发现。

3. 交割量大小与品种成熟程度有密切关系，一般会经历先上升后下降的过程

交割量与期货品种成熟度有关，这一点从国际市场品种发展历史可以得到印证。1964/1965 产季至 1986/1987 产季，CBOT 玉米、大豆期货年均交割量分别为 2000 万和 2400 万蒲式耳①，处于交割量较大的时期。近 30 年来，CBOT 玉米和大豆期货年均交割量分别约为 1600 万和 2200 万蒲式耳的水平，较 20 世纪 60—80 年代有所下降。同样如前文的分析，近 30 年来大部分国外期货品种的交割规模也在下降。据此，我们认为期货品种刚上市时，产业客户参与不够深入，大多处于观望状态，市场参与者较少，真正有交割需求的不多，交割量较少。随着期货品种的成熟和交易规则的完善，市场参与者会逐渐熟悉期货市场的运行机制和制度规则，逐渐发现交割在拓展购销货渠道、便利贸易活动等方面的作用，开始逐步参与交割。最后，随着品种真正进入成熟期，同时市场参与者综合利用期现两个市场的经验逐渐丰富，其参与期货市场主要利用定价和风险规避功能，期货品种交割量会有所下降并趋于稳定。

4. 国内期货市场交割量或将进一步提升，已经出现大交割的品种其未来交割量可能会打破原有纪录

决定期货品种交割量的主要因素，包括现货市场供需基本面的矛盾程度、期货品种的规模和流动性、期货市场参与者的体量、交割利润空间（期现货价格关系）。其中现货供需矛盾和交割利润空间，是时常存在且容易发生的。在此背景下，我们判断国内期货市场交割量仍会进一步提升，主要有两方面考虑：一是对于国内相对成熟的品种，目前，这些品种的交割量较国外仍有差距，限制因素是市场规模和参

---

① 数据引自《中国商品期货交割库研究》。

与者的体量,随着国内期货市场未来向好发展,产业链上下游龙头企业参与度进一步提升,带动期货市场规模扩大,这些品种交割量预计会进一步提升,甚至可能打破原有的纪录。二是对于新上市或处于发育状态的品种,从期货市场发展历史和规律来看,新品种从上市到发育成熟,交割量均会随着合约制度体系不断优化、市场参与者数量持续提升、市场规模逐步增加而增加。

5. 国内期货市场出现大交割,或与合约连续性不足存在一定关联

从交割数据来看,国外成熟市场主要品种基本能够实现月月有交割,且各个月份之间的交割量基本固定在某个范围内,不会有太大变化。这与我国期货市场只有主力合约才会出现一定规模的交割呈现出鲜明对比。同样在国内,有色金属类品种的合约连续性相对较好,如铝期货2020年的12个合约,有10个合约的交割量在4万吨至10万吨之间,交割量的分布相对均匀。基于此我们认为国内期货市场出现大交割,可能与合约连续性也存在一定关联,比如存在明显"159现象"的品种,市场参与者的交割需求集中在主力合约体现了出来,如果合约连续性较好,大交割发生的概率可能会降低。

6. 大交割的出现,给期货交割管理工作带来了一定挑战

首先,国内期货市场交割量与现货市场体量相比是较低的,当市场需求低迷,产业链下游企业需求不足,上游商品涌入期货市场,存在期货交割库容不足的风险。其次,从前文分析中可以看出,大交割一般集中在某个区域的几个,甚至一个交割库内,特别是如部分液体化工品,可能多个品种共用一个交割仓库。因此,大量的交割可能对卖方及时备货以及交割商品正常入库带来挑战。最后,交割量的放大,显然会加大交易所对交割仓库选择、交割流程监管、交割争议处理等各项交割工作的压力。

(二)相关建议

1. 加大力度培育我国的大宗商品交易商,丰富投资者类型,打造有质量的市场规模

目前在国内期货市场,产业企业、机构投资者等类型客户参与的比例较国外成熟市场仍有差距,这也是国内期货品种市场规模和交割量不及国外成熟品种的主要原因。特别是产业企业中,具有现货背景的大宗商品交易商的参与度需要进一步提升,其对促进相关品种的期现货市场融合,助力提升行业整体竞争力有较好的帮助。如路易达孚是国内较早进行基差报价的企业,并一直致力于在行业内推广基差贸易。

目前国内棉花现货贸易超过 90% 都是基差交易，与路易达孚等大宗商品交易商早期在行业内的积极推广有一定关系。因此，建议加大对大宗商品交易商的市场培育工作，特别是支持如中粮、厦门国贸等国内大型贸易商，以及期货风险管理子公司等机构，在自身参与利用期货市场同时，发挥自身专业分析和定价能力，为行业内其他实体企业提供个性化风险解决方案，这样既能带动整个行业发展，提升产业稳定性，又能促进期货市场实现有质量的市场规模。

2. 进一步促进合约连续活跃，提高实体企业近月套保、交割的便利性

截至 2020 年末，国内 4 家期货交易所共计有 46 个期货品种实施了做市商制度，但近月合约不活跃、活跃合约不连续等问题还未得到根本改观，部分品种产业客户特别是生产企业参与较少，合约活跃过度依赖做市商、活跃态势缺乏稳定性。因此，为进一步便利产业企业套保和交割需求，提升其参与近月合约的便利性，一是建议吸引更多类型投资者参与近月合约，在现有基础上进一步探索扩大做市商主体资格范围，吸引包括私募机构等做市意愿和能力较强的多种主体参与做市业务，丰富做市商结构，强化做市商竞争。二是建议加强规则制度创新，探索在场外建立交割做市商制度，吸引大型生产企业或贸易商，发挥其现货消化能力和资金优势，为其他客户提供仓单买卖报价和串换服务，破解客户近月交割和接收仓单的疑虑，提高近月合约流动性。

3. 多措并举提升国内期货市场对外开放程度，探索期货交割国际化

从国外期货市场交割情况来看，如果一个品种的合约面向全球投资者，同时交割环节能够便利实物贸易的开展，那么这个品种的交割量便不会小。最明显的是 11 号原糖期货，其在全球主要产糖国港口均设有交割点，各产糖国的原糖均可以参与交割，该品种的交割量明显大于 16 号原糖（美国糖）。基于此，国内期货品种想要进一步提升在全球的影响力和定价中心建设，服务全球贸易，需要多种方式进一步推动品种国际化，同时做好境外交割服务。一是建议进一步扩大特定品种范围，推动我国进出口量较大、具有国际化潜力的品种实现对外开放。二是创新品种国际化路径，探索期货交割国际化，借鉴国内原油期货的先行经验，推进其他品种开展境外交收等创新举措。

4. 结合市场和品种发展实际，适时扩大交割库容和仓库布局

当前，国内期货市场仍处于快速发展期，可以预见的是，随着未来市场规模进一步扩大，交割量也会进一步提升。同时，在全球各国宽松的货币政策，大宗商品生产国和消费国疫情恢复的分化和错位等背景下，大宗商品价格维持较大幅度波动

的状态预计仍会延续一段时期，反映在期货市场就是市场分歧较大、品种持仓量提升，进而带动交割量创新高。此外，近年来国内部分大宗商品产能高速增长，行业整体呈现供过于求局面；在此背景下，交割仍将作为实体企业现货销售的补充渠道；期货仓单由于具备良好的流动性和数量质量保障，实体企业借助期货仓单进行融资的需求也会提升。因此，建议根据市场和品种发展实际，适时增加交割库容或扩展仓库布局，特别是对于交割库容容易紧张的液体化工品种，可以研究制定弹性库容调整机制和预案（如临时存货点），在不干扰市场运行的前提下，满足市场交割需求，及时规避可能发生的交割风险。

5. 进一步加强交割仓库科技监管，保障交割商品数量质量安全

近年来，国内期货市场不仅交割量和交割仓库数量在快速增加，而且一些品种的期货仓单注册量也创新高，期货交易所维护交割商品数量质量安全的难度也随之增大。目前，国内交易所已通过加强现场检查、建立远程视频监控系统、手机视频实时监控、建立会员协助巡库、聘请第三方专业机构查库等措施，不断建立健全保证交割商品安全的工作机制。但市场上发生的一些仓储风险事件表明，现有主要依靠人力的风险防控措施，在确保交割商品安全方面还存在漏洞和潜在风险点。建议加强交割仓库科技监管，构建基于物联网、大数据、区块链等技术的交割仓库智能监管平台，完善全天候、远距离、全覆盖、保货权的远程监管方式。初期可以选择一批资金实力较好的交割库，试点软硬件升级改造与数据接入工作，同时及时制定交割仓库科技监管建设指导标准，待试点成熟后，稳步向其他非试点交割仓库推广。

参考文献

[1] 常远. 中国期货史 [M]. 天津：天津古籍出版社，2011.

[2] 安妮·派克等. 期货交割 [M]. 北京：中国财政经济出版社，1998.

[3] 荆林波. 中国商品期货交割 [M]. 北京：中国财政经济出版社，2000.

[4] 陶琲等. 中国期货市场理论问题研究 [M]. 北京：中国财政经济出版社，1997.

[5] 谢灵斌. 基于制度变迁的我国商品期货交割演进分析 [J]. 西部论坛，2015，25 (3)：38 - 45.

[6] 谢灵斌. 我国商品期货交割历史考察：1992 - 2014 [J]. 商业研究，2015 (10)：32 - 38.

[7] 童波. 流通成本变化下的商品期货交割研究 [N]. 期货日报，2012 - 12 - 26 (004).

[8] 乔林生. 期货交割, 如何更利于期现融通？[N]. 期货日报, 2014-08-18 (001).

[9] 霍瑞戎. 期货交割理论的演变及我国期货市场的选择 [J]. 北京工商大学学报 (社会科学版), 2009 (1): 53-57.

[10] 荆林波. 期货交割研究的几个问题 [J]. 首都经济贸易大学学报, 1999 (4): 69-72.

[11] 霍瑞戎. 期货交割制度设计须考虑的基本因素 [J]. 中国证券期货, 2008 (8): 34-40.

[12] 杨玉川等. 现代期货期权创新与风险管理 [M]. 北京: 经济管理出版社, 2002.

[13] Gray R W, Peck A E. The Chicago wheat futures market: recent problems in historical perspective [J]. Food Research Institute Studies, 1981, 18 (1387-2016-116235): 89-115.

[14] Peck A E, Williams J C. Deliveries on commodity futures contracts [J]. Economic Record, 1992, 68: 63-74.

[15] Peck A E, Williams J C. Delivieries on Chicago Board of Trade Wheat, Corn, and Soybean Futures Contracts, 1964/65-1988/89 Chapter 4: Economic Determinants of the Amount, Timing, and Location of Deliveries [J]. Food Research Institute Studies, 1991, 22 (1387-2016-116115): 173-193.

[16] 霍瑞戎. 现货市场对期货交割的影响分析 [J]. 期货与金融衍生品, 2009 (1).

[17] Hieronymus, T. A. (1977). Economics of futures trading for commercial and personal profit.

[18] Lien, D. H. D. (1988). Hedger response to multiple grades of delivery on futures markets. Journal of Futures Markets, 8 (6): 687-702.

[19] Adam-Müller, A. F., & Wong, K. P. (2003). The impact of delivery risk on optimal production and futures hedging. Review of Finance, 7 (3): 459-477.

[20] Chua, H. W., & Tomek, W. G. (2010). On the relationship of expected supply and demand to futures prices (No. SP 2010-01). Staff Paper.

[21] Symeonidis, L., Prokopczuk, M., Brooks, C., & Lazar, E. (2012). Futures basis, inventory and commodity price volatility: An empirical analysis. Economic Modelling, 29 (6): 2651-2663.

[22] 张茂军, 王文华. 库存对商品期货基差的影响: 理论与中国的实证检验 [J]. 金融理论与实践, 2014 (11): 81-85.

[23] 周小球. 农产品期货交割情况与其期价联动研究 [J]. 饲料广角, 2007 (20): 18-20, 37.

[24] 崔迎秋. 期货实物交割的性质新论 [J]. 特区经济, 2006 (7): 357-358.

[25] 赵广文, 王国顺. 期货市场投机性需求与实物交割的关系 [J]. 金融与经济, 2011 (3): 55-56, 63.

[26] 李燕杰. "去产能"时代利用期货工具提升竞争力——浅谈钢铁企业利用期货工具抗风险、增利润应注意的几点问题 [J]. 冶金管理, 2016 (1): 29-33.

附表1　　　　我国商品期货交易所主要商品品种近3年交割量　　　　单位: 万吨

交易所	品种	2018—2020年均值	2018年	2019年	2020年	2021年H1
上期所	原油	506.70	39.00	241.30	1239.60	229.70
	铝	105.10	151.50	94.60	69.20	22.70
	铜	45.40	50.20	38.40	47.60	25.60
	燃料油	45.00	—	19.50	70.50	25.80
	热轧板	28.90	25.40	25.90	35.40	55.00
	石油沥青	26.00	16.60	11.50	50.00	35.00
	锌	21.90	13.80	27.80	24.20	8.20
	天然橡胶	20.39	22.28	23.46	15.44	3.74
	螺纹钢	18.47	7.92	29.28	18.21	17.61
	铅	13.80	11.10	14.80	15.60	17.90
	20号胶	11.57	—	0.00	11.57	3.40
	纸浆	9.91	0.00	7.05	22.69	32.07
	镍	7.00	3.90	6.80	10.30	1.80
	不锈钢	3.08	—	0.00	3.08	22.39
	锡	1.00	0.91	0.81	1.29	1.25
	白银	0.12	0.05	0.07	0.25	0.15
	黄金	0.0003	0.0005	0.0002	0.0003	0.0002
	低硫燃料油	0.00	—	—	0.00	21.11
郑商所	动力煤	446.10	394.10	338.10	606.00	124.00
	PTA	87.20	64.80	62.50	134.30	84.20
	棉花	34.90	26.90	28.30	49.50	14.30
	菜籽油	29.60	37.50	43.30	7.90	9.20
	纯碱	25.40	—	—	25.40	27.30

续表

交易所	品种	2018—2020年均值	2018年	2019年	2020年	2021年H1
郑商所	甲醇	24.70	7.10	21.60	45.50	7.50
	白糖	18.40	42.40	7.30	5.50	16.60
	平板玻璃	8.80	10.20	3.20	13.00	3.80
	硅铁	8.50	3.50	4.00	18.00	4.30
	尿素	7.70	—	—	7.70	10.00
	菜籽粕	7.60	13.70	3.00	6.10	8.10
	锰硅	6.20	4.50	3.00	11.10	10.60
	苹果	0.70	0.58	0.78	0.74	0.41
	红枣	0.21	—	0.05	0.38	0.38
	短纤	—	—	—	—	2.47
大商所	玉米	124.3	91.8	152.4	128.8	95.1
	豆油	44	51	60.3	20.7	6.5
	豆一	26.2	39.8	27.1	11.6	16.8
	焦煤	24.20	27.00	10.80	34.80	33.60
	焦炭	23.73	40.70	19.90	10.60	26.70
	豆粕	18.3	19.3	15	20.5	8.1
	铁矿石	16.9	19.6	11.4	19.8	8.3
	聚氯乙烯	12.1	7.5	15	13.7	31.6
	乙二醇	11.4	0	17.8	16.3	5.3
	棕榈油	11.3	7.3	16.3	10.4	7.6
	苯乙烯	9.11	—	—	9.11	7.05
	液化石油气	8.30	—	—	8.30	15.31
	聚丙烯	6.9	5.9	7.4	7.4	5.2
	玉米淀粉	6.7	5.7	7	7.3	7.1
	聚乙烯	3.11	2.81	3.06	3.46	4.26
	鸡蛋	0.47	0.26	0.40	0.75	0.68

注：1. 近3年均值为2018—2020年各品种年度交割量的平均数。

2. 为便于不同交易所间的比较，上述商品期货交割量均按交易单位换算为重量；其中，原油合约单位为1000桶/手，表中按照7.3桶=1吨进行折算。

资料来源：上期所、郑商所、大商所。

附表2 我国商品期货交易所主要商品品种 1801—2106 合约交割率

单位:%

	上期所											郑商所									大商所									
合约	镍	铝	锌	铜	铅	热轧卷板	石油沥青	燃料油	原油	银	白糖	棉花	菜籽油	菜籽粕	动力煤	甲醇	PTA	硅铁	锰硅	平板玻璃	纯碱	尿素	豆一	豆油	豆粕	玉米	玉米淀粉	铁矿石	棕榈油	聚氯乙烯	聚丙烯	乙二醇
1801	5.4	11.0	0.9	3.7	8.7	1.5	60.5	0.0	-	92.1	7.6	2.7	3.2	1.9	4.8	1.0	3.4	1.0	7.0	1.2	-	-	7.2	2.2	0.0	2.3	0.8	0.2	0.5	3.7	1.0	-
1802	17.5	8.1	3.2	5.1	8.9	0.0	20.0	0.0	-	66.2	-	-	-	-	0.0	9.6	33.3	9.3	0.0	0.0	-	-	-	-	-	-	-	0.0	0.0	0.0	0.0	-
1803	54.3	11.3	1.8	8.3	8.5	0.0	8.7	0.0	-	93.4	1.0	36.1	42.9	1.0	6.5	12.6	13.7	0.0	0.0	0.0	-	-	35.6	8.9	15.9	34.1	31.3	26.3	0.0	0.0	0.0	-
1804	0.0	18.2	3.8	9.6	9.1	0.0	0.0	0.0	-	100	-	-	-	-	0.0	25.6	50.0	48.8	0.0	25.0	-	-	-	-	-	-	-	0.0	0.0	0.0	8.3	-
1805	3.3	17.7	0.9	10.5	4.9	0.7	6.5	0.0	-	32.6	3.0	3.1	4.7	0.6	6.2	0.2	6.9	1.6	2.0	0.8	-	-	9.7	4.8	0.2	0.3	0.1	1.1	1.1	0.9	0.6	-
1806	10.2	17.4	2.1	14.0	5.5	0.0	1.3	0.0	-	3.6	-	-	-	-	0.0	0.0	16.3	72.4	0.0	0.0	-	-	-	-	-	-	-	0.0	0.0	0.0	0.0	-
1807	2.7	17.6	0.5	12.9	5.4	10.0	0.0	0.0	-	42.7	22.5	45.4	0.0	3.4	2.3	0.0	6.2	73.1	2.0	2.3	-	-	75.7	31.6	1.9	5.2	3.5	1.0	0.0	0.0	50.0	-
1808	37.8	18.2	1.2	5.5	4.2	0.0	0.0	0.0	-	100	-	-	-	1.2	2.2	0.0	80.2	38.9	0.0	61.3	-	-	-	0.0	34.3	-	-	0.0	0.0	0.0	18.9	-
1809	1.2	19.7	0.9	3.8	4.0	21.6	27.6	5.0	2.7	100	1.4	4.4	9.5	0.1	2.2	0.4	0.4	1.9	4.1	0.1	-	-	6.0	4.1	0.5	6.5	2.0	0.3	0.8	0.6	0.4	-
1810	1.8	19.3	5.7	6.2	2.9	1.4	18.2	41.2	25.3	93.3	-	-	-	-	0.0	21.2	82.3	0.0	0.0	0.0	-	-	-	-	-	-	-	0.0	0.0	0.0	0.0	-
1811	2.4	16.0	1.7	3.5	3.8	47.4	0.0	23.1	12.9	49.3	14.5	29.7	0.0	0.0	14.1	0.0	9.5	14.9	1.4	0.0	-	-	141.9	42.9	4.7	102.7	-	3.6	0.0	40.0	0.0	-
1812	4.7	14.9	0.5	2.5	10.5	31.5	1.1	87.5	8.5	2.8	-	-	-	-	0.0	0.0	24.5	0.0	0.0	0.0	-	-	-	42.9	0.0	-	-	0.0	0.0	0.0	0.0	-
1901	1.6	13.0	0.5	1.1	14.0	0.9	0.0	6.7	12.0	40.6	10.1	1.0	10.2	0.1	3.1	0.5	2.1	1.4	0.0	0.3	-	-	7.4	4.6	0.3	3.5	1.8	0.2	1.2	0.1	0.8	-
1902	8.6	16.2	4.0	12.2	7.7	84.2	47.2	23.1	3.5	100	-	-	-	-	0.0	31.3	18.0	50.0	4.1	0.0	-	-	-	-	-	-	-	0.0	0.0	15.0	0.0	-
1903	4.4	21.9	7.8	18.0	7.2	0.0	0.0	0.3	2.9	37.5	44.9	23.9	0.0	0.0	14.2	20.4	20.7	0.0	0.0	0.1	-	-	94.3	65.7	1.4	21.8	58.8	0.0	0.0	0.0	0.0	-
1904	5.9	25.0	5.8	8.8	7.3	44.8	52.2	87.5	5.3	77.1	-	-	-	-	0.0	0.3	100	20.7	0.0	0.1	-	-	-	-	-	-	-	0.0	0.0	0.0	0.0	-
1905	1.5	17.7	3.4	6.4	5.3	1.0	0.0	6.7	10.2	58.0	1.4	4.5	6.5	0.2	4.1	0.3	9.0	3.4	1.4	0.8	-	-	9.0	4.1	0.1	8.7	2.5	0.4	2.5	4.5	1.4	6.4
1906	5.5	8.5	7.3	3.0	6.0	0.0	1.1	66.4	10.8	2.2	-	-	-	-	0.0	90.0	0.4	37.5	0.0	0.0	-	-	-	42.9	0.0	-	-	5.9	0.0	0.0	1.1	0.0
1907	6.1	4.4	3.1	2.1	11.9	0.0	0.0	4.6	2.3	59.0	10.1	28.9	0.0	0.1	3.6	0.0	9.7	50.0	0.0	98.1	-	-	64.7	0.0	1.7	15.1	5.3	0.8	0.0	0.0	0.0	0.0
1908	5.7	5.3	2.1	3.1	7.8	97.2	32.7	72.0	3.5	36.6	-	-	-	-	4.8	0.2	25.3	4.8	0.0	0.0	-	-	-	44.4	0.4	-	-	0.8	0.0	2.6	7.1	0.0
1909	4.1	8.6	2.0	2.3	5.8	86.5	0.0	0.3	2.9	43.0	0.3	2.6	6.4	0.3	0.0	0.7	1.5	0.3	0.3	0.1	-	-	7.9	5.7	0.4	4.4	0.6	0.2	1.3	33.3	0.5	1.1
1910	4.2	5.0	2.4	4.5	5.0	3.3	32.7	0.0	10.3	87.5	-	-	-	-	0.0	0.2	0.3	0.1	0.0	0.0	-	-	-	-	-	-	-	1.3	0.0	0.0	0.0	23.9
1911	7.5	8.9	1.8	3.3	13.9	100	0.0	0.0	1.5	80.2	4.1	8.1	0.0	1.2	7.6	5.7	4.0	0.3	0.0	0.0	-	-	47.1	28.6	0.0	5.2	0.0	1.3	0.0	0.0	0.0	22.4

续表

合约	上期所										郑商所													大商所									
	镍	铝	锌	铜	铅	热轧卷板	石油沥青	燃料油	原油	银	白糖	棉花	菜籽油	菜籽粕	动力煤	甲醇	PTA	硅铁	锰硅	平板玻璃	纯碱	尿素	豆一	豆油	豆粕	玉米	玉米淀粉	铁矿石	棕榈油	聚氯乙烯	聚丙烯	乙二醇
1912	1.0	2.2	0.5	2.5	7.1	29.1	0.2	0.0	10.5	4.6	-	-	-	-	0.0	0.0	0.2	0.0	0.0	0.0	-	-	-	40.0	1.2	-	-	1.7	0.0	0.0	0.0	8.9
2001	6.7	11.2	1.9	5.4	7.5	1.5	30.2	2.1	18.7	48.0	0.2	0.9	0.7	0.3	5.7	0.1	3.3	7.4	2.1	0.2	-	1.0	6.0	0.5	0.2	0.9	1.1	0.4	1.0	3.4	0.5	0.0
2002	6.1	14.8	7.3	14.2	9.2	21.1	97.9	100	5.1	6.9	-	-	-	-	0.0	10.5	0.6	100	0.0	0.0	-	20.7	-	0.4	-	-	7.3	0.7	0.0	0.0	11.5	1091.7
2003	3.0	14.7	6.9	16.0	6.7	27.5	89.7	8.7	5.8	53.8	2.3	2.3	0.2	4.4	5.1	1.5	48.5	0.0	0.0	0.0	-	0.0	83.7	-	0.4	2.7	-	1.5	0.0	0.0	33.7	69.6
2004	4.5	13.7	7.6	9.7	0.8	21.9	51.5	4.6	7.9	9.3	0.8	3.6	1.5	0.4	0.0	0.0	9.8	0.0	0.0	0.0	-	0.0	-	1.3	-	-	3.8	24.7	0.0	3.3	16.4	2.6
2005	9.6	8.8	2.8	3.8	0.2	7.2	76.7	1.8	14.8	43.8	-	-	-	-	10.2	2.6	7.6	2.5	7.1	1.7	3.8	1.9	1.0	-	0.1	6.9	-	0.2	0.5	0.7	0.3	2.1
2006	8.7	2.6	3.6	6.8	7.4	100	3.6	5.5	18.6	4.1	-	3.8	3.2	3.3	0.0	100	36.7	64.9	20.1	0.0	78.0	22.4	-	0.1	-	-	-	10.1	0.0	2.2	5.6	14.7
2007	8.4	5.7	3.6	2.9	22.9	100	19.1	6.0	15.8	2.4	0.8	15.4	-	37.6	14.1	12.1	18.5	19.3	7.0	1.1	83.9	0.0	4.6	28.6	5.7	15.3	-	10.4	0.0	2.4	28.4	9.5
2008	8.0	7.3	4.5	2.6	8.4	100	7.9	4.8	25.5	7.7	-	-	1.3	1.0	0.0	22.6	87.2	4.2	10.8	0.7	26.0	72.7	-	3.5	5.6	-	0.0	17.3	0.0	1.6	0.2	1.7
2009	18.5	8.3	2.3	3.4	11.5	60.8	8.4	1.1	20.1	48.4	-	-	-	-	4.8	0.4	1.8	8.0	2.6	0.1	1.9	1.1	0.8	17.4	0.3	1.3	3.4	0.5	0.0	3.5	1.1	2.3
2010	4.8	6.6	1.7	5.2	7.8	0.8	16.4	9.1	13.9	31.5	1.8	10.5	4.6	6.1	19.4	10.9	65.4	4.0	15.0	0.7	25.4	44.4	6.8	3.7	-	-	-	15.9	1.3	13.3	12.2	12.8
2011	4.1	6.9	1.7	1.3	8.7	100	51.6	49.8	15.4	5.1	-	-	-	-	2.9	4.0	18.6	11.5	6.6	0.0	7.0	24.1	-	1.4	6.1	60.3	4.7	8.4	0.4	6.5	4.5	10.8
2012	5.1	0.5	1.7	1.5	12.4	89.6	2.7	63.5	12.7	7.9	-	0.3	0.1	-	21.6	4.7	24.6	28.8	32.9	0.4	15.0	6.6	3.4	-	110.1	-	-	99.8	97.9	0.0	6.4	26.9
2101	12.3	1.9	2.2	1.5	9.9	6.3	6.6	2.0	7.9	10.1	-	-	-	-	0.0	0.0	0.7	0.3	0.6	0.0	2.0	0.2	-	3.7	0.6	2.9	3.2	0.7	0.2	7.4	0.2	0.8
2102	1.4	3.5	2.0	2.6	5.3	12.6	5.7	77.1	5.1	13.9	1.8	1.4	1.0	0.2	0.0	0.2	2.1	2.6	20.0	0.3	0.4	1.6	-	1.4	-	-	12.6	0.9	18.2	26.7	0.4	1.8
2103	1.7	7.9	3.9	10.8	14.4	17.6	5.9	23.2	1.8	13.9	-	-	-	-	0.1	0.1	5.9	0.9	3.3	0.3	0.5	1.2	17.9	7.5	11.0	30.5	-	3.8	4.3	39.7	11.0	4.3
2104	1.2	2.9	5.9	6.2	18.0	7.0	1.7	92.7	3.4	9.8	-	-	0.4	0.1	0.6	0.3	3.1	1.9	1.9	0.3	0.0	0.0	7.8	-	0.7	1.4	3.4	5.4	0.0	65.0	8.1	1.5
2105	1.4	5.6	2.5	6.5	12.8	2.2	0.2	1.1	2.9	8.9	0.2	-	-	-	0.0	0.0	0.3	0.2	0.8	0.0	0.0	0.1	-	0.4	-	-	-	1.2	0.4	3.8	1.2	0.5
2106	0.8	1.1	1.0	6.3	14.7	9.7	2.7	4.7	11.8	3.7	-	-	-	-	0.0	0.0	3.4	4.8	8.3	0.0	1.7	0.0	-	-	-	-	-	1.5	0.0	25.2	3.3	2.4

资料来源：上期所、郑商所、大商所。

附表3　　　　　　　　　2018—2020年国外主要品种交割量统计　　　　　　　单位：万吨

品种	合约及交割量（按指标1统计）										
11号糖	201803	201805	201807	201810							
	95	136	49	38							
	201903	201905	201907	2019010							
	112	9	213	31							
	202003	202005	202007	202010							
	98	224	25	275							
WTI原油	201801	201802	201803	201804	201805	201806	201807	201808	201809	201810	201811	201812
	407	458	420	391	351	338	347	240	347	358	340	354
	201901	201902	201903	201904	201905	201906	201907	201908	201909	201910	201911	201912
	403	423	406	256	420	282	291	267	473	279	347	292
	202001	202002	202003	202004	202005	202006	202007	202008	202009	202010	202011	202012
	307	432	252	246	178	318	269	240	280	253	207	299
天然气	201801	201802	201803	201804	201805	201806	201807	201808	201809	201810	201811	201812
	222	194	144	107	82	99	77	81	79	134	89	163
	201901	201902	201903	201904	201905	201906	201907	201908	201909	201910	201911	201912
	131	127	133	102	111	96	80	84	109	83	78	104
	202001	202002	202003	202004	202005	202006	202007	202008	202009	202010	202011	202012
	74	100	97	56	50	36	72	46	54	42	69	55

品种	合约及交割量（按指标1统计：最后交易日持仓量代表交割量）						
大豆	201801	201803	201805	201807	201808	201809	201811
	1.52	0.84	1.10	1.99	1.12	1.42	5.59
	201901	201903	201905	201907	201908	201909	201911
	2.08	3.06	3.24	1.85	2.14	2.48	3.28
	202001	202003	202005	202007	202008	202009	202011
	0.45	3.10	0.82	0.22	1.86	0.22	2.61
玉米	201803	201805	201807	201809	201812		
	2.38	4.25	2.91	1.14	4.71		
	201903	201905	201907	201909	201912		
	2.96	1.37	5.50	1.57	2.10		
	202003	202005	202007	202009	202012		
	3.20	0.79	1.60	4.72	2.78		

续表

品种	合约及交割量（按指标1统计：最后交易日持仓量代表交割量）											
2号棉	201803	201805	201807	201810	201812							
	0.04	0.03	0.26	0.05	0.17							
	201903	201905	201907	201910	201912							
	0.09	0.39	0.01	0.00	0.16							
	202003	202005	202007	202010	202012							
	0.07	0.00	0.22	0.16	0.08							
铜	201801	201802	201803	201804	201805	201806	201807	201808	201809	201810	201811	201812
	0.13	0.24	0.34	0.34	0.49	0.92	1.31	0.38	0.95	0.26	0.48	0.98
	201901	201902	201903	201904	201905	201906	201907	201908	201909	201910	201911	201912
	1.14	0.78	0.75	0.95	0.43	0.41	0.65	0.42	0.40	0.41	0.37	0.33
	202001	202002	202003	202004	202005	202006	202007	202008	202009	202010	202011	202012
	0.37	0.28	0.42	0.82	0.71	0.73	0.61	0.24	0.29	0.13	0.32	0.74

品种	合约及交割量（按指标2统计：交割月前一个月的最后交易日持仓量代表交割量）						
大豆	201801	201803	201805	201807	201808	201809	201811
	159	215	186	127	148	54	199
	201901	201903	201905	201907	201908	201909	201911
	161	136	148	156	96	80	139
	202001	202003	202005	202007	202008	202009	202011
	85	63	60	116	64	24	176
玉米	201803	201805	201807	201809	201812		
	280	210	234	152	208		
	201903	201905	201907	201909	201912		
	260	141	368	123	231		
	202003	202005	202007	202009	202012		
	288	125	182	123	237		
2号棉	201803	201805	201807	201810	201812		
	0.26	0.24	0.50	0.10	0.54		
	201903	201905	201907	201910	201912		
	0.22	0.55	0.04	0.00	0.66		
	202003	202005	202007	202010	202012		
	0.16	0.00	0.48	0.16	0.43		

续表

品种	合约及交割量（按指标2统计：交割月前一个月的最后交易日持仓量代表交割量）											
铜	201801	201802	201803	201804	201805	201806	201807	201808	201809	201810	201811	201812
	2.87	4.62	11.62	3.16	7.86	2.96	10.12	3.46	7.95	3.22	3.47	6.52
	201901	201902	201903	201904	201905	201906	201907	201908	201909	201910	201911	201912
	3.94	3.72	5.83	2.54	7.20	3.60	7.01	4.01	6.08	3.03	2.75	5.71
	202001	202002	202003	202004	202005	202006	202007	202008	202009	202010	202011	202012
	4.24	2.52	6.53	3.35	4.41	2.96	7.81	3.34	6.62	2.81	2.60	7.04

资料来源：Wind。

附表4　　2018—2020年国外主要品种交割率统计　　单位：万吨

品种	合约及交割率（按指标1统计）											
11号糖	201803	201805	201807	201810								
	4.27%	5.87%	1.82%	1.37%								
	201903	201905	201907	2019010								
	4.53%	0.51%	9.25%	1.12%								
	202003	202005	202007	202010								
	3.50%	9.34%	1.31%	13.06%								
WTI原油	201801	201802	201803	201804	201805	201806	201807	201808	201809	201810	201811	201812
	5.00%	6.57%	4.79%	5.66%	4.80%	4.32%	4.71%	3.86%	5.29%	6.30%	5.77%	5.30%
	201901	201902	201903	201904	201905	201906	201907	201908	201909	201910	201911	201912
	6.60%	7.65%	5.81%	4.60%	7.06%	4.34%	4.77%	5.63%	7.89%	5.26%	6.15%	4.70%
	202001	202002	202003	202004	202005	202006	202007	202008	202009	202010	202011	202012
	4.73%	6.92%	3.79%	4.18%	2.06%	4.01%	4.77%	5.61%	4.37%	4.87%	4.05%	5.13%
天然气	201801	201802	201803	201804	201805	201806	201807	201808	201809	201810	201811	201812
	2.89%	2.60%	2.00%	1.72%	1.07%	1.79%	1.24%	1.97%	1.35%	2.92%	1.44%	3.30%
	201901	201902	201903	201904	201905	201906	201907	201908	201909	201910	201911	201912
	2.45%	3.35%	2.13%	2.29%	2.08%	1.63%	1.08%	1.17%	1.20%	1.00%	1.16%	1.61%
	202001	202002	202003	202004	202005	202006	202007	202008	202009	202010	202011	202012
	0.91%	1.43%	0.84%	0.63%	0.73%	0.73%	1.01%	0.82%	0.80%	0.92%	1.21%	1.57%

品种	合约及交割率（按指标1统计：最后交易日持仓量代表交割量）						
大豆	201801	201803	201805	201807	201808	201809	201811
	0.03%	0.02%	0.02%	0.03%	0.09%	0.15%	0.09%
	201901	201903	201905	201907	201908	201909	201911
	0.05%	0.07%	0.07%	0.03%	0.15%	0.24%	0.06%
	202001	202003	202005	202007	202008	202009	202011
	0.01%	0.06%	0.02%	0.00%	0.15%	0.03%	0.05%

续表

品种	合约及交割率（按指标1统计：最后交易日持仓量代表交割量）										
玉米	201803	201805	201807	201809	201812						
	0.02%	0.04%	0.03%	0.01%	0.04%						
	201903	201905	201907	201909	201912						
	0.03%	0.01%	0.05%	0.02%	0.02%						
	202003	202005	202007	202009	202012						
	0.03%	0.01%	0.02%	0.06%	0.03%						
2号棉	201803	201805	201807	201810	201812						
	0.01%	0.01%	0.08%	10.78%	0.04%						
	201903	201905	201907	201910	201912						
	0.03%	0.14%	0.01%	0.35%	0.05%						
	202003	202005	202007	202010	202012						
	0.02%	0.00%	0.09%	39.11%	0.03%						
铜	201801	201802	201803	201804	201805	201806	201807	201808	201809	201810	201811	201812
	2.86%	3.42%	0.17%	6.65%	0.29%	14.89%	0.82%	5.61%	0.48%	4.75%	12.16%	0.56%
	201901	201902	201903	201904	201905	201906	201907	201908	201909	201910	201911	201912
	17.19%	19.84%	0.46%	23.55%	0.28%	7.35%	0.39%	7.26%	0.21%	9.43%	8.28%	0.16%
	202001	202002	202003	202004	202005	202006	202007	202008	202009	202010	202011	202012
	6.24%	7.85%	0.22%	17.40%	0.42%	18.00%	0.53%	5.93%	0.21%	3.50%	10.42%	0.44%

品种	合约及交割率（按指标2统计：交割月前一个月的最后交易日持仓量代表交割量）						
大豆	201801	201803	201805	201807	201808	201809	201811
	3.53%	4.27%	3.35%	2.10%	11.32%	5.57%	3.28%
	201901	201903	201905	201907	201908	201909	201911
	3.72%	2.91%	3.28%	2.63%	6.80%	7.74%	2.70%
	202001	202003	202005	202007	202008	202009	202011
	1.83%	1.27%	1.28%	2.62%	5.21%	2.92%	3.09%
玉米	201803	201805	201807	201809	201812		
	2.56%	2.19%	2.21%	1.81%	1.63%		
	201903	201905	201907	201909	201912		
	2.40%	1.39%	3.29%	1.73%	1.97%		
	202003	202005	202007	202009	202012		
	2.84%	1.55%	2.22%	1.48%	2.27%		

续表

品种	合约及交割率（按指标2统计：交割月前一个月的最后交易日持仓量代表交割量）										
2号棉	201803	201805	201807	201810	201812						
	0.06%	0.08%	0.15%	20.59%	0.12%						
	201903	201905	201907	201910	201912						
	0.07%	0.20%	0.02%	0.35%	0.20%						
	202003	202005	202007	202010	202012						
	0.06%	0.00%	0.20%	39.11%	0.15%						
铜	201801	201802	201803	201804	201805	201806	201807	201808	201809	201810	201811	201812
	65.22%	65.93%	5.78%	62.02%	4.59%	48.08%	6.34%	51.62%	4.01%	59.97%	88.36%	3.74%
	201901	201902	201903	201904	201905	201906	201907	201908	201909	201910	201911	201912
	59.39%	94.59%	3.53%	63.30%	4.74%	64.64%	4.20%	68.70%	3.24%	69.55%	61.68%	2.69%
	202001	202002	202003	202004	202005	202006	202007	202008	202009	202010	202011	202012
	72.03%	70.28%	3.38%	70.90%	2.59%	72.51%	6.72%	81.26%	4.92%	76.25%	85.44%	4.16%

资料来源：Wind。

中期协联合研究计划（第十四期）项目

大宗商品期货价格影响力评估指标体系研究

课题负责单位：上海期货与衍生品研究院有限责任公司
课题研究编号：202131051
课题负责人：毕　鹏
课题组成员：黄　伟　韩自然　邢欣羿　张　勐　张晓威

一、导论

(一) 研究背景

大宗商品指可进入流通领域（非零售环节），具有商品属性并用于工农业生产与消费使用的大批量买卖的物质商品。其典型特征为同质化（便于分级和标准化）、基础性（通常处于产业链上游、被广泛作为工业基础原材料）、交易活跃（供需量大、交易量大）、价格波动幅度大等。其涵盖矿产、能化、农产品等众多基础性、战略性产业，是关系国家安全与国计民生的重要领域。

大宗商品定价的问题伴随国际贸易与国际分工而来，早在 20 世纪 80 年代，学者们基于我国"高买低卖""中国因素""亚洲溢价"等现象提出了大宗商品定价权问题，并指出了争夺定价权的重要意义。进入新发展阶段，我国与世界经济体系互动更为紧密，大宗商品领域出现了新的内外部形势，大宗商品价格广受宏观、产业和企业的关注。面对百年未有之大变局，再认识、再定位、再发展大宗商品定价权问题，明确我国大宗商品价格影响力瓶颈和短板，进而提升我国重要大宗商品价格影响力十分必要。

1. 大宗商品价格影响力提升的需求十分迫切

提升重要大宗商品价格影响力，维护大宗商品供应安全与稳定是当前外部环境及发展导向下紧迫的现实需求。

一方面，我国大宗商品定价话语权与我国在大宗商品领域的体量极不匹配。随着改革开放和市场化建设进程的加快，我国大宗商品市场飞速发展，并很快成为全球多种大宗商品的最大消费国和进口国。然而，长期以来，大宗商品的定价权大多集中在欧美国家，无论是大豆、棉花等农产品，还是原油、燃料油、铁矿石、铜等重要基础性工业原材料，我国在多数情况下是价格的被动接受者。价格影响力的长期不足导致我国在国际贸易以及全球产业链、价值链中处于十分不利的地位，这种不利影响在当前外部环境动荡的情况下对产业的影响巨大。

另一方面，在"新阶段、新理念、新格局下"，大宗商品对国家安全与国计民生的影响更为深远。当前，我国已经进入全面建设社会主义现代化国家的新发展阶段，经济规模进一步扩大，经济总量突破 100 万亿元大关，大宗商品消费也飞速增长。在这一阶段，我国发展环境面临深刻复杂的变化，技术革命、产业变革、逆全球化、贸易保护主义、疾病大流行、能源革命等百年未有之大变局，深刻改变了全球经济发展趋势与政治格局，同时也给大宗商品供应安全与稳定带来了前所未有的挑战。面对错综复杂的国际环境，转变发展理念，坚持高质量、高效率、可持续、安全发展也成为新发展阶段下构建"以国内大循环为主体、国内国际双循环相互促进"新发展格局的基石。大宗商品供应安全和价格稳定在这个过程中发挥关键和基础作用。

2. 期货市场是提升大宗商品价格影响力的可行路径

在当前国际市场上，大宗商品价格主要通过三种方式确定：一是大宗商品贸易双方协商确定商品价格，即现货定价；二是以期货合约价格为基准价，再加上相应的升贴水作为贸易报价，即期货定价；三是以商品价格指数为结算基础，确定商品现货贸易价格，即指数定价。从现实情况看，无论是现货定价、期货定价还是指数定价，我国面临的定价权问题均十分突出，在经济贸易、金融市场、现货市场、营商环境、制度环境、货币等众多内外部因素的共同影响下，我国大宗商品价格影响力长期不足。因此，要提高大宗商品价格影响力，需多点发力，有重点、有步骤地进行突破，期货市场存在一定作为空间。

一方面，期货市场是大宗商品市场的重要组成部分。最初的期货交易是从现货远期交易发展而来，主要解决大宗商品买卖双方在某一时间交易一定数量商品的需求。随着市场的进一步发展壮大与规范，期货市场在提高大宗商品市场运行效率、加速供需调整、优化资源配置、发现市场价格以及规避市场风险中发挥着十分重要的作用。

另一方面，期货定价是大宗商品的主要定价机制之一。大宗商品定价机制跟随生产力和生产关系的变动而变化，主要经历了殖民定价阶段、跨国公司垄断定价阶段、多元市场化定价阶段以及期货市场定价阶段等。目前，期货市场定价已经成为最重要的大宗商品定价机制之一，与龙头企业定价、指数定价等其他定价方式相比，期货定价具有透明（transparency）、高效（efficiency）、可选择（optionality）等优点，已经成为原油、铝、铜、铅、锡、天然橡胶、大豆、棉花等众多大宗商品贸易定价的基准，且在铁矿石、燃料油等大宗商品贸易中也发挥着越来越重要的作用。

3. 提升大宗商品期货价格影响力面临良好机会窗口

从政策和制度环境看，大宗商品是当前党和国家关注的重点领域，增强我国重要大宗商品价格影响力已成为国家战略。2020 年末，习总书记在浦东开发开放 30 周年庆祝大会上指出，要"提升重要大宗商品的价格影响力，更好地服务和引领实体经济发展"，将大宗商品市场发展提到了新的高度，为期货市场发展指明了方向。2021 年 7 月发布的《中共中央国务院关于支持浦东新区高水平改革开放 打造社会主义现代化建设引领区的意见》中，正式将"提升重要大宗商品的价格影响力"写入中央文件,进一步明确了提升重要大宗商品价格影响力的重要意义。此外,《建设高标准市场体系行动方案》《关于推进自由贸易试验区贸易投资便利化改革创新的若干措施》的出台,大宗商品期货市场基本大法《中华人民共和国期货和衍生品法》的颁布与实施,为我国大宗商品市场的发展及其价格影响力的提升提供了政策与制度保障。

从实体经济运行情况看,大宗商品价格普涨,企业尤其是加工制造企业套期保值需求快速增长。2020年第二季度以来,尤其是进入2021年以后,重要大宗商品价格大幅上涨,PPI、PMI原材料购进价格指数、CPI非食品价格同步高企。2021年3月,我国PPI同比上涨4.4%,环比上涨1.6%,创2018年8月以来的高峰;2021年上半年,PPI平均上涨5.1%,涨幅比一季度扩大3个百分点。国家统计局数据显示,2020年6月—2021年6月,在全国流通领域九大类50种重要生产资料市场价格监测中,45种重要大宗商品价格上涨,其中,热轧普通薄板、铜、苯乙烯、石油天然气、煤炭等价格与上年同期相比上涨了40%以上。国际上,截至2021年6月,国际能源价格指数同比上涨92.6%,非能源价格指数上涨43.2%[①]。实体企业生产经营面临重大挑战,产业避险需求和参与期货市场意愿明显增强。公开资料显示,仅2021年上半年,就有500多家A股上市发布套期保值公告,已超过2020年全年水平[②]。

从全球期货市场发展情况看,重要大宗商品定价基准存在优化空间,我国相关品种具有较大潜力。一方面,经过30多年的发展,我国期货市场铜、天然橡胶等多个品种已经成为国内贸易的定价基准,钢材品种价格已被黑色产业链企业作为生产、贸易的参考,部分大宗商品初步具备建立国际定价中心的基本条件。另一方面,欧美等国际定价中心提供的价格信号失真且偏离供需情况偶有发生,如"负油价"事件发生后,境外监管机构公开表示芝加哥商业交易所(CME)集团规则制度有缺陷,定价合理性受到质疑,境外价格的公平、公正、公开性存疑。而我国期货市场经受住了极端行情的考验,市场韧性和抗风险能力明显增强,得到了全球投资者的认可。此外,低硫燃料油、铁矿石、钢材等尚未在全球形成期货端的权威定价基准,而我国相关期货品种成交量大、交易活跃,影响力初步凸显,有成为定价中心的潜力。

(二)研究意义

大宗商品定价涉及众多领域的问题,十分复杂。研究价格影响力的具体表现形式有哪些,如何评价价格影响力,对于寻找提升价格影响力的突破口具有十分重要

---

① 资料来源:国家统计局。
② 资料来源:《期货日报》。

的意义。本课题聚焦影响大宗商品价格影响力的期货因素，构建大宗商品期货价格影响力评估指标体系，从期货市场入手谋求提升大宗商品期货定价影响力的解决方案，主要有三个方面的意义。

1. 为摸清重要大宗商品期货价格影响力提供方法论支撑

铁矿石、大豆、铜、原油、天然橡胶等重要大宗商品是经济发展的基础性和战略性物资，同时具有商品属性和金融属性。一旦出现"断供"或价格大幅波动，将对经济和社会发展造成巨大冲击。提升大宗商品价格影响力，一方面能够在一定程度上缓解大宗商品价格异常波动对实体经济的不利影响，另一方面也有助于提升实体企业在全球产业链、供应链、价值链中的地位，强化国家对重要大宗商品的控制力和规则影响力，是稳步推进国家战略部署的有效途径。

然而，我国重要大宗商品期货的价格影响力如何，存在哪些短板和瓶颈，不同品种存在何种差异等问题尚不明确。无论在业界还是学术界，关于如何对大宗商品价格影响力进行定量测量的研究均不多见，聚焦期货领域的测度方法也尚未形成。把准脉，方能开好药。本课题试图构建完整评估指标体系，为评估我国重要大宗商品期货价格影响力提供方法论支撑，从而为全面系统评价我国重要大宗商品价格影响力奠定基础。

2. 为提升重要大宗商品期货价格影响力寻找有力抓手

大宗商品价格影响力的提升是一个繁杂的系统工程，其不仅受到宏观层面的经济、金融因素的影响，还与生产、流通、分配、消费等产业链、价值链、供应链以及产业结构等产业层面，期货市场制度环境、市场结构、产品体系、交易机制等期货市场层面因素关系密切，并受历史、政治等因素的影响。

应提高何种价格影响力，应从期货端还是现货端入手，应从参与主体发力还是制度层面发力等均是在有序推动我国重要大宗商品价格影响力提升时需要考虑的因素。找准头，方能起好步。本课题从国际和国内价格影响力范围出发，关注价格影响力不同方面的内容，有助于厘清基础条件、核心功能和外在表现等不同层面因素在提升价格影响力方面的作用，以寻找薄弱环节和突破点。同时，本课题也有助于加深各界对期货行业的了解和认可，宣传期货市场的正向效能理念，引导更多机构多发布、多宣传、多跟踪"中国声音"，多关注、多使用、多研究"中国价格"，从而推动大宗商品价格影响力提升。

3. 推动期货市场发展和功能有效发挥

期货市场通过连续竞价交易来发现价格，为现货市场提供定价基准，为生产商和贸易商提供高效的风险管理工具。向全球提供公开透明、有广泛代表性的大宗商品价格是期货市场的基本功能之一，在一定程度上决定了期货市场发挥套期保值、资源配置等功能的有效性。同时，连续、透明、有效的价格也是检验期货市场功能是否有效发挥，市场运行是否有效的重要标准，与期货市场的健康持续发展紧密相关。价格影响力的大小，不仅反映了期货市场在提升定价权和规则制定权上的作用，而且在一定程度上反映了期货市场运行的有效性。

更好地服务实体经济发展是提高重要大宗商品价格影响力的初衷，也是我国期货市场的担当与使命。掌稳舵，方能不偏航。本课题关于重要大宗商品价格影响力评估的研究，侧重评估实体产业参与、使用、关注期货市场和期货价格情况，有助于期货市场进一步明确"服务和引领实体经济发展"的宗旨和使命。同时，本课题结合期货市场基本功能对我国重要大宗商品价格影响力进行评价，有助于发现目前我国期货市场运行过程中的薄弱环节，促进期货市场进一步完善市场体系、产品体系、机构体系以及基础设施体系，更好地发挥套期保值和价格发现功能，提升市场运行效率。

（三）研究目标

本课题拟通过理论研究、案例分析等，在明确大宗商品期货价格影响力概念的基础上，构建价格影响力评估指标体系，实现三个方面的研究目标：一是明确大宗商品期货价格影响力的概念内涵与表现形式。二是对标国际最高标准、最高水平，通过案例研究找出提升大宗商品期货价格影响力的努力方向，明确价格影响力评价的关键指标。三是构建大宗商品期货价格影响力评估指标体系并对部分重要大宗商品价格影响力现状进行初步评价，为大宗商品价格影响力提升奠定基础。

（四）主要难点和创新点

1. 研究难点

本课题研究主要有两个方面的难点：

一是案例分析有难度。原油、铜等重要大宗商品已经在国际上形成了权威定价中心。然而，价格影响力的具体表现形式主要有哪些，如何从特定品种的发展历程中发现规律，总结适用于中国国情和中国市场的经验，是本课题的主要研究难点之一。

二是评估指标设计有难度。现有文献中没有关于价格影响力的权威定义，也无价格影响力评价的成熟指标体系。不同主体、不同行业对于价格影响力的理解存在差异，国内价格影响力、国际价格影响力的表现形式不尽相同。确定评估指标体系，对大宗商品期货价格影响力进行全面、系统、准确的评价,具有相当大的难度。

2. 研究创新点

本课题研究主要有两个方面的创新点:

一是在研究内容上,现有文献中关于期货价格影响力的研究大多集中在价格引导关系,难以满足大宗商品领域的现实需求,本研究拟结合价格影响力的概念与表现形式,设计多级指标体系,探索价格影响力评价的量化指标体系,具有较强的创新性。

二是在研究方法上,本课题拟从国际经验出发,通过案例分析的形式,提炼出能够体现价格影响力的关键表现形式,总结具备全球价格影响力的典型特征,并结合文献梳理设计价格影响力指标。通过定性指标与定量指标相结合的形式,全方位立体化体现价格影响力的内涵,具有一定的创新性。

二、大宗商品期货价格影响力理论概述

(一)大宗商品价格形成与价格影响力内涵

从市场角度看,大宗商品价格主要受到需求因素(包括经济周期、利率和通胀、收入增长、需求侧产业政策等)、供给因素(包括产能调整、市场结构、技术进步、库存、成本、政府管制、气象条件和灾害等),以及金融因素(包括预期、美元指数、货币流动性、投机等)等的影响。其中,需求和供给因素是影响大宗商品价格走势的根本性因素。从短期来看,大宗商品价格主要受地缘政治、自然灾害、投机需求等的影响;而在中长期主要与经济增速、大宗商品供给、货币环境等相联系。

从价格形成过程看,大宗商品价格由定价机制所决定,同种大宗商品在不同定价机制下的价格存在显著差异。定价机制是大宗商品贸易的定价模式,包括大宗商品交易中潜在或普遍认可的定价规则,贸易双方所确定或参考的基准价格等。定价机制是决定价格影响力的关键因素,而定价权是定价机制的核心。黄河等(2013)认为,定价权意味着对价格制定拥有主动权,表现为改变产品定价不会对需求产生过大的负面影响,在成本上升情况下可以顺利通过提价将新增成本传导给下游且不影响销量。拥有定价权的公司或公司团体通常是行业龙头,占有较高的市场份额或拥有较强的技术垄断地位。随着大宗商品金融属性的不断增强,决定大宗商品价格的主体不再局限于实货买卖者,期货交易者也在商品价格形成中发挥重要作用。

1. 大宗商品定价机制演化历程

大宗商品定价机制随着世界政治经济格局、产业进程的演变而持续变化，不同种类大宗商品的定价机制及其演化路径不完全相同，但大体均经历了殖民定价、跨国公司垄断定价、多元市场化定价和期货市场定价等阶段，定价体系的参与者日益多元化，价格的公开、公正、透明度总体呈上升趋势。

殖民定价阶段（16世纪—19世纪初）。这一时期，荷兰是世界经济的中心。伴随着第一次国际大分工，西方国家重商主义迅速发展，跨国商品价格浮动带动大宗商品远期交易需求增长。世界上逐步形成了南北美洲和东欧生产原料、非洲提供人力、亚洲提供奢侈品、欧洲指挥全球生产活动的全球贸易体系。以荷兰为中心的国际远期交易逐渐市场化，并开始在大宗商品定价中发挥参考作用。西方资本主义国家通过其殖民体系将全球大宗商品送往欧洲，形成了具有明显的不公平性和殖民性的国际贸易定价机制。大宗商品交易定价以殖民体系下的双方协商为主，远期市场定价为辅，最终价格难以真实反映全球大宗商品的供需关系。

跨国公司垄断定价阶段（19世纪初—20世纪初）。这一时期，伴随着工业革命，资本主义社会生产力迅速发展，英美逐步成为国际经济中心，全球大宗商品交易中心随之开始转移。发达国家资本主义势力掌控了全球的生产和贸易活动，重要大宗商品资源掌握在少数跨国公司中，形成买方垄断或者卖方垄断的市场结构，大宗商品价格实质上由垄断机制所决定，国际贸易定价机制具有明显的不平等性。

多元市场化定价阶段（19世纪中—20世纪中）。随着现货市场的发展和市场供需力量的改变，商品价格逐渐与长期合约、远期市场价格等多种实货市场挂钩，垄断定价格局开始被打破。在特定大宗商品领域，开始形成以供需力量为主要决定因素的定价机制。芝加哥期货交易所（CBOT）和伦敦金属交易所（LME）等交易机构逐步被市场认可，其推出的标准化期货合约因公开透明的价格及日趋完善的交易规则，对大宗商品交易价格的影响力逐步增强。

期货市场定价阶段（20世纪中至今）。第二次世界大战以后，随着布雷顿森林体系的建立，美元开始成为全球最主要的储备货币和国际贸易计价货币，美国期货市场成为全球商品市场中心。这一时期，为应对大宗商品贸易周期长、价格波动大等风险，国际上逐步形成了以同类商品的期货价格为基准、加上升贴水的大宗商品贸易定价模式。进入21世纪后，发达国家经济增长乏力，新兴市场国家迅速发展，迫于资源的稀缺性，世界各国对大宗商品的定价权竞争日益激烈。

国际大宗商品定价机制演化历程及其特点详见表1。

表1　　　　　　　　　　　国际大宗商品定价机制演化

阶段	殖民定价阶段	跨国公司垄断定价阶段	多元市场化定价阶段	期货市场定价阶段
主要大宗商品	农产品（谷物、糖）原料（木材、羊毛）贵金属（美洲金银）	能源（石油、煤炭）重工业原料（橡胶）	农产品 能源化工 金属	农产品 能源化工 金属 稀贵金属
定价方式	自由议定 殖民价格 远期合约（萌芽）	殖民价格 垄断价格 标准化期货合约	垄断价格 市场化价格 标准化期货合约	远期合约 期货价格 长协定价
金融属性	初见萌芽	发展提速	迅速发展	发展完善
市场特点	大量具有标准品质的商品被交易，固定的交易场所提供连续、必要的价格信息	主要资本主义国家组成了国际卡特尔，殖民地成为原料产地和销售市场	大宗商品市场化程度不断提升，多种定价方式并存，供需关系成为价格决定力量	美元成为世界货币，发达国家通过新的贸易定价机制操控着大量原材料和初级产品的价格
主要衍生品	谷物远期、渔业期货、郁金香期权	玉米标准化合约、有色金属期货	农产品、能源化工、基础金属、贵金属等	农产品、能源化工、基础金属、贵金属、指数产品等
定价中心	荷兰（阿姆斯特丹）	国际垄断联盟	多元定价中心	欧美发达国家期货市场

2. 现有大宗商品主要定价机制

经过近两个世纪的发展，期货定价、第三方报价机构报价（即指数定价）以及现货定价已经成为大宗商品的主要定价机制。目前，在原油、农产品以及铝、铜、铅、锡等有色金属的大宗商品贸易中，其交易价格主要以期货交易所合约价格为基准加上相应升贴水所确定；而在铁矿石贸易中，指数价格成为国际贸易的主要定价基准；在尚未形成权威期货价格和指数的大宗商品领域，则仍然以现货定价为基准。

（1）期货定价机制。期货定价是一种浮动定价机制，通常以期货合约价格为基准价，再加上相应的升贴水作为贸易报价。当前，绝大多数标准化程度较高的大宗商品均形成了成熟的期货市场：在原油和天然气贸易中，大多以纽约商品交易所（NYMEX）的期货合约价格作为定价基准；在玉米等主要农产品贸易中，则以CBOT的期货合约农产品价格为基准；铝、铜、铅、锡等有色金属的基准价格主要由伦敦金属交易所（LME）确定。期货定价已经成为国际大宗商品定价的主要定价方式。

期货价格是利用期货市场公开拍卖交易系统，通过供需之间的博弈，形成反映市场供需关系的价格。持有成本理论认为，期货价格是当前现货价格和持有成本之和，期货对现货形成溢价的基础是持有成本。仓储理论认为，现货价格与期货价格相互制约，随着交割期的临近，现货价格与期货价格将趋于一致，仓储量决定了期货的溢价。理性预期理论则指出，期货市场向交易者提供了包含各种经济变量历史统计资料和因果关系的市场价格信息，理性的交易者会运用这些信息形成预期并进行决策。由于买卖双方众多，市场信息公开，期货价格通常具有公开性、连续性、预测性和权威性，能够很好地反映市场对现货价格的预期，反映市场供需基本面，在一定程度上促进市场价格有效性的实现。因此，期货定价具有交易成本低、效率高的特点，能够为政府制定宏观经济政策提供参考，为企业生产经营提供价格信号。然而，由于期货交易的金融属性不断增强，许多金融机构参与其中进行投机，一定程度引起了国际大宗商品的价格波动，商品实际供需情况不再是决定大宗商品价格的唯一因素。

升贴水又称基差，是某一特定时间和地点的现货价格与该商品的期货价格之差。升贴水通常根据大宗商品现货购销成本、基差变动预期、合理预期利润、商品品质差异等，在贸易谈判时报出，并经交易双方最终议定。基差贸易是一种以期货价格为基准的贸易方式，买卖双方以期货价格加上双方协商同意的基差来确定未来买卖商品的价格。

在期货定价模式下，大宗商品贸易双方均拥有一定的定价话语权，企业可结合自身需求，择优成为基差制定方或点价方①，并根据市场情况灵活选择点价期与交货期，通过场内期货操作将占比较大的期货价格风险转移到期货市场，买卖双方面临的价格风险都被大大降低。期货定价机制以其高效、透明、市场化、灵活等优点，越来越受到现货市场的欢迎。一方面，大量企业以期货价格为基准签订贸易合同；另一方面，不少企业参与期货套期保值，并根据期货价格变动灵活调整生产经营计划和产品价格。

（2）指数定价机制。指数定价同样是一种浮动定价机制，以商品价格指数为结算基础，确定商品现货贸易价格。当前，指数定价被广泛运用于铁矿石、燃料油等大宗商品国际贸易中。此外，原油价格指数在原油实货贸易中发挥重要作用，虽然出口到欧美的原油主要以期货市场价格为基准，但在亚洲地区，原油现货贸易价格主要以普氏迪拜原油和阿曼原油现货平均价格指数为基础确定。

商品价格指数是由第三方专业报价机构或资讯机构采集分析形成的商品报价。得到行业认可的商品价格指数通常被广泛使用，成为国际大宗商品现货交易的价格

---

① 在大宗商品贸易实务中，一般期货价格由买方选择，基差则由卖方报出，但也存在期货价格卖方选择而基差由买方报出的情况，而在大宗商品供求严重失衡时，可能出现期货价格、基差均由同一方选择的极端情况。

基准。在指数定价模式下，买卖双方以事先约定好的一个时间段内[①]的价格指数均值为基准，确定双方交易的最终价格，从而有效缓解价格变动风险，避免较大的亏损。然而，在当天交易模式下，指数价格变动频繁，相关参数以及与样本量相关的统计偏差，会造成单日指数价格的失真，买卖双方在如何选取每日现货价格的问题上容易产生争议，在价格剧烈波动的情况下争议尤其频繁。

指数定价机制与期货定价机制类似，买方双方可将占比较大的商品价格指数波动风险转移到金融市场[②]，均拥有一定的定价话语权。然而，商品价格指数大多基于报价而非真实交易价格产生，价格波动幅度大，容易造成大宗商品价格的失真，且价格透明度较期货市场弱。

（3）现货定价机制。现货定价，或称协商定价，是大宗商品贸易双方协商确定商品价格的定价模式，其本质为对手价格形成机制，一般为固定定价机制。主要包括一口价定价、延期结算定价和长协定价等方式。现货定价机制主要应用于尚未形成期货定价中心以及权威指数的大宗商品，在市场集中度高或区域性商品和非标准化商品中尤为常见。

一口价定价。买卖双方在交易前就确定好价格，基本不存在议价空间和议价过程。定价模式简单、价格明确，缺乏交易的灵活性。

延期结算价定价。买方或卖方先报出指导价，并由买方预付款，具有定价权的一方在一段时间后确定交易价格。在延期结算价定价模式下，指导价可能会造成较大市场波动，价格具有较大的不确定性。

长协定价。大宗商品贸易双方签订长期买卖合同，保证价格在一定时期内固定不变。对买卖双方而言，该方式的优势是价格稳定，而缺点则是当价格反方向变动时，需要承担额外风险。

在当前最主要的三种定价方式中，期货定价最为公开、高效，而现货定价更易受局部和偶然性因素的影响。一般而言，大宗商品采用何种定价机制主要受市场发展成熟度的影响，同时与历史政治因素紧密相关。

3. 价格影响力内涵

系统梳理现有文献，当前学术界关于价格影响力的内涵尚无明确界定，对该问题的研究主要集中于定价话语权、定价能力、定价中心等。

定价权，或称定价话语权，泛指影响国际市场商品价格的能力，是国际贸易谈判地位的集中体现。白明（2006）认为国际定价权就是对国际市场价格所能产生的影响力。李艺、汪寿阳（2008）将定价权定义为国际贸易定价机制如何确定及议价

[①] 在实务中，通常选择装船当月或到港日前后若干天的平均价格指数。

[②] 一般而言，具有较大价格影响力的指数产品通常有相应的挂钩金融产品。

能力如何获取，认为定价权包含国际贸易定价规则、基准价格和国际贸易市场格局三方面内容，指出定价权的核心是由谁来确定商品国际贸易的交易价格。刘念（2010）认为定价权指的是一种决定市场交易价格走向的力量，即基于自身实力和市场地位，在一定程度上有能力影响价格朝着有利于自己的方向变动。张炳达和石成玉（2018）认为，定价话语权有三个层次的表现形式：第一层次以扩大交易规模为主，即期货交易量在国际市场上具有一定的规模和影响力；第二层次是拥有界定规则的话语权，即参与制定国际期货交易一般规则的能力；第三层次是争夺大宗商品定价权与话语权。李辉（2019）认为，定价话语权有两层含义：在微观层面上，定价话语权是指企业在贸易谈判中的议价能力；在宏观层面上，定价话语权既指对现行国际定价规则的制定权，也指对参与价格形成的市场主体的监督管理权。

基于定价权，部分学者提出了定价中心、定价基准、定价影响力等概念。李自学（2014）认为，定价中心就是大宗商品国际价格的基准地，是由期货市场功能的充分发挥和国际投资者的广泛参与造就的，其产生的期货价格具有辐射全球的贸易定价能力，哪个国家的期货品种市场价格国际影响力大，哪个国家在该大宗商品的定价中话语权就大，并将定价影响力界定为"以国际定价中心为参照，衡量一国期货价格所能影响国际定价中心价格的能力"，即世界性的定价基准是定价影响力的具体表现形式。徐斌（2007）指出，定价中心形成是争夺大宗商品国际贸易定价话语权的前提条件。汝小洁（2005）指出，提升期货价格影响力，就是要使我国期货价格能够逐步被市场接受，成为国际贸易中的主要参考价格。

结合前人研究成果，本课题认为，价格影响力指特定大宗商品价格的对外辐射能力，具体表现为对现货市场定价和其他期货市场商品价格的影响。价格影响力的大小客观上表现为影响范围和影响程度的大小。具体而言，影响范围包括价格辐射到的地理范围（如本土市场、区域市场、全球市场等），以及市场范围（如期货市场、现货市场等）；影响程度包括市场各方使用价格的形式（如计价结算、决策参考、关注引用等），以及使用频率。价格影响力的本质是价格发现效率及其在价格发现中所发挥的作用，在价格方面所体现的信息优势。具有较大影响力的价格通常作为价格基准被广泛使用，在资源配置中发挥重要作用，成为企业和政府决策的重要参考。

价格发现，即产生反映市场基本面的有效价格，是价格影响力形成的前提条件；而价格被广泛使用，尤其是在贸易定价中被广泛使用是价格影响力的核心表现形式。李艺、汪寿阳（2008）指出，成为国际贸易定价基准是定价权的重要内容，也意味着该价格具有较大价格影响力。价格影响力不完全等同于定价权，定价权描述的是一种权利分配的结果，而影响力描述的是一种过程或状态。定价权的含义比价格影响力更为丰富，既包括规则的制定，也包括对价格变动的影响以及价格的广泛使用等；价格影响力是决定大宗商品定价话语权的主要因素，提升价格影响力是我国获取国际贸易定价权的主要途径，获得大宗商品贸易定价权是提升价格影响力的最终目的。

大宗商品价格影响力的实现，最为重要的是在基准价格上获得主动权，成为更大范围内的贸易定价基准，并考虑国际政治经济格局的影响。价格影响力既可以来源于现货市场——龙头企业由于垄断势力所产生的在价格制定方面的优势，专业现货报价机构由于信息优势在价格制定方面所具有的权威性，也可以来源于期货市场——由于产业和金融机构广泛参与而造就的公平公开市场形成的价格的有效性。

期货市场是国际大宗商品市场的重要组成部分，其产生的交易价格可以作为国际贸易的价格基准。借助成熟的期货市场对外输出价格基准，有助于我国在大宗商品国际贸易中形成强大的国际价格影响力。当前，期货市场是大宗商品的价格形成的主要市场之一，期货定价是当前国际贸易定价的重要定价机制，英美发达国家的发展经验表明，期货市场是大宗商品价格影响力的重要来源。对于期货市场来说，价格影响力特指商品期货价格所产生的影响力，尤其是对现货市场以及其他商品期货市场大宗商品价格的影响，客观表现为专业机构、贸易商、生产消费企业以及金融机构等市场各方及社会公众对期货价格的认可、接受和使用的程度。其具体包括对现货贸易定价的影响，即作为价格基准被使用的情况，作为风险管理工具服务实体企业规避市场风险的有效性，以及对境外大宗商品期货市场的价格引导效应。

具有价格影响力的期货市场意味着在国际贸易定价过程中发挥重要作用，为企业提供风险管理的有效工具和场所。大宗商品期货价格影响力的核心是期货市场的价格发现效率——是否能形成反映市场真实供需形势的价格。其外在表现形式为该价格是否被广泛使用，其基础是期货市场发展良好，各类市场主体积极参与。增强大宗商品的期货价格影响力是提升我国大宗商品价格影响力的有效抓手之一，期货价格影响力能够有效提升国际大宗商品定价话语权。

本课题认为，大宗商品期货价格影响力的影响范围既包括区域市场，也包括全球市场；影响程度则包括认知、关注、参考、参与、使用、认可等。在不同影响范围和影响程度下，大宗商品期货价格影响力存在较大差异。提升大宗商品期货价格影响力，就是要使我国期货价格能够逐步被市场接受，成为国际贸易中的主要参考价格。从我国大宗商品领域的实际需求看，提升大宗商品价格期货影响力的意义在于：通过各个部门的协同配合，在形成合理的国际市场价格中发挥积极影响，避免遭受经济利益的损失；争取国际贸易的主动性，有效管理大宗商品国际市场风险。

（二）大宗商品期货价格影响力的主要影响因素

黄河等（2013）、胡健闽（2018）等从结构性权力视角讨论了大宗商品定价权，结合常清（2009）、苏振锋（2011）等的研究，本课题认为，决定大宗商品期货价格影响力的主要因素可归纳为三个层面：宏观因素、产业因素以及期货市场因素。

1. 宏观因素

经济实力。常清（2009）认为，我国正逐步由国际大宗商品价格的"影响因素"转变为在一定程度上的"定价力量"，并且我国经济发展对世界经济的贡献的变化是这种转变产生的主要原因。陈君（2010）在其研究中指出，主导橡胶期货国际定价影响力的因素是主要经济体宏观经济的强劲发展以及全球橡胶工业的重心的转移。

金融结构。金融结构涉及信贷的可获得性与各国货币之间交换条件等，货币是金融结构的核心。由于大宗商品金融属性的不断加深，金融结构对定价影响力的决定作用日益增强。如美元计价和美元结算加强了美国在原油上的定价话语权和价格影响力。投资控股、金融市场、货币体系等从金融角度决定着大宗商品定价话语权和价格影响力。如西方发达资本主义国家通过控股三大矿山从而对铁矿石形成了实质上的价格影响力。徐清军（2011）的研究表明，资金流动性、美元等金融因素对价格的实际影响远超过产业供需因素。

安全结构。安全结构属于政治经济学范畴，与提供安全防务而形成的权力结构相关，将带来生产或消费，以及社会关系方面的特权。大宗商品的生产、运输安全是大宗商品定价规则得以实现的前提条件。一方面，大宗商品生产属于资本密集型行业，前期投入大，资产专用性高，战争和冲突等与生产安全密切相关的安全结构将对大宗商品价格和定价影响力产生重要影响。如中东地区的战争冲突，将带来原油价格的大幅上涨。另一方面，大宗商品贸易与运输密不可分，掌握大宗商品运输安全结构是谋求价格影响力和定价权的有效手段。2021年3月下旬发生的苏伊士运河堵塞事件造成了中欧线的短期供需失衡，影响了数周的市场正常运行，事件发生当天，国际油价出现明显反弹（BRENT，5.3%），并且随后两个交易日呈现明显的大幅震荡走势。

2. 产业因素

产业习惯与历史因素。产业习惯和历史因素被认为是决定大宗商品价格影响力的重要因素之一。我国大宗商品市场起步较晚，自20世纪80年代价格改革以来，我国大宗商品市场才开始在市场经济体制下运行，且价格改革的重心主要集中在与人民生活密切相关的粮食、水、成品油、电力、医疗等消费领域，对初级产品和生产资料等领域缺乏争取国际定价权的"忧患意识"，与国外近200年的发展历史比，发展时间短，市场相对不成熟。此外，国际市场几乎所有的大宗商品都已经形成其惯用的定价机制和价格基准，产业交易习惯在短时间内难以改变。邢世伟（2010）认为，历史因素是中国大宗商品定价权缺失的重要原因。苏振锋（2011）指出，发达国家主导大宗商品定价权以及大宗商品定价惯性使得我国提升价格影响力进展缓慢。

生产结构。生产结构是关于生产什么、由谁生产、为谁生产等各种制度安排的总和，与生产关系相关。当一方在生产结构上处于优势地位时，其通常在大宗商品价格上具有一定的话语权和影响力。供给或需求的垄断可以带来定价权。如欧佩克通过产量控制，极大地提升了其在原油领域的价格影响力。分散的企业结构和紧密的销售、采购行业联盟的缺乏削弱了国际谈判地位。行业集中度低、多数一般竞争性产品产能过剩造成无法形成强势谈判集团是导致我国定价影响力缺乏的重要因素。宋文飞等（2011）认为中国稀土定价影响力缺失的根本原因在于其买方垄断的市场结构，导致中国稀土出口价格受西方控制。

生产技术。生产技术是关于如何生产，即以何种投入、步骤、流程，生产何种产品的技术总和，与生产率密切相关，属于广义知识结构的范畴。技术进步和生产技术所带来的供给垄断，将直接提升大宗商品供应方的定价权。如四大粮食通过对巴西、阿根廷等地高质量种子和化肥的供应，美国对页岩气技术的突破等，形成了一定程度的生产技术和供给垄断，从而不断提升其对农产品和天然气的价格影响力。苏振锋（2011）认为技术创新能力差、行业营利能力有限以及资源开发不合理、资源利用效率低和浪费严重等是中国定价权缺失主要原因之一。

知识结构。知识结构决定被发现的知识类型、储存条件、传播途径、使用范围等。大宗商品领域的知识结构主要体现为对别国大宗商品信息的否定以及对技术的封锁，知识结构对于大宗商品价格影响力有重要影响。一方面，权威机构出具的关于大宗商品市场的行业报告和研究，被业界广泛接受，形成了一定程度的"理论话语权"，成为国际大宗商品投资的风向标，知识结构由此转化为对价格的影响力；另一方面，权威媒体利用在知识传播结构中的优势地位，通过发布内容和发布时间的选择，能够在一定程度上对大宗商品的生产者和投机者的行为产生引导作用，不断维护和巩固现有定价机制，以强化其对大宗商品价格的影响力。

3. 期货市场因素

在日渐金融化的全球大宗商品市场中，国际大宗商品定价权不仅存在于实货买卖者之间，还掌握在期货交易者手中。世界经济发展的历史表明，作为虚拟经济表现形式的金融市场可以为实体经济提供定价话语权和价格影响力。

期货市场发展。期货市场法治建设、国际化程度、上市品种数量、期货市场与现货市场联动关系等被认为是影响大宗商品价格影响力的重要因素。梅新育

(2005)认为,我国定价权缺乏的主要原因之一是期货市场发育不健全,对国际规则不熟悉,市场信息不对称等因素造成了我国定价影响力缺乏。杨春光、王辉(2005)认为,期货市场对外开放程度低,尤其是境外投资者的缺位是制约我国国际定价中心地位形成最为关键的因素。方秀玉(2006)指出,国际化程度是影响国际定价中心功能发挥的重要因素,期货市场的封闭性造成了期货市场国际定价中心地位的缺失。孔哲礼等(2008)通过实证研究发现,期货市场与现货市场缺乏有机联系是导致郑州商品交易所棉花期货价格国际定价功能弱化的原因。陈君(2010)认为,期货市场法治建设滞后不利于期货市场的国际化发展,导致我国未能取代日本成为橡胶的国际定价中心。

期货市场生态。机构化,即市场参与者类型多元,拥有现货背景的交易者和机构投资者占市场构成的主要部分,这被认为是国际定价中心的重要特征之一。LME和CME等发展经验表明,各类基金、银行、投资银行以及生产、贸易、消费企业的积极参与,扩大了市场容量,市场投资者可以以较小的价格滑点快速进入和退出市场;同时,依托金融机构强大的资金实力与专业的风险管理服务,覆盖实体企业全生命周期全产业链的个性化风险管理服务成为可能,从而促进期货市场价格发现与风险管理功能更好发挥,并在多元市场主体中产生更为广泛的影响力。

期货合约设计。张炳达和石成玉(2018)认为,期货合约流动性、连续性等均会影响期货价格的合理性,并进一步影响大宗商品价格影响力。胡宇等(2006)研究发现,期货标的品种的选择,可能是制约我国大豆期货市场成为全球大豆定价中心的因素之一。洲际交易所(ICE)2021年相关报告指出,水运原油所带来的物流和储存限制小、灵活性、全球性、质量稳定可靠、被产业广泛接受被认为是布伦特原油成为全球价格基准的重要原因之一。

(三)大宗商品价格影响力的形成特点与形成条件

当前,具有全球价格影响力的大宗商品期货品种主要集中在欧美,包括ICE和NYMEX的原油、LME的有色金属、CME的农产品等。

1. 大宗商品价格影响力形成特点与趋势

大宗商品期货价格影响力的形成,具有深刻的历史、政治、经济和社会背景,主要体现为以下三个方面的特点。

一是价格影响力是国家结构性权力的集中体现。结构性权力最早由苏珊·斯特兰奇(Susan Strange)提出,是形成和决定全球各种政治经济结构的权力,构造了国与国之间、国家与人民之间或国家与企业之间的关系框架。结构性权力主要由安全、生产、金融、知识四个各不相同又互有联系的结构组成,由一国综合实力所决定。在面临战争冲突、运输线路中断等不安全不稳定局势，供需结构松散、竞争激烈、市场势力薄弱等生产结构，汇率波动、脆弱金融系统等金融结构，技术落后、创新贫乏等知识结构下，大宗商品市场难以正常运行，期货市场尤为脆弱，价格影响力更无从谈起。在具有较高大宗期货商品价格影响力的主要国家中，无一不在上述几个方面具有突出优势。

二是不同大宗商品领域价格影响力的决定性因素差异巨大。大宗商品是流通市场，期货市场为现货市场和实体经济服务。值得注意的是，当前不同大宗商品市场发展所处阶段各异，定价机制和定价模式差距明显。虽然期货定价逐渐成为大宗商品市场的主流定价模式之一，但目前仍有相当份额的大宗商品国际贸易采用指数定价或现货协商定价方式，因而不同大宗商品其价格影响力的决定性因素差异巨大。因此，在提升大宗商品价格影响力的过程中，应因业施策，对于不同大宗商品领域采取差异化的应对措施。

三是大宗商品价格影响力领域具有明显先发优势。历史经验表明，大宗商品定价中心一旦形成，就会具有持续广泛的价格影响力。以伦敦金属交易所（LME）为例，从 17 世纪开始，作为当时的"世界工厂"和最大的有色金属消费市场，伦敦一度成为铜、锡等重要大宗商品的国际贸易中心，并发展了标准化的期货交易。之后，国际政治经济格局发生较大转变，尽管 LME 在结算制度、会员管理等方面存在明显缺陷，但国际贸易参考 LME 期货定价的方式延续至今，LME 仍然是全球铜市场定价中心。在国际铜期货推出以前，中国企业只能被动接受其价格影响，并冒着较大的海外市场风险参与期货保值。因此，紧抓产业技术革命所带来的历史机遇，在尚未形成国际定价中心的重要大宗商品领域，助推这些品种的中国定价中心建设，是提升大宗商品价格影响力更有效的实现路径。

2. 大宗商品期货价格影响形成的必要条件

从现有主要大宗商品期货品种看，价格影响力的形成需具备如下三个方面的条件。

一是开放自由的金融环境。开放的市场环境意味着资金以及商品的自由流动，决定了多元投资主体能够在多大程度上自由进出期货市场。Kubono，N. W. 等（2020）认为，自由开放的金融环境是大宗商品交易中心成功的关键因素之一。英美两国是公认的开放市场，其金融市场具有天然的高度开放与国际化特征。同时，美元和英镑均具有较高的国际化水平和流动性。在这种情况下，生产商、贸易商、消费商、对冲基金、金融机构积极参与到期货市场中。张炳达、石成玉（2018）研究指出，商品生产商、销售商、加工商、进口商和出口商以及投机者等不同利益主体在期货市场的充分博弈，能够有效反映市场供需信息，有助于形成较为合理的市场价格，从而为期货市场繁荣和大宗商品期货市场价格影响力提升奠定基础。

二是坚实的现货基础。价格影响力的关键在于价格发现效率以及被作为价格基准使用的情况，大宗商品期货价格影响力的提升离不开现货市场和产业的支撑。欧美国家期货市场以现货市场发展为基础，在实际商品的远期交货合同的基础上发生和发展而来，早期的期货合约为交收现货商品的方式之一，从事期货交易的大部分成员是商品供应者、消费商和贸易商，期现结合较为紧密。发达的现货市场以及产业基础为欧美大宗商品期货全球价格影响力的形成提供了重要支撑。如 LME 建立之初就是由于其有色金属现货贸易高度发达，为规避现货市场风险而成立。而布伦特原油期货由于现货市场交易油种的变化，其交易量、市场流动性以及定价基准的地位一度被动摇，ICE 不得不根据现货市场变化而及时调整其期货标的以巩固其在原油市场中的地位。

三是成熟的期货市场。对于期货市场来说，大宗商品价格影响力的形成，有赖于期货市场功能的良好发挥，尤其是市场价格发现的有效性，而这通常在成熟的期货市场中实现。成熟的期货市场普遍具有如下特征：期现良性互动的市场体系、多元化的产品结构、各类投资者积极参与的市场结构、完善的基础设施与制度体系。例如，期现联动上，ICE、CME 等大型交易集团通过场内及场外市场，推出了包括远期、即期、价差合约、期转现等多种衍生品工具，保持期现货市场的高度联动。产品结构上，LME、NYMEX 等围绕特定产业链，推出了包括期货和期权等多种产品，如 LME 有色产品序列较为完备，上市了包括等铜、铝、铝合金、矾土、铅、锌、镍、钴、钼有色金属序列产品，基本实现了重要有色金属产品的全覆盖；NYMEX 围绕能源产品序列上市了期货期权产品超过 400 个，包含原油、燃料油、成品油等完整产品序列，其中仅燃料油相关期货、期权及指数产品数量就接近 100 个。市场结构上，LME 主要参与者既包括生产商、消费商、贸易商、金融服务提供商等，也包括对冲基金与散户，且前者为主要参与者。基础实施与制度保障上，欧美市场具有较为完备的期货与衍生品法律制度保障，美国先后推出了《谷物期货法》《商品交易法》《商品期货交易委员会法》《商品期货现代化法》等诸多法律法规及相关修订案；CME 以其完善的基础设施和市场服务吸引了大量全球投资者参与其中；LME 在欧洲及英国衍生品交易法律制度框架下形成了完整的仲裁制度框架，为快速、准确解决 LME 的纠纷提供了强有力的保障，同时在全球提供了超过 500 个交割仓库，为全球投资者提供完善的仓储及交割服务。

三、以原油为例分析大宗商品价格影响力的典型特征

本部分以原油为例，总结分析具备全球价格影响力的重要大宗商品期货品种典

型特征,从而为我国明确大宗商品期货价格影响力评价指标奠定基础。

(一) 全球原油定价

国际原油市场经过多年的发展,已经形成了比较完整的现货市场体系。从区域分布看,中东、北美为原油主要生产地,供应全球一半以上原油,其中,美国、俄罗斯、沙特阿拉伯为产量最大的三个产油国;亚太地区、北美、欧洲为原油主要消费地,消费量约占全球消费量的80%。由于全球原油资源品质的差异以及区域分布的不均衡性,国际原油市场交易活跃,并由此发展形成了较为成熟而复杂的价格体系。

目前,全球原油价格主要包括期货价格、指数价格、石油出口国官价等。各价格之间相互联系,相互影响。在贸易实践中,较为常用的原油价格包括普氏迪拜/阿曼基准、普氏即期布伦特、普氏乌拉尔地中海、普氏阿曼、普氏迪拜、阿格斯山东到岸船上交货价格评估、阿格斯 WTI 休斯顿原油价格评估、阿格斯 WTI 米兰德原油价格评估、阿格斯 Mars 原油价格评估,阿格斯含硫原油指数(ASCI)等指数价格,阿曼石油公布的 MPM 价格指数、阿布扎比国家石油公司公布的 ADNOC 价格指数、卡塔尔国家石油公司公布的 QGPC 价格指数等官方现货报价,以及 NYMEX 西得克萨斯轻质低硫原油期货(WTI)、ICE 布伦特原油期货(Brent)、迪拜交易所阿曼原油期货以及上海期货交易所原油期货等期货价格。

期货市场在原油国际贸易定价中发挥重要作用。原油资源分布的不均衡以及各地区原油品质的差异导致国际市场原油交易大多以各主要地区的基准油为定价参考,以基准油在交货或提单日前后某一段时间内现货市场或期货市场价格加上升贴水作为原油贸易的最终结算价格。期货市场价格在国际原油定价中扮演着关键角色,占全球每年原油贸易量的85%左右。

(二) 原油期货价格影响力

ICE 的 Brent 原油期货和 NYMEX 的 WTI 原油期货被公认为全球原油期货的定价基准。本课题试图通过总结各个主体对 NYMEX 的 WTI 原油期货的评价,分析价格影响力的主要表现形式和典型特征。

1. Brent 与 WTI 原油期货简介

Brent 原油是一种依靠水路运输的原油,能反映全球基本面且不受区域物流和仓储限制;WTI 是一种内陆地区原油,反映美国中部地区的市场基本面,且受到仓储和物流条件的限制。Brent 和 WTI 原油期货的主要特点如表 2 所示。

表2　　　　　　　　　　　Brent 和 WTI 原油期货特点

类别	ICE Brent	NYMEX WTI
蕴含的信息	Brent 原油是一种依靠水路运输的原油，可以用船只运往世界上任何一个地方，因此能反映全球石油市场的基本面和全球经济状况	WTI 是一种内陆地区原油，通过管道在美国国内运输，反映美国中部地区的市场基本面
交割机制	ICE Brent 原油期货可以按期转现机制进行实物交割，或根据 ICE Brent 指数进行现金结算，并确保期货市场与现货市场挂钩	在库欣进行实物交割
仓储限制	Brent 原油可以在全球范围内运输，并储存于陆地或浮动式仓储设施内，据国际能源署（IEA）估计，全球原油可用储存容量为 50 亿—57 亿桶（包括陆上和浮动式）	根据美国能源信息管理局的数据，库欣的可用储存容量为 7580 万桶
参与者	吸引大量生产商、炼厂、消费者和贸易商，非产业投资者所占的比例较低，故持仓量相对更高	除生产商外，资管、对冲基金等非产业投资者占比较高，故成交量相对更高

资料来源：根据公开资料整理。

2. Brent 与 WTI 原油期货价格影响力的具体表现

ICE 石油市场研究部主管 Mike Wittner 认为，作为大宗商品价格基准具备如下四个方面的特征：一是现货交易规模大。交易规模大的现货市场可以向期货市场提供信号，为期货市场的高流动性奠定坚实的基础，后者进而向前者提供价格信号。在期现市场的联动过程中，价格发现功能得以充分发挥。二是生产者和销售者多元化。成功的价格基准应具有多元化的生产者和销售者群体，从而没有一个参与主体可以占主导地位或拥有过高的市场影响力。三是产品质量稳定。价格基准与其他品质的原油之间建立定价关系（升水或贴水）。为了维持这些定价关系，价格基准的质量必须稳定。四是被广泛接受。价格基准必须被买卖双方所接受，并且其质量能满足广大地区炼油厂的需求。

系统梳理品种手册、品种介绍、官网发布的相关品种的研究报告等自我评价以及产业研究报告、金融分析报告、学术论文、主流新闻媒体、资讯机构等外部评价，本课题发现，对于 Brent 原油期货与 WTI 原油期货价格影响力，各个主体主要从三个方面进行评价。

一是品种的基本情况。内部 ICE 官网和原油产品手册中，重视对 Brent 原油产品组合、规模、流动性、产品标的等评价与描述。而外部研究报告和新闻媒体则着重对其规模的评价。对 WTI 原油期货的评价也基本集中在上述几个方面。如 ICE 布伦特原油期货等交易量均占全球同类商品期货前列，布伦特原油期货所具有的超过 600 个石油相关产品，价差合约、场外掉期、远期和即期现货市场交易方式等满足了投资者多样化的需求，品种具有高流动性、深度订单薄弱，具有高度灵活性。

二是不同主体参与期货市场并运用其管理市场风险的情况。在这方面，内外部评价标准较为一致，主要关注可用风险管理工具的数量以及各类市场主体实际参与期货市场的情况。如ICE官网指出，Brent原油期货中，产业参与者（生产商、精炼商、消费者和实物贸易商）平均占未平仓合约总额的40%—45%；其中，荷兰皇家壳牌石油公司（Shell）、英国石油（BP）、埃克森美孚（Exxon）、道达尔（Total）、埃尼（Eni）、森科能源（Suncor）、康菲石油（ConocoPhillips）、中海油（Cnooc）、EnQuest和维多（Vitol）等头部石油公司交易活跃（ICE，2021）。CTFC报告指出，70多家生产商积极利用WTI期货进行对冲。

三是期货市场所产生价格及其被使用情况。在这一方面，内外部评价主体的关注点同样较为一致。他们主要关注期货价格是否合理，与现货市场价格是否联系紧密，以及作为贸易计价基准使用的情况。如众多行业分析师和研究报告认为，Brent原油反映了全球水运原油基本面，充分反映欧洲市场的供需信息，而WTI原油反映了北美内陆原油基本面，充分反映北美洲市场的供需信息。ICE相关报告显示，全球交易的实物原油中，Brent原油在市场中占主导地位，直接定价现货市场的62.6%，并通过阿曼/迪拜间接定价另外的22%。北海、地中海以及西非的生产商、马来西亚国家石油公司Petronas将Brent作为其原油的唯一价格基准。澳大利亚原油和凝析油/巴布亚新几内亚、越南、菲律宾也紧随其后。WTI直接定价现货市场的9%左右，是美国进口原油的参考价格，以及北美陆地管输原油的标杆价格。

不同主体对Brent原油期货与WTI原油期货的评价具体如表3和表4所示。

表3　　　　　　　　　　　Brent原油期货评价情况

评价维度	评价主体	
	内部评价	外部评价
基本特征	规模：交易量大，持仓量较高 灵活性：产品组合丰富（指数、价差合约等），现金/Brent指数结算 标的：布伦特基准所基于的水运原油具有全球航运、港口和存储能力，由世界各地的精炼厂加工 流动性：具有高流动性 参与成本：参与资金成本较低（保证金折抵） 基础设施：具有全球运输和仓储能力，交易活跃、交易量大 产品组合丰富：超过600个石油相关产品、价差合约、场外掉期、远期和即期现货市场交易方式等	规模：保持足够的期货交易量，现货交易量活跃 标的：质量稳定、易于炼制

续表

评价维度	评价主体	
	内部评价	外部评价
市场参与	风险管理工具：帮助实物交易者管理原油价格和成品油市场价格风险 产业客户参与：产业参与者（生产商、精炼商、消费者和实物贸易商）平均占未平仓合约总额的40%—45%	风险管理工具：高度灵活地规避风险及进行交易的工具 产业客户参与：大量从事石油现货市场的生产商、贸易商、加工商参与 市场结构：具有多元的生产和消费群体，没有任何一个实体可以成为主导
价格使用	价格有效：标的具有综合性，准确地反映全球供需，受投机者和做市商的影响较小；与WTI原油及阿曼迪拜原油相联系 期现联动：与现货市场联系密切，允许参与者将期货头寸换成实物头寸（EFP） 定价基准：贸易计价基准（benchmark），现货市场（尤其是国际贸易）的全球基准和指南，直接或间接定价全球3/4的原油	价格有效：价格能反映商品价值、在全球经济以及石油期现货市场发挥中心作用 期现联动：通过期货转现货交易（EFP）与期货转掉期交易（EFS）实现联动 定价基准：全球最重要的两种定价基准之一，全球贸易计价基准

此外，在OPEC、IEA、IEF、EIA、IMF以及世界银行等官方组织中，Brent和WTI原油期货价格在关于能源或宏观经济的月报、季报、半年报或年报中被频繁使用；大量分析师使用Brent和WTI原油期货价格作为预测未来经济走势的分析工具也从侧面表明Brent和WTI原油期货具有较大的价格影响力。

表4　　　　　　　　　　　WTI原油期货评价情况

评价维度	评价主体	
	内部评价	外部评价
基本特征	交易规模：日成交量和未平仓合约数持续高企 流动性：流动性充足 灵活性：灵活性（可进行集中限价订单簿（CLOB）、大宗交易、场外交易清算等） 连续性：几乎全天候开放电子交易平台 结算：实物结算 基础设施：丰富的基础设施	交易规模：交易量大，拥有庞大的场外市场交易规模 标的：质量能满足广大地区炼油厂的需求，且稳定
市场参与	风险管理：实现精确的敞口配置	参与者结构：具有多元化的生产者和销售者群体 机构参与：吸引了众多银行和对冲基金

续表

评价维度	评价主体	
	内部评价	外部评价
期货价格及其使用	期现联动：与现货市场紧密联系，可进行期货转相关现货头寸（EFRP）进行操作 定价基准：全球基准、世界石油价格的首选指标、在原油交易中采用WTI原油价格	价格发现：价格能反映商品价值、反映美国市场的原油供销以及库存状况 价格被广泛接受：在全球经济以及石油期现货市场发挥中心作用，价格被大量买家所接受 期现联动：拥有交易规模大的现货市场，向期货市场提供信号，为期货市场的高流动性奠定坚实的基础 定价基准：中东供应美国出口原油以及整个美洲地区原油交易的价格参照体系

（三）小结

通过对原油期货品种的分析，本课题发现，具有较大价格影响的期货品种体现出如下特点：一是具有较大交易规模，具有较高的流动性、灵活性，交易成本较低；二是具有多元化的交易主体，产业、金融等各类主体积极参与；三是期货市场核心功能发挥良好，为市场提供价格发现和套期保值工具；四是所在期货市场公平开放，汇率稳定、法律法规健全；五是产业、金融、公共部门、新闻媒体等广泛关注并且价格被产业、金融、公共部门等各类市场主体在多种场景下广泛使用。

四、大宗商品期货价格影响力评估指标体系构建

（一）评估体系构建原则与评估框架

1. 评估方法

现有文献中并没有关于大宗商品价格影响力评价的成熟方法，主要集中在不同价格之间的相关关系，并通过价格引导关系、价格信息传导、价格信息份额等衡量定价功能和价格影响力大小、价格发现的主导地位。

其中，价格引导关系主要研究期货价格与其他价格之间的领先落后关系，常用指标包括价格相关系数、回归系数、价差率、格兰杰因果检验等。如Holder（2002）、Allen和Cruickshank（2002）、Xu和Fung（2005）、常清（2006，2009）、李自学（2014）、吴桥和殷辉（2014）、刘建和等（2015）、刘文文（2016）、李洁和杨莉（2017）等用国内期货与国际期货价格的价格引导关系和双向波动溢出效

应，即同类品种的期货价格与国际定价中心的跟随领先关系判断定价影响力的大小。肖辉等（2006）、熊熊等（2008）、Tse 和 Chan（2010）、方燕和庞小利（2012）、Chan（2015）、争鸣和王娜（2016）等通过研究期货和现货价格走势关系、期货价格对现货价格预测能力、期货市场对价格发现的贡献率等对大宗商品价格影响力进行评价。

价格贡献度主要关注期货市场对大宗商品价格发现的贡献度，通常用信息份额模型（IS）进行度量。华任海等（2008）通过 IS 模型来研究国内外的铜期货市场，发现国外市场的价格发现贡献度更高。孔哲礼等（2008）利用 Johansen - Juselius 协整检验方法和误差修正模型（VECM）对郑州商品交易所、纽约商品交易所的棉花期货价格与国内的棉花现货价格进行了三方关系的研究，结果表明纽约商品交易所的棉花期货价格主导国际棉花定价。此外，经营者利用期货市场的价格信号及时调整修改经营计划、在国际贸易中作为定价基准等也被认为是衡量价格影响力的重要指标。

现有文献中多用单一指标评价价格影响力情况。然而，价格影响力内涵十分丰富，单一指标难以充分反映。因此，为系统、全面、准确地评价我国重要大宗商品价格影响力，本课题借鉴期货市场运行质量评价、功能发挥评价等方法，构建大宗商品价格影响力评估指标体系，通过价格影响力指数对大宗商品期货价格影响力进行评价。

2. 评估指标体系构建思路

结合案例分析与文献基础，本课题遵循如下思路构建大宗商品价格影响力评估指标体系：

一是定量评价与定性评价相结合。价格影响力指的是在某一大宗商品领域，期货价格对其他期货市场或贸易定价的影响，内涵十分丰富。价格影响力既是客观标准，也是主观感受，难以完全用定性或定量指标刻画，定量评价与定性评价相结合对于全面评估大宗商品价格影响力十分必要。在定量评价方面，关注价格影响力"量"的体现，选择合适的量化指标，赋予相应权重，客观、精确、标准地计算出不同品种价格影响力得分。在定性评价方面，关注价格影响力"质"的体现，准确反映不同主体对品种价格影响力的主观感受，并通过数量化处理纳入指标体系。

二是使用多样化数据来源。价格影响力内涵丰富，既涉及期货市场的发展情况，也与价格被关注和被使用的情况密切相关，单一数据来源难以反映出大宗商品期货对于不同市场、不同参与主体的影响，使用多样化数据来源对于准确评估大宗商品价格影响力十分必要。本课题拟借鉴 GFCI 国际金融中心发展指数、国际航运中心发展指数、世行营商环境、PMI 指数等评价方法，采用多样化数据来源。数据具体包括交易所数据、第三方数据库、研究报告、问卷调查等，获取产业界、金融界、学术界关于大宗商品价格影响力评价的相关数据。

三是考虑影响力的稳定性。不同大宗商品期货的价格影响力可能存在较为明显的差异，决定其价格影响力的关键因素也不尽相同。通过不考虑某一指标情况下影响力指数的变化，评价大宗商品价格影响力的稳定性，找出品种的优势指标与劣势指标，对于评估大宗商品期货价格影响力的未来走势，以及影响力提升的潜力和关键对策具有十分重要的意义。本课题通过计算不同维度的价格影响力得分和得分变化情况，找出优势与短板，从而提出针对性政策建议。

3. 评估指标筛选原则

评估指标根据如下原则筛选：

一是系统性。指标体系作为一个系统，在组合形式上应该层次分明，主次得当，形成一个有紧密联系的有机整体。评估指标应能全面反映价格影响力的内涵，系统地对期货价格影响力进行评价。

二是有效性。在指标选择过程中，各个指标在不同品种、不同时期应有所差别，应能有效反映出不同品种价格影响力的差异，以便于发现价格影响力的短板，助力寻找提升期货价格影响力的抓手和着力点。

三是客观性。指标应具体、明确、可度量，以客观、真实、准确地反映我国期货市场价格影响力的实际情况。在设计评估指标体系时，尽量采用量化指标，使用数量化统计参数进行统计；对于难以量化或者数量化处理难度较大的指标，尽量用具体化、行为化、可操作化的语言加以描述。

四是可比性。指标应反映不同品种价格影响力的特定属性，且该属性在一定时间内保持稳定，能够实际、客观地反映各大宗商品品种在不同时期的差异，便于各品种在不同时间内进行纵向比较，反映出价格影响力提升的情况。

五是可获得性。数据应可获得、可操作、便于统计和更新。在设计指标体系时，要考虑基础数据的获取难度以及计算模型的复杂程度，尽量选取易获取、可计算的指标。同时，指标数据应具有一定的更新频率，以满足价格影响力定期评估的需求。

（二）评估指标体系

1. 评价维度

从影响力辐射范围看，价格影响力既包括对区域或国内市场的影响，也包括对国际市场的影响。本课题分别从国内价格影响力和国际价格影响力两个方面，构建评估指标体系，对我国重要大宗商品价格影响力进行评价。

从影响力的影响程度和外在表现看，大宗商品期货的价格影响力既表现为对市场价格的引领，各市场主体对其价格的认可和使用，也表现为各市场主体对价格形成的期货市场的积极参与，以及对期货价格和期货市场的广泛关注。基于此，本课题从三个维度衡量大宗商品价格影响力。

一是市场成熟度。市场成熟度主要指期货市场发展的完备程度，主要表现为活跃的交易、各类市场主体的积极参与以及市场良好的流动性。本课题重点考察期货市场服务实体经济和境外市场的能力，主要衡量实体经济和境外市场主体参与期货市场程度及期货市场所能覆盖的产业所面临的风险大小。市场成熟度能够有效评价各大宗商品期货直接服务实体经济和境外市场的程度，是其具备价格影响力的基础和前提。

二是价格发现效率。期货市场的价格发现指的是买卖双方在给定的时间和地方对一种商品的质量和数量达成交易价格的过程，能够有效调节资源分配、引导资本流向[1]，主要衡量期货价格的有效性，期货市场对现货市场和国际市场价格发现功能发挥情况。价格发现能够有效评价各个品种价格是否反映市场基本面并引导全球大宗商品市场价格形成，是品种价格影响力的核心体现。

三是价格使用度。价格使用度指的是市场参与者和各利益相关主体关注期货市场并使用期货价格的情况，主要衡量期货品种及其价格被企业及产业界、政府机构、官方组织、学术界关注使用的情况。价格使用度能够有效反映商品期货价格在不同场景中的实际应用情况，是品种具备价格影响力的外在表现，也能在一定程度上表明品种现实价格影响力。价格影响力评价维度如表5所示。

表5　　　　　　　　　　　　评估指标

评价范围		评价内容
国内价格影响力	国际价格影响力	市场成熟度
		价格发现效率
		价格使用度

2. 国内价格影响力评估指标

（1）国内市场成熟度。本课题采用3个指标对大宗商品期货国内市场成熟度进行评价，重点考察大宗商品期货的交易情况。3个指标均为定量指标。具体指标和计算方法如表6所示。

（2）国内价格发现效率。本课题采用4个指标对大宗商品期货国内价格发现效率进行评价，重点考察大宗商品期货价格的有效性和与现货市场价格的联动关系。

---

[1] 资料来源：https://www.7hcn.com/article/67893-1.html。

其中，3个指标为定量指标，1个指标为定性指标。具体指标和计算方法如表7所示。

表6　　　　　　　　　国内市场成熟度指标计算方法

序号	指标	指标定义	计算方法
1	期现货规模比率	评估期现货相对规模，比率越高，说明期货对现货市场覆盖面越广	评估期内品种日均持仓量与现货规模的比率。其中，商品现货规模 = 评估期内商品现货产量 + 净进口量，即表观消费量（下同）
2	产业客户持仓占比*	评估期货市场持仓结构以及产业客户参与程度，占比存在最优值，产业客户持仓比过高，市场流动性可能受到影响	评估期内产业客户日均持仓与该品种所有客户日均持仓的比值
3	产业客户成交占比	评估期货市场交易结构以及产业客户参与程度，占比存在最优值，产业客户成交比过高，市场流动性可能受到影响	评估期内产业客户累计成交量与该品种累计成交量的比值

注：* 产业客户为一般法人客户剔除高频交易客户以后的客户；1秒之内报单数量在5笔（含）以上，且每天超过5次（含）以上的客户为高频交易客户[①]。

表7　　　　　　　　　国内价格发现指标计算方法

序号	指标	指标定义	计算方法
1	期现价格相关性	评估品种是否反映现货市场价格情况，相关系数越高，表明价格发现功能发挥越好	评估期内每日现货价格与主力合约结算价的相关系数
2	期现价格引导关系（定性）	评估品种价格与现货市场价格的引导与被引导关系	评估期内期现货价格格兰杰因果关系检验，共分为4档，其中，1为没有明显因果关系，2为被现货市场引导，3为相互引导，4为引导现货市场价格
3	国内期现价格信息份额	评估品种是否在价格发现中起主导作用，信息份额越高，表明价格贡献度越高，价格发现功能越强	评估期内国内期货市场与现货市场相对价格信息贡献度，即通过IS模型计算的价格发现定量指标，贡献度超过50%，即可认为该市场在价格发现中起主导作用
4	到期期现价差率	评估品种到期价格与现货价格的收敛情况，到期期现价差率越小，表明该品种价格发现功能发挥情况越好	评估期内每月到期合约的交割结算价与对应的现货价格均值之差，除以现货价格均值，取绝对值后再计算均值

（3）国内价格使用程度。本课题采用3个指标对大宗商品期货国内价格使用度

---

① 目前对高频交易客户尚无明确定义，以上为本课题衡量标准。

进行评价，重点考察大宗商品期货价格在国内贸易中的使用程度以及被政府、学术界的关注程度。3 个指标均为定性指标。具体指标和计算方法如表 8 所示。

表 8　　　　　　　　　　　国内价格使用度指标计算方法

序号	指标	指标定义	计算方法
1	国内定价基准使用程度（定性）	评估品种价格被实体使用的程度，国内定价基准使用程度越高，表明该品种价格被企业使用的程度越高	评估期内参考或使用期货价格进行国内贸易定价的程度，共分为 4 档，根据被调查企业均值确定
2	政府机构公开使用频率（定性）	评估品种价格被国内政府关注和引用的程度，引用程度越高，品种潜在价格影响力越大	评估期内国内政府机构*公开引用品种价格的频率和程度，共分为 4 档
3	国内期刊研究热度（定性）	评估品种被国内专家学者和专业期刊关注的程度，研究热度越高，潜在价格影响力越大	评估期内国内期刊**研究相关品种的频率和程度，共分为 4 档

注：*政府机构名单选择根据品种所属管理部门确定，体现品种被政府机构关注的实际情况。**国内期刊研究相关品种情况通过中国知网，以"品种+期货"为主题，对检索结果进行文献分析确定。

3. 国际价格影响力评估指标

（1）国际市场成熟度。本课题采用 4 个指标对大宗商品期货国际市场成熟度进行评价，重点考察境外客户参与大宗商品期货市场情况和市场流动性。4 个指标均为定量指标。具体指标和计算方法如表 9 所示。

表 9　　　　　　　　　　　国际市场成熟度指标计算方法

序号	指标	指标定义	计算方法
1	境外客户持仓占比	评估境外客户持仓情况，比例越高，表明境外客户参与境内期货市场程度越高	评估期内境外客户日均持仓量与该品种所有客户日均持仓量的比值
2	境外客户成交占比	评估境外客户交易情况，比例越高，表明境外客户参与境内期货市场程度越高	评估期内境外客户累计交易量与该品种所有客户累计交易量的比值
3	境外客户交割占比	评估境外客户交割情况，比例越高，表明境外客户参与境内期货市场程度越高	评估期内品种境外客户交割量与品种总交割量的比值
4	市场流动性	评估品种期货市场流动性，指标值越高，流动性越差	评估期内 AMIHUD 非流动性比率，即评估期内每日期货价格极值与交易量比值的平均值

（2）国际价格发现效率。本课题采用 3 个指标对大宗商品期货国际价格发现效率进行评价，重点考察大宗商品期货价格对国外期货市场的引导作用和被实体企业的使用情况。其中，2 个指标为定量指标，1 个指标为定性指标。具体指标和计算方

法如表10所示。

表10　　　　　　　　　国际价格发现指标计算方法

序号	指标	指标定义	计算方法
1	境内外期货价格相关性	评估品种是否反映国际期货市场价格情况，相关系数越高，表明价格发现功能发挥越好	评估期内主力合约结算价与国际上其他交易所同类品种主力合约结算价的相关系数
2	境内外价格引导关系（定性）	评估品种价格与境外期货市场价格的引导与被引导关系	评估期内境内外期货价格格兰杰因果关系检验，共分为4档，其中，1为没有明显因果关系，2为被现货市场引导，3为相互引导，4为引导现货市场价格
3	境内外期货价格信息份额	评估品种是否在国际市场价格发现中起主导作用，信息份额越高，表明价格贡献度越高，价格发现功能越强	评估期内境内期货与境外期货价格信息贡献度，即通过IS模型计算的价格发现定量指标，贡献度超过50%，即可认为该市场在价格发现中起主导作用

（3）国际价格使用度。本课题采用3个指标对大宗商品期货国际价格使用度进行评价，重点考察大宗商品期货价格在国际贸易中被使用，被国际组织、学术界关注和使用的程度。3个指标均为定性评价指标，每个指标均分为4档，具体指标计算方法如表11所示。

表11　　　　　　　　　国际价格使用度指标计算方法

序号	指标	指标定义	计算方法
1	国际定价基准使用程度（定性）	评估品种价格被实体在国际贸中的使用的程度，国内定价基准使用程度越高，表明该品种价格被实体使用的程度越高	评估期内参考或使用期货价格进行国际贸易定价的程度，共分为4档，根据被调查企业均值确定
2	国际组织援引度（定性）	评估品种价格被国际组织关注和引用的程度，引用程度越高，品种潜在价格影响力越大	评估期内权威国际组织*公开引用品种价格的频率和程度，共分为4档
3	境外期刊援引度（定性）	评估品种被国内专家学者和专业期刊关注的程度，研究热度越高，潜在国际价格影响力越大	评估期内境外期刊**研究相关品种的频率和程度，共分为4档

注：*权威国际组织名单根据品种所在行业实际情况确定。**通过web of science网站，以"品种+期货"为主题，对检索结果进行文献分析确定。

(三) 评估方法

评估指标体系用于评价各个期货品种的价格影响力。计算各个指标值后，进行如下处理。

1. 评估指标标准化

将不同数量级和单位的指标值线性转换为无量纲数据。将原始指标数值（X）映射到 1—100 的连续值（Y）中。

具体转化方法为：

正向指标转换函数如下：

$$Y_{i,n,t} = \frac{X_{i,n,t}}{X_{\max,n,1}} \times 100$$

反向指标转换函数如下：

$$Y_{i,n,t} = \frac{X_{\max,n,1} - X_{i,n,t}}{X_{\max,n,1}} \times 100$$

其中，$Y_{i,n,t}$ 为 i 品种指标 n 在第 t 个评估期的标准化值，$X_{\max,n,1}$ 为该指标在各评估期内各评估品种间的最大值，$X_{\min,n,1}$ 为最小值。正向指标原始值越大，表明价格影响力越大，反向指标则与之相反。国内价格影响力和国际价格影响力各有一个反向指标。

2. 价格影响力计算

对同一品种标准化的数据 Y 按权重进行加权求和，分别计算各品种国内和国际价格影响力。计算公式如下：

$$DPI_t = \sum_{1}^{10} w_i y_{i,t}, \quad IPI_t = \sum_{1}^{7} w_i y_{i,t}$$

其中，DPI_t 为 t 年份，特定品种的国内价格影响力指数，IPI_t 为 t 年份，特定品种的国际价格影响力指数，w_i 为指标 i 权重，$y_{i,t}$ 为指标 i 在 t 年份的标准化处理后的指标值。

根据平均化原则，各个指标权重均赋值为 10%（见表 12）。

表 12　　　　　　　　　　　评估指标权重

维度	国内价格影响力评价指标	权重	国际价格影响力评价指标	权重
市场成熟度	期现相对规模	10%	AMIHUD 非流动性比率	10%
	产业客户持仓占比	10%	境外客户持仓占比	10%
	产业客户成交占比	10%	境外客户成交占比	10%
		10%	境外客户交割占比	10%

续表

维度	国内价格影响力评价指标	权重	国际价格影响力评价指标	权重
价格发现效率	国内期现价格相关性	10%	境内外期货价格相关性	10%
	国内期现价格引导关系	10%	境内外期货价格引导关系	10%
	国内期现价信息份额	10%	境内外期货价格信息份额	10%
	到期期现价差率	10%		10%
价格使用程度	国内贸易定价基准使用程度	10%	国际贸易定价基准使用程度	10%
	政府机构公开使用频率	10%	国际组织援引度	10%
	国内期刊研究热度	10%	境外期刊援引度	10%

3. 稳健性检验

为验证影响力指数的有效性，本课题通过两种方式进行稳健性检验。一是采用不同标准化处理方法，重新计算价格影响力指数，并通过横向对比与纵向对比，检验指数变化情况[①]。二是在剔除某一指标的情况下，对比品种价格影响力指数变化，寻求提升价格影响力的关键因素。

五、上海期货交易所对外开放期货品种价格影响力现状评价

以上海期货交易所国际化品种原油、国际铜、20号胶以及低硫燃料油为例，运用上述指标体系，对重要大宗商品期货价格影响力进行初步评价。综合考虑品种上市时间和数据可获得性，本课题对2020年和2021年两个时间段的数据进行计算。

（一）国内价格影响力评价

2020—2021年测算结果显示[②]，各品种国内价格影响力总体得分均在70以下，呈上升趋势。横向比较看，在原油、国际铜、20号胶以及低硫燃料油4个大宗商品期货品种中，国际铜期货国内价格影响略高于其他3个品种，其次为20号胶，但品

---

① 具体方法为：将原始指标数值（$X_{i,n,t}$）映射到0—100的连续值（$Y_{i,n,t}$）中，
正向指标转换函数：

$$Y_{i,n,t} = \min\left\{\frac{X_{i,n,t}}{\text{标准值}} \times 100, \ 100\right\}$$

反向指标转换函数：

$$Y_{i,n,t} = \max\left\{\frac{\text{标准值} - X_{i,n,t}}{\text{标准值}} \times 100, \ 100\right\}$$

其中，标准值为理论最优值或目标值，根据指标初步测算结果和专家讨论确定。理论上，该转化方法使得所有指标值均值在0—100之间。

② 考虑到数据敏感性，测算详细结果未列出。

种间差别不大。纵向比较来看，4个品种2021年国内价格影响力均较2020年有所增长。其中，低硫燃料油和原油增长较快。

原油期市场成熟度较高，国内价格影响力较快增长。原油期货于2018年3月上市，运行3年以来，体现出一定的国内价格影响力，但仍然存在较大提升空间。2021年，原油期货国内价格影响力比2020年上升了30.65%。从构成国内价格影响力的各个维度看，价格发现效率较高，市场成熟度增长较快。

国际铜期货国内价格影响力相对较高并稳步增长。沪铜期货和国际铜期货于1995年4月和2020年11月上市，得益于较好的沪铜期货基础，国际铜期货显示出较高的国内价格影响力。2021年，国际铜期货国内价格影响力比2020年上升了11.26%。从构成国内价格影响力的各个维度看，价格发现效率和价格使用度相对较高，市场成熟度是明显短板。

20号胶期货价格影响力较高，价格发现效率优势明显。20号胶期货于2019年8月上市。2021年，20号胶期货国内价格影响力比2020年略有增长。从构成国内价格影响力的各个维度看，20号胶期货具有较高的价格发现效率和价格使用程度，市场成熟度具有较大增长空间。

低硫燃料油期货国内价格影响力有所增强。低硫燃料油期货于2020年6月上市，上市时间短，国内价格影响力没有完全显现出来。2021年，低硫燃料油期货国内价格影响力比2020年增长了37.3%。从构成国内价格影响力的各个维度看，低硫燃料油期货具备较高的价格发现效率，但市场成熟度和价格使用程度均较低。考虑到当前低硫燃料油在燃料油市场应用日益广泛，低硫燃料油期货国内价格影响力提升空间仍然巨大。

（二）国际价格影响力评价

2020年和2021年测算结果显示：各品种国际价格影响力与国内价格影响力表现出一定的差异。横向比较看，2021年，原油期货国际价格影响力最高，20号胶次之。纵向比较来看，4个品种2021年国际价格影响力均较2020年有所增长。其中，原油和低硫燃料油高速增长，国际价格影响力取得明显突破，20号胶国际价格影响力增幅也接近10%，铜期货国际价格影响力提升不明显。

原油期货具备较大的国际价格影响力。原油期货国际价格影响力高于国内价格影响力。2021年，原油期货国际价格影响力比2020年上升了19.27%。从构成国际价格影响力的各个维度看，国际市场成熟度和价格使用程度提升明显。

国际铜期货国际价格影响力基本保持不变。国际铜期货国际价格影响力明显低于其国内价格影响力，市场成熟度和价格发现效率均偏低。其中，受流动性影响，2021年市场成熟度没有明显改善。

20号胶期货国际价格影响力稳步提升。20号胶期货国际价格影响力与国内价格影响力相当。2021年，20号胶期货国际价格影响力比2020年增长了9.24%。具体而言，市场成熟度增幅达到51.57%，但在4个品种中仍然处于较低水平，其价格发现效率和价格使用程度得分相对较高。

低硫燃料油期货国际价格影响力增长明显。虽然上市时间短，但低硫燃料油期货国际价格影响力增速明显。2021年比2020年增长了11.26%。具体而言，低硫燃料油期货具备较好的国际价格发现效率，市场成熟度快速上升，但价格使用程度偏低。考虑到当前国际上尚未形成低硫燃料油的全球定价中心，低硫燃料油期货国际价格影响力提升空间巨大。

（三）小结

运用前文所设计价格影响力评估指标体系，本课题对上海期货交易所4个国际化品种的国内及国际价格影响力现状进行了初步评价。

从价格影响力现状看，各品种总体表现出增强趋势，但不同品种存在较大差异，且其国内价格影响力和国际价格影响力不尽相同。在影响力评价的三个维度中，各国际化品种已经具有较高的价格发现效率，而市场成熟度相对较低，价格使用程度品种间分化明显。这表明，上述品种已经具备价格影响力产生的最重要条件，下一步，应持续优化市场结构，让更加多元的市场主体参与到期货市场中，并加大期货市场和期货价格推广力度，全方位提升市场关注度和价格使用度。

从指标体系设计看，现有指标能在一定程度上客观反映出大宗商品期货品种的价格影响力现状，但也存在不足之处。研究发现，不同的转化处理方法虽然不会对价格影响力变动趋势产生影响，但对指标得分影响大，可能改变国内价格影响力与国际价格影响力的相对结果。当品种间某一指标值差异较大时，则该指标对最终价格影响力测算结果的影响可能被放大。在使用最大化原则确立的统一标准值对各品种标准化处理时，可能导致部分方差较大指标（即不同品种指标值差异较大的指标）标准化处理后数值普遍较小，而方差较小指标（即不同品种指标值差异较小的指标）部分指标值偏大，进而评估结果受部分指标影响较大，导致评价结果与现实情况不符的情形。

六、结论和展望

当前，我国已经进入全面建设社会主义现代化国家的新发展阶段，发展环境面临深刻复杂的变化。从短期看，2020年第二季度以来，重要大宗商品价格普涨，制造业发展承压。大宗商品价格的异常波动已经给实体经济的平稳运行带来了巨大挑战。长期而言，大宗商品的定价权大多集中在欧美国家，成为遏制我国经济发展的因素，国家安全面临重大挑战。提升大宗商品价格影响力成为十分紧迫的现实需求。

大宗商品价格影响力反映了某一市场的价格发现效率及其在价格发现中所发挥的作用，其具体表现为作为价格基准被使用的情况。大宗商品价格影响力由期货市场和现货市场共同造就，是国家结构性权力的集中体现。不同大宗商品领域价格影响力的决定性因素差异巨大，大宗商品价格影响力一旦形成，成为全球大宗商品定价中心，则在短时期内很难改变。提升大宗商品价格影响力任务艰巨，道阻且长。

大宗商品期货价格影响力特指期货价格所产生的影响力，包括对现货贸易定价的影响，即作为价格基准被使用的情况；作为风险管理工具服务实体企业规避市场风险的有效性；以及对境外大宗商品期货市场的价格引导效应。大宗商品期货价格影响力的核心是期货市场的价格发现效率，是否能形成反映市场真实供需形势的价格，其外在表现形式为该价格是否被广泛使用。大宗商品期货价格影响力的形成，离不开开放自由的金融环境、坚实的现货市场以及成熟的期货市场。

具有较大价格影响力的期货品种，通常产生于交易活跃、制度成熟的期货交易所，具有较大交易规模、较高的流动性、多元化的交易主体，其价格通常能够反映市场供需情况，并在国际贸易、企业经营、统计分析中被广泛使用，由此受到产业界、学术界的广泛关注。基于此，本课题对大宗商品期货价格影响力指标体系进行了研究，以期为摸清我国重要大宗商品期货价格影响力提供方法论支撑，为提升大宗商品市场期货价格影响力奠定基础。

本课题从市场成熟度、价格发现效率以及价格使用程度三个维度，分别构建国内价格影响力指数与国际价格影响力指数。既评价具备价格影响力的基础和前提条件的成熟度，也评价所形成价格的有效性和被使用程度，以及品种潜在价格影响力和外在表现，并由此形成了结构化指标体系和评估方法。

本课题以上海期货交易所对外开放品种为例，尝试使用该指标体系进行国内和国际价格影响力测算。结果表明，各品种价格影响力总体上升：2021年，国内价格影响力中，国际铜期货相对较高；国际价格影响力中，原油期货相对较高。同时，原油期货和低硫燃料油期货的国内及国际价格影响力在2020—2021年均取得较快增长。重要大宗商品期货价格已经表现出较高的价格发现效率，部分品种国内关注度基本与境外定价中心和价格基准齐平。但总体而言，大宗商品期货价格影响力仍然不足，且存在明显短板。提升大宗商品期货价格影响力还有很长的路要走。

本课题所设计指标体系的测算结果与主观认知大体一致，表明本课题所设计指标体系具有一定的合理性和可信性。但仍然存在不足之处，如指标选择、标准值确定以及权重选取等。下一步，将在此研究基础之上，进一步完善指标体系和评估方法。为避免单一指标给评估结果带来过大影响，可考虑将基期指标值设定为1（或

100），将评估期与基期的比值作为评估期的标准化指标值，重点考察大宗商品期货价格影响力的变动情况。同时，未来可考虑运用该指标体系，对更多品种、更长时间维度的国内与国际价格影响力进行评价，为出台相应政策措施、稳步增强我国重要大宗商品价格影响力提供数据支撑。

参考文献

[1] 刘庆柏. 我国大宗商品国际定价权研究 [D]. 南京财经大学，2010.

[2] Lalonde R, Maier P, D M. Emerging Asia's Impact on Food and Oil Prices: A Model – Based Analysis [J]. Discussion Papers, 2009.

[3] 卢锋，李远芳，刘鎏. 国际商品价格波动与中国因素——我国开放经济成长面临新问题 [J]. 金融研究，2009（10）：38 – 56.

[4] 胡瑞涛，徐天祥. 大宗农产品供求关系及价格形成机制的研究 [J]. 学理论，2012（5）：88 – 89.

[5] Bouri E, Chen Q, Lien D, et al. Causality between oil prices and the stock market in China: The relevance of the reformed oil product pricing mechanism [J]. International Review of Economics & Finance, 2017.

[6] Tang K, Xiong W. Index Investment and Financialization of Commodities [J]. Social Science Electronic Publishing ER, 2011.

[7] 孔军，朱琦，年四伍. 关于提升我国黄金市场国际定价影响力的研究 [J]. 上海金融，2015（8）：86 – 93.

[8] Chong J, Miffre J. Conditional Correlation and Volatility in Commodity Futures and Traditional Asset Markets [J]. The Journal of Alternative Investments, 2006, 12 (3).

[9] Basu P, Gavin W T. What explains the growth in commodity derivatives? [J]. Federal Reserve Bank of St Louis Review, 2011, 93 (1): 37 – 48.

[10] 韩立岩，尹力博. 投机行为还是实际需求？——国际大宗商品价格影响因素的广义视角分析 [J]. 经济研究，2012（12）：83 – 96.

[11] 张元春. 大宗商品价格上涨的历史回溯与实证分析 [N]. 期货日报，2016 – 05 – 09.

[12] 李书彦. 大宗商品经济导论 [M]. 杭州：浙江大学出版社，2014.

[13] 黄河，谢玮，任翔. 全球大宗商品定价机制及其对中国的影响：结构性权力的视角——以铁矿石定价机制为例 [J]. 外交评论，2013，30（2）：17 – 29.

[14] 安毅. 国际大宗商品定价模式的演变与中国纾困之策 [J]. 价格理论与

实践，2011（9）：2.

［15］李辉．推进期货市场国际化，提升我国大宗商品定价话语权［J］．期货与金融衍生品，2019，109（10）：2-8.

［16］张炳达，石成玉．充分利用期货市场价格发现功能服务实体经济的几点思考［J］．经济师，2018（12）：88-91.

［17］胡健闽．大宗商品国际定价权研究［D］．中共中央党校，2018.

［18］Gerbino G D F. KEYNES, J. M. – A tract on monetary reform［J］. 1926.

［19］Holbrook W. The Theory of Price of Storage［J］. American Economic Review, 1949, 39 (6)：1254-1262.

［20］Charles C C. Futures Trading and Market Information［J］. Journal of Political Economy, 1976, 84 (6)：1215-1237.

［21］华仁海，仲伟俊．对我国期货市场价格发现功能的实证分析［J］．南开管理评论，2002（5）：57-61.

［22］唐澍．大宗商品定价模式演变及国际定价话语权研究［Z］．东北财经大学，2014.

［23］白明．中国对国际市场大宗能源类商品定价的影响［J］．中国对外贸易，2006（6）：82-85.

［24］李艺，汪寿阳．大宗商品国际定价权研究［M］．北京：科学出版社，2008.

［25］刘念．中国出口贸易中的定价权研究［J］．中国商贸，2010（12）：167-168.

［26］李自学．我国商品期货国际定价影响力分类比较研究［D］．中国农业大学，2014.

［27］徐斌．争取大宗商品国际定价权的经济学分析［J］．中国物价，2007（5）：32-35.

［28］汝小洁．中国需要国际贸易定价权［J］．世界有色金属，2005（10）：43-45.

［29］姚林．我国商品期货国际定价影响力研究［J］．价格理论与实践，2018（11）：83-86.

［30］宋波，邢天才．中国沪铜与伦铜、纽铜市场影响力比较研究——基于价格发现和溢出效应动态关系的分析［J］．价格理论与实践，2018（3）：127-130.

［31］陈君，常清．我国期货市场国际定价影响力研究［J］．技术经济，2010，29（3）：106-113.

［32］Strange Susan．国家与市场［M］．杨宇光，译．上海：上海人民出版

社, 2006.

[33] 徐清军. 国际大宗商品市场日益走向金融化 [N]. 国际商报, 2011 - 06 - 27.

[34] 邢世伟. 国际大宗商品的定价机制和我国定价权缺失问题研究——以铁矿石为例 [J]. 河北金融, 2010 (10): 27 - 29.

[35] 苏振锋. 我国大宗商品国际定价权困境成因及解决路径探析 [J]. 经济问题探索, 2011 (4): 108 - 110.

[36] 梅新育. 中国没有定价权 [J]. 世界知识, 2005 (15): 16 - 20.

[37] 宋文飞, 李国平, 韩先锋. 稀土定价权缺失, 理论机理及制度解释 [J]. 中国工业经济, 2011 (10): 46 - 55.

[38] 王铁栓, 银延军. 我国对国际大宗原材料定价权缺失的原因与对策 [J]. 洛阳理工学院学报 (社会科学版), 2005 (3): 61 - 63.

[39] 杨春光, 王辉. 以期货市场 QFII 引入为契机, 建立国际定价中心 [J]. 特区经济, 2005 (8): 81 - 82.

[40] 方秀玉. 试论我国期货市场国际化及其国际定价中心功能的发挥 [J]. 对外经贸, 2006 (8): 94 - 96.

[41] 孔哲礼, 李辉. 中国郑州棉花期货市场的国际定价功能研究 [J]. 新疆财经, 2008 (6): 48 - 51.

[42] 胡宇, 周宏, 郝彬. 我国期货市场成为世界定价中心的可能性分析 [J]. 价格月刊, 2006 (11): 22 - 23.

[43] Intelligence E. Global Crude Benchmarks: Brent Sets the Standard [EB/OL]. https://www.theice.com/why - the - world - needs - benchmarks - and - characteristics - of - benchmarks.

[44] Kubono Nicolas W., 李燕, 周杰, 等. 场外大宗商品交易市场建设经验与启示——以新加坡等地为例 [J]. 时代金融, 2020 (29): 41 - 44.

[45] 华仁海, 卢斌, 刘庆富. 中国期铜市场的国际定价功能研究 [J]. 数量经济技术经济研究, 2008 (8): 83 - 93.

[46] 孔哲礼, 李辉. 中国郑州棉花期货市场的国际定价功能研究 [J]. 新疆财经, 2008 (6): 48 - 51.

[47] Lee G. Market Price Discovery [J]. The Accounting Review, 2003, 78 (1): 193 - 225.

中期协联合研究计划（第十四期）项目

我国农产品期货主力及近月合约的动态价格发现能力研究

课题负责单位：中国农业大学中国期货与金融衍生品研究中心
课题研究编号：202131026
课题负责人：安　毅
课题组成员：谢　伟　何　婧　王　军　马荣远　胡可为

一、引言

(一) 研究背景与研究意义

1. 研究背景

长期以来,我国农产品期货合约的流动性格局一直表现出两个极为突出的特点:一是主力合约集中分布于1月、5月、9月三个交割月上。这三个交割月的主力合约依次活跃,在移仓换月时会跳过中间交割月合约,表现出不连续性;二是1月、5月、9月合约的依次活跃主要集中在距离现货月份3—6个月的月份上,具有显著的远期性。国内期货界通常将这种主力合约的流动性格局称作"159现象"。近些年,期货业界与学术界均对这种合约的流动性分布格局持负面观点,认为其会增加套期保值企业的交易风险和交易成本,对基差贸易造成一定障碍。中国证监会副主席方星海则认为,"159现象"的长期存在意味着国内期货市场的运行质量较实体经济的风险管理需求仍存在许多不足[①]。

为了消除"159现象",国内各商品期货交易所在逐渐改变梯度保证金的基础上,自2017年开始加快探索解决问题的其他办法。基本思路是通过降低交易成本、推行做市商制度等措施,来提高近月合约的活跃度,同时也希望以其改善主力合约不连续的现象。经过不断努力,国内几个主要工业品期货如原油、20号胶的主力合约顺利实现逐月连续,PTA、动力煤期货合约基本实现奇数月份连续活跃。对于农产品期货合约,期货交易所为了提高近月奇数月合约(即相关品种的3月、7月、11月合约)的活跃度,尝试通过做市商为目标合约持续报价。但是,相较于工业品,国内农产品期货合约的流动性格局在很大程度上受季节性生产的影响,交易者长期以来也已形成了在1月、5月、9月上的交易偏好,这就导致仅依靠活跃近月合约的措施无法从根本上解决主力合约不连续的问题。

为此,我们考察了2019年和2020年大连商品交易所玉米期货主力合约流动性格局的分布情况(见表1),结果发现新老现象交织现象:老现象是玉米期货主力合约集中在1月、5月、9月三个交割月上,且仍分布在距离现货月份3—6个月的远期月份上。新现象是当现货月份为2019年3月、7月、11月以及2020年7月时,玉米期货主力合约与现货月份的偏离仅为2个月。这说明交易所提高近月合约活跃度的措施取得了一定效果,存在主力合约由远月向近月迁移的某种趋势。不仅玉米

---

① 方星海. 加快业务创新,优化市场功能,更好地服务实体经济发展[J]. 中国期货市场年鉴,2017:2-3.

期货是这样，其他农产品期货品种也表现出同样的变化。

这种新老现象的存在为期货界提出两个十分重要的议题：在"159现象"长期存在的现实情况下，究竟是远月主力合约的价格发现水平高还是近月合约的价格发现水平高？部分品种主力合约向近月合约靠近是否就意味着价格发现水平的提升？基于以上两点思考，本课题尝试以实证方法考察研究我国农产品期货主力合约与近月合约的动态关系，并将主力合约向近月、远月合约换月时的价格发现水平进行比较分析，以期为期货业界、学术界和监管层提供新的认识视角。

表1 2019年和2020年玉米期货主力合约流动性格局分布   单位：月

现货月份（2019年）	主力合约	主力合约与现货合约的偏离	现货月份（2020年）	主力合约	主力合约与现货合约的偏离
1	C1905	4	1	C2005	4
2	C1905	3	2	C2005	3
3	C1905	2	3	C2009	6
4	C1909	5	4	C2009	5
5	C1909	4	5	C2009	4
6	C1909	3	6	C2009	3
7	C1909	2	7	C2009	2
8	C2001	5	8	C2101	5
9	C2001	4	9	C2101	4
10	C2001	3	10	C2101	3
11	C2001	2	11	C2105	6
12	C2005	5	12	C2105	5

2. 研究意义

近年来，我国期货市场改革发展势头良好，市场规模稳步增长，运行质量逐步提高。如今，国内期货市场正处于由量变向质变突破的关键阶段，有效解决期货市场的结构性问题对于期货市场自身的发展乃至宏观经济稳定都意义重大。

随着我国经济的市场化改革不断深化，企业对风险管理的需求愈发迫切，合约的连续性问题已经明显影响到期货市场服务实体经济的质量。近些年，各交易所尝试通过微观供给侧的调整解决合约连续性问题，在提高近月合约流动性方面取得了一定成效。但是，在"159现象"长期存在的现实情况下，改善合约流动性格局是否真正有利于期货市场的功能发挥？未来是否应该继续推动主力合约向近月靠近？对于以上问题的深入研究，能够为期货业界、学术界和监管层提供新的认识视角。

(二) 研究目标

1. 总目标

本课题由我国农产品期货市场长期存在的"159 现象"为出发点，以主力合约价格发现功能为研究视角，通过梳理各品种主力合约的流动性格局，明确了"159 现象"的表征与成因。在此基础上着重探讨主力合约流动性格局与价格发现功能之间的关系，并进一步分析了主力合约价格发现水平的影响因素，以期为提高期货市场运行质量提供参考借鉴。

2. 具体目标

第一，针对主力合约的远期特征，利用实证模型检验主力合约价格发现水平与合约流动性格局的关系，以动态的视角分析"159 现象"对合约价格发现功能的影响，并结合期货市场实际的运行情况，对实证结果进行分析与解释。

第二，针对主力合约换月的不连续特征，利用实证方法检验主力合约换月行为与价格发现功能的关系。检验主力合约换月时，向近期月份和远期月份转换分别对应的价格发现水平，对结果进行比较分析，考察不同的换月模式对价格发现水平的影响。

第三，考察做市商制度对主力合约价格发现水平的影响。利用双重差分模型，以主力合约价格发现水平为因变量，加入持仓量占比以及距到期日的天数作为控制变量，计算目标合约引入做市商制度前后的净影响，从价格发现功能的角度评估做市商制度的政策效果。

(三) 研究内容与方法

1. 研究内容

(1) 主力合约相对近月合约的价格发现水平。首先，对主力合约与近月合约在样本期内的每个交易日进行 Johansen 协整检验，根据协整检验的结果把数据分为三类：一是平稳数据。若在 5% 的显著性水平下，协整检验无法拒绝秩为 2 的原假设，表明该交易日主力合约与近月合约皆为平稳数据序列。二是协整数据。若在 5% 的显著性水平下，协整检验无法拒绝秩为 1 的原假设，表明该交易日主力合约与近月合约为一阶单整序列。三是非平稳数据。若在 5% 的显著性水平下，协整检验无法拒绝秩为 0 的原假设，表明该交易日主力合约与近月合约为非平稳序列。

其次，对于平稳交易日采用 Garbade 与 Siber (1983) 提出的领先—滞后模型度量价格发现效率。对于主力与近月合约存在协整关系的交易日，采用提出的信息领导份额模型计算价格发现效率。

（2）主力合约换月行为与价格发现水平的关系。采用信息领导份额模型分别计算换月时主力合约相对近月合约、主力合约相对远月合约的价格发现效率，并对二者价格发现效率的动态变化进行对比分析。具体来说，分别选取玉米、棉花期货1月、5月、9月合约到期日前60日的1分钟高频价格数据，在此区间分别计算1月、5月、9月合约相对近月合约、远月合约的价格发现效率，比较分析主力合约向近月、远月合约换月时价格发现效率水平的差异。以2020年1月到期的玉米合约为例，到期日前60天为2019年10月23日至2020年1月15日，在此区间计算1月合约相对3月合约、1月合约相对5月合约的价格发现效率。

2. 研究方法

（1）信息领导份额模型。信息领导份额模型（Information Leadership Shares，ILS）是将共因子的方差进行分解，根据每个市场的信息对共因子方差的贡献比例来定义价格发现。其关键在于将冲击的影响分解至每个市场，分析每个市场对这种冲击所作的贡献。

对于主力与近月合约存在协整关系的交易日，采用信息领导份额模型计算价格发现效率。信息领导份额模型以信息份额模型（Information Shares，IS）与因子份额模型（Component Shares，CS）为基础，其优势是在富含噪声的高频交易中具有良好的鲁棒性。IS模型和CS模型都是以二元VECM模型为基础，VECM模型表达式为：

$$\Delta p_t = \alpha(\beta' p_t - \mu) + \sum_{j=1}^{J} \tau_j \Delta p_{t-j} + e_t$$

其中，$p_t = (p_{1,t}, p_{2,t})'$ 代表 t 时期主力合约与近月合约的价格，β 代表协整向量参数，常数项 μ 代表主力合约与近月合约间的价差，用以反映仓储成本。$\alpha = (\alpha_1, \alpha_2)'$ 为误差修正系数向量，表示对长期均衡价格的调整。$\sum_{j=1}^{J} \tau_j \Delta p_{t-j}$ 表示由市场不完全导致价格的短期动态调整。j 表示模型滞后阶数，由贝叶斯信息准则确定。

$$\Sigma = \begin{pmatrix} \sigma_1^2 & \rho \sigma_1 \sigma_2 \\ \rho \sigma_1 \sigma_2 & \sigma_2^2 \end{pmatrix}$$

Harris等（2002）提出CS模型可由误差修正系数向量经标准正交化后得到，记 $\alpha_\perp = (\gamma_1, \gamma_2)'$。因此，CS模型关于价格发现效率的公式如下，$CS_1$、$CS_2$ 分别代表主力合约、近月合约的价格发现效率。

$$CS_1 = \gamma_1 = \frac{\alpha_2}{\alpha_2 - \alpha_1}, CS_2 = \gamma_2 = \frac{\alpha_1}{\alpha_1 - \alpha_2}$$

Hasbrouck（1995）提出 IS 模型可由误差修正系数与误差项的方差—协方差矩阵计算得出。其中，γ_1、γ_2 是 CS 模型中得出的价格发现效率，m_{11}、m_{12}、m_{22} 可由 VECM 模型的误差项协方差矩阵经过 Cholesky 分解后得到。当价格信息之间存在同期相关时，Cholesky 分解方法能够消除信息间的同期相关性。

$$IS_1 = \frac{(\gamma_1 m_{11} + \gamma_2 m_{12})^2}{(\gamma_1 m_{11} + \gamma_2 m_{12})^2 + \gamma_2 m_{22}^2}, IS_2 = \frac{\gamma_2 m_{22}^2}{(\gamma_1 m_{11} + \gamma_2 m_{12})^2 + \gamma_2 m_{22}^2}$$

IS 模型与 CS 模型作为计算价格发现效率的常用方法，在学术界被广泛使用。但引入高频交易数据后，由于不同合约的价格序列具有不同的噪声水平，使得 IS 方法与 CS 方法过高的估计价格发现水平。为了解决该问题，Putniņš（2013）提出适用于高频数据的 ILS 模型。ILS 模型综合考虑以上两种方法，能够在不同的噪声水平下准确估计价格发现效率。

$$ILS_1 = \frac{IL_1}{IL_1 + IL_2}, ILS_2 = \frac{IL_2}{IL_1 + IL_2}$$

其中，$IL_1 = \left| \frac{IS_1}{IS_2} \frac{CS_2}{CS_1} \right|, IL_2 = \frac{1}{IL_1}$

（2）双重差分模型。双重差分模型常用于政策效果评估。其基本思路是将期货价格序列分为实施做市商制度的处理组和未实施该制度的对照组，分别计算处理组和对照组在实施做市商制度前后价格发现水平的变化量，并将上述两个变化量做差，得到交易所实施做市商制度对主力合约价格发现水平产生的净影响。其基本方程为：

$$Y = \beta_0 + \beta_1 T + \beta_2 D + \beta_3 T \cdot D + \varepsilon$$

其中，实施做市商制度的期货合约取 $D=1$，而未实施的为 $D=0$；T 表示实施政策的时期变量，实施前 $T=0$，实施后 $T=1$；ε 为随机扰动项。

3. 数据来源

本课题选取大连商品交易所玉米期货以及郑州商品交易所棉花期货作为研究对象，选择理由是两种期货合约的市场活跃度较高，并且能够对跨交易所品种进行对比研究。样本区间为 2019 年 1 月 2 日至 2020 年 12 月 31 日，剔除无效样本后[①]，玉米期货共计 487 个交易日，棉花期货共计 484 个交易日。期货合约收盘价一分钟高频数据来自聚宽数据平台，考虑到夜盘交易不活跃的情况，故只选取日盘交易数据，最终每个交易日包含 225 个数据点。在构建连续价格序列时，将某一品种当月持仓量最大的合约作为主力合约，将距当前月份最近的非交割月合约视为近月合约。以 2019 年 1 月到期的玉米期货为例，对应的近月合约为 3 月合约，主力合约为 5 月合

---

① 由于当日价格未发生变动，故从棉花期货数据中剔除 2019 年 1 月 9 日、2 月 14 日以及 2020 年 3 月 23 日。

约。在计算主力合约与近月合约的价格发现效率时,由于某些月份的近月合约与主力合约发生重合,故使用次主力合约代替主力合约进行计算,具体情况如表2所示。此外,在研究主力合约换月行为时,为保证研究对象位于样本期内,故选取玉米、棉花期货2020年到期的各月份合约,相应的子区间见表3。有关价格发现效率的计算使用R软件完成。

表2　　　　　　　2019—2020年主力合约与近月合约重合月份

品种	主力合约与近月合约重合的月份
玉米	2019年3月、2019年7月、2019年11月 2020年7月
棉花	2019年3月、2019年7月、2019年11月 2020年3月、2020年7月、2020年11月

表3　　　　玉米、棉花期货1月、5月、9月合约到期日前60天对应日期

合约	对应日期
1月、3月、5月	2019年10月23日—2020年1月15日
5月、7月、9月	2020年2月20日—2020年5月19日
9月、11月、1月	2020年6月19日—2020年9月14日

(四) 创新点与不足

1. 创新点

第一,尽管"159现象"是个长期存在的突出问题,现有研究大多是从理论分析的角度对其成因加以解释。本研究则以期货市场的核心功能——价格发现为切入点,通过实证方法探究合约流动性格局与价格发现功能之间的关系,角度新颖。

第二,以往测算价格发现水平的方法大多是计算某一特定时期的总量水平,无法体现期货交易的波动性。本研究利用改进的信息份额模型,选取我国农产品期货主要上市品种的高频价格数据,度量主力合约相对于近月合约每日的价格发现水平,以动态视角探究主力合约的远期性特征。

第三,交易所通过推行做市商制度,提高了近月合约的活跃度。但是,主力合约不连续问题并没有得到解决。因此,本研究进一步分析主力合约换月的不连续问题,分别度量临近最后交易日时主力合约相对于近月合约、主力合约相对于下一主力合约的价格发现效率,以探究主力合约换月行为与价格发现水平的关系。同时,对交易所推行做市商制度的政策效果进行评估,测算做市商制度对合约价格发现水平的净影响。

2. 不足之处

第一，本研究采用高频数据计算价格发现水平，能够获得主力合约日度的价格发现水平。但是，由于期货交易波动性较大，高频价格数据蕴含一定的噪声信息，可能会使实证结果产生一定程度的误差。

第二，影响主力合约流动性格局的因素较多，本研究无法一一兼顾。由于做市商制度是现阶段交易所提高合约流动性所普遍采用的政策，且已取得一定成效。故本研究将做市商制度作为重要的政策冲击，考察其对价格发现功能的影响。实际上，还有众多影响因素（如投资者心理）未被考虑进来。

二、国内外的相关研究综述

（一）农产品期货合约流动性格局分布

我国农产品期货研究领域对主力合约流动性格局的分析由来已久，普遍的研究思路是分别考察期货主力合约远期性与连续性特征。

1. 农产品合约的远期分布

郭晓利、李慕春（2003）研究比较美国、日本、中国三国的大豆、玉米期货后发现，美国农产品期货市场呈现近期合约月份活跃格局，日本农产品期货市场呈现远月合约活跃格局，中国农产品期货市场呈现中期月份合约活跃格局，且中国农产品期货活跃合约呈现不连续性。陈锐刚、周慧娟（2008）以我国农产品和工业品期货为研究对象，发现二者具有不同的流动性特征。工业品期货呈现近月合约活跃的特征，而农产品期货呈现中远期合约活跃的特征。同时，农产品相较于工业品，其主力合约的持续期更长，说明国内农产品期货主力合约表现出非连续性特征。

2. 期货主力合约的"159"分布格局

肖俊喜、郭晓利（2012）对比了中美农产品期货市场的流动性格局，发现我国农产品期货的活跃合约主要集中在1月、5月、9月三个月份，且活跃合约不连续。相比之下，美国农产品期货各个月份的合约都存在活跃阶段，且活跃合约间体现出连续性特征。吴青劼、谢安（2018）将我国商品期货主要上市品种划分为八大板块，通过构建主力合约近远期指标与连续性指标考察合约流动性格局。研究发现，我国商品期货主力合约与现货合约的平均距离为4个月，且主力合约的连续性不强。农产品期货主力合约普遍较工业品偏远期分布，但二者在连续性方面差异较小。如果进一步将工业品划分为不同板块,则有色金属类期货合约的连续性明显强于农产品期货。此外,主力合约"159现象"不仅表现在农产品期货上,还出现向工业品和所有新上市品种扩散的现象,并对套期保值效率产生一定的负向影响。方星海(2016)认为"159现象"给连续生产经营的企业开展套期保值操作带来了较大的风险和交易成本,特别是给一些上下游企业直接利用期货价格进行基差贸易造成了很大损失。

(二)"159现象"的成因

针对我国商品期货尤其是农产品期货主力合约存在的"159现象",国内学者从不同视角对其成因进行分析与解释,大体可归纳为三个方面。

1. 期货市场的风险控制

我国期货市场成立之初,其目的并不是满足农产品贸易商的避险需求,而是作为一种宏观经济的调控手段,这在一定程度上导致期货市场与现货市场发展不协调。期货市场的运行以现货市场为基础,是现货市场价值规律的体现,二者发展的不协调会直接影响期货市场的流动性格局,导致主力合约与现货合约偏离。同时,中国的社会主义市场经济体制决定了期货市场的建设必须处理好发展与稳定的关系。由于我国期货市场起步较晚,发展初期缺乏市场管理经验,使得监管部门十分重视期货市场的风险控制,因此制定了较为严格的交易制度。其中,影响期货市场合约流动性格局的主要因素是梯度保证金制度与持仓限额制度。较高的保证金比例以及严格的持仓限制提高了投资者参与近月合约的交易成本与交易风险,迫使其转投成本与风险较低的远月合约,最终形成现有的合约流动性格局。赵栋强、常清(2010)较早地对铜、铝、大豆合约的主力合约远月分布现象和原因进行了研究。他们认为影响期货合约成交量和持仓量的主要因素是交易手续费、保证金水平以及持仓限制。他们的研究中虽然没有清晰地提出1月、5月、9月合约的远期分布,但研究所取得重要结论是"中国期货市场主力合约远期性特征的原因是中国期货市场交易规则中的保证金制度和持仓限制制度,美国期货市场主力合约的近期性是由实体经济中套期保值者对近期合约的要求形成的"。其研究还不能解释为什么之后各交易所纷纷改革梯度保证金制度和持仓限额制度,但"159现象"依然顽固地存在着。

2. 农产品期货交割月份的设计

商品期货的交割月份由期货交易所设计、确定并调整。一般来说,安排商品期货的交割月份有三个依据:与一年四季相关的自然气候月份、为保证流动性而使交易量集中,以及连贯性(托马斯,2004)。农作物的生产与收获有明确的年度和季节特征，某些月份是形成价格的力量聚集的顶点，因此这些月份自然就成为期货合约的交割月份。对于粮食类农产品期货而言，交割月具有均匀分布特征，都是1月、3月、5月、7月、9月、11月。这种设计明显与金属、能源及其他工业品期货的每月均可交割不一样。因此，农产品期货的交割月设计在一定程度上是导致主力合约不连续的制度因素。

3. 农产品自身的产销特点

农产品的生产和销售不同于工业品，容易受到季节因素和生产周期的限制，具有明显的季产年销特点。我国农产品期货合约在设计初始，考虑了现货品种的供给（含生产布局）、需求、流通、季节性、产业特点等因素，针对不同的现货品种设计适宜的交割月份。但是，主力合约"159现象"持续存在说明农产品的产销特性并不是影响合约流动性格局的主要因素。有学者从市场内部供需的角度做出解释，1月合约反映冬季非生产时节的价格，5月合约代表青黄不接时的市场预期，9月合约则代表丰收的市场价格，不同时期的合约都会有不同的升贴水，且基本能覆盖生产方企业和需求方企业对于利用期货市场规避价格风险的需要。

4. 投资者结构

我国商品期货市场交易规模与日俱增，但市场中的投资者结构存在严重缺陷，即个人投资者占比过高，缺乏产业客户和机构投资者。散户交易最大缺点是市场分析与风险承受能力差，易产生非理性行为。为了控制交易风险与成本，个人投资者更偏向于远期合约交易。与散户占比过高紧密联系的是市场投机行为活跃，表现为国内农产品期货各品种换手率高于国外发达市场。由于整个市场较强的投机属性，我国农产品期货主力合约的"159现象"在短时间内难以被打破。

（三）主力合约价格发现功能

价格发现作为期货市场的首要功能，是衡量期货市场发展质量的重要指标，也是学术界的研究重点。有关期货市场价格发现功能的文献主要集中在期现货的领先滞后关系与期现货市场价格发现能力的比较。

1. 早期理论的认知差异和研究方法

随着研究不断深入，学者们不再局限于探究期现货之间的价格关系，而是开始关注期货合约间的价格发现问题。最初学者对于期货合约间价格发现关系的研究多以理论分析为主。Working（1949）提出著名的仓储理论，阐明了商品期货价格与其仓储成本的关系，认为近月合约比远月合约具有更强的价格发现能力。Tomek 和

Gray（1970）则认为商品期货价格不仅反映了仓储成本，还包含投资者对商品未来供需情况的预期。因此，商品期货的价格发现功能并不是由近月合约主导。相反，远月合约在某些情况下可能比近月合约更具价格发现能力。

Garbade 和 Silber（1983）最早利用领先滞后模型对价格发现能力进行量化分析。在此基础上，Hasbrouck（1995）以误差修正模型为基础提出著名的信息份额模型。自此，大量学者开始使用定量方法研究不同合约间的价格发现功能。Lehmann（2002）认为相同标的物、不同月份期货合约间的价格发现过程实际上是某个合约对标的物真实价值做出迅速且有效的反应，反应越快、效率越高则价格发现功能越强。

2. 牲畜期货不同月份合约的价格发现功能

在农产品期货领域，Sanders 等（2008）测度了美国活牛和生猪期货远期合约的价格发现水平，结果发现距现货合约 8 个月之后的活牛期货合约不再具有价格发现功能，而生猪期货所有的远月合约都具备价格发现作用，造成差异的原因可能是活牛的生产周期相较于生猪更长。

Schnake 等（2012）分别对比了美国活牛期货和大豆期货近月与远月合约，结果发现活牛期货与大豆期货的近月合约具有更强的价格发现能力。农业生产者若依据远月合约价格调整生产决策，可能会做出错误的决定。虽然远月合约对价格发现过程的贡献度较低，但其仍然可以作为一种有效的长期风险管理工具来对冲价格风险。

Hu 等（2020）以美国玉米与活牛期货作为研究对象，采用高频数据研究近月与远月合约之间的价格发现水平，结果表明价格发现水平的动态变化具有周期性特征。当合约距离交割月较远时，近月合约具有较强的价格发现能力（约为 0.8，1 代表完全的价格发现能力）；随着合约到期日临近，近月合约的价格发现能力逐渐减弱。不同品种间的对比发现，玉米期货近月合约的价格发现能力强于活牛期货，造成差异的原因可能是两种商品的储藏属性不同。

3. 农产品期货合约的远近月价格发现水平

Mallory 等（2015）研究发现美国玉米期货近月合约与远月合约的价格具有同期相关性，且价格信息能够在近月与远月合约间迅速、高效地传递。该研究也说明美国农产品期货市场具有较高的成熟度和发展水平。

Yang 等（2020）以中国农产品期货市场为研究对象，对 11 种主要农产品期货的价格发现能力进行定量测度，结果发现中国农产品期货市场在价格发现过程中发挥了重要作用。需要注意的是，中国农产品期货近月合约与远月合约的价格发现能力存在显著差异，近月合约所包含的价格信息相比远月合约更少。张凤荣（2016）

等利用向量误差修正模型对我国棉花期货近月及远月合约的价格发现效率进行测算，结果发现近月合约的价格发现效率更高。此外，作者发现尽管近月合约价格发现效率更高，企业利用远期的主力合约进行套保操作更具优势。

4. 文献评述和研究设想

综上所述，现有文献对我国农产品期货市场"159现象"的表征与成因进行了详细分析，主要从期货市场内部制度、农产品产销特点与投资者结构三个方面加以解释。主要的问题体现在以下几方面。

第一，以往研究大多是对"159现象"的简单识别，既没有结合期货市场自身的运行规律对该现象的合理性进行深层次的探究，也未能对影响合约流动性格局的因素进行实证检验。

第二，现有文献极少从价格发现视角分析我国农产品期货合约流动性格局，过往研究对远月合约是否具有更强的价格发现能力持不同观点。

第三，现有文献主要考察期货合约在一段时期内的价格发现过程，代表静态的价格发现能力。而期货交易本身具有较大的波动性，只关注价格发现过程在特定时期的总量水平可能会忽略重要的价格信息。

虽然存在以上不足，但是国外学者着眼于期货市场的流动性格局和价格发现功能，所研究的不同期限合约间的价格发现关系可为"159现象"的研究提供新的视角和思路。

为此，本课题将从以下两个方面开展进一步的研究，以便为期货市场的发展提供新的思路和建议：第一，选取我国农产品期货主要上市品种的高频价格数据，度量近月合约与主力合约日间的价格发现水平，以动态视角探究主力合约的远期性特征。第二，为了进一步分析主力合约换月的不连续性特征，分别度量临近到期日时主力合约与近月合约、主力合约与下一主力合约的价格发现效率，以探究主力合约换月行为与价格发现水平的关系。同时，对交易所推行做市商制度的政策效果进行评估，测算做市商制度对合约价格发现水平的净影响。

三、我国农产品期货合约的"159问题"与应对措施

（一）"159问题"的起源

1. 国内期货市场

回顾我国农产品期货市场的发展历程，可以发现，最初上市的农产品期货合约

并没有表现出明显的"159 现象",主力合约的月份分布不限于 1 月、5 月、9 月,且远期性特征并不明显。为此,我们收集了 2005—2010 年豆粕期货与玉米期货不同期限合约的月度交易数据①,按照持仓量最大原则构造了主力连续合约,结果如表 4 所示。我们发现,2007 年以前,豆粕期货的主力合约分布在 1 月、5 月、8 月、9 月、11 月上,且部分月份的主力合约分布在近月。自 2007 年开始,豆粕期货主力合约具有典型的"159"特征,主力合约只分布在 1 月、5 月、9 月三个交割月上,且合约分布具有远期性。同样地,玉米期货主力合约在 2007 年以前分布在 1 月、3 月、5 月、7 月、9 月上,与豆粕合约不同的是,玉米合约的远期性特征较为明显。2007 年以后,玉米期货主力合约的分布同时表现为远期性与不连续性。

表 4　　　　　　　　2005—2010 年豆粕与玉米期货合约流动性格局

品种	年度	现货月份与对应的主力合约月份											
		1月	2月	3月	4月	5月	6月	7月	8月	9月	10月	11月	12月
豆粕	2005	05	05	05	08	08	08	09	09	11	01	05	05
	2006	05	05	09	09	09	11	11	01	01	01	05	05
	2007	05	09	09	09	09	09	09	01	05	05	05	05
	2008	09	09	09	09	09	09	01	01	01	01	05	05
	2009	05	09	09	09	09	09	09	01	05	05	05	05
	2010	09	09	09	09	09	01	01	05	05	05	09	09
玉米	2005	05	05	05	07	07	09	09	01	01	05	05	05
	2006	09	09	09	09	01	03	03	05	05	05	05	05
	2007	05	09	09	09	09	09	09	01	05	05	05	05
	2008	05	09	09	09	01	01	01	01	05	05	05	05
	2009	05	09	09	09	09	09	09	01	05	05	05	05
	2010	09	09	09	09	09	09	01	01	05	05	05	09

由此可以发现,我国期货市场运行初期,农产品期货主力合约的流动性格局并没有表现出典型的"159"特征,可以认为是近似的"159 现象"。这种近似性主要体现在两个方面:第一,1 月、5 月、9 月合约已经成为主力合约的固定组成部分。由豆粕与玉米期货的流动性格局可知,1 月、5 月、9 月一直是主力合约的组成月份,且在主力合约中的占比逐渐提高。第二,主力合约在部分月份的远期分布。对于早期的豆粕与玉米期货,当进入全年的第四季度后,二者的合约流动性格局表现出明显的远期性特征,主力合约与现货月份存在 6 个月左右的差距,且这种特征长期存在。因此,我国农产品期货市场中的"159 现象"并不是一蹴而就的,而是期

---

① 数据来源:Wind 数据库。

货市场自身长期演化的结果。

2. 国外期货市场

对于像"159"这样的主力合约分布规律,其并不是中国独有的现象。例如,在美国棉花期货交易最初的几个十年中,交易者对某些月份的合约具有明显偏好。纽约棉花交易所(New York Cotton Exchange)期初设计的棉花交割月份为1—12月,但事实上1月和8月合约更受欢迎,其交易量分别是其前后两个月的两倍。造成这一现象的原因是8月是棉花作物年度的末尾,1月代表冬季运输时期的开始。这种交割月设计和主力合约分布特点并不是一成不变的。纽约棉花交易所实际上已经认识到,只有几个交割月的市场是不可或缺的,于是将交割月限定在3月、5月、7月、10月和12月合约上。如今,纽约棉花交易所已经过多次并购,成为洲际商品交易所(ICE)集团的一部分,其棉花交割月调整为1月、3月、5月、7月、9月、10月、11月、12月,早期的1月和8月现象已经不复存在。

(二)"159问题"的现状

1. 农产品期货的"159问题"

自郑州商品交易所上市我国第一个农产品期货以来,农产品期货合约的种类和交易规模逐年增加。目前,在各交易所正式上市的农产品期货品种共有26个,除上市不久的花生期货与生猪期货以外,有15个品种表现出突出的"159现象"(见表5),有2个品种的期货合约表现出近似"159现象"的流动性格局,其余6个品种的合约流动性格局规律性较弱。其中,主粮类期货合约(如玉米、豆粕、黄大豆等)以及具备季节性产销特点的农产品期货合约(如棉花、红枣、花生等),其合约流动性格局均长期存在"159现象"。纤维板、胶合板期货受季节性因素影响较小,其合约流动性格局没有表现出明显的规律性。粳稻以及苹果期货主力合约虽然不是1月、5月、9月,仍旧表现出相似的远期性与不连续特征。

表5　　　　　　　　　"159现象"在农产品期货市场中的现状

交易所	上市的农产品期货	存在"159现象"的品种
大连商品交易所	玉米、玉米淀粉、黄大豆1号、黄大豆2号、豆粕、豆油、棕榈油、纤维板、胶合板、鸡蛋、粳米、生猪	玉米、玉米淀粉、黄大豆1号、黄大豆2号、豆粕、豆油、棕榈油
郑州商品交易所	白糖、棉花、普麦、强麦、早籼稻、晚籼稻、粳稻、菜籽粕、油菜籽、菜籽油、棉纱、红枣、苹果、花生	白糖、棉花、早籼稻、菜籽粕、菜籽油、棉纱、红枣

对于存在"159现象"的期货品种,可以发现其合约月份的设计基本上遵循奇

数月交割的原则。这种合约设计原则一方面是考虑到农产品的季产年销特点，另一方面是便于涉农企业参与期货市场进行套期保值操作。但是，我国期货市场在建设初期，为了防范系统性风险而采取梯度保证金制度，造成近交割月和交割月的交易成本高于其他月份，投资者在临近交割月时便会大幅减仓，转而投资保证金水平较低的远期合约。梯度保证金制度虽然在一定程度上保证了期货市场的稳定运行，却引发了近月合约不活跃、主力合约不连续的问题。在之后的政策改革中，各交易所为了解决"159问题"，尝试通过降低保证金水平来活跃近月合约，但仍旧无法改善主力合约的不连续问题。"159现象"的长期存在既有期现货市场不匹配的结构性因素，也有投资者长期形成的投资习惯与投资心理的作用，是由多种力量共同作用的结果。

除上述存在"159现象"的典型品种外，为考察其他期货品种的合约流动性格局，本研究考察了剩余9种农产品期货2020年的流动性格局，结果如表6所示。可以发现以下现象。

其一，纤维板、胶合板、鸡蛋以及粳米期货的流动性格局没有体现出较强的规律性，主力合约的远期性与不连续特征不明显。从交割月份的设计来看，上述四种期货合约在全年12个月份均可进行交割，这在一定程度上使得主力合约具有连续性特征。对于普麦以及晚籼稻期货来说，其主力合约的不连续性特征更加突出。

其二，普麦期货与晚籼稻期货的交割月份均为所有的奇数月份，但普麦期货主力合约只有5月和7月，晚籼稻期货主力合约只有7月和11月。这两种期货合约的流动性格局与相应作物的播种、成熟周期有着密切关系，5月与7月是春小麦与冬小麦青黄不接的时期，而7月与11月分别是晚籼稻开始播种与收获的时期，此时的主力合约能够反映出市场的整体预期，故而形成这种流动性格局。

其三，粳稻期货与苹果期货的主力合约虽然不是1月、5月、9月，其合约流动性格局同样表现为远期性与不连续特征。其中，粳稻期货的交割月份为每年的所有奇数月，其主力合约为1月、5月、11月；苹果期货的交割月份为每年的1月、3月、4月、5月、10月、11月、12月，其主力合约为1月、5月、10月。特别需要注意的是，在所有农产品期货中，油菜籽期货主力合约表现出连续性特征。油菜籽期货的交割月份为每年的7月、8月、9月、11月，其主力合约为7月、9月、11月，说明主力合约在换月过程中，总是在近月合约之间转换。由于油菜籽期货每年只有四个交割月份，使得每个交割月的交易更加集中，各合约的活跃度得以提升。

表6　　　　　　　　　　2020年部分农产品期货合约流动性格局

品种	交割月份	主力合约月份
纤维板	全年12个月	1月、5月、9月、10月

续表

品种	交割月份	主力合约月份
胶合板	全年12个月	1月、4月、5月、8月、9月、12月
鸡蛋	全年12个月	1月、5月、6月、7月、9月、10月、11月
粳米	全年12个月	1月、2月、5月、9月、12月
普麦	1月、3月、5月、7月、9月、11月	5月、7月
晚籼稻	1月、3月、5月、7月、9月、11月	7月、11月
粳稻	1月、3月、5月、7月、9月、11月	1月、5月、11月
苹果	1月、3月、4月、5月、10月、11月、12月	1月、5月、10月
油菜籽	7月、8月、9月、11月	7月、9月、11月

2. 非农期货品种的"159问题"

对于国内交易所上市的非农产品期货合约，其流动性格局并未明显地表现为农产品期货的"159"特征，而是表现为主力合约在个别月份间轮转。以上海商品交易所的黄金与白银期货为例，其主力合约的流动性格局皆是"6—12"轮转。以2020年为例，当现货月份为1—5月时，黄金、白银期货的主力合约为AG2006（AU2006）；当现货月份为6—11月时，二者的主力合约为AG2012（AU2012）；当现货月份为12月时，白银期货主力合约转换为AG2102，而黄金期货主力合约转换为AU2106（见表7）。

表7　　　　　　　　　2020年黄金、白银期货合约流动性格局

品种	1月	2月	3月	4月	5月	6月	7月	8月	9月	10月	11月	12月
AG	2006	2006	2006	2006	2006	2012	2012	2012	2012	2012	2012	2102
AU	2006	2006	2006	2006	2006	2012	2012	2012	2012	2012	2012	2106

（三）我国治理"159问题"的对策

"159现象"的长期存在对我国期货市场的功能发挥产生了一定的负面影响，监管层与期货业界一直在探索解决该问题的方法。中国证监会副主席方星海曾提出，"159现象"的主要原因是近月合约不活跃，进而导致主力合约不连续。因此，业界解决"159问题"的思路大致相同，即通过提高近月合约活跃度，进而促进主力合约的连续。2017年4月，中国证监会期货部召开了关于提高期货合约连续性工作会议，提出了"各交易所自选品种，年内初步见效"的工作要求。在证监会的统一部署下，各期货交易所积极探索，并且取得了较好的成果。相应的对策大体可分为三个方面。

1. 时间梯度保证金制度改革

我国期货市场的建设起步较晚，监督管理经验相对缺乏。因此，我国期货市场推行的保证金制度是为了控制市场整体的风险。在这种理念的指导下，我国期货市场在发展前期推出时间梯度保证金制度，规定保证金水平随着交割月的临近而提高。该项制度虽然在一定程度上抑制了系统性风险的发生，却给投资者带来了沉重的成本负担。由于临近交割月的保证金比例较高，大多数交易者都会选择在合约到期前移仓至远期月份，以减少保证金费用的支出，进而导致主力合约向远期迁移。

为了解决主力合约的远期分布问题，监管部门和交易所自 2010 年开始，逐步对时间梯度保证金制度进行修改。一方面减少保证金的调整梯度，另一方面降低交割月的保证金水平。以郑商所在 2015 年修订的《郑州商品交易所风险管理办法》为例，该办法规定郑商所将交易保证金标准调整梯度由目前的四级减少为三级，分为自合约挂牌至交割月前一个月第 15 个日历日、交割月前一个月第 16 个日历日至交割月前一个月最后一个日历日、交割月份，三个时期各品种交易保证金标准分别为 5%、10%、20%。其他交易所也陆续出台了类似措施，具体见表 8。

表 8　　　　　　　　我国各期货交易所对时间梯度保证金制度的修改①

郑州商品交易所					
品种	标准	交割月前一个月			交割月
		上旬	中旬	下旬	
白糖、PTA、甲醇等	调整前	8%	15%	25%	30%
	调整后	6%	10%	15%	20%

大连商品交易所					
品种	标准	交割月前一个月			交割月
		上旬	中旬	下旬	
豆粕、豆油、棕榈油等	调整前	10%	15%	25%	30%
	调整后	5%	10%	10%	20%

上海期货交易所					
品种	标准	交割月前第二月中下旬	交割月前第一月		交割月	
			上旬	中下旬	上旬	中旬
铜、螺纹钢、铝、锌等	调整前	7%	10%	15%	20%	30%
	调整后	4%	10%	10%	15%	20%

① 资料来源：各交易所网站，下同。

2. 持仓梯度保证金制度改革

为了进一步提高近月合约流动性,各期货交易所对原有的持仓梯度保证金制度进行了修改,总体思路是根据市场情况定期调整持仓量梯度保证金的相关参数,以建立整体平滑、逐级递增的保证金标准。对于各交易所来说,实施持仓梯度保证金制度改革的进度不尽相同。但是,各交易所都具有较为关键的改革时点,在此时点前后,梯度保证金制度的具体内容发生了较为明显的变动,清晰地体现出改革的进程。

具体而言,大商所在2013年上调了豆粕、豆油、棕榈油等品种随持仓量加收保证金的持仓量基数,并将四个梯度对应的保证金由5%、8%、9%和10%,修改为5%、7%、9%和11%(见表9)。上期所在2013年上调了铜、铝、锌等品种随持仓量加收保证金的持仓量基数,调整后的持仓量基数是调整前的两倍(见表10)。2013年9月,郑商所率先取消了持仓梯度保证金制度,进一步为投资者降低了交易成本。在此之后,为了充分提高近月合约的流动性,大商所与上期所也分别于2017年、2019年先后取消了持仓梯度保证金制度,体现出我国期货管理部门在防范市场风险的基础上,鼓励适当放松市场管制的思路。

表9　　　　　　大商所对部分品种持仓保证金制度的修改(2013年)

品种	调整前		调整后	
	持仓量N(单位:万手)	保证金比例	持仓量N(单位:万手)	保证金比例
黄大豆1号、聚氯乙烯	N≤100	5%	N≤100	5%
	100<N≤150	8%	100<N≤150	7%
	150<N≤200	9%	150<N≤200	9%
	N>200	10%	N>200	11%
玉米	N≤150	5%	N≤150	5%
	150<N≤200	8%	150<N≤200	7%
	200<N≤250	9%	200<N≤250	9%
	N>250	10%	N>250	11%
豆粕	N≤100	5%	N≤150	5%
	100<N≤150	8%	150<N≤200	7%
	150<N≤200	9%	200<N≤250	9%
	N>200	10%	N>250	11%

表 10　　上期所对部分品种持仓保证金制度的修改（2013 年）

品种	调整前		调整后	
	持仓量 N（单位：万手）	保证金比例	持仓量 N（单位：万手）	保证金比例
铜、铝、锌	N≤12	5%	N≤24	5%
	12＜N≤14	6.5%	24＜N≤28	6.5%
铅	N≤4	8%	N≤20	5%
	14＜N≤16	8%	28＜N≤32	8%
	4＜N≤6	10%	20＜N≤30	10%
	N＞6	12%	N＞30	12%
	N＞16	10%	N＞32	10%
螺纹钢	N≤75	7%	N≤120	5%
	75＜N≤90	8%	120＜N≤135	7%
	90＜N≤105	10%	135＜N≤150	9%
	N＞105	12%	N＞150	11%
天然橡胶	N≤5	5%	N≤8	5%
	5＜N≤7	8%	8＜N≤12	8%
	7＜N≤9	10%	12＜N≤16	10%
	N＞9	12%	N＞16	12%

3. 引入做市商制度

做市商制度能够弥补期货市场由指令驱动机制带来的理性不足，避免价格失真与操纵。引入做市商制度后，通过竞争选取的做市商能够为近月合约提供流动性，为有交易意愿的投资者提供机会。同时，交易所对做市商的义务和激励政策进行了明确，交易所重点考察做市商提供持续报价的义务，对持续报价时间比例高、报价价差相对窄的做市商予以激励，充分保证做市商制度的有效性。

具体而言，郑商所根据产业客户的实际需求，选取了产业客户较多、产业需求迫切、市场功能发挥较好的白糖与棉花期货作为做市商制度的试点。大商所选取豆粕、玉米、黄大豆 2 号期货作为试点，以 3 月、7 月、11 月合约作为重点活跃的目标。将全年分为三个阶段，每个时间段集中力量重点活跃一个合约，该合约为目标合约。具体如下：2—5 月以当年 7 月合约为目标合约，6—9 月以当年 11 月合约为目标合约，10 月至次年 1 月以次年 3 月为目标合约。确定目标合约后，交易所为目标合约进行持续报价，持续报价的开始时间为交割月前第 5 个月，到交割月前 1 个月结束报价。到目前为止，国内主要农产品期货合约均引入了做市商制度，一些工业品与金属类期货也相继开展了做市交易（见表 11）。

表 11　　各交易所引入做市商制度的情况（截至 2020 年底）

交易所	引入做市商机制的品种
郑州商品交易所	白糖、棉花、棉纱、菜籽油、菜粕、短纤、PTA、甲醇、锰硅、硅铁、纯碱、动力煤、玻璃
大连商品交易所	玉米、玉米淀粉、黄大豆1号、黄大豆2号、豆粕、豆油、棕榈油、纤维板、胶合板、鸡蛋、粳米、生猪、焦煤、焦炭、铁矿石
上海期货交易所	镍、原油、黄金、白银、燃料油、20号胶、锡、不锈钢、螺纹钢、热轧卷板、石油沥青、天然橡胶、纸浆

（四）"159 问题"的政策效果与局限性

1. 政策效果

（1）非农产品合约连续活跃实施效果。经过两年多的实践，在做市品种上，原油、镍、20 号胶期货顺利实现合约逐月连续，白银期货首个做市合约打破传统主力轮转格局；黄金和燃料油期货做市效果初显，活跃合约数量显著增加。具体来说，原油期货方面，自 2018 年 10 月底做市以来，原油品种已由上市初期仅 1 个合约活跃，转变为近月多个合约连续活跃、主力合约逐月轮转的发展格局。镍期货方面，自 2017 年 9 月做市以来，经过两年时间，已改变固有的"159"主力月不连续轮转模式，实现逐月轮换。20 号胶期货方面，自 2019 年 9 月底启动做市后，合约顺利实现逐月轮转，品种活跃度显著提升。白银期货自 2019 年 6 月做市以来，时间虽短但效果明显，首个做市合约 AG2002 成功成为主力合约，实现了主力合约双月轮转的初期目标，改变了原来仅 6 月、12 月主力合约轮转的格局。在此基础上，为更好地满足产业客户的市场需求，上期所自 2019 年 11 月开始，进一步推进白银期货由双月合约活跃向逐月合约连续的方向转变。

（2）农产品合约连续活跃实施效果。具体有以下效果：

第一，近月合约活跃的格局基本形成。以做市时间较长的棉花期货为例，基本实现了奇数月份的连续活跃。2019 年 6 月棉花期货引入做市商机制后，7 月、11 月的合约顺利实现了主力合约与近月合约的收敛。随后一年里，棉花期货 3 月、7 月、11 月合约的连续性也得到显著提升。可以看出，交易所对目标合约采取重点活跃的措施取得了良好的效果。

第二，做市品种远期奇数月合约持仓自然发育明显。在相应品种引入做市商制度并经过一段时间的培育后，市场对奇数月合约的活跃情况有了一定预期，即便在奇数月合约成为目标合约前，部分市场客户同样愿意参与远期奇数月合约的交易，促使远期奇数月合约持仓自然发育。

第三，增强了目标合约服务实体企业的能力。从参与做市交易的客户数量来看，各做市目标合约的参与客户数量有明显增加。以白糖期货为例，参与做市交易客户的成交比均在40%左右，持仓比在30%左右[①]，有效带动做市合约活跃，吸引更多的投资者参与交易。

2. 局限性

第一，部分政策依然缺乏弹性。为了提高近月合约的连续性，交易所对时间梯度保证金制度进行了改革，一方面减少保证金的调整梯度，另一方面降低交割月的保证金水平。通过对比改革前后近月合约的活跃度，可以发现改革的效果较为明显。但是，改革后的保证金制度依然缺乏调整的弹性，无法根据市场的实际交易情况动态调整。这在一定程度上导致我国农产品期货市场的"159现象"在短期内无法消除。

第二，主力合约不连续的问题依旧存在。按照交易所最初的设想，通过提高近月合约流动性的方法，可以改善主力合约不连续的问题。然而，在较长的时期内考察合约流动性格局，主要农产品期货合约不连续的问题依旧突出存在。这究竟意味着未来交易所应该继续推行做市商制度，还是说明提高近月合约活跃度的措施难以改善主力合约的不连续问题？对于该问题的回答，既是监管者长期以来寻求的政策导向，也是期货市场未来建设的重要指导思想。所以，解决"159问题"还需要更深层次的探讨。

四、合约流动性格局与价格发现功能的关系分析

（一）主力合约与近月合约价格发现水平的动态关系

1. 模型设定

首先，对主力合约与近月合约在样本期内的每个交易日进行Johansen协整检验，根据协整检验的结果把数据分为三类：（1）平稳数据。若在5%的显著性水平下，协整检验无法拒绝秩为2的原假设，表明该交易日主力合约与近月合约皆为平稳数据序列。（2）协整数据。若在5%的显著性水平下，协整检验无法拒绝秩为1的原假设，表明该交易日主力合约与近月合约为一阶单整序列。（3）非平稳数据。若在5%的显著性水平下，协整检验无法拒绝秩为0的原假设，表明该交易日主力合约与

---

① 资料来源：《中国期货市场年鉴》（2019）。

近月合约为非平稳序列。

其次，对于平稳交易日采用 Garbade 与 Siber（1983）提出的方法度量价格发现效率。该方法以价格的领先—滞后模型为基础，模型表达式为：

$$\begin{bmatrix} p_{1,t} \\ p_{2,t} \end{bmatrix} = \begin{bmatrix} \alpha_1 \\ \alpha_2 \end{bmatrix} + \begin{bmatrix} 1-\beta_1 & \beta_1 \\ \beta_2 & 1-\beta_2 \end{bmatrix} \begin{bmatrix} p_{1,t-1} \\ p_{2,t-1} \end{bmatrix} + \begin{bmatrix} \omega_{1,t} \\ \omega_{2,t} \end{bmatrix}$$

式中 $p_{1,t}$ 与 $p_{2,t}$ 分别代表 t 时期主力与近月合约价格，系数 β_1、β_2 衡量的是滞后一期的近月合约价格对当期主力合约价格的影响以及滞后一期的主力合约价格对当期近月合约价格的影响。因此，主力合约的价格发现效率可以表示为：

$$GS_1 = \frac{\beta_2}{\beta_1 + \beta_2}$$

最后，对于主力与近月合约存在协整关系的交易日，采用 Putniņš（2013）提出的信息领导份额模型（Information Leadership Shares，ILS）计算价格发现效率。ILS 模型以信息份额模型（Information Shares，IS）与因子份额模型（Component Shares，CS）为基础，其优势是在富含噪声的高频交易中具有良好的鲁棒性。IS 模型和 CS 模型都是以二元 VECM 模型为基础，VECM 模型表达式为：

$$\Delta p_t = \alpha(\beta' p_t - \mu) + \sum_{j=1}^{J} \tau_j \Delta p_{t-j} + e_t$$

其中，$p_t = (p_{1,t}, p_{2,t})'$ 代表 t 时期主力合约与近月合约的价格，β 代表协整向量参数，常数项 μ 代表主力合约与近月合约间的价差，用以反映仓储成本。$\alpha = (\alpha_1, \alpha_2)'$ 为误差修正系数向量，表示对长期均衡价格的调整。$\sum_{j=1}^{J} \tau_j \Delta p_{t-j}$ 表示由市场不完全导致价格的短期动态调整。j 表示模型滞后阶数，由贝叶斯信息准则确定。

$$\Sigma = \begin{pmatrix} \sigma_1^2 & \rho \sigma_1 \sigma_2 \\ \rho \sigma_1 \sigma_2 & \sigma_2^2 \end{pmatrix}$$

Harris 等（2002）提出 CS 模型可由误差修正系数向量经标准正交化后得到，记 $\alpha_\perp = (\gamma_1, \gamma_2)'$。因此，CS 模型关于价格发现效率的公式如下，$CS_1$、$CS_2$ 分别代表主力合约、近月合约的价格发现效率。

$$CS_1 = \gamma_1 = \frac{\alpha_2}{\alpha_2 - \alpha_1}, CS_2 = \gamma_2 = \frac{\alpha_1}{\alpha_1 - \alpha_2}$$

Hasbrouck（1995）提出 IS 模型可由误差修正系数与误差项的方差—协方差矩阵计算得出。其中，γ_1、γ_2 是 CS 模型中得出的价格发现效率，m_{11}、m_{12}、m_{22} 可由 VECM 模型的误差项协方差矩阵经过 Cholesky 分解后得到。当价格信息之间存在同期相关时，Cholesky 分解方法能够消除信息间的同期相关性。

$$IS_1 = \frac{(\gamma_1 m_{11} + \gamma_2 m_{12})^2}{(\gamma_1 m_{11} + \gamma_2 m_{12})^2 + \gamma_2 m_{22}^2}, IS_2 = \frac{\gamma_2 m_{22}^2}{(\gamma_1 m_{11} + \gamma_2 m_{12})^2 + \gamma_2 m_{22}^2}$$

IS 模型与 CS 模型作为计算价格发现效率的常用方法,在学术界被广泛使用。但引入高频交易数据后,由于不同合约的价格序列具有不同的噪声水平,使得 IS 方法与 CS 方法过高地估计价格发现水平。为了解决该问题,Putniņš(2013)提出适用于高频数据的 ILS 模型。ILS 模型综合考虑以上两种方法,能够在不同的噪声水平下准确估计价格发现效率。

$$ILS_1 = \frac{IL_1}{IL_1 + IL_2}, ILS_2 = \frac{IL_2}{IL_1 + IL_2}$$

其中,$IL_1 = \left| \frac{IS_1}{IS_2} \frac{CS_2}{CS_1} \right|$,$IL_2 = \frac{1}{IL_1}$

2. 实证结果与分析

对玉米、棉花期货主力与近月合约样本期内的每个交易日分别进行 Johansen 协整检验,结果如表 12 所示。样本期内,玉米期货主力与近月合约存在协整关系的交易日共计 290 天,占比 59.54%;存在平稳关系的交易日共计 81 天,占比 16.63%;存在非平稳关系的交易日共计 116 天,占比 23.83%。样本期内,棉花期货主力与近月合约存在协整关系的交易日共计 340 天,占比 70.25%;存在平稳关系的交易日共计 66 天,占比 13.63%;存在非平稳关系的交易日共计 78 天,占比 16.12%。从协整检验的结果看,棉花期货存在协整关系的天数大于玉米期货,说明样本期内棉花期货可能包含更多的价格信息。

表 12　　　　　各品种主力合约与近月合约协整检验结果　　　　　(单位:天)

品种	协整关系	平稳关系	非平稳关系	总天数
玉米	290	81	116	487
棉花	340	66	78	484

分别计算协整关系与平稳关系交易日的主力合约价格发现效率[①],并将结果汇总。其中,玉米期货主力合约价格发现水平的变化情况如图 1 所示。在整个样本期内,主力合约的价格发现水平并不是始终占据主导地位(交易日的价格发现效率大于 0.5),而是呈现周期性波动。进一步观察价格发现效率的峰值,可以发现主力合约价格发现效率极大值点主要集中在月末,而极小值点主要集中在月中。这说明随着最后交易日的临近,主力合约的价格发现效率逐渐降低;当主力合约完成换月后,其价格发现效率逐渐升高。此外,玉米期货主力合约价格发现效率在 2019 年整体的波动程度小于 2020 年。造成这种现象的原因可能是玉米期货价格在 2019 年处于平稳变动的状态,而从 2020 年开始大幅持续上涨。由 2020 年 1 月的每吨 1912 元,上

---

① 主力合约与近月合约价格发现效率之和恒等于 1。

涨至12月的每吨2472元，涨幅达29.28%。玉米期价的大幅上涨增加了市场中的投机行为，进而导致玉米主力合约的价格发现水平呈现剧烈波动的状态。

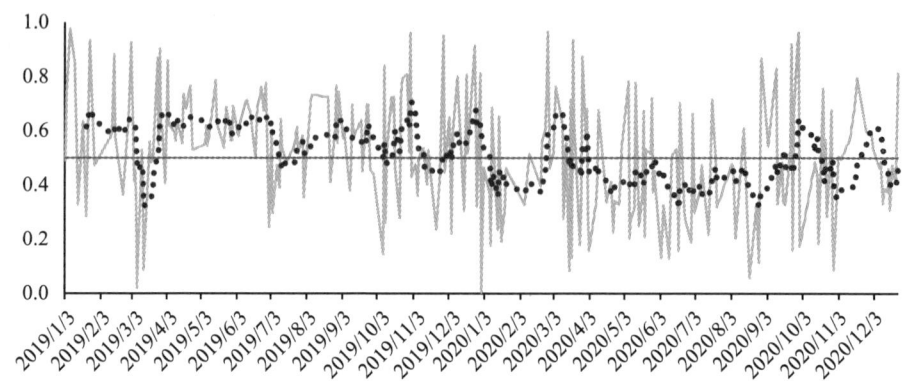

图1　2019—2020年玉米期货主力合约价格发现水平变化情况

注：虚线代表趋势线。

图2表示棉花期货主力合约价格发现水平的变化情况。在整个样本期内，其同样表现出显著的周期性波动特征。但是，这种周期性规律与玉米期货略有差异。具体来说，当现货月份为1月、5月、9月时，主力合约价格发现效率表现出下降趋势；当现货月份为3月、7月、11月时，主力合约价格发现效率表现出上升趋势。由于主力合约是由1月、5月、9月合约构造而成，因此当现货月份为1月、5月、9月时，上述三个主力合约临近到期日，成交量与持仓量会逐渐减少，因而价格发现能力会随之下降。由样本期内棉花期货主力合约的流动性分布情况可知，当现货月份为3月、7月、11月时，主力合约与近月合约重合。为了保证价格发现效率的计算具有实际意义，本研究使用当月次主力合约代替主力合约参与运算，而次主力合约恰恰是远期的1月、5月、9月合约。因此，当现货月份为3月、7月、11月时，棉花期货主力合约相对于近月合约的价格发现能力，就等价于次主力合约相对于近月合约的价格发现能力，而近月合约与主力合约重合，最终等价于次主力合约相对主力合约的价格发现能力。所以，当现货月份为3月、7月、11月时，棉花期货次主力合约的价格发现水平高于主力合约。

由价格发现理论可知，某一月份的主力合约拥有最大的持仓量（成交量），因而包含更多的价格信息，在价格发现过程中占据主导地位。但本研究的实证结果表明，在上述的3月、7月、11月，持仓量最大的主力合约，其价格发现水平低于次主力合约。可能的原因是交易所通过一系列政策调控实现了主力合约向近月合约收敛、改善主力合约远期性的直接政策效果。但是，从价格发现的角度来说，尽管某些月份主力与近月合约实现了收敛，主力合约却未能在价格发现过程中处于主导地位，占据主导地位的依然是远期的1月、5月、9月合约。"159问题"蕴含的合约不连续现象依旧存在。同时，该现象在棉花期货上更加明显，可能是棉花期货相较于玉米期货，其价格的市场化程度更高。

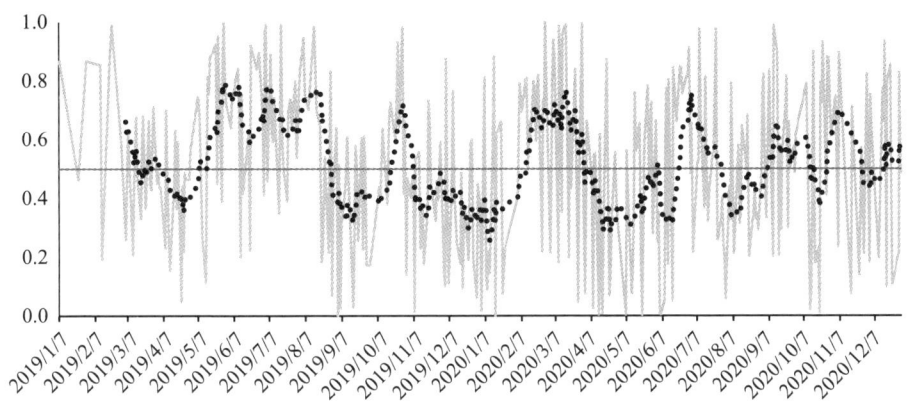

图2　2019—2020年棉花期货主力合约价格发现水平变化情况

注：虚线代表趋势线。

（二）主力合约换月行为与价格发现功能的关系

1. 模型设定

为探究主力合约换月的不连续特征，采用ILS模型分别计算样本期内主力合约与近月合约、主力合约与远月合约的价格发现效率。具体来说，分别选取玉米、棉花期货1月、5月、9月合约到期日前60日的1分钟高频价格数据。在此区间分别计算1月、5月、9月合约与近月合约、远月合约的价格发现效率，比较分析主力合约向近月、远月合约换月时价格发现水平的差异。以2020年1月到期的玉米合约为例，到期日前60天为2019年10月23日至2020年1月15日，在此区间计算1月合约与3月合约、1月合约与5月合约的价格发现效率，并对二者价格发现效率的动态变化进行对比分析。

2. 实证结果与分析

我国农产品期货主力合约换月时，通常表现为1月、5月、9月三个合约月份的不连续转换。为探究主力合约换月行为与近月、远月合约间的关系，本研究以玉米、棉花期货2020年1月、5月、9月合约最后交易日的前60天作为样本区间，分别计算该区间内1月、5月、9月合约与近月合约以及远月合约间的价格发现效率。

图3、图4横轴代表玉米、棉花期货1月、5月、9月合约距离最后交易日的天数，纵轴表示1月、5月、9月合约相对于近月、远月合约的价格发现效率。可以发现，除9月到期的棉花期货合约换月的情况以外，若两种期货合约由1月、5月、9

月向近月合约换月，则随着交易期限的临近，1月、5月、9月合约的价格发现效率仍保持较高的水平，换月完成后近月合约的价格发现水平较低；若两种期货合约由1月、5月、9月向远月合约换月，则随着交易期限的临近，1月、5月、9月合约的价格发现水平在距离最后交易日10天附近逐渐下降。这说明在换月过程中，远月合约的价格发现水平逐渐提高，由1月、5月、9月合约向远期月份换月的过程实现了价格发现功能的良好过渡。

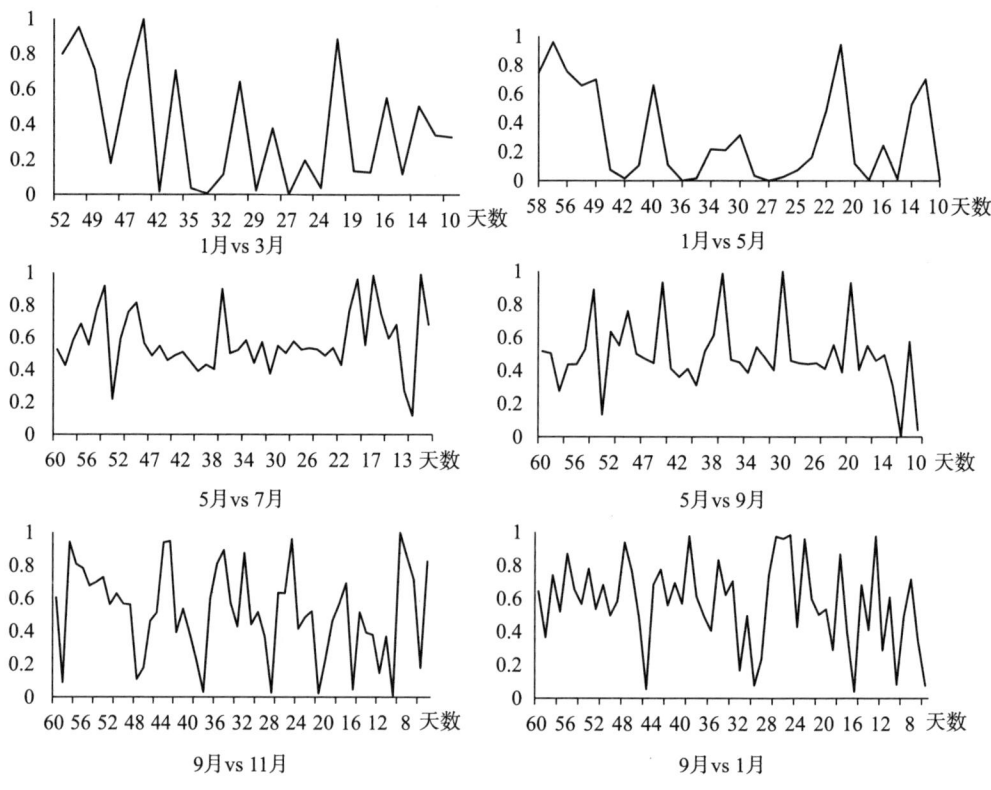

图3　玉米期货主力合约换月行为与价格发现水平的关系

因此，我们可以得出一个重要结论：在当前的市场条件下，如果农产品期货主力合约向近月合约换月，则换月完成后主力合约的价格发现效率较低；如果主力合约向远期合约换月，则换月完成后主力合约能够保持较高的价格发现效率。现阶段，各交易所通过做市商制度实现了活跃近月合约的政策效果，但主力合约换月的不连续问题依旧突出存在。从价格发现功能的角度来说，即便交易所通过提高近月合约活跃度解决了主力合约的不连续问题，由此形成的合约流动性格局仍然无法有效发挥期货市场的定价功能。长久以来形成的合约流动性格局可以看作市场与投资者长期选择的共同结果，能够确保主力合约价格发现功能的充分发挥，从而保证期货市场乃至宏观经济平稳、健康运行。

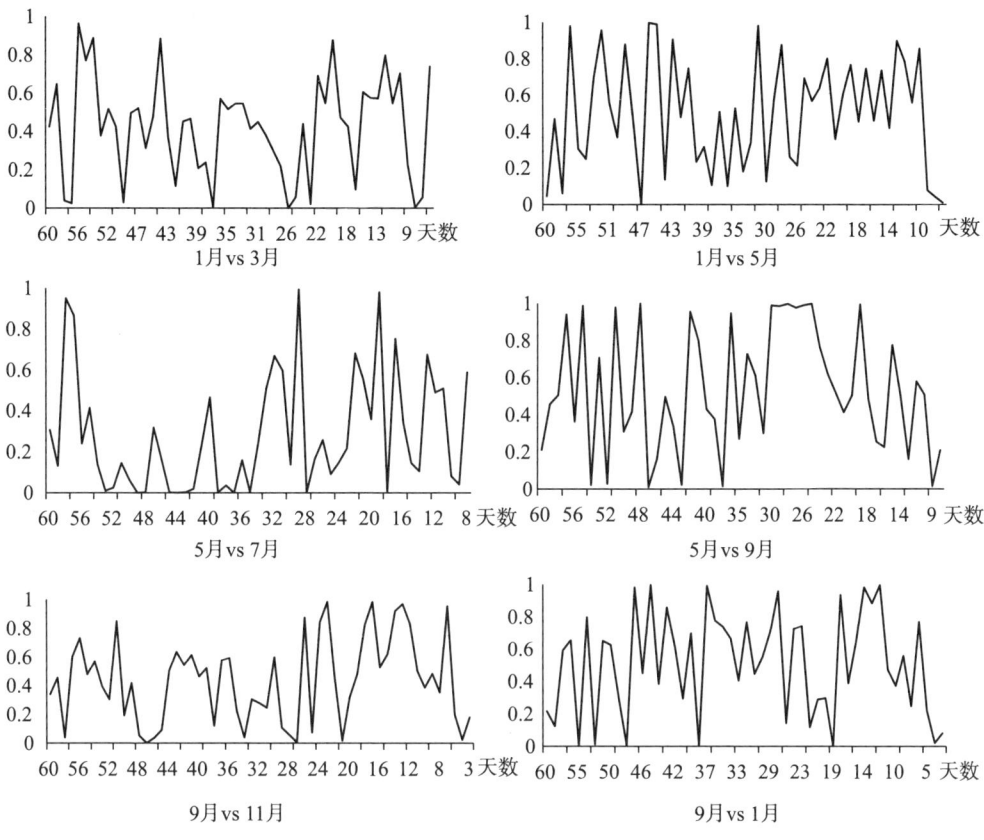

图 4 棉花期货主力合约换月行为与价格发现水平的关系

(三) 做市商制度对主力合约价格发现功能的影响

1. 模型设定

(1) 一般的 DID 模型。双重差分模型 (Difference – in – Difference, DID) 是经常应用于政策效应评估的一种自然试验评估方法。本研究的研究主题是引入做市商制度对于期货主力合约价格发现水平的影响,由于影响期货合约价格发现水平的因素较为复杂,要想准确剥离出做市商制度产生的作用效果,需引入双重差分方法进行分析。这一方法的基本思路是:将研究对象划分为受政策变化影响的"处理组"和不受政策变化影响的"对照组"。根据处理组和对照组期货品种在引入做市商制度前后的数据信息,计算处理组在引入做市商制度前后价格发现水平的变化量,将其与对照组在引入做市商制度前后价格发现水平的变化量做差,即得到了 DID 估计量。在本研究模型计算过程中,根据期货合约是否引入做市商机制将其分成拥有做市商 ($D=1$) 和未拥有做市商 ($D=0$)。而 T 则表示开展做市商试点的时期变量,试点前 $T=0$,试点后 $T=1$。假设ε为扰动项,则用于分析做市商制度对价格发现水平产生影响的基本方程为：
$$Y = \beta_0 + \beta_1 T + \beta_2 D + \beta_3 T \cdot D + \varepsilon$$

该方程中，对于对照组期货合约，$D=0$，模型可表示为 $Y = \beta_0 + \beta_1 T + \varepsilon$，因此对照组合约在引入做市商前后的价格发现水平分别为：

$$Y = \begin{cases} \beta_0, & \text{当 } T = 0 \text{ 时} \\ \beta_0 + \beta_1, & \text{当 } T = 1 \text{ 时} \end{cases}$$

引入做市商前后，对照组期货合约的价格发现水平的平均变动为：

$$\text{diff1} = (\beta_0 + \beta_1) - \beta_0 = \beta_1$$

对于处理组期货合约，$D=1$，模型可表示为：

$$Y = \beta_0 + \beta_1 T + \beta_2 + \beta_3 T + \varepsilon$$

因此，处理组期货合约在引入做市商前后的价格发现水平分别为：

$$Y = \begin{cases} \beta_0 + \beta_2, & \text{当 } T = 0 \text{ 时} \\ \beta_0 + \beta_1 + \beta_2 + \beta_3, & \text{当 } T = 1 \text{ 时} \end{cases}$$

引入做市商前后，处理组期货合约的价格发现水平的平均变动为：

$$\text{diff2} = (\beta_0 + \beta_1 + \beta_2 + \beta_3) - (\beta_0 + \beta_2) = \beta_1 + \beta_3$$

则引入做市商对期货合约价格发现水平的净影响为：$\text{diff2} - \text{diff1} = (\beta_1 + \beta_3) - \beta_1 = \beta_3$，即模型中 $T \cdot D$ 的参数 β_3，是双重差分估计值（DID 估计值），它代表了引入做市商制度对合约价格发现水平的作用效果。

在本研究的实证分析过程中，采用了固定效应模型来控制其他因素的影响，模型表达式为：

$$Y_{it} = \beta_0 + \beta_1 T_t + \beta_2 D_i + \beta_3 T_t D_i + \theta X_{it} + \varepsilon_{it}$$

其中，i 代表期货合约，t 代表时期。Y_{it} 是期货合约 i 在 t 时期的价格发现水平；D_i 是一个虚拟变量，衡量某品种的合约是否引入做市商制度，若 i 为引入做市商品种，则 $D_i = 1$，反之，则 $D_i = 0$；变量 T_t 代表样本所属的时期，若 t 为试点前，则 $T_t = 0$；反之，则 $T_t = 1$。X_{it} 是一组可观测的影响价格发现水平的控制变量，ε_{it} 是其他不可观测的扰动项。

（2）多时点 DID 模型。由于玉米与棉花期货实施做市商机制的时点不同，因此在上述模型的设定基础上采用多时点双重差分模型，其一般假定为：

$$Y_{it} = k + \beta_1 + \beta_2 + \beta_3 D_{i,t} + \theta X_{it} + \varepsilon_{it}$$

其中，β_1 表示个体固定效应，β_2 表示时间固定效应。原先的交互项 $T_t D_i$ 被替换成了虚拟变量 $D_{i,t}$，其具体含义为若对象 i 在 t 时刻受到了政策影响，赋值为 1，若未受到政策影响，赋值为 0。同样的，$D_{i,t}$ 的系数 β_3 代表了处理效应。

2. 变量选取

本研究以玉米与棉花期货主力合约的价格发现水平为被解释变量，选取主力合约持仓量的相对占比、主力合约距离最后交易日（交割月份的 15 号左右）的天数为控制变量，通过双重差分模型计算做市商制度对期货合约价格发现水平的影响（见表 13）。

表 13　回归变量的命名与解释

项目	变量	变量内容
因变量	pd	主力合约价格发现水平
自变量	vs	主力合约持仓量占比；vs = 主力合约持仓量/总持仓量
	expiration	距离最后交易日的天数

3. 实证结果与分析

从双重差分模型的回归结果看（见表 14），当不考虑控制变量时，在 10% 的显著性水平下虚拟变量 D 的系数为负的 0.0495。这说明对于玉米与棉花期货，交易所引入做市商制度对二者主力合约的价格发现水平产生了一定的负向影响。加入控制变量之后，虚拟变量 D 的系数不再显著，说明做市商制度对主力合约价格发现水平几乎没有影响。包含控制变量的回归结果中，主力合约持仓量的占比对价格发现水平的影响不显著，主力合约距离最后交易日的天数对价格发现水平的影响系数显著为正，说明随着交易期限的临近，主力合约价格发现水平会逐渐下降。完成换月后，主力合约价格发现能力再恢复到较高水平，该结果与上面的结论基本一致。

表 14　做市商政策效果的回归分析

不含控制变量			
变量	系数	T 值	P 值
D	－0.0495	－1.83	0.068
包含控制变量			
变量	系数	T 值	P 值
D	－0.0287	－1.05	0.297
vs	0.0325	0.68	0.496
expriation	0.001	3.39	0.001

综上，从价格发现的角度来说，交易所引入做市商制度并没有提高主力合约的价格发现水平。相反，在一定程度上对其存在一定的负向作用。这说明对于农产品期货市场而言，引入做市商制度会对其正常运行和功能发挥产生一定的冲击。客观地说，近年各期货交易所推动的做市商制度确实有助于改善近月合约流动性，也为参与套保的客户降低了操作成本。但是，近月合约的流动性是否改善、主力合约是

否连续,并不主要看这种微观供给侧的调整,其还要看交易者结构的优化和需求偏好的转变。通过活跃近月合约进而提高主力合约连续性的改革思路具有一定的可行性,但是在现阶段期货市场微观结构不尽合理的现实情境下,单纯依靠做市商制度并不能够从根本上解决合约连续性问题。

五、结论与建议

(一)主要结论

主力合约"159现象"是我国农产品期货市场已经在较长时期存在的特有问题,与此相关的讨论多呈负面观点,国内期货交易所也在尝试推动主力合约向近月合约靠近。但是,结合国内外期货市场发展的规律看,确实需要深入考虑"159现象"的长期存在是否真的阻碍了期货市场的正常运行,一味加快推动主力合约向近月收敛是否真正符合期货市场运行的内在规律。本研究所得出的如下主要结论希望引起重视。

第一,农产品期货主力合约的价格发现效率相对于近月合约表现为周期性的日间波动。对玉米与棉花期货所做的实证结果表明:尽管主力合约活跃度最高,但主力合约与近月合约均在价格发现过程中发挥着重要作用,二者交替占据主导地位。

第二,人为推动主力合约向近月收敛可能会阻碍主力合约价格发现功能的发挥。实证结果表明:当现货月份为3月、7月、11月时,棉花期货主力合约的价格发现效率位于波峰位置;当现货月份为1月、5月、9月时,其价格发现效率位于波谷位置。考察棉花期货实际的流动性格局可以发现,尽管棉花期货实现了主力合约向近月合约收敛的效果,但主力合约未能在价格发现过程中处于主导地位,占据主导地位的依然是远期的1月、5月、9月合约。

第三,主力合约向远期合约换月的行为体现了价格发现功能的有效转换。在现有的市场条件下,我国农产品期货主力合约若向近月合约换月,则换月完成后主力合约的价格发现效率较低;若主力合约向远月合约换月,则换月完成后主力合约能够保持较高的价格发现效率。农产品期货主力合约换月的不连续性能够确保价格发现功能的充分发挥。

第四,从价格发现的角度来说,交易所引入做市商制度并没有提高主力合约的价格发现水平。相反,在一定程度上对其存在一定的抑制作用。这说明对于农产品期货市场而言,引入做市商制度会对其正常运行和功能发挥产生一定的冲击。

(二)思考和建议

我国期货市场尚处于发展阶段,与国外发达市场相比存在一定的差距。对于我国期货市场长期存在的"159现象",还需要结合历史成因和实际情况客观看待。"159现象"的产生有特定的历史背景和微观制度原因。尽管近些年造成主力合约不连续的诸多风险管理制度已经得到调整,但是市场交易形成的长期习惯、商业套期保值者与机构交易者的相对匮乏,也会使这一现象继续存在下去。客观地说,近年各期货交易所推动的做市商制度确实有助于改善近月合约流动性。但是,近月合约的流动性是否改善、主力合约是否连续,并不主要看这种微观供给侧的调整,更关键的还是要从三点进行判断,即当前的合约流动性分布是否发挥出了市场功能,交易者结构是否得到优化,交易者对合约月份的选择偏好是否发生转变。如果仅是寄希望于通过微观交易驱动机制的供给侧调整来改变现在的流动性市场格局,忽略了市场的需求和功能发挥现状,可能会违背期货市场的内在演化规律。在未来,我国期货市场合约流动性优化的基本出路应是,继续深入完善有助于发展套期保值者和机构交易者的多层次监管体系,最终由发挥主导作用的套期保值者和机构交易者群体根据市场条件选择合意的合约作为主力合约。

应该说,现阶段,交易所通过提高近月合约流动性,进而改善主力合约不连续的思路具有科学性和可行性。但需要明确的是,提高近月合约流动性只是改善不连续问题的手段,并不是最终的政策目标。因此,交易所在未来的改革中应当注重以市场为根本,政策的推行不能脱离市场基本功能,更不能"为了活跃而活跃"。

(三) 研究展望

本课题考察了价格发现水平与合约流动性格局的关系。但是,影响主力合约流动性格局的因素较多,下一阶段的研究可以选择价格发现功能以外的变量,探究其与流动性格局的关系。例如,大连商品交易所在2018年底推出了以跨期价差为标的的商品互换业务,该业务推出后具有良好的发展势头。跨期价差交易涉及相同品种、不同月份期货合约间的价格关系,既需要价格发现功能的有效发挥,也需要合约间具有合理的流动性格局。因此,未来的研究可以考虑引入价差交易后,对当前的合约流动性格局有何冲击以及是否有助于改善合约不连续的问题。

参考文献

[1] Xiaoli G, Muchun Li. Tracking the Forces Behind Volume Patterns [J]. Futures News Analysis & Strategies for Futures Options & Deri, 2003, 32 (14): 46–48.

[2] Fan J H, Zhang T. The untold story of commodity futures in China. Journal of Futures Markets, 2020, 40 (4): 671–706.

[3] Working H. The Theory of Price of Storage [J]. American Economic Review,

1949, 39 (6): 1254 – 1262.

[4] Tomek W G, Gray R W. Temporal Relationships Among Prices on Commodity Futures Markets: Their Allocative and Stabilizing Roles. American journal of agricultural economics, 1970, 52 (3): 372 – 380.

[5] Garbade K D, Silber W L. Price Movements and Price Discovery in Futures and Cash Markets. The Review of Economics and Statistics, 1983, 65 (2): 289 – 297.

[6] Hasbrouck J. One Security, Many Markets: Determining the Contributions to Price Discovery [J]. The Journal of Finance, 1995, 50 (4): 1175 – 1199.

[7] Lehmann B N. Some desiderata for the measurement of price discovery across markets [J]. Journal of Financial Markets, 2002, 5 (3): 259 – 276.

[8] Sanders D R, Garcia P. Manfredo M R. Information Content in Deferred Futures Prices: Live Cattle and Hogs [J]. Journal of Agricultural and Resource Economics, 2008, 33 (1): 87 – 98.

[9] Schnake K N, Karali B, Dorfman J H. The Informational Content of Distant – Delivery Futures Contracts [J]. Journal of Agricultural and Resource Economics, 2012, 37 (2): 213 – 227.

[10] Mallory M, Garcia P. Nearby and Deferred Quotes: What They Tell Us about Linkages and Adjustments to Information [R]. Paper presented at the NCCC – 134 Applied Commodity Price Analysis, Forecasting, and Market Risk Management, Louis, Missouri, 2015.

[11] Hu Zhepeng. measuring Price Discovery between Nearby and Deferred Contracts in Storable and Non – Storable. Agricultural Economics, 2020, 51 (6): 825 – 840.

[12] Yang Jian, Li Zheng, Wang Tao. Price discovery in chinese agricultural futures markets: A comprehensive look [J]. Journal of Futures Markets, 2020, 41 (4): 536 – 555.

[13] Putniņš T J. What do price discovery metrics really measure? [J]. Journal of Empirical Finance, 2013, 23: 68 – 83.

[14] Heifner, R., Wright, B. Potentials for Substituting Farmers' Use of Futures and Options for Farm programs [R]. USDA, 1989.

[15] 陈锐刚, 周慧娟. 中国商品期货市场流动性格局研究 [J]. 湘潭大学学报 (哲学社会科学版), 2008 (2): 35 – 41.

[16] 范忠廷, 聂思玥. 期货市场价格发现研究的文献评述及模型对比分析 [J]. 经济研究参考, 2018 (1): 49 – 55.

[17] 魏振祥, 高勇. 中国农产品期货主力及近月合约套期保值效果研究 [J].

证券市场导报, 2012.

[18] 吴青劼, 谢安. 我国商品期货合约流动性格局研究 [J]. 中国证券期货, 2018 (1): 16-25.

[19] 肖俊喜, 郭晓利. 中美农产品期货市场流动性比较研究 [J]. 证券市场导报, 2012 (9): 46-52.

[20] 安毅, 宫雨. 我国农产品期货市场投机特征与非理性行为 [J]. 证券市场导报, 2014 (5): 46-51.

[21] 华仁海, 仲伟俊. 对我国期货市场价格发现功能的实证分析 [J]. 南开管理评论, 2002 (5): 57-61.

[22] 张凤荣, 陈明, 蔡一飞. 棉花期货主力及近月合约价格发现效率比较与套保选择 [J]. 东北师大学报 (哲学社会科学版), 2016 (3): 72-78.

[23] 赵栋强, 常清. 中美期货市场主力合约差异性分析 [J]. 北京工商大学学报 (社会科学版), 2010, 25 (5): 33-39.

[24] 方星海. 加快业务创新, 优化市场功能, 更好地服务实体经济发展 [M] //中国证监会, 中国期货业协会. 中国期货市场年鉴 2017. 北京: 中国财政经济出版社, 2018.

[25] 托马斯·A. 海尔奈莫斯. 期货交易经济学 [M]. 北京: 中国财政经济出版社, 2004.

[26] 杰弗里·威廉姆斯. 期货市场的经济功能 [M]. 北京大商所期货与期权研究中心有限公司, 译. 北京: 中国金融出版社, 2020.

中期协联合研究计划（第十四期）项目

我国农产品期货对金融资产组合的风险分散作用研究

课题负责单位：中国农业大学中国期货与金融衍生品研究中心
课题研究编号：202131011
课题负责人：安　毅
课题组成员：刘文超　王　军　胡可为　马荣远　李昕仪

一、引言

（一）研究背景与研究意义

1. 研究背景

期货市场是全球资产配置和财富管理的重要投资场所，是拓宽居民投资渠道和财产性收入的重要来源。近些年，我国期货市场资产配置的吸引力持续提升，截至 2021 年 5 月，我国私募资管领域投向商品及金融衍生品的产品数量达 959 只，规模达 942 亿元。尽管如此，我国居民财富主要还是配置于房产等实物资产，对证券期货类资产的投资比重很低。据统计，国内城镇居民家庭金融资产占比仅为 20%，远低于美国占比 70% 的水平。从长远看，我国期货市场在服务居民资产配置和财富管理方面大有可为，潜力巨大。

相比我国商品期货市场的资产配置和财富管理规模的发展，关于商品期货的资产配置和财富管理的基础研究仍然存在不足。国内投资者的金融素养深度、理性投资和跨市场分散投资组合风险的投资理念明显不足。深化我国商品期货市场资产配置和财富管理功能，培养我国投资者理性投资理念，缓解投机氛围都需要各类研究的完善。

中国期货市场监控中心发布的《2019 年全国期货市场交易者状况调查报告》显示，期货市场个人客户最希望获得的中介服务是期货投资咨询服务，其次是风险管理策略、投资方案设计和资产管理服务，其中最希望获得期货投资咨询服务的比例由 2015 年的 48.06% 上升到 63.94%。同时在调查中有 66.53% 和 48.57% 的个人投资者希望参与期货投资培训的内容是期货交易策略和期货风险控制策略。而在调查期货投资相对于其他投资方式的优点时，77.05% 的个人投资者认为在于期货市场的多空双向机制，能为期货投资收益提供更多的功能，相对比只有 29.66% 的个体投资者认为大宗商品与其他大多数资产的相关性较低，能降低投资组合的波动性，比认为商品期货市场在大波动中能获得超额收益和高杠杆高收益少 20%。我国期货市场个人投资者对期货投资策略和风险管理策略具有较大的需求，同时，相比被动持有商品期货指数获得降低投资组合的波动性，投资者更看重的是期货市场的多空机制。因此，基于期货市场多空机制构建的另类商品期货投资的相关服务和策略在服务投资者资产配置及财富管理方面更符合个人投资的需求，市场发展潜力巨大。

虽然国内期货界和理论研究者已经探讨了商品期货市场投资价值、商品期货市场的异象、商品期货的定价因子以及商品期货另类因子投资，但主要集中在国际商品期货市场上，对国内商品期货市场的关注还不多。而这些问题又恰恰是我国商品期货市场深化其资产配置功能所急需解决比较重要的关键问题。

本课题从风险分散的角度来论证我国农产品期货市场的资产配置功能，立足理论与实际相结合，既探讨了商品金融化对我国农产品期货市场的影响程度，也回答了我国农产品期货市场是否具有可交易的另类风险溢价因子问题，验证了农产品期货另类风险溢价策略在我国商品期货市场上不仅可以获得较优的投资绩效，还对金融资产组合的波动和极端风险均具有良好的风险分散作用。

这些研究结论不仅表明了我国农产品期货市场在资产配置方面具有较大的应用价值，而且表明仅仅依靠买入持有商品价格指数进行资产配置可能会导致投资者的资产配置处于次优解，提出发展多层次、多种类商品期货市场指数化投资市场的必要性。此外，虽然本研究的重点不在于对我国商品期货进行因子定价，但也为我国商品期货定价模型的理论研究提供了新的经验证据。

2. 研究意义

本课题的研究意义在于：第一，通过将农产品期货纳入资产配置组合，在分析各类资产关联性的基础上，研究我国农产品期货作为资产配置和风险管理工具的作用，吸引多元化机构投资者参与农产品期货市场，为市场投资者及产业客户提供更加丰富的资产配置及风险管理工具。第二，商品期货金融化问题始终是影响商品期货市场投资功能发挥的重要因素，本研究通过风险溢出视角深入研究农产品期货与金融资产之间的内在关联性，揭示我国农产品期货金融化程度，为建立基于我国农产品期货市场的指数投资工具和策略提供依据，对政府防范金融极端风险跨市场溢出，推动商品期货市场高质量发展也提供重要参考。第三，本研究的意义还在于将为我国农产品期货是否能够为我国股债金融资产组合提供尾部风险分散效果提供理论支撑，且进一步对农产品期货另类风险溢价对股债金融资产组合的风险分散效果进行实证研究，以为农产品期货指数和量化投资提供相关依据，为我国金融资产组合风险管理提供重要参考。同时，相对于波动风险，极端风险给投资者福利带来更大的伤害，往往更受投资者的关注，因此本研究的成果可以有助于投资者降低金融市场极端风险带来的投资损失，在改善我国投资者经济福利方面具有重要的现实意义。

(二) 研究目标与研究内容

1. 研究目标

总目标：通过探索农产品期货对国内金融资产组合的风险分散作用，研究我国期货市场的工具创新和发展方向。

子目标1：探讨农产品期货与国外农产品期货市场，以及农产品期货与国内金融市场的风险溢出效应，检验我国农产品期货市场的金融化程度。

子目标2：研究商品期货对我国金融资产组合的波动和极端风险的分散作用。

子目标3：研究我国商品期货另类风险溢价，研究其对我国金融资产组合的波动和极端风险的分散作用。

2. 研究内容

（1）农产品期货对金融资产的风险分散效果评价。本研究拟从风险溢出角度出发，深入探讨我国农产品期货对我国股债等金融资产的风险分散作用。一方面，利用高频数据，同时从时域维度和频域维度探讨我国各农产品期货与我国股债市场之间的高阶矩风险溢出效应，且对各农产品期货对我国股债市场的风险分散效果进行评价；另一方面，通过 Copula 模型进一步探究我国各农产品期货与我国股市之间的尾部风险溢出效应，量化各农产品期货对我国股债市场的尾部风险分散效果。

（2）农产品期货的另类风险溢价投资对金融资产的风险分散效果评价。本研究分为两个步骤展开分析，首先是探究我国商品期货市场有效的另类风险因子，尤其是重点探讨国内外商品期货市场投资常用的动量因子；其次是构建我国农产品期货市场的另类因子或因子组合，探讨其对金融资产的风险分散效果。

（三）研究方法与技术路线图

1. 研究方法

（1）信息溢出指数模型量化市场关联程度。Diebold 等（2012）通过向量自回归模型的方差分解原理构建多变量之间的信息溢出指数，能够有效地测定多市场或者资产之间的时变溢出关系。因此，采用他们的溢出指数研究市场间波动风险和极端风险溢出效应，仍然属于线性关联性研究范畴。为进一步验证市场间波动溢出在频域维度上的差异，以反映投资期限，风险偏好和情绪的异质性，进一步使用频域分解信息溢出指数模型进行研究。

（2）Copula – CoVaR 衡量极端风险溢出程度。基于非线性的角度，采用 Copula 函数研究市场之间的尾部相依性，且进一步结合系统性风险指标 CoVaR 研究农产品期货市场与国内金融市场之间的极端风险溢出程度，是对偏度和峰度溢出指数的有益补充。

（3）基于 ES 风险测度的条件多样化收益 CDB 测度。由于 Christoffersen 等（2012，2018）提出的 CDB 指标度量了多样化投资对整个组合尾部风险的减少程度，衡量了包含商品期货指数与不包含商品期货指数的金融资产组合 CDB 的差异。采用 CDB 指标量化加入商品期货所带来的尾部风险多样化收益。且考虑收益分布的非正态性，考虑使用偏 t 分布对其进行估计。

（4）基于计量经济学模型和资产因子定价模型对商品期货另类风险溢价的因子进行实证检验。

（5）已实现波动率、偏度和峰度的构造，其高频数据主要来源于聚宽量化平台。

2. 技术路线图

除第一部分、第二部分和最后一部分外，本研究分三个部分进行。首先，对国际商品期货指数化投资和另类因子投资进行梳理和分析，从而更好地把握当前国际商品期货投资的前沿问题。然后对我国农产品期货市场交易行为进行分析，另类风险溢价的因子既有来源于商品期货基本面的风险溢价因子，例如展期因子，也有来自交易主体的行为的风险溢价因子，例如动量因子，还有商品期货市场出清能力不足导致的风险溢价因子，例如基差动量因子。因此，在分析我国农产品期货另类风险溢价之前，有必要对我国农产品期货市场交易行为进行分析，厘清我国交易者在商品期货合约上的分布，从而有效地构造相关因子进行分析。并且基于国际大宗商品期货市场金融化背景，对我国农产品期货市场与国际期货市场之间的关联性进行分析，可以明确国际市场对我国农产品期货市场的风险溢出效应和影响力。研究方法主要涉及风险溢出指数和描述性统计分析。

其次，由于风险分为波动风险和极端风险，所以选择最能代表我国期货市场主体的合约构造连续合约是对我国农产品期货与金融市场的风险溢出效应的研究。分别对波动风险溢出效应和极端风险溢出效应进行实证分析，同时进一步探讨农产品期货对股市金融资产波动风险和极端风险的分散效果。这一部分除了溢出指数，还用到频域溢出指数和 Copula – CoVaR 方法，分别基于时域和频域、线性和非线性视角来探讨风险分散问题。从而更全面、细致地回答如果只是被动持有我国农产品期货指数产品是否对金融资产风险具有分散作用。

最后，在完成对我国农产品期货市场品种对金融资产风险分散的探讨后，进一步将研究视野转向了另类因子投资领域，对我国农产品期货市场另类因子对金融资产的风险分散效果进行探讨。研究方法主要是张成检验和基于 ES 风险测度的条件多样化收益 CDB 测度。本课题的研究技术路线如图 1 所示。

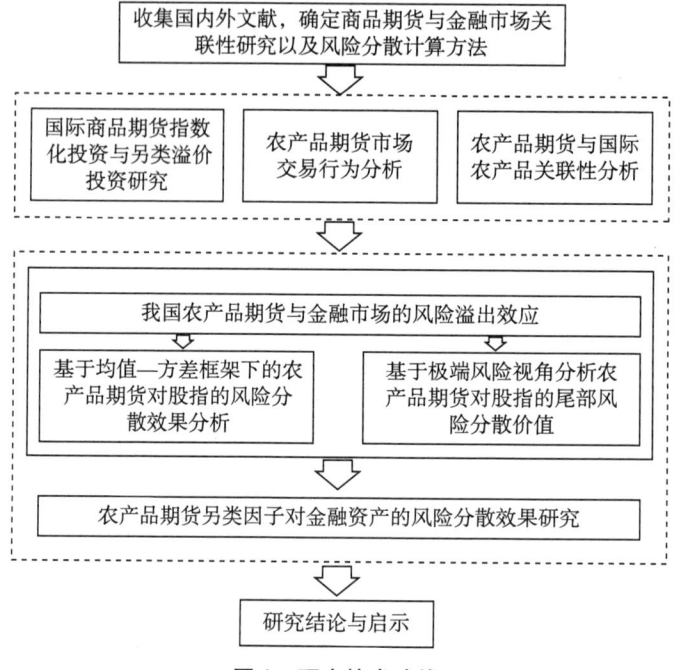

图 1 研究技术路线

（四）研究的创新与不足

1. 研究的创新点

第一，从不同侧面对我国农产品期货市场金融化程度进行评估，视角全面且具有创新性，层层深入，角度新颖。本研究不仅对国内农产品期货市场与国际期货市场的关联性进行分析，还对国内农产品期货市场与国内金融市场之间的高阶距风险进行分析研究，同时从频域角度更进一步分析，揭示出长短期市场风险对不同市场的高阶距风险溢出的影响具有明显的差异性。

第二，基于品种视角，对我国农产品期货对股市资产的波动风险和尾部风险分散作用进行了研究，更加全面地揭示了我国农产品价格指数对金融资产风险管理效率。尤其是对我国农产品与股市之间的尾部风险溢出程度进行了量化，同时比较了不同农产品期货对尾部风险分散多样化收益。

第三，针对商品期货投资传统上以商品期货价格指数为主的局限性，提出商品期货另类风险溢价可能是对金融资产风险分散的另一个重要途径。并以我国商品期货市场为基础，探讨在我国农产品期货市场有效的另类风险溢价因子和另类风险溢价对我国金融资产的风险分散作用。

2. 不足之处

本课题只对我国农产品期货对国内金融资产的风险分散作用进行了研究，并没有将视野放在全球资产配置下，研究我国农产品期货对全球其他资产的风险分散作用，也未对国际大宗商品对国内金融资产组合风险分散作用进行比较分析。

二、国内外相关研究综述

（一）商品期货与金融资产的关联性研究

通过资产组合的构建来获得风险分散化收益是投资者和资产组合管理者的一个重要的投资战略目标，而各金融市场或资产类别之间的关联性是直接影响投资者是否能获得更多的组合风险分散收益的重要因素（Yoon 等，2019）。以往的关于股票与商品关联性的研究文献主要集中在对股票与商品市场之间的一体化、相关性和波动溢出层面上（Silvennoinen 和 Thorp，2013；Vayanos 和 Gromb，2010；Daskalaki 和 Skiadopoulos，2011；谭小芬等，2018）。

1. 相关性与波动溢出层面

Gorton 和 Rouwenhorst（2006）的研究表明，国际大宗商品提供与美国股市一样的投资收益绩效，商品与股票指数和债券两个金融资产收益率之间存在负的或较低的相关关系，且不同于股债金融资产，商品与通胀正相关。Gorton 和 Rouwenhorst（2016）的研究进一步表明，基于2004—2016年的样本研究获得的结论仍然支持上述结论。因此，Gorton 和 Rouwenhorst（2006，2016）认为将国际大宗商品加入到股票和债券金融资组合的确可以使投资者获得组合多样化收益。Yang 等（2020）研究了中国商品期货市场与金融市场之间的相关性和中国商品期货金融化特征，他们实证发现中国商品期货具有金融化特征。Ruolan 和 Ouyan（2020）研究发现中国农产品期货与股市存在正相关关系，这表明中国农产品期货市场的金融化特征，且相比美股指数，中国农产品期货市场与中国股市的相关性更强（粮食期货与棉花品种）。Shaobo 和 Haizhong 等（2018）实证研究了中国股市对国际大宗商品期货市场的影响力，且认为通过中国股市和国际商品市场构建的投资组合依然给投资者提供了风险的多元化收益。Youcef（2019）研究表明商品期货指数投资是影响商品期货市场与股市相关性的一个重要渠道。Youcef（2019）及 Tang 和 Xiong（2012）的研究均表明，没有包含在国际主流商品期货指数中的农产品与股市之间的收益相关性仍然较低。Ruolan 和 Ouyan（2020）研究表明中国农产品期货与股市之间的相关性特征存在明显的品种异质性特征。因此，鉴于我国一些上市的农产品期货有较大一部分品种并没有包含在国际主流商品期货指数之中，将其和国际商品期货市场指数包含的品种一起进行分析，将不足以充分揭示我国农产品期货的风险分散作用。

就波动率而言，Tang 和 Xiong（2012）认为商品金融化过程不仅为商品期货价格风险提供了更有效的风险分担渠道，而且为金融市场与商品市场以及商品期货市场之间的风险溢出效应提供了新的传递渠道。Cheng 和 xiong（2014）认为，金融化过程确实会影响商品期货市场的信息发现和风险分担功能。相比通过相关性方法来研究市场间的联动关系，从溢出指数法来探讨商品期货市场与金融市场之间的联动关系，更能揭示经济意义上的市场间联动关系强度，可以确定市场间的联动方向，区分哪些市场在系统中占主导地位。因此，相比多元 Garch 模型，越来越多的研究使用溢出指数法来研究市场间的波动溢出效应。其中，伊力博和柳依依（2016）基于信息溢出效应研究了中国商品期货金融化问题，研究发现国际金融市场对我国商品期货市场净溢出，研究认为中国商品期货存在金融化现象，但比国际商品期货市场金融化程度低。谭小芬等（2018）基于收益率与波动率溢出视角，研究国际金融市场与国际大宗商品期货之间的双向溢出效应，他们的研究结果表明，原油、黄金和铜三种国际大宗商品与国际金融市场之间的关联性最强，且国际金融市场与国际大宗商品期货市场之间的信息溢出在收益率与波动率层面上有较大差异，与全球金融危机和大宗商品市场状况相关。

2. 极端风险溢出效应

尽管探究金融市场之间的极端风险溢出效应对研究金融市场之间的关联性至关重要，但对股票与商品期货市场之间的极端风险溢出效应进行的研究很少。其中，研究方法主要集中于分位数回归、Copula 函数以及 Han 等（2016）新提出的跨分位数图方法。尤其是 Han 等（2016）新提出的跨分位数图方法从预测的角度研究整个分位数范围内的分位数相关性。其中，Hammoudeh 等（2014）基于 Copula 方法研究了中国股市与商品期货市场之间的相依性，发现了中国商品期货与股市之间存在低的正相关关系，且商品期货能带来资产组合收益风险分散和极端尾部风险减少的好处。Sim 和 Zhou（2015）首次使用分位数的回归法来估计石油价格冲击对美股收益率分位数的影。Reboredo 和 Ugolini（2016）首次基于 Copula–Covar 方法研究了石油与股市之间的联动性，他们发现石油与股市之间的极端风险溢出效应存在上下尾部不对称性特征，且发现石油价格的小幅度变动并不会对股市产生显著风险溢出效应。Li 等（2020）基于 VMD–Copula–Covar 模型研究了石油市场对中国股市的极端风险溢出效应，研究发现石油对中国股市的风溢效应是存在的，且主要基于长期。Wen 等（2017）使用 Copula 模型研究了中国商品期货与能源股票之间的一般和尾部相关性特征。梁巨方和韩乾（2017）实证研究了 2004—2013 年我国股市、债券与不同类别的商品期货指数之间的尾部相关性，发现这三个市场之间存在时变的和非对称的相关性。值得注意的是，相比其他方法，Han 等（2016）新提出的跨分位数图方法更能揭示到底需要多大的股市变动才会对各商品期货市场的各收益变化的分布产生显著影响。虽然上述学者研究了商品期货市场股市的极端风险溢出效应，但只有少数学者基于商品期货与股市的极端尾部相关性视角来探讨商品期货在股市指数中所起到的不同风险分散角色，即避险资产、对冲资产和提供潜在的组合多样化收益。例如，Ali 等（2020）采用 Han 等（2016）的 CQ 方法来研究 21 个商品期货对国际 49 个股指是否具有安全资产角色、对冲作用和多样化潜能。他们的实证结果表明只有个别商品起着对冲和避险的作用，尤其是贵金属和工业金属。他们还进一步证实了对于发达国家的股指，黄金是所有商品期货中最强的避险资产。还有一部分学者以偏度和峰度为代表研究金融市场高阶矩风险溢出效应，这在一定程度上能反映极端风险溢出情况（崔金鑫等，2020，2021）。

3. 尾部风险分散化收益

鉴于已有研究表明商品期货市场与股市之间在极端情况下具有更高的关联性（伊力博和柳依依，2016），一些学者对商品期货对资产组合的尾部风险分散取得的多样化收益进行了量化分析，主要采用 Christoffersen 等（2012，2018）的条件多样化收益指标（简称 CDB 指标）。CDB 指标是度量资产组合中由于资产间的尾部风险分散所获得的多样化收益的指标。其中，Avdulaj 和 Barunik（2015）基于 Christoffersen 等（2012）提出的条件多样化收益指标（CDB 指标）研究了基于石油对 SP500 股市的多样化收益，实证结果表明石油商品对股市的风险分散价值在样本期内减少了。Wen 等（2017）基于 CDB 指标研究了铜、黄金、大豆和棉花四个商品期货对我国能源股票的尾部多样化收益，表明即使中国商品期货并不能提高中国能源股票的收益绩效，但的确能减少多样化组合的收益波动和预期损失。梁巨方和韩乾（2017）通过实证研究表明，2004—2013 年将我国商品期货指数纳入我国债券和股市投资组合中可以降低尾部风险，获得多样化收益，其中南华农产品期货指数比南华金属和化工类别期货指数可以提供更多的组合多样化收益。但他们实证使用的是南华三大商品类别指数，并未考虑不同商品期货之间存在着明显的商品异质性特征，且鉴于商品期货金融化程度的时变特征，因此有必要将研究样本扩展到最新的时期。Ali 等（2020）通过 Christoffersen 等（2012，2018）提出的多样化收益指标计算 21 个国际商品品种对国际 49 个股市指数的多样化收益，研究结果表明所有的商品期货均能对样本中的所有股指提供多样化收益，且等权重组合可以提供最大的多样化收益，尤其是对发达国家和二级新兴市场以及前沿市场的股指提供更好的多样化收益。相比国际大宗商品，关于国内商品期货提供组合多样化收益的研究较少，尤其是探讨高阶距相关和尾部相关性特征的组合多样化收益。

(二) 商品期货另类风险溢价因子研究进展

1. 截面动量效应与时序动量效应

截面动量效应指的就是资产定价文献中的动量效应（Momentum Effect），它是实证资产定价领域中最广为人知的一种市场异象，它最早由 Jegadeesh 和 Titman（1993）提出。动量异象指的是从截面角度来看，历史中期（过去3—12个月）表现强势的股票在未来依然相对其他股票表现强势。通过构建买入单位强势股票组合，卖出单位弱势股票组合的零投资策略可以获得显著为正的超额收益。动量效应的研究将这一现象归因于投资者对信息的反应不足。动量效应广泛存在于不同国家的证券市场、不同资产类别的市场，以及各个历史时间段，因此动量异象被认为是最稳健且难以解释的市场异象（Fama，1998）。由于动量效应本质上描述的是个股截面收益率相对关系的变化，因此为了更清晰地区别于时序动量效应，本研究将动量效应称为截面动量效应。

相比横截面动量效应，Moskowitz 等（2012）认为动量收益可以通过利用资产自身的历史累计收益率表现来选择买进过去表现强劲的资产，否则卖出该资产获得。即依据历史累计收益率大于零作出买进决策，否则卖出，且用波动率权重法对投资组合进行波动率缩减（又称波动率管理策略），并不考虑资产收益与其他证券收益的相对表现。他们利用多种类别资产的期货数据来研究时序动量效应，发现时间序列动量策略（TSM）比横截面动量策略获得更多的收益，且推荐在多因子定价模型中使用时间序列动量因子来替代横截面动量因子，是不同于横截面动量效应的一种新市场异象。此外，他们通过分解时序动量策略收益，认为时序动量效应主要是由资产收益的正向自相关所导致的，且认为这种资产收益率的正向预测能力是由于市场投资者的反应不足所导致的。Hurst 等（2017）和 Georgopoulou 和 Wang（2017）使用更丰富的资产类别和更长的样本时间研究时间序列动量，其研究结果验证了 Moskowitz 等（2012）的结果。

然而，Kim（2016）认为 Moskowitz 等（2012）的时间序列动量因子显著的超额收益主要来源于采用波动率缩减方法（一种波动率风险管理策略），没有波动率缩减的时间序列收益与买入持有组合收益并没有什么明显区别。Kim（2016）及 Goyal 和 Jegadeesh（2018）均发现在国际大资产类别资产组合中，波动率风险管理的横截面动量的收益表现要高于波动率风险管理的时间序列动量的收益表现。Goyal 和 Jegadeesh（2018）分析了横截面动量和时间序列动量在美国股票市场的表现差异，他们发现二者策略绩效存在显著差异，且时序动量策略的收益表现优于截面动量策略，但他们认为时序动量和横截面动量表现差异主要因为截面动量策略是零头寸的投资策略，而时序动量策略是净多头的投资策略。因此，他们通过给横截面动量策略加上一时变净多头的组合，使得两种策略头寸相等，此时，他们发现头寸调整后的两种投资策略的收益表现并无显著差异。他们认为由于时间序列动量等于横截面因子和时变的市场投资组合之和，因此时间序列动量因子在已包含横截面动量因子的多因子定价模型中是冗余的。但是，Athina 和 wang（2017）发现商品指数的时间序列动量的超额收益并未被横截面动量和市场因子解释。Huang 等（2020）认为时间序列动量收益并不是主要来源于资产收益的正向自相关，而是来源于历史均值，且基于过去 12 个月累计收益对月频资产收益的预测结果在全球大资产类别层面上并不像 Moskowitz 等（2012）所发现的那样显著。

Moreira 和 Muir（2017）提出了一种新的利用波动率持续性较强的特征来进行波动择时的策略。相比 Fleming 等（2001）的研究，Moreira 和 Muir（2017）将其扩展到股市异象因子层面，发现风险管理型的因子策略更优。Barroso 和 Detzel（2021）研究发现即使考虑了交易成本，风险管理型的动量因子仍然有利可图，这与 Barroso 和 Santa – Clara（2015）的研究结论一致。相比 Moreira 和 Muir（2017）的波动择时策略，Barroso 和 Santa – Clara（2015）使用了目标方差策略，避免了 Moreira 和 Muir（2017）的波动择时策略中存在的向前偏差问题（Liu 等，2018）。Liu 等（2018）研究表明波动择时策略并没有提高市场、规模、价值因子的绩效，且通过使用表外回归方式解决向前偏差问题后，风险管理后的市场因子存在更大的极端损失风险。

2. 我国商品期货另类风险溢价因子的研究

尽管文献有限，但中国的商品风险溢价已经引起了一些研究关注。例如，Kang 和 Kwon（2017）研究了动量效应，而 Yang 等（2018）研究了动量和反转策略的独立和联合动力学。此外，Li 等（2017）对一系列趋势跟踪技术进行了测试。此外，Fan 和 Zhang（2020）分析了一份详尽的风险因素清单。在这些研究的基础上，强调了先前记录的动量（Miffre 和 Rallis，2007）、展期因子（Koijen 等，2018）和基差动量（Boons 和 Prado，2019）溢价的可投资性。Kang 和 Kwon（2017）研究表明横截面动量效应在全球商品期货市场上是普遍存在的，且他们发现横截面动量因子并没有被传统的风险因子、宏观经济指标和行业动量所解释。单独研究我国商品期货市场动量效应的研究较少。钟腾和唐珂（2016）研究发现回顾期 12 个月、持有期 1 个月的横截面动量效应在我国商品期货市场上并不显著。但是 Kang and Kwon（2017）研究表明回顾期 12 个月、持有期 1 个月的横截面动量效应在我国商品期货市场上是显著的。Ham 等（2019）研究发现回顾期 12 个月、持有期 1 个月，且波动率缩减的横截面动量效应仍然在我国商品期货市场上并不显著，反而回顾期 1 个月和持有期 1 个月的时间序列动量效应表现优异，因此他们认为时间序列动量效应在中国商品期货市场上是有效的。Xu 等（2021）研究发现在我国商品期货市场上波动管理型商品期货动量是显著存在的，其超额收益并没有被未管理型波动所完全解释。He 等（2019）研究我国商品期货风险溢价，发现商品期货市场因子、展期因子和时间序列因子可以很好地解释期货的即期收益。Zhang 等（2020）发现两种商品期货的展期因子和横截面动量因子策略提供了显著的回报。这两个因子，加上商品期货市场因子，就可以解释中国商品期货市场的大部分横截面变化。Bianchi 等（2021）研究发现商品风险的动量因子、展期因子和基差动量在我国商品期货市场上是存在的。而钟腾等（2016）认为回顾 12 期且持有 1 期的横截面因子并不显著。

（三）评述文献

大量研究表明，金融资产的收益率并不服从正态分布，这意味着在资产收益率分布中，偏度和峰度已是不可忽视的重要信息。大量研究也表明投资者会对各种风险要求相应的风险溢价，如方差溢价和偏度溢价等。一般而言，投资者对不同收益分布特征的阶矩风险偏好是不完全一致的，如投资者往往追求收益最大化和波动方差风险最小化的同时，也追求偏度最大化和峰度最小化。因此，不同金融资产收益率之间的联动关系不仅表现在其一阶矩上（均值层面）和二阶矩上（波动层面），而且表现在更高阶矩上（偏度和峰度层面）（崔金鑫等，2020）。金融市场间的风险溢出效应的研究也不应仅局限于波动溢出效应，还应考虑偏度和峰度层面上的风险溢出效应（崔金鑫等，2020；Eb 等，2021；Bonato 等，2020）。

可见，上述已有研究主要从均值和波动两个层面测度商品期货与金融市场之间的关联性，少有对商品期货与金融市场之间的高阶矩风险溢出效应的研究。且现有关于商品期货风险溢价的研究主要针对国际期货市场。虽然一些学者对国内商品期货风险溢价进行了探讨，但研究结果存在明显的差异。相比展期因子，动量因子被更多的学者所关注。除了动量因子和基差因子以及基差动量因子外，还一些学者研究了偏度溢价。总之，我国商品期货市场因子研究仍然有待深入探索。

针对以上的研究不足，本研究的主要内容将涉及利用高频数据构建高阶距风险指标，研究农产品期货与金融资产之间的高阶距风险溢出效应。此外，对农产品期货对金融资产的风险分散能力进行评价。最后，本研究还将关注另类风险溢价因子，研究我国商品期货市场另类因子，并以此为基础研究农产品期货另类因子对金融资产的风险分散能力，从而为我国商品期货指数投资模式和另类因子投资模式未来在我国的发展提供参考借鉴。

三、商品期货投资指数化与另类风险溢价投资

由于商品指数化是国际大宗商品期货市场上主要的被动投资方式，以及管理型

期货和对冲基金多采用另类风险溢价的主动投资方式，因此，本部分从被动和主动投资角度出发，首先梳理了被动投资中的商品期货指数投资的相关内容，其次对另类风险溢价投资收益和风险分散作用进行统计分析。

（一）商品指数化投资

商品期货指数使得投资商品成为一种主流投资方式。商品期货指数是投资一系列商品期货合约，为了跟踪大宗商品的即期价格变动，以及避免商品期货流动性不足问题，大多数采用商品期货近期合约来构造商品期货指数，与此同时，为避免近期合约的实物到期交割问题，通过不断对近期合约进行展期（移仓换月）来构造连续的价格指数。但是近月期货合约存在频繁展期问题，这会造成一定的展期成本（或利润）、交易成本以及跟踪误差。

1. 国际市场上主流商品指数与商品期货指数创新方式

国际商品期货指数的创新发展方式主要包括以下几种方式：选择什么行业、大宗商品选什么、期货合约如何选择、修改权重、单个商品占比是否具有上限设置、修改展期方法、是否抵押、是否具有杠杆特征、是否卖空商品期货等。其中主要以修改商品指数的商品成分权重、期货合约展期和多空策略方式来进行指数的创新，见图2。基于上述创新方式，国际商品期货指数创新经历了三代。

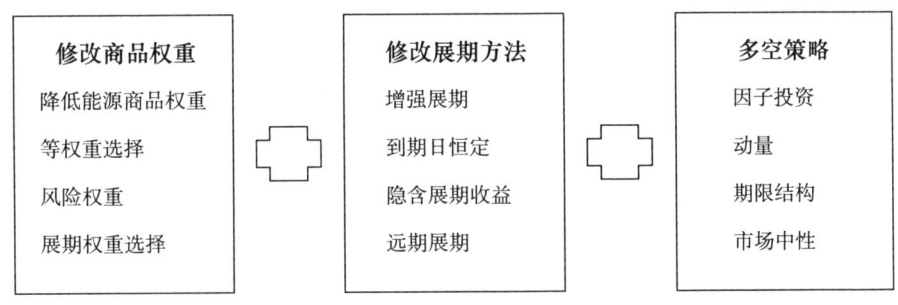

图2 商品期货指数化创新方式

（1）第一代商品指数：被动基准指数。第一代商品指数产生的目的在于通过构建一个可投资的指数来代表更为广泛的商品市场，并以此作为商品期货投资基准。第一代商品指数主要有标普高盛商品指数（S&P GSCI）、彭博商品指数（Bloomberg Commodity Index）、德意志银行流通商品指数（DBLCI）、罗杰斯世界商品指数（RICI）等。第一代商品指数使用近月期货合约，并在临近交割时展期至下一个近月合约。指数中的成分商品的权重通常由其全球产量或流动性指标来决定，权重多数为一年调整一次。且第一代的指数差异主要在于商品期货的权重差异以及是否包含某个大宗商品品种或某个商品行业。

其中，标普高盛商品指数和彭博商品指数被认为是商品投资的基准，其跟踪量远大于其他指数产品。具体来说，标普高盛商品指数目前是标准普尔公司在 2007 年收购了高盛公司在 1991 年发布的高盛商品指数后，将其改称为标普高盛商品指数。而 Bloomberg Commodity Index 指数目前是由瑞士银行瑞银集团（UBS Group AG）与彭博社合作管理和发布的指数，由 22 种商品期货合约组成。它最早由美国国际集团（AIG）与道琼斯公司于 1998 年合作创建，目的是满足对独特指数日益增长的需求，提供追踪股票和债券以外的另类资产的业绩基准，但在 2009 年，瑞银从 AIG 收购该指数，然后在 2014 年，瑞银不再与道琼斯合作，开始与彭博社合作管理和发布该指数，并改名为彭博商品指数（Bloomberg Commodity Index）。

（2）第二代商品指数：展期损失规避型。由于第一代商品指数在期货市场处于期货升水（Contango），即远期价格高于近期价格时，展期会造成损失。因此，诞生了缓解期货升水导致的展期损失问题的第二代商品期货指数。常见的第二代商品指数有以下几种类型。其中，增强展期（Enhanced roll）方法并不持有近月合约，而是持有期限结构中的中间至期限较远尾端，且流动性较好的合约（如 SPGSES 指数），从而来减少指数在期货升水中的展期损失，同时减少展期次数从而减少交易费用。到期日恒定（Constant Maturity）方法是沿着期限结构，持有多个期货合约，而不是只持有一个期限合约，从而合成的商品合约的到期日到达一个设定的目标到期日，从而使得指数的展期损失减少。例如，彭博瑞银 CMCI 商品指数系列，该指数包含恒定到期三个月至更多个月的商品指数（通过合约插值和每日展期的方式）。隐含展期收益（Implied Roll Yield）是动态地在所有的期货合约中选择最大隐含展期收益的合约。其他方法如远期展期（Forward Roll），即每个月选择一个固定的远期合约，或者每个月选择一个不固定的远期合约为代表进行展期。

（3）第三代商品指数：主动管理型。相比第一代和第二代指数都是只单边做多的商品投资策略，第三代商品指数主要是采用商品期货市场的多空机制来构造商品期货指数。第三代商品指数诞生的原因主要是以下两个因素，一是由于如果只通过做多商品期货的方式来构建商品指数，其商品期货指数的波动率较高；二是当大宗商品由牛市转入熊市的过程中，期货升水将导致只做多的策略遭受严重的展期损失。常见的第三代商品指数有动量（Momentum）、期限结构（Term Structure）策略、市场中性以及基本面与技术指标结合等策略。

具体来说，动量指数是使用价格的持续性来决定商品的多空仓位的横截面动量（Momentum）。期货期限结构是使用合约期限价格曲线的形状来判断期货的升贴水情况，做多期货贴水中展期收益最多的商品，做空期货升水中展期收益最小的商品。市场中性（Market Neutral）是指在买入某商品期货合约的同时，卖出某商品期货合约，使得指数的多空头寸相互对冲，构造零成本投资组合。基本面与技术指标结合是通过结合基本面与技术指标的量化方法来决定成分商品的最优权重，如把基本面指标（例如库存、展期收益等）和技术指标（动量）结合起来。

2. 国际商品期货指数化的主要投资方式

从国际商品指数投资方式来看，商品指数投资主要有商品指数期货及期权、商品指数基金、商品指数互换、商品指数交易所交易产品（ETCs、EFTs 和 ETNs）等。机构投资者如养老基金、对冲基金等主要采用前三种投资方式，而个人投资者则主要通过 ETCs、ETFs 和 ETNs 参与商品指数投资①。国际商品指数相关金融工具发展路径依次是场外互换交易、ETF/ETN 产品、期货与期权，主要遵循由场外市场交易为主转向场内交易为主的发展趋势。且相关产品的开发仍然主要以标普高盛商品指数（S&P GSCI Index）和彭博商品指数（Bloomberg Commodity Index）两种为基准。图 3 展示了机构与个体投资者对不同商品指数产品的需求，同时商品指数衍生品的标的物来自商品期货市场。各商品指数投资产品的详细介绍如下。

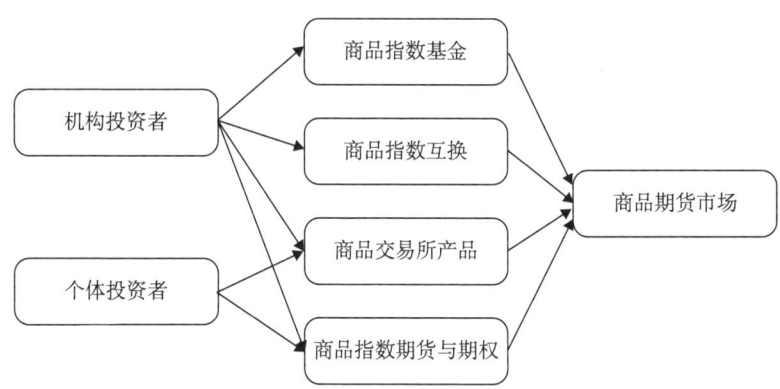

图 3　商品期货指数化投资结构

（1）商品指数期货及期权。商品指数期货是以商品指数为标的在期货交易所上市交易的期货品种，具有商品期货与金融期货的特征。一般商品指数期货采用现金结算。目前，已上市的有标普高盛商品指数期货、彭博商品指数期货和 CRB 指数期货等综合性商品指数期货，以及彭博分类指数期货和彭博多类别指数期货等分类商品指数期货。虽然商品指数期货的上市比商品指数基金的诞生要早，但相比商品指数基金，商品指数期货交易规模要小得多。同样，商品指数期权是以商品指数作为标的物的期权。

ICE Futures U. S. 交易所于 1986 年推出 CRB 指数期货后，在 1988 年又推出了 CRB 指数期权。Eurex 交易所自 2009 年以来已经对彭博商品指数开发了一系列衍生

---

① http://www.cfachina.org/ggxw/MTKQS/201305/t20130514_1474610.html.

品。其不仅允许投资者在整个商品市场或某些二级市场中做多或做空，还可以通过使用期权策略产生超额收益。其中，期权只包括彭博商品超额收益指数的欧式期权，而期货不仅包括彭博商品超额收益指数期货，还包括彭博商品指数的二级行业类超额收益指数期货以及排除某行业的彭博商品超额收益指数期货，详情见表1。而CME目前只上市了3个商品指数期货（彭博商品指数期货、标普高盛商品指数期货和标普高盛商品超额收益指数期货）和8个商品指数互换。其中，商品指数互换分别是2个综合类商品指数（标普高盛商品超额收益指数和彭博商品指数），以及相对应的4个远期综合类指数和2个展期增强类综合指数（彭博展期优选商品指数和标普高盛展期增强商品超额收益指数），详情见表2和表3。另外，CME也提供上述指数期货与互换产品的基差交易（Basis Trade at Index Close，BTIC）。

表1　　CME上市的彭博商品期货指数的期货与期权衍生产品

产品类型	Eurex 代码	标的指数
Option	OCCO	Bloomberg Commodity Index
Future	FCCO	Bloomberg Commodity Index
Future	FCAG	Bloomberg Agriculture Subindex
Future	FCEN	Bloomberg Energy Subindex
Future	FCGR	Bloomberg Grains Subindex
Future	FCIN	Bloomberg Industrial Metals Subindex
Future	FCLI	Bloomberg Livestock Subindex
Future	FCPE	Bloomberg Petroleum Subindex
Future	FCPR	Bloomberg Precious Metals Subindex
Future	FCSO	Bloomberg Softs Subindex
Future	FCXA	Bloomberg ex – Agriculture Subindex
Future	FCXB	Bloomberg ex – Agriculture & Livestock Subindex
Future	FCXE	Bloomberg ex – Energy Subindex
Future	FCXR	Bloomberg ex – Grains Subindex
Future	FCXI	Bloomberg ex – Industrial Metals Subindex
Future	FCXL	Bloomberg ex – Livestock Subindex
Future	FCXT	Bloomberg ex – Petroleum Subindex
Future	FCXP	Bloomberg ex – Precious Metals Subindex
Future	FCXS	Bloomberg ex – Softs Subindex

表 2   CME 上市的标普高盛商品指数期货与互换衍生产品

S&P GSCI Product	CME 代码	Bloomberg 代码
S&P GSCI Futures	GD	SPGSFI
S&P GSCI Excess Return Index Futures	GIE	SPGCCIP
S&P GSCI Enhanced Excess Return Swap	RRE	SPGCESP
S&P GSCI Excess Return Index Swap	SET	SPGCCIP
S&P GSCI Excess Return Index 2 – Month Forward Swap	SE2	SG2MCIP
S&P GSCI Excess Return Index 3 – Month Forward Swap	SE3	SG3MCIP

表 3   CME 上市的彭博商品期货指数的期货与互换衍生产品

Bloomberg Commodity Index Product	CME 代码	Bloomberg 代码
Bloomberg Commodity Index Futures	AW	BCOM
Bloomberg Commodity Index Swaps (Cleared OTC)	DGS	BCOM
Bloomberg Commodity Index 2 – Month Forward Swaps (Cleared OTC)	DG2	BCOMF2
Bloomberg Commodity Index 3 – Month Forward Swaps (Cleared OTC)	DG3	BCOMF3
Bloomberg Roll Select Commodity Index Futures	DRS	BCOMRS

总之，当前商品期货和期权主要集中在彭博商品期货指数和标普高盛商品期货指数两大类上，且欧洲期货交易所和美国商品期货交易所上市的指数期货品种并不是竞争格局，而是相互补充格局。欧洲期货交易所主要上市彭博商品期货指数中的商品期货综合类指数和商品期货行业类指数相关的指数期货，且均为超额收益指数。而美国 CME 除了上市 3 个商品期货综合类指数外，主要通过互换衍生品推出了 8 个商品期货互换产品，且互换标的是远期化和展期优化的第二代综合类商品期货指数。可见，商品期货指数的标的物主要涉及第一代和第二代商品期货指数，而第三代商品期货指数的期货产品仍然有待上市。

（2）商品指数基金。在国际市场上，购入商品指数或者说持有商品指数型基金是大型机构投资者参与大宗商品市场的主要方式之一。商品指数基金以商品市场某指数为基准，通过建立商品投资组合来跟踪该指数，采取买入并持有的交易策略，跟踪指数的长期走势。商品指数基金为机构投资者提供了投资大宗商品的低成本策略。投资商品指数管理基金的机构投资者主要有养老基金、捐赠基金等，主要采取被动商品指数投资策略，即不对个别商品采取积极的配置策略。这类基金接受机构客户的委托，对商品指数表现进行复制，并收取管理费。指数基金可以使用商品期货合约来严格复制基准商品指数的表现，或选择同其他机构进入一个以商品指数为标的的 OTC 掉期合约来获取商品指数的回报。

商品指数基金可以作为私募基金等一般机构投资者进行商品资产配置的重要途径。当机构投资者购入商品指数基金时，就相当于买入一揽子相关商品期货合约来构建商品投资组合。作为金融产品，商品指数基金的流动性远远超过了实物商品，同时，基金的发行也符合现有的法律法规，为机构投资者利用期货市场进行资产配置提供了良好途径。

（3）商品指数互换。商品指数互换是指互换当事人约定在未来某一时期内相互交换以商品指数为标的的现金流量的协议。由于互换协议的独特性，两个特定当事人达成互换协议很困难，通常需要互换交易商作为中介。互换交易商主要由银行和其他大型金融机构组成，它们是连通 OTC 市场和期货市场的桥梁。

从目前市场上的情况来看，由于指数基金本身对商品市场并没有太深的了解，其对于直接投资期货合约也心存疑虑，因此最主要的投资形式就是第一种——与投资银行的商品指数 OTC 交易。目前 CME 提供了关于标普高盛商品指数和道琼斯瑞银商品指数的一系列场外互换产品，例如 S&P GSCI Excess Return Swaps、S&P GSCI Enhanced Excess Return Swaps、Dow Jones – UBS Commodity Index Swaps 等。

具体方式为依托国际掉期和衍生品协会协议，指数基金同投资银行签订合同，购买一定期限、一定数量的某种商品指数。到期指数基金从投资银行处得到指数总收益，而向对方支付一种短期利率（如美国短期国债利率）和各种交易费用（包括期货入场、出场、展期的交易费用等）。在互换交易中，互换交易商承担风险，由于互换合约高度个性化和缺乏流动性，互换交易商需要利用其他手段来对冲风险，如其他互换合约、现货市场头寸和期货合约。

（4）商品指数交易所交易产品。相对其他商品期货指数投资方式，商品的交易所交易产品 ETP 更吸引散户投资者。进一步可分为商品类 ETF（交易所交易的商品基金）、ETNs（交易所交易商品票据）和商品 ETCs（交易所交易商品）。首先，商品指数 ETF 是基金公司发行的通过跟踪某商品指数的 ETF。由于 ETF 自身的流动性好、交易成本低、价格透明、交易门槛较低等特点，商品指数 ETF 已是商品指数化投资方式中最受散户投资者欢迎的投资方式之一，且近年来多空杠杆型商品指数 ETF 的创新发展更为投资者应对商品熊市提供了多样化的投资选择。其次，交易所交易商品 ETN 是一种无担保的票据，由投资银行或其他金融机构发行，其投资收益与特定的商品指数挂钩。其主要市场是美国，主要在 NYSE Arca 上市交易，也是美国市场上最受欢迎 ETN 类型。最后，交易所交易商品 ETC 是由投资银行或其他金融机构发行的债券类金融工具，其收益率与标的商品指数挂钩，给予一倍或数倍于基准指数的收益。主要市场是英国，在伦敦证券交易所进行上市交易，通常挂钩单一商品或商品综合指数，但挂钩商品综合指数相对较少些。此外，尽管商品 ETF 与 ETN、ETC 都可以在交易所进行交易，但本质上是不同的，具体表现在以下几个方面（见表4）。

表4　　　　　　　　商品期货指数交易所交易产品主要差异

项目	ETF	ETN	ETC
发行人	基金公司	商业银行或投资银行	商业银行或投资银行
产品性质	权益类	债券类	债券类
所募集资金的用途	投资商品指数	债务融资	债务融资
跟踪误差大小	有追踪误差	无	无
挂钩指数范围	较窄	广	广
产品申赎方式	实物申赎/现金	现金方式	现金方式
信用风险	无	有	有
偿付方式	资产净值	发行机构信用	发行机构信用
有无损失本金风险	有	有	有
是否享受某些税收优惠	无	有	有

第一，产品信用风险不同。由于ETF性质为权益类，不存在信用风险，而ETC与ETN性质为债务类，具有信用风险。第二，所募集资金的用途不同。ETF募集资金只能用于通过投资商品指数或其他途径构建基金资产组合，而ETC与ETN作为一种新型的债务融资工具，其资金用途一般不限。第三，跟踪误差大小不同。ETF是复制基准指数，投资收益具有跟踪误差风险，而ETC与ETN收益是事先约定的标的指数收益的比例，因此无跟踪误差风险。第四，申赎方式和偿付方式不同。ETF通常采用的是实物或现金方式申赎，而ETC与ETN申赎均采用现金方式。目前，我国已上市的三个商品期货指数ETF采用现金交割方式申购赎回。

3. 我国当前商品期货指数及其相关投资产品

国内商品指数相对于国外来说发展较为缓慢，影响力也相对较小。目前国内商品指数主要分为三类：一类是交易所编制的指数，比较有代表性的指数如大商所农产品指数；第二类是第三方研究机构发布的指数，如Wind商品指数、中证商品期货综合指数等；第三类是由期货公司或证券公司发布的指数，如中信期货商品数、中信证券商品指数等。在指数分类上，国内的商品指数系列多以第一代指数为主，第二代及第三代商品指数发展相对较慢，有部分第三方机构已逐渐开始了研发第二代及第三代商品指数的工作，如中证招银理财夜光商品期限结构指数。

随着金融市场的不断发展，目前越来越多的与商品期货相关的投资理财产品出现在市场中，主要以被动投资方式的ETF基金、主动投资方式的商品管理型基金（CTA）、私募基金为主。

（二）国际商品期货另类风险溢价和风险分散效果

1. 国际商品期货另类风险溢价投资

由市场风险的驱动、战术驱动的阿尔法策略、风险溢价策略构成了投资收益的主要来源（见图4）。因此，除了被动投资方式，当前国际市场上兴起了另类风险溢价投资（又称另类风险溢价因子投资），它是将在股票市场上采用的因子投资方式扩展到其他资产类别上，其常采用多空因子构建和杠杆组合的方式来获得对某个因子或因子组合的风险溢价报酬。相比只持有因子多头部分的聪明贝塔策略，另类风险溢价投资主要采用多空操作和市场中性策略来规避传统资产类别的风险，同时更精准地获得一个高的因子风险溢价。

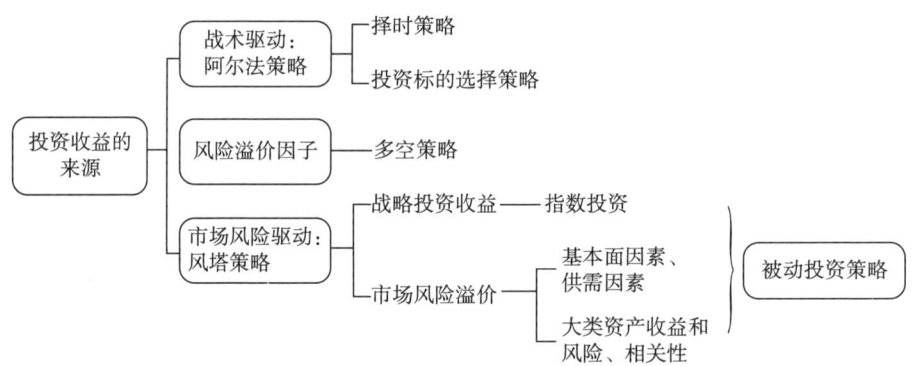

图4 商品期货投资收益的主要来源

此外，尽管另类风险溢价横跨多个资产类别，每个资产类别又都有多个风险溢价因子，但是由于另类风险溢价之间往往具有更低的相关性，且与传统资产相关性较低，从而在大类资产配置中能起到分散风险的作用，缓解了被动投资方式在大类资产配置组合中仍然存在风险分散不足的问题。总之，另类风险溢价因子是构成另类风险溢价投资策略的基础模块，投资主体可以通过多因子投资组合策略来产生风险分散能力更强的投资组合。

另类风险溢价因子中的展期因子和动量因子是管理型期货（CTA）和对冲基金进行商品投资常常采用的策略。因此，本部分将重点放在商品另类风险溢价因子的探讨上，分析商品另类因子投资的风险分散能力。

目前，国际商品另类投资策略主要包括：动量因子、展期因子（基差因子）、价值因子、投机因子、套保因子和流动性因子等。此外，一些学者也将商品期货市场因子归为另类风险溢价因子。但是，当前关于商品另类风险溢价因子的有效性仍然存在许多争议，商品期货市场是否存在显著的风险溢价仍然在被积极地讨论。例如，Ilmane等（2021）研究发现动量因子、价值因子、展期因子（基差因子）在国际商品期货市场是显著存在的，因子风险溢价存在明显的时变性，且他们认为对这些因子采取择时的投资策略并不能改善其投资绩效，价值和动量因子在股指、债券、货币、信用风险和商品类别中广泛存在。Thierry 和 Ban（2016）认为并不是每个因子在另类投资中都有同样的重要程度，他们认为价值因子和波动率因子在商品期货因子投资中就没那么重要，而动量因子和基差因子以及流动性因子在商品期货领域比较重要。Amundi（2017）也认为价值因子、动量因子和基差因子是最重要的另类风险溢价，因为它们在多个资产类别中均存在。因此，本部分借鉴前人的研究成果和已有的国际商品期货因子数据，选择对国际大宗商品期货的市场因子、动量因子、价值因子和展期因子的历史绩效和风险分散作用进行比较分析，从而进一步完善现有国际大宗商品期货因子风险分散作用的研究。

2. 国际大宗商品期货另类风险溢价与风险分散效果

由表5可知，国际大宗商品期货的价值因子和基差因子明显通过了T值统计性检验，是明显可以给投资者带来正向风险溢价的，年化均值收益率分别为8.59%和6.89%，夏普比率分别为0.43和0.44，比市场因子多了72%，这表明价值因子和基差因子可以大幅度提高投资者的经济效用。而动量因子与市场因子一样，未能通过T统计性检验，且两个因子的年化均值收益率比较接近，分别为3.15%和3.25%，动量因子的标准差和夏普比率表明，单个动量因子的绩效并没有市场因子强。值得注意的是，多因子组合不仅有6.21和0.68年化收益率和年化夏普比率，最大回撤率也自小，夏普比率比单个价值和动量因子高56%，这表明持有多因子组合的给投资者带来更好的绩效，更大幅度提高投资者效用。

表5 国际大宗商品期货另类风险溢价统计

项目	均值	T统计值	标准差	峰度	偏度	夏普比率	最大回撤（%）
价值因子	8.59	2.57	20.03	0.91	0.14	0.43	137.79
动量因子	3.15	1.07	19.45	1.39	-0.35	0.16	114.76
基差因子	6.89	2.58	15.82	2.44	-0.55	0.44	66.26
多因子组合	6.21	4.08	9.13	2.43	-0.16	0.68	31.49
市场因子	3.25	1.24	13.06	3.15	-0.45	0.25	77.34

首先，由图5可知，国际大宗商品期货另类风险溢价的历史表现明显强于市场因子，这表明相比买入商品期货指数的被动投资方式，采用另类风险溢价可以获得更强的业绩走势。其次，价值因子、动量因子、基差因子的市场表现存在明显的时变特性，在2004年以前，商品期货价值因子走势强于其他两个因子，但在2004年以后，基差因子表现强于其他两个因子。最后，虽然三个因子走势整体强于市场因子，但明显存在因子坠毁的时期，且价值因子的极端风险发生与其他两因子极端风

险时期是错开的,构建多因子组合可以分散组合风险,尤其降低是尾部风险的极端值。

从表6中的相关关系可知,除了商品期货市场因子与股市具有0.29的相关性之外,其他商品期货因子与股市市场因子的相关性不足0.05,价值因子和时间序列动量因子更是与股市市场因子存在负相关关系,其中时间序列动量因子与股市市场因子之间的相关性高达-0.12。这表明采用商品期货市场非市场因子的确可以在一定程度上改善只持有商品期货市场指数和股票市场指数组合的风险分散能力不足的问题,比商品期货市场指数更好地分散持有股市指数组合的风险,尤其是商品期货时间序列动量因子。

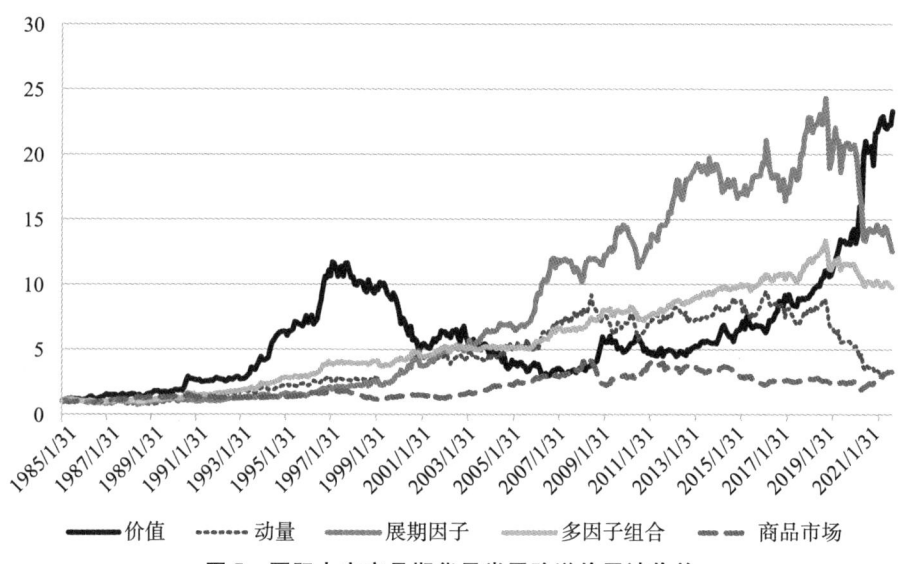

图5 国际大宗商品期货另类风险溢价累计收益

表6 国际大宗商品期货另类风险溢价因子与股市相关性

指标	商品期货风险溢价因子						股市
	价值因子	动量因子	基差因子	多因子组合	市场因子	时间动量因子	市场因子
价值因子	1.00	-0.47	-0.29	0.23	-0.09	-0.25	-0.01
动量因子	-0.47	1.00	0.44	0.62	0.09	0.57	0.04
基差因子	-0.29	0.44	1.00	0.68	-0.03	0.23	0.03
多因子组合	0.23	0.62	0.68	1.00	-0.02	0.36	0.03
市场因子	-0.09	0.09	-0.03	-0.02	1.00	-0.05	0.29
时间动量因子	-0.25	0.57	0.23	0.36	-0.05	1.00	-0.12
股市市场因子	-0.01	0.04	0.03	0.03	0.29	-0.12	1.00

为了进一步确定各商品期货另类风险因子对股市资产组合风险分散的效果,本研究构建了商品因子与股市资产组合,结果见表7。

表7　国际大宗商品期货另类风险溢价因子对美国股市风险分散统计

商品因子权重	指标	均值	标准差	偏度	夏普比率	最大回测
0.00	美国股市	9.38	15.47	−0.83	0.61	68.11
0.20	价值	9.20	12.95	−0.58	0.71	59.23
	动量	8.02	10.67	−0.71	0.75	39.74
	基差	7.82	9.39	−0.66	0.83	27.46
	因子组合	7.51	8.61	−0.51	0.87	20.40
	商品市场	6.66	7.86	−0.69	0.85	26.06
	时序动量	7.29	7.28	−0.39	1.00	22.09
0.50	价值	8.93	12.57	−0.10	0.71	60.68
	动量	6.10	9.54	−0.09	0.64	29.04
	基差	6.57	10.43	−0.49	0.63	44.21
	因子组合	6.42	9.45	−0.42	0.68	37.08
	商品市场	4.84	8.14	−0.47	0.59	31.33
	时序动量	7.32	9.05	−0.15	0.81	28.70
0.80	价值	9.20	12.95	−0.58	0.71	59.23
	动量	8.02	10.67	−0.71	0.75	39.74
	基差	7.82	9.39	−0.66	0.83	27.46
	因子组合	7.51	8.61	−0.51	0.87	20.40
	商品市场	6.66	7.86	−0.69	0.85	26.06
	时序动量	7.29	7.28	−0.39	1.00	22.09

由表7可知，相比持有美国股市市场指数，通过加入商品期货市场因子或其他另类风险溢价因子都会较大幅度地提高资产组合的夏普比率，降低投资组合的波动和偏度以及最大回撤率。其中，价值和动量因子对股市投资组合的风险分散能力并没有强于商品期货市场因子，但价值、动量以及基差构成的因子组合投资绩效和风险分散能力都强于商品期货市场因子。最值得注意的是时间序列动量因子组合的投资绩效最强，夏普比率为1%，相比单纯持有美国股市因子，投资者经济效用提高了70%多，组合偏度风险和最大回撤也是最小的。

（三）小结

本部分主要对现有国际期货市场投资相关的两大体系进行了深入分析，一个是以被动投资方式持有相关的商品期货指数投资，另一个是主动投资方式下的另类风险溢价投资，且另类风险溢价将商品期货市场指数作为一个市场因子加入到其因子范畴，从而作为多因子另类风险溢价投资的模块。本部分首先梳理了国内外商品期货指数投资相关工具和创新模式，其次介绍了另类投资的主要概念与股票因子投资的区别,最后分析了国际大宗商品期货市场另类投资因子的绩效以及对美国股市投资组合风险分散效果。研究结果表明,价值因子、动量因子和基差作为单个策略加入到美国股市投资组合中并没有强于被动投资的商品期货指数的风险分散效果,但和基差因子一起构成多因子策略可以获得由于单个商品期货市场对股市的风险分散效果。值得注意的是,时间序列动量的投资绩效不仅优于其他商品期货因子,对股市的风险分散效果也是所有因子中最强的,且强于其他三个因子的多因子策略。

总之,与传统投资方式相比,商品期货指数投资和另类风险溢价投资作为投资者一种分散股市资产组合风险的方式,尤其是另类风险溢价因子更是提供了一种新的方式来分散现有投资资产组合风险,从而可以获得低波动的稳定长期回报。

四、我国农产品期货交易现状与关联性分析

相比国际期货市场,我国农产品期货市场投机交易活跃。一方面,投机交易为期货市场的套期保值者提供丰富的流动性;另一方面,我国农产品期货的投机交易也主导了我国主力合约的分布,导致合约分布与国际农产品期货市场不同。因此,在探讨我国农产品期货相关的投资问题前,有必要对我国农产品期货市场交易现状进行分析,尤其是厘清我国农产品期货主力合约和次主力合约的分布情况,从而为交易合约以及构建风险溢价因子的合约选择提供理论依据。

此外,本部分在现有文献的基础上,采用最新的网络拓扑思想,基于国内外农产品期货价格波动的风险溢出网络视角,从静态和动态两个方面对我国主要的农产品期货与国际农产品期货市场的关联性进行综合研究和比较分析,即探讨国内农产品期货市场的价格波动是否由国际农产品期货价格波动所主导。这不仅有助于确定我国农产品期货在国际期货市场的地位,而且对识别国内农产品期货价格波动风险的主要来源和为我国农产品期货的投资价值分析提供依据具有重要意义。

(一) 我国农产品期货交易现状分析

1. 农产品期货市场的发展状况

截至 2020 年底,我国已上市商品期货 62 个,其中农产品期货 26 个,占比 42%。且 2020 年我国商品期货成交量达 59.28 亿手和 321.98 万亿元,其中农产品类的成交量和成交额分别占比 33% 和 31%(见图 6)。虽然我国已上市商品期货品种多,但交易活跃的品种只占 2/3,其中农产品期货活跃且上市已满 5 年的品种有玉米、大豆、豆油、豆粕、白糖、橡胶、菜籽油、菜粕和橡胶(见图 7)。因此本部分主要对这些品种的期货合约进行分析。研究样本期是上市初期至 2021 年 9 月,数

据来源于国泰君安数据库。

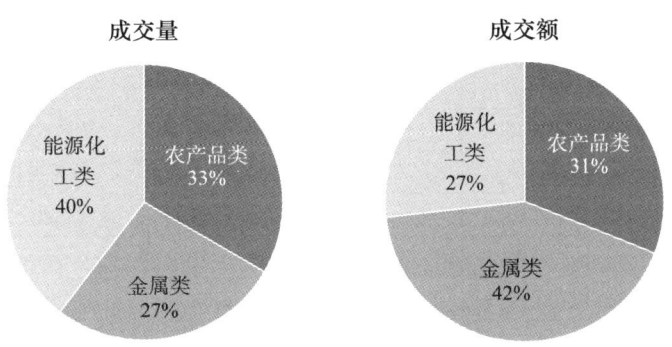

注：根据上交所发布的2020年中国期货市场发展报告整理。

图6 2020年我国各商品期货类别成交量成交额百分比

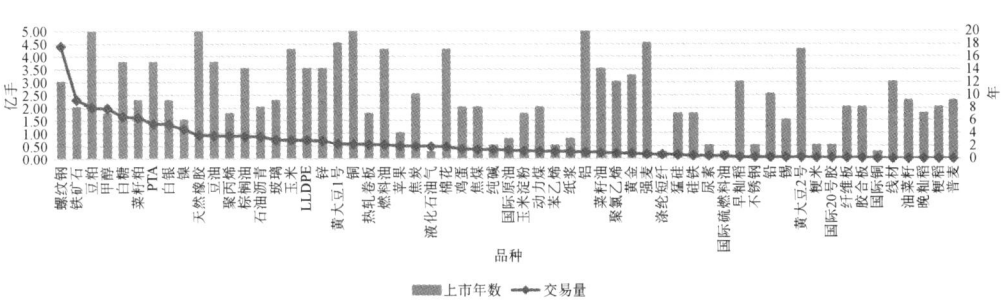

图7 我国各商品期货的年度平均成交量及已上市年数

由表8可知，我国农产品期货交易十分活跃，2018—2020年，至少有8个品种位居全球农产品期货市场交易排名前10；在前20名的19个商品期货中，除了CBOT玉米、CBOT大豆、CBOT小麦、CBOT白糖、CBOT豆油、CBOT豆粕6个期货品种外，其余13个期货品种均是我国农产品期货品种，其中玉米、豆油、豆粕、菜籽油、菜粕、棉花、白糖、橡胶、棕榈油、苹果期货已连续3年排名全球前20。

表8 我国农产品期货在国际农产品期货市场排名情况

排名	2020年		2019年		2018年	
	品种	交易量（亿手）	品种	交易量（亿手）	品种	交易量（亿手）
1	豆粕	3.59	豆粕	2.73	豆粕	2.38
2	棕榈油	3.15	菜粕	1.38	菜粕	1.04
3	玉米	1.78	棕榈油	1.36	苹果	1.00
4	豆油	1.73	白糖	1.13	CBOT玉米	0.97
5	菜粕	1.60	CBOT玉米	1.03	玉米	0.67
6	鸡蛋	1.32	玉米	0.99	白糖	0.64

续表

排名	2020 年		2019 年		2018 年	
	品种	交易量（亿手）	品种	交易量（亿手）	品种	交易量（亿手）
7	白糖	1.25	豆油	0.88	天然橡胶	0.62
8	棉花	1.08	棉花	0.64	CBOT 大豆	0.59
9	菜籽油	1.05	橡胶	0.54	棉花	0.59
10	橡胶	1.01	CBOT 大豆	0.53	豆油	0.54
11	CBOT 玉米	0.90	菜籽油	0.38	棕榈油	0.44
12	苹果	0.63	ICE 白糖	0.38	ICE 白糖	0.37
13	CBOT 大豆	0.61	苹果	0.37	CBOT 小麦	0.37
14	大豆	0.59	鸡蛋	0.37	菜籽油	0.35
15	ICE 白糖	0.40	纸浆	0.36	CBOT 豆粕	0.32
16	纸浆	0.34	CBOT 豆油	0.32	CBOT 豆油	0.31
17	CBOT 小麦	0.33	CBOT 小麦	0.31	CBOT 玉米期权	0.26
18	CBOT 豆油	0.33	CBOT 玉米期权	0.30	大豆 2 号	0.24
19	豆粕期权	0.30	CBOT 豆粕	0.29	玉米淀粉	0.23
20	CBOT 豆粕	0.30	红枣	0.28	大豆	0.22

注：资料来源于上海期货交易所发布的中国期货市场发展报告。

2. 农产品主力合约远期化问题分析

各商品期货的主力合约，本研究定义为持仓量最大的合约，若持仓量相同则选择成交量最大的合约，成交量再相同则选择远月合约。即遵循持仓量优于成交量，成交量优于合约月份原则。这也是 Wind 主力合约和大连商品期货主力合约指数构建的基本规则。而对于近月合约，一般本研究定义为距离当前月份最近的非交割月份的合约。由于远月合约与近月合约是相对的，结合国内外研究文献和国际期货市场的国际惯例，本研究在上述近月合约定义中加入一个过滤条件，即近月合约离交割月至少还有两个月的最近的合约。在这个定义下，我国有色金属与国际大宗商品一样，主力合约即是近月合约。比如上海铜、铝锌等有色金属的主力合约与国际有色金属主力合约规律一致，均是 3 个月合约，也是近月合约。

首先，由表 9 可知，在研究样本期内，我国油脂油料类中的菜粕、菜油、豆油和棕榈油期货品种呈现出非常强的周期性特征，周期性合约占比 99% 以上。且由图 8（a）可知，豆粕虽然在全样本周期性合约占比只有 90.6%，但主要集中在 2005 年以前，当时我国商品期货市场处于整顿后期，交易习惯还在探索中，之后呈现出与其他油脂油料一样强的周期性。其次，我国大豆、玉米和白糖主力合约交割月份也表现较强的1月、5月、9月交割月份周期性特征,均占比95%以上,且由图8(a)可知非周期性的合约交割月份活动主要集中在上市初期的两年里。最后,虽然与其他农产品期货相比,棉花和橡胶的周期性合约占比相对较低,但这主要是由于棉花在上市初期的2—3年中交易习惯还没有稳定和橡胶上市前后十年中交易习惯的改变所导致的(见图8(a)),但整体而言,两个品种都具有较强的周期性。为了进一步研究主力合约的远月性,本研究构造了每交易日下的主力合约交割月与交易月份的期限距离,以时间序列图和直方图的形式展现,分别见图8(b)和图8(c)。

表9　　　　　　　　　我国主要农产品主力合约分布

期货品种	主力合约				
	临时性合约月份	周期性合约月份	总交易日	周期性合约交易日	周期性合约占比
棕榈油	—	1月、5月、9月	3388	3388	100.0
菜粕	—	1月、5月、9月	2125	2125	100.0
菜油	—	1月、5月、9月	3484	3484	100.0
豆油	11月	1月、5月、9月	3824	3787	99.0
玉米	7月、11月	1月、5月、9月	4174	4075	97.6
大豆	7月、11月	1月、5月、9月	4751	4615	97.1
玉米淀粉	7月、11月	1月、5月、9月	1650	1584	96.0
白糖	3月、7月	1月、5月、9月	3826	3641	95.2
鸡蛋	6月、7月、10月、11月	1月、5月、9月	1924	1841	95.7
豆粕	3月、7月、8月、11月	1月、5月、9月	5151	4665	90.6
棉花	6月、7月、8月、10月、11月	1月、5月、9月	4217	3661	86.8
橡胶	—	1月、5月、9月	5519	3722	67.4

首先,图8(c)可知,如果以5%为分界线,我国农产品主力合约交易主要集中在距离交割期的2月至6(或7)月之间,且在交割月前4个月的时候达到最大值,然后随着交割月的临近逐渐递减。这表明我国期货市场投机者主要集中在距离主力合约交割月前的半年时期,主力合约随着交割月的临近开始进入不活跃状态。其次,如果以20%为分界线,除棉花和橡胶外,我国农产品距离交割月期2个月的合约大部分被排除在外,而棉花和橡胶在距离交割月期2个月的占比超过20%,主要是由于在样本期间,该两个品种的主力合约在某一段集中时期表现出类似有色金属的连续交割月主力合约分布特征。最后,由图8(b)可知,虽然市场主体主要在我国农产品期货市场倾向于用3—4个月的时间对主力合约进行集中投机,但切换主力合约的距离期限存在明显的结构性改变,我国农产品期货在2015年后开始从远期

化进入中期化模式,对近月合约最后一个月交易的偏好也明显增多。且在 2015 年后,我国农产品主力合约交易月距离交割月月份的期限明显缩短,相比之前的 7 年,交易期限整体下移一或两个月,两者相距期限更加集中在 2—6 个月,最长提前时间集中在 6 个月,且周期性模式相对稳定。

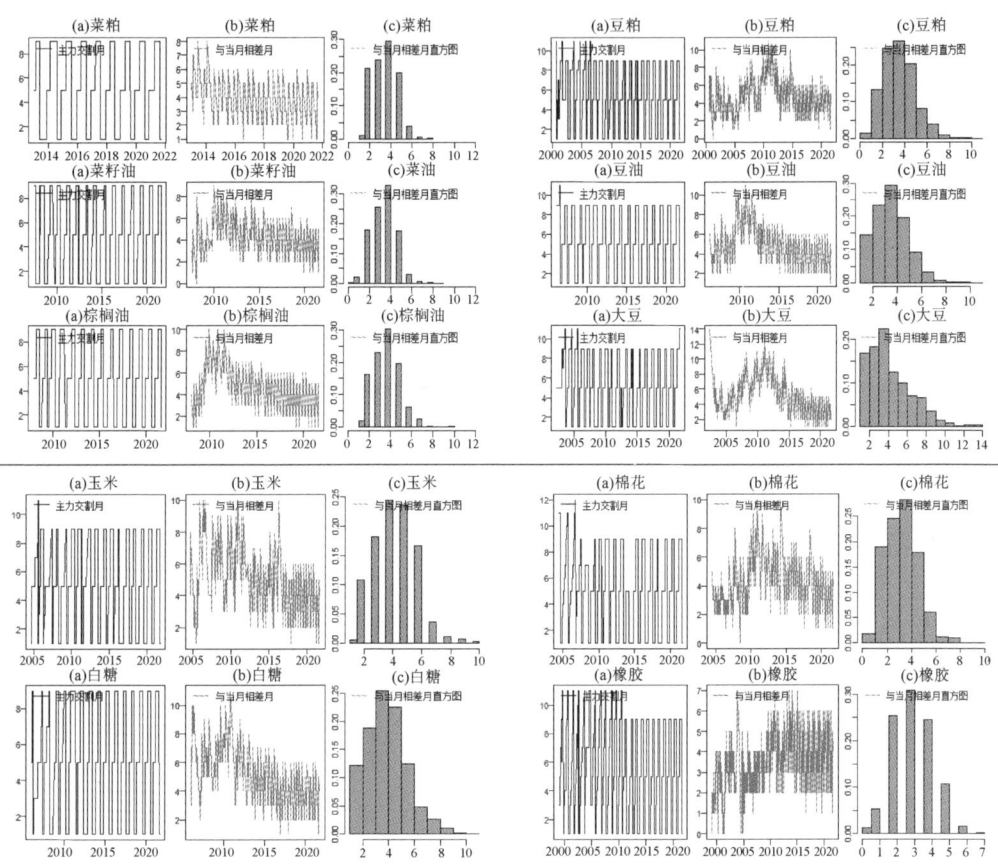

图 8　农产品主力合约交割月份与当月相距期限

为了进一步解释我国主力合约与其他非主力合约的关系,尤其是与持仓量仅次于主力合约的合约之间的关系,本研究将其称为次主力合约,并构建了农产品主次合约交割月份以及二者之间相距期限的直方图(见图 9)。由图 9 可知,除主力合约外,我国农产品期货市场的次活跃合约是与主力合约相对的远月合约,主要呈现 1 月、5 月、9 月交割月份合约活跃交易的现象,远期合约的交割月比主力合约交割月多 4 个月。

由于上文发现我国农产品期货市场主力合约距离当月期限存在结构性改变,本研究将样本按 2015 年一分为二,通过探究市场主体在两个子样本中的交易行为和偏好,在两个子样本中分别构建了主力合约交割月与当月的距离期限分布图,分布结果见图 10。

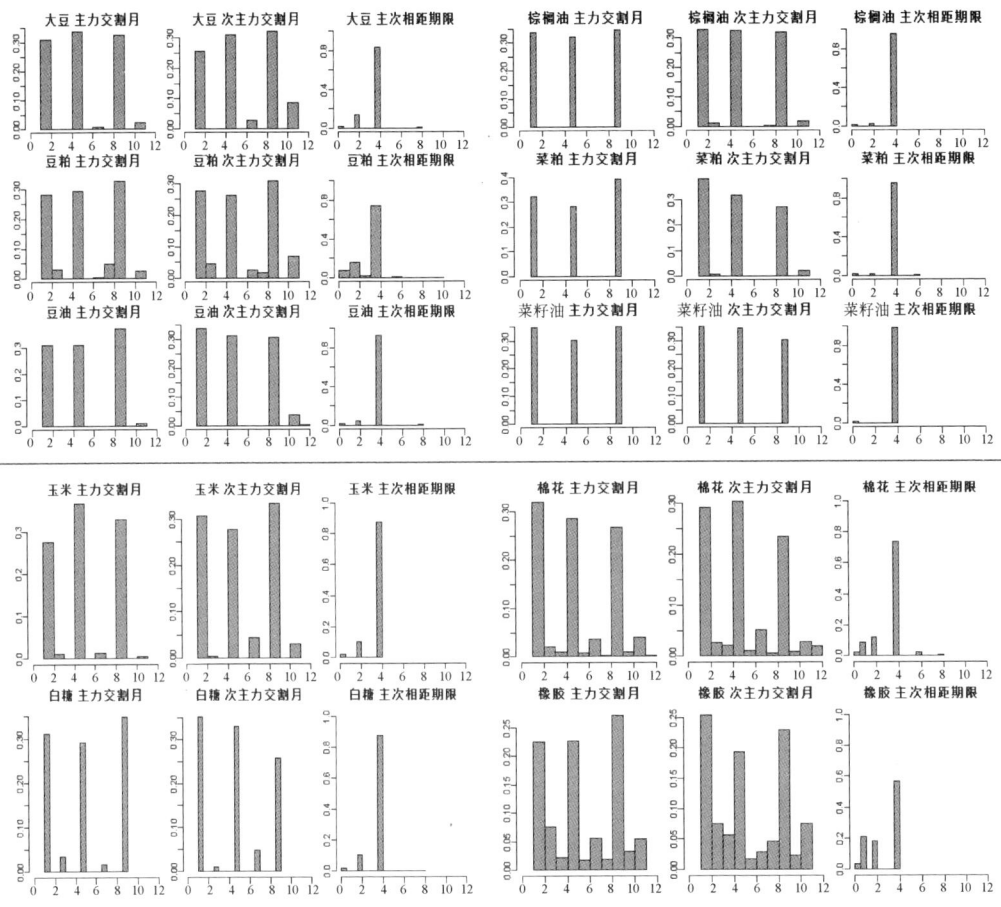

图 9 农产品主次合约交割月份直方图

由图 10 可知，2015 年后，我国农产品期货主力合约的距离交割月的期限主要为 2 个月、3 个月、4 个月、5 个月，四者总占比超过 90%。这表明我国农产品期货市场主体有 90% 的时期围绕在 1 月、5 月和 9 月交割月合约进入交割月前 2—6 个月的 4 个月时间里集中交易，且对距离交割月前 2 个月期限合约的偏好明显强于距离当前 5 个月的远月合约偏好。例如，5 月交割合约主要在 12 月、1 月、2 月、3 月作为主力合约，在 2 月和 3 月是近月合约，而在 12 月和 1 月是远月合约。另外，相比 2015 年以前，长于或等于 6 个月期限的交易大幅度减少，甚至大部分农产品的 2 个月期限（即近月合约最后一个月）的百分比，比 5 个月期限（即远月合约的倒数第二个）的百分比还高，这表明当主力合约临近交割月 2 个月时，相比立即大规模移仓到下一个主力交割月的远月主力合约，投资者更偏好利用主力近月份合约的最后一个月再集中交易一段时间，然后才开始大规模地移仓换月到主力合约。而在交割月和临近交割月大幅度转投其他周期性交割月的主力合约主要是由于我国监管层对期货市场风险防范过度重视，为防止在交割月过度交易的风险，各交易所对交割月和临近交割月合约的保证金等风险防控具有更严格的措施，导致交易成本远高于其他月份合约。这种农产品期货的主力合约移仓现象表明大连商品交易所在构建主力合约指数中"除鸡蛋外,若主力合约在交割月前两个月最后一个交易日仍然无法判定从下一个交易日起开始展期,则从下一个交易日起,5日展期至远月次主力合约"的规定是恰当的,规避了流动性风险。这些结果表明,投资者对近月合约和远月合约的偏好在2015年前后的确存在显著的变化,我国农产品期货市场交易主体开始从远期化进入中期化模式,在主力合约临近交割月的倒数第二个月期间,相比次主力远月合约,市场主体更偏好当前近月合约。

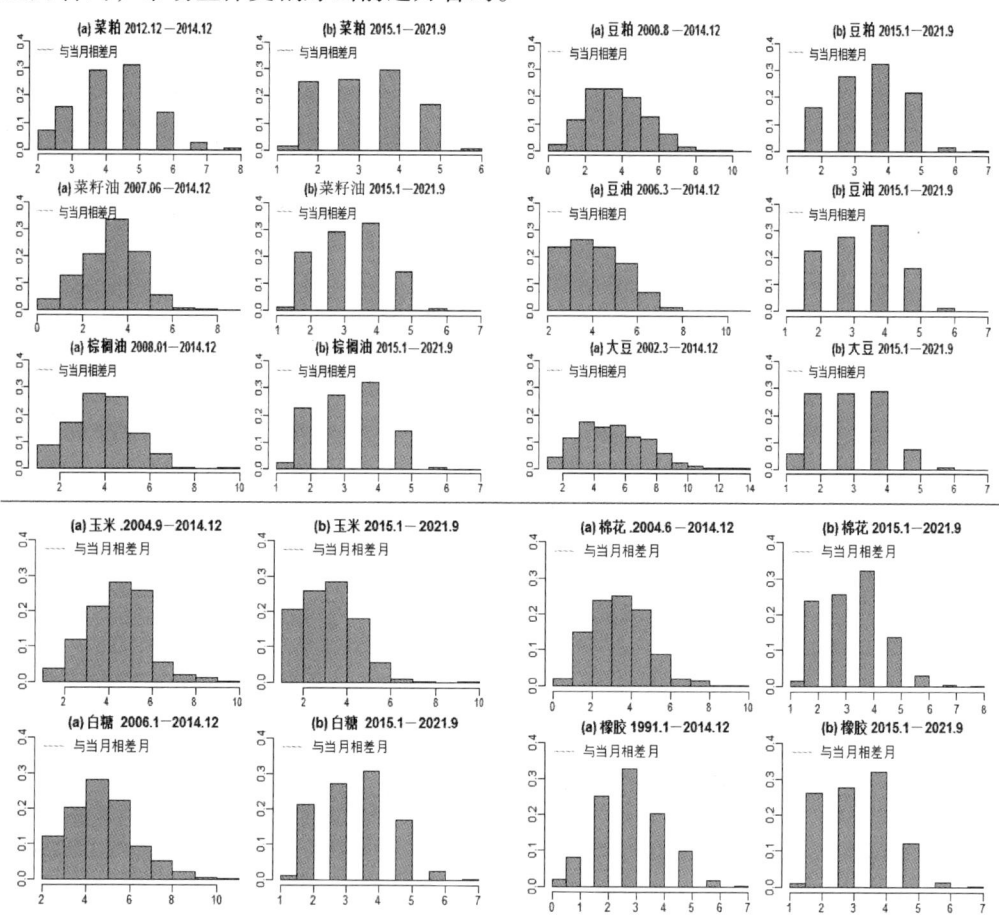

图10　2015年前后我国主要农产品主力合约交易月份与合约交割月距离期限直方图

本研究进一步对我国主要农产品中该品种的1月、5月、9月交割月份的合约占该品种持仓量的百分比进行了计算,如图11所示。研究发现10个农产品期货品种中,所有品种平均持仓占总持仓比为95%。除橡胶外,作为主力合约和次主力合约的主要交割月份的1月、5月、9月合约占总持仓的92%以上,7个农产品期货的1月、5月、9月合约占总持仓的95%以上,尤其是3个油脂品种,更是高达99%。即使在2015年后的样本中,10个农产品期货品种中交割月份的1月、5月、9月合约占总持仓的占比至少94%,平均占比96.7%。

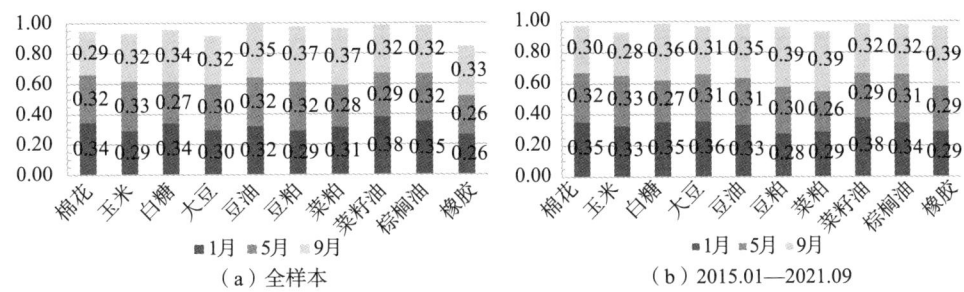

图 11　我国主要农产品期货 1 月、5 月、9 月交割月份合约总持仓占比

总之，上述分析表明，我国农产品期货主力合约和次主力合约主要呈现 1 月、5 月、9 月交割月份合约活跃交易的现象，次主力合约主要是下一个接替当前主力合约成为主力合约的 1 月、5 月、9 月交割月份的远月合约，且平均而言，1 月、5 月、9 月交割月份持仓量占总持仓的 95% 以上。这说明，相比国际农产品期货市场，我国农产品期货市场主力合约仍然主要呈远月化特征，主力和次主力合约交割月份不连续问题，尤其是制约期货市场反映现货市场特点和套期保值需求规律的主力合约交割月份不连续问题更是突出存在的。上述结果也说明研究我国农产品期货的价格发现和套期保值、资产配置和风险管理，仅仅依靠构造近月合约的时间序列进行研究可能会造成实证结果的偏差，利用主力合约可以更好地反映我国农产品期货市场交易的真实情况。在 2015 年后，我国农产品主力合约周期性更稳定，相比较而言，主力合约远期化有所缓解。本研究认为我国农产品主力合约在 2015 年后已从远期化阶段进入中期化阶段，主力合约近月化现象增多。

3. 农产品期货市场的投机性与风险分析

进一步分析我国农产品期货市场的换手比率可知（见表 10），我国主要农产品仍然存在换手率过高问题，波动幅度仍然较大。就平均而言，换手比率最高的依次是橡胶、菜粕、棕榈油和白糖，玉米最低，其次是大豆类期货类品种。较高的换手率也表明我国商品期货市场流动性比较充足。

表 10　　　　　　　　　　　　我国农产品期货年均换手率

年份	豆油	豆粕	菜粕	菜籽油	棕榈油	大豆	白糖	棉花	橡胶	玉米
2007	1.15	1.14		0.46	3.12	0.69	1.51	0.34	3.96	0.62
2008	2.84	2.86		1.33	1.73	1.98	2.99	0.73	3.84	0.93
2009	2.10	1.97		0.91	1.97	1.26	2.03	0.62	5.01	0.45
2010	1.30	0.79		0.63	1.45	1.02	3.09	2.25	6.28	0.73
2011	0.88	0.44		0.26	0.90	0.52	1.68	2.48	3.86	0.39
2012	1.02	1.13	7.73	0.36	1.05	0.95	1.67	0.49	3.63	0.43

续表

年份	豆油	豆粕	菜粕	菜籽油	棕榈油	大豆	白糖	棉花	橡胶	玉米
2013	1.01	1.00	2.30	0.56	0.98	0.41	0.83	0.43	3.15	0.19
2014	0.63	0.62	2.20	0.47	1.15	0.54	0.95	0.58	2.44	0.20
2015	0.99	0.92	2.30	0.36	1.37	0.75	1.99	0.43	2.75	0.31
2016	0.88	1.24	2.72	0.72	1.69	1.15	1.02	1.40	2.40	0.50
2017	0.52	0.54	0.74	0.57	0.87	0.87	0.69	0.76	1.83	0.49
2018	0.45	0.63	1.22	0.63	0.66	0.74	0.96	0.70	1.07	0.39
2019	0.71	0.82	1.93	1.00	1.32	0.82	1.35	0.75	1.02	0.50
2020	1.15	0.65	1.77	2.55	2.79	1.79	1.15	0.96	1.81	0.56
2021	1.74	0.83	2.36	2.42	2.14	1.61	0.83	0.77	2.08	0.82
均值	1.16	1.04	2.53	0.88	1.54	1.01	1.51	0.91	3.01	0.50
标准差	0.64	0.63	1.92	0.71	0.71	0.47	0.75	0.64	1.45	0.21

而由图 12 可知,我国大豆、玉米和油脂(豆油、菜油和棕榈油)的换手率在 2020 年和 2021 年大幅度提升,接近历史最高水平,投机现象活跃,这主要是由于新冠肺炎疫情的影响,导致全球大宗商品价格波动较大,投机现象比较活跃,食物和油脂首当其冲。整体而言,我国农产品的换手率并没有随着市场量的上升而得到明显改善,投机现象仍然明显。

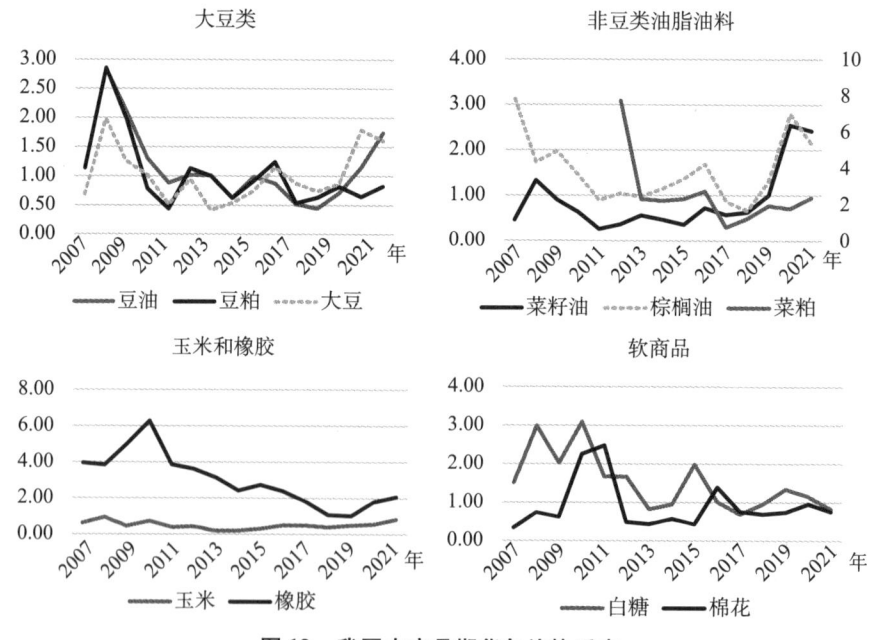

图 12 我国农产品期货年均换手率

由表 11 可知,首先,玉米、大豆、豆油和豆粕能提供正的平均收益,其中豆粕最高。但就夏普比率而言,豆粕的投资绩效并不突出,反而是玉米和大豆不仅具有较大的收益,还具有较高的夏普比率。其次,我国橡胶收益最小,亏损最大,为 −4.06%。最后,我国油脂类期货波动较大,尤其是棕榈油风险较大,负偏也最大。这些结果表明我国农产品期货的风险和收益存在明显的异质性。

表 11 我国农产品期货收益描述性统计

期货品种	年化均值	年化标准差	最小值	最大值	峰度	偏度	夏普比率
大豆	3.13	10.84	−21.04	17.37	2.33	−0.02	0.18
玉米	3.64	12.62	−23.59	10.43	6.86	−1.27	0.26
棉花	0.62	2.16	−17.65	22.36	2.81	0.49	0.03
豆粕	0.58	2.00	−26.39	14.53	1.56	−0.48	0.03
白糖	−0.51	1.77	−19.63	17.73	1.96	0.06	−0.03
豆油	1.67	5.79	−26.11	21.87	3.56	−0.67	0.08
菜油	−0.37	1.28	−27.15	30.95	7.23	−0.30	−0.02
菜粕	−0.44	1.54	−24.13	17.01	1.64	−0.31	−0.02
棕榈油	−2.73	9.45	−38.04	21.59	4.46	−0.87	−0.11
橡胶	−4.06	14.06	−36.99	26.38	0.78	−0.11	−0.12

注:数据样本区间为 2006 年 1 月至 2021 年 9 月,月频收益率。

(二) 国内外农产品期货关联性分析

1. 数据介绍及描述性统计分析

为研究我国农产品期货市场对国际期货市场的影响,探讨我国农产品期货是否为国际发达期货市场的影子市场,本研究选择我国农产品期货市场与美国 CBOT 和 ICE 交易所的农产品期货市场已上市的相同品种进行研究,且上市时间不少于 4 年。本研究的品种包含三个板块:粮食板块、油脂油料板块和软商品板块。其中,我国油脂油料期货自 2006 年开始初步构建,以大豆、豆粕、豆油期货为基础,形成了覆盖上下游产业的、稳定的、全封闭的大豆压榨产业避险产品链,同时也是国内期货市场首个较为完整的品种避险体系。因此,本研究以大豆、豆粕、豆油期货为代表对我国油脂油料在国际期货市场上的地位进行研究。由于我国受政策的影响,水稻和小麦期货流动性严重不足,因此本研究选择玉米和大豆作为粮食的代理品种,白糖、棉花作为软商品的代理品种。最终,本研究选择玉米、棉花、白糖、大豆、豆粕、豆油的国际国内期货价格来进行研究,数据来源于 Wind 数据库,数据样本期间为 2008 年 1 月 4 日至 2019 年 12 月 27 日。因时区的不同导致两期货市场交易的时间不同,本研究选择周数据,且采用 Garman 和 Klass(1980)的方差来估计国内外农产品期货的价格波动,公式如下:

$$\hat{\sigma}_{it}^2 = 0.511(H_{it} - L_{it})^2 - 0.019[(C_{it} - O_{it})(H_{it} + L_{it} - 2O_{it}) - 2(H_{it} - O_{it})(L_{it} - O_{it})] - 0.383(C_{it} - O_{it})^2 \tag{1}$$

其中，H 表示一周的最高价，L 表示一周的最低价，C 表示一周的收盘价，O 表示一周开盘价。国内外农产品期货价格波动的描述性统计见表12和表13，其描述性统计结果的波动率均进行年化和百分化处理。

由表12和表13可知，首先，平均而言，同品种下，国际农产品期货市场波动率强于国内农产品期货市场。其次，根据最大值和最小值以及标准差可知，国内商品期货市场价格波动的变化均比较剧烈，但国外农产品市场价格波动变化更剧烈。最后，国内外农产品期货价格波动均具有非正态性，且呈现右偏特征。

表12　　　　　　　国内农产品期货市场波动率描述性统计

指标	白糖	棉花	玉米	大豆	豆粕	豆油
均值	15.25	14.90	9.54	14.63	16.80	15.62
中位数	13.35	12.32	8.11	12.47	14.46	13.57
最大值	55.15	72.94	43.82	77.78	59.18	66.04
最小值	3.82	2.23	1.41	2.79	4.33	4.14
标准差	7.72	10.04	5.80	8.40	8.67	8.18
偏度	1.56	2.04	1.94	2.09	1.80	2.01
峰值	6.25	9.10	8.52	11.11	7.48	9.01
Jarque - Bera 统计量	474.48	1257.45	1059.67	1943.22	770.19	1220.16

表13　　　　　　　国际农产品期货市场波动率描述性统计

指标	白糖	棉花	玉米	大豆	豆粕	豆油
均值	29.18	23.39	23.75	19.88	22.98	19.17
中位数	27.10	20.31	20.92	17.00	19.23	17.06
最大值	107.27	93.32	85.12	78.28	87.80	95.74
最小值	2.70	3.46	5.44	5.54	2.97	5.54
标准差	13.64	12.69	12.40	10.56	12.90	9.43
偏度	1.44	1.68	1.43	2.09	1.87	2.52
峰值	6.68	6.76	5.62	9.35	7.65	14.54
Jarque - Bera 统计量	509.21	592.98	352.79	1347.83	830.42	3701.04

2. 国内外农产品期货市场风险溢出网络研究

本研究将公式（1）得到的波动率取对数后，运用 Diebold 和 Yilmaz（2012）的溢出指数法通过广义方差分解来构造国内农产品价格波动的溢出指数表、国际农产品价格波动的溢出指数表和国内外农产品价格波动的溢出指数表。国内农产品期货价格、国际农产品和国内外农产品的波动溢出指数表分别见表14和表15。其中，FROM为溢入指数，即该农产品受到其他农产品价格波动的溢出水平；TO为溢出指数，即该农产品给予其他农产品价格波动的溢出水平；净溢出为溢出指数与溢入指数之差；总溢出为所有溢出指数之和。由表14和表15可知，相比较国际农产品期货市场，我国农产品期货市场关联性强，风险总溢出指数高达46.25%，这说明相比国际农产品期货市场，我国农产品期货市场的价格波动关联性更显著。

表14　　　　　　　　　国内农产品期货市场波动率溢出指数　　　　　　　（单位:%）

品种和指标	白糖	棉花	玉米	大豆	豆油	豆粕	FROM
白糖	55.02	9.99	3.19	10.09	10.90	10.81	44.98
棉花	5.13	66.75	9.73	7.71	5.91	4.77	33.25
玉米	2.86	10.10	58.38	13.28	10.52	4.86	41.62
大豆	4.57	6.77	12.08	44.62	17.96	14.00	55.38
豆油	5.55	5.78	8.34	18.00	48.52	13.80	51.48
豆粕	3.97	3.48	5.71	19.20	18.45	49.19	50.81
TO	22.08	36.11	39.06	68.28	63.74	48.25	总溢出
净溢出	-22.90	2.87	-2.57	12.90	12.26	-2.56	46.25

注：AIC准则确定的VAR模型滞后阶数为3，预测误差方差分解的期数设为100。

表15　　　　　　　　　国际农产品期货市场波动率溢出指数　　　　　　　（单位:%）

品种和指标	白糖	棉花	玉米	大豆	豆油	豆粕	FROM
国际白糖	90.40	4.98	1.55	0.77	1.68	0.64	9.60
国际棉花	12.54	71.77	5.07	3.72	4.95	1.94	28.23
国际玉米	10.00	8.53	52.47	14.22	5.12	9.66	47.53
国际大豆	1.61	3.61	13.81	46.24	11.29	23.43	53.76
国际豆油	6.32	4.75	7.02	15.16	60.54	6.20	39.46
国际豆粕	0.66	1.84	8.69	28.44	5.71	54.67	45.33
TO	31.14	23.71	36.14	62.32	28.74	41.86	总溢出
净溢出	21.53	-4.52	-11.40	8.56	-10.71	-3.47	37.32

注：AIC准则确定的VAR模型滞后阶数为4，预测误差方差分解的期数设为100。

此外，为了更好地刻画国内外农产品期货市场的价格波动风险溢出关联网络以反映风险传染的网络路径，本研究进一步运用Diebold和Yilmaz（2014）的网络方法构建波动溢出网络图。即以各个农产品期货市场为节点，以波动溢出指数表为邻接矩阵，从而以市场间的波动溢出效应为网络连边构建波动溢出网络。每个市场风险关联网络图分别构建了配对溢出风险关联图和净溢出风险关联图。为了更清晰、更直观地呈现出国内外农产品期货价格波动网络结构,本研究均对配对溢出风险关联图和净溢出风险关联图进行了门槛设置,只有大于溢出均值的网络连边才能用来构建波动溢出图。国内农产品期货价格、国际农产品和国内外农产品的波动溢出网络图分别见图13、图14和图15。

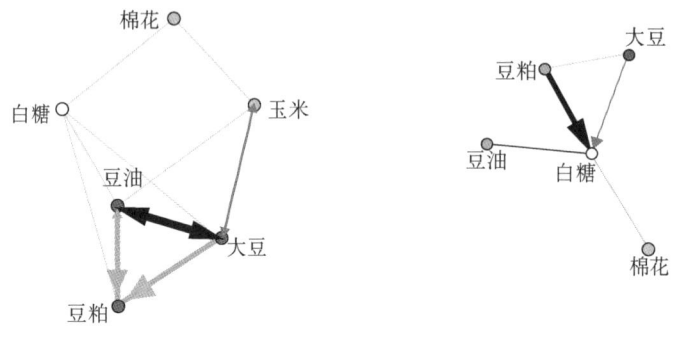

(a) 配对方向溢出关联　　　　　(b) 净配对方向溢出关联

注：连接两节点的有向箭头表示两农产品期货市场之间溢出关系的方向与强度,其中,箭头代表溢出的方向,且箭头越大和线条越粗表示溢出的强度越大,此外,颜色越深溢出性也越强,下同。

图 13　国内农产品间的风险溢出关联

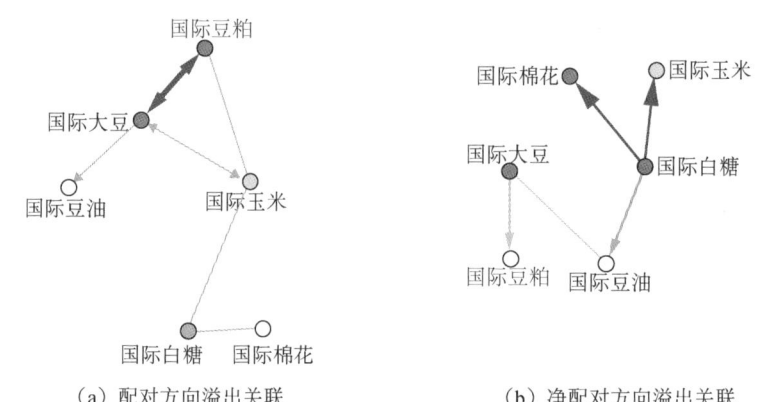

(a) 配对方向溢出关联　　　　　(b) 净配对方向溢出关联

图 14　国际农产品间的风险溢出关联

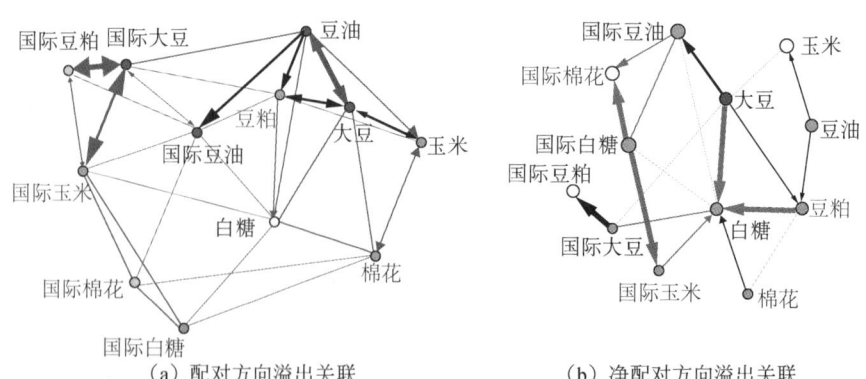

(a) 配对方向溢出关联　　　　　(b) 净配对方向溢出关联

图 15　国际国内农产品价格波动关联

由表 14 和图 13 可知，首先，我国大豆与豆油期货是国内农产品期货市场风险的净溢出者，净溢出指数分别为 12.90% 和 12.26%，且大豆与豆油既是受其他国内农产品溢出程度最大两个的品种，也是对其他农产品溢出程度最大两个的品种。这说明我国大豆与豆油期货在国内农产品期货市场存在着双向风险溢出效应，既是我国农产品期货中价格稳定的"锚"，也是我国农产品期货市场主要的风险传导者，发挥着风险放大器的作用。其次，我国白糖是国内农产品期货市场风险的最大净接受者，净溢出指数为 −22.09%；同时，国内白糖期货是国内农产品中对国内农产品价格波动风险溢出程度最小的品种。进一步分析发现，除玉米之外，其他国内农产品期货均对白糖有较强的风险溢出效应。其中对白糖净溢出效应最大的前三依次是豆粕对白糖、大豆对白糖、豆油对白糖。这说明国内大豆产业链上的期货市场的价格波动会对我国白糖期货市场的价格稳定造成最大的冲击。再次，国内棉花期货受自身滞后的影响最大，受其他国内期货风险溢出指数最小。其中，受自身滞后的影响的溢出指数为 66.75%，这说明我国棉花商品期货的市场稳定性比国内粮食和豆脂油料期货市场的稳定性强，不易受国内其他农产品期货市场风险溢出效应的影响。这也反映了棉花与其他农产品在生产关系和消费层面上的关系更弱（全世文等，2019）。最后，国内农产品期货市场内部的关联性表现出产业链或同类别集群特征，尤其是大豆产业链之间的关联性和粮食类别之间的关联性最紧密，这说明各区域内农产品期货价格波动的关联性主要由特定农产品在生产层面上的上下游产品关系或消费层面上的替代关系所决定。

由表 15 和图 14 可知，国际大豆期货价格波动对国际其他农产品期货影响最大，也是受其他国际农产品溢出影响最大的品种，表明国际大豆在国际农产品期货市场上存在较大的双向风险溢出效应，既是国际农产品期货中价格稳定的"锚"，也是国际农产品期货市场的风险传导者，发挥着风险放大器的作用。此外，国际白糖和棉花商品期货的市场稳定性比国际粮食和豆脂油料期货市场的稳定性强，不易受其他国际农产品期货市场风险溢出效应的影响。其中，国际白糖净溢出效应最大，主要溢出给国际棉花和国际玉米，而棉花对外溢出指数最小，这说明国际白糖在国际软商品类别中的风险溢出效应中占主导地位。

在分别对国内外农产品期货市场内部关联性特征有了一些了解之后，本研究进一步将我国农产品期货市场价格波动的风险关联性放在国际视角下探讨。首先，由表 16 可知，全球农产品期货市场价格波动的总溢出水平为 52.32%，这表明，农产品期货价格波动不仅受到国内自身因素的影响，还受到国内外其他农产品期货价格波动的影响。其次，在全球农产品期货市场价格波动的风险传递效应网络中，各区域市场内部之间的风险传递效应占主导地位，国内外农产品期货市场之间的跨区域风险传递效应相对较弱。由图 15 可知，各国期货市场内部的农产品期货市场价格波动的风险溢出网络并没有发生大的改变，仍然支持前文得到的关于各国农产品期货市场的价格波动关联性特征的相关结论。这表明国际农产品期货市场的价格波动的冲击，并不会对各区域内农产品期货市场内部的价格波动关联性网络产生较大的影响。这也进一步反映了国际农产品期货市场与我国农产品期货市场之间的风险溢出效应相对较弱。最后，在跨区域的农产品期货市场价格波动的风险传递中，整体而言，同产业链或同类别的商品期货之间的风险关联性较强。在同品种的跨区域风险价格关联性中，豆油品种的价格波动关联性最强，玉米品种的价格关联性最弱。

表 16　　　　我国农产品期货与国际农产品期货市场波动率溢出指数　　　　（单位:%）

品种和指标	白糖	棉花	玉米	大豆	豆油	豆粕	国际白糖	国际棉花	国际玉米	国际大豆	国际豆油	国际豆粕	FROM
白糖	44.06	7.43	2.63	8.82	6.25	8.24	4.13	3.14	5.04	3.88	4.95	1.42	55.94
棉花	3.87	57.44	8.16	6.66	4.75	4.57	4.51	5.15	1.05	1.69	1.16	0.98	42.56
玉米	2.64	9.12	53.98	11.61	8.90	4.76	3.34	0.11	1.19	0.94	2.39	1.03	46.02
大豆	3.51	5.67	9.71	38.78	14.90	12.25	2.01	0.16	1.88	4.51	5.24	1.37	61.22
豆油	2.98	4.14	5.88	14.17	35.73	10.59	1.91	1.15	3.76	5.22	13.07	1.39	64.27
豆粕	2.51	2.88	4.74	15.49	13.96	38.27	0.97	0.24	4.55	8.33	4.15	3.90	61.73
国际白糖	6.12	4.85	4.37	3.17	0.46	0.81	72.65	2.79	2.71	0.36	1.14	0.57	27.35
国际棉花	3.15	4.40	0.79	2.26	1.78	1.17	9.55	61.42	5.68	2.81	5.52	1.48	38.58
国际玉米	1.73	1.67	0.52	2.48	2.96	3.53	7.80	6.32	46.97	12.32	5.36	8.35	53.03
国际大豆	1.32	1.03	0.70	6.31	6.63	8.89	1.07	2.47	11.09	34.20	8.38	17.92	65.80
国际豆油	2.95	1.64	1.85	9.70	14.30	5.31	3.67	2.69	5.48	8.79	39.64	3.97	60.36
国际豆粕	0.26	0.80	0.63	2.73	2.39	4.70	0.61	1.22	7.87	24.53	5.25	49.01	50.99
TO	31.04	43.64	40.00	83.39	77.28	64.82	39.56	25.43	50.32	73.38	56.62	42.38	52.32

注：AIC 准则确定的 VAR 模型滞后阶数为 3，预测误差方差分解的期数设为 100。

3. 国内外农产品期货市场风险溢出的动态分析

为了进一步从动态视角研究国内外农产品期货价格波动的关联性，本研究采用滚动回归分析来刻画市场间的波动溢出效应的时变特征，从而对市场间的波动溢出程度和动态特性给予充分的定量分析。其中，滚动窗口设置为 200 周，预测误差方差分解的期数设为 100 周。由图 16 可知，全球国内外农产品期货价格波动的总关联性在 44.5 至 65.5 之间，这表明农产品期货价格波动具有显著的跨区域和跨品种传染效应，且国内外农产品期货价格波动的关联性存在明显的时变特征。

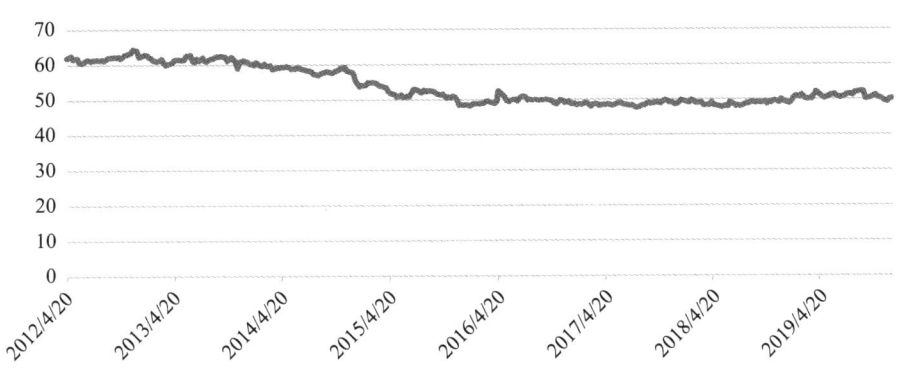

图16 国内外农产品期货市场的价格波动的总关联

此外,本研究将总关联性进一步分解,获得了"国际对国内农产品期货市场的影响"的关联性、"国际农产品期货市场内部"的关联性、"国内对国际农产品期货市场的影响"的关联性和"国内农产品期货市场内部"关联性走势图,如图17所示。

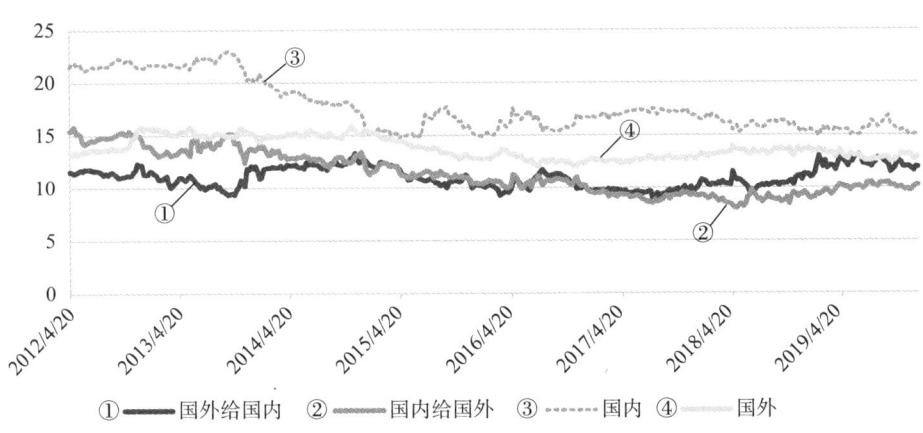

① ——国外给国内 ② ——国内给国外 ③ ······国内 ④ ——国外

图17 农产品期货市场在区域内外之间的价格波动关联

由图17可知,首先,"国内农产品期货市场内部"的关联性始终大于"国际农产品期货市场内部"的关联性,且在2008年全球金融危机和2012年欧债危机期间,相比国际农产品期货市场,国内农产品期货市场的内部关联性显著大幅增强。这表明相比较国际农产品期货市场,国内农产品期货价格波动风险在国内期货市场传递效应更强;同时,相比国际农产品期货市场,在面对市场的不确定性冲击时,我国农产品期货市场脆弱性更高。这主要是由于,相比国际农产品期货市场,我国农产品期货市场的投资者结构以散户为主导,导致我国农产品期货市场投机特征和非理性行为更为普遍,而普遍的投机和非理性行为导致我国农产品期货市场在外部冲击下表现出更高的市场脆弱性。其次,"国际对国内农产品期货市场的影响"的关联性和"国际农产品期货市场内部"的关联性走势相对稳定,而"国内对国际农产品期货市场的影响"的关联性和"国内农产品期货市场内部"的关联性走势波动较大。这进一步反映出相比国际农产品期货市场,我国农产品期货市场的金融脆弱性更高。最后,区域内部市场之间的风险关联性占主导地位,跨区域期货市场之间的风险关联性相对较弱,且跨区域风险传递并不是主要由国际农产品期货市场主导,具有显著的时变特征。由图17可知,"同区域农产品期货市场"的关联性在大部分时期均大于"跨区域农产品期货市场"的关联性,且国际对国内的风险传递强度在大部分时期并不比国内对国际的风险传递强度强。

4. 对国内农产品期货市场风险溢出较强的主要国际市场

虽然上文依据动态结果考察了国内外农产品期货市场的总关联性以及通过总关联性进一步分解,得到了国内外市场各自区域的总风险溢出情况和国内外市场跨区域风险溢出情况,但仍需进一步明确影响我国农产品期货市场的主要国际风险市场。为获得各个农产品期货市场的跨区域风险传递主要途径的动态变化特征,本研究依据总溢出波动关联走势等将样本分为3个子样本,分别是2008—2011年、2012—2015年以及2016—2019年,构建农产品期货市场跨区域风险传递主要途径一览表。在每个阶段,本研究仅保留溢出水平大于均值的主要风险来源,并且只选取风险溢出程度排名前三的市场,排在最前的风险溢出最强,从而得到精简的国际风险溢出传递表,详情见表17。

表17 国内农产品期货与国际农产品期货市场风险传递主要途径一览

年份	国内市场	国际市场					
		来源市场			溢出市场		
2008—2011	白糖	/	/	/	白糖	/	/
	棉花	棉花	/	/	棉花	白糖	/
	玉米	豆油	/	/	/	/	/
	大豆	豆油	/	/	豆油	大豆	玉米
	豆油	豆油	/	/	豆油	大豆	玉米
	豆粕	豆油	/	/	豆油	大豆	白糖
2012—2015	白糖	白糖	/	/	白糖	豆油	/
	棉花	白糖	/	/	豆油	/	/
	玉米	白糖	/	/	白糖	/	/
	大豆	白糖	/	/	豆油	白糖	/
	豆油	豆油	大豆	/	豆油	大豆	玉米
	豆粕	大豆	豆粕	玉米	豆粕	大豆	/

续表

年份	国内市场	国际市场					
		来源市场			溢出市场		
2016—2019	白糖	玉米	/	/	/	/	/
	棉花	大豆	玉米	豆粕	玉米	大豆	棉花
	玉米	豆油	/	/	白糖	/	/
	大豆	大豆	豆粕	/	豆粕	大豆	白糖
	豆油	豆油	/	/	豆油	/	/
	豆粕	豆粕	大豆	玉米	大豆	豆粕	/

注:"/"表示该国内期货市场与国际其他市场的关联性不显著。

由表17可知,国内农产品期货市场与国际农产品期货市场风险溢出效应中,除玉米品种外,同品种的跨区域风险溢出效应是国内农产品期货市场风险跨国风险传递的主要来源与溢出途径。具体地说,在3个子样本中,国内豆油期货市场的跨区域风险溢出途径始终是由同品种跨区域风险溢出效应占主导,而其他4个国内农产品期货的跨区域风险溢出途径也主要是由同品种跨区域风险溢出效应占主导地位,但存在明显的时变性。例如,2008—2011年,同品种跨区域风险溢出效应占主导地位的是白糖、棉花和大豆期货品种,而2012—2015年,同品种跨区域风险溢出效应占主导地位的是白糖和豆粕期货品种,2016—2019年样本期间,同品种跨区域溢出风险是棉花、大豆和豆粕。总之,在3个子样本6个农产品中,至少有一半的国内农产品期货市场与国际期货市场的跨区域风险溢出效应是由同品种跨区域风险传染途径占主导。

为进一步了解同品种的跨区域风险传递效应的动态特征,本研究进一步构建了同品种的国际农产品期货市场与国内农产品期货市场风险溢出指数的动态时序图,见图18。首先,同一品种下,国际农产品与我国农产品期货市场间的溢出程度呈现明显的时变特征,且国内外市场间的波动溢出程度存在明显的品种差异。其次,除玉米期货品种外,我国大豆产业链与软商品期货在国际期货市场已具有一定的影响,并不是国际期货市场的影子市场。最后,2008年全球金融危机和2011年的欧债危机使得大部分农产品的国内对国际同一品种价格波动之间的风险溢出效应显著地增强。值得注意的是,由于2018年中美贸易战的爆发,中美大豆期货价格波动风险跨区域传染和国际豆粕期货市场对我国豆粕期货市场的风险溢出程度呈显著增强特征。

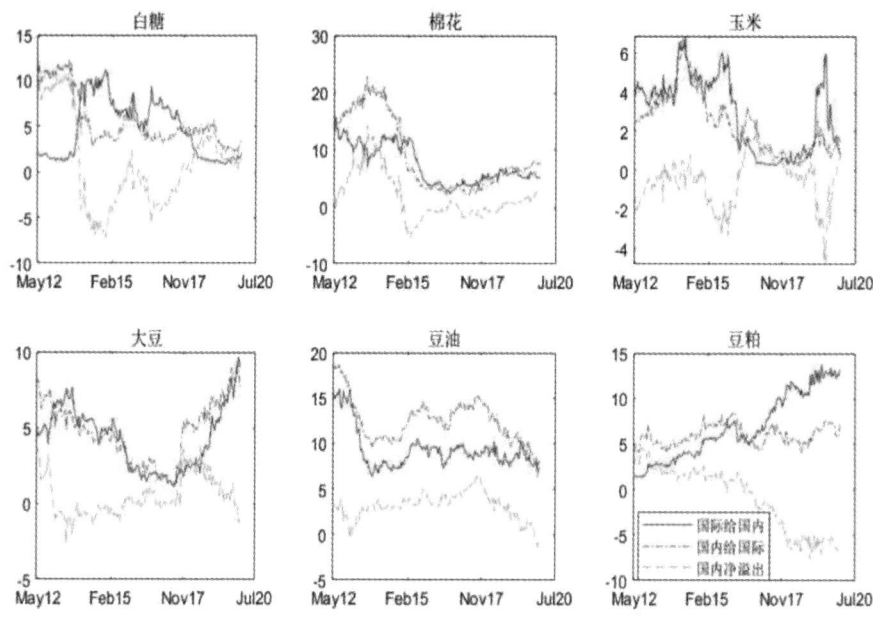

图 18 国内外农产品期货市场的同品种跨区域价格波动关联

(三) 小结

本部分重点分析了我国农产品期货的交易行为, 重点厘清了我国商品期货交易活跃的合约分布。首先, 研究结果表明主力和次主力合约主要是农产品期货的 1 月、5 月、9 月交割月合约, 且次主力合约是主力合约的远月合约, 两个合约占总持仓的 90% 以上。这说明构造可交易的商品期货指数或构造可交易的另类风险溢价, 应着力于主力合约进行研究, 使其根据有现实意义, 同时避免其他合约因为流动性不足导致的研究结果存在偏差问题。其次, 我国农产品期货投机现象仍然活跃, 并没有因市场量的变化而得到明显的质的变化。

为研究我国农产品期货价格与国际期货价格的关联性, 本部分采用 Diebold 和 Yilmaz (2012, 2014) 提出的基于 VAR 模型构造的溢出指数法, 以国际代表性期货市场为国际期货市场代表, 研究我国农产品期货市场在国际期货市场的影响。首先, 我国农产品期货市场的价格波动关联性程度高于国际农产品期货市场的关联性程度, 表明国内农产品价格波动风险在国内市场传递效应更强, 其金融脆弱性更高。其次, 我国农产品期货市场与国际农产品期货市场的价格波动关联性整体并不紧密, 而各区域期货市场内部品种间关联性更紧密些。因此, 总体而言, 我国农产品期货市场并不是国际期货市场的影子市场。再次, 我国农产品期货市场与国际农产品期货市场的价格波动溢出效应存在品种差异与时变性。尤其是, 除玉米期货品种外, 同品种的跨区域风险溢出效应是国内农产品期货市场风险跨国风险传递的主要来源与溢出途径。最后, 在同品种跨区域风险溢出效应中, 除玉米期货品种外, 我国大豆产业链与软商品期货在国际期货市场已具有一定的影响,并不是国际同品种期货市场的影子市场。总之,上述结论表明我国农产品期货与国际农产品期货关联性并不强,国内农产品期货并不是国际农产品期货市场的影子市场,其国内农产品期货市场具有一定的自主性。因此,关于国际农产品期货市场的投资策略并不一定适用于我国农产品期货市场,以及国际大宗商品期货金融化问题并不会对我国农产品期货市场价格风险分散功能造成较大的影响。

五、我国农产品期货与国内金融资产的风险溢出效应

虽然在第四部分已表明国际农产品期货市场对我国农产品期货市场价格波动风险影响有限,但随着2015年以后,我国商品期货市场投资的财富管理价值被一些投资者所认同,越来越多私募基金投入商品期货市场,加上国际石油价格大跌、中美贸易大战,以及国内金融市场自从2015年以来波动幅度较大,国内大宗商品是否与国内金融市场之间仍然是比较分割的两个市场,风险是否会在这两个市场之间传染,仍然没有被深入地探讨。因此,有必要进一步从国内商品期货与金融市场之间的关联性角度来探讨我国农产品期货市场金融化问题,这不仅可以揭示我国农产品期货市场的资产配置价值,还对我国农产品期货市场的风险管理具有重要意义。

此外,由于金融市场投资者往往具有异质特征,金融市场在同一时期交易由不同交易频率(周期)构成,以此来反映投资的预期、情绪和风险偏好,这导致金融时间序列兼有时域和频域双重特征,采用单一时域角度研究并不能精准揭示金融时间序列间的关联结构和风险溢出效应。一些学者研究也表明同时考虑频域特征及偏度和峰度等高阶矩风险,可以有效改善投资组合绩效,提高投资者福利(朱鹏飞等,2020)。因此,探讨高阶矩风险溢出在频域层面上有什么不同也是十分重要的。

鉴于此,本部分基于信息溢出指数和BK频域溢出指数模型构造高阶矩风险溢出指数,将整个研究对象作为一个系统,基于风险溢出视角来探讨我国农产品期货市场的金融化问题,重点考察国内金融市场在波动风险(波动层面)和极端风险(偏度和峰度层面)对我国不同农产品期货市场的影响程度,并与我国其他类别的商品期货市场进行比较分析。与此同时,本部分也基于动态相关性视角,研究我国农产品期货各品种对股市资产组合的波动风险分散价值。

(一)研究方法与数据来源

本部分主要目标:一方面,以农产品期货与股指期货以及十年国债期货主力合约的高频数据为基础,研究农产品期货与金融期货之间的高阶距风险溢出效应;另一方面,在风险溢出的基础上以日度数据为基础,研究农产品期货对股市资产组合

的风险分散能力。

1. 研究方法

(1) 频域溢出指数模型。根据 Barunik 和 Krehlik (2018) 和李政等 (2021) 的研究，频域的溢出模型定义如下：

基于频率响应函数 $\Psi(e^{-i\omega}) = \sum_{h} e^{i\omega h} \Psi_h$，$X_t$ 在频率 ω 上的谱密度 $SX(\omega)$ 为：

$$S_X(\omega) = \sum_{h=-\infty}^{\infty} E(X_t \mid X'_{t-h}) e^{-i\omega h} = \Psi(e^{-i\omega}) \Sigma \Psi'(e^{+i\omega}) \tag{2}$$

其中，由 Ψ_h 的傅里叶变换得到，$SX(\omega)$ 刻画了 X_t 的方差在频率 ω 上是如何分布的，它是理解频率动态的关键参数。

广义因果谱 (Generalized Causation Spectrum) 则可以定义为：

$$(f(\omega))_{j,k} \equiv \frac{\sigma_{kk}^{-1} \left| (\Psi(e^{-i\omega})\Sigma)_{j,k} \right|^2}{(\Psi(e^{-i\omega}) \Sigma \Psi'(e^{+i\omega}))_{j,j}} \tag{3}$$

其中，$(f(\omega))_{j,k}$ 表示在给定频率 ω 上，变量 j 的谱由变量 k 的冲击导致的部分。由于公式 (3) 的分母为在给定频率 ω 上变量 j 的谱，可以将解释为频率内的因果关系 (within-frequency causation)。进一步引入变量 j 方差的频率份额作为权重函数

$$\Gamma_j(\omega) = \frac{(\Psi(e^{-i\omega})\Sigma\Psi'(e^{+i\omega}))_{j,j}}{\frac{1}{2\pi}\int_{-\pi}^{\pi}(\Psi(e^{-i\lambda})\Sigma\Psi'(e^{+i\lambda}))_{j,j}d\lambda} \tag{4}$$

其中，$\Gamma_j(\omega)$ 表示在给定频率上变量 j 的功率。那么，在频率带 d 上的广义方差分解为：

$$(\theta_d)_{j,i} = \frac{1}{2\pi}\int_d \Gamma_j(\omega)(f(\omega))_{j,i}d\omega \tag{5}$$

其中，$(\theta_d)_{j,i}$ 度量了在频率带 d 上变量 k 对变量 j 的溢出水平。那么在频率带 d 上的总溢出指数、方向性溢出指数和方向性溢入指数分别如下：

$$C^d = \frac{\sum_{N}^{k,j=1;k\neq j}(\tilde{\theta}_d)_{j,k}}{N} \times 100, \quad C^d_{j\cdot} = \sum_{N}^{k=1,k\neq j}(\tilde{\theta}_d)_{j,k} \times 100, \quad C^d_{\cdot j} = \sum_{N}^{k=1,k\neq j}(\tilde{\theta}_d)_{k,j} \times 100 \tag{6}$$

此外，还可以计算单个频率带内溢出的相对占比，忽视其他频率带，即给定频率带 d 上的频率带内溢出指数 (within spillover index) S^d，计算公式如下：

$$S^d = \frac{\sum_{N}^{k,j=1;k\neq j}(\tilde{\theta}_d)_{j,k}}{\sum_{N}^{k,j=1}(\tilde{\theta}_d)_{j,k}} \times 100 \tag{7}$$

(2) 期货收益率的高阶矩的计算。以每日收益里的高频收益平方和代表方差，衡量波动风险；峰度衡量的是波动的波动，峰度值越大，未来市场发生变动的幅度越大；偏度衡量的是未来发生大幅度下跌或上涨的极端事件的概率，值越小，未来越有可能遭受极大损失的小概率事件（周颖刚等，2021）。因此，偏度是投资偏好的，波动和峰度是投资者厌恶的。具体计算公式见（8）、（9）和（10）。

$$RDVar_t = \sum_{i=1}^{N} r_{t,i}^2 \tag{8}$$

$$RDSkew_t = \frac{\sqrt{N}\sum_{i=1}^{N} r_{t,i}^3}{RDVar_t^{3/2}} \tag{9}$$

$$RDKurt_t = \frac{N\sum_{i=1}^{N} r_{t,i}^4}{RDVar_t^2} \tag{10}$$

其中，r 为高频数据收益率。然后对3个高阶矩风险因子做周度平均，取每周交易的最后一个值作为代表，计算波动、偏度和峰度的周频数据分别见公式（11）、（12）和（13）。

$$RVar_t = \left(252/5 \times \sum_{i=0}^{4} RDVar_{t-1}\right) \tag{11}$$

$$RSkeW_t = \frac{1}{5}\sum_{i=0}^{4} RDSkew_{t-i} \tag{12}$$

$$RKurt_t = \frac{1}{5}\sum_{i=0}^{4} RDKurt_{t-i} \tag{13}$$

(3) 对冲波动风险的投资权重与对冲效率计算。为了探讨金融市场与农产品期货的波动风险溢出效应对我国农产品期货对金融资产组合风险管理的意义，本研究构建了两个资产组合波动风险管理策略。一个是最优对冲组合权重策略，权重根据公式（14）计算；另一个是最优投资权重组合策略，权重根据公式（15）计算。

$$\beta_{oc,t} = h_{oc,t}/h_{cc,t} \tag{14}$$

$$w_{oc,t} = \frac{h_{cc,t} - h_{oj,t}}{h_{oo,t} - 2h_{oc,t} + h_{cc,t}} \tag{15}$$

其中，

$$w_{oc,t} = \begin{cases} 0, & \text{if } w_{oc,t} < 0 \\ w_{oc,t}, & \text{if } 0 \leq w_{oc,t} \leq 1 \\ 1, & \text{if } w_{oc,t} > 1 \end{cases} \tag{16}$$

为了比较两个投资策略对风险分散的效率，构造风险分散效率指数，如公式（17）所示。

$$\text{HE} = (h_{oo,cc} - h_{\beta,w})/h_{oo,cc} \tag{17}$$

2. 数据来源与描述性统计分析

考虑到高频数据的可得性，研究将样本数据区间确定为 2015 年 4 月 8 日—2021 年 1 月 15 日，高频数据频率为 5 分钟数据。农产品期货数据包括：豆油、大豆、玉米、豆粕、白糖、棉花、棕榈油和橡胶；金融期货数据包括十年国债期货和沪深 300 指数期货；为了进行比较，本部分还包括了铜、黄金和 PTA 三个非农产品的期货数据。所有高频数据下载自聚宽数据库，并对每日已实现风险滚动 5 日取平均，然后以每周最后一个交易日对应的值作为周的已实现风险。表 18 是上述样本的周频已实现高阶距的样本均值。由表 18 可知，股指期货已实现的波动最大，十年国债期货的波动最小，商品期货波动介于二者之间。其中，玉米期货是农产品期货中波动最小的品种，橡胶期货波动是最大的商品期货。就偏度而言，大豆、豆油和豆粕期货正偏，国债期货负偏。而所有期货品种收益分布的峰度大于 3，说明其收益分布均有尖峰特征。

表 18　　　　　　　　　我国农产品期货的高阶距风险的均值

市场	波动	偏度	峰度
沪深 300	10.02	0.09	3.96
十年国债期货	1.49	−0.03	4.78
铜	6.35	−0.01	6.55
PTA	8.88	−0.06	6.58
黄金	4.55	0.02	9.73
橡胶	12.33	−0.06	7.31
棕榈油	8.58	−0.04	6.62
棉花	8.20	−0.02	6.93
白糖	5.88	−0.10	7.65
豆油	7.18	0.01	6.76
豆粕	7.82	0.04	8.61
大豆	7.37	0.00	7.06
玉米	5.09	−0.03	4.85

此外，本研究以高频价格数据为基础，进一步扩大样本量，农产品期货新增菜油品种，非农产品期货新增铝和锌，研究将样本数据区间扩展至 2008 年 1 月 9 日—2020 年 9 月 30 日，共计 3099 个数据。价格数据下载自万德数据库。通过扩展后的样本，研究农产品期货与非农产品期货与我国股市的相关关系和波动风险分散效果。

(二) 农产品期货与金融期货的高阶距风险溢出效应

1. 全样本下的高阶距风险溢出分析

表 19 是我国农产品期货与非农产品期货以及金融期货在不同高阶距的方向溢出指数表。

首先,由总溢出指数可知,金融期货与商品期货之间的风险溢出关联性最强的是波动溢出,最小的是峰度风险溢出,且波动总溢出指数是偏度总溢出指数和峰度溢出指数的两倍多。这表明波动风险应是市场主体观察金融市场与商品市场风险溢出层面上首要应关注的指标,其次是偏度和峰度风险。

其次,就金融资产而言,金融资产与商品期货之间的风险溢出也呈现与上述总指数相似的规律,即在波动层面上的风险溢出强于其他两个高阶距的风险溢出强度,且国债期货与股指期货在不同的高阶距风险溢出网络的重要性不同。其中,股指期货和国债期货在波动风险溢出网络中起着风险传递的角色,尤其是股指期货在波动风险溢出网络中起净波动溢出的角色,而国债期货起净风险接受的角色,而股指期货和国债期货在偏度和风险溢出关联性中,风险溢入与溢出程度均靠后。在偏度层面上,国债期货与玉米期货和黄金期货的溢出与溢入程度相似,股指期货和白糖期货的溢出与溢入程度相似,且净溢出指数较低;而在峰度层面上,国债期货和股指期货与玉米期货和白糖期货的风险溢出程度和溢入程度相近,且净溢出指数模式与偏度层面上的模式相反。

表 19 我国农产品期货的高阶距风险溢出

品种	已实现波动			已实现偏度			已实现峰度		
	溢入	溢出	净溢出	溢入	溢出	净溢出	溢入	溢出	净溢出
十年国债期货	40.9	25.9	-15.1	4.3	6.4	2.1	10.8	8.2	-2.6
沪深300股指期货	29.2	38.3	9.1	14.9	13.9	-1	6.8	7.9	1
铜	69.2	53.2	-16	22.9	21	-1.9	11.5	8.9	-2.6
PTA	56.6	41.5	-15.1	30.3	26.1	-4.1	18.3	17	-1.3
黄金	56.7	33.9	-22.8	7.8	3.7	-4	15.9	11.9	-4
橡胶	64.5	68.8	4.2	38.9	45.4	6.5	24.7	19.8	-4.9
棕榈油	68.6	102.2	33.6	49.1	53.3	4.3	50	62.8	12.8
棉花	55.7	60.7	5.1	28.3	25.8	-2.5	13.5	13.2	-0.4

续表

品种	已实现波动			已实现偏度			已实现峰度		
	溢入	溢出	净溢出	溢入	溢出	净溢出	溢入	溢出	净溢出
白糖	62.3	44.9	-17.3	17.1	15.1	-1.9	8.5	10.1	1.6
豆油	71.7	100.1	28.4	51.6	63	11.3	51.1	67.7	16.6
豆粕	63.5	54.3	-9.2	35.3	31.7	-3.6	37.4	30	-7.4
大豆	73.6	58.8	-14.8	28.3	24.1	-4.2	30.4	24.9	-5.6
玉米	56.7	86.6	29.9	6.7	5.8	-0.9	10.1	6.8	-3.3
总溢出		59.2			25.8			22.2	

最后，豆油期货和棕榈油期货是高阶距风险溢出中最大的风险溢出和传递品种，股指期货的高阶距风险主要来源于自身的高阶距风险冲击。其中，在波动风险溢出中，棕榈油期货和豆油期货以及玉米期货是最大的三个净溢出品种，白糖期货和黄金期货以及国债期货是最大的净风险溢入品种；在偏度的风险溢出中，豆油期货和棕榈油期货以及橡胶期货是最大的净风险溢出品种，而 PTA 期货和黄金期货以及大豆期货是最大的净风险溢入品种；在峰度风险溢出层面上，豆油期货和棕榈油期货是最大的净风险溢出者，大豆期货、豆粕期货和橡胶期货是最大的净风险溢入品种。为了进一步了解金融期货与各商品期货品种在不同高阶距风险溢出中的作用，本研究构建了高阶距风险溢出网络，如图 19 所示。

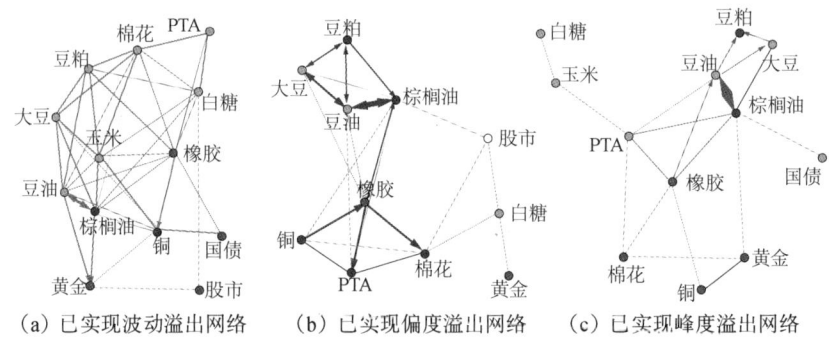

(a) 已实现波动溢出网络　　(b) 已实现偏度溢出网络　　(c) 已实现峰度溢出网络

图 19　我国金融期货与农产品期货的高阶距风险溢出网络

由图 19 可知，我国股指期货和国债期货与农产品期货之间在不同的高阶距风险上有不同的关联模式。首先，在已实现波动风险网络图中，国债期货与橡胶期货和铜期货具有较强的关联性，股指期货与白糖期货和黄金期货具有较强的关联性。股指期货和国债期货与农产品期货的不同关联模式，可能分别表达了不同的经济含义。例如，国债期货与铜期货关联性较强，一方面是铜期货反映宏观经济基本面，另一方面，铜期货又是大宗商品融资工具；而黄金期货与股指期货关联性较强，主要是因为黄金期货的避险属性。那么,国债期货与橡胶期货较强的关联性,主要是由于橡胶期货与铜期货具有较强的关联性,股指期货与白糖期货之间具有较强的关联性,可能反映了白糖期货也具有类似黄金期货的风险对冲属性。其次,在已实现偏度溢出网络中,股指期货和棕榈油期货、白糖期货具有较强的关联性,而白糖期货又与黄金期货具有较强的偏度关联性,这表明白糖期货可能和黄金期货一样,具有对冲股市风险的能力。国债期货与股指期货以及与其他商品期货并无明显的关联性,这也表明了国债期货自身具有较强的安全资产属性。最后,在已实现峰度溢出网络中,只有国债期货与棕榈油期货具有较强的关联性,而股指期货并没有和其他商品期货以及与国债期货在峰度上产生较强的关联性,这表明股指期货极端事件概率的增加与其他金融资产和大宗商品期货并无太大的关联性。

另外,由图19可知,我国农产品期货风险溢出网络在不同的高阶距风险溢出网络中,表现出相似的品种聚集特性。首先,大豆期货、豆粕期货、豆油期货与棕榈油期货四个品种之间无论是在波动溢出层面,还是在偏度和峰度溢出层面,四个品种始终具有较强的关联性,其中,豆油期货和棕榈油期货之间的关联性最强。其次,橡胶期货与农产品期货中的棉花期货以及非农产品期货中的铜期货和PTA期货具有较强的关联性,且这四个品种在偏度溢出网络中具有更多的关联结构,这表明橡胶期货和棉花期货可能在风险层面上更多地表现出非农产品期货的风险特征。最后,玉米期货在不同的高阶距风险层面上表现出不同的风险关联模式。其中,在波动风险溢出层面上,玉米期货与其他农产品期货以及铜期货均具有明显的关联性,但是到了峰度和偏度风险层面,玉米期货与其他期货的关联性大幅度减少,在偏度风险溢出网络中并没有发现与其他商品期货明显的关联性结构,在峰度层面上,玉米期货只与白糖期货和PTA期货具有明显的关联结构,这表明相比降低资产组合波动风险,玉米期货可能更适合用于降低资产组合的偏度风险。

2. 高阶距风险溢出效应的时变性分析

为了探究市场长短期因素对高阶距风险溢出效应的影响,本研究将时域溢出指数扩展到频域,研究不同频域下的农产品期货与股指期货之间的关联性,具体结果见图20。

由图20可知,首先,波动、偏度和峰度的高阶矩风险溢出效应均具有显著的时变特征,且波动风险溢出效应波动较大,呈先降后逐步增强走势,偏度和峰度总溢出效应相对稳定。其次,我国商品期货与金融期货的高阶距风险溢出效应在频域上存在明显不同,其中,金融期货与商品期货间的偏度和峰度动态高阶矩溢出效应主要在短期(1个月以内)受市场短期因素影响较深;波动动态溢出效应主要在中长期(1个月以上)传播,受市场长期因素影响较大。

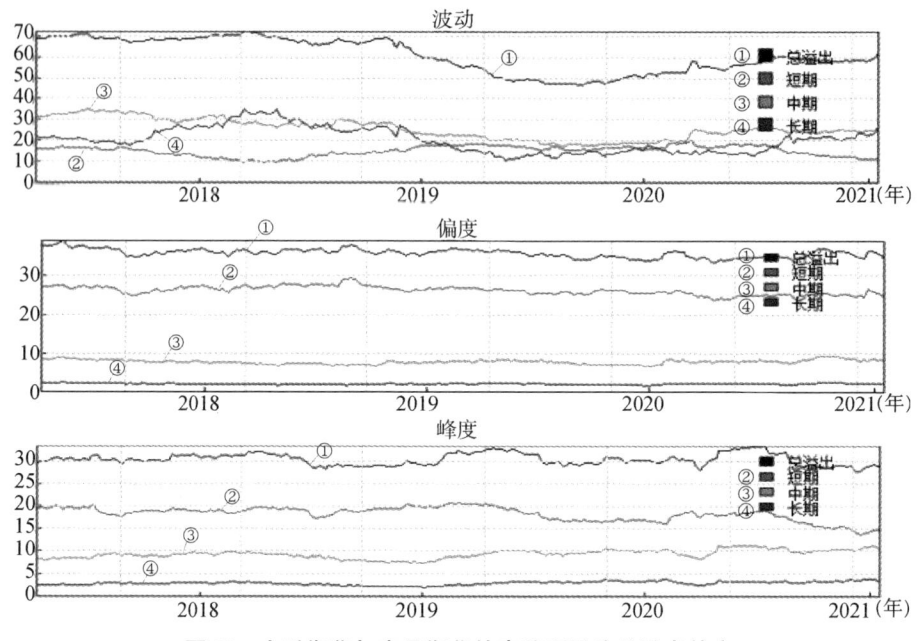

图 20　金融期货与商品期货的高阶距风险总溢出效应

（三）农产品期货与股指组合风险分散的效果分析

在对国内外股市与我国农产品期货市场的信息溢出进行分析之后，对国内外股市与国内农产品期货市场两两间进行投资组合分析，为国内外投资者资产配置提供建议。

1. 相关性分析

影响商品期货之间以及商品期货对其他资产类的风险分散效果的重要因素是相关性因素。即一般而言，相关性越低，风险分散效果越好，非关联的资产互为优良的风险分散因子。本研究使用 DCC - GARCH 与 t Copula 函数相结合的模型（DCC - GARCH - t Copula）计算国内外股市与我国农产品期货及其他商品期货之间的动态相关性。表 20 是对样本区间内，国内外股市与我国农产品期货市场的动态相关性的描述性统计。图 21 是中美股市分别与商品期货指数的动态相关性。

首先，由表 20 可知，从均值而言，黄金期货与股市的相关性为负值，表明我国黄金期货市场对股市具有风险对冲的作用，体现了黄金商品的避险属性。其次，从均值和中位数以及最大值来看，我国铜期货与股市的相关性均大于其他工业类别期货，表明铜期货与股市的相关性最高。这主要是由于铜在工业经济中最广泛应用的金属产品，素有"铜博士"之称，而股市也具有宏观经济预测功能，被称为国民经济的晴雨表，因此宏观经济因素对股市和铜期货市场均具有较大的影响。再次，从均值而言，农产品期货与股市的相关性最小，有色金属和黑色系以及化工系列等工业品与股市的相关性最高,但股市与农产品期货的相关性为正,这说明我国农产品期货在资产配置中更多起到风险分散的作用。最后,农产品期货中,玉米期货和大豆期货以及豆粕期货三个品种与股市的相关性最低,且这三个农产品期货的最小值为负数,说明这三个品种在某个阶段也可以作为对冲股市风险的品种。

表20 商品期货与股市的相关性描述性统计

统计量	铜	锌	铝	橡胶	PTA	白糖	棉花	棕油	菜油	豆油	豆粕	大豆	玉米	黄金
均值	0.4	0.3	0.3	0.3	0.3	0.2	0.2	0.2	0.2	0.2	0.1	0.2	0.1	0.0
中位数	0.4	0.3	0.3	0.3	0.3	0.2	0.2	0.2	0.2	0.1	0.2	0.1	0.0	
最大值	0.6	0.5	0.5	0.5	0.4	0.4	0.5	0.4	0.4	0.4	0.4	0.4	0.3	0.3
最小值	0.1	0.1	0.1	0.2	0.1	0.1	0.1	0.0	0.0	0.0	-0.1	-0.1	-0.1	-0.2
标准差	0.1	0.1	0.1	0.1	0.1	0.1	0.1	0.1	0.1	0.1	0.1	0.1	0.1	0.1

图21表明中美股市与我国农产品期货市场的相关性是时变的。首先,我国铜期货、锌期货和铝期货品种与股市之间的相关性走势整体比较相近。这说明,金属类商品期货关联性强,股市的风险冲击对金属类商品期货市场的影响有些类似。其次,我国黄金期货与股市之间的相关性在绝大部分时期都处于0以下,尤其是股灾期间明显为负,这说明黄金期货在我国股市极端下跌期间具有很强的避险属性。再次,油脂类期货与股市之间的相关性走势品种间差异化较小,整体而言,油脂类商品期货与股市之间的相关性较稳定,但在股市极端情况下,油脂类商品期货与股市之间的相关性会迅速上升。这进一步反映出油脂类商品期货对于股市而言可能不是较好的风险分散品种。最后,玉米期货、大豆期货和豆粕期货之间存在品种差异,相比

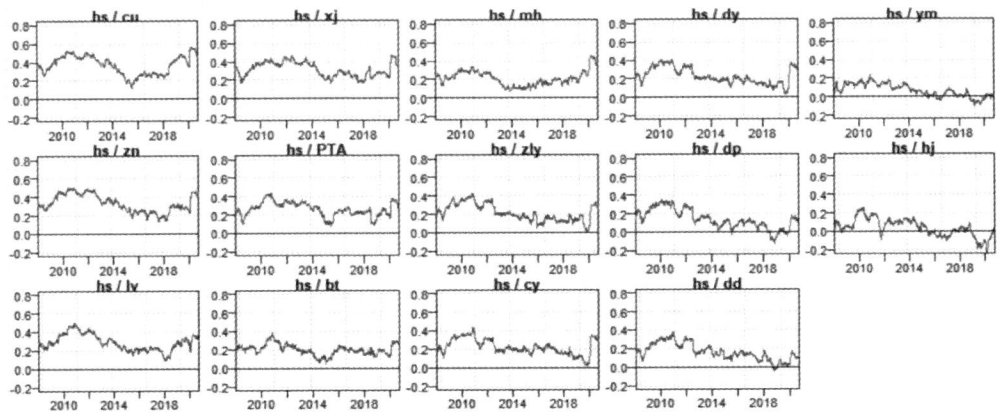

注:hs代表沪深300,cu代表铜,xj代表天然橡胶,dy代表豆油,ym代表玉米,zn代表锌,al代表铝,bt代表白糖,dd代表大豆,cy代表菜油,zly代表棕榈油,pta代表PTA,mh代表棉花,hj代表黄金,dp代表豆粕。下同。

图21 商品期货与股市的相关性

大豆期货,玉米期货和豆粕期货与股市的相关性较低,尤其是在股市极端情况下,相关性变化并不剧烈。

2. 投资组合风险分散效果分析

在得到国内外股市与我国农产品期货市场的时变相关性后,本研究进一步考察了股指与农产品期货的风险分散化投资策略。分别计算出最优对冲权重和最优投资组合权重。在计算最优对冲权重时,组合资产设为某一股票指数与其他单个商品期货。图22给出了最优对冲权重的变化情况,表明使用农产品期货对冲国内外股市风险时,往往需要采用动态的对冲策略。在计算最优投资组合权重时,组合资产也设为某一股票指数与其他单个商品期货。图22给出了在最优投资组合中国内外股指的权重变化情况,这说明使用农产品期货分散国内外股市风险时,往往需要采取动态的投资策略。为了进一步对投资策略进行评估,表21计算了股指与农产品期货组合的对冲效率,而表22描述了最优投资组合权重策略的套期保值效率。

根据最优对冲组合权重策略(表21)可知,首先,我国股票市场组合的多头头寸与商品期货的空头头寸之间的套期保值比率的平均值在0.02—0.47之间,这说明,对冲1美元的股市风险,最便宜的商品期货是持有黄金多头头寸,最昂贵的商品期货策略是卖空橡胶期货。其次,整体而言,相比工业品类别期货,卖空农产品期货是较便宜的商品期货策略,尤其是卖空玉米和大豆以及豆粕商品期货策略,且在某时期,持有玉米和豆粕多头头寸也是便宜的对冲股市风险策略。最后,在单个商品期货与股市的最优对冲组合权重策略中,商品期货对冲股市风险的对冲效率在1%—14%之间,这也表明卖空商品期货构建最优对冲组合权重策略并不能降低股票市场组合的风险。此外,除有色金属类、化工类和豆油类期货品种外,其他农产品期货和黄金期货的对冲效率并不显著。这表明,持有非油脂类农产品期货品种和黄金期货的空头未能有效降低股市的投资组合的收益的风险。

表21　　　　　　　　商品期货与股市的最优对冲权重统计

组合	均值	标准差	5%	95%	对冲效率	P值
股市/铜	0.34	0.17	0.11	0.62	0.14	0.00
股市/锌	0.33	0.17	0.12	0.67	0.12	0.00
股市/铝	0.19	0.11	0.06	0.41	0.10	0.01
股市/橡胶	0.47	0.19	0.16	0.79	0.10	0.00
股市/PTA	0.27	0.14	0.07	0.52	0.07	0.04
股市/白糖	0.16	0.07	0.07	0.30	0.05	0.16
股市/棉花	0.19	0.13	0.05	0.44	0.05	0.15
股市/棕榈油	0.21	0.11	0.06	0.41	0.08	0.03

续表

组合	均值	标准差	5%	95%	对冲效率	P值
股市/菜籽油	0.17	0.09	0.05	0.34	0.07	0.03
股市/豆油	0.18	0.09	0.06	0.34	0.08	0.03
股市/豆粕	0.12	0.10	-0.04	0.27	0.05	0.14
股市/大豆	0.12	0.08	0.02	0.25	0.05	0.15
股市/玉米	0.04	0.04	-0.03	0.11	0.01	0.79
股市/黄金	0.02	0.08	-0.12	0.13	0.01	0.76

根据最优投资组合权重策略（表22）可知，首先，平均而言，除橡胶外，其他商品期货与股市指数组成的投资组合中，股市承担的权重均不超过50%，这表明，在不允许卖空的条件下，最优商品期货与股市资产组合的风险需要更多的资金投资于商品期货。例如，股市和铜的投资组合中，股市/铜的权重在整个样本期的平均为0.39，这意味着对于100元的股市和商品期货投资组合，39元应该投资于股市，69元投资于铜期货。其次，除橡胶以外，在股市的投资组合中加入商品期货品种，均可以有效降低股市的投资组合的收益的风险，分散股市风险的效果均在50%以上。这表明即使加入与股市关联性较高的工业类品种的多头头寸，这些品种期货仍然可以有效降低股票市场组合的市场风险。最后，平均而言，相比最优对冲组合权重策略，最优投资组合权重策略是最优选的股市波动风险分散策略。例如，最优投资组合权重策略中黄金和玉米期货多头头寸的风险分散效果最好，而最优对冲组合权重策略黄金和玉米期货空头头寸风险分散效果最差。值得注意的是，尽管平均值很重要，但并不能提供全貌，正如图22和图23所示，在所有时期，套期保值比率和投资组合权重都具有较强的波动性。

表22　　　　　　　商品期货与股市的最优组合权重统计

组合	均值	标准差	5%	95%	对冲效率	P值
股市/铜	0.36	0.25	0.03	0.85	0.51	0.00
股市/锌	0.43	0.27	0.07	0.90	0.48	0.00
股市/铝	0.12	0.25	0.00	0.77	0.73	0.00
股市/橡胶	0.76	0.22	0.24	0.98	0.32	0.00
股市/PTA	0.47	0.24	0.09	0.84	0.49	0.00
股市/白糖	0.32	0.19	0.10	0.67	0.64	0.00
股市/棉花	0.32	0.26	0.04	0.83	0.68	0.00
股市/棕榈油	0.46	0.20	0.13	0.80	0.50	0.00
股市/菜籽油	0.31	0.21	0.03	0.73	0.61	0.00
股市/豆油	0.34	0.18	0.07	0.69	0.57	0.00

续表

组合	均值	标准差	5%	95%	对冲效率	P值
股市/豆粕	0.43	0.20	0.14	0.78	0.57	0.00
股市/大豆	0.32	0.20	0.07	0.73	0.63	0.00
股市/玉米	0.19	0.18	0.06	0.68	0.80	0.00
股市/黄金	0.32	0.16	0.09	0.59	0.70	0.00

首先，根据图22可知，随着时间的推移，套期保值比率相当不稳定。此外，很明显，在2015—2016年股灾危机期间，它们达到了峰值，这表明在这一动荡时期，由于套期保值战略所需的合同数量增加，对冲股市风险的套期保值成本增加。然而，这并不适用于所有品种的套期保值比率，因为我们注意到股市/豆粕和股市/黄金的套期保值比率在股灾时期末达到了峰值。此外，除橡胶外，持有股市多头时的套期保值比率明显高于持有股市空头时的套期保值比率，反映了股市的波动水平往往大于商品期货的波动水平。其次，如图23所示，动态的最优投资组合权重也极不稳定，表明在投资这些资产组合时需要积极的投资组合管理。值得关注的是，在某些情况下，最优权重在股市的投资比例为零美元投资，这表明某些时期，最小方差投资组合是通过单个商品期货资产的投资组合来实现。

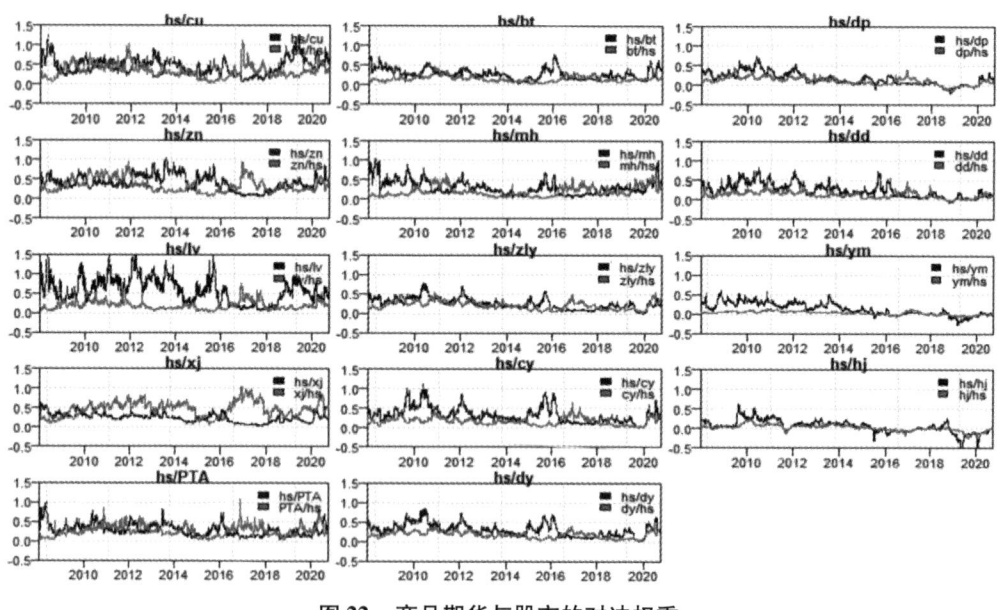

图22 商品期货与股市的对冲权重

（四）小结

第一，就高阶距风险溢出效应而言，我国农产品期货与金融资产关联性并不强，尤其是在偏度和峰度的高阶距风险层面上。相比金融资产与农产品期货之间的关联性强度，农产品期货之间，以及农产品期货品种与工业品期货之间具有更强的关联性，而国债期货与股指期货之间并没有明显的高阶距风险溢出效应。且波动风险溢出主要受市场长期因素的影响，偏度和峰度风险溢出主要受短期因素的影响。

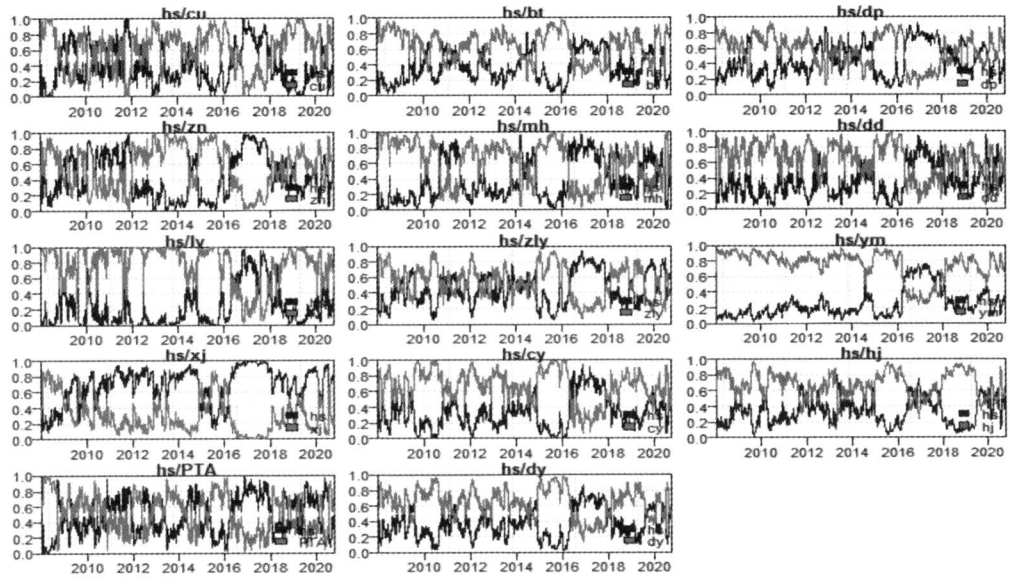

图 23　商品期货与股市的最优权重

第二，就相关性而言，我国商品期货与股市间的相关性较低，商品期货是潜在的良好的风险分散因子。其中，黄金期货主要扮演着风险对冲角色，其他期货主要扮演着风险分散的角色。其中，玉米期货、大豆期货和豆粕期货是所有期货中可能最有价值的风险分散因子。

第三，最优权重策略结果表明商品期货纳入我国股市投资组合确实可以有效降低股市投资组合风险，且最优权重策略比最优对冲策略更有效。就最优权重策略中的股市权重值和对冲效率而言，相比工业类商品期货指数，农产品期货指数是更有效的股市风险组合风险分散因子。

这些结果均表明我国农产品期货对金融资产风险具有分散能力。另外，在构建资产组合中，要特别注重农产品期货的产业链属性和品种属性。

六、我国农产品期货对股市尾部风险的多样化收益

虽然上文已基于均值—方差框架和线性相关性研究了大宗商品期货对股市的风险分散作用。且已发现相比波动风险溢出，以偏度和峰度为代表的极端风险溢出程度较小，表明或许农产品期货在金融资产尾部风险管理方法更具有价值。2020 年受新冠肺炎疫情的影响，全球各类资产价格剧烈波动，全球资产管理难度显著增加，

国内商品期货市场在全球金融市场急剧波动的环境中,为投资者提供了重要的避险手段和投资机会。本部分基于非线性视角,在考虑了我国农产品期货与股市之间的尾部相依性的基础上,进一步量化我国农产品期货与股市之间的极端风险溢出强度,同时,对国内大宗商品期货的加入对国内金融资产组合的极端风险降低是否作出贡献这一问题,给出更明确的解答。

因此,本部分仍以日度数据样本为研究对象,一方面,通过基于 t 分布的 Copula – CoVaR 模型量化了我国农产品期货品种与我国股市之间的极端风险溢出程度,通过 K – S 统计性检验了是否存在上下尾部风险溢出的不对称性;另一方面,采用 Christoffersen 等(2012,2018)提出的多样化收益指标对我国农产品期货对股市资产组合中的尾部条件多样化收益进行了量化研究。

(一)研究方法与研究样本

1. 极端风险溢出测度方法

本研究选用 $CoVaR$ 和 $\Delta CoVaR$ 这一指标来量化中美大豆期货市场间的风险溢出大小。为求得最终结果,首先需要对边缘分布拟合,本研究采用偏 t 分布的 AR – GJRGARCH 模型,更能刻画大豆期货价格收益率序列的尖峰厚尾特性。接下来,由边缘分布拟合得到标准化的残差序列,并进行概率积分变换,以此为观测值代入 Copula 函数,选出最优的函数形式,进而明确两个变量间的条件密度函数,即可求得 $CoVaR$ 和 $\Delta CoVaR$。

(1)边缘分布拟合。根据 AIC 准则,本研究两个收益率序列的均值方程滞后阶数均为 1 阶,设为如下形式:

$$r_t = \mu + r_{t-1} + \varepsilon_t \tag{18}$$

各收益率序列的方差方程如下:

$$\varepsilon_t = \sqrt{h_t} \cdot z_t, h_t = \omega + \alpha \varepsilon_t^2 + \beta h_{t-1} \tag{19}$$

其中,h_t 为 ε_t 的条件方差,$\omega > 0$,$\alpha \geq 0$,$\beta \geq 0$,$\alpha + \beta < 1$。

考虑到金融资产收益率序列通常表现出"尖峰厚尾"的分布特性,与标准正态分布相比,残差项服从偏 t 分布能更准确地刻画金融资产收益率序列的非对称分布情况(王天一等,2012),从而使得对 CoVaR 的计算结果更精确。因此,本研究假定 z_t 服从 Hansen(1994)的偏 t 分布,其密度函数形式如下:

$$f(z_t;\lambda,\eta) = \begin{cases} bc\left(1 + \dfrac{1}{\lambda - 2}\left(\dfrac{bz_t + a}{1 - \eta}\right)^2\right)^{-(\lambda+1)/2} & z_t < -a/b \\ bc\left(1 + \dfrac{1}{\lambda - 2}\left(\dfrac{bz_t + a}{1 + \eta}\right)^2\right)^{-(\lambda+1)/2} & z_t \geq -a/b \end{cases} \tag{20}$$

其中，λ 为偏 t 分布的自由度，η 为对称性参数，且 $2 < \lambda < +\infty$，$0-1 < \eta < 1$，$a = 4\eta c \dfrac{(\lambda-2)}{(\lambda-1)}$，$b^2 = 1 + 3\eta^2 - a^2$，$c = \Gamma\left(\dfrac{\lambda+1}{2}\right) \Big/ \sqrt{\pi(\lambda-2)}\, \Gamma\left(\dfrac{\lambda}{2}\right)$。

由公式（20）可看出，偏 t 分布具有很大的灵活性，当 $\eta = 0$，$\lambda \to \infty$ 时，偏 t 分布退化为标准正态分布；当 $\eta = 0$，λ 为有限值时，偏 t 分布退化为标准 t 分布。可见，标准正态分布只是偏 t 分布的一种特殊形式。

（2）相依结构选择——时变 Copula 函数。对于时变 Copula 函数的形式，与静态的形式一致，只是相应参数随时间变化。本研究参考 Patton（2006）给出的定义，对于时变 Gaussian 和时变 Student-t Copula 函数，其参数变化形式如下：

$$\rho_t = \Lambda\left(\varphi_0 + \varphi_1 \rho_{t-1} + \varphi_2 \dfrac{1}{q} \sum_{j=1}^{q} \Phi^{-1}(u_{t-j}) \cdot \Phi^{-1}(v_{t-j})\right) \tag{21}$$

其中，$\Lambda(X) = (1 - e^{-x})(1 + e^{-x})^{-1}$，以保证 $\rho_t \in (-1, 1)$。$\Phi^{-1}(x)$ 是标准正态分布的分位数函数。当把公式（21）中的 $\Phi^{-1}(x)$ 用 $t_v^{-1}(x)$ 代替时，即为 t-Copula 函数的参数变化形式。

对于时变 Gumbel 和 Rotated Gumbel 函数，其参数的动态变化服从 ARMA（1，q）过程：

$$\delta_t = \omega + \beta \delta_{t-1} + \alpha \dfrac{1}{q} \sum_{j=1}^{q} |u_{t-j} - v_{t-j}| \tag{22}$$

时变 SJC Copula 的函数动态参数变化过程如下：

$$\tau_i^U = \Delta\left(\omega_1 + \beta_1 \theta_{t-1} + \alpha_1 \dfrac{1}{q} \sum_{j=1}^{q} |u_{t-j} - v_{t-j}|\right)$$
$$\tau_i^L = \Delta\left(\omega_2 + \beta_2 \theta_{t-1} + \alpha_2 \dfrac{1}{q} \sum_{j=1}^{q} |u_{t-j} - v_{t-j}|\right) \tag{23}$$

借鉴周爱民等（2017）研究经验采用 9 种静态 Copula 和 5 种动态 Copula 对变换后的序列 $u_{i,t}$ 进行估计，依照 AIC 准则和对数似然值从中选出最优的 Copula 函数形式[①]。

（3）风险溢出测度 CoVaR 模型。根据 Adrian 和 Brunnermeier（2016）给出的最新定义，$\mathrm{CoVaR}_\alpha^{j|C(X^i)}$ 表示以下条件概率分布 $\alpha\%$ 的分位数：

$$P_r(X^j \mid C(X^i) \leqslant \mathrm{CoVaR}_\alpha^{j|C(X^i)}) = \alpha\% \tag{24}$$

其中，$C(X^i)$ 表示市场 i 所处的极端风险事件，j 表示不同的市场，$\alpha\%$ 表示显著性水平。$\mathrm{CoVaR}_\alpha^{j|C(X^i)}$ 为条件风险价值，表示市场 i 发生极端风险事件 $C(X^i)$ 时，j 所

---

① 九种静态 Copula 函数分别为：Gaussian, Student-t, Gumbel, Rotated Gumbel, SJC, Clayton, Rotated Clayton, Plackett, Frank Copula。五种动态 Copula 函数分别为：TVP-Gaussian, TVP-Student-t, TVP-Gumbel, TVP-Rotated Gumbel, TVP-SJC。

面临的风险价值水平。为比较市场之间的风险溢出强度,本研究将 $CoVaR_\alpha^{j\mid C(X^i)}$ 进行标准化得到 $\% CoVaR_\alpha^{j\mid C(X^i)}$,标准化公式如下:

$$\% CoVaR_\alpha^{j\mid i} = \frac{(CoVaR_\alpha^{j\mid X^i = VaR_\alpha^i})}{VaR_\alpha^j} \quad (25)$$

考虑到模型的稳健性,本研究同样使用 $\Delta CoVaR$ 来衡量市场 i 对 j 的溢出风险价值:

$$\Delta CoVaR_\alpha^{j\mid i} = \frac{(CoVaR_\alpha^{j\mid X^i = VaR_\alpha^i} - CoVaR_\alpha^{j\mid X^i = VaR_{50}^i})}{CoVaR_\alpha^{j\mid X^i = VaR_{50}^i}} \quad (26)$$

通常情况下,认为机构(市场)i 发生的极端风险事件为 $\{X^i = VaR_\alpha^i\}$,并简化

$$CoVaR_\alpha^{j\mid i} = CoVaR_\alpha^{j\mid X^i = VaR_\alpha^i} \quad (27)$$

可以看出,$\Delta CoVaR_\alpha^{j\mid i}$ 量化了 i 对 j 的风险溢出的大小。

2. 商品期货的条件多样化收益测度指标

Christoffersen 等(2012,2018)提出投资组合条件多样化收益指标(即 CDB 测度),来检验将一种商品与一个投资组合中的股市指数相结合所带来的多样化收益。具体而言,这反映了包含商品期货的股票投资组合与不包含股票的投资组合的尾部风险差异,指出了商品期货对投资组合的尾部风险减少程度。如下所示:

$$CDB_t(\omega_{t,q}) = \frac{[\omega_t ES_{i,t}(q) + (1 - \omega_t)ES_{j,t}(q)] - ES_{p,t}(\omega_{t,q})}{[\omega_t ES_{i,t}(q) + (1 - \omega_t)ES_{j,t}(q)] - VaR_{p,t}(q)} \quad (28)$$

其中,ω_t 表示投资组合中商品 i 在时间 t 的在组合 p 的权重,ES 表示资产的预期损失,VaR 是在险风险值,q 是极端风险水平,p 是 i 和 j 构成的资产组合。设定了预期缺口的下限。因此,尾部风险多样化收益指标在 0 和 1 之间波动,多样化收益随着 CDB 价值的增加而增加。计算不同投资组合权重的 CDB,极端风险水平选择 5% 和 50%,分别代表较低的尾部和中值分布值。

预期损失(ES)计算如下:

$$ES_{z,t}(q) = -E[r_{z,t} \mid r_{z,t} \leq F_{z,t}^{-1}(q)] \quad (29)$$

其中,$F_{z,t}^{-1}(q)$ 是资产 z 在 t 时刻的逆累积分布函数。

(二)极端风险溢出效应估计与分析

1. 极端风险溢出效应估计结果

采用条件风险价值(CoVaR)来衡量当某一市场处于极端风险事件时,另一市场的极端风险水平,其中,5% 分位数水平上的(条件)风险价值称为(条件)下

行风险价值，95%分位数水平上的风险价值称为（条件）上行风险价值。股市与商品期货市场之间的下尾部风险溢出结果见表23，股市与商品期货之间的上尾部风险溢出结果见表24。

表23　　　　　股市与商品期货市场间的下尾部 ΔCoVaR 统计性描述

名称	股市对商品				商品对期货			
	均值	标准差	最小值	最大值	均值	标准差	最小值	最大值
铜	0.47	0.11	0.06	0.78	0.47	0.11	0.07	0.75
锌	0.37	0.08	-0.05	0.59	0.41	0.09	-0.05	0.64
铝	0.41	0.09	0.1	0.83	0.4	0.08	0.11	0.73
橡胶	0.44	0.1	-0.1	0.69	0.42	0.1	-0.1	0.64
PTA	0.5	0.08	-0.04	0.9	0.44	0.07	-0.04	0.73
白糖	0.41	0.06	0.19	0.71	0.36	0.05	0.18	0.57
棉花	0.43	0.12	0.03	0.99	0.33	0.08	0.02	0.65
棕榈油	0.32	0.1	-0.1	0.54	0.3	0.11	-0.11	0.6
菜油	0.42	0.09	0.13	0.93	0.39	0.08	0.13	0.77
豆油	0.5	0.14	0.16	0.83	0.55	0.16	0.18	0.9
豆粕	0.35	0.13	-0.24	0.77	0.33	0.12	-0.26	0.75
大豆	0.41	0.14	-0.15	0.94	0.34	0.1	-0.13	0.67
玉米	0.14	0.15	-0.29	0.44	0.1	0.11	-0.24	0.28
黄金	0.31	0.09	-0.07	0.59	0.3	0.08	-0.07	0.57

由表23可知：（1）从股市对商品期货市场的下尾部风险溢出强度的均值来看，股市对玉米期货、黄金期货、棕榈油期货、豆粕期货和锌期货的溢出程度最小，对豆油期货、铜期货、化工期货和软商品期货溢出程度较大。其中，股市对玉米期货和黄金期货的下尾部极端风险溢出程度最小，其次是棕榈油期货和豆粕期货。而股市对豆油期货和铜期货市场的极端风险溢出程度最大，且对化工期货品种的极端风险溢出程度强于软商品期货。（2）就均值而言，除豆油期货外，农产品期货对股市的下尾部极端风险的溢出程度小于化工期货和有色金属期货对股市的下尾部极端的风险溢出。这主要是由于化工期货和有色金属期货均属于工业品种，在一定程度上与我国宏观经济运行和宏观经济预期密切相关，因此工业品种期货市场的极端风险事件包含着我国宏观经济相关的重要信息，而股市被称为宏观经济的晴雨表，因此工业类期货市场的极端风险对我国股市具有重要的影响。其中，铜期货是对股市极端下尾部风险溢出最大的工业品种，这主要由于相比其他工业品种，铜是工业生产中被更加广泛应用的原材料，素有宏观经济的"铜博士"之称，因此铜期货市场的极端风险事件的发生更能反映我国宏观经济的运行状态和预期，对我国股市的稳定

具有重要影响。(3) 就均值而言，黄金期货和玉米期货与股市的下尾部极端风险溢出强度在所有商品期货市场中最小，且玉米期货与股市的条件下尾部风险溢出程度最小。这主要是由于我国玉米期货在样本期的很长一段时间内受政府的调控，另外，我国玉米期货风险事件较小；而黄金在我国只是作为消费品和工业原材料用途，且包含我国宏观经济运行前景的信息较少，虽然在国际市场往往作为避险资产，但黄金期货不是我国投资者避险资产的首要选择，与我国股市关联性并不像与发达国家股市那样联系紧密。

就上尾部风险溢出效应而言。由表24可知，首先就均值而言，与下尾部风险溢出不同，在商品期货品种中，豆油与股市之间的上尾部极端风险溢出效应并不是排名靠前。其次，相比农产品期货，除锌期货外，有色金属期货和化工期货品种对股市的上尾部极端风险溢出程度比农产品期货对股市的上尾部极端风险溢出效应大。但是就商品期货对股市的上尾部极端风险溢出而言，有色金属期货和化工期货品种对股市的风险溢出效应最大。这表明在股市行情火爆的时候，由于股市反映了未来经济的良好前景，对工业原材料是利好消息，推动原材料期货价格的进一步上涨。最后，黄金期货与玉米期货两个品种与股市的上尾部极端风险溢出效应排名最后，且玉米期货与股市的上尾部极端风险溢出强度明显弱于黄金期货与股市之间的上尾部极端风险溢出强度。值得注意的是豆粕期货与股市之间上尾部风险溢出程度排名仅次于黄金期货，这表明在一定程度上，豆粕期货也是具有避险资产的潜能。

表24　　股市与商品期货市场间的上尾部 ΔCoVaR 统计性描述

名称	股市对商品				商品对股市			
	均值	标准差	最小值	最大值	均值	标准差	最小值	最大值
铜	0.44	0.1	0.06	0.73	0.44	0.1	0.06	0.71
锌	0.34	0.08	-0.05	0.56	0.38	0.09	-0.05	0.6
铝	0.41	0.09	0.11	0.82	0.38	0.08	0.1	0.69
橡胶	0.43	0.1	-0.09	0.68	0.39	0.09	-0.09	0.61
PTA	0.48	0.08	-0.04	0.83	0.41	0.06	-0.03	0.71
白糖	0.42	0.06	0.21	0.71	0.34	0.04	0.17	0.54
棉花	0.43	0.12	0.02	0.98	0.31	0.07	0.02	0.62
棕榈油	0.3	0.09	-0.1	0.51	0.33	0.1	-0.1	0.57
菜油	0.4	0.09	0.13	0.86	0.36	0.08	0.12	0.73
豆油	0.33	0.13	0.1	0.76	0.35	0.14	0.11	0.85
豆粕	0.34	0.12	-0.27	0.82	0.31	0.11	-0.24	0.7
大豆	0.41	0.14	-0.13	0.92	0.32	0.1	-0.12	0.64
玉米	0.14	0.15	-0.29	0.48	0.09	0.1	-0.23	0.27
黄金	0.3	0.08	-0.07	0.59	0.28	0.08	-0.07	0.54

2. 极端风险溢出效应动态变化分析

图 24 和图 26 分别给出了 5% 和 95% 的分位数水平下，股市对非农产品期货市场的条件风险价值和非农产品期货市场的无条件风险价值（见图 24）和非农产品期货市场对股市的条件风险价值和股指的无条件风险价值（见图 26）。图 25 和图 27 分别给出了 5% 和 95% 的分位数水平下，股市对农产品期货市场的条件风险价值和农产品期货市场的无条件风险价值（见图 25）和农产品期货市场对股市的条件风险价值和股市的无条件风险价值（见图 27）。

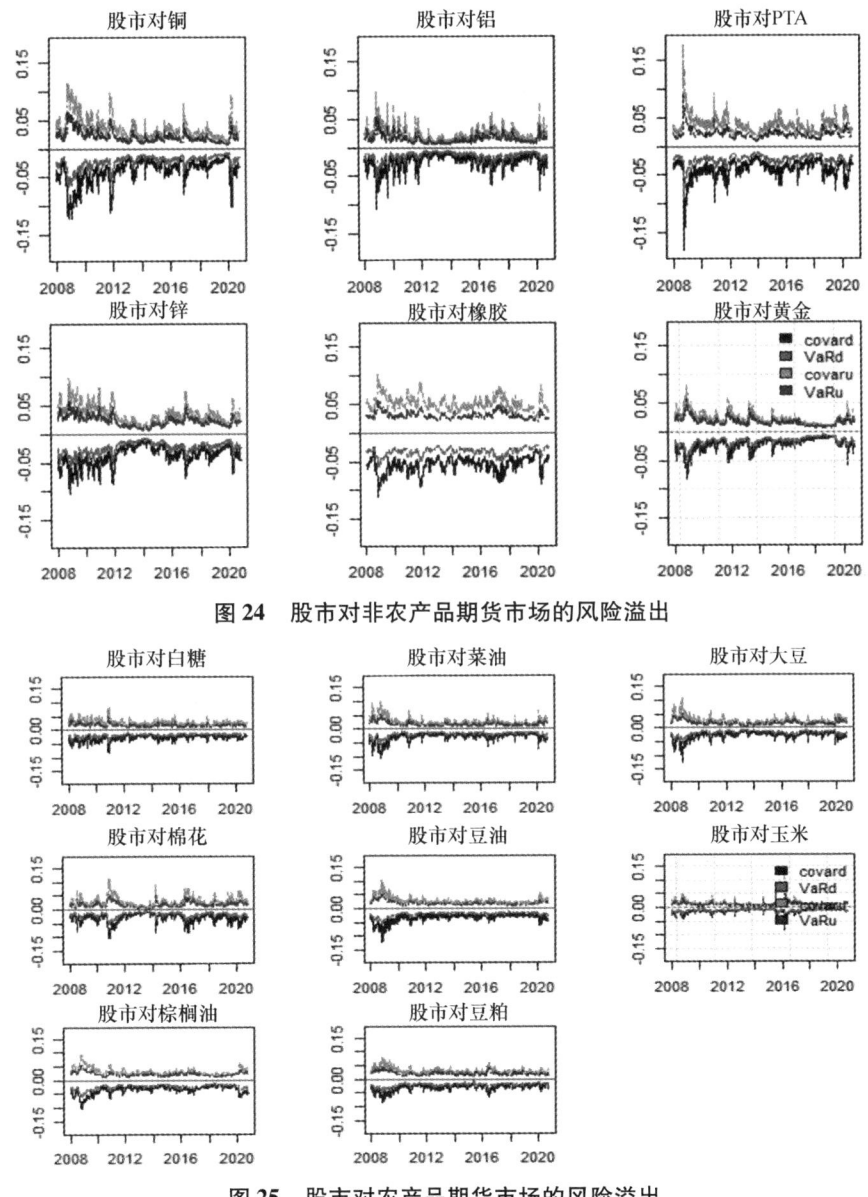

图 24　股市对非农产品期货市场的风险溢出

图 25　股市对农产品期货市场的风险溢出

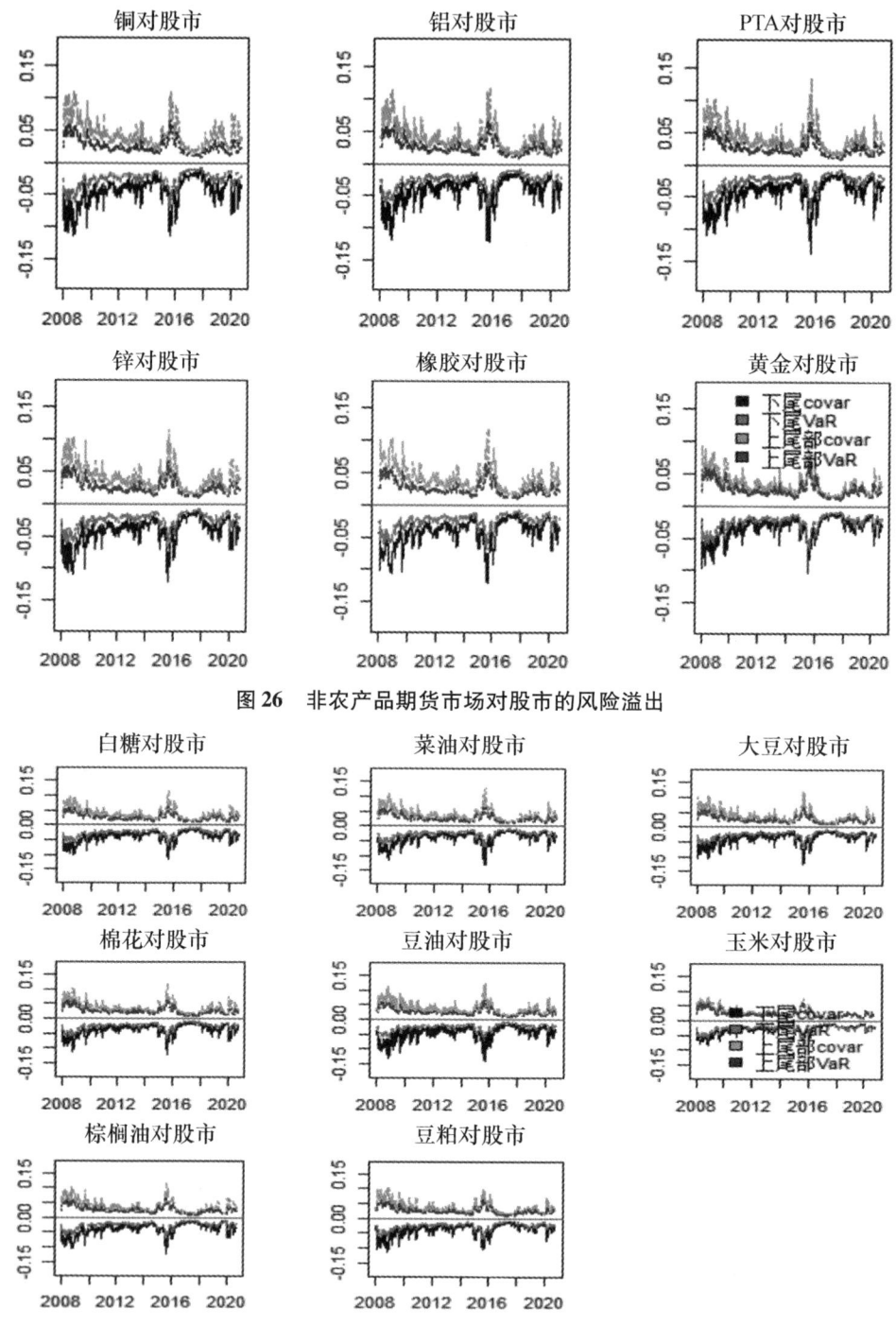

图26 非农产品期货市场对股市的风险溢出

图27 农产品期货对股票市场的风险溢出

首先,股市与非农产品期货市场的条件风险价值(CoVaR)的绝对值均明显大于各市场的无条件风险价值(VaR)的绝对值,这表明股市与非农产品期货市场之间存在极端风险溢出效应。这也表明如果不考虑市场间极端风险溢出效应,对股市或非农产品期货市场的极端风险评估可能会被低估。且进一步分析可知，金融危机期间（2008—2009年），非农产品期货市场风险加剧，市场风险价值和条件风险价值均显著增强，股市与非农产品期货市场关联性更加紧密。而在2020年的新冠肺炎疫情防控期间，股市与非农产品期货市场之间的风险再一次显著加剧，市场风险价值和条件风险价值均显著增强，股市与非农产品期货市场的极端风险溢出效应进一步显著。就股市与农产品期货市场之间的极端风险溢出效应而言，图25和图27表明股市与农产品期货市场的条件风险价值（CoVaR）的绝对值均明显大于各市场的自身的风险价值（VaR）的绝对值，这表明股市与农产品期货市场之间存在极端风险溢出效应。这也表明如果不考虑市场间极端风险溢出效应，对股市或农产品期货市场的极端风险评估可能会被低估。进一步分析可知，金融危机期间（2008—2009年），全球金融市场的市场风险加剧，除软商品期货外，我国股市与油脂类和粮食类农产品期货市场风险价值和条件风险价值均显著增强，股市与农产品期货市场关联性更加紧密。值得注意的是，在2020年的新冠肺炎疫情防控期间，股市与农产品期货市场之间的风险也再一次显著加剧，市场风险价值和条件风险价值均显著增强，股市与农产品期货市场的极端风险溢出效应进一步显著。

最后，对比图24和图25可知，在2015年股灾期间，股市风险的极端金融风险并没有明显地导致商品期货市场的显著增强，而股市的无条件风险价值创新高，这表示2015年股市的极端风险是比其他两次股市暴跌的风险更大，是2008年以来我国股市最大的危机。且与图26和图27对比可知，在这期间，非农产品对股市的风险溢出效应强于农产品期货价格风险对股市的风险溢出效应。这主要是由于相比农产品，非农产品作为工业原料，更多地与我国宏观经济运行状态相关，因此更能有效性地反映我国宏观经济运行状况，而股市被称为宏观经济运行的晴雨表，因此非农产品期货市场的波动更能引起市场参与者的情绪和企业的利润，更直接和间接地与我国股市相关联。因此，在2015年经济下行的背景下，非农产品期货市场与股市关联性更强。

（三）商品期货的极端风险分散的多样化收益分析

1. 极端风险溢出效应不对称性

为了进一步探究市场之间的风险溢出的不对称，本部分使用K-S统计量检验股市与商品期货市场的风险溢出效应不对称性，见表25和表26。

表25的中K-S统计检验结果进一步证实除锌、棕榈油和豆油期货外，无论是下尾部风险溢出效应还是上尾部风险溢出效应，股市对商品期货市场的极端风险溢出程度大于商品期货对股市的尾部极端风险溢出程度。

表25 股市与商品期货市场极端风险溢出效应检验结果

| | \multicolumn{13}{c|}{$H_0: \Delta CoVaR12(d) \leq \Delta CoVaR21(d)$} |
down	铜	锌	铝	橡胶	PTA	白糖	棉花	棕榈油	菜籽油	豆油	豆粕	大豆	玉米	黄金
t统计量	0.05	0	0.07	0.14	0.35	0.37	0.45	0	0.17	0	0.07	0.26	0.28	0.06
P值	0	1	0	0	0	0	0	1	0	1	0	0	0	0
	\multicolumn{13}{c	}{$H_0: \Delta CoVaR12(u) \leq \Delta CoVaR21(u)$}
up	铜	锌	铝	橡胶	PTA	白糖	棉花	棕榈油	菜籽油	豆油	豆粕	大豆	玉米	黄金
t统计量	0.03	0	0.2	0.23	0.45	0.59	0.54	0	0.21	0	0.09	0.32	0.32	0.11
P值	0.08	1	0	0	0	0	0	1	0	1	0	0	0	0

表26中上半部分K-S统计检验结果表明股市对其他商品期货市场的极端风险值存在显著的上行和下行不对称性特征,且股市对商品期货市场下行极端风险溢出强度强于相应的上行极端风险的溢出强度。其中,软商品期货类别中的白糖和棉花与粮食期货类别中的玉米和大豆并不存在显著的上下行尾部不对称性特征,可能是由于我国农业政策在相当长的时期里对这四个农产品品种的现货市场价格进行管控的影响。

表26 股市与商品期货市场的条件风险价值不对称性检验结果

| | \multicolumn{13}{c|}{$H_0: \Delta CoVaR12(d) \leq \Delta CoVaR12(u)$} |
down	铜	锌	铝	橡胶	PTA	白糖	棉花	棕榈油	菜籽油	豆油	豆粕	大豆	玉米	黄金
t统计量	0.14	0.16	0.16	0.17	0.2	0.23	0.13	0.11	0.14	0.56	0.09	0.1	0.08	0.13
P值	0	0	0.1	0	0	0.9	0.5	0	0	0	0	0.2	0.9	0
	\multicolumn{13}{c	}{$H_0: \Delta CoVaR21(d) \leq \Delta CoVaR21(u)$}
up	铜	锌	铝	橡胶	PTA	白糖	棉花	棕榈油	菜籽油	豆油	豆粕	大豆	玉米	黄金
t统计量	0.16	0.17	0.16	0.18	0.19	0.21	0.13	0.1	0.13	0.53	0.07	0.09	0.09	0.09
P值	0	0	0	0	0	0	0	0	0	0	0	0	0	0

表26中下半部分K-S统计检验结果进一步证实所有商品期货市场对股市的极端风险溢出程度均存在显著的上行和下行不对称性特征,且商品期货对股票市场下行极端风险溢出强度强于上行极端风险的溢出强度。这表明对大多数商品期货品种而言,股市与商品期货市场直接的极端风险溢出效应存在上下尾部不对称性,且下尾部风险溢出效应强于上尾部风险溢出强度。

2. 极端风险分散化收益

投资组合中资产的相关性的变化是影响投资组合多样化收益的重要原因。本研究发现我国股市与商品期货市场之间大多存在时变的尾部相关性。且上文股市与农产品期货市场之间的下尾部风险溢出程度强于上尾部,因此本研究认为,偏t分布可以很好地刻画市场之间的分布特征，因此为了更直观和更准确地分析商品期货对股票期货投资组合的尾部风险的影响，本研究使用更广泛的偏 t 分布来计算投资组合的尾部风险损失，进而获得商品期货对商品期货与股市投资组合之间多样化收益，多样化收益统计结果见表 27。图 28 展示的是投资 20% 的商品期货和 50% 的商品期货市场的多样化收益图。为了进一步区分商品期货在不同风险程度上对股市的尾部风险分散程度，本研究分别探讨在市场风险为 5% 概率下的极端情况和市场风险处于 50% 概率下的正常情况下的多样化收益。

表 27　　　　　　　　商品期货与股市组合极端风险的多样化收益

概率	$q=5\%$				$q=50\%$			
商品权重	$W=20\%$		$W=50\%$		$W=20\%$		$W=50\%$	
期货名称	均值	标准差	均值	标准差	均值	标准差	均值	标准差
铜	0.33	0.09	0.43	0.08	0.11	0.06	0.16	0.06
锌	0.32	0.1	0.43	0.09	0.11	0.05	0.15	0.06
铝	0.38	0.09	0.4	0.1	0.14	0.06	0.15	0.07
橡胶	0.26	0.08	0.4	0.1	0.08	0.04	0.14	0.06
PTA	0.33	0.09	0.46	0.08	0.11	0.06	0.17	0.06
白糖	0.4	0.08	0.52	0.07	0.15	0.05	0.19	0.05
棉花	0.36	0.09	0.46	0.1	0.13	0.07	0.15	0.07
棕榈油	0.36	0.09	0.52	0.08	0.12	0.05	0.19	0.06
菜油	0.38	0.09	0.5	0.09	0.14	0.06	0.18	0.06
豆油	0.4	0.09	0.51	0.09	0.13	0.06	0.18	0.06
豆粕	0.34	0.12	0.45	0.14	0.15	0.07	0.2	0.09
大豆	0.34	0.1	0.48	0.1	0.15	0.06	0.19	0.07
玉米	0.49	0.14	0.54	0.07	0.2	0.11	0.19	0.06
黄金	0.47	0.1	0.55	0.09	0.19	0.08	0.23	0.07

由表 27 可知，就均值而言，在 50% 的权重和 5% 的风险水平上，相比化工和有色金属期货品种，我国农产品期货为股指期货提供更大的条件多样化收益。其中，黄金期货和玉米期货提供最大的条件多样化收益，黄金期货提供最高的条件多样化收益，玉米期货提供的条件多样化收益更加稳定。另外，白糖期货和豆油期货提供了仅次于玉米期货和黄金期货的多样化收益。但值得注意的是，在 50% 的权重下和在 5% 的风险水平上，豆粕期货提供的多样化收益最低，且多样化收益波动在所有商品期货中最大。这说明农产品期货中，玉米期货和白糖期货以及豆油期货等品种的尾部风险分散收益在等权重配比的商品期货和股指期货组合中最大，对我股票资产组合而言是较好的尾部风险分散因子，而豆粕期货品种是农产品期货中分散股票资产组合尾部风险次优选择品种之一。

由图 28 可知，相比市场在正常波动情况下，我国商品期货均能在市场极端情况下，多样化收益最高，这表示我国商品期货在市场极端情况下，能为股市和商品期货市场组合提供更多的组合多样化收益。Wen 等（2017）研究也表明中国商品期货对能源股票的组合多样化收益在市场极端情况下比在市场正常波动情况下更高。另外，就大多数商品期货而言，等权重配比股市与商品期货市场之间的组合将获得较高的多样化收益。

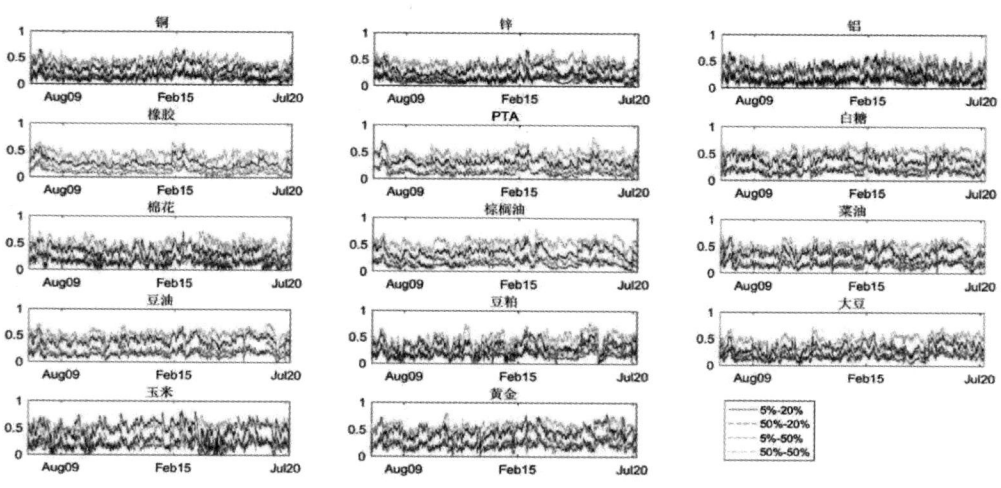

图 28　等权重下商品期货对股市市场的多样化收益价值

（四）小结

本部分旨在探讨我国农产品期货市场对股票资产组合的尾部风险分散作用。研究发现：（1）商品期货与股市之间存在显著的上下尾部极端风险溢出效应，且整体而言，下尾部风险溢出效应大于上尾部风险溢出效应。（2）相比一般的股市价格波动，在股市极端情况下我国商品期货对我国股市资产组合的尾部风险多样化收益最大。（3）相比有色金属和化工类商品期货，我国农产品期货提供更多的资产组合尾部风险的条件多样化收益。其中，玉米期货和白糖期货以及豆油期货等品种的尾部风险分散收益在等权重配比的商品期货和股指期货组合中最大，而豆粕期货是农产品期货中分散股票资产组合尾部风险次优选择品种之一。本研究表明，股市与商品期货市场之间的极端风险效应是投资商品期货市场不可忽视的因素之一，农产品期货对股市的尾部风险分散作用存在着显著的品种差异化特征。本研究不仅为探讨国内大宗商品与国内股票市场间联动性提供了新视角，而且对国内大类资产配置实践也具有重要的参考价值。

七、我国农产品期货市场的另类风险溢价研究

前面两部分探讨了我国农产品期货市场与金融市场之间的关联性,并以此为基础进一步分析了我国农产品期货对股市资产的风险分散作用,分别探讨了其波动风险降低和尾部风险分散化收益,均属于商品指数被动投资范畴。本部分则基于另类风险溢价投资视角,基于对我国商品期货市场上另类风险溢价的研究,提出我国农产品期货另类风险溢价因子,并探讨其对股市资产组合波动风险和尾部风险的分散作用。研究结果为交易所开发第三代指数提供了一个具有重要意义的理论支持,同时对机构投资者使用商品期货工具对冲或分散传统金融资产的风险提供了相比持有被动商品期货指数更有效的投资策略。

本部分主要对以下四个问题进行解答:第一,我国商品期货市场也存在月频动量效应消失之谜吗?第二,相比商品期货市场因子,农产品期货另类风险溢价因子可以更好地扩展均值—方差投资的有效前沿吗?第三,相比债券资产类别,商品期货因子可以分散债券资产组合的风险的同时,能提高投资收益吗?第四,哪些另类商品期货因子是比较有资产配置和财富管理价值的因子?回答这四个问题有助于我国商品期货另类因子指数的开发和进一步提高投资者和监管层对商品期货投资价值的认识。

(一) 我国商品期货市场另类风险溢价因子分析

1. 另类风险溢价因子的定义

下文主要涉及 8 个另类风险溢价因子,分别是价值因子、时间序列动量因子、横截面动量因子、展期因子、基差动量因子、偏度因子、流动性因子以及持仓增长率因子。其中各因子的定义如下:

(1) 展期因子:又称基差因子,由于同一商品期货品种有多个不同到期日的期货合约,从而将不同月份合约价格连接起来可以得到商品价格的期限结构。如果近期价格高于远期价格,期货期限结构向下倾斜,这种情况称为期货贴水(Backwardation),或现货升水,又称现货溢价。如果远期价格高于近期价格,期货期限结构向上倾斜,这种情况称为期货升水(Contango),国际期货市场上主要做多过去 12 个月期货贴水做多的期货品种,做空升水较多的期货品种。由于国内主力合约相对次主力合约是近月,且是在近月合约计算投资收益,因此如果和国际市场一样操作,则会得到不断下跌的风险溢价因子,因此,本研究采取相反的操作构建展期因子。

$$basis = \frac{1}{D}\sum_{d=0}^{D-1}(\ln(F_{i,t-d}^{T1}) - \ln(F_{i,t-d}^{T2})) \qquad (30)$$

(2) 基差动量因子：是主力合约和次主力合约过去 12 个月累计收益之差，做多差大的品种，做空累计收益之差较低的品种。

$$\text{basis momentum} = \prod_{i=t-R+1}^{t}(1+R_{fut,i}^{T_1}) - \prod_{i=t-R+1}^{t}(1+R_{fut,i}^{T_2}) \quad (31)$$

(3) 横截面动量因子：自 Jegadeesh 和 Titman（1993）开创性地提出动量效应以来，大量研究考察了股票市场上的横截面动量策略（如 Chui 等，2010；Rouwenhorst，1998），它已成为资产定价领域研究中最为稳健的市场异象。动量效应（Momentum Effect）又称"惯性效应"，即"追涨杀跌"，指股票的收益率有延续原来运动方向的趋势，过去一段时间收益较高的股票未来收益仍会高（陆蓉等，2021）。它指的是在同一个时间点上，做多过去 12 个月的历史累计收益涨幅较高的品种，做空涨幅较低的品种，持有 1 个月期。

$$Mom = \frac{1}{D}\sum_{d=0}^{D-1} r_{i,t-d} \quad (32)$$

(4) 价值因子：指的是在同一个时间点上，做多过去 4 年半到 5 年半之间的商品期货价格的均值较高的品种，做空均值较低的品种，持有 1 个月期。

$$Value = \ln\frac{\frac{1}{D}\sum_{d=0}^{D-1}F_{i,t-d}^{T_1}}{F_{i,t}^{T_1}} \quad (33)$$

(5) 偏度因子：使用过去 12 个月的日收益率数据计算各个期货品种的三阶矩，并从低到高排序，做多偏度最低的品种，做空偏度最高的品种来构建偏度因子。

$$Skew = -\frac{\sum_{d=0}^{D-1}\frac{(r_{i,t-d}-\mu_i)^3}{D}}{\sigma_i^3} \quad (34)$$

(6) 流动性因子：根据两个月的 Amihud 非流动性比率均值，做多流动性较差的品种，做空流动性最好的品种。

$$ILLIQ = \frac{1}{R}\sum_{i=1}^{R}\frac{|r_i|}{VOL_i} \quad (35)$$

(7) 时间序列动量因子：指的是在同一个时间点上，做多过去 12 个月的历史累计收益为正的品种，做空为负的品种，持有 1 个月期，收益率取组合平均值。

(8) 持仓量增长率因子：Hong 和 Yogo（2012）认为除了不同类型交易者的持仓头寸，总持仓量的变化也能影响期货的价格，持仓量上升表示投资者情绪好转，持仓量下降表示投资者情绪回落。将满足条件的期货品种按过去 12 个月所有合约总持仓量的变化率排序，做多增仓幅度较大的品种，做空减仓幅度最大的品种，持有一个月。

上述所有横截面因子在排序以前均做标准化处理，如公式（36）所示。

$$\theta_{i,k,t} \equiv (x_{i,k,t} - \bar{x}_{k,t})/\sigma_{k,t}^x \quad (36)$$

2. 研究样本与数据来源

本部分选择了28个活跃交易的商品期货品种，其中农产品期货品种10个（玉米、大豆、豆油、豆粕、白糖、棉花、棕榈油、橡胶、菜籽油和菜粕），金属期货品种6个（铜、铝、锌、黄金、白银和螺纹钢），能源化工期货品种12个（铁矿石、焦煤、焦炭、动力煤、PTA、PVC、聚丙烯、甲醇、沥青、塑料、LLDPE、玻璃、热轧卷板），数据来源于国泰君安数据库，样本期间是2004年12月31日至2021年9月，日度数据。且在样本期间品种未上市的，自从上市后开始考虑进入排序中。考虑到风险溢价因子的可交易性，本研究使用主力合约来研究投资因子风险溢价，而展期因子和基差动量因子选择使用主力合约与次主力合约的收盘价进行研究。

3. 我国商品期货市场的另类风险溢价因子的风险与收益

根据上文中的因子定义，本部分构建了价值、横截面动量、展期因子、基差动量因子、偏度因子、总持仓量因子以及流动性因子。其描述性统计结果见表28。

表28　　　　　　　我国商品期货另类风险溢价因子描述性统计

因子名称	均值	T统计量	标准差	峰度	偏度	夏普比率	最大回撤率（%）	样本量
市场	0.016	0.466	0.115	1.07	-0.02	0.14	67.01	189
展期	0.017	1.252	0.069	0.71	0.12	0.26	12.89	189
动量	0.005	0.22	0.099	0.56	0.22	0.06	37.2	189
偏度	0.011	0.612	0.075	1.82	0.09	0.15	29.91	189
流动性	-0.041	-1.625	0.102	1.04	-0.12	-0.4	76.63	189
持仓量	-0.005	-0.28	0.068	3.24	-0.72	-0.07	25.86	188
价值	0.036	2.063	0.069	0.73	-0.12	0.52	9.39	135
基差动量	0.054	2.615	0.077	1.34	0.45	0.7	18.82	189
时序动量	0.989	1.77	0.21	1.4	0.21	0.47	51.64	189

首先，由表28可知，只有价值因子、基差动量因子和时间序列动量的收益率均值在10%的显著水平下显著区别于0，年化均值收益分别为3.6%、5.4%和11.3%。这表明在样本期间，价值、基差动量和时间序列动量与未来一个月的收益关系是稳健的，通过多空策略可以获得显著区别于零收益率的均值回报。且这三个因子的夏普比率均大于0.5，尤其是基差动量因子与时间序列动量因子的夏普比率是市场因子夏普比率的4倍之多，最大回撤率不超过30%，偏度均为正。这表明价值因子、基差动量因子和时间序列动量因子指数化投资可以给投资者带来较好的投

资绩效。其次,展期因子的年化均值与市场因子相近,但夏普比率比市场因子高 40% 以上,最大回撤率仅有 12.89%,且正偏,这说明相比市场因子,投资展期因子带来的投资绩效更好。最后,流动性因子年化均值为 -4.1%,回撤率高达 76.63%,这表明多空流动性因子的指数化投资绩效会比持有市场因子差。

(二) 我国商品期货市场的时间序列动量分析

尽管月度的动量效应广泛存在于多个国家的多种资产类别,但在我国 A 股市场的存在性仍有争议,且国内学者将我国 A 股月度动量效应不明显的现象称为"月频动量效应消失之谜"。一些学者认为中国市场与美国等国不一样的投资者结构和行为习惯可能是造成 A 股动量效应不明显的原因(陆蓉等,2021)。相对于对我国股市月度动量效应的研究,关于我国商品期货市场的月度动量效应研究较少。但我国商品期货市场的投资者结构和行为习惯与我国股市投资者结构和行为习惯极其相似,即个人投资者交易占比较高,存在投机交易太多和过度交易严重等现象。表 28 的结果也表明,我国横截面动量因子未通过统计检验,且均值较低。那么,我国商品期货市场真的是否也存在"月频动量效应消失之谜"?自从 Moskowitz 等(2012)研究提出了时间序列动量策略以来,时间序列动量策略与横截面动量策略成为动量异象研究无法绕开的研究话题。且鉴于上文研究表明国际商品期货市场时间序列动量因子对股市资产组合绩效的提高要优于国际大宗商品期货价值、基差和动量因子构建的组合。因此,在探讨我国商品期货另类风险溢价因子对股市资产风险分散作用时,有必要对我国商品期货市场的动量效应进行更深入的分析。

1. 我国时间序列动量因子统计性分析

本研究将在 t 期的商品期货超额回报率与其滞后 h 月的超额回报率进行回归分析。其中,考虑到波动率的巨大差异(见表 28),我们将所有收益除以事前波动率,从而将其放在相同的风险尺度上。这类似于使用广义最小二乘法而不是普通最小二乘法(OLS)。通过将所有商品期货合约和日期放入同一面板内,进行混合面板回归和计算 T 统计量。其中,回归使用滞后月 H = 1, 2, …, 60。其回归统计量 T 的结果通过图 29 的在 A 部分显示。

$$r^i_{t+1}/\sigma^i_t = \alpha + \beta r^i_{t-h+1}/\sigma^i_{t-h} + \mu_i/\sigma_i + \varepsilon^i_{t+1} \tag{37}$$

另一种研究时间序列可预测性的方法是只关注过去超额回报的符号。在回归设置中,可以使用以下公式来表达:

$$r^i_{t+1}/\sigma^i_t = \alpha_h + \beta_h \text{sign}(r^i_{t-h,t}) + \varepsilon^i_{t+1}/\sigma^i_t \tag{38}$$

同样,对因变量进行波动性缩减并进行混合面板回归,中标准误差按时间(即月份)聚集。其回归统计量 T 的结果通过图 29 的在 B 部分显示。

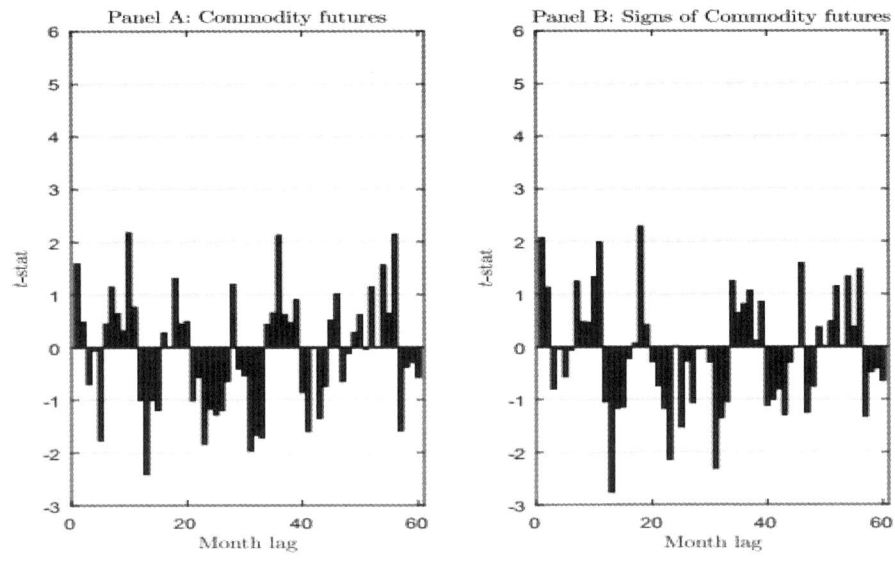

图29 时间序列对未来收益预测回归系数的T统计值

公式（37）和（38）的回归结果表明，在这两种情况下，数据都呈现出一种清晰的相似模式，即最近12个月的滞后回报大部分都为正（两个具有统计意义），1年后大部分滞后回报为负。这表明收益在1年里主要表现为强劲持续，但在随后的两年里主要表现为强劲反转。为了进一步探讨上述显著效果是否由于采用了波动管理策略所导致，本研究进一步构造了非风险管理的时间序列的动量，其结果如图31所示。

首先，由图30可知，所有回顾期的我国商品期货横截面动量在10%的显著水平下并不显著。其次，由图31可知，在10%的显著水平下，我国商品期货时间序列均存在显著的时间序列动量，尤其是在回顾期为1个月的情况下，不仅我国商品期货时间序列动量收益最大，也是唯一在5%水平下显著的时间序列动量策略。最后，图31还表明对时间序列动量采用风险管理策略会提高我国商品期货时间序列动量的平均收益和T统计量显著水平，其他非1期的商品时间序列动能在10%的显著水平下并不显著，且只有回顾1期的时间序列动量策略通过5%的显著水平检验。

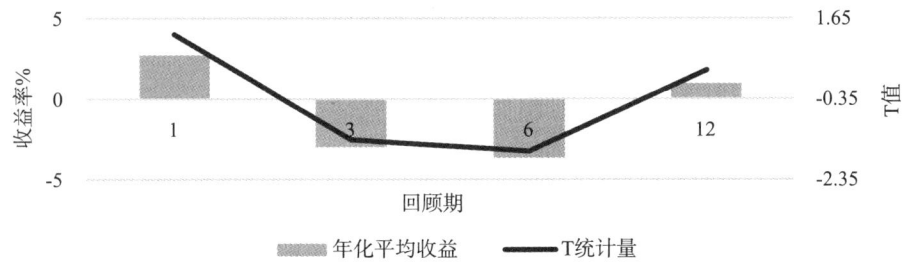

图30 我国商品期货横截面动量检验统计

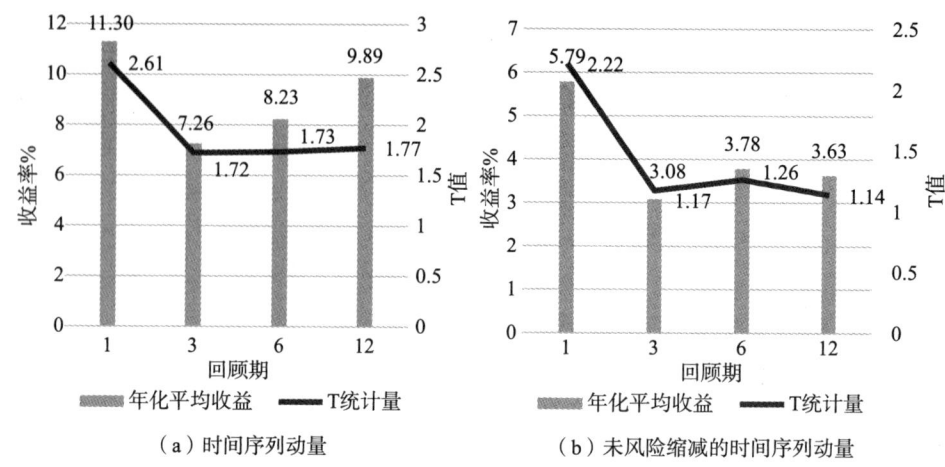

(a) 时间序列动量　　　　　(b) 未风险缩减的时间序列动量

图 31　我国商品期货时间序列动量检验统计

总之，我国商品期货市场存在时间序列动量效应，且回顾 1 期的时间动量策略最显著，而在我国商品期货市场并未找到不存在"月频横截面动量之谜"的经验证据。

2. 中美时间序列动量因子比较分析

表 29 进一步给出了中美商品期货市场动量因子的描述性统计结果。

表 29　　　　　　　　我国商品期货动量效应描述性统计

项目	中国					美国		
	TSM1	TSM1*	TSM12	MOM12	市场指数	TSM12	MOM12	市场指数
最大值（%）	25.93	20.94	23.08	11.35	10.33	18.95	12.27	13.42
最小值（%）	-15.50	-9.42	-21.27	-7.35	-12.58	-19.62	-23.28	-20.94
均值（%）	11.30	5.79	9.89	0.51	1.58	3.18	-2.95	1.41
t 统计量	2.61	2.22	1.77	0.20	0.47	0.79	-0.64	0.29
标准差（%）	18.55	10.95	20.99	10.25	11.55	16.59	18.35	15.89
峰度	3.36	8.96	1.40	1.14	1.07	2.36	1.62	2.66
偏度	1.09	1.60	0.21	0.30	-0.02	0.15	-0.77	-0.60
夏普比率	0.61	0.53	0.47	0.05	0.14	0.19	-0.16	0.09
最大回撤率（%）	24.48	13.15	51.64	31.44	67.01	55.72	114.76	77.34

注：*表示未进行波动管理的时间序列动量，1 和 12 表示回溯期，其中 1 表示该动量为短期动量，12 表示该动量为长期动量，TSM 表示时序动量，MOM 表示横截面动量。美国数据来源于 AQR 网站。

由均值可知，首先，我国 3 个时间序列动量策略均能取得远高于我国商品期货市场策略 3 倍以上的平均收益。其中，在对时间序列动量进行波动管理的情况下，回顾1期和12期的我国商品期货时间序列动量策略的收益也是美国回顾12期的商品期货时间序列动量策略平均收益（3.18%）的3倍以上，而在对我国时间序列动量策略未进行风险缩减的情况下，我国回顾1期的商品期货市场时间动量收益的平均收益仍然接近6%。其次，在中美商品期货采用横截面动量策略取得的平均收益均低于中美商品期货市场策略取得的平均收益，美国的横截面动量策略的平均收益甚至为负数，这说明中美商品期货的横截面动量策略均未能打败商品期货市场的买入市场因子持有策略。最后，在中美商品期货市场采取时间序列动量均能获得大于各商品期货市场收益的两倍以上的平均收益，即使从最高收益的角度来看，中美时间序列动量的最大值也均大于中美市场收益和横截面动量的最大值。

此外，由偏度可知，首先，我国商品期货市场动量策略的收益分布均正偏，这是投资者们所喜爱的；而美国商品期货市场动量策略中，只有美国的时间序列动量的收益分布为正偏。且回顾1期的我国商品期货市场的动量策略的偏度最大，其中未进行波动风险管理策略的时间序列动量的偏度最高，为1.6。其次，从最大回撤率可以发现，回顾1期的我国时间序列策略最大回撤率仅有回顾12期的中美时间序列动量策略的一半不到，其中未进行波动管理1期回顾策略的时间序列动量的回撤率比进行波动管理的1期回顾策略的时间序列动量的回撤率小11.33%。最后，从最大值可知，中美时间序列动量的最大值均大于中美市场收益和横截面动量的最大值。

总之，由表29、图32和图33可知，样本期间，在中美商品期货市场采用时间序列动量策略是能带来好于买入并持有策略的市场指数策略的收益，且构建横截动量策略并未能超过买入并持有策略的市场指数策略。尤其是，相比美国商品期货市场，在我国商品期货采用时间序列动量策略，能获得更好的绩效。其中，风险管理策略的短期时间序列动量策略能获得11.3%的平均收益，0.61的夏普收益率也最大，其收益和夏普比率均高于未风险管理策略下的时间序列动量策略。

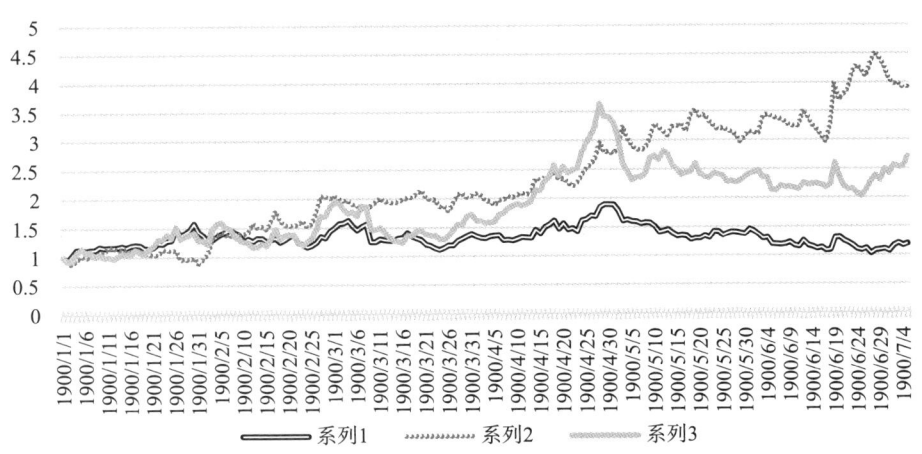

图32 中美商品期货时间序列动量累计收益

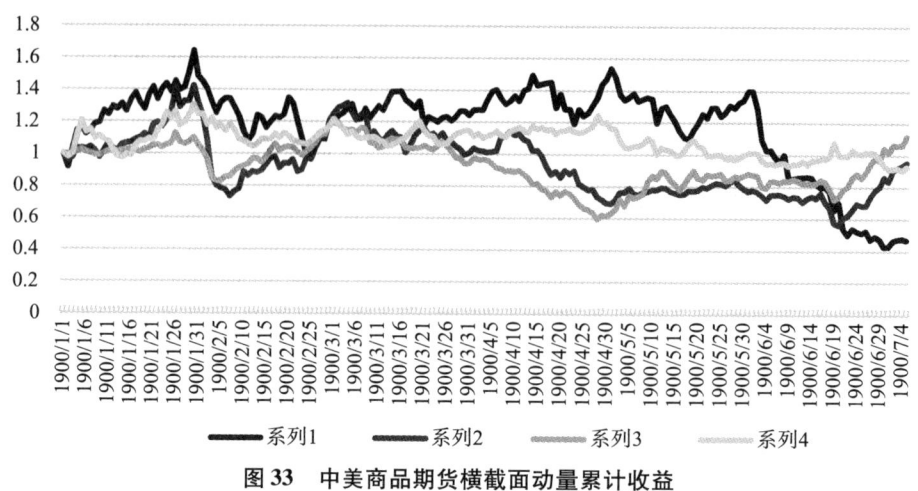

图 33 中美商品期货横截面动量累计收益

(三) 我国农产品期货的另类风险溢价因子分析

本部分主要对我国农产品期货市场的另类溢价因子进行分析。因子主要包括农产品期货市场因子、基差因子、动量因子、偏度因子和价值因子、基差动量因子和时间序列动量因子。分别对这些因子的收益与风险、对股票和债券构成的金融资产组合的投资业绩改善途径，对金融资产组合的价格波动风险和尾部风险分散情况进行了分析。

1. 农产品期货的另类风险溢价因子的风险与收益

表 30 给出了我国农产品期货另类风险溢价因子收益的描述性统计结果。首先，由表 30 可知，在农产品的期货风险溢价因子中，只有价值因子、基差动量因子的收益率均值在 95% 的显著水平下显著区别于 0，年化均值收益分别为 6.1% 和 4.8%。这表明在样本期间，价值、基差动量与未来一个月农产品期货的收益关系是稳健的，通过多空策略可以获得显著区别于零收益率的均值回报。且这两个因子的夏普比率分别为 0.79 和 0.6，最大回撤率不超过 20%。这表明我国农产品期货的价值因子和基差动量因子指数化投资可以给投资者带来较好的投资绩效，同时能满足风险厌恶程度较高的投资者偏好。其次，农产品期货展期因子的年化均值为 3.5%，夏普比率为 0.43，是农产品期货市场因子夏普比率的 3 倍，最大回撤率仅有 15.48%，且正偏，均值统计量在 10% 的显著水平下显著，说明相比整个商品期货市场的风险溢价，农产品期货的展期因子带来的投资绩效更好，同时也能满足风险厌恶程度较高的投资者的偏好。最后，短期和长期时间动量因子在农产品期货中均不显著，但相比市场因子，短期和长期动量时间动量投资收益与夏普比率仍然比市场因子高。

表 30　　　　　　　我国农产品期货另类风险溢价因子描述性统计

因子名称	均值	标准差	峰度	偏度	夏普比率	最大回撤率（%）	样本量
展期	0.035*	0.082	0.481	0.150	0.43	15.48	189
动量	0.009	0.090	0.707	0.187	0.10	24.37	189
基差动量	0.048***	0.080	0.380	0.309	0.60	18.93	189
偏度	-0.005	0.086	1.879	-0.007	-0.06	38.21	189
时序动量12	0.065	0.229	0.778	0.136	0.28	73.37	189
时序动量1	0.042	0.207	1.586	0.530	0.20	50.82	189
价值	0.061***	0.077	0.152	-0.140	0.79	10.48	135
农产品	0.018	0.126	1.392	-0.372	0.14	62.38	189

表 31 给出了农产品期货风险溢价因子相关性统计。首先，由表 31 可知，价值与基差以及与基差动量，价值与农产品期货市场指数与商品期货市场之间均具有较强的相关性，价值与基差和动量基差的相关性分别为 0.49 和 0.42，而基差与动量基差之间的相关性只有 0.2，价值与农产品期货市场的相关性低于农产品期货价值因子与商品期货市场指数的相关性。其次，动量类因为与基差、基差动量和价值三个因子之间存在负相关性，而动量类因子与农产品市场因子之间存在正相关。再次，短期和长期时间动量因子以及动量因子与农产品期货的相关性高于其与商品期货市场综合指数的相关性。这表明动量类因子、基差类因子以及农产品期货市场指数因子之间具有较低的相关性，将这些因子构成因子组合可以获得风险分散化的投资组合，提高投资绩效。最后，我国农产品期货市场和商品期货市场之间具有较高的相关性，相关关系高达 0.77。

表 31　　　　　　　我国农产品期货另类风险溢价因子描述性统计

指标	时序动量1	时序动量12	动量	基差	基差动量	价值	农产品	商品综合	股市
短期动量	1								
长期动量	0.31	1							
动量	0.18	0.61	1						
基差	-0.09	-0.06	-0.04	1					
基差动量	-0.08	-0.23	-0.53	0.21	1				
价值	-0.12	-0.25	-0.35	0.49	0.42	1			
农产品	0.1	0.14	0.17	-0.02	-0.29	0.23	1		
商品综合	-0.05	0.07	0.04	0.04	-0.07	0.33	0.77	1	
股市	0.02	-0.01	-0.05	0.05	-0.01	0.08	0.28	0.3	1

2. 农产品期货另类风险溢价因子相对于股债资产的投资绩效

为了评估我国农产品期货另类风险溢价因子相对于传统金融资产组合的投资绩

效,分别以股市和债市指数组合以及我国股票市场的四个定价因子组合作为评价基准,估计了詹森指数,结果见表32。且为了对农产品期货的风险溢价因子对金融资产组合的绩效改善进行分析,本研究进一步做了张成检验,检验期货是否会对我国股债组合的投资绩效带来显著提升(F检验),且进行序贯检验,检验投资绩效的显著提升是由提升组合的收益(F1检验),还是通过降低资产组合的波动风险带来的(F2检验)。结果见表33,其中表33还报告了剔除2008年和2009年的国际金融危机样本后的检验结果。

在股债市场指数作为基准的模型中,所有因子的詹森指数均为正,但仅有价值、展期和基差动量因子的詹森指数在10%的水平下显著。而在我国股市四因子模型中,仅有价值和基差动量因子的詹森指数在10%的水平下显著。因此,无论是对在我国传统金融资产市场中以被动投资为主的普通投资者,还是以股市因子投资为主机构投资者来说,我国农产品价值因子和基差动量因子均具有最佳的潜在投资价值。此外,相比较而言,我国农产品期货市场因子和我国商品期货市场因子受到股债市场的显著影响,且在考虑股市另类风格因子后,农产品期货和商品期货的詹森指数分别下降到年化收益0.42%和0.12%,表明对以股市因子投资为主机构投资者来说,相对农产品期货其他风格因子,农产品和商品期货价格指数投资价值并不突出。

表33给出了我国农产品期货另类风险溢价对股债金融资产组合投资绩效改善的来源。首先,研究结果表明将农产品期货价值因子加入股债金融资产组合,不仅通过显著提升金融资产组合收益,还通过降低资产组合波动风险来改善投资组合绩效。其次,基于基差的展期因子和基差动量因子显著通过了F1和F2检验,表明将展期和基差动量因子加入股债组合中会显著带来投资绩效的提升,既会显著提高组合收益,也会降低组合风险。再次,时间序列动量因子没有通过F统计检验,而横截面动量因子只F2统计量显著,这表明只有将横截面动量因子引入我国股票和债券组合中才会显著降低组合风险,但三个动量效应并不能显著提升资产组合收益。最后,商品期货市场和农产品期货市场指数并不能带来组合收益的提升,只会显著降低组合风险,表明商品期货和农产品指数化投资可以显著分散只投资股票和债券组合波动风险。此外,在剔除国际金融危机期间的样本后,上述结论仍然成立。

表32　　　　　　　　　我国农产品期货的詹森指数估计结果

变量	股债指数							
	价值	展期	基差动量	动量	时序动量1	时序动量2	农产品	商品期货
股市	0.0279	0.0018	-0.0252	0.0131	0.0104	0.0562	0.1321 ***	0.1245 ***
债券	-0.0502	-0.2251	0.1485	-0.0155	0.5309	-0.0964	-1.0905 ***	-0.9471 ***
α	0.0050 **	0.0031 *	0.0041 **	0.0006	0.003	0.005	0.0012	0.001
R2_a	-0.008	-0.0068	0.0011	-0.0088	-0.0075	-0.0051	0.1443	0.1457

续表

	股市风格溢价因子							
变量	价值	展期	基差动量	动量	时序动量1	时序动量2	农产品	商品期货
股市	0.0274	0.01	-0.0271	0.0246	0.0178	0.0803	0.1478***	0.1325***
规模	-0.001	0.0034	-0.0157	0.0305	-0.1001	0.0933	-0.1	-0.06
价值	0.0308	-0.038	0.0427	-0.0731	-0.0701	-0.04	-0.0456	0.0592
动量	0.0079	-0.0263	-0.0348	0.0147	-0.0122	0.0228	-0.0322	0.025
α	0.0049**	0.0028	0.0044**	0.0002	0.0042	0.0036	0.0004	0.0001
R2_a	-0.0224	-0.014	0.0031	0.0042	-0.0166	-0.0027	0.0984	0.1081

注：α为詹森指数，衡量相对基准组合的风险溢价，R2_a为调整的R2。

表33 我国农产品期货的张成检验估计结果

项目	全样本					
	Alpha	Delta	F	F1	F2	Joint_p
时序动量1	0.003	0.45865	0.386	0.456	0.316	0.288
时序动量12	0.00497	1.04017	1.254	1.037	1.471	0.07
动量	0.00063	1.00238	5.465***	0.108	10.874***	0.001
展期因子	0.0031	1.22323	10.364***	3.112	17.42***	0
基差动量	0.00408	0.87665	7.184***	5.726***	8.43***	0
农产品	0.00121	1.9584	12.478***	0.237	24.821***	0
商品	0.00097	1.82261	12.933***	0.181	25.799***	0
所有因子	—	—	6.714***	1.787*	12.593***	0
项目	子样本					
	Alpha	Delta	F	F	F	Joint_p
时序动量1	0.00184	1.44586	1.631	0.131	3.152*	0.056
时序动量12	0.00514	1.73959	2.181	0.853	3.513*	0.023
动量	0.00006	1.03086	4.741***	0.001	9.553***	0.002
展期因子	0.00249	1.40043	10.068***	1.563	18.496***	0
基差动量	0.0034	1.20446	8.656***	3.125*	13.965***	0
价值	0.00496	1.02232	7.929***	6.591***	8.894***	0
农产品	0.00097	1.39721	4.657***	0.112	9.264***	0.002
商品	0.00137	1.52326	5.502***	0.222	10.845***	0.001
所有因子	—	—	4.922***	1.290	9.407***	0

3. 农产品期货的另类因子对股市资产的尾部风险分散化收益

为了进一步量化我国农产品期货风险溢价对股市资产组合的尾部风险多样化收

益，本研究考虑了2个商品期货市场因子和6个另类因子与股市资产组合构成组合资产，与只持有股票资产组合进行比较。分别构建了20%商品和80%股指组合1、50%商品和50%股指组合2，以及80%商品和20%股指组合3，其尾部风险多样化收益描述性统计结果见表34。

表34 不同权重下农产品期货因子与股市市场因子组合收益的描述性统计

商品因子权重	因子	均值	标准差	偏度	夏普比率	最大回撤率（%）
0	股市	0.11	0.30	−0.51	0.36	1.23
0.2	商品市场	0.09	0.25	−0.55	0.36	1.02
	农产品	0.09	0.25	−0.55	0.36	1.03
	时序动量1	0.09	0.24	−0.46	0.39	0.99
	时序动量12	0.09	0.24	−0.50	0.40	0.96
	动量	0.09	0.24	−0.47	0.36	0.98
	展期	0.10	0.24	−0.42	0.40	0.97
	基差动量	0.09	0.24	−0.48	0.39	0.98
0.5	商品市场	0.06	0.18	−0.63	0.34	0.72
	农业期货	0.06	0.18	−0.65	0.34	0.74
	时序动量1	0.07	0.15	−0.29	0.46	0.63
	时序动量12	0.08	0.15	−0.45	0.51	0.56
	动量	0.06	0.16	−0.32	0.37	0.61
	展期	0.09	0.19	−0.15	0.44	0.61
	基差动量	0.07	0.18	−0.38	0.41	0.60
0.8	商品市场	0.03	0.13	−0.51	0.27	0.54
	农业期货	0.04	0.13	−0.67	0.27	0.51
	时序动量1	0.05	0.09	0.09	0.55	0.27
	时序动量12	0.06	0.08	−0.16	0.72	0.20
	动量	0.03	0.10	0.09	0.30	0.29
	展期	0.07	0.20	0.09	0.37	0.52
	基差动量	0.05	0.18	0.15	0.31	0.43

首先，由表34可知，在农产品期货因子配比20%的权重下，农产品期货风险溢价因子与股指构成的投资组合的夏普比率比单个持有股指资产的夏普比率高，波动风险下降，但最大回撤率幅度仍均在95%以上。这表明农产品期货因子在20%的权重下，虽然能降低一些股指的波动和回撤风险，但整个组合风险分散程度仍然有限。

其次，商品市场因子与农产品期货行业因子对股市市场因子的投资组合风险分散的效果相似，三个动量因子和基差以及动量因子也呈现这种现象。这表明农产品期货因子对股指的风险分散和提高投资绩效的能力在一定程度上取决于因子背后的内在含义。

再次,商品期货市场与农产品期货行业两个多头持有因子与股市的资产组合绩效随着权重的上升,而逐渐下降,虽然将最大回撤率降低至50%,波动率降至13%,但这是以恶化投资者投资绩效为代价。

最后,在表34中,研究发现,随着农产品期货风险溢价因子的权重增加,农产品期货因子与股指构成的投资组合的最大回撤率不断下降,且农产品期货的时间序列动量因子在80%的因子权重时不足30%,投资组合的夏普比例也最高。这表明,时间序列动量因子或许是潜在的最佳尾部风险分散因子。

而根据表35可知,时间序列动量因子的投资组合的尾部风险分散化呈随因子权重单调递增,在时间序列动量因子权重为80%时,是所有因子中,与股指构成投资组合获得尾部风险分散化收益最大的因子。而在因子权重为50%时,基差和动量基差因子与股指的尾部风险分散化收益最大。这表明使农产品期货风险溢价因子的尾部风险分散化收益最大化的配比权重存在明显的因子差异性。对于非动量因子而言,等比例资产组合带来的尾部风险收益或许是不错的选择。

表35 农产品期货溢价因子对股市尾部风险多样化收益描述性统计

风险水平	因子	商品因子20%权重的组合			商品因子50%的组合			商品因子80%权重的组合		
		均值	标准差	最大值	均值	标准差	最大值	均值	标准差	最大值
0.05	商品市场	0.19	0.12	0.44	0.41	0.13	0.66	0.38	0.16	0.71
	农业期货	0.17	0.12	0.4	0.39	0.12	0.64	0.44	0.12	0.71
	时序动量1	0.17	0.12	0.4	0.49	0.11	0.71	0.65	0.12	0.86
	时序动量12	0.13	0.1	0.35	0.37	0.16	0.6	0.69	0.16	0.9
	动量	0.23	0.13	0.47	0.49	0.14	0.71	0.59	0.14	0.79
	展期	0.32	0.16	0.61	0.62	0.16	0.85	0.46	0.16	0.74
	基差动量	0.22	0.13	0.5	0.53	0.16	0.79	0.41	0.12	0.69
0.5	商品市场	0.07	0.07	0.22	0.13	0.09	0.32	0.13	0.1	0.37
	农业期货	0.07	0.07	0.23	0.15	0.08	0.33	0.16	0.07	0.37
	时序动量1	0.06	0.07	0.24	0.15	0.1	0.4	0.25	0.11	0.56
	时序动量12	0.06	0.07	0.22	0.16	0.08	0.34	0.31	0.13	0.62
	动量	0.08	0.07	0.26	0.2	0.11	0.45	0.27	0.1	0.51
	展期	0.13	0.09	0.38	0.26	0.13	0.58	0.2	0.11	0.48
	基差动量	0.12	0.08	0.34	0.28	0.1	0.55	0.23	0.07	0.46

表35结果也表明,我国农产品期货的风险溢价因子对股指尾部风险多样化收益在极端下跌情况下的值是市场正常波动情况下的2—4倍,这与单个商品期货尾部风

险分散化收益的结果相一致。这表明在传统金融资产投资组合中包含我国农产品期货在市场极端下跌情况下，可以给投资者持带来更多的尾部风险多样化收益。且相对于农业期货指数和商品期货市场指数，时间序列动量和横截面动量以及展期溢价因子和基差动量因子能带来更多的尾部风险多样化收益。

为了进一步探究我国农产品期货因子对国内股债金融资产组合的全局最小方差风险和CVaR组合风险分散作用，本研究求解了包含农产品期货另类因子和股债市场组合的全局最小方差风险的组合权重，见表36。相对只包含国内股债金融资产组合，包含农产品期货因子的金融资产组合中债券的权重在最小方差和CVaR组合中，分别下降了20%和40%，年化收益均提高了3倍，到3.6%。这表明我国农产品期货另类风险因子的确可以改善股债资产全局最小风险组合的投资绩效，不仅分散最小风险股债资产组合的风险，还会大幅度提高投资组合收益。这一年化收益在当前低利率环境下，相对大部分银行理财现金管理产品，具有较强的吸引力。这主要得益于基差动量和展期因子和横截面动量的贡献。其中横截面动量占比在所有农产品期货因子中排第二，这也说明即使一个因子的年化均值收益很小，但在分散风险中仍然具有重要作用，正的年化均值并不是衡量因子分散作用强弱的有效指标。

表36 农产品期货溢价因子对全局最小风险股债组合的风险分散化收益

指标	因子名称	全局最小方差组合			全局最小CVaR组合		
组合权重	股指	1.9	0.5	0.7	0.3	0.5	0.3
	债指	98.1		71.1	99.8		57.5
	时序动量1		0.4	0.4		0.1	0.0
	时序动量12		0.0	0.3		0.0	0.2
	动量		32.1	6.5		29.3	9.1
	基差		9.6	4.0		14.7	7.9
	基差动量		43.8	10.4		45.3	16.2
	农产品		10.1	3.9		10.1	8.1
	商品		3.5	2.5		0.0	0.7
组合收益	年化均值	1.2	2.4	3.6	1.2	1.2	3.6

总之，相比多头的商品期货市场因子和农产品期货行业因子，动量因子和基差展期因子，以及基差动量因子在改善投资者投资绩效，或者说提高投资者经济效用的同时，也有助于降低组合波动风险，改善投资组合偏度风险，获得更多的尾部风险多样化收益。

（四）小结

在研究我国商品期货市场另类风险溢价的基础上，进一步研究我国农产品的另类风险溢价因子。研究发现：首先，在整个商品期货市场最显著的回顾期为1期持有1期的时间序列因子在农产品期货市场并没有强于回顾期为12期持有1期的时间序列因子，且两个时间序列因子走势大部分时间趋同。其次，在农产品期货市场上，价值因子、基差的展期因子和基差动量因子的风险溢价显著，且投资绩效较优。再次，时间序列动量因子并没有通过均值—方差张成检验，展期因子和基差动量不仅通过检验，展期和基差动量因子加入到股债组合中会显著带来投资绩效的提升，既会显著提高组合收益，也会降低组合风险，而其他因子只是通过降低股债组合方差风险提高投资绩效。最后，相比其他因子，基差动量因子和展期因子和股指等权重配置构成的组合就能获得较好的CDB多样化收益。在全局最小方差和最小极端尾部风险组合中，展期因子和基差动量因子占比较高的权重，且投资组合绩效比股债全局最小组合还要好。这些结果表明展期因子和基差动量因子是农产品期货市场另类因子中投资绩效好，能有效分散股市波动和极端风险的另类风险溢价因子。

八、结论与建议

（一）主要结论

第一，我国农产品期货市场的金融化程度不高。一方面，对国际期货市场风险溢出效应并不强，其风险主要来源于自身市场和国内其他商品期货市场的影响。同样，在与我国金融市场的高阶距风险溢出中，波动风险强于偏度和峰度高阶距风险，且波动风险溢出效应主要由市场长期因素为主导，偏度和峰度风险溢出效应主要由市场短期因素为主导。这表明我国农产品期货市场受金融市场波动的影响大于其受金融极端风险的影响，意味着我国农产品期货可能在对金融资产尾部风险分散方面有更突出的作用。同时，这也表明当金融市场发生极端风险时，既要注重防范其对农产品期货市场投资者情绪和预期的冲击，更要厘清影响农产品期货市场与金融市场波动风险溢出的长期市场因素。

第二，我国农产品期货与我国股市存在尾部风险溢出效应，下尾部风险溢出效应大于上尾部风险溢出效应。且相比一般的股市价格波动，在股市极端情况下我国商品期货对我国股市资产组合的尾部风险多样化收益最大。相比有色金属和化工类商品期货，我国农产品期货提供更多的资产组合尾部风险的条件多样化收益，且尾部风险分散化作用在农产品期货各品种中存在明显的差异性。

第三，我国商品期货市场的价值因子、基差动量因子和时间序列动量因子存在正的风险溢价和较高的夏普比率。与美国市场相比，基差动量因子与时间序列动量因子模式存在显著的差异。具体而言，基差动量因子与我国商品期货未来一个月的风险溢价负相关,这主要是由于展期合约方式不同导致的。在美国,投资者是通过构建基差的远期期货合约操作,而在中国是通过构建基差信号的主力合约进行操作;时间序列动量因子在我国商品期货市场上短期最显著,而在美国长期时间序列动量因子最显著。这可能是由中美商品期货市场投资者结构差异所导致的。

第四,我国农产品期货市场的价值因子、基差动量因子和展期因子相比商品期货市场和农产品期货市场风险溢价因子,均存在较高且为正的风险溢价和较高的夏普比率。同时在全球最小方差和最小尾部风险资产组合中,基差动量因子和展期因子的比重较大,而时间序列动量因子获得的比重较小,且时间序列动量因子也并没有通过均值—方差张成检验。这些结论表明我国农产品期货市场中的展期因子和基差动量风险溢价因子不仅可以获得较好的收益和夏普比率,而且对我国股债金融资产组合具有较强的风险分散能力。

(二) 政策建议

第一,建议推进我国商品期货价格指数投资产品的上市规模和我国商品期货另类风险溢价指数以及指数跟踪产品的研发,增加商品期货指数投资工具的多层次性和多样性,满足投资者的不同风险偏好。同时,一方面,要从理论上对我国商品期货另类风险溢价进行更深入的研究,为商品期货另类风险溢价指数提供理论基础;另一方面,要加强商品期货投资者的教育,加大对商品期货指数投资产品相关知识的宣传,尤其是缓解散户投资者对参与商品期货市场就是投机的偏见,正确认识商品期货市场的资产配置功能,以及对金融资产组合波动和尾部风险的管理功能。

第二,建议在商品期货指数期货和期权尚未上市和场内 ETF 发展仍然处于初期阶段的背景下,注重发展我国商品互换场外交易市场,促进其从对冲现货风险到资产管理角色的转变。在国际市场上,投资者不仅可以通过商品期货互换交易获得商品期货指数头寸,还可以通过与银行的互换交易获得另类风险溢价指数化头寸。同时,引入银行或券商作为互换交易中心的做市商,扩大对商品期货指数互换交易规模,满足投资者的特定需求,从而使得机构投资者可以更精准和有效地进行资产组合风险管理。

第三,放宽银行理财公司和信托公司进入商品期货交易的限制,使其成为基金公司之后,第二类准许在商品期货市场进行交易的特殊法人。鼓励券商、银行理财公司和信托公司以商品期货指数为标的开发相关理财产品,这不仅有助于提高理财产品的吸引力和投资绩效的稳健性,还为商品期货指数化投资的发展培养理性的投资者,缓解商品期货市场投机气氛过重现象。

(三) 未来展望

未来对于农产品期货资产配置和财富管理价值的研究重点,一则专注于理论层面上深挖我国农产品期货市场的资产配置和财富管理价值，更深入地了解农产品期货市场对股债等金融资产的风险分散价值和业绩改善价值。同时要注重对农产品期货市场因子定价模型的研究，以此作为农产品期货投资相关业绩评价标准以及业绩归因。二则需要从实操角度，研究制约我国农产品期货市场资产配置和财富管理价值发挥的影响因素，分析国际市场上相关投资产品被金融资本市场追逐和背离的原因，促进我国农产品期货市场资产配置功能的提升。同时也要厘清我国散户投资者和机构投资者参与商品期货市场进行资产配置的不同需求和不同的风险偏好，精准开发有针对性的投资工具。

参考文献

［1］Ada，A.，& Rui，H. B. Volatility transmissions across international oil market，commodity futures and stock markets：Empirical evidence from China – Science Direct. Energy Economics，2020.

［2］Aït – Youcef，Camille. How index investment impacts commodities：A story about the financialization of agricultural commodities Economic Modelling，2018，S0264999317309598.

［3］Ali，S.，Bouri，E.，Czudaj，R. L.，& Shahzad，S. Revisiting the valuable roles of commodities for international stock markets. Resources Policy，2020：66.

［4］Amaya，D.，Christoffersen，P.，Jacobs，K.，& Vasquez，A. Does realized skewness predict the cross – section of equity returns? Journal of Financial Economics，2015：118.

［5］Antonakakis，N.，Cunado，J.，Filis，G.，Gabauer，D.，& Fernando，P. Oil volatility，oil and gas firms and portfolio diversification. Energy Economics，70（FEB.），2018：499 –515.

［6］Antonakakis，N.，Cunado，J.，Filis，G.，Gabauer，D.，& Gracia，F. Oil and asset classes implied volatilities：Investment strategies and hedging effectiveness. Energy Economics，2020：104762.

［7］Asness，C. S.，Moskowitz，T. J.，& Pedersen，L. H. Value and Momentum Everywhere. Social Science Electronic Publishing.

［8］Bakshi，G.，Gao，X.，& Rossi，A. G. Understanding the Sources of Risk Underlying the Cross Section of Commodity Returns. Management Science，mnsc. 2017：2840.

［9］Baltas，A. Momentum Has Its Moments. Journal of Financial Economics Forthcoming, 2014.

[10] Barroso, P., & Detzel, A. Do limits to arbitrage explain the benefits of volatility – managed portfolios? Journal of Financial Economics, 2021: 140.

[11] Basu, D., & Miffre, J. Capturing the risk premium of commodity futures: The role of hedging pressure. Journal of Banking & Finance, 2013: 37 (7), 2652 – 2664.

[12] Bhardwaj, G., Gorton, G. B., & Rouwenhorst, K. G. Facts and Fantasies About Commodity Futures Ten Years Later. Social Science Electronic Publishing.

[13] Bianchi, R. J., Fan, J. H., & Zhang, T. Investable Commodity Premia in China. Journal of Banking & Finance, 2021.

[14] Bonato, M., Gupta, R., Chi, K., & Wang, S. Moments – based spillovers across gold and oil markets. Energy Economics, 2020: 104799.

[15] Bondy, S. How to spot swindlers selling commodity futures.

[16] Boons, M., & Prado, M. P. Basis – momentum. Social Science Electronic Publishing, 2015.

[17] Borri, N. Conditional tail – risk in cryptocurrency markets. Journal of Empirical Finance, 2019 (50): 1 – 19.

[18] Ccw, A., Wpc, B., & Nk, C. Extreme linkages between foreign exchange and general financial markets – ScienceDirect. Pacific – Basin Finance Journal, 2020.

[19] Cederburg, S., O'Doherty, M. S., Wang, F., & Yan, X. S. On the performance of volatility – managed portfolios. Journal of Financial Economics, 2020: 138.

[20] Cheng, I. H., & Xiong, W. The Financialization of Commodity Markets. Social Science Electronic Publishing.

[21] Cho, H., Ham, H., Kim, H., & Ryu, D. Time – Series Momentum in the Chinese Commodity Futures Market. Social Science Electronic Publishing.

[22] Christoffersen, P., Errunza, V. R., Jacobs, K., & Langlois, H. Is the Potential for International Diversification Disappearing? A Dynamic Copula Approach. Review of Financial Studies, 2012, 25 (12).

[23] Christoffersen, P., Jacobs, K., Jin, X., & Langlois, H. Dynamic Dependence and Diversification in Corporate Credit. Review of Finance, 2018 (2): 521 – 560.

[24] Cortazar, G., Ortega, H., Rojas, M., & Schwartz, E. S. Commodity index risk premium. Journal of Commodity Markets, 2020 (6): 100156.

[25] Daniel, K. D., & Moskowitz, T. J. Momentum Crashes. Swiss Finance Institu-

[26] Dkna, B., As, C., Rmsd, E., & F, G. U. S. equity and commodity futures markets: Hedging orfinancialization? Energy Economics, 86.

[27] Eb, A., Xl, B., Nj, C., Yx, D., & Hzb, E. Spillovers in higher moments and jumps across US stock and strategic commodity markets. Resources Policy, 72.

[28] Erb, C., & Harvey, C. R. The Tactical and Strategic Value of Commodity Futures. Nber Working Papers, 2006, 62 (2).

[29] Fan, J. H., & Todorova, N. A note on the behavior of Chinese commodity markets. Finance Research Letters, 2019, 101424.

[30] Fan, J. H., & Zhang, T. The Untold Story of Commodity Futures in China. Social Science Electronic Publishing.

[31] Fernandez – Perez, A., Frijns, B., Fuertes, A. M., & Miffre, J. The skewness of commodity futures returns. Journal of Banking & Finance, 2017, 86: 143 – 158.

[32] Fernandez – Perez, A., Fuertes, A. M., & Miffre, J. Harvesting Commodity Risk Premia.

[33] Finta, M. A., & Aboura, S. Risk premium spillovers among stock markets: Evidence from higher – order moments. Journal of Financial Markets, 2020, 49 (6): 100533.

[34] Fwa, B., Jc, A., Zhen, L. A., & Xiong, W. A. Dynamic volatility spillovers and investment strategies between the Chinese stock market and commodity markets. International Review of Financial Analysis, 2021.

[35] Gary, Gorton, K., Geert, & Rouwenhorst. Facts and Fantasies about Commodity Futures. Financial Analysts Journal, 2006.

[36] Georgopoulou, A., & Wang, J. G. The Trend Is Your Friend: Time – Series Momentum Strategies across Equity and Commodity Markets. Review of Finance, rfw048, 2015.

[37] Goyal, A., & Jegadeesh, N. Cross – Sectional and Time – Series Tests of Return Predictability: What Is the Difference? Review of Financial Studies, 2018, 31 (5): 1784 – 1824.

[38] Hammoudeh, S., Nguyen, D. K., Reboredo, J. C., & Wen, X. Dependence of stock and commodity futures markets in China: Implications for portfolio investment. Emerging Markets Review, 2014, 21: 183 – 200.

[39] Harrison, Hong, Motohiro, & Yogo. What does futures market interest tell us about the macroeconomy and asset prices? Journal of Financial Economics, 2012.

[40] He, C., Jiang, C., & Molyboga, M. Risk premia in Chinese commodity markets. Journal of Commodity Markets, 2019: 15.

[41] He, X., & Hamori, S. Is volatility spillover enough for investor decisions? A new viewpoint from higher moments. Journal of International Money and Finance, 2021.

[42] He, X. Z., & Li, K. Profitability of time series momentum. Journal of Banking & Finance, 2015 (53): 140 – 157.

[43] He, X. Z., Li, K., & Li, Y. Asset allocation with time series momentum and reversal. Journal of Economic Dynamics and Control, 2018 (91): 441 – 457.

[44] Hernandez, J. A., Kang, S. H., Yoon, S. M., Economics, A., & Phillips, A. Spillovers and portfolio optimization of agricultural commodity and global equity markets, 2021.

[45] Huang, D., Li, J., Wang, L., & Zhou, G. Time – Series Momentum: Is It There? Social Science Electronic Publishing.

[46] Ing – Haw, C., Andrei, K., & Wei, X. Convective Risk Flows in Commodity Futures Markets *. Review of Finance, 2014 (5): 5.

[47] Jcr, A., & Au, B. Quantile dependence of oil price movements and stock returns – ScienceDirect. Energy Economics, 2016 (54): 33 – 49.

[48] Kang, J., & Kwon, K. Y. Volatility – managed commodity futures portfolios. Journal of Futures Markets, 2020.

[49] Ke, Tang, Wei, & Xiong. Index Investment and the Financialization of Commodities. Financial Analysts Journal, 2012.

[50] Kim, A. Y., Tse, Y., & Wald, J. K. Time series momentum and volatility scaling. Journal of Financial Markets, 2016 (30): 103 – 124.

[51] Koijen, R., Moskowitz, T. J., Pedersen, L. H., & Vrugt, E. B. Carry. Journal of Financial Economics, 2018, 127 (2): 197 – 225.

[52] Kwon, K. Y., Kang, J., & Yun, A. Basis – Momentum Strategies and Ranking Periods. Finance Research Letters, 2021: 101997.

[53] Kwon, K. Y., Kang, J., & Yun, J. Weekly momentum in the commodity futures market. Finance Research Letters, 2020: 35.

[54] Li, X., & Wei, Y. The dependence and risk spillover between crude oil market and China stock market: New evidence from a variational mode decomposition – based copula method. Energy Economics, 2018 (74): 565 – 581.

[55] Liu, T., Gong, X., & Lin, B. Analyzing the frequency dynamics of volatility spillovers across precious and industrial metal markets. Journal of Futures Markets, 2021.

[56] Mac, A., Mc, B., & Ym, C. Cross-sectional and time-series momentum returns: Is China different? Pacific-Basin Finance Journal, 2020: 64.

[57] Masset, P., & Maurer, F. Mitigating downside risk of portfolio diversification: Wine versus other tangible assets. Economic Modelling, 2021, 102 (3): 105579.

[58] Moreira, A., & Muir, T. Volatility-Managed Portfolios. Journal of Finance, 2017: 72.

[59] Moskowitz, T. J., Ooi, Y. H., & Pedersen, L. H. Time series momentum. Journal of Financial Economics, 2012.

[60] Moskowitz, T. J., Ooi, Y. H., & Pedersen, L. H. Cross-asset signals and time series momentum. Journal of Financial Economics, 2020: 136.

[61] Nijman, T., Goorbergh, R., Roon, F., & Szymanowska, M. An Anatomy of Commodity Futures Risk Premia. Journal of Finance, 2014.

[62] Ouyang, R., & Zhang, X. Financialization of agricultural commodities: Evidence from China. Economic Modelling, 2020: 85.

[63] Papailias, F., Liu, J., & Thomakos, D. Return Signal Momentum. Journal of Banking & Finance, 2021, 124 (2): 106063.

[64] Pd, A. Risk-adjusted Return Managed Carry Trade. Journal of Banking & Finance, 2021.

[65] Peter, C., Asger, L., & Olesen, K. V. Factor Structure in Commodity Futures Return and Volatility. Journal of Financial and Quantitative Analysis, 2018: 1-74.

[66] Qiao, X., Yan, S., & Deng, B. Downside Volatility-Managed Portfolios. The Journal of Portfolio Management, 2020, 46 (7): 2020, 2021, 2162.

[67] Rad, H., Low, R., Miffre, J., & Faff, R. Does sophistication of the weighting scheme enhance the performance of long-short commodity portfolios? Post-Print, 2020.

[68] Reboredo, J. C. Green bond and financial markets: Co-movement, diversification and price spillover effects. Energy Economics, 2018 (74): 38-50.

[69] Rehman, M. U., Asghar, N., & Kang, S. H. Do Islamic indices provide diversification to bitcoin? A time-varying copulas and value at risk application. Pacific-Basin Finance Journal, 2020: 61.

[70] Robert, T., Daigler, Brice, Dupoyet, Leyuan, & You. Spicing Up a Portfolio with Commodity Futures: Still a Good Recipe? Journal of Portfolio Management, 2018, 44 (3): 14-17.

[71] Sakkas, A., & Tessaromatis, N. Factor Based Commodity Investing. Journal

of Banking & Finance, 2020 (115): 105807.

[72] Silvennoinen, A., & Thorp, S. Financialization, crisis and commodity correlation dynamics. Journal of International Financial Markets Institutions & Money, 2013, 24 (267): 42 – 65.

[73] Sim, N., & Zhou, H. Oil prices, US stock return, and the dependence between their quantiles. Journal of Banking & Finance, 2015 (55): 1 – 8.

[74] Vf, A., Cs, B., & Cz, C. Momentum – Managed Equity Factors. Journal of Banking & Finance, 2021.

[75] Wang, Z., Liu, S., Yang, H., & Wu, H. An Agent – Based Approach for Time – Series Momentum and Reversal. Journal of Systems Science and Complexity, 2020, 33 (2): 461 – 474.

[76] Wen, S., An, H., Huang, S., & Liu, X. Dynamic impact of China's stock market on the international commodity market. Resources Policy, 2018 (61): 564 – 571.

[77] Wen, X., & Nguyen, D. K. Can investors of Chinese energy stocks benefit from diversification into commodity futures? Economic Modelling, 2017 (66): 184 – 200.

[78] Xuan, Z. A., Jx, B., & Zz, C. An anatomy of commodity futures returns in China. Pacific – Basin Finance Journal, 2020: 62.

[79] Yan, L., & Garcia, P. Portfolio investment: Are commodities useful? Journal of Commodity Markets, 2017: S2405851316300496.

[80] Yang, B., Pu, Y., & Su, Y. The Financialization of Chinese Commodity Markets. Finance Research Letters, 2020 (34): 101438.

[81] Yang, Y., Göncü, A., & Pantelous, A. A. Momentum and reversal strategies in Chinese commodity futures markets. International Review of Financial Analysis, 2018: 60.

[82] Zaremba, A., Mikutowski, M., Szczygielski, J. J., & Karathanasopoulos, A. The Alpha Momentum Effect in Commodity Markets. Energy Economics, 2019.

[83] Zhang, S. Dissecting Currency Momentum. Journal of Financial Economics, 2021 (2).

[84] 陈淼鑫, 徐亮. 基于 Hawkes 过程的尾部风险溢酬分析 [J]. 管理科学学报, 2019, 22 (6): 97 – 112.

[85] 陈声利, 赵学军, 张自力. 全球视野的大类资产风险溢出研究 [J]. 管理科学, 2019, 186 (6): 7 – 21.

[86] 崔金鑫, 邹辉文. 时频视角下国际股市间高阶矩风险溢出效应研究 [J]. 国际金融研究.

[87] 崔金鑫, 邹辉文. 时频视角下国际股市间高阶矩风险溢出效应研究 [J]. 国际金融研究, 2020 (6): 11.

[88] 崔金鑫, 邹辉文. 中国股市行业间高阶矩风险溢出效应研究 [J]. 系统科学与数学, 2020, 40 (7): 27.

[89] 方立兵, 曾勇. 股市收益率高阶矩风险的产生机制检验 [J]. 中国管理科学, 2016, 24 (4): 27 – 36.

[90] 何其祥, 马羽童. 不同交易策略下商品期货风险溢价的分类研究 [J]. 管理工程学报, 2019, 33 (3): 9.

[91] 胡聪慧, 刘学良. 大宗商品与股票市场联动性研究: 基于融资流动性的视角 [J]. 金融研究, 2017 (7): 123 – 139.

[92] 李斌, 张迪, 周洋. 中国商品期货市场存在趋势吗? [J]. 证券市场导报, 2017 (1): 43 – 51, 77.

[93] 李政, 王子美, 刘淇. 基于频域视角的全球主要货币汇率溢出效应研究 [J]. 国际金融研究, 2021 (5): 11.

[94] 李政, 刘淇, 鲁晏辰. 主权债务风险跨国溢出研究——来自频域的新证据 [J]. 金融研究, 2020, 483 (9): 63 – 81.

[95] 梁巨方, 韩乾. 商品期货可以提供潜在组合多样化收益吗? [J]. 金融研究, 2017 (8): 129 – 144.

[96] 林达, 李勇. 中国上市金融机构关联性度量及影响因素分析 [J]. 统计研究, 2019, 36 (4): 50 – 59.

[97] 林娟, 赵海龙. 沪深股市和香港股市的风险溢出效应研究——基于时变 ΔCoVaR 模型的分析 [J]. 系统工程理论与实践, 2020, 40 (6): 177 – 188.

[98] 刘璐, 闵楠. 大宗商品金融化程度与投资组合绩效的倒 U 型关系 [J]. 国际金融研究, 2019, 386 (6): 67 – 76.

[99] 欧阳志刚, 李飞. 四因子资产定价模型在中国股市的适用性研究 [J]. 金融经济学研究, 2016 (2): 84 – 96.

[100] 齐岳, 廖科智. 商品金融化背景下商品期货的多样化收益研究 [J]. 中国管理科学, 2021, 29 (6): 13.

[101] 谭小芬, 张峻晓, 郑辛如. 国际大宗商品市场与金融市场的双向溢出效应——基于 BEKK - GARCH 模型和溢出指数法的实证研究 [J]. 中国软科学, 2018, 332 (8): 31 – 48.

[102] 唐齐鸣, 任培政, 孙文松. 中国商品期货回报与现货价格变化测度研

究——基于便利收益模型的视角 [J]. 中国管理科学, 2015, 23 (9): 7.

[103] 田利辉, 谭德凯. 大宗商品现货定价的金融化和美国化问题——股票指数与商品现货关系研究 [J]. 中国工业经济, 2014 (10): 72-84.

[104] 王鹏, 蒋焰, 吴金宴. 原油价格与世界股票市场之间的高阶矩相依性研究 [J]. 管理科学, 2017, 30 (3): 136-146.

[105] 王鹏, 吕永健. 金融资产收益率分布是对称的吗——基于国际汇率市场的实证证据 [J]. 国际金融研究, 2015 (8): 89-98.

[106] 王鹏, 王小军, 邵思远. 小世界银行网络、非线性效应和尾部风险: 随机动态视角 [J]. 南开经济研究, 2020, 215 (5): 208-227.

[107] 谢峰. 我国大类资产的溢出效应及影响因素研究 [J]. 软科学, 2017.

[108] 熊海芳. 下尾风险与预期收益率的灾难敏感性——基于混合 Copula 模型的实证分析 [J]. 中南财经政法大学学报, 2019 (1): 135-146.

[109] 杨子晖, 陈雨恬, 张平淼. 股票与外汇市场尾部风险的跨市场传染研究 [J]. 管理科学学报, 2020, 194 (8): 58-81.

[110] 叶方冰, 赵沛, 刘精山. 金融压力溢出关联网络研究——基于时域与频域的视角 [J]. 财经论丛, 2021 (5): 13.

[111] 叶莉, 王远哲, 陈勇勇. 基于尾部风险关联网络的中国金融机构间风险溢出效应研究 [J]. 统计与信息论坛, 2019, 34 (3): 55-64.

[112] 尹力博, 柳依依. 中国商品期货金融化了吗?——来自国际股票市场的证据 [J]. 金融研究, 2016 (3): 189-206.

[113] 张杰. 人民币汇率对国内股票收益的影响——基于汇率高阶矩风险的角度 [J]. 财经科学, 2019 (7): 16-29.

[114] 张舒明, 周颖. 基于 Copula 尾部风险控制的行业贷款配置模型 [J]. 管理评论, 2019, 31 (8): 86-98.

[115] 张一, 惠晓峰, 李喆. 宏观经济冲击, 羊群行为与金融传染——基于高阶资本资产定价模型的实证分析 [J]. 系统工程, 2017, 5 (281): 15-23.

[116] 赵胜民, 闫红蕾, 张凯. Fama-French 五因子模型比三因子模型更胜一筹吗——来自中国 A 股市场的经验证据 [J]. 南开经济研究, 2016 (2): 41-59.

[117] 郑振龙, 孙清泉, 杨涵宇. 我国商品期货市场持仓额的信息含量研究 [J]. 当代财经, 2015 (2): 43-54.

[118] 郑尊信, 倪英照, 朱福敏. 商品金融化背景下商品期货定价 [J]. 系统管理学报, 2019 (4): 625-634.

[119] 钟腾, 汤珂. 中国商品期货投资属性研究 [J]. 金融研究, 2016, 430 (4): 132-147.

[120] 周亮. 尾部风险视角下的投资组合优化 [J]. 统计与信息论坛, 2020, 35 (6): 80-88.

[121] 周颖刚, 林珊珊, 洪永淼. 中国股市和债市间避险对冲效应及其定价机制 [J]. 经济研究, 2020, 636 (9): 44-59.

[122] 朱鹏飞, 唐勇. 时-频域视角下的集成高阶矩投资组合策略研究 [J]. 系统工程理论与实践, 2020 (1): 13-27.

[123] 朱鹏飞, 唐勇, 卢团团, 林娟娟. 时-频域视角下最优套期保值比率研究——基于集成 EEMD-SJC Copula-GARCHSK 模型 [J]. 系统工程理论与实践, 2020 (10).

[124] 朱鹏飞, 唐勇, 钟莉. 基于小波-高阶矩模型的投资组合策略——以国际原油市场为例 [J]. 中国管理科学, 2020, 192 (10): 28-39.

[125] 朱学红, 谌金宇, 彭韬. 风险分散与通胀保护视角下商品期货的组合投资价值分析 [J]. 数理统计与管理, 2016, 35 (4): 11.

中期协联合研究计划（第十四期）项目

中国期货市场投资者行为因素及其对期货价格发现功能的影响

课题负责单位：金元期货股份有限公司
课题研究编号：202131023
课题负责人：邝　雄
课题组成员：程　超　陈　旺　刘晓群　汤祚楚　王　晗

一、引言

（一）研究背景和研究目的

期货市场具有风险管理和价格发现功能，一个成熟完整的金融体系必然包含有效的期货市场。为保障我国金融稳定发展，发挥期货市场的微观经济功能，国家也在致力于完善期货市场建设。要建设期货市场，需清楚期货交易的行为规律，才能有效发挥期货市场对金融系统的应有作用，否则可能会弊大于利，适得其反，这是建设期货市场需考虑的一个重要问题。由于我国现代金融市场发展时间不长，市场投资主体还不够成熟，期货市场并非总是有效运行的。结合国内近几年的实际情况，金融市场异象的一个突出表现就是期货市场的暴涨暴跌，那么到底是什么因素造成了期货市场价格的异常波动进而导致其有效性丧失？期货市场交易者是否也存在过度自信、售盈持亏、追涨杀跌和跟风投资等非理性投资行为，这些行为又是否是造成期货市场异常波动的主要动因？目前我国学术界对行为金融领域的研究主要集中在股票市场，对期货市场投资者存在的行为偏差和心理偏差研究相对较少，同时研究使用的方法也不够丰富和完善。本课题立足于期货市场参与主体微观行为的分析，对投资者行为影响期货市场有效性的前沿问题进行系统性深入探讨，以期揭示影响期货市场功能发挥的行为因素，丰富期货市场有效性的理论和应用研究，也为我国期货市场的规范运营提供有益参考。

（二）本课题的研究内容、研究方法

1. 研究内容

本课题共进行了以下几方面的理论研究：

（1）根据中国期货投资者的交易数据实证检验期货投资者存在的投资行为偏差，检验的投资者心理或行为偏差包括过度自信、处置效应和锚定效应。

（2）构建了投资者行为影响期货市场的数理模型和复杂系统模拟模型，以此分析了投资者投资行为复杂相互作用最终对于期货市场价格发现功能的影响。

（3）对我国期货市场上存在的行为偏差的影响因素进行进一步探索。提出了规范我国期货市场运行、提高市场运行效率的措施和政策建议。

2. 研究方法

本课题在实证检验和模拟研究的过程中使用到的研究方法主要有：

(1) 计量经济分析方法。计量经济分析方法主要用于对期货投资者心理或行为因素导致的投资行为偏差进行实证检验。

(2) 数理经济学方法。数理经济学方法一方面为实证检验模型提供了理论依据，另一方面也用于分析模拟模型中投资者的交易决策行为。

(3) 复杂系统模拟方法。为研究异质性投资者的交互作用，本课题采用了多主体的复杂系统模拟方法，对投资者投资行为影响期货市场进行了模拟分析。

(4) 规范分析方法。使用规范分析法确定政策目标，同时提出了改善期货市场价格发现功能的政策建议。

（三）课题的创新与特色之处

1. 研究内容的特色

(1) 研究内容上，本课题把行为金融学的理论引入期货市场的研究中，分析了我国期货投资者存在的心理或行为偏差，是对行为金融理论在期货领域研究的补充和扩展。在羊群行为的研究当中，提出了一个基于微观投资者交易的期货价格定价决定框架模型，也丰富了期货定价的理论研究。

(2) 数据应用上，国内对于金融市场上投资者存在的各种行为偏差的实证检验大多是基于市场宏观数据，而非投资者账户级别的投资数据。本课题基于国内某期货公司200多万条账户交易记录，对投资者存在的行为偏差进行实证检验。与采用宏观数据进行实证检验相比，本课题的实证检验能更准确地反映投资者个体的行为模式。

2. 研究方法的创新

(1) 本课题在对我国期货市场投资者可能存在的过度自信、处置效应和锚定效应进行实证检验时，在学术界已有的实证方法基础上进行了改进，在锚定效应的实证方法上进行了创新。

(2) 课题尝试应用前沿的复杂系统模拟方法，构建期货市场的复杂系统模拟模型，模拟模型的构建不同于人工股票市场的构建思路，与对期货市场的方程模拟研究也并不相同。基于投资者行为理论框架的交易规则设定，将为期货市场模拟的研究提供独具特色的建模思路。

二、我国期货市场投资者过度自信的实证研究

对过度自信的研究最早来源于认知心理学研究，它是指人们往往对自己的能力

或者自己所拥有信息的准确性过度乐观，程度常常超出了客观事实。我国期货市场上的投资者是否也存在过度自信，过度自信是否对投资者利益和市场价格的稳定造成了影响，本部分对这些问题进行研究。

（一）数据来源和研究方法

1. 数据来源和初步处理

在对我国期货市场投资者是否存在过度自信的研究中，本课题所使用的数据来自国内某期货公司从2020年11月初到2021年4月底合计5个月的分账户交易数据，数据共包含自然人账户296个，交易数据覆盖国内期货交易所共62种期货产品，总的买卖记录有80多万条。

课题基于研究需要，剔除了数据中交易有大量缺失的账户数据，一方面是为了减轻极端不活跃账户对研究结果的影响，另一方面是筛除掉一批在研究时间段中期才开户的账户。最终得到交易数据包含198个自然人账户共123个交易日的交易数据。

2. 研究方法

在对过度自信的研究方面，国内外进行实证检验的方法主要有两种：一种是Odean（1999）通过过度交易来研究过度自信的方法；另一种是Statman（2006）提出的一个实证研究范式，运用的是整体市场的换手率与收益率的向量自回归模型（VAR），并进一步利用格兰杰因果检验以及脉冲响应函数检验来验证过度自信偏差的存在。

本课题借鉴了Odean（1999）对过度交易的研究方法，将期货市场的个人投资者账户按照交易频率高低进行分组，然后分别对每组进行投资表现的统计分析，如果投资频率越高的组在投资收益上的表现反而越差，即说明该投资群体存在过度交易进而证明其存在过度自信的心理偏差。

（1）对个人投资者账户按照交易频次高低进行分组。在对投资者的交易频次进行高低分组时，可以采用两种方式进行分组。一种方法是按照每日的交易次数来分组，且每个交易日处理一次，这也是刘志新、薛云燕（2007）在研究中采用的方法。另一种方法则按照整个研究周期内每个账户的日均交易次数来分组，这种方式的优势就是识别到的高频中频低频的账户是确定的个体。

由于过度自信的研究对象实际是某位个体或者某个群体，要求分组方法能确定性地把这些人识别出来，基于该原因本课题选择使用研究时间段内每个账户的日均交易频数（不考虑该投资者没有买卖的交易日）来对账户的交易频次进行高中低分组。日均交易次数的计算公式如下：

$$T_i = \frac{\sum_{j=1}^{j} t_j}{D_i} \quad (1)$$

T_i 为账户 i 在该时间段内的日均交易次数。j 为研究时间段总的开盘天数，t_j 为账户 i 在第 j 日的交易次数，D_i 为账户 i 在研究时间段内有交易的天数。

然后根据账户 T_i 的高低排序对账户进行分组，对每一组都进行如下的统计：

$$F = \frac{\sum_{i=1}^{K} T_i}{K} \quad (2)$$

F 为该组的组内账户日均交易次数，K 为该组账户的总数。

（2）对收益的衡量。在对我国期货投资者的投资收益进行统计时，本课题使用投资者的日均投资盈利或者亏损的金额来衡量投资收益。统计的过程也考虑了投资交易的费用，分别对考虑交易费用和不考虑交易费用两种情况进行了统计。最终得到高频组、中频组和低频组的组内账户日均收益和组内账户日均净收益。具体的计算过程如下所示：

$$P_i = \frac{\sum_{j=1}^{j} R_j}{D_i} \quad (3)$$

$$TC_i = \frac{\sum_{j=1}^{j} C_j}{D_i} \quad (4)$$

$$PA = \frac{\sum_{i=1}^{K} P_i}{K} \quad (5)$$

$$NPA = \frac{\sum_{i=1}^{K} (P_i - TC_i)}{K} \quad (6)$$

P_i 为账户 i 在研究时间段内的日均收益（不计算该账户没有买卖的交易日），j 为研究时间段内总的开盘天数，R_j 为账户 i 在第 j 个交易日的盈亏金额，D_i 为账户 i 在研究时间段内有交易的天数。

TC_i 为账户 i 在该时间段内的日均交易费用（不计算该账户没有买卖的交易日），C_j 为账户 i 在第 j 个交易日的交易费用。

PA 为该组的组内账户日均收益，NPA 为该组的组内账户日均净收益，K 为该组账户的总数。

（二）实证结果与分析

本课题利用上述方法对初步处理后的数据进行分组和统计。根据统计得到的账户日均交易次数从高到低，将整体用户等分成了三组，每组包含 66 个账户，具体情况如表 1 所示。

表 1　　　　　　　　　　三组账户的分组情况

指标＼组别	高频组	中频组	低频组
账户数	66	66	66
日均交易次数 F	78.64	36.72	20.93

然后分别对上述三组进行收益的计算统计，得到的结果如表 2 所示。

表 2　　　三组账户的组内账户日均收益和组内账户日均净收益

组别	组内账户日均收益（单位：元）	组内账户日均净收益（单位：元）
高频组	−12.97	−361.23
中频组	−428.24	−613.33
低频组	284.03	151.35

本课题采用组内账户日均收益除以组内账户日均手续费的结果来衡量每组的投资效率，结果如表 3 所示。

表 3　　　　　　　　　三组账户的投资效率对比

组别	组内账户日均收益（单位：元）	组内日均手续费（单位：元）	投资效率（日均收益/日均手续费）
高频组	−12.97	348.26	−0.04
中频组	−428.24	185.10	−2.31
低频组	284.03	132.68	2.14

本课题还对这些自然人账户中的男女投资者分别进行了统计，统计发现女性投资者的过度自信程度明显低于男性，投资表现也更好。具体结果如表 4 所示。

表 4　　　　男性和女性投资者的交易次数和投资收益对比

投资者性别	日均交易次数	组内账户日均收益（单位：元）	组内日均手续费（单位：元）	组内账户日均净收益（单位：元）
男	47.73	−235.94	238.25	−474.19
女	37.81	554.13	168.37	385.77

结合表 1 和表 2 的统计结果可知，高、中、低频三组的组内账户日均交易次数区别明显，其中高频组的组内账户日均交易次数是中频组的 2 倍多，中频组的组内账户日均交易次数是低频组的 1.8 倍左右。

高、中、低频三组的组内账户日均收益和组内账户日均净收益都有很明显的区别。对于组内账户日均收益这个统计量来说，高频组和中频组的盈亏表现明显比低频组差，低频组的组内账户日均收益为正，而高频组和中频组的组内账户日均收益都为负数，这二者中又以中频组的表现最差，亏损的金额达到高频组亏损金额的36倍多。在扣除手续费后计算得到的组内账户日均净收益这个统计量上，三组的表现情况仍然是低频组表现最好，高频组次之，中频组最差。但是在扣除手续费后高频组和低频组在日均净收益的差距上有所缩小。

上述结果表明高频组和中频组的投资者都存在过度自信偏差，这两组账户都表现出了明显的过度交易，但是获得的收益却远远没有低频次交易的收益表现好。而高频组的投资者表现却比中频组的表现要好，说明高频组的过度自信水平是要弱于中频组的，这也验证了已有的对过度自信研究的结论，即交易者的过度自信程度一开始会随着交易次数的增加而增加，但是由于交易经验的累积，之后其过度自信的程度会随着交易次数的增加而减少，也就是说交易经验丰富的交易者比交易经验少的交易者更不容易出现过度自信偏差。

从表3中计算得到的投资效率来看，三组中仍然是低频组的投资效率最高，即单位手续费获得的投资回报更高。中频组的投资效率仍然是最差的，而且同其他两组的差距显著，中频组的净亏损中有近1/3的钱是用来交手续费了，说明中频组中的投资者在投资中过度交易且相对忽视了手续费带来的成本。

从表4对男性和女性投资者进行的统计结果可以看出，男性投资者的日均交易次数比女性多10次，但是投资的表现却差很多，无论是组内日均收益还是组内日均净收益，男性投资者都为负数，和女性投资者的正收益对比强烈。男性投资者的亏损中，近一半的钱都用来交手续费了。

过度自信不仅是对投资者个人经济利益上的损害，由此造成的过度交易还对市场价格形成了负面的冲击。已有的大量研究早已证明，交易量的提升会推高市场价格，这显然是脱离了市场合理的定价机制的，同时交易量的过度提升还会加剧市场价格的波动程度。无论是价格的偏离还是波动性的增加都不是我们希望看到的。

(三) 结论分析

通过对期货公司自然人账户的交易数据的统计分析，本部分验证了在期货市场中的个人投资者确实存在着过度自信，而且过度自信的程度在投资者中是先增后减的趋势。同时发现，男性投资者的过度自信问题相较女性投资者来说更加严重，这也符合人们对男性和女性投资者投资风格的普遍认知。

投资者在过度自信影响下普遍存在的过度交易行为明显是不理性也是不健康的，这就要求我国的期货市场应该对投资者进行期货投资知识的普及，避免这种过度投机的风气。这既对中国期货市场整体发展有益，也是对期货市场投资者的一种保护。

三、我国期货市场投资者处置效应的实证研究

投资者在投资的时候存在过早卖出有账面收益的投资品而"落袋为安",同时又相对过久地持有账面亏损的投资品而避免损失的行为,研究者通常将这种非理性的行为归纳为"处置效应"。期货市场上的投资者是否也存在处置效应?而处置效应又与哪些因素有关?本部分对这些问题进行研究。

(一) 研究方法和数据的初步处理

1. 研究使用的数据

在对我国期货市场投资者是否存在处置效应的研究中,本课题使用的数据覆盖了2019年1月1日至2020年12月31日两年时间共286个投资账户的交易记录,总计2051035条,涉及的期货期权产品共有66种。

2. 实证方法

在处置效应的验证方式上,一类是基于市场宏观数据进行的验证,从股票的持有期和收益之间的关系来检验处置效应。这类采用宏观数据进行处置效应实证检验的方法的好处在于有效解决了国内投资者账户级别的交易数据不可得的问题,而市场宏观数据往往获取起来相对容易。但是处置效应毕竟是投资者的个体属性,利用宏观数据进行检验有可能存在账户数据相互抵消等问题,从而无法准确测度。另一类实证检验则是基于投资者账户交易数据进行的。其中最典型的就是 Odean (1998) 采用的 $DE = PGR - PLR$ 方法。本课题也是采用该方法对期货市场的处置效应进行了检验。

本课题采用 Odean (1988) 提出的实证方法来检验我国期货投资者是否存在处置效应。具体方法如下:

$$DE_i = PGR_i - PLR_i \tag{7}$$

$$PGR_i = \frac{N_{RG}^i}{N_{RG}^i + N_{PG}^i} \tag{8}$$

$$PLR_i = \frac{N_{RL}^i}{N_{RL}^i + N_{PL}^i} \tag{9}$$

i 表示我国期货市场投资者账户 i,上述每一个指标都是基于单个投资者 i 的投资记录进行计算。

N_{RG}^i 表示期货投资者账户 i 在某交易日对持有的某期货合约进行平仓操作,并且

实现了盈利的情况下，这类平仓且盈利的合约总数。N_{PG}^i 表示某个投资者账户 i 在某交易日对持有的某期货合约未进行平仓操作，但该合约实际上存在账面盈利的情况下，这类合约的总数。

N_{RL}^i 表示某个投资者账户 i 在某交易日对持有的某期货合约进行平仓操作，并且产生亏损的情况下，这类平仓且亏损的合约总数。N_{PL}^i 表示某个投资者账户 i 在某交易日对持有的某期货合约未进行平仓操作，但该合约实际上存在账面亏损的情况下，这类合约的总数。

这种方法就是针对期货投资者账户 i 在研究时间段内，基于其所投资的所有合约，计算其对账面盈利合约进行平仓的比率 PGR_i 和其对账面亏损合约进行平仓的比率 PLR_i，再用（$PGR_i - PLR_i$）的结果正负来检验处置效应 DE_i 是否存在。如果 $DE_i > 0$ 则说明投资者 i 更愿意平仓有盈利的合约而过久过多地持有亏损的合约，即存在处置效应。如果 $DE_i \leqslant 0$ 则说明投资者 i 不存在处置效应。

本次研究并没有考虑交易费用对盈亏的影响，主要基于以下两点考虑：首先，交易费用的数据并不是很完整，如果进行数据清理会降低数据规模。其次，期货公司对交易费用的结算是单独结算的，同时投资者在投资软件中直接看到的是对某种合约的开仓价格和不同交易日的市场价格，交易费用对投资者判断盈亏的影响较小，这也符合已有的研究采用的方法（Odean，1998；许志，2013）。

（二）实证过程与结果

在对原始数据进行处理时，筛选掉了一部分投资记录极少的账户和个别机构投资者的账户数据。这部分账户一部分是交易极其不活跃的账户，另一部分是开户时间比较晚，交易时长较小的账户。处理后留存的 2019 年的投资者账户有 214 个，2020 年的投资者账户有 213 个。

在对投资者 i 投资的某期货合约进行账面（实现）盈利或者账面（实现）亏损进行判定时，采取的方法是根据当天的合约价格和投资者的合约开仓价格的大小比较进行判定的。对每个投资者在每个交易日持有或平仓的每一个合约品种都分别进行判断，从而对每个投资者在两年时间内的投资行为都计算一个 DE 值来判断其处置效应的存在性。

在对 N_{PL}、N_{PG}、N_{RL}、N_{RG} 进行计数的过程中，本课题根据投资者、交易日、期货合约三个维度来确定每一次的计数，而不是采取许志（2013）在研究中直接对交易日的统计，本课题采用的统计方式明显更为合理，同时也为研究性别等投资者个体差异对处置效应的影响提供了便利。

1. 期货投资者处置效应的实证结果

在对 2019 年和 2020 年 200 多位个体投资者的投资记录进行统计分析后，得出的处置效应的结果如表 5 所示。

表 5　　　　　　　　　期货投资者处置效应统计结果

年份	2019	2020
投资账户总数	214	213
整体投资者的 DE 均值	0.09	0.06
$DE > 0$ 的投资账户数	142	143
$DE \leq 0$ 的投资账户数	72	70
DE 的最大值	0.71	0.75
DE 的最小值	-1.00	-0.52
男性投资者的 DE 均值	0.07	0.04
女性投资者的 DE 均值	0.17	0.11

从统计结果看，2019 年和 2020 年两年我国期货市场的个人投资者普遍都存在处置效应，并且 2020 年的处置效应明显小于 2019 年。同时，女性投资者的处置效应 DE 均值在 2019 年和 2020 年两年中都要明显大于男性投资者，且在数值上都达到了后者两倍以上的程度，说明我国期货市场上女性投资者表现出来的处置效应要明显高于男性投资者。这一结论也与日常认知相符合，女性投资者往往会更加保守，更加不愿意承受实现损失带来的挫败感，从而更倾向于"售盈持亏"。

应用同样的处置效应计算方法，Odean（1998）测算出美国股票市场的处置效应为 0.05；Choe 和 Eom（2009）测算出韩国期货市场的处置效应为 0.078；武佳薇等（2020）测算出我国股票市场的处置效应为 0.21。对比上述结果可以发现，美国期货市场的处置效应和韩国期货市场的处置效应处于同一水平，同时远远小于我国股票市场的处置效应。

2. 对我国期货市场投资者处置效应影响因素的分析

除了验证我国期货市场投资者处置效应的存在性，本课题继续考察了处置效应的大小对投资者投资收益的影响。同时还考察了投资者性别、投资收益和投资经验对处置效应的影响。

在对投资者的投资收益进行衡量时，本课题对每位期货投资者在 2019 年和 2020 年的投资收益分别进行统计，并且出于统一量纲的考虑将所有的收益数据都除以 10000 得到 $Profit$。对投资者的投资经验进行衡量时，本课题参照已有文献（Choe 和 Eom，2009；Nicolosi、Peng 和 Zhu，2009）对投资经验代理变量的选择，使用投资者交易次数的对数值 $LnHands$ 来表征投资者的投资经验，投资者交易次数的对数值越大说明投资经验越丰富。同时，本课题采用虚拟变量 $Male$ 来表示投资者的性别数据，$Male = 1$ 表示男性，$Male = 0$ 表示女性。探究投资者处置效应对投资收益的影响就是为了回答投资者的处置效应是否是一种完全非理性的行为,如果投资者过久地持有亏损的期货合约对自身的投资收益没有影响,则处置效应就不是完全非理性的。同时,本课题还分析了投资者经验对处置效应水平的影响,以此来探究经验的提升是否能够有效降低处置效应。为了解答这两个问题,本课题使用如下回归模型来进行研究:

$$Profit = \beta_0 + \beta_1 \cdot DE + \beta_2 \cdot LnHands + \beta_3 \cdot Male + \varepsilon \quad (10)$$

$$DE = \beta_0 + \beta_1 \cdot LnHands + \beta_2 \cdot Male + \varepsilon \quad (11)$$

对2019年和2020年的投资者处置效应 DE、投资者经验 $LnHands$、性别 $Male$、投资收益 $Profit$ 进行统计,四个变量间的相关系数如表6所示。

表6　处置效应、投资者经验、性别和投资收益之间的相关系数

指标	DE	$LnHands$	$Male$	$Profit$
DE	1	—	—	—
$LnHands$	−0.03	1	—	—
$Male$	−0.17	−0.07	1	—
$Profit$	−0.07	0.15	0.08	1

表7汇报了回归分析的结果,其中列(1)为对2019年的投资者数据进行回归的结果,列(2)为对2020年的投资者数据进行回归的结果,列(3)为对2019年和2020年两年的投资者数据进行回归的结果。

表7　处置效应对投资收益的回归关系分析结果

因变量	投资收益 $Profit$		
	(1)	(2)	(3)
处置效应 DE	−23.24 (54.49)	−41.74** (18.51)	−30.55 (29.30)
投资者经验 $LnHands$	41.54** (13.29)	3.22 (4.28)	22.20** (6.98)
性别 $Male$	42.95 (26.47)	3.97 (8.58)	23.58* (13.95)
常数项	−379.62** (119.41)	−27.85 (38.42)	−202.20*** (62.71)

注:括号内为对应的标准误。*、**、*** 分别表示在10%、5%和1%的水平下统计显著。

结合上述统计结果发现,投资者表现出的处置效应的大小虽然和投资收益呈现负相关的关系,但是在回归结果中,只有2020年的投资者数据统计结果显示处置效应对投资收益有显著的负向影响,而在2019年这种影响并不显著。这说明我国期货

投资者的处置效应并不是一种完全非理性的行为,处置效应的存在并不一定会影响投资者的投资收益。投资者过久地持有亏损的合约可能并不是为了避免损失带来的挫败感,而是对未来的盈利保有合理的预期。

在检验我国期货投资者的投资经验对处置效应的影响时,本课题的回归结果显示投资经验对处置效应的影响无论在2019年还是2020年都是不显著的。这说明我国期货投资者经验的丰富与否并不能提升或者降低其处置效应。

(三) 结论分析

处置效应虽然是一种投资者行为偏差,但是这种"售盈持亏"的行为却是一种稳定市场价格的力量,不同于跟风交易的正反馈交易模式带来的价格的暴涨暴跌,从短期效应来看,处置效应可以在一定程度上稳定住整个市场的过激投资情绪。但是这种行为偏差毕竟是非理性的,会给投资者带来损失,从而阻碍市场的健康稳定发展。

本课题使用期货公司2019年和2020年两年中286个投资账户共200多万条投资记录对我国期货市场上的投资者是否存在处置效应进行了实证检验。检验证明我国期货投资者存在着明显的处置效应。但是同以往的研究(Frazzini,2006;Choe和Eom,2009;Nicolosi、Peng和Zhu,2009;许志,2013)不同的是,投资者的投资经验对处置效益的影响并不显著,这也从侧面说明处置效应是一种稳定的个体偏差,并不会随着投资者经验的丰富而降低。研究同时发现我国期货投资者表现的处置效应并不是一种完全非理性的行为,对亏损期货合约的过久持有可能是由于投资者对未来盈利的合理预期。

四、我国期货市场投资者锚定效应的实证研究

锚定效应是指人们在判断过程中,会以最初的信息(数据或其他参数)为参照点来调整对事件的估计,致使最后的估计值趋向于开始的锚定值的一种非理性心理。锚定效应在我国期货市场是否存在目前还少有研究,同时它的影响因素也还不明确。课题本部分对我国期货市场是否存在锚定效应和锚定效应的影响因素进行探究。

(一) 数据来源和理论方法

1. 本课题的数据来源和基本描述

在对我国期货市场投资者是否存在锚定效应的研究中,本课题使用的数据来自国内某期货公司2019年1月1日至2020年12月31日共两年的投资者对商品期货

的交易记录，总计约992485条，其中买入记录553546条，卖出记录438939条，涉及期货投资账户286个。使用的2019年和2020年的现货价格日度数据来自国泰安数据库。

2. 理论方法

已有文献在研究锚定效应的存在及影响时，大多使用实验设计的方法，投资场景与真实的市场环境有很大区别，并不能准确反映投资者的真实想法。对金融市场中是否存在锚定效应进行验证时，学者们通常采用统计或计量的方法进行分析，检验由这种心理造成的某些变量之间的相关关系，从变量之间相关关系的特征"侧面"去实证这种心理的存在。Solt和Statman（1988）提出了以BSI指标（看涨看跌情绪指标）来反映投资者对未来的预期，研究发现，投资者对市场的预期（BSI指标）受到历史收益率的影响，从而认为投资者对市场的判断具有锚定启发式偏差。此后，这种方法成为金融市场中验证锚定效应常用的检验方法。

然而，国内已有的对金融市场上锚定效应的实证研究主要集中在股票市场，对我国期货市场上投资者的锚定效应的研究目前还较少。只有姜丕臻（2005）采用BSI方法对我国期货市场锚定效应的研究，王书平、邝雄、郑春梅（2012）对锚定效应影响期货市场价格的数理模型进行的研究。另外，由于投资者个体投资数据的可得性问题，已有研究主要是基于市场宏观数据而不是个体投资者数据的验证。

已有的锚定效应实证研究常用上一期的价格数据作为锚点，然后直接分析锚点与当期的投资者报价之间的相关关系或者回归关系，从而试图通过系数的显著性来说明锚定效应的存在性。这一实证方法存在的问题在于，现在的价格和作为锚点的价格之间本身就存在相同的部分，对于同一件商品，滞后一期或几期的价格本身就包含着大部分的价值信息，所以回归结果中的系数显著就是一种理所当然的现象，并不能据此验证锚定效应的存在性。从Tversky和Kahneman（1974）进行的轮盘实验的设计上可以得知，锚定效应指的是对无意义数字的一种锚定。这些数字虽然无意义，却会像锚一样让人们给出的判断值会显著地靠近作为锚点的数字。所以，一种合理的方法是将锚点中有意义的信息全部分离出来，使得最后剩下的只是无意义的数字本身，如果这种无意义的数字本身对投资者的判断仍然造成了影响，则此时可以说该投资者存在着锚定效应。

基于上述对已有方法不足之处的总结和对锚定效应定义的明确，实证检验方法的重点就转换成了对锚定点所含信息的分解，本课题选取的锚定点是期货市场投资者对某种商品期货合约上一次开仓的价格。探讨的是作为锚点的上一次开仓价格对投资者当期开仓价格的锚定效应。对锚定点的所含信息的分解是本课题研究方法的创新之处。

本课题对锚定效应进行实证检验的理论模型如下所示：

$$P_t^f = \beta_1 \cdot P_t^s + \beta_2 \cdot (P_{t-1}^f - P_t^s) + \beta_3 \cdot (P_{t-1}^f - P_{t-1}^s) + \beta_0 + \varepsilon \qquad (12)$$

P_t^f 表示投资者 i 对某个期货合约当期的开仓价格；P_t^s 表示该期货合约标的现货的当期价格；P_{t-1}^f 表示该投资者 i 对该期货合约上一次的开仓价格，即本课题拟研究的锚定点；P_{t-1}^s 表示投资者 i 上一次开仓时对应的现货价格。

根据投资者对期货投资可参考信息的分析，本课题将锚定点 P_{t-1}^f 的信息分解为现货市场的价格信息和无意义的数字信息，分别体现在回归模型中的第一项 P_t^s 和第二项 $(P_{t-1}^f - P_t^s)$。回归模型中的第三项 $(P_{t-1}^f - P_{t-1}^s)$ 表示的是上一期的开仓价格减去上一期的标的现货价格，衡量的是对于该投资者来说期货市场和现货市场之间各种稳定差异，捕捉的是一种相对稳定的影响因素。

第二项 $(P_{t-1}^f - P_t^s)$ 中已经剔除了期货合约价格信息中的有意义的部分，该项即是用来捕捉锚定效应的，所以对锚定效应存在性的验证就转换为检验该项前的系数是否显著。如果系数 β_2 显著，则说明无意义的锚点数字会对投资者的报价产生影响制约，存在锚定效应，反之则不存在锚定效应。

（二）实证过程与结果

1. 实证过程

由于投资者在期货的开仓操作中，存在买入期货合约和卖出期货合约两种开仓方式，也就是人们常说的"买开"和"卖开"。而在这两种情况下投资者对开仓价格的预期是不同的，在买入开仓的时候，投资者会认为自己选择的报价是偏低的，因为投资者想在接下来的卖出平仓中获利。与买入开仓的情况相反，在卖出开仓时，投资者会认为自己选择的报价是偏高的，因为投资者想在接下来的买入平仓中获利。如果不对这两种情况加以区分，则很可能在实证过程中使用的锚点数据是来自"买开"的，而被解释变量的数据是来自"卖开"，鉴于投资者对这两类价格的态度不同，这种混淆显然不是研究所期望的。本课题在对投资数据进行处理的过程中对这两种情况进行了区分，将投资者"买开"和"卖开"的交易记录进行了分离。

考虑到期货标的现货价格的可得性和交易量的大小，本次研究筛除了投资者交易数据中的期权合约的数据和股指期货的数据，选取的是2019年和2020年两年中投资者对商品期货合约的交易数据。投资者在同一交易日对同一种期货合约可能会进行多次开仓操作，而每次开仓的价格都可能不同。为了获取一个单一的价格，本课题对投资者多次开仓的价格求取均值，作为投资者在该交易日对该商品期货合约开仓的价格变量。然后，将处理好的投资者开仓价格数据与现货价格数据进行匹配，由于现货价格的可得性问题，最终获得买进开仓的观测值有33490条，卖出开仓的观测值有 40572 条,涵盖的商品期货合约品种有 17 种,涉及了 286 个投资者账户。最后对处理好的数据进行如下模型的混合回归:

$$
\begin{aligned}
doneprice = & \beta_0 + \beta_1 \cdot spotprice + \beta_2 \cdot anchor + \beta_3 \cdot fix \\
& + \beta_1 \cdot bsflag \times spotprice + \beta_4 \cdot bsflag \times anchor \\
& + \beta_5 \cdot bsflag \times fix + bsflag + \varepsilon
\end{aligned} \quad (13)
$$

doneprice 表示某投资者对一种商品期货合约的当期的开仓价格;spotprice 表示对应商品的当期现货价格;anchor 表示当期的开仓价格减去上一次的现货价格,即理论模型中的第二项($P_{t-1}^f - P_t^s$),用来捕捉锚定效应;fix 表示上一次的开仓价格和当时现货价格的差,即理论模型中的第三项($P_{t-1}^f - P_{t-1}^s$)。bsflag 为虚拟变量,bsflag = 1 表示"买入开仓"操作,bsflag = 0 表示"卖出开仓"的操作。其他三项 bsflag × spotprice、bsflag × anchor、bsflag × fix 则表示虚拟变量与前三项的交乘项。

2. 实证结果

表 8 汇报了回归分析的结果,其中列(1)为对 2019 年的投资者数据进行回归的结果,列(2)为对 2020 年的投资者数据进行回归的结果,列(3)为对 2019 年和 2020 年两年的投资者数据进行回归的结果。

表 8　　　　　　　　　　　锚定效应的回归结果

因变量	当期开仓价格		
	(1)	(2)	(3)
spotprice	0.99 ***	0.99 ***	0.99 ***
	(0.00)	(0.00)	(0.00)
anchor	0.03 ***	0.23 ***	0.12 ***
	(0.01)	(0.01)	(0.01)
fix	0.11 ***	0.01	0.07 ***
	(0.01)	(0.01)	(0.01)
bsflag × spotprice	0.00 **	0.00 ***	0.00 ***
	(0.00)	(0.00)	(0.00)
bsflag × anchor	-0.02	0.01	0.01
	(0.02)	(0.01)	(0.01)
bsflag × fix	0.02	0.03 *	0.01
	(0.02)	(0.01)	(0.01)
bsflag	-79.61 ***	-137.22 ***	-116.76 ***
	(12.88)	(9.38)	(7.76)
常数项	-192.61 ***	9.90	-65.98 ***
	(9.43)	(6.92)	(5.71)

注:括号内为对应的标准误。*、**、*** 分别表示在 10%、5% 和 1% 的水平下统计显著。

从 2019 年和 2020 年以及两年合并的回归结果来看，anchor 前的系数都是显著，说明我国期货市场上的投资者在对某种商品期货合约开仓报价时，会显著受到上一次对该合约品种的开仓价格的影响，即存在着锚定效应。

本课题还对虚拟变量 bsflag 进行了交乘项的回归并且对 bsflag 代表的买入合约开仓和卖出合约开仓两种情况进行了结构变动检验，检验结果如表 9 所示。

表 9　　　　　　　　　　结构变动检验结果

H_0	(1) $bsflag = 0$
	(2) $bsflag \times spotprice = 0$
	(3) $bsflag \times anchor = 0$
	(4) $bsflag \times fix = 0$
结构变动检验结果	$F(4, 74054) = 76.67$
	$(Prob > F) = 0.00$

检验结果说明两种情况下的投资者行为是有明显区别的，不适宜进行统一对待。这也验证了本部分研究一开始的猜想和处理，即对投资者的"买开"和"卖开"记录进行分离。

结合回归结果中系数的显著性和正负来分析，$bsflag \times spotprice$ 系数为正且显著，说明投资者在进行买入开仓的时候比卖出开仓的报价更易受到现货价格的正向的影响，符合常识。$bsflag \times anchor$ 交乘项系数不显著，说明买入开仓和卖出开仓两种情况下投资者的锚定效应大小没有明显区别，这也侧面说明了对于投资者来说，锚定效应是一种投资决策过程中的个人特质，操作过程的细微区别对其并没有显著影响。

已有的研究分析发现（王书平、邝雄、郑春梅，2012），如果投机者和套利者获得的信息存在正的偏差，锚定效应的存在会造成他们对相关信息的高估，增加期货合约的买空交易量或减少其期货合约的卖空交易量。锚定程度越大，则这种效应越大。相反，如果获得的信息存在负的偏差，则锚定效应会减少买空交易量或增大卖空交易量。锚定效应对期货均衡价格的影响需视他们获得信息偏差的大小与方向的情况而定。如果偏差为零，则锚定效应对期货均衡价格决定没有影响；如果偏差偏高，则锚定心理会造成期货均衡价格偏高；如果偏差偏低，则会造成期货均衡价格偏低；如果一方的偏差偏高而另一方偏低，则期货均衡价格有可能偏高或偏低，取决于双方获得的信息偏差均值大小、各自的锚定效应程度等因素。锚定效应的存在可能会造成期货均衡价格偏离理性条件下的理论值，从而使期货市场的价格发现功能和有效性受到影响。

（三）总结和建议

本课题以期货市场投资者账户交易数据为样本，采用了一种全新的且更为合理的方法，对我国期货市场投资者在交易过程中的锚定效应进行了检验。经过实证检验发现我国期货市场的投资者在商品期货合约的投资过程中，给出的合约开仓报价对其上一次的开仓价格存在显著的锚定效应。这表明投资者在每次报价过程时会受到上一次报价数字的影响，这显然是一种不理性的投资行为。在买入和卖出两种操作下，投资者的锚定效应没有显著差异，侧面说明锚定效应是一种相对稳定的认知偏差。我国的期货市场起步时间较晚，投资者主要还是以个体投资者为主，投资者的非理性行为还需要进一步的引导和规范。

五、期货投资者羊群行为对期货市场价格的波动性及有效性的影响

所谓羊群行为，指的是投资者在信息环境不确定的情况下，行为受到其他投资者的影响，模仿他人决策，或者过度依赖于舆论（即市场中的压倒多数的观念），而不考虑自己信息的行为。国内外关于羊群行为的研究已经积累了一定的研究成果，研究以实证分析居多，但由于研究对象和所用数据的差异以及测度方法的不同，结论还存在争议。近年来有部分学者尝试利用计算实验的方法对羊群行为的生成机理和影响效应进行研究，但研究也主要集中在股票市场的讨论，对期货市场羊群行为的计算实验金融研究并未发现相关的成果。相比起股票市场，期货市场既要考虑市场自身的运行，还要考虑与现货市场和其他期货市场的关联性，市场的交易主体、交易动机和交易策略更为复杂。在复杂的投资环境下，羊群行为的影响是否也像在股票市场一样会加大期货市场的波动性，从而造成期货市场短期内的异常波动，这些作用又是否会削弱期货市场的价格发现功能？这些问题值得进一步深究，为此，本课题尝试结合期货市场和行为金融的理论，同时结合数理建模和多主体复杂适应系统计算实验的方法，建立期货市场模拟模型，以此研究期货市场羊群行为的形成机理，并定量研究其对期货市场价格的波动性和有效性的影响。本课题的研究结果显示，期货市场上的羊群行为效应与股票市场并不一样，羊群行为并不一定会加剧期货市场价格的波动性，甚至在存在噪声信息情况下羊群行为也并不一定会弱化期货价格的有效性。期货市场有更为复杂的交易机制和交易群体，这使得羊群行为对市场的影响并不能简单地一概而论。

（一）期货市场交易者交易行为的理论分析

在构建多主体复杂适应系统模型进行计算实验研究之前，需明确模型中存在哪些主体以及每类主体的行为方式。为此，本课题把期货市场交易主体分为投机者和套利者，再根据羊群行为的存在性把每类交易主体（投机者和套利者）细分为理性交易者和模仿交易者两种。其中，理性交易者主要根据自己所获信息和风险偏好作

出理性的交易决策；模仿交易者由于获得的市场信息存在较大误差，他们会参考别人信息作出决策。如果模仿交易者做出交易决策的方向和自己所获得的信息相反，就是定义上的羊群行为。

1. 理性交易投机者的交易行为

理性交易投机者会根据所获得的未来期货价格的信息进行期货价格的交易，如果根据信息判断未来期货价格上涨，则会在现期买入期货合约（建立多头头寸），如果判断未来期货价格下跌，则卖出期货合约（建立空头头寸）。参照王书平等（2010）的模型设定，设当期的期货价格为F_t，未来到期的期货价格为F_T。期货价格的变动和现货价格密切相关，根据期货价格理论，到期期货价格和到期的现货价格会收敛，所以投机者想获得的到期期货价格的信息也即到期现货价格的信息。设当期的现货价格为S_t，到期的现货价格为S_T。到期现货价格在当期是未知的，它是一个随机变量$\tilde{S}_T$，设其服从均值为$\bar{S}_T$，方差为σ_s^2的正态分布，即$\tilde{S}_T \sim N(\bar{S}_T, \sigma_s^2)$。到期的现货价格$\tilde{S}_T$是理性交易投机者$i$想获取的信息，但由于个人获取信息的能力和途径有限，获得的信息比起真实信息可能会存在误差，设理性投机者i获得的实际信息为$\widetilde{M}_{sri} = \tilde{S}_T + \tilde{\varepsilon}_{sri}$，其中$\tilde{\varepsilon}_{sri}$为理性投机者$i$获得信息的误差，设其服从均值为0，方差为$\sigma_{sri}^2$的正态分布，即$\tilde{\varepsilon}_{sri} \sim N(0, \sigma_{sri}^2)$，并假设$\tilde{\varepsilon}_{sri}$和$\tilde{S}_T$相互独立。根据正态分布的性质，可得理性投机者$i$获得的信息的实际概率分布为：$\widetilde{M}_{sri} \sim N(\bar{S}_T, \sigma_s^2 + \sigma_{sri}^2)$，理性投机者$i$获得的信息$\widetilde{M}_{sri}$的方差比起到期现货价格$\tilde{S}_T$的真实信息的方差要大。由于理性投机者知道获得的信息会存在偏差，所以在获得实际信息后，理性投机者i会对信息进行调整，然后做出对未来到期现货价格的预期以及风险的判断。根据正态分布条件期望和方差的性质，可得理性投机者i在当期获得实际信息实现值为$\widetilde{M}_{sri} = m_{sri}$条件下，对到期现货价格的期望值和方差的判断为：

$$E\langle \tilde{S}_T | \widetilde{M}_{sri} = m_{sri} \rangle = \bar{S}_T + \frac{\sigma_s^2}{\sigma_s^2 + \sigma_{sri}^2}(m_{sri} - \bar{S}_T) \tag{14}$$

$$Var\langle \tilde{S}_T | \widetilde{M}_{sri} = m_{sri} \rangle = \frac{\sigma_s^2 \sigma_{sri}^2}{\sigma_s^2 + \sigma_{sri}^2} \tag{15}$$

理性投机者i的交易决策Q_{sri}取决于其对到期现货价格的预期$E(\tilde{S}_T | \widetilde{M}_{sri} = m_{sri})$和当期期货价格$F_t$的大小关系，如果$E\langle \tilde{S}_T | \widetilde{M}_{sri} = m_{sri} \rangle > F_t$，则选择买入期货合约（$Q_{sri} > 0$），反之则选择卖出期货合约（$Q_{sri} < 0$）。在做出期货合约交易决策$Q_{sri}$后，在期货到期时理性投机者$i$会获得一个到期收益，这个到期收

益在当期也是不确定的随机变量，设为 $\widetilde{W}_{sri}$。理性投机者 i 在获得信息 $\widetilde{M}_{sri} = m_{sri}$ 条件下，通过判断未来到期货价格的走势，做出交易决策 Q_{sri}，其对到期收益的期望为：

$$E\langle \widetilde{W}_{sri} | \widetilde{M}_{sri} = m_{sri} \rangle = E\langle (\widetilde{S}_T - F_t) Q_{sri} | \widetilde{M}_{sri} = m_{sri} \rangle = Q_{sri}[E\langle \widetilde{S}_T | \widetilde{M}_{sri} = m_{sri} \rangle - F_t] \quad (16)$$

把（14）式代入（16）式，可得：

$$E\langle \widetilde{W}_{sri} | \widetilde{M}_{sri} = m_{sri} \rangle = Q_{sri}\left[\overline{S}_T - F_t + \frac{\sigma_s^2}{\sigma_s^2 + \sigma_{sri}^2}(m_{sri} - \overline{S}_T)\right] \quad (17)$$

这个到期收益是存在不确定性，理性投机者 i 对到期收益风险的判断为：

$$Var\langle \widetilde{W}_{sri} | \widetilde{M}_{sri} = m_{sri} \rangle = Var\langle (\widetilde{S}_T - F_t) Q_{sri} | \widetilde{M}_{sri} = m_{sri} \rangle = Q_{sri}^2 Var\langle \widetilde{S}_T | \widetilde{M}_{sri} = m_{sri} \rangle \quad (18)$$

把（15）式代入（18）式，可得：

$$Var\langle \widetilde{W}_{sri} | \widetilde{M}_{sri} = m_{sri} \rangle = \frac{Q_{sri}^2 \sigma_s^2 \sigma_{sri}^2}{\sigma_s^2 + \sigma_{sri}^2} \quad (19)$$

令理性投机者 i 的效用函数为一个负指数风险厌恶效用函数：

$$U_{sri}(\widetilde{W}_{sri}) = -\exp\{-\lambda_{sri} \widetilde{W}_{sri}\} \quad (20)$$

其中，λ_{sri} 表示理性投机者 i 的风险厌恶系数，且有 $\lambda_{sri} > 0$。根据对数正态分布的性质，可得理性投机者 i 在获得信息 $\widetilde{M}_{sri} = m_{sri}$ 条件下，进行期货交易的期望效用为：

$$E\langle U_{sri}(\widetilde{W}_{sri}) | \widetilde{M}_{sri} = m_{sri} \rangle = -\exp\left\{-\lambda_{sri} Q_{sri}\left[\overline{S}_T - F_t + \frac{\sigma_s^2(m_{sri} - \overline{S}_T)}{\sigma_s^2 + \sigma_{sri}^2}\right] + \frac{\lambda_{sri}^2 Q_{sri}^2 \sigma_s^2 \sigma_{sri}^2}{2(\sigma_s^2 + \sigma_{sri}^2)}\right\} \quad (21)$$

理性投机者 i 的交易决策就是在获得信息 $\widetilde{M}_{sri} = m_{sri}$ 条件下，根据期望效用的最大化，选择最优的交易量 Q_{sri}^*，即：

$$\text{Max}_{Q_{sri}} \langle U_{sri}(\widetilde{W}_{sri}) | \widetilde{M}_{sri} = m_{sri} \rangle \quad (22)$$

由期望效用最大化的一阶必要条件，可得：

$$Q_{sri}^* = \left(\frac{\lambda_{sri} \sigma_s^2 \sigma_{sri}^2}{\sigma_s^2 + \sigma_{sri}^2}\right)^{-1}\left[\overline{S}_T - F_t + \frac{\sigma_s^2(m_{sri} - \overline{S}_T)}{\sigma_s^2 + \sigma_{sri}^2}\right] \quad (23)$$

（23）式刻画的是理性投机者 i 的交易行为，其最终选择的最优合约交易量为 Q_{sri}^*。

2. 理性交易套利者的交易行为

理性交易套利者会根据现货市场和期货市场价格之间的关系，在现货市场和期货市场之间同时作相反方向的交易实现套利。如果当期购买现货并持有至到期的成本低于当期的期货价格，则套利者会在现货市场上买入，并在期货市场上卖出，反之，则会在现货市场上卖出，并在期货市场上买入，到期交割或平仓，从而实现套利。对于套利者来说，当期的现货价格 S_t 和期货价格 F_t 是已知的，不确定的信息是当期至到期这段时间持有成本的信息，设为 $\widetilde{C}_{T-t}$，假设其服从均值为 $\overline{C}$，方差为 σ_c^2 的正态分布，即 $\widetilde{S}_T \sim N(\overline{C}, \sigma_c^2)$。同样，理性套利者 i 由于获取信息的局限性，也会存在获得信息的误差。设套利者 i 获得的实际信息为 $\widetilde{M}_{ari} = \widetilde{C}_{T-t} + \widetilde{\varepsilon}_{ari}$，其中 $\widetilde{\varepsilon}_{ari}$ 为理性套利者 i 获得信息的误差，同样假设其概率分布为一个正态分布 $\widetilde{\varepsilon}_{ari} \sim N(0, \sigma_{ari}^2)$，并且 $\widetilde{\varepsilon}_{ari}$ 和 $\widetilde{C}_{T-t}$ 相互独立。

与理性投机者的分析类似，理性套利者 i 在获得持有成本信息实现值为 $\widetilde{M}_{ari} = m_{ari}$ 条件下，通过调整，对持有成本的期望值和方差的判断为：

$$E\langle \widetilde{C}_{T-t} | \widetilde{M}_{ari} = m_{ari} \rangle = \overline{C} + \frac{\sigma_c^2}{\sigma_c^2 + \sigma_{ari}^2}(m_{ari} - \overline{C}) \tag{24}$$

$$Var\langle \widetilde{C}_{T-t} | \widetilde{M}_{ari} = m_{ari} \rangle = \frac{\sigma_c^2 \sigma_{ari}^2}{\sigma_c^2 + \sigma_{ari}^2} \tag{25}$$

设理性套利者 i 的到期收益为 $\widetilde{W}_{ari}$，在获得信息 $\widetilde{M}_{ari} = m_{ari}$ 条件下，做出期货交易决策 Q_{ari}，其对到期收益的预期以及对风险的判断为：

$$E\langle \widetilde{W}_{ari} | \widetilde{M}_{ari} = m_{ari} \rangle = Q_{ari}\left[\overline{C} + S_t - F_t + \frac{\sigma_c^2}{\sigma_c^2 + \sigma_{ari}^2}(m_{ari} - \overline{C})\right] \tag{26}$$

$$Var\langle \widetilde{W}_{ari} | \widetilde{M}_{ari} = m_{ari} \rangle = \frac{Q_{ari}^2 \sigma_c^2 \sigma_{ari}^2}{\sigma_c^2 + \sigma_{ari}^2} \tag{27}$$

同样令理性套利者 i 的效用函数为负指数风险厌恶效用函数：

$$U_{ari}(\widetilde{W}_{ari}) = -\exp\{-\lambda_{ari}\widetilde{W}_{ari}\} \tag{28}$$

其中，$\lambda_{ari} > 0$ 为理性套利者 i 的风险厌恶系数。可得理性套利者 i 的期望效用为：

$$E\langle U_{ari}(\widetilde{W}_{ari}) | \widetilde{M}_{ari} = m_{ari} \rangle = -\exp\left\{-\lambda_{ari} Q_{ari}\left[\overline{C} + S_t - F_t + \frac{\sigma_c^2(m_{ari} - \overline{C})}{\sigma_c^2 + \sigma_{ari}^2}\right] + \frac{\lambda_{ari}^2 Q_{ari}^2 \sigma_c^2 \sigma_{ari}^2}{2(\sigma_c^2 + \sigma_{ari}^2)}\right\} \tag{29}$$

理性套利者 i 在期货市场的交易行为就是，在获得信息为 $\widetilde{M}_{ari} = m_{ari}$ 情况下，选择最优的交易量 Q_{ari}^* 达到期望效用的最大化，即：

$$\text{Max}_{Q_{ari}} E\langle U_{ari}(\widetilde{W}_{ari}) | \widetilde{M}_{ari} = m_{ari} \rangle \tag{30}$$

由上式期望效用最大化的一阶必要条件，可得理性套利者的交易行为：

$$Q_{ari}^* = \left(\frac{\lambda_{ari}\,\sigma_c^2\,\sigma_{ari}^2}{\sigma_c^2 + \sigma_{ari}^2}\right)^{-1}\left[\overline{C} + S_t - F_t + \frac{\sigma_c^2(m_{ari} - \overline{C})}{\sigma_c^2 + \sigma_{ari}^2}\right] \quad (31)$$

3. 模仿交易投机者的交易行为

在期货市场上进行单向交易的投机者除了前边所说的根据自己所获得信息理性分析进行交易的理性投机者，也有部分参照他人信息进行模仿交易的从众投机者，这些投机者可能会产生羊群行为。一般情况下，模仿交易投机者自己也会收集信息，但其信息的质量可能较差，作出正确决策的准确度低，导致其不大相信自己的信息，所以才会有模仿他人交易的动机。设模仿交易投机者 j 自己收集的信息为 $\widetilde{M}_{shj} = \widetilde{S}_T + \widetilde{\varepsilon}_{shj}$，其中 $\widetilde{\varepsilon}_{shj}$ 为模仿交易投机者 j 获得信息的误差，同样假设 $\widetilde{\varepsilon}_{shj} \sim N(0,\sigma_{shj}^2)$，$\widetilde{\varepsilon}_{shj}$ 和 $\widetilde{S}_T$ 相互独立。模仿交易投机者获得的信息质量差，所以其获得的信息误差比起理性投机者要大得多，也即 $\sigma_{shj}^2 > \sigma_{sri}^2$。这种情况下，投机者 j 不会只根据自己获得的信息做交易，而是会充分参考周围的投机者的信息，综合考虑收益和风险做出决策，进行从众模仿交易。假设模仿交易投机者 j 获得的到期现货价格的实际信息实现值为 $\widetilde{M}_{shj} = m_{shj}$。模仿交易投机者 j 观察到周围有 N_j 个投机者（包括理性投机者和模仿交易投机者），他们获得的信息分别为：$\widetilde{M}_{sn} = m_{sn}$，($n = 1,2,\cdots,N_j$)。模仿交易投机者会对自己和周围人的信息进行综合，假定其对每个人信息处理的权重相等，则可得模仿交易投机者对未来到期现货价格的预期为所有信息的算术平均值，即：

$$\overline{m}_{shj}^e \equiv E\langle \widetilde{S}_T | \widetilde{M}_{shj} = m_{shj},\widetilde{M}_{sn} = m_{sn}, n=1,2,\cdots,N_j\rangle = \frac{1}{N_j + 1}\left(m_{shj} + \sum_{n=1}^{N_j} m_{sn}\right) \quad (32)$$

其中，$\overline{m}_{shj}^e$ 表示模仿交易投机者 j 参考他人信息后做出的对到期现货价格的预期。一般而言，模仿交易者也会存在风险意识，如果其观察到的他人和自己的信息都比较一致，则会认为信息较可靠，交易风险较小，如果观察到的每个人的信息差异很大，则会认为交易存在较大的风险。基于这个逻辑，可以用所有参考信息的样本方差衡量风险，从而可得模仿交易投机者 j 对交易风险的判断为：

$$\sigma_{shj}^{e\,2} \equiv Var\langle \widetilde{S}_T | \widetilde{M}_{shj} = m_{shj}, \widetilde{M}_{sn} = m_{sn}, n=1,2,\cdots,N_j\rangle$$
$$= \frac{1}{N_j}\left[(m_{shj} - \overline{m}_{shj}^e)^2 + \sum_{n=1}^{N_j}(m_{sn} - \overline{m}_{shj}^e)^2\right] \quad (33)$$

其中，$\sigma_{shj}^{e\,2}$ 表示模仿交易投机者认为的交易风险。同样，设模仿交易投机者 j 的到期收益为 $\widetilde{W}_{shj}$，在获得信息 $\widetilde{M}_{shj} = m_{shj}$ 和观测到他人信息为 $\widetilde{M}_{sn} = m_{sn}, n=1,2,\cdots,N_j$ 条件下，做出期货交易决策 Q_{shj}，其对到期收益的预期以及对风险的判断为：

$$E\langle \widetilde{W}_{shj} | \widetilde{M}_{shj} = m_{shj}, \widetilde{M}_{sn} = m_{sn}, n = 1, 2, \cdots, N_j \rangle = Q_{shj}(\overline{m}_{shj}^e - F_t) \quad (34)$$

$$Var\langle \widetilde{W}_{shj} | \widetilde{M}_{shj} = m_{shj}, \widetilde{M}_{sn} = m_{sn}, n = 1, 2, \cdots, N_j \rangle = Q_{shj}^2 \sigma_{shj}^{e\,2} \quad (35)$$

模仿交易投机者 j 的效用函数同样设为负指数风险厌恶效用函数：

$$U_{shj}(\widetilde{W}_{shj}) = -\exp\{-\lambda_{shj} \widetilde{W}_{shj}\} \quad (36)$$

其中，$\lambda_{shj} > 0$ 为模仿交易投机者 j 的风险厌恶系数。模仿交易投机者 j 进行模仿交易的期望效用为：

$$\begin{aligned}
&E\langle U_{shj}(\widetilde{W}_{shj}) | \widetilde{M}_{shj} = m_{shj}, \widetilde{M}_{sn} = m_{sn}, n = 1, 2, \cdots, N_j \rangle \\
&= -\exp\left\{-\lambda_{shj} Q_{shj}(\overline{m}_{shj}^e - F_t) + \frac{\lambda_{shj}^2 Q_{shj}^2 \sigma_{shj}^{e\,2}}{2}\right\}
\end{aligned} \quad (37)$$

由期望效用最大化的一阶必要条件，可得模仿交易投机者 j 的交易行为：

$$Q_{shj}^* = \frac{(\overline{m}_{shj}^e - F_t)}{\lambda_{shj} \sigma_{shj}^{e\,2}} \quad (38)$$

4. 模仿交易套利者的交易行为

套利者除了存在理性交易套利者外，也会存在模仿交易套利者。与模仿交易投机者交易行为的分析类似，设模仿交易套利者 j 自己收集的持有成本信息为 $\widetilde{M}_{ahj} = \widetilde{C}_{T-t} + \tilde{\varepsilon}_{ahj}$，其中 $\tilde{\varepsilon}_{ahj}$ 为模仿交易套利者 j 获取信息的误差项，$\tilde{\varepsilon}_{ahj} \sim N(0, \sigma_{ahj}^2)$，且 $\tilde{\varepsilon}_{ahj}$ 和 $\widetilde{C}_{T-t}$ 相互独立。同样，模仿交易套利者 j 的信息误差比起理性交易套利者 i 的信息误差要大得多，才会有模仿交易的动机，所以有 $\sigma_{ahj}^2 > \sigma_{ari}^2$。假设模仿交易套利者 j 自己获得持有成本信息的实现值为 $\widetilde{M}_{ahj} = m_{ahj}$，其观察到周围有 K_j 个套利者，K_j 个套利者获取的信息为：$\widetilde{M}_{ak} = m_{ak}$，$(k = 1, 2, \cdots, K_j)$。在经过参考他人的信息后，模仿交易套利者 j 对持有成本的预期 $\overline{m}_{ahj}^e$ 和对风险 $\sigma_{ahj}^{e\,2}$ 的判断为：

$$\overline{m}_{ahj}^e \equiv E\langle \widetilde{C}_{T-t} | \widetilde{M}_{ahj} = m_{ahj}, \widetilde{M}_{ak} = m_{ak}, k = 1, 2, \cdots, K_j \rangle = \frac{1}{K_j + 1}\left(m_{ahj} + \sum_{k=1}^{K_j} m_{ak}\right) \quad (39)$$

$$\begin{aligned}
\sigma_{ahj}^{e\,2} &\equiv Var\langle \widetilde{C}_{T-t} | \widetilde{M}_{ahj} = m_{ahj}, \widetilde{M}_{ak} = m_{ak}, k = 1, 2, \cdots, K_j \rangle \\
&= \frac{1}{K_j}\left[(m_{ahj} - \overline{m}_{ahj}^e)^2 + \sum_{k=1}^{K_j} (m_{ak} - \overline{m}_{ahj}^e)^2\right]
\end{aligned} \quad (40)$$

设模拟交易套利者 j 参考周围套利者的信息后，当期的期货合约交易量为 Q_{ahj}，到期收益为 $\widetilde{W}_{ahj}$，效用函数为 $U_{ahj}(\widetilde{W}_{ahj}) = -\exp\{-\lambda_{ahj} \widetilde{W}_{ahj}\}$，其中 $\lambda_{ahj} > 0$ 为模仿交易套利者 j 的风险厌恶系数。同理可得期望到期收益及风险，以及期望效用为：

$$E\langle \widetilde{W}_{ahj} | \widetilde{M}_{ahj} = m_{ahj}, \widetilde{M}_{ak} = m_{ak}, k = 1,2,\cdots,K_j \rangle = Q_{ahj}(\overline{m}_{ahj}^e + S_t - F_t) \quad (41)$$

$$Var\langle \widetilde{W}_{ahj} | \widetilde{M}_{ahj} = m_{ahj}, \widetilde{M}_{ak} = m_{ak}, k = 1,2,\cdots,K_j \rangle = Q_{ahj}^2 \sigma_{ahj}^{e\,2} \quad (42)$$

$$E\langle U_{ahj}(\widetilde{W}_{ahj}) | \widetilde{M}_{ahj} = m_{ahj}, \widetilde{M}_{ak} = m_{ak}, k = 1,2,\cdots,K_j \rangle$$
$$= -\exp\left\{ -\lambda_{ahj} Q_{ahj}(\overline{m}_{ahj}^e + S_t - F_t) + \frac{\lambda_{ahj}^2 Q_{ahj}^2 \sigma_{ahj}^{e\,2}}{2} \right\} \quad (43)$$

由期望效用最大化的一阶必要条件, 可得模仿交易套利者 j 的交易行为:

$$Q_{ahj}^* = \frac{(\overline{m}_{ahj}^e + S_t - F_t)}{\lambda_{ahj} \sigma_{ahj}^{e\,2}} \quad (44)$$

(二) 期货市场交易的模拟仿真模型设计与校准

1. 模拟仿真模型设计

(1) 初始设定。本课题采用复杂适应系统模拟软件 Netlogo 构建期货市场交易的模拟仿真模型。在模型中把主体设置为 4 类: 理性投机者、理性套利者、模仿交易投机者、模仿交易套利者。每类都设置了获得的信息及误差、风险厌恶偏好、交易量等属性。每类个体的数量可以根据研究目的人为控制, 数量确定后, 在"世界"(视图界面) 里生成每类确定数量的个体, 每个个体生成的位置(坐标)是随机的, 把每个种群各主体的颜色先设为和视图背景色一样的黑色。

(2) 主体交易行为。各主体在模拟世界中的行为依据之前的理论模型的行为方程进行仿真。理性投机者的每一个体会依据 (23) 式的行为规则确定他们在期货市场中的合约交易量。在做出交易决策前, 他们需要获得到期现货价格 S_T 的信息, S_T 具有不确定性, 方差是 σ_s^2。每一个主体获得的信息都具有误差 $\widetilde{\varepsilon}_{sri}$, 仿真模型设定每个投机者获得信息的误差是异质的, 每个理性投机者获得信息误差项的方差 σ_{sri}^2 为真实信息方差 σ_s^2 的一个倍数 (即 $\sigma_{sri}^2 = \theta \sigma_s^2$), 倍数 θ 由均匀分布随机数生成器产生, 为 [0, 1] 区间的一个随机数, 每个理性投机者取值都不一样。在确定每位理性投机者获取信息误差项的方差后, 再由正态分布随机数生成器, 产生概率分布为 $N(\overline{S}_T, \sigma_s^2 + \sigma_{sri}^2)$ 的一个随机数, 作为理性投机者获得的实际信息 m_{sri}。理性投机者获得信息 m_{sri} 后, 即可依据 (23) 式的交易法则作出交易决策。

理性套利者在交易决策前需获得的信息是持有成本 C 的信息, 信息的方差是 σ_c^2。与理性投机者的设定类似, 模型也设定每个理性套利者获取信息的误差项 σ_{ari}^2 是异质的, 为真实持有成本信息方差 σ_c^2 的一个在 [0, 1] 区间随机取值的倍数。同样, 根据正态分布随机数生成器, 产生概率分布为 $N(\overline{C}, \sigma_c^2 + \sigma_{ari}^2)$ 的一个随机数, 作为理性套利者获得的实际信息 m_{ari}。获得持有成本信息后, 理性套利者依据

(31) 式的交易规则做出交易决策。

模仿交易投机者也要收集到期现货价格 S_T 的信息，但其通过个人渠道获得的信息误差 $\tilde{\varepsilon}_{shj}$ 比起理性投机者要大得多。为此，同样设定模仿交易投机者获取信息误差项的方差 σ_{shj}^2 为真实到期现货价格信息方差 σ_s^2 的一个倍数，但这个倍数比起理性投机者要大，为 [9, 11] 区间的一个随机数，而且每个模仿交易投机者的取值也不一样。同样由正态分布随机数生成器，产生概率分布为 $N(\bar{S}_T, \sigma_s^2 + \sigma_{shj}^2)$ 的一个随机数，作为每位模仿交易投机者获得的实际信息 m_{shj}。由于自己获取信息的误差大，模仿交易投机者会参考周围投机者的信息。与其他文献关于模仿交易的程序设计不同，本课题仿真模型给每位模仿交易投机者设定一个"视野"，这个视野就是模仿交易投机者能观察到的周围投机者的范围，通过视野的改变，能够控制羊群行为的程度。视野变量的取值由界面页的滑动条控制，取值为 [0, 2] 区间的瓦片数量，步长变化为0.05。在视野确定后，每个模仿交易投机者会在视野范围内观察到同样采用投机策略的 N_j 个投机者（包括理性投机者和模仿交易投机者），并综合他人和自己的信息，依据（38）式的交易规则做出交易决策。如果模仿交易投机者观察不到任何的投机者，则设其保持观望状态，交易为0。

模仿交易套利者的行为设定跟模仿交易投机者的设定类似，也是假设其获取持有成本信息误差项的方差 σ_{ahj}^2 要远大于理性套利者，倍数为 [9, 11] 区间的一个随机数。然后由正态分布随机生成器，生成概率分布为 $N(\bar{C}, \sigma_c^2 + \sigma_{ahj}^2)$ 的一个随机数，作为模仿交易套利者获得的实际信息 m_{ahj}。也是设定每位模仿交易套利者存在一个视野，由界面页的滑动块控制。如果模仿交易套利者根据视野观察到周围 K_j 个套利者，则综合他人和自己的信息，根据（44）式的交易规则进行交易。如果观察不到任何套利者，则交易为0。

(3) 期货价格形成机制。每个交易主体做出期货合约交易量的决策后，期货价格将根据市场的供求关系形成。陈莹等（2010）、刘海飞等（2011）、郑丰等（2015）在构建人工股票市场时，都通过供求关系的指数函数刻画股票价格的形成。本课题也参照以上学者的研究，把期货价格的形成机制通过如下调整函数来刻画：

$$F_t = F_{t-1} \times \exp\left\{l \times \frac{Q_t^{net}}{Q_t^{all}}\right\} \quad (45)$$

其中，F_{t-1} 表示上一期的期货价格；Q_t^{net} 为各主体合约交易量的直接相加总和，表示期货市场当期供求关系的差值，代表市场上的多空力量对比；Q_t^{all} 为各主体合约交易量的绝对值相加总和，表示当期买和卖期货合约的总数量，代表市场上的交易规模；l 为市场流动性价格调整参数。

2. 模型校准

(1) 参数校准和模拟变量生成。为使模型更准确地分析问题，本课题使用我国股指期货市场的相关数据对仿真模型的一些参数进行校准和变量进行拟合，以使模型更接近于现实情形。首先使用股票指数的数据模拟现货市场价格的生成，选用的数据为 2010 年 6 月至 2016 年 12 月沪深 300 指数收盘价的数据，全部数据都来源于 Wind 数据库。为保证模拟生成的现货价格不出现负数值，我们首先使用现货价格数据的对数模拟生成现货价格的对数值，然后再把对数值还原为现货价格。使用 Eviews 软件对沪深 300 指数价格的对数时间序列进行自回归分析发现，由于使用的是月度数据，对数沪深 300 指数价格并不存在条件异方差效应，可近似用 AR（1）过程来刻画。为此，模型使用对数沪深 300 指数价格的 AR（1）回归方程来模拟生成每一期对数现货价格的均值，公式为：

$$E\{\ln(S_t)\} = 0.570814 + 0.928572 \times \ln(S_{t-1}) \tag{46}$$

$\ln(S_t)$ 的初始值为 2010 年 6 月 1 日沪深 300 指数的收盘价的对数值 7.91723。之后，使用对数沪深 300 指数价格数据的方差（0.1954812）作为每一期对数现货价格随机干扰项的方差，使用正态分布随机数生成器生成概率分布为 $N(0,0.195481^2)$ 的一个随机数，作为对数现货价格每一期的随机干扰项的取值，然后再加上对数现货价格的均值，即可得到下一期的对数现货价格。然后，再通过对数正态分布的性质，把每一期的现货价格以及现货价格的均值和方差还原回来。

除了现货价格，持有成本也是影响期货价格的重要因素。金融期货的持有成本主要是利息成本，为此选用 2010 年 6 月至 2016 年 12 月上海同业拆借利率月初的年利率数据，把年利率转化为月利率，再把同业拆借月利率乘上沪深 300 指数乘上每点现金 300 元乘上保证金比例 12%，得到代表持有成本的数据。同样，为保证模拟生成的持有成本不出现负值，使用持有成本数据的对数进行分析。用 Eviews 对持有成本的对数时间序列进行自回归分析发现，对数持有成本也不存在条件异方差效应，可近似用 AR（1）过程来刻画。使用对数持有成本的 AR（1）回归方程模拟生成每一期对数持有成本的均值，公式如下：

$$E\{\ln(C_{(t+1)-t})\} = 3.119269 + 0.418432 \times \ln(C_{t-(t-1)}) \tag{47}$$

$\ln(C_{(t+1)-t})$ 的初始值为以 2010 年 6 月的上海同业拆借利率和沪深 300 指数数据计算出来的持有成本的对数值 5.405129。使用对数持有成本数据的方差（0.2592062）作为对数持有成本随机干扰项的方差，再用正态分布随机数生成器生成概率分布为 $N(0,0.259206^2)$ 的一个随机数，把随机数加上对数持有成本的均值，得到下一期对数持有成本。最后通过对数正态分布的性质，把持有成本及其均值和方差还原回来。

有了现货价格和持有成本的数据，即可得到每个交易主体获取信息的均值和方差，设定每个主体的风险厌恶系数 $\lambda = 1$，每个交易主体可根据自己的交易法则做出期货合约买卖的决策，最后依据价格形成机制生成期货价格，在价格形成过程中，发现市

场流动性调整参数 l 为 0.03 时期货价格的特征最接近现实市场，为此设定 $l = 0.03$。

（2）模型校准结果。根据校准的模型进行模拟 2000 次期货市场的交易，每一次交易都生成一期的期货价格。模拟发现，生成的现货价格和期货价格的时间序列的波动都具有高度的同步性（见图 1），且现货价格和期货价格存在协整关系（见表10），这与现实中观察到的现货价格和期货价格的关系是相符的。

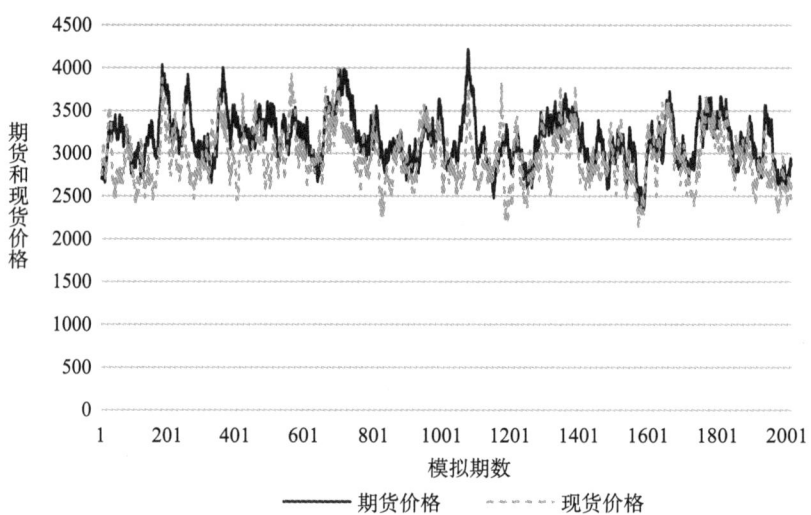

图 1　每类人数 = 1000，视野 = 1.0 条件下模拟的现货价格和期货价格

表 10　现货价格和期货价格的 Johansen 协整检验

H_0	特征值	λ_{trace}	λ_{max}
$r = 0$	0.05	149.02 *** (0.0001)	110.79 *** (0.0001)
$r = 1$	0.02	38.23 *** (0.0000)	38.23 *** (0.0000)

注：*** 表示在 1% 显著性水平下显著，( ) 内的数值表示 P 值。

经过多次模拟和检验发现，模拟的现货价格和期货价格呈现出的上述特征是稳健的，不会随着每类人数和模仿交易者视野的变化而改变。所以，本课题的仿真模型符合现实市场的基本特征，可用于期货市场羊群行为相关问题的分析。

（三）模仿交易、羊群行为及对期货市场影响的模拟仿真分析

1. 模仿交易者观察视野与羊群行为的关系

为进一步揭示羊群行为的产生机理，同时也为了能控制羊群行为水平以研究羊群行为对期货市场的影响，我们首先考察模仿交易者的观察视野与羊群行为之间的关系。把理性投机者、理性套利者、模仿交易投机者、模仿交易套利者四类人数设

置为一样,每类都包含 1000 个个体。通过在模拟程序界面页设置的"视野"滑动条控件,控制模仿交易投机者和模仿交易套利者的观察视野。把观察视野从 0 瓦片开始,每次增加 0.05 瓦片,直到 1.95 瓦片为止,每次视野的改变都初始化并模拟一次,总共模拟 40 次,每次模拟 2000 期的期货市场交易。

在每一期交易者作出交易决策后,参照刘海飞等(2011)、袁建辉等(2011)以及郑丰等(2015)关于羊群行为测度的办法,如果模仿交易者作出的决策与周围交易者的决策相同而与自己获取的私有信息相反,则定义其交易行为为羊群行为。根据此定义,模拟程序中设定关于投机者羊群行为的判断准则为:$Q^*_{shj} \times (m_{shj} - F_t) < 0$。如果此条件成立,说明该投机者实际作出的期货合约交易方向和依据自己所获得的信息理应进行的交易方向是相反的,这种不一致性的出现是由于该交易者模仿了周围投机者的交易信息而忽略了私有信息作出决策的结果,从而该投机者存在羊群行为。同理可得套利者羊群行为的判断准则为:$Q^*_{ahj} \times (m_{ahj} + S_t - F_t) < 0$。依据准则识别出羊群行为的交易主体后,为便于直观观察羊群行为在交易者中的"人口密度",如果是羊群行为的投机者,则把该交易主体的颜色由黑色改为黄色,如果是羊群行为的套利者,则把该交易主体的颜色由黑色改为红色。

把模仿交易者的观察视野从小到大依次进行模拟,模拟发现,模仿交易会产生羊群行为,这种羊群行为的产生机理在陈莹等(2010)、袁建辉等(2011)、刘海飞等(2011)、郑丰等(2015)的仿真模拟中均有揭示,本课题的模型也呈现了这一产生机理。此外,与上述文献研究不同的地方在于,本课题的模型还进一步揭示了羊群行为的产生和模仿交易者模仿观察视野之间的关系。把不同视野下每一期模拟出现的羊群行为交易者人数(包括投机者和套利者),除以模仿交易者的人数,得到每一期羊群行为交易者占模仿交易者的比例。再把 2000 期模拟计算的羊群行为交易者所占的比例进行算术平均,得到该视野下模仿交易者中产生羊群行为比例的指标。用折线图把 40 次不同观察视角下模拟得到的比例指标呈现如图 2 所示。

由图 2 可看出,模型交易者中产生羊群行为的比例随着模仿交易者视野的扩大而呈现出递增的趋势。由此表明,模仿交易者的视野越广,观察到的周围交易者的人数越多,其出现羊群行为的可能性就越大,市场中出现羊群行为的人数就越多,羊群行为产生的比例和模仿交易者的观察视野存在正相关的关系。但这种正相关关系并非简单的线性关系,而是呈现出边际递减的特征,最终模仿交易者产生羊群行为的比例会收敛到一个稳定的水平,大致达到 40% 左右,这一比例就不会再随着观察视野的增加而有显著的增加了。通过数据的拟合,模仿交易者羊群行为的比例和观察视野之间的关系可用以下对数线函数来近似:

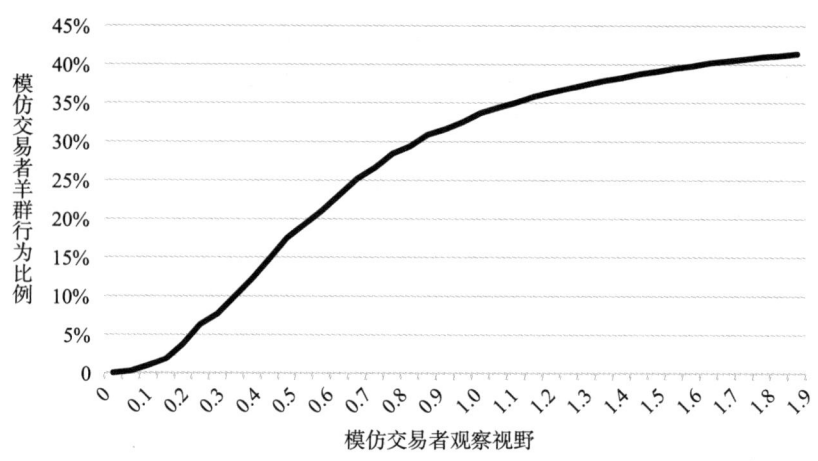

图 2 模仿交易者不同观察视野下期货市场的羊群行为水平

$$HbProp = 31.372 + 14.898 \times \ln(Scope) \quad (48)$$
$$t = (55.717) \quad (23.790)$$

其中，$HbProp$ 表示模仿交易者羊群行为的比例，$Scope$ 表示模仿交易者的观察视野。模型的可决系数 R2 达到 0.939，具有较高的拟合度。

2. 羊群行为水平与期货价格波动性和有效性之间的关系

通过控制观察视野，可得到不同羊群行为"人口密度"的期货市场，接下来课题考察了羊群行为对于期货市场的影响，主要考察两个方面的问题：（1）羊群行为是否加剧了期货市场价格的波动；（2）羊群行为是否会减弱期货价格的有效性。

在分析之前，需要首先明确市场的羊群行为水平、期货市场的价格波动和期货价格发现功能的度量指标。对于市场羊群行为水平的度量，参照袁建辉等（2011）、郑丰等（2015）的测度方法，把每一期模拟出现的羊群行为交易者人数，除以总交易者的人数，以此度量每一期的羊群行为水平。然后，把 2000 期的羊群行为水平进行算术平均，得到代表期货市场在一段时间内羊群行为平均水平的度量指标（用 HM 表示）。

期货市场价格的波动性可参考股票价格波动性的度量方法，采用反映价格离散程度的价格标准差。但与股票市场不同的是，期货市场容易受现货市场的影响，期货市场出现异常波动有可能是由于现货市场的过度波动造成。为控制现货价格波动的因素，我们采用相对的办法，把每次不同观察视野下模拟得到的 2000 期的期货价格和现货价格的数据导出，首先计算期货价格的样本标准差（用 $FP-Std$ 表示），然后计算现货价格的标准差（用 $SP-Std$ 表示），再把 $FP-Std$ 除以 $SP-Std$，以此作为期货价格相对波动性大小的度量指标（用 $FP-RVol$ 表示），$FP-RVol$ 数值越大，说明期货市场价格的波动性越大。

期货价格的有效性对于期货市场来说主要是指期货的价格发现功能,即期货价格是否反映了未来现货价格的信息。为此,我们把每期的期货价格看作下一期(未来)现货价格的预测值,计算它们的平均绝对百分误差($mape$),即用每期期货价格减去下一期(未来)现货价格的绝对值,然后除以现货价格,作为期货价格对下一期现货价格的预测相对误差,再把2000期的预测相对误差求算术平均值,以此作为期货价格对未来现货价格的价格发现功能的度量指标(用 $FS-Mape$ 表示),$FS-Mape$ 数值越大,说明期货价格反映未来现货价格的偏差越大,其价格有效性也就越差。

把不同观察视角下40次模拟计算出的羊群行为水平 HM、期货价格相对波动率 $FP-RVol$、期货价格和未来现货价格的平均绝对百分误差 $FS-Mape$ 结果列示如表11所示。

表11　不同羊群行为水平下期货价格相对波动率、期货和现货价格平均绝对百分误差的模拟结果

Scope	HM（%）	FP−RVol（%）	FS−Mape（%）	Scope	HM（%）	FP−RVol（%）	FS−Mape（%）
0	0	108.50	10.69	1.0	16.28	95.19	10.38
0.05	0.13	103.57	11.07	1.05	16.85	100.06	9.58
0.1	0.49	105.04	11.56	1.1	17.20	95.38	11.65
0.15	0.93	101.33	10.86	1.15	17.53	103.12	11.13
0.2	1.91	98.03	10.13	1.2	17.91	101.11	10.23
0.25	3.14	109.58	12.48	1.25	18.21	98.51	10.38
0.3	3.85	90.57	12.00	1.3	18.45	102.63	10.87
0.35	4.99	94.24	12.19	1.35	18.71	121.38	10.71
0.4	6.14	90.73	10.47	1.4	18.97	94.92	10.65
0.45	7.42	96.84	9.70	1.45	19.14	100.31	10.85
0.5	8.72	106.70	11.47	1.5	19.39	102.86	10.26
0.55	9.62	98.38	10.15	1.55	19.56	96.17	11.04
0.6	10.52	89.18	11.30	1.6	19.76	102.01	10.05
0.65	11.55	89.74	9.93	1.65	19.90	97.78	10.28
0.7	12.59	104.38	11.19	1.7	20.10	103.57	10.47
0.75	13.32	99.11	12.62	1.75	20.22	95.61	11.36
0.8	14.22	108.65	12.19	1.8	20.35	101.38	10.54
0.85	14.68	103.00	10.75	1.85	20.48	95.72	10.09
0.9	15.43	102.20	10.19	1.9	20.57	102.79	10.18
0.95	15.81	101.83	10.18	1.95	20.70	101.80	11.26

分别把期货价格相对波动性 $FP-RVol$、期货和现货价格平均绝对百分误差 $FS-Mape$ 对羊群行为水平 HM 做最小二乘回归。经检验发现 $FS-Mape$ 对 HM 的回归模型存在异方差,为避免出现异方差造成变量显著性检验失效的问题,统一对模型进行 White 异方差稳健标准误修正(后边的回归分析也都如此处理)。回归结果如表12所示。

表 12　期货价格标准差、期货和现货价格平均绝对百分误差
与羊群行为水平的回归分析结果

	模型（1）：$FP-RVol$	模型（2）：$FS-Mape$
HM	0.01（0.098）	-0.03**（-2.070）
截距项	100.17	11.26
可决系数 R^2	0.0002	0.0889
样本容量	40	40

注：（）中的数值为 White 异方差稳健标准误差法修正后的 t 值，**代表在 5% 水平上显著。

由表 12 的模型（1）发现，羊群行为水平变量 HM 的回归系数并不显著，随着市场上总体羊群行为水平的提高，期货价格的相对波动率并没有显著的变化，所以没有充足的理由认为羊群行为会加剧期货市场价格的波动性。这一结论与陈莹等（2010）、刘海飞等（2011）、袁建辉等（2011）、郑丰等（2015）、王朝晖和李心丹（2015）对股票市场模拟实验得出的结论并不一样，上述文献基本肯定羊群行为会加剧股票市场价格的波动性，而本课题对于期货市场的模拟实验则显示羊群行为并未加剧期货市场价格的波动性。这说明，期货市场比起股票市场具有更复杂的交易机制，在股票市场得出的结论在期货市场上不一定成立，要了解羊群行为对期货市场的作用机理不能直接搬用股票市场的理论。

由表 12 的模型（2）还发现，期货和未来现货价格平均绝对百分误差 $FS-Mape$ 对羊群行为水平 HM 的回归系数是个负数并且在 5% 的水平上显著，这表明羊群行为的存在非但不会降低反而略微增强了期货的价格发现功能，这也有悖于 Cipriani 和 Guarino（2014）在股票市场上得出的结论和人们的直觉。一般认为羊群行为具有非理性成分，羊群行为的存在可能会引入大量噪声，从而使得金融市场价格信息失真，导致市场价格不再有效，但模拟结果显示事实并非一定如此。

3. 不同类型交易者存在的市场与期货价格的关系

为什么羊群行为不会加剧期货价格的波动性并且还略微增加了期货价格的有效性？这是否和期货市场多样的交易群体有关？为解开这些谜团，我们改变不同类交易者的人数，接着考察不同交易群体对于期货价格波动性和有效性的影响。

以 N_{sr}，N_{sh}，N_{ar}，N_{ah} 分别代表理性投机者、模仿交易投机者、理性套利者、模仿交易套利者不同类型的人数，根据期货市场存在的交易者的类型改变不同类型的人数，把仿真模型分为 8 种情况，分别是，模型（3）：只有理性投机者存在的市场（设定 $N_{sr}=1000$，N_{sh}，N_{ar}，$N_{ah}=0$）；模型（4）：只有模仿交易投机者存在的市场（设定 $N_{sh}=1000$，N_{sr}，N_{ar}，$N_{ah}=0$）；模型（5）：理性投机者和模仿交易投机者同时存在的市场（设定 N_{sr}，$N_{sh}=1000$，N_{ar}，$N_{ah}=0$）；模型（6）：只有理性套利者存

在的市场（设定 $N_{ar}=1000$，N_{sr}，N_{sh}，$N_{ah}=0$）；模型（7）：只有模仿交易套利者存在的市场（设定 $N_{ah}=1000$，N_{sr}，N_{sh}，$N_{ar}=0$）；模型（8）：理性套利者和模仿交易套利者同时存在的市场（设定 N_{ar}，$N_{ah}=1000$，N_{sr}，$N_{sh}=0$）；模型（9）：模仿交易投机者和模仿交易套利者同时存在的市场（设定 N_{sh}，$N_{ah}=1000$，N_{sr}，$N_{ar}=0$）；模型（10）：四种类型交易者同时存在的市场（设定 N_{sr}，N_{sh}，N_{ar}，$N_{ah}=1000$）。以上模型如果存在模仿交易者，则把模仿交易者的观察视野 Scope 固定为 2.0 瓦片。把八种情况仿真模型模拟得到的 2000 期期货价格和现货价格结果导出，用折线图呈现如图 3 至图 10 所示。

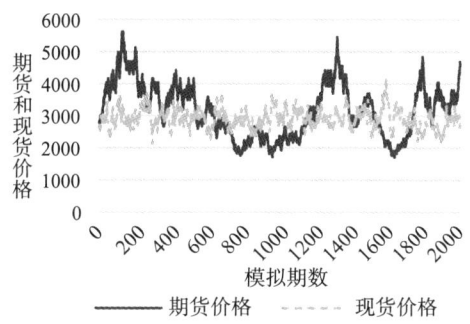

图 3 模型（3）：只有理性投机者的市场

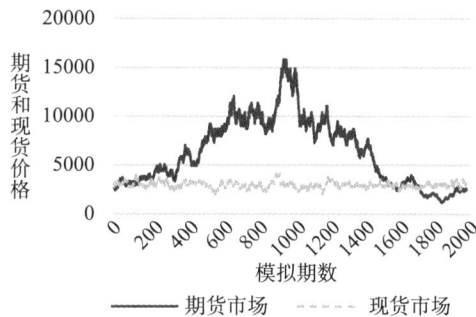

图 4 模型（4）：只有模仿交易投机者的市场

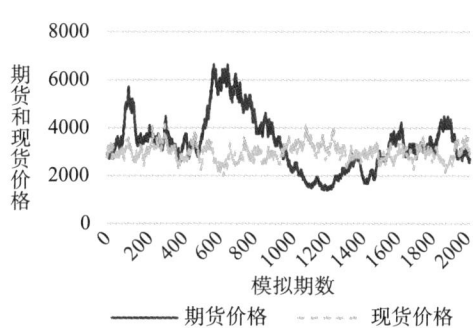

图 5 模型（5）：理性投机者与模仿投机者存在的市场

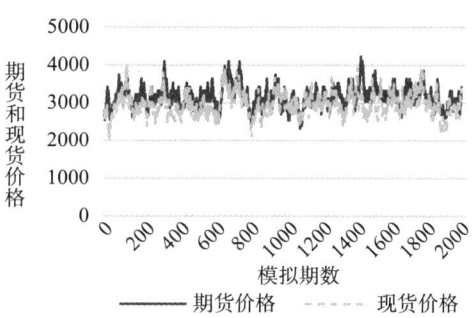

图 6 模型（6）：只有理性套利者的市场

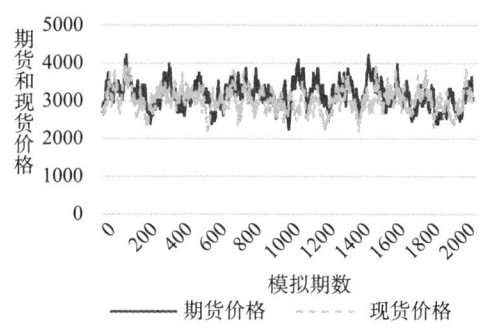

图 7 模型（7）：只有模仿交易套利者的市场

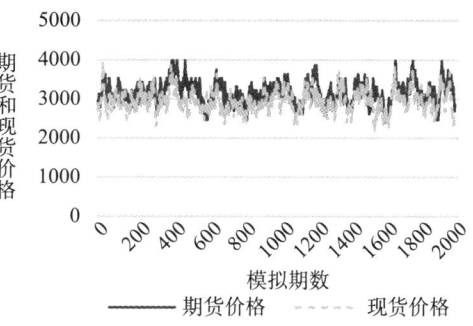

图 8 模型（8）：理性套利者与模仿套利者存在的市场

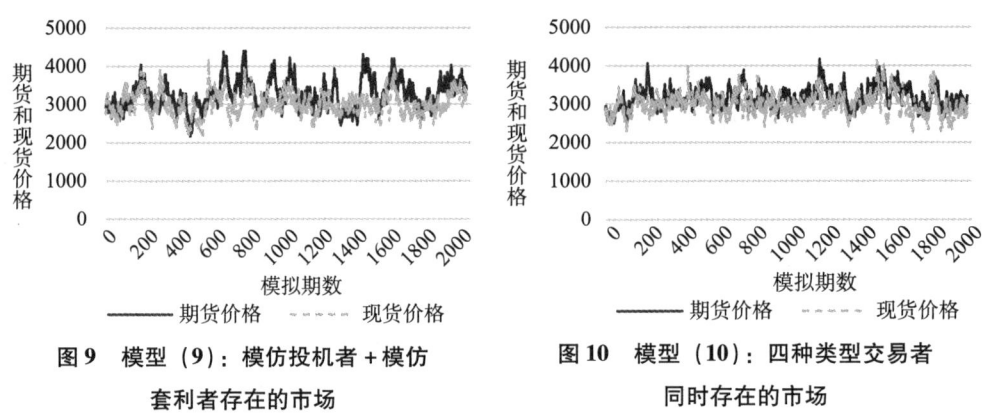

图9 模型(9):模仿投机者+模仿套利者存在的市场

图10 模型(10):四种类型交易者同时存在的市场

对模拟结果进行量化分析,首先使用回归分析方法作下一期(未来)现货价格 S_T 对当期期货价格 F_t 的回归,回归方程为:

$$S_T = \beta_0 + \beta_1 F_t + \mu \tag{49}$$

通过回归考察现货价格和期货价格的协整关系以及回归方程的拟合优度,同时计算 S_T 和 F_t 的相关系数,以此分析不同交易者存在的期货市场中期货价格和现货价格之间的关联性。为考察期货价格的波动性,使用同样的方法计算期货价格的样本标准差 $FP-Std$ 和现货价格的样本标准差 $SP-Std$,再计算期货价格的相对波动率指标 $FP-RVol$。同时计算期货价格和现货价格的平均绝对百分误差 $FS-Mape$ 考察期货价格的有效性。八种情况下的模型量化分析结果整理如表13所示。

表13 不同交易者类型市场条件下期货价格和现货价格的量化分析

类别	模型(3)	模型(4)	模型(5)	模型(6)	模型(7)	模型(8)	模型(9)	模型(10)
F_t	-0.03***	-0.00	-0.10***	0.54***	0.24***	0.49***	0.29***	0.37***
	(-3.97)	(-1.24)	(-16.00)	(24.83)	(12.09)	(27.35)	(17.79)	(15.96)
截距项	3048.57	2976.66	3321.60	1250.44	2254.70	1240.10	2054.38	1826.10
协整关系	存在	存在	存在	存在	存在	存在	存在	存在
可决系数 R^2	0.0082	0.0008	0.1191	0.2569	0.0652	0.2511	0.1338	0.1217
相关系数	-0.09	-0.03	-0.35	0.51	0.26	0.50	0.37	0.35
$FP-Std$	840.40	3448.77	1151.75	291.04	336.02	286.56	389.13	271.30
$SP-Std$	308.58	321.82	340.43	311.04	315.79	282.45	310.05	284.01
$FP-RVol$(%)	272.34	1071.64	338.32	93.57	106.41	101.45	125.51	95.52
$FS-Mape$(%)	27.15	128.16	35.95	10.03	11.79	10.37	12.88	10.19
样本容量	2000	2000	2000	2000	2000	2000	2000	2000

注:( )中的数值为 white 异方差稳健标准误差法修正后的 t 值,***代表在1%水平上显著。

由图3和表13模型(3)的结果发现,如果市场上只有理性投机者,尽管做出的交易决策是理性的,但期货市场的涨跌幅度明显大于现货市场,期货价格的相对

波动性 $FP-RVol$ 达到 272.34%，同时期货价格和现货价格甚至出现了负相关的关系，这说明"投机"是造成期货市场大幅波动的力量来源，如果市场交易者都是为了通过当期和未来期货的价差获利，从而进行单向的交易策略，容易造成市场短期供需的严重失衡，进而带来期货价格的大涨大跌。由图 4 和表 13 模型（4）的结果进一步发现，如果市场中交易者不仅都是投机，而且都是跟风模仿的交易，每个个体获得的信息质量又很差，这种期货市场的波动率会远远高于现货市场（$FP-RVol$ 高达 1071.64%），期货价格出现暴涨暴跌异常波动的概率极大。此时的期货价格和现货价格不再具有明显的相关性（F_t 回归系数不再显著，可决系数和相关系数接近于 0），期货价格对于未来现货价格的价格发现功能也几乎丧失（$FS-Mape$ 指标高达 128.16%），期货市场的价格不再有效。这说明模仿交易的投机是期货市场异常波动的重要诱因，如果大家都跟风交易，对期货价格进行追涨杀跌，会带来期货价格的剧烈波动，这种波动已经脱离了现货市场基本面的影响。由图 5 和表 13 模型（5）还发现，尽管在模仿交易投机者市场中增加了理性投机者，$FP-RVol$ 为 338.32%，期货市场的波动仍旧明显大于现货市场，但波动幅度相对于完全是模仿交易投机者的市场小了很多，同时期货价格发现功能也达到了改善，$FS-Mape$ 由超过 100% 降低到了 35.95%。出现这种改善的原因在于，理性投机者获取信息的质量较高，除了理性投机者的交易，模仿交易投机者也模仿了理性投机者，最终形成的期货价格包含了理性投机者高质量的信息。但比起完全是理性投机者的市场，具有模仿交易投机者的市场期货价格不仅波动性大，而且期货价格的有效性要低，说明模仿交易投机者的存在会对市场带来一定的扰动。

如果市场中只有套利者，由图 6 和表 13 的模型（6）可看出，在交易主体都是理性套利者的情况下，期货价格波动率 $FP-Std$ 为 291.041，$FP-RVol$ 为 93.57%，期货市场的波动性较小，和现货市场的波动差不多，甚至比现货市场波动还小一些，远远小于只有投机者市场的情形。同时，期货价格和未来现货价格具有显著的正相关关系，回归系数为正且显著，相关系数达到 0.5069，期货价格和未来现货价格的波动具有很好的同步性，并且期货价格和未来现货价格的平均绝对百分误差 $FS-Mape$ 仅为 10.03%，期货市场的价格高度有效。这说明，在期货市场和现货市场之间的套利交易是期货市场稳定运行的核心力量，也是期货市场功能发挥的关键因素。由图 7 和表 13 的模型（7）我们还惊奇地发现，即使市场上都是模仿交易的套利者，他们获取信息的质量相对较差，也会进行跟风或从众交易，但期货市场并没有因为这种模仿交易而有太大的波动，期货价格的波动率 $FP-Std$ 为 336.022，也只比现货市场的波动率略大一些（$FP-RVol$ 为 106.41%）。虽然相关系数变小了一些，但回归系数依然为正并且显著，$FS-Mape$ 也仅为 11.79%，比纯理性套利者的市场并没有增加很多，期货的价格发现功能没有受到太多的影响。这表明，套利策略的模仿交易对期货市场并没有太大的坏处,不会带来明显的期货市场价格波动率的上升和价格有效性的下降,这和模仿跟风的投机交易带来的影响是不一样的。原因可能在于,套利交易是紧盯现货市场的,即使持有成本信息获取的质量较差并相互模仿,套利交易还是会使得期货市场紧密联系现货市场,不至于使期货价格脱离市场的基本面因素。我们把理性套利者引入到模仿交易套利者的市场中,由图8和表13的模型(8)可看出,理性套利者的加入,会轻微改善纯模仿交易套利者期货市场价格的波动性和价格的有效性,这是因为理性套利者具有较高的信息质量。总体来说,模仿交易套利者虽然会带来一定的噪声,但危害不大,随着理性套利者的加入,期货市场价格会更加稳定且有效。

由前边分析知,模仿交易投机者容易造成期货市场的暴涨暴跌,模仿交易套利者则是市场的稳定力量,对期货市场没有太大的负面影响,那么,如果模仿交易投机者和模仿交易套利者同时存在期货市场,期货价格会有怎样的表现?为此,我们模拟了同时存在模仿交易投机者和模仿交易套利者的市场。由图9和表13的模型(9)可看出,比起模型(7)纯模仿交易套利者的市场,虽然模仿交易投机者的加入,会增加期货市场价格的波动性,但期货市场相对波动性指标只是轻微增加,$FP-RVol$ 由106.41%增加到了125.51%,并没有大幅的变化。同时期货市场有效性指标 $FS-Mape$ 也只是轻微上升,由11.79%增加到了12.88%,期货价格和未来现货价格的正相关性也显著存在。与之形成鲜明对比的是,模型(4)纯模仿交易投机者的市场,在加入模仿交易套利者变为模型(10)之后,期货市场的波动性有了大幅的下降,相对波动性指标 $FP-RVol$ 由1071.64%下降到了125.51%,价格有效性指标 $FS-Mape$ 由128.16%显著下降到了12.88%,期货价格和未来现货价格的关系也由原来不存在相关性变为了存在一定的相关性。这说明,虽然都是模仿交易,但模仿交易套利者对于期货市场的稳定力量要强于模仿交易投机者对期货市场的不稳定影响,市场中只要存在套利交易,尽管是模仿跟风,也会大大提高期货市场的稳定性和价格的有效性。我们最后把四种交易者都存在的市场再做一次模拟,如图10和表13的模型(10)所示,同样发现,如果市场中同时存在理性和模仿交易的投机者和套利者,由于套利力量的存在,期货市场的波动还是比较稳定($FP-RVol$ 为95.52%)并且价格还是较为有效的($FS-Mape$ 为10.19%)。通过对不同交易者类型市场的模拟分析,我们解开了上述关于羊群行为没有加剧期货市场波动性和弱化期货价格发现功能的谜团,原因就在于,模仿交易套利者非但不是期货市场波动的助推力量,反而是稳定力量之一,而且套利稳定市场的力量要强于投机推动市场波动的力量,所以在四种交易者都存在的市场上,以投机者和套利者一起测算的市场羊群行为水平的增加不会加剧期货市场的波动和降低价格的有效性。

4. 噪声信息、羊群行为与期货价格的关系

前边关于期货价格波动性和有效性的分析都是在市场交易者获得的信息是真实信息的无偏估计量情况下进行的讨论，但现实中不是每个交易者获得的信息都准确，有可能部分交易者获得的信息会存在系统性偏差，这部分交易者参与市场交易会带来噪声信息。我们的问题是，如果理性交易者在获取信息时存在部分噪声信息，模仿交易或者羊群行为是否会放大这些噪声信息，使得期货市场的波动性加剧和价格发现功能失效？一种可能是，噪声信息会随着交易者的相互模仿和传播，使得市场上的信息失真，出现"噪声扩音器"效应。但还有另一种可能是，模仿交易者同时也模仿了准确的信息，使得准确信息在市场中的比重加大，反而弱化了噪声信息的影响，出现"噪声消音器"效应。两种效应相互作用，在期货市场中最终会出现怎样的结果？为解答这一问题，我们在模拟程序中把模拟时期分为三个阶段：第一阶段为只有理性交易者的交易，模拟1000期；第二阶段引入噪声交易，随机抽取1/5数量的理性交易者，令他们获取信息与真实信息存在系统性偏差（获取信息的均值为真实信息的均值加上或者减去10倍的标准差）。把具有噪声信息的交易者与没有系统性偏差信息的理性交易者一起参与市场的交易，同样模拟1000期；第三阶段再引入模仿交易者，同前两类交易主体一起参与市场交易，这一阶段也模拟1000期。通过比较不同阶段期货市场价格的变化，即可分析噪声信息对期货市场的影响，以及羊群行为是起到了"噪声扩音器"还是"噪声消音器"的作用。

按照不同类型交易者以及存在信息系统性偏差方向的不同，我们把仿真模型分为6种情况，分别是：模型（11）：只有投机者的市场，部分投机者获取信息的偏差为正偏差；模型（12）：只有投机者的市场，部分投机者获取信息的偏差为负偏差；模型（13）：只有套利者的市场，部分套利者获取信息的偏差为正偏差；模型（14）：只有套利者的市场，部分套利者获取信息的偏差为负偏差；模型（15）：同时存在投机者和套利者的市场，部分投机者和套利者获取信息的偏差都为正偏差；模型（16）：同时存在投机者和套利者的市场，部分投机者和套利者获取信息的偏差都为负偏差。把不同情况仿真模型模拟得到的3000期期货价格和现货价格结果导出，并把模型（11）到模型（16）的模拟结果用折线图呈现如图11至图16所示。

把不同情况模拟得到的3000期期货价格和现货价格做回归分析。为分析噪声信息对于期货价格的影响，我们引入噪声交易的虚拟变量 $Dnoise$，如果市场中具有噪声信息，则设置这一时期 $Dnoise$ 的取值为1，否则为0。同时，为分析羊群行为是放大还是削弱了噪声信息的影响，引入噪声信息和羊群行为的交互项 $Dnoise \times HM$。回归方程如（49）式：

$$F_t = \beta_0 + \beta_1 Dnoise + \beta_2 Dnoise \times HM + \beta_3 S_T + \mu \qquad (50)$$

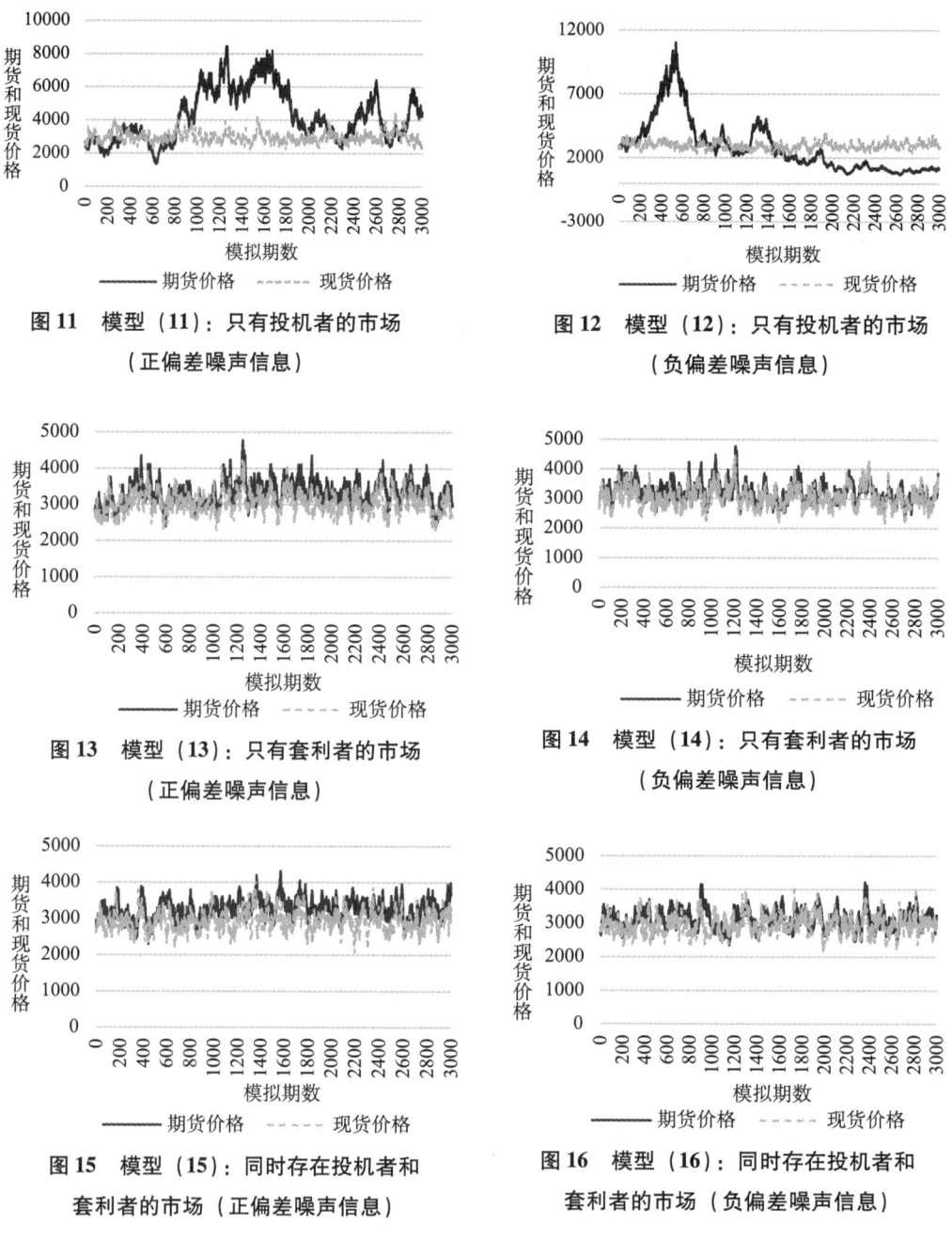

图11 模型（11）：只有投机者的市场（正偏差噪声信息）

图12 模型（12）：只有投机者的市场（负偏差噪声信息）

图13 模型（13）：只有套利者的市场（正偏差噪声信息）

图14 模型（14）：只有套利者的市场（负偏差噪声信息）

图15 模型（15）：同时存在投机者和套利者的市场（正偏差噪声信息）

图16 模型（16）：同时存在投机者和套利者的市场（负偏差噪声信息）

除了通过回归分析考察噪声信息对期货价格均值的影响，我们还计算了3个阶段期货价格的有效性指标 $FS-Mape$ 和波动性指标 $FP-RVol$（分别用下标1、2、3表示），以比较不同阶段期货价格的有效性和波动。6种情况模拟的量化分析结果如表14所示。

表14　　　　　　　　　噪声信息、羊群行为与期货价格的量化分析表

	模型（11）	模型（12）	模型（13）	模型（14）	模型（15）	模型（16）
$Dnoise$	2941.93 ***	-2326.98 ***	230.23 ***	-40.41 ***	212.27 ***	-118.43 ***
	(62.93)	(-31.17)	(19.17)	(-3.05)	(18.10)	(-9.39)
$Dnoise \times HM$	-10257.4 ***	-7135.33 ***	-399.67 ***	-504.83 ***	-375.22 ***	139.86 **
	(-44.09)	(-46.30)	(-7.18)	(-8.61)	(-6.95)	(2.30)
S_T	0.19 ***	-0.31 ***	0.67 ***	0.61 ***	0.27 ***	0.38 ***
	(3.61)	(-4.12)	(41.33)	(44.09)	(17.23)	(19.98)
截距项	2434.26	5820.96	1151.79	1427.83	2352.54	2043.87
调整可决系数 R^2	0.6082	0.5686	0.4535	0.4036	0.1955	0.1471
$FS-Mape_1$（%）	22.41	67.86	8.71	10.82	11.55	12.74
$FS-Mape_2$（%）	105.92	30.66	12.75	10.23	15.14	9.07
$FS-Mape_3$（%）	36.90	62.31	11.58	7.38	14.45	8.95
$FP-RVol_1$（%）	262.38	717.54	114.99	95.64	105.95	99.54
$FP-RVol_2$（%）	380.56	295.49	107.63	113.17	84.11	101.28
$FP-RVol_3$（%）	260.10	73.61	102.31	83.80	90.92	112.43
样本容量	3000	3000	3000	3000	3000	3000

注：（ ）中的数值为white异方差稳健标准误差法修正后的t值，***，**代表在1%，5%水平上显著。

由图11可看出，相较于没有噪声信息的市场，在1000期引入正偏差噪声信息后，期货价格相较前期有了较大的波动，并且呈现出向上波动的趋势，而在2000期引入羊群行为之后，期货价格的波动似乎有所下降。这一价格波动趋势在表14模型（11）的量化分析中得到了验证，表14模型（11）的回归结果显示，噪声信息虚拟变量$Dnoise$的回归系数为正并且显著，$FS-Mape_2$显著大于$FS-Mape_1$、$FP-RVol_2$显著大于$FP-RVol_1$，表明在投机者获得的信息有正偏差的情况下，部分投机者会高估到期的现货价格，从而增加买多的交易量，通过投机者之间的交易，这种噪声信息平均来说会推高期货价格，同时降低期货价格的有效性和加剧期货价格的波动性。在市场出现羊群行为后，交互项$Dnoise \times HM$的回归系数显著为负值，表明羊群行为的存在削弱了正偏差噪声信息拉高期货价格的影响，与此同时，$FS-Mape_3$和$FP-RVol_3$相对$FS-Mape_2$和$FP-RVol_2$均有了下降，表明羊群行为非但没有放大噪声信息的不利影响，反而部分修正了噪声信息造成的价格失真和市场波动问题。这种情况出现的原因可能是由于羊群行为更大程度吸收了理性交易者的准确信息而非噪声信息，起到了"噪声消音器"的作用。但由图12和表14模型（12）的结果可以发现，在投机者期货市场上，噪声信息并非总会使得价格信息失真，投机者的羊群行为的存在也并非像模型（11）那样总能改善市场。因为在模型（12）的结果中，期货价格在没有噪声信息的初期，由于投机者的投机交易已经造成了期货价格

的虚高（如图 12 所示），此时的期货价格有效性指标 $FS-Mape_1$ 是 67.86%。在引入负偏差噪声信息后，$Dnoise$ 的回归系数显著为负值，噪声信息的存在使得期货价格有所回落，期货价格的有效性指标 $FS-Mape_2$ 在引入噪声信息后并没有上升反而下降到了 30.66%。而在羊群行为加入后，$Dnoise \times HM$ 的回归系数也显著为负值，羊群行为使得噪声信息进一步造成期货价格的下行，期货价格的有效性指标 $FS-Mape_3$ 又上升到了 62.31%。这些结果表明，负偏差的噪声信息会拉低期货价格，如果之前理性投机者的交易造成了期货价格的虚高，这种负偏差噪声信息的引入是有助于期货价格向现货价格的回归的。羊群行为的存在会加剧噪声信息拉低价格的效果，但有可能造成市场回调过度，又降低了期货的价格的有效性，羊群行为这时呈现的是"噪声扩音器"效应。

相对于图 11 和图 12 呈现的投机者市场，图 13 和图 14 呈现的套利者市场则要稳定得多，虽然也存在噪声信息，但期货价格基本都围绕现货价格波动，并且保持高度的同步性。由表 14 模型（13）的结果可看出，在套利者存在正偏差的持有成本噪声信息条件下，$Dnoise$ 的回归系数显著为正，$Dnoise \times HM$ 的回归系数显著为负，$FS-Mape$ 指标呈现出先增后减的变化，这种情况跟模型（11）类似，表明正偏差信息会使得套利者高估持有成本，从而会增加他们的买多交易量，进而推高期货价格，使得信息失真。在羊群行为加入后，会削弱噪声信息的影响，使期货价格回调，提高期货价格的有效性。与模型（11）不同的地方在于，套利者市场比起投机者市场，噪声信息及羊群行为对期货价格的影响要温和得多，市场的波动性也并没有表现出明显的变化。表 14 的模型（14）显示，负偏差的持有成本噪声信息下，$Dnoise$ 和 $Dnoise \times HM$ 的回归系数也都显著为负，这点与模型（12）也类似，表明负偏差持有成本信息拉低了期货价格，羊群行为放大了这种影响。但与模型（12）不同的地方在于，市场有效性指标 $FS-Mape$ 在引入负偏差持有成本信息后有了轻微的下降，而在羊群行为放大这种信息后下降反而更为显著。出现这种影响的原因在于，在套利交易下持有成本是造成期货价格和现货价格出现偏差的一个主要因素，如果持有成本被低估，期货价格和现货价格的偏差会变小，反而有利于期货价格发现功能的发挥，这种情况下羊群行为的"噪声扩音器"作用反而是有利于市场价格有效性的。

在同时存在投机者和套利者的市场，由图 15 和图 16 发现，除了波动幅度的一点差异，期货市场的总体表现都更接近于图 13 和图 14 所呈现的只有套利者的市场的情形。量化分析结果也支持这一论断，在表 14 模型（15）的结果中，虽然投机者和套利者都存在正的信息偏差，但 $Dnoise$ 的回归系数为 212.27，比起只有投机者市场模型（11）的 $Dnoise$ 回归系数要小得多，期货价格在双重正向噪声信息的影响下并未呈现出大幅的向上偏移。无论是羊群行为的效应 $Dnoise \times HM$ 交叉项的回归系数,还是市场有效性指标 $FS-Mape$ 和波动性指标 $FP-RVol$,模型(15)与模型(13)的情形都比较接近。模型(16)也是如此,在投机者和套利者都存在负向信息偏差情况下,期货市场的数字特征都更接近于只有套利者市场模型(14)的情形。这表明,如果投机者和套利者都存在同方向的噪声信息,这些噪声信息对于期货价格的总影响并非"一加一等于二",而是近似"一加一等于一",噪声信息的影响和羊群行为的效应都更多取决于套利者获取信息的情况。这意味着,套利者比起投机者,在期货市场上是更强的决定市场特征的力量,套利者的存在以及获取信息的情况对于期货价格的波动性和有效性至关重要,这也进一步验证了前文的推论。

(四)结论与启示

为解开我国期货市场异常波动之谜,本课题基于计算实验金融的方法,研究了可能导致期货市场异常波动的羊群行为与期货价格的波动性和有效性的关系。按照在期货市场交易策略的不同,本课题把期货市场的交易主体分为理性投机者、模仿交易投机者、理性套利者和模仿交易套利者四类,并利用优化模型对这四种类型交易主体的决策行为进行了数理分析。在此基础上,构建期货市场的多主体复杂适应系统仿真模型,并使用中国股指期货市场的数据对模型进行校准,模拟羊群行为的产生以及四种类型期货市场交易主体的交易行为形成的期货价格。

通过模拟发现,市场羊群行为水平与模仿交易者的观察视野呈正向关系,模仿交易者的观察视野越大,其产生羊群行为的概率就越大,市场的羊群行为水平就越高,但观察视野达到一定程度后,羊群行为水平就趋于稳定,不再随着视野的扩大而增加了。所以,以定义的羊群行为指标去衡量市场的"模仿""从众"或"跟风"程度并不完全准确。

然后,本课题对羊群行为与期货市场价格波动性与有效性的关系进行了模拟分析。模拟结果发现,羊群行为对期货市场的影响与对股票市场的影响是不一样的。在期货市场中,羊群行为水平的提高并不必然加剧期货价格的波动性,这与其他学者在股票市场中的模拟实验得出的结论并不相同。同时,羊群行为也并不必然会降低期货价格的有效性甚至可能会出现提高有效性的情形。之所以出现这种结果,原因在于期货市场存在着复杂的交易主体,既有单向交易的投机者也有双向交易的套利者。投机者是市场的不稳定力量,在没有套利者存在的情况下,投机者之间的交易容易造成期货价格的大涨大跌,这时如果再存在模仿交易及羊群行为,期货市场的波动则更为剧烈。所以,期货市场的异常波动可能是投机交易造成的,羊群行为在其中可能发挥了推波助澜的作用。相较投机者,套利者则是期货市场稳定的力量,模仿交易的套利者不但不会加剧市场的波动,反而是市场稳定力量之一。纯投机者期货市场在引入套利者后,不管是理性套利者还是模仿交易套利者,市场的波动都会得到平抑，价格的有效性也会得到显著的提高。由于套利者的存在，且套利稳定市场的力量要强于投机推动市场波动的力量，最终使得以投机者和套利者一起测算的市场羊群行为水平的增加不会加剧期货市场的波动和降低价格的有效性。

最后，本课题在模拟模型中噪声信息，进一步考察噪声信息、羊群行为与期货价格的关系。模拟结果显示，在交易者存在噪声信息情况下，羊群行为的存在同时发挥着"噪声扩音器"和"噪声消音器"的作用，并不必然导致期货的价格失真，甚至可能有助于改善市场的表现。投机者的噪声交易大多数情况下会降低市场价格的有效性，套利者则并不一定，负向的信息偏差反而会因为低估持有成本使得期货的价格发现功能增强。在投机者和套利者同时存在信息偏差情况下，期货市场的市场特征更接近于只有套利者市场的情形，噪声信息的影响和羊群行为的效应都更多取决于套利者获取信息的情况。所以，套利者比起投机者，在期货市场上是更强的决定市场特征的力量，也是决定噪声信息及羊群行为影响期货市场波动性和有效性的关键力量。

六、课题总结

本课题基于投资者交易数据和对应的现货价格日度数据，对我国期货投资者是否存在过度自信、处置效应和锚定效应进行了实证研究，然后使用多主体复杂系统模拟的方法研究了我国期货市场不同类型投资者的羊群行为对市场价格的影响，最终得出如下结论：

（1）我国期货市场上的投资者存在明显的过度自信，并且投资者的过度自信程度会随着投资者经验的提升先上升后降低，呈现"倒U"形的变化趋势。同时，男性投资者的过度自信程度普遍高于女性投资者。过度自信带来的过度交易损害了投资者的投资收益，过度交易程度越高造成的损害越大。过度自信同时也对期货形成了负面的冲击，交易量的提升会推高合约价格，使得市场价格脱离合理的定价机制。

（2）我国期货市场上的投资者存在显著的处置效应，并且女性投资者的处置效应要远远大于男性投资者。但是投资者的投资经验并不会对处置效应产生显著且稳定的影响，这也侧面说明处置效应是一种难以避免的行为偏差，不会因投资经验的提升而增加或减小。研究结果还显示我国期货市场投资者的处置效应并不必定会影响投资者的投资收益，从而无法认为期货投资者的处置效应是一种完全非理性的行为，投资者过久地持有亏损合约可能只是出于其对未来的盈利保有合理的预期。与其他金融市场相比，我国期货市场的处置效应和韩国期货市场处于同一水平，同时远远小于我国股票市场的处置效应。

（3）我国期货市场上的投资者在对某种商品期货合约开仓报价时，会显著受到上一次对该合约品种的开仓价格数字的影响,这种影响并不是来自价格背后代表的商品价值,而是由无意义的数字造成的,即存在着锚定效应,这显然是一种不理性的投资行为。在买入开仓和卖出开仓这两种操作下,投资者会对现货价格表现出不同的态度,但是锚定效应却没有显著差异,这也侧面说明锚定效应是一种稳定的心理和行为偏差。

(4) 研究通过复杂系统模拟的方法发现市场羊群行为水平与模仿投资者的观察视野呈正向关系,但在观察视野达到一定程度后便不再随着视野的扩大而增加了,羊群行为水平最终会稳定在40%左右。

(5) 羊群行为对期货市场的影响与对股票市场的影响是不同的。羊群行为并不必然会降低期货价格的有效性甚至可能会出现提高其有效性。之所以出现这种结果,原因在于虽然投机者是期货市场的不稳定力量,但套利者却是期货市场的稳定力量且套利稳定市场的力量要强于投机者加剧市场波动的力量。

(6) 模拟分析的结果说明,造成期货市场异常涨跌的原因可能在于我国期货市场套利力量的薄弱,无法发挥稳定市场的作用,从而造成投机盛行,而模仿投机的羊群行为更进一步加剧了这种异常波动,要想期货市场稳定运行,更好地发挥价格指导的作用,使羊群行为产生正作用而非负作用,套利者的力量需要进一步强大起来。

基于以上研究所得,本课题提出以下建议:(1) 完善期货市场交易机制,建立多层次的期货市场,尽可能消除套利限制性因素,增加期货市场中套利的力量;(2) 加大信息披露力度,减少交易者获取的信息误差,防止盲目地投机模仿交易;(3) 继续加强对投资者理性投资的引导和教育,帮助投资者认识到自己在投资过程中存在的下意识心理和行为偏差。

参考文献

[1] Ackert, Lucy; Deaves, Richard. Behavioral Finance: Psychology, Decision-Making, and Markets 1st Edition, Boston, Cengage Learning, 2009.

[2] Ahneman, Daniel. Reference Points, Anchors, Norms and Mixed Feelings, in Organizational Behavior and Human Decision Processes, Vol. 51, No. 2, 1992.

[3] Banerjee A. K. and Padhan P. C. Herding Behavior in Futures Markets: An Empirical Analysis from India, in Theoretical Economics Letters, Vol. 7, No. 4, 2017.

[4] Banerjee, A. K. A Simple Model of Herd Behavior, in Quarterly Journal of Economics, Vol. 107, No. 3, 1992.

[5] Beggs, A., and Graddy, K. Anchoring effects: Evidence from art auctions,

in American Economic Review, Vol. 99, No. 3, 2009.

［6］Beiros, S. D. and Diks, C. H. The Relationship between Crude Oil Spot and Futures Prices: Cointegration, Linear and Nonlinear Causality, in Energy Economics, Vol. 30, No. 5, 2008.

［7］Bikhchandani, S. , Hirshleifer, D. , and Welch A. A Theory of Fads, Fashion, Custom, and Cultural Change as Informational Cascades, in Journal of Political Economy, Vol. 100, No. 5, 1992.

［8］Campbell, S. D. , Sharpe, S. A. Anchoring bias in consensus forecasts and its effect on market prices, in Journal of Financial and Quantitative Analysis, Vol. 09, No. 44, 2009.

［9］Cen, L. , Hilary, G. , and Wei, J. K. C. The role of anchoring bias in the equity market: Evidence from analysts' earnings forecasts and stock returns, in Journal of Financial and Quantitative Analysis, Vol. 13, No. 48, 2013.

［10］Chang, E. C, Cheng, J. W, and Khorana, A. An examination of herd behavior in equity markets: An international perspective, in Journal of Banking and Finance, Vol. 24, No. 10, 2000.

［11］Chen, G. , Kim, K. A. , Nofsinger, J. R. and Rui, O. M. Trading performance, disposition effect, overconfidence, representativeness bias, and experience of emerging market investors, in Journal of Behavioral Decision Making, Vol. 20, No. 4, 2007.

［12］Cheng, T. Y. , Lee, C. I. and Lin, C. H. An Examination of the Relationship between the Disposition Effect and Gender, Age, the Traded Security, and Bull – Bear Market Conditions, in Journal of Empirical Finance, Vol. 21, No. 2, 2013.

［13］Choe, H. and Eom, Y. The disposition effect and investment performance in the futures market, in Journal of Futures Markets, Vol. 29, No. 6, 2009.

［14］Christie, W. G. and Huang, R. D. Following the Pied Riper: Do Individual Returns Herd around the Market? in Financial Analysts Journal, Vol. 51, No. 4, 1995.

［15］Cipriani, M. and Guarino, A. Estimating a Structural Model of Herd Behavior in Financial Markets, in American Economic Review, Vol. 104, No. 1, 2014.

［16］Coval, J. D. and Shumway, T. Do behavioral biases affect prices? in The Journal of Finance, Vol. 12, No. 1, 2005.

［17］Demirer, R. , Lee, H. and Lien, D. Does the Stock Market Drive Herd Behavior in Commodity Futures Markets? in International Review of Financial Analysis, Vol. 39, No. 2, 2015.

[18] Duke, J. and Clack, C. D. Evolutionary simulation of hedging pressure in futures markets, in Evolutionary Computation, Vol. 2, No. 3, 2007.

[19] Epley, N., and Gilovich, T. Putting adjustment back in the anchoring and adjustment heuristic: Differential processing of self – generated and experimenter – provided anchors, in Psychological science, Vol. 12, No. 5, 2001.

[20] Frazzini, A. The disposition effect and underreaction to news, in The Journal of Finance, Vol. 61, No. 4, 2006.

[21] Gervais, S. and Odean, T. Learning to be overconfident, in the Review of financial studies, Vol. 14, No. 1, 2001.

[22] Gleason, K. C., Lee, C. I. and Mathur, I. Herding Behavior in European Futures Markets, in Finance Letters, Vol. 1, No. 1, 2003.

[23] Gulen, S. G. Efficiency in the crude oil futures market, in Journal of Energy Finance & Development, Vol. l. 3, No. 1, 1998.

[24] Gurrib, I. Standard deviation or variance: the better proxy for large hedgers and large speculators risk in U. S. futures markets, in African Journal of Business Management, Vol. 12, No. 3, 2007.

[25] Irwin, S. H. and Yoshimaru, S. Managed Futures, Positive Feedback Trading, and Futures Price Volatility, in The Journal of Futures Markets, Vol. 19, No. 7, 1999.

[26] Kahneman, D., and Tversky, A. Judgment under uncertainty: Heuristics and biases, in Science, Vol. 74, No. 185, 1974.

[27] Kahneman, Daniel, and Tversky, A. Prospect Theory: An Analysis of Decision under Risk, in Econometrica, Vol. 47, No. 2, 1979.

[28] Kaustia, M., Alho, E., and Puttonen, V. How much does expertise reduce behavioral biases? The case of anchoring effects in stock return estimates, in Financial Management, Vol. 08, No. 37, 2008.

[29] Koszegi, Botond, and Rabin, Matthew. A Model of Reference – Dependent Preferences, in Quarterly Journal of Economics, Vol. 121, No. 4, 2006.

[30] Krous, A. and Stoll, H. Parallel Trading by Institutional Investors, in Journal of Financial and Quantitative Analysis, Vol. 7, No. 5, 1972.

[31] Lakonishok, J., Shleifer, A. and Vishny, R. The Impact of Institutional Trading on Stock Prices, in Journal of Financial Economics, Vol. 32, No. 1, 1992.

[32] Lee, C. M. C., and Swaminathan, B. Price momentum and trading volume, in Journal of Finance, Vol. 55, No. 5, 2000.

[33] Moosa, I. M. and AL – loughani, N. E. The Effectiveness of Arbitrage and

Speculation in the Crude Oil Futures Market, in Journal of Futures Markets, Vol. 15, No. 2, 1995.

[34] Mussweiler, T., and Englich, B. Subliminal anchoring: Judgmental consequences and underlying mechanisms, in Organizational Behavior and Human Decision Processes, Vol. 98, No. 2, 2005.

[35] Nicolosi, G., Peng L. and Zhu N. Do individual investors learn from their trading experience? in Journal of Financial Markets, Vol. 12, No. 2, 2009.

[36] Odean, Terrance. Are investors reluctant to realize their losses? in Journal of Finance, Vol. 53, No. 5, 1998.

[37] Odean, Terrance. Do Investors Trade too Much, in American Economic Review, Vol. 19, No. 89, 1999.

[38] Scharfstein, D. S. and Stein, J. C. Herd Behavior and Investment, in American Economic Review, Vol. 80, No. 3, 1990.

[39] Shefrin, H. and Statman, M. The disposition to sell winners too early and ride losers too long: Theory and evidence, in The Journal of Finance, Vol. 40, No. 3, 1985.

[40] Shefrin, Hersh M, and Staman, Meir. The Disposition to Sell Winners Too Early and Ride Losers Too Long: Theory and Evidence, in Journal of Finance, Vol. 40, No. 3, 1985.

[41] Silvapulle, P. and Moosa, I. A. The Relationship between Spot and Futures Prices: Evidence from the Crude Oil Market, in The Journal of Futures Markets, Vol. 19, No. 2, 1999.

[42] Simon, D. P. and Wiggins, R. A. SandP Futures Returns and Contrary Sentiment Indicators. in The Journal of Futures Markets, Vol. 21, No. 5, 2001.

[43] Solt, M. E., and Statman, M. How useful is the sentiment index? in Financial Analysts Journal, Vol. 44, No. 5, 1988.

[44] Statman, M., Thorley, S., and Vorkink, K. Investor overconfidence and trading volume. in The Review of Financial Studies, Vol. 19, No. 4, 2006.

[45] Statman, Meir. Behavioral Finance: the second generation, Virginia, The CFA Institute Research Foundation, 2019.

[46] Stein, J. L. Real Effects of Futures Speculation: Asymptotically Rational Expectations. in Economica, Vol. 53, No. 15, 1985.

[47] Stoll, H. R. An Empirical Study of the Forward Exchange Market under Fixed and Flexible Exchange Rate Systems, in Canadian Journal of Economics, Vol. 1, No. 1, 1968.

[48] Visaltanachoti, N., Lu, L., and Luo, H. Holding periods, illiquidity and disposition effect in the Chinese stock markets, in Applied Financial Economics, Vol. 17, No. 15, 2007.

[49] Wang, C. The behavior and performance of major types of futures trades. in The Journal of Futures Markets, Vol. 23, No. 1, 2003.

[50] Weiner, R. J. Do Birds of a Feather Flock Together? Speculator Herding in the World Oil Market, in Discussion Papers, Vol. 24, No. 3, 2006.

[51] 卞曰塘,李金生,何建敏,庄亚明. 网络近邻择优策略下的股市羊群行为演化模型及仿真 [J]. 中国管理科学,2013,1 (3).

[52] 蔡庆丰,杨侃,林剑波. 羊群行为的叠加及其市场影响——基于证券分析师与机构投资者行为的实证研究 [J]. 中国工业经济,2011,1 (3).

[53] 陈晶,高丽峰,殷光伟. 上海燃料油期货市场流动性检验 [J]. 中国市场,2007,1 (45).

[54] 陈浪南,陈文博. 中国股市非对称V字形处置效应的实证研究 [J]. 管理工程学报,2020,34 (1).

[55] 陈莹,袁建辉,李心丹,肖斌卿. 基于计算实验的协同羊群行为与市场波动研究 [J]. 管理科学学报,2010,1 (9).

[56] 程天笑,刘莉亚,关益众. QFII与境内机构投资者羊群行为的实证研究 [J]. 管理科学,2014,1 (4).

[57] 池丽旭,庄新田. 投资者的非理性行为偏差与止损策略——处置效应、参考价格角度的实证研究 [J]. 管理科学学报,2011,1 (10).

[58] 董坤. 对于我国燃料油期货套期保值有效性的实证分析 [J]. 管理科学,2006,1 (35).

[59] 董志勇,韩旭. 基于GCAPM的羊群行为检查方法及中国股市中的实证依据 [J]. 金融研究,2007,1 (4).

[60] 方立兵,曾勇. 我国投资者处置效应的进一步检验 [J]. 预测,2005,1 (6).

[61] 高波,洪涛. 中国住宅市场羊群行为研究——基于1999—2005年动态面板模型的实证分析 [J]. 管理世界,2008,1 (2).

[62] 高军玲. 我国期货市场羊群效应研究 [J]. 金融纵横,2009,1 (5).

[63] 顾荣宝,刘海飞,李心丹,李龙. 股票市场的羊群行为与波动:关联及其演化——来自深圳股票市场的证据 [J]. 管理科学学报,2015,1 (5).

[64] 姜丕臻. 对中国期货机构投资者锚定启发式偏差的实证研究 [J]. 运筹与管理,2005,2 (23).

[65] 李海英，罗婷，马卫锋. 上海燃料油期货价格发现功能研究——基于GS模型的实证分析 [J]. 财贸研究，2007，1（2）.

[66] 李心丹，王冀宁，傅浩. 中国个体证券投资者交易行为的实证研究 [J]. 经济研究，2002，2（11）.

[67] 刘成彦，胡枫，王皓. QFII也存在羊群行为吗？[J]. 金融研究，2007，1（7）.

[68] 刘海飞，姚舜，肖斌卿，翟慧. 基于计算实验的股票市场羊群行为机理及其影响 [J]. 系统工程理论与实践，2011，1（5）.

[69] 刘祥东，刘澄，刘善存，陆嘉骏. 羊群行为加剧股票价格波动吗？[J]. 系统工程理论与实践，2014，1（6）.

[70] 刘志新，薛云燕. 我国商品期货市场中即日交易者过度自信的实证检验 [J]. 软科学，2007，21（3）.

[71] 罗孝玲，彭青. 我国大豆期货市场羊群行为的实证研究 [J]. Times Finance，2007，5（2）.

[72] 吕东辉，杨印生，郭鸿鹏，王乃莹. 对我国大豆期货投资者认知偏差的实证研究 [J]. 农业经济问题，2004，1（11）.

[73] 马丽. 中国股票市场羊群效应实证分析 [J]. 南开经济研究，2016，1（1）.

[74] 马良华，吴琼. 我国期货市场羊群行为实证研究 [J]. 资本市场，2005，1（1）.

[75] 倪雯，董斌. 上海燃料油期货市场有效性的计量实证研究 [J]. 现代管理科学，2007，1（6）.

[76] 饶育蕾，彭叠峰，盛虎. 行为金融学（第2版）[M]. 北京：机械工业出版社，2018.

[77] 宋军，吴冲锋. 基于分散度的金融市场的羊群效应研究 [J]. 经济研究，2011，1（11）.

[78] 田存志，赵萌. 羊群行为：隐性交易还是盲目跟风？[J]. 管理世界，2011，1（3）.

[79] 田利辉，谭德凯，王冠英. 我国大宗商品期货市场存在羊群行为吗 [J]. 金融研究，2015，1（6）.

[80] 王朝辉，李心丹. 从众行为与波动性之谜 [J]. 宏观经济研究，2015，1（4）.

[81] 王美今. 我国基金投资者的处置效应——基于交易账户数据的持续期模型研究 [J]. 中山大学学报（社会科学版），20015，1（6）.

[82] 王书平, 邝雄, 吴振信. 过度自信心理影响期货价格的数理模型分析 [J]. 中国管理科学, 2010, 1 (1).

[83] 王书平, 邝雄, 郑春梅. 锚定心理影响期货市场价格的数理模型 [J]. 系统工程理论与实践, 2012, 1 (3).

[84] 王郧, 张宗成, 华仁海. 投资者跟随其他人吗？——来自中国期货市场的证据 [J]. 上海金融, 2011, 1 (3).

[85] 伍旭川, 何鹏. 中国开放式基金羊群行为分析 [J]. 金融研究, 2005, 1 (5).

[86] 武佳薇, 汪昌云, 陈紫琳, Jie Michael Guo. 中国个人投资者处置效应研究——一个非理性信念的视角 [J]. 金融研究, 2020, 2 (1).

[87] 肖欣荣, 刘健, 赵海健. 机构投资者行为的传染——基于投资者网络视角 [J]. 管理世界, 2012, 1 (12).

[88] 许年行, 于上尧, 伊志宏. 机构投资者羊群行为与股价崩盘风险 [J]. 管理世界, 2013, 1 (7).

[89] 许志, 干沁雨, 徐加根. 中国期货市场处置效应研究 [J]. 宏观经济研究, 2013, 1 (10).

[90] 杨德勇, 彭博. 投资者过度自信与过度交易——理论模型与来自我国股市的经验证据 [J]. 中央财经大学学报, 2013, 2 (1).

[91] 袁建辉, 邓蕊, 曹广喜. 模仿式羊群行为的计算实验 [J]. 系统工程理论与实践, 2011, 1 (5).

[92] 赵茜, 王书平. 上海燃料油期货市场价格发现功能的实证研究 [J]. 运筹与管理, 2007, 16 (2).

[93] 赵学军, 王永宏. 中国股市处置效应的实证分析 [J]. 金融研究, 2001, 1 (7).

[94] 郑丰, 赵文耀, 张蜀林. 基于 Agent 的羊群行为研究 [J]. 中国管理科学, 2015, 1 (11).

[95] 周雷, 王立杰, 苟三权. 上海燃料油期货市场有效性的随机游走检验 [J]. 煤炭经济研究, 2006, 1 (10).

[96] 周铭山, 周开国, 张金华, 刘玉珍. 我国基金投资者存在处置效应吗？——基于国内某大型开放式基金交易的研究 [J]. 投资研究, 2011, 1 (10).

[97] 周为. 股市泡沫与个人投资者处置效应——基于2007年中国股票市场泡沫的实证分析 [J]. 投资研究, 2019, 38 (6).

中期协联合研究计划（第十四期）项目

基于行为金融学的我国原油期货市场国际定价权及期权定价模型研究

课题负责单位：中山大学岭南学院
课题研究编号：202131044
课题负责人：刘彦初
课题组成员：杜　野　张　宇　汤昊文　梁楚婷　肖　瑶

一、引言

自 2018 年 3 月 26 日上市以来，上海原油期货市场迅速发展成为全球第三大原油期货市场，市场规模仅次于 WTI 和 Brent 原油期货。作为我国第一个国际化期货品种，上海原油期货合约的服务范围已发展至五大洲的 23 个国家和地区，服务对象超过 68 家境外经纪机构。从"价格发现"到"上海价格"，上海原油期货已俨然成为全球原油市场的基准原油之一，成为社会各界的关注焦点。但是必须承认上海原油期货市场目前仍处于发展初期，与 WTI 和 Brent 原油期货市场存在一定差距。在此背景下，研究和探讨中国原油期货的心理关口特征和国际定价权，理解其运行机制，十分必要。

心理关口（psychological barrier）是行为金融学中的重要概念，被用于描述部分具有特殊心理暗示作用的价格水平，被认为是影响市场定价效率的重要非理性因素。以上证指数为例，国内证券分析师通常将 3000 点等 100 倍数的点位定义为市场价格的"压力位"或"支撑位"。当市场价格向上（下）跨越这部分分界线后，常被视为市场走强（走弱）的信号。在市场价格穿越心理关口前后，市场价格的出现频率、收益率、波动率与成交量等特征都将发生明显变化。心理关口现象主要由投资者心理偏差导致，并非对市场客观信息的有效反应，因此将对市场定价效率产生不利影响，而随着市场整体理性水平提高，心理关口现象将逐渐减弱乃至消失。

然而，据我们了解，国内目前还没有关于上海原油期货心理关口的研究。因此，本文的研究将是对于学术文献的有益补充。首先，上海原油期货市场是否存在心理关口现象，这反映了上海原油期货市场的理性化程度。其次，在证实上海原油期货市场存在心理关口现象的基础上，本文进一步探讨了心理关口是否会影响上海原油期货市场的定价效率以及在国际原油市场上的信息传递关系。最后，心理关口现象与交易价格的涨跌停板制度将导致传统 Black–Scholes（BS）期权定价模型不再适用于上海原油期货市场，所以有必要基于心理关口与涨跌停板制度，提出适用于上海原油期权合约的定价模型。

本文的研究有以下学术和实践贡献：第一，本文基于高频数据，证实上海原油期货市场确实存在心理关口现象；第二，本文从上海原油期货价格与国内外重要原油价格的信息传递关系出发，研究发现心理关口影响了上海原油期货市场价格发现功能与国际定价权；第三，本文基于心理关口现象与涨跌停板制度，提出了适用于上海原油期权合约的期权定价模型。

本文的结构安排如下：第二章对相关研究进行回顾；第三章对上海原油期货市场心理关口现象的存在性及其影响进行实证检验；第四章检验心理关口现象对上海

原油期货市场定价效率与国际市场信息传递关系的影响；第五章推导基于心理关口与涨跌停板制度下的期权定价模型；第六章总结。

二、文献综述

（一）心理关口

1. 心理关口的影响

心理关口的检验方法最早由 Donalson 和 Kim（1993）提出。Donalson 和 Kim（1993）通过对道琼斯工业指数日度收盘价小数点前两位数进行频率分布检验和分布形状检验，发现收盘价在接近整百点位（如十位和个位数为 01，02，98，99）时，价格出现频率普遍低于其他点位。随后，心理关口现象被证实存在于多个国家和地区的股票指数、贵金属市场、外汇市场、欧洲碳市场以及虚拟货币市场。Dowling 等（2016）发现，在 Brent 原油期货市场中存在 10 美元整数倍的心理关口，而 WTI – Brent 则存在 1 美元整数倍的心理关口。此外，Dowling 等（2016）发现市场对心理关口的反应普遍会持续 5 到 10 个交易日。

此外，研究发现心理关口对资产价格特征存在明显影响。Donalson 和 Kim（1993）发现指数收益率在心理关口附近普遍低于其他点位。Cyree 等（1999）、Chen 和 Tai（2014）以及朱宁等（2017）利用 GARCH 模型研究发现，资产价格的条件波动率在价格通过心理关口前后存在显著变化。Dorfleitner 和 Klein（2009）发现在心理关口附近，成交量会明显提高。

2. 心理关口的相关解释

针对心理关口对价格出现频率、收益率、波动率等方面的影响，学者一般偏向于用价格积聚效应（price clustering）进行解释：即由于主观心理原因，市场投资者对部分价格存在明显偏好，这促使限价买单或卖单在这部分特殊点位大量积聚，进而导致市场价格在穿越这部分点位前后的表现发生明显变化，形成心理关口现象。价格积聚效应的产生主要有五个原因，即：投资者对满数（round number）的偏好、交易者的协商习惯、投资者出于便利性的考虑、奇异定价（odd pricing）以及有限理性理论。此外，针对亚洲市场，风水和迷信也是价格积聚效应的形成原因。以中国股票市场为例，数字 8 等带有文化色彩的数字也存在心理关口的效果。因此，心理关口现象被认为是市场非理性行为的结果，并且可能影响市场效率。朱宁等（2017）认为心理关口现象会随着金融市场的发展与完善而逐渐消除。

(二) 信息传递与国际定价权

针对期货市场的价格发现功能与国际定价权问题,学者将国内期货市场与世界各大期货、现货市场之间的信息传递关系系统性地分为四个方面进行研究,即:短期价格领先滞后关系、长期价格协整关系、同期价格信息传递方向与价格信息贡献率。

1. 短期信息传递关系

通过格兰杰因果检验,判断短期内市场价格之间的信息领先滞后关系。格兰杰因果检验最早由 Granger 等 (1969) 提出,通过检验变量滞后项对市场价格的预测效果,判断变量之间的价格领先滞后关系。但是,传统格兰杰统计量存在假设过强的问题,例如要求残差独立同分布。因此,学者提出对统计检验的改进,例如:基于残差的互相关性,使用非对称卡方检验、构建非参数检验方法。此外,由于传统格兰杰因果检验假设变量之间存在线性关系,这一假设可能对存在非线性关系的序列造成不正确结果。因此,需要通过引入交互项进行非线性因果检验。除此之外,为了捕捉格兰杰因果关系随时间的变化,学者提出采用滚动窗口的方式,研究格兰杰因果的时变特性。Ozturk (2010) 总结了格兰杰因果检验应用于能源市场短期价格影响关系的系列研究。

2. 长期信息传递关系

基于协整检验,研究市场价格之间的长期协整关系。格兰杰因果检验一般适用于研究变量之间短期的价格领先滞后关系,其检验标准在于市场价格短期内变化的联动性,但无法反映变量长期的联动关系。因此,Engle 和 Granger (1987) 提出了针对非平稳变量确定协整关系的检验方法,并通过协整方程确认变量之间的长期均衡关系。由于 Engle 和 Granger (1987) 采取最小二乘法确认协整关系,这导致该方法确认的协整方程最多有且只有一个。事实上,单一长期均衡关系的假设较为严苛,而市场上所观测到的长期价格关系往往受到多方影响。因此,Johnsen (1988) 基于最大似然估计,提供了多个协整关系的检验方法。除此之外,学者发现当市场发生结构性变化后,市场价格之间的长期均衡关系往往也会随之改变。在此基础上,Blake 和 Fomby (1997) 提出阈值协整关系,用于捕捉市场价格长期均衡关系的非线性变化。但是,Hansen 和 Seo (2002) 指出,Blake 和 Fomby (1997) 的估计方法只适用于协整关系已知的情形,因此 Hansen 和 Seo (2002) 基于最大似然估计方法,提出了两区制阈值协整关系的估计方法。其后,Kejriwal 和 Perron (2010) 提出了多个内生时间断点的协整回归模型。Peri 等 (2013) 通过时变协整的分析方法,寻找谷物和大豆期现市场的价格传递关系，并发现多个信息传递关系的结构性断点。

3. 同期信息传递关系

通过有向无环图（Directed Acyclic Graph）方法，确定同期价格传递方向。格兰杰因果检验与协整检验都存在一个局限，即二者对变量之间信息传递存在一定程度的模型假设，而有向无环图方法则完全放松模型设定，从数据角度直接研究变量之间的信息传递关系。有向无环图方法最早由 Sprites 等（2000）提出，这是一种数据驱动的方法，根据市场上观察到的价格相关性，以及偏相关性，确定市场价格之间同期的因果关系。由于没有过多的初始假设，而且检验结果完全由市场数据主导，所以近年来，有向无环图方法被广泛应用于原油市场的研究中。例如，Ji（2012）结合 VECM 模型的残差，构建原油价格及其影响因子的相关系数矩阵，从而确定市场信息传递方向。Yang 和 Zhao（2014）结合使用格兰杰因果检验和有向无环图方法，从多角度分析经济增长、能源消费和碳排放三者的信息传递关系。此外，Ji 和 Fan（2015）聚焦于国际原油期货与现货市场，将有向无环图方法应用于原油现货与期货市场信息传递方向的研究。Ji 等（2018）则将有向无环图方法推广应用于天然气市场。Zhang 等（2021）以上海原油期货合约上市为结构断点，通过有向无环图方法研究国际、国内原油期货、现货价格传递方向的结构性变化，发现上海原油期货合约的上市彻底改变了我国原油现货受制于国际价格的被动局面，并发现上海原油期货价格成为国际原油现货价格的主要参考。

4. 信息传递强度

基于方差分解，衡量价格贡献率。由于格兰杰因果检验、长期协整检验与有向无环图检验主要用于确定信息传递方向，却无法量化信息的影响强度，所以学者尝试通过方差分解的方式对信息传递强度进行量化。Hasbrouck（1995）首先提出信息份额（Information Share，I-S）模型，通过方差分解的方法将价格波动分解至各个市场的信息冲击，从方差角度衡量市场间的信息贡献率。而为了更好地捕捉市场间信息传递水平的时变特性，Diebold 和 Yilmaz（2009）基于滚动样本和方差分解结果，提出了信息溢出指数的构建方法，用于度量不同市场之间信息溢出水平的变化趋势。

（三）BS 模型修正

传统 BS 模型中的常波动率假设与收益率服从正态分布假设导致其无法适用于上海原油期权合约定价，其中上海原油期货合约的涨跌停板制度导致标的资产收益率不再服从正态分布、市场上心理关口现象也对资产波动率产生显著影响。

1. 基于涨跌停板限制的修正

涨跌停制度最早由日本大阪的堂岛大米交易所于 18 世纪早期开始实施，目的是避免市场价格异常波动，保障市场稳定发展。这一制度受到众多国家与地区的重视，我国在 1996 年起，对 A 股市场实行涨跌停板制度。上海原油期货市场也实施涨跌停板制度，并根据市场实际情况对涨跌停板幅度进行了多次调整与完善。Zhu 和 He (2018) 在 BS 期权定价模型中修改了资产收益率的分布假设，使用截断正态分布将资产收益率限制在涨跌停范围内，由此提高了模型定价效率。

2. 基于心理关口现象的修正

与此同时，心理关口现象的存在导致资产波动率在穿越心理关口前后发现显著变化。因此，Jang 等（2015）提出了将阈值模型融入期权定价模型的方法，即按照资产价格穿越心理关口前后，赋予不同波动率参数，模型在定价效率与 Delta 对冲应用上均表现出优于传统 BS 模型与 CEV 模型的结果。这一方法被 Gairat 和 Shcherbakov（2017）等沿用。Song 等（2020）在阈值模型的基础上，加入杠杆效应，对资产波动率进一步分区域讨论。

由于实证研究已经证实心理关口和涨跌停制度将导致传统 BS 模型的假设失真，但尚未有学者同时考虑这两方面因素对期权定价的影响，所以本文立足于相关研究，修改了传统 BS 模型对资产收益率分布和资产价格波动率的假设：将资产收益率分布函数修改为在涨跌停限制下的截断正态分布函数，并将资产价格波动率根据通过心理关口前后分区域讨论，并推导出了新的期权定价公式。

三、心理关口研究

（一）价格频率检验

1. 描述性统计

为检验上海原油期货市场是否存在心理关口现象，文章使用上海原油期货合约自 2018 年 3 月 26 日（即合约首个交易日）至 2019 年 12 月 30 日的 5 分钟收盘价为研究样本，合计 372 个交易日，共 40500 个观测值。如表 1 所示，数据峰度为负、偏度为正，总体表现出右偏瘦尾特征。

表 1　　描述性统计

Variables	Obs	Mean	Std. Dev.	Min	Max	Skew.	Kurt.
5 min close	40500	473.92	48.83	351.6	597.9	0.026	-0.69

2. 频率分布检验

Donaldson 和 Kim（1993）将心理关口 P^b 定义为 100 整数倍的市场价格：

$$P^b = \{k \times 100 \mid k = 1,2,\cdots\}$$

并提出 M 值的概念，用于描述市场价格对心理关口的偏离程度，M 值的计算公式为：

$$M_t = [P_t] mod 100$$

式中，P_t 表示 t 时刻的资产价格，运算 $[P_t]$ 表示保留 P_t 的整数部分，$mod 100$ 表示对 100 求余。

本文针对上海原油期货的价格特征，将心理关口的研究范围推广至 10、50 和 100 整数倍的市场价格。

Donaldson 和 Kim（1993）认为如果市场理性程度足够高，市场价格将不存在人为的主观偏好，因此 M 值的出现频率应该服从均匀分布，即市场价格的出现频率与其对心理关口的距离无关。因此，本文对不同关口下 M 值分布情况进行 KST 检验。如表 2 所示，在 10、50 与 100 倍关口下，M 值频率分布均显著拒绝均匀分布，说明市场价格出现频率与其距离心理关口距离存在一定关系。

表 2　　Kolmogorov – Smirnov 检验结果

Panel A. Level 10					
Frequency	5min	10min	15min	30min	60min
Z. Statistic	98.0089	98.0087	98.0093	98.0089	98.009
P – Value	0.000	0.000	0.000	0.000	0.000
Panel B. Level 50					
Frequency	5min	10min	15min	30min	60min
Z. Statistic	48.0208	48.0205	48.021	48.0199	48.0211
P – Value	0.000	0.000	0.000	0.000	0.000
Panel C. Level 100					
Frequency	5min	10min	15min	30min	60min
Z. Statistic	98.0108	98.0105	98.0105	98.0099	98.011
P – Value	0.000	0.000	0.000	0.000	0.000

3. 分布形状检验

为了准确识别心理关口对资产价格出现频率的影响，本文参考 Dorfleitner 和 Klein（2009），定义心理关口影响区间的虚拟变量：

$$DA_k = \begin{cases} 1, \text{当} M_t \geq (k-2) \text{ 或 } M_t \leq 2 \\ 0, \text{其他} \end{cases}$$

通过 M 值出现频率对虚拟变量回归，探究市场价格在接近心理关口附近分布频率的变化：

$$f(M_k) = \alpha + \beta DA_k + \varepsilon$$

如表3所示，DA_{10} 的系数在各频率样本中均显著为正，而 DA_{50} 与 DA_{100} 系数均显著为负，说明市场价格在靠近 10 倍心理关口附近出现频率普遍较高；在 50 与 100 倍心理关口附近出现频率普遍较低。反映市场价格在靠近心理关口附近，其出现频率显著区别于其他价位，进一步说明心理关口对市场价格出现频率的影响。

表3　　　　　　　　　　　　　　频率分布检验结果

	5 min	10 min	15 min	30 min	60 min
Panel A. Level 10					
DA_{10}	20.45***	12.62***	12.76***	6.279***	7.233***
	(-1.683)	(-1.213)	(-0.868)	(-0.648)	(-0.53)
Const.	369.5***	186.9***	122.8***	63.69***	33.89***
	(-0.442)	(-0.32)	(-0.263)	(-0.197)	(-0.168)
Obs.	40500	20436	13500	6936	3648
R^2	0.004	0.005	0.016	0.013	0.049
Panel B. Level 50					
DA_{50}	-138.8***	-72.06***	-45.49***	-138.8***	-138.8***
	(-2.915)	(-2.086)	(-1.695)	(-1.229)	(-0.91)
Const.	853.0***	430.8***	284.6***	146.5***	77.31***
	(-0.859)	(-0.614)	(-0.501)	(-0.365)	(-0.27)
Obs.	40500	20436	13500	6936	3648
R^2	0.053	0.055	0.051	0.049	0.049
Panel C. Level 100					
DA_{100}	-117.6***	-58.84***	-39.60***	-19.98***	-10.32***
	(-2.733)	(-1.944)	(-1.574)	(-1.143)	(-0.83)

续表

	Panel C. Level 100				
	5 min	10 min	15 min	30 min	60 min
Const.	463.5***	234.0***	154.7***	79.65***	42.06***
	(−0.748)	(−0.532)	(−0.43)	(−0.313)	(−0.228)
Obs.	40500	20436	13500	6936	3648
R^2	0.044	0.043	0.045	0.042	0.041

Donaldson 和 Kim (1993) 通过将 M 值出现频率对 M 值与 M 值平方项作回归，进一步研究市场价格出现频率关于 M 值的分布形态：

$$f(M_k) = \alpha + \beta_1 M_k + \beta_2 M_k^2 + \varepsilon$$

如表 4 所示，M_{10} 和 M_{10}^2 的回归系数分别显著为负与显著为正，说明价格出现频率关于 M_{10} 表现出现递减后递增趋势，说明市场价格在 10 倍心理关口附近出现频率高于其他价格位置，且整体关于 M_{10} 表现出正"U"形。相反，M_{50} 和 M_{50}^2、M_{100} 和 M_{100}^2 的回归系数均分别显著为正与显著为负，说明市场价格出现频率关于 M_{50} 和 M_{100} 表现出现递减后递增趋势，说明市场价格在 50 或 100 倍心理关口附近出现频率低于其他价格位置，且整体关于 M_{50} 和 M_{100} 表现出倒"U"形。

表 4　　　　　　　　　　　分布形状检验结果

	Panel A. Level 10				
	5min	10min	15min	30min	60min
M	−1.240***	−0.560***	−0.544***	−0.235***	−0.160***
	(−0.058)	(−0.042)	(−0.034)	(−0.0255)	(−0.022)
M^2	0.0134***	0.00607***	0.00538***	0.00223***	0.00152***
	(−0.000563)	(−0.000408)	(−0.000332)	(−0.000249)	(−0.000214)
Const.	388.0***	195.5***	133.2***	68.55***	37.53***
	(−1.246)	(−0.903)	(−0.728)	(−0.543)	(−0.47)
Obs.	40500	20436	13500	6936	3648
R^2	0.015	0.012	0.019	0.012	0.014
	Panel B. Level 50				
	5min	10min	15min	30min	60min
M	25.97***	13.11***	8.597***	4.323***	2.239***
	(−0.191)	(−0.137)	(−0.112)	(−0.0816)	(−0.0612)
M^2	−0.535***	−0.271***	−0.177***	−0.0903***	−0.0469***
	(−0.00374)	(−0.00268)	(−0.00219)	(−0.00161)	(−0.0012)
Const.	626.6***	317.2***	210.0***	109.7***	58.31***
	(−2.098)	(−1.503)	(−1.227)	(−0.896)	(−0.672)
Obs.	40500	20436	13500	6936	3648

续表

Panel B. Level 50					
	5min	10min	15min	30min	60min
R^2	0.336	0.334	0.328	0.315	0.296
Panel C. Level 100					
	5min	10min	15min	30min	60min
M	4.808***	2.407***	1.607***	0.793***	0.386***
	(−0.0894)	(−0.0635)	(−0.0513)	(−0.0373)	(−0.0273)
M^2	−0.0723***	−0.0364***	−0.0242***	−0.0122***	−0.00613***
	(−0.000881)	(−0.000626)	(−0.000506)	(−0.000368)	(−0.00027)
Const.	437.0***	221.3***	145.8***	76.01***	40.74***
	(−1.9)	(−1.349)	(−1.09)	(−0.79)	(−0.578)
Obs.	40500	20436	13500	6936	3648
R^2	0.289	0.29	0.292	0.289	0.281

(二) 条件效应检验

1. 模型设定

在研究心理关口对资产价格出现频率影响的基础上,本文还将检验心理关口对资产条件收益率与波动率的影响。参考 Cyree 等 (1999),引入心理关口的虚拟变量:

$$UA_t = \begin{cases} 1, \text{当} t \in [t_1+1, t_1+5] \\ 0, \text{其他} \end{cases}$$

$$UB_t = \begin{cases} 1, \text{当} t \in [t_1-5, t_1-1] \\ 0, \text{其他} \end{cases}$$

$$DA_t = \begin{cases} 1, \text{当} t \in [t_2+1, t_2+5] \\ 0, \text{其他} \end{cases}$$

$$DB_t = \begin{cases} 1, \text{当} t \in [t_2-5, t_2-1] \\ 0, \text{其他} \end{cases}$$

其中,t_1 和 t_2 分别表示是市场价格自上而下跌至心理关口与自下而上涨至心理关口的时间点。

参考 Cyree 等 (1999) 引入 GJR - GARCH (1, 1) 模型:

$$\begin{cases} R_t = \beta_1 + \beta_2 DA_t + \beta_3 DB_t + \beta_4 UA_t + \beta_5 UB_t + \beta_6 R_{t-1} + \varepsilon_t \\ V_t = \alpha_1 + \alpha_2 DA_t + \alpha_3 DB_t + \alpha_4 UA_t + \alpha_5 UB_t + \alpha_6 V_{t-1} + \alpha_7 \varepsilon_{t-1}^2 + \eta_t \\ \varepsilon_t \sim N(0, V_t), \eta_t \sim N(0, \sigma_\eta^2) \end{cases}$$

2. 实证结果分析

模型在 10、50 和 100 倍心理关口的估计结果（见表 5、表 6 和表 7）。可以看出，在 10、50 与 100 倍关口 5、10 分钟频率数据下，H1 与 H2 均通过 1% 的显著性检验，说明资产价格上涨通过心理关口前后短时间内，收益率发生显著提高；相反，当资产价格下跌通过心理关口前后短时间内，收益率发生显著下降。但 H3 与 H4 并未通过显著性检验，无法证实在通过心理关口前后，波动率是否发生显著变化。由此可得，上海原油期货市场存在心理关口现象，其资产收益率受到心理关口的显著影响。

表 5　　　　　　　　　　条件效应检验结果（Level 10）

Panel A. Parameter Estimations for R_t					
	5min	10min	15min	30min	60min
R_{t-1}	-0.0266***	0.0461***	-0.00587	-0.167	0.0388
	(-0.00347)	(-0.00736)	(-0.0175)	(-0.129)	(-0.0438)
UA_t	0.560***	0.435***	0.631***	1.510***	0.865
	(-0.0335)	(-0.0927)	(-0.132)	(-0.294)	(-0.531)
UB_t	-0.0662	-0.307***	-0.488***	-0.168	-0.0809
	(-0.0413)	(-0.118)	(-0.111)	(-0.319)	(-0.574)
DA_t	-0.459***	-0.533***	-0.525***	-0.958***	-0.911
	(-0.043)	(-0.0996)	(-0.112)	(-0.311)	(-0.595)
DB_t	-0.0768*	0.193	-0.101	0.331	-0.251
	(-0.0406)	(-0.121)	(-0.119)	(-0.381)	(-0.67)
Const.	0.0332***	0.0538**	0.202***	0.0771	0.259*
	(-0.00796)	(-0.0222)	(-0.0353)	(-0.0998)	(-0.155)
Panel B. Parameter Estimations for V_t					
	5min	10min	15min	30min	60min
UA_t	-0.391	-0.496	-0.459	-0.0303	-0.179
	(-1.103)	(-1.935)	(-2.664)	(-0.272)	(-0.968)
UB_t	-0.672	-0.857	0.562	-0.245	-0.985
	(-1.161)	(-2.021)	(-2.721)	(-0.277)	(-0.986)
DA_t	0.0829	-0.631	-0.421	-0.0234	-0.203
	(-1.132)	(-1.941)	(-2.689)	(-0.307)	(-1.062)
DB_t	0.522	-0.0268	0.157	-0.216	-0.953
	(-1.176)	(-2.02)	(-2.759)	(-0.314)	(-1.073)
V_{t-1}	0.542***	0.359***	0.0830***	0.975***	0.953***
	(-0.00418)	(-0.00653)	(-0.00858)	(-0.00268)	(-0.005)

续表

	Panel B. Parameter Estimations for V_t				
	5min	10min	15min	30min	60min
ε_{t-1}^2	0.00326*	0.00426*	0.00469	0.000264	0.000422
	(-0.00197)	(-0.00249)	(-0.00346)	(-0.000275)	(-0.00067)
Const.	4.588***	11.09***	22.99***	1.147***	4.092***
	(-0.245)	(-0.443)	(-0.853)	(-0.148)	(-0.528)
Obs.	40498	20434	13498	6934	3646
R^2	0.294	0.129	0.007	0.951	0.91
	Panel C. Hypothesis Testing P-Values				
H1: $\beta_2 = \beta_3$	0.000	0.000	0.000	0.0001	0.2374
H2: $\beta_4 = \beta_5$	0.000	0.000	0.013	0.0113	0.4537
H3: $\alpha_2 = \alpha_3$	0.8594	0.8972	0.7854	0.5769	0.5583
H4: $\alpha_4 = \alpha_5$	0.7858	0.8276	0.8815	0.6618	0.6117

表6 条件效应检验结果（Level 50）

	Panel A. Parameter Estimations for R_t				
	5min	10min	15min	30min	60min
R_{t-1}	-0.136***	0.0486***	-0.00217	-0.159*	-0.135
	(-0.0177)	(-0.00733)	(-0.0165)	(-0.0834)	(-0.114)
UA_t	1.125***	1.497***	2.038***	4.093***	4.730***
	(-0.0906)	(-0.156)	(-0.222)	(-0.363)	(-0.792)
UB_t	-0.032	0.231**	0.407*	-0.529	0.0237
	(-0.0742)	(-0.117)	(-0.217)	(-0.389)	(-0.809)
DA_t	-1.202***	-1.547***	-2.404***	-3.805***	-4.250***
	(-0.0871)	(-0.149)	(-0.206)	(-0.378)	(-0.74)
DB_t	0.0619	-0.236	-0.579**	0.38	-0.84
	(-0.0572)	(-0.145)	(-0.249)	(-0.47)	(-0.948)
Const.	0.0303***	0.0409*	0.178***	0.124	0.239
	(-0.00921)	(-0.0209)	(-0.0302)	(-0.0949)	(-0.179)
	Panel B. Parameter Estimations for V_t				
	5min	10min	15min	30min	60min
UA_t	-0.612	-1.665	-0.377	0.198	-0.00751
	(-2.027)	(-2.968)	(-5.037)	(-0.438)	(-1.369)
UB_t	-0.034	2.22	-0.244	-0.231	-0.814
	(-2.126)	(-3.149)	(-5.332)	(-0.462)	(-1.45)
DA_t	0.68	1.632	2.078	0.00204	-0.326
	(-2.026)	(-2.966)	(-5.026)	(-0.449)	(-1.428)

续表

	Panel B. Parameter Estimations for V_t				
	5min	10min	15min	30min	60min
DB_t	-0.638	-2.416	-1.26	-0.0282	-0.562
	(-2.128)	(-3.159)	(-5.308)	(-0.47)	(-1.575)
V_{t-1}	0.539***	0.365***	0.0812***	0.975***	0.952***
	(-0.00418)	(-0.00651)	(-0.00858)	(-0.00266)	(-0.00507)
ε_{t-1}^2	0.00322	0.00423*	0.00462	0.000259	0.000468
	(-0.00196)	(-0.00248)	(-0.00349)	(-0.000283)	(-0.000714)
Const.	4.569***	10.86***	22.96***	1.081***	4.093***
	(-0.234)	(-0.424)	(-0.794)	(-0.144)	(-0.527)
Obs.	40498	20434	13498	6934	3646
R^2	0.291	0.133	0.007	0.951	0.907
	Panel C. Hypothesis Testing P-Values				
H1: $\beta_2 = \beta_3$	0.000	0.000	0.000	0.000	0.000
H2: $\beta_4 = \beta_5$	0.000	0.000	0.000	0.000	0.0067
H3: $\alpha_2 = \alpha_3$	0.8399	0.3647	0.9853	0.4957	0.6742
H4: $\alpha_4 = \alpha_5$	0.6466	0.3398	0.6346	0.9615	0.9125

表7 条件效应检验结果（Level 100）

	Panel A. Parameter Estimations for R_t				
	5min	10min	15min	30min	60min
R_{t-1}	0.801***	0.0499***	0.0183	-0.417***	-0.159
	(-0.0187)	(-0.00776)	(-0.0112)	(-0.112)	(-0.13)
UA_t	0.0186	0.739***	1.050***	2.332***	4.652***
	(-0.0771)	(-0.214)	(-0.272)	(-0.681)	(-0.993)
UB_t	0.900***	-0.135	-0.684***	-0.795	-0.353
	(-0.0392)	(-0.162)	(-0.258)	(-0.824)	(-1.353)
DA_t	-0.0671	0.13	-0.550***	-3.235***	-4.736***
	(-0.0837)	(-0.0866)	(-0.157)	(-0.674)	(-0.881)
DB_t	-0.882***	-0.029	0.619***	1.049	-0.462
	(-0.0365)	(-0.0996)	(-0.156)	(-0.732)	(-1.177)
Const.	0.00577***	-0.0485	0.0817	0.192*	0.322*
	(-0.00169)	(-0.0865)	(-0.15)	(-0.111)	(-0.182)
	Panel B. Parameter Estimations for V_t				
	5min	10min	15min	30min	60min
UA_t	-0.682	-0.00557	0.745	-0.193	-0.0327
	(-2.694)	(-2.901)	(-5.948)	(-0.575)	(-1.752)

续表

	Panel B. Parameter Estimations for V_t				
	5min	10min	15min	30min	60min
UB_t	-1.096	0.341	0.0796	-0.382	-0.852
	(-2.866)	(-2.871)	(-5.952)	(-0.614)	(-1.871)
DA_t	0.719	2.434	3.988	0.0943	-0.219
	(-2.697)	(-1.648)	(-3.575)	(-0.589)	(-1.691)
DB_t	0.279	-0.408	0.894	0.122	-0.608
	(-2.876)	(-1.62)	(-3.491)	(-0.604)	(-1.909)
V_{t-1}	0.547***	0.345***	0.0940***	0.975***	0.954***
	(-0.00416)	(-0.00657)	(-0.00857)	(-0.00268)	(-0.00497)
ε_{t-1}^2	0.00340*	0.00312	0.00477	0.000264	0.00045
	(-0.00194)	(-0.00199)	(-0.00357)	(-0.00027)	(-0.000677)
Const.	4.490***	8.881***	18.54***	1.108***	3.883***
	(-0.23)	(-1.07)	(-2.697)	(-0.141)	(-0.503)
Obs.	40498	20434	13498	6934	3646
R^2	0.299	0.119	0.009	0.95	0.911
	Panel C. Hypothesis Testing P-Values				
H1: $\beta_2 = \beta_3$	0.000	0.0056	0.000	0.0005	0.0032
H2: $\beta_4 = \beta_5$	0.000	0.3292	0.000	0.000	0.0030
H3: $\alpha_2 = \alpha_3$	0.9147	0.9484	0.9439	0.822	0.7473
H4: $\alpha_4 = \alpha_5$	0.9092	0.3542	0.6328	0.9739	0.8787

四、国际定价权与心理关口

(一) 研究方法

1. 格兰杰因果检验

格兰杰因果检验由 Granger (1969) 提出，基于 VAR 模型，检验变量之间的短期因果关系：

$$Y_t = \sum_{i=1}^{p} \Phi_i Y_{t-i} + \Psi x_t + \varepsilon_t$$

其中，$Y_t = (y_{1t}, y_{2t}, \cdots, y_{mt})'$ 是 m×1 维相互影响的变量；Φ_i 是 m×m 维的系数矩阵，表示滞后 i 期内生变量对当期内生变量的影响；x_t 为 q×1 维外生变量；Ψ 是 m×q 维的系数矩阵，度量当期外生变量对当期内生变量的影响；ε_t 是 m×1 维的误差项。

通过检验变量 i 的 p 阶滞后项 $[y_{it-1},\cdots,y_{it-p}]$ 对变量 y_{jt} 的预测效果,判断变量 i 对变量 j 的短期预测能力。

2. 长期协整检验

由于现实市场价格数据往往表现出非平稳性,例如存在明显的时间趋势,这违背了向量自回归模型假设。但由于套利行为的存在,部分市场价格之间存在平稳的线性关系。因此,Davidson 等(1978)在 VAR 模型基础上,提出了误差修正模型 VECM,并由 Johansen(1988)推广至多滞后阶的 VECM(p-1)模型:

$$\Delta Y_t = \alpha\beta' Y_{t-1} + \sum_{i=1}^{p-1} \Phi_i \Delta Y_{t-i} + \Psi x_t + \varepsilon_t$$

其中,ΔY_t 表示 Y_t 一阶差分项。α 是 $m\times k$ 维系数矩阵,表示变量 Y_t 对协整关系的反应速度,其中 k 表示协整关系数量。β 是 $m\times k$ 维系数矩阵,表示变量 Y_t 的协整关系。$\beta' Y_{t-1}$ 表示 VECM 模型中的误差修正项,即变量 Y_t 之间存在的平稳线性关系。VECM 模型将市场价格之间的关系进一步区分为长期均衡关系,$\beta' Y_{t-1}$,与短期价格波动 $\sum_{i=1}^{p-1} \Phi_i \Delta Y_{t-i}$。此外,当市场价格偏离长期均衡关系时,由于套利行为的存在,变量会以 α 的速度回归均衡。

3. 信息溢出指数

由于格兰杰因果检验与长期协整检验只是描述变量之间的信息传递关系,并未对信息传递强度进行量化。因此,Diebold 和 Yilmaz(2007)基于方差分解,首先提出了信息溢出指数(spillover index)的构建方法,用于衡量各市场对目标价格的信息贡献度。

假设存在 $m\times 1$ 维的冲击 $\delta = (\delta_1,\delta_2,\cdots,\delta_m)'$,定义脉冲响应函数 $GI_Y(n,\delta,\Omega_{t-1})$ 为受到冲击后内生变量的预期值与不存在冲击时内生变量预期值的差额,即:

$$GI_Y(n,\delta,\Omega_{t-1}) = E(Y_{t+n} \mid \varepsilon_t = \delta, \Omega_{t-1}) - E(Y_{t+n} \mid \Omega_{t-1})$$

将 $GI_Y(n,\delta,\Omega_{t-1})$ 代入 Y_t 表达式,可以得到 $GI_Y(n,\delta,\Omega_{t-1}) = A_n\delta$。为了消除各种冲击自身标准差的影响,使得脉冲响应结果更具有可比性,传统脉冲响应函数根据 Cholesky 分解对变量冲击进行标准化。寻找一个 $m\times m$ 维可逆矩阵 P,满足 $PP' = \Sigma$,则上式可以修改为:

$$Y_t = \sum_{i=0}^{\infty} (A_i P)(P^{-1}\varepsilon_{t-i}) + \sum_{i=0}^{\infty} G_i x_{t-i}$$

令 $\zeta_t = P^{-1}\varepsilon_t$,根据定义,$\zeta_t$ 满足正交化,即 $E(\zeta_t\zeta_t') = I_m$。

因此,对于在 t 时刻第 j 个变量的单位冲击 $e_j = (0,\cdots,1_j,\cdots,0)'$,$Y_t$ 第 n 步的

响应函数为:

$$\Psi_j^0(n) = A_n P e_j$$

由此计算出第 n 步, j 变量对 i 变量的方差分解结果:

$$\theta_{ij}^0(n) = \frac{\sum_{l=0}^{n}(e_i' A_l P e_j)^2}{\sum_{l=0}^{n}(e_i' A_l \Sigma A_l' e_i)}$$

Diebold 和 Yilmaz (2007) 提出市场 j 对市场 i 的信息溢出指数计算如下,即 j 市场信息贡献度占所有市场信息贡献度的比例:

$$S_{ij}(n) = \frac{\theta_{ij}^0(n)}{\sum_{j=1}^{m}\theta_{ij}^0(n)}$$

4. 有向无环图检验

上述研究方法存在一定模型限制,因此 Sprites 等 (2000) 提出有向无环图方法,用于识别变量之间的同期因果关系。有向无环图是脱离模型约束、完全数据驱动的检验方法,主要概括为三步:

第一步,建立一个完全的、无方向性的图像,其中每一条边 (edge) 用于描述所有变量之间两两相连的情况。通过计算无条件相关系数 r_{ij},删除两头变量相关系数不显著的边。

第二步,基于第一步保留边两头变量,对其余 N-2 个变量求一阶偏相关系数:

$$r_{ij(k)} = \frac{r_{ij} - r_{ik} \times r_{jk}}{\sqrt{1-r_{ik}^2}\sqrt{1-r_{jk}^2}}$$

基于 Fisher's z 统计量,检验一阶偏相关系数的显著性,并删除不显著的边;随后对剩下边,计算二阶偏相关系数,重复高阶偏相关系数 $r_{ij(l_1\cdots l_g)}$。直至第 N-2 阶,或所有的边都删除;当任一边被删除时,将对应的控制变量即 $r_{ij(l_1\cdots l_g)}$ 中的 ($l_1\cdots l_g$) 记作一个"独立子集"。

$$r_{ij(l_1\cdots l_g)} = \frac{r_{ij(l_1\cdots l_{g-1})} - r_{il_g(l_1\cdots l_{g-1})} \times r_{jl_g(l_1\cdots l_{g-1})}}{\sqrt{1-r_{il_g(l_1\cdots l_{g-1})}^2}\sqrt{1-r_{jl_g(l_1\cdots l_{g-1})}^2}}$$

第三步,基于第二步保留的所有边,推导变量信息传递方向。以三个变量 X-Y-Z 为例,表示变量 X 与 Y 相连,Y 与 Z 相连,X 与 Z 不相连:如果 Y 不在 X 和 Z 的独立子集之中,那么 X→Y←Z;否则,X-Y-Z 的方向关系有三种情况,即 X→Y→Z,X←Y→Z,或者 X←Y←Z;通过对剩余边反复推导,直到图像中只保留单一方向箭头。

（二）国际定价权与心理关口实证研究

1. 描述性统计

文章使用 Wind 资讯中三个市场的连续期货合约：上海原油期货合约（closesc）、WTI 期货（closewti）、Brent 期货（closebrent），与六个市场的现货价格：迪拜（dubai）、塔皮斯（tapis）、阿曼（oman）、胜利（shengli）、大庆（daqing）和欧佩克（opec），作为研究对象。其中 closesc 通过中国外汇交易中心当日人民币兑美元汇率中间价转换为美元计价。以 2018 年 3 月 26 日至 2021 年 7 月 6 日的单日收盘价作为研究样本，合计 850 个观测值。

样本期内各变量的历史走势如图 1 所示。各市场原油价格存在明显的时间趋势，且各变量历史走势高度一致。

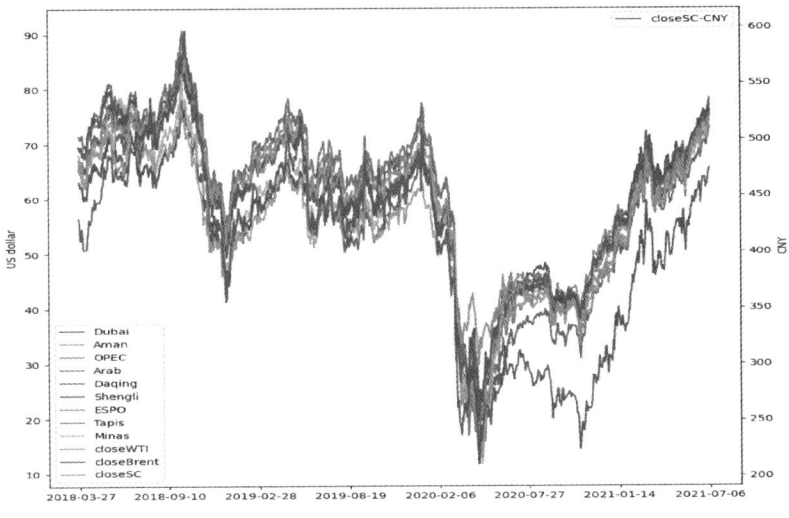

图 1　样本期内变量走势

各变量描述性特征如表 8 所示，各变量数据峰度为正、偏度为负，总体表现出左偏特征。且样本期内，各变量均未通过 ADF 单位根检验，无法拒绝变量存在单位根的原假设，因此进行协整检验。

表 8　原油价格描述性统计

Variables	Obs	Mean	Std. Dev.	Min	Max	p1	p99	Skew.	Kurt.	ADF
closewti	850	54.633	12.745	12.93	76.365	18.12	74.33	-0.812	3.379	-1.221
closebrent	850	60.108	13.649	19.5	86.1	25.92	82.6	-0.694	2.783	-1.307
closesc	850	59.94	12.881	29.703	86.475	34.268	82.554	-0.545	2.165	-1.249
dubai	850	58.585	13.545	14.87	84.22	22.6	79.99	-0.835	3.094	-1.260

续表

Variables	Obs	Mean	Std. Dev.	Min	Max	p1	p99	Skew.	Kurt.	ADF
tapis	850	61.959	14.984	15.09	90.28	20.48	85.98	-0.902	3.073	-1.132
oman	850	59.298	13.875	13.68	86.63	19.85	82.33	-0.907	3.37	-1.194
shengli	850	57.712	11.705	19.67	78.08	24.46	75.63	-0.851	3.059	-1.230
daqing	850	53.931	13.464	12.56	78.16	17	74.37	-0.838	2.961	-1.147
opec	850	58.84	14.505	12.22	84.09	16.52	81.58	-1.044	3.611	-0.957

2. 静态估计结果

为构建 VECM 模型，需要根据 AIC 准则和 Johnsen 协整检验，分别确定模型最佳滞后期数与协整关系数量。如表 9 与表 10 所示，模型最佳滞后阶数为 $p=5$ 期，协整关系数量 $k=4$ 个。

$$\Delta Y_t = \alpha\beta' Y_{t-1} + \sum_{i=1}^{p-1} \Phi_i \Delta Y_{t-i} + \Psi x_t + \varepsilon_t$$

表9　　　　　　　　　　　　　　AIC 准则

lag	LL	LR	df	p	FPE	AIC	HQIC	SBIC
0	-16133.7				397962	38.435	38.4544	38.4857
1	-6202.48	19862	81	0.000	0.000026	14.9821	15.1765	15.4892
2	-5885.67	633.63	81	0.000	0.000015	14.4206	14.7899	15.3842*
3	-5706.28	358.79	81	0.000	0.000012	14.1864	14.7306*	15.6064
4	-5618.46	175.63	81	0.000	0.000012	14.1701	14.8893	16.0466
5	-5536.06	164.81	81	0.000	0.000012*	14.1668*	15.0609	16.4997
6	-5464.05	144.01	81	0.000	0.000012	14.1882	15.2573	16.9775
7	-5408.35	111.41	81	0.014	0.000012	14.2484	15.4924	17.4942
8	-5339.49	137.7	81	0.000	0.000013	14.2774	15.6963	17.9796
9	-5248.53	181.93	81	0.000	0.000013	14.2536	15.8475	18.4123
10	-5178.5	140.07*	81	0.000	0.000013	14.2798	16.0486	18.8948

表10　　　　　　　　　　　　Johnsen 协整检验

maximum rank	parms	LL	eigenvalue	trace statistic	5% critical value
0	342	-5736.02	0	361.8766	208.97
1	359	-5682.87	0.11821	255.5711	170.8
2	374	-5648.01	0.07920	185.8461	136.61
3	387	-5617.08	0.07059	123.9885	104.94
4	398	-5590.8	0.06030	71.4325*	77.74
5	407	-5574.06	0.03884	37.9561	54.64
6	414	-5565.32	0.02047	20.4811	34.55
7	419	-5560.16	0.01216	10.1469	18.17

续表

maximum rank	parms	LL	eigenvalue	trace statistic	5% critical value
8	422	-5556.37	0.00892	2.5788	3.74
9	423	-5555.08	0.00305		

通过最大似然估计，得到协整关系 $\beta' Y_{t-1}$ 的估计值如下：

$closewti_t = 0.847\ tapis_t - 6.078\ oman_t - 1.031\ shengli_t + 3.228\ daqing_t + 3.572\ opec_t + 37.343$

$closebrent_t = 0.835\ tapis_t - 2.352\ oman_t - 0.831\ shengli_t + 2.018\ daqing_t + 1.083\ opec_t + 22.959$

$closesc_t = 2.772\ tapis_t - 3.318\ oman_t - 0.701\ shengli_t + 1.817\ daqing_t + 0.044\ opec_t + 24.449$

$dubai_t = 0.236\ tapis_t + 0.378\ oman_t - 0.200\ shengli_t + 0.466\ daqing_t + 0.049\ opec_t + 5.049$

根据上海原油期货与其他变量的长期均衡关系，发现上海原油期货价格与 tapis、daqing、opec 呈现正相关关系，与 oman、shengli 呈现负相关关系。系数符号与 WTI、Brent 原油期货一致，反映三者存在较为一致的长期均衡关系。而 dubai 作为现货价格代表，与 tapis、oman、shengli、daqing、opec 均呈现正相关关系，与 shengli 呈现负相关关系。

各变量差分项对长期均衡关系的反应系数 α 如表 11 所示。其中上海原油期货价格差分项对协整关系 2 与 3 较为显著，说明当市场价格偏离协整关系 2 与 3 时，上海原油期货合约的价格反应较为迅速。

表 11　　　　　　　　　　反应系数 α 估计结果

	co-integration 1	co-integration 2	co-integration 3	co-integration 4
Dclosewti	0.015	-0.035	0.027	0.066
Dclosebrent	0.045*	-0.087	0.019	0.090
Dclosesc	-0.012	0.099**	-0.048***	-0.010
Ddubai	-0.041**	0.172***	-0.001	-0.34***
Dtapis	-0.023	0.94**	-0.012	0.073
Doman	-0.041**	0.145***	-0.037**	0.104*
Dshengli	-0.022	0.107**	-0.02	0.006
Ddaqing	-0.037**	0.150***	-0.028**	0.019
Dopec	0.015	0.077*	-0.047***	0.050

格兰杰因果检验结果如表 12 所示，其中上海原油期货价格是其他所有变量的格兰杰原因，说明上海原油期货价格的波动会显著影响国际市场原油价格的短期走势。而 WTI 期货、Brent 期货、tapis、shengli 与 daqing 原油价格是上海原油期货价格的

格兰杰原因，反映上海原油期货价格的短期波动受到这部分价格的影响。

表12　　　　　　　　　　　　　格兰杰因果检验

ij	closewti	closebrent	closesc	dubai	tapis	oman	shengli	daqing	opec
closewti	—	1.531	10.571 ***	10.895 ***	2.998	5.965 *	0.524	1.223	1.594
closebrent	6.273 **	—	14.244 ***	6.322 **	0.906	7.029 **	0.973	1.688	5.282 *
closesc	14.781 ***	65.212 ***	—	2.702	4.67 *	2.072	12.598 ***	19.778 ***	0.516
dubai	0.39	87.538 ***	16.368 ***	—	0.072	21.221 ***	4.868 *	12.346 ***	19.28 ***
tapis	4.505	112.23 ***	18.911 ***	3.179	—	21.434 ***	20.637 ***	50.382 ***	2.271
oman	6.88 **	105.71 ***	15.241 ***	2.266	0.361	—	22.809 ***	48.549 ***	5.506 *
shengli	3.141	130.45 ***	15.97 ***	4.937 *	0.158	25.559 ***	—	51.59 ***	2.857
daqing	3.89	142.64 ***	16.695 ***	5.442 *	0.587	21.844 ***	30.475 ***	—	2.763
opec	14.208 ***	53.149 ***	19.525 ***	5.888 *	2.808	2.594	12.87 ***	34.267 ***	—

注：表格内表示 j 是 i 格兰杰原因的统计量。

信息冲击后10天内的部分方差分解结果如图2所示，其中上海原油期货市场自身信息冲击对价格走势的解释力度，在信息冲击发生后的1个交易日达到最高，约为92.4%。但随着时间推移，上海原油期货市场自身信息冲击对价格走势的解释力度逐渐减弱，在第2个交易日降至50%，第5个交易日降至不足30%。相反，WTI期货市场冲击对上海原油价格走势的解释力度则呈现逐日增长后达到均衡的走势，在信息冲击发生的第1个交易日，解释力度只占6.8%。但在第2个交易日就上升至44.2%，在第4个交易日达到60%以上。

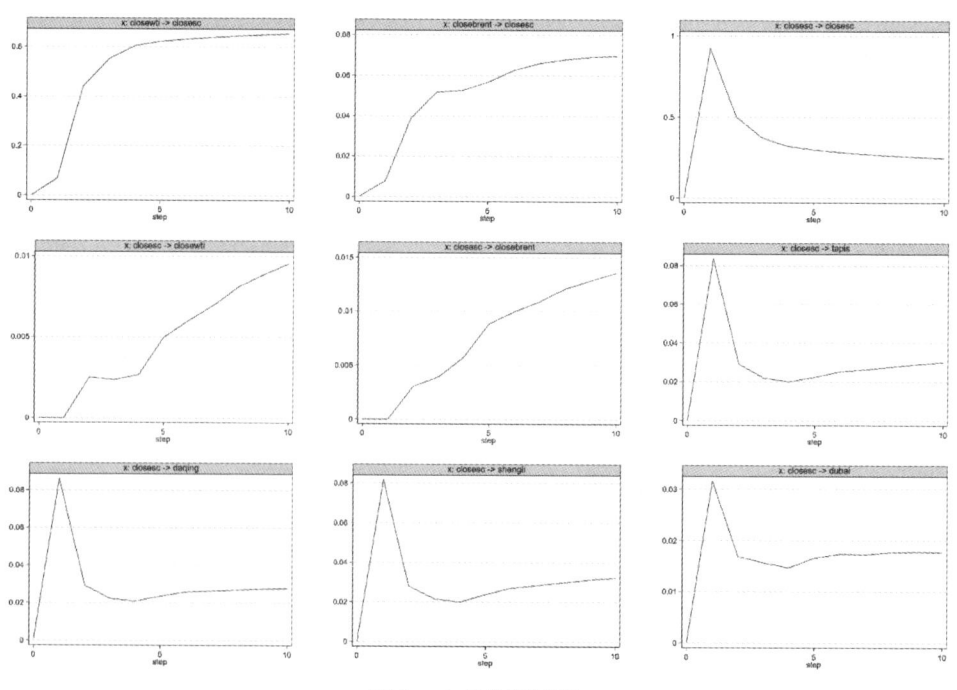

图2　方差分解图像

方差分解达到均衡时的信息贡献度如表 13 所示。其中 WTI 原油期货表现出较强的信息贡献度，对自身贡献度高达 94.8%，而对上海原油期货市场价格的贡献度也高达 65.4%。而上海原油期货市场对自身信息贡献度为 24.8%，对 WTI 期货的信息贡献度仅为 1%，对 tapis、daqing 与 shengli 的信息贡献度也仅为 3% 左右，对 dubai、oman 和 opec 的信息贡献度不足 2%，这说明上海原油期货市场价格信息对 WTI 期货市场依存度较高，而且对外信息贡献度较为有限。

表 13　　　　　　　　　　　　　信息贡献度

ij	closewti	closebrent	closesc	dubai	tapis	oman	shengli	daqing	opec
closewti	0.948	0.001	0.01	0.001	0.019	0.01	0.009	0.003	0.000
closebrent	0.854	0.092	0.014	0.002	0.017	0.01	0.009	0.001	0.001
closesc	0.654	0.07	0.248	0.001	0.017	0.003	0.004	0.002	0.002
dubai	0.777	0.084	0.018	0.065	0.009	0.028	0.016	0.003	0.001
tapis	0.813	0.075	0.03	0.018	0.037	0.005	0.014	0.004	0.003
oman	0.778	0.068	0.011	0.035	0.015	0.069	0.016	0.006	0.001
shengli	0.804	0.072	0.032	0.018	0.021	0.005	0.028	0.014	0.005
daqing	0.811	0.102	0.028	0.014	0.022	0.004	0.003	0.012	0.005
opec	0.846	0.05	0.007	0.02	0.008	0.03	0.011	0.004	0.025

注：表格内表示变量 j 对变量 i 的信息贡献度。

3. 动态估计结果

由于格兰杰因果检验、长期效应校验与方差分解均用于反映一定时间内的信息传递关系，而为了捕捉信息传递关系的动态变化，本节引入滚动窗口方法（Zhang 等，2021）。以 60 个交易日为窗口宽度，在样本期内上海原油期货对自身信息贡献度的走势情况如图 3 所示，在样本期内各个市场原油价格对上海原油期货价格的信

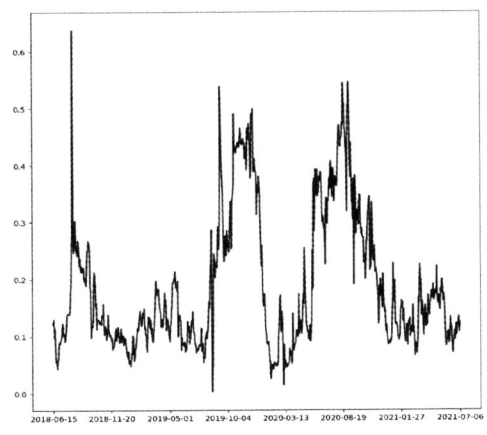

图 3　上海原油期货对自身信息贡献度走势

息贡献度统计情况如表14所示。各市场对上海原油期货市场信息溢出指数均通过单位根检验,说明变量的平稳性。此外,WTI期货对上海原油期货的信息贡献度平均值和最大值均最高,分别为39.4%和80.9%,这说明WTI期货价格对上海原油期货价格波动解释力度最强。其次是上海原油期货自身,平均贡献度约为18.9%。再者是Brent原油期货,平均贡献度约为9.8%。

表14　　　　　　　　　　　信息溢出指数描述性统计

Variables	Obs	Mean	Std. Dev.	Min	Max	p1	p99	Skew.	Kurt.	ADF
closewti	790	0.394	0.181	0.043	0.809	0.078	0.761	0.137	2.183	-4.381***
closebrent	790	0.098	0.081	0.003	0.455	0.005	0.391	1.652	6.102	-5.639***
closesc	790	0.189	0.12	0.002	0.637	0.044	0.499	1.046	3.109	-4.446***
dubai	790	0.044	0.045	0.001	0.307	0.002	0.223	2.224	9.159	-6.735***
tapis	790	0.051	0.053	0.001	0.31	0.001	0.24	1.755	6.339	-7.147***
oman	790	0.051	0.046	0.000	0.248	0.002	0.211	1.484	5.383	-6.427***
shengli	790	0.058	0.065	0.001	0.352	0.001	0.291	1.917	6.631	-4.815***
daqing	790	0.073	0.068	0.001	0.456	0.002	0.279	1.557	6.188	-6.612***
opec	790	0.043	0.048	0.000	0.228	0.001	0.202	1.802	5.645	-6.738***

注:此处变量是指变量对上海原油期货价格信息贡献度。

为研究心理关口对市场信息贡献度变化的影响,此处引入心理关口的虚拟变量。以各市场价格i对上海原油期货信息贡献度($STSC_{it}$),对心理关口虚拟变量做线性回归:

$$STSC_{it} = \beta_1 + \beta_2 UA_t + \beta_3 UB_t + \beta_4 DA_t + \beta_5 DB_t + \varepsilon_t$$

系数估计结果如表15所示。其中回归方程3中,β_2和β_3均显著小于0,说明下穿心理关口前后,上海原油期货对自身信息贡献度均发生明显下降,其中穿越心理关口前5个交易日,上海原油期货市场自身信息贡献率平均下降3.8%;对WTI与Brent期货市场信息依存度提高,分别提高3.4%与1.5%,但上升并不显著。穿越心理关口后5个交易日,信息贡献率平均下降4.2%;对WTI与Brent期货市场信息依存度提高,分别提高3.6%与2.7%,其中对Brent期货价格依存度上升幅度显著。相反,当上海原油期货价格上穿心理关口前后,上海原油期货市场对自身信息贡献度并未发生明显变化。这一结果说明,当上海原油期货价格下跌至心理关口附近时,上海原油期货市场非理性情绪增强,市场价格发现功能下降,并对国外信息依存度提高。

表15　　心理关口与信息贡献度

	（1）closewti	（2）closebrent	（3）closesc	（4）dubai	（5）tapis	（6）aman	（7）shengli	（8）daqing	（9）opec
UA_t	0.036	0.027**	-0.042**	0.000	0.007	0.004	0.009	-0.022**	-0.018***
	(0.026)	(0.011)	(0.017)	(0.006)	(0.007)	(0.006)	(0.009)	(0.010)	(0.007)
UB_t	0.034	0.015	-0.038**	0.016**	0.023***	-0.005	-0.007	-0.022**	-0.018***
	(0.026)	(0.011)	(0.017)	(0.006)	(0.007)	(0.006)	(0.009)	(0.010)	(0.007)
DA_t	-0.002	-0.029***	-0.002	-0.002	0.006	0.016***	-0.004	0.006	0.012**
	(0.020)	(0.009)	(0.013)	(0.005)	(0.006)	(0.005)	(0.007)	(0.008)	(0.005)
DB_t	0.012	-0.007	0.001	-0.001	0.013**	0.018***	-0.013*	-0.019**	-0.004
	(0.020)	(0.009)	(0.013)	(0.005)	(0.006)	(0.005)	(0.007)	(0.008)	(0.005)
Const.	0.388***	0.099***	0.195***	0.043***	0.047***	0.047***	0.060***	0.077***	0.044***
	(0.007)	(0.003)	(0.005)	(0.002)	(0.002)	(0.002)	(0.003)	(0.003)	(0.002)
Obs.	790	790	790	790	790	790	790	790	790
R^2	0.005	0.020	0.014	0.008	0.024	0.033	0.007	0.023	0.022

为验证信息贡献度变化是受心理关口影响，而非市场趋势影响。此处纳入市场走势的虚拟变量，重复估计。回归结果如表16所示，在纳入市场趋势项后，市场趋势项系数不显著，且心理关口虚拟变量系数并未发生变化。由此证明，信息贡献度变化并不受市场趋势影响，而是心理关口的结果。

$$Downward_t = \begin{cases} 1, 当 SC_t < SC_{t-1} \\ 0, 其他 \end{cases}$$

表16　　心理关口、市场趋势与信息贡献度

	（10）closewti	（11）closebrent	（12）closesc	（13）dubai	（14）tapis	（15）aman	（16）shengli	（17）daqing	（18）opec
UA_t	0.036	0.027**	-0.042**	0.000	0.007	0.004	0.009	-0.023**	-0.018***
	(0.026)	(0.011)	(0.017)	(0.006)	(0.007)	(0.006)	(0.009)	(0.010)	(0.007)
UB_t	0.034	0.016	-0.038**	0.016**	0.023***	-0.005	-0.007	-0.022**	-0.018***
	(0.026)	(0.011)	(0.017)	(0.006)	(0.007)	(0.006)	(0.009)	(0.010)	(0.007)
DA_t	-0.002	-0.029***	-0.002	-0.002	0.006	0.016***	-0.004	0.006	0.012**
	(0.020)	(0.009)	(0.013)	(0.005)	(0.006)	(0.005)	(0.007)	(0.008)	(0.005)
DB_t	0.012	-0.007	0.001	-0.001	0.013**	0.018***	-0.013*	-0.019**	-0.004
	(0.020)	(0.009)	(0.013)	(0.005)	(0.006)	(0.005)	(0.007)	(0.008)	(0.005)
$Downward_t$	-0.000	-0.007	0.003	0.001	0.004	0.000	-0.002	0.003	-0.002
	(0.013)	(0.006)	(0.009)	(0.003)	(0.004)	(0.003)	(0.005)	(0.005)	(0.003)

续表

	(10) closewti	(11) closebrent	(12) closesc	(13) dubai	(14) tapis	(15) aman	(16) shengli	(17) daqing	(18) opec
Const.	0.388***	0.103***	0.194***	0.043***	0.045***	0.047***	0.061***	0.076***	0.045***
	(0.010)	(0.004)	(0.006)	(0.002)	(0.003)	(0.002)	(0.003)	(0.004)	(0.003)
Obs.	790	790	790	790	790	790	790	790	790
R^2	0.005	0.022	0.014	0.008	0.026	0.033	0.007	0.023	0.023

4. 有向无环图实证结果

在全样本情况下，各变量的有向无环图信息传导图（见图4）。与上述估计结果相符，首先，WTI 原油期货作为市场信息的重要传递来源，直接或间接影响到其他原油市场。其次，三个原油期货市场的信息传递关系中，Brent 原油期货是 WTI 原油期货的信息接收方，上海原油期货市场则是 WTI 与 Brent 原油期货的信息接收方。由此可见，国际三大原油期货市场之间，以信息传递方向衡量的国际地位最高是 WTI，其次是 Brent，再者是上海原油期货市场。此外，shengli 油田作为国内重要原油现货，并非上海原油期货的信息接收方，说明上海原油期货对国内现货的价格发现功能仍较为有限。

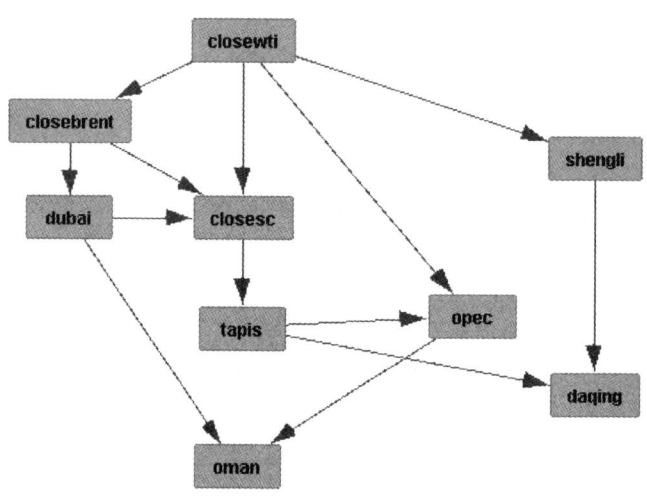

图4 全样本有向无环图

由于有向无环图方法并不依赖数据的连续性，所以根据上海原油期货价格是否在心理关口影响区间内，将样本进一步细分为两个子样本，重复绘制有向无环图（见图5、图6）。当排除心理关口影响范围后，WTI、Brent 与上海原油期货之间信息传递方向并未发生变化，但 dubai 与上海原油期货信息溢出方向发生了反转，上海原油期货价格直接或间接传递至 dubai、tapis、daqing、opec 与 oman，即国际影响力强于全样本。此外,shengli 与 daqing 的信息优先级也发生提高,高于 tapis。而在心理关口影响区间内,上海原油期货与 tapis 之间信息传递方向发生逆转,上海原油期货市场对外的信息传递路径消失,即在心理关口影响区间内,上海原油期货市场的价格信息对国际市场缺乏参考意义。这是因为在心理关口影响区间,市场价格走势由投资者的主观心理主导,缺乏客观信息支撑。此外,shengli 与 daqing 与国际市场信息的传递途径也消失。

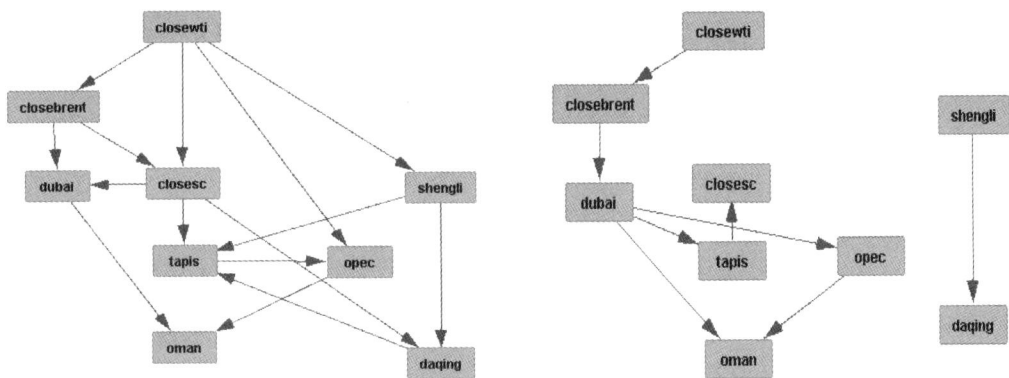

图 5 心理关口影响范围外的有向无环图　　图 6 心理关口影响范围内的有向无环图

五、基于心理关口与涨跌停制度的期权修正模型

(一) 模型设定

本文模型设定主要依照 BS 期权定价模型的研究框架,因此本章将首先描述 BS 模型的定价逻辑,然后根据心理关口和涨跌停制度对 BS 模型的假定进行修正,从而推导新的期权定价公式。

1. 传统 BS 模型设定

Black 和 Scholes 基于风险中性假设(Risk - Neutral Assumption)和无套利定价原则(Non - Arbitrage Pricing Principle),提出欧式看涨期权的基本定价公式,即是看涨期权条件预期收益的现值:

$$C_t = e^{-r(T-t)} E[\max(S_T - K, 0) \mid S_t] \tag{1}$$

式中,S_T,S_t 分别是期权到期日 T 和时间 t 的标的资产价格,K 是期权执行价格,$E(\cdot)$ 是风险中性概率测度(Risk Neutral Probability Measure)的期望函数,r 是无风险利率,为了表达的简便,下文采用 τ 代替 $T-t$。

传统 BS 期权定价模型假设标的资产价格遵循几何布朗运动:

$$dS_t = \theta S_t dt + \sigma S_t dz \tag{2}$$

式中 θ 是标的资产预期收益率，σ 是收益率的标准差，dz 是服从标准布朗运动的随机项。

根据伊藤引理（Ito's Lemma）对等式（2）进行改写，以消除资产价格 S_t 的影响：

$$d\ln(S_t) = \ln(S_{t+\Delta t}) - \ln(S_t) = \left(\theta - \frac{\sigma^2}{2}\right)dt + \sigma dz$$

由此得到 $\ln(S_T)$ 服从均值为 $\left(\theta - \frac{\sigma^2}{2}\right)\tau$，标准差为 $\sigma\sqrt{\tau}$ 的正态分布：

$$\ln(S_T) \sim \varphi\left[\ln(S_t) + \left(\theta - \frac{\sigma^2}{2}\right)\tau, \sigma\sqrt{\tau}\right]$$

进而得到到期日标的资产价格 S_T 服从如下概率密度函数：

$$g_{S_T}(y) = \begin{cases} \dfrac{1}{\sqrt{2\pi\tau}\sigma y} e^{-\dfrac{(\ln y - \ln(S_t) - (\theta - \frac{\sigma^2}{2})\tau)^2}{2\sigma^2\tau}}, & y \geq 0 \\ 0, & y < 0 \end{cases}$$

在此基础上，根据风险中性下期望函数 $E(\cdot)$ 的定义，对期权定价公式（1）进行改写：

$$C_t = e^{-r\tau} \int_K^{+\infty} (y - K) \cdot g_{S_T}(y) dy \tag{3}$$

通过对等式（3）进行化简，可以得到较为简洁的 BS 模型欧式看涨期权定价公式：

$$C_t = S_t e^{(\theta - r)\tau} \cdot N(d_1) - K \cdot e^{-r\tau} \cdot N(d_2) \tag{4}$$

式中 $N(\cdot)$ 是标准正态分布的概率分布函数（Probability Distribution Function），而 d_1 和 d_2 遵循以下等式：

$$d_1 = \frac{\ln\left(\dfrac{S_t}{K}\right) + \left(\theta + \dfrac{1}{2}\sigma^2\right)\tau}{\sigma\epsilon\sqrt{\tau}}$$

$$d_2 = \frac{\ln\left(\dfrac{S_t}{K}\right) + \left(\theta - \dfrac{1}{2}\sigma^2\right)\tau}{\sigma\epsilon\sqrt{\tau}} = d_1 - \sigma\epsilon\sqrt{\tau}$$

另外，根据看跌-看涨平价关系（Put-Call Parity），看跌期权定价公式推导过程如下：

$$P_t + S_t = C_t + K \cdot e^{-r\tau}$$

$$P_t = K \cdot e^{-r\tau} \cdot N(-d_2) + S_t(e^{(\theta - r)\tau} \cdot N(d_1) - 1) \tag{5}$$

另外，在不施加其他约束情况下，基于风险中性假设和无套利定价原则，可以得到标的资产当下的价格应该等于到期日预期价格根据无风险利率的贴现值，因此 S_t 和 S_T 满足如下等式：

$$S_t = e^{-r\tau} E(S_T \mid S_t)$$

另外，根据 $\ln(S_T)$ 服从正态分布函数（3），计算得到 S_T 的条件期望值：

$$E(S_T \mid S_t) = E(e^{\ln(S_T)} \mid S_t) = e^{\theta\tau} S_t$$

联立上述两式，得到 $\theta = r$，即标的资产预期收益率等于无风险利率的结论。于是简化等式（4）和（5）得到：

$$C = S_t \cdot N(d_1) - K \cdot e^{-r\tau} \cdot N(d_2) \tag{4'}$$

$$P = K \cdot e^{-r\tau} \cdot N(-d_2) + S_t \cdot N(-d_1) \tag{5'}$$

2. 关于心理关口修正

由于心理关口现象对资产价格的波动率存在显著影响，参考 Jang 等（2015），本文将期权标的资产价格走势在通过心理关口前后分为两个区域，并假设标的资产价格波动率满足如下表达式：

$$\sigma(t) = \begin{cases} \sigma_1, & t < \tau_p \\ \sigma_2, & t \geq \tau_p \end{cases} \tag{6}$$

式中，τ_p 是首中时间（First-hitting time），即资产价格首次达到心理关口 R 的时间，即 τ_p 满足以下表达式：

$$\tau_p = \inf\{\tau_R \geq 0 : S_{\tau_R} = R\}$$

与此同时，期权定价方程（1）可以改写为基于首中时间的期望函数，即：

$$C_t = e^{-r\tau} \int_0^{+\infty} E[\max(S_T - K, 0) \mid \tau_p] \widehat{P_1}(\tau_p \in [s, s+ds))$$

式中，$\widehat{P_1}(\tau_p \in [s, s+ds))$ 代表首中时间 $\tau_p \in [s, s+ds)$ 的概率。由于标的资产价格假设服从几何布朗运动，得到 $\widehat{P_1}(\tau_p \in [s, s+ds))$ 的表达式如下：

$$\widehat{P_1}(\tau_p \in [s, s+ds)) = \frac{|\ln(R/S_t)|}{s\sigma_1\sqrt{2\pi s}} \exp\left\{-\frac{\left[\ln(R/S_t) - \left(r - \frac{\sigma_1^2}{2}\right)s\right]^2}{2s\sigma_1^2}\right\} ds \tag{7}$$

3. 关于涨跌停制度的修正

我国上海原油期货市场实行涨跌停制度，因此需要对传统模型中标的资产价格的概率分布函数进行修正。Zhu 和 He（2018）认为，在涨跌停制度下，资产收益率依然服从正态分布，但收益率的取值范围需要限制在涨跌停范围之内。因此，他们提出资产价格服从截断的正态分布（Truncated Normal Distribution），其对应的概率密度函数如下：

$$f(x;\mu,\sigma,a,b) = \begin{cases} \dfrac{\dfrac{1}{\sigma}\varphi\left(\dfrac{x-\mu}{\sigma}\right)}{\Phi\left(\dfrac{b-\mu}{\sigma}\right) - \Phi\left(\dfrac{a-\mu}{\sigma}\right)}, & a \leqslant x \leqslant b \\ 0, & \end{cases} \quad (8)$$

式中，μ 是资产收益率的平均值，σ 是收益率的标准差，a 和 b 分别是跌停与涨停的收益率，$\varphi(\cdot)$ 和 $\Phi(\cdot)$ 分别是标准正态分布的概率密度函数与分布函数。

为更直观地显示截断的正态分布函数与标准正态分布函数的差异，本文取值 $\mu = 0, a = -0.9, b = 0.9, \sigma = \sqrt{0.3}$，并展示两种分布下的概率密度函数图像（见图7）。从图中可以清晰看出，截断的正态分布函数分布更为集中；且当 a, b 关于 μ 对称时，对于截断范围内任意取值，截断的正态分布函数都拥有较标准正态分布高的概率密度。

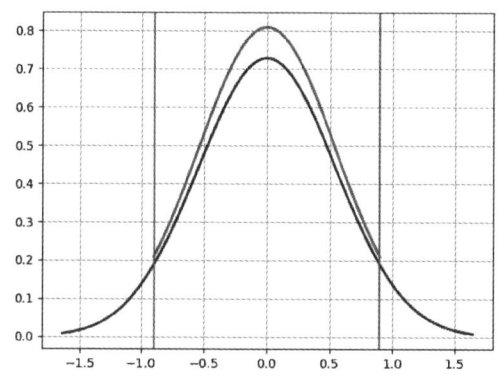

图7 正态分布与截断的正态分布密度函数

（二）修正后的期权定价模型

基于上述关于心理关口和涨跌停制度的修正方法，本节将同时推导以上两方面修正后的期权定价公式。

1. 期权定价公式推导

考虑涨跌停制度的存在，本文对标的资产到期价格的取值范围进行限制：$S_T \in [S_t e^a, S_t e^b]$，其中 a 和 b 分别是资产价格从当下时间 t 到期权到期日 T 的最大跌幅和涨幅。本文假设期权合约的执行价格处于涨跌停范围之内，即 $K \in [S_t e^a, S_t e^b]$，否则当 $K > S_t e^b$ 或 $K < S_t e^a$ 时，看涨期权或看跌期权将没有价值。

推导修正后期权定价公式时，根据资产到期价格的取值范围是否存在心理关口，可以分为两种情况。首先，考虑最大涨跌幅范围内不存在心理关口的情况，即当 R

$\notin [S_t e^a, S_t e^b]$ 时：

根据等式（8），得到标的资产的累计收益率服从如下概率密度函数：

$$\ln\left(\frac{S_T}{S_t}\right) \sim f(S_T; \mu\tau, \sigma\sqrt{\tau}, a, b) \tag{9}$$

式中，$\mu\tau$ 为时间 t 到 T 的预期累计收益率，$\sigma\sqrt{\tau}$ 为对应的标准差。

为简化上述表达式，以 Y_T 来代表 $\frac{S_T}{S_t}$，得到 Y_T 服从如下概率密度函数：

$$f_Y(Y_T) = \begin{cases} \dfrac{1}{Y_T} \cdot \dfrac{\dfrac{1}{\sigma\sqrt{\tau}}\varphi\left(\dfrac{\ln Y_T - \mu\tau}{\sigma\sqrt{\tau}}\right)}{\Phi\left(\dfrac{b-\mu\tau}{\sigma\sqrt{\tau}}\right) - \Phi\left(\dfrac{a-\mu\tau}{\sigma\sqrt{\tau}}\right)}, & e^a \leq Y_T \leq e^b \end{cases}$$

计算得到 Y_T 的条件期望：

$$E[Y_T | S_t] = \int_{e^a}^{e^b} \frac{\dfrac{1}{\sigma\sqrt{\tau}}\varphi\left(\dfrac{\ln y - \mu\tau}{\sigma\sqrt{\tau}}\right)}{\Phi\left(\dfrac{b-\mu\tau}{\sigma\sqrt{\tau}}\right) - \Phi\left(\dfrac{a-\mu\tau}{\sigma\sqrt{\tau}}\right)} dy$$

通过换元法计算、简化上式：

$$E[Y_T | S_t] = e^{(\mu+\frac{1}{2}\sigma^2)\tau} \frac{\Phi\left(\dfrac{b-\mu\tau}{\sigma\sqrt{\tau}} - \sigma\sqrt{\tau}\right) - \Phi\left(\dfrac{a-\mu\tau}{\sigma\sqrt{\tau}} - \sigma\sqrt{\tau}\right)}{\Phi\left(\dfrac{b-\mu\tau}{\sigma\sqrt{\tau}}\right) - \Phi\left(\dfrac{a-\mu\tau}{\sigma\sqrt{\tau}}\right)} \tag{10}$$

另外，根据风险中性定理和无套利定价原则，当期资产价格为预期资产价格贴现值，即：

$$e^{-r\tau} E(S_T | S_t) = S_t$$

等价于：

$$E(Y_T | S_t) = e^{r\tau} \tag{10'}$$

联立等式（10）和（10'），得到：

$$\frac{\Phi\left(\dfrac{b-\mu\tau}{\sigma\sqrt{\tau}} - \sigma\sqrt{\tau}\right) - \Phi\left(\dfrac{a-\mu\tau}{\sigma\sqrt{\tau}} - \sigma\sqrt{\tau}\right)}{\Phi\left(\dfrac{b-\mu\tau}{\sigma\sqrt{\tau}}\right) - \Phi\left(\dfrac{a-\mu\tau}{\sigma\sqrt{\tau}}\right)} = e^{(r-\mu-\frac{1}{2}\sigma^2)\tau} \tag{11}$$

然后，再次改写欧式看涨期权的基本定价公式（1），得到在涨跌停限制下的欧式看涨期权定价公式：

$$C_r(S_t, \tau, K, \sigma) = \frac{S_t e^{-r\tau}}{\Phi\left(\dfrac{b-\mu\tau}{\sigma\sqrt{\tau}}\right) - \Phi\left(\dfrac{a-\mu\tau}{\sigma\sqrt{\tau}}\right)}$$

$$\left[\int_{\frac{K}{S_t}}^{e^b}\frac{1}{\sigma\sqrt{\tau}}\varphi\left(\frac{\ln y-\mu\tau}{\sigma\sqrt{\tau}}\right)dy-\int_{\frac{K}{S_t}}^{e^b}\frac{K}{S_t y\sigma\sqrt{\tau}}\varphi\left(\frac{\ln y-\mu\tau}{\sigma\sqrt{\tau}}\right)dy\right]$$

等式右边括号内第一项可以改写为:

$$\int_{\frac{K}{S_t}}^{e^b}\frac{1}{\sigma\sqrt{\tau}}\varphi\left(\frac{\ln y-\mu\tau}{\sigma\sqrt{\tau}}\right)dy=e^{\left(\mu+\frac{1}{2}\sigma^2\right)\tau}\left[\Phi\left(\frac{b-\mu\tau}{\sigma\sqrt{\tau}}-\sigma\sqrt{\tau}\right)-\Phi\left(\frac{\ln\frac{K}{S_t}-\mu\tau}{\sigma\sqrt{\tau}}-\sigma\sqrt{\tau}\right)\right]$$

而括号内第二项可以改写为:

$$\int_{\frac{K}{S_t}}^{e^b}\frac{K}{S_t y\sigma\sqrt{\tau}}\varphi\left(\frac{\ln y-\mu\tau}{\sigma\sqrt{\tau}}\right)dy=\frac{K}{S_t}\left[\Phi\left(\frac{b-\mu\tau}{\sigma\sqrt{\tau}}\right)-\Phi\left(\frac{\ln\frac{K}{S_t}-\mu\tau}{\sigma\sqrt{\tau}}\right)\right]$$

结合上述两式与等式(11), 可以将涨跌停限制下的看涨期权定价公式简化为:

$$C_r(S_t,\tau,K,\sigma)=S_t\frac{\left[\Phi\left(\frac{b-\mu\tau}{\sigma\sqrt{\tau}}-\sigma\sqrt{\tau}\right)-\Phi\left(\frac{\ln\frac{K}{S_t}-\mu\tau}{\sigma\sqrt{\tau}}-\sigma\sqrt{\tau}\right)\right]}{\left[\Phi\left(\frac{b-\mu\tau}{\sigma\sqrt{\tau}}-\sigma\sqrt{\tau}\right)-\Phi\left(\frac{a-\mu\tau}{\sigma\sqrt{\tau}}-\sigma\sqrt{\tau}\right)\right]}-Ke^{-r\tau}\frac{\left[\Phi\left(\frac{b-\mu\tau}{\sigma\sqrt{\tau}}\right)-\Phi\left(\frac{\ln\frac{K}{S_t}-\mu\tau}{\sigma\sqrt{\tau}}\right)\right]}{\left[\Phi\left(\frac{b-\mu\tau}{\sigma\sqrt{\tau}}\right)-\Phi\left(\frac{a-\mu\tau}{\sigma\sqrt{\tau}}\right)\right]} \quad (12)$$

根据看跌-看涨平价, 推导出涨跌停限制下看跌期权的定价公式:

$$P_r(S_t,\tau,K,\sigma)=-S_t\frac{\left[\Phi\left(\frac{\ln\frac{K}{S_t}-\mu\tau}{\sigma\sqrt{\tau}}-\sigma\sqrt{\tau}\right)-\Phi\left(\frac{a-\mu\tau}{\sigma\sqrt{\tau}}-\sigma\sqrt{\tau}\right)\right]}{\left[\Phi\left(\frac{b-\mu\tau}{\sigma\sqrt{\tau}}-\sigma\sqrt{\tau}\right)-\Phi\left(\frac{a-\mu\tau}{\sigma\sqrt{\tau}}-\sigma\sqrt{\tau}\right)\right]}+Ke^{-r\tau}\frac{\left[\Phi\left(\frac{\ln\frac{K}{S_t}-\mu\tau}{\sigma\sqrt{\tau}}\right)-\Phi\left(\frac{a-\mu\tau}{\sigma\sqrt{\tau}}\right)\right]}{\left[\Phi\left(\frac{b-\mu\tau}{\sigma\sqrt{\tau}}\right)-\Phi\left(\frac{a-\mu\tau}{\sigma\sqrt{\tau}}\right)\right]} \quad (12')$$

下面考虑价格范围内存在心理关口的情况, 即 $R\in[S_t e^a,S_t e^b]$。基于 Jang 等 (2015) 对波动率的修正, 将等式(6)代入等式(9):

$$\ln\left(\frac{S_T}{S_t}\right)\sim f(S_T,\mu\tau,\sigma(t)\sqrt{\tau},a,b) \quad (9')$$

于是, 再次改写期权定价公式(1):

$$C_{rp}(S_t,\tau,R,K,\sigma_1,\sigma_2)=E\{E[\max(e^{-r\tau}(S_T-K),0)|\tau_p,S_t]\}$$

$$= \int_0^\infty \widehat{E}[\max(e^{-r\tau}(S_T - K), 0) | \tau_p = s, S_t]\widehat{P}_1(\tau_p \in [s, s+ds))$$

将等式右边积分分为两个区间，分别描述心理关口的首中时间出现在期权到期日之前和之后两种情况：

$$C_{rp}(S_t, \tau, R, K, \sigma_1, \sigma_2) = \int_0^\tau \widehat{E}[\max(e^{-r\tau}(S_T - K), 0) | \tau_p = s, S_t]\widehat{P}_1(\tau_p \in [s, s+ds)) +$$
$$\int_\tau^\infty \widehat{E}[\max(e^{-r\tau}(S_T - K), 0) | \tau_p = s, S_t]\widehat{P}_1(\tau_p \in [s, s+ds)) \quad (13)$$

首先对等式右边第一项进行分析，即当标的资产价格在期权到期日前首次触及心理关口。此时，由于资产价格波动率受到心理关口的影响，对于任意给定的首中时间 $\tau_p = s$，可将时间区间细分为心理关口的首中时间前和首中时间后：

$$\int_0^\tau \widehat{E}[\max(e^{-r\tau}(S_T - K), 0) | \tau_p = s, S_t]\widehat{P}_1(\tau_p \in [s, s+ds)) = \int_0^\tau e^{-rs}\int_K^\infty e^{-r(\tau-s)}(S_T - K)f\left(\ln\left(\frac{S_T}{R}\right); \mu(\tau-s), \sigma_2\sqrt{\tau-s}, a, b\right)dS_T \cdot \widehat{P}_1(\tau_p \in [s, s+ds)) \quad (14)$$

根据前文对涨跌停限制下欧式看涨期权定价公式的讨论，积分号内 $\int_K^\infty e^{-r(\tau-s)}(S_T - K)f\left(\ln\left(\frac{S_T}{R}\right); \mu(\tau-s), \sigma_2\sqrt{\tau-s}, a, b\right)dS_T$ 等价于对一个剩余存续期为 $\tau-s$，标的资产价格波动率为 $\sigma_2\sqrt{\tau-s}$，执行价格为 K，初始标的资产价格为 R 的欧式看涨期权进行定价。因此根据等式（12），可知：

$$\int_K^\infty e^{-r(\tau-s)}(S_T - K)f\left(\ln\left(\frac{S_T}{R}\right); \mu(\tau-s), \sigma_2\sqrt{\tau-s}, a, b\right)dS_T = C_r(R, \tau-s, K, \sigma_2)$$

等式（14）可改写为：

$$\int_0^\tau \widehat{E}[\max(e^{-r\tau}(S_T - K), 0) | \tau_p = s, S_t]\widehat{P}_1(\tau_p \in [s, s+ds)) = \int_0^\tau e^{-rs} C_r(R, \tau-s, K, \sigma_2)\widehat{P}_1(\tau_p \in [s, s+ds)) \quad (14')$$

对于等式（14）右边第二项，由于在期权到期日前，资产价格尚未触及心理关口，所以心理关口的存在并不影响期权的期望收益，即 $\widehat{E}[\max(e^{-r\tau}(S_T - K), 0) | \tau_p = s, S_t] = \widehat{E}[\max(e^{-r\tau}(S_T - K), 0) | S_t]$。为便于后续计算，将式子进行改写：

$$\int_\tau^\infty \widehat{E}[\max(e^{-r\tau}(S_T - K), 0) | \tau_p = s, S_t]\widehat{P}_1(\tau_p \in [s, s+ds)) = \widehat{E}[\max(e^{-r\tau}(S_T - K), 0) | S_t]\left\{\int_0^\infty \widehat{P}_1(\tau_p \in [s, s+ds)) - \int_0^\tau \widehat{P}_1(\tau_p \in [s, s+ds))\right\}$$

由于 $\widehat{P}_1(\tau_p \in [s, s+ds))$ 符合概率密度函数的一般性质,因此有:

$$\int_0^\infty \widehat{P}_1(\tau_p \in [s, s+ds)) = 1$$

另外,根据涨跌停限制下的期权定价公式:

$$\widehat{E}[\max(e^{-r\tau}(S_T - K), 0) | S_t] = C_r(S_t, \tau, K, \sigma_1)$$

结合上述表达式得到:

$$\int_\tau^\infty \widehat{E}[\max(e^{-r\tau}(S_T - K), 0) | \tau_p = s, S_t]\widehat{P}_1(\tau_p \in [s, s+ds)) = C_r(S_t, \tau, K, \sigma_1)$$

$$\left\{1 - \int_0^\tau \widehat{P}_1(\tau_p \in [s, s+ds))\right\} \tag{15}$$

通过将等式(14′)和(15)代入等式(13),得到涨跌停限制下存在心理关口的欧式看涨期权定价公式:

$$C_{rp}(S_t, \tau, R, K, \sigma_1, \sigma_2) = C_r(S_t, \tau, K, \sigma_1) + \int_0^\tau \{e^{-rs}C_r(R, \tau - s, K, \sigma_2) - C_r(S_t, \tau, K, \sigma_1)\}$$

$$\widehat{P}_1(\tau_p \in [s, s+ds)) \tag{16}$$

再次根据看跌-看涨平价,推导出考虑心理关口和涨跌停限制的欧式看跌期权定价公式:

$$P_{rp}(S_t, \tau, R, K, \sigma_1, \sigma_2) = P_r(S_t, \tau, K, \sigma_1) + \int_0^\tau \{e^{-rs}P_r(R, \tau - s, K, \sigma_2) - P_r(S_t, \tau, K, \sigma_1)\}$$

$$\widehat{P}_1(\tau_p \in [s, s+ds)) \tag{16′}$$

2. 修正模型 Delta 推导

期权 Delta 值作为最为常用的对冲指标之一,被广泛应用于对冲策略中,因此本文将继续推导在修正后期权定价模型中,期权 Delta 的计算公式。首先,根据 Delta 的定义,即单位资产价格变化对应的期权价格变化,得到传统 BS 模型 Delta 值:

$$\Delta_{BS} = \frac{\partial C_{BS}}{\partial S} = N(d_1)$$

再次按照最大涨跌停幅范围内是否存在心理关口分类讨论。当 $R \notin [S_t e^a, S_t e^b]$,根据涨跌停限制的期权定价公式(12)和(12′),可得看涨期权和看跌期权 Delta 值的表达式如下:

$$\Delta_{ct} = \frac{\partial C_r(S_t, \tau, R, K, \sigma)}{\partial S_t} = \frac{\left[\Phi\left(\frac{b - \mu\tau}{\sigma\sqrt{\tau}} - \sigma\sqrt{\tau}\right) - \Phi\left(\frac{\ln\frac{K}{S_t} - \mu\tau}{\sigma\sqrt{\tau}} - \sigma\sqrt{\tau}\right)\right]}{\left[\Phi\left(\frac{b - \mu\tau}{\sigma\sqrt{\tau}} - \sigma\sqrt{\tau}\right) - \Phi\left(\frac{a - \mu\tau}{\sigma\sqrt{\tau}} - \sigma\sqrt{\tau}\right)\right]}$$

$$\Delta_{pt} = \frac{\partial P_r(S_t, \tau, R, K, \sigma)}{\partial S_t} = -\frac{\left[\Phi\left(\frac{\ln\frac{K}{S_t} - \mu\tau}{\sigma\sqrt{\tau}} - \sigma\sqrt{\tau}\right) - \Phi\left(\frac{a - \mu\tau}{\sigma\sqrt{\tau}} - \sigma\sqrt{\tau}\right)\right]}{\left[\Phi\left(\frac{b - \mu\tau}{\sigma\sqrt{\tau}}\right) - \Phi\left(\frac{a - \mu\tau}{\sigma\sqrt{\tau}}\right)\right]}$$

而当 $R \in [S_t e^a, S_t e^b]$ 时，根据公式（16），通过对标的资产价格求偏导，可得：

$$\Delta_{ct} = \frac{\partial C_{rp}(S_t, \tau, R, K, \sigma_1, \sigma_2)}{\partial S_t} = \frac{\partial C_r(S_t, \tau, K, \sigma_1)}{\partial S_t}$$

$$+ \int_0^\tau \{e^{-rs} C_r(R, \tau - s, K, \sigma_2) - C_r(S_t, \tau, K, \sigma_1)\} \frac{\partial \widehat{P}_1(\tau_p \in [s, s+ds))}{\partial S_t}$$

$$- \int_0^\tau \frac{\partial C_r(S_t, \tau, K, \sigma_1)}{\partial S_t} \widehat{P}_1(\tau_p \in [s, s+ds)) \quad (17)$$

再根据等式（7），可知：

$$\frac{\partial \widehat{P}_1(\tau_p \in [s, s+ds))}{\partial S_t} = \frac{(-1)^{1(S_t \geq R)}}{S_t} \frac{1}{s\sigma_1\sqrt{2\pi s}} \exp$$

$$\left\{-\frac{[\ln(R/S_t) - (r - \frac{\sigma_1^2}{2})s]^2}{2s\sigma_1^2}\right\}\left\{-1 + \frac{\ln(R/S_t) - (r - \frac{\sigma_1^2}{2})s}{s\sigma_1^2}\right\}ds \quad (18)$$

结合（17），（18）两式，得到新模型下看涨期权 Delta 值的近似表达式，由于看跌期权 Delta 值的近似表达式推导过程近似，本文不再赘述。

六、结论

本文从行为金融学的角度，研究了上海原油期货心理关口效应和心理关口对国际定价权的影响，并且基于以上研究提出了针对心理关口现象与涨跌停板制度进行修正后的期权定价模型。

首先，通过价格频率检验、数字分布形状检验与条件效应检验，本文证实上海原油期货市场存在心理关口现象。具体表现为：在靠近 10 整数倍心理关口时，价格出现频率发生明显提高；在考虑 50 与 100 整数倍心理关口时，价格出现频率则明显下降；此外，在上涨穿越心理关口前后，市场条件收益率发生明显提高；下跌穿越心理关口前后，市场条件收益率发生显著下降。其次，在证实心理关口现象的基础上，本文通过格兰杰因果检验、长期协整检验、有向无环图与方差分解方法分别衡量上海原油期货与国内外八大原油市场的短期、长期、同期信息传递关系以及信息贡献度，并通过滚动窗口方法捕捉信息贡献度的动态变化。本文发现，在市场价格跌破心理关口前后，上海原油期货市场对外信息依存度增加，自身价格发现功能下降；此外，当市场价格处于心理关口附近时，上海原油期货市场的国际影响力也发生明显下降，成为国际原油价格信息的纯粹接收者。最后，由于上海原油期货存在的心理关口现象与涨跌停板制度，所以传统 BS 模型假设偏离上海原油期货市场实际情况。因此，本文基于心理关口与涨跌停板制度推导出符合上海原油期权合约实际情况的期权定价模型。

本文的研究成果具有一定实用价值：对于投资者而言，本文的研究有利于投资者更好地理解我国原油期货市场的定价机制，并且本文基于我国原油期货市场心理关口现象与涨跌停板制度而修正的期权定价模型，预期将帮助投资者更好地发挥上海原油期货期权的风险规避功能；对于监管部门而言，本文的研究将有利于监管部门剖析我国原油期货国际定价权的影响因素，有利于更好地管理我国原油市场，从而进一步提升中国原油期货的国际地位。

参考文献

[1] Dorfleitner G, Klein C. Psychological barriers in European stock markets: Where are they? [J]. Global Finance Journal, 2009, 19 (3).

[2] Donaldson R G, Kim H Y. Price barriers in the Dow Jones Industrial Average [J]. The Journal of Financial and Quantitative Analysis, 1993, 28 (3).

[3] Cyree K B, Domian D L, Louton D A, et al. Evidence of psychological barriers in the conditional moments of major world stock indices [J]. Review of Financial Economics, 1999, 8 (1).

[4] 朱宁，陈地强，许艺煊. 市场规模、周期态势与上证价格指数 "心理关口" [J]. 系统工程，2017, 35 (11).

[5] Koedijk C G, Stork P A. Should we care? Psychological barriers in stock markets [J]. Economics Letters, 1994, 44 (4).

[6] Aggarwal R, Lucey B M. Psychological barriers in gold prices? [J]. Review of Financial Economics, 2007, 16 (2).

[7] Lucey M E, O'connor F A. Mind the gap: Psychological barriers in gold and silver prices [J]. Finance Research Letters, 2006, 17 (1).

[8] Westerhoff F. Anchoring and psychological barriers in foreign exchange markets [J]. Journal of Behavioral Finance, 2003, 4 (2).

[9] Palao F, Pardo A. Do price barriers exist in the European carbon market? [J]. Journal of Behavioral Finance, 2018, 19 (1).

[10] Li X, Li S, Xu C. Price clustering in Bitcoin market—An extension [J]. Fi-

nance Research Letters, 2020, 32 (1).

[11] Dowling M, Cummins M, Lucey B M. Psychological barriers in oil futures markets [J]. Energy Economics, 2016, 53 (1).

[12] Huang W, Chen Z. Modeling regional linkage of financial markets [J]. Journal of Economic Behavior & Organization, 2014, 99 (1).

[13] Sonnemans J. Price clustering and natural resistance points in the Dutch stock market: A natural experiment [J]. European Economic Review, 2006, 50 (8).

[14] Brown P, Chua A, Mitchell J. The influence of cultural factors on price clustering Evidence from Asia – Pacific stock markets [J]. Pacific – Basin Finance Journal, 2003, 10 (1).

[15] Cai B M, Cai C X, Keasey K. Influence of cultural factors on price clustering and price resistance in China's stock markets [J]. Accounting & Finance, 2007, 47 (4).

[16] 赵静梅, 吴风云. 数字崇拜下的金融资产价格异象 [J]. 经济研究, 2009, 44 (6).

[17] Zhang Q, Di P, Farnoosh A. Study on the impacts of Shanghai crude oil futures on global oil market and oil industry based on VECM and DAG models [J]. Energy, 2021, 223 (1).

[18] Granger C, Granger C, Granger C, et al. Investigationg causal relations by econometric models: cross spectral methods [J]. Econometrica, 1969, 37 (3).

[19] Haugh L D. Checking the independence of two covariance – stationary time series: A univariate residual cross – correlation approach [J]. Journal of the American Statistical Association, 1976, 71 (354).

[20] Diks C, Panchenko V. A new statistic and practical guidelines for nonparametric Granger causality testing [J]. Journal of Economic Dynamics & Control, 2006, 30 (9 – 10).

[21] Baek E, Brock W. A nonparametric test for independence of a multivariate time series [J]. Statistica Sinica, 1992, 2 (1).

[22] Aaltonen J, Ostermark R. A rolling test of Granger causality between the Finnish and Japanese security markets [J]. Omega (UK), 1997, 25 (6).

[23] Ozturk I. A literature survey on energy – growth nexus [J]. Energy Policy, 2010, 38 (1).

[24] Engle R F, Granger C W J. Co – integration and error correction: Representation, estimation, and testing [J]. Econometrica, 1987, 55 (2).

[25] Johansen S. Statistical analysis of cointegration vectors [J]. Journal of Economic Dynamics and Control, 1988, 12 (2 - 3).

[26] Balke N S, Fomby T B. Threshold cointegration [J]. International Economic Review, 1997, 38 (3).

[27] Hansen B E, Seo B. Testing for two - regime threshold cointegration in vector error - correction models [J]. Journal of Econometrics, 2002, 110 (2).

[28] Kejriwal M, Perron P. Testing for multiple structural changes in cointegrated regression models [J]. Journal of Business & Economic Statistics, 2010, 28 (4).

[29] Peri M, Baldi L, Vandone D. Price discovery in commodity markets [J]. Applied Economics Letters, 2013, 20 (4).

[30] Sprites P, Glymour C, Scheines R. Causation, prediction, and search [M]. Cambridge, The MIT Press, 2000.

[31] Ji Q. System analysis approach for the identification of factors driving crude oil prices [J]. Computers & Industrial Engineering, 2012, 63 (3).

[32] Yang Z, Zhao Y. Energy consumption, carbon emissions, and economic growth in India: Evidence from directed acyclic graphs [J]. Economic Modelling, 2014, 38 (1).

[33] Ji Q, Fan Y. Dynamic integration of world oil prices: A reinvestigation of globalisation vs. regionalisation [J]. Applied Energy, 2015, 155 (1).

[34] Ji Q, Zhang H - Y, Geng J - B. What drives natural gas prices in the United States? - A directed acyclic graph approach [J]. Energy Economics, 2018, 69 (1).

[35] Hasbrouck J. One security, many markets: Determining the contributions to price discovery [J]. The Journal of Finance, 1995, 50 (4).

[36] Diebold F X, Yilmaz K. Measuring financial asset return and volatility spillovers, with application to global equity markets [J]. The Economic Journal, 2009, 119 (7).

[37] Zhu S - P, He X - J. A modified Black - Scholes pricing formula for European options with bounded underlying prices [J]. Computers & Mathematics with Applications, 2018, 75 (5).

[38] Jang, Bong - Gyu, Kim, et al. Psychological barriers and option pricing [J]. Journal of Futures Markets, 2015, 35 (1).

[39] Gairat A, Shcherbakov V. Density of skew Brownian motion and its functionals with application in finance [J]. Mathematical Finance, 2017, 27 (4).

[40] Song S, Wang G, Wang Y. Pricing European options under a diffusion model

with psychological barriers and leverage effect [J]. The European Journal of Finance, 2020, 26 (12).

[41] Davidson J E H, Hendry D F, Srba F, et al. Econometric modelling of the aggregate time-series relationship between consumers' expenditure and income in the United Kingdom [J]. The Economic Journal, 1978, 88 (352).

[42] Diebold F X, Yilmaz K. Better to give than to receive: Predictive directional measurement of volatility spillovers [J]. International Journal of Forecasting, 2012, 28 (1).

[43] Black F, Scholes M. The pricing of options and corporate liabilities [J]. Journal of Political Economy, 1973, 81 (3).

中期协联合研究计划（第十四期）项目

基于期货市场看宏观经济的分析框架研究

课题负责单位：郑州商品交易所期货及衍生品研究所有限公司
课题研究编号：202131008
课题负责人：芦发喜
课题组成员：杨　辰　杜海鹏　周博文　王加苏

一、引言

（一）研究背景

近年来，我国经济由高速增长阶段转向高质量发展阶段，社会主义市场经济体制向高水平发展，市场秩序、效率、活力、质量显著提升，市场在资源配置中发挥着越来越重要的作用。1990年诺贝尔经济学奖获得者莫顿·米勒（Merton Miller）表示，"只要有市场经济，就会需要期货市场管理未来价格的不确定性"。期货市场作为市场经济的高级组织形式，经济水平与市场经济体制越发达，越有利于期货市场发展。近年来，期货上市品种不断增加，覆盖有色金属、贵金属、黑色金属、农产品、能源等，期货市场与宏观经济发展联系愈发紧密。在此背景下，如何从期货市场观察宏观经济越来越受到管理层、市场机构的重视，市场上已有的研究成果大多是针对某种路径的研究，如何从期货市场系统性观察宏观经济是亟待解决的重要问题。

（二）研究意义

一是能够帮助有关市场机构、政府部门系统性地从期货市场观察宏观经济。当前并没有研究成果系统性梳理如何从期货市场观察宏观经济，大多数研究成果仅针对某一路径进行分析，另外一些研究成果仅是定性分析，没有对路径进行实证检验。本课题将全面研究基于期货价格看宏观的路径，并将在实证阶段淘汰一批相关关系不显著的路径。通过实证检验的路径能够为市场机构、政府部门提供很好的指引，通过观察路径能够了解期货价格与宏观指标的历史关系。

二是能够宣传期货市场价格发现功能。由于期货市场具有价格发现的功能，不考虑当月宏观指标发布较晚的因素，期货价格应仍能够领先同时期宏观指标。在研究期货价格与宏观指标相关关系时，如果能够得到期货价格领先宏观经济指标的结论，说明期货市场价格发现功能有效发挥，期货市场形成的价格公允、有效，能够起到宣传期货市场功能的作用。

三是能够提出对期货市场发展有一定指引作用的启示与建议。通过研究基于期货市场看宏观的具体路径，试图发现一些期货市场存在的潜在问题，根据这些问题对期货市场发展提出启示与建议，希望对期货市场发展提供有意义的指引。

（三）研究综述

第一，我国商品期货综合指数与期货工业品指数均领先于生产者物价指数（以下简称PPI），近年来对消费者物价指数（以下简称CPI）不能形成领先。赵振英（2015）认为南华期货价格指数为PPI的单向格兰杰原因，期货价格指数可以作为衡量PPI的先行指标。王倩和常清（2014）认为我国工业品期货价格指数的变动引导PPI的变化。刘健、丁嘉伦、张玉英（2017）认为南华工业品期货价格指数对PPI存在先导作用，并至少领先PPI半年。国联证券张晓春（2017）认为PPI与CPI价差在2011年后出现较大差异，主要原因是受大宗商品影响程度不同，大宗商品对PPI的影响很大而对CPI的影响较小。中国金融四十人论坛（2021）认为2016年之后PPI与CPI就一直存在持续背离，2016年之前，PPI和CPI 3年期滚动相关系数在0.8左右，2016年之后，3年期滚动相关系数快速下降至零轴以下。

第二，国际大宗商品指数领先于PPI，近年来对CPI不能形成领先。国家发改委价格监测中心卢延纯、赵公正（2017）通过计量经济模型分析发现，RJ/CRB商品期货价格指数对我国PPI构成单向影响，对PPI变动的解释力可达到53%，RJ/CRB商品期货价格指数对CPI也有正向影响，但是影响不明显。中国人民银行金融研究所张怀清、赵亚琪、徐瑞慧（2019）采用计量经济模型研究了国际大宗商品价格向国内物价传导的结构性特征，发现CPI对国际大宗商品价格波动的脉冲响应存在阶段性差异，PPI的脉冲响应趋势基本一致。

第三，从具体期货板块指数看PPI、CPI内部结构性变化。中国金融四十人论坛（2021）认为，期货整体指数在变动过程中，不同类产品价格表现有很大差异。可以具体分为黑色、有色、能化和农产品四大类大宗商品，这四类期货指数由于不同板块不同的基本面情况，价格走势经常存在差异，农产品和原油价格与CPI的关系更直接，而黑色和有色离得更远，通过分析不同板块、品种的差异化走势可以看到具体是什么带动PPI上涨，也可以在部分程度上解释为何PPI没能向CPI传导。

第四，从期货市场看行业需求方面，通过玻璃、螺纹钢看房地产行业相关需求指标。王楠、曹丹星、郑玉航（2017）研究玻璃期货和房地产行业相关宏观经济指标关系发现，玻璃期货价格走势和房地产投资累计增速、房地产价格指数环比、固定资产投资累计同比等指标呈现较高的正相关性；玻璃期货价格和房地产价格指数、固定资产投资累计同比存在长期稳定的均衡关系；玻璃期货价格领先商品房施工面积累计同比6个月。"从期货市场信号看当前宏观经济形势"① 认为螺纹钢主要用于房地产业，是观察房地产形势的重要期货品种。螺纹钢在房屋建造初期使用，与房地产新开发投资密切相关。

第五，从跨品种价格看行业利润方面，利用黑色系期货盘面利润预测黑色冶炼行业利润，通过猪粮比价看养猪行业利润。刘硕（2019）研究发现，2013年以来黑

---

① 从期货市场信号看当前宏观经济形势，http://futures.xinhua08.com/a/20140808/1368209.shtml。

色金属冶炼和压延业利润总额与黑色系期货盘面利润的相关性高达80%，黑色系期货盘面利润变化与行业实际利润高度吻合，加上期货市场具有价格发现功能，远期期货盘面利润可以作为预测未来一段时间钢铁行业利润的工具之一。廉莹（2010）认为猪价与粮价（玉米）之间存在一种必然的、相互适应的规律，即"猪粮比价规律"，猪粮比越高，说明养殖利润情况越好，由于期货价格的前瞻性、预见性和权威性，用期货价格进行"猪粮比价"分析相比现货而言有更强的指引作用。

第六，从期货市场价格看上游行业与中下游行业利润分配。中国金融四十人论坛（2021）认为，大宗商品价格上涨主要体现为产业链上下游利润的再分配，即上游行业占总体利润的比例越来越高。

第七，通过有色金属与黑色金属比价、工业品与农产品比价，油价、铜价、金价、银价比价，能够观察宏观经济的不同方面。马晓旭（2014）认为稀、贵等有色金属代表新兴产业，钢铁等黑色金属代表传统产业，金属价格分化走势的深层次原因是新经济的兴起，因为新经济的发展将重点带动对有色金属材料，尤其是稀贵、稀土金属材料的大量消费需求；而新经济对特种钢材的需求占黑色金属总需求的比重较小，对黑色金属行业影响有限。张静静（2018）认为金油比能够衡量市场风险偏好与通胀；金银比能够衡量全球特别是美国通胀前景；铜银比能够衡量需求与流动性；工业品与农产品比值能够衡量PPI与CPI剪刀差、经济周期阶段。证监会主席方星海在"2021青岛·中国财富论坛"上表示，2020年4月以来，大宗商品期货价格出现轮番上涨，其中，铜、螺纹钢等期货价格率先上涨，反映出我国经济受新冠肺炎疫情冲击后率先实现恢复性发展。2021年以来，原油价格涨幅居前，反映出美欧等发达经济体逐渐复苏，我国经济从恢复性增长回归常态化增长的态势。

第八，通过国债期货能够观察利率。中国证监会副主席方星海在"2021青岛·中国财富论坛"上表示，芝加哥商业交易所（CME）联邦基准利率期货的价格信息能够反映美联储未来的即期基准利率，受到全球投资者乃至各国央行的广泛关注。胡俞越与岳银（2019）认为我国国债期货价格发现功能主要表现在增加价格信息含量，为收益率曲线的构造、宏观调控提供预期信号。中金所郑凌云、常鑫鑫、周强龙、郑丽婷（2018）研究发现，国际经验表明，国债期货市场为货币政策的及时反应提供价格信号。美国拥有全球最发达的利率期货市场，由于期货价格包含了市场对未来利率走势的预期，是美国各监管机构判断利率走势的前瞻性指标，对货币政策的调控具有较强的信号指示作用。在我国，国债期货也已经成为货币政策调控的重要参考。

（四）研究方法

本课题综合采用文献调研、访谈、实证研究三种方法。

一是文献调研法。通过文献收集、资料查阅等工作，总结梳理当前已有的相关研究成果。本研究主要查阅中国知网、百度学术、Wind 研究报告平台等方面的文献和数据资源，并进行整理。

二是访谈法。为充分了解如何从商品期货指数观察价格（CPI、PPI）、如何从不同品种比价关系观察宏观经济等问题，课题组与期货业内有相关研究基础的中国期货市场监控中心、中证商品指数公司等机构进行了实地或者线上会议，对机构有关专家进行了访谈，进一步增加了对相关问题的研究深度。

三是实证研究法。在研究观察路径时需要建立期货价格数据与宏观指标的关系，运用计量实证方法，借助数学、统计工具能够将变量之间关系予以固定，形成定量的观察方法。

二、期货市场为观察宏观经济提供独特视角

（一）期货市场相关功能的发挥

1. 期货市场价格发现功能方面

期货市场能够形成领先价格，反映品种未来价格走势。期货市场通过提供风险管理工具与投资工具，吸引企业经营者、个人经营者、机构投资者、个人投资者等具有不同风险偏好的众多参与者进入期货市场，通过货币和风险之间不停地互换，从而形成价格，价格体现了各方对价格预期的综合观点和信息总和。因此，期货价格对信息反应敏感，能够随时随地传递整个市场中的参与者对未来行情走势的判断。

2. 期货市场其他衍生功能方面

期货价格能够反映宏观、行业信息。期货市场中参与者为了实现利益，在交易时需要收集信息并进行评估，其中既包括行业层面的供需信息，也包含宏观层面信息，这些信息丰富了期货市场价格形成体系，让期货价格更加超前、客观、透明、真实、有效，从而使得期货价格能够反映宏观、行业信息。

（二）期货市场功能与宏观经济关联

期货市场相关功能与《中国统计年鉴 2020》[①] 中的主要内容存在内在关联，主要关联点为经济增长、价格、行业三方面（见表1）。

---

① 国家统计局编著的《中国统计年鉴 2020》从宏观视角对我国经济活动各领域的统计信息进行梳理，全面反映了我国经济和社会发展情况。

表1　　　　　　　　　期货市场与宏观经济主要关联点

经济活动分类	与期货市场功能关联点
价格	价格发现：能够形成领先价格
能源、农业、工业、建筑业、房地产	价格发现：形成领先价格 其他衍生功能：反映行业信息
经济增长	价格发现：能够形成领先价格 其他衍生功能：反映宏观信息
金融业	价格发现：形成领先价格 其他衍生功能：反映宏观信息

资料来源：国家统计局。

1. 价格方面

我国商品期货市场上市品种丰富，覆盖大部分生产、生活材料，与宏观层面价格指标（CPI、PPI）联系不断增强。由于期货市场价格发现功能的发挥，期货价格对于宏观层面价格指标具有领先性，因此商品期货价格指数可以作为通货膨胀的"指示器"。另外，我国长期坚持对外开放，我国大宗商品进口格局短期内料将不会改变，国际大宗商品价格仍将深度影响我国宏观价格，叠加部分重要大宗商品定价权仍在海外，因此国际大宗商品期货指数可以衡量我国通胀形势。

2. 行业方面

能源、工业、农业、建筑业、房地产的相关商品期货品种，通过发挥价格发现功能，能够形成领先的期货价格，可以作为观察不同行业的领先指标。同时，期货价格能够有效反映行业相关信息，从而利用期货价格观察行业发展情况。

3. 经济增长方面

一方面，已上市期货品种涉及宏观领域的方方面面，许多期货品种在经济中占据重要地位，期货价格包含宏观经济相关信息，以及各种能够影响到价格走势的其他信息，能够通过期货品种、指数比价关系观察宏观经济层面的变化。另一方面，国债期货价格与国债现货价格高度相关，同时又具有形成领先价格的特点，能够提前观察货币供应量与利率。

（三）从期货市场看宏观经济的优劣势

1. 期货价格具有领先性

期货价格对各种宏观层面的信息反应灵敏，本身就是反映市场参与者对未来价格走势的预期，因此从期货价格能够获得较为领先的信息，由此分析宏观层面的经济变化。

2. 期货价格相比宏观经济指标发布时间更加及时

期货市场工作日开市实时交易，能够形成有效、权威、公正的价格，连续交易产生的期货价格可以及时动态反映宏观运行情况，并且在月末就能够形成当月的价格数据。然而，宏观经济指标发布时间相对固定、频率较低，当月数据多在下月中旬公布，较期货市场价格数据滞后较多。

3. 期货价格相比现货价格更加完整、易得

不同品种期货价格在交易所集中交易产生，价格信息相比现货价格更加连续、易得、完整。同时，期货价格便于形成分类价格指数，如工业品指数、黑色商品指数、有色商品指数、能化商品指数等，更便于对价格数据进行统计处理。

4. 期货价格并不能覆盖所有行业与所有现货品种

在观察宏观层面价格指标时，仅从期货价格出发难以贴合国家统计局在CPI、PPI统计中包含的众多种类。这种限制对观察PPI影响有限，而对观察CPI影响较大，因此在观察CPI时适当加入了一些重要的现货品种。

三、基于期货市场看价格

从期货市场看价格主要是看宏观经济指标中的价格指标（CPI、PPI），从已上市期货品种与PPI、CPI统计标的来看，期货品种与PPI中的生产资料重合度较高，而与PPI生活资料、CPI重合度较低。因此，从期货价格观察PPI具有可行性，但难以从期货价格观察CPI（见附录A）。

（一）从易盛工业品指数①观察PPI

商品期货价格指数理应提前反映我国宏观价格指标。我国商品期货涵盖国民经济方方面面，随着三十年来期货市场蓬勃发展，当前期货市场价格发现功能有效发挥，与现货行业联系紧密。商品期货价格指数、工业品指数作为期货市场的综合性指数，能够反映期货市场的整体运行状况和参与主体对于未来市场走势的心理预期，通过期货价格指数应该可以提前观察、预警我国宏观价格指标。

---

① 易盛工业品指数为郑州易盛信息技术有限公司根据我国上市期货品种价格编制的指数，包括易盛全市场指数、易盛工业品指数、易盛有色指数、易盛黑色指数、易盛能化指数等。

选取易盛工业品指数为代表进行研究。近年来易盛全市场指数与易盛工业品指数走势高度重合（见图1），相关性高达0.992，仅选择工业品期货指数为代表，研究与宏观价格之间的关系。

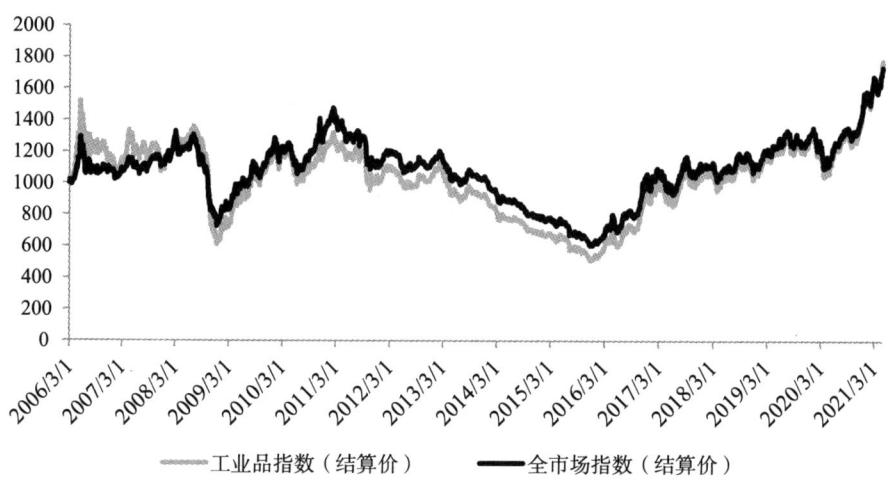

图1　易盛全市场指数与易盛工业品指数

资料来源：易盛信息。

易盛工业品指数当月同比[①]与PPI当月同比相关性强并领先于PPI，运用易盛工业品指数能够观察PPI（见附录B）。计算工业品价格指数同比与PPI的36个月滚动相关系数知，二者的滚动相关系数均值为0.52，总体上表现出较强的正相关性。具体来看，2012年之前二者的滚动相关系数维持在0.5左右，之后有所下降，于2013年达到低点后大幅上升至0.7左右，随后在2015年达到低点后波动上行，2018年高点时二者的相关性甚至超过0.9（见图2）。在保持较高相关性的同时，工业品价格指数的变动也往往领先PPI的变动，格兰杰因果关系检验结果显示，在5%的显著性水平下，工业品期货价格指数同比是PPI的格兰杰原因，而PPI不是工业品价格指数的格兰杰原因，说明工业品价格指数具有向PPI的单向引导关系，运用易盛工业品指数可以提前预测PPI。进一步通过回归分析发现，工业品价格指数同比上涨1个百分点，会带动当期PPI增加0.1个百分点，滞后一期的PPI增加0.12个百分点（见图3）。

[①] 易盛工业品指数当月同比相比易盛工业品指数当月环比与PPI当月同比相关性更高，故此本文选择同比数据进行分析。如需预测PPI当月同比走势，根据环比数据建立回归方程预测出当期PPI环比，结合前11期PPI环比数据利用环比连乘法进行预测精度更高。

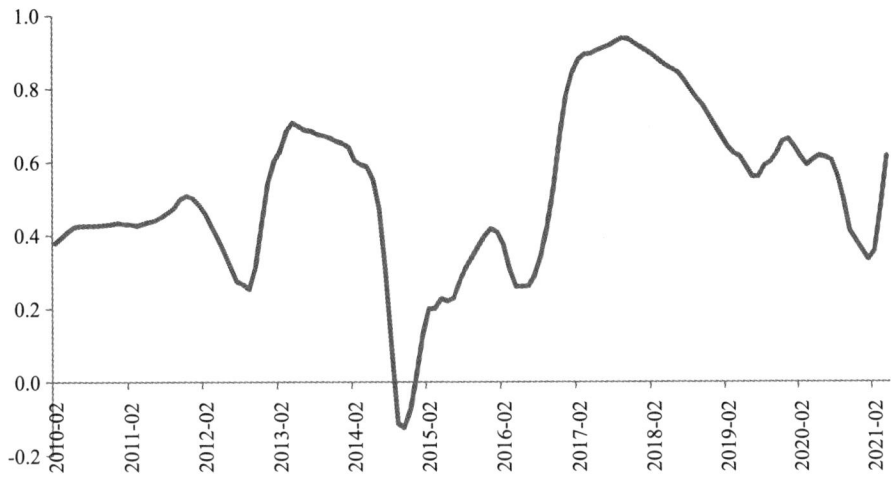

图2 易盛工业品指数同比与PPI的滚动相关系数

资料来源：Wind。

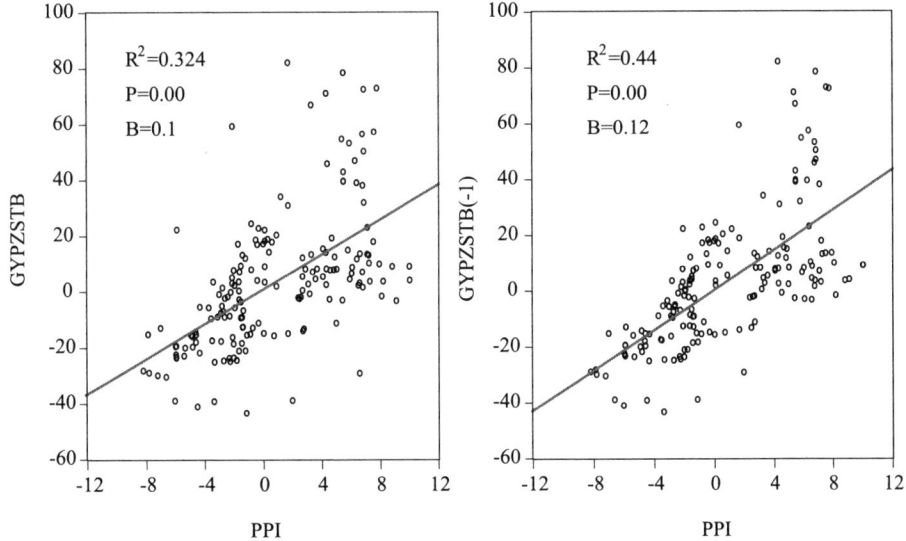

图3 易盛工业品指数同比与PPI的回归分析

注：①R^2表示拟合优度；P表示T检测中的P值；B表示回归系数。②GYPZSTB表示当期数据；GYPZSTB（-1）表示易盛工业品指数提前一期数据，相当于PPI滞后一期数据。③下文回归分析图与本图结构相同，不再一一注释。

资料来源：EViews。

(二) 从 RJ/CRB 指数观察 PPI

1. RJ/CRB 商品期货价格指数理应能够观察我国 PPI

我国作为开放型经济体，原油、铁矿石、铜、大豆等大宗商品原料从海外大量进口，由于海外主要期货交易所对多数国际性大宗商品享有定价权，企业在进口大宗商品时只能被动接受其价格波动，并将价格波动转嫁至国内市场，PPI 构成中约 40% 的上游原材料行业与国际大宗商品联系紧密，且波动较大，对于 PPI 总体的表现具有决定性影响。期货价格领先宏观价格类指标，通过国际商品期货价格指数应该可以提前观察、预警我国宏观价格指标。根据文献梳理结果，RJ/CRB 商品期货价格指数（以下简称 CRB 指数）运用广泛，发布机构权威，成分结构更加平衡、合理①，大多数研究选取 CRB 指数代表国际商品期货指数。

2. CRB 指数同比与 PPI 相关性强并领先于 PPI，运用 CRB 指数能够观察 PPI

CRB 指数与我国 PPI 走势长期高度相关，计算 CRB 指数同比与 PPI 的 36 个月滚动相关系数知，二者的滚动相关系数均值为 0.80，中位数为 0.87，总体上表现出很强的正相关性，然而 CRB 指数无法反映国内因素，如 2015 年供给侧结构性改革导致两者相关性短期内大幅降低（见图 4）。在保持高相关性的同时，CRB 指数的变动也往往领先 PPI 的变动，格兰杰因果关系检验结果显示，在 5% 的显著性水平下，

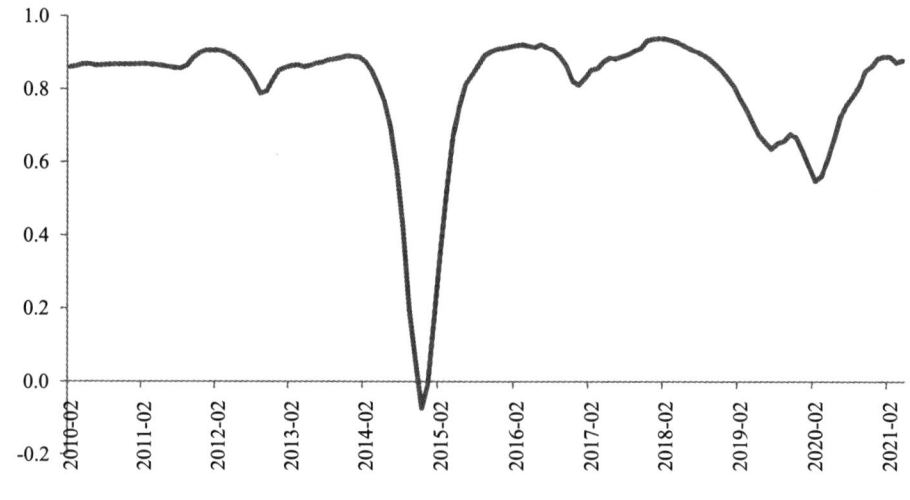

图 4　RJ/CRB 指数同比与 PPI 的滚动相关系数

资料来源：Wind。

---

① RJ/CRB 指数是由美国商品研究局汇编的商品期货价格指数，于 1957 年正式推出，涵盖了能源、金属、农产品、畜产品和软性商品等期货合约，为国际商品价格波动的重要参考指标。

CRB 指数同比是 PPI 的格兰杰原因，而 PPI 不是 CRB 指数同比的格兰杰原因，说明 CRB 指数同比具有向 PPI 的单向引导关系，运用 CRB 指数同样可以提前预测 PPI。进一步通过回归分析发现，CRB 指数同比上涨 1 个百分点，会带动当期 PPI 增加 0.19 个百分点，滞后一期的 PPI 增加 0.21 个百分点（见图 5）。

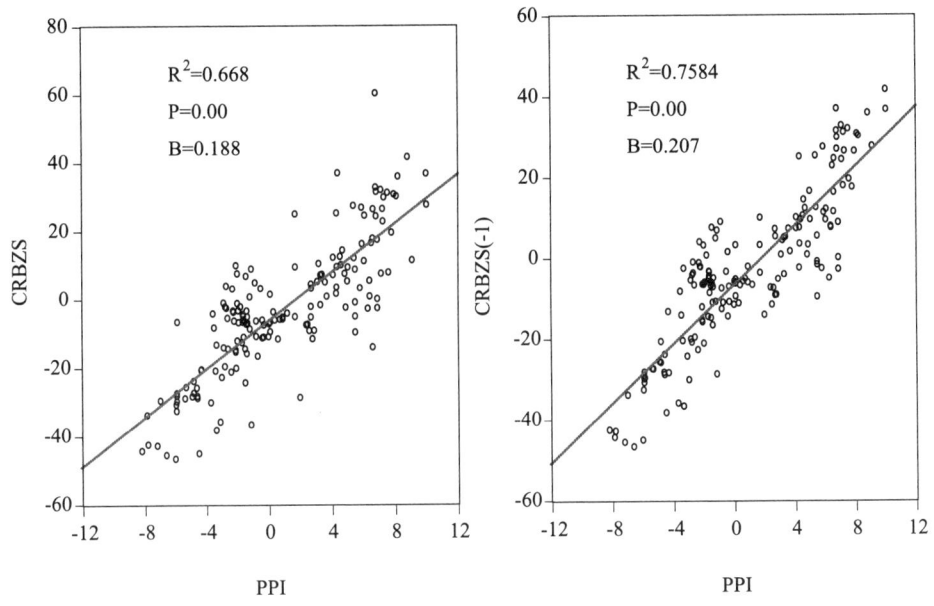

图 5　RJ/CRB 指数同比与 PPI 的滚动相关系数

资料来源：EViews。

（三）从板块指数观察 PPI

黑色、能化、有色价格指数同比与 PPI 均保持较高的相关性，并领先于 PPI，运用具体板块价格指数能够观察 PPI 变化。根据上文文献梳理结果，选取易盛黑色指数、易盛有色指数、易盛能化指数作为研究对象。计算黑色、能化、有色价格指数同比与 PPI 的 36 个月滚动相关系数知，各板块价格指数与 PPI 的滚动相关系数均值分别为 0.56、0.60、0.74，中位数分别为 0.60、0.65、0.80，总体上均表现出很强的正相关性，其中有色价格指数与 PPI 的相关性最强（见图 6）。在保持高相关性的同时，黑色、能化、有色价格指数的变动也往往领先 PPI 的变动，格兰杰因果关系检验结果显示，在 5% 的显著性水平下，黑色、能化、有色价格指数同比均是 PPI 的格兰杰原因，而 PPI 不是黑色、能化、有色价格指数同比的格兰杰原因，说明黑色、能化、有色价格指数具有向 PPI 的单向引导关系，运用黑色、能化、有色价格指数可以提前预测 PPI。通过回归分析发现，黑色价格指数同比上涨 1 个百分点，会带动当期 PPI 增加 0.069 个百分点，滞后一期的 PPI 增加 0.075 个百分点；能化价格指数同比上涨 1 个百分点，会带动当期 PPI 增加 0.131 个百分点，滞后一期的

PPI 增加 0.150 个百分点;有色价格指数同比上涨 1 个百分点,会带动当期 PPI 增加 0.102 个百分点,滞后一期的 PPI 增加 0.125 个百分点(见图 7、图 8)。

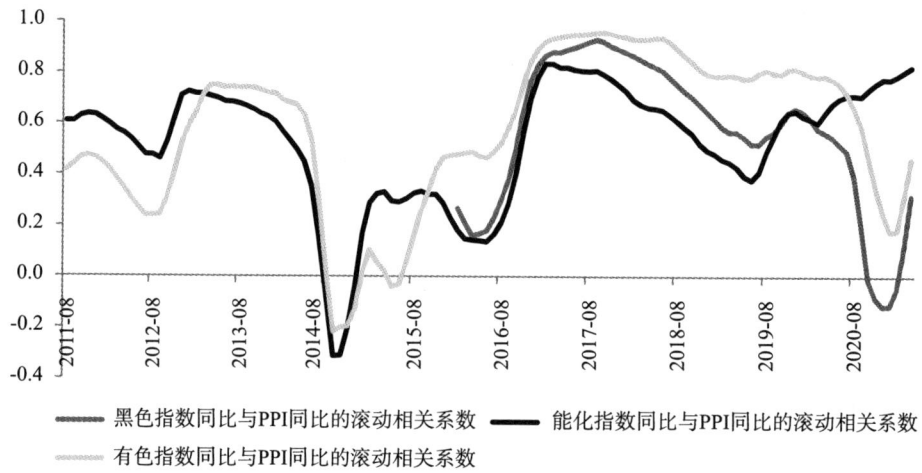

图 6　黑色、能化、有色价格指数同比与 PPI 的滚动相关系数

资料来源:Wind。

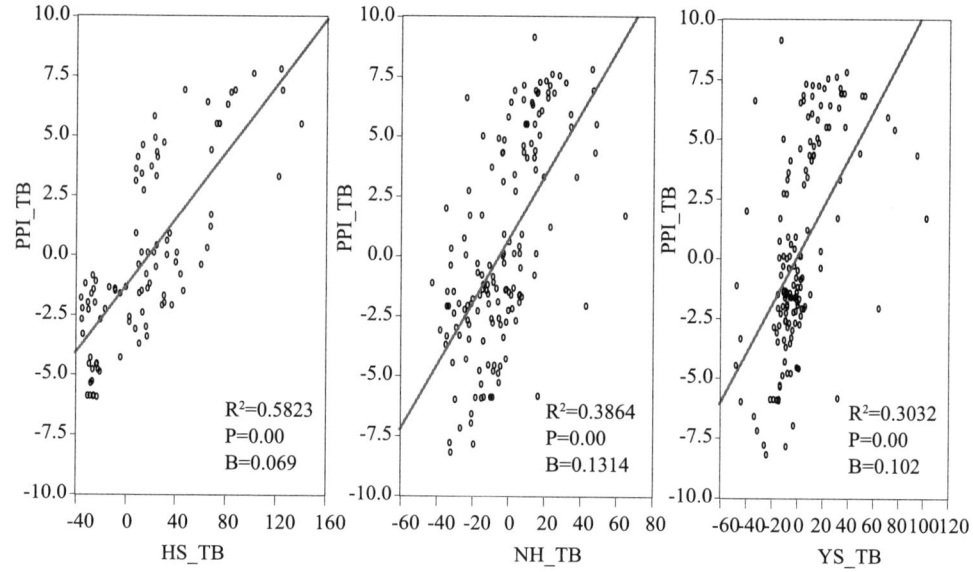

图 7　黑色、有色、能化指数同比与 PPI 同比的回归分析

资料来源:EViews。

历史上黑色指数变化对 PPI 变化的贡献度较大,能化、有色指数的贡献度较小。进一步对黑色、能化、有色价格指数和 PPI 建立向量自回归模型,通过方差分解分析不同板块指数变化对 PPI 结构性的影响发现,除去自身的影响,黑色指数对 PPI 变动的贡献比率为 40% 左右,能化指数对 PPI 变动的贡献比率为 7% 左右,有色指数对 PPI 变动的贡献比率为 10% 左右。在基于不同板块指数观察 PPI 中应更加关注

黑色指数变化对 PPI 变化的结构性影响。(见附录 C)

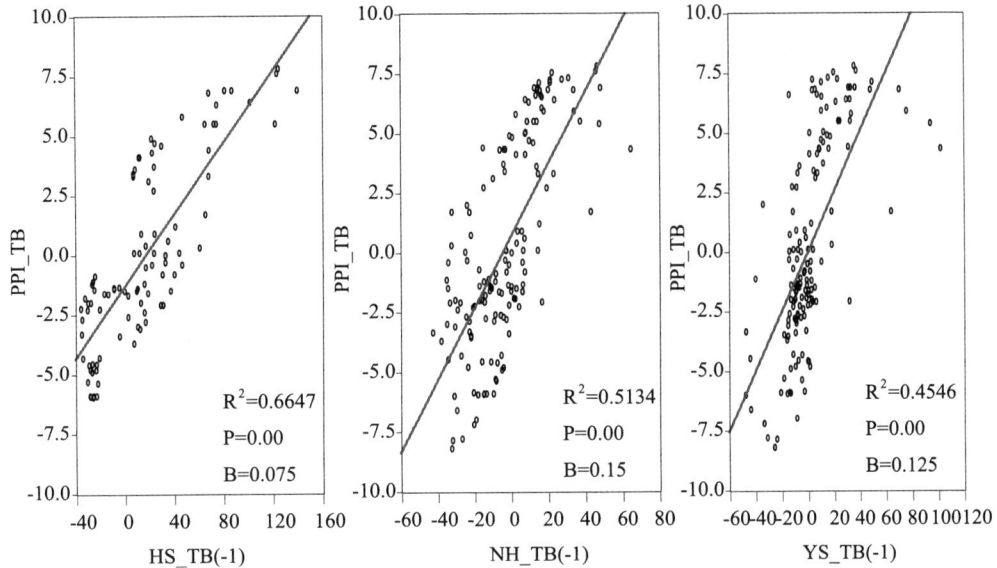

图 8　黑色、有色、能化指数（滞后一期）同比与 PPI 同比的回归分析

资料来源：EViews。

（四）从猪肉、原油期货价格观察 CPI

从个别期货价格观察 CPI 存在可行性。在大宗商品价格向 CPI 传导不畅的情况下（见附录 A），难以从价格传导角度去观察 CPI。然而有部分期货品种本就是 CPI 构成的一部分，可以用这些期货品种价格观察 CPI。

猪肉、交通工具燃料、鲜果、鲜菜价格波动率较大，对 CPI 形成显著影响。从 CPI 同比与环比 2016 年 1 月至 2021 年 6 月的历史波动率来看，CPI 的波动绝大部分是由 CPI 食品项贡献的，其中猪肉、鲜果、鲜菜波动较大，非食品项中交通工具燃料波动较大（见图 9、图 10）。

将猪肉、INE 原油期货价格，鲜果、鲜菜现货价格作为调整项，能够观察 CPI。在分析时主要着眼于分析这几项标准差大的项目，鲜果、鲜菜价格变动难以找到相关期货品种对应，选用现货价格进行对应①；猪肉与期货品种生猪、交通工具燃料与期货品种原油相关性较高②，选取期货品种生猪、INE 原油进行对应。根据某分项环比变动乘以其自身权重等于对 CPI 整体环比变动的影响，猪肉权重为 2.25%、

---

① 选用"28 种重点监测蔬菜"作为"CPI：鲜菜"对应指标；选取"7 种重点监测水果"作为"CPI：鲜果"对应指标。

② 2021 年 2—6 月生猪期货价格月度均值环比与 CPI 猪肉价格环比相关性为 0.76；2018 年 5 月—2021 年 6 月 INE 原油期货价格月度均值环比与 CPI 交通工具用燃料环比相关性为 0.85。

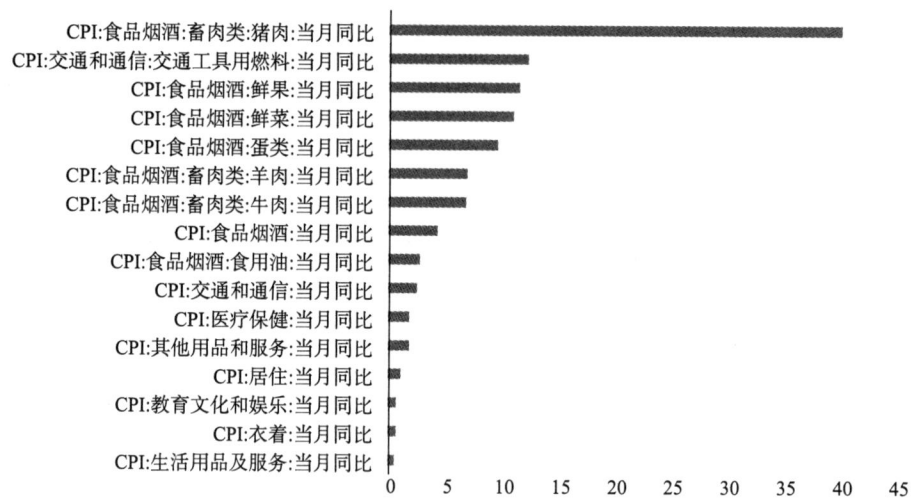

图9 CPI 细分项 2016 年 1 月至 2021 年 6 月同比数据历史波动率

资料来源：Wind。

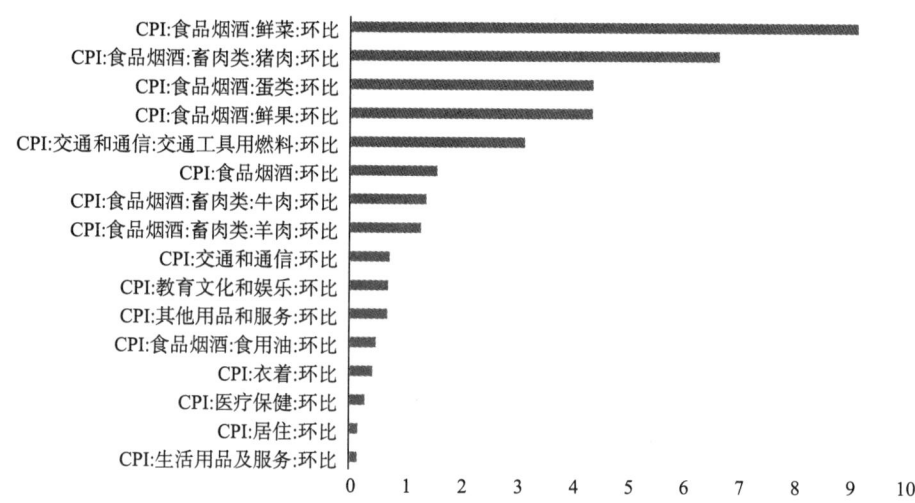

图10 CPI 细分项 2016 年 1 月至 2021 年 6 月环比数据历史波动率

资料来源：Wind。

鲜菜权重为 1.96%，鲜果权重为 1.94%（见附录 A），交通工具用燃料权重为 1.7%[①]。将预测月上述四种价格环比变化减去过去五年同月环比平均值后，与各自对应权重相乘，计算出调整值，随后将上述四种调整值与过去五年 CPI 同月环比均值相加，基本能够预测近月 CPI 环比数据（见表2）。另外，预测出环比数据后可通过 12 期（含本期预测值与前 11 期历史环比数据）环比连乘法[②]预测 CPI 同比数据。

---

① 根据国盛证券 2021 年 7 月 4 日发布报告"金属价格不涨油价涨，对国内通胀影响几何"中的估算而来。
② $(1+a)^{12} - 1$，a 为环比数据。

表 2   2021 年 6 月 CPI 环比预测结果与实际结果对比

月份	2	3	4	5	6
CPI：环比均值	0.89	-0.69	-0.22	-0.31	-0.12
鲜菜：环比调整值	-0.23	-0.12	-0.03	0.10	0.04
猪肉：环比调整值	0.09	0.17	-0.02	-0.18	-0.50
鲜果：环比调整值	0.01	0.02	-0.07	-0.09	-0.03
交通工具用燃料：环比调整值	0.24	0.15	0.00	0.07	0.12
预测值	0.99	-0.46	-0.35	-0.41	-0.47
实际值	0.6	-0.5	-0.3	-0.2	-0.4

资料来源：国家统计局。

（五）基于期货市场看价格的分析框架

从期货价格指数看 PPI 的路径较多（见表 3），建议遵循以下方法。

一是从期货市场看价格的路径能够用来观察近月的 PPI、CPI 数据。从期货市场看 PPI 方面，一般优先选择当期 CRB 指数同比观察 PPI，如需预测建议选择当期 CRB 指数环比预测出当期 PPI 环比，再运用环比连乘法预测同比数据。从期货市场看 CPI 方面，运用上文路径基本能够观察近月 CPI 数据。

二是国内价格与海外价格出现偏差，国内价格出现显著独立行情时选择易盛工业品指数观察 PPI。

三是在某一板块出现显著独立行情，价格大幅涨跌时，选择此板块指数观察 PPI。与有色、能化相比，黑色板块主要由我国定价，容易走出独立行情，同时黑色板块与 PPI 拟合优度高且对 PPI 的贡献度高，应更加注重从黑色指数看 PPI 的应用。

表 3   基于期货市场看价格的分析框架

路径		两者相关关系的描述	拟合优度
从易盛工业品指数观察 PPI 同比	当期	工业品价格指数同比上涨 1 个百分点，带动当期 PPI 增加 0.1 个百分点	0.324
	滞后一期	工业品价格指数同比上涨 1 个百分点，滞后一期的 PPI 增加 0.12 个百分点	0.44
从 CRB 指数观察 PPI 同比	当期	CRB 指数同比上涨 1 个百分点，会带动当期 PPI 增加 0.19 个百分点	0.668
	滞后一期	CRB 指数同比上涨 1 个百分点，滞后一期的 PPI 增加 0.21 个百分点	0.7584
从板块指数观察 PPI 同比	有色指数当期	有色价格指数同比上涨 1 个百分点，会带动当期 PPI 同比增加 0.102 个百分点	0.3032

续表

路径		两者相关关系的描述	拟合优度
从板块指数观察 PPI 同比	有色指数滞后一期	有色价格指数同比上涨 1 个百分点，滞后一期的 PPI 同比增加 0.125 个百分点	0.4546
	黑色指数当期	黑色价格指数同比上涨 1 个百分点，会带动当期 PPI 同比增加 0.069 个百分点	0.5823
	黑色指数滞后一期	黑色价格指数同比上涨 1 个百分点，滞后一期的 PPI 同比增加 0.075 个百分点	0.6647
	能化指数当期	能化价格指数同比上涨 1 个百分点，会带动当期 PPI 同比增加 0.131 个百分点	0.3864
	能化指数滞后一期	能化价格指数同比上涨 1 个百分点，滞后一期的 PPI 同比增加 0.150 个百分点	0.5134
从猪肉、原油期货价格观察 CPI	—	猪肉、原油期货价格作为调整项观察 CPI	—

四、基于期货市场看行业

大宗商品价格与品种供需关系、产业利润密切相关。大宗商品价格由未来供需关系决定，价格进一步决定产业利润，产业利润又决定了未来品种的供需关系，整个传导过程是一个闭环（见图 11）。期货价格对于分析行业需求与利润情况都具有重要的参考价值。同时，期货价格变化对产业链处于不同位置的企业利润影响不同。

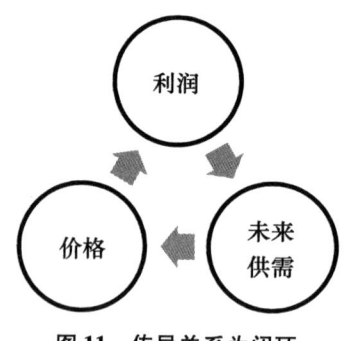

图 11 传导关系为闭环

（一）从期货价格看行业需求

1. 黑色产业链中选取螺纹钢、动力煤

螺纹钢处于黑色产业链品种（铁矿石、焦煤、焦炭）的终端，房地产、基建等行业的需求能够直接影响螺纹钢的需求,从螺纹钢期货价格能够对钢铁、房地产、基建行业进行观察。动力煤最终消费去向为电力61.3%、建材9%、供热8%。动力煤需求受到用电量的影响,从动力煤期货价格能够对工业用电量进行观察。统计螺纹钢价格与房地产相关指标(包括房屋施工面积累计同比、房地产开发投资完成额累计同比、基建投资完成额累计同比、国房景气指数)发现,螺纹钢期货结算价与房地产开发投资完成额累计同比相关性较高,达到0.68,且房地产开发投资完成额在房地产行业指标中较为重要,因此选取其作为分析指标。统计动力煤价格与用电量相关指标发现,动力煤期货结算价与工业用电量同比相关性较高,达到0.56。

(1) 运用螺纹钢期货价格可以提前观察下游房地产开发投资需求

对螺纹钢期货价格和房地产开发投资完成额累计同比进行格兰杰因果关系检验,结果显示,在5%的显著性水平下,螺纹钢期货价格是房地产开发投资完成额累计同比的格兰杰原因,而房地产开发投资完成额累计同比不是螺纹钢期货价格的格兰杰原因,说明螺纹钢期货价格的变动领先于房地产开发投资变化,运用螺纹钢期货价格可以提前观察下游房地产开发投资需求。进一步通过回归分析发现,螺纹钢期货价格上涨1个百分点,当期房地产开发投资完成额累计同比增加0.280个百分点,滞后一期的房地产开发投资完成额累计同比增加0.288个百分点(见图12)。

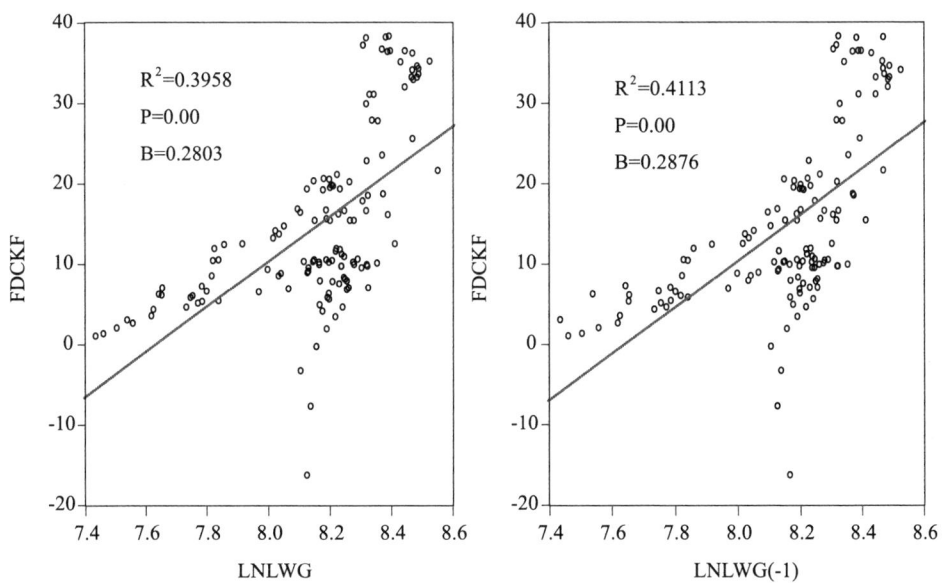

图12 螺纹钢期货价格与房地产开发投资完成额累计同比的回归分析

注:螺纹钢期货价格并非百分比数据,取自然对数后化为百分比数据方便解释经济意义,下同。
资料来源:EViews。

(2) 运用动力煤期货价格可以提前观察下游电力需求

对动力煤期货价格和工业用电量同比进行格兰杰因果关系检验,结果显示,在

5%的显著性水平下,动力煤期货价格是工业用电量同比的格兰杰原因,而工业用电量同比不是动力煤期货价格的格兰杰原因,说明动力煤期货价格的变动领先于工业用电量的变化,运用动力煤期货价格可以提前观察下游电力需求。进一步通过回归分析发现,动力煤期货价格上涨1个百分点,当期工业用电量同比增加0.174个百分点,滞后一期的工业用电量同比增加0.166个百分点(见图13)。

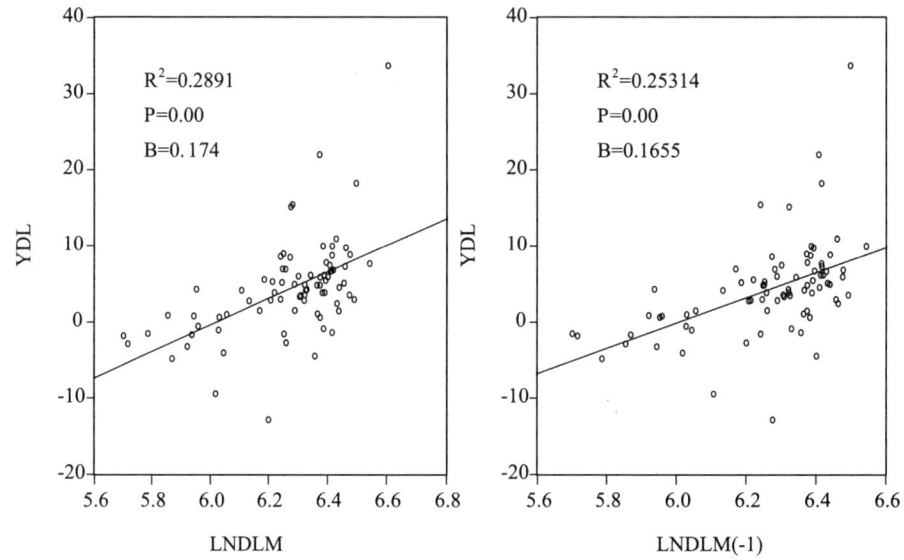

图13　动力煤期货价格与工业用电量同比的回归分析

注:动力煤期货价格取自然对数。
资料来源:EViews。

2. 有色产业链中选取铜、铝

铜终端消费涉及多个行业,制造业景气程度能够直接影响铜需求端,从铜期货的价格信息能够对制造业进行观察。铜终端消费包括电力(50%左右)、空调冰箱等家电(15%左右)、交通运输(10%左右)、建筑(8%左右)、机械电子(8%左右)、其他(9%左右)。铝终端消费包括建筑(38%左右)、交通运输(17%左右)、电力(17%)、机械(9%)、包装(6%左右)、电子(4%左右)、其他(8%左右)。统计铜与制造业相关指标(包括制造业PMI、制造业PMI生产分项)发现,上期所铜期货结算价与我国制造业PMI相关性较高,达到0.48,且制造业PMI覆盖范围较广,因此选取其作为分析指标。统计铝与房地产相关指标(包括房屋施工面积累计同比、房地产开发投资完成额累计同比)发现,上期所铝结算价与房地产开发投资完成额累计同比相关性较高,达到0.53,且房地产开发投资完成额在房地产行业指标中较为重要,因此选取其作为分析指标。

(1) 运用铜期货价格可以提前观察下游制造业景气度

对铜期货价格和我国制造业 PMI 进行格兰杰因果关系检验，结果显示，在 5% 的显著性水平下，铜期货价格是我国制造业 PMI 的格兰杰原因，而我国制造业 PMI 不是铜期货价格的格兰杰原因，说明铜期货价格的变动领先于我国制造业 PMI 的变化，运用铜期货价格可以提前观察下游制造业景气度。进一步通过回归分析发现，铜期货价格上涨 1 个百分点，当期制造业 PMI 增加 0.06 个百分点，滞后一期的制造业 PMI 增加 0.064 个百分点（见图 14）。

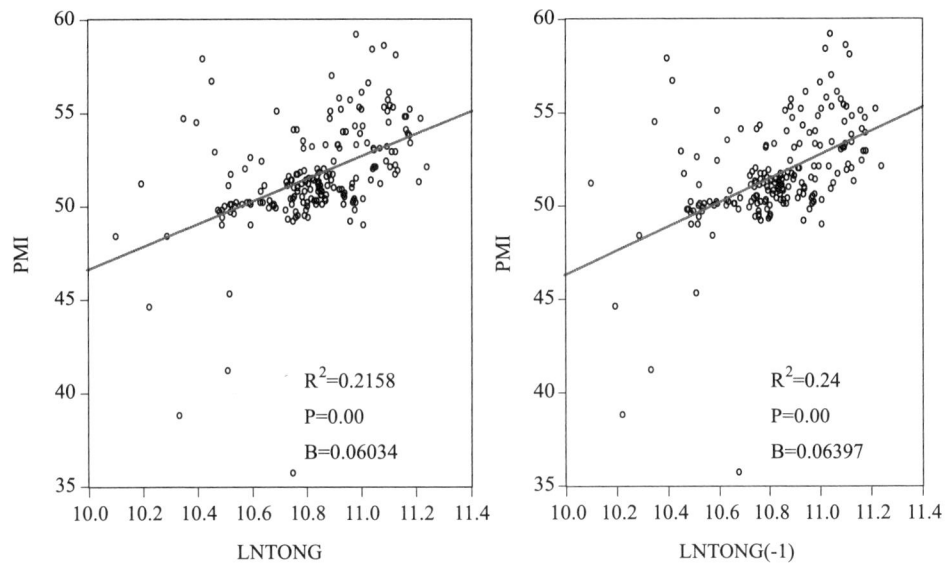

图 14　铜期货价格与制造业 PMI 的回归分析

注：铜期货价格取自然对数。

资料来源：EViews。

(2) 运用铝期货价格可以提前观察下游房地产开发投资需求

对铝期货价格和房地产开发投资完成额累计同比进行格兰杰因果关系检验，结果显示，在 5% 的显著性水平下，铝期货价格是房地产开发投资完成额累计同比的格兰杰原因，而房地产开发投资完成额累计同比不是铝期货价格的格兰杰原因，说明铝期货价格的变动领先于房地产开发投资的变化，运用铝期货价格可以提前观察下游房地产开发投资需求。进一步通过回归分析发现，铝期货价格上涨 1 个百分点，当前房地产开发投资完成额累计同比增加 0.430 个百分点，滞后一期的房地产开发投资完成额累计同比增加 0.440 个百分点（见图 15）。

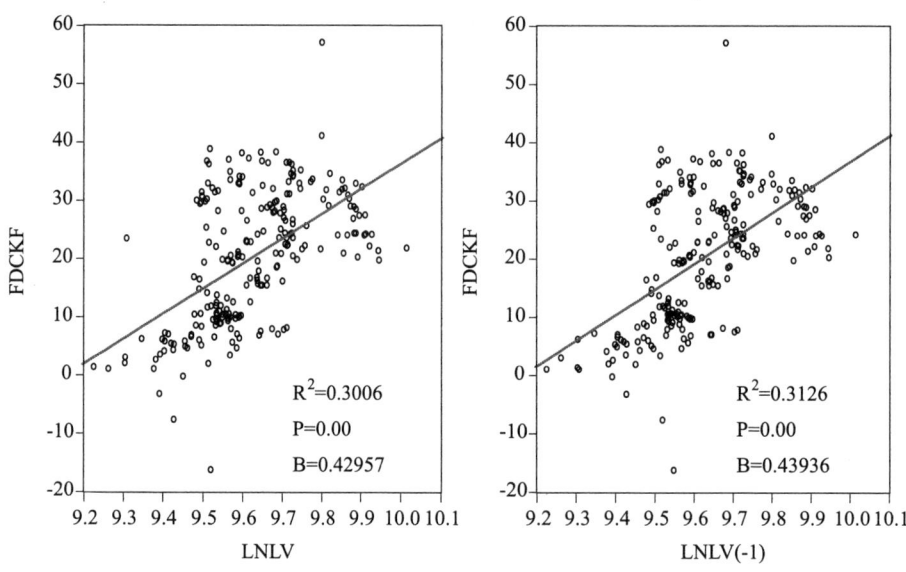

图 15 铝期货价格与房地产开发投资完成额累计同比的回归分析

注：铝期货价格取自然对数。
资料来源：EViews。

3. 能化产业链中选取 PVC、玻璃

PVC 需求与房地产关系密切，房地产及其衍生需求占比接近 80%。玻璃与房地产进行分析，玻璃的下游需求主要是房地产行业（70%）、汽车行业（20%）、出口（5%）等，房地产行业在玻璃需求中处于主导地位，玻璃现货市场与房地产市场具有相同的淡旺季，玻璃的下游需求周期几乎完全取决于房地产的建设周期，各项房地产指标是研究玻璃价格变动的最主要参考。统计 PVC 价格、玻璃价格与房地产相关指标（房屋施工面积累计同比、房地产开发投资完成额累计同比、房屋新开工面积累计同比）发现，PVC 期货结算价与房地产开发投资完成额累计同比相关性较高，达到 0.69，且房地产开发投资完成额在房地产行业指标中较为重要，因此选取其作为分析指标；玻璃期货结算价与房屋新开工面积累计同比[①]相关性较高，达到 0.47，且玻璃在使用时间上一般晚于螺纹钢、铝、PVC，同时房屋新开工指标滞后于房地产投资指标，玻璃与较为滞后的新开工指标关联性更高更符合逻辑，因此选取其作为分析指标。

---

① 玻璃同样可观察房屋竣工面积累计同比，本文未涉及。

(1) 运用 PVC 期货价格可以提前观察下游房地产开发投资完成情况

对 PVC 期货价格和房地产开发投资完成额累计同比进行格兰杰因果关系检验，结果显示，在 5% 的显著性水平下，PVC 期货价格是房地产开发投资完成额累计同比的格兰杰原因，而房地产开发投资完成额累计同比不是 PVC 期货价格的格兰杰原因，说明 PVC 期货价格的变动领先于房地产开发投资的变化，运用 PVC 期货价格可以提前观察下游房地产开发投资完成情况。进一步通过回归分析发现，PVC 期货价格上涨 1 个百分点，当期房地产开发投资完成额累计同比增加 0.563 个百分点，滞后一期的房地产开发投资完成额累计同比增加 0.588 个百分点（见图 16）。

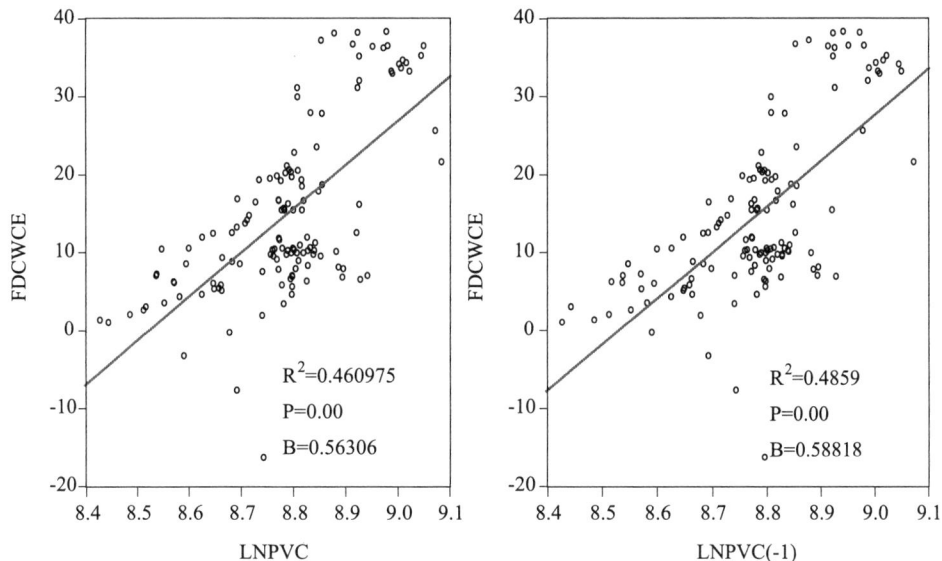

图 16　PVC 期货价格与房地产开发投资完成额累计同比的回归分析

注：PVC 期货价格取自然对数。

资料来源：EViews。

(2) 运用玻璃期货价格可以提前观察下游房屋新开工面积变动情况

对玻璃期货价格和房屋新开工面积累计同比进行格兰杰因果关系检验，结果显示，在 5% 的显著性水平下，玻璃期货价格是房屋新开工面积累计同比的格兰杰原因，而房屋新开工面积累计同比不是玻璃期货价格的格兰杰原因，说明玻璃期货价格的变动领先于房屋新开工面积的变化，运用玻璃期货价格可以提前观察下游房屋新开工面积的变动情况。进一步通过回归分析发现，玻璃期货价格上涨 1 个百分点，当期房屋新开工面积累计同比增加 0.304 个百分点，滞后一期的房屋新开工面积累计同比增加 0.309 个百分点（见图 17）。

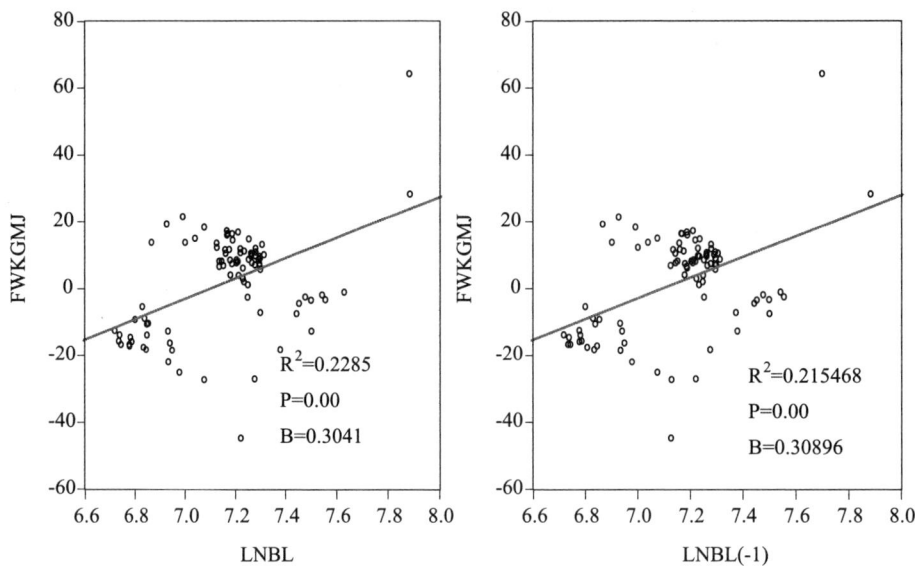

图 17 玻璃期货价格与房屋新开工面积累计同比的回归分析

注：玻璃期货价格取自然对数。

资料来源：EViews。

（二）从跨品种期货价格看行业利润

1. 黑色产业链中选取螺纹钢、焦炭

黑色系上市期货品种蕴含上下游关系（见图18），生产过程为铁矿石等原材料产出生铁，进而生产出粗钢，进一步加工至螺纹钢。通过制造工艺可计算出螺纹钢盘面利润当月值①，从而提前观察黑色金属冶炼及压延加工业利润情况。经对比，螺纹钢、焦炭盘面利润与黑色金属冶炼及压延加工业利润相关性较高，达到0.776与0.631。

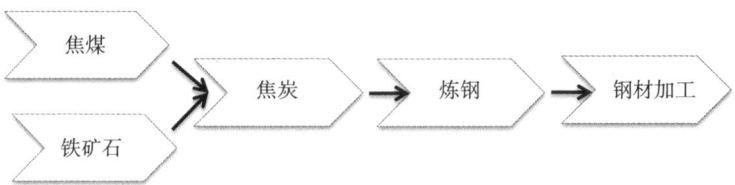

图 18 黑色产业链上下游关系

---

① 生铁每吨制造成本 = 1.6 × 铁矿石 + 0.45 × 焦炭 + 其他成本；粗钢每吨制造成本 = 0.96 × 生铁 + 0.15 × 废钢 + 其他成本；螺纹钢轧制费用：约150元/吨。因此可以近似得到如下公式：螺纹钢盘面利润当月值 = 螺纹钢期货价格月度均值 - 1.55 × 铁矿石期货价格月度均值 - 0.45 × 焦炭价格月度均值 - 1000 加工和辅料等成本。

（1）运用螺纹钢盘面利润可以提前观察钢铁行业利润

对螺纹钢盘面利润当月值和黑色金属冶炼及压延加工业利润总额当月值进行格兰杰因果关系检验，结果显示，在5%的显著性水平下，螺纹钢盘面利润是黑色金属冶炼及压延加工业利润的格兰杰原因，而黑色金属冶炼及压延加工业利润不是螺纹钢盘面利润的格兰杰原因，说明螺纹钢盘面利润的变动领先于黑色金属冶炼及压延加工业利润变化。进一步通过回归分析发现，螺纹钢盘面利润上涨1元/吨，当期黑色金属冶炼及压延加工业利润增加3065万元，滞后一期的黑色金属冶炼及压延加工业利润增加2763万元（见图19）。

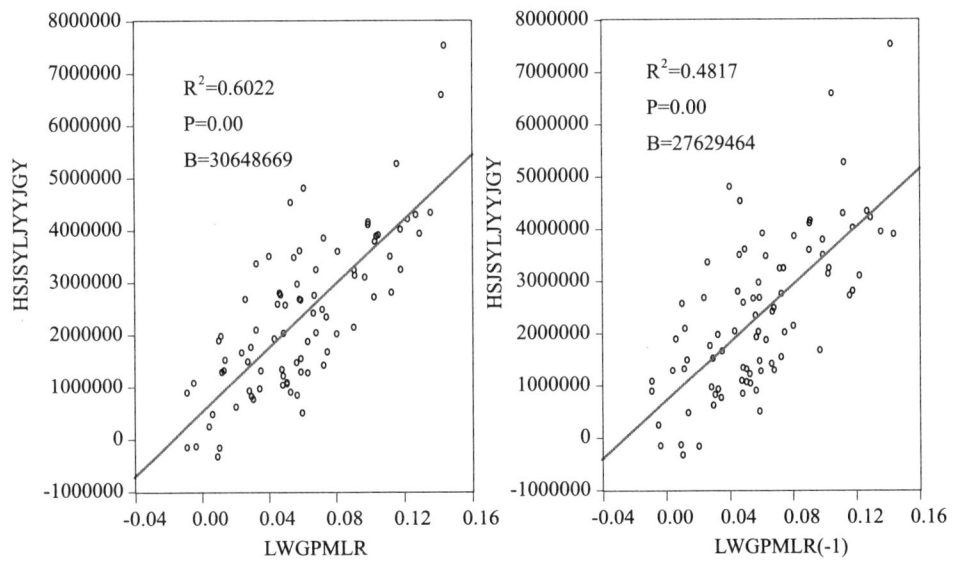

图19 螺纹钢盘面利润与钢铁行业利润回归分析

资料来源：EViews。

（2）运用焦炭盘面利润当月值①可以观察钢铁行业

对焦炭盘面利润当月值和黑色金属冶炼及压延加工业利润总额当月值进行格兰杰因果关系检验，结果显示，在5%的显著性水平下，焦炭盘面利润是黑色金属冶炼及压延加工业利润的格兰杰原因，而黑色金属冶炼及压延加工业利润不是焦炭盘面利润的格兰杰原因，说明焦炭盘面利润的变动领先于黑色金属冶炼及压延加工业利润变化。进一步通过回归分析发现，焦炭盘面利润上涨1元/吨，当期黑色金属冶炼及压延加工业利润增加4742万元，滞后一期的黑色金属冶炼及压延加工业利润增

---

① 在制造生铁时，焦煤向焦炭转化的成本为：焦炭价格－焦煤×1.33－人工成本及折旧等费用（约250元/吨）＋化产品盈利抵扣（即粗苯、煤焦油、硫酸铵、煤气所带来的焦企盈利）。

可以近似得到如下公式：

焦炭盘面利润当月值＝焦炭期货价格月度均值－1.3×焦煤期货价格月度均值。

加 4610 万元（见图 20）。

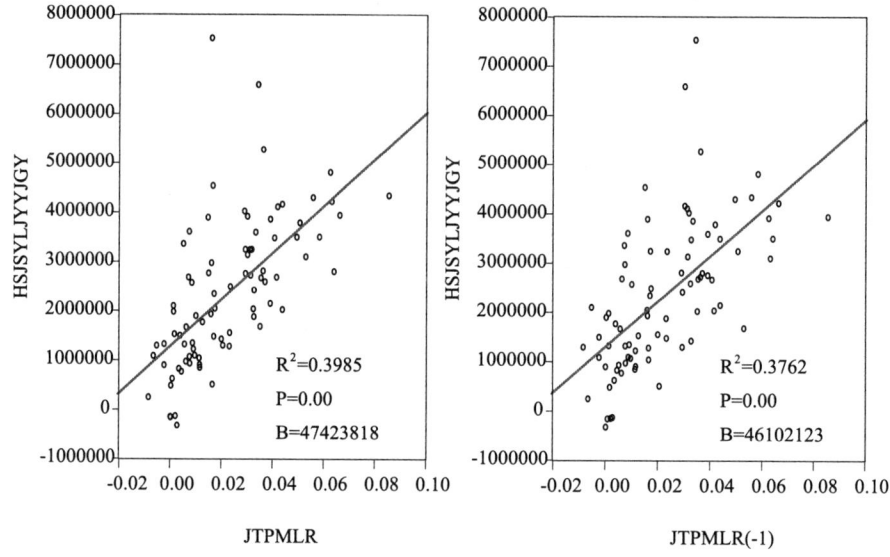

图 20　焦炭盘面利润与钢铁行业利润回归分析

资料来源：EViews。

2. 能化产业链中选取纯碱与玻璃

玻璃作为重要的非金属矿物制品，通过玻璃与纯碱比价能够观察非金属矿物制品业利润。经对比，玻璃纯碱比价与非金属矿物制品业利润总额当月值相关性达到 0.66，通过纯碱玻璃比价的方式提前观察行业利润。通过回归分析发现，玻璃纯碱比价上升 1 个单位，当期非金属矿物制品业利润总额当月值增加 418 亿元（见图 21）。

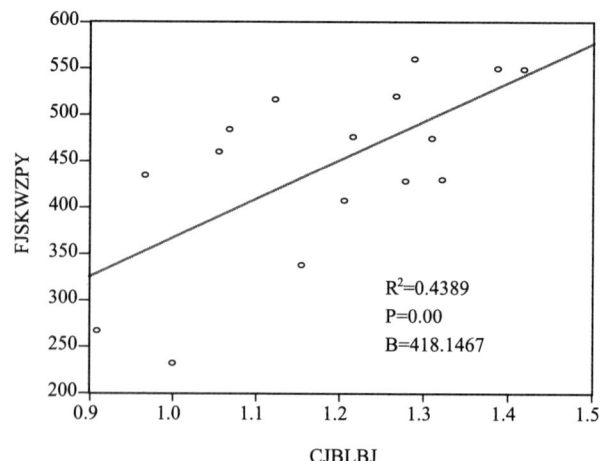

图 21　纯碱玻璃比价与非金属矿物制品业利润回归分析

资料来源：EViews。

3. 农产品中选择生猪与玉米、鸡蛋与玉米

农产品方面，可以通过比价的方式反映行业利润状态，选择生猪与玉米比价代表猪粮比，鸡蛋与玉米比价代表蛋料比。猪粮比价与生猪养殖利润相关性、蛋料比价与蛋鸡养殖利润相关性均达到0.80。

（1）通过猪粮比价可以提前观察生猪养殖利润

通过回归分析发现，猪粮比价上升1个单位，当期自繁自养生猪利润增加418元/头，滞后一期的自繁自养生猪利润增加403元/头（见图22）。

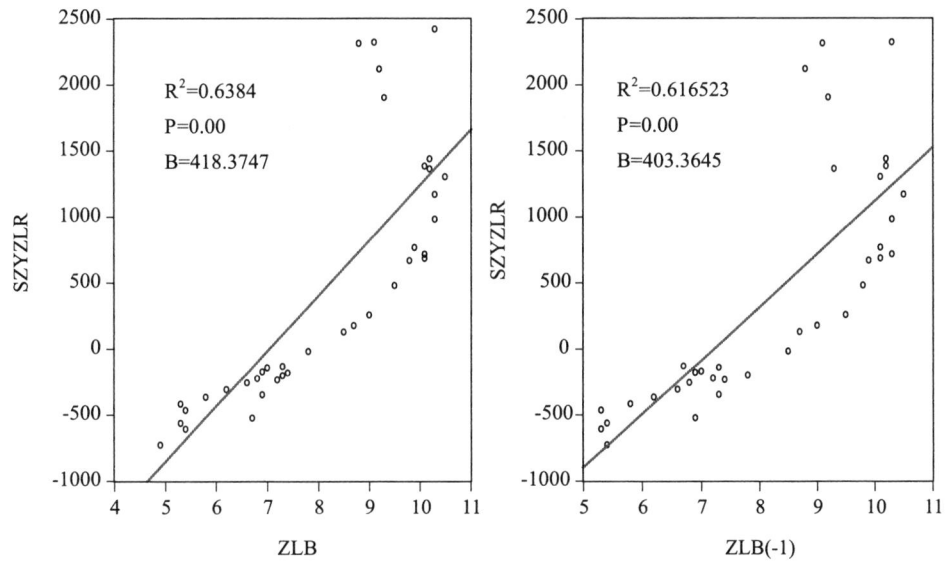

图22　猪粮比价与生猪养殖利润回归分析

资料来源：EViews。

（2）通过蛋料比价可以提前观察蛋鸡养殖利润

对蛋料比和蛋鸡养殖利润进行格兰杰因果关系检验，结果显示，在5%的显著性水平下，蛋料比是蛋鸡养殖利润的格兰杰原因，而蛋鸡养殖利润不是蛋料比的格兰杰原因，说明蛋料比的变动领先于蛋鸡养殖利润变化。进一步通过回归分析发现，蛋料比价上升0.1个单位，当期蛋鸡养殖利润增加6.1元/羽，滞后一期的蛋鸡养殖利润增加5.6元/羽（见图23）。

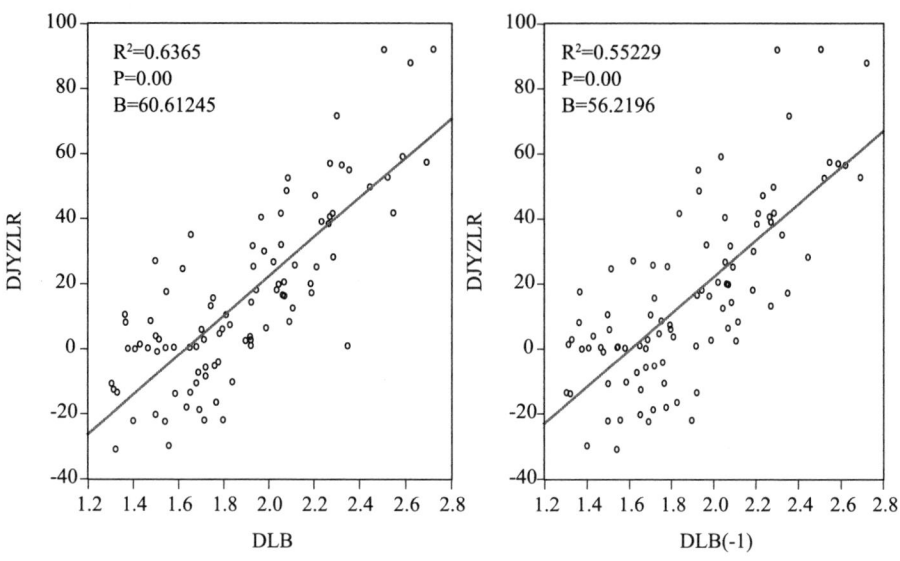

图 23 蛋料比价与蛋鸡养殖利润回归分析

资料来源：EViews。

(三) 从期货价格指数看上下游利润分配

1. 大宗商品价格大幅变化影响我国上下游利润分配

每轮大宗商品价格上涨都会导致上游行业[①]利润所占全部工业企业利润比重的大幅上升，反之亦然。上游行业利润占比全部工业企业利润比重与易盛工业品指数相关度达到 0.66。

运用易盛工业品指数可以提前观察上游行业利润占全部工业企业利润比重的变化。对易盛工业品指数和上游行业利润占全部工业企业利润比重进行格兰杰因果关系检验，结果显示，在 5% 的显著性水平下，易盛工业品指数是上游行业利润占全部工业企业利润比重的格兰杰原因，而上游行业利润占全部工业企业利润比重不是易盛工业品指数的格兰杰原因，说明易盛工业品指数的变动领先于上游行业利润占全部工业企业利润比重的变化，运用易盛工业品指数可以提前观察上游行业利润占全部工业企业利润比重的变化。进一步通过回归分析发现，易盛工业品指数同比上涨 1 个百分点，当期上游行业利润占全部工业企业利润比重增加 0.178 个百分点，滞后一期的上游行业利润占全部工业企业利润比重增加 0.191 个百分点（见图 24）。

---

① 上游行业包括煤炭开采和洗选业、石油和天然气开采业、黑色金属矿采选业等，具体行业见附录 A（表 A.2）。

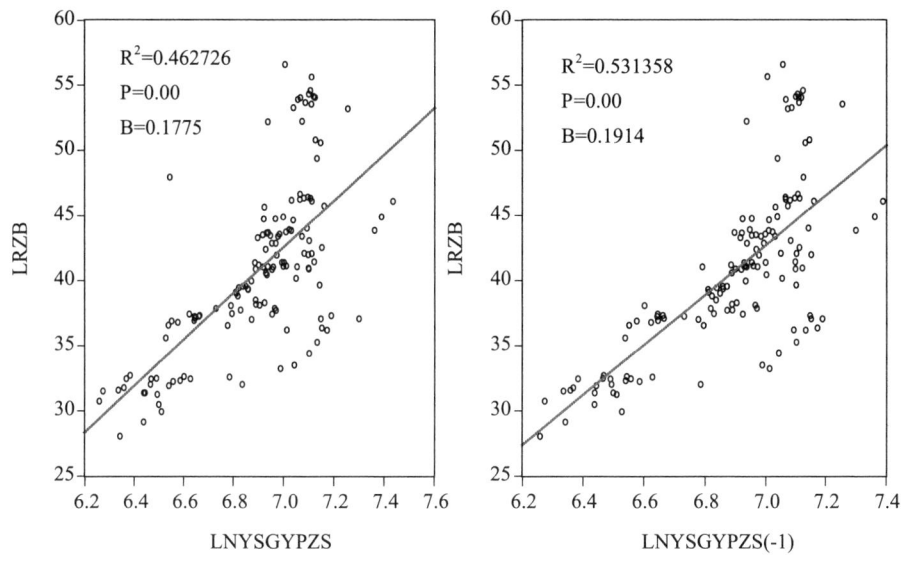

图 24　易盛工业品指数同比与上游行业利润占比回归分析

注：易盛工业品指数取自然对数。

资料来源：EViews。

值得注意的是上游行业并不会无限制侵占下游行业利润，在达到一定程度后就难以继续上升（见图25）。自2000年起，大宗商品价格在第一轮上涨期间，上游行业占工业企业利润比重在2005年达到高点后并未跟随大宗商品价格持续上行，而是稳定在55%左右，直到2008年大宗商品价格下降才开始大幅下跌，第二轮、第三轮在达到45%左右的水平后同样开始下降。说明随着原材料价格的上涨，中下游企业经营压力将对上游价格产生越来越大的反制作用。

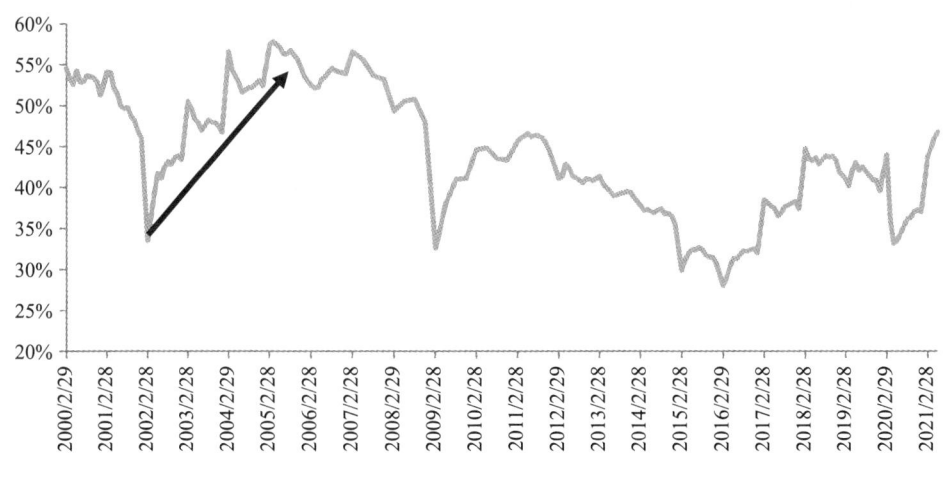

图 25　上游行业占工业企业利润比重

资料来源：Wind。

2. 本轮上涨对下游这种中小企业利润造成压力

本轮为大宗商品价格第四轮上涨，大宗商品价格快速上涨带动上游行业占工业企业利润比重上涨较前几轮更快，截至2021年5月，已经超过第二轮、第三轮45%的高点。我国中小企业多数处于产业链中下游，议价能力不强，集中度较低，对于原材料上涨成本压力的传导和消化能力比较弱，中小企业利润面临压力。同时，下游经营压力将对上游价格产生越来越大的反制作用。

（四）基于期货市场看相关行业的分析框架

从期货价格看行业的路径较多（见表4），建议遵循以下方法。

一是从跨品种期货价格看行业利润的路径拟合优度较高，大部分都在0.6以上，观察效果较好。

二是从期货价格看行业路径拟合优度相对偏低。正如我们在设计模型前猜测的，供需决定品种价格，不考虑供给因素，单从品种价格看行业需求可能效果欠佳。从期货价格看行业需求拟合优度普遍较低，大部分都在0.4以下，在观察房地产投资指标时推荐使用拟合度更高的螺纹钢。

三是运用期货价格当期数据和滞后一期数据观察行业时，应优先选择当期（更能反映当前数据变化）、拟合优度高（相关关系的描述更加贴合实际情况）的路径进行观察。总结本部分所有路径发现，滞后一期拟合优度高的路径共五种，一般情况下上述五种路径选择当期与滞后一期数据进行综合运用，除上述五种路径外，其他路径均选用当期数据进行观察（见表4）。

表4　　　　　　　　基于期货市场看相关行业的分析框架

	路径		两者相关关系的描述	拟合优度
从期货价格看行业需求	从螺纹钢期货价格观察房地产开发投资	当期	螺纹钢期货价格上涨1个百分点，当期房地产开发投资完成额累计同比增加0.28个百分点	0.3958
		滞后一期	螺纹钢期货价格上涨1个百分点，滞后一期的房地产开发投资完成额累计同比增加0.288个百分点	0.4113
	从动力煤期货价格观察电力需求	当期	动力煤期货价格上涨1个百分点，当期工业用电量同比增加0.174个百分点	0.2891
	从铜期货价格观察制造业景气度	当期	铜期货价格上涨1个百分点，当期制造业PMI增加0.06个百分点	0.2158
		滞后一期	铜期货价格上涨1个百分点，滞后一期的制造业PMI增加0.064个百分点	0.24

续表

路径			两者相关关系的描述	拟合优度
从期货价格看行业需求	从铝期货价格观察房地产开发投资	当期	铝期货价格上涨1个百分点,当前房地产开发投资完成额累计同比增加0.430个百分点	0.3
		滞后一期	铝期货价格上涨1个百分点,滞后一期的房地产开发投资完成额累计同比增加0.440个百分点	0.31
	从PVC期货价格观察房地产开发投资	当期	PVC期货价格上涨1个百分点,当期房地产开发投资完成额累计同比增加0.563个百分点	0.461
		滞后一期	PVC期货价格上涨1个百分点,滞后一期的房地产开发投资完成额累计同比增加0.588个百分点	0.486
	从玻璃期货价格观察房屋新开工面积变动情况	当期	玻璃期货价格上涨1个百分点,当期房屋新开工面积累计同比增加0.304个百分点	0.2285
从跨品种期货价格看行业利润	从螺纹钢盘面利润观察钢铁行业利润	当期	螺纹钢盘面利润上涨1元/吨,当期黑色金属冶炼及压延加工业利润增加3065万元	0.6022
	从焦炭盘面利润观察钢铁行业利润	当期	焦炭盘面利润上涨1元/吨,当期黑色金属冶炼及压延加工业利润增加4742万元	0.3985
	从纯碱玻璃比价观察非金属矿物制品业利润	当期	玻璃纯碱比价上升1个单位,当期非金属矿物制品业利润总额当月值增加418亿元	0.4389
	从猪粮比价观察生猪养殖利润	当期	猪粮比价上升1个单位,当期自繁自养生猪利润增加418元/头	0.6384
	从蛋料比价观察蛋鸡养殖利润	当期	蛋料比价上升0.1个单位,当期蛋鸡养殖利润增加6.1元/羽	0.6365
从期货价格指数看上下游利润分配	从易盛工业品指数观察上游行业利润占全部工业企业利润比重的变化	当期	易盛工业品指数同比上涨1个百分点,当期上游行业利润占全部工业企业利润比重增加0.178个百分点	0.4627
		滞后一期	易盛工业品指数同比上涨1个百分点,滞后一期的上游行业利润占全部工业企业利润比重增加0.191个百分点	0.5351

四是上游行业并不会无限制侵占下游行业利润,在达到一定程度后就难以继续上升。在运用时应设置一个区域(可参考历史高位区域50%—60%)作为上游行业利润占全部工业企业利润比重的高位区间。

五、基于期货市场看经济

期货品种、期货板块指数与宏观经济各个领域有着不同程度的关联,期货价格的变化经常代表着不同宏观领域的变化,因此通过期货品种、期货板块指数间的比价关系可以揭示宏观经济内外部风险与结构性变化。另外,国债期货价格在观察货币供应量与利率方面能够提供更及时的预警信息。

(一)从品种比价看宏观经济的不同方面

1. 油钢比:观察国内外经济变化的差异

螺纹钢作为主要的建筑用钢材,其主要的需求在我国。原油是全球重要能源品,其价格变化一定程度能够反映全球宏观需求的整体变化趋势。油价与钢价的比值较大说明国外经济复苏好于国内经济,比值较小说明国外经济差于国内经济。用上期所螺纹钢结算价月度均值与布伦特原油结算价月度均值的比值代表油钢比,用摩根大通全球综合 PMI 与我国 PMI 的差值代表国内外经济差异,油钢比是国外与国内 PMI 差值的格兰杰原因,两者具有一定相关性并能够建立回归方程,但是拟合优度较低(见图 26)。

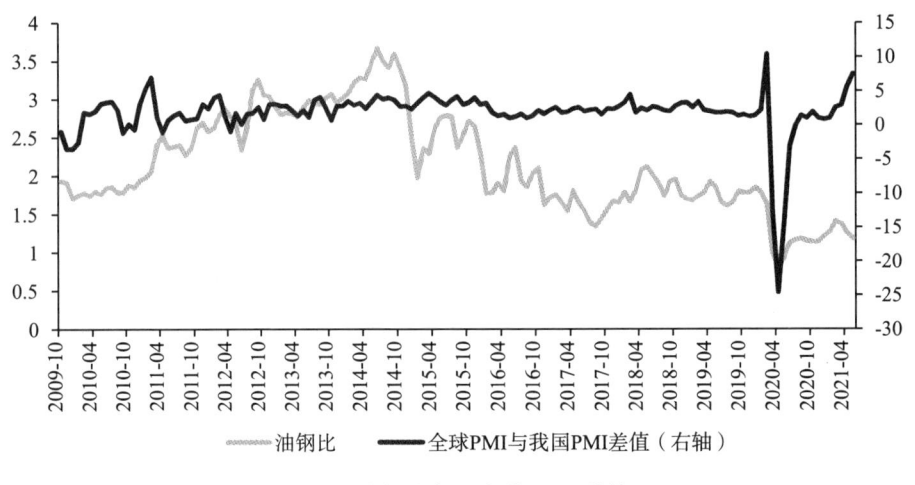

图 26 油钢比与国内外 PMI 差值

资料来源:Wind。

2. 油铜比:印证全球经济运行阶段

原油是全球通胀主要推动者,铜衡量全球需求,油铜比上升说明需求端较通胀弱势,下降说明需求端较通胀强势。滞胀阶段由于通胀高,需求放缓,油铜比多数上升;复苏阶段由于通胀低,需求上升,油铜比多数下降;过热与衰退阶段通胀与需求同时上升与下降,油铜比难以呈现明显规律(见图 27)。

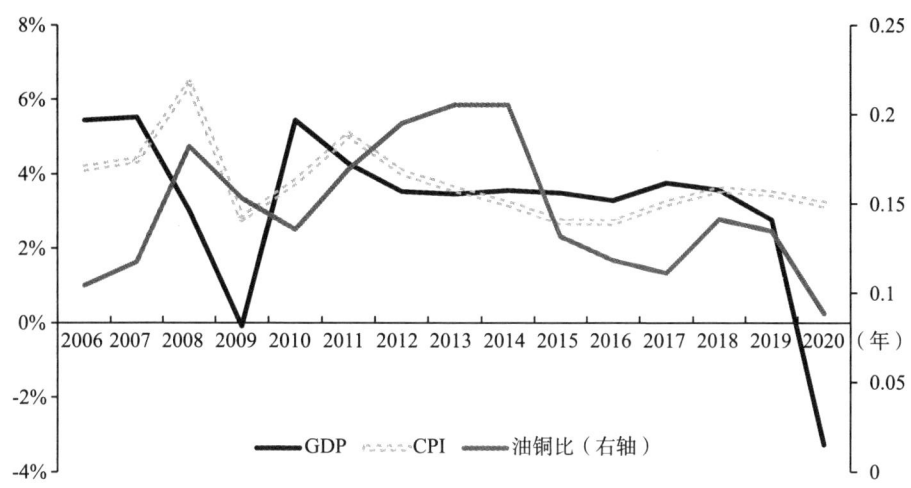

图 27 油铜比与 GDP、CPI

资料来源：Wind。

3. 金油比、金铜比：印证全球经济运行阶段

金油比、金铜比往往在经济复苏到过热阶段呈现下行态势，而在滞胀到衰退阶段呈现上行态势。也就是在经济表现较好的情况下，市场风险偏好较好，导致金价走低，风险资产原油、铜价格走高，导致金油比、金铜比走低；在经济滞胀到衰退期，尤其是在风险偏好转恶的阶段，金油比、金铜比大概率回升（见图28）。

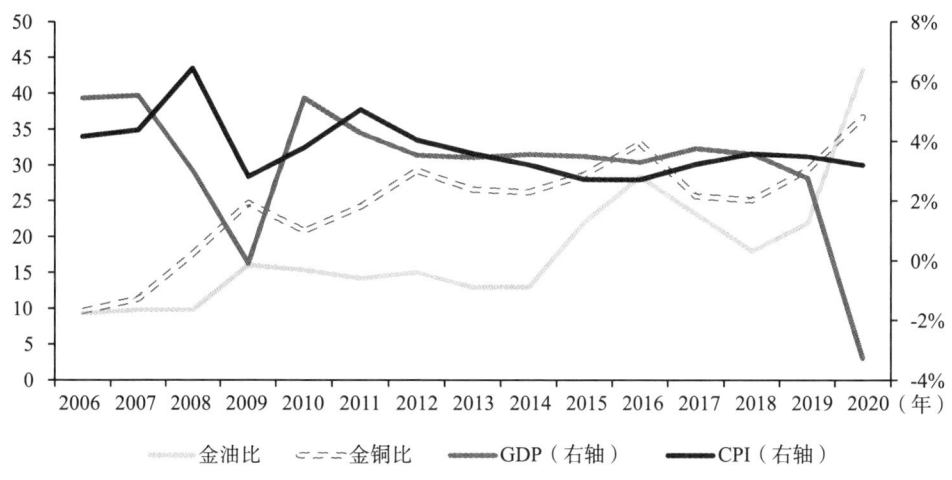

图 28 金油比、金铜比与 GDP、CPI

资料来源：Wind。

4. 金油比、金铜比：反映全球风险偏好

期货金价与油价、铜价的比值上升预示了全球突发风险事件处于高发期。黄金是避险资产，原油是风险资产，且容易受到地缘局势的扰动，铜是新兴经济体需求的反映，"金油比"或者"金铜比"上升都说明市场风险偏好上升，经济出现一定问题，常伴随着美国标普500波动率指数（VIX）升高（见图29）。

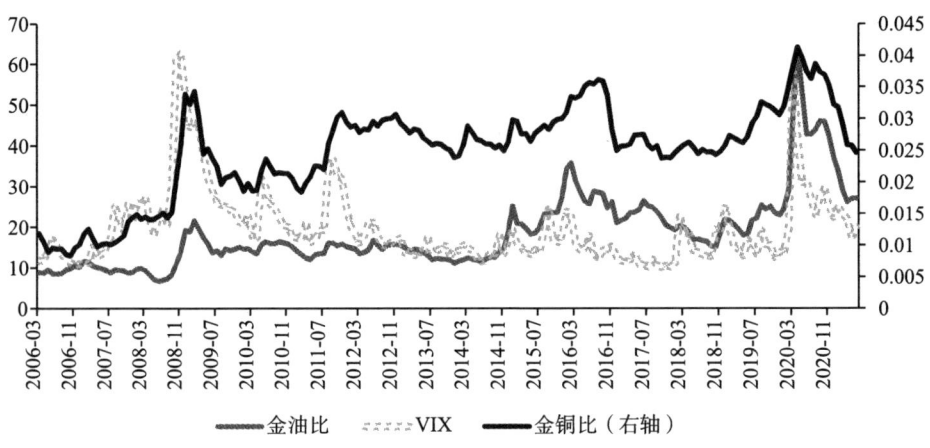

图29　金油比、金铜比与VIX指数

资料来源：Wind。

5. 工业品指数和农产品指数比值：印证我国经济运行状况

工业品与农产品期货指数的比值上升，说明经济回暖，比值下降说明经济出现困难。价格一般是从上游传导至下游，从工业品往农产品来传导，因此农产品价格对经济变化的敏感性滞后于工业品价格。因此，工业品与农产品比值扩大，一般发生在经济较好阶段；比值缩小一般发生在经济较差阶段（见图30）。

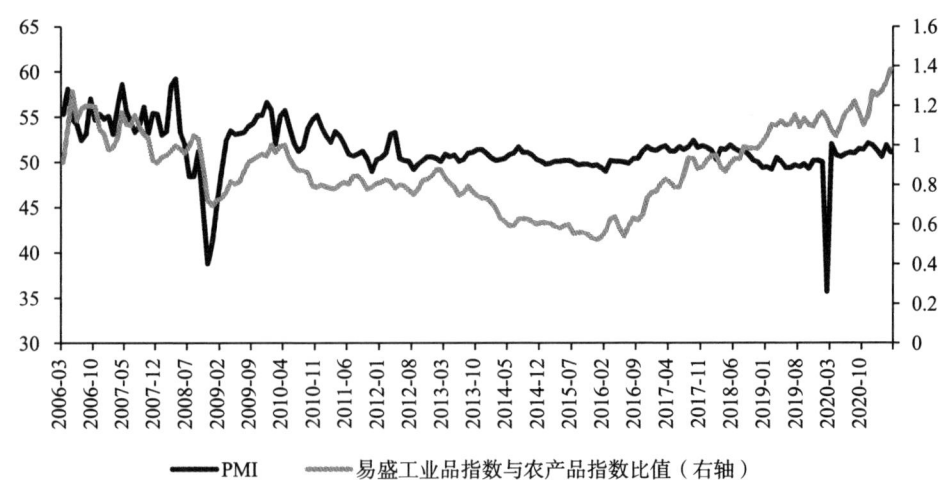

图30　工业品、农产品指数比值与PMI

资料来源：Wind。

6. 工业品指数和农产品指数同比差值：观察 CPI、PPI 剪刀差

工业品直接并主要影响 PPI 同比，农产品直接并主要影响 CPI 同比。经统计工业品指数和农产品指数同比差值是 PPI 与 CPI 剪刀差的格兰杰原因，工业品期货价格指数与农产品期货价格指数同比差值上升阶段，通常会看到 PPI 与 CPI 剪刀差扩张，反之收敛（见图31）。

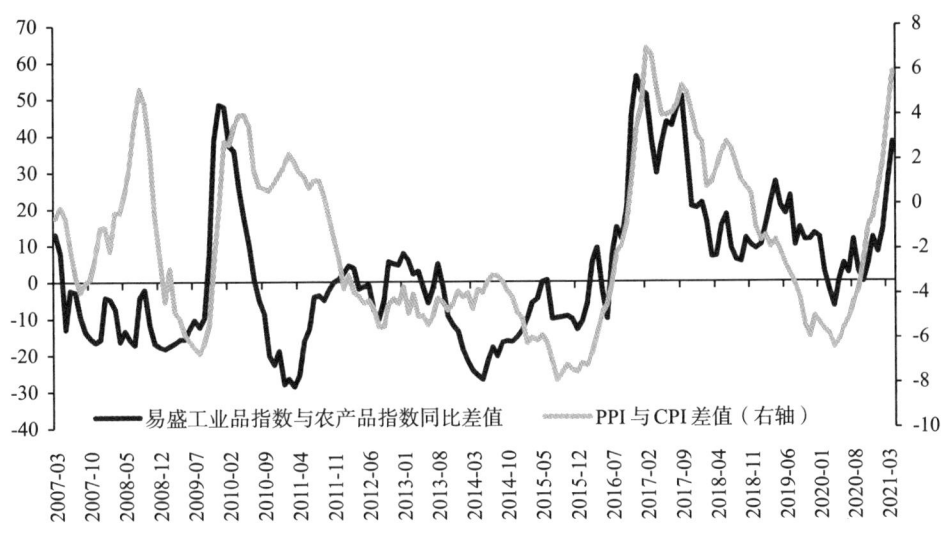

图 31 工业品、农产品指数同比差值与 CPI、PPI 剪刀差

资料来源：Wind。

（二）从国债期货看货币供应量与利率

国债期货价格可以反映货币供应量与利率变化。根据中国人民银行①常用的观察指标，价格指标选择"7天银行间质押式回购加权利率（DR007）"，量指标选择"广义货币供应量（M2）"。国债期货价格上涨意味着利率下跌，货币供应量偏宽松，反之亦然。

一方面，国债期货价格变动领先 DR007 价格变动。将10年期、5年期、2年期国债期货结算价与7天银行间质押式回购加权利率进行对比，发现其中具有较强的负相关性，均在 -0.5 左右。在保持负相关性的同时，国债期货价格的变动也往往领先 DR007 的变动，格兰杰因果关系检验结果显示，在5%的显著性水平下，国债期货价格（增长率：取自然对数一阶差分后）是 DR007 的格兰杰原因，而 DR007 不是国债期货价格的格兰杰原因，说明国债期货价格（增长率：取自然对数一阶差

---

① 中国人民银行官网英文版将 M2 与 DR007 指标在首页进行公示。

分后）具有向 DR007 的单向引导关系。进一步通过 VAR 模型进行脉冲响应分析发现，国债价格（增长率）的变动领先于 DR007 的变动，国债价格（增长率）当期变动后的第二个交易日对 DR007 的负向影响达到最大，影响时间持续约 30 个交易日，时间越长，前者变动对后者的影响越小。其中，10 年期国债期货价格对 DR007 的负向影响最大，达到 -0.025，其次为 2 年期国债的 -0.024，5 年期国债对 DR007 的负向影响最小（见图 32），具体分析见附录 D。

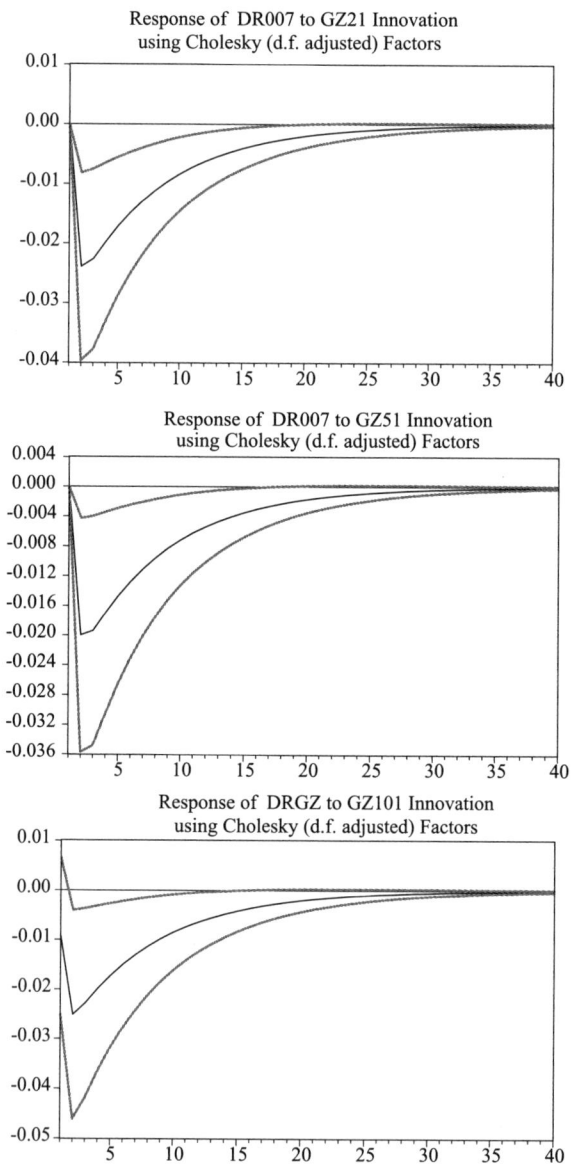

图 32 2 年期、5 年期、10 年期国债期货价格变动对 DR007 的脉冲影响

注：虚线表示 95% 的置信区间。

资料来源：EViews。

另一方面，国债期货价格变动领先 M2 同比变动。将 10 年期、5 年期、2 年期国债期货结算价与 M2 当月同比进行对比，发现 10 年期、2 年期国债价格与 M2 同比有较强的相关性，分别达到 0.57 和 0.46，5 年期国债价格相关度较低，将其排除。另外 2 年期国债期货转换为月度数据后数据太少，因此下文仅分析 10 年期国债期货价格与 M2 同比的关系。在保持正相关性的同时，10 年期国债期货价格的变动也往往领先 M2 同比的变动，格兰杰因果关系检验结果显示，在选择滞后三阶，5%的显著性水平下，10 年期国债期货价格（增长率）是 M2 同比的格兰杰原因，而 M2 同比不是国债期货价格的格兰杰原因，说明国债期货价格（增长率）具有向 M2 的单向引导关系。进一步通过 VAR 模型进行脉冲响应分析发现，10 年期国债价格（增长率）的变动领先于 M2 同比的变动，国债价格（增长率）当期变动后的第三个月对 M2 同比达到最大，为 0.14，影响时间持续约 25 个月，时间越长，前者变动对后者的影响越小（见图 33）。

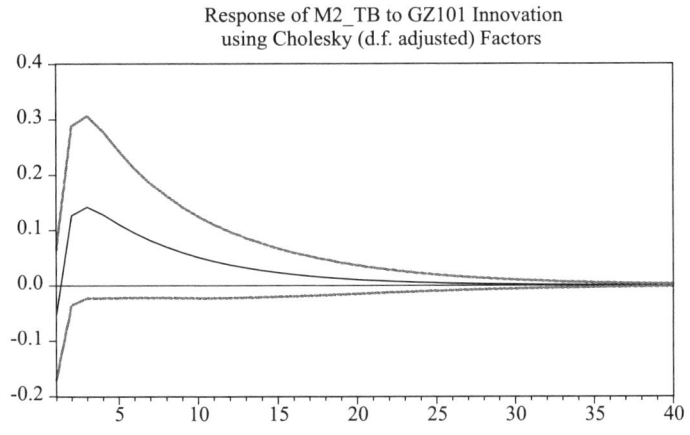

图 33　10 年期国债期货价格变动对 M2 同比的脉冲影响

注：虚线表示 95% 的置信区间。

资料来源：EViews。

（三）基于期货市场看经济增长的分析框架

从期货价格看经济增长与上文路径有所差异（见表 5），建议遵循以下方法。

一是从期货价格看经济增长多为定性分析的内容，部分路径不能进行定量分析。

二是从品种比价看宏观经济不同方面的大部分路径，期货数据比价并不具有领先性。

三是 10 年期国债期货价格在观察 DR007 与 M2 同比时相比 2 年期、5 年期国债期货价格更加有优势，应优先选择 10 年期国债价格对货币供应量与利率进行观察。

表 5　　　　　　　　基于期货市场看经济增长的分析框架

路径		两者相关关系的描述
从品种比价看宏观经济的不同方面	油钢比	观察国内外经济变化的差异
	油铜比	印证全球经济运行阶段
	金油比、金铜比	印证全球经济运行阶段
		反映全球风险偏好
	工业品指数和农产品指数比值与同比差值	印证我国经济运行状况
		观察 CPI、PPI 剪刀差
从国债期货观察货币供应量与利率	从 2 年期、5 年期、10 年期国债期货价格观察 DR007	国债价格（增长率）当期变动后的第二个交易日对 DR007 的负向影响达到最大，影响时间持续约 30 个交易日，时间越长，前者变动对后者的影响越小，其中 10 年期国债期货价格对 DR007 的负向影响最大
	从 10 年期国债期货价格观察 M2 同比	10 年期国债价格（增长率）当期变动后的第三个月对 M2 同比达到最大，影响时间持续约 25 个月，时间越长，前者变动对后者的影响越小

六、对我国期货市场的启示与建议

一是易盛工业品指数与 PPI 拟合优度低于 CRB 指数，建议优化市场化程度不高品种的运行质量。我国期货价格指数基本能够反映 PPI 的变化，说明已上市期货品种已经能基本覆盖我国的主要生产资料，期货市场价格发现功能能够得到有效发挥。然而值得注意的是 CRB 指数与我国 PPI 的拟合优度要显著高于易盛工业品指数，说明与海外更加成熟市场相比，我国期货品种价格发现功能仍有进一步提升的空间。由此建议，对于一些市场化程度不高品种，相关各部门应该攻坚克难，尽量解决影响市场价格形成的问题因素，逐步提升品种运行质量，优化我国期货价格形成机制。

二是期货市场缺少与 CPI 相关的品种，建议上市更多生活资料领域的品种。由于我国商品价格上下游传导不畅，从上游生产资料期货价格看 CPI 难度较大，期货市场又缺乏与 CPI 相关的生活资料，如鲜果、牛羊肉等。期货市场形成的价格与现货市场相比，具有权威性、及时性、公正性、连续性、有效性等多种优势，建议更多上市生活资料领域的品种，广泛覆盖我国商品价格，利用期货市场高质量的价格提升我国商品定价效率。

三是通过期货市场能够观察的行业较少，建议上市更多产业链下游品种，提升期货品种与产业链契合度。本文不仅梳理了市场上已有的从品种价格看行业需求、从跨品种价格看行业利润的研究观点，同时还系统性地从逻辑上推演了可能存在相关关系的路径，能够被证实的已在文中列出，不能被证实的还包括铅期货价格和铅酸电池产量、橡胶期货价格与橡胶轮胎产量、短纤（棉花）期货价格与纺织业景气度、PTA（短纤）盘面利润与纺织业利润等。不能建立相关关系的原因可能是已上市期货品种偏产业链上游，产业链中下游品种不够全面，不能与产业链对应的需求端很好匹配。建议以产业链为核心，在覆盖越来越多产业链的同时深耕每条产业链，将符合条件的产业链上中下游相关品种尽可能多地上市，从而能够通过期货价格对产业链利润分布、行业需求、行业利润进行全方位分析。

四是我国上下游利润分配特点决定中小企业在大宗商品价格上涨时利润承压，建议为中下游企业提供针对性风险管理服务。受集中度、成本结构等多种因素影响，大宗商品产业链下游企业参与期货市场相对不足。自2021年以来，大宗商品价格持续上行，不断攀升的价格对众多下游制造业企业，尤其是中小微企业带来较大经营压力，产业企业的风险管理需求急剧提升，参与期货市场、管控成本风险的需求更为迫切。建议期货市场要深入实体产业，下大力气服务企业，特别是为中下游企业提供针对性风险管理服务，引导企业合理利用期货市场的价格信号功能，促进贸易方式升级，优化生产经营决策。

五是在国民经济中占有重要地位的品种数量有限，建议重点关注这些品种运行质量，提升价格影响力。基于期货品种看经济的角度有限，仅涉及少数品种，且部分品种定价权在海外。宏观经济管理部门对期货价格越来越重视，在国民经济中扮演较为重要角色的螺纹钢、铜、原油、黄金、国债的期货价格已成为政府部门监测大宗商品等市场变化乃至宏观经济运行的重要指标。建议重点关注这些品种的运行质量和价格发现功能的发挥，通过创新多种方式，提升我国重要期货品种价格在全球范围内的影响力。

六是从期货市场看宏观依赖期货价格指数，建议上市指数相关衍生品。期货单个品种在观察行业中能够起到重要作用，而在观察更宏观层面时则需要将众多单个期货品种集合起来，构成指数进行分析。目前，多个海外期货市场都上市有商品指数期货，VIX期货等与指数息息相关的衍生品，建议我国期货市场也可以上市类似衍生品，更好地发挥期货市场价格发现、风险管理和资产配置的功能。

参考文献

［1］赵振英. 我国商品期货价格指数与通货膨胀关系研究［D］. 辽宁：辽宁大学，2015.

［2］王倩，常清. 我国工业品期货价格指数与PPI关系的实证研究［J］. 金融理论与实践，2014（11）.

［3］刘健，丁嘉伦，张玉英. 我国工业品期货价格指数与PPI关系的实证研

究——基于 VAR 模型和 ECM 模型 [J]. 金融理论与实践, 2017 (6).

[4] 张晓春. 此轮 PPI 大幅走高为何没有导致通货膨胀 [R]. 国联证券, 2017.

[5] CF40. 大宗商品价格上涨会带来新一轮通胀吗 [OL]. http://www.cf40.org.cn/news_detail/11747.html, 2021-04-15.

[6] 卢延纯, 赵公正. 国际大宗商品价格对我国 PPI 和 CPI 传导效应的新变化 [J]. 价格理论与实践, 2017 (7).

[7] 张怀清, 赵亚琪, 徐瑞慧. 国际大宗商品价格对国内通胀的影响研究 [J]. 金融与经济, 2019 (4).

[8] 王楠, 郑玉航, 曹丹星. 玻璃期货与房地产行业关系研究 [J]. 宏观经济研究, 2017 (2).

[9] 刘硕. 黑色系期货对宏观经济运行的反应 [J]. 中国证券期货, 2019 (2).

[10] 廉莹. 透过饲料期货看养猪行业 [J]. 中国猪业, 2010 (5).

[11] 马晓旭. 从金属价格走势看新经济兴起 [N]. 期货市场监测监控专报, 2014 (8).

[12] 张静静. 商品比价关系的信号 [R]. 广发证券, 2018.

[13] 胡俞越, 岳银. 金融期货在防范系统性金融风险中的作用研究 [J]. 中国证券期货, 2019 (1).

[14] 郑凌云, 常鑫鑫, 周强龙, 郑丽婷. 货币政策和宏观审慎政策双支柱调控框架中金融期货市场的作用研究 [J]. 中国证券期货, 2018 (5).

附录 A：从期货价格能够观察 PPI 而不能观察 CPI

从一般规律来看，价格沿着产业链自上而下传导，美国大宗商品价格能够传导至 CPI，符合一般规律。大宗商品价格位于价格传导链条的上游，大宗商品价格变动将向 PPI 中的上游原材料相关行业传导，随后 PPI 中的上游原材料相关行业将向 PPI 中下游制造业、消费业传导，最后传导至 CPI，也就是居民消费价格的各个方面。如大宗商品价格能够顺利传导至美国个人消费端，美联储将 PCE[①] 指标作为衡量通胀的重要参考依据，RJ/CRB 商品期货价格指数（以下简称 CRB 指数）与美国 CPI 保持强相关性（见图 A.1）。

---

① PCE 是个人消费支出平减指数的缩写，于 2002 年被美联储的决策机构联邦公开市场委员会（FOMC）采纳为衡量通货膨胀的一个主要指标。

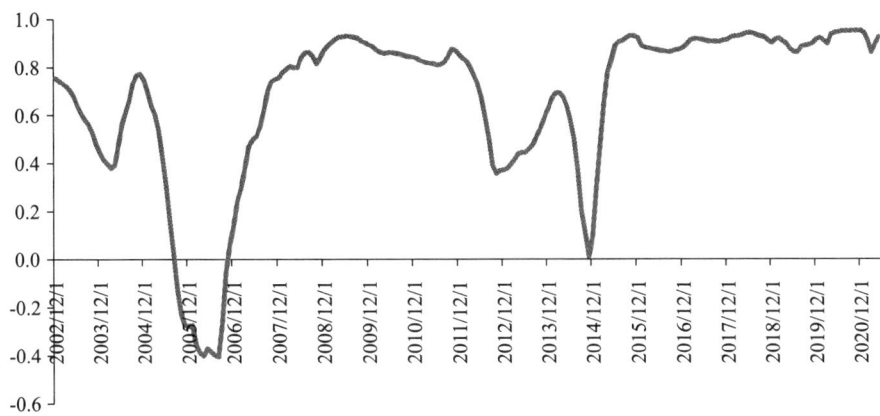

图 A.1　CRB 指数与美国 CPI 的滚动相关系数

资料来源：Wind。

2017 年以来我国上游价格传导特征不符合一般规律。2017 年前我国大宗商品价格与 PPI 相关性高，PPI 与 CPI 走势未出现大幅背离，2000—2011 年 CPI 与 PPI、相关系数高达 0.76，2012—2016 年 PPI 与 CPI 逐步出现走势不一致的情况，相关系数下降至 0.5。然而，2017 年以来大宗商品价格、PPI 与 CPI 相关性大幅下降，滚动相关系数长期为负值，PPI 与 CPI 出现"剪刀差"，个别时间段甚至出现背离，相关系数为 -0.33（见图 A.2、图 A.3）。

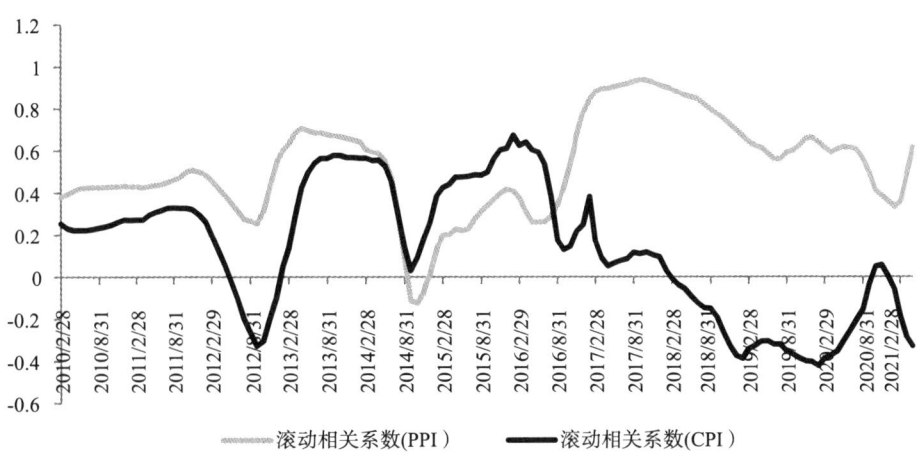

图 A.2　易盛工业品指数同比与 PPI、CPI 的滚动相关系数

资料来源：Wind。

大宗商品价格仅能够有效传导至我国 PPI 上游相关行业，但向下游传导不畅。分析 2017 年以来我国大宗商品价格、PPI 与 CPI 分化阶段发现，大宗商品价格能够传导至我国 PPI 上游行业，上游行业价格变化主导了整体 PPI 的变化，然而 PPI 上游行业价格向下游传导不畅，同时 PPI 下游行业与 CPI 相关性较高，导致大宗商品价格向 CPI 传导不畅（见图 A.4）。

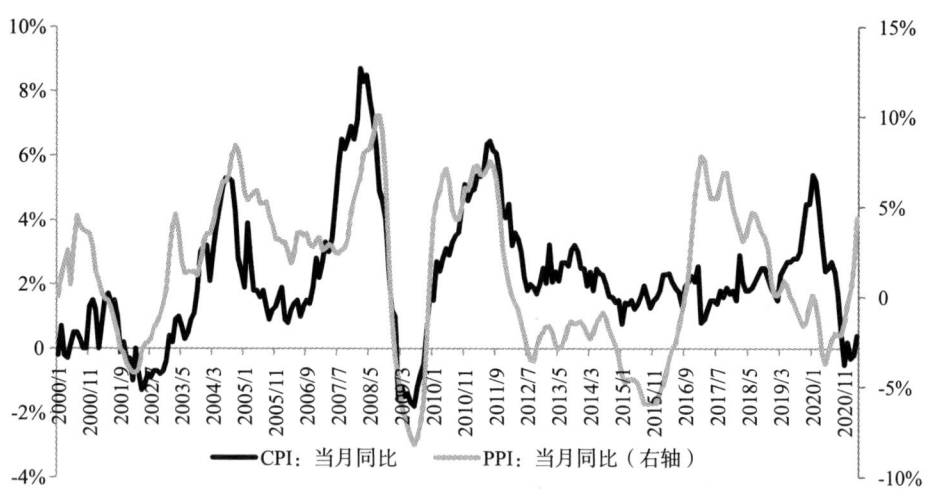

图 A.3　PPI 与 CPI 逐渐分化

资料来源：Wind。

图 A.4　我国上游价格向下游传导特征

首先，以 2020 年全年为例，PPI 上游行业与大宗商品价格的相关性显著高于 PPI 下游行业。2020 年与黑色系大宗商品相关的 PPI 上游行业整体[①]与易盛黑色指数相关性高达 0.84，而相关 PPI 下游行业仅为 0.2；与能化大宗商品相关的 PPI 上游行业整体与易盛能化指数相关性为 0.81，下游为 0.61；易盛有色指数与 PPI 上游有色相关行业相关性高达 0.95，而相关 PPI 下游行业仅为 0.37（见表 A.1）。这说明大宗商品价格顺利将价格传导至相关上游行业，而中下游行业价格变动与大宗商品和大宗商品价格相关性较低。

表 A.1　PPI 上下游行业与大宗商品价格关联

行业分布	行业	权重	2020 年与大宗商品相关性
上游原材料业（采矿—冶炼—加工）	煤炭开采和洗选业	1.89	与黑色指数相关性：0.84
	黑色金属矿采选业	0.37	
	黑色金属冶炼及压延加工业	6.87	
	石油和天然气开采业	0.63	与能化指数相关性：0.81
	石油、煤炭及其他燃料加工业	3.93	
	化学原料及化学制品制造业	5.96	
	化学纤维制造业	0.75	

[①] 整体价格变化为具体相关行业价格变化的加权平均值。

续表

行业分布	行业	权重	2020年与大宗商品相关性
上游原材料业（采矿—冶炼—加工）	有色金属矿采选业	0.25	与有色指数相关性：0.95
	有色金属冶炼及压延加工业	5.25	
	非金属矿采选业	0.33	—
	非金属矿物制品业	5.28	
	废弃资源综合利用业	0.53	
	电力、热力的生产和供应业	6.46	
	燃气生产和供应业	0.85	
	水的生产和供应业	0.32	
中下游制造业、消费业	金属制品业	3.47	与黑色指数相关性：0.2 与有色指数相关性：0.37
	通用设备制造业	3.78	
	专用设备制造业	3.09	
	铁路、船舶、航空航天和其他运输设备制造业	1.08	
	汽车制造	7.7	
	医药制造业	2.35	与能化指数相关性：0.63
	橡胶和塑料制品业	2.34	
	纺织业	2.15	
	纺织服装、服饰业	1.29	
	电气机械及器材制造业	6.4	—
	计算机、通信和其他电子设备制造业	11.42	
	仪器仪表制造业	0.72	
	其他制造业	0.16	
	金属制品、机械和设备修理业	0.13	
	农副食品加工业	4.52	
	食品制造业	1.85	
	酒、饮料和茶制造业	1.4	
	烟草制品业	0.81	
	皮革、毛皮、羽毛制品和制鞋业	0.96	
	木材加工及木、竹、草制品业	0.77	
	家具制造业	0.65	
	造纸及纸制品业	1.23	
	印刷业和记录媒介的复制	0.61	
	文教、工美、体育和娱乐用品制造业	1.17	

注：PPI行业权重为相关行业企业主营业务收入所占整体工业企业主营业务收入的百分比。
资料来源：Wind。

其次，易盛工业品价格指数表现出对PPI的传导关系，说明我国PPI上游行业变化主导了整体 PPI 的变动。占 PPI 权重较大的行业中,历史上价格波动较大的行业都集中在上游原材料业,且广泛分布在石化产业链、黑色产业链、有色产业链,因此在选取的样本区间内大宗商品价格变化对 PPI 变化能够起到决定性作用。易盛工业品价格指数同比表现出对 PPI 同比的传导关系,格兰杰因果关系检验结果显示,在 5% 的显著性水平下,工业品期货价格指数同比是 PPI 同比的格兰杰原因,而 PPI 同比不是工业品价格指数的格兰杰原因,说明工业品价格指数具有向 PPI 的单向引导关系,价格传导路径通畅。进一步通过回归分析发现,工业品价格指数同比上涨 1 个百分点,会带动当期 PPI 同比增加 0.1 个百分点,滞后一期的 PPI 同比增加 0.12 个百分点,再次佐证了工业品价格指数向 PPI 的传导关系。在工业品价格指数仅与 PPI 上游行业价格相关性高的情况下,工业品价格指数能够有效传导至 PPI 整体,这说明 PPI 上游行业价格波动能够主导整体 PPI。

最后,PPI 下游行业与 CPI 相关性较高,部分统计项目能够对应,然而 CPI 中的服务项目无法与 PPI 对应(见表 A.2)。由于 PPI 中下游生活资料(包括烟酒、衣着、一般日用品、耐用消费品)与 CPI 消费品(烟酒、衣着、居住、生活用品及服务、交通和通信、文化和娱乐、医疗保健、其他服务)存在交叉,因此 PPI 下游理应与 CPI 消费品(除食品外)[①] 具有一定同步性。经测算,2020 年非食品 CPI 与 PPI 下游行业的相关性达到 0.71。然而值得注意的是,PPI 中较少包含服务项目的价格,而 CPI 中则包含了许多服务消费的价格水平(家庭服务、通信服务、医疗服务等),PPI 与 CPI 服务项目无法对应。

表 A.2　　　　　　　　CPI 细分行业权重与 PPI 下游关联

类别		
食品烟酒 30.8%	食品	粮食 1.43%
		食用油
		鲜菜 1.96%
		畜肉类 4.15%(猪肉 2.25%、牛肉、羊肉)
		水产品 1.83%
		蛋类 0.56%
		鲜果 1.94%
		奶类
		卷烟酒类
衣着 6.5%		服装
		鞋类

---

① CPI 食品项所统计的食品价格,包含了一部分未经工业加工的农产品价格,这些农产品受季节性因素、自身生产周期影响,价格波动较大,因此此处未纳入食品项。

续表

类别		
居住 23.1%	租赁房房租	
	水电燃料	
生活用品及服务 5.8%	家用器具	
	家庭服务	
交通和通信 12.7%	交通	交通工具、交通工具用燃料、交通工具使用和维修
	通信	通信工具、通信服务、邮递服务
教育文化和娱乐 9.8%	教育服务	
	旅游	
医疗保健 8.8%	药品	中药、西药
	医疗服务	
其他用品和服务 2.5%	—	

注：CPI 大类权重为 2021 年上半年全国居民人均消费支出八个分项所占比重，食品小类（除鲜菜）权重根据 2021 年 6 月 CPI 同比细分数据测算，鲜菜根据 2021 年 5 月数据测算。

资料来源：国家统计局。

综上，基于价格传导逻辑，从期货价格能够观察 PPI 而不能够观察 CPI。虽然 PPI 中下游的生活资料能够有效对应部分 CPI 非食品项，但是仍有大部分服务项目无法对应，叠加近年来 PPI 上游价格向中下游传导不畅、PPI 上游价格又主导了 PPI 的整体走势，从而导致 PPI 不能向 CPI 顺利传导。因此，我们认为从大宗商品价格能够有效观察 PPI，然而观察 CPI 的效果会比较差。基于价格传导的逻辑，直接从期货价格指数观察 CPI 显然是行不通的，需要运用其他方法观察 CPI。

附录 B：有关线性回归的实证分析——以易盛工业品指数对 PPI 同比影响为例[①]

B.1 研究方法、指标选取及数据说明

对易盛工业品指数同比与 PPI 同比进行 Granger 因果关系检验，然后进行回归分析。利用 Eviews10.0 软件进行实证分析。变量的设置以 GYPZSTB 表示易盛工业品指数同比，PPI 表示 PPI 同比。时间区间为 2007 年 3 月—2021 年 4 月的月度数据。

B.2 单位根检验

在进行 Granger 因果关系检验之前，首先对变量进行单位根检验，结果显示（见表 B.1），GYPZSTB、PPI 为平稳序列。

---

① 本文涉及线性回归的实证分析所用方法与此方法基本相同，故不再一一赘述。

表 B.1　　　　　　　　　　ADF 单位根检验结果

变量	ADF 值	P 值	结论
GYPZSTB	-3.322	0.0154	平稳
PPI	-3.004	0.0366	平稳

资料来源：EViews。

B.3　Granger 因果关系检验

对 GYPZSTB 和 PPI 进行 Granger 因果关系检验，滞后二期结果显示（见表 B.2）。说明在 5% 的显著性水平下，GYPZSTB 是 PPI 的格兰杰原因，而 PPI 不是 GYPZSTB 的格兰杰原因。

表 B.2　　　　　　　　　　Granger 因果关系检验

原假设	F 统计量	P 值	结论（5%显著性水平下）
GYPZSTB 不是 PPI 的 Granger 原因	28.938	0.00	拒绝
PPI 不是 GYPZSTB 的 Granger 原因	2.67334	0.072	接受

资料来源：EViews。

B.4　建立线性回归方程

绘制 GYPZSTB、GYPZSTB（滞后一期）与 PPI 之间的回归散点图发现，两者存在线性关系（见图 B.1）。将 GYPZSTB、GYPZSTB（滞后一期）作为自变量，PPI 作为因变量，利用最小二乘法建立线性回归方程，结果显示（见表 B.3）。这说明 GYPZSTB 同比上涨 1 个百分点，会带动当期 PPI 增加 0.1 个百分点，滞后一期的 PPI 增加 0.12 个百分点。

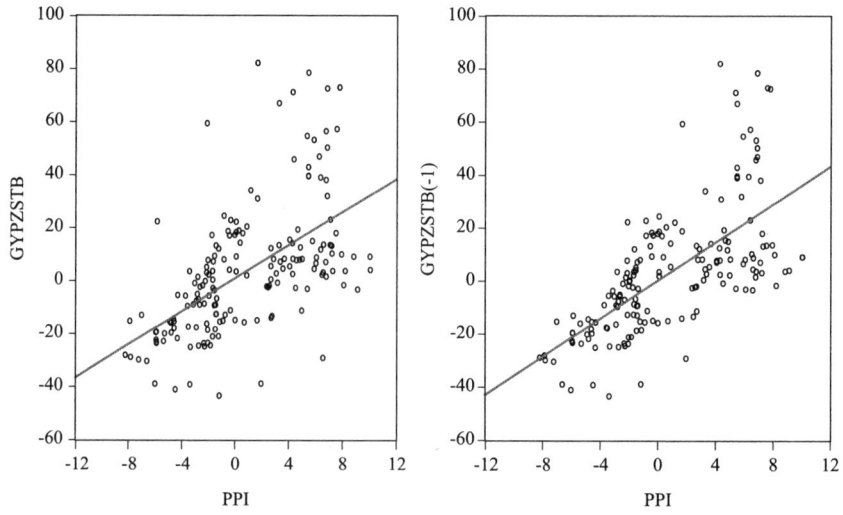

图 B.1　GYPZSTB、GYPZSTB（滞后一期）与 PPI 回归散点图

资料来源：EViews。

表 B.3　　　　　　　　　　　　线性回归方程

变量	拟合优度（R^2）	系数的显著性检验（P值）	回归系数
GYPZSTB	0.324194	0.00	0.103814
GYPZSTB（-1）	0.440981	0.00	0.122713

资料来源：EViews。

附录C：黑色、能化、有色指数对PPI贡献率的实证分析

C.1　研究方法、指标选取及数据说明

对黑色、能化、有色指数、PPI建立方差分解模型，基于方差分解结果进一步分析板块指数变化对PPI变化的贡献度。利用Eviews10.0软件进行实证分析。变量的设置以HS_TB、YS_TB、NH_TB、PPI_TB表示黑色指数同比、有色指数同比、能化指数同比、PPI同比。有色指数同比、能化指数同比、PPI同比时间区间为2008年9月至2021年4月的月度数据；黑色指数同比时间区间为2013年6月至2021年4月的月度数据。

C.2　利用VAR模型进方差分解分析

首先对变量进行单位根检验，HS_TB、YS_TB、NH_TB、PPI_TB为平稳序列。由稳定性检验结果知，特征根的倒数均为单位圆内，说明VAR模型是稳定的（见图C.1）。

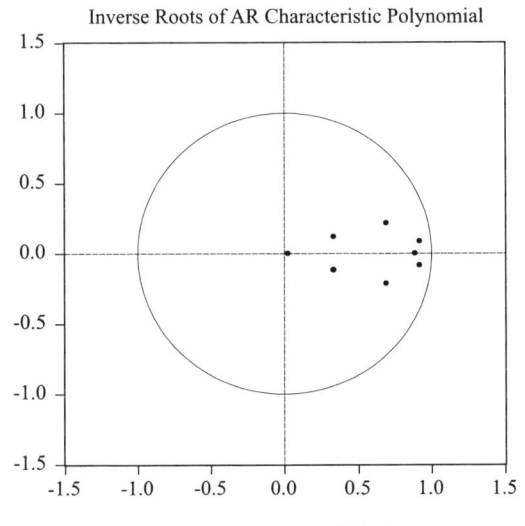

图 C.1　模型稳定性检验

资料来源：EViews。

结果表明（见表 C.1）：除去自身的影响，PPI_TB 受 HS_TB 影响最大，随着时间推移，在预测的第 14 期后基本保持稳定，HS_TB 的贡献度为 40% 左右、NH_TB 贡献度为 7% 左右、YS_TB 贡献度为 10% 左右。

表 C.1　　　　　　　　　　方差分解结果

		Variance Decomposition of PPI_TB			
Period	S. E.	PPI_TB	HS_TB	NH_TB	YS_TB
1	0.380052	100	0	0	0
2	0.895001	92.61711	0.981626	6.355813	0.045455
3	1.399585	87.50576	1.92137	10.33048	0.242394
4	1.807278	84.63321	3.518596	11.151	0.697194
5	2.111608	82.19074	6.241983	10.11706	1.450218
6	2.345004	78.78199	10.25105	8.505881	2.461076
7	2.544084	73.89382	15.2456	7.252786	3.60779
8	2.731845	67.94066	20.58571	6.731596	4.742036
9	2.915415	61.77451	25.64701	6.816767	5.761717
10	3.092119	56.1143	30.06884	7.181201	6.635659
11	3.25634	51.31713	33.75501	7.547759	7.380095
12	3.403601	47.44314	36.75749	7.772881	8.026488
13	3.531863	44.39688	39.1765	7.823815	8.602807
14	3.641253	42.03141	41.11094	7.729823	9.12782
15	3.733284	40.20125	42.64353	7.543352	9.611867
16	3.810114	38.78237	43.84088	7.317245	10.05951
17	3.874027	37.67618	44.75762	7.094171	10.47203
18	3.927147	36.80713	45.44002	6.903553	10.8493
19	3.971317	36.11838	45.92835	6.76241	11.19086
20	4.008081	35.56761	46.25801	6.677854	11.49652

资料来源：EViews。

附录 D：国债期货价格对宏观指标影响的实证分析——以国债期货价格对 7 天银行间质押式回购加权利率影响为例①

D.1　研究方法、指标选取及数据说明

对 10 年期、5 年期、2 年期国债期货结算价与 7 天银行间质押式回购加权利率进行 Granger 因果关系检验，然后利用变量建立向量自回归模型，基于生成的脉冲

---

① 国债期货价格对 M2 同比影响的实证分析所用方法与此方法相同，故不再赘述。

响应函数图进一步分析两者之间的关系。

利用 Eviews10.0 软件进行实证分析。变量的设置以 GZ2、GZ5、GZ10 表示 2 年期、5 年期、10 年期国债期货结算价，DR007 表示 7 天银行间质押式回购加权利率。时间区间为 2018 年 8 月 17 日—2021 年 9 月 24 日的日度数据。

D.2 单位根检验

在进行 Granger 因果关系检验之前，首先对变量进行单位根检验，结果显示（见表 D.1），DR007 为平稳序列，GZ2、GZ5、GZ10 为非平稳序列，一阶自然对数差分后为平稳序列。故本文接下来采用 DR007 的原序列，及 GZ2、GZ5、GZ10 的一阶自然对数差分序列进行 Granger 因果关系检验。

表 D.1　　　　　　　　　ADF 单位根检验结果

变量	ADF 值	P 值	结论
DR007	-7.884	0.00	平稳
GZ2	-2.409	0.14	非平稳
GZ5	-2.738	0.068	非平稳
GZ10	-2.291	0.175	非平稳
GZ21（一阶自然对数差分）	-25.304	0.00	平稳
GZ51（一阶自然对数差分）	-20.338	0.00	平稳
GZ101（一阶自然对数差分）	-20.867	0.00	平稳

资料来源：EViews。

D.3 Granger 因果关系检验

对 DR007 和 GZ21、DR007 和 GZ51、DR007 和 GZ101 进行 Granger 因果关系检验，滞后一期结果显示（见表 D.2）。结果显示，在 5% 的显著性水平下，GZ21、GZ51、GZ101 是 DR007 的格兰杰原因，而 DR007 不是 GZ21、GZ51、GZ101 的格兰杰原因。

表 D.2　　　　　　　　　Granger 因果关系检验

原假设	F 统计量	P 值	结论（5% 显著性水平下）
GZ21 不是 DR007 的 Granger 原因	9.23708	0.0025	接受
DR007 不是 GZ21 的 Granger 原因	2.25668	0.1335	拒绝
GZ51 不是 DR007 的 Granger 原因	6.49076	0.0110	接受
DR007 不是 GZ51 的 Granger 原因	3.74358	0.0534	拒绝
GZ101 不是 DR007 的 Granger 原因	4.64178	0.0315	接受
DR007 不是 GZ101 的 Granger 原因	3.82764	0.0508	拒绝

资料来源：EViews。

D.4 利用 VAR 模型进行脉冲响应分析

为了进一步分析 GZ21、GZ51、GZ101 与 DR007 的关系，本文建立向量自回归模型。首先确定模型的滞后阶数，结果显示（见表 D.3）应选择一阶滞后。

表 D.3　GZ21、GZ51、GZ101 与 DR007 滞后阶数选择

Lag	GZ21		GZ51		GZ101	
	AIC	SC	AIC	SC	AIC	SC
0	-10.43330	-10.42101	-9.027423	-9.015128	-8.117937	-8.105655
1	-11.85399	-11.81703	-10.45439	-10.41743	-9.534593	-9.497671
2	-11.04976	-11.01272	-9.653539	-9.616501	-8.744786	-8.707826
3	-10.75613	-10.71905	-9.349109	-9.312033	-8.439867	-8.402868
4	-10.64377	-10.60665	-9.242450	-9.205335	-8.32862	-8.291582
5	-10.63889	-10.60174	-9.216851	-9.179696	-8.291368	-8.254292

资料来源：EViews。

然后，建立一阶滞后 VAR 模型，并对其稳定性进行检验，结果显示，各特征根的倒数均在单位圆内（见图 D.1），这说明建立的 VAR 模型是稳定的。

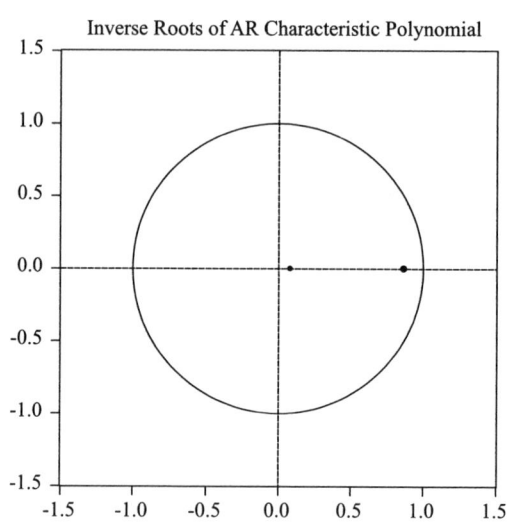

图 D.1　GZ21、GZ51、GZ101 与 DR007 模型稳定性检验

资料来源：EViews。

接下来，基于生成的脉冲响应函数图进一步分析 GZ21、GZ51、GZ101 与 DR007 的关系，具体如下：

由 GZ21、GZ51、GZ101 变动对 DR007 的脉冲图（见图 D.2）可知，当在本期给 GZ21、GZ51、GZ101 一个正冲击后，会给 DR007 带来负向影响，该影响在冲击

之后的第二期（即第 2 个交易日）达到最大，之后迅速下降，在 30 期接近于 0。这进一步说明 GZ21、GZ51、GZ101 的变动领先于 DR007 的变动，前者当期变动对后者的影响持续时间较长，约为 30 个交易日，时间越长，前者变动对后者的影响越小。其中，GZ101 对 DR007 的负向影响最大，达到 -0.025，其次为 GZ51 的 -0.024，GZ51 对 DR007 的负向影响最小。

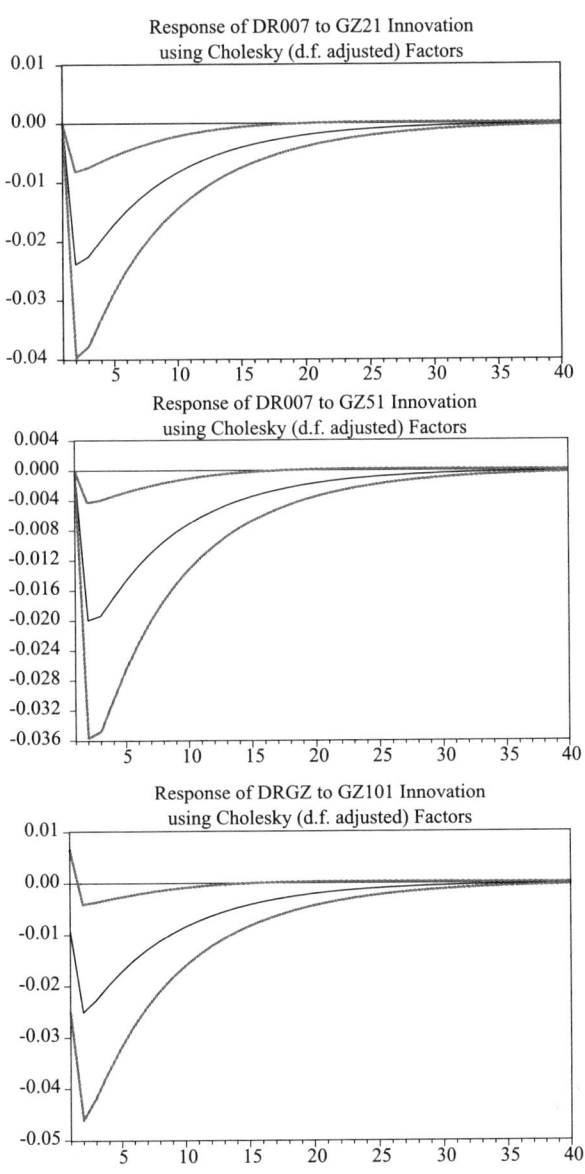

图 D.2　GZ21、GZ51、GZ101 变动对 DR007 的脉冲影响

注：虚线表示 95% 的置信区间。

资料来源：EViews。

中期协联合研究计划（第十四期）项目

商业银行参与衍生品市场的路径方式研究

课题负责单位：北京大商所期货与期权研究中心有限公司
课题研究编号：202131046
课题负责人：薛建良
课题组成员：曲聆菲　刘　华　闫家琪　晋　婧　吴　蓉

一、商业银行参与衍生品的路径方式研究

商业银行资产占我国金融资产的 90% 以上，是金融服务实体经济的主要力量。受金融创新、国际竞争以及监管制度变革等影响，当前我国商业银行业务模式正在由以传统信贷业务为主向多元化的中间业务转型，2019 年非利息收入占比 21.93%，并已涉及部分资本市场投行业务。期货市场作为我国资本市场的重要组成部分，经过多年发展在市场规模、产品种类、功能作用等方面已具备了与其他金融行业机构融合发展的条件，且与商业银行在债券、贵金属以及部分大宗商品衍生品领域实现了有效结合，满足了商业银行客户需求，但也受到"原油宝"等事件的挑战，需要不断创新与完善。在此背景下，分析商业银行参与衍生品市场的影响因素、作用机理、实现路径、风险控制等，不仅有助于我国金融市场的稳健发展，而且能推动商业银行、期货行业等高质量发展。

（一）全球视角下商业银行参与衍生品的现状与特征

商业银行是以营利为目的，主要以吸收存款和发放贷款形式为工商企业或个人提供融资服务并办理结算业务的金融企业。随着全球商业银行业务的发展转型，作为发现价格、管理风险、配置资源的期货市场，已成为商业银行业务拓展延伸的重要领域，是商业银行发展壮大的重要支撑。本研究通过分析欧美主要国家商业银行参与衍生品的情况，发现全球范围内商业银行参与衍生品具有以下特征。

1. 商业银行衍生品持仓规模大，以大型商业银行为主，且在衍生品市场占据重要地位

全球各主要国家商业银行都积极参与衍生品市场。从美国看，2020 年底，美国共有 1382 家商业银行及储蓄机构[①]（简称美国商业银行）开展衍生品交易业务，占比超过 27.6%。这些商业银行衍生品名义持仓金额达 163.8 万亿美元。其中，利率类、外汇类和信用类衍生品合约 158.7 万亿美元[②]，占美国衍生品市场相关品种持

[①] 根据美国联邦存款保险公司的统计数据，截至 2020 年末美国共有 5001 家参保商业银行和储蓄机构，开展衍生品交易业务的 1382 家占其 27.6%。

[②] 美国商业银行相关数据来自美国货币监理署（OCC）。OCC 每季度发布《Quarterly Report on Bank Trading and Derivatives Activities》，涵盖了所有在美国联邦存款保险公司（FDIC）注册参保的商业银行及存款机构的衍生品交易数据。

仓357.5万亿美元①的44.4%，占全球衍生品市场相关品种持仓647万亿美元②的24.5%。从英国看，2020年英国前5家银行③衍生品名义持仓金额达89万亿英镑，衍生品名义金额占全球衍生品市场相关品种持仓总量的18.67%。从德国看，德国实行全能银行制度，2020年仅德意志银行场外衍生品名义持仓金额就达32万亿欧元，占德国场外衍生品持仓总量的83%，占全球场外衍生品市场总量的6.1%。由此可以看出，欧美主要国家商业银行衍生品持仓不仅规模大占比高，而且主要集中于大型商业银行，在本国乃至全球衍生品市场中占有重要地位。

2. 商业银行衍生品参与集中于利率汇率场外市场，且以服务客户的交易需求为主

全球各主要国家商业银行衍生品参与有其特定品种和市场领域。从市场类型看，商业银行参与衍生品主要集中于场外市场。以美国为例，截至2020年末，商业银行场外衍生品名义持仓金额达155万亿美元，占总持仓量的94.6%。场内衍生品名义持仓金额为8.8万亿美元，仅占5.4%。德国商业银行是德国场外衍生品市场的主要参与者，2020年德意志银行持有的79%利率衍生品，18%的货币衍生品都集中在场外市场。从衍生品种类看，商业银行参与衍生品种类与银行传统业务相关，以利率和外汇衍生品为主。美国商业银行2020年底利率和外汇衍生品名义持仓金额分别为116万亿和39.6万亿美元，占全部衍生品持仓金额的70.8%和24.2%。信用类、权益类和商品类合约的名义持仓金额分别为3.8万亿美元、3万亿美元和1.4万亿美元，仅占2.3%、1.9%和0.9%。以2020年衍生品名义金额最大的英国巴克莱银行集团为例，其当年利率和外汇衍生品持仓分别占总量的82%和13%。从功能作用看，商业银行衍生品参与主要是以服务客户需求的交易业务为主。截至2020年末，美国花旗集团和富国银行集团两家银行控股公司的衍生品名义持仓金额合计为50.47万亿美元。其中，做市等满足客户投资和风险管理需求的非套期保值持仓达49.46万亿美元占比98%；套期保值交易持仓达1.01万亿美元仅占2%。而近年来德意志银行持仓中符合套保会计的金融衍生工具资产不到其金融衍生工具类资产的1%④。

---

① 美国衍生品的数据来自CFTC数据库和BIS。CFTC每周发布《Weekly Swaps Report》报告，涵盖了美国场外远期、期权、互换等各类衍生工具合约。BIS发布了半年度北美地区场内利率类和外汇类数据。
② 全球衍生品数据来自国际清算银行（BIS）。BIS发布半年度场外衍生品数据，由全球12个国家的中央银行或国家主管当局收集自大约70个主要的衍生品交易商。BIS举例表示，2016上半年的全球场外衍生品持仓数据可以涵盖全球94%的场外衍生品持仓情况。
③ 按资产排名，英国前五大商业银行为汇丰控股、巴克莱银行集团、苏格兰皇家银行、劳埃德银行集团、渣打银行。
④ 2017—2020年套保比例均不足1%，其中2020年为0.4%。

3. 商业银行衍生品资产占总资产比例高,但风险敞口低,是银行收入的重要来源

全球各主要国家商业银行持有的衍生品资产规模大,已成为银行重要的收入来源。从衍生品资产占比看,截至 2020 年末,美国商业银行的衍生品持仓总额达163.8 万亿美元,是其总资产 19.6 万亿美元的 8.4 倍。2008—2020 年德意志银行衍生金融工具资产占总资产比例最高为 55.6%,最低为 23%,2020 年占比为 40%。2013 年以来,英国汇丰银行衍生品资产占比虽然持续下降,但占比也在 10% 以上。从衍生品资产风险程度看,各商业银行持有衍生品风险敞口总体较小。2017—2019年,英国境内所有银行衍生资产与负债金额基本相等,风险敞口总体较小,如图 1 所示。与英国商业银行衍生品资产负债结构相似,2008—2020 年德意志银行的衍生金融工具资产和负债占总资产和总负债的比例也基本相等。美国商业银行 2020 年持有的衍生品交易对手保证金质押金额达 0.44 万亿美元,风险覆盖率为 86.8%。其中,对银行和证券公司等交易对手的风险覆盖率为 107.5%,对冲基金达 467.6%,主权基金为 52.1%,公司和其他交易对手为 59.5%,静态信用风险敞口均得到良好覆盖。从衍生品业务对银行发展作用看,衍生品资产不仅增强了商业银行的资产规模,也增强了银行业绩,提升了金融市场竞争能力。2020 年,美国商业银行实现衍生品交易收入 366.1 亿美元,占其营业总收入 3090.2 亿美元的 11.8%。

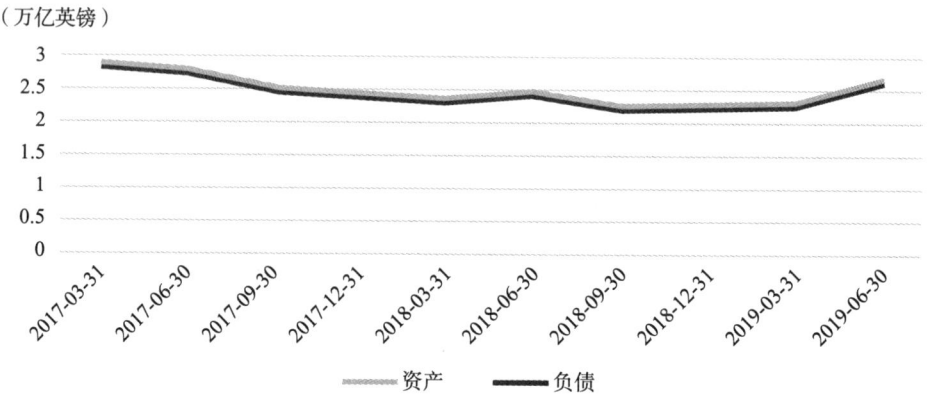

图 1　2017—2019 年英国境内银行持有衍生品的资产负债

资料来源:根据英格兰银行统计数据整理。

(二) 商业银行参与衍生品市场的影响因素及内在逻辑

商业银行参与衍生品是商业银行适应金融市场发展变化,提升市场竞争能力,发展壮大的必然选择,有其内在逻辑和机理,已形成成熟业务模式。

1. 商业银行参与衍生品的逻辑和机理框架

从全球商业银行业务发展演变看,商业银行大规模参与衍生品集中在20世纪七八十年代以后,主要是受利率汇率市场化、金融市场竞争、衍生品市场发展、客户风险管理需求和监管政策放松等多种因素的影响。一方面,在"金融自由化"大潮中,商业银行资产和负债两端的稳定利差被打破需要新的风险管理工具,客户资产负债波动加大需要新的风险管理服务,各种金融机构积极满足市场主体新的投资和风险管理需求,市场竞争加剧,使商业银行具有了参与衍生品管理自身风险和扩大业务范围增强竞争力的内在要求。另一方面,衍生品市场的发展和金融分业监管政策的放松则为商业银行参与衍生品提供了可能,并发育形成做市、代客、自营、经纪等多种衍生品业务类型,使商业银行具有了持续参与衍生品市场的条件支撑。商业银行参与衍生品的逻辑框架,具体如图2所示。

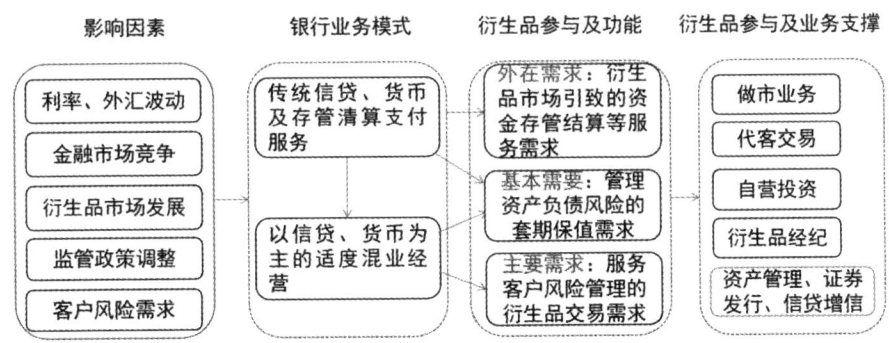

图2 商业银行参与衍生品的逻辑机理及分析框架

2. 商业银行参与衍生品的主要影响因素和条件

商业银行参与衍生品主要受利率汇率市场波动、其他金融机构竞争、政府监管政策调整、衍生品市场发展等多种因素的影响,集中体现为商业银行发展模式的转变。具体为:

(1)利率汇率市场化:货币利率汇率市场化打破了资产负债价值成本稳定结构

货币利率汇率市场化是推动商业银行参与衍生品的主要动力。一是利率风险加大。从20世纪70年代开始,世界主要发达国家经历了长达十年的"滞胀",各国陆续开始放松对存贷利率的管制和限制。美国于1986年全面放开存款利率管制实现完全市场化,日本于1996年10月全面实现利率的市场化。以美国为例,受长期通货膨胀和1979年货币政策大幅紧缩的双重影响,1980年利率一飞冲天,基准利率达到21%。二是汇率风险加大。1976年,牙买加会议标志着"布雷顿森林货币体系"的崩溃,浮动汇率合法化。之后,国际市场货币流通加速,汇率波动频率和程度大幅提升。

(2) 市场风险管理需求：利率汇率自由化推动了包括商业银行在内的主体寻求新的风险管理模式

随着利率汇率市场化的推进，商业银行和其他市场经营主体资产和负债两端的稳定利差被打破，传统的资产经营方式和利率风险管理模式受到挑战，迫切需要新的市场风险管理模式，稳定成本和利润。在此背景下，银行业遭遇了大规模"金融脱媒"，面临激励市场竞争。因此，利用衍生品管理市场风险，一方面是商业银行管理自身风险的需求，另一方面也是其扩大业务范围提升市场竞争力的重要途径。

(3) 衍生品市场发展：期货市场由商品期货拓展至金融领域，为商业银行大规模参与衍生品提供了条件

现代期货市场自 1865 年产生至 20 世纪 70 年代，交易品种始终以商品期货为主，主要服务于商品贸易。全球金融自由化的发展，推动了金融期货的产生。20 世纪七八十年代，利率、汇率期货相继上市，并获得巨大成功，实现了期货市场的创新发展。1972 年 5 月，芝加哥商业交易所（CME）推出外汇期货。1975 年 10 月，芝加哥期货交易所（CBOT）推出政府国民抵押贷款协会（GNMA）抵押凭证期货合约。此后，外汇、利率期货种类不断丰富，并在全球各地不断取得成功。金融衍生品的发展满足了商业银行管理利率汇率风险的需求，为商业银行大规模参与衍生品市场提供了条件。

(4) 监管制度改革：分业监管制度放松为商业银行参与衍生品提供了制度基础和规范保障

金融市场是规则市场，监管制度的调整对商业银行参与衍生品具有决定性的影响。从世界各国商业银行监管制度发展演变看，以存贷业务为主的商业银行受到分业监管制度的严格监管，禁止参与证券投资等风险程度较高的资本市场相关活动。然而，随着金融自由化的推进，从 20 世纪 70 年代起，各国相继放松了对商业银行分业监管的限制，开始允许从事衍生品等证券投资业务。代表性的如：德国、法国和瑞士实施的全能银行制度，1986 年英国以"金融大爆炸"为代表的金融自由化政策，1997 年美国的《Y 条例》[①]。其中，《Y 条例》首次明确许可美国商业银行从事——涵盖"汇率交易、互换交易及类似交易，商品、远期合同、期权、期货、期货期权及类似工具"的作为委托人的投资交易等。监管制度的放松为商业银行参与衍生品市场提供了条件，也为重塑其业务发展模式提供了制度支撑。

---

① 联邦储备法规《Y 条例》（Regulation Y），全称《银行控股公司与银行控制变化》（Bank Holding Companies And Change In Bank Control），由美联储于 1984 年颁布，作为《银行控股公司法》的细则。1997 年，美联储修订《Y 条例》，新增第 28 条，即"许可的非银行业务清单"。清单所列举的业务，指的正是《银行控股公司法》中所豁免的"与银行业务以及管理或控制银行密切相关因而作为正当附带"的银行附带业务，是银行控股公司及其子公司可以从事的业务。

3. 商业银行参与衍生品的目的需求

综合分析商业银行的业务特点、环境因素，商业银行参与衍生品市场的主要目的是以满足自身风险管理需求的套期保值和以满足客户风险管理的交易需求，以及拓展资金存管结算业务的外在需求。

（1）衍生品市场发展引致的商业银行提供资金存管结算的服务需求

传统上，商业银行是以经营工商业存款、贷款为主要业务，并以获取利差收入利润为目标的货币经营企业。20世纪80年代以前，世界各国商业银行经营模式都是以贷款规模扩张、最大化利差收入为基本特征的（葛兆强，2011），在以商品期货为主的衍生品市场体系中，商业银行几乎没有利用衍生品工具进行风险管理和拓展业务的内在需求。

随着衍生品市场发展，为期货及衍生品市场提供资金存管、清算、支付等服务推动了商业银行的衍生品市场参与。在这种需求下，商业银行参与衍生品市场，是为了服务其市场建设，而不是利用衍生品工具，是"非典型"的衍生品参与，其需求具有引致性和被动性特点。通过为期货及衍生品市场提供资金存管、清算、支付等服务，商业银行能获得稳定的收入、拓展大宗商品领域客户客源，其发展路径是商业银行将传统业务功能拓展至衍生品这一新的领域，核心需求和动力主要来自衍生品市场而不是商业银行。这种方式也是当前我国商业银行参与衍生品市场的主要形式[①]。本研究将由衍生品市场发展引致的对银行资金存管清算支付等的需求称为商业银行参与衍生品市场的外在需求。

（2）商业银行利用衍生品工具管理资产负债风险的套期保值需求

商业银行以套期保值为目的的参与衍生品市场主要表现是，利用衍生品管理自身持有的资产、负债等市场风险以及信用风险，即使用利率类合约，来避免利率变化引发的利润波动；使用外汇类合约，来对冲汇率变化造成的外币计价资产、负债或现金流的价值损益；使用商品类合约，来管理特定商品存货的价格风险；使用信用类合约，来管理信贷对手方的信用风险。

套期保值衍生品交易能缓释银行风险，腾挪信贷业务空间，提升商业银行经营能力和规模。商业银行存贷业务通常被认为具有公共属性，监管机构对商业银行所能持有的风险总量进行严格控制，这也限制了商业银行的经营规模。依托衍生品市场和日益成熟的金融工程技术，商业银行通过衍生品套期保值交易可以重新配置信贷、外汇等业务中积累的利率、汇率等市场风险，能极大降低总体风险规模，从而

---

① 以大连商品交易所为例，2021年其保证金存管银行既包括工农中建交5大商业银行，也包括中信、民生、平安、招商、浦发、光大、广发等股份制商业银行，还包括中国农业发展银行等政策性银行，以及邮储银行、汇丰银行等其他国有银行和外资银行。

提升业务经营能力和潜在业务规模，降低单位业务成本，实现规模经济。本研究将商业银行管理资产负债等市场风险的需求称为商业银行参与衍生品的基本内在需求，也称基本需求。

需要强调的是，各国会计制度都对商业银行套期保值行为进行了严格界定。为规范商业银行参与衍生品的套期保值行为，美国商业银行套期保值被分为直接套保和复合套保[①][②]两种方式，在会计制度上又被分为会计套保和经济套保[③]。英国要求银行计入套期保值账户的衍生工具需要符合IAS39[④]中定义的套期保值会计的要求，分别计入公允价值套期保值、现金流量套期保值、境外经营净投资套期账户。德国商业银行的套期保值也遵循了与英国相同的制度要求。需要强调的是，在英国和德国，商业银行即使以套期保值为目的持有衍生品，若不符合套期保值会计要求的，也必须计入交易账户，列入非套期保值行列。这也是商业银行利用衍生品套期保值比例较低的重要原因。

（3）商业银行以服务客户投资和风险管理为主的衍生品交易需求

金融自由化、金融脱媒以及金融监管政策调整极大拓展了商业银行的业务范围，主要表现为商业银行以服务客户需求为主的中间业务兴起。商业银行依托其丰富的信贷客户资源，发挥中介服务优势，通过做市、代客、经纪等业务方式为客户提供多种多样的基于衍生品的风险管理产品和服务，产生了大量的衍生品交易需求，成为商业银行参与衍生品最重要的需求来源。同时，商业银行开展的诸如包括证券发行、交易及并购等，以及新兴的风险投资、企业并购、公司理财、项目融资、资产管理、投资咨询、资产证券化、金融衍生工具等非传统中间业务也推动了其衍生品的参与。

---

① 直接套保是商业银行使用单一衍生品工具，对某一特定资产、负债的公允价值或某一预期的未来现金流的价值进行价值锁定的交易活动；复合套保是商业银行使用一种或多种衍生品工具，对商业银行的一个特定资产、负债及现金流组合的风险敞口进行管理的交易活动。

② 直接套保比较容易实现完全套保；复合套保虽然要求商业银行对资产组合的风险敞口进行准确的评估，但是它允许商业银行先通过资产组合分散特异性风险，然后再对剩余未分散的风险进行转移和对冲，所以相比一个个直接套保的简单加总，效率更高、成本更低。

③ 在《美国会计准则汇编第815号——衍生产品和套期交易》（ASC 815）中，商业银行的衍生品套保交易被分为会计套保和经济套保。会计套保是指能够满足ASC 815严格的套保会计法适格要求，能够高效缓释特定公允价值或现金流量变化风险，在财务报表中被记入会计套保账户的套保交易活动；经济套保是指虽然未被记入会计套保账户，但适用其他美国公认会计准则（GAAP），能够非常经济地缓释特定或组合公允价值变化风险的套保交易活动。根据ASC 815，套保会计法的适格要求包括：被套保的风险必须是公允价值或现金流量变动所带来的敞口，被套保的资产必须是已确认资产和负债、确定承诺或预期交易，套保工具必须是ASC815所认可的衍生工具或特定外汇工具，以及在特定会计期间内套保工具能高效对冲的特定风险等。所以，会计套保均为直接套保，经济套保则包括了复合套保和未列入会计套保的直接套保。

④ IAS 39规定了三种套期类型：一是公允价值套期保值：如果主体对已确认的资产或负债或确定承诺的公允价值变动进行套期，则套期工具与被套期项目因被指定风险产生的公允价值变动均应在发生时计入损益；二是现金流量套期保值：如果主体对已确认资产或负债或者涉及主体外部方的高度可能发生的预期交易或（在某些情况下）确定承诺相关的未来现金流量变动进行套期，则套期工具的公允价值变动应在套期有效的范围内计入其他综合收益，直至被套期的未来现金流量发生；三是境外经营净投资套期：与现金流量套期的会计处理相同。

商业银行通过参与衍生品业务，满足客户的风险管理需求，不仅可以对冲自身风险扩大信贷业务规模，而且能协同信贷业务，创造出新的业务类型，增强盈利能力，从而推动了商业银行收入由以信贷利差收入为主向非利息收入为主的转变。当前，提供与衍生品有关的服务和产品，已成为银行增加中间业务收入，提升市场竞争力的重要措施。因此，本研究将商业银行利用衍生品扩大业务范围实现更好发展的需求称为商业银行参与衍生品的发展需求，重点研究。

4. 商业银行参与衍生品的业务类型

商业银行以套期保值为目的的风险对冲需求和以满足客户风险管理需求为目的的衍生品交易，已形成了成熟的业务支撑，具有可持续发展的基础。

（1）衍生品做市业务：商业银行参与衍生品的最主要方式

商业银行的衍生品做市交易业务，是商业银行作为市场组织者，在场内外衍生品市场提供买卖双边报价，并与客户和其他市场参与者进行对手交易。商业银行参与衍生品做市，一方面是为交易对手提供市场流动性，帮助其转移和对冲利率、汇率、权益、商品和信用等风险，并承担其信用违约风险。另一方面是通过衍生品买卖价差赚取利润，并利用衍生品或其他金融工具，主动管理衍生品做市交易带来的风险敞口。随着场外衍生品市场的发展，以商业银行为代表的金融机构在其中扮演的角色越来越重要。

从商业银行衍生品参与看，做市业务占据着重要地位，并且做市交易主要集中于大型商业银行或在银行行业中具有重要地位的银行。从境外看，德意志银行是目前欧洲期货交易所多个上市品种的做市商[①]。截至2020年末，美国花旗集团和富国银行集团两家银行控股公司的衍生品名义持仓金额合计为50.47万亿美元，其中，做市交易持仓达49.46万亿美元，占比98%。从我国看，商业银行是银行间市场外汇和利率等衍生品的做市交易商，参与了黄金交易所的做市业务，参与了上海期货交易所的贵金属期货交易和做市业务。

（2）代客交易业务：商业银行参与衍生品最古老的方式

代客交易是商业银行的传统业务。在我国，代客交易业务主要指商业银行与客户进行的以资金管理和保值为目的的衍生品交易。

银行代客交易业务主要基于外汇和汇率衍生品，产品主要包括利率掉期、即期远期结售汇、外汇买卖、外汇掉期、交叉货币掉期、期权等。在境外，美国商业银

---

① 根据欧洲期货交易所数据显示，德意志银行为以下几个品种的做市商：STOXX ®欧洲气候变化影响有争议武器和烟草指数期货；STOXX ®欧洲600 ESG – X指数期货；EURO STOXX50 ®低碳指数期货；EURO STOXX50 ®指数股息期权等。

行也被允许开展衍生品代客交易业务①,即由客户发起,商业银行为满足客户需求而提供的衍生品交易服务。但由于代客交易业务是基于客户账户开展的交易活动,不计入商业银行账户,所以未被美国商业银行披露,本研究暂不做分析。在我国,根据国家外汇管理局网站信息,截至2020年末,我国已开办代客衍生品交易业务的银行共115家②,主要业务集中于人民币外汇远期、掉期和期权等。

(3) 自营业务:商业银行参与衍生品风险程度较高的业务

自营业务是商业银行将自有资金投资于衍生品而获得收益的业务。这一业务类似于我国商业银行非信贷资产业务中的资本市场业务。在自营业务中,一方面商业银行利用自身专业优势,将自有资金投资于期货交易所、银行间市场等场内外衍生品资产,从而获得投资收益,增加资产规模。另一方面,商业银行通过持有衍生品资产能丰富业务种类,借助金融工程技术与其他资产进行组合,为客户提供更多的金融产品服务,拓宽非信贷业务的广度。

商业银行衍生品投资标的不同、规模不同,面临的风险也不同。从各国实践来看,为保障商业银行的稳健经营,监管机构都对商业银行的衍生品投资领域与规模有具体限制。典型的如:在美国,2008年金融危机后,2010年美国国会颁布《多德-弗兰克法案》,在其第6章619条(又称《沃尔克规则》),明确禁止银行实体③从事自营交易,或拥有和发起对冲基金和私募基金等;并限制系统重要性非银行金融机构开展以上活动,要求其接受额外的资本要求和数量规模限制④。《沃尔克规则》自2014年4月1日起正式生效。同年,美国商业银行全部退出了衍生品自营交易。这里的"自营交易"是指,作为委托人从事的关于购买、出售或者其他取得、处置任何证券、衍生品或商品期货合同、证券期权以及其他证券或金融工具方面的交易。在我国,商业银行参与衍生品被限制在金融衍生品且配置比例有明确规定,但是包括衍生品在内的各项金融资产投资已在银行非信贷资产中占有重要地位。根

---

① 根据美国银行业监管制度,投资性证券代客交易业务是美国商业银行的一项传统业务。因为即使在美国分业监管最严格的时候,《1933年银行法》在禁止商业银行开展投资性证券交易业务的同时,却仍然豁免了商业银行"完全根据客户指令,为客户的账户而ául不为自己账户"进行的投资性证券交易活动。根据《美国金融机构法(第五版)》,代客交易业务离《1933年银行法》在商业银行和投资银行之间竖起的那道墙还有很远的距离。

② http://www.safe.gov.cn/safe/ykbdkyscpywyhmd/index.html。

③ 根据《多德-弗兰克法案》第619条,"(h)定义。本条中,适用如下定义:(1)银行实体。名词'银行实体'指任何参保存款机构(由《联邦存款保险法案》第3条定义),任何控制一家参保存款机构的公司,或者依据《1978年国际银行业法案》第8条处理的银行控股公司,以及这些机构的附属公司"。

④ 根据《多德-弗兰克法案》第619条,"(a)概述。(1)禁令。除非本条另有规定,银行实体不应(A)从事自营交易;或者(B)获得或者保有对冲基金或者私募股权基金任何股权、合伙关系,或者其他所有者权益。(2)由联邦储备理事会监管的非银行金融公司。根据(b)款第(2)项的规定,任何由联邦储备理事会监管从事自营交易、持有或保有对冲基金或私募股权基金任何股权、合伙关系或其他所有权利益的非银行金融公司应当依照规则就这些自营交易以及所有或保有对冲基金或私募基金任何股权、合伙关系或其他所有权利益,接受额外的资本要求和数量规模的限制"。

据《2020年度中国银行业发展报告》,截至2019年第四季度,我国商业银行持有的各项金融投资规模为54.68亿元,占银行非信贷资产的80%以上,是银行非信贷资产活动的主力。

(4) 衍生品经纪业务:有效发挥商业银行中介特色的业务

衍生品经纪业务是商业银行获得期货交易所以及其他衍生品市场的会员或监管机构颁发的期货经纪商牌照而进行的衍生品经纪活动。由于商业银行具有丰富的客户资源,其提供衍生品经纪业务具有较强的获客能力。

从全球看,很多大型商业银行都拥有或控股期货经纪业务。在我国,建设银行、光大银行、招商银行、广发银行等商业银行以金融控股集团或子公司等形式控股持有期货公司股份,间接拥有期货经纪业务。在境外,期货经纪业务主要集中在大型全能商业银行。代表性的如:德意志银行在美国商品期货交易委员会(CFTC)登记注册,拥有全球30家期货交易所的会员资格,通过其开发的交易结算系统,投资者可以便捷地进行期货期权交易。德意志银行是德国最大的期货经纪业务提供商,其年交易额占欧洲期货交易所的40%。根据CFTC公布的期货佣金商统计数据,截至2020年末美国期货佣金商客户权益排名前10名中,前9家均隶属于银行控股公司。这9家银行系期货公司持有的客户权益总额达到1887.5亿美元,占美国全部65家期货佣金商持有客户权益总额2485.5亿美元的75.9%。

(5) 部分投资银行业务:商业银行非典型衍生品参与业务

投资银行业务是商业银行混业经营以来向资本市场拓展的重要领域,包括公司理财、项目融资、资产管理、投资咨询、资产证券化、金融衍生工具等。在这些业务中,衍生品的作用主要表现为支持银行相关的金融产品或相关业务而不是自我持有经营,这与商业银行主动参与有很大不同。需要强调的是,投资银行业务风险较大,对风控要求较高。因此,监管机构对其相关业务有严格要求,商业银行参与的范围、程度、方式等与传统投资银行有较大的差别。在这些业务中,衍生品主要是作为证券设计、发行等产品和业务的组成部分。

从我国实践来看,在资产证券化中,衍生品主要作为信用增信措施使用;在银行结构性理财产品中,衍生品价格指数常被作为资产挂钩标的使用。利用商品衍生品指数的结构性理财曾是商品期货交易所与商业银行合作的领域,后受"资管新规"对结构性存款规范的要求而暂停,代表性产品如2018年民生银行挂钩大连商品交易所铁矿石期货主力合约价格指数的结构性存款"聚赢商品-挂钩大商所铁矿石指数(看涨/看跌)结构性存款产品"。

通过以上分析可以发现,商业银行通过参与衍生品市场不仅能管理自身信贷货币资产的风险,而且能为客户提供投资和风险管理的衍生品交易服务,已经成为商业银行业务类型的重要组成部分。同时,商业银行相关衍生品业务的拓展是以银行信贷为起点,以发挥商业银行综合性金融服务平台和信贷风险防控优势为重点,系统开展衍生品做市、交易、经纪以及其他资产管理业务,且这些业务受到较为严格的审慎监管。衍生品相关业务有效地扩展了商业银行的经营范围,显著降低了商业银行单位业务成本,推动了银行范围经济,成为商业银行业务转型的重要支撑。

(三) 我国商业银行参与衍生品的业务类型及特点

我国商业银行参与衍生品市场的业务、路径等遵循了全球商业银行参与衍生品市场的一般规律,其衍生品参与需求、业务格局等与境外基本相同,但由于我国经济社会、衍生品市场发展、监管规定等与境外市场有诸多差异,我国商业银行衍生品参与的规模、深度,以及衍生品在银行发展中的作用等与境外相比还存在较大差距。从整体看,2021年我国公开上市的40家商业银行中[①],除西安银行、紫金银行外,其他银行年报都披露了其使用过衍生品,商业银行衍生品使用参与率达95%,说明利用衍生品已经成为商业银行的重要业务内容,但我国商业银行参与金融衍生品与商品衍生品有较大的不同,具体表现如下。

1. 我国商业银行参与金融衍生品及业务特点

(1) 以汇率、利率场外市场为主,以互换为主要交易工具

监管制度规定,在我国,除了五大商业银行可以参与国债期货外,其他商业银行参与汇率、利率衍生品只能以场外市场为主。从外汇衍生品看,我国没有场内汇率期货,商业银行外汇衍生品参与主要以银行间场外市场为主。根据国家外汇管理局外汇市场交易数据[②],2020年我国商业银行外汇衍生品交易规模达123.98万亿元(17.99万亿美元)。其中,以外汇和货币掉期为主,交易规模为114.33万亿元,占92.22%;期权和远期规模为5.79万亿元和3.86万亿元,分别占4.67%和3.11%。从主体看,参与外汇衍生品的主要是大型商业银行和大型外资银行。从利率衍生品看,虽然我国五大商业银行可以参与国债期货交易,但据课题组调研,大部分银行仅在监管政策放开之初做过零星几单交易量极小的交易,利率衍生品参与主要以银行间市场为主。2006年,我国商业银行就开始了人民币互换交易,当前我国几乎所有的商业银行都参与银行间市场的利率衍生品交易。根据央行《2020年金融市场运行情况》报告,2020年银行间人民币利率衍生品市场累计成交19.9万亿元(2.89万亿美元)。其中,利率互换名义本金总额为19.4万亿元,占97.48%。除此之外,

---

① 截至2021年10月,我国上市商业银行共41家,其中1家为2021年下半年新上市,无上年度公开年报,本报告没有计算。

② 资料来源:"2020年中国外汇市场交易概况",引自中国外汇市场交易概况数据,国家外汇管理局门户网站(safe.gov.cn)。

商业银行其他金融衍生品参与规模总体较小，标准债券远期成交达4532.3亿元，信用风险缓释凭证创设名义本金达149.3亿元，信用违约互换名义本金达12亿元。

（2）以做市、代客等交易为主，以机构间做市为主要业务

受监管制度和场内市场品种制约，我国商业银行金融衍生品参与形成了以商业银行柜台市场、银行间市场为主的参与方式，构建了完整的本外币代客汇率类、利率类业务，以及以银行间市场利率互换、标准债券远期、利率期权，外汇掉期、远期、期权等产品体系。从外汇衍生品业务分布看，2020年我国商业银行在银行间外汇市场的衍生品交易规模为117.29万亿元，占银行外汇衍生品交易规模的94.6%；而对客户市场衍生品交易规模仅为6.69亿元，占比较小。商业银行衍生品参与以机构间市场为主，主要与其作为外汇、利率现货一级市场的主要参与者，二级市场的主要做市商，具有信贷货币业务基础有关。

（3）衍生金融资产规模小、资产占比低，但个别银行风险敞口大

以工商银行、农业银行、中国银行、建设银行、交通银行五大商业银行为例。截至2020年底，衍生金融资产、负债持有规模最大的为中国银行，最小的为交通银行，且衍生负债资产持有较多，风险敞口最高为23.47%。这与境外商业银行相比，衍生品资产风险程度相对较高（见表1）。同时，我国五大商业银行衍生品持仓名义金额占商业银行资产比例由高到低依次为中国银行45.13%、工商银行26.34%、建设银行15.06%、农业银行11.69%和交通银行1.41%。与美国大型商业银行衍生品资产名义持仓金额是银行总产的8.4倍相比，我国商业银行衍生品持有规模相对较低。从整体看，我国五大商业银行衍生品资产占银行总资产、总负债比例较低，但个别企业衍生品风险敞口较大。

表1　　　　　　　　　我国五大商银行衍生品资产负债状况

衍生品	工商银行	农业银行	中国银行	建设银行	交通银行
衍生资产（亿元）	1341.6	619.37	1717.38	690.3	542.12
衍生负债（亿元）	1409.7	652.82	2120.52	819.56	559.42
衍生品敞口（亿元）	68.18	33.45	403.14	129.27	17.3
衍生资产/总资产百分比	4.02	2.28	7.04	2.45	5.07
衍生负债/总负债百分比	4.63	2.61	9.53	3.18	5.69
衍生敞口/衍生资产百分比	5.08	5.4	23.47	18.73	3.19

资料来源：各银行2020年财务报告。

2. 我国商业银行参与商品衍生品及业务特点

在大宗商品贸易发展的背景下，商业银行凭借研究、信息、人才、技术、资本等优势，拓展商品业务，提供融资与市场价格波动相关的风险管理服务，不仅符合

中国经济转型、金融服务实体经济的方向,也是商业银行增加收入、实现转型发展的一个重要途径。

(1) 我国商业银行商品衍生品参与总体状况及特点

截至2020年末,我国五大商业银行商品衍生品持仓名义金额为1.45万亿元,占五大商业银行衍生品持仓名义金额27.36万亿元的5.31%。其中,工商银行、中国银行、建设银行持仓规模超过千亿元,分别为8049.87亿元、3928.23亿元和1260.7亿元。虽然与境外大型商业银行相比,我国商业银行商品衍生品持仓规模小,但所占比例则相对较高。根据各商业银行年报披露,除贵金属外,建立境外客户参与人民币大宗商品及衍生品的新技术新模式是推动我国商业银行持有衍生品的重要动力。

(2) 以持有、交易商品现货为基础的衍生品参与

虽然大宗商品现货交易不是商业银行的优势领域,但商业银行却拥有贵金属衍生品交易需求,且具有投行业务的大型商业银行也有大宗商品衍生品交易需求。

一是贵金属交易业务。贵金属交易是商业银行的传统业务。金银等贵金属天然具有货币属性,曾是银行信贷融资业务的重要载体,也是银行最重要的商品业务。商业银行利用衍生品套期保值能保持贵金属资产价值稳定。因此,商业银行参与贵金属衍生品具有内在业务需求。从我国商业银行具体业务模式看,当前代表性的业务是可实物交割的贵金属交易业务。根据《2020中国黄金市场报告》数据,2019年中国商业银行的实物黄金销售量为208吨,其发展变化如图3所示。

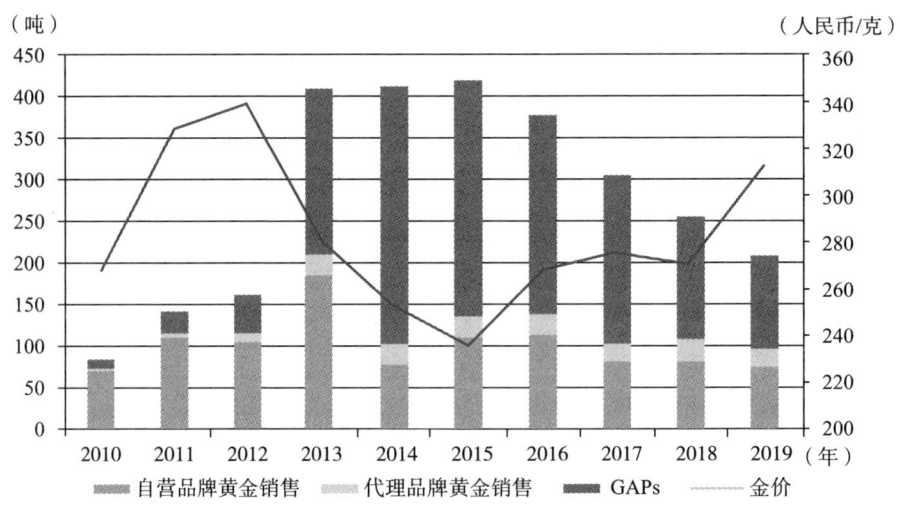

图3 中国商业银行实物黄金销售量

资料来源:上海黄金交易所、中国人民银行、世界黄金协会。

基于贵金属现货交易业务，商业银行通常利用贵金属期货期权等产品进行套期保值和其他投资交易。目前，我国监管机构允许商业银行直接参与金银等贵金属的期货期权进行套期保值和做市交易。

二是大宗商品业务。大宗商品业务是贸易商或投资银行的优势业务领域。他们通常拥有仓储物流设施和实物资产并开展现货交易，涉及能源、农业、煤炭和铁矿石等。基于大宗商品现货交易，大型投行也参与大宗商品的场内外衍生品交易、代理和做市，同时大规模进行商品的场外互换交易。在2009年大宗商品交易的高峰期，高盛流通中的商品互换交易金额达2230亿美元，摩根士丹利达3150亿美元。此外，随着银行混业经营，部分商业银行也开始参与大宗商品业务，基于此催生了参与衍生品的需求。

需要强调的是，大宗商品业务受宏观经济等影响大、风险高。2008年，全球前十大银行大宗商品业务收益曾高达141亿美元，并创下历史纪录，但到2013年，全球前十大银行大宗商品业务收益跌至45亿美元。以德意志银行为例，其在大宗商品业务上，一度形成与高盛、摩根大通、摩根士丹利、德意志银行和巴克莱银行五家独大的局面，但是随着近年来宏观经济调整和监管力度的加大，加之金融行业参与大宗商品交易业务资本要求提高、利润率降低，自2013年12月起，其先后关闭了能源、农业、煤炭和铁矿石等大宗商品现货交易，仅保留贵金属和有限的金融衍生品交易。此外，德国商业银行（Commerz Bank）也在2018年将旗下的股票市场与大宗商品（EMC）业务出售给法国兴业银行（Societe Generale）。

（3）以商品做市交易为核心的衍生品参与

在我国，商业银行的商品做市交易业务主要体现为个人账户商品业务，也叫"纸商品"业务。其中，客户通过买卖差价赚取收益，银行则充当做市商。作为做市商，我国商业银行主要参考对标期货市场（主要为境外期货市场实盘）价格向投资者进行双边报价，投资者根据实时价格信息按100%保证金与银行进行多空对手交易，银行将与投资者的对手交易汇总轧差后，通过与期货市场交易商签订远期合约，在期货市场上对冲持有的净头寸。我国商业银行账户商品业务主要种类、参考价格及交易要求如表2所示。

我国商业银行开展商品账户业务时间相对比较早。中国银行、工商银行、建设银行、农业银行分别于2004年、2005年、2006年、2013年开办了贵金属账户业务。此后，商业银行账户商品业务逐渐向其他大宗商品领域延伸。2013年，工商银行推出了账户原油业务。根据《证券时报》报道，2017年工商银行商品账户交易类业务累计交易额已超过3万亿元，服务客户数超过2000万户，发展空间巨大。但商品账户交易挂钩期货价格，操作专业性强、市场风险大，需要做好风险风控工作。2020年4月20日，纽约商业交易所（NYMEX）WTI原油期货2005合约出现

-37.63 美元/桶的结算价,受此影响,中国银行"原油宝"6 万余户发生亏损,总体损失达 90 亿元以上,关于损失责任承担产生了极大纠纷,引发社会高度关注。受"原油宝"事件影响,2020 年 4 月 27 日,各大商业银行纷纷暂停除贵金属以外的大宗商品账户商品交易;11 月 27 又暂停了贵金属商品账户开户。当前,我国各大商业银行暂停了账户商品业务,但通过此前相关账户商品交易规模可以看出,我国商品账户业务具有较大的市场潜力和发展空间。

表 2　　　　　　　我国商业银行账户商品业务主要种类

"纸商品"	标的商品	参考价格	交易币种及单位
贵金属	主要包括黄金、白银、铂、钯等	主要参考美国纽约商品交易所(NYMEX)及国内上海黄金交易所的期货、现货价格	人民币和美元计价与结算。以人民币计价交易起点数量为 1 克,交易最小递增单位为 0.1 克。以美元计价金、铂、钯的交易起点数量及最小递增单位为 0.01 盎司,白银交易起点数量为 1 盎司
能源	主要包括原油、天然气、汽油,如建行"账户能源"包含账户原油 WTI、账户原油 Brent 等,中行能源类"个人账户商品业务"交易标的包括美国原油、英国原油、天然气等	主要参考(NYMEX)WTI 期货价格、洲际交易所(ICE)布伦特原油(Brent)或者纽约商品交易所布伦特原油期货价格、纽约商品交易所 Henry Hub 天然气期货合约和 RBOB 汽油期货合约价格	人民币和美元计价与结算。原油的交易最小递增单位为 0.1 桶,有的规定起点交易数量为 1 桶;天然气的交易最小递增单位为 100 英热单位;汽油的交易最小递增单位为 1 加仑
基本金属	主要包括铜、镍,如工行、建行的"账户基本金属"主要包括"账户铜"等,中行基本金属类"个人账户商品业务"交易标的包括铜、镍等	主要参考美国纽约商品期货交易所(COMEX)铜期货价格、伦敦金属交易所(LME)镍期货合约价格	人民币和美元计价与结算。铜的交易最小递增单位为 1 磅,镍的交易最小递增单位为 1 千克
农产品	主要包括大豆、白糖、玉米,如建行"个人账户农产品"主要包括大豆、玉米等,中行农产品类"个人账户商品业务"交易标的包括大豆、白糖等	主要参考美国芝加哥商品交易所(CBOT)大豆期货合约、玉米期货、白糖期货合约价格	人民币和美元计价与结算。农产品的交易最小递增单位为 1 蒲式耳或 1 磅

（4）以商品融资业务为基础的衍生品参与

信贷融资是商业银行的传统优势业务。从20世纪90年代开始，随着全球经济一体化和我国对外开放，大宗商品贸易迅猛发展，大宗商品融资及其金融服务的需求成为商业银行新兴的信贷业务领域。与传统的贷款、投资、证券、债券等融资渠道相比，信用融资是以货权为标的的融资方式，其为银行参与期货市场套期保值创造了条件。从实践看，为防止标的商品货值变化给授信主体信用带来的影响，商业银行通常将企业大宗商品套期保值作为信用增强的措施。商业银行以大宗商品融资为基础的衍生品参与主要有以下两种模式。

一是将套期保值作为企业信用增强措施。商业银行通常将企业参与期货市场套期保值作为提升大宗商品信用额度的重要措施。世界银行在给发展中国家发放援助性的农业、工业原材料等贷款时，通常会对接受贷款的国家或企业提出套期保值的要求。境外商业银行在为企业发放贷款前，一方面会要求企业通过期货市场对大宗商品进行套保，从而降低自身贷款的风险。另一方面，商业银行也会根据企业是否参加套期保值来决定其信贷支持力度，若企业参加套期保值，则最高可获得货物金额90%的信贷资金，而没有参加套期保值的企业最高仅能获得货值70%的信贷资金。

二是以期货标准仓单进行贸易融资。标准仓单质押融资是借款人以其自有的、经期货交易所注册的标准仓单为质押物，向商业银行申请正常生产经营周转的短期流动资金贷款业务。不同品种的期货仓单具有不同的质押率，通常，仓单的价值越稳定，质押率也越高，如成品油、煤炭、化肥等大宗原材料等，银行一般会按照仓单价值的70%—80%为客户发放贷款。从实际操作来看，标准仓单质押融资又分为两种业务类型，即"先押后贷"和"先贷后押"。其中，"先押后贷"是指借款人将标准仓单通过期货交易所质押到银行名下后，银行按标准仓单评估价值的一定比例向借款人提供融资，该模式主要针对持有标准仓单的卖方企业客户。"先贷后押"是指借款人通过期货交割或协议转让方式购买期货交易所上市交易品种的标准仓单时，银行按标准仓单评估价值的一定比例向借款人提供融资购买仓单，同时借款人将所购仓单质押给银行，该模式主要针对有标准仓单交割需求的买方企业客户。

商业银行标准仓单质押融资在我国已经发展近20年。2002年，中国建设银行获批试点开展标准仓单质押融资业务，之后在监管部门和市场主体的共同努力下，其他商业银行也陆续跟进、探索。截至目前，工商银行、建设银行、中国银行、交通银行及多家股份制银行先后推出标准仓单质押融资业务。虽然2013—2014年，期货交易所开始将仓单质押融资业务纳入存管银行评价体系，一定程度上助力了该项业务的发展，但标准仓单市场规模约为300亿元，规模相对较小，参与主体少，市场不够活跃。此外，中国证监会2013年批准期货公司可设立风险管理公司经营仓单业务，商业银行标准仓单质押业务受到挑战，在标准仓单市场容量逐渐增大的背景下，选择通过银行以标准仓单质押形式获取融资的客户大幅减少。

从总体看，我国商业银行参与衍生品交易已经形成了与境外商业银行相同的业务格局和组织体系，但受衍生品市场发展、监管制度规定等影响，与境外商业银行相比，我国商业银行参与衍生品总体规模小、业务种类相对单一，衍生品对商业银行发展的支持作用尚未有效体现，仍需完善制度规则和市场体系，为商业银行参与衍生品市场创造条件。

（四）商业银行参与衍生品市场的组织形式和实现方式

因监管制度、风险防控的要求以及业务特点的不同，商业银行参与衍生品市场呈现出不同的组织形式和实现方式，主要有直接参与和间接参与两种模式。

1. 以商业银行法人主体直接参与衍生品

商业银行以法人主体参与衍生品的组织形式主要表现为以其内设部门为组织单元参与衍生品市场和产品的交易，由商业银行承担相关责任。从监管制度演变和商业银行实践看，基于存管结算支付、信贷业务、代客业务、做市业务等风险程度总体较低的衍生品参与，商业银行一般以法人身份参与。

一是分业监管下商业银行衍生品参与。根据巴塞尔委员会2015年7月发布的《银行公司治理准则》和我国银保监会2013年出台的《商业银行公司治理指引》，商业银行作为经营货币的特殊企业，对存款人的保护以及作为信用中介对整个社会经济的影响远远大于一般企业，要求商业银行坚持经营的稳定性和风险管理的可控性，在风险可控的前提下追求稳健收益。在大宗商品业务板块，商业银行的信贷、自营、做市、代客等业务一般集中于与传统信贷业务关联程度高、风险程度相对较低的领域。

二是混业经营下商业银行以投行部门为主持有衍生品。在混业经营下，部分商业银行以内设部门形式参与衍生品，典型的如德意志银行。德意志银行主要经营三块业务：企业与投资银行（Corporate & Investment Bank，CIB）；私人和商业银行（Private & Commercial Bank，PCB）；资产管理（Asset Management，AM）。虽然衍生品业务几乎渗透到德意志银行的各项业务板块中，但风险敞口主要集中在CIB业务中，占场外衍生品总敞口的98.6%。

2. 以商业银行下属子公司为载体参与衍生品

商业银行直接参与股权、资产管理、理财、大宗商品、商品衍生品以及境外市场等高风险的投资银行业务通常会受到监管制度的严格限制。因此，通过股权投资设立或控股具有衍生品交易资格的金融机构，通过下属子公司形式参与衍生品市场，进而隔离相关业务的风险传导就成为商业银行间接参与衍生品的重要途径。商业银行以子公司形式参与衍生品业务主要通过以下两种方式和渠道。

一是通过设立或并购方式设立境内的期货公司、证券公司、现货贸易公司等参与衍生品交易。在这种模式下，商业银行通过设立或控股期货公司、风险管理公司、证券公司等具有衍生品或商品现货经营资格的公司，并与这些机构以购买衍生品服务的契约方式间接地参与衍生品。典型的如建设银行设立的建信期货，以及建信期货的子公司建信贸易。

二是通过境外并购或设立投资公司等参与境外衍生品市场。我国监管制度对商业银行参与境内衍生品市场的规定与境外市场相比具有较大差异，设立境外子公司成为我国商业银行参与境外衍生品市场的重要做法，也成为商业银行为境内客户提供境外风险管理和投资的重要途径。当前，我国国有大型商业银行、股份制银行都在中国香港、新加坡、伦敦、纽约等全球重要金融中心设立了境外投资公司，通过这些公司，商业银行的相关交易和投资产品能进入境外衍生品市场（见表3）。

表3　　　　　　　　　　商业银行主导的投资公司

商业银行母公司	独资或控股证券公司	经营地区
工商银行	工银国际（100%）	中国香港
农业银行	农银国际（100%）	中国香港
中国银行	中银国际（100%）	中国香港
中国银行	中银国际证券（中银国际控股37.14%）	中国内地
建设银行	建银国际（100%）	中国香港
交通银行	交银国际（100%）	中国香港

（五）研究结论与推进商业银行参与衍生品的路径方式

1. 商业银行参与衍生品的主要研究结论

通过以上研究可以发现，商业银行参与衍生品市场有内在需求，有外在条件支撑，有成熟业务支持，有大的发展空间。

（1）商业银行参与衍生品具有强大的业务需求，且商业银行规模越大，衍生品参与程度越高

商业银行参与衍生品具有强大的业务需求，且在衍生品市场的发展中扮演重要角色，具体表现为：一是商业银行参与衍生品规模较大。这从欧美国家商业银行衍生品持仓占本国和全球市场比例可以得出，如美国商业银行以利率类、外汇类和信

用类衍生品合约为主,占美国衍生品市场相关品种持仓的44.4%,占全球衍生品市场相关品种持仓的24.5%。英国前五家银行衍生品名义金额占全球衍生品名义金额的19%。德意志银行的场外衍生品名义金额占德国场外衍生品总额的83%。二是参与衍生品的商业银行以规模较大的商业银行为主。截至2020年底,美国共有5001家参保商业银行和储蓄机构,开展衍生品交易业务的1382家,占比27.6%,且前5大商业银行衍生品持仓占所有商业银行全部持仓金额的93.8%。三是我国商业银行衍生品参与规模与境外相比总体较低。我国商业银行衍生品参与程度低于境外,呈现以场外市场为主、以金融衍生品为主且境外参与范围程度高于境内的"两外为主"的特点,但商品衍生品占比相对境外商业银行高。拓展商业银行参与境内市场,尤其是境内场内市场的范围和程度是下一步的重点。

(2)商业银行参与衍生品既有管理业务风险的套期保值需求,也有服务客户发展壮大的交易需要

商业银行参与衍生品是金融市场发展和监管政策调整的结果,也是其发展壮大的必然要求。20世纪80年代国际市场"金融自由化"带来两方面影响,一方面是利率、汇率市场化打破了传统信贷业务的稳定利差,商业银行需要参与利率、汇率、信用等衍生品稳定经营、扩大规模,实现规模经济。另一方面是金融脱媒、金融创新以及(部分)混业经营推动了商业银行盈利转向非利息收入,基于庞大客户群体需求,开展衍生品的代客交易、做市业务等成为商业银行拓展业务范围、实现范围经济、增加盈利的重要手段。

(3)商业银行参与衍生品遵循以传统业务为中心,逐步向外拓展延伸的发展模式

商业银行是以经营信贷货币业务为主、具有存管清算支付功能和信用风险管理优势,是经营稳健的商业机构,其衍生品参与也服从其整体风控和经营特点。具体表现为:一是商业银行衍生品参与呈现以信贷、货币业务为主的分布特征。商业银行衍生品参与主要集中于与信贷、货币业务相关的利率、汇率等衍生品领域,衍生品使用主要是满足自身和客户风险管理需求,这在全球代表性商业银行的衍生品持仓结构中体现得较为充分。二是商业银行衍生品参与遵循业务风险从低到高的演进规律。商业银行衍生品参与首先是风险程度较低的存管清算支付服务,然后向风险程度较低的套期保值、代客交易、做市服务等领域扩张,再向自营投资等高风险领域迈进的业务演进。同时,在每一业务类型中,也遵循从利率、汇率再向商品业务演进的特征,即使参与商品衍生品,也是沿着由贵金属向一般大宗商品拓展的路线。

（4）商业银行衍生品参与根据业务风险程度不同，采取直接参与和间接参与相结合的组织形式

基于监管制度、风险风控以及衍生品业务开展管理便利性等要求，商业银行参与衍生品具有直接参与和间接参与两种方式，且与业务风险程度密切相关，具体表现为：一是在风险相对低的业务中以直接参与为主。在套期保值、代客交易、做市交易等与信贷货币业务相关，且风险程度相对较低的领域，商业银行主要是以内设部门的形式参与。商业银行通常在衍生品市场以投资者、经纪商、做市商等身份直接参与衍生品。二是在风险程度相对高的业务以间接参与为主。在大宗商品投资、基金、证券发行、资产管理等业务风险程度较高的领域，商业银行通常以设立或控股证券公司、理财公司等子公司形式参与衍生品，以便于风险控制和隔离。

2. 推动商业银行参与衍生品市场的路径方式

习近平总书记强调金融要以服务实体经济、服务人民生活为本，要围绕建设现代化经济的产业体系、市场体系、区域发展体系、绿色发展体系等提供精准金融服务，构建风险投资、银行信贷、债券市场、股票市场等全方位、多层次金融支持服务体系。推动商业银行参与衍生品市场，构建银行信贷与衍生品风险管理投资有效衔接、风险可控、业务模式可持续的产品服务体系，发挥信贷与风险管理合力，是金融市场服务实体经济高质量发展的必然要求。从监管政策和商业银行衍生品业务实践看，我国商业银行业务已覆盖所有的衍生品市场领域，但其参与的品种范围、规模等与其在境外市场的实践仍存在一定差距，为推动商业银行参与我国衍生品市场，特提出以下意见建议。

（1）遵循商业银行衍生品业务延伸拓展规律，重点加强与大型商业银行的合作

随着我国银行业改革发展以及多层次商业银行体系的建立，我国商业银行功能作用已经开始分化。基于国内外大型商业银行在衍生品市场中规模占比高和业务种类齐全的经验优势，建议在加强期货市场与商业银行的合作中，以规模大、分支机构覆盖广的大型商业银行为主，这是大型银行业务结构、风控管理以及衍生品集中统一交易成本优势等决定的。

（2）发挥期货场内品种风控严格优势，试点扩大商业银行参与境内期货品种范围

期货期权等场内衍生品市场公开透明、管理规范严格，与场外市场相比，风险程度相对较低。同时，2008年金融危机后，推动场外衍生品场内清算，甚至场内交易已成为全球监管的新方向。经过30多年发展，我国期货市场已经形成了完善的监管制度和风控体系，市场运行平稳，有色金属、油脂油料、黑色等期货品种排名全球前列，功能作用发挥良好，有效地支撑了实体经济发展。在允许商业银行参与境

外衍生品市场和国内贵金属期货的基础上，试点扩大商业银行参与境内期货品种范围，试点放宽商业银行对期货注册仓单、流动性和信用程度较好的提货单等的持有，为加快信贷与风险管理业务的协同，更好服务实体经济、更好满足客户需求提供条件。

（3）发挥商业银行综合性金融平台优势，重点推进场外衍生品市场的参与和建设

代客业务、做市业务是商业银行参与衍生品的重要业务类型，期货市场要在场内积极引进商业银行作为做市商的基础上，积极推动场外市场的建设和发展。要把握商业银行参与场外市场的节奏步伐，在发挥商业银行存管清算基本服务的基础上，探索商业银行参与场外衍生品市场信用风险防控的业务模式。优化场外衍生品市场生态，着力提升机构间、行业间场外市场流动性，为商业银行基于场外市场开发业务、深度参与场外衍生品市场提供条件。鼓励以大型商业银行为核心的场外衍生品市场建设，构建"商业银行柜台场外市场—行业或交易所场外市场—场内市场"相衔接的市场体系。推动商业银行基于国内期货市场提供账户商品业务。

（4）充分发挥商业银行桥梁纽带作用，将衍生品嵌入商业银行信贷业务信用风险管理

商业银行普遍具有征信能力强、内控体系完备、资本实力雄厚、客户资源丰富以及信用风险管理专业度高等优势，要积极推动将衍生品作为商业银行降低融资业务信用风险的业务创新。要重点发挥衍生品在商业银行大宗商品贸易融资中降低商品货值波动风险的增信作用。同时，要发挥商业银行与大宗商品客户联系密切优势，鼓励商业银行在融资业务中加大商品衍生品的宣传和风控体系完善。

（5）把握我国宏观审慎金融监管改革契机，完善商业银行参与衍生品业务的风控制度体系

监管制度直接决定着商业银行参与衍生品的范围与程度，期货行业和银行业要共同推动监管制度的完善和企业风控机制的建立。要把握我国宏观审慎监管与微观行为监管改革完善步伐，积极探索与衍生品业务相适应的风险资本、杠杆率、流动性、资本充足等监管规则和风险防控条件。要积极探索在期货交易所建立已上市大宗商品仓单注册登记职能，提升现货仓单信用程度。通过制度改革深化商业银行参与衍生品的广度和深度。

二、美国商业银行的衍生品交易业务研究

近年来，我国金融市场不断创新发展，有关银行业金融机构开展衍生品交易业务的监管制度不断健全完善，商业银行衍生品交易业务保持稳步增长。但与美国市

场相比，我国商业银行衍生品交易业务起步较晚，总体规模相对较小。本文梳理分析了美国商业银行衍生品交易业务的总体情况、业务特征与功能等，探讨了其伴随美国金融监管改革而出现的历史发展，以及 2008 年金融危机后的主要监管改革，为推动我国商业银行更好开展衍生品交易业务提供了一些意见与建议。

（一）美国商业银行参与衍生品业务总体情况

1. 美国商业银行的衍生品交易业务规模庞大，静态风险敞口可控

美国商业银行的衍生品交易业务在美国乃至全球衍生品市场占有举足轻重的地位。截至 2020 年末，美国共有 1382 家商业银行及储蓄机构[1]（简称美国商业银行）开展了衍生品交易业务，衍生品名义持仓金额达到 163.8 万亿美元。其中，共持有利率类、外汇类和信用类衍生品合约达 158.7 万亿美元[2]，占美国衍生品市场相关品种持仓 357.5 万亿美元[3]的 44.4%，占全球衍生品市场相关品种持仓 647 万亿美元[4]的 24.5%。

2020 年 12 月[5]，在美国场内衍生品市场，同时有 5 家及以上银行控股公司[6]进行大额持仓的期货品种共 97 个（包括商品类 69 个、股指类 18 个、利率类 6 个、外汇类 4 个），期权品种共 20 个（包括商品类 14 个、股指类 1 个、利率类 3 个、外汇类 2 个）。这些品种中，美国银行控股公司的期货持仓共 5654 万张，持仓数量最多的为 CME 的 3 月期欧洲美元期货，共 991 万张；期权持仓共 5257 万张，持仓数量最多的为 CME 的 3 月期欧洲美元期权，共 3292 万张。

无论是业务规模、还是营业收入，衍生品交易业务都已经成为美国商业银行的重要业务构成。截至 2020 年末，美国商业银行的衍生品持仓总额达 163.8 万亿美

---

[1] 根据美国联邦存款保险公司的统计数据，截至 2020 年末，美国共有 5001 家参保商业银行和储蓄机构，开展衍生品交易业务的 1382 家，占 27.6%。

[2] 美国商业银行相关数据来自美国货币监理署（OCC）。OCC 每季度发布《Quarterly Report on Bank Trading and Derivatives Activities》，涵盖了所有在美国联邦存款保险公司（FDIC）注册参保的商业银行及存款机构的衍生品交易数据。

[3] 美国衍生品的数据来自 CFTC 数据库和 BIS。CFTC 每周发布《Weekly Swaps Report》报告，涵盖了美国场外远期、期权、互换等各类衍生工具合约。BIS 发布了半年度北美地区场内利率类和外汇类数据。

[4] 全球衍生品数据来自国际清算银行（BIS）。BIS 发布半年度场外衍生品数据，由全球 12 个国家的中央银行或国家主管当局收集自大约 70 个主要的衍生品交易商。BIS 举例表示，2016 上半年的全球场外衍生品持仓数据可以涵盖全球 94% 的场外衍生品持仓情况。

[5] 本段数据来自美国商品交易委员会（CFTC）。CFTC 基于期货及场内期权市场大额持仓数据，于每月第一个星期五发布《银行参与报告》，数据发生日期为当月第一个星期二，银行指参与美国场内衍生品市场交易的美国及非美国银行控股公司。数据按期货或场内期权品种披露，包括银行控股公司大额持仓家数、多头及空头持仓手数和所占比重，并且只有大额持仓的银行控股公司家数超过（含）5 家时，相关品种的数据才会被披露。

[6] 包含美国银行控股公司和非美国银行控股公司。

元,是其总资产19.6万亿美元的8.4倍;实现衍生品交易收入366.1亿美元,占其营业总收入3090.2亿美元的11.8%。而且,一些大型商业银行明确将衍生品业务列入主要经营范围。根据美国银行集团披露,美国银行的主营范围包括:贷款、衍生品和其他商业银行业务。根据摩根大通集团披露,摩根大通银行的主营范围包括:银行贷款发放,个人及按揭贷款,利率、信用和其他衍生品,吸收存款,机构拆借等。

并且相关业务的衍生品持仓静态风险较低,美国商业银行持有的衍生品合约保证金,可以基本覆盖其衍生品持仓的静态风险敞口。例如,截至2018年末,美国商业银行持有的衍生品资产和负债的公允价值分别合计为2.65万亿美元和2.61万亿美元,对每一个交易对手的衍生品公允价值(衍生品资产—衍生品负债),即"净当前信用风险敞口"(Net Current Credit Exposure,NCCE),经过加总合计,为0.51万亿美元。同一时点,美国商业银行持有的交易对手保证金质押达到0.44万亿美元,风险覆盖率为86.8%。其中,对银行和证券公司等交易对手的风险覆盖率为107.5%,对冲基金达到467.6%,对主权基金为52.1%,对公司和其他交易对手为59.5%,静态信用风险敞口得到良好覆盖。

2. 美国商业银行的衍生品交易业务主要包括套保和做市两类

查阅美国商业银行年报,其衍生品交易业务主要包括套期保值(简称套保)和做市两类。其中,衍生品套保交易业务是指商业银行为规避自有资产、负债的利率和汇率等市场风险、信用风险或流动性风险而发起的衍生品交易。衍生品做市交易业务是指商业银行为承担做市义务,持续提供市场买、卖双边价格,并按其报价与其他市场参与者进行的衍生品交易。

衍生品套保交易业务在美国商业银行中开展得较为普遍,包括直接套保和复合套保①②两种方式,在会计制度上又被分为会计套保和经济套保③。美国商业银行一

---

① 直接套保是商业银行使用单一衍生品工具,对某一特定资产、负债的公允价值或某一预期的未来现金流的价值进行价值锁定的交易活动;复合套保是商业银行使用一种或多种衍生品工具,对商业银行的一个特定资产、负债及现金流组合的风险敞口进行管理的交易活动。

② 直接套保比较容易实现完全套保;复合套保虽然要求商业银行对资产组合的风险敞口进行准确的评估,但是它允许商业银行先通过资产组合分散特异性风险,然后再对剩余未分散的风险进行转移和对冲,所以相比一个个直接套保的简单加总,效率更高、成本更低。

③ 在《美国会计准则汇编第815号——衍生产品和套期交易》(ASC 815)中,商业银行的衍生品套保交易被分为会计套保和经济套保。会计套保是指能够满足ASC 815严格的套保会计法适程要求,能够高效缓释特定公允价值或现金流量变化风险,在财务报表中被记入会计套保账户的套保交易活动;经济套保是指虽然未被记入会计套保账户,但适用其他美国公认会计准则(GAAP),能够非常经济地缓释特定或组合公允价值变化风险的套保交易活动。根据ASC 815,套保会计法的适程要求包括:被套保的风险必须是公允价值或现金流量变动所带来的敞口,被套保的资产必须是已确认资产和负债、确定承诺或预期交易,欧宝工具必须是ASC815所认可的衍生工具或特定外汇工具,以及在特定会计期间内套保工具能高效对冲的特定风险等。所以,会计套保均为直接套保,经济套保则包括了复合套保和未列入会计套保的直接套保。

是使用利率类合约,来避免利率变化引发的利润波动;二是使用外汇类合约,来对冲汇率变化造成的外币计价资产、负债或现金流的价值损益;三是使用商品类合约,来管理特定商品存货的价格风险;四是使用信用类合约,来管理信贷对手方的信用风险。

衍生品做市交易业务主要由大型商业银行开展,在美国商业银行的衍生品持仓中占比高。美国大型商业银行通过衍生品做市交易业务,在场外衍生品市场提供买卖双边报价,与客户和其他市场参与者进行对手交易,一方面为交易对手提供市场流动性,帮助其转移和对冲利率、汇率、权益、商品和信用等风险,并承担其信用违约风险。另一方面通过买卖价差赚取利润,并通过开展其他衍生品交易或买入卖出其他金融工具,主动管理衍生品做市交易带来的风险敞口。

以花旗集团和富国银行集团为例。截至2020年末,两家银行控股公司的衍生品名义持仓金额合计为50.47万亿美元。其中,套保交易持仓达1.01万亿美元,占比2%;做市交易持仓达49.46万亿美元,占比98%。做市交易涵盖了利率类、外汇类、权益类、商品类和信用类等各品种合约,但是套保交易中商品类合约所占比重较小,名义持仓金额只有9.24亿美元。这主要是因为美联储限制银行控股公司持有商品现货,使得商业银行的商品类衍生品交易主要以服务客户风险管理为目的(即做市交易),并以尽力避免提货或交割为前提,在合约清算时进行现金交割或快速接收并转让标的商品的所有权,而不实际持有商品现货头寸[①]。

此外,分析美国银行业监管制度,美国商业银行还被允许开展衍生品代客交易业务[②],即由客户发起,商业银行为满足客户需求而提供的衍生品交易服务。但由于代客交易业务是基于客户账户开展的交易活动,不计入商业银行账户,所以未被美国商业银行披露,暂不列入本文研究范围。

3. 美国商业银行的衍生品持仓主要集中在大型商业银行,以场外市场尤其是利率类、外汇类合约为主

由于衍生品做市交易业务的交易规模远大于套保交易业务,加之商业银行自身体量问题,美国商业银行的衍生品持仓主要集中在大型商业银行,特别是前五大商

---

① 根据美联储2003年修订《Y条例》的《最终决议》(《Final Rule》),"允许银行控股公司进行商品类衍生品合约交易,只要银行控股公司通过运作合约,能够快速接收并转让标的商品的所有权,而不占有商品现货"。"这些限制将确保银行控股公司的商品类衍生品交易,主要发挥金融中介作用,为其使用或生产商品的客户以及其他暴露在商品价格风险下的客户,提供交易促进。"

② 根据美国银行业监管制度,投资性证券代客交易业务是美国商业银行的一项传统业务。因为即使在美国分业监管最严格的时候,《1933年银行法》在禁止商业银行开展投资性证券交易业务的同时,却仍然豁免了商业银行"完全根据客户指令,为客户的账户而决不为自己账户"进行的投资性证券交易活动。根据《美国金融机构法(第五版)》,代客交易业务离《1933年银行法》在商业银行和投资银行之间竖起的那道墙还有很远的距离。

业银行。截至 2020 年末，美国前 25 家商业银行持有的衍生品名义持仓金额达到 162.8 万亿美元，占其所有商业银行全部持仓金额的 99.4%。其中，前五大商业银行[①]的衍生品名义持仓金额达到 153.7 万亿美元，占其所有商业银行全部持仓金额的 93.8%。摩根大通银行、美国银行、花旗银行、高盛银行等 4 家商业银行实现衍生品交易收入达 302.2 亿美元，占美国所有商业银行全部衍生品交易收入的 83.6%。

美国商业银行的衍生品持仓主要集中在场外市场，以互换类工具为主。在 2020 年末美国商业银行的衍生品持仓中，场外市场合约的名义持仓金额达到 155 万亿美元，占比 94.6%，场内市场合约为 8.8 万亿美元，占比 5.4%。其中，互换合约规模最大，名义持仓金额达到 96.4 万亿美元，占比 58.8%。其次是场外远期和期权合约，分别持仓达 28.4 万亿美元和 27.1 万亿美元，占比 17.3% 和 16.5%。最后是场内期权、期货和信用合约，分别持仓达 4.9 万亿、3.9 万亿、3 万亿美元，占比 3%、2.4% 和 1.8%。

按照不同合约标的，利率类和外汇类合约在美国商业银行的衍生品持仓中占比最高，信用类、权益类和商品类最少。在 2020 年末美国商业银行的衍生品持仓中，利率类和外汇类合约的名义持仓金额分别为 116 万亿和 39.6 万亿美元，占比 70.8% 和 24.2%；信用类、权益类和商品类合约的名义持仓金额分别为 3.8 万亿、3 万亿和 1.4 万亿美元，占比 2.3%、1.9% 和 0.9%。这既体现了商业银行作为金融系统核心的信贷和外汇业务经营机构，在利率、外汇等领域具有的天然产业优势，又反映出商业银行传统业务经营所涉及的权益类和商品类业务较少，并且权益类和商品类衍生品多场内市场交易。

进一步分析摩根大通集团、美国银行集团和花旗集团的衍生品持仓（公允价值）的总体分布情况，如表 4 所示：（1）截至 2018 年末，3 家银行控股公司衍生品持仓的公允价值主要集中在场外市场，占比 92.3%。尤其是利率类和外汇类合约的公允价值，分别有 96.7% 和 99.3% 集中在场外市场；权益类和商品类合约的公允价值，主要集中在场外市场和场内市场；而信用类合约的公允价值，集中在场外市场和集中清算的场外市场。（2）从全市场以及场外市场来看，利率类和外汇类合约的公允价值最高，这与前文得出的其合约的名义持仓金额占比最大是相印证的。但是在场内市场，公允价值几乎全部来自权益类和商品类合约，而在集中清算的场外市场，利率类和信用类合约的公允价值最高（见图 4）。

---

① 根据《银行家》杂志 2018 年全球银行排名，美国共有 5 家商业银行进入全球前 20，包括摩根大通银行、美国银行、富国银行、花旗银行、高盛银行（简称美国前 5 大商业银行）。

表4 2018年末摩根大通集团、美国银行集团和花旗集团整体的衍生品持仓分布情况（占比）

同一标的合约在不同市场上的分布情况（%）				
横向比较	场外市场	集中清算的场外市场	场内市场	合计
利率类合约	96.7	3.3	0.1	100.0
外汇类合约	99.3	0.7	0.0	100.0
权益类合约	59.9	0.0	40.1	100.0
商品类合约	74.7	0.0	25.3	100.0
信用类合约	65.7	34.3	0.0	100.0
合约总计	92.3	3.1	4.7	100.0

资料来源：根据摩根大通集团、美国银行集团和花旗集团2018年年报披露的2018年末衍生品持仓公允价值，经加总计算而来（使用了总规模数据，即衍生品资产+衍生品负债）。

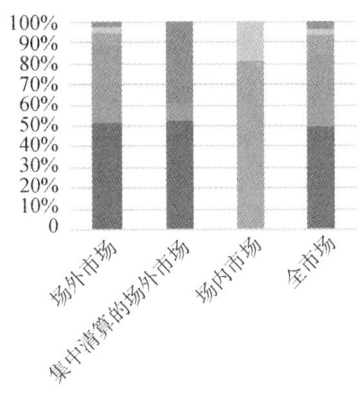

图4 未平仓合约公允价值分布

（二）美国商业银行参与衍生品业务特征与功能

1. 美国商业银行通过衍生品套保交易业务，缓释信贷、外汇等业务风险，提升业务经营能力及潜在规模，促进实现了规模经济

由于商业银行吸收存款业务属于公共事业范畴，导致其风险厌恶程度较高，对市场声誉及可能引发的挤兑风险具有较高敏感性，所以商业银行所能持有的风险总量受到很大限制，这也就限制了商业银行的总体经营规模。而美国商业银行依托发达的衍生品市场和日益成熟的金融工程技术，针对在信贷、外汇等业务中积累的利率、汇率等市场风险，相应开展了衍生品套保交易，把风险拿到金融市场中重新配置，高效缓释了自有业务风险。

通过衍生品套保交易，美国商业银行在风险承受能力有限的情况下，通过风险缓释，腾挪出了风险承受空间，得以更多地开展信贷、外汇等传统业务，提升了业务经营能力及潜在业务规模，进而降低了单位业务成本，促进实现了规模经济。

正如2008年金融危机前过度膨胀的次级信用，正是商业银行通过风险缓释使得信贷业务经营能力大幅提升（但相关监管没有及时跟进）的最好实证。金融危机前，美国商业银行开始将衍生品和资产抵押证券等创新型工具大规模运用在风险管理中，大幅提升了商业银行的信贷能力和规模。但是，由于相关监管没有及时跟进，造成业务能力与监管出现脱节，导致商业银行出现道德风险，创造过多次级信用。

所以金融危机后，美国金融监管当局并没有对商业银行的衍生品套保交易业务做出任何限制，而是从加强宏观审慎监管、抑制投机性交易和提升交易透明度等方面，着力强化金融监管，防范道德风险和宏观风险。这也提醒我们，商业银行在主动缓释信贷、外汇等业务风险，提升业务能力，进而提升服务实体经济深度和广度的同时，银行内部应相应加强内控合规管理、完善道德风险防范机制，监管部门也应结合市场形势的新变化，相继加强对商业银行的审慎监管，强化宏观风险管控。

2. 美国商业银行依托其综合性金融服务平台和完备的信用风险管理体系，开展衍生品做市交易业务，促进实现了范围经济

某种程度上，衍生品做市交易业务与银行存贷款业务非常相似。做市商在做市交易中，充当合约买卖双方的交易对手，承担和管理买卖双方的信用违约风险，并从买卖价差中赚取利润。而银行在存贷款业务中，充当资金融入融出双方的信贷对手，承担和管理借款人的信用违约风险，并从存贷利差中赚取利润。他们都发挥了金融交易的媒介作用，作为市场的组织者，成为交易（或信贷）双方的共同对手，根据客户需求进行风险（或资金）的重新配置，并在此过程中被动承接了客户的信用违约风险。但是，衍生品做市交易业务的信用风险敞口更具有不确定性①，对做市商的客户信用风险的管理能力提出了更高要求。

两种业务在本质上的相似性，使得商业银行在开展衍生品做市交易业务中具有了天然优势。这也成为美国大型商业银行能在衍生品做市业务中脱颖而出的关键。

首先，大型商业银行在长期的业务经营中发展形成了综合性的金融服务平台，聚集了大量客户资源，汇聚了海量的资金流、信息流和商贸流，打造了专业化的金融服务和信用风险管理人才队伍，构筑了完善的内部控制、合规管理规范体系。一是能够集合各类业务和信息，精准实现对客户需求的个性化定制和对客户信用的统一授信管理。二是能够有效应对场外市场参与者分散、合约价值不透明、信息传递效率低、市场流动性差等问题，从而实现提供高效、连续的做市服务。三是能够凭借完备的内控管理机制以及受到监管部门严格的审慎监管，有效遏制道德风险的发生，防范系统性风险的过度积聚和爆发。

其次，商业银行在长期的存贷款经营活动中发展形成了完备的信用风险管理体系，不仅建立了完善的风险评价机制，采取高效的信息收集和调查分析手段，采用科学合理的评级和授信方法，建立完整的客户资信记录，而且具有一整套针对信用风险的持续跟踪监督和处置机制，能够根据客户所属行业及经营特点，通过定期与

---

① 这是因为场外衍生品合约的信用风险，受合约的名义金额、标的市场的波动性、合约期限和流动性等因素的综合影响，在合约期限内时刻发生变化；而贷款的违约风险主要基于借款人的单边信用，损失仅限于本息金额。

不定期的现场检查和非现场监测,分析客户经营、财务、信用等情况,并且一旦发现不利情况,能够及时采取针对性措施,进行专门处置。

所以,长期以来商业银行存贷款业务的经营特点,尤其是大型商业银行发展构建的综合性金融服务平台,以及受到的严格审慎监管,共同构筑了大型商业银行开展衍生品做市交易业务的天然优势和坚实基础。大型商业银行依托原有业务平台,开展衍生品做市交易业务,扩展经营范围,将显著降低单位业务成本,促进实现范围经济。

3. 美国商业银行与控股母公司旗下期货公司、投行银行保持紧密的衍生品业务合作,在控股公司内促进实现了协同效用

根据 CFTC 公布的期货佣金商统计数据,截至 2020 年末,美国期货佣金商客户权益排名前 10 名(见表5)中,前 9 家均隶属于银行控股公司,只有第 10 家是独立证券公司。这 9 家银行系期货公司持有的客户权益总额达到 1887.5 亿美元,占美国全部 65 家期货佣金商持有客户权益总额 2485.5 亿美元的 75.9%。

表5　　2020 年美国期货佣金商(FCMs)客户权益排名

排名	公司名称	所属集团	业务模式	客户权益(亿美元)
1	摩根大通证券公司	摩根大通集团	FCM BD SD	479.6
2	高盛公司	高盛集团	FCM BD SD	346.7
3	摩根士丹利公司	摩根士丹利集团	FCM BD SD	262.5
4	美国银行证券公司	美国银行集团	FCM BD	215.4
5	法兴美国证券公司	法国兴业银行集团	FCM BD	147.5
6	花旗环球金融公司	花旗集团	FCM BD SD	143.3
7	巴克莱资本公司	英国巴克莱集团	FCM BD	90.9
8	瑞信证券(美国)公司	瑞士信贷集团	FCM BD	74
9	瑞银证券公司	瑞银集团	FCM BD	67
10	盈透证券公司	盈透证券集团公司	FCM BD	60.5

注：数据来自 CFTC 官网。CFTC 将期货中介业务分为 6 种业务模式,分别为期货佣金商(FCM)、介绍经纪商(IB)、商品投资基金(CPO)、商品交易顾问(CTA)、互换交易商(SD)、互换市场重要参与商(SMP)。FCM BD 代表同时在美国证监会注册、开展证券经纪或交易业务的期货佣金商。

有理由相信,美国商业银行凭借强大的业务资源,特别是规模庞大的衍生品交易业务,有力推动了其控股母公司旗下期货公司的规模扩张,形成了紧密的业务协同,并必然助力推动了美国期货行业的长足发展。

除了与期货公司,美国商业银行还与控股母公司旗下投资银行存在着紧密业务协同。根据摩根大通集团年报披露,摩根大通集团认为,其商业银行与投资银行业

务的协同是推动两项业务快速发展,尤其是支撑其投资银行业务收入连续10年稳居全球第一的关键因素,并且预期两项业务的协同会继续推动保持当前速度的增长。

美国前五大商业银行在2020年末持有的衍生品名义持仓金额为153.6万亿美元,其控股母公司并表后的衍生品名义持仓金额为163万亿美元,前者是后者的94.2%(见表6)。美国商业银行在其控股母公司的衍生品交易中占有主导性地位。

可以看出,美国商业银行与其控股母公司旗下期货公司、投资银行的衍生品业务紧密协同。摩根大通集团和高盛集团并表后的衍生品名义持仓金额分别为46.6万亿和38.4万亿美元,而其旗下商业银行摩根大通银行和花旗银行的衍生品名义持仓金额分别达到46.9万亿和42.2万亿美元,超过了控股集团的总持仓。这说明摩根大通银行和花旗银行肯定与其控股母公司及旗下机构存在着一定规模的衍生品对手交易,以至于大量内部交易头寸在银行控股公司并表时被抵销处理。而且,这两家商业银行与控股母公司内部其他机构的交易头寸一定大于内部其他机构与外部机构的交易头寸,所以才导致了集团并表后累加头寸不升反降的情况。

表6　前五大商业银行及其控股母公司衍生品名义持仓　　单位:万亿美元

商业银行		银行控股公司	
摩根大通银行	46.9	46.6	摩根大通集团
高盛银行	42.2	38.4	高盛集团
花旗银行	40.8	41.2	花旗集团
美国银行	14.8	27.5	美国银行集团
富国银行	8.9	9.3	富国银行集团
合计	153.6	163	合计

资料来源:美国货币监理署官网和摩根大通集团、花旗集团、高盛集团、美国银行集团、富国银行集团2020年年报。

究其根源,美国商业银行与其控股母公司旗下期货公司、投资银行的这种业务协同,与美国功能性监管、功能性经营的金融体制不无关系,这一点从其衍生品牌照的持有上就可见一斑。

由于美国《1933年银行法》[①]原则上禁止同一个金融机构同时从事投资银行和吸收存款两项业务[②],所以尽管美国前五大商业银行广泛开展着各类衍生品交易活

[①] 美国国会于1993年颁布了《格拉斯-斯蒂格尔法案》(Glass-Steagall Act),又称《1933年银行法》。
[②] 根据《1933年银行法》第21条,"自本法生效一年后,它将是非法的——(1)任何从事股票、国债、企业债券、票据或其他证券的,发行、承销、销售或分销或通过辛迪加参与的,个人、商号、公司、协会、商业信托或其他类似组织,同时从事任何程度的,以核查或偿付银行存折、存单或其他债务证明或存款人要求为条件的,接受存款业务"。

动，但仅持有美国商品交易委员会（简称 CFTC）的互换交易商牌照（正按照最新监管要求，向美国证监会注册申请基于证券的互换交易商牌照）。期货佣金商等其他期货中介机构牌照和美国全国期货协会以及美国主要交易所、清算所的会员资格，均需要通过控股母公司控制期货公司来持有①。

以摩根大通为例。摩根大通集团的附属机构架构图如图 5 所示。在美国，摩根大通银行持有互换交易商牌照，摩根大通证券公司（同时为期货公司）持有衍生品交易各类牌照和相关会员资格。但在英国等海外市场，根据当地监管环境，期货中介业务牌照大多直接由摩根大通银行下属的摩根大通国际金融有限公司及其附属公司持有。

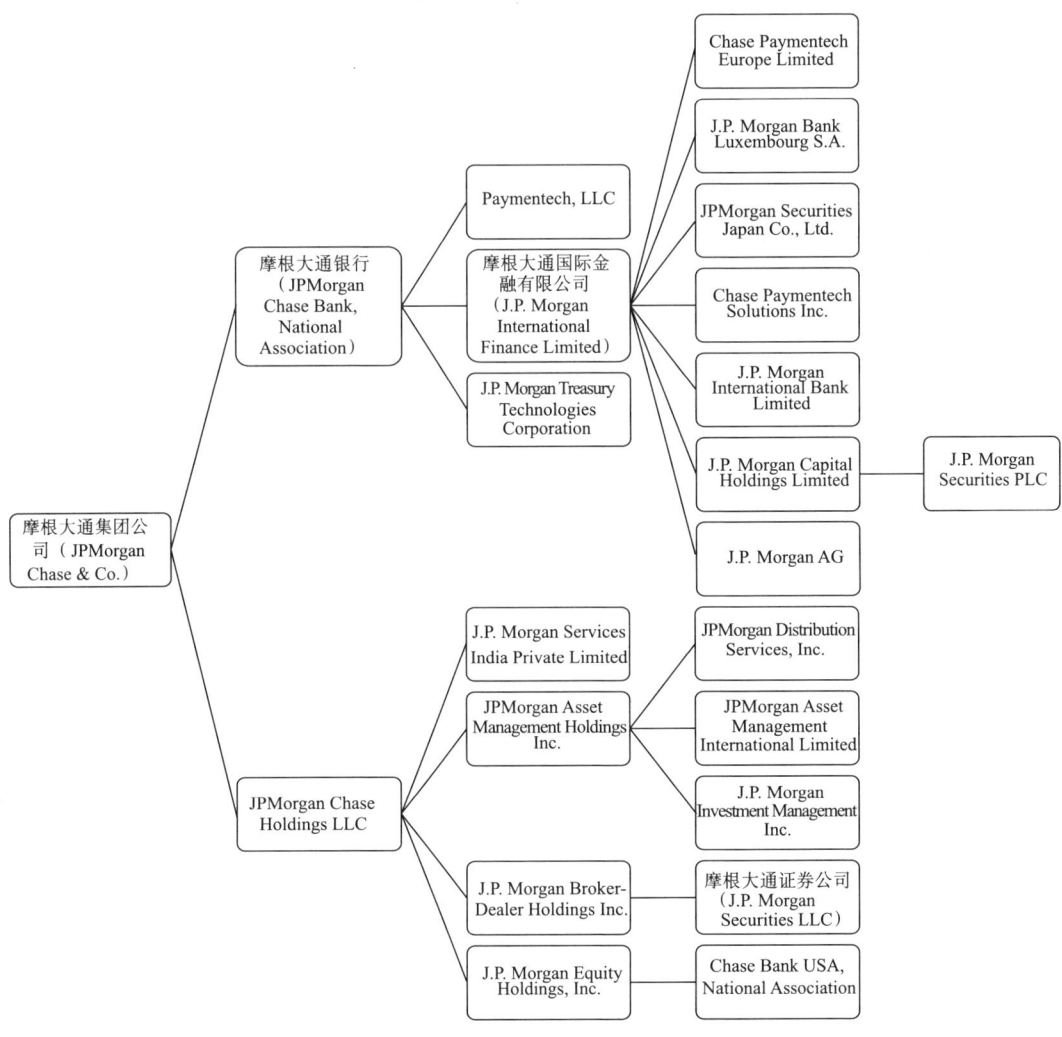

图 5　摩根大通集团附属机构架构

资料来源：摩根大通集团 2018 年年报和 10 - K 表格。

---

① 资料来源于美国前五大商业银行控股母公司的年报及 10 - K 表格。

由于监管约束,美国独立商业银行的衍生品交易业务受到很大限制,既缺少投资银行多元化的金融产品和工具,也缺少证券期货中介业务乃至商品现货业务的支撑,而独立期货公司、投资银行等非银行机构也希望获得商业银行丰富的业务资源。因此,美国大型商业银行普遍采用银行控股公司模式,通过与控股母公司旗下期货公司、投资银行等机构的紧密业务合作,在不打破商业银行业务边界情况下,实现衍生品交易业务的综合性经营,同时促进期货公司、投资银行等机构的快速发展,在控股公司内部乃至银行业、期货业、投资银行业等多元化金融行业之间,促进实现协同效应。

(三) 美国商业银行参与衍生品相关监管改革与规范

伴随着分业监管放松和宏观审慎监管的形成与发展完善,美国商业银行的衍生品交易业务开端于20世纪80年代初,90年代末开始快速发展,金融危机后又进行了规范调整。美国商业银行衍生品名义持仓规模的发展变化主要经历了5个阶段,如图6所示。(1) 经过数十年分业监管的逐步放松,到1996年,美国商业银行的衍生品持仓规模达到20万亿美元。(2) 随着20世纪90年代末宏观审慎监管体制的确立,相关持仓规模一路上涨至2010年的231万亿美元。(3) 2010年美国国会颁布《多德-弗兰克法案》,全面强化宏观审慎监管后,相关持仓规模出现短暂稳定,在2013年达到高点237万亿美元。(4) 随着2013年前后《多德-弗兰克法案》中《沃克尔规则》和《华尔街透明度和问责法案》的生效,到2016年底,相关持仓规模回调接近30%,至165万亿美元。(5) 之后进入相对稳定阶段,在2018年达到176万亿美元,略高于2007年的164万亿美元。

本部分将重点梳理美国商业银行衍生品交易业务随分业监管放松和宏观审慎监管改革的发展与规范,以及《沃克尔规则》和《华尔街透明度和问责法案》的相关影响。

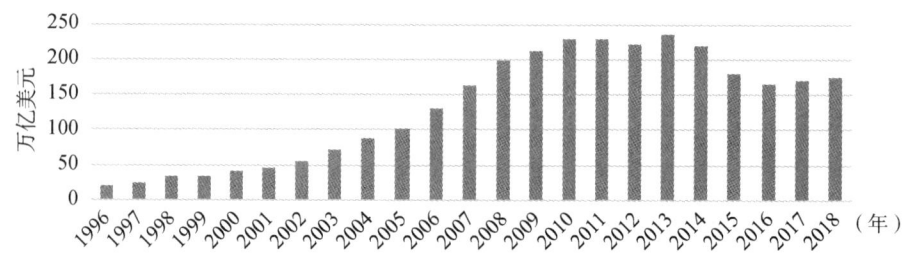

图6　美国商业银行的衍生品名义持仓金额

资料来源:美国货币监理署数据库。

1. 分业监管放松和宏观审慎监管改革推动了美国商业银行衍生品交易业务的发展

早在1933年,美国国会①颁布了《1933年银行法》②,对商业银行业务和投资银行业务进行了严格划分③,限制商业银行开展投资性证券交易业务④,即商业银行不得在自有账户中开展包括衍生品在内的投资性证券交易。1956年,美国国会进一步颁布了《银行控股公司法》⑤,禁止商业银行通过控股公司控制投资银行等机构⑥,绕道开展投资银行、投资性证券交易等业务⑦。分业监管的限制,导致美国商业银行在20世纪长达60多年的时间里没有开展衍生品交易业务。

直到1980年,美国金融系统受长期通货膨胀和1979年货币政策大幅紧缩的双重影响,利率一飞冲天,基准利率达到21%,银行业遭遇了大规模"金融脱媒",有关利率管制、混业经营障碍等监管限制被迫逐步放开,拉开了美国金融系统宏观审慎监管⑧改革和美国商业银行衍生品交易业务的序幕。

---

① 1933年,美国经历了长达4年"大萧条",银行体系几近崩溃。根据《美国金融机构法(第五版)》,美国参议院银行委员会举行了一系列针对大型银行附属证券公司的听证会,引发了轰动,引导了舆论。使人们很自然地认为,是商业银行与投资银行的结合,导致了商业银行出现玩忽职守以及其他种种劣行,从而帮助引发了继后的金融灾难。

② 《1933年银行法》作出了具有历史重要意义的五大变革:(1)禁止存款机构承销证券;(2)创立联邦存款保险;(3)限制银行存款利率;(4)给予国民银行分行化(权利)与州立银行平等;(5)率先实行联邦监管银行控股公司。

③ 根据《1933年银行法》第21条,"自本法生效一年后,它将是非法的——(1)任何从事股票、国债、企业债券、票据或其他证券的,发行、承销、销售或分销或通过辛迪加参与的,个人、商号、公司、协会、商业信托或其他类似组织,同时从事任何程度的,以核查或偿付银行存折、存单或其他债务证明或存款人要求为条件的,接受存款业务"。

④ 根据《1933年银行法》第16条,"此类组织(州成员银行和国民银行)的投资性证券交易业务,将被限制在完全根据客户指令,为客户的账户而决不为它自己的账户,买卖没有追索权这类证券,且此类组织将不得参与任何证券发行的承销"。

⑤ 美国国会于1956年颁布《银行控股公司法》(Bank Holding Company Act)。

⑥ 根据《银行控股公司法》第3条,"除非得到联储理事会的事先同意,否则下列行为是违法的:(1)将导致一家公司成为银行控股公司的行为;(2)将导致一家银行成为一家银行控股公司的子公司的行为;(3)一家银行控股公司通过直接或间接地收购或控制一家银行有投票权的股份,且收购后,银行控股公司将直接或间接地拥有或控制该银行5%以上的有投票权的股份;(4)将导致一家银行控股公司或其非银行子公司收购一家银行的全部或大部资产的行为;(5)一家银行控股公司与另一家银行控股公司的合并"。

⑦ 根据《银行控股公司法》第4条第(a)款,"除非本法另有规定,任何银行控股公司不得——(1)在本法生效后,直接或间接地获得对非银行公司的有投票权股份的所有或控制;或(2)自本法生效或者其成为银行控股公司两年以后(两者中时间较晚的一个),保留对非银行公司或非银行控股公司的公司有投票权股份的直接或间接的所有或控制,或者从事任何非银行业务或非管理或控制银行的业务,或非向其拥有或控制25%及以上有投票权股份的任何银行提供服务的业务"。

⑧ "宏观审慎"一词,最早于1979年6月,在库克委员会(Cooke Committee,巴塞尔银行监管委员会的前身)的一次讨论会中被提出。1998年1月,国际货币基金组织在《迈向一个健全的金融体系框架》的报告中,最先将宏观审慎监管的理念用于监管金融体系。

1997年，美联储修订《Y条例》①，首次发布银行附带业务白名单，明确许可商业银行从事——涵盖"汇率交易、互换交易及类似交易，商品、远期合同、期权、期货、期货期权及类似工具"的——作为委托人的投资交易等，第一次以美联储条例的形式，放松对银行的分业监管限制，明确了商业银行开展衍生品交易业务的合规性。

1999年，美国国会颁布《金融服务现代化法》②，直接废除了《1933年银行法》第20和第32条，允许商业银行与证券公司、保险公司之间发生隶属③或代理④关系，并且新增《银行控股公司法》第4条第K—第O款，细分了银行控股公司的一个特定类别——金融控股公司，允许符合条件的银行控股公司转为金融控股公司⑤，以从事美联储以条例和命令形式确认的"本质是金融（financial in nature）"的业务⑥

---

① 联邦储备法规《Y条例》（Regulation Y），全称《银行控股公司与银行控制变化》（Bank Holding Companies And Change In Bank Control），由美联储于1984年颁布，作为《银行控股公司法》的细则。1997年，美联储修订《Y条例》，新增第28条，即"许可的非银行业务清单"。清单所列举的业务，指的正是《银行控股公司法》中所豁免的"与银行业务，以及管理或控制银行密切相关因而作为正当附带"的银行附带业务，是银行控股公司及其子公司可以从事的业务。

② 美国国会于1999年颁布《格雷姆-里奇-比利雷法案》（Gramm-Leach-Bliley Act），又称《金融服务现代化法》。

③ 根据《1933年银行法》第20条，"自本法生效起1年后，任何成员银行不得以本法第2条（b）款所述的任何方式，与主要从事于股票、债券、信用债券、中期国债或其他证券的发放、发起、承销、公开出售，或参与此类的批发和零售中的分销，或通过辛迪加参与此类分销的任何公司、协会、商业信托或与其他类似机构发生隶属关系"。

④ 根据《1933年银行法》第32条，"自1934年1月1日起，任何成员银行的官员或董事将不得是主要从事于股票、债券和其他类似证券的发行、发起、承销或公开出售或者参与批发和零售中的分销活动或者通过辛迪加参与此类分销的任何公司、合伙企业，或非公司性质的协会的官员、董事或管理人员，任何成员银行将不得作为此类个人、合伙企业、公司，或非公司性质的协会的代理银行，任何此类个人、合伙企业、公司，或非公司性质的协会也不得作为任何成员银行的代理机构，不得代持存款资金，除非以上任何情形获得了美联储理事会的批准"。

⑤ 根据《金融服务现代化法》新增《银行控股公司法》第4条第l款，"（l）从事扩展金融业务的条件。（1）一般规定。除（c）款（8）项规定的银行控股公司可以从事的业务外，无论（k）、（n）或（o）款如何规定，银行控股公司不得从事（k）、（n）或（o）款规定的任何业务，或者直接或间接地收购或持有从事（k）、（n）或（o）款业务的任何公司的股份，除非——（A）银行控股公司所有的存款机构子公司资本良好；（B）银行控股公司所有的存款机构子公司管理良好；并且（C）银行控股公司已经向联储理事会提交——（i）一份申明，说明公司选择成为金融控股公司以从事业务，收购或保留一家公司的股份，而这些活动在《金融服务现代化法》颁布前不允许银行控股公司进行；并且（ii）公司满足（A）和（B）分项要求的证明"。

⑥ 根据《金融服务现代化法》新增《银行控股公司法》第4条第k款，"（k）从事金融性质的业务。……（4）金融性质的业务。为本款之目的，下列业务被认为本质上是金融业务：（A）贷款、兑换、转让、为他人投资或保管货币或证券。（B）在任何一个州提供损失、伤害、损害、疾病、残疾或死亡的保险、保证或赔偿，或者提供发行年金，或者作为上述业务的委托人、受托人或经纪人。（C）提供财务、投资或经济咨询服务，包括为投资公司提供咨询（《1940年投资公司法》第3条中的定义规定了投资公司的定义）。（D）发行或出售允许银行直接持有的代表资产池利益的票据。（E）对证券承销、交易或做市。（F）从事联储理事会以命令或条例确认、于《金融服务现代化法》颁布之日已经生效的，与银行或管理、控制银行密切相关的合理的附带业务（遵守有关命令或条例中同样的条款和条件，除非联储理事会修正）。（G）……"

（包括金融业务及其附带和补充业务①），基本打破了美国金融系统的混业经营障碍，确立了宏观审慎的金融监管体制和"功能"导向型的"双线多头"的"伞"型监管模式。美国商业银行得以通过控股母公司控制期货公司、投资银行等机构，实现金融业务的多元化经营和衍生品业务的综合性经营。

但是，这一阶段的宏观审慎监管单纯局限于银行系统，高盛、摩根士丹利等独立投资银行未被纳入审慎监管范围内。所以，1999年后美国大型商业银行纷纷收购投资银行等非银行金融机构，成为金融控股公司，而大型投资银行却拒绝收购商业银行，以避免受到美联储的审慎监管。而且，这一阶段的审慎监管标准没有充分考虑到金融控股公司高风险业务的快速发展，在风险资本充足性、杠杆率、流动性等方面并未提出严格的审慎标准。

这就导致2007年美国金融系统遭遇的流动性紧张，迅速演化为连锁式的流动性危机，华尔街5大独立投资银行在2008年不到半年时间里全部"陨落"，1家破产、2家被商业银行收购、2家转为银行控股公司②，直接引发全球性金融危机。根据当时本·伯南克的一次讲话③，"在2008年3月中旬，贝尔斯登向美联储和其他政府机构建议，它的流动性头寸已经严重恶化，如果可供选择的融资资源不能获得的话，它将被迫于第二天提出破产"。尽管美国商业银行也在2007年第四季度遭到巨大冲击，出现巨额亏损，但由于在资本充足率、流动性充足性，以及美联储流动性救助便利等方面明显强于独立投资银行，大型商业银行并未出现像独立投资银行那样广泛的、紧急的破产危机。

所以2010年7月，美国国会颁布《多德－弗兰克法案》④，对宏观审慎监管体系进行全面强化，其中就包括了：（1）首次将系统重要性非银行金融机构纳入宏观审慎监管范围，接受美联储监管⑤。（2）提高了对并表后总资产在500亿美元及以

---

① 根据《金融服务现代化法》新增《银行控股公司法》第4条第k款，"（k）从事金融性质的业务。（1）一般规定。无论（a）款如何规定，如果联储理事会依据（2）项以条例和命令的形式确认一项业务属于下列情形，则金融控股公司可以从事该业务，也可以收购并保持从事该业务的公司的股份和资产：（A）本质上是金融业务或者是此类金融业务的附带业务；或者（B）对金融业务有补充作用，并且不会给存款机构或整个金融体系的安全和稳健造成实质的风险"。

② 2008年3月16日，摩根大通集团收购贝尔斯登；9月15日，雷曼兄弟公司申请破产保护；同日，美国银行集团收购美林公司；9月21日，美联储紧急批准高盛和摩根士丹利转为银行控股公司。

③ Ben S. Bernank, "Liquidity Provision by the Federal Reserve", Remarks at the Federal Bank of Atlanta Financial Markets Conference, May 13, 2008.

④ 美国国会于2010年颁布《多德－弗兰克华尔街改革和消费者保护法案》（Dodd - Frank Wall Street Reform and Consumer Protection Act），简称《多德－弗兰克法案》。

⑤ 根据《多德－弗兰克法案》第113条，"（a）联邦储备理事会监管下的美国非银行金融公司。（1）决定。当金融稳定委员会认为美国非银行金融公司的实质性财务困境或是其活动的性质、范围、尺度、规模、集中度、关联性或上述因素的结合，将威胁到美国金融稳定时，金融稳定委员会根据无委托的三分之二有投票权时任成员多数票（其中主席为同意票），可以决定该非银行金融公司接受联邦储备理事会的监管，并服从本章的审慎标准"。

上的银行控股公司及系统重要性非银行金融机构的审慎监管标准①，加强了对衍生品交易等高风险业务的风险资本要求和杠杆率、流动性要求。

在此背景下，美国独立投资银行开始出现了银行化趋势，并且在成为银行控股公司后，投资银行的衍生品交易业务也出现了向其商业银行平台转移的现象。例如高盛公司，在2008年遭遇流动性危机时紧急转为金融控股公司——高盛集团。2008年末，高盛集团商业银行子公司——高盛银行，便首次出现在美国商业银行衍生品持仓排名中，衍生品名义持仓金额达到30.2万亿美元，位列第四。2009年第一季度，高盛集团首次作为银行控股公司，进入美国银行控股公司衍生品持仓排名中，衍生品名义持仓金额达到47.7万亿美元，位列第3。此时，高盛银行的衍生品名义持仓也增加到了39.9万亿美元，增幅达到32%，是高盛集团47.7万亿美元总持仓的83.6%。高盛集团在危机发生不到一年时间里，就基本完成了向银行控股公司的转型，并将绝大部分衍生品持仓整合到了其商业银行平台。

正如乔治·J. 贝斯顿等（1986）所指出的，银行与其证券子公司的投资银行业务，比非银行证券公司更为稳健。所以，简单将投资银行业务以及投资性证券交易业务隔离在银行系统外，并不能降低金融系统的系统性风险，反而是将其纳入宏观审慎监管，无论是在商业银行还是系统重要性非银行金融机构，通过设定严格的审慎标准，确保相关金融机构在开展高风险业务时已经具备了相应的风险承受能力，或已经通过补充风险资本等相应提高了风险承受能力，并确保相关金融机构陷入财务困境时，美联储能够及时提供早期救助，将更加有助于防范控制系统性风险的过度积累和爆发传染。

2.《沃尔克规则》禁止美国商业银行开展衍生品自营业务，推动其聚焦金融中介主业

除了衍生品套保和做市交易业务，2013年以前美国部分商业银行特别是大型商业银行，还开展衍生品自营交易业务，即商业银行运用自有资金，根据对市场走势的判断，以获利为目的而进行的衍生品交易。但是，衍生品自营交易业务本质上是一种投机行为。商业银行配置衍生品资产虽然可以赚取超额利润，但也将带来额外

---

① 根据《多德－弗兰克法案》第165条，"(a) 概述。(1) 目标。为阻止或减轻由大型、相互关联的金融机构的实质性财务困境或失败或是进行中的活动所引起的影响美国金融稳定的风险，联邦储备理事会应自主或根据委员会按照第115条所提出的建议，对其监管的非银行金融公司与并表后总资产在500亿美元及以上的银行控股公司设定如下所述的审慎标准"，"(b) 审慎标准的形成。(1) 概述。(A) 所需标准。联邦储备理事会应为其监督的非银行金融公司或 (a) 款所述的银行控股公司建立如下的审慎标准：(i) 风险资本要求和杠杆比率限制。除非联邦储备理事会经与委员会协商，认为此类要求那些由于自身的活动（如投资公司的活动或所管理的资产）或结构不适合执行更严格审慎标准的公司。在上述情况下，联邦储备理事会应对其适用其他标准以达到同样严格的风险控制；(ii) 流动性要求；(iii) 整体风险管理要求；(iv) 解决方案和信用风险敞口报告要求；(v) 集中度授权。(B) 其他经授权的标准……"

风险，可能遭受的经济损失将影响商业银行的安全性和稳健性。

正如 2008 年金融危机，美国大型金融机构的自营投资风险敞口过高，导致了美国金融系统的脆弱性，危机发生时美国联邦政府又不得不紧急救助，为投机行为买单。因此，为防范系统重要性金融机构的过度投机，防范其可能引发的系统性危机，并避免危机发生时政府被迫买单，2010 年美国国会颁布《多德－弗兰克法案》，在其中第 6 章 619 条（又称《沃尔克规则》），明确禁止银行实体[①]从事自营交易，或拥有和发起对冲基金和私募基金等；并限制系统重要性非银行金融机构开展以上活动，要求其接受额外的资本要求和数量规模限制[②]。这里的"自营交易"是指，作为委托人从事的，关于购买、出售或者其他取得、处置，任何证券、衍生品或商品期货合同、证券期权以及其他证券或金融工具方面的交易。

之后历时 3 年多，美联储、美国联邦存款保险公司、证监会、商品期货交易委员会和货币监理署等 5 家金融监管机构经过细化制定，于 2013 年 12 月 10 日表决通过了《沃尔克规则（最终版）》。最终，《沃尔克规则》自 2014 年 4 月 1 日起正式生效。同年，美国商业银行全部退出了衍生品自营交易。

《沃尔克规则（最终版）》一是对自营交易、拥有和发起对冲基金和私募基金等的认定作了进一步细化；二是明确要求银行实体建立相应内部合规程序，并根据银行不同的业务结构、种类、规模、范围和复杂程度，作了专门规定，主要内容包括：建立书面的内控制度和程序、建立内控系统、建立权责清晰的管理框架、开展独立的有效性审计、进行交易人员的培训和交易活动的充分记录、定期报送量化指标等。

尤其是在实际执行中，《沃尔克规则（最终版）》要求商业银行在开展做市交易业务时，必须在事前分别提供"客户需求分析"和自身的持仓风险情况，要求不得超过客户需求和自身风险缓释需要，在事前、事中和事后要进行清楚的计算和记录，从而证明所从事的是做市交易而非自营交易。

但是也有市场参与者认为，由于市场瞬息变化，客户的预期需求往往是难以预测的。而且《沃尔克规则（最终版）》并没有给出分析和判断客户需求和自身持仓风险的具体标准，在自营交易与套保交易、做市交易之间缺少明确区分标准。因此，商业银行为避免触犯自营交易禁令，就必须大幅减少套保交易和做市交易活动，造

[①] 根据《多德－弗兰克法案》第 619 条，"（h）定义。本条中，适用如下定义：（1）银行实体。名词'银行实体'指任何参保存款机构（由《联邦存款保险法案》第 3 条定义），任何控制一家参保存款机构的公司，或者依据《1978 年国际银行业法案》第 8 条处理的银行控股公司，以及这些机构的附属公司"。

[②] 根据《多德－弗兰克法案》第 619 条，"（a）概述。（1）禁令。除非本条另有规定，银行实体不应（A）从事自营交易；或者（B）获得或者保有对冲基金或者私募股权基金任何股权、合伙关系，或者其他所有者权益。（2）由联邦储备理事会监管的非银行金融公司。根据（b）款第（2）项的规定，任何由联邦储备理事会监管从事自营交易、持有或保有对冲基金或私募股权基金任何股权、合伙关系或其他所有权利益的非银行金融公司应当依照规则就这些自营交易以及所持有或保有对冲基金或私募基金任何股权、合伙关系，或其他所有权利益，接受额外的资本要求和数量规模的限制"。

成衍生品市场流动性下降,交易成本和流动性风险上升。

本质上讲,衍生品套保、做市和自营三项业务是以做市交易为中心,相互交织的。无论是套保交易、还是自营交易,都可以通过场外做市市场来实现交易指令的达成;而做市交易中形成的风险敞口,除了被主动对冲掉,也可以用来反向套保银行在信贷、外汇等业务经营中形成的风险敞口,或者可以直接作为自营交易头寸,来赚取超额利润。这就导致对三项业务的明确区分显得非常困难,而且相关条款非常复杂烦琐。因此,禁止商业银行开展衍生品自营交易业务,在金融中介业务和自营投资业务之间划出一条边界是非常必要的,但是对于衍生品套保、做市和自营交易的严格而准确区分,在技术上确实存在困难。

3. 《华尔街透明度和问责法案》加强对美国场外衍生品市场监管,通过强制清算降低了场外交易对手方的信用风险

由于2007年美国次级借款人的大量信用违约,引起抵押支持证券价值下降,并因为资产不透明开始引发恐慌[1],导致持有大量抵押支持证券资产的金融机构出现流动性危机[2]。而这些金融机构的流动性危机迅速演化为其在场外市场的信用违约(如信用评级下降时无法及时补充保证金造成的违约),导致交易对手也相应出现流动性危机[3],迅速形成连锁反应,造成信用违约和流动性危机的快速传染扩展,引发对金融系统的系统性冲击[4]。

为提升市场稳健性和交易透明度,避免金融危机的再次发生,美国国会在2010年颁布的《多德-弗兰克法案》中,以第7章《华尔街透明度与问责法案》一章的篇幅,对场外互换市场和基于证券的互换市场的监管(此处对"互换和基于证券的互换"的定义,几乎包含了所有场外衍生品合约,无论是期权还是互换合约,但不

---

[1] 例如根据《境外成熟市场金融衍生品监管与自律研究》,雷曼兄弟在2008年提起破产保护时,有媒体爆料其涉及4000亿美元信用违约互换,加剧了市场恐慌;而后经计算及验证,雷曼兄弟的实际合同总额只有720亿美元,净值清算后余额仅52亿美元。

[2] 根据《资本市场、衍生品金融产品与法律》,2007年和2008年美国次级借款人出现了较多的拖欠、违约和丧失抵押赎回权的现象,导致了抵押支持证券价值和流动性的下降。而且由于抵押支持证券的价值在短时间内难以准确估测,导致即使次级贷款人没有违约,因为市场恐慌,其证券价值和流动性也会显著下降。这就造成投资者缺失了对大量持有这类证券的金融机构的信用评级信心,并大量抽回他们的短期投资,导致相关金融机构出现流动性危机。

[3] 例如根据《资本市场、衍生品金融产品与法律》,美联储促成摩根大通集团收购贝尔斯登的"一个主要推动因素是害怕贝尔斯登破产将对整个资本市场上其交易对手产生的影响。交易对手依赖于交易另一方的财务能力,以履行其合约条款中的义务。如果交易对手失败,衍生品合约将失去意义。如果贝尔斯登消失了,通过衍生品合约转移给它的风险将会回到其交易对手那里。这种风险脱节将会对整个资本市场产生深远的影响"。

[4] 例如根据《资本市场、衍生品金融产品与法律》,2008年美联储和美国财政部之所以紧急救助贝尔斯登、美国国际集团(AIG)、房利美和房地美,以及为一系列商业银行提供流动性便利,就是为了避免这些机构对交易对手方的信用违约,会带来流动性危机的扩散,尤其是避免这些机构的无序破产,会导致交易对手方持有的合约价值清零,从而造成对金融稳定的系统性冲击。

包括实物交割的商品远期，且外汇类合约于2011年被美国财政部豁免、排除在互换监管之外）作出专门规定，首次建立了场外衍生品市场的全面监管框架，要求互换交易商和主要参与者必须进行注册登记，要求互换交易必须提交清算机构进行强制清算，健全互换交易商和主要参与者的风险管理规则和程序，最大限度促进场外衍生品交易标准化、清算中央化、数据保管集中化、市场透明化，从而确保监管机构和市场参与者能够及时、完整、准确掌握市场信息。

美国商业银行作为美国场外衍生品市场的主要交易商和重要市场参与者，受到了《华尔街透明度与问责法案》关于提升交易规范性和透明度、强制清算等方面的直接监管规范。目前，开展衍生品做市交易的美国大型商业银行基本全部向CFTC注册申请了互换交易商牌照，并正按照美国证监会要求，注册申请基于证券的互换交易商牌照。美国商业银行及其控股公司开展互换交易业务，将严格按照审慎监管者设定的、经过合理计算的安全与稳健的方式开展，接受审慎监管者的有效监测、管理和监督，接受相应持仓头寸限制和更为严格的关于系统性风险的审慎标准。并且按照规定，美国商业银行和其他所有市场参与者自2013年开始向CFTC的互换数据存储库实时报送交易数据（由交易中的一方负责报送，且数据不含交易者身份信息），并由CFTC每周公开发布。

更为重要的是，根据法案第723条，如果衍生品清算机构包括合约市场（如期货交易所）和互换执行设施（指为互换执行提供便利，但非指定的合约市场）对某项互换交易提供了清算服务，那么任何人从事该互换交易，都必须提交相关清算机构进行强制清算①。也就是通过衍生品清算机构将场外市场分散、不透明的衍生品交易，在具有经济等效性并可能在清算机构内相互抵消的情况下集中起来，由清算机构作为中央对手方，代为监督交易对手的财务完整性，管理、防控乃至部分承担交易对手的信用违约风险。

如图7所示，自2012年7月16日相关监管细则生效，到2015年第一季度，美国商业银行衍生品名义持仓的集中清算（包含场内合约和强制清算的场外合约）比例达到36.5%。其中，利率类合约比例最高，达到44.7%；信用类合约为19.7%；外汇类合约由于不受强制清算制度约束比例最低，只有0.2%；权益类和信用类合约由于场内持仓占比高，分别为13.6%和16%。截至2018年末，总持仓的集中清

---

① 根据《多德-弗兰克法案》第723条，"（3）互换交易的强制清算。修订《商品交易法案》第2条，在(g)款（由第(1)项(B)分项重新编号）之后插入下列条文：(h) 清算要求。(1) 概述。(A) 清算标准。任何人从事互换应为非法，除非该人向依据本法注册的或者依据本法豁免注册的衍生品清算机构提交清算，如果互换被要求清算。(B) 开放共享。分项(A)所述的衍生品清算机构的规则必须：(i) 规定所有以相同条款与条件提交给衍生品清算机构的互换交易（但不是远期交割商品销售合同或者此类合同上的期权），在衍生品清算机构内具有经济等价性并可能在衍生品组织内相互抵消；且(ii) 依靠或者通过独立的被认定合同市场或者互换执行设施执行双边互换清算（但不是远期交割商品销售合同或者此类合同上的期权）是非歧视的"。

算比例上升3.3%，达到39.8%。其中，利率类合约上升6.3%，达到51%；权益类和信用类合约上升比例最高，分别上升12.1%和9.6%，达到25.7%和29.3%；商品类和外汇类合约分别上升1.5%和1%，达到17.5%和1.2%。

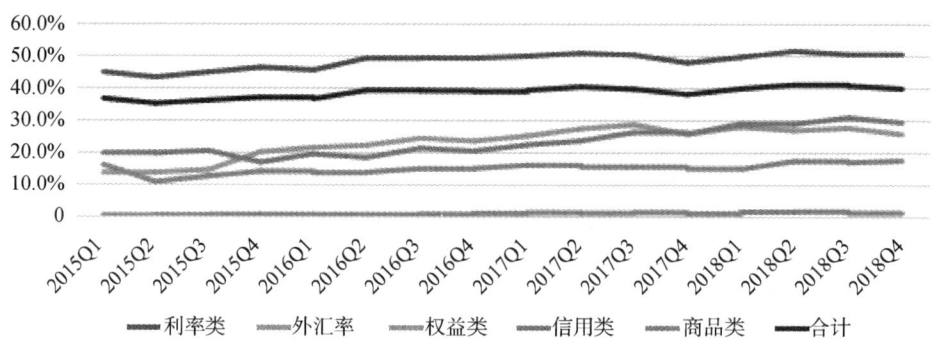

图7 美国商业银行的衍生品集中清算比例

资料来源：美国货币监理署数据库。

通过强制清算，场外市场交易者之间错综复杂的对手方信用风险就被替换为交易者与清算机构之间的对手方信用风险。一方面，从单纯依赖交易者自身信用转变为依赖清算机构信用，尤其是在清算机构建立"违约瀑布"等机制后，违约损失超出清算机构偿付能力后，将由所有参与者按比例共担，从而在很大程度上降低甚至事实性消除了系统性违约风险的爆发。另一方面，中央对手方的出现，斩断了交易对手方之间信用违约风险的关联性，从而避免部分违约事件的发生可能在金融系统内造成的信用违约（及流动性危机）连锁反应，有效阻隔了信用风险在场外衍生品市场的传染和扩散，确保不发生系统性风险。

期货交易所和其他清算机构具有安全完备的基础设施和专业透明的清算服务，有利于健全场外衍生品市场的支付、清算和结算体系，提高市场透明度；并将能为监管部门、商业银行和市场参与各方提供清晰准确的交易及风险数据信息，从而有效抑制商业银行和其他金融机构出现过度投机，避免场外衍生品市场过度积累交易风险、积聚系统性风险，并有效消除信息不对称，避免其在市场波动时可能引发的恐慌。

（四）结论与建议

1. 研究结论

综上所述，美国商业银行开展衍生品交易业务主要有以下几方面的特点：（1）美国商业银行尤其是大型商业银行，是美国乃至全球衍生品市场的重要参与者,在利率类、外汇类等涉及商业银行传统业务领域的衍生品交易中优势明显,且衍生品持仓的静态风险覆盖良好。(2)美国商业银行通过开展衍生品套期保值交易业务,缓释信贷、外汇等业务风险,提升了业务经营能力及潜在规模,促进实现了规模经济;并依托其综合性金融服务平台和完备的信用风险管理体系,开展衍生品做市交易业务,促进实现了范围经济;通过与控股母公司旗下期货公司、投行银行保持紧密业务合作,在控股公司内促进实现了协同效用。(3)美国商业银行的衍生品交易业务因美国分业监管放松而发端,随着宏观审慎监管体制的发展完善而不断发展规范,符合美国宏观审慎监管、功能性经营的监管改革方向,有利于审慎监管部门对系统性风险的跟踪、监测和管控,有利于维护金融系统的总体安全与稳健。(4)强化宏观审慎监管背景下,美国监管当局禁止商业银行开展衍生品自营交易业务,有力推动商业银行更加聚焦金融中介主业,减少投机性风险敞口,防止引发系统性风险。并且通过加强场外衍生品市场监管、强化对商业银行相关交易的审慎标准和强制清算,提升了商业银行场外衍生品交易的规范性和透明度,降低了相关交易风险,特别是对手方信用违约风险,并斩断了交易对手方之间信用违约风险的关联性,避免危机发生时风险的迅速扩散和传染,有力确保不发生系统性风险。

2. 启示建议

纵观美国商业银行衍生品交易业务的发展,为更好推进我国商业银行开展衍生品交易业务,有以下四个方面意见建议可供借鉴和参考。

一是以我国宏观审慎金融监管改革为契机,推动商业银行及其控股公司开展衍生品业务综合性经营,助力推动金融系统协调发展和稳健运行。强化宏观审慎监管,将更加注重金融机构整体行为和金融系统整体风险,有助于打破分业经营藩篱,推动商业银行通过控股公司形式控制期货公司、证券公司等机构,开展金融业务的多元化经营和衍生品业务的综合性经营,从而充分发挥内部协同效应,推动商业银行、期货子公司、证券子公司整体提升业务经营能力、扩展业务范围,助推实现银行业、期货业和证券业之间的协调、协同发展。而且,在宏观审慎监管下,商业银行开展衍生品交易业务需要满足更加严格的风险资本要求和杠杆率、流动性要求,并接受监管当局的监督检查和市场约束,高风险业务的开展必须以相应监管资本充足为前提,有利于保障衍生品市场的稳健发展和金融系统的安全平稳运行。

二是大力支持商业银行开展衍生品套保交易业务,主动缓释自有业务风险,提升业务经营能力及潜在规模,助力提升服务实体经济的深度和广度。商业银行的金融市场地位决定了其审慎稳健运营的特点,我们应进一步鼓励支持各类商业银行主体开展套期保值交易业务,以转移和对冲自有风险作为目的,主动缓释自有资产、负债及现金流潜在的市场风险,以及信用和流动性等风险,从而推动提升其信贷、外汇等传统业务的经营管理能力，提高业务规模上限，实现更加广泛深入地服务实体企业的融资、汇兑等金融需求。同时，我们应限制或禁止商业银行开展衍生品自营交易业务，推动其聚焦金融中介主业，防范出现过度投机和可能由此带来的潜在系统性风险。

三是鼓励大型商业银行发挥综合性金融服务平台优势，开展衍生品做市交易业务，为实体企业和各类金融机构提供差异化风险管理服务。大型商业银行普遍具有征信能力强、内控体系完备、资本实力雄厚、客户资源丰富以及信用风险管理能力强等优势，并且通过控股公司控制期货公司、商贸公司等机构，能够获取期货经纪和现货贸易业务支持。引入大型商业银行等综合性金融机构作为衍生品市场做市商，开展互换、远期、场外期权以及期货、场内期权等衍生品做市活动，能够更好满足广大实体企业和各类金融机构差异化的风险管理需求，充分发挥其综合性金融服务平台优势，而且通过大型商业银行的做市活动，广泛汇集各类市场主体的风险头寸，由其初步对冲后，将风险净头寸向场内市场传导，实现风险的最终对冲和转移，能够进一步加速场内场外两个市场的融合，促进多层次衍生品市场体系的不断健全完善，实现从助力微观企业风险管理到深化宏观市场价格发现的有机统一。

四是加强场外衍生品市场监管，探索建立场外市场强制清算制度，推动降低商业银行场外交易风险，尤其是对手方信用违约风险。在当前全球场外衍生品市场监管仍在探索完善的背景下，加强我国场外衍生品市场监管，提高衍生品交易透明度，有利于更好推动我国多层次衍生品市场的平稳快速发展。尤其是探索建立强制清算制度，由国内4家期货交易所和上海清算所作为中央清算对手方，逐步实现对适合集中清算的场外衍生品合约（如考虑合约交易规模、频率、交易者结构、技术可行性等因素）的强制清算，从而加强对对手方信用风险的有效管控，降低交易风险成本，并斩断交易对手之间信用风险的关联性，防范可能引发的信用违约连锁反应。同时，通过提高交易及资产质量透明度，能够有效防范大型商业银行等系统重要性金融机构出现过度投机，防范可能由此引发的市场恐慌和系统性风险。

三、德国商业银行衍生品业务及监管研究

德国是最早、最彻底实行金融混业经营的国家，其全能银行制度（Universal Bank）在全球独树一帜。在全能银行制度下，商业银行打破了业务限制，不仅可以开展传统的银行业务，还可以经营证券、衍生品、保险以及其他新兴金融业务，甚至可以对实体经济进行投资、持有非金融企业的股权。德国的商业银行进入衍生品市场，降低了其融资杠杆，提升了市场占有率，也推动了第二次世界大战后德国经济的快速复苏。

虽然我国商业银行参与衍生品业务起步较晚，但是"金融脱媒"、银行混业经营趋势日渐明显。尤其是在当前我国利率市场化改革不断加速，全球经济波动加大的背景下，我国商业银行金融创新和多元化经营的步伐不断加快，发展衍生品业务便是其中一项。商业银行作为金融体系中的重要组成部分，参与衍生品业务需要合理的业务模式、严格的风险防控，而德国商业银行由于混业经营的传统，开展衍生品业务的历史悠久、经验丰富。因此，梳理德国商业银行参与衍生品市场的历程和模式对我国商业银行开展衍生品业务具有重要借鉴意义。

（一）德国商业银行开展衍生品业务的背景

德国银行分为全能银行和专业银行两大类。全能银行可以从事德国《银行法》（Kreditwesengesetz，KWG）中规定的包括场内外衍生品交易的所有业务，而专业银行一般只从事某种单一业务，如房屋建造储蓄业务。目前，德国的商业银行均采用全能银行制度，因此本文研究主体为全能银行[①]。

从发展过程看，德国建立全能银行制度并且主动参与衍生品市场的主要原因是为服务实体经济。第二次工业革命时期，德国为了给企业工业化变革提供便利的资金和融资渠道，打破了传统银行经营限制，建立了全能银行制度。第二次世界大战后，德国分裂为东德和西德，西德被迫实行当时美国的分业银行制度，而东德的银行则实行中央集权制度，禁止开展任何商业银行业务，全能银行制度也被废止。直到 20 世纪 50 年代，西德为了振兴战后经济，才重启全能银行制度，两德合并后更在全国范围内推广。由于全能银行具备更好地服务实体经济的优势，德国经济得以迅速恢复，同时复苏的经济也反过来促进全能银行制度的完善。

德国的商业银行通过开展套期保值类衍生品交易业务对冲自身风险，同时还开展非套期保值类衍生品交易业务，为客户提供衍生品交易业务和相应的风险对冲服务。商业银行参与衍生品市场推动了德国衍生品市场的发展。相较于不甚发达的证券现货市场[②]，德国的衍生品市场尤其是金融衍生品市场的发展十分迅速，这与德国大型商业银行密切相关。以欧洲期货交易所为例，德意志银行（Deutsche Bank）等大型跨国银行作为交易所大客户，对交易所的交易清算系统提出了更高的要求。交易所出于全球化考虑，在开发系统时要更多考虑大客户的需求，积极提高服务水平、优化产品类别。

---

① 全能银行分为三大类：私有经济为基础的信贷银行；公法储蓄银行和储蓄银行划汇中心；合作银行和合作中央银行。大型商业银行属于信贷银行类别。

② 第一次世界大战动摇了德国资本存续的根基，紧随其后的信用危机更是使得民间证券市场萎缩。20世纪70年代后，由于德国经济迅速增长，财政收支连年顺差，债券发行减少。1982 年，全国共有 200 万家企业，股份制企业只有 2100 家，而股票上市的企业不过 450 家。虽然 80 年代后期有价证券交易数额上升但是相比于英美日等发达国家，德国的股票市场还是相对较小的。

投资银行（Investment Banks）是与商业银行相对应的一类金融机构，主要从事证券发行承销、衍生品交易等业务。与商业银行相比，衍生品业务是投资银行的主要业务之一，投行参与衍生品市场的深度和广度都是商业银行不能比拟的。而根据德国《银行法》的规定，全能银行制度允许银行在同一法人主体下既经营传统银行业务又经营投资银行业务。也就是说，德国的商业银行至少是"商业银行+投资银行"一体经营模式，这使得德国商业银行开展衍生品业务具有特殊的代表性。

（二）德国商业银行衍生品交易业务的类型

1. 德国商业银行衍生品交易业务总体概况

德国的商业银行开展衍生品交易业务主要包括两类：套期保值类衍生产品交易业务和非套期保值类衍生产品交易业务。非套期保值类衍生品交易业务又具体分为代客业务、做市业务和自营业务。

银行开展套期保值类衍生产品交易业务主要是用于规避自有资产和负债的信用风险、市场风险以及流动性风险而进行的衍生产品交易。此类交易要严格遵循套期保值会计[①]的要求，计入套期保值账户。德国的商业银行的套期保值业务主要有三种类型，分别满足三种不同需求：（1）公允价值套期保值——主要为了对冲资产、负债和未确认收入的公允价值变动产生的风险。（2）现金流量套期保值——主要为了对冲未来可实现交易和浮动利率资产、负债的现金流量变动风险。（3）境外经营净投资套期保值——主要为了对冲海外业务的功能货币在与母公司合并报表时产生的转换风险。

非套期保值类衍生品交易主要有以下几类。一是由客户发起，银行为满足客户需求提供衍生品交易和银行为对冲前述交易产生的相关风险而进行的衍生品交易，二者同属于代客交易业务；商业银行为承担做市义务持续提供市场买、卖双边价格，并按其报价与其他市场参与者进行的做市交易业务。二是由银行主动发起，运用自有资金，根据对市场走势的判断，以获利为目的进行的自营交易。由于德国的商业银行采取全能银行政策，开展的业务广泛，因此非套期保值类衍生品交易渗透到银行业务的各个板块。

---

① 国际会计准则委员会（IASB）于2014年7月发布了《国际财务报告准则第9号——金融工具》（IFRS 9）条例，对套期保值会计做出了相应调整，并先后在2009年、2010年和2013年对先前已发布IFRS 9版本进行了修改。2014年7月的颁布最终版本，取代了早期的IFRS 9，并计划取代原先的套保会计准则 IAS 39——金融工具：确认与计量条例。但是由于IASB尚未完成对IFRS9监管领域的修订，因此，IFRS 9 条例中提供了会计政策选择方案，以推迟 IFRS 9 替代 IAS 39 的决定。因此，德国的商业银行在权衡利弊之后目前继续采用 IAS 39 的套保会计规则。相关条例详见：http：//archive.ifrs.org/Current-Projects/IASB-Projects/Financial-Instruments-A-Replacement-of-IAS-39-Financial-Instruments-Recognitio/Pages/Financial-Instruments-Replacement-of-IAS-39.aspx。

2. 德国商业银行的套期保值衍生品交易业务

套期保值衍生品交易业务旨在降低银行自有风险与业务成本。存贷款业务为商业银行的传统业务，资金易受利率汇率波动，影响造成损失，贷款业务产生的信用风险也会波及银行业务的根本。因此，商业银行会利用衍生品来规避风险，保护自有资产。

就公允价值套期保值情况而言，德意志银行使用利率掉期和期权合约管理因基准利率变动而导致的固定利率金融工具的公允价值变动；就现金流量对冲而言，德意志银行使用利率掉期来管理基准利率变动导致的浮动利率工具现金流量变动风险。一般情况下，德意志银行利用利率资产组合来管理风险，由于银行经常要面临新的贷款及债券的发行、现有贷款及债券的偿还等业务的变动，因此利率的投资组合也会经常进行调整，即采用动态对冲（dynamic hedging）策略[①]。另外，德意志银行通过外汇远期合约和掉期合约管理外汇风险。德意志银行业务所涉及的核心货币是欧元、美元、人民币和英镑，银行会根据资本比率对核心货币波动的敏感性来进行风险对冲。

通过恰当地使用衍生品工具，德国的商业银行得以降低自有风险，减少业务成本，提高风险承受能力，从而增强银行自身的业务实力。虽然德国的商业银行普遍都会开展套期保值交易业务，但是计入套保账户的衍生品需要严格遵循套保会计的要求。因此，商业银行计入该账户的衍生品持仓量很小，甚至有些以套期保值为目的的衍生品交易也会由于不符合套保会计的需求而不能计入此账户。以德意志银行为例，根据2018年财报披露的数据计算得出，德意志银行符合套保会计的金融衍生工具资产不到其金融衍生工具类资产的1%。

3. 德国商业银行的非套期保值类衍生品交易业务

德国商业银行非套期保值类衍生品交易业务占比大。由于德国的商业银行采用全能银行制度，除了传统的信贷业务，商业银行可以凭借自身强大的经济实力组建专业的团队直接进入衍生品市场进行自营交易，同时还可以提供代客业务，如为客户提供规避风险的套期保值业务。衍生品的代客业务经常会与银行的一些基础业务结合起来，比如商业银行通过大宗商品融资[②]来为实体经济提供贷款，而大宗商品融资也经常是与套期保值相结合的。利用商品期货进行套期保值的大宗商品融资是

---

① 动态对冲策略是以风险敞口为核心，追随期货市场对应品种的趋势，通过不同时间周期的趋势变化，调整对冲比例，以达到动态对冲的目的。

② 根据《巴塞尔协议》2004年6月版本，大宗商品融资是指对储备、存货或在交易所交易应收的商品（如原油、金属或谷物）进行的结构性短期贷款。大宗商品融资中用商品销售的收益偿还银行贷款，借款人没有独立的还款能力。借款人没有其他业务活动，在资产负债表上没有其他实质资产。

发达国家普遍开展的一种银期合作业务。世界银行在给发展中国家发放援助性的农业、工业原材料等贷款时，就对接受贷款的国家或企业提出了套期保值的要求。而境外商业银行为企业发放贷款前也都要求其通过期货市场对大宗商品进行套保，从而降低自身贷款的风险，银行也会根据企业是否参加期货套期保值来决定其信贷支持力度。对参加套期保值的企业最高可提供90%的信贷资金，而对没有参加套期保值企业最高可提供70%的信贷资金。由此可见，银行的代客业务和自营业务是非套期保值类衍生品交易业务的主体。

通常情况下，德国的商业银行通过以下三种方式提供非套期保值类衍生品交易业务：成为交易所会员；成为期货经纪商；设立专门的期货服务部门，帮助客户规避价格风险，维护资产安全以及获取稳定盈利。以德意志银行为例，德意志银行自身一直积极参与能源、农业等大宗商品现货贸易，掌握市场行情。在期货市场上，德意志银行拥有全球30家期货交易所的会员资格，通过其开发的交易结算系统，投资者可以便捷地进行期货期权交易。同时，德意志银行也在美国商品期货交易委员会（CFTC）登记注册。由于德国期货市场上缺少专门的期货公司，因此期货经纪业务主要集中在大型全能银行手中。2006年，德国最大的期货经纪业务提供商便是德意志银行，其当年的交易份额占欧洲期货交易所的40%。而且，德意志银行有专门的银行环球金融交易业务部负责大宗商品融资业务。

2008年金融危机之后，德国经济受到冲击，德意志银行出于战略要求对业务进行了调整。起初，德意志银行的大宗商品业务是其主要业务之一，但是由于近年来政治和监管审查压力越来越大，加之金融行业参与大宗商品交易业务资本要求高但利润率低。因此，自2013年12月起，德意志银行就先后关闭了其能源、农业、煤炭和铁矿石等大宗商品现货交易，仅仅保留贵金属业务和有限数量的金融衍生品交易。此外，德国商业银行（Commerzbank）也在2018年将旗下的股票市场与大宗商品（EMC）业务出售给法国兴业银行（Societe Generale）。

虽然德意志银行现货业务缩紧但是衍生品业务与银行基础业务相结合的大宗商品融资业务发展向好。2014年12月，德意志银行为唐钢集团牵头安排了第四笔银团贷款，成为当时中国企业获得的最大一笔结构性大宗商品贸易融资。德意志银行环球金融交易业务部旗下大宗商品结构贸易融资部（Structured Commodity Trade Finance，SCTF）亚太区主管曾表示，该项目彰显了德意志银行在亚洲市场安排结构性大宗商品融资的强大实力，具有重大意义。2019年5月，在由《全球贸易评论》杂志（Global Trade Review，GTR）举办的慈善晚宴上，德意志银行的贸易商品融资、大宗商品贸易融资和结构性贸易及出口融资团队获得了2019年GTR行业奖。时任德意志银行大宗商品贸易融资部全球主管在晚会上发言称，"如果说许多大宗商品贸易融资银行的商业组合大约为90%的流动商品贸易融资（Flow Commodities

Trade Finance）和10%的大宗商品贸易融资（Structured Commodity Trade Finance），那么德意志银行20年来恰恰相反。在过去的12个月里，德意志银行开始回归发达市场和新兴市场的结构性银团交易（syndicated structured deals），并且真正推出流动商品贸易融资产品"。从此番言论中可以看出，德意志银行高度重视大宗商品融资业务，利用衍生品推动其信贷等基础业务的发展，并且积极地参与期货交易，与期货交易所关系密切。

（三）德国商业银行衍生品业务总体特点

德国独特的全能银行体系为商业银行参与衍生品市场提供了充分条件，而德国的商业银行在实际衍生品业务操作中也表现出了自己的特色。由于德国的商业银行实行全能银行制度，银行的运营模式大致相当。因此，本文选取具有代表性的德意志银行作为研究主体，分析其衍生品业务现状。成立于1870年的德意志银行是德国最大的全能型商业银行，对欧元区内外金融体系的稳定有着直接的影响，也是全球系统重要性银行之一，旗下的分支机构、子公司、实际控制公司遍布70余个国家和地区。因此，德意志银行的衍生品业务基本可以全面地代表德国商业银行衍生品业务的特点。

1. 投行部门持有衍生品数量最多且以非套期保值类衍生品交易业务为主

由于德国实行全能银行制度，以一家商业银行为主体，商业银行可以同时提供多种服务。以德意志银行为例，德意志银行主要经营三块业务：企业与投资银行（Corporate & Investment Bank，CIB）；私人和商业银行（Private & Commercial Bank，PCB）；资产管理（Asset Management，AM）。如表7所示，衍生品业务几乎渗透到德意志银行的各项业务板块中，但风险敞口主要集中在CIB业务中，占场外衍生品总敞口的98.6%，这是由于CIB业务涉及场外多种衍生品的销售业务，因此持有的场外衍生品也最多，面临的风险最大。而PCB业务的场外衍生品敞口非常小，AM业务则不存在场外衍生品敞口，这是由于业务种类不同，AM业务追求资产的安全与流动性，因此通常会选择股票、固定收益、股权、房地产等投资产品，而尽可能少地使用场外衍生品这种信用风险系数较高的产品。虽然CIB业务中面临的场外衍生品风险敞口较高，但实际上，德意志银行的场外衍生品信用风险敞口仅占该行面临的总信用风险敞口的2.9%。另外，根据财报提供数据计算可知，德意志银行持有的衍生品在净额结算和计算现金抵押品后的正市值为293.93亿欧元，足以覆盖274.17亿欧元的风险敞口，也就证明其衍生品风险敞口可控。

虽然德意志银行属于全能银行，但是投行部门持有衍生品数量最多的特点使其与传统的商业银行相比更像是一家投资银行。虽然目前衍生品敞口可控，但是潜在风险仍旧不容忽视。由于全能银行开展业务都是以一家商业银行为主体，如果没有建立严格的防火墙或是风险监控不严格，那么风险很容易会波及零售等其他业务部门。因此，德国的商业银行都比较重视防火墙的建立，将投行业务与其他业务隔离。

表7　　　　　　　业务部门的主要场外衍生品信用风险敞口　　　　单位：百万欧元

业务部门	2018年	2017年
企业与投资银行	27028	30993
私人和商业银行	353	422
资产管理	0	0
企业及其他	37	15
场外衍生品信用风险总敞口	27417	31430
德意志银行总信用风险敞口	949227	955531

资料来源：德意志银行2018年财报。

2. 场外衍生品持仓量大，中央对手方清算比重高

德国的商业银行衍生品持仓以场外衍生品为主。如表8所示，2020年国际清算银行（Bank for International Settlements，BIS）统计世界场外衍生品的名义持仓量为475万亿欧元，而德国的场外衍生品名义持仓为38万亿欧元，占全球场外衍生品总量的8%。其中，德意志银行2020年年报数据显示，德意志银行场外衍生品名义持仓为32万亿欧元，占德国总量的84%。由此可以看出，德意志银行持有的场外衍生品数量大，并且其在德国衍生品市场中处于垄断地位。

表8　　　　　　　　　场外衍生品的名义持仓量　　　　　　　单位：十亿欧元

年份	国际清算银行	德国总量	德意志银行总量
2020	474923	38628	32254
2019	500433	39362	37259

注：国际清算银行财报单位为十亿美元，2019年末换算比率：1欧元＝1.120309美元，2020年末换算比率为：1欧元＝1.229903美元。

资料来源：国际清算银行、欧洲央行、德意志银行。

如表9所示，德意志银行持有的衍生品种类丰富且与其业务相匹配，场外衍生品比重大。这是由于德意志银行业务复杂，主要擅长固定收益、货币等业务，因此拥有大规模的衍生品头寸。从德意志银行2020年财报披露的数据来看，德意志银行持有的衍生品中有81%为利率相关衍生品，15%为货币相关衍生品，且大部分衍生品都集中在场外市场，这两类衍生品都与银行主营业务相关。

表9　　2020年度德意志银行场内外衍生品名义持仓比重

产品类型	该产品持仓量与衍生品持仓总量比（%）	该产品场外持仓量与该产品总持仓比（%）	该产品场内持仓量与该产品总持仓比（%）
利率相关的衍生品	81	83	17
货币相关的衍生品	15	99.7	0.3
权益/指数相关的衍生品	1	42	58
信用衍生品	2	100	0
商品衍生品	微量	33	67
其他	微量	60	40

资料来源：德意志银行2020年财报。

由于德国的商业银行场外衍生品持仓比重较大，出于风险防控的目的，德国对场外衍生品提出了场内清算的要求。以德意志银行为例，其持有的场内外衍生品皆采取净额结算来防范潜在的信用风险。2008年金融危机后，根据多德－弗兰克法案、美国商品期货交易委员会（CFTC）和欧盟第648/2012法案[①]即监管场外衍生品市场、中央对手方和数据资料库的法律提案—欧洲市场基础设施监管规则（E-MIR）以及欧盟《委员会授权条例》（EU）2015/2205、（EU）2015/592、（EU）2016/1178条法规的要求，德意志银行将某些标准化的场外衍生品通过中央对手方清算。2018年德意志银行场外交易衍生品清算类型如表10所示。

表10　　2018年德意志银行场外交易衍生品清算类型　　单位:%

产品类型	中央对手方清算	双边清算
利率相关的衍生品	74.8	25.2
货币相关的衍生品	1	99
权益/指数相关的衍生品	0	100
信用类衍生品	64.3	34.7
商品衍生品	0	100
其他	0	100
所有场外交易衍生品	61.5	38.5

资料来源：德意志银行2018年财报。

可以看出，德意志银行持有的场外衍生品，有61.5%是通过中央对手方清算的，集中清算比重超过半数。从产品类型来看，利率和信用类衍生品由于相关法律的要求，进行中央对手方清算的比重高，其他未经法律规定的产品或是由于相关产

---

① 法案详细内容可见：http://www.mafr.fr/en/article/reglement-du-4-juillet-2012-sur-les-produits-deriv/。

品标准性较差,还是以双边清算为主。由此可见,德国相关法律对商业银行的规范作用明显,且商业银行出于规避风险的需求也会自觉遵守将部分场外衍生品纳入场内清算的要求。

3. 衍生金融工具资产占总资产比重高,但总体风险可控

2008年金融危机后,德国经济受到巨大冲击,德国的银行业也饱受折磨,尤其是德国最大的两家商业银行:德意志银行和德国商业银行,业绩严重下滑。2015—2017年,德意志银行连续3年亏损,在大规模削减成本后,2018年勉强盈利。而德国商业银行则是在获得政府180亿欧元的救助后,被德国政府持有15%股份。因此,政府大力支持二者进行合并。目前,德意志银行市值160亿欧元,德国商业银行市值90亿欧元。二者希望借合并之路增加体量、互补优势,以走出困境。

衍生品市场的垄断地位提升了德意志银行的议价能力,使其获得更大利润,但垄断地位也促使德意志商业银行不断扩大衍生品持仓,增加了风险。2013年摩根大通发布数据称,德意志银行的衍生品交易规模顶峰时超过75万亿美元,是德国GDP的20倍。2016年,德意志银行的衍生品交易规模仍为全球最大,面临较大风险敞口。由于衍生品持仓问题被各方指责加之亏损严重,德意志银行近年来着重调整了其衍生品持仓比重。

通过计算衍生金融工具占总资产的比重可以衡量衍生品资产在整个商业银行集团中的地位,如图8所示,2008—2018年德意志银行持有的衍生金融工具资产占总资产的最高时期可高达55.6%。德意志银行虽然是全能银行,兼营商业银行和投资银行的业务,但是如此巨大的衍生品持仓量使其看起来更像是一个投资银行,偏离

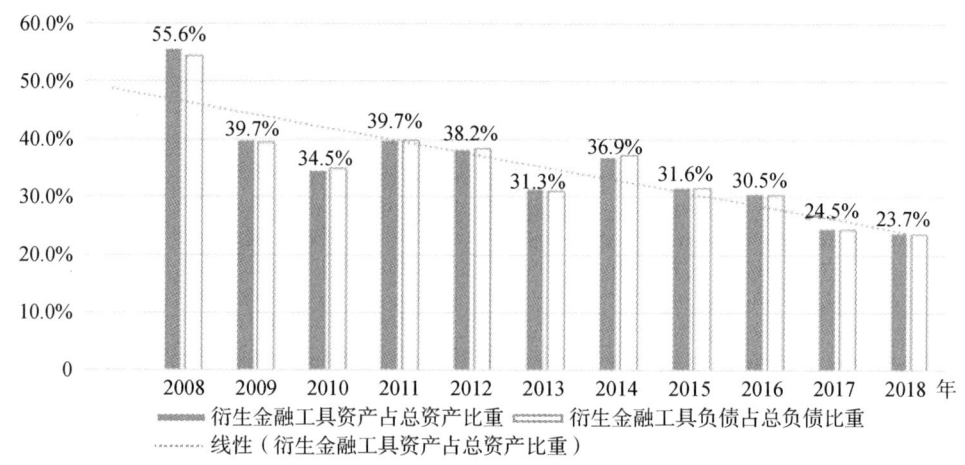

图8 德意志银行衍生金融工具资产负债占总资产负债比重

资料来源:德意志银行2008—2018年财报。

了其商业银行的基础业务。虽然近十年来德意志银行衍生金融工具占总资产的比重呈显著下降趋势，但是也保持着23%左右的比重。

事实上，德意志银行实际面临的风险并非外界所描述的那般夸张。数据显示，2008—2018年德意志银行的衍生金融工具的资产和负债占总资产和负债的比重相似，且衍生金融工具净资产都为正。这说明德意志银行实际上对于潜在风险的把握十分准确，衍生品类资产和负债的风险敞口大致相当，且很多分析是以德意志银行的名义持仓量来衡量的，并不能代表衍生品的真实敞口。不过，德意志银行衍生品风险仍不容忽视，且商业银行应当控制其衍生品持仓比重，不应盲目扩张资产。

（四）针对德国商业银行参与衍生品业务的监管

德国商业银行参与衍生品的业务特征与其监管模式密不可分。由于全能银行制度符合德国经济发展的需要，为了推动全能银行的发展，保障银行在经营各种业务的时候不受限制，德国的金融法律体系为全能银行制度的实施提供了良好的法律支撑。尤其是，2002年德国将原先的分业监管模式调整为统一监管模式，提升了监管效率和内部协调性，使其监管模式更加符合银行混业经营制度。

1. 监管法律

德国的金融监管法律是欧洲大陆最多且最为严密的，其金融法律体系是以《德国基本法》《宪法》《商法》《民法》为依据，以《金融法》《银行法》为核心，以《投资银行法》《证券交易法》等法律为基础的多层次法律体系。为了推动全能银行的发展，保障银行在经营各种业务的时候不受限制，德国在法律上为其营造了宽松的制度环境。德国的《银行法》规定，"商业银行业务包括存贷款、证券承销与经济、贴现业务、保管业务、投资业务、担保业务以及划汇业务。此外，还包括信托、租赁、代理保险、咨询等各种商业银行与投资银行业务。德国的商业银行参与企业的建立、改组、合并及经营管理决策的整个过程，还可以持有企业的股份。至于每一家银行具体经营何种业务，可根据其自身优势、各种主客观条件及发展目标等自行考虑，国家对其不做过多干预"。

从这一法律规定我们可以看出，德国政府并没有对商业银行参与衍生品市场作出限制规定，而商业银行在实际进入衍生品市场中也确实没有受到限制，银行可以根据市场需求和自身特点开展新业务。这印证了德国商业银行参与衍生品业务的独特性，也反映出德国立法"有所侧重""松紧适度"的特点，虽然银行进入衍生品业务不受限制，但是在经营过程中还是要遵守每种业务对应的规章制度，譬如遵循期货交易所的各项规定。

2. 监管模式

虽然德国银行业长期实行混业经营,但是监管却采取的是分业监管模式。直到2002年,德国才将分业监管转变为统一监管。

2002年以前,德国采用分业监管的模式。根据德国《银行法》,银行业由德意志联邦银行和联邦银行监管局(隶属于财政部)监管,而联邦证券交易监管局和联邦保险监管局则分别监管证券业和保险业。因而,在较长时期内,德国的金融体系呈现出一个混业经营与分业监管并存的运作模式。随着金融市场的不断发展,分业监管模式阻碍了监管信息的流动性,也就降低了监管部门防范系统性风险的能力。因此,为了更好地顺应经济形势和全能银行发展的需要,提升监管效率和内部协调,增强金融国际竞争力,德国于2002年4月22日颁布了《金融监管一体化法案》。该法案授权成立金融监督管理局(Bundesanstalt für Finanzdienstleistungsaufsicht,BaFin)对德国的证券业、银行业和保险业进行统一监管,这为德国实施混业监管提供了法律基础。2002年5月1日,BaFin宣告成立,依照原有《德国银行法》《保险监管法》和《德国证券交易法》三部实体法履行统一监管职能。

BaFin拥有独立法人资格,直接对财政部负责,但是依然和央行在金融监管方面进行着密切配合,共同担负对德国金融业的全面监管职责。在功能分工方面,BaFin负责微观金融监管;德意志联邦银行负责货币政策、金融业统计以及部分现场检查职能。同时,两者实施信息共享和监管协调。欧盟成立后,德意志联邦银行隶属于欧洲中央银行(die Europäische Zentralbank,EZB)体系,因此德国的银行体系是由欧洲中央银行、德意志联邦银行和联邦金融监管局共同组建的监管体系。

金融危机爆发后,德国全能银行制度面临新的监管要求。欧盟公布的利卡宁报告(Liikanen Repor)提出了对银行业进行结构性改革的建议,其中就要求商业银行将可能影响金融体系安全稳定的交易资产(包括自营和做市交易)划入独立法人实体,同时在不同法人实体之间建立防火墙机制,确保存款银行不受交易实体风险传染。虽然利卡宁报告没有明确防火墙的具体构成,但交易银行法人实体和包括存款业务在内的其他银行法人的隔离,意味着德国通过全能银行开展混业经营的趋势会面临挑战,而金融控股模式可能是其转变方向。但是目前来看,德国仍旧实行全能银行制度,是否会逐渐改革成为分业经营还有待观察。

3. 监管科技

金融科技的发展对整个金融行业带来了巨大的变革,无论是银行业还是衍生品市场都面临新的机遇,对于监管也提出了新的要求。

德国的金融科技市场规模在欧洲范围内仅次于英国,而在世界范围内,德国金融科技领域也处于领先水平。为进一步鼓励金融科技行业的发展，德国财政部于2017年3月专门建立了金融科技委员会，由来自金融科技、银行、保险业以及研究机构的20名成员组成。该委员会专门调研数字技术在金融领域的应用，就数字金融方面的问题向德国联邦政府提供建议，尤其是技术发展潜力、机遇和风险方面。为了加强对金融科技的监管，BaFin成立了金融技术创新部对金融科技进行管理。

除了法律制度和行政监管外，德国期货交易所自我监管和银行自身内部风险控制也为德国全能银行参与场内外衍生品市场提供了重要保障。德国期货交易所对市场参与主体实行了宽松的监管要求，除了商业银行能以会员身份开展期货交易外，对其套期保值持仓没有任何限制，对其投机投资只是在特定时间采取有限的措施。同时，德国商业银行对存款业务与其他业务有效的风险隔离也确保了其衍生品业务的顺利开展。

（五）对推进我国商业银行参与衍生品业务的启示

1. 德国商业银行衍生品业务主要特点

德国商业银行衍生品业务呈现以下特点：（1）德国的商业银行实行完全混业的全能银行制度，全能银行可以从事德国《银行法》中提及的所有银行业务，德国的商业银行以满足客户的风险管理需求以及对冲自身风险为目的开展衍生品业务，主要包括套期保值类衍生产品交易业务和非套期保值类衍生产品交易业务。非套期保值类衍生品交易业务又具体分为代客业务、做市业务和自营业务。（2）德国商业银行的衍生品业务主要集中在投行业务部门，因此投行部门面临的衍生品敞口最大。（3）德国的商业银行持有衍生品种类丰富，但是利率衍生品占衍生品总持仓的82%，且持有的衍生品主要集中在场外市场，场外衍生品集中清算比例高达60%。（4）衍生金融工具资产占总资产比重高，但总体风险可控。

2. 德国商业银行衍生品业务对我国的启示

通过分析德国的商业银行衍生品业务发展历程不难看出，实行全能银行制度可以打破业务限制、畅通融资渠道，具有许多天然优势，商业银行通过利用衍生品能更好地服务实体经济。但是，银行的投行业务部分由于持有大量衍生品，面临巨大的风险敞口，若没有良好的风险隔离体系，会对银行甚至整个金融体系造成巨大危机。德国的国情与我国差别较大，我国商业银行不应盲目采取德国商业银行的运营模式。但根据德国商业银行在开展衍生品业务中显现出的优缺点，可以对我国商业银行开展衍生品交易业务提供以下借鉴：一是应隔离衍生品业务与银行其他业务，防范混业经营的风险。要完善各项立法，建立健全金融法律体系，建立协调的监管制度体系,防止混业经营下大银行通过买卖衍生品等方式进行过度的资本扩张,进而给整个金融行业带来风险。二是以大宗商品融资和供应链金融为重点,加强银期合作。借鉴德国商业银行开展大宗商品融资业务方式等,我国银行可在传统业务基础上加强结构化产品推广与应用,将服务范围从目前主要针对大宗商品产业链单个环节向大宗商品全产业链条渗透,加强与交易所的合作关系,提供全产业链服务。同时为客户提供综合化解决方案,助其更好地规避和管理风险。三是要提高商业银行运用金融科技的能力,同时加强金融科技监管。金融科技是推进新时期银期合作的重要动力,也是防控风险的重要保障。期货交易所和政府监管部门,要强化监管科技(Regulatory technology,Regtech),降低监管成本,防范金融科技风险,为商业银行更好地参与衍生品市场创造良好条件。

四、英国商业银行参与衍生品市场交易业务及监管

作为老牌资本主义国家,英国的银行体系发展历史悠久,特色鲜明。20世纪70年代后,英国政府逐步放开对银行业的限制,商业银行开始向混业经营模式过渡。1973年,商业银行开始利率互换等衍生品业务。1986年,金融体制自由化改革后银行进入证券市场。自此,英国商业银行突破了传统银行局限,逐渐演变为综合性金融集团,开始更大规模地参与衍生品市场。但是,混业经营也带来了银行杠杆过高、风险过大的弊病。对此,英国政府颁布了《2013年金融服务(银行改革)法》,推行"围栏政策",要求把零售银行业务和投行、衍生品交易等高风险业务分离开来,由此推进了英国商业银行由"混业经营"向"分业经营"转变。

与英国相比,我国商业银行参与衍生品业务起步较晚,且属于分业经营,但是有着向混业经营发展的趋势。以2004年《金融机构衍生产品交易业务管理暂行办法》为标志,我国商业银行参与金融衍生品交易业务由以四大国有商业银行为主向国内其他商业银行覆盖转变,商业银行如何更科学地参与衍生品交易业务、是否进行混业经营成为各方关注的焦点。因此,系统梳理英国商业银行衍生品交易业务的发展状况以及监管历程,对我国银行、衍生品市场发展具有重要意义。

(一)英国商业银行衍生品交易业务的现状与特征

1. 英国商业银行参与衍生品以交易业务为主,规模较大

英国商业银行大多属于综合性的银行控股集团。如汇丰银行属于汇丰控股集团(HSBC Holdings plc),巴克莱银行属于巴克莱银行集团等。这些大型银行集团不仅从事商业银行和零售业务,还兼营投资银行、理财项目、工商金融服务等多种业务。

因此，各银行集团年报上披露的主要是整个集团的衍生品持仓情况。为了研究英国商业银行衍生品业务运行状况，根据《银行家》杂志 2019 年全球银行排名，本文选取英国 5 家进入全球前 50 位的银行，分别是排名第 9 位的汇丰银行、排名第 25 位的巴克莱银行、排名第 37 位的劳埃德银行、排名第 41 位的苏格兰皇家银行和排名第 44 位的渣打银行。从这 5 家银行的年报可以看出，英国商业银行参与衍生品市场主要是进行衍生品交易和套保业务[①]，衍生品业务总量较大，具体见表 11。

表 11　　　　　　　　　英国前五家银行名义持仓量　　　　　　　单位：百万英镑

时间	2020 年			2019 年		
类别	交易业务	套保业务	总名义持仓金额	交易业务	套保业务	总名义持仓金额
汇丰控股	17584422	166201	17750624	20495686	181823	20677510
巴克莱银行集团	43169971	189784	43359755	42111110	181375	42292485
苏格兰皇家银行	未披露	未披露	13979000[②]	未披露	未披露	13979000
劳埃德银行集团	7053405	547576	7600981	6492038	619812	7111850
渣打银行	6304173	73246	6377419	5812458	72122	5884580
总量	—	—	89067779	—	—	89945425
时间	2018 年			2017 年		
类别	交易业务	套保业务	总名义持仓金额	交易业务	套保业务	总名义持仓金额
汇丰控股	26687564	183147	26870710	19989187	153243	20142430
巴克莱银行集团	43920658	116441	44037099	35747945	175785	35923730
苏格兰皇家银行	13754800	224200	13979000	未披露	未披露	15482000
劳埃德银行集团	5464658	718984	6183642	2905020	741357	3646377
渣打银行	6236204	72039	6308244	4591330	59190	4650521
总量	—	—	97378695	—	—	79845058

注：由于汇丰控股和渣打银行财报中使用币种为美元，故将其换算成英镑方便比较。（2020 年 12 月 31 日 1 美元 = 0.7339 英镑，2019 年 12 月 31 日 1 美元 = 0.7624 英镑，2018 年 12 月 31 日 1 美元 = 0.7877 英镑，2017 年 12 月 31 日 1 美元 = 0.7401 英镑）。

资料来源：根据五家银行财报整理。

由表 11 可知，2018 年英国前五家银行衍生品名义持仓高达 97 万亿英镑，2019—2020 年持仓也近 90 万亿英镑，交易业务在其中占主导地位。以汇丰控股为例，其交易衍生工具主要有三个目的：一是利用衍生品为客户建立风险管理解决方

---

① 本文的交易和套保业务的数据是按照财报中披露的交易账户和套保账户中的数额计算的，但实际上交易账户中包含一部分以套期保值目的衍生品但财报上没有具体披露，所以本文套保业务没有包含交易账户中的套保。但按照符合套保账户中的数额来看，总体以套保为目的而持有的衍生品的比例也并不会很大，因此不影响结论。

② 未披露，采用 2018 年数据估算。

案；二是用于自营交易；三是管理和对冲自身风险。而会计上通常将衍生品交易划分为两个账户，分别是交易账户和套保账户。用于套期保值的衍生工具在会计准则上有着非常严格的界定，商业银行等公司持有的衍生工具需要符合 IAS39① 中定义的套保会计的要求，分别计入公允价值套期保值、现金流量套期保值、境外经营净投资套期等账户，而不符合套保会计要求的衍生品则会计入交易账户。

据统计，汇丰控股持有的计入交易账户的衍生品主要有以下几种类型：一是用于销售和交易的衍生工具；二是按公允价值计算的金融工具等衍生工具；三是用于风险管理目的但由于各种原因不符合套期保值会计资格标准的衍生工具。

英国商业银行通过开展衍生品交易服务帮助银行降低了融资成本，增强了竞争力，利用衍生品为客户建立风险管理解决方案不仅丰富了银行业务而且协同推进了银行其他业务的发展，帮助银行吸收了大量的客户。例如汇丰控股通常选择利率衍生品或固定利率政府债券来对冲自身风险。而巴克莱银行也在其 2018 年财报中披露，由于衍生品和股权融资的强劲表现，巴克莱银行的股票特许经营权的收入增长超过竞争对手。因此，可以得出英国商业银行衍生品业务的基本内涵是以利润驱动为主，风险对冲为辅。

2. 英国商业银行衍生品持仓种类以利率产品和外汇产品为主，商品衍生品占比低

根据英格兰银行的统计数据和英国前五大商业银行财报中披露的数据，英国商业银行持有的衍生品种类以利率衍生品和外汇衍生品为主。利率产品以利率互换和利率期权为主，外汇衍生品则以互换、期货和远期为主。商品衍生品占比极低。这种持仓情况一定程度上体现了商业银行的风险来源，还表明英国商业银行衍生品持有主要服务其传统业务。

由于商业银行通常持有两种资产组合：交易组合和非交易组合。这些组合的价值会受到商品价格、利率、外汇等市场因素波动的影响，因此，为了测算市场风险，商业银行会利用风险价值模型（VaR）来管理风险。根据巴克莱集团财报披露的数据显示，2018 年巴克莱集团的总风险值为 2100 万英镑，其中受商品价格变动的风险值最低，为 100 万英镑，而最高的风险值为信用风险，有 1100 万英镑，其次是利率风险值为 800 万英镑。由此可见，商业银行面临的商品价格变动敞口并不大，主

---

① IAS 39 规定了三种套期类型：1. 公允价值套期保值：如果主体对已确认的资产或负债或确定承诺的公允价值变动进行套期，则套期工具与被套期项目因被指定风险产生的公允价值变动均应在发生时计入损益；2. 现金流量套期保值：如果主体对已确认资产或负债或者涉及主体外部方的高度可能发生的预期交易或（在某些情况下）确定承诺相关的未来现金流量变动进行套期，则套期工具的公允价值变动应在套期有效的范围内计入其他综合收益，直至被套期的未来现金流量发生；3. 境外经营净投资套期：与现金流量套期的会计处理相同。

要的风险是信用风险和利率风险。因此银行可能持有较多的利率衍生品来对冲风险或是由于本身持有的利率衍生品过多导致该项风险值很高。而商品价格的风险值本身不高，持有的商品衍生品的数量应该也较低。

2018年末汇丰控股、巴克莱银行集团和苏格兰皇家银行的衍生品持仓（账面价值）分布情况（见表12），即3家商业银行的控股母公司在并表后的衍生品持仓（账面价值）分布情况正好验证了这个想法。可以看出，三家银行持有的利率衍生品加上外汇衍生品占了衍生品总持仓的90%，而权益及股票指数衍生品和商品衍生品持有数量较少。这种分布与VaR值相匹配，也就说明商业银行由于受到利率外汇等市场因素的影响，会通过持有相关标的物的衍生品分散风险。同时，商业银行的风险可能也是由于大量持有利率等具有风险的衍生品而上升。而商品价格的波动对银行影响不大，所以持仓数额也较低。

表12　汇丰控股、巴克莱银行集团和苏格兰皇家银行衍生品持仓分布

2018年	汇丰控股（%）	巴克莱银行（%）	苏格兰皇家银行（%）
外汇衍生品	22	13.5	25
利率衍生品	73	82	75
信用类衍生品	4	2	0.1
权益及股票指数衍生品	1	2	微量
商品衍生品	微量	0.5	微量
合计	100	100	100

资料来源：根据三家银行2018年财报整理。

3. 英国商业银行衍生品持仓大多集中在场外，非集中清算比例大

英国商业银行持有的衍生品大多数为场外衍生品，场内衍生品比重较小，而场外衍生品大部分为非中央对手方清算的衍生品。根据汇丰控股的财报显示（见表13），汇丰持有的衍生品总量中场外衍生品占比为99%，且场外衍生品的79%为非中央对手方清算。而巴克莱集团显示的状况与汇丰控股相似，巴克莱持有的衍生品总量中场外衍生品占比为94%，且场外衍生品的97%为非中央对手方清算（见表14）。

场外衍生品的灵活性和定制化特点以及英国相对宽松的场外监管环境是商业银行更倾向于选择场外交易的主要原因，但场外衍生品普遍缺乏有效规范的监管，往往也蕴含着较大风险。由于英国最初不重视对场外衍生品的监管，导致英国在2008年金融危机时损失巨大，据统计，英国银行在金融危机中亏损和资产减值总额高达682亿美元，名列欧洲之首。因此，金融危机后，英国政府积极加强对场外衍生品的监管，努力推进场外衍生品的统一清算，防范系统性风险，同时，欧盟近年来也积极规范场外衍生品市场。但是，英国商业银行通过中央对手方清算的场外衍生品

数量仍旧很少。

表13　　　　　　　　汇丰控股衍生品场内外持仓状况　　　　　　　单位：百万美元

汇丰控股		2018年		2017年	
资产负债情况		资产	负债	资产	负债
场外衍生品持仓状况	总持仓	255190	251001	328806	324442
	由中央对手方清算的场外衍生品持仓	52424	52845	118030	119394
	非中央对手方清算的场外衍生品持仓	202766	198156	210776	205048
场内衍生品总持仓		2346	4545	1437	2804
所有衍生品总持仓		257536	255546	330243	327246

资料来源：根据汇丰控股2018年财报整理。

表14　　　　　　　　巴克莱集团衍生品场内外持仓状况　　　　　　　单位：百万英镑

巴克莱集团		2018年		2017年	
资产负债情况		资产	负债	资产	负债
场外衍生品持仓状况	总持仓	209930	206182	228169	226207
	由中央对手方清算的场外衍生品持仓	5399	5529	9236	9294
	非中央对手方清算的场外衍生品持仓	204531	200653	218933	216913
场内衍生品总持仓		12454	13396	9335	11029
所有衍生品总持仓		222384	219578	237504	237236

资料来源：根据巴克莱集团2018年财报整理。

4. 商业银行衍生品对银行资产保护程度高，风险敞口较低

通过计算衍生品资产占总资产的比重可以衡量衍生品资产在整个商业银行集团中的地位，而衍生品交易风险敞口，则可以通过衍生品净资产（衍生品资产减去衍生品负债）即"净当前信用风险敞口"（Net Current Credit Exposure，NCCE）来衡量。

巴克莱集团持有的金融衍生工具类资产占总资产的比重超过了20%；而汇丰控股持有的衍生类产品虽然从2014—2018年总体呈下降趋势，如衍生类资产占总资产比重由13%下降到8%，衍生类负债占总负债比重也是由13%下降到8%，但是也保持着10%左右的体量，具体见表15和表16。这说明金融衍生工具的变动对于整个商业集团的经营活动都有着重大影响。

表15　　　　　　巴克莱集团金融衍生工具类资产负债情况　　　　单位：百万英镑

巴克莱集团	2020年	2019年	2018年	2017年
总资产	684245	542280	877700	1129343
金融衍生工具类资产	302446	229236	222683	237987
金融衍生工具类资产占总资产	44%	42%	25%	21%
总负债	597945	470446	829989	1063609
金融衍生工具类负债	300775	229204	219592	238345
金融衍生工具类资产占总负债	50%	49%	26%	22%
金融衍生工具类净资产	1671	32	3091	-358

资料来源：根据巴克莱集团2018年财报整理。

表16　　　　　　　　汇丰控股衍生品资产负债情况　　　　　　单位：百万美元

汇丰控股	2018年	2017年	2016年	2015年	2014年
总资产	2558124	2521771	2374986	2409656	2634139
衍生品总资产	207825	219818	290872	288476	345008
衍生资产占总资产比重	8.12%	8.72%	12.25%	11.97%	13.09%
总负债	2558124	2521771	2374986	2409656	2634139
衍生品总负债	205835	216821	279819	281071	340669
衍生负债占总负债比重	8.05%	8.60%	11.78%	11.66%	12.93%
衍生类净资产	1990	2997	11053	7405	4339

资料来源：根据汇丰控股2018年财报整理。

可以看出，近年来，巴克莱集团的金融衍生工具类的资产和负债占总资产和负债的比重有显著的上升趋势；加之2018年汇丰控股合并报表中披露，汇丰控股2018年衍生资产和负债分别减少了120亿美元和110亿美元。其中，由于外币折算差额减少的衍生资产和负债分别为100亿美元和90亿美元。除此之外，衍生资产减少的20亿美元与衍生负债减少的20亿美元相等，这就说明汇丰控股对于潜在风险的把握十分准确，衍生品类资产和负债的风险敞口大致相当，这也从侧面反映出英国商业银行十分重视风险的控制。

虽然不同商业银行由于经营政策和理念不同，持有的衍生品数量也不同，但是根据汇丰控股和巴克莱集团衍生类资产和负债的状况基本可以看出，英国商业银行衍生类产品占商业银行总资产的比重较大。衍生品净资产数额较低，说明目前英国商业银行对于风险的掌控还是很严格的，风险敞口可控。

在2005年之前，英国银行衍生品净资产数额基本围绕着0数值波动，风险在可控范围内。从2005年9月开始到2008年之前衍生品净资产为负，2008年之后衍生品净资产数额激增，并且在2008年底至2009年初达到峰值，这一时间段衍生品净资产波动幅度巨大，风险剧增，与2008年金融危机相吻合，具体见图8。近年来，英国商业银行持有的衍生品风险敞口逐步扩大，虽然从单个银行财报数据来看，商业银行当前的净信用风险敞口可控，但是英国作为金融中心，除了本国的商业银行还有众多外国银行在英国开展交易活动，累积的风险敞口其实更大，有关部门和银行业要提高警惕，防范衍生品带来的金融风险。

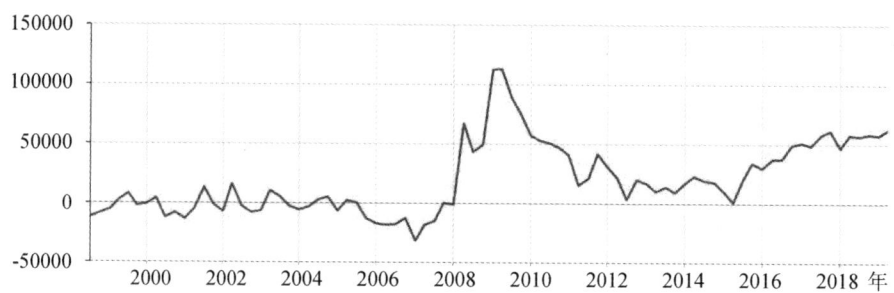

图8　英国境内银行持有的（包含所有外币）衍生品净资产季度总额与交易对手总数（1998年6月—2019年3月）

资料来源：英格兰银行官网。

（二）英国商业银行参与衍生品交易的监管演变

商业银行开展衍生品业务首先必须得到政府及相关监管部门的许可。因此，英国商业银行衍生品交易状况实际上会反映英国银行业的监管特点。探索英国商业银行参与衍生品交易监管的演变能够帮助我们加深商业银行参与衍生品业务的理解，为更好推进我国商业银行开展衍生品交易业务提供借鉴。而探索英国商业银行参与衍生品交易监管的演变本质上是探索英国商业银行监管的演变。由于英国监管当局对银行业最初采取宽松监管并且实施混业经营，因此，英国商业银行参与衍生品业务最初没有受到明确的限制，也没有被特殊提及，这项业务如同商业银行的其他业务一样受到法律的监管。本部分主要从监管理念、监管法律、监管组织、监管技术四个方面探索英国商业银行及其对参与衍生品交易的监管演变。

1. 监管理念的演变

从20世纪80年代英国金融监管体制改革可以看出，此时英国监管当局对银行业的监管理念开始从宽松向有法可循的审慎监管转变，并且有意将银行的混业经营向分业经营引导。

1979年之前，英国采取的是以"道义劝诫"为特征的宽松监管理念。英国法律上缺乏关于银行正式的定义和分类，也没有明确界定银行可以经营的业务，对银行参与衍生品交易更是缺乏规定。在这一时期，由于任何合伙组织、公司或个人都可以接受存款，这导致了金融市场的混乱，使得英国现代银行体系中的"君子协议"和"道义劝诫"不再符合当时金融业的发展要求。于是，英国政府开始转变监管理念，通过颁布相关法律来规范和约束银行经营行为，但是仍旧以宽松监管为主。

1986年，撒切尔政府领导了英国金融业政策变革，俗称"1986年金融大爆炸"。该变革全面摧垮了英国本土及英联邦国家金融分业经营的体制，开始推行混业经营。英国的商业银行纷纷收购和兼并证券经纪商，逐渐涌现出一批银行集团，业务领域涵盖了银行、证券、保险、信托等各个方面。英国商业银行跨行业经营既可以由商业银行自己经营，也可以通过子公司经营。就此，英国银行资金周转率、收益率上升。商业银行参与衍生品不仅对冲了自身风险，而且提升了客户服务能力，英国金融业迅速繁荣，银行开始跨国并购。

混业经营在给银行带来巨大发展的同时，也带来了风险。一个银行集团兼营投资银行、商业银行、零售银行等多种业务，会因为投资银行过高的杠杆率和风险头寸将其他业务也置于风险之中。2008年金融危机凸显了英国商业银行混业经营的弊病。为应对危机，英国监管当局开始调整监管方式，引导银行由"混业经营"向"分业经营"转变，并将其法制化。

2011年，英国《金融时报》的社评便刊发了一篇名为《驯服英国银行业》的文章，文章中提到"本届英国政府上台时所肩负的一个使命就是，驯服一个已变成野兽的银行业体系"①。可以看出，英国国内认识到银行业的发展已经不受控制，混业经营需要得到更有效的管理。实质上，从美国、英国和欧盟先后出台的沃尔克法则（Volker Rule）、维克斯报告（Vickers Report）和利卡宁报告（Liikanen Report）三大金融结构性改革方案中便可以看出，发达经济体此时都在开始着手对混业经营模式进行改革。当时英国监管当局主要是实施"围栏规则"，建立"防火墙"，将高风险的投行业务与低风险的零售业务隔离，英国商业银行走向"分业"。"利卡宁报告"也提出了"分业"的理念，比如投行业务超过零售业务量的15%就应该分离等。但是，鉴于"分业"可能会增加银行运营成本，进而降低银行业的竞争力，也引发了新一轮的监管争论，关于如何更好地推动这一转变目前仍在探索中。

2. 监管法律的演变

英国对于金融服务领域的监管传统是以行业自律为主，采用自律规则与法定规则相结合的混合监管模式。但随着金融实践发展，英国监管法律从自我规制为主走向系统法律体系。2009年，英国政府开始连续出台法案构建新的金融监管框架，英国金融监管法律的修订进入新阶段。

（1）自律监管为主的阶段

1979年之前，英国采取的是以"道义劝诫"为特征的自律监管。1979年之后，

---

① http://www.ftchinese.com/story/001040657/ce?archive.

英国开始逐步出台法律规范银行业，这一阶段银行业虽然以自律监管为主，但是政府开始对银行业进行立法管理。

为了抵御战后资本主义经济危机的冲击，且顺利推行1977年12月12日欧洲经济共同体经济和财政部部长会议制定的银行业协调指令，英国出台了第一部综合银行法、即《1979年银行法》。该法并没有对银行参与衍生品业务进行具体规定，且由于自律监管传统，《1979年银行法》出台后，英格兰银行仍基于对"认可银行"①的信任，将监管重点主要放在"持牌接受存款机构"。1984年，"认可银行"约翰逊·马修银行（Johnson Matthey Bank，JMB）由于贷款过于集中且数额过大倒闭，暴露了《1979年银行法》的弊端。为弥补1979年银行法的缺陷，《1987年银行法》应运而生。该项法案将持牌接受存款机构和认可银行合二为一，即所有吸收存款的机构都要由英格兰银行授权，并接受其监管。虽然《1987年银行法》进一步规范了英国银行体系，但是仍没有对"银行"进行直接定义，也没有对银行可以从事的其他业务加以限制。

（2）自律监管逐渐衰落阶段

这一阶段，英国开始调整法律监管内容，寻求法制监管和自律监管之间的平衡，更加重视法制监管，对银行参与衍生品市场提出了相应的监管要求。

根据《1986年金融服务法》（The Financial Services Act 1986），英国贸易与工业部长将法律授予其的立法权、调查权和执行权，转授给证券投资委员会（Security and Investment board，SIB），指出银行经营衍生品交易应当受到SIB监管，此项法律一直持续到21世纪。

《2000年金融服务与市场法》（Financial Services and Markets Act 2000，FSMA）的颁布，标志着英国金融监管体制的重大变革，即从《1986年金融服务法》确立的"制定法框架下的行业自律"体制转变为"制定法规范的单一监管机构"体制（Statutory Single Regulator），并且确立了金融服务管理局的单一监管机构地位。银行参与衍生品市场、开展相关衍生品业务也需要接受金融服务监管局（Financial Service Authority，FSA）的监管。但是，FSMA并没有从根本上改变英国金融业自律监管的特性。对于专业客户②之间的交易，FSA仅提供轻触式监管（a regulatory light - touch），也就是对专业客户尤其是合格投资者之间的交易监管很少，主要依靠行业内自发形成的各类自律规则维护市场运转，监管漏洞仍旧存在。

2007年，英国第五大抵押贷款机构——北岩银行（Northern Rock）发生储户挤

---

① 《1979年银行法》规定所有吸收存款的金融机构的设立和合并都需要通过英格兰银行的批准，获批后英格兰银行会向相关机构颁发牌照。英格兰银行将信用较好注册资本较大的银行划分为"认可银行"，将信用较低资金较少的银行划分为"持牌接受存款机构"。

② FSA将客户分为三类：零售客户（Retail Clients）、专业客户（Professional Clients）和合格投资者（Accredited Investor）。不同类别客户适用的交易规则和受到的监管不一样。

兑事件，成为英国金融界第一个美国次贷危机的受害者。为防止系统性银行危机的出现，英国财政部、英格兰银行与FSA先后采取了注资以及存款账户担保等措施救助北岩银行。这一事件，催生了2009年《银行法》。2009年《银行法》新建了特别解决机制（Special Resolution Regime，SRR），对商业银行提出了服务连续性的要求。这项法案要求商业银行更加注重自身的风险管理，防范衍生品业务带来的高风险。

（3）系统法律体系发展阶段

2009年起，英国金融监管进入法制新阶段，对于商业银行参与衍生品业务也提出了新的要求。

2011年4月，英国银行业独立委员会（Independent Commission on Banking，ICB）发布了英国银行业改革建议的报告，即"维克斯报告"，提出了"围栏规则"，意将风险程度较高的投行业务与风险较低的零售银行进行隔离，零售银行以独立的公司运营，建立"防火墙"，禁止零售银行的沉淀资金用作高风险投资业务，并准备在2019年之前逐步实施以上举措。但2012年夏天，英国本土的巴克莱银行、苏格兰皇家银行和美国的花旗银行、摩根大通等世界一流商业银行均涉嫌在外汇市场操纵汇率被调查，英国政府为了消除LIBOR操纵丑闻事件的负面影响，于是出台了《2013年金融服务（银行改革）法》。

《2013年金融服务（银行改革）法》落实了ICB建议的"围栏规则"。根据这种结构性分离监管原则，政府要求英国银行业把零售业务和投行等高风险业务分离开来。除以对冲零售风险，禁止零售银行为其他金融机构提供衍生品交易等支付功能以外的服务。这就意味着风险较高的交易（衍生品交易）被分离在"围栏"之外。这次金融监管体系的调整有效地降低了系统性风险，也体现了"金融发展的本源在于提供连续性金融产品与服务、服务于实体经济"。

3. 监管组织的演变

为了更好地践行监管理念、落实监管法律，英国也在一直进行着监管组织的调整。经过近三十年的调整，最终确立了英格兰银行对金融市场的监管权力，英国金融监管体系由"英格兰银行、金融服务局、财政部"三方监管模式，最终调整为"双峰"监管模式。

1979年之前，英格兰银行虽然是中央银行，但是并没有实质的法律权利，英国采取的是非正式监管制度，主要依靠银行的自我管理，辅以"道义劝告"等温和管理手段。《1979年银行法》颁布以后，对于银行的监管权力全部归属于英格兰银行，从此英国的银行体系开启了依法监管的时代。银行业无论是准入还是经营业务都要受到英格兰银行的监管。

1986年颁布的《金融服务法》，建立起一个三层的金融规制体制。最顶层是政府部门包括财政部、公平贸易局、英格兰银行和贸易与工业部;中层是SIB;底层是所谓的从业者(practioner)层级,包括自我规制组织(SROs)和职业团体、证券交易所和票据交换所。从1986年起,贸工部承担金融规制的监督职责,但到1992年,这项职责转由财政部承担。

1997年10月,英国财政部希望将英格兰银行对于金融市场的监管权力分离出去,成立了FSA。1998年《英格兰银行法》的颁布标志着英格兰银行的金融监管权正式移交给FSA,FSA被确立为英国唯一的金融监管执法机构①。FSA监管范围涵盖了全部金融领域,包括证券、银行、保险以及各类互助会,取代了SIB对证券投资业务的监管、英格兰银行对银行金融机构的监管以及财政部对保险机构的监管。

2008年金融危机后,英国政府吸取经验教训,对金融监管制度进行了系统改革。《2012年金融服务法》赋予了英格兰银行金融监管中心的法律地位,加强了宏观审慎监管和各机构之间的协调性,进一步保护消费者权益,并且在英格兰银行下设金融政策委员会(Financial Policy Committee,FPC),该委员会从宏观层面监控金融市场系统性风险,并负责协调和指导金融监管机构。同时,将FSA分拆成立金融审慎监管局(Prudential Regulation Authority,PRA)和金融行为监管局(Financial Conduct Authority,FCA),英国金融监管体系由"英格兰银行、金融服务局、财政部"三方监管模式,调整为"双峰"监管模式。

其中,PRA负责对商业银行、投资银行、保险公司等1400多家大型金融机构进行审慎监管。FCA负责约26000家金融机构的行为监管、产品监管和保护金融消费者,以及监管不在PRA管辖范围内的金融机构。新成立的PRA和FCA对风险的容忍度更低,采取的措施和手段与FSA相比更主动、更强硬。就此,FPC负责宏观审慎监管,FSA原有的微观监管职能交给PRA和FCA承担。对于金融市场的监管权力又重新回到了英格兰银行。

《2016年英格兰银行和金融服务法》颁布后,英格兰银行下设审慎监管委员会(PRC)取代PRA,直接承担审慎监管职能。这整合了英格兰银行的监管权力,使其职能更加完善,可以从宏微观角度采取审慎监管权,整体协调管理银行机构。

4. 监管技术的演变

一是限制金融产品交易。2012年,英国监管部门要求所有从事金融产品交易的

---

① 1997年10月,SIB并入FSA,1998年6月,英格兰银行的银行监管职能也被转移至FSA。2000年5月,FSA接管了伦敦证券交易所的英国上市局(UK Listing Authority),FSMA颁布之后,房屋协会委员会(BSC)、互助会委员会(FSC)、投资监管局(IMRO)、私人投资监管局(PIA)、友好协会注册局(RFS)和证券与期货协会(SFA)也并入了FSA。2000年6月,皇室批准《2000年金融服务和市场法》,证券和期货局(Securities and Futures Authority)、投资管理监管组织(Investment Management Regulatory Organisation)、个人投资局(Personal Investment Authority)等7个与金融监管相关的部门并入FSA。

交易员，只能在一个市场内进行交易。在此之前，交易员可以横跨金属、外汇、股票、债券等市场进行交易的。这一举措有效降低了交易风险，使金融产品包括衍生品交易变得更加规范。

二是提出衍生品场内交易、场外衍生品场内清算的要求。最初，英国没有专门法律规范场外衍生品市场，所有金融业均接受 FSA 的管理，适用 FSMA①。实际上，FSMA 对于关于衍生品的定义非常广泛，对衍生品的标的资产也没有做出任何限制，这导致衍生品的监管出现巨大漏洞，2008 年金融危机时造成了巨大损失。经济危机之后，英国的监管当局和部分银行人士都提出将衍生品交易和场外衍生品的清算纳入场内的建议，以提高透明度，加强对衍生品交易的监管，防范系统性风险。

三是实施"沙盒监管"②。为了顺应科技发展、应对金融技术进步带来的金融风险，FCA 启动了"沙盒监管"。汇丰银行和渣打银行也都参与了"沙盒监管"项目来测试自己的新产品和新技术。监管部门利用"沙盒监管"在为金融科技创新提供便利的同时，增强了监管对创新的适应性。监管者参与到"沙盒监管"之中，可以充分了解创新方案的金融本质、风险特征和操作手法等，为监管者制定相关政策措施积累经验。"沙盒监管"还有利于激发金融产品和技术的创新。

（三）研究结论及对推进我国商业银行参与衍生品业务的启示

1. 研究结论

本文通过梳理英国商业银行衍生品业务的基本情况及商业银行参与衍生品交易的监管历程发现：一是英国的商业银行主要的组织形式为银行集团，通过银行集团子公司持有衍生品业务牌照，是英国商业银行进入衍生品市场的重要途径。二是英国商业银行的衍生品业务主要为衍生品交易业务和衍生品对冲业务，持有的衍生品 90% 种类是利率和外汇，且主要集中在场外市场，从衍生品为主，二者占所有衍生

---

① FSMA 规定，只有 FSA 授权的主体或法定豁免主体才能从事与"投资品"相关的"被监管行为"。场外衍生品正是"投资品"，场外衍生品市场的投资行为属于"被监管行为"。根据 FSMA 的规定，被监管行为（Regulated activities）是指与"特定投资"相关的"特定行为"，而"特定投资"包括任何财产（asset）、权利（right）和利益（interest）的投资。FSMA 附件 2 中具体列出了投资的对象，包括"证券（securities）、创造或认可的债权工具（instruments creating or acknowledging indebtedness）、政府和公众证券（government and public securities）、赋予投资权利的工具（instruments giving entitlement to investments）、代表证券的证书（certificates representing securities）、集合投资中的份额（units in collective investment schemes）、期权（options）、期货（futures）、价差合同（contracts for differences）、保险合同（contracts of insurance）、劳埃德财团的成员份额（Participation in Lloyd's syndicates）、存款（deposits）、以土地为担保的贷款（Loans secured on land）、任何符合上述投资的权利或利益（any right or interest in anything which is an investment）"。

② 沙盒监管（Regulatory Sandbox）的概念由英国政府于 2015 年 3 月率先提出。是指在一个专门构建出来的虚拟金融市场环境中，由 FCA 批准接受的申请企业（实际是指其业务行为）进行充分的金融行为测试实验，从而最大限度规避金融科技创新带来的政策风险，保护消费者和创新企业本身。

品种类的90%以上。其中，利率衍生品以利率互换和利率期权为主，外汇衍生品则以互换、期货和远期为主。三是英国商业银行参与衍生品的形式与特点与英国金融监管制度密切相关，英国对商业银行衍生品业务的监管经历了一个从自律监管到政府审慎监管的过程，推动银行业务由混业经营向分业经营转变。四是无论是混业还是分业，英国政府采取的措施都顺应了其金融市场发展的实际。英国政府通过及时出台相关经济政策、法律，调整监管主体等多种措施来纠正经济发展方向，在2008年经济危机后也能较为迅速地从危机的阴影中走出来，保持银行业的活力。

2. 启示借鉴

英国商业银行衍生品交易的发展历程为更好推进我国商业银行开展衍生品交易业务提供了借鉴，主要为以下三个方面。

一是要防范混业经营的风险，隔离衍生品业务与银行其他业务。银行混业经营是一国经济发展对银行业务的要求和趋势。当前我国商业银行逐渐开始进行混业经营模式，并向综合性银行集团转变。允许商业银行更好进入衍生品市场管理自身风险是时代需求。但对商业银行开展衍生品业务要有监管制度保障，借鉴英国经验和教训，我国应在一定时期内保持分业监管的制度体系和框架，做好衍生品风险的防控，谨防风险的穿透和传染。

二是深化银期合作的深度广度，大力提升商业银行风险管理服务能力。目前，我国商业银行开展的金融衍生品业务主要分为外汇类金融衍生品业务和利率类金融衍生品业务，主体与英国商业银行持有的衍生品类别相似。但是，我国商业银行金融衍生品业务应用领域狭窄，产品种类也比较单一；为客户量身打造的产品十分有限，产品同质性高；衍生品业务份额少，对银行的利润贡献很低。因此，我国商业银行应大力提升其风险服务管理能力，要加强与期货交易所等衍生品机构合作，丰富其产品和服务。

三是加强场外衍生品市场建设，防控场外衍生品市场风险。根据衍生品的特质以及英国商业银行参与衍生品市场的状况，可以看出场外衍生品对银行发展至关重要，但若监管不力则极易引发系统风险。因此，我国要进一步加强规范管理场外衍生品市场，要降低场外产品不必要的复杂性，促进场外衍生品在统一交易平台上交易，加大第三方强制集中清算力度，加强交易之后清算和交割环节的统一制度安排。

参考文献

[1] 中国银行业协会行业发展研究委员会.2020年度中国银行业发展报告[R]. 北京：中国金融出版社，2021.

［2］葛兆强．商业银行转型的动因与国际经验［J］．金融教学与研究，2011（2）：2-8．

［3］冯玉成．境外大型投行大宗商品业务浅析［N］．期货日报，2014（12）．

［4］魏仁义，石子亮．银行"纸商品"业务发展现状、问题及对策［J］．金融经济，2020（9）：82-85．

［5］张辉，刘春彦．我国发展商业银行套期保值贷款研究［J］．南方金融，2007（4）：5-7．

［6］郑雪．中国商业银行投资银行业务风险防范研究［D］．辽宁：辽宁大学，2020．

［7］张辉，刘春彦．我国发展商业银行套期保值贷款研究［J］．南方金融，2007（4）：5-7．

［8］施蕴珊．德国金融监管体制及其经验借鉴［J］．价格月刊，2009（4）：57-58．

［9］高基生．德国证券市场行政执法机制研究［J］．证券市场导报，2005（4）：36-41．

［10］张然，吴秀伦．德国全能银行发展简析［J］．现代管理科学，2019，312（3）：38-40．

［11］王兆星．结构性改革：金融分业混业的中间路线——国际金融监管改革系列谈之九［J］．中国金融，2014（20）：20-23．

［12］巴曙松，沈长征．从金融结构角度探讨金融监管体制改革［J］．当代财经，2016（9）：43-51．

［13］卢晨烨．境外主要期货交易所套期保值相关规定分析［R］．郑州：郑州商品交易所期货及衍生品研究所，2018．

［14］张敏．世界金融危机对欧洲经济的影响及其原因［D］．北京：中国欧洲学会，2011．

［15］赵婧．英国商业银行的经营模式浅析［J］．商业经济研究，2011（1）：55-58．

［16］李慧．英国法中"银行"概念的历史演变［D］．上海：复旦大学，2013．

［17］刘明志．英国《1987年银行法》及金融监管制度［J］．中国外汇，1996（6）：48-51．

［18］李洪雷．走向衰落的自我规制——英国金融服务规制体制改革述评［J］．行政法学研究，2016（3）．

［19］刘红．英国救治危机银行的良方——2009《银行法》的新特别解决机制

[J]. 法制与社会, 2009 (36): 130-131.

[20] 余建川, 常健. 英国金融监管: 缘起、法律变革及其启示 [J]. 商业研究, 2018 (8): 99-107.

[21] 王淯, 陈团廷. 英国银行业改革方向: 防范跨行业风险传递 [J]. 金融发展评论, 2011 (12): 31-34.

[22] 胡滨, 杨楷. 监管沙盒的应用与启示 [J]. 中国金融, 2017 (2): 70-71.

[23] 张轩宇. 论我国商业银行金融衍生工具运用及风险管理 [J]. 新经济, 2015 (2): 39-40.

[24] 翟浩, 雷晓冰. 场外衍生品市场监管制度改革: 英国的经验与启示 [J]. 河北法学, 2012, 30 (1): 153-161.

[25] 李辰, 刘玫. 从英美银行牌照管制看我国个人征信机构准入监管 [J]. 征信, 2017 (9).

[26] 印兰. 论英国统合金融监管模式及其启示 [D]. 上海: 复旦大学, 2010.

[27] 都红雯, 杨晓敏. 商业银行参与金融衍生品交易的现状分析及对策思考 [J]. 浙江金融, 2006 (11): 23-24.

[28] 王元龙, 田野. 拯救英国的银行——英国银行业独立委员会的银行业改革建议中期报告 [J]. 金融博览, 2011 (8): 30-32.

[29] 史晶晶. 英国金融制度和金融调控法研究 [J]. 史志学刊, 2010 (5): 25-26.

[30] 史云. 英国银行法与银行监管体制的变革 [J]. 金融博览, 1997 (8): 44-45.

[31] 潘功胜. 英国商业银行的基本架构及运作规则 [J]. 中国城市金融, 1996 (1): 43-46.

[32] 伦津. 英国银行法中有关"银行牌照"的规定 [J]. 国际金融研究, 1994 (1): 32-33.

[33] 董玉华. 英国金融管制的历史演变 [J]. 国际金融研究, 1991 (8): 24-25.

中期协联合研究计划（第十四期）项目

期货市场服务上市公司风险管理作用评价

课题负责单位：对外经济贸易大学统计学院
课题研究编号：202131042
课题负责人：刘立新
课题组成员：许丹良　王　骏　周　珂　王　妍　徐光利
　　　　　　叶文锐　李渊博　杨莉娜　史家亮　李彦森
　　　　　　牛秋乐　夏聪聪　王畅舟

一、引言

在经济全球化的今天，在产品价格、汇率、利率、供求以及政治环境等多重因素的共同作用下，上市公司的风险暴露增加，企业风险管理的难度加大。期货市场是现代金融体系的有机组成部分，为金融市场参与者提供了高效的风险管理工具，对提高市场效率和透明度、提高金融机构服务实体经济能力起到了重要作用。衍生金融工具作为企业管理价格风险的重要途径，已经被越来越多的企业运用到企业风险管理中。然而，许多上市企业运用衍生金融工具效果并不理想。一方面，我国的衍生金融产品和其他发达国家相比起步较晚，市场中可交易的品种和制度都还不够完善。另一方面，企业在运用衍生金融工具时，受限于自身的知识水平和专业素质，对衍生金融工具认识不足，并不能有效地利用其达到控制风险的目标，有时甚至加大了企业的整体风险。2019年2月22日，中共中央政治局就完善金融服务、防范金融风险举行第十三次集体学习。习近平总书记强调，要正确把握金融本质，深化金融供给侧结构性改革，增强金融服务实体经济能力，坚决打好防范化解包括金融风险在内的重大风险攻坚战，推动我国金融业健康发展。对于非金融企业而言，金融衍生产品的使用应该被用来稳定经营业绩、规避商业风险，企业的重心需要放在自身的主营业务活动中，而不能单纯将目光投向衍生品市场进行投机套利。否则就会导致经济脱实向虚，违背了金融服务实体经济的宗旨。

党的十九届五中全会提出"加快构建以国内大循环为主体、国内国际双循环相互促进的新发展格局"重要战略思想。面对新的形势和环境，如何利用我国金融期货市场服务上市公司进行有效的风险管理，以及如何对风险管理作用进行评价，成为当前亟待解决的重要现实问题。在此背景下，本研究在归纳中国上市公司参与期货市场的现状和典型特征事实的基础上，通过分析期货市场服务上市公司风险管理的理论机制，实证检验期货对上市公司风险管理影响效果、影响异质性以及影响机制，综合评价中国期货市场服务上市公司的实际效果。

本课题得到的重要研究结论包括：中国上市公司参与期货市场现状，期货市场影响上市公司风险管理效果，不同期货交易动机、所有制性质、地区属性、行业属性下影响效果的异质性，以及细分为经营风险、市场风险、流动性风险的综合风险影响渠道分析。这些研究结论对于未来期货市场的发展方向、期货市场服务上市公司能力提升渠道等角度具有重要的实际价值。

本课题报告包括以下部分。首先，分析与评价中国期货市场的发展现状，利用文本挖掘等大数据方法分析中国上市企业利用期货市场进行风险管理的现状。其次，讨论期货市场服务风险管理的理论机制，针对上市公司数据，实证分析上市公司参与期货市场进行风险管理的情况,利用计量模型检验期货服务上市公司风险管理的作用效果和具体渠道。最后,总结主要结论,综合评价中国期货市场服务上市公司风险管理的作用效果并给出有针对性的政策建议。

二、现状分析

(一)中国期货市场的发展现状

根据上海期货交易所发布的《2020年度中国期货市场发展报告》,2020年中国期货市场始终保持高速发展,成交量和成交额增幅均超50%,成交量创历史新高。同时,中国期货市场在全球期货市场中占有重要地位,全球农产品和金属类品种的成交量前三名均来自中国期货市场。在中国期货市场的各类期货中,商品期货成交量近60亿手,成交额超过320万亿元,同比分别增长53.78%和45.72%。其中,能源化工类成交量最高,占比接近四成,其次是金属类与农产品类。2021年上半年,国内期货市场累计成交量约为37.2亿手,累计成交额约为286.3万亿元,同比分别增长47.37%和73.05%。其中,2021年第二季度累计成交量约为18.7亿手,累计成交额约为145万亿元,同比分别增长30.29%和64.26%。期货市场扩容明显,截至2021年4月底,期货市场客户权益达到10243.52亿元,首次突破万亿大关。

对于中国期货市场而言,近两年始终充满了各个方面的挑战,但也迎来了很多新的发展。品种创新稳步推进,风险管理工具进一步丰富;做市商制度加速推广覆盖近七成期货品种;对外开放品种稳步扩容至七个,价格影响力持续提升;场外衍生品市场建设初见成效,期货上位法加速推进,法律法规体系持续优化;市场监管能力稳步提升,科技监管水平逐步加强。

中国期货市场在服务宏观形势研判、实体经济发展、居民财富管理方面具有重要作用,运用期货工具进行资产配置的吸引力持续提升,越来越多的投资者选择运用期货工具灵活调动资产、对冲风险、获取收益,实现可持续发展。

1. 服务实体经济

我国期货市场是服务产业稳健发展的重要平台。一方面,期货价格反映投资者对标的资产的未来供求预期,对未来时点的现货价格具有较强的预测力,可作为企业进行生产经营决策的重要参考信息。另一方面,借助期货市场进行资产配置与避险的企业也将具有更强的抵御外部冲击、维持平稳运转的能力,从而使得企业的经营业绩波动保持在一个较低的水平。

2. 服务宏观形势研判

期货市场的相关信息对于宏观形势的研判而言具有重要参考价值。中国期货市场自建立至今，已经上市 90 余种期货、期权产品，产品种类繁多、涵盖领域广泛，交易规模巨大，监管体系逐步完善，运行质量稳步提升，期货市场的信号已经可以涵盖丰富且具有先行性的市场信息与宏观指标。

3. 服务居民财富管理

我国的居民财富管理手段主要为投资房产等实物资产，证券类资产配置比重较低。统计数据显示，城镇居民家庭金融资产占比仅为 20%，与美国等发达经济体相比仍有较大差距。由此可见，我国期货市场在服务居民财富管理方面还有较大发展空间。

（二）中国上市公司参与期货市场的现状

2020—2021 年，受新冠肺炎疫情等各种复杂因素的影响，世界面临百年未有之大变局，中国企业也随之面临前所未有的不确定性。在这种经济背景与市场环境之下，面对各类资产价格的大幅波动，中国企业选择借助期货工具等金融衍生品来迎接风险与挑战。为了探究中国上市企业参与期货市场的现状，借助于 python 编程、文本挖掘等大数据分析手段，对沪深 A 股全部上市公司 2014—2020 年共 7 年的年度报告进行深入分析。数据来源于 Wind 数据库和巨潮资讯网等公开数据。数据挖掘的具体过程见图 1。

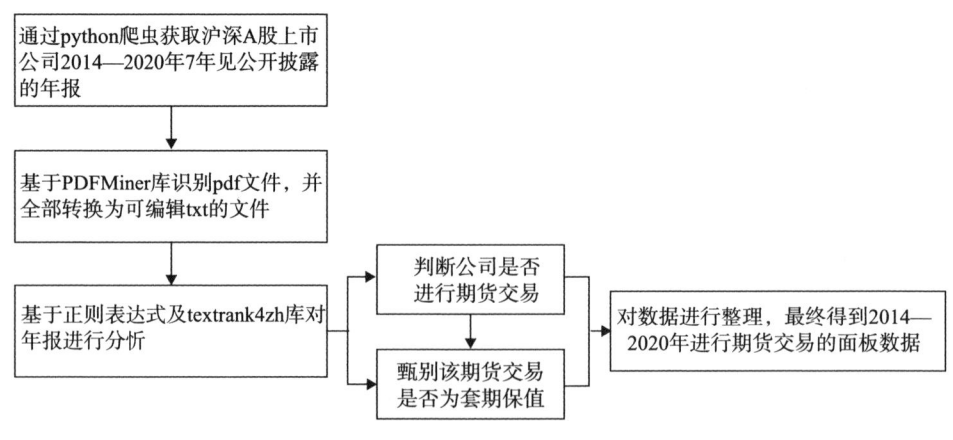

图 1 数据收集与处理过程

一是基于 requests 库、urllib 库，通过网络数据采集沪深 A 股上市公司 2014—2020 年这 7 年的年报。

二是基于 PDFMiner 库识别 pdf 文件，并转换为可编辑 txt 的文件。

三是基于正则表达式及 textrank4zh 库对年报进行分析，基于"期货""套期保值""衍生产品"等关键词汇，初步判断公司是否进行期货交易，并基于 textrank4zh 库分析包含"期货"的关键句中的关键词汇，通过判断文本库的关键词是否包含"保值"以甄别该期货交易是否为套期保值。

四是汇总数据，最终得到 2014—2020 年进行期货交易的面板数据。

1. 上市企业参与期货市场增速提升，但连续参与期货市场比重偏低

样本数据的描述性分析结果显示，2020 年使用期货产品的上市公司（非金融机构）共计 283 家，占研究样本总量（3848 家）的 7.35%，其中利用期货产品套期保值的公司共计 86 家，占研究样本的 2.23%。2014—2020 年，参与期货交易的上市公司逐渐增加，增速均匀，使用期货产品的上市公司数量从 111 家增加到 283 家，增长 154.59%，而使用期货交易进行套期保值的上市公司，则在 2015—2018 年保持平稳之后逐渐增长，从 44 家增长到 86 家，增长 48.84%，如图 2 所示。通过期货进行套期保值以降低风险、提升公司价值越来越受上市公司重视。

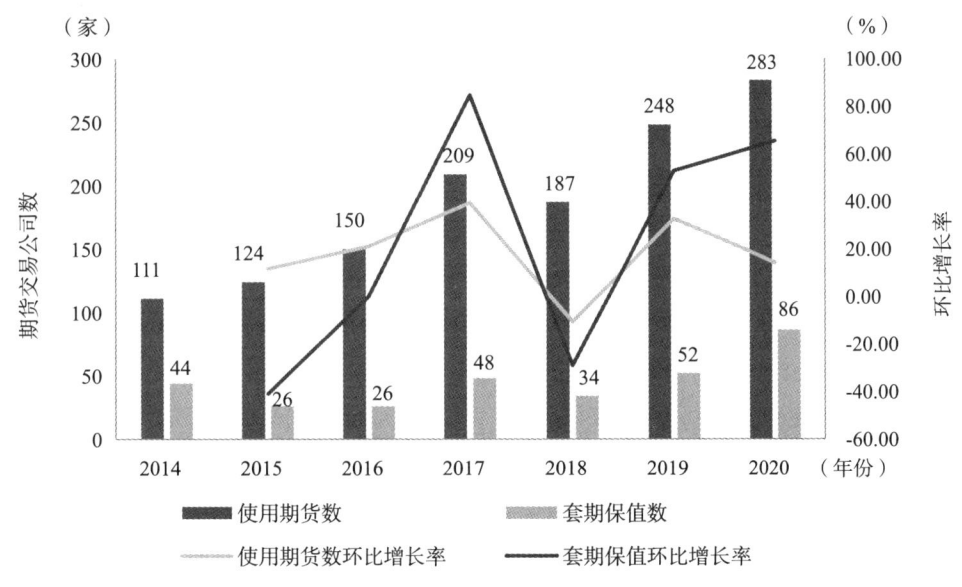

图 2 进行期货交易的公司数量变化情况

如图 3 所示，在 3848 家上市公司中，7 年来累计共有 1288 家使用过期货产品，包括沪市 628 家，深市 660 家。2014—2020 年，深沪两市上市公司进行期货交易公司数均平稳增长，沪市上市公司进行期货交易数从 60 家增长到 123 家，深市从 51 家增长到 160 家，2016 年前沪市期货交易量要大于深市，而在 2016 年后深市开始反超沪市。

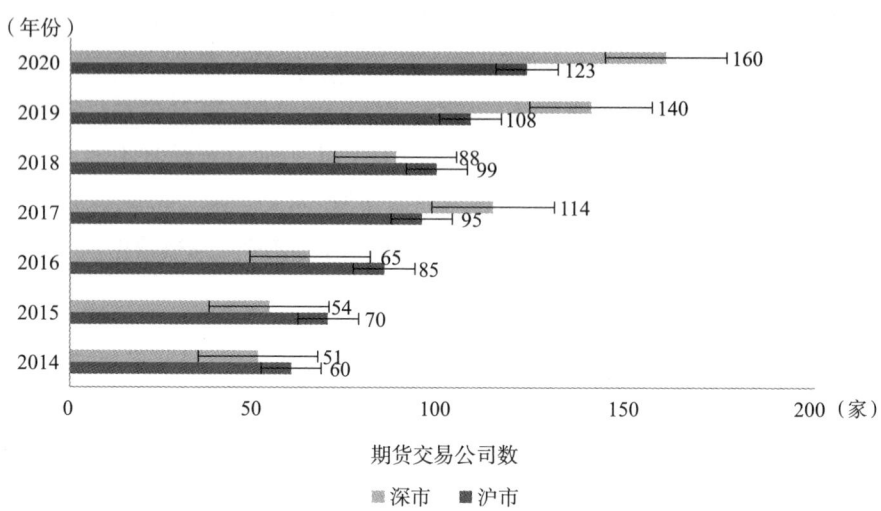

图 3　不同年份沪深两市期货交易公司数量对比

从期货交易持续时间来看，45 家企业 2014—2020 年这 7 年连续使用期货产品（见附录 A），占 7 年间进行过期货交易企业总数的 9.53%，包括 18 家材料企业、12 家工业企业、6 家日常消费企业、3 家房地产企业、2 家可选消费企业、2 家信息技术企业、1 家能源企业、1 家公共事业企业。196 家企业连续进行期货交易在 3 年以上，占 7 年间进行过期货交易企业总数的 41.53%。其中，排名前五的板块为工业（59 家）、材料（66 家）、日常消费（20 家）、可选消费（18 家）、信息技术（13 家），其余行业公司数量均小于 10 家（见图 4 和图 5）。

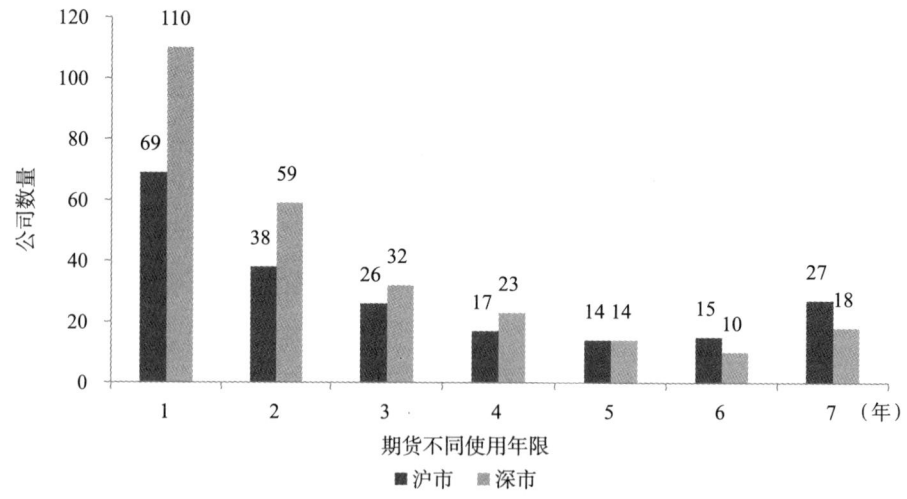

图 4　不同使用年限沪深两市期货交易公司数量对比

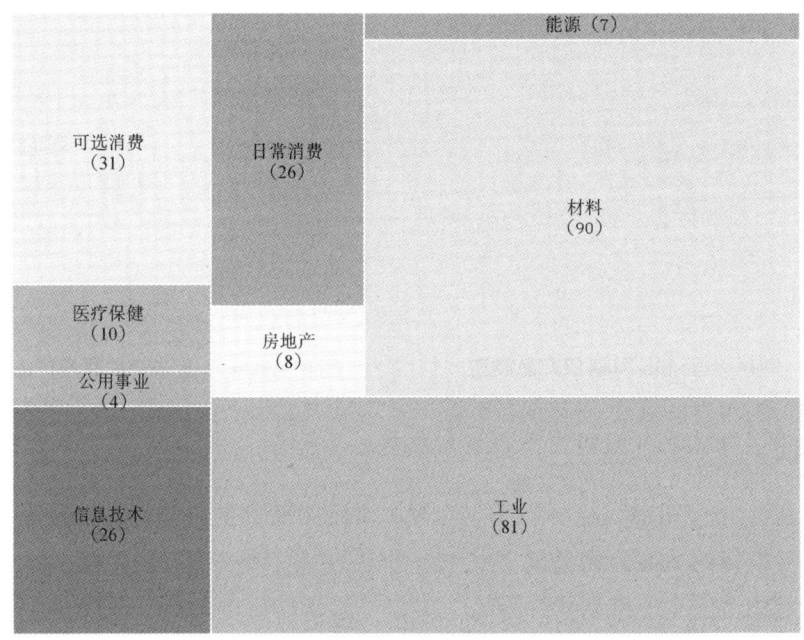

图 5　期货交易 3 年以上的上市公司行业分布情况

2. 参与商品期货市场上市企业数量增幅明显，有色金属类期货受到偏好

对近 7 年上市公司公开披露的年报信息进行文本挖掘，基于 python 识别期货种类关键词，并将识别得到的期货产品类型词库绘制得到如下词云图（见图 6、图 7 和图 8）。由图可知，绝大部分上市公司进行的期货交易多为商品期货，其中铜期货为交易次数最多的期货品种，铝、锡、锌等重金属期货也受到上市公司的偏好。此外，有一定比例的上市公司进行以黄金、股指、国债等为标的产品的期货交易，在上市年报文本库中，其统计词频占比达 24.56%。2014—2020 年，各大上市公司使用金融期货品种基本一致，而使用商品期货类变化较为显著，橡胶、白银、镍等种类的商品期货交易占比越来越高。

图 6　7 年上市公司期货产品类型

图7　2014年上市公司期货产品类型

图8　2020年上市公司期货产品类型

3. 材料、工业行业板块上市企业期货参与度最高

2020年上市公司中，材料、工业为板块内使用期货上市公司占比最高的两大板块。从使用期货的上市公司绝对数量看，材料业、工业分别有90家、81家企业使用期货产品，占所有使用期货产品的上市公司总量的比例最高，分别达到31.80%、28.62%；消费行业共有84家进行了期货交易，其中日常消费26家、可选消费31家，占所有使用期货产品的上市公司总量的9.19%、10.95%；信息技术行业共有26家企业进行期货交易，占比达9.19%。而其他板块的占比均较小（见图9）。

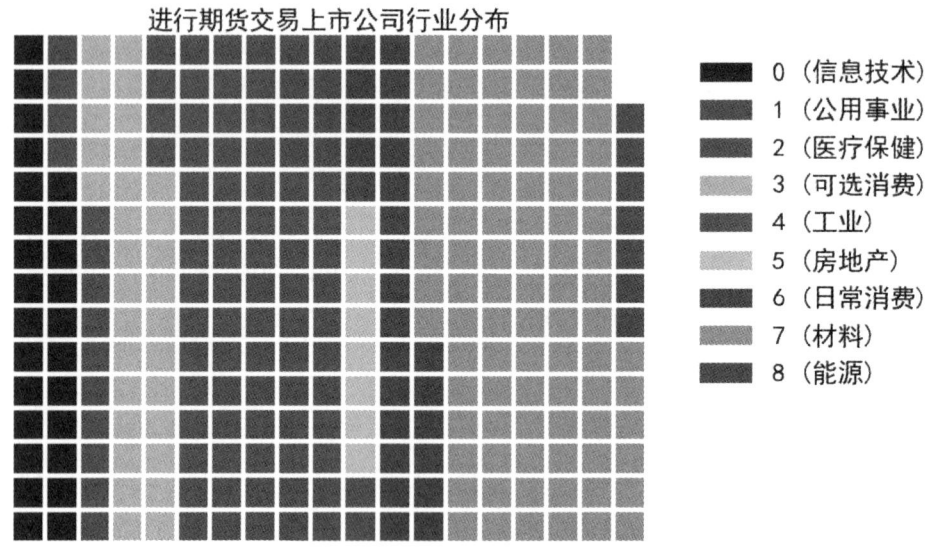

图9　2020年利用期货上市公司绝对数量比例情况

从使用期货的上市公司数量占板块内上市公司总数的比例来看（见图10），材料行业有90家公司使用过期货产品，占板块内上市公司总数的13.14%，比重最高；日常消费行业有26家公司使用过期货产品，占板块内上市公司总数的10.57%；而其他板块内使用过期货产品的上市公司占比相对较低，占比均低于10%。

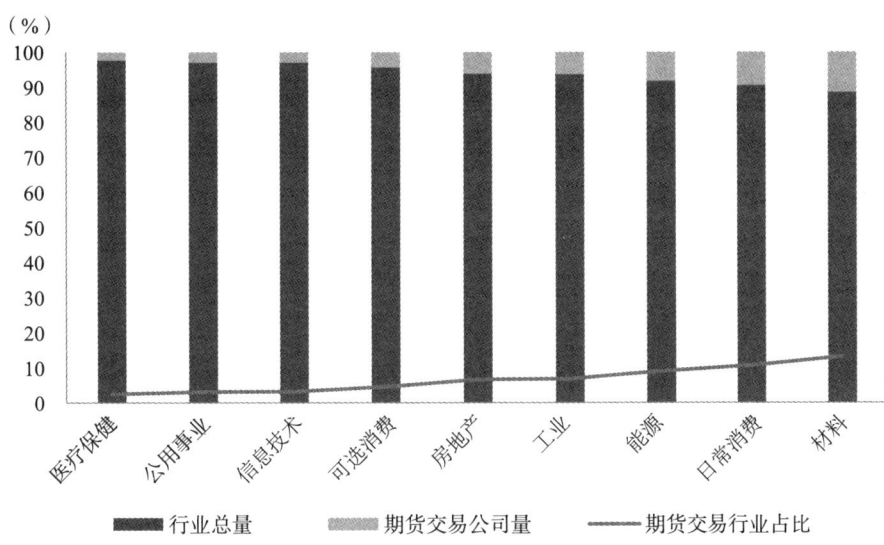

图 10　各板块利用期货公司数量占板块内公司总数情况

2014—2020 年，9 大板块间使用期货的上市公司占比相对稳定，材料、工业两大板块占比最大，而信息技术、医疗保健行业增幅最快。从各板块比例变化趋势来看，占比增幅最大的为信息技术行业，占同年所有使用期货产品的比重从 5.41% 增至 9.19%；占比降幅最大的为能源板块，占同年所有进行期货交易的比重从 4.5% 降至 2.47%；其余各板块波动均不超过 2%（见图 11、图 12 和图 13）。

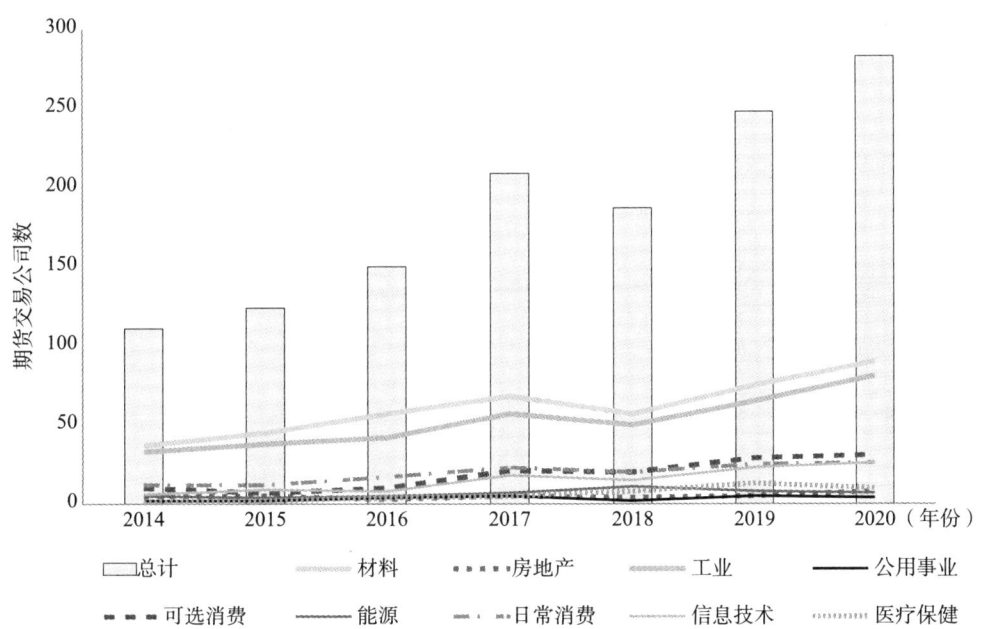

图 11　利用期货的公司数量级板块分布变化

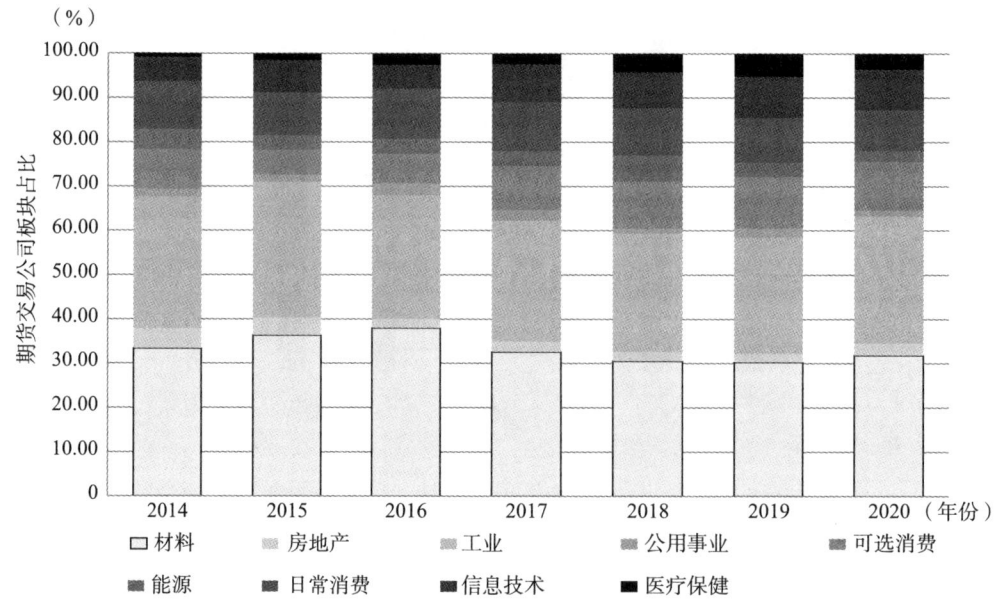

图 12　使用期货工具的上市公司板块占比情况

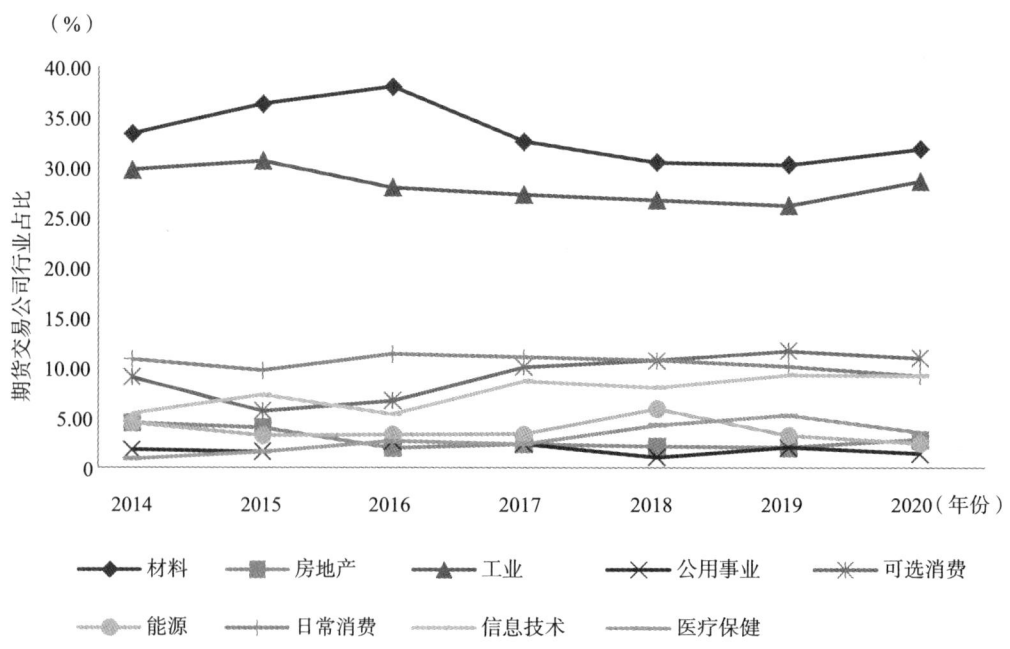

图 13　各板块期货公司数量占板块内公司总数比例变化情况

2020年，材料、工业及可选消费行业是上市公司使用期货产品数量前三的行业（见图14）。材料行业有90家公司使用期货产品，占使用期货产品总数比重最高，占比为32%；工业有81家企业使用期货产品，占比为29%；可选消费行业共有31

家公司使用期货产品，占比为9%。从行业内占比看，2020年上市公司使用期货产品占行业内的比重超过10%的仅有两个行业，分别是材料及日常消费行业（见图15）。

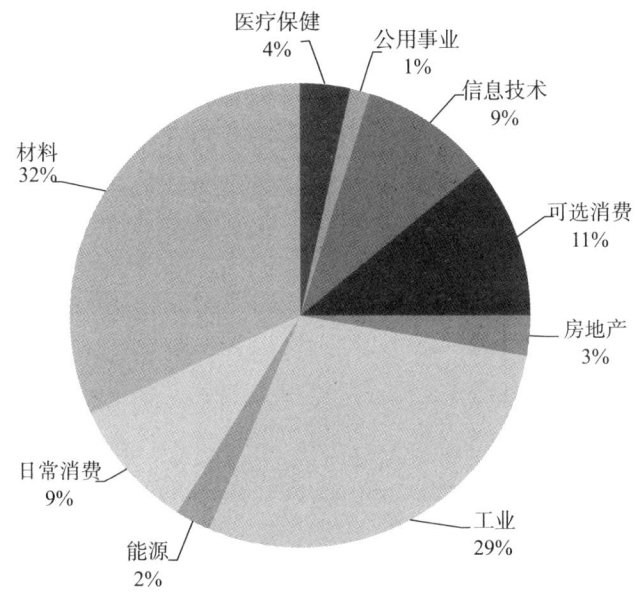

图14　2020年使用期货上市公司行业分布情况

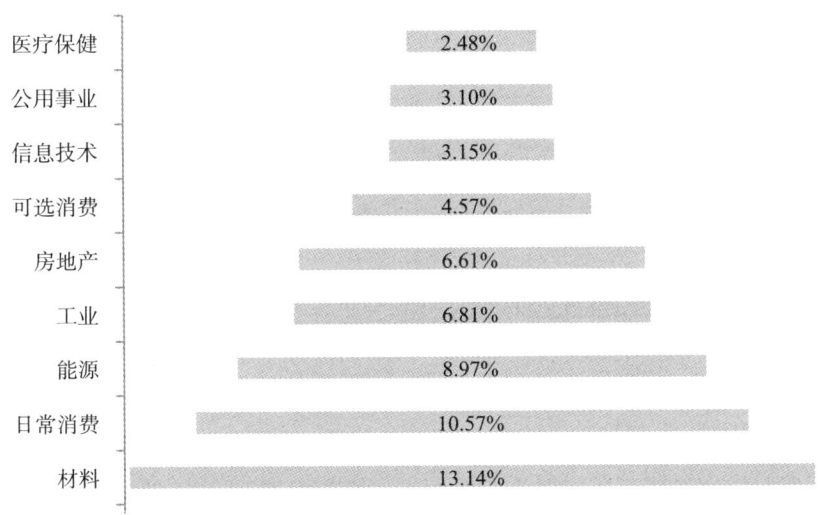

图15　各大行业使用期货公司数量占行业公司总数情况

4. 参与期货市场地域特征明显，华东地区占比最大

2020年，华东地区使用期货的公司数量最多，东北地区最少（见图16）。2020年，使用期货产品的公司分布情况如下：华东地区最多，共140家，占比为

49.47%；其次为华南地区 46 家，占比为 16.25%；华北地区共 35 家，占比为 12.37%；华中地区共 26 家，占比为 9.19%；西南地区共 17 家，占比为 6.01%；其余地区占比均小于 5%。

5. 传统制造、消费行业更偏向利用期货套期保值

2014—2020 年，在进行期货交易的企业中，进行套期保值的企业在绝对数量上由 2014 年的 44 家增加到 2020 年的 86 家，增幅为 95.45%，但占同年进行期货交易的公司量的占比变化并不明显，由于每年占比环比增长率变化较大，因此前后相比，甚至略有下降的趋势，从 2014 年同年占比 39.64% 降到 2020 年的 30.39%，降幅为 23.33%（见图 16）。

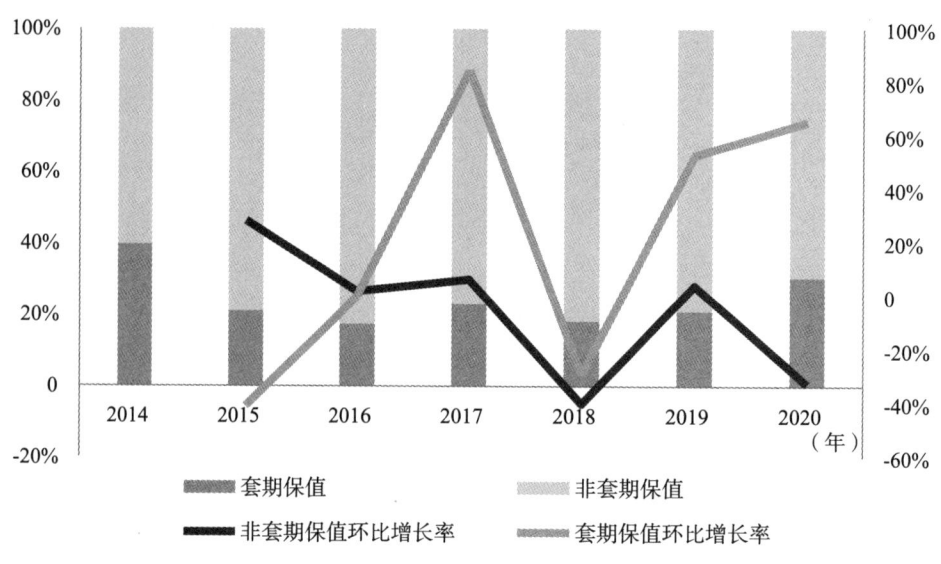

图 16 使用期货交易动机变化趋势

分行业看，从事公用事业的上市公司几乎不使用期货交易进行套期保值。在使用期货产品进行套期保值的企业中，占比最高的三大行业分别为材料（37 家，占比为 43%）、工业（22 家，占比为 26%）、日常消费（11 家，13%），其余行业的占比均明显小于 10%（见图 17）。2020 年正值新冠肺炎疫情期，疫情对经济造成不小的冲击。我们推测造成不同行业上市公司参与期货交易用于套期保值差异的原因是，日常消费和房地产行业上市公司对当年风险预测不乐观，居民严守国家非必要不出户的号召，对日用品和房地产市场造成较大需求冲击，所以上市公司利用期货套期保值的比例相对较高。

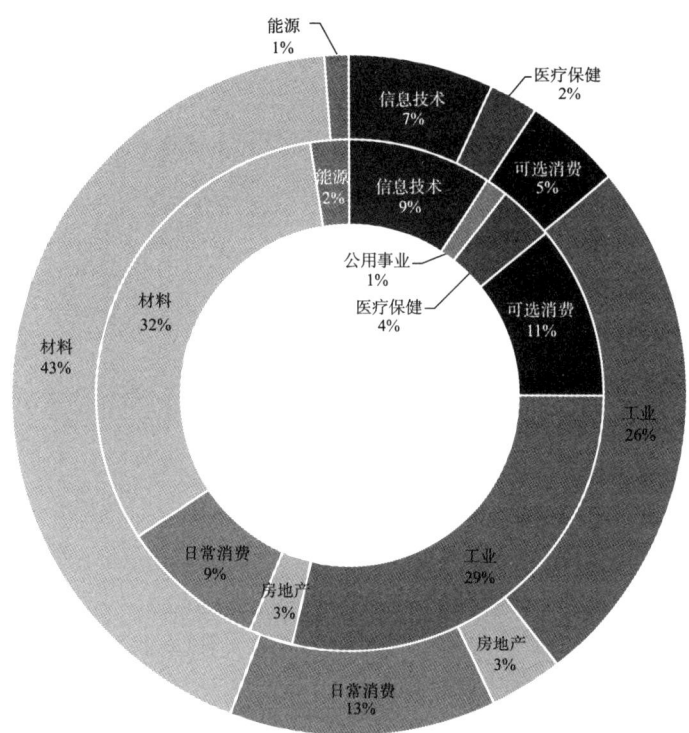

图 17　不同期货交易目的公司的行业分布

注：内层为套期保值的行业分布，外层为投机行业分布。

三、理论机制与实证分析

（一）文献归纳与评述

国内学者关于企业使用期货等衍生品进行风险管理的研究，更多地侧重于套期保值理论与风险管理理论综述、对经营业绩和企业价值的影响以及企业风险管理的效果评价等方面。陈炜、王弢（2006），肖海霞（2011），付宗要（2011）的实证结果均表明使用衍生产品的公司价值并未得到显著提高。高佳（2012）还就外汇和利率衍生工具的运用对公司业绩的影响做了非参数检验，检验结果表明运用了外汇或利率衍生工具的企业的净资产收益率（ROE）显著地差于同行业同规模但没有运用衍生工具的企业，即衍生工具的运用降低了公司业绩。刘词、王玲（2014）通过参数检验、非参数检验、相关性分析和回归分析方法，指出我国上市公司使用衍生产品会降低公司风险。郑丽婷（2018）以中国上市银行的贷款数量和上市非金融企业的托宾 Q 值为因变量，衍生品使用及其他财务指标为自变量，对上市银行和上市非金融企业分别建立了线性回归模型，发现在控制周期和行业变量之后，金融衍生品的使用能显著提升企业价值，增加实体企业的资本储备，还可以促进实体经济发展。

就期货影响企业风险管理的理论机制这一主题，国内至今仍缺乏系统性的研究，通常是从更为具体的视角切入，如企业类型、所属行业类型、管理风险类型、期货类型等。赵旭（2011）选取28家中国有色金属类上市公司作为样本，研究结果表明企业使用衍生品会增加公司的系统性风险，但外生性系统性风险与企业价值之间不具有因果关系，内生性风险即企业的现金流波动风险才是影响企业价值的成因。王丽楠（2015）从商品的自然属性、金融属性、宏观环境三个角度出发，论证了多种因素会对商品价格波动造成影响，从而说明企业运用商品期货进行套期保值的必要性。黄世忠、王晓珂（2016）通过对A股非金融类上市公司建立风险管理效果模型发现，使用衍生工具后非国有企业的现金流波动性显著降低，而国有企业的现金流波动性降低不显著。王亮亮（2018）总结了石化企业的产业链长、产能过剩、原材料进口依赖性高等产业特点，并具体分析由上述产业特点所导致的四大类现货市场风险：高成本运行风险、原材料价格上涨风险、产品价格下跌风险、高库存风险。王佩（2019）以制造业为研究对象，从理论上阐述了制造业发展所面临的主要价格风险来源，并通过实证模型证明我国制造业企业是否使用衍生品工具与盈余波动性、现金流波动性关系均不显著，即我国制造业企业目前并未通过衍生品实现企业价格风险的有效管理。

国外学者关于企业使用期货等衍生品进行风险管理的研究，更多地侧重于期货市场与现货市场价格关系。国外最早研究期货市场与现货市场价格关系的是Fama（1965），他提出了关于有效市场的概念：有效市场是这样一个市场，在这个市场中，存在着大量理性的、追求利益最大化的投资者，他们积极参与竞争，每一个人都试图预测单个股票未来的市场价格，每一个人都能轻易获得当前的重要信息。在一个有效市场上，众多精明投资者之间的竞争导致这样一种状况：在任何时候，单个股票的市场价格都反映了已经发生的和尚未发生、但市场预期会发生的事情。1970年，他在《有效资本市场：实证研究回顾》中提出了有效市场假说，即如果在一个证券市场中，价格完全反映了所有可获得的信息，称这样的市场为有效市场。此外，Fama还提出了区分有效市场的三种水平：弱型有效市场，其价格充分反映市场的历史信息；半强型有效市场，其价格充分反映了市场所有公开可用的信息；强型有效市场，其价格充分反映市场的所有公开和未公开的信息，是最大限度的市场效率。企业可利用期货与现货价格的关系进行套期保值。

关于期货交易中的投机活动对现货价格的影响，Bessmbinder和Seguin在1993年的研究中认为，金融市场中价格波动与交易量之间的关系可能依赖于交易者的类型。弗里德曼（1953）认为投机行为对市场价格有正面效应，理性的投机者在通过低买高卖获取收益的同时，也起到了稳定市场价格的作用。而大多数学者则对投机行为抱有负面的观点，如 Baumo（1957）认为投机者只有在价格变动发生之后才买进或卖出，从而将加速价格的变动，导致价格的单边上升或下降。Salant（1984）、Hart and Kreps（1986）则通过其理论模型表明即使是最理性的投机者也将导致市场价格波动的加剧。Harris（1989）认为期货市场所带来的投机交易对现货价格波动性的影响是两方面的。一方面，当有新的基本面消息出现时，商品价格往往会出现较大的波动。由于期货市场具有价格发现的功能，而且与现货市场相比具有较低的交易费用，因此期货价格对新消息的反应较快。另一方面，期货市场上大量投机者的参与会在一定程度上使价格出现过度的反应。企业可通过期货市场更快了解现货价格波动方向，在此基础上建立套期保值策略。

综上所述，虽然已有文献对期货市场服务上市公司风险管理的理论和实证进行研究，但仍然存在以下不足：（1）现有国外关于期货市场服务企业公司的理论实证研究较为成熟完善，已存在多篇顶级期刊的文章加以讨论。但针对我国期货市场服务上市公司风险管理作用的研究多集中于实证检验已有的海外学者提出的经典理论，鲜有从中国市场实际情况出发，调整或发展已有理论，建立适合中国蓬勃发展中的新兴期货市场的理论模型。（2）现有使用面板数据回归模型的实证分析，并未考虑企业参与期货市场的自选择偏差问题，而这一问题会对期货服务上市公司效果评价产生较大影响。（3）现有研究并未对期货市场影响上市公司风险管理的具体影响渠道做出深入的探究。（4）受限于中国衍生品市场尚不完善，公司使用衍生品行为尚不成熟、样本数据获取困难，数量、质量不足等影响，加之我国市场环境与公司治理快速发展变化，实证结果不具有足够的稳健性，不同时期的实证结果常常相互矛盾。

（二）理论机制分析

1. 期货工具的内涵及在风险管理中的作用

风险管理中所运用的期货工具一般指期货合约，即期货交易所统一制定的、规定在未来某一特定时间和地点交割一定数量标的物的标准化合约，包含股指期货、外汇期货、商品期货等。其中，商品期货是以实物商品为标的物的期货合约。期货工具有以下三个突出特点：

第一，杠杆性。期货合约的交易形式是保证金交易，即往往只需较少的保证金便可获得较大数额资产的支配权，交易具有高杠杆的特性。

第二，跨期性。期货合约基于未来某一时点的价格条件，合约双方根据各自对未来价格的预期变动趋势来进行交易。

第三，不确定性与高风险性。由于期货合约的盈亏情况取决于交易双方对标的资产未来价格进行预测的准确程度，而标的资产未来价格的变动具有不确定性，从而期货工具也具有了不确定性。又由于存在杠杆效应，因此期货交易同样伴随着高风险性。

企业进行风险管理的工具多种多样，大致可分为传统金融工具与衍生金融工具。其中，期货工具在衍生金融工具中占有重要地位，其在风险管理中的作用主要体现在以下方面：

第一，锁定企业成本。一方面，通过进行商品期货交易，企业可以提前锁定将来某一时点的原材料、产品、配件等商品的价格，从而锁定企业的经营成本。另一方面，通过进行外汇期货交易，有外汇结算需求的企业可以提前锁定汇率，避免汇率波动所造成的成本波动。

第二，降低现金流占用。由于期货交易是保证金交易，其天然具有高杠杆性，因此在运用期货工具的过程中，企业可以以较低的成本实现对较大数额资产的支配与管理，大大降低企业的现金流占用，提高企业的资产流动性。

第三，平滑收益。当企业的经营活动或投资项目面临不确定收益时，可适当运用期货工具进行风险对冲，平滑企业收益，减小由于各种不确定因素引起的企业盈亏波动，从而稳定市场对企业的预期，减小企业市值波动。

2. 期货市场服务上市公司风险管理的具体机制

本研究主要从经营风险、市场风险以及流动性风险三个角度出发，详细阐述期货工具对企业风险管理影响的理论机制（见图18）。

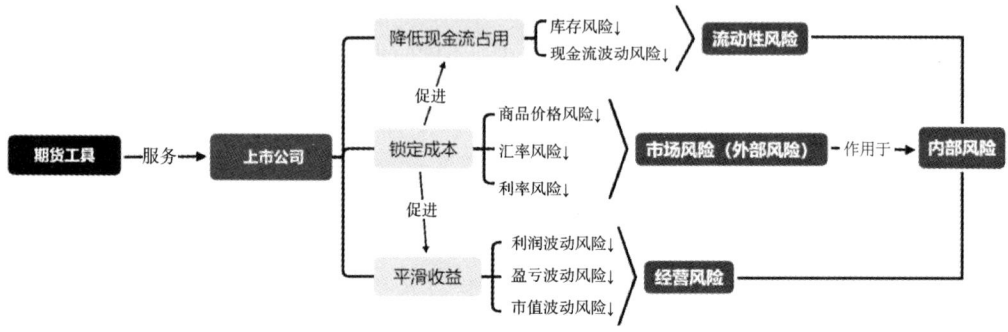

图18 期货市场服务上市公司风险管理的具体机制

（1）市场风险

对于上市公司来说，其所面临的市场风险类型又可以细分为产品价格风险、汇率波动风险、理论风险等。使用期货工具可以对冲不同类型的市场风险。

第一，很多企业在生产、经营过程中都会面临由于供求关系变动导致的产品价格变动风险，这将会使得企业利润受到挤压，甚至为企业带来损失。一方面，企业会面临由于原材料、配件、能源等现货价格上涨所导致的成本上涨风险。另一方面，企业也会面临由于产品的现货价格下跌而导致的利润下跌风险。运用期货工具来进行套期保值，利用多头合约控制生产成本的上涨，利用空头合约控制产品价格的下跌，能有效对冲掉企业所面临的一部分甚至是全部市场风险，降低企业的成本波动与收入波动。

第二，某些存在外汇风险敞口的企业，在以外币计价的采购与经营活动中，将面临外汇波动风险。由于其采购合同与销售合同通常是在订立之初就要给出结算价格，而实际交付则发生在未来的某一时点，因此这期间汇率的波动会使得原材料、配件与产品的现货价格具有不确定性，从而企业的成本、收入与利润会面临不同程度的波动。这些企业可以运用外汇期货进行套期保值，从而锁定企业的采购成本与销售收入，降低企业的成本、收入与利润波动。

第三，一些企业会面临利率波动的风险。当企业内部融资不足、需要进行外部融资时，利率的高低会直接影响企业进行债权融资所需要承担的融资成本，从而进一步影响企业的资本结构。当运用利率期货进行套期保值时，企业可以有效对冲利率变动对融资带来的影响，锁定融资成本，提高企业的负债流动性。

（2）流动性风险

上市公司所面临的流动性风险可以细分为库存风险和现金流波动风险等类型。期货市场对于流动性风险管理的作用体现在以下几个方面。

首先，当生产型企业产能过剩时，产品易出现库存积压的情况，此时企业将面临库存风险。运用空头期货合约可拓宽现货销售渠道，降低时间成本，避免库存积压带来的未来现金流断裂风险，平滑这一时期的企业收益与经营现金流。

其次，企业在生产经营过程中不可避免地面临现金流波动的风险。期货对于有效管理现金流波动风险具有重要作用，主要可以体现为两个方面。一方面，期货工具的保证金交易特性使其具有高杠杆性，便于企业在生产与经营活动中运用较低的成本调动较大数额的资产，从而有效降低企业的现金流占有率，稳定企业的盈利能力。另一方面，期货工具可以用于套期保值，锁定企业的经营成本与销售收入，降低企业的现金流波动性，有效抑制企业的现金流波动风险。

（3）经营风险

经营风险是企业生产经营过程中最常见的风险类型，具体又可以分为盈亏波动风险、利润波动风险以及市场价值波动风险等。

对于上市公司的盈亏波动风险管理来说，当企业已经投资或即将投资的项目面临不确定的未来现金流时，合理运用以相关资产为标的物的期货工具，可以有效平滑企业的未来收益，降低企业的盈亏波动。这也有助于经营者更为理智地进行投资决策，提高企业的盈利能力，进而降低企业的经营风险。

对于利润波动风险管理来说，在企业的产销过程中，各种不确定的市场因素、政策因素等造成的系统性风险会使得企业面临成本与收益的不确定变动，从而使得企业的息税前利润具有较大的波动，为企业带来经营风险。运用期货工具进行套期保值可以锁定经营成本、平滑未来收益,在一定程度上降低 EBIT 的变动率。

对于市场价值波动风险管理来说,进行股权融资的企业运用期货工具对冲市场风险等外部风险,可以有效平滑企业经营业绩的变动,从而稳定资本市场中的投资者对企业的价值预期,增强投资者信心,降低企业的市值波动。

(三) 计量模型的实证分析

1. 变量选取及描述性分析

(1) 风险管理评价指标体系

评价期货工具的使用对企业风险管理效果的影响,需要构建上市公司风险管理效果评价指标体系,进而分析上市公司风险管理效果情况。基于上文的理论机制分析,上市公司风险指标主要从市场风险、流动性风险与经营风险三个角度选取。

首先是市场风险,企业面临的市场风险主要包括价格风险、汇率波动风险以及利率波动风险。由于这些风险都会直接或间接地影响上市公司股价,而流通股股价又会影响上市公司股权价值的波动率。所以,本文选取股权价值波动率来衡量企业面临的市场风险大小。为了便于理解和计算,本文以上市公司股价的波动率表示其股权价值波动率。首先计算上市公司股票的日对数收益率,再以此计算股价的年波动率,该指标符号由 EVV 表示。

其次是流动性风险,企业的流动性风险主要有库存和现金流波动风险。库存的积压可能使得未来现金流发生断裂,而经营活动产生的现金流又将直接影响企业的现金流波动。于是,本文选取现金流波动率作为衡量流动性风险的指标,计算上市公司近 3 年的经营现金流净值的波动率,即滚动区间 $[t-2, t]$ 内经营现金流的标准差,该指标符号由 CFV 表示。

最后是经营风险,企业的经营风险主要包括盈亏波动风险、利润波动风险和市场价值波动风险。基于前文的理论机制,总共选取四个指标来衡量企业面临的经营风险,分别为成本波动率、总资产周转波动率、EBIT 波动率以及利润波动率。成本波动率是以上市公司近 3 年的销售成本率的波动率来表示,反映企业控制生产成本的能力,该指标符号由 CV 表示。总资产周转波动率是指上市公司近 3 年的总资产周转率的波动率,体现上市公司的经营能力,该指标符号由 TVA 表示。EBIT 波动率是以上市公司近 3 年息税前利润的标准离差率来表示,体现企业的风险状况,该指标符号由 EBITV 表示。利润波动率是指上市公司近 3 年的净资产收益率的波动率,净资产收益率即 ROE,体现公司自有资本获得净收益的能力,该指标由符号 RV 表示。

最终为构建上市公司风险管理效果评价指标体系,本文选取了六个指标,具体指标的名称、含义以及计算公式总结见表1。

表 1 上市公司风险管理效果评价指标体系

指标类别	序号	指标名称	指标说明	指标符号	计算方法
流动性风险	1	现金流波动率	指上市公司近3年的经营现金流净值的波动率,即滚动时间区间$[t-2, t]$ 3年经营现金流的标准差,体现公司经营现金流水平	CFV	计算经营现金流的波动率公式为: $$CFV = \sqrt{\frac{1}{T-1}\sum_{t=1}^{T}(CF_t - \overline{CF})^2}$$ 其中,CF_t表示经营现金流的水平,$\overline{CF}$表示过去3年经营现金流的均值,T表示滚动区间3年
市场风险	2	股权价值波动率	上市公司股权价值的波动率主要受流通股股价的影响,本文以上市公司股价的波动率表示其股权价值的波动率	EVV	上市公司股票的日对数收益率$\mu_i = \ln P_i - \ln P_{i-1}$,股票的年波动率为: $$EVV = \sqrt{n} \times \sqrt{\frac{1}{n}\sum_{i=1}^{n}(\mu_i - \overline{\mu})^2}$$ 其中,P_i表示第i个交易日的收盘价,$\overline{\mu}$和n分别表示各年的平均日对数收益率和实际交易天数
经营风险	3	成本波动率	指上市公司近3年的销售成本率的波动率,销售成本率是营业成本占营业收入的百分比,反映企业控制生产成本的能力	CV	上市公司的销售成本率 = 营业成本/营业收入 ×100%,销售成本率的计算公式为: $$CV = \sqrt{\frac{1}{T-1}\sum_{t=1}^{T}(STC_t - \overline{STC})^2}$$ 其中,STC_t表示销售成本率水平,$\overline{STC}$表示过去3年销售成本率的均值,T表示滚动区间3年
经营风险	4	总资产周转波动率	指上市公司近3年的总资产周转率的波动率,总资产周转率指主营业务收入占平均资产总额的比例,体现上市公司的经营能力	TVA	上市公司的总资产周转波动率的计算公式为: $$TVA = \sqrt{\frac{1}{T-1}\sum_{t=1}^{T}(TTC_t - \overline{TTC})^2}$$ 其中,TTC_t表示上市公司的总资产周转率,$\overline{TTC}$表示过去3年公司总资产周转率的均值,T表示滚动区间3年
经营风险	5	EBIT波动率	指上市公司近3年息税前利润的标准离差率,体现企业的风险状况	EBITV	上市公司EBIT波动率计算公式为: $$EBITV = \sqrt{\frac{1}{T-1}\sum_{t=1}^{T}(EBIT_t - \overline{EBIT})^2}$$ 其中,$EBIT_t$表示上市公司的息税前利润水平,$\overline{EBIT}$表示过去3年公司息税前利润的均值,T表示滚动区间3年
经营风险	6	利润波动率	指上市公司近3年的净资产收益率的波动率,净资产收益率表示公司的净利润占平均股东权益的比例,体现公司自有资本获得净收益的能力	RV	上市公司的净资产收益率 ROE = 净利润/平均股东权益 ×100%,其利润波动率计算公式为: $$RV = \sqrt{\frac{1}{T-1}\sum_{t=1}^{T}(ROE_t - \overline{ROE})^2}$$ 其中,ROE_t表示上市公司的净资产收益率水平,$\overline{ROE}$表示过去3年公司净资产收益率的均值,T表示滚动区间3年

(2) 上市公司风险管理综合指标

熵权法是实现多指标综合评价的常见方法,对于某一项指标,该方法用"熵值"来测定其离散程度的大小,其信息熵值越小,说明该指标的离散程度相对更大,代表该指标对综合评价的影响就越大,即其权重越大。因此,通过熵权法,可以实现多指标的综合评价。

对于上市公司风险管理效果的评价体系,由于任意其中一个指标都不能全面地反映某上市公司风险管理的效果,本文最终利用 A 股所有上市公司(剔除 ST)的 6 个指标进行综合评价。于是,本文运用熵权法对每一年的 6 个指标赋予不同的权重。具体步骤如下:

第一步,数据标准化。

首先对 19 个指标分别编号为 1、2、3…6,于是对于某一年的数据可以归纳为:

$$\begin{pmatrix} m_{11} & m_{12} & m_{13} & \cdots & m_{1n} \\ m_{21} & m_{22} & m_{23} & \cdots & m_{2n} \\ \cdots & \cdots & \cdots & \cdots & \cdots \\ m_{k1} & m_{k2} & m_{k3} & \cdots & m_{kn} \end{pmatrix}$$

,其中,k 为指标数量、n 为公司数。

假设对各指标数据标准化后的数据可以归纳为:

$$\begin{pmatrix} M_{11} & M_{12} & M_{13} & \cdots & M_{1n} \\ M_{21} & M_{22} & M_{23} & \cdots & M_{2n} \\ \cdots & \cdots & \cdots & \cdots & \cdots \\ M_{k1} & M_{k2} & M_{k3} & \cdots & M_{kn} \end{pmatrix}$$

,则:

对于正指标:

$$M_{ij} = \frac{m_{ij} - \min(m_i)}{\max(m_i) - \min(m_i)}$$

对于逆指标:

$$M_{ij} = \frac{\max(m_i) - m_{ij}}{\max(m_i) - \min(m_i)}$$

由于部分数据通过以上方法标准化后数值为 0,无法进行后续信息熵中的对数计算,于是将整体数值增加一个极小值 0.00001,以便后续计算。

第二步,计算各指标的信息熵。

首先,分别计算每个公司的各个指标的比重:

$$P_{ij} = \frac{M_{ij}}{\sum_{j=1}^{n} M_{ij}}$$

根据信息论中信息熵的定义,计算第 i 个指标的信息熵:

$$e_i = -\frac{1}{\ln n} \sum_{j=1}^{n} P_{ij} \ln P_{ij}$$

第三步，确定各指标的权重。

通过信息熵计算第 i 个指标的熵权：

$$W_i = \frac{1-e_i}{\sum_{i=1}^{k}(1-e_i)}$$

第四步，综合方法。

常见的综合方法是加权和法，具体公式如下：

$$C_j = \sum_{i=1}^{k} W_i M_{ij}$$

C_j 越大，代表第 j 个上市公司的风险管理效果最好。

本文通过熵权法实现了对 A 股所有上市公司（剔除 ST 及数据缺失公司）风险管理效果的衡量，进而可以针对套期保值对其风险管理效果的影响情况进行实证探讨。

(3) 控制变量选取

在计量模型中，要想研究某一因素对被解释变量的影响，就必须剔除其他因素对其的影响，也就是要控制住其他变量。因此在确定风险管理效果评价指标的基础上，本文选取了九个影响上市公司风险的变量作为控制变量（见表2）。

①运营年限。运营时间较长的公司具有更好的稳定性，公司运营年限的长短也会直接影响企业价值与业绩。运营年限 = 研究年份 – 公司成立年份，用符号 N 来表示。

②规模。国内有许多实证研究表明，我国上市公司的绩效与公司规模存在相关关系，并且呈正相关，这是由于大公司具有规模经济，抗风险能力强，所以一般情况下其绩效优于小公司。本文用总资产对数代表公司规模，用 LOGS 来表示，即 LOGS = Ln（总资产）。

③资产回报率。公司的盈利能力对公司价值和绩效有重要影响，一般而言，盈利能力强的公司有更高的企业价值，也有更优秀的绩效。本文用资产收益率来衡量公司的盈利能力，即 ROA = 税后净利润/总资产。

④流动比率。企业使用套期保值工具主要是为了稳定企业的经营，降低企业陷入财务困境的可能，当企业具有充裕的自有的现金流量即持有大量的流动资产时，公司有较大的财务缓冲余地，陷入财务困境的可能性就相对较低，企业套期保值的动力就会减弱。本文用流动比率来衡量公司资产的流动性，用 CR 来表示，即 CR = 流动资产/流动负债。

⑤资产负债率。企业的资本结构与企业价值息息相关，如果企业的债务税盾利益大于财务困境的预期成本，则杠杆能够增加企业价值，反之，则企业价值可能由于杠杆效应而降低。因此，企业的资本结构对企业价值的影响是不确定的。本文用

资产负债率表示资本结构，符号为 DAR，即 DAR = 总负债/总资产。

⑥主营业务收入增长率。当公司成长机会越多时，会使用较多的金融衍生品进行风险管理，因为这可以降低由于公司未来现金流不确定性而需要向外融资的风险，并以此来解决投资不足的问题。主营业务收入增长率可以代表公司主营业务的成长性。所以，本文选用该指标来衡量公司的成长性，符号为 IGR，即 IGR = 本期主营业务收入/上期主营业务收入。

⑦公司所属行业分类。不同行业使用期货的比重不尽相同，同时不同行业使用期货进行套期保值后的效果也可能存在差异，本文将所有上市公司分为十大行业，分别为：材料、电信服务、房地产、工业、公用事业、可选消费、能源、日常消费、信息技术、医疗保健；探讨不同行业内的公司使用期货产品对其风险管理效果的影响差异，用符号 IND 表示。

⑧公司属性分类。国有企业作为特殊的一类市场主体，在进行期货等高等业务中可能相对于非国有企业存在差异，本文将所有上市公司按其属性分为国有、非国有企业；探讨不同属性的公司使用期货产品的情况及其相应风险管理效果的情况，用符号 PROP 表示。

⑨公司所属地区分类。国内不同地区的上市公司利用衍生品的情况不尽相同，本文根据上市公司的注册地址将所有研究公司分属东北、华北、华东、华南、华中、西北、西南七大地区；探讨不同地区的公司使用期货产品的情况及其相应风险管理效果情况，用符号 AREA 表示。

表2　　　　　　　　　　控制变量指标

变量名称	变量符号	度量标准
运营年限	N	研究年份、公司成立年份
规模	LOGS	LOGS = Ln（总资产）
资产收益率	ROA	税后净利润/总资产
流动比率	CR	流动资产/流动负债
资产负债率	DAR	总负债/总资产
主营业务收入增长率	IGR	本期主营业务收入/上期主营业务收入 − 1
所属行业	IND	以公司经营范围度量
公司属性	PROP	是否国有企业
所属地区	AREA	以公司注册地址度量

（4）描述性统计分析

本文从万德数据库提取原始数据（包括上市公司的财务数据和交易数据），

按照前文构建的评价指标体系，利用熵权法计算，通过 STATA 进行数据的原始处理，形成实证研究可以使用的数据。下面对上市公司综合风险进行描述性统计分析。

在不使用期货、使用期货进行投机交易、使用期货进行套期保值三种期货交易行为下，不同行业上市公司风险管理效果的平均水平[①]，如图 20 所示。可以发现，除可选消费和能源行业外，其他行业中使用期货进行套期保值的公司，其综合风险平均水平均较高。其中，在房地产行业，使用期货进行套期保值的公司综合风险具有更高水平。

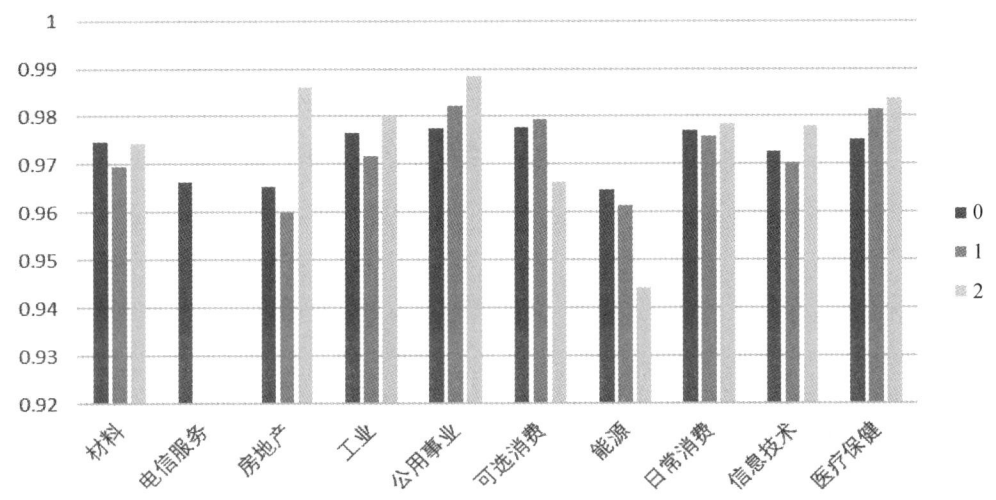

图 20　分行业上市公司期货交易与综合风险的关联性

在不使用期货、使用期货进行投机交易、使用期货进行套期保值三种期货交易行为下，不同地区上市公司风险管理效果的平均水平，如图 21 所示。可以看出，除华北、华南地区的上市公司以外，其他地区的上市公司使用期货进行套期保值的综合风险更高。但是华北和华南地区，使用期货进行套期保值的上市公司的综合风险不高。同时，图中还可以看出，除东北和西北地区以外，其他地区使用期货投机的上市公司综合风险反而更低。

在不使用期货、使用期货进行投机交易、使用期货进行套期保值三种期货交易行为下，不同属性上市公司综合风险的平均水平，如图 22 所示。可以发现，使用期货进行套期保值的非国有上市公司的综合风险较高，而使用期货进行套期保值的国有上市公司的综合风险较低。

---

① 在图表中，0 表示不使用期货，1 表示使用期货进行投机交易，2 表示使用期货进行套期保值。

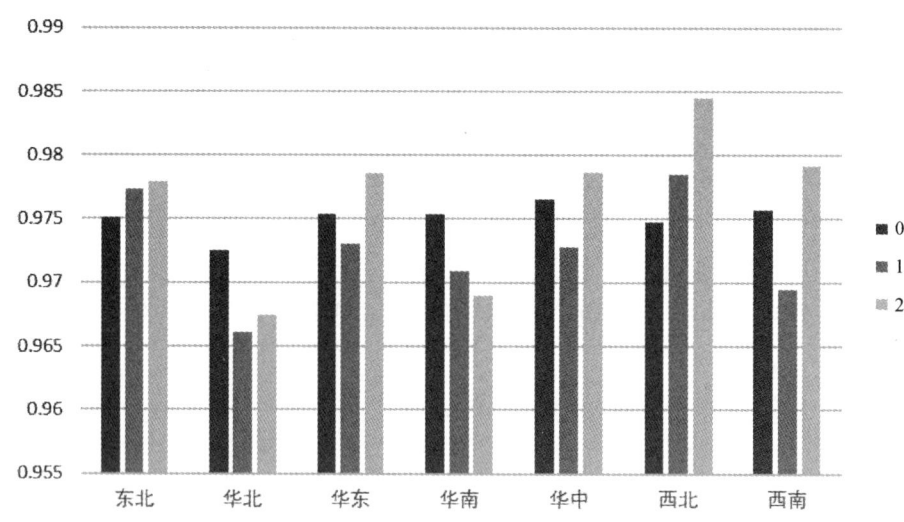

图 21　分地区上市公司期货交易与综合风险的关联性

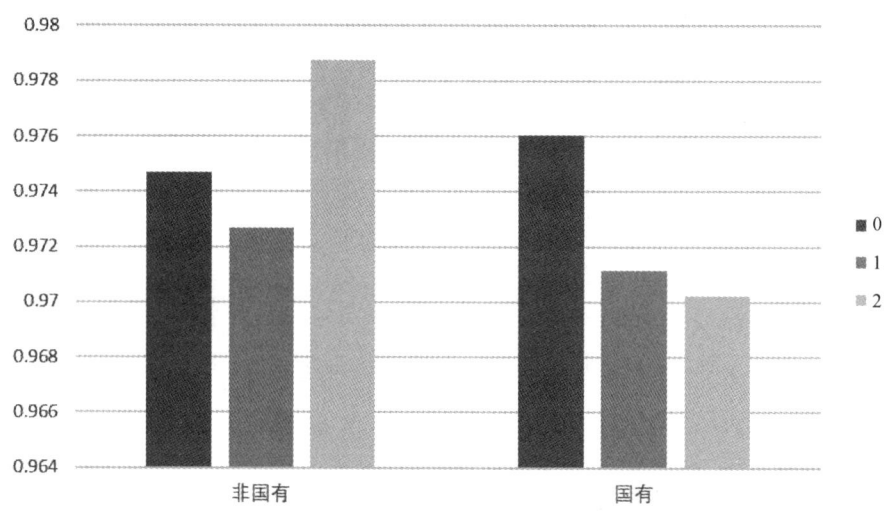

图 22　上市公司所有制属性与综合风险的关联性

2. 模型构建与估计结果

在中国上市公司参与期货市场的现状分析中，通过文本挖掘等大数据分析方法获得了 2014—2020 年中国上市公司是否参与期货市场以及其交易目的是否为套期保值两个核心变量。在风险管理指标体系即综合指标的构建基础上，通过结合上市公司多维度的财务数据，本研究构建了面板数据的回归模型，实证检验了期货市场服务上市公司风险管理的效果、异质性以及影响渠道等问题。考虑到某公司做出是否进入期货市场的决策会受到其他不可观测因素的影响，而这样一些因素又无法在模型的控制变量中体现，这会对模型估计结果的准确性造成干扰。为了克服这种自选择偏差问题，本研究使用处理效应模型对面板数据回归模型进行修正，进而得到期货市场影响上市公司风险的准确效应。

(1) 模型构建与说明

为了探究期货工具对企业风险的影响,本文首先选取 CSR1 作为模型的被解释变量,即利用熵权法构建的综合风险评价指标。同时,选取 IS_FUTURE 作为核心解释变量,即公司是否参与了期货交易,取值为 1 代表参与期货交易,取值为 0 代表未参与期货交易。

本文所用的基准模型设定如下:

$$CSR1_{it} = \beta_0 + \beta_1 IS\_FUTURE_{it} + \beta'_2 CONTROL_{it} + \beta'_3 YEAR_t + \varepsilon_{it} \quad (1)$$

其中,被解释变量和核心解释变量在前文中已经给出。$CONTROL_{it}$ 是控制变量的随机向量,包含的控制变量为 LOGS、ROA、DAR、CR 以及 IGR,各变量的具体含义前文也已经做出相应解释。$YEAR_t$ 是由面板数据中各年份虚拟变量组成的随机向量,本文中对应 2015—2020 年的虚拟变量。模型中加入时间虚拟变量的意义在于观察企业平均风险在年度间的差异,但实证中其意义不大,这里是为了模型的完整性,后续实证结果分析时将不对其进行阐述。

为了解决自选择偏差造成的模型偏误,本文利用处理效应模型对基准模型进行修正,使得模型结果更加精确且令人信服。该模型分为两部分。第一部分是利用 probit 模型估计核心解释变量 IS_FUTURE 的选择方程,换言之,即模拟企业做出是否进行期货交易决策的过程。该模型中被解释变量是 IS_FUTURE,解释变量是与 IS_FUTURE 具有相关性的一系列工具变量。本文采用 IS_FUTURE 和基准模型中五个控制变量的一阶滞后项作为控制变量。因此,第一阶段模型设定如下:

$$IS\_FUTURE_{it} = \Phi(\alpha_0 + \alpha_1 IS\_FUTURE_{i(t-1)} + \alpha'_2 CONTROL_{i(t-1)}) + \varepsilon_{it} \quad (2)$$

其中,$\Phi(\cdot)$ 表示标准正态分布的分布函数。实际拟合时,若 $\Phi(\cdot)$ 大于 0.5,则取拟合值 $\widehat{IS\_FUTURE}_{it}$ 为 1,反之则为 0。

接着,将样本数据代入第一阶段方程,得到 IS_FUTURE 的拟合值 $\widehat{IS\_FUTURE}_{it}$,再将拟合值代入下列处理效应模型的风险函数中,计算 IMR:

$$IMF_{it} = \begin{cases} \dfrac{\varphi(\widehat{IS\_FUTURE}_{it})}{\Phi(\widehat{IS\_FUTURE}_{it})}, & if\ \widehat{IS\_FUTURE}_{it} = 1 \\ \dfrac{-\varphi(\widehat{IS\_FUTURE}_{it})}{\Phi(-\widehat{IS\_FUTURE}_{it})}, & if\ \widehat{IS\_FUTURE}_{it} = 0 \end{cases}$$

其代表了在基准模型中未体现出的、能够影响企业做出是否参与期货交易决策的其他因素。其中,$\varphi(\cdot)$ 代表标准正态分布的密度函数。将各样本的 IMR 加入基准模型的解释变量中,即构成处理效应模型:

$$CSR1_{it} = \beta_0 + \beta_1 IS\_FUTURE_{it} + \beta'_2 CONTROL_{it} + \beta'_3 YEAR_t + \beta_4 IMR_{it} + \varepsilon_{it}$$

(3)

后续只需根据 IMR 系数估计结果的显著性，即可判断模型是否存在自选择偏差。而是否参与期货交易（IS_FUTURE）的系数估计值代表了修正后的影响效果。

（2）期货对上市公司风险管理的影响结果分析

本文采用 STATA16 结合上述提及的两种模型，实现系数估计与检验。需要注意的是，本文在估计处理效应模型时，共采取了三种估计方法，分别是 MLE 极大似然估计法、两步回归法以及手动计算两步法。将三种估计结果与基准模型的结果进行比较，比较结果表明上市公司使用期货工具确实能够降低企业风险，并且基准回归模型确实存在自选择偏差问题，而处理效应模型修正了这一偏误。具体估计值及结果分析如表 3 所示。

表 3　　期货交易影响企业风险的实证结果

IS_FUTURE	估计值	标准差	t 值	p 值
基准模型	-0.0028	0.0007	-3.86	**
处理效应模型				
极大似然估计法	-0.0100	0.0032	-3.10	*
两步回归法	-0.0068	0.0010	-6.77	**
手动计算两步法	-0.0069	0.0012	-5.76	**

注："*"代表模型中参数的显著程度，***、**、* 分别对应 p 值的取值区间为 [0, 1%]、1%, 5%、5%, 10%，"*"越多表示模型拟合结果越显著。下文同理。

表中给出了核心解释变量 IS_FUTURE 在四种模型下的参数估计结果。

在基准回归法下，IS_FUTURE 参数估计值为 -0.0028，在显著性水平取 1% 时通过检验，拟合效果显著。结果表明，在其他条件不变时，参与期货交易的企业相比于不参与期货交易的企业，企业风险指标平均下降 0.0028。这说明期货交易能够在一定程度上降低企业风险，即企业能够通过期货工具进行套期保值来规避风险，稳定经营。

使用处理效应模型修正了自由选择偏差之后，对 IS_FUTURE 重新进行参数估计。其中，IMR 能够反映基准回归模型是否存在自选择偏差，原假设 H0 为模型不存在自选择偏差，当参数估计的 p 值小于显著性水平时，代表在该显著性水平下拒绝原假设，模型存在自选择偏差。IMR 的参数估计结果如表 4 所示。

表 4　　是否存在自选择偏差的检验结果

IMR	估计值	标准差	z 值	p 值
极大似然估计法	0.0055	0.0027	3.94	*
两步回归法	0.0030	0.0006	5.01	**
手动计算两步法	0.0031	0.0006	4.89	**

在 MLE 极大似然估计法下，IS_FUTURE 参数估计值为 -0.0100，在显著性水平取 5% 时通过检验，拟合效果显著。结果表明，在其他条件不变时，参与期货交易的企业相比于不参与期货交易的企业，企业风险指标平均下降 0.0100。在使用处理效应模型后重新进行参数估计发现，企业风险指标的下降值是基准回归模型的三倍有余，这说明在未考虑自选择偏差的情况下，模型低估了期货交易对企业风险管理的作用。通过 IMR 的参数估计结果也可以看出，在显著性水平取 5% 时拒绝原假设，即基准模型存在自选择偏差。

在两步回归法下，IS_FUTURE 参数估计值为 -0.0068，在显著性水平取 1% 时通过检验，拟合效果显著。结果表明，在其他条件不变时，参与期货交易的企业相比于不参与期货交易的企业，企业风险指标平均下降 0.0068。该下降值也明显高于通过基准回归模型进行参数估计所得到的结果，即在两步回归法下依然可以初步得出基准模型存在自选择偏差这一结论。IMR 的参数估计结果在显著性水平取 1% 时拒绝原假设，也证明基准模型的确存在自选择偏差。

在手动计算两步法下，IS_FUTURE 参数估计值为 -0.0069，在显著性水平取 1% 时通过检验，拟合效果显著。结果表明，在其他条件不变时，参与期货交易的企业相比于不参与期货交易的企业，企业风险指标平均下降 0.0069，与基准模型的结果相差较大。同时，IMR 的参数估计结果在显著性水平取 1% 时拒绝原假设，即基准模型存在自选择偏差。

如前文所述，CSR1 是利用熵权法计算得到的企业综合风险指标，且上述分析结果是基于 CSR1 作为被解释变量时得出的。但是，同样也存在其他方法构造风险指标，如对众多类型的企业风险采用平均法，计算得到平均风险指标 SE。因此，为了验证上述结论是否仅针对 CSR1 风险指标有效，本文利用 SE 指标进行稳健性检验。如果在更换被解释变量的指标后，仍然得出与前文相似的结论，并且结果显著，则视为通过稳健性检验。

具体操作方法是，将基准模型中的被解释变量 CSR1 换成 SE，具体如下：

$$SE_{it} = \beta_0 + \beta_1 IS\_FUTURE_{it} + \beta'_2 CONTROL_{it} + \beta'_3 YEAR_t + \varepsilon_{it} \quad (4)$$

对该模型进行系数估计和检验，将其结果与模型（1）结果共同展示如表 5 所示。

表 5　　　　　　　　　稳健性检验结果

IS_FUTURE	估计值	标准差	t 值	p 值
基准模型	-0.0028	0.0007	-3.86	**
稳健性检验	-0.0024	0.0005	-4.48	**

二者结果对比可知，即使在企业风险指标由 CSR1 换成 SE 后，仍然能得出相似

的结果。稳健性检验的系数估计值表示,在其他条件不变时,参与期货交易的企业能比不参与期货交易的企业多降低 0.0023898 的风险,这一风险由 SE 指标度量。由于系数估计值结果相似,且均在 1% 的显著性水平下通过显著性检验,因此可以认定为模型通过稳健性检验,该结论是可靠的。

(3) 期货交易动机影响的异质性分析

实际中,企业利用期货的用途大致分为两类,即套期保值和投机。为了研究这两种用途对企业风险的不同影响,本文将企业分成三类:不参与期货市场、利用期货套期保值,以及利用期货投机。这些描述可以构成一个包含三种类别的分类变量,在基准模型中加入该变量的虚拟变量,可以实现此节的研究目标。

三分类变量需要构造两个虚拟变量。在本文中,这两个虚拟变量为 IS_HEDGING(是否为套期保值)和 IS_SPEC(是否为投机)。其中,IS_HEDGING 取 1 时代表企业通过期货套期保值,否则该变量取 0。同理,IS_SPEC 取 1 时代表企业通过期货进行投机,否则该变量取 0。因此,当两个变量都取 0 时,代表第三种情况,即企业未参与期货市场。

具体模型设定如下:

$$CSR1_{it} = \beta_0 + \beta_1 IS\_HEDGING_{it} + \beta_2 IS\_SPEC_{it} + \beta'_3 CONTROL_{it} + \beta'_4 YEAR_t + \varepsilon_{it} \quad (5)$$

其中,系数 β_1 表示与不参与期货交易的企业相比,利用期货套期保值的企业平均多降低的风险程度;系数 β_2 表示与不参与期货交易的企业相比,利用期货投机的企业平均多降低的风险程度。

模型系数的拟合和检验结果总结如表 6 所示。

表 6 期货各交易目的的实证结果(以 CSR1 度量风险)

行为类别	估计值	标准差	t 值	p 值
套期保值	-0.0012	0.0010	-1.14	—
投机	-0.0033	0.0009	-3.76	**

结果显示,当以 CSR1 作为被解释变量时,IS_HEDGING 的系数估计值为 -0.0012,且未通过显著性检验;IS_SPEC 的系数估计值为 -0.0033,且其在 1% 的显著性水平下通过检验。这说明与未参与期货交易的企业相比,利用期货进行套期保值的企业在公司风险水平上无显著差异,而利用期货进行投机的企业能够平均多降低 0.0033 的风险。

模型 (5) 的结果与常理不符。在实际中,套期保值一般有降低企业风险的作用,而投机行为往往会加剧企业风险。考虑到出现该结果的原因可能是自选择偏差问题,即只有当企业面临风险时,才更可能做出套期保值的决策;而当企业状况良好时,他们才有能力进行期货投机。因此,本文接下来将借助处理效应模型,分别估计套期保值和投机对企业风险的影响。拟合套期保值的两步回归模型如下：

$$IS\_HEDGING_{it} = \Phi(\alpha_0 + \alpha_1 IS\_HEDGING_{i(t-1)} + \alpha'_2 CONTROL_{i(t-1)}) + \varepsilon_{it}$$

$$CSR1_{it} = \beta_0 + \beta_1 IS\_HEDGING_{it} + \beta'_2 CONTROL_{it} + \beta'_3 YEAR_t + \beta_4 IMR_{it} + \varepsilon_{it} \tag{6}$$

模型（6）的具体含义与前文处理效应模型的描述一致，其中 IMR 由第一阶段 IS_HEDGING 的估计值求得。并且利用该模型估计投机时，只需将 IS_HEDGING 统一换成 IS_SPEC 即可，在本文中不再赘述。

将两个模型的结果相互比较，得到二者对企业风险的影响效果拟合如表 7 所示。

表 7　　　　　　　　　期货交易目的是否存在自选择偏差

IMR	估计值	标准差	t 值	p 值
套期保值	0.0191	0.0011	78.65	**
投机	0.0081	0.0052	2.07	

由表 7 结果可知，在对套期保值和投机进行拟合时，IMR 的系数均通过显著性检验，即存在自选择偏差问题。利用处理效应模型对模型（5）进行修正，如表 8 所示。利用期货套期保值的企业与其他企业相比，平均可以多降低 0.0360 的企业风险；而企业进行期货投机时，降低风险的程度仅为 0.0152，其效果不足套期保值的一半。由此可见，在考虑自选择偏差之后，期货套期保值降低风险的作用确实优于投机。

表 8　　　　　　　　　处理效应模型对各交易目的的实证结果

行为类别	估计值	标准差	t 值	p 值
套期保值	-0.0360	0.0015	-23.59	**
投机	-0.0152	0.0073	-2.08	*

（4）企业所有制性质的异质性分析

此节中，本文进一步提出研究问题，即期货对企业风险的影响程度是否具有异质性。例如，不同性质的企业使用期货是否表现出不同的效果；期货在不同行业间的效果是否有显著差异等。为此，本文对企业的各种类别进行异质性分析。

首先研究企业性质的异质性。根据 Wind 数据库的相关信息，本文将样本中的所有企业按照其性质划分为国有企业与非国有企业，该分类变量在数据中体现为虚拟变量 PROP。当某公司为国有企业时，该变量取值为 1，反之则为 0。

异质性分析可以通过引入核心解释变量与分类变量的交乘项而实现，在本文的数据中，即体现为 IS_FUTURE × PROP。具体模型的设定如下所示：

$$CSR1_{it} = \beta_0 + \beta_1 IS\_FUTURE_{it} + \beta_2 IS\_FUTURE_{it} \times PROP_{it} + \beta'_3 CONTROL_{it} + \beta'_4 YEAR_t + \varepsilon_{it} \tag{7}$$

模型（7）中系数 β_1 代表期货对非国有企业的作用；交乘项的系数 β_2 即代表企业性质的异质性。若该系数估计值显著非零，则表示期货对企业风险的影响在不同企业性质间存在异质性；若估计值未通过显著性检验，则意味着不同性质的企业使用期货的效果在统计学上是无差别的。

模型（7）中核心解释变量的系数估计和检验结果展示如表9所示。

表9　　　　　　　　　　企业性质的异质性分析结果

核心解释变量	企业性质	估计值	标准差	p 值
IS_FUTURE	非国有	-0.0021	0.0009	*
IS_FUTURE × PROP	国有	-0.0019	0.0014	—

结果表示，交乘项的系数在10%的显著性水平下未通过检验，说明期货管理风险的效果在不同性质的企业间不存在异质性。虽然与非国有企业相比，国有企业利用期货能多降低0.0019的风险，但是这种差异在统计学上并不显著。

（5）企业所属地区的异质性分析

考虑到我国各个地区的经济发展水平与信息化程度各不相同，这些都有可能成为影响企业参与期货交易的因素。例如，一些位于金融市场欠发达地区的企业，可能更少地参与期货交易。相反，在经济发达地区，企业可能有着丰富的期货市场经验，他们擅长于利用期货管理风险。因此，本文还将对企业所属地区进行分类，并对其展开异质性分析。

根据我国普遍的地区划分方式，本文将样本企业分为如下七类：西北、华北、华南、华东、华中、东北，以及西南。对七类地区设置六个虚拟变量，分别为AREA1至AREA6。当六个变量均取0时，代表企业属于西北地区；AREA1取1，其他五个变量取0时，代表华北地区；以此类推。在模型中加入这六个虚拟变量与IS_FUTURE的交乘项，具体形式如下：

$$CSR1_{it} = \beta_0 + \beta_1 IS\_FUTURE_{it} + \beta'_2 IS\_FUTURE_{it} \times AREA_{it} + \beta'_3 CONTROL_{it} + \beta'_4 YEAR_t + \varepsilon_{it} \tag{8}$$

其中，$AREA_{it}$ 是包含上述六个地区虚拟变量的随机列向量，β'_2 是对应系数组成的行向量。该模型的系数估计及检验如表10所示。

表10　　　　　　　　　企业所属地区的异质性分析结果

核心解释变量	地区	估计值	标准差	p 值
IS_FUTURE	西北地区	0.0043	0.0016	**
IS_FUTURE_AREA1	华北地区	-0.0147	0.0029	**
IS_FUTURE_AREA2	华南地区	-0.0102	0.0024	**
IS_FUTURE_AREA3	华东地区	-0.0060	0.0018	**

续表

核心解释变量	地区	估计值	标准差	p 值
IS_ FUTURE_ AREA4	华中地区	−0.0041	0.0024	
IS_ FUTURE_ AREA5	东北地区	−0.0031	0.0036	—
IS_ FUTURE_ AREA6	西南地区	−0.0068	0.0035	*

通过上述系数的估计结果及其显著性水平，可以判断地区间的异质性。结果显示，东北地区的交乘项系数未通过显著性检验，说明东北地区与西北地区的企业对于期货风险管理的反应程度是无显著差异的。此外，其他六个地区的系数均显著不等于 0，说明期货的风险管理效果在这些行业间是存在异质性的。

其中，在作为基准的西北地区中，企业通过参与期货反而会加剧 0.0043 的公司风险。究其原因，可能源于该地区经济状况较差，金融市场监管不到位等，这也警示西北地区的企业要注重期货市场的风险管理，合理利用期货管理公司风险。

此外，与之差异最大的地区为华北地区，该地区企业通过期货交易比西北地区平均多降低 0.0147 的风险。其次是华南地区，该地区企业通过期货交易比西北地区平均多降低 0.0102 的风险。除此以外，华东、华中及西南等各地区通过期货降低企业风险的能力同样也优于西北地区，它们分别平均多降低 0.0060、0.0041 以及 0.0068 的企业风险。

(6) 企业所属行业的异质性分析

最后，本文考虑期货对于各行业企业的作用效果。根据 Wind 数据库提供的信息，可将样本数据按照行业分为如下 10 个类别，分别为：材料、电信服务、房地产、工业、公用事业、可选消费、能源、日常消费、信息技术，以及医疗保健等。处理方式同前一节，即设置 9 个行业虚拟变量，记为 IND1 至 IND9。当 9 个变量均取 0 时，代表材料行业；当 IND1 取 1 而其他取 0 时，代表电信服务行业；以此类推。加入交乘项后，模型设定如下：

$$CSR1_{it} = \beta_0 + \beta_1 IS\_FUTURE_{it} + \beta'_2 IS\_FUTURE_{it} \times IND_{it} \\ + \beta'_3 CONTROL_{it} + \beta'_4 YEAR_t + \varepsilon_{it} \tag{9}$$

其中，IND_{it} 为包含九个行业虚拟变量的随机列向量，β'_2 是对应系数组成的行向量，通过其估计值及检验结果可以判断行业间的异质性。具体展示如表 11 所示。

表 11　　　　　　　　企业所属行业的异质性分析结果

核心解释变量	行业类别	估计值	标准差	p 值
IS_ FUTURE	材料	−0.0044	0.0012	**
IS_ FUTURE × IND1	电信服务	—	—	—
IS_ FUTURE × IND2	房地产	−0.0044	0.0070	—

续表

核心解释变量	行业类别	估计值	标准差	p值
IS_FUTURE × IND3	工业	0.0028	0.0017	
IS_FUTURE × IND4	公用事业	0.0143	0.0029	**
IS_FUTURE × IND5	可选消费	0.0041	0.0022	
IS_FUTURE × IND6	能源	−0.0133	0.0052	**
IS_FUTURE × IND7	日常消费	0.0044	0.0019	*
IS_FUTURE × IND8	信息技术	−0.0003	0.0037	—
IS_FUTURE × IND9	医疗保健	0.0089	0.0019	**

结果显示，房地产和信息技术等行业的系数并不显著，即期货管理风险的效果在这些行业间不存在显著的异质性。材料、工业、公用事业、可选消费、能源、日常消费以及医疗保健等行业的系数均通过显著性检验，说明期货对风险的作用在这些行业间存在显著的差异。

其中，在作为基准的材料行业中，参与期货交易的企业风险比不参与期货交易的平均降低0.0044。与之差异最大的是公用事业行业，其与材料行业的企业相比，参与期货交易平均少降低0.0143的风险，即该行业的企业利用期货反而会加剧风险。其次是能源行业，该行业公司利用期货比材料行业多降低0.0133的风险。除此以外，工业和可选消费行业利用期货能略微降低企业风险，它们与材料行业的差异分别为0.0028和0.0041。而日常消费和医疗保健行业利用期货却可能加剧风险，它们与材料行业的差异分别是0.0044和0.0089。

需要注意的是，电信服务行业的数据样本量过少，且其仅有的样本企业均未参与期货交易，因此无法得到该交乘项的系数估计，也不能说明该行业与其他行业是否存在差异。

(7) 期货市场影响企业风险的渠道分析

前文所有实证分析都是以企业的综合风险指标为研究对象的，而在现实生活中，企业面临着各类风险，如经营风险、现金流风险、市场风险等，并且在实际度量风险时，通常不同风险类别会有不同的计算方式。因此，诸如CSR1和SE等的综合指标会损失一定的风险信息。

在此节中，本文将通过基准模型分别研究期货交易对企业经营风险（OP_ER及OP_AV）、现金流风险（CF）以及市场风险（EVV）的影响效果。其中，由于刻画经营风险的指标众多，这里仍将分别采用熵权法（对应于OP_ER）和平均法（对应于OP_AV）构建经营风险的综合指标。市场风险（EVV）的模型设定如下，其余三个模型的设定同理，不再赘述。

$$EVV_{it} = \beta_0 + \beta_1 IS\_FUTURE_{it} + \beta'_2 CONTROL_{it} + \beta'_3 YEAR_t + \varepsilon_{it} \qquad (10)$$

四个模型的拟合结果汇总如表 12 所示。

表 12　　　　　　　　　企业各类别风险受期货影响的实证结果

IS_FUTURE	估计值	标准差	t 值	p 值
经营风险 OP_ER	-0.0051	0.0010	-5.14	**
经营风险 OP_AV	-0.0038	0.0007	-5.74	**
现金流风险	-0.0010	0.0012	-0.78	—
市场风险	0.0020	0.0011	1.76	

在经营风险（熵权法）的基准模型下，IS_FUTURE 参数估计值为 -0.0051，在显著性水平取 1% 时通过检验，拟合效果显著。结果表明，在其他条件不变时，参与期货交易的企业相比于不参与期货交易的企业，其在经营风险（熵权法）类别下能平均多降低 0.0051 的风险。

经营风险（平均法）的 IS_FUTURE 参数估计值为 -0.0038，在显著性水平取 1% 时通过检验，拟合效果显著。结果表明，在其他条件不变时，参与期货交易的企业相比于不参与期货交易的企业，平均多降低 0.0038 的经营风险（平均法）。与熵权法的结果相比，利用平均法衡量的经营风险下降的效果略有减少，但也说明期货交易确实能够降低企业经营风险。

在现金流风险的基准模型下，系数估计值未通过检验，无法拒绝 IS_FUTURE 系数为 0 的原假设。这一结果表明，在利用期货工具降低企业风险的机制中，所降低的风险类型并非流动性风险。

最后是对市场风险的模型解释。IS_FUTURE 参数估计值为 0.0020，在显著性水平取 10% 时通过检验。由于该参数估计值为正数，表明在其他条件不变时，参与期货交易的企业相比于不参与期货交易的企业，其市场风险反而上升 0.0020，即参与期货交易会在市场风险层面加剧企业风险。这也警示企业在实际利用期货工具时，需要注意控制期货造成的市场风险。

为了进一步探究期货交易增加市场风险的作用机制，本文同样基于处理效应模型，分别拟合套期保值和投机对市场风险的影响。二者模型完全同理，差别仅在于核心解释变量不同，下面对投机模型的设定做简要介绍：

$$IS\_SPEC_{it} = \Phi(\alpha_0 + \alpha_1 IS\_SPEC_{i(t-1)} + \alpha'_2 CONTROL_{i(t-1)}) + \varepsilon_{it}$$

$$EVV_{it} = \beta_0 + \beta_1 IS\_SPEC_{it} + \beta'_2 CONTROL_{it} + \beta'_3 YEAR_t + \beta_4 IMR_{it} + \varepsilon_{it} \quad (11)$$

其中，IMR 的值由第一阶段 IS_SPEC 的估计值计算而得。两个模型的自选择偏差检验结果如表 13 所示。

表 13　期货交易目的影响市场风险的自选择偏差

IMR	估计值	标准差	t 值	p 值
套期保值	0.0480	0.0021	200.94	**
投机	−0.0025	0.0011	5.72	*

IMR 系数均通过显著性检验，即在探究套期保值和投机对市场风险的影响时，需要考虑自选择偏差问题。利用处理效应模型对其进行修正，模型拟合结果如表 14 所示。

表 14　各交易目的影响市场风险的实证结果

行为类别	估计值	标准差	t 值	p 值
套期保值	−0.0854	0.0046	−18.42	**
投机	0.0043	0.0018	2.37	*

结果表明，相比于其他企业，利用期货套期保值的企业平均多降低 0.0854 的市场风险；而利用期货投机的企业，其市场风险较其他企业反而上升 0.0043。换言之，利用期货工具进行套期保值的上市公司仍然会带来市场风险的降低。然而，出于投机动机的期货交易行为则会加剧市场风险，削弱期货市场对于上市公司综合风险的降低作用。

四、综合评价与政策建议

本文首先分析了中国期货市场的发展现状和上市公司参与期货市场情况的现状，得到了以下重要结论：

第一，上市企业参与期货市场增速提升，但连续参与期货市场比重偏低。7 年来，使用期货产品的公司数量增长 154.59%，其中使用期货交易进行套期保值的上市公司，在 2015—2018 年保持平稳之后逐渐增长，从 44 家增长到 86 家，增长 48.84%。7 年连续使用期货产品的企业，占曾经使用过期货交易企业总数的 9.53%，占比仍然偏低。

第二，参与商品期货市场上市企业数量增幅明显，有色金属类期货受到偏好。绝大部分上市公司进行的期货交易多为商品期货，其中铜期货为交易次数最多的期货品种，铝、锡、锌等重金属期货亦受到上市公司的偏好。此外，也有一定比例的上市公司进行以黄金、股指、国债等为标的产品的期货交易。2014—2020 年，各大上市公司使用金融期货产品基本一致，而使用商品期货类变化较为显著，橡胶、白银、镍等种类的商品期货交易占比越来越高。

第三，材料、工业行业板块上市企业期货参与度最高。从使用期货的上市公司绝对数量看，材料业、工业分别有 90 家、81 家企业使用期货产品，占所有使用期货产品的上市公司总量的比例最高，分别达到 31.80%、28.62%。

第四，参与期货市场地域特征明显，华东地区占比最大。2020 年，华东地区使用期货数量最多，共 140 家，占比 49.47%，其次是华南地区、华北地区、华中地区、西南地区。东北地区使用期货公司数量最少。

第五，传统制造、消费行业更偏向利用期货套期保值。使用期货交易的上市公司中，进行套期保值的企业绝对数量是不断提升的，由 2014 年的 44 家增加到 2020 年的 86 家，但与使用期货上市公司总数占比却出现了下降。行业特征方面，使用期货产品套期保值的主要行业为材料、工业等传统制造行业以及日常消费行业。

对于期货市场服务上市公司风险管理效果方面，本研究分析了是否使用期货对上市公司风险管理的影响效应，讨论了对于具有不同的期货交易动机、所有制性质、地区属性、行业属性的上市企业来说，期货市场作用效果的异质性。进一步地，从流动性风险、经营风险以及市场风险三个角度，探究了期货市场对于上市公司风险管理的作用渠道。实证分析部分得到的主要结论有以下几个方面：

第一，企业通过参与期货交易，确实能在一定程度上降低企业风险，并且这一结论是可靠的，即使风险度量方式改变该结论仍然稳健。企业根据自身的情况考虑是否进入期货市场交易，其中还包括一些不可观测因素的影响，因此在估计期货对企业风险的影响程度时，面临着自选择偏差问题，该问题的存在性已经被实证研究部分的估计结果所证实，而忽略这一问题会低估期货降低企业风险的效果。

第二，期货的套期保值和投机行为对企业风险管理具有不同的作用。结果表明，在对自选择偏差问题进行修正之后，两种交易动机均对降低企业风险有一定效果。并且利用期货进行套期保值，对上市公司综合风险的降低效果更明显。这是由于套期保值可以利用期货和现货市场的损益对冲部分风险，而投机产生的效益依赖于对市场预期的准确性。

第三，不论是国有企业还是非国有企业，参与期货市场均能降低企业的风险。并且国有企业利用期货降低风险的能力略微优于非国有企业，这可能是因为国有企业规模较大，监管体系更完善，规避风险能力更强。但这种差异并不显著，无法说明二者之间存在异质性。

第四，期货对企业风险的影响在西北地区和东北地区无显著差异，并且这两个区域内的企业进行期货交易反而会加剧公司风险。此外，其余各地区的企业利用期货均可以降低风险，并且其效果在各地区间具有异质性。其中，华北和华南与西北地区的差异最为明显。导致期货市场作用效果地域异质性的原因是各地经济发展状况、金融市场发展程度以及投资者金融素养的显著差异。

第五，期货市场对上市公司风险管理影响的行业异质性特征明显。期货工具的风险管理作用在房地产、信息技术和材料行业之间不存在显著差异，并且这些行业内的企业均可通过期货工具降低企业风险。除此以外的各行业间均存在异质性，并且公用事业、日常消费和医疗保健等行业通过期货反而会加剧企业风险。需注意，电信服务因样本过少，无法通过模型得到结果。

第六，将上市公司的综合风险细分为经营风险、流动性风险与市场风险后，影响渠道分析的实证结果表明，期货市场主要通过降低企业经营风险这一渠道对上市公司风险管理产生影响。同时，出于投机动机的期货交易行为反而会加剧市场风险，进而削弱期货市场对于企业综合风险的降低作用，这主要是由于投机行为导致企业与金融市场的关联性提升，进而对市场风险的暴露增加。此外，期货市场对于上市公司流动性风险的影响并不显著。

本课题的研究结论无论对于上市公司利用期货工具进行风险管理，还是对于期货市场监管部门的政策制定和实施都具有重要的价值。我们提出以下几个政策建议：

第一，根据上市公司披露的数据，目前进行期货交易的企业中套期保值的占比较少，而基于投机交易动机的期货交易行为会加剧市场风险。因此，企业需要正确认识期货规避风险的作用，合理利用套期保值，不可过分依赖对市场的判断而盲目投机。金融监管机构及企业风控部门需掌握大规模期货交易的动机，避免由于期货不合理运用而造成的巨额亏损。

第二，运用期货虽然可以降低企业风险，但期货本身也暗含风险。企业进行期货交易的同时，需要特别注意跟踪期货市场的风险。如设立专门的期货交易部门，实时掌握期货市场的行情、交易动态及风险因素等，实时进行期货交易。风险管理部门需对期货交易的风险进行评估和监控，防止期货市场上的波动给企业带来亏损。

第三，西北和东北地区的企业利用期货普遍会加剧企业风险，这可能源自经济金融发展滞后，期货交易经验不足等。因此，金融监管机构需特别注意金融市场较为落后地区企业的市场动态，在期货交易和风险控制等方面重点扶持。该地区企业应汲取市场经验，积极学习华北、华东等发达企业的成功案例。除此以外，还需要推动各地区经济高质量发展、金融市场化以及监管体系完善等。

第四，公用事业、日常消费及医疗保健等行业使用期货降低风险的能力也有所欠缺，并且这些行业内套期保值占期货交易的比重常年偏低。监管机构需要加强对上述行业的监管力度，探究其交易现象是否因该行业特点所致，并适当对大规模投机行为进行监管。企业需要基于行业特征和业务需要，形成正确的投资目标，培养合适的期货交易策略等。

参考文献

[1] 陈炜，王弢. 衍生产品使用对公司价值和业绩影响的实证检验[J]. 证券

市场导报，2006（3）.

[2] 肖海霞. 衍生工具、公司风险与公司价值 [D]. 浙江：浙江工商大学，2011.

[3] 付宗要. 衍生工具的使用动机以及对公司价值影响的实证研究 [D]. 广东：广东商学院，2011.

[4] 高佳. 套期保值、投机对公司风险及业绩的影响研究 [D]. 浙江：杭州电子科技大学，2013.

[5] 刘词，王玲. 金融衍生产品对上市公司风险管理影响实证研究 [J]. 财务与金融，2014（6）.

[6] 郑丽婷. 上市公司运用衍生品情况及其对实体经济发展的影响——基于财务报表季度数据研究 [J]. 中国证券期货，2018（1）.

[7] 赵旭. 金融衍生品使用与企业价值、风险：来自中国有色金属类上市公司的经验证据 [J]. 经济管理，2011（1）.

[8] 王丽楠. 商品期货市场套期保值在企业风险管理中的应用研究 [D]. 北京：对外经济贸易大学，2015.

[9] 黄世忠，王晓珂. 衍生工具和企业风险管理——基于 A 股非金融类上市公司的实证研究 [J]. 厦门大学学报（哲学社会科学版），2016（1）.

[10] 王亮亮. A 公司运用期货工具进行风险管理案例研究 [D]. 河北：河北金融学院，2018.

[11] 王佩. 我国制造业利用金融衍生工具有效管理价格风险的研究 [D]. 天津：天津工业大学，2019.

[12] Jorgenson, D W. Rational Distributed Lag Functions [J]. Econometrica, 1966（1）.

[13] Hirotugu, A. Statistical predictor identification [J]. Annals of the Institute of Statistical Mathematics, 1970, 22（1）.

[14] Geweke, J. Meese, R. Estimating regression models of finite but unknown order [J]. North–Holland, 1981, 16（1）.

[15] Stein, J L. Real Effects of Futures Speculation: Asymptotically Rational Expectations [J]. Economica, 1986（210）.

[16] Hendrik, B. Paul, J S. Price Volatility, Trading Volume, and Market Depth: Evidence from Futures Markets [J]. Journal of Financial and Quantitative Analysis, 1993, 28（1）.

[17] Milton, H. Artur, R. Differences of Opinion Make a Horse Race [J]. The Review of Financial Studies, 1983, 6（3）.

附录 A

连续 7 年参与期货市场上市公司名单（见表 A.1）。

表 A.1　　　　连续 7 年参与期货市场上市公司名单

交易所名称	所属行业	企业名称
上海证券交易所	信息技术	大恒科技
上海证券交易所	信息技术	恒生电子
上海证券交易所	公用事业	广州发展
上海证券交易所	可选消费	弘业股份
上海证券交易所	可选消费	美尔雅
上海证券交易所	工业	中储股份
上海证券交易所	工业	五矿发展
上海证券交易所	工业	厦门国贸
上海证券交易所	工业	厦门象屿
上海证券交易所	工业	物产中大
上海证券交易所	工业	瑞茂通
上海证券交易所	工业	盛屯矿业
上海证券交易所	房地产	华丽家族
上海证券交易所	房地产	新湖中宝
上海证券交易所	房地产	新黄浦
上海证券交易所	日常消费	中粮糖业
上海证券交易所	日常消费	海南橡胶
上海证券交易所	材料	中化国际
上海证券交易所	材料	南山铝业
上海证券交易所	材料	博威合金
上海证券交易所	材料	株冶集团

续表

交易所名称	所属行业	企业名称
上海证券交易所	材料	江西铜业
上海证券交易所	材料	紫金矿业
上海证券交易所	材料	豫光金铅
上海证券交易所	材料	驰宏锌锗
上海证券交易所	材料	鹏欣资源
上海证券交易所	能源	兖州煤业
深圳证券交易所	工业	大洋电机
深圳证券交易所	工业	浙商中拓
深圳证券交易所	工业	现代投资
深圳证券交易所	工业	远大控股
深圳证券交易所	工业	金杯电工
深圳证券交易所	日常消费	唐人神
深圳证券交易所	日常消费	新希望
深圳证券交易所	日常消费	正虹科技
深圳证券交易所	日常消费	海大集团
深圳证券交易所	材料	中金岭南
深圳证券交易所	材料	云铝股份
深圳证券交易所	材料	华菱钢铁
深圳证券交易所	材料	恒逸石化
深圳证券交易所	材料	恒邦股份
深圳证券交易所	材料	楚江新材
深圳证券交易所	材料	焦作万方
深圳证券交易所	材料	精艺股份
深圳证券交易所	材料	锡业股份

附录 B

实证分析部分详细估计结果，如表 B.1—表 B.17 所示。

表 B.1　　　　　　　　　基准回归结果

变量	系数	T值	P值
IS_FUTURE	-0.0028	-3.86	0.000***
LOGS	0.0001	0.34	0.736
ROA	-0.0001	-2.50	0.012**
DAR	-0.0002	-16.66	0.000***
CR	-0.0015	-16.27	0.000***
IGR	-0.0106	-16.48	0.000***
2015	-0.0117	-27.59	0.000***
2016	-0.0208	-34.01	0.000***
2017	-0.0069	-14.31	0.000***
2018	-0.0025	-6.26	0.000***
2019	-0.0034	-7.88	0.000***
2020	-0.0024	-5.43	0.000***
_CONS	0.9961	1103.45	0.000***

表 B.2　　　　　　　　处理效应 MLE 结果

变量	系数	T值	P值
第二阶段对 CSR1 回归			
IS_FUTURE	-0.0100	-3.10	0.002***
LOGS	0.0002	0.70	0.487
ROA	-0.0001	-2.31	0.021**
DAR	-0.0002	-15.40	0.000***
CR	-0.0017	-15.39	0.000***
IGR	-0.0112	-15.74	0.000***
2016	-0.0091	-14.42	0.000***
2017	0.0050	10.32	0.000***
2018	0.0093	21.79	0.000***
2019	0.0083	18.60	0.000***
2020	0.0094	20.91	0.000***
_CONS	0.9852	947.00	0.000***
LAMBDA	0.0055	3.94	0.047**

续表

变量	系数	T值	P值
第一阶段对 IS_FUTURE 回归			
LAGIS_FUTURE	2.4895	25.83	0.000***
LAGLOGS	0.1651	10.42	0.000***
LAGROA	-0.0131	-4.34	0.000***
LAGDAR	-0.0034	-2.63	0.009***
LAGCR	-0.0404	-2.59	0.010***
LAGIGR	0.1028	1.99	0.047**
_CONS	-2.3622	-25.15	0.000***

表 B.3　　处理效应两步法结果

变量	系数	T值	P值
第二阶段对 CSR1 回归			
IS_FUTURE	-0.0068	-6.77	0.000***
LOGS	0.0001	0.70	0.483
ROA	-0.0001	-3.41	0.001***
DAR	-0.0002	-18.72	0.000***
CR	-0.0017	-18.16	0.000***
IGR	-0.0112	-31.06	0.000***
2016	-0.0091	-17.67	0.000***
2017	0.0051	9.76	0.000***
2018	0.0092	17.86	0.000***
2019	0.0083	16.00	0.000***
2020	0.0094	17.91	0.000***
_CONS	0.9853	1262.90	0.000***
LAMBDA	0.0030	5.01	0.000***
第一阶段对 IS_FUTURE 回归			
LAGIS_FUTURE	2.5609	53.27	0.000***
LAGLOGS	0.1482	10.81	0.000***
LAGROA	-0.0128	-4.44	0.000***
LAGDAR	-0.0037	-2.71	0.007***
LAGCR	-0.0418	-2.87	0.004***
LAGIGR	0.0385	0.91	0.362
_CONS	-2.2940	-25.40	0.000***

表 B.4　　处理效应两步回归手动计算结果

变量	系数	T值	P值
第一阶段对 IS_FUTURE 回归			
LAGIS_FUTURE	2.5766	53.63	0.000 ***
LAGLOGS	0.1613	12.15	0.000 ***
LAGROA	-0.0145	-5.13	0.000 ***
LAGDAR	-0.0044	-3.29	0.001 ***
LAGCR	-0.0409	-2.81	0.005 ***
LAGIGR	0.0393	0.93	0.350
_CONS	-2.3286	-25.90	0.000 ***
第二阶段对 CSR1 回归			
IS_FUTURE	-0.0069	-5.76	0.000 ***
LOGS	0.0001	0.43	0.669
ROA	-0.0001	-2.27	0.023 **
DAR	-0.0002	-15.45	0.000 ***
CR	-0.0017	-15.38	0.000 ***
IGR	-0.0112	-15.71	0.000 ***
2016	-0.0091	-14.43	0.000 ***
2017	0.0050	10.33	0.000 ***
2018	0.0092	21.82	0.000 ***
2019	0.0083	18.59	0.000 ***
2020	0.0094	20.89	0.000 ***
_CONS	0.9852	962.88	0.000 ***
LAMBDA	0.0031	4.89	0.000 ***

表 B.5　　稳健性检验结果

变量	系数	T值	P值
IS_FUTURE	-0.0024	-4.48	0.000 ***
LOGS	-0.0005	-3.21	0.001 ***
ROA	0.0000	-2.33	0.020 **
DAR	-0.0002	-18.28	0.000 ***
CR	-0.0012	-18.60	0.000 ***
IGR	-0.0072	-16.46	0.000 ***
2015	-0.0080	-25.36	0.000 ***
2016	-0.0102	-27.69	0.000 ***
2017	-0.0054	-15.56	0.000 ***
2018	-0.0042	-12.93	0.000 ***

续表

变量	系数	T值	P值
2019	-0.0031	-9.36	0.000 ***
2020	-0.0027	-8.00	0.000 ***
_CONS	1.0000	1666.60	0.000 ***

表 B.6　　　　经营风险（熵权法）基准回归结果

变量	系数	T值	P值
IS_FUTURE	-0.0051	-5.14	0.000 ***
LOGS	-0.0009	-0.51	0.614
ROA	0.80024	6.43	0.000 ***
DAR	-0.0061	-7.93	0.000 ***
CR	-0.0613	-10.71	0.000 ***
IGR	-0.0148	-16.57	0.000 ***
2015	-0.0146	-28.95	0.000 ***
2016	-0.6332	-43.45	0.000 ***
2017	-0.0149	-26.28	0.000 ***
2018	-0.0045	-10.32	0.000 ***
2019	-0.0051	-11.12	0.000 ***
2020	-0.0083	-16.50	0.000 ***
_CONS	0.9988	1024.54	0.000 ***

表 B.7　　　　经营风险（平均法）基准回归结果

变量	系数	T值	P值
IS_FUTURE	-0.0038	-5.74	0.000 ***
LOGS	-0.0064	-2.88	0.004 ***
ROA	0.0002	6.09	0.000 ***
DAR	-0.0001	-10.31	0.000 ***
CR	-0.0010	-12.02	0.000 ***
IGR	-0.0097	-16.50	0.000 ***
2015	-0.0069	-19.83	0.000 ***
2016	-0.0148	-33.68	0.000 ***
2017	-0.0085	-21.38	0.000 ***
2018	-0.0646	-13.05	0.000 ***
2019	-0.0015	-4.58	0.000 ***
2020	-0.6028	-7.92	0.000 ***
_CONS	0.9991	1658.87	0.000 ***

表 B.8　　现金流风险的基准回归结果

变量	系数	T值	P值
IS_FUTURE	-0.0010	-8.78	8.433
LOGS	-0.0106	-21.53	0.000***
ROA	-0.0004	-17.59	0.000***
DAR	-0.0002	-10.89	0.000***
CR	-0.0015	-13.54	0.000***
IGR	0.0003	0.83	0.407
2015	-0.0083	-0.52	0.604
2016	0.0007	1.20	0.230
2017	0.0037	6.23	0.000***
2018	0.0043	7.05	0.000***
2019	-0.0002	-0.22	0.826
2020	-0.0010	-1.29	0.196
_CONS	1.0415	565.14	0.000***

表 B.9　　市场风险的基准回归结果

变量	系数	T值	P值
IS_FUTURE	0.0620	1.76	0.079*
LOGS	0.0109	40.15	0.000***
ROA	-0.0085	-12.11	0.000***
DAR	-0.0003	-15.06	0.000***
CR	-0.0833	-13.40	0.000***
IGR	-0.0635	-4.02	0.000***
2015	-0.0203	-21.95	0.000***
2016	-0.0030	-3.26	0.001***
2017	-0.1155	-73.92	0.000***
2018	-0.1957	-172.21	0.000***
2019	-0.0282	-33.36	0.000***
2020	-0.0052	-5.64	0.000***
_CONS	0.9585	599.86	0.000***

表 B.10　　　　　　　套期保值影响市场风险的处理效应结果

变量	系数	T值	P值
第二阶段对 EVV 回归			
IS_HEDGING	-0.0854	-18.42	0.000***
LOGS	0.0118	39.59	0.000***
ROA	-0.0006	-13.38	0.000***
DAR	-0.0004	-14.02	0.000***
CR	-0.0035	-12.68	0.000***
IGR	-0.0036	-4.03	0.000***
2016	0.0171	18.41	0.000***
2017	-0.0925	-62.36	0.000***
2018	-0.1733	-151.49	0.000***
2019	-0.0087	-10.33	0.000***
2020	0.0142	15.58	0.000***
_CONS	0.9371	538.46	0.000***
LAMBDA	0.0480	200.94	0.000***
第一阶段对 IS_HEDGING 回归			
LAGIS_HEDGING	1.1849	10.77	0.000***
LAGLOGS	0.0818	4.61	0.000***
LAGROA	-0.0030	-0.66	0.512
LAGDAR	-0.0012	-0.75	0.453
LAGCR	-0.0492	-3.04	0.002***
LAGIGR	-0.0624	-1.12	0.263
_CONS	-2.0676	-17.17	0.000***

表 B.11　　　　　　　投机影响市场风险的处理效应结果

变量	系数	T值	P值
第二阶段对 EVV 回归			
IS_SPEC	0.0043	2.37	0.018**
LOGS	0.0113	39.18	0.000***
ROA	-0.0006	-13.30	0.000***
DAR	-0.0004	-13.97	0.000***
CR	-0.0035	-12.51	0.000***
IGR	-0.0031	-3.35	0.001***
2016	0.0171	18.37	0.000***
2017	-0.0955	-60.99	0.000***
2018	-0.1757	-154.89	0.000***
2019	-0.0083	-9.87	0.000***
2020	0.0147	16.08	0.000***
_CONS	0.9380	543.20	0.000***
LAMBDA	-0.0025	5.72	0.017**

续表

变量	系数	T 值	P 值
第一阶段对 IS_SPEC 回归			
LAGIS_SPEC	2.3569	45.37	0.000 ***
LAGLOGS	0.1554	11.75	0.000 ***
LAGROA	-0.0150	-5.53	0.000 ***
LAGDAR	-0.0035	-2.54	0.011 **
LAGCR	-0.0512	-2.66	0.008 ***
LAGIGR	0.0719	1.77	0.077 *
_CONS	-2.3550	-23.29	0.000 ***

表 B.12　利用基准回归研究套保和投机的影响

变量	系数	T 值	P 值
IS_HEDGING	-0.0012	-1.14	0.253
IS_SPEC	-0.0033	-3.76	0.000 ***
LOGS	0.0001	0.35	0.725
ROA	-0.0001	-2.51	0.012 **
DAR	-0.0002	-16.66	0.000 ***
CR	-0.0015	-16.25	0.000 ***
IGR	-0.0106	-16.47	0.000 ***
2015	-0.0116	-27.56	0.000 ***
2016	-0.0208	-33.98	0.000 ***
2017	-0.0067	-14.29	0.000 ***
2018	-0.0025	-6.23	0.000 ***
2019	-0.0034	-7.86	0.000 ***
2020	-0.0024	-5.44	0.000 ***
_CONS	0.9960	1104.37	0.000 ***

表 B.13　套期保值影响企业风险的处理效应结果

变量	系数	T 值	P 值
第二阶段对 CSR1 回归			
IS_HEDGING	-0.0360	-23.59	0.614
LOGS	0.0001	0.50	0.018 **
ROA	-0.0001	-2.36	0.000 ***
DAR	-0.0002	-15.36	0.000 ***
CR	-0.0016	-15.41	0.000 ***
IGR	-0.0110	-16.25	0.000 ***
2016	-0.0086	-13.92	0.000 ***

续表

变量	系数	T值	P值
2017	0.0049	10.14	0.000***
2018	0.0091	21.88	0.000***
2019	0.0080	18.32	0.000***
2020	0.0092	20.75	0.000***
_CONS	0.9852	965.15	0.000***
LAMBDA	0.0191	78.65	0.000***
第一阶段对IS_HEDGING回归			
LAGIS_HEDGING	1.2727	8.59	0.000***
LAGLOGS	0.1391	3.99	0.000***
LAGROA	-0.0062	-1.31	0.191
LAGDAR	-0.0065	-2.57	0.010***
LAGCR	-0.0433	-2.78	0.005***
LAGIGR	0.1306	1.32	0.186
_CONS	-1.9992	-12.04	0.000***

表B.14　　投机影响企业风险的处理效应结果

变量	系数	T值	P值
第二阶段对CSR1回归			
IS_SPEC	-0.0152	-2.08	0.037**
LOGS	0.0002	0.83	0.408
ROA	-0.0001	-2.35	0.019**
DAR	-0.0002	-15.05	0.000***
CR	-0.0017	-15.33	0.000***
IGR	-0.0112	-15.85	0.000***
2016	-0.0090	-14.09	0.000***
2017	0.0051	10.43	0.000***
2018	0.0093	21.38	0.000***
2019	0.0084	18.80	0.000***
2020	0.0094	20.82	0.000***
_CONS	0.9849	897.14	0.000***
LAMBDA	0.0081	2.07	0.052*
第一阶段对IS_SPEC回归			
LAGIS_SPEC	2.1944	8.97	0.000***
LAGLOGS	0.1816	9.65	0.000***
LAGROA	-0.0147	-4.32	0.000***

续表

变量	系数	T值	P值
LAGDAR	-0.0033	-2.36	0.018 **
LAGCR	-0.0505	-2.92	0.003 ***
LAGIGR	0.1604	2.61	0.009 ***
_CONS	-2.4334	-21.85	0.000 ***

表 B.15　　企业性质异质性分析

变量	系数	T值	P值
IS_FUTURE	-0.0021	-2.25	0.025 **
IS_FUTURE_PROP	-0.0019	-1.34	0.181
LOGS	0.0001	0.39	0.695
ROA	-0.0001	-2.50	0.012 **
DAR	-0.0002	-16.55	0.000 ***
CR	-0.0015	-16.20	0.000 ***
IGR	-0.0160	-16.48	0.000 ***
2015	-0.0117	-27.58	0.000 ***
2016	-0.0208	-34.02	0.000 ***
2017	-0.0067	-14.33	0.000 ***
2018	-0.0025	-6.28	0.000 ***
2019	-0.0034	-7.91	0.000 ***
2020	-0.0024	-5.47	0.000 ***
_CONS	0.9960	1095.30	0.000 ***

表 B.16　　地区异质性分析

变量	系数	T值	P值
IS_FUTURE	0.0043	2.75	0.006 ***
IS_FUTURE_AREA1	-0.0147	-5.11	0.000 ***
IS_FUTURE_AREA2	-0.0102	-4.20	0.000 ***
IS_FUTURE_AREA3	-0.0060	-3.28	0.001 ***
IS_FUTURE_AREA4	-0.0041	-1.67	0.094 *
IS_FUTURE_AREA5	-0.0031	-0.86	0.387
IS_FUTURE_AREA6	-0.0068	-1.97	0.049 **
LOGS	0.0001	0.46	0.643
ROA	-0.0001	-2.48	0.013 **
DAR	-0.0002	-16.77	0.000 ***
CR	-0.0015	-16.33	0.000 ***

续表

变量	系数	T值	P值
IGR	-0.0106	-16.51	0.000***
2015	-0.0117	-27.61	0.000***
2016	-0.0208	-34.02	0.000***
2017	-0.0067	-14.35	0.000***
2018	-0.0025	-6.30	0.000***
2019	-0.0034	-7.88	0.000***
2020	-0.0024	-5.45	0.000***
_CONS	0.9961	1104.04	0.000***

表 B.17 　　　　　　　行业异质性

变量	系数	T值	P值
IS_FUTURE	-0.0044	-3.57	0.000***
IS_FUTURE_IND1	—（omitted)	—	—
IS_FUTURE_IND2	-0.0044	-0.63	0.530
IS_FUTURE_IND3	0.0028	1.70	0.090*
IS_FUTURE_IND4	0.0143	4.97	0.000***
IS_FUTURE_IND5	0.0041	1.91	0.056*
IS_FUTURE_IND6	-0.0133	-2.57	0.010***
IS_FUTURE_IND7	0.0044	2.34	0.019**
IS_FUTURE_IND8	-0.0003	-0.07	0.945
IS_FUTURE_IND9	0.0089	4.75	0.000***
LOGS	0.0001	0.44	0.663
ROA	-0.0001	-2.54	0.011**
DAR	-0.0002	-16.73	0.000***
CR	-0.0015	-16.31	0.000***
IGR	-0.0106	-16.46	0.000***
2015	-0.0117	-27.60	0.000***
2016	-0.0208	-34.07	0.000***
2017	-0.0067	-14.39	0.000***
2018	-0.0025	-6.29	0.000***
2019	-0.0034	-7.97	0.000***
2020	-0.0024	-5.53	0.000***
_CONS	0.9960	1104.92	0.000***

中期协联合研究计划（第十四期）项目

G20 场外衍生品监管改革国际实践对我国的启示与建议

课题负责单位：上海金融衍生品研究院有限责任公司
课题研究编号：202131050
课题负责人：李自然
课题组成员：鹿　波

一、引言

西方场外衍生品市场发展百年，长期以自律管理为主，直到 2009 年匹兹堡峰会，即二十国集团（G20）领导人第三次金融峰会，G20 领导人为反思金融危机，控制市场的过度、无序发展，提出了行政监管的改革框架，并敦促各国落实。我国证券期货场外金融衍生品市场从 2012 年起步，目前尚处起步阶段，其监管框架设计，既需要对标 G20 领导人就改革框架提出的五大具体承诺（理想目标）、主要国家落实情况（现实目标），也要充分结合本土实际和未来发展趋势。

现有针对海外场外衍生品监管改革实践的文献，主要集中在全球金融稳定委员会（FBS）、美国证券存托与清算公司（DTCC）等国际组织通过大量调研、数据统计形成的年度评估报告和专题报告，针对中国情况还鲜有系统分析。国内一些文献更多集中于国际经验介绍，缺少对本土实践的深入对照，例如张源（2019）针对美国场外衍生品监管改革的研究。而针对国内场外衍生品市场发展和监管改革的研究成果，目前则多集中于某个领域。例如，顾亮（2019）研究了场外衍生品集中清算问题，吴紫艳（2019）研究了证券公司场外衍生品业务投资者适当性问题。目前对于场外衍生品监管问题，还鲜有文献能够将 G20 五大监管改革的关系、逻辑以及如何在本土落地进行系统性的研究。

为此，本报告梳理了 2008 年金融危机以来全球场外衍生品市场监管改革的背景、目的、措施、实现机制、进展情况和不足，分析了我国证券期货场外金融衍生品市场现状、发展趋势，监管现状以及现存的主要问题，使我国证券期货场外金融衍生品市场完善监管改革的顶层设计时，既能够合理借鉴国际和同业经验，又能够充分结合本行业当前的监管实践，提出相应的政策建议。

二、G20 全球场外衍生品市场监管改革倡议

2009 年 9 月，二十国集团领导人在匹兹堡峰会上号召各国财政当局和央行达成了金融监管改革的共识，特别针对 2008 年国际金融危机的焦点——场外衍生品市场，做出了监管改革的五大承诺，并指定全球金融稳定局（FSB）在协调各国落实承诺、评估执行进展、制定国际标准等方面发挥关键作用。这一套系统安排引导场外衍生品从过去的自律监管为主开始向更多的行政监管转向，并成为贯穿时至今日各国场外衍生品市场建设与监管制度演变的重要线索。

（一）改革的背景、宗旨与措施

2008 年金融危机前，国际上场外衍生品的监管以行业自律为主，行政监管和国

际组织合作为补充，共同构成一个宽松弹性的监管体系。大部分国家的行政监管机构通常发挥指导作用，具体业务规范由自律组织管理；也有国家的行政监管机构通过一些有限的措施，如对参与主体的资质水平、合规操作等进行监管，来控制整个市场风险。

然而，2008年的金融危机使各国充分认识到，尽管场外衍生品，特别是信用类场外衍生品，并非危机的直接根源，但是该市场存在很多问题，导致了系统性风险的形成并加剧了危机的影响，包括：市场参与者之间积累了大量的对手方敞口风险未能得到有效管理；市场参与者之间错综复杂的关系网产生"链式反应"导致个体失败的风险极具传染性并令整个市场陷入瘫痪（客观上也产生大而不能倒的问题）；对手方信用风险不透明，导致在压力下市场流动性和信心丧失等。

对此，G20领导人在2009年匹兹堡峰会上发起了针对场外衍生品市场的监管改革倡议，其宗旨是：(1)缓解系统性风险；(2)提高衍生品市场的透明度；(3)防止市场滥用。针对这三大宗旨，G20领导人作出了多项改革场外衍生品市场监管的承诺：

一是在适当情况下，标准化的场外衍生品应在交易所或电子交易平台进行交易；
二是标准化的场外衍生品应在2012年底之前纳入CCP清算；
三是场外衍生品合约应向交易报告库报告；
四是非中央对手方（CCP）清算的衍生工具应符合较高的资本金要求；
五是2011年11月，G20峰会同意在上述监管改革承诺中进一步增加非CCP清算衍生工具应满足最低保证金的规定。

上述五大承诺中，第一和第二个是旨在引导场外衍生品标准化；第三个是对标准化和非标准化场外衍生品均适用的承诺；第四个和第五个是专门针对非标准化场外衍生品的要求，即体现对非标准化场外衍生品风险的关注，也表明了一种通过提高保证金、资本金要求增加市场使用非标产品的成本的监管导向。

至此，场外衍生品市场的五大监管改革方向成型，它们将从不同层面致力于实现三大改革宗旨。

（二）改革承诺与改革宗旨的关系

尽管五项改革承诺颇受社会各界关注，但它们本身并不是改革的目的，而是作为一套工具组合，致力于三大改革宗旨的实现。

1. 缓解系统性风险

五项承诺中，CCP清算、最低保证金要求和资本金要求主要致力于缓解系统性风险。

CCP 清算可减少金融系统中的交易对手信用风险,有利于提高银行的清偿能力,取代市场参与者之间复杂而不透明的关系网,有效解决个体风险的系统性传染以及由此带来的"大而不能倒"问题。

保证金要求旨在减少交易违约风险。场外衍生品抵押品水平明显高于金融危机前,对 CCP 清算和非 CCP 清算的衍生品都规定了最低标准。

资本金要求旨在一旦出现违约或其他冲击,金融机构自身有足够的抗风险能力。非 CCP 清算的场外衍生品的违约风险、对手方信用风险更大,其对应的资本金要求也更高。

2. 提高市场的透明度

透明度概念涉及两个层面:一是什么样的信息应当透明,可以把透明度分为交易前透明度(报价信息)和交易后透明度(成交、持仓信息);二是根据这些信息应当对哪些主体透明,可以把透明度分为监管透明度(市场信息及时被监管部门掌握)和市场透明度(市场信息向投资者披露)。

平台交易是提高场外衍生品市场透明度的重要手段。平台交易有利于投资者和经纪商在交易前充分交换信息,提供更好的事前报价透明度,提高投资者搜寻合适交易对手的效率;可以有效提高交易的可靠性,避免一些手工操作的失误风险;有利于交易后数据的加工处理和信息的自动化报送,便于监管者及时获得丰富的市场信息,同时一些总量数据和市场指标也可以披露给市场投资者(每一笔交易信息的披露未必是有利于市场稳定,规模较大的交易的信息披露可能引发市场动荡,或被投机者渔利)。

交易报告库可以提高交易后透明度。目前,交易报告要求是在世界各国最容易落实的一项承诺。无论是标准化平台交易的还是非标准化双边交易的衍生品,监管机构都能够通过交易报告库获得市场交易的相关数据。监管机构正在越来越多地使用这些数据来分析、监测系统性风险。例如,英格兰银行计划英镑与瑞郎(瑞士法郎)脱钩时,就利用其分析市场反应。此外,部分交易商或交易平台、CCP 或监管部门已经开始利用交易报告库向公众提供一些场外衍生品的交易信息。

3. 防止市场滥用

市场滥用是指用特别的方法让对手方在交易中处于不利地位。标准化的场外衍生品应在交易所或电子交易平台进行交易,和场外衍生品交易应向法定报告库报备这两个承诺都有利于防止市场滥用。在交易所或者电子交易平台进行交易可以对交易进程进行实时监控,能够及时发现持仓过于集中或滥用市场支配地位的苗头。目前,不少监管机构已经在利用报告库的数据进行某些市场监察,但这方面的工作仍处于早期阶段。

（三）实施机制

G20 领导人对场外衍生品监管改革的五大承诺是具有一定约束力和可执行性的安排，各成员国要根据本国实际情况落实。各成员国落实承诺的主体是其金融管理部门（财政部、央行和金融监管机构），主要抓手可以概括为两个方面：一是监管法规和监管标准的制定；二是金融基础设施建设，包括 CCP 清算机构、交易报告库、交易设施等。

为了保障承诺的落实，G20 领导人成立了全球金融稳定局（FSB）负责监督各国改革进展，提出措施，并向 G20 领导人汇报。FSB 的成员机构包括各成员国的金融管理部门以及国际金融组织（如国际清算银行 BIS）和国际标准制定组织（如巴塞尔委员会 BCBS、国际证监会组织 IOSCO 等）。FSB 在协调各国落实承诺、评估执行进展、评估落实情况与承诺的一致性、评估落实情况对实现三大宗旨的有效性、制定国际标准等方面发挥关键作用。例如，FSB 会定期进行国家评估（一国监管、标准、执行等各个方面的总体情况）和主题评估（世界各国执行某一国际标准或承诺政策的情况），并发布相关报告。

G20 领导人提出的这一套系统安排和实现机制，成为贯穿各国场外衍生品市场改革的主线，也是时至今日权益类场外衍生品市场建设与监管制度设计变迁的主要背景。各国政府提供的改革"供给"（制度标准设计、金融基础设施）与市场现实"需求"和实践之间相互影响、匹配逐渐形成落地方案。各国在改革带来的监管、市场运行等"成本"与换来市场更加稳健、透明等"收益"之间不断权衡，掌握好尺度力度和改革优先顺序。

三、全球场外衍生品监管改革的总体进展

（一）从理论和实践看，改革承诺的导向与部分现实情况还有待融合

标准化，是 G20 针对场外衍生品五大监管改革承诺的核心导向。标准化有利于场外衍生品进行 CCP 清算，纳入交易平台交易，便于定价和风险管理且有利于测算保证金，当然也便利市场信息向交易报告库报送，提升监管效率。同时，各国对非 CCP 清算场外衍生品施加更高的资本金和保证金要求，进而增加 OTC 双边交易的成本，从而有助于提升标准化产品平台交易和 CCP 清算的吸引力。因此，G20 改革的一个重要导向是引导标准化，抑制非标准化产品。

然而，场外衍生品有别于传统交易所产品存在的一个重要经济基础是满足市场对非标准、定制化合约的需求。早在 2010 年，IMF（国际货币基金组织）就认为大约 1/4 的利率衍生品、1/3 的信用衍生品以及 2/3 的其他衍生品不太可能标准化和 CCP 清算[①]。因而，不难理解，G20 在有关承诺的用词上留有了一定余地，即在适当可行的情况下推行标准化。事实上，FSB 早在 2017 年发布的一份评估报告就表明，场外衍生品的监管改革落实进程比预想的要慢很多。随着改革推进，一些领域继续改变带来相关的监管成本、市场参与者成本、基础设施假设成本等在不断上升。因而，不同改革领域的进度也呈现差异。虽然目前还没有定量测算改革成本的方法，但从改革进展可以定性地去管窥不同改革领域随着时间推进带来的相关成本和阻力情况。

（二）五大改革承诺进展不一

总体来看，在五大承诺中，进展程度不一。交易报告库方面的执行进展阻力不大。大多数国家对无论是 CCP 清算还是非 CCP 清算的场外衍生品都施加了交易报告方面的强制性要求。针对非 CCP 清算场外衍生品更高的资本金要求也普遍强制执行[②]，但大多数国家都没有达到 BCBS（巴塞尔委员会）制定的最终标准，即 SA-CCR 计算方法给出的标准。除美国以外，其他成员国在该领域都做了强制性的要求。巴塞尔委员会大多数成员国或地区已经针对资本金占用制定了具体的标准，但是大部分成员国或地区仍未实施最终标准。CCP 清算安排表面上看比较顺利[③]，主要是由于场外产品中，相对标准化的利率和部分信用产品占据场外衍生品的主导地位，这些产品顺利纳入 CCP 清算，使场外衍生品市场整体的 CCP 清算比率提升较高，但权益类以及很多其他非标准化衍生品的 CCP 清算依然比较困难。平台交易和非 CCP 清算衍生品最低保证金要求的执行进展比较缓慢。例如，BSBC 和 IOSCO（国际证监会组织）确定的保证金监管标准全面施行的截止时间被一拖再拖。

FBS 在 2020 年的评估报告[④]中依次用黄色 1、黄色 2、黄色 3、蓝色表征从低到高的排序，来刻画一国的执行程度。在五大改革承诺方面，蓝色占表格的比例按照交易报告、资本金要求（过渡期）、CCP 清算、保证金、平台交易（强制）、资本金要求（最终）逐级递减，反映改革程度由高到低，或改革成本从低到高（见表 1）。

---

① IMF（Global Financial Stability Report，April 2010，Chapter 3）。
② 例如，非 CCP 清算的初始保证金的风险区间（MPOR）一般设定为 10 天，而 CCP 一般将该类产品的初始保证金的风险区间设定为 5 天。因此，从理论上来说，仅该项差异就使得非 CCP 清算的初始保证金比例要求将是同一产品 CCP 清算初始保证金比例要求的 1.4（2 的开方）倍。
③ 《金融市场基础设施原则》（PFMI）的实施，使得 CCP 的韧性有所提升。CCP 的治理、风险管理框架和管理会员违约所需的财务资源都有所提高。同时，PFMI 还制定了针对 CCP 的救助和解决措施，以防止 CCP 成为一个新的、集中的、大而不能倒的风险源头。
④ https：//www.fsb.org/2020/11/otc-derivatives-market-reforms-2020-note-on-implementation-progress/.

这与2017年和2019年的评估情况是类似的。

表1　　　　　　　各国（地区）在五大改革承诺方面的执行程度①

国家（地区）	交易报告库	CCP清算	资本金中期规则	资本金最终规则	保证金	交易平台
阿根廷	蓝色	黄色1	蓝色	蓝色	黄色1	黄色3
澳大利亚	蓝色	蓝色	蓝色	蓝色	蓝色	蓝色
巴西	蓝色	蓝色	蓝色	蓝色	蓝色	黄色1
加拿大	蓝色	蓝色	蓝色	蓝色	蓝色	黄色2
中国	蓝色	蓝色	蓝色	黄色3	蓝色	蓝色
欧盟	蓝色	蓝色	蓝色	黄色3	蓝色	蓝色
中国香港	蓝色	蓝色	蓝色	黄色3（+）	蓝色	蓝色
印度	蓝色	黄色3	蓝色	黄色3	黄色2	黄色3
印度尼西亚	蓝色	3	蓝色	蓝色	黄色2（+）	黄色3
日本	蓝色	蓝色	蓝色	黄色3	蓝色	蓝色
韩国	蓝色	蓝色	蓝色	蓝色	蓝色	黄色1
墨西哥	蓝色	蓝色	蓝色	黄色1	黄色2	蓝色
俄罗斯	蓝色	黄色3（+）	蓝色	黄色2	黄色1	黄色2
沙特阿拉伯	蓝色	黄色1	蓝色	蓝色	蓝色	黄色1
新加坡	蓝色	蓝色	蓝色	黄色3	蓝色	蓝色
南非	黄色3	黄色3	蓝色	黄色2	黄色3（+）	黄色1
瑞士	蓝色	蓝色	蓝色	蓝色（+）	蓝色	蓝色
土耳其	蓝色	黄色1	蓝色	黄色2	黄色1	黄色1
英国	蓝色	蓝色	蓝色	黄色3	蓝色	蓝色
美国	蓝色	蓝色	黄色3	黄色3（+）	蓝色	蓝色

（三）不同产品大类的改革进展不一

利率、信用、外汇、权益、商品等产品大类在五个方面的进展也有所不同。如上所述，这几大类产品在涉及交易报告库和资本金（过渡期）要求方面的改革推行

---

① 蓝色代表超过90%的交易已经受到标准或要求的约束，黄色3代表至少某些交易已经受到标准或要求的约束，黄色2代表至少某些交易的标准或要求已经公布并公开征求意见，黄色1代表与该监管职责有关的法律框架或者承担该监管职责的监管部门已经确定或正在公开征求意见，红色代表没有具体的监管部门来承担这项改革，而且没有采取任何措施来选择具体的监管部门。（+）代表自2019年9月底以来，该领域的改革发生了正向的积极变化。

阻力不大，在其他三个方面的改革执行程度有一定的差异性。利率类和不少信用类产品可标准化的程度更高，纳入 CCP 清算程度较高。权益类产品个性化特征更突出，标准化的难度相对更大，这类产品无论是在强制平台交易、CCP 清算还是保证金要求等方面都进展相对困难，因为 CCP 清算、强制平台交易、保证金计算可靠性等需要综合考虑标准化程度、市场规模、流动性、交易频率等因素的支持。外汇类产品的改革进展介于权益类和利率类产品之间。

（四）不同国家改革进展不同

国外在场外衍生品监管改革领域的整体进展程度不一。相对来说，欧盟进展较快，纳入监管的产品范围更广，细分领域的改革进展更快。根据 FSB（俄罗斯联邦安全局）的评估报告，欧盟在五大监管改革领域，除资本金规则得到黄色 3 的评级之外，其他四个领域的评级均为最高等级的蓝色。在交易报告库、CCP 的市场基础设施建设方面，欧盟得到的评级也比较高。但是，由于欧盟并非主权国家，在监管措施执行效果的监督以及对违反监管法规行为的约束和处理等方面受到各国利益博弈的掣肘，措施较为松散。五项监管改革措施在欧盟的具体实施顺序依次是交易报告库（2013 年）、平台交易（2014 年）、CCP 清算（2015 年）、保证金规则（2016 年）、资本金规则（2019 年）。

美国对场外衍生品监管改革的重视程度相对较弱。根据 FSB 的评估报告，美国在资本金中期规则和资本金最终规则中均未得到最高评级，在交易报告库的建设方面，美国在落实 PFMI 原则（金融市场基础设施建设原则）方面评级较低。具体来说，一是在纳入监管的产品范围方面，将某些场外衍生品，如某些实物交割的商品期权、特定的能源类互换以及权益类场外期权排除在监管范围之外。二是传统监管部门对衍生品的认识更加不足。SEC（美国证券交易委员会）比 CFTC（美国商品期货交易委员会）的配合度更弱，SEC 将纳入其监管范围的场外衍生品视为证券，自认为这些场外衍生品受到了严格的监管，其实是忽略了衍生品与基础证券在产品特征以及风险属性等方面的明显不同。特别是 SEC 在保证金、资本金等风控监管规则的制订方面，起步时间晚，且至今仍未实施。三是场外衍生品存在多头监管导致的监管套利与监管真空现象。多德弗兰克法案将场外衍生品的监管职责分配给 SEC 和 CFTC 两个监管部门，但是监管职责的划分并不明确，SEC 负责监管的基于证券的互换与一般互换之间的界线很模糊，互相之间存在替代性，这可能导致市场机构在监管部门之间的监管套利。此外，五项监管改革措施在美国的具体实施顺序依次是数据报告库（2012 年）、CCP 清算（2012 年）、平台交易（2013 年）、保证金规则（2016 年）、资本金规则（2018 年）。四是次贷危机后的一系列金融监管改革，如对银行机构自营业务、参与投资基金的限制以及交易衍生品缴纳高额保证金等增加了金融机构运营成本，损害了其利益。据 Davis Polk（美国政治研究机构）统计，美国次贷危机以来的各个选举年份，主张放松金融监管的共和党的受捐助额远超民主党，而且政治利益团体的捐助额也逐年增加，说明华尔街关于放松金融监管的游说活动在不断加强。唐纳德·特朗普（Donald Trump）上台后一直致力于放松金融监管。他认为过于严格的金融监管影响经济复苏，并于 2017 年 2 月签署行政命令，确定实施金融监管改革、简化金融监管的总体方向，并要求有关部门对美国现行金融监管制度进行重新审查。2019 年 10 月，美联储签署了沃克尔规则修订案，于 2021 年 1 月 1 日实施。该修订案虽然没有实现放松场外衍生品交易保证金等华尔街诉求，但也增加了银行交易衍生品的灵活性。2021 年，拜登（Joseph Biden）上台后，委任加里·根斯勒（Gary Gensler）任美国证监会主席（2021 年 4 月参议院正式批准），委任罗希特·乔普拉（Rohit Chopra）担任美国消费者金融保护局（CFPB）局长（2021 年 9 月参议院批准），旨在重新加强金融监管。但与 2008 年金融危机后强调"安全"的严格金融监管不同，拜登政府的严格金融监管将来或将更偏向于"公平"和消费者保护。总体上看，包括场外衍生品监管改革在内的一系列金融监管改革在美国是受到抵触的，近年来也出现了一定的调整。美国的监管改革在一定程度上让位于市场发展，在从 2007 年底到 2020 年上半年十多年的跨度里，美国衍生品市场的规模总体趋于稳定，增长略好于全球。其中，天然不适宜标准化的权益类和大宗商品类场外衍生品，在美国市场的规模增幅都超过 40%，与在全球市场分别萎缩 14.64% 和 60.62% 的形势形成鲜明对比①。

部分国家在部分细分领域的改革进展与全球总体进展不同。例如，印度尼西亚是唯一对权益类场外衍生品强制要求平台交易的国家②。再如，在 CCP 清算机构的国际化方面，部分知名清算机构如 CME（芝加哥商品交易所）在多国得到认证，相对来讲我国清算机构的国际化程度是比较低的。

总之，各国在落实 G20 改革承诺方面，是结合自己本土实际情况，根据轻重缓急，有序推进的。

（五）总体效果和存在问题

国际组织确定的场外衍生品监管改革的宗旨包括缓解系统性风险、提高衍生品市场的透明度和防止市场滥用三个方面。总体来说，国外在场外衍生品监管改革方

---

① 数据来自《Quarterly Report on Bank Trading and Derivatives Activities》以及 BIS。
② 印度尼西亚负责权益类场外衍生品监管的机构是 OJK（金融服务监管局）。OJK 于 2020 年 4 月 27 日通过的关于证券衍生品（securities derivative）的监管规则（32/pojk.04/2020），第二条规定证券衍生品必须在交易所或获得 OJK 交易牌照的电子交易平台（PPA）交易。在关于该规则的解释性文句中提到，做出这一规定的目的是满足 G20 的改革承诺。本质上，印度尼西亚的政策是旨在避免衍生品交易游离在平台之外，方便政府以平台为抓手强化监管。

面取得了一些进展，但是实际的效果有待进一步显现。

首先，近年来，场外金融衍生品市场特别是实施了强制 CCP 清算的利率类和信用类场外衍生品市场的整体系统性风险有所降低。以利率衍生品为例，交易商在交易金额中的占比由 2010 年的 43.63% 下降到 2019 年 4 月的 23.93%[①]，系统重要性交易商对市场的影响有所降低，市场集中度下降，系统性风险相应有所降低。但是，依然有大量非标准化场外衍生品存在，并且难以达到 CCP 清算要求、平台交易要求和更高的保证金标准要求。

其次，交易报告库建设比较顺利，市场透明度特别是监管透明度有所提高，但是交易报告库建设的质量有待提高，各个国家对交易报告库信息的公开披露程度也不同，监管合作不够畅通。绝大多数的 G20 国家都已经实施交易报告库或类交易报告库制度。目前，欧盟 ESMA（欧洲证券市场）要求公开发布数据库中按照资产类别划分的场外衍生品的持仓量、交易量和总价值周度数据；美国的 CFTC 则只公布包含利率、信用和外汇类互换合约的周度汇总信息。几乎所有实施交易报告库制度的 G20 国家都会利用数据库中的信息开展市场监控和金融稳定性分析，但是报告库的质量参差不齐。以美国为例，根据 2019 年和 2020 年 FSB 的报告，美国在交易报告库改革方面的相关监管法规或制度已经实施，并且超过 90% 的场外衍生品交易受到了实际的约束。但是，根据 CPMI 和 IOSCO 在 2019 年 5 月发布的金融基础设施评估报告[②]，美国在交易报告库方面的评级却是比较低的，CFTC 和 SEC 在除 21、23 和 24 之外的其他 9 个原则中得到的评级均为"部分符合"或"不符合"。

最后，市场滥用的现象有所减少，但是局部的市场操控仍然存在。随着监管透明度的提高和市场集中度的下降，全球范围内的全市场价格操控或垄断权利滥用的可能性大大降低，但是由于信息收集的不准确和滞后性等原因，各国监管部门对局部市场滥用行为的打击仍有待进一步加强。

场外衍生品监管改革的效果在新冠肺炎疫情期间得到了检验，尽管在 2020 年 3 月份，全球场外衍生品市场的波动率和交易量都出现了大幅上升的态势，但是交易量很快恢复到了疫情之前的水平，没有出现大的动荡。FSB 和某些成员国或地区采取了一些措施，尽量降低市场参与者的操作成本，包括推迟保证金改革措施的最后时限、推迟向交易报告库报告数据的时限（墨西哥和俄罗斯）、降低需要交纳的报告费标准（中国）。有些成员国或地区加强了对市场参与者的监管，例如土耳其增加了对报告机构的审计和监督频率。针对 2020 年 3 月份的短期市场恐慌，有的成员国或地区采取了一些降低顺周期效应的监管措施，包括对银行对手方信用风险的评估框架做出一些改变，降低银行压力测试中的乘数因子，降低中央对手方保证金规

---

① https://stats.bis.org/.
② https://www.bis.org/cpmi/publ/d184.htm.

则的顺周期性。这些措施旨在提高场外衍生品保证金要求的灵活性，降低中央对手方抵押品设置中可能存在的顺周期效应。

四、各类场外金融衍生品市场发展情况和改革进展

（一）各类场外衍生品规模占比情况

目前，按照国际清算银行（BIS）的分类，OTC 市场（场外交易市场）交易的衍生品大致可以分为五类：利率、外汇、信用、权益、大宗商品和其他衍生品。截至 2020 年末，全球未平仓 OTC 衍生品合约的名义价值为 582 万亿美元，较上年同期上升 4.2%（见图 1）。

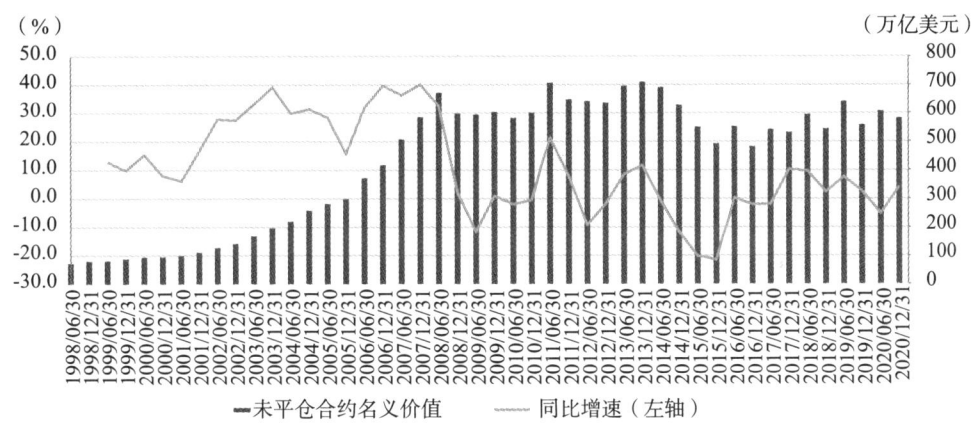

图 1　场外衍生品未平仓合约名义价值及增速

资料来源：根据 BIS 数据整理。

观察不同场外衍生品未平仓合约名义价值占比可以发现：利率类占比一直最大，普遍在 70%—80%；其次是外汇类，占比在 15% 左右；信用类除 2006—2009 年占比有所上升之外，其余时间占比均较低；权益类、大宗商品和其他类占比一直较低（见图 2）。2020 年末，利率类、外汇类、信用类、权益类以及大宗商品和其他类场外衍生品的名义价值占比分别为 80.1%、16.8%、1.5%、1.2% 和 0.4%。

上述情况与场内衍生品的格局不同。根据世界交易所联合会（WFE）对全球 48 个交易所的统计[1]，场内衍生品中，成交量占比最大的是权益类衍生品，其次是大宗商品类，利率类和外汇类分别排第三、第四（见图 3）。2020 年末，权益和 ETF 类、大宗商品类、利率类、外汇类成交量占比分别为 63%、20%、9%、8%。

---

[1] The WFE Research Team, Derivatives Report 2020, 19 May 2021.

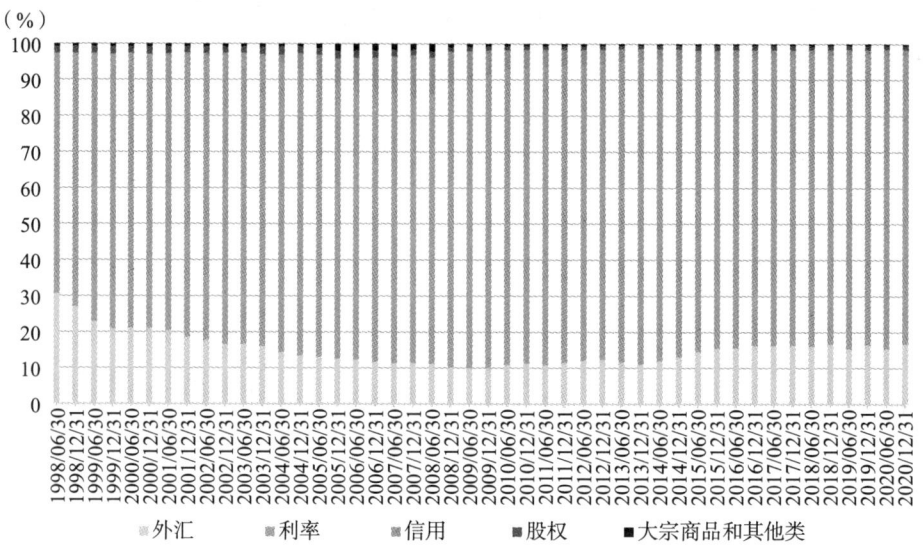

图2 不同类型合约规模占比

资料来源：根据BIS数据整理。

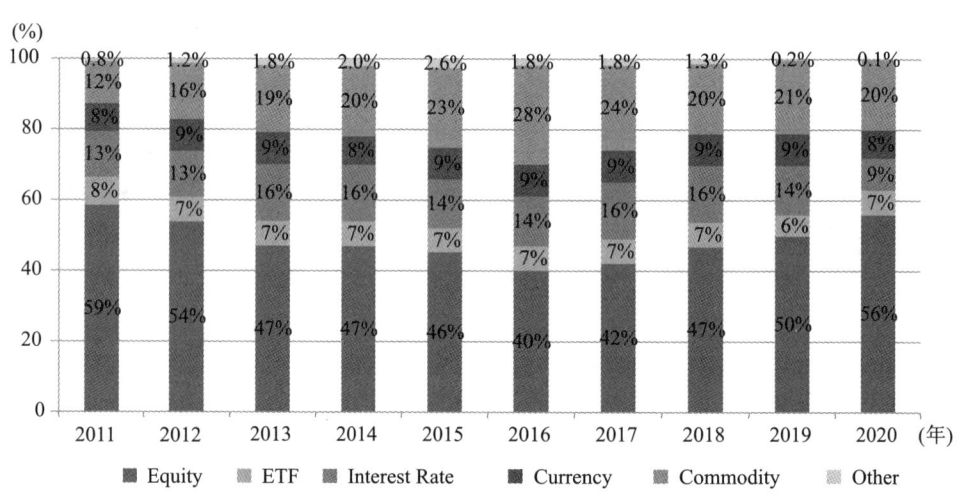

图3 场内衍生品合约占比情况

资料来源：世界交易所联合会2020 IOMA Derivatives Report。

由此可见，虽然权益类衍生品在场内规模较大，成交量占全部场内衍生品的比在50%以上，但在场外衍生品中是小品种；大宗商品类衍生品也是场内占比高于场外；利率类衍生品则正好相反，在场外衍生品中则占据主导地位，存量占比在80%以上，但在场内市场的占比仅排在第三位；外汇类衍生品场内外的占比则比较均衡。

（二）各类场外衍生品CCP清算的占比情况

目前，G20成员国主要针对标准化利率类和信用类场外衍生品强制要求CCP清算,还没有成员国针对其他类别的场外衍生品的交易施加强制性 CCP 清算要求。但是,可供各类场外衍生品使用的 CCP 清算机构数量并不算少。根据 FSB 在 2020 年的调查,可为商品、信用、权益、外汇、利率等大类产品提供服务的清算机构数量分别为 17、10、12、13、21。

根据国际清算银行公布的各类场外衍生品 CCP 上报的未平仓合约名义价值以及全部未平仓合约名义价值可推算出不同种类的场外衍生品 CCP 清算占比。不难发现,2016 年以来权益类和外汇类场外衍生品 CCP 清算占比一直较低,权益类场外衍生品甚至不足 1%。截至 2020 年末,利率类和信用类衍生品 CCP 清算占比则较高,分别在 63.55% 和 45.42% 左右(见表 2)。本文的上述计算结果与 FSB 的估算(见图 4)结果大体一致。

表 2 各类衍生品 CCP 清算比例(%)

衍生品清算		2016年下半年	2017年上半年	2017年下半年	2018年上半年	2018年下半年	2019年上半年	2019年下半年	2020年上半年	2020年下半年
股权	上限	0.92	1.01	0.19	0.28	0.23	0.36	0.27	0.43	0.58
	公式测算	0.46	0.51	0.10	0.14	0.11	0.18	0.13	0.22	0.29
	下限	0.46	0.50	0.10	0.14	0.11	0.18	0.13	0.22	0.29
外汇	上限	2.23	2.40	2.41	3.03	2.99	3.80	3.73	4.06	3.92
	公式测算	1.13	1.21	1.22	1.54	1.52	1.94	1.90	2.07	2.00
	下限	1.11	1.20	1.21	1.52	1.49	1.90	1.87	2.03	1.96
利率	上限	74.50	75.77	75.05	76.22	76.02	77.81	76.63	84.50	77.72
	公式测算	59.37	61.00	60.07	61.57	61.32	63.68	62.11	73.16	63.55
	下限	37.25	37.89	37.53	38.11	38.01	38.91	38.31	42.25	38.86
信用	上限	42.95	49.29	53.62	52.67	53.09	50.10	52.21	58.51	62.47
	公式测算	27.34	32.70	36.63	35.75	36.14	33.42	35.33	41.35	45.42
	下限	21.47	24.64	26.81	26.33	26.54	25.05	26.11	29.25	31.24

注:由于 BIS 数据中,部分 CCP 上报的未平仓合约可能存在重复计算的问题,因此我们按三种情况估算了 CCP 清算比例:其中,上限 = CCP 未平仓合约/全部未平仓合约;下限 = 上限/2;公式测算参照 Wooldridge, P. (2016), "Central clearing predominates in OTC interest rate derivatives markets" in BIS (2016), BIS Quarterly Review December. 中的公式计算,计算结果 =(上限/2)/ [1 -(上限/2)]。

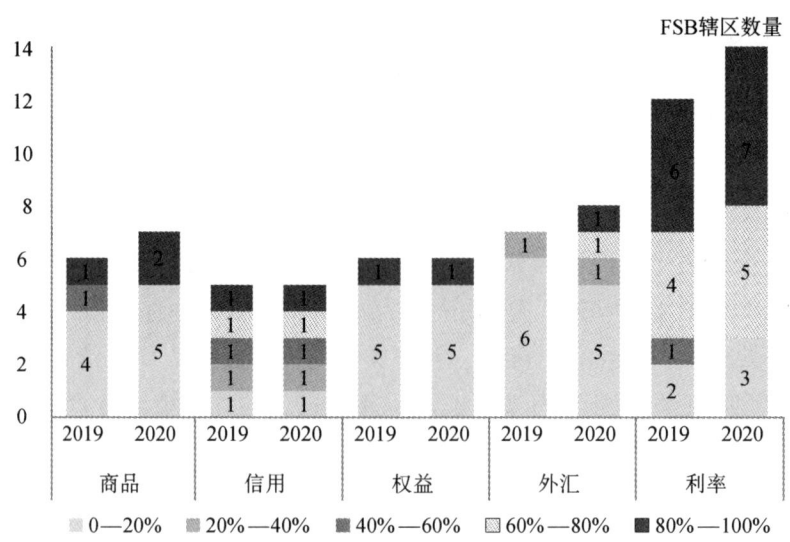

图 4　2020 年不同场外衍生品 CCP 清算占比

资料来源：FSB，OTC Derivatives Market Reforms：2020 Note on Implementation Progress。

（三）各类场外衍生品纳入平台交易的情况

1. 场外衍生品交易组织特点和交易平台的发展历程

与交易所市场采用集中撮合交易的方式不同，场外衍生品市场通常组织在一个或多个主要交易商周围，由交易商向客户提供场外衍生品交易设计、风险控制、定价结算的打包服务（D2C），然后再由交易商间经纪商（Inter - dealer Broker，IDB）将多个交易商联结起来，形成交易商—交易商（D2D）之间的市场，满足交易商对冲风险的需求。此外，交易商的对冲需求也经常会使用场内衍生品和场内现货市场来实现。无论是交易商间还是交易商与客户的场外衍生品交易，大多采用双边协商方式达成，从而兼顾保护交易者交易意图及传递价格信息的功能。

随着信息技术的发展，电子经纪平台逐步流行，陆续产生了三类功能依次递进的平台：（1）单一交易商电子柜台。在单一交易商电子柜台上，大型交易商（通常是该柜台的所有者）作为唯一报价者提供买卖价格，电子柜台上的客户及经纪商则可作为价格接受者决定和成交；（2）多经纪商系统。BrokerHub、Cscreen 等多经纪商系统则可将多个单一交易商柜台的报价合并展示，促进了场外衍生品市场的价格发现，但此类系统仅起到辅助交易达成的作用，不具备交易执行功能；（3）多交易商、多客户交易平台。在进一步发展而来的多交易商电子经纪平台上，平台参与者可以向多个交易商进行询价（Request for Quote，RFQ），交易商根据交易规模、对手方信用、市场价格等因素回复对特定参与者的买卖报价，这也是当今正式意义上的场外衍生品交易平台。

与标准场内做市商给出买卖报价并接受不特定投资者按所报价格进行买卖的要求不同，场外交易平台的交易商允许更为灵活多样的询价方式，以满足场外一对一交易的需求，包括：意向询价（即，仅向交易商发送部分价量信息）、定向询价（即，询价者只向部分交易商发送询价要求）、定向回复（即，回复报价不向全市场公布）等多种方式。具备各种询价功能的多交易商电子交易平台较以往大大提升了场外衍生品市场的交易前价格透明度，也符合G20监管改革的方向。

从上述场外衍生品交易平台的发展历程看，从纯粹的客户对交易商的柜台交易，到交易商支持的电子柜台，到能够同时承载多交易商、多客户电子交易平台，是一个自然演进的过程。

到了今天，各国监管机构对多交易商、多客户电子交易平台也进行了分层监管。例如，欧盟关于平台交易的改革要求体现在其《金融工具市场指令II》（MiFIR）中，MiFIR要求所有符合清算要求并具有足够流动性的衍生品（包括场外衍生品）必须在受监管的交易所（Regulated Markets，RM）、多边交易设施（Multilateral Trading Facilities，MTF）或有组织的交易所设施（Organised Trading Facilities，OTF）上交易。通常证券交易所属于RM的范围。与RM不同，MTF和OTF没有标准的产品上市流程，OTF甚至可自行决定、变更撮合方式。因此，欧盟对RM、MTF、OTF的监管严格程度依次递减。监管机构引导什么样的产品上市，依然主要通过监管传统证券期货交易场所的场外平台来实现。

2. 各类场外衍生品平台交易占比情况

根据FSB的调查，截至2020年，二十国集团中有13个国家颁布了强制性平台交易政策。其中，只有印度尼西亚规定所有与资本市场有关的衍生品，特别是权益类衍生品以及大宗商品类衍生品必须在交易所或电子交易系统平台进行交易。此外，二十国集团中对部分利率类场外衍生品做出强制性平台交易要求的国家有欧盟五个成员国、英国、印度、日本、墨西哥、新加坡、美国和中国共12个国家；对部分信用类场外衍生品做出强制性平台交易要求的国家有欧盟五个成员国、英国和美国共7个国家；对部分外汇类场外衍生品做出强制性平台交易要求的国家则只有中国1个国家。

总体来看，存在利率类场外衍生品强制平台交易要求的国家最多，信用类场外衍生品次之，权益类、外汇类和大宗商品类的场外衍生品平台交易的强制性并不强。与此对应的是，目前利率类衍生品的平台交易占比较高，信用类次之；权益类和大宗商品类衍生品的平台交易占比较低；虽然外汇类衍生品平台交易的强制性不高，但是外汇类衍生品的平台交易占比较高。

根据全球金融稳定委员会（FSB）对各成员国家或地区各类场外衍生品平台交易占比的调查，7个国家或地区接受了权益类场外衍生品平台交易占比的调查，它们的权益类衍生品在平台交易的占比均在 20% 以下；7 个国家或地区接受了大宗商品类衍生品交易平台占比的调查，有 6 个国家或地区的大宗商品类衍生品在平台交易的占比在 20% 以下，1 个国家或地区的占比在 80% 以上；13 个国家或地区接受了信用类衍生品交易平台占比的调查，9 个国家或地区的信用类衍生品平台交易的占比在 20% 以下，1 个国家或地区的占比在 20%—40%，1 个国家或地区的占比在 40%—60%，2 个国家或地区的占比在 80% 以上；与之形成对照的是，8 个接受外汇类衍生品平台交易占比调查的国家或地区中，只有 3 个国家或地区外汇类衍生品的交易平台占比在 20% 以下，2 个国家或地区的占比在 40%—60%，3 个国家或地区的占比在 80% 以上；利率类衍生品更是多数国家在交易平台的占比在 80% 以上，在 10 个接受利率类衍生品平台交易占比调查的国家或地区中，有多达 6 个国家或地区的利率类衍生品平台交易占比在 80% 以上，其余 1 个国家或地区的占比在 60%—80%，2 个国家或地区的占比在 40%—60%，1 个国家或地区的占比在 20%—40%，没有国家或地区的利率类衍生品交易平台占比在 20% 以下（见图 5）。

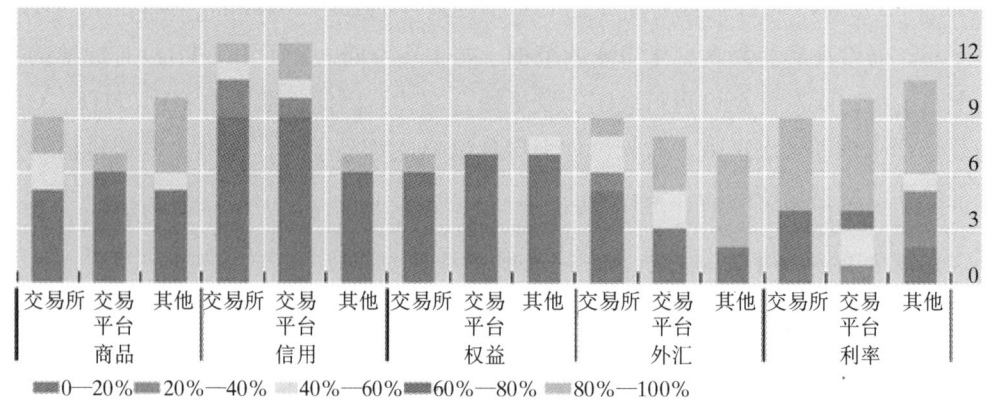

图 5　2017 年不同场外衍生品平台交易占比

资料来源：FSB, Review of OTC derivatives market reforms: Effectiveness and broader effects of the reforms, 2018。

（四）各类场外衍生品交易纳入交易报告库的情况

根据 FSB 的调查，截至 2020 年，20 个 FSB 的成员国家或地区①中，除南非以外的其他 19 个国家或地区已经实施了较为全面的交易报告库制度。其中，实施利率类场外衍生品交易报告库或类交易报告库制度的国家或地区有 19 个；实施外汇类场外衍生品交易报告库或类交易报告库制度的国家或地区有 19 个；实施信用类场外衍生

---

① 欧盟成员国中有五个国家是 FSB 的成员，这五个国家分别是法国、德国、意大利、荷兰、西班牙，本文将欧盟统一作为 1 个地区计入统计结果。

品交易报告库或类交易报告库制度的国家或地区有17个；实施权益类场外衍生品交易报告库或类交易报告库制度的国家或地区有16个；实施大宗商品类场外衍生品交易报告库或类交易报告库制度的国家或地区有16个。根据FSB的统计，截至2020年，FSB的成员国家或地区中，商品、信用、权益、外汇、利率等大类产品提供服务的报告库数量分别为26个、27个、26个、29个、28个，说明交易报告方面的基础设施供给比较均衡。

各个国家或地区对提交给交易报告库信息的深度、广度、质量以及外部机构的可获得性的要求也在不断提高。当然，在实践中，各类场外衍生品的交易报告库建设都还面临一些问题，在充分有效获取、汇总和分析交易数据方面仍面临很多挑战：一是获取国内和跨境交易数据仍会有一些法律障碍；二是各个国家或地区报告的要素、标准不够统一，影响到数据的整合、统计汇总等。

（五）场外衍生品资本金监管改革情况

针对场外衍生品的资本金规定包含在巴塞尔委员会关于资本金计算的总体框架之中。巴塞尔协议对银行资本金计算的核心框架是通过风险加权资产（Risk – Weighted Assets，RWA）的计算来实现的。巴塞尔协议将银行面对的风险分为信用风险、市场风险和操作风险三大类，每一类风险都需要计算风险加权资产，而风险加权资产又是资本充足率计算公式的分母，银行的风险加权资产金额越大，达到监管部门要求的资本充足率所需要的资本金就越多。场外衍生品的要求方面，巴塞尔委员会倡议对非CCP清算的场外衍生品计提更高的资本金，这一目标的达成主要通过巴塞尔协议Ⅲ中对非CCP清算和CCP清算场外衍生品的风险加权资产的计算方式的不同来实现。

巴塞尔协议Ⅲ中，非CCP清算场外衍生品的风险加权资产既包括交易对手方违约风险加权资产，也包括估值调整信用（CVA）风险加权资产，CCP清算场外衍生品则只需要计算交易对手方违约风险加权资产，而且在违约风险暴露计算中使用的期限因子等指标的设定上，CCP清算比非CCP清算受到更优惠的对待。由于非CCP清算的风险加权资产的计算更加复杂，因此巴赛尔协议Ⅲ关于场外衍生品资本金的改革分中期标准和最终标准两个阶段来实施。中期标准对银行持有的CCP清算产品的风险加权资产的计算做出了规定，但未对非CCP清算产品的风险加权资产的计算做出明确规定。最终标准既完善了CCP清算产品的风险加权资产的计算标准，也明确了非CCP清算产品的风险加权资产的计算标准。最终标准最主要的改进体现在使用SA – CCR方法计算违约风险暴露（EAD）的规定上。

与巴塞尔协议Ⅱ倡导使用的当期暴露法（CEM）和标准法（SM）相比，巴塞尔协议Ⅲ倡导使用的SA – CCR方法考虑了不同资产类型、是否进行套保、是否缴纳保证金、是否净额清算对违约风险暴露的影响，但是复杂性又没有过度增加。无论是 CCP 清算，还是非 CCP 清算的场外衍生品的风险加权资产的计算中，都会用到违约风险暴露这一数值。因此，SA-CCR 有助于提高资本金计算对风险的敏感性。BCBS 要求成员国自 2017 年 1 月 1 日起正式实施 SA-CCR。根据巴塞尔委员会的统计，截至 2019 年，27 个巴塞尔委员会的成员国家或地区中有 26 个已经制定了 SA-CCR，24 个国家或地区已经制定了银行对 CCP 风险暴露的资本金要求，但大多数国家还未正式实施最终标准的资本金规则。FSB 的调查结果与之类似，截至 2020 年，20 个 FSB 成员国家或地区中，只有 8 个国家或地区正式实施了巴塞尔委员会制定的最终标准资本金规则。

（六）场外衍生品保证金监管改革情况

2012 年 4 月，国际结算体系委员会和国际证监会组织（CPSS-IOSCO）联合发布的《金融市场基础设施原则》明确了 CCP 清算衍生品（包括场内及场外衍生品）保证金要求的基本原则。CPSS-IOSCO 从价格数据、初始和变动保证金、跨市场保证金、组合保证金以及模型检验等方面给出了指导。美国 Dodd-Frank 法案及欧洲 EMIR 法案也详细描述了各自辖区内 CCP 的保证金要求监管框架。

2015 年，巴塞尔委员会和国际证监会组织联合发布了非 CCP 清算衍生品保证金要求（Margin Requirements for Non-centrally Cleared Derivatives）的最终政策文件——BCBS-IOSCO 国际标准。根据以往的惯例，场外衍生品的交易双方并不需要互相收取初始保证金，而且 BCBS-IOSCO 国际标准中初始保证金的比例要求明显高于一般的 CCP 清算场外衍生品的初始保证金比例要求。因此，巴塞尔委员会和国际证监会组织希望通过对非 CCP 清算的场外衍生品提出初始保证金要求的方式，促进场外衍生品 CCP 清算的实施。具体的逻辑是，由于场外非 CCP 清算的清算频率低于场内 CCP 清算，风险大于场内 CCP 清算，因此监管部门对非 CCP 清算的保证金比率提出了最低要求，进而增加了非 CCP 清算的成本，市场参与者从降低成本的角度出发转而进行 CCP 清算。

随着更多的市场参与者进行 CCP 清算，场内市场流动性增加，报价价差减少，交易成本降低，场内的吸引力进一步增强[①]。根据 FSB 的调查，20 个 FSB 成员国家

---

① BCBS、FSB 和 IOSCO 于 2018 年 11 月共同撰写的《场外衍生品 CCP 清算的激励-实施 G20 场外衍生品监管改革的效果评价》对场外衍生品保证金改革的效果做了评估。报告认为 BCBS-IOSCO 关于保证金的最低比例要求，特别是交易双方互换初始保证金的要求，确实对提高场外衍生品的 CCP 清算比率起到了一定的促进作用。报告以利率互换为例进行了分析：ISDA 的 SIMM 模型将非 CCP 清算的初始保证金的风险区间（MPOR）设定为 10 天，而 CCP 一般将该类产品的初始保证金的风险区间设定为 5 天，即非 CCP 清算的保证金风险区间是同一产品进行 CCP 清算的保证金风险区间的两倍。因此，从理论上来说，在其他条件相同的情况下，非 CCP 清算的初始保证金比例要求将是同一产品 CCP 清算初始保证金比例要求的 1.4（2 的开方）倍。报告中关于 BCBS-IOSCO 保证金改革方案实施以后，CCP 清算和非 CCP 清算的初始保证金比率的真实数据也表明，绝大多数非 CCP 清算的初始保证金要求高于同一产品进行 CCP 清算时的初始保证金要求。

或地区中，有 12 个国家或地区实施了 BCBS - IOSCO 国际标准，一些成员国家还采取了除保证金之外的风险缓释规则，包括交易确认、投资组合对账调节、压缩和估值以及争端解决等方面的规则机制。CFTC 根据《多德 - 弗兰克法案》要求，为落实《商品交易法案》（CEA）第 4s（e）款的相关要求，拟定了《衍生品交易商及主要衍生品参与者的非 CCP 清算保证金要求》，规定基本与 BCBS - IOSCO 国际标准保持一致。欧盟根据 BCBS - IOSCO 国际标准发布了《非中央对手方清算场外衍生品风险缓释要求》，在基本沿袭 BCBS - IOSCO 要求的基础上，欧盟对非 CCP 清算的场外衍生品提出了更高的保证金要求。同时，欧盟在豁免保证金的条款上呈现出差别化对待，条款对欧洲本地企业有利而对同等（甚至更高）信用评级的欧洲外部企业和部分非发达国家的央行更为严苛。

非 CCP 清算场外衍生品的初始保证金可采用标准表明细法和模型法。其中，标准表中权益类衍生品初始保证金比例为 15%，与大宗商品类相同，高于利率、信用和外汇类，这与一般市场习惯相符。此外，互换、期权等不同种类的产品根据不同交易场所的保证金公式计算出的保证金比例各不相同。同类产品的保证金水平大体是场外非 CCP 清算 > 场外 CCP 清算 > 场内交易（见表 3）。

表 3　　　　　　　　　　标准初始保证金表

资产种类	保证金比例（%）
久期 0—2 年的信用类	2
久期 2—5 年的信用类	5
久期 5 年以上的信用类	10
大宗商品类	15
股权类	15
外汇类	6
久期 0—2 年的利率类	1
久期 2—5 年的利率类	2
久期 5 年以上的利率类	4
其他	15

（七）小结与启示

1. 小结

从各国实践看，标准化场外衍生品（主要是利率类，也包括部分信用类和外汇类）的监管改革在五大改革承诺方面推进都比较顺利。其他类场外衍生品存在大量非标产品，目前普遍不容易达到CCP清算要求、平台交易要求和更高的保证金标准要求。

权益类场外衍生品在落实五项改革，走向标准化方面较其他产品进度更慢。第一，根据国际清算银行公布的数据，2016年以来权益类场外衍生品CCP清算占比较低，不足1%。第二，即便考虑电子经纪平台，根据全球金融稳定委员会（FSB）的调查，权益类衍生品在交易所或者平台交易占比也比较低，多数国家在20%以下。这主要是因为，一方面，交易商与客户之间的交易不容易纳入平台。权益类场外衍生品的标准化程度较低，交易商与客户之间比较适合柜台双边磋商的形式达成交易；另一方面，交易商之间的场外对冲交易需求并不大。由于权益类场内衍生品和现货市场比较发达，交易商可以直接通过场内市场进行风险转移和分散，只有相对少量未能在场内对冲的头寸才会在交易商间的场外市场进行风险转移和风险分散。第三，根据FSB的调查，截至2020年，二十国集团中有19个国家对近乎100%的权益类场外衍生品交易施加了强制性的交易报告要求，但是在充分有效获取、汇总和分析交易数据方面仍有很多挑战。第四，在保证金和资本金制度方面，权益类场外衍生品受到的约束较少。权益类场外衍生品规模小，各国实施的保证金和资本金规则普遍遵循"抓大放小"的原则，因此权益类场外衍生品受到保证金和资本金规则的约束更小一些。

利率类和信用类场外衍生品的改革进展较快。这主要是因为利率类和信用类场外衍生品标准化程度高，在国外市场的规模较大，受监管部门的关注和要求更高。第一，利率类和信用类场外衍生品的报告要求在各国的执行标准更高。根据FSB的调查，截至2020年，二十国集团成员国实施的强制性交易报告要求对利率类和信用类场外衍生品的覆盖范围整体高于权益类。第二，平台交易的占比更高。根据FSB的调查数据，很多国家的利率类衍生品在交易所或者平台交易占比在80%以上。第三，利率类和信用类场外衍生品CCP清算的占比较高。本文根据国际清算银行公布的数据进行估算，2020年利率类场外衍生品CCP清算占比约为63.55%，信用类场外衍生品CCP清算占比为45.42%，远高于权益类场外衍生品0.22%的占比。第四，在保证金和资本金制度方面的进展更快。欧美已经开始在商业银行以及大型机构层面实施保证金和资本金规则，由于利率类和信用类场外衍生品的规模较大，而且商业银行和大型机构对利率类和信用类场外衍生品的参与程度更高，客观上使利率类和信用类场外衍生品受到保证金和资本金规则的约束更高。

2. 启示与借鉴意义

通过分析五项改革措施在全球主要国家或地区的实践，我们发现对我国的借鉴意义主要有以下几个方面：

第一，各项改革措施的具体进度和力度要依据国情来决定。从国外的情况来看，即便是欧盟和美国在五项改革措施的实施进程上也有很大差别。总体来看，欧盟的措施执行力度强于美国，美国在交易报告库的具体实施、资本金要求、权益类场外期权的监管等方面的政策实施力度都有待进一步加强。在具体领域中，国际组织最初制定的日程表要求也并不是一味地严格推进，经常会根据各国的实施情况做出调整。以初始保证金要求为例，BCBS 和 IOSCO 设计的最终执行日期连续两次被推迟，就是出于很多国家担忧全面实施初始保证金要求会对市场产生重大影响的考虑。

第二，应当实现同一类型业务的归口监管。欧盟和香港的监管机构职能相对清晰。但美国不同，权益类场外衍生品的监管分属 CFTC 和 SEC 两个部门，而且两个部门之间的监管职责分工并不十分明确，既存在监管重叠，也存在监管真空。这在一定程度上是由于同一类型业务未能实现清晰的归口管理造成的，应引以为戒。

五、我国证券期货场外金融衍生品市场发展监管情况与比较

我国的场外金融衍生品市场体系主要由两大部分组成。一是银行间场外金融衍生品市场。该市场起步较早，相关制度和基础设施相对更加完备，规模相对更大，商业银行是该市场最活跃的经纪机构和参与机构。二是证券期货场外金融衍生品市场。该市场的主要经纪机构和参与机构是证券公司和期货风险管理公司。

两个市场并不是完全独立和互相隔离的。首先，各自市场的机构都存在参与另外一个市场的业务融合现象。例如，有些证券公司作为银行间场外衍生品交易平台（包括外汇交易中心和银行间交易商协会）的会员或交易商；参与银行间利率类、外汇类和信用类场外衍生品市场的交易；商业银行作为证券期货市场场外衍生品交易平台（大商所商品互换交易平台）的交易商或者证券公司的柜台客户；参与证券期货市场大宗商品类和权益类场外衍生品市场的交易。其次，两个市场的产品大类存在交集。利率类、信用类、外汇类、大宗商品类（包括贵金属类）场外衍生品在两个市场都有存在，只有权益类是证券期货场外金融衍生品市场独有的品种大类。

下面，本课题将着重介绍证券期货场外金融衍生品市场的具体情况。

(一) 市场发展情况与监管现状

1. 市场发展历程、现状与未来趋势

(1) 发展历程

证券期货场外金融衍生品市场诞生的历史较短,证券期货经营机构开展场外衍生品业务始于2012年。2012年,中国证券业协会发布了《证券公司柜台交易业务规范》,规定证券公司柜台交易产品包括金融衍生品产品,业务由中国证券业协会(以下简称中证协)实施自律管理。同年,中国期货业协会(以下简称中期协)发布了《期货公司设立子公司开展以风险管理服务为主的业务试点工作指引》,规定期货公司可以设立子公司开展远期、互换等业务。自此,证券公司和期货公司风险管理公司开始在自身柜台以及银行间市场和证券期货市场的各类交易平台上开展场外衍生品合约交易。

交易平台方面,2014年11月,中证报价系统场外衍生品市场子系统上线运行,成为证券期货市场除柜台交易以外,权益类场外衍生品的主要交易平台。从产品类型来看,权益类场外衍生品市场主要包括收益互换和场外期权两大品种的交易。2015年,融资类收益互换业务被监管部门叫停。2018年11月,大连商品交易所推出商品互换业务,成为证券期货市场大宗商品类场外衍生品的交易和清算平台。2019年1月,沪深交易所进行信用保护工具业务的试点,成为证券期货市场信用类场外衍生品的交易平台,中国证券登记结算公司为信用类场外衍生品提供清算服务。虽然发展历史比较短,但是近两年发展迅速。从2015年到2018年,中期协和中证协场外衍生品合计规模从3189.52亿元增长到4108.35亿元①,年均增长率仅为8.8%,低于名义GDP增速。

近两年,在监管总体依然保持从紧的背景下,市场规模突然出现了一轮爆发式增长。到2021年6月,中期协和中证协两个市场的场外衍生品合计规模分别为16677.25亿元,从2019年1月到2021年6月的年化增速为75.1%。从增量构成看,从2019年1月到2021年6月,金融类(主要是权益类)的场外衍生品规模增加了10946.0亿元,商品类增加了1622.9亿元。前者是后者的6.7倍,是推动中期协、中证协市场规模爆发的主导力量。在金融类场外衍生品中,权益类在2019年1月到2021年6月期间的增速也非常快。例如,中证协个股和股指类产品规模的年均增速为69.3%,中期协个股类和指数类产品规模的年均增速约172.6%(见图6)。

---

① 根据Wind数据统计。

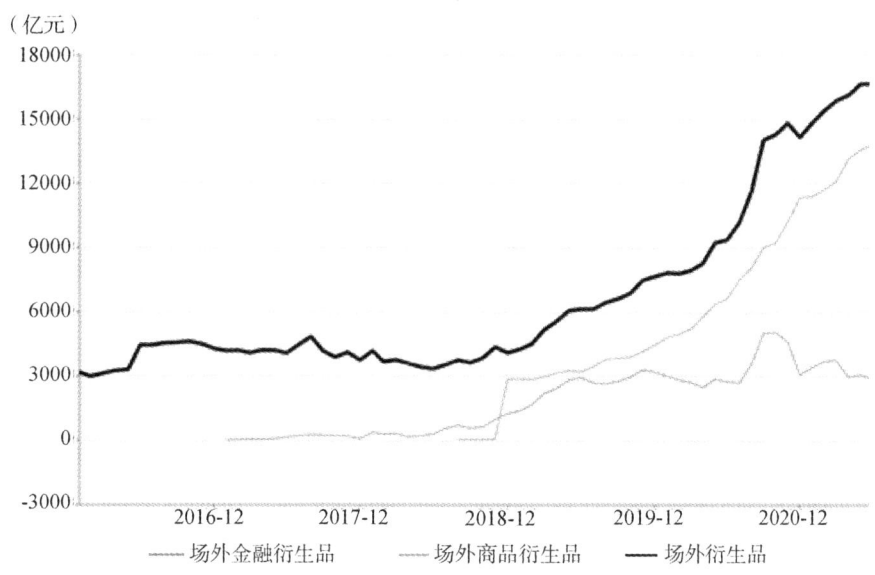

图6 我国证券期货市场的场外衍生品名义本金规模

(2) 市场现状

证券期货场外衍生品市场可以大体按机构划分为四部分。一是以证券公司为交易商形成的场外市场，受证券业协会自律监管。中证机构间报价系统股份有限公司（简称中证报价）管理类报告库，并为部分产品提供交易平台和结算（非CCP清算）[1]。二是以期货公司为交易商形成的场外市场，受期货业协会自律监管。期货保证金监控中心管理报告库，无交易平台和CCP清算。三是沪深交易所的信用衍生品市场。证券业协会固收部和交易所承载交易报告职能，沪深交易所提供交易平台，中国结算负责结算（非CCP清算）。四是大连商品交易所的商品互换市场。大商所事实上承载交易报告职能，同时也与期货保证金监控中心建立了数据报送接口，大商所提供交易平台和清算（非CCP清算）。

证券期货场外衍生品市场按照产品大类划分主要包括五部分，分别是：权益类场外衍生品市场、大宗商品场外衍生品市场、信用类场外衍生品市场、利率类场外衍生品市场和外汇类场外衍生品市场。其中，权益类场外衍生品在证券期货场外衍生品市场的占比最高，没有纳入中证报价系统、依托证券公司柜台开展的权益类场外衍生品业务又是权益类场外衍生品市场的主体。截至2020年12月，证券公司开展的以股指、商品和个股为标的的场外衍生品业务期末名义本金占比分别为39.39%、16.46%和16.25%，其他标的总占比为27.89%。其中，场外期权标的以股指类（54.79%）和商品类（21.13%）为主，收益互换以其他类（52.68%）和

---

[1] 从业务开展场所来看，在2020年12月期新增的5499.53亿元初始名义本金中，在柜台开展的规模为5437.44亿元，占比98.87%，通过报价系统开展的规模为62.09亿元，占比1.13%。

个股类（20.62%）为主。

从增量来看，2020年12月新增的场外期权标的以A股股指类（63.47%）和黄金类（16.82%）为主，新增的收益互换标的以境外标的（34.07%）和A股个股（16.8%）为主。从交易对手方的类型来看，2020年12月证券公司新增的收益互换业务的交易对手方以私募基金（28.26%）和其他机构（33.85%）为主，新增的场外期权业务的交易对手方以商业银行（59.22%）和证券公司及其子公司（16.75%）为主。

证券公司开展的收益互换业务主要是融券类收益互换，即证券公司作为中介，从客户方借入证券，再向另一客户借出证券，中间赚取点差。借入证券的客户主要是做一些T+0交易策略或者底仓打新。这一业务解决了场内融券收益较低，券源方出借动力不足的问题。商业银行与证券公司的期权交易，主要是结构化理财产品的期权交易，即原有的固定收益理财产品将部分利息作为期权费支付给券商，换取挂钩股指或黄金的浮动收益，变为浮动收益理财产品。证券公司及其子公司与证券公司的期权交易，主要是二级交易商向一级交易商购买期权。

目前，保险公司和QFII还未参与境内的权益类场外衍生品市场交易。截至2020年12月，期货公司风险管理子公司开展的以商品和金融类产品为标的的场外衍生品持仓的名义本金金额分别为710.63亿元和1385.52亿元。

（3）未来发展空间和影响

近年来，我国场外金融衍生品市场规模持续增加，未来发展前景广阔。与国际水平相较，我国场外衍生品与GDP的比值远远低于国际水平，发展潜力巨大。2020年全球GDP总量84.7万亿美元，全球场外衍生品未平仓合约名义金额为582.1万亿美元，是GDP总量的6.9倍。其中利率、外汇、信用、权益和商品类场外衍生品名义金额分别为466.5万亿、97.6万亿、8.6万亿、7.1万亿和2.1万亿美元，占全球GDP的比重分别为550.7%、115.2%、10.2%、8.4%和2.4%。我国2020年GDP总量101.6万亿元人民币，权益类场外衍生品未平仓合约名义金额估计约为0.8万亿元，占GDP的比约为0.8%，与全球权益类场外衍生品占GDP为8.4%的比例形成鲜明对比，未来发展空间巨大。

促成国内场外金融衍生品市场规模扩大的主要因素有四个：

第一，证券期货市场投资者对获取定制化风险收益产品的需求正在不断扩大。证券期货市场机构投资者类型（如私募基金、资产管理公司等）的不断丰富和规模的扩大，它们获取定制化风险收益产品的需求不断增长。这些需求不容易通过目前有限的场内期货期权、融资融券等工具得到满足，因而转向场外金融衍生品。例如，投资者对某只股票或市场指数的预期震荡偏空，并且期望获得与融券利率相当的固定收益，那么可以与证券公司签订凤凰期权获取或有收益。如果标的股票或指数跌幅在一定阈值之内，则可以实现预期收益。此外，在收益互换基本叫停后，近几年来，很多机构利用场外期权捕捉各种非线性风险收益暴露、利用期权合成收益互换产品等需求不断扩大。市场对场外衍生品不断增长的需求给证券公司基于现有工具（场内金融期货、现货、融资融券等）以及专业的对冲策略提供产品供给提出了更高的要求，也创造了新的业务机会。这也增强了场外金融衍生品与场内金融衍生品和现货市场、融资融券业务等联动。

第二，资管新规让大量理财产品市场需求转向结构化产品，不断增加对场内外金融衍生品的需求。在我国理财市场和资产管理市场，投资者对收益高于银行存款且稳定性高的理财产品的需求非常大，长时间以来具有刚性兑付性质的银行理财产品获得投资者青睐。但是，2018年4月发布的资管新规收紧了对风险收益不等价的高预期收益型产品的监管措施，客观上让银行理财和资管行业的产品供给出现缺口，无法满足那些偏好收益高于银行存款、且稳定性高产品的客户需求。因此，金融机构利用场内外金融衍生品构造出的大量结构性理财产品，成为弥合这一缺口的重要发展方向。根据中金公司的统计，2020年4月、5月、6月，证券公司场外期权交易的对手方中有70%是商业银行，主要就是为了打造能够挂钩权益市场、黄金市场的浮动收益理财产品。这也客观上让场外金融衍生品越来越成为一个嫁接起银行体系资金和证券期货市场的桥梁。

第三，未来我国资产管理市场的规模将会不断增大，要求场外衍生品市场提供更多的风险管理服务以及多样化风险收益结构的产品。根据中国人民银行的调研报告①，样本城镇居民家庭户均总资产为317.9万元，其中户均实物资产253.0万元，占到家庭总资产的八成。实物资产中74.2%都是住房资产。金融资产中，现金、存款以及低风险的理财占据了比较大的比重，风险资产如股票、基金、债券、互联网理财和其他金融产品占比分别为6.4%、3.5%、1.2%、1.2%和0.5%。这种高地产低权益的配置结构与20世纪90年代初的日本较为类似。随着日本地产泡沫的破灭，日本居民资产配置结构中地产的比例从48%下降到27%，股票和基金占比从6%上升到13%。随着"国内国际双循环"和"房住不炒"等政策的持续推进，未来我国房价难以维持像1998年商品房制度建立以来持续高涨幅低波动的趋势。根据中金公司的分析，未来从房地产市场转移到资产管理市场的资金规模可能达到约100万亿元，相当于在现有国内125.7万亿元资管规模基础上，再扩大将近一倍。从中金公司目前客户的需求看，投资者最青睐5%—10%年化收益率的固收类产品，而不是直接进入股市。那么对专业的中介机构来说，利用场外金融衍生品，提供一些能和股市成长挂钩，同时提供稳健回报的固定收益类产品，最能够切合这类资产

---

① 《2019年中国城镇居民家庭资产负债情况调查》。

管理需求,也从而推动市场对未来权益类场外衍生品需求的扩大。这也客观上使得场外金融衍生品将来可能成为引导国内重要的资金池(如房地产资金池)的流动性向证券期货市场溢出的间接通道。

第四,对外开放所带来的境外资产配置需求会促进国内场外衍生品市场的发展,但也会带来海外竞争压力和监管协调问题。随着我国对外开放程度的不断扩大,国内资产面临的外资配置需求将进一步增加。场外衍生品业务可以降低海外资金的交易成本和风险,提供多样化的资产配置机会,同时境外机构也比较习惯使用场外金融衍生品交易,进而推动我国场外金融衍生品市场的发展。但是,离岸场外衍生品市场由于发展更为成熟,监管较国内宽松,大量的海外资金目前主要使用离岸场外衍生品市场,这会给国内场外衍生品市场发展带来越来越多的竞争压力。

根据中国金融期货交易所高级专家沙石提供的资料,2019 年 6 月,沪深股通日均 400 亿—500 亿元人民币的交易量中,以香港投行名义进行的交易占比约 70%,主要是香港投行为国际投资者提供各种场外衍生品交易而产生的。随着未来证券市场对外开放程度的进一步提升,境外投资者通过离岸场外衍生品市场获得 A 股风险敞口的需求势必进一步增加,给境内场外衍生品市场带来的竞争压力以及流动性分流到海外的问题会愈加明显,给市场发展和监管协调带来挑战。此外,随着金融对外开放程度的不断扩大,境内资金配置海外资产的需求也会进一步扩大,一些现有工具如 QDII 等无法满足的需求可以通过场外金融衍生品来满足。总之,场外金融衍生品市场未来可能成为联通境外资金投资境内市场,以及境内资金捕捉境外资产风险暴露的一个重要窗口,成为境内外流动性联动、资产价格联动的一个重要传导链条,同时离岸市场的快速发展可能给境内场外市场带来业务分流和监管协调的压力。

2. 监管沿革与现状

(1) 监管制度历史沿革

机构监管方面,证券公司参与场外衍生品的具体监管职责最初由中国证监会机构部承担,后来由中证协实施自律管理。2012 年中证协发布了《证券公司柜台交易业务规范》,规定证券公司柜台交易产品包括金融衍生品产品,业务由证券业协会实施自律管理。同年,中期协发布了《期货公司设立子公司开展以风险管理服务为主的业务试点工作指引》,规定期货公司可以设立子公司开展远期、互换等业务。2015 年 7 月 29 日,经中国证监会批准同意,中证协发布《场外证券业务备案管理办法》,将证券公司的场外衍生品交易报告纳入场外证券业务报告系统(China Securities Internet System, CSIS)管理,并由中证机构间报价系统股份有限公司对该系统进行管理。2016 年 6 月,中国证监会发布了《证券公司风险控制指标计算标准规定》,对证券公司投资权益类衍生品、债券远期、利率互换、外汇类衍生品、大宗商品类衍生品等需要计提的市场风险资本准备、风险调整资产总额的计算标准以及自营权益类和非权益类证券及其衍生品与净资本的比例上限作了具体规定，自2016年10月1日起施行。2018年5月，中国证监会下发了《关于进一步加强证券公司场外期权业务监管的通知》，中证协发布了《关于进一步加强证券公司场外期权业务自律管理的通知》，从参与主体、职能划分、产品设计、对冲规范等方面对场外期权业务进行了全面的明确和要求，并在操作执行层面上进行了细化。具体体现在：一是规定只有获得一级和二级交易商资格的证券公司才可以开展场外期权业务。二是对客户的准入门槛做了明确要求：如果是法人、合伙企业、其他组织，净资产不低于5000万元人民币；如果是资产管理机构，管理的金融资产规模不低于5亿元人民币；如果是产品，规模不低于5000万元人民币。2020年9月25日，中证协发布了《证券公司场外期权业务管理办法》。

与原有业务规则相比，证券公司参与场外期权交易实施分层管理，管理办法实施后的三个多月时间，瑞银证券、华鑫证券、申万宏源证券相继成为场外期权业务二级或一级交易商；适度扩大了标的范围，挂钩标的范围由2018年《关于进一步加强证券公司场外期权业务自律管理的通知》时的1152只标的扩充至1809只标的。此外，管理新规对交易对手方为"专业机构投资者"而非"个人投资者"，作了更为明确的规定。

期货公司风险管理公司的场外衍生品业务则一直由期货业协会实施自律管理。2012年底，中期协发布《期货公司设立子公司开展以风险管理服务为主的业务试点工作指引》，规定期货公司可以设立子公司开展远期、互换等场外衍生品业务。2014年8月，中期协对上述工作指引进行了修订。2018年，中国期货市场监控中心筹建场外衍生品交易报告库。2019年2月，中期协发布了《期货公司风险管理公司业务试点指引》，对场外衍生品业务做了明确的定义和标的资产范围界定；同时规定期货公司风险管理公司应当建立资本约束机制和资本补充机制，严格控制期货、期权及其他衍生品和现货的净头寸风险敞口；还规定期货公司风险管理公司开展个股场外衍生品业务的，实缴资本不低于人民币2亿元。2020年8月，中国证监会办公厅下发《关于进一步充实中国期货市场监控中心有限责任公司职能的通知》，授权中国期货市场监控中心承担建设运营期货及衍生品交易报告库的职能。截至目前，还未有监管部门发布针对证券期货市场场外衍生品业务的保证金监管规则，目前各证券和期货经营机构根据自己的风控模型来与客户协商保证金缴纳水平。

（2）监管基础设施建设和管理现状

目前，证券期货市场的场外衍生品交易报告库的建设和管理职责主要依靠两个非营利机构来实现，交易平台的建设和管理主要是依靠交易场所实现，CCP清算处于空白。

具体来说，交易报告库的监管职能由证券业协会的场外证券业务报告系统以及期货市场监控中心的场外衍生品交易报告库承担。证券业协会每月定期公布证券公司参与场外衍生品交易的情况，主要包括新增和未了结权益类场外衍生品初始名义本金和交易笔数的汇总数据；期货市场监控中心每月定期公布期货公司风险管理子公司开展商品类、权益类、利率类、外汇类、信用类场外衍生品业务的情况，包括成交和持仓的笔数和金额的汇总数据。

交易平台方面，权益类场外衍生品的交易平台职能由中证机构间报价系统承担。中证机构间报价系统的场外衍生品平台交易的产品主要有场外期权和收益互换两大类权益类衍生品，参与机构以证券公司为主。由于期货市场还没有建立场外衍生品交易平台，因此期货公司的风险管理子公司也可以依托中证机构间报价系统的交易平台开展场外衍生品交易，并由报价系统代为向期货市场监控中心的交易报告库报送数据。此外，信用类场外衍生品的交易平台职能由沪深交易所承担；大宗商品类场外衍生品的交易平台职能由大连商品交易所、中证机构间报价系统承担。

CCP清算处于空白。证券期货市场上受到认可的CCP有五家，分别是上海期货交易所、郑州商品交易所、大连商品交易所、中国金融期货交易所和中国证券登记结算公司。目前，大连商品交易所和中国结算分别对证券期货市场的大宗商品类和信用类场外衍生品开展结算清算服务但不是CCP清算[1]。中证机构间报价系统可以进行场外衍生品的资金清算，但是并不能承担CCP的职能。因此，权益类场外衍生品实际上是没有CCP清算监管安排的。

3. 监管与市场发展、风险防范

总体来看，我国证券期货场外衍生品市场发展不足，现有监管框架无论是在推动场外金融衍生品向国际平均水平看齐，还是前瞻性地应对场外金融衍生品未来发展趋势和风险防范方面，都有提升空间。主要表现为：（1）现有证券期货场外衍生品监管尚缺少系统的顶层设计，有关场外金融衍生品金融基础设施的法律条款相对分散、模糊，且以行政规范为主，缺少清晰、可执行的专门性法律基础[2]。（2）监管对业务的限制较多。例如，海外常见的收益互换业务在国内几乎被叫停。（3）存在跨境监管盲区和监管套利问题，例如，对海外特别是香港市场挂钩A股资产的场外衍生品缺少监管协作。境外的客户甚至境内的客户，出于降低成本的目的或者规

---

[1] 例如，《深圳证券交易所 中国证券登记结算有限责任公司信用保护工具业务管理试点办法》第五十七条规定：由于交易任意一方违约等情形所产生的纠纷和法律责任，由交易双方自行协商解决，深交所、中国结算不承担相关法律责任。

[2] 人民银行、发展改革委等六部门联合印发《统筹监管金融基础设施工作方案》提到：金融基础设施的安全和效率面临一定挑战，在法治建设、管理统筹、规划建设等方面还有待加强，法治建设是排第一位的挑战。

避监管的目的，与境外的投资银行签订权益类场外衍生品协议，这些投资银行再从沪深港通进入国内 A 股市场，这部分市场空间未来成长性很高，却不能被境内监管机构所覆盖。（4）功能监管有待加强。例如，证券公司柜台和期货公司风险管理子公司都开展了各类场外金融衍生品业务，但监管和信息报告主要遵循机构监管的原则，存在一定程度的分割。（5）交易报告库在市场监测、风险预警防范方面的潜力很大，但功能尚未有效发挥，监管部门掌握信息频率及时性有待提高。（6）监管应重风险、轻规模。目前监管机构对各类场外衍生品的交易规模非常关注，以掌控和防范风险，但衍生品交易的名义本金规模并不等同于风险。监管方面应深入了解场外衍生品交易的实质、各类风险点及测算准则，制定相关指标指引（如保证金设定指引），及时掌握场外衍生品业务发展的行业风险，防范基础资产带来的市场风险，以及各项业务风险。

（二）与 G20 改革承诺和全球落实进展的比较

从五大改革承诺来看，我国在 2020 年 FSB 报告中得到的关于交易报告库、保证金、资本金、CCP 清算和平台交易的评级分别为蓝色、黄色 1、黄色 3、蓝色和黄色 3。相对来说，保证金、资本金和平台交易的改革举措还未执行到位。与国际相较，保证金和平台交易的监管改革举措相对滞后。在资本金方面，我国与欧美和香港地区的监管改革进展类似。

1. 在交易报告库方面的比较

与欧美不同，我国与金融衍生品市场监管有关的法律条款相对分散、模糊，且以行政规范为主，缺少清晰、可执行的专门性法律基础，目前执行的多为各协会发布的自律监管制度。由于没有专门性法律授权以及数据标准化程度不足等原因，我国部分已运行的交易报告库在 FSB 的报告中被称为类交易报告库机构（TR - like Entity）。

目前，我国已经建成了三个类交易报告库和一个交易报告库，分别承担不同种类场外衍生品的报告职责。由不同部委牵头建成的信息报告库本质上是根据各自管理的机构的范围设立相应报告库，而不是按照基础资产的类型或者监管机构的功能职责来划分管辖范围。在人民银行管辖的机构范围内，银行间市场不同的交易报告库还是根据基础资产的类别各有分工。但证券期货市场的两家交易报告库，涵盖的基础资产类别是有重叠的。

总的来看，我国交易报告库的监管和建设存在比较明显的分立现象，不仅是银行间市场和证券期货市场之间的分立，还有证券期货市场内部的分立，这容易导致对应场外衍生品的监管难以统一协调。当然，人民银行目前正在探索构建我国统一的交易报告库体系,这一工作还在探索阶段。

2. 在交易平台方面的比较

我国场外衍生品交易平台的数量、种类,都远远低于欧美发达市场。在欧美,不仅场外衍生品交易平台分层管理,不同层级交易平台的监管要求和严格程度不同,以便适应不同的市场需求,而且每一层级的交易平台也存在多家竞争的局面。这主要是由于欧美场外衍生品市场发展时间久,市场自发形成了很多交易平台。而我国在这方面刚刚起步,有待监管部门引导设立。

不同大类产品在平台交易的占比情况和欧美类似。根据中国人民银行的许可,中国外汇交易中心可以承担利率类、外汇类和信用类场外衍生品的交易平台职能。由于我国的利率类、外汇类和信用类场外衍生品在银行间市场占据主要地位,而且在规模上占据我国整个场外金融衍生品的主体,因而从总体上看,我国场外金融衍生品纳入平台交易的占比还比较高,这与欧美发达市场类似。

证券期货场外金融衍生品纳入平台交易的比例不高,这一点也符合欧美的现状。这主要有三方面原因。第一,证券期货市场中,占主导的权益类场外衍生品标准化程度低,交易商与客户之间的交易不容易纳入平台交易。第二,证券期货市场交易商之间的场外衍生品交易需求相对较小。证券期货市场存在较为发达的场内衍生品交易,证券期货场外金融衍生品的交易商通过参与场内交易就可以将风险转移出去。因此,与银行间市场相比,证券期货市场的场外衍生品交易商之间进行交易,以便转移和分散风险的需求相对较小。第三,监管部门出于稳定市场的考虑,采取了一些直接限制场外期权市场发展的措施。2015年股市异常波动以后,监管部门对市场稳定的关注度增加,2018年出台了场外期权管理新规。新规出台以后,未获得交易商资格的证券公司和期货公司风险管理子公司不得再开展场外期权业务,而可以开展期权业务的证券公司规模都相对较大,习惯于使用自己的交易系统开展交易。因此,在报价系统交易的权益类场外衍生品的规模下降。第四,交易对手方的多元化程度不够,制约了场外衍生品业务的进一步做大,也在一定程度上制约了交易平台的发展。

目前,证券公司的交易对手方主要是银行和私募基金。保险公司和QFII(投资者机构)虽然都在参与A股市场交易,但是都还未进入境内的权益类场外衍生品市场。交易对手方的类型不够多样化,导致客户对风险暴露的需求存在同质化,交易商难以有效利用客户的差异化需求对冲掉自身风险,导致业务承载能力有限,制约了场外衍生品业务的进一步发展。权益类场外衍生品交易平台的交易更多适应机构间交易,对手方的类型不够多样化,限制了交易需求和平台的发展。此外,证券期货市场的信用类衍生品统一纳入沪深交易所交易,证券期货市场的利率类场外衍生品还没有专门的交易平台。

3. 在 CCP 清算方面的比较

虽然我国清算机构的规模数量和欧美还存在一定差距，但不同大类产品纳入清算的情况与海外是大体相似的。目前，除利率类和信用类场外衍生品以外，还没有 FSB 的成员国针对其他类别的场外衍生品的交易施加强制性 CCP 清算要求。在我国也是类似情况，证券期货市场的信用类场外衍生品已经在沪深交易所的交易平台交易并在中国结算清算。权益类场外衍生品没有 CCP 清算要求。证券期货市场目前还没有专门针对利率场外衍生品的清算平台，但占我国主导的银行间利率类场外衍生品已经实现 CCP 清算。

4. 在保证金监管方面的比较

根据 2020 年 FSB 的报告，截至 2020 年 10 月，我国在非 CCP 清算场外衍生品保证金监管改革中的评级为最低的黄色 1，而大部分国家已经是比较高的蓝色评级，说明我国在这方面明显落后海外。目前，对场外衍生品市场负有保证金监管职责的监管部门有两个，分别是中国人民银行和中国证券监督管理委员会，但均未制定具体的最低保证金规则。

5. 在资本金监管方面的比较

从最新的国际评估报告来看，国内外关于场外衍生品资本金监管要求的执行进度都较慢。欧盟、美国和中国香港地区落实最终标准的评级分别为黄色 3、黄色 3 和黄色 3，我国的评级为黄色 3，目前评级方面并不落后于代表性国家或地区。但是，2019 年底以来，欧盟和美国在资本金监管方面有一些实质性动作。美国方面，CFTC 和 SEC 分别制定了各自管辖范围内的非银行类金融机构参与场外衍生品交易的资本金计算要求①，并均于 2021 年 10 月生效。欧盟方面，作为落实最终标准的行动，2019 年 6 月欧洲银行管理局（EBA）对原有资本金规则（CRR）进行修改之后的新的资本金规则（CRR2）于 2021 年 6 月生效。2018 年 1 月 3 日，银监会发布了中国版的 SA – CCR 即《衍生工具交易对手违约风险资产计量规则》，覆盖利率、外汇、信用、股权和商品类工具。我国证券期货市场在标准制定上已经滞后。

---

① 2020 年 7 月 22 日，CFTC 发布不受美国银行审慎监管机构监管的互换交易商（SD）和主要市场参与者（MSP）的资本金要求的最终规则；2019 年 10 月，SEC 制定的《基于证券的互换交易商（SBSD）和基于证券的主要互换参与者（MSBSP）的资本金、保证金和抵押品存管要求以及经纪交易商（Broker – Dealer，BD）的资本金和抵押品存管要求》。

此外，欧美针对资本金的监管，涵盖了银行、证券、期货，以及场外衍生品的其他参与者。而我国目前的资本金要求只限于银行、证券、期货，具体的，银行和证券有风险加权资本金计算的要求，证券、期货有开展场外业务的资本金门槛要求。场外衍生品投资者资金准入门槛是资产规模5000万元，但不是严格意义上的净资本要求。

（三）与海外成熟市场的比较

总的来看，在市场基础较弱，底子薄的不利前提下，我国在场外衍生品监管改革方面取得了一定的成绩，但也存在一些问题。

1. 立法滞后，相关市场改革措施缺乏上位法的指导

从欧美和中国香港地区的情况来看，场外衍生品改革都有国家或地区层面的法律作为保障。美国场外衍生品监管改革方面的主要进展大都体现在多德－弗兰克法案当中。欧盟主要有两个法案对场外衍生品的改革做了规定，分别是EMIR（保证金制度）和MiFIR，MiFIR对平台交易做了规定，EMIR则对其他改革领域做了一些要求。香港地区则是《证券及期货条例》为场外衍生品监管的改革提供了法律框架。

与欧美不同，我国与金融衍生品市场监管有关的法律条款相对分散、模糊，且以行政规范为主，缺少清晰、可执行的专门性法律基础，目前执行的多为监管部门的通知以及各协会发布的自律监管制度。以证券公司场外衍生品业务为例，证券公司场外衍生品业务始于2012年，具体的监管职责最初由证监会机构部承担，后来由证券业协会实施自律管理。立法滞后与我国场外衍生品市场不同于欧美等发达国家的发展路径有关。在2008年金融危机之前，我国的场外衍生品并没有经历由于缺乏监管所导致的过度发展。从国家的层面来看，当时并没有立法监管的迫切性。近年来，场外衍生品在我国已经颇具规模。2020年，银行间人民币利率衍生品市场累计成交额19.9万亿元，境内证券公司场外金融衍生品业务新增名义本金累计4.76万亿元。因此，相关立法的准确性已经有所提高。

2. 某些具体改革领域，如具体规则制定、通用标准吸纳、交易平台数量等方面，与国际相比相对落后

从国际上来看，欧盟、美国和中国香港地区都已经制定了具体的保证金监管规则和实施时间表。交易报告库的数据标准统一方面，国际组织规定的需要报告的关键数据元素包括唯一交易识别码（UTI）和唯一产品识别码（UPI）。FSB在2019年5月成立了衍生品服务局，负责UPI的及时发放和系统的维护。CPMI和IOSCO在

2019年10月发布了交易报告库关键数据元素（CDE）的最终执行计划。目前，欧盟、美国和中国香港地区都已经将全球法人识别编码（Legal Entity Identifier, LEI）作为标准的交易对手方识别代码，美国和欧盟也已经开始将UTI和UPI作为数据报告元素。此外，监管部门注册或认可的交易平台类型多样，且数量众多。例如，美国在CFTC注册的SEF共有19家，在欧盟成员国注册且在ESMA备案的交易平台达到432家。

此外，主要的利率类和信用类场外衍生品都已受到欧美监管部门制定的平台交易要求的约束。而与国际上相比，我国还未制定关于场外衍生品保证金的监管规则或标准；交易报告库的关键数据元素的标准性还有待进一步提高；平台交易方面，受到监管部门认可实际运行的场外衍生品交易平台的数量比较少，受到平台交易要求约束的产品范围较窄。例如，已经受到强制清算要求约束的人民币利率互换交易还未受到平台交易要求的约束。这些短板或不足既制约了我国场外衍生品市场的进一步发展，又不利于国内市场与国际市场的接轨。

3. 监管改革方案的评估和分析框架有待进一步完善，监管协调有待进一步加强

首先，在国际层面，IOSCO等国际组织已经开始对全球场外衍生品改革对市场结构的影响、是否有助于提高金融市场的韧性等进行评估。欧盟、美国推出某一项具体的监管改革政策时，也会对改革的成本收益、改革的效果等进行系统评估。我国的政策制定，一般来说都会经过较为全面的征求意见的过程，但是在针对事前方案设计、事后效果评估等方面的机制安排和定量分析与海外发达市场相比还有一定差距。其次，从国际上来看，监管部门互相之间都会考虑监管标准的一致性，具体的安排既可以是在各自的规则中考虑监管重叠时的规则互认，也可以在更高的立法层面做出统一规定。从我国情况来看，监管部门在制定场外衍生品资本金、平台交易、CCP等的监管标准时，还需要加强协调。

4. 监管职责划分、跨境监管协调有待进一步完善

由于我国场外衍生品业务，尤其是证券期货市场的场外衍生品业务发展历史较短，规模较小，证券期货市场和银行间市场的场外衍生品业务还有互相交叉，监管的主体责任是按照证券期货公司和银行类金融机构这两类主体的归口管理部门进行划分的，证券期货市场内部的场外衍生品监管也是延续了过去机构监管的框架。因而，如果以功能监管为理想改革目标的话，目前的监管设计还未完全成熟。从长远看，现有监管安排可能造成监管套利，不利于市场的稳定。此外，跨境的场外衍生品交易还涉及监管协调的问题。

随着我国股票市场对外开放的持续深入，香港离岸挂钩A股的场外衍生品业务

的发展，推动境外机构 A 股交易需求不断提高。然而境外机构的 A 股账户无法进行穿透式监管，且可以便利地进行非交易过户，因此存在影响 A 股市场稳定的风险隐患，跨境监管协调非常迫切。从国外的实践来看，跨境场外衍生品交易的监管协调问题主要通过监管互认来解决。但是，我国和很多国家在监管协调方面还有待进一步加强。

（四）与银行间场外衍生品市场和监管的比较和不足

商业银行使用衍生品的历史最早可以追溯到 1993 年 3 月中国银行开办具有远期交易性质的远期结售汇业务。后来衍生品业务逐步扩展到花旗银行、工商银行、建设银行。2004 年中国银监会发布《金融机构衍生品交易业务管理暂行办法》后，以国内上市股份制银行为主的商业银行也很快参与到衍生品交易中。目前，银行间场外衍生品市场的主要交易产品包括利率类、外汇类、信用类和大宗商品类场外衍生品。

银行间场外衍生品市场的基础设施建设和管理基本能够按照市场和机构划分，分别有主导的监管部门。央行主要管市场，每类产品在银行间市场都有主导的自律监管机构。商业银行柜台开展的场外衍生品业务属于商业银行业务运行的一部分，因此受到银保监会 2004 年发布的《金融机构衍生产品交易业务管理暂行办法》的约束。与银行间市场相比，证券期货市场的场外衍生品的基础设施建设和管理职责划分的总体布局更加复杂，具体规定不够细致。

1. 交易报告库的比较

银行间场外衍生品市场的数据报告库职责按产品大类划分由各个自律监管机构分别承担。外汇交易中心定期公开披露利率类和外汇类场外衍生品月度交易笔数和金额的数据；银行间交易商协会负责制定信用类场外衍生品的业务规则，并对交易数据进行备案。证券期货市场的交易报告库主要按照机构类型（证券/期货）进行划分，证券业协会负责报告证券公司参与权益类场外衍生品的情况，期货市场监控中心负责报告期货公司风险管理子公司的情况。同样，场外衍生品业务由于经营机构不同而向不同的交易报告库报送，因此这些信息也没有统一和整合。所以，证券期货市场的交易报告库存相对银行间市场而言存在更明显的分立现象。

2. 交易平台的比较

银行间市场拥有利率类、外汇类、信用类和大宗商品类四大类按产品划分的场外衍生品市场的交易平台。其中，外汇交易中心是利率类、外汇类场外衍生品的交易平台①；交易商协会是信用类场外衍生品的交易平台职能②；上海黄金交易所是黄金场外衍生产品的交易平台③；上海清算所是大宗商品类场外衍生品的主导机构，上海环境能源交易所股份有限公司是上清所认可的银行间大宗商品类场外衍生品市场的唯一合规交易平台④。根据 FSB 的报告可知，我国受到强制交易平台交易约束的场外衍生品主要是银行间市场交易的部分债券远期以及人民币外汇远期、互换、期权和人民币跨币种互换等人民币外汇衍生品。证券期货市场的交易平台有的是按产品划分，有的是混合平台。其中，中证报价系统主要经营权益类场外衍生品，其他各种类型衍生品也有覆盖；大连商品交易所是大宗商品类场外衍生品的交易平台；沪深交易所建立了信用类场外衍生品的交易平台。证券期货市场各类场外衍生品交易平台的业务范围和监管相对银行间市场而言，总体布局和思路不够清晰。

3. 清算职能的比较

银行间场外衍生品的 CCP 清算职能大体还是可以按照产品大类划分开，分别由上海清算所和上海黄金交易所承担。上海清算所承担利率类、外汇类、商品类和信用类场外衍生品的 CCP 清算职能⑤。上海清算所自 2012 年起为大宗商品衍生品提供清算服务，业务覆盖六个行业十二项产品。自 2014 年 7 月 1 日起，中国人民银行要

---

① 根据中国货币网关于外汇交易中心的简介，外汇交易中心易为银行间外汇、货币、债券市场等现货及衍生产品提供发行、交易、交易后处理、信息、基准和培训服务。因此，外汇交易中心承担利率、外汇类场外衍生品的交易平台功能。2019 年 12 月 6 日，中国外汇交易中心发布的《银行间外汇市场交易规则》中第五条规定"符合会员条件的机构之间不得在交易中心交易平台之外达成人民币外汇交易，包括即期和衍生品交易"。此外，FSB 的报告显示，我国受到强制交易平台交易约束的场外衍生品主要是银行间市场交易的部分债券远期以及人民币外汇远期、互换、期权和人民币跨币种互换等人民币外汇衍生品。因此，外汇交易中心是某些利率类和外汇类场外衍生品的强制交易平台。

② 根据《银行间市场信用风险缓释工具试点业务规则（2016）》，凭证类的信用风险缓释工具应当通过交易商协会综合业务和信息服务平台及其他指定平台完成销售工作。因此，交易商协会是部分信用类场外衍生品的交易平台。

③ 根据《上海黄金交易所银行间黄金询价业务交易规则（修订版）》，上海黄金交易所负责组织黄金询价交易的集中交易，黄金询价交易包括即期、远期、掉期等品种。因此，上海黄金交易所承担黄金类场外衍生品的交易平台功能。

④ 引用自赵恒珩和刘颖出撰写的《中国场外衍生品市场的演进和格局》。

⑤ 根据《关于发布〈银行间市场清算所股份有限公司 CCP 清算业务规则〉的通知（清算所发〔2020〕33 号）》，银行间市场清算所股份有限公司（上清所）自成立以来，相继于债券、利率衍生品、外汇及汇率衍生品、大宗商品衍生品等领域推出 CCP 清算服务。根据《关于信用风险缓释凭证登记结算业务规则的公告（〔2010〕2 号）》、《关于发布〈银行间市场清算所股份有限公司信用违约互换逐笔清算业务操作指南〉的通知》以及《信用风险缓释凭证登记托管、清算结算业务操作须知（2019）》，上清所开展银行间市场信用类场外衍生品的登记结算和 CCP 清算业务。因此，上清所承担利率、外汇、大宗商品和信用共四大类场外衍生品的 CCP 清算职能。据《上海清算所集中清算业务运行分析（2021 年 8 月）》，上清算开展利率、外汇、大宗商品、信用类场外衍生品 CCP 清算业务的金额分别为 18555.7 亿元、11597.3 亿元、44.0 亿元、2.0 亿元，当月未开展信用类场外衍生品的 CCP 清算业务。

求新达成的部分短期利率标的的利率互换交易提交上海清算所 CCP 清算。上海黄金交易所承担黄金类场外衍生品的清算职能①。证券期货市场的清算也是按产品划分，大连商品交易所和中国证券登记结算公司分别对大宗商品类和信用类场外衍生品开展结算清算服务（非 CCP 清算）。占业务主导地位的权益类场外衍生品市场尚未开展 CCP 清算，但部分标准化产品有在未来实现 CCP 清算的潜力。

4. 保证金规则的比较

两个市场都未发布针对场外衍生品非 CCP 清算业务的保证金监管规则。

5. 资本金规则的比较

我国承担场外衍生品资本金监管的主要监管部门是中国银保监会和中国证监会。2018 年 1 月 17 日，中国银保监会印发了《衍生工具交易对手违约风险资产计量规则》，对我国商业银行衍生工具对手方信用风险的资本计量规则进行了修改。规则借鉴 BCBS 发布的国际标准，针对场外衍生品不同基础资产类别，是否纳入 CCP 清算，在监管参数上作出了差异化的规定。中国证监会制定的《证券公司风险控制指标管理办法》以及《证券公司风险控制指标计算标准规定》，对证券公司投资不同基础资产类别的衍生品需要计提的市场风险资本准备、风险调整资产总额的计算标准等作了差异化规定，但是这些标准并没有涉及 CCP 清算和非 CCP 清算场外衍生品的差异。中国证监会制定的《期货公司风险监管指标管理办法》及《期货公司风险监管报表编制与报送指引》虽然对期货公司的风险资本准备计算做出规定，但并未明确涉及场外衍生品。2019 年 2 月 15 日，期货业协会修订发布并施行的《期货公司风险管理公司业务试点指引》规定，期货公司风险管理公司应当建立资本约束机制和资本补充机制，严格控制期货、期权及其他衍生品和现货的净头寸风险敞口，还规定期货公司风险管理公司开展个股场外衍生品业务的，实缴资本不低于人民币 2 亿元。期货公司风险管理公司的流动性风险、市场风险、信用风险、操作风险等纳入期货公司全面风险管理体系。总体来看，银保监会对其管辖机构在资本金监管方面的要求，特别是在风险资本准备计算规则方面的规定，更为细致，特别是针对非 CCP 清算场外衍生品施加了更高的资本金要求。证监会未针对场外衍生品是否纳入 CCP 清算做出差异化监管安排。

---

① 根据《上海黄金交易所银行间黄金询价业务交易规则（修订版）》，上海黄金交易所负责组织黄金询价交易的清算；交易所根据委托提供清算与交割服务，但不承继市场参与者的清算交割风险；黄金询价交易包括即期、远期、掉期等品种。因此，上海黄金交易所承担黄金类场外衍生品的非 CCP 委托清算职能。

六、我国证券期货场外金融衍生品市场监管改革建议

（一）借鉴国际经验，完善证券期货场外金融衍生品市场顶层设计

1. 合理确定监管目标

从发展历史来看，欧美等传统老牌市场经济国家的场外衍生品有两百多年的历史。最早的场外衍生品交易可以追溯到18世纪和19世纪之交的美国股票期权，一种通过松散的经纪商协会进行的场外交易。欧美在市场发展百年，积累了海量数据和市场运行经验，2009年G20的改革承诺说明，核心目标已经转向防风险而不是发展市场，与我国目前市场发展处于起步阶段的现实背景差异较大。我国的场外衍生品市场在2008年金融危机以后才得到发展，证券期货市场的场外衍生品更是在2012年以后才出现。国内外场外衍生品市场发展的不同路径决定了我国对场外衍生品市场的监管目标具有不同于国外市场的一些特殊性。除了缓解系统性风险、提高透明度和防止市场滥用等强调"严监管"和"防风险"的监管目标之外，我国对场外衍生品的监管目标还应当包括以下四个方面：

一是促进市场发展。随着资本市场的发展，市场的风险管理需求是不断增加的。现阶段场外衍生品在我国的发展有其内在动力，场外金融衍生品不仅能为境内外金融机构管理现货市场市场风险提供量身定制的工具，还能够更加直接地对接上市公司和大股东的需求，更好地体现出金融衍生品为实体经济服务的政治站位。监管部门可以实施合理的监管措施，引导和推动其有序健康发展。

二是防范场外市场风险以及场内、外市场风险传导。从我国目前的情况来看，场内衍生品市场和现货市场受到的监管较为严格，措施也相对较为完善，市场透明度较高。而场外衍生品市场受到的关注较少，与场内衍生品和现货市场的监管协调不够。一方面，场外衍生品的发展也会促进场内市场的发展。例如，银行理财与证券公司签订挂钩指数期权的合约，客观上可以产生在股指期货做多的机构力量，优化股指期货的机构持仓结构，或产生对现货市场的长期配置需求，增加现货市场稳定性；另一方面，未来场外金融衍生品市场发展进一步壮大，可能积累起一些重要的风险影响现货市场的平稳运行。因此，急需出台一些"看得清、管得住"的协同监管手段，在促进现货市场更好发展的协同目标下，来完善场外金融衍生品的发展与监管。

三是协调好境内外衍生品市场的关系。衍生品市场具有天然的"无国界"属性，国内市场的部分需求有时会转向国际市场。从监管的角度来说，一方面要尽可能防止国内衍生品市场发展大幅落后于国外的局面；另一方面要积极通过跨境监管协作，了

解与我国本土现货市场相关的衍生品在境外的具体情况,防止境外风险传导到境内。

四是监管设计要具有前瞻性,统筹好市场在当下和未来不同发展阶段的监管需要,建立监管跨周期动态完善机制。在场外金融衍生品市场快速发展的趋势下,要对未来的发展空间、可能的风险、监管盲区等作出前瞻性的、及时的应对和科学的制度设计。

2. 总体改革推进优先顺序为:报告库——交易平台——保证金——CCP清算——资本金

报告库兼具服务监管和培育市场的功能,报告库积累的数据可以为双边交易、保证金水平制定提供科学依据。交易平台可以为交易报告提供便捷的手段,反过来也促进市场活跃,积累更多的数据。当报告库和平台发展到一定阶段,那么市场就可能依据海量历史数据更加科学地制定保证金计算标准。当保证金可以科学计算以后,CCP清算才有可能建立。资本金是整个场外衍生品交易风险防范的最后一道防线,只有前面的环节有了坚实的基础,最后一道防线的相关标准设计才可能更加科学合理。

第一,深耕交易报告库建设,提高运行质量。从五项改革措施的逻辑顺序来看,交易报告库是监管的基础,能够提高交易后的透明度,而且施行的阻力和对市场的影响最小,应当最先实施和完善。欧美的监管部门也是最先实施了交易报告库改革措施。下一步还要加强与国外监管机构和国际组织的数据交流,提高数据的国际标准化水平,加强跨境监管协调。

第二,对于尚未纳入平台交易的产品大类,目前可以启动研究和培育交易平台。衍生品交易平台的目的是提高交易透明度,这既有利于监管,也有利于事后的纠纷解决。交易平台举措作为一项监管改革措施,同时又能够促进场外衍生品业务的健康发展,降低交易成本。因此,这项改革措施比较符合我国当前的国情,可以作为未来场外金融衍生品市场特别是权益类市场监管改革的一个方向。从海外场外衍生品交易平台发展历史看,当经纪公司大量使用电子平台后,承载多经纪商、多客户的现代意义上的交易平台会随后诞生。目前,我国场外衍生品市场正在进入中介机构电子柜台交易快速发展的阶段,过去中证报价管理的场外衍生品交易平台功能发挥不足也受市场客观历史发展条件的制约。未来以精准服务产品和业务为目标,各种具有专业化比较优势的平台,可能能够在满足个性化需求和标准化交易之间取得一个平衡。实际上,海外市场已经形成多层次、特色各异的交易平台,银行间场外衍生品交易平台也是多样化的,这些经验值得借鉴。

第三,强制CCP清算和保证金规则要审慎推进。保证金和CCP清算都是保护守约方的事前防范措施,可以在交易报告库和交易平台较为成熟之后再研究推进,对标准化程度高的产品(例如,目前已经实现CCP清算的上海证券交易所信用场外衍生品和大商所场外交易平台上的商品互换产品）实施 CCP 清算，对标准化程度低的产品（例如，权益类和其他尚未纳入 CCP 清算的场外衍生品）实施更高的保证金要求。首先，我国证券期货场外金融衍生品市场的主导产品——权益类场外衍生品还不具备实施强制 CCP 清算的前提条件。符合一定的标准化和流动性要求是场外衍生品业务进行 CCP 清算的前提条件。但是，我国绝大多数的权益类场外衍生品业务现阶段并不具备这样的条件；其次，在国内绝大多数权益类场外衍生品很难标准化和 CCP 清算的情况下，可参考海外经验，不强制安排平台交易和集中清算，但未来可以引导现有交易场所进一步研究和试点将相对标准化的产品更好地纳入平台，形成一定规模后，视情况考虑是否安排 CCP 清算和相应的保证金、资本金标准；此外，还可以考虑以现有已实现 CCP 清算的场内合约（股指期货、期权等）为"锚"，研究标准化或非标准化场外产品相关的保证金、资本金标准。最后，应审慎推进权益类场外衍生品保证金规则。目前，欧美市场上初始保证金规则仅对具有较大交易规模的交易商或机构之间的场外衍生品交易有约束，目的是减少大机构之间的传染性风险（Too – Connected – to – Fail）。从我国的情况来看，场外衍生品交易商集中在头部券商，因而有加强保证金监管的必要性。保证金包括初始保证金和变动保证金。由于现有很多场外衍生品的交易不收取初始保证金，因此初始保证金规则对市场的影响较大，需要审慎推进。

第四，资本金要求应当与资本市场的发展保持协调，放到最后推进。资本金规则是一种事后风险防范机制，具体的规则可以在保证金和 CCP 清算实施之后再制定，欧美的监管部门也将资本金规则改革放在了最后。欧盟的资本金监管规则仍然主要针对商业银行，但是资本市场在融资体系中占比更高的美国，CFTC 和 SEC 分别制定了各自管辖范围内的非银行类金融机构参与场外衍生品交易的资本金计算要求，并均已于 2021 年 10 月生效。目前，我国的金融体系与欧盟类似，还是以商业银行为主，但是资本市场发挥的作用越来越大。因此，现阶段出台更细化的针对非银行金融机构的资本金规则的迫切性不强。未来，随着证券期货市场场外衍生品业务的发展，现有证券期货经营机构的资本金准入门槛，以及风险加权资本金计算的要求存在针对不同场外衍生品业务类型进行细化的可能。

3. 合理确定产品大类的监管归口，加强统一监管

目前，场外衍生品及其对应的现货市场发展情况有较大不同。权益类场外衍生品相对整个场外衍生品市场特别是银行间市场而言相对较小，但却是与股票现货市场风险关联度最高的产品，是在我国证券期货场外金融衍生品市场独有的产品大类和占主导地位的产品大类，应结合现货市场发展与风险防范作为监管顶层设计最重要的考虑。与信用类场外衍生品相关联的现货类标的大量在证券市场流通。

根据 Wind 资讯，截至 2021 年 10 月 29 日，交易所信用债（包括公司债和企业债）市场规模为 17.9 万亿元，银行间信用债（包括企业债、中期票据、短期融资券和定向工具）市场规模为 26.6 万亿元，两个市场差距不大。且信用衍生品在交易所市场和银行间市场都处于起步阶段，因而信用类场外衍生品也应作为监管部门结合现货市场发展与风险防范重点关注的产品大类。在利率类场外衍生品方面，根据中债登和中证登统计数据，截至 2020 年底，银行间和交易所的现货利率债（国债和地方政府债券）的托管规模分别为 45.63 万亿元和 1.44 万亿元，而且利率类场外衍生品在银行间市场发展较早，规模较大。因此，利率类场外衍生品市场和现货市场都是银行间市场占据主导地位，而且利率债本身市场风险具有特殊性，历史上往往与去杠杆和流动性极度收紧有关，因此这类产品可以作为仅次于信用衍生品的监管考虑方向。

外汇类场外衍生品和现货交易基本都在银行间市场进行，受到人民银行和外管局监管，相关业务证券期货市场的分布极少。而且根据 2019 年 12 月 6 日中国外汇交易中心发布的《银行间外汇市场交易规则》中第五条规定"符合会员条件的机构之间不得在交易中心交易平台之外达成人民币外汇交易，包括即期和衍生品交易"。这意味着参与机构如果被认定为银行间市场的会员，是不能在证券期货场外金融衍生品市场交易外汇类产品的。商品现货市场一直归口相关部委，衍生品市场包括场内商品期货市场、交易场所所支持的场外市场，证券期货公司的柜台市场，绝大多数业务都已经纳入期货部监管。

随着越来越多的研究表明大宗商品金融化程度不断提升，以及大宗商品市场价格波动与 A 股市场价格波动的联动性在增强，未来监管部门也应加强证券期货市场场外金融衍生品和场外商品衍生品的监管协作。权益、信用、利率、外汇、商品对证监会管理下的现货市场的意义是不同的，可参考银行间市场，按照业务类型划分监管职责，基础资产类别相同的场外衍生品的交易报告、保证金、交易平台和清算平台等方面的监管做到归口管理，实现场内场外市场监管协同，减少系统内的监管分立。

（二）完善法律法规，加强监管协调以及监管标准的统一性

第一，建议借助《期货法》立法契机，在立法层面对监管部门承担的具体职责进行明确界定。目前，两大场外衍生品市场分属两个监管部门承担具体监管职责。在实际执行中，基本是按照机构类型来划分监管职责。而从欧美的经验来看，监管职责和牌照的发放基本是按照基础资产的类型来划分的。随着我国场外衍生品业务的不断发展，不同类型机构开展同类型场外衍生品业务的可能性在提高。例如，证券期货市场也存在对利率类和外汇类场外衍生品交易的需求。因此，可以借助《期货法》立法契机，明确证券期货市场与银行间市场各类型业务的牌照发放权利以及相应的监管职责。

第二，要加强国内监管协调和监管标准统一。证券期货场外衍生品市场和银行

间场外衍生品市场的参与机构存在业务交叉的现象。证券公司作为外汇交易中心的会员参与银行间市场利率类和外汇类场外衍生品的交易。证券公司开展的权益类场外期权业务的交易对手方中,商业银行的占比一般在50%以上,2020年4月、5月、6月的占比均在70%左右。市场发展存在融合的趋势,使国内的监管协调显得尤为必要。此外,不同部门管理下场外金融衍生品的监管标准也尽量统一。标准不统一有可能导致监管套利的出现,因此未来有必要在立法层面强化监管要求和监管标准,包括交易报告库数据报送标准、CCP监管标准、平台交易监管标准等。长远来看,还需考虑在吸纳国际经验的基础上,制定适合我国国情的保证金、资本金等具体监管标准。我国可以参考BCBS-IOSCO框架,在未来条件成熟时,设定具有梯度执行特征的保证金监管规则,并在总体执行框架中设定若干豁免或补充条款。执行步骤上,可以学习BCBS-IOSCO框架,先将超过一定阈值的机构纳入保证金和资本金约束的范围。从防范系统性风险角度来讲,这样的做法具有一定的科学性。阈值的设定也要符合我国市场的实际情况。我国场外衍生品市场的集中度特征与欧美并不相同,阈值的确定需要在分析市场数据之后审慎做出判断。

第三,加强跨境的监管协调。我国证券期货市场的双向开放持续拓展,客观上要求加强与境外监管部门,特别是与香港地区监管机构的监管协调。国际证监会组织(IOSCO)建议从三个方面加强跨境监管协调:一是利用国际组织的地区性委员会来加强沟通和讨论跨境监管事宜;二是对其他标准制定组织或国际性监管机构的已有工作进行评价,并在此基础之上利用其中好的成果;三是在不影响原有监管规则和法律框架的前提下,从发放牌照、监管互认、替代性合规等方式中选择最合适的监管协作方式。从我国的情况来看,国内资金利用场外衍生品进行对外资产配置的需求不断增大。例如,2021年5月,证券公司新增的收益互换业务名义本金规模中以境外为标的的占比为42.52%;国外投资者对与国内资本市场相关的场外衍生品需求也在不断增大。数据①显示,沪深股通的交易中大约有70%是以香港投行名义进行的,主要是由香港投行为国际投资者(包括各类对冲基金、量化投资基金、CTA基金等)提供的融资型资产组合互换、指数互换、全收益互换、权益凭证和场外期权等各种场外衍生品交易而产生。因此,我国可以参考国际证监会组织的建议加强对上述场外衍生品的监管协调。

(三)加快补短板进度,促进市场基础设施建设和完善

第一,要加强数据报告库建设,促进数据报送的强制性和数据标准的统一性。我国可以积极响应国际组织关于数据标准统一以及关键数据元素方面的倡议,完善法

---

① 参考《衍生品评论》2020年第2期的文章《证券市场国际化倒逼交易机制优化》。

人机构代码（LEI）、唯一交易识别码（UTI）、唯一产品识别码（UPI）等关键数据元素的要求，加强数据报送的归口管理和监管部门之间的信息共享，减少重复报送。

第二，可以前瞻性地鼓励市场参与者，特别是交易商和交易场所研究、开发、试点多样性的交易和清算设施，为场外衍生品的交易便利化提供助力，促进其更好发展。首先，交易平台的发展有助于更好地满足市场需求。从我国情况来看，证券期货市场也存在对利率类和外汇类场外衍生品交易的需求。但是，证券期货市场的利率类和外汇类场外衍生品主要通过证券公司和期货公司风险管理公司的柜台达成交易。如何能既满足这些需求，同时又能对这些需求进行更好的监管，除了法规建设之外，也可以考虑在法律授权的基础之上，适当增加证券期货市场交易平台的数量，并制定相应的自律监管规则。从与银行间市场的比较来看，证券期货市场的交易平台相对更少。因此，从这个意义上来说，也应当适当增加证券期货市场的交易平台数量；其次，交易平台之间的竞争可以提高场外衍生品价格的透明度和定价效率，促进场外衍生品业务的规范化发展。交易平台上的各类专业机构可以提供估值、保证金计算等附加增值服务，这些服务有助于场外衍生品业务的规范化。

第三，交易平台等交易基础设施的发展有助于场内外衍生品市场的互相促进。从国外的衍生品发展历史来看，先有场外后有场内。在场外衍生品发展繁荣的基础之上，一部分成熟的场外衍生品被纳入到场内。从这个意义上来说，场外衍生品发挥了场内衍生品试验田的作用。要想充分发挥场内衍生品风险管理的功能，场外衍生品交易平台的试点作用大有可为。

第四，开展平台建设，还有利于市场发展和包容性。银行间场外衍生品市场的交易平台，可以接入各类机构，包容性强。证券公司的场外市场业务主要在柜台市场开展，现阶段只能依托券商作为报价商、做市商，不容易吸纳更广泛的机构。而如果打造交易平台，则可以接入更多机构。在有效监管的前提下，促进交易平台数量和种类的多样化，有利于分散市场风险，防止行业垄断。此外，场外衍生品交易平台的建设在一定程度上可以减少银行等大型机构投资者在资金安全、法律保障等方面的担忧，交易平台的数据服务等附加服务也有助于提高中小型交易商在场外衍生品领域的风险管理水平。

（四）发挥交易商和交易场所的协同作用，促进场内外衍生品的融合发展

无论是欧美自发形成还是大多数亚洲国家自上而下政府主导的发展模式，场外衍生品市场的基本组织架构是一致的，即，该市场组织在多个交易商周围，由交易商向客户提供场外衍生品交易服务，再基于场内衍生品和现货市场以及交易商—交易商间的场外市场来对冲交易商敞口风险。场外衍生品业务的核心在于交易商，交易场所可以在交易商—客户交易、交易商—交易商场外对冲、交易商场内对冲等各个环节发挥市场组织的积极功能,而且交易商和交易场所在场外衍生品市场发展中还可以发挥协同和互补功能。对于极具个性化的场外衍生品,由于流动性差和交易规模小,难以纳入平台交易,交易商的专业水平很大程度上决定了市场运行效率和安全性。对于相对标准化程度较高的场外衍生品,交易场所提供的平台能够在降低交易商集中度风险、提高市场透明度,提供数据、信息、交易、清算等各类服务等方面发挥更多的作用,同时更好地实现场内产品和场外产品的协同发展。对于监管来讲,交易商和交易场所也是发展和监管场外衍生品市场的两个重要抓手,对促进场内、场外市场的融合发展,促进风险管理服务同时满足个性化和规范化要求具有重要作用。

(五)进一步完善监管改革方案的评估和分析框架,建立监管规则特别是自律监管规则的动态完善机制

第一,要完善监管改革方案的评估和分析框架。我国可以尝试在分析场外衍生品交易数据的基础之上,对开展某些类别的标准化场外衍生品的强制清算或交易平台交易要求的时机进行研究,以便把握好强制要求的推出时机和梯度规定,更好地促进场外衍生品市场的发展。首先,根据国外的经验可知,符合CCP清算和平台交易要求的场外衍生品具有流动性充裕、标准化程度高等特征。而且,考虑到不同市场参与者的具体情况,监管规定有时会对不同规模的市场参与者适用不同的最后期限规定。其次,具体的改革措施开始执行一段时间以后,还需要对改革的效果进行及时评估和总结,为后续产品的纳入和监管标准的完善提供帮助和依据。

第二,要在评估的基础上,建立自律监管规则的动态完善机制。自律规则往往更具有灵活性,加强场外衍生品的自律监管,符合场外衍生品个性化和多样化的产品特征。在评估的基础上,建立自律监管规则的动态完善机制,有助于及时发现不足。场外衍生品的监管措施一直在发展,国外也处于向监管目标不断迈进的进程中,没有成熟稳定的方案可供参考。因此,我们需要在吸收国际经验和分析国内情况的基础上,提高监管规则的灵活性,及时修正那些不符合促进市场健康发展目标的规则措施。

参考文献

[1] Wooldridge, P. (2016), "Central clearing predominates in OTC interest rate derivatives markets" in BIS (2016), BIS Quarterly Review December.

[2] FSB. OTC Derivatives Market Reforms 2019 Progress Report on Implementation.

[3] 吴紫艳. 证券公司场外衍生品业务投资者适当性管理探讨 [A]. 中国证券业协会. 创新与发展:中国证券业2018年论文集(下册)[C]. 中国财政经济出版社, 2019.

[4] 顾亮. 场外衍生交易集中清算的理论证明与制度构建 [J]. 西部金融, 2019 (9): 22-25.

[5] 张源. 2008 年金融危机以来美国金融监管体制的发展 [D]. 北京外国语大学, 2019.

[6] IMF, Global Financial Stability Report, April 2010.

[7] The WFE Research Team, Derivatives Report 2020, 19 May 2021.

[8] FSB. OTC Derivatives Market Reforms: 2020 Note on Implementation Progress.

[9] 赵恒珩, 刘颖. 中国场外衍生品市场的演进和格局. 2020. 7.

附件1：交易报告库改革的参考数据与资料

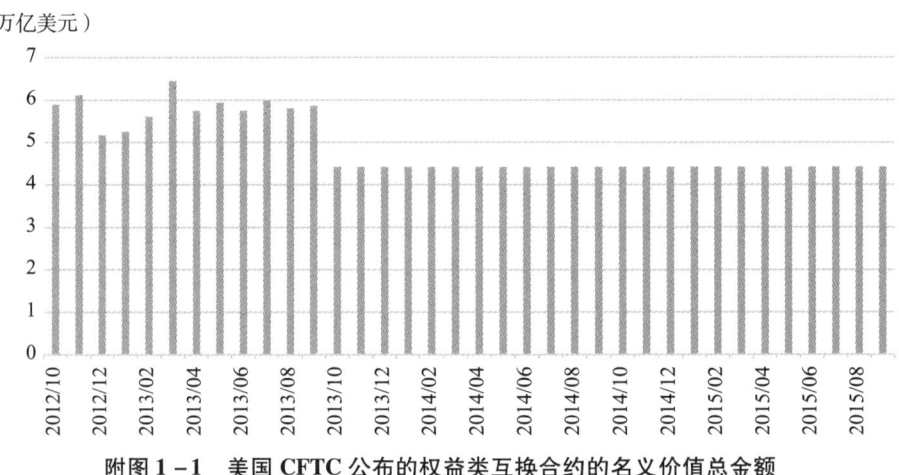

附图 1-1　美国 CFTC 公布的权益类互换合约的名义价值总金额

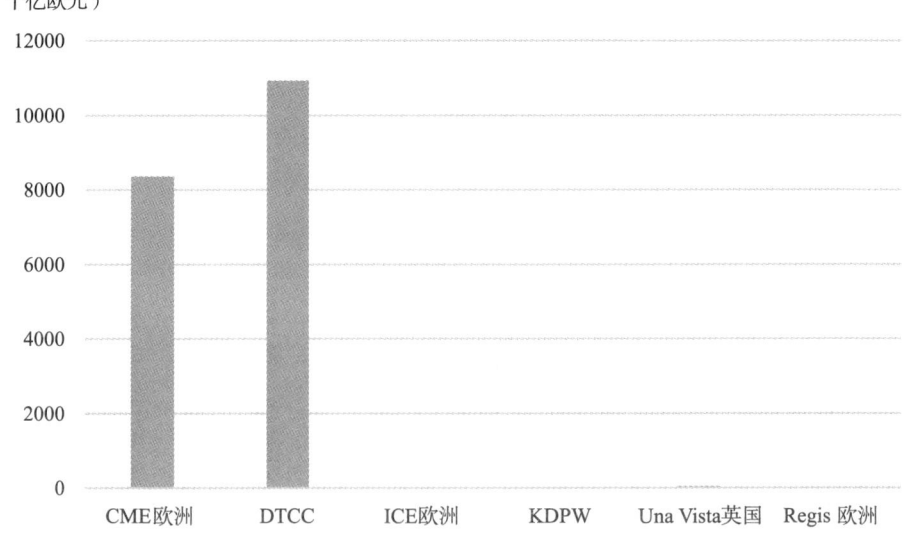

附图 1-2　2020 年 8 月底欧盟 TR 发布的权益类场外衍生品名义价值的总金额

附表 1-1　　　　　　　　中国香港交易报告库制度概览

要求	第一阶段	第二阶段
起始日期	2015 年 7 月 10 日	2017 年 7 月 1 日
汇报主体	授权机构，经纪商，持牌公司和 CCP。交易双方参与了则均需要报告	同第一阶段
需汇报的交易	产品范围（仅限场外衍生品）： ·港元或四大货币（即美元、欧元、英镑或日元）的标准化掉期以及掉期息率交易 ·所有货币的无本金交割远期	所有五个主要资产类别（即利率、外汇、股票、信贷和商品）的场外衍生工具
汇报给谁	由金管局创设的交易报告库 HKTR，即便已经汇报给香港外的主体也需要在 HKTR 汇报	同第一阶段
需要汇报什么信息	产品类别，产品类型，交易对手详情，交易标识符和后续相关信息	每个可报告交易的扩展交易信息，包括估值和其他交易详细信息
汇报时间	T+2	同第一阶段

附件 2：平台交易改革的参考数据与资料

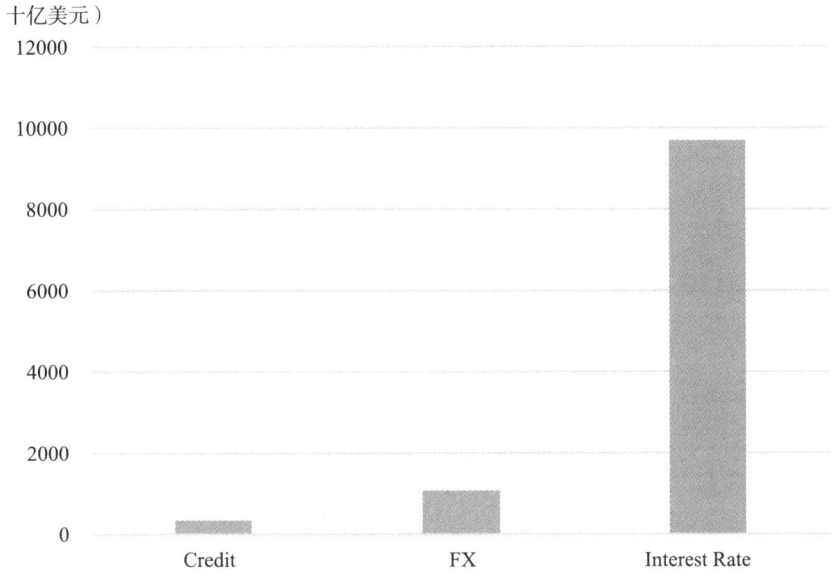

附图 2-1　美国 2020 年 8 月份 SEF 平台交易的各类场外衍生品的总金额

附表 2-1　　　欧盟各类不同交易对手方受"交易义务"约束的时间表

类别	简短描述	利率类的生效时间	信用类的生效时间
第一类	清算会员	2018 年 1 月 3 日	2018 年 1 月 3 日
第二类	高于 80 亿欧元门槛的金融类交易对手方 高于 80 亿欧元门槛的另类投资基金	2018 年 1 月 3 日	2018 年 1 月 3 日

续表

类别	简短描述	利率类的生效时间	信用类的生效时间
第三类	低于 80 亿欧元门槛的金融类交易对手方	2019 年 6 月 21 日	2019 年 6 月 21 日
	低于 80 亿欧元门槛的另类投资基金		
第四类	不包括在前三类中的非金融类交易对手方	2018 年 12 月 21 日	2019 年 5 月 9 日

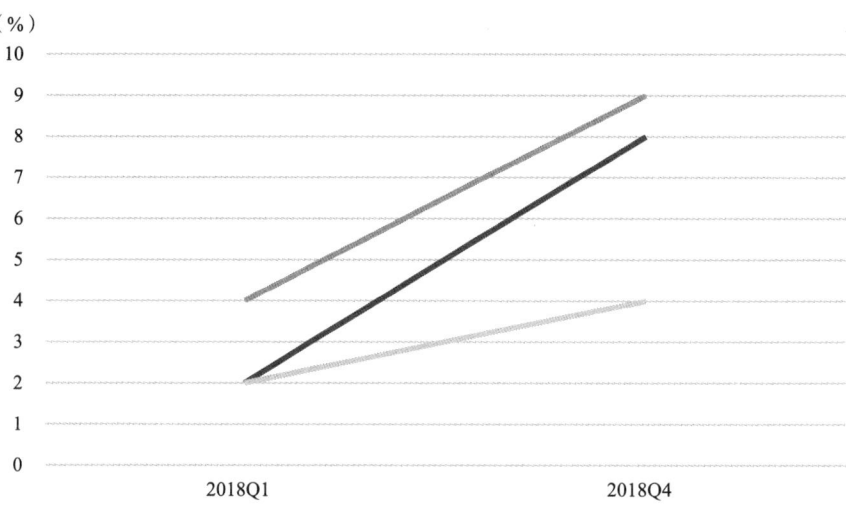

附图 2－2　OTC 衍生品在交易平台成交占比逐步提升①

附件 3：CCP 清算改革的参考数据与资料

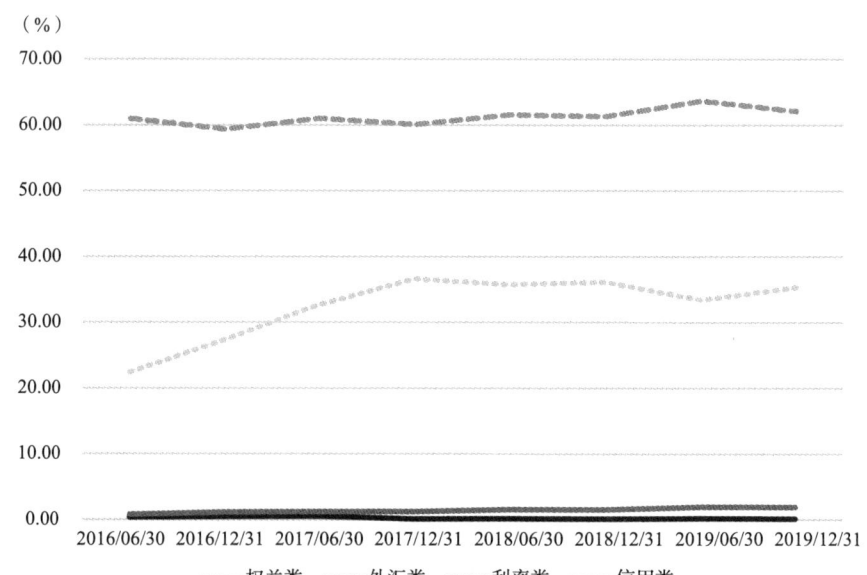

附图 3－1　根据 BIS 数据测算的各类场外衍生品的 CCP 清算占比

① 根据 ESMA 在 2019 年 12 月发布的欧盟衍生品市场报告（《EU Derivatives Market 2019》）综合计算得到。

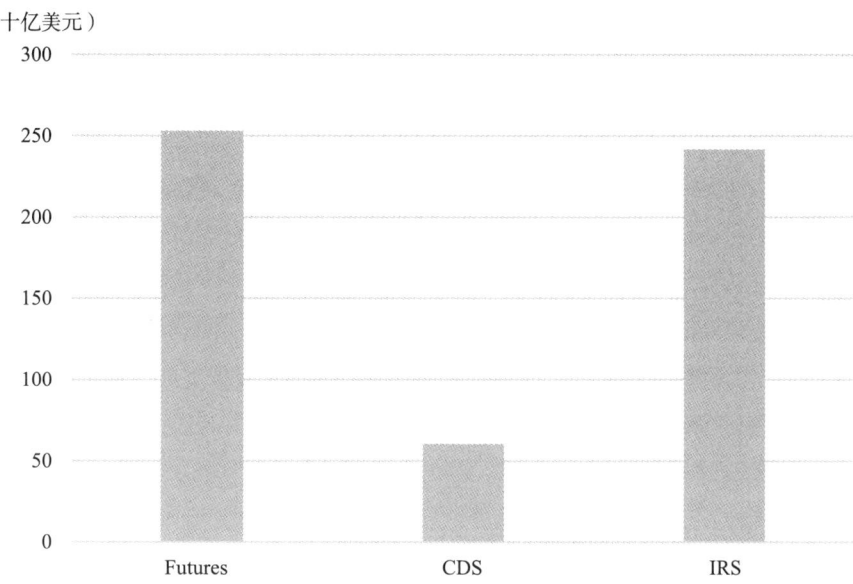

附图 3-2 2020 年 8 月底 DCO 收集的期货和主要 Swap 产品的初始保证金总金额

附表 3-1 欧盟认可的 CCP 可以被授权清算的场外衍生品的基础资产类型

	股权	利率	信用	外汇	商品
纳斯达克	2014.3.18	2014.3.18			2014.3.18
欧洲中央对手方					
KDPW		2014.4.8			
Eurex		2014.4.10		2017.12.18	
CCG					
LCH 欧洲			2014.5.22		
欧洲商品清算					2014.6.11
LCH 英国	2014.6.12	2014.6.12		2014.6.12	
Keler					
CCP.A					
LME					2014.9.3
BME		2015.7.21			2017.5.18
OMI					2014.10.31
ICE 荷兰	2014.12.12				
Athex					
ICE 欧洲			2016.9.19	2016.9.19	

附件4：保证金监管改革的参考数据与资料

附表4-1　目前CFTC执行的非CCP清算保证金实施期限

保证金类别	阶段	被涵盖实体持有非CCP清算衍生品的月末平均名义本金	双边保证金开始实施时点
变动保证金	变动保证金阶段一	>3万亿美元	2016年9月1日
	变动保证金阶段二	所有机构	2017年3月1日
初始保证金	最低保证金阶段一	>3万亿美元	2016年9月1日
	最低保证金阶段二	>2.25万亿美元	2017年9月1日
	最低保证金阶段三	>1.5万亿美元	2018年9月1日
	最低保证金阶段四	>0.75万亿美元	2019年9月1日
	最低保证金阶段五	>500亿美元	2020年9月1日
	最低保证金阶段六	>80亿美元	2022年9月1日

附表4-2　SEC规定的SBSD和MSBSP适用规则的一些关键时点

时间点	SBSD或MSBSP注册事宜
2020年4月6日	SEC的SBS跨国适用规则生效
2021年8月6日	SBSD和MSBSP的定义中的门槛计算日期（Counting Date）
2021年10月6日	适用于SBSD和MSBSP的已生效规则（包括保证金和资本金规则）开始产生约束（合规日期）
2021年11月1日	在Counting Date产生注册义务的SBSD向SEC申请注册的时限到期
2021年12月1日	因2021年第三季度的SBS业务量而需要向SEC申请注册MSBSP的申请时限到期

附表4-3　当前欧盟非CCP清算保证金的实施期限

保证金类别	阶段	被涵盖实体持有非CCP清算衍生品的月末平均名义本金	双边保证金开始实施时点
变动保证金	变动保证金阶段一	>3万亿欧元	2016年9月1日
	变动保证金阶段二	所有机构	2017年3月1日
初始保证金	最低保证金阶段一	>3万亿欧元	2016年9月1日
	最低保证金阶段二	>2.25万亿欧元	2017年9月1日
	最低保证金阶段三	>1.5万亿欧元	2018年9月1日
	最低保证金阶段四	>0.75万亿欧元	2019年9月1日
	最低保证金阶段五	>500亿欧元	2021年9月1日
	最低保证金阶段六	>80亿欧元	2022年9月1日

附表 4-4　　　　　　　　　中国香港执行初始保证金的期限表

时间	阈值
2017-3-1 至 2017-8-31	24 万亿港元
2017-9-1 至 2018-8-31	18 万亿港元
2018-9-1 至 2019-8-31	12 万亿港元
2019-9-1 至 2021-8-31	6 万亿港元
2021-9-1 至 2022-8-31	3750 亿港元
2022-9-1	600 亿港元

附件 5：资本金监管改革的参考数据与资料

附表 5-1　　　　　　　　　资本金监管改革的国际框架

项目	内容
资本金监管的国际主导规则	针对场外衍生品的资本金规定包含在巴塞尔委员会关于资本金计算的总体框架之中
资本金监管的核心框架	巴塞尔协议对银行资本金计算的核心框架是通过风险加权资产（Risk-Weighted Assets，RWA）的计算来实现的。巴塞尔协议将银行面对的风险分为信用风险、市场风险和操作风险三大类，每一类风险都需要计算风险加权资产，而风险加权资产又是资本充足率计算公式的分母，银行的风险加权资产金额越大，达到监管部门要求的资本充足率所需要的资本金就越多。场外衍生品方面，BCBS 倡议对非 CCP 清算的场外衍生品计提更高的资本金，这一目标的达成主要通过巴塞尔协议 III 中对非 CCP 清算和 CCP 清算场外衍生品的风险加权资产的计算方式的不同来实现。巴塞尔协议 III 中，非 CCP 清算场外衍生品的风险加权资产既包括交易对手方违约风险加权资产，也包括估值调整信用（CVA）风险加权资产，CCP 清算场外衍生品则只需要计算交易对手方违约风险加权资产，而且在违约风险暴露计算中使用的期限因子等指标的设定上，CCP 清算比非 CCP 清算受到更优惠的对待
资本金监管的分步骤措施	由于非 CCP 清算的风险加权资产的计算更加复杂，因此巴塞尔协议 III 关于场外衍生品资本金的改革分中期标准和最终标准两个阶段来实施。中期标准对银行持有的 CCP 清算产品的风险加权资产的计算做出了规定，但未对非 CCP 清算产品的风险加权资产的计算做出明确规定。最终标准既完善了 CCP 清算产品的风险加权资产的计算标准，也明确了非 CCP 清算产品的风险加权资产的计算标准。最终标准最主要的改进体现在使用 SA-CCR 方法计算违约风险暴露（EAD）的规定上。与巴塞尔协议 II 倡导使用的当期暴露法（CEM）和标准法（SM）相比，巴塞尔协议 III 倡导使用的 SA-CCR 方法考虑了不同资产类型、是否进行套保、是否缴纳保证金、是否净额清算对违约风险暴露的影响，但是复杂性又没有过度增加。无论是 CCP 清算，还是非 CCP 清算的场外衍生品的风险加权资产的计算中，都会用到违约风险暴露这一数值。因此，SA-CCR 有助于提高资本金计算对风险的敏感性。BCBS 要求成员国自 2017 年 1 月 1 日起正式实施 SA-CCR。BCBS 的评估报告显示，截至 2019 年 3 月底，26 个 BCBS 的成员国或地区已经针对 SA-CCR 的资本金占用制定了具体的标准，24 个成员国或地区已经针对银行对 CCP 的风险暴露的资本金占用制定了具体的标准，但是大部分成员国或地区仍未实施最终标准，这一评估结果与 FSB 的评估结果一致。实施程度较低的原因在于，有些国家存在操作流程以及 IT 设施建设方面的困难。此外，有的银行担心，不同国家的实施时间表各有不同会导致全球监管标准的不一致，增加交易的不确定性

附表 5-2　CFTC 关于资本金标准与资本金计算方法的具体规定

方法	适用的 SD 类型	资本金类型	最低金额要求（以下的最高值）
净流动资产法 CFTC 认可的方法 FCM	互换交易商 – FCM	净流动资产（资产 – 负债 – 市场风险 – 信用风险）	2000 万美元（1 亿美元，若使用模型）
			客户和非客户 CCP 清算互换账户的维持保证金要求总金额的 8%，加上未 CCP 清算互换应当收取（不考虑豁免情形）的初始保证金总金额的 2%
			注册的期货业协会的要求
另类净资本计算法 CFTC 和 SEC 都认可的方法	互换交易商 – FCM – 被许可使用内部模型计算净资本的公司	净流动资产（资产 – 负债 – 市场风险 – 信用风险）	50 亿美元测试净资本（未折现）
			60 亿美元早期预警净资本（未折现）
			10 亿美元折现净资产
			客户和非客户 CCP 清算互换账户的维持保证金要求总金额的 8%，加上未 CCP 清算互换应当收取（不考虑豁免情形）的初始保证金总金额的 2%
			注册的期货业协会的要求
净流动资产法 SEC 认可的方法	互换交易商 – 经纪交易商 互换交易商 – 经纪交易商（场外衍生品交易商） 互换交易商 – 银行控股公司的非银行子公司互换交易商	净流动资产（资产 – 负债 – 市场风险 – 信用风险）	2000 万美元
			未 CCP 清算互换应当收取（不考虑豁免情形）的初始保证金总金额的 2%
			注册的期货业协会的要求
银行式方法	互换交易商 – 银行控股公司的非银行子公司互换交易商	一级普通资本股本，一级资本还是二级资本有具体限制	2000 万美元
			风险加强资产的 8%
			未 CCP 清算互换应当收取（不考虑豁免情形）的初始保证金总金额的 8%
			注册的期货业协会的要求
有形资产净值法	互换交易商 – 非金融类实体	基础股本（资产 – 负债 – 商誉）	2000 万美元加上市场风险和信用风险的加成
			未 CCP 清算互换应当收取（不考虑豁免情形）的初始保证金总金额的 8%
			注册的期货业协会的要求
主要互换参与者	主要互换参与者	股本	大于 0 美元
			注册的期货业协会的要求

附表 5-3　　SEC 规定的 SBSD 和 MSBSP 注册中的一些关键时点

时间点	SBSD 或 MSBSP 注册事宜
2020 年 4 月 6 日	SEC 的 SBS 跨国适用规则生效
2021 年 8 月 6 日	SBSD 和 MSBSP 的定义中的门槛计算日期（Counting Date）
2021 年 10 月 6 日	适用于 SBSD 和 MSBSP 的已生效规则（包括保证金和资本金规则）开始产生约束（合规日期）
2021 年 11 月 1 日	在 Counting Date 产生注册义务的 SBSD 向 SEC 申请注册的时限到期
2021 年 12 月 1 日	因 2021 年第三季度的 SBS 业务量而需要向 SEC 申请注册 MSBSP 的申请时限到期

（本课题撰写过程中，吴长凤、郭孟旸、鲍思晨等同志给予了相关支持，特此感谢）

中期协联合研究计划（第十四期）项目

商品指数化投资在财富管理中的作用研究

课题负责单位：申银万国期货有限公司
课题研究编号：202131031
课题负责人：袁万勇
课题组成员：项歌德　汪　洋　吴广奇　林新杰　唐广华
　　　　　　侯亚辉　贾婷婷　何小明　卫冬丽

一、绪论

(一) 课题背景与研究意义

1. 课题研究的目的

2004年以来,国际投资界兴起了"期货指数化投资"热潮,包括对冲基金、养老基金、保险基金在内的机构投资者成为指数化投资的主力。期货指数基金市场具有较高的流动性,而且多种期货的组合也具备行业风险分散化的性质,这就为国际投资开辟了一个新的领域。新加坡政府投资公司(GIC)、淡马锡控股(Temasek)的投资领域包括了能源和初级产品等标的;欧洲最大的养老基金PGGM、荷兰养老金机构ABP和加拿大最大的养老基金(Caisse de depot et placement du Quebec)等机构均开始投资于大宗商品指数基金,并逐渐增加其在资产配置组合中所占的比重。

关于商品指数投资价值的研究,市场上主要有两种观点:一种认为商品指数投资的风险收益优于传统证券投资且与证券市场相关性较小,有利于形成有效的分散化投资组合。Erb和Harvey (2006) 指出商品的长期投资收益来源于分散化和资产调整。Gorton和Rouwenhorst (2006) 发现商品作为有吸引力的资产,对传统股票、债券配置分散化风险具有重要作用。商品期货同股票有着相似的平均收益,但对于经济周期的不同时段,商品投资收益波动性比股票和债券小得多,而且增加商品期货投资能够降低资产组合波动而不影响收益。Nijman和Swinkels (2008) 研究发现商品期货可以改善投资组合的有效前沿。

另一种观点认为,商品指数投资能够很好地抵抗通货膨胀。金融投资的商品指数在一揽子商品中占有很大的比例,因此商品指数收益同通货膨胀率有着很大的相关性,而且商品期货价格及其波动还包含了对商品未来价格走势的预期信息,反映了通货膨胀组成商品预期外的波动。Froot (1995) 发现商品期货比房地产和股票投资更能有效对冲未预期到的通胀风险。Gorton和Rouwenhorst (2006) 研究发现商品期货投资收益不仅与通货膨胀、预期到的通货膨胀有相关性,还与未预期到的通货膨胀的变化有相关性。国内学者对大宗商品期货在资产组合中应用的研究刚刚起步,对商品指数化投资在财富管理中的战略地位与投资价值尚在探索阶段。

因此,本课题致力于通过对商品指数化投资在财富管理中的作用研究,一方面推动商品期货指数化投资在期货市场的发展。商品指数是市场有效的价格信号和投资指引,领先于CPI和PPI等重要的经济指标,并且与股票、债券市场相关度不高,配置商品指数产品有助于扩大投资者多元化投资。另一方面,以商品指数为抓手,研究和推广相关的商品指数型产品，推动其在财富管理业务中的发展，助力期货公司业务转型，同时深化商品指数在产品方面的研究和实践。

课题的研究将梳理商品指数在期货行业投资配置、财富管理中的作用，促进商品指数化产品的落地与实践。在期货公司资管产品转型方面探索尝试新的思路和想法，进一步提高期货市场国际影响力，丰富期货投资的多样性，促进期货投资多元化。

2. 课题研究的意义

（1）本课题的研究有助于挖掘商品指数在期货市场的发展潜力。在国内商品指数领域，以 2014 年 12 月 16 日，中国证监会发布《公开募集证券投资基金运作指引第 1 号——商品期货交易型开放式基金指引》为发展起点，到现在已有 6 年多时间，国内市场尚缺少自上而下的期货数据支持体系，受发行限制，大量的商品指数产品还没有出现在市场上，这与欧美等发达国家在商品指数的应用方面还具有较大的差距。通过本课题研究后，可以进一步梳理商品指数的发展脉络，对商品指数在国内的未来发展具有很好的借鉴意义，挖掘其市场发展潜力。

（2）本课题的研究客观总结了国内商品指数产品化发展过程中的问题和不足。从国内的商品指数产品来看，产品类型主要包含公募基金、私募资管产品、银行结构化理财产品、券商收益凭证产品、商品指数场外互换五个方面。目前规模最大的公募基金总规模也维持在 8 亿元左右的水平，其他类型产品一方面产品规模较小，另一方面存续时间也较短，通过课题的研究进一步发现问题，总结市场经验与不足，进一步完善商品指数产品化体系。

（3）本课题的研究有利于形成较有市场影响力的商品指数，进一步推动指数衍生品的发展。到目前为止，国内尚未形成较为有影响力的商品指数，更缺乏具有国际影响力的商品指数。各交易所目前推出的商品指数主要局限于自身的交易所品种，虽有一定的影响力，但未能反映整体市场运行情况。随着市场对商品指数相关产品投资需求的增加和商品指数编制方法的不断优化，市场逐步形成对投资者具有市场影响力的商品指数，与证券指数类似，期货市场在此基础上推动商品指数期货、期权等衍生品的发行。

（4）本课题的研究为期货公司财富管理业务探索尝试新的产品思路。目前期货公司财富管理业务主要集中于主动管理型产品的管理与销售，被动跟踪指数型产品也主要集中于证券指数，对商品指数涉及较少，商品指数化投资的相关研究也为期货公司财富管理业务探索尝试新的产品思路，丰富期货公司财富管理业务的产品体系。

（二）国内外文献综述

关于商品指数化投资在财富管理中的作用的论述，国外商品指数市场由于发展较早,公开发表的文献中有较为丰富的论证,国内商品指数化还处于发展阶段,当前公开发表的文献资料中,主要涵盖国内期货市场商品指数化发展、商品指数化在风险管理中作用、商品指数参与者研究等主题。

国内外文献具体综述如下:

海外市场商品指数化投资的发展与模式研究。美国商品期货委员会(CFTC)定义商品指数投资,即一种使用对商品价格运动暴露的被动策略来服务于资产组合多样化策略的活动,可以通过投资于广泛商品指数、部分商品指数或者单一商品指数来实现。

Greer(2000)极力推荐在商品期货市场长期持有做多合约的策略,认为做多一揽子商品是长期投资多样化最好的选择,这一提议促使了商品指数化投资的诞生与发展;Master(2009)在报告中曾试图阐明商品价格与投机之间的关系,来回应大宗商品在前几年中的剧烈波动,他认为投机是导致价格波动的原因,其中商品指数投资的助推最明显,后人将这一想法称为"马斯特兹猜想"(Masters Hypothesis)。一些学者就商品指数金融化与价格波动的关系进行了论证,在 Aulerich(2010)等学者在研究中,使用大户报告系统(LTRS)分析商品指数发现,投机对价格的影响并不大;也有一些学者认为,在一定程度下,商品指数化投资这种大规模的资本运作会引起市场价格的波动。Mou(2010)指出,市场上的投机者采取商品指数投资策略进行投资时,给他们带来超过无风险利率回报的同时,在大宗商品市场一定程度的投机限制下,这种现象必然会导致价格波动。Allen(2006)假定市场参与者是理性人,商品指数投资引发的无效信号会与市场上的有效信号混合,从而致使投资人作出错误反应和决策,这种信息不对称引起了市场价格的波动。Singleton(2011)通过对原油期货的收益率与商品指数投资者的投资头寸进行简单的线性回归,指出商品指数投资者与价格波动有关,这一观点成为后来大宗商品金融化研究的根基。

国内商品指数化设计与资产配置研究。胡志强等(2006)在中国商品期货指数设计研究一文中指出,商品期货指数可以作为经济的先行指标,同时也可以作为资本市场可交易的投资工具,作者认为商品指数研究对宏观经济运行、繁荣资本市场具有重要意义;张书忠(2006)以 2000 年 1 月 4 日为基期,选取硬麦、强麦、棉花、大豆、豆粕和玉米作为指数成分商品,采用近月合约、次近月合约和次次近月合约按 5:3:2 的比例计算各个品种的综合价格,对成分品种以等权重方式编制我国农产品价格指数,并用 Granger 因果方法研究期货价格指数对 CPI 的先导性作用;马小龙(2017)在中国商品期货指数在资产配置中的作用一文中,立足国内商品期货市场,基于 ADCC – GARCH 模型与 Markowitz 的均值 – 方差理论框架,将 9 种商品期货分为四大类,即农产品、能源、工业产品与贵金属,较为全面地考察其与上证综指(股票)、上证国债(债券)的动态相关性,以及各类商品期货在资产配置中对收益、风险分别起到的贡献。但其发现与国际经验相反,中国市场的商品期货与上证综指有着几乎一直为正的动态相关性，文中的实证结果也为CTA基金资产配置提供较为实用的视角。此外，中央财经大学尹力博（2014）基于国民效用与风险对冲角度，在包含国际股指基金、主权债券、商品期货指数基金的风险资产池中，发现商品期货指数基金在长期和跨期的最优组合中，都占有较高且稳定的投资比例。

总体来说，国外商品指数发展相对成熟，相关指数化投资研究较多，而国内尚处于起步阶段，相关研究与实践有待进一步发展。

（三）研究内容及结构安排

1. 问题的提出与确定

根据文献调查，目前国内对于商品指数化投资和商品指数的衍生品在财富管理中的作用研究较少，且缺乏商品指数评价体系，对该问题进行研究不仅具有现实意义，还具备一定的理论价值。

2. 研究与分析的着力点

研究商品指数化投资在财富管理中的作用分为以下三步：首先梳理国内外商品指数的发展状况；其次是分析国内外商品指数产品在产品发展和财富管理中的作用，尤其对于国内，采取实地走访金融机构的方式获得第一手信息资料进行研究分析；最后是对商品指数期货发展进行探索，并提出相应的设计思路。

3. 选取适合的研究方法

由于需要对商品指数化投资在财富管理中的作用进行实证分析，同时为了对比商品指数发展与国外发展的差异性，需要对金融机构商品指数运用进行案例分析。

4. 商品指数使用调研

在研究方法确定后，我们计划实地走访金融机构的方式获得第一手信息资料进行分析解读，形成相应的解读报告。

5. 构建商品指数评价体系

经过研究和调研后，我们从商品指数标尺性、可投资性等立足点出发，尝试初步构建国内商品指数的评价体系。

6. 提出国内商品指数及其衍生品发展的相关建议

根据上述研究结果，我们将结合中国期货市场实际，提出国内商品指数及其衍生品发展的相关建议。

（四）研究方法与技术路线

1. 研究方法和理论

本课题采用的研究方法包括：

（1）规范分析与实证分析相结合。课题研究将从现阶段商品指数在财富管理中运用的现状着手，通过规范性分析，得出行业的主要特征、存在的问题和机遇。在此基础上，指出财富管理中商品指数运用的路径。

（2）实地调研与案例分析相结合。本课题将通过行业走访以及案例分析等方式，研究结合期货市场自身特点，借助定性分析方法，对现阶段财富管理中商品指数运用的问题进行深入、严谨、系统的研究。同时，综合考虑调研金融机构的行业现状，使课题研究具备较为坚实的经验基础。

（3）国内分析与国际比较相结合。我们将与国际成熟市场进行比较，对国内外商品指数在财富管理中运用的现状进行梳理。一方面可以了解国内外行业发展的异同与差距，另一方面也可以为国内商品指数的发展提供建设性的意见与建议。

2. 研究目标

本课题希望通过对商品指数化投资在财富管理中的作用进行研究，梳理商品指数在期货行业投资配置、财富管理中的作用，在期货公司转型方面探索尝试新的思路和想法，进一步提高期货市场国际影响力，促进相关品种更好地服务现货产业链、服务现货企业，将期货市场服务实体经济的功能发挥落到实处。

通过对行业现状的研究，希望推动商品期货指数化投资在期货市场的发展，并以商品指数为抓手，研究和推广相关的商品指数型产品，推动财富管理业务在期货行业的发展，促进期货公司业务转型，同时加深商品指数在产品方面的研究和实践，为期货市场注入长期稳定的资金。

3. 课题创新点

（1）研究创新：在国内外商品指数研究经验的基础上，更加注重商品指数的实用性和产品化的研究。本课题对比国内外商品指数的差异，在充分分析国外商品指数在指数编制、产品发展、产品在财富管理中的作用等方面的基础上，吸取总结过往发展经验。在研究过程中，更加注重研究商品指数在投资领域的实用性，以及商品指数的产品化发展情况。

（2）实践创新：立足国内现状，通过实地调研和走访金融机构获取第一手资料。国内商品指数虽有初步发展，但总体处于初步阶段，目前国内情况与国际市场差别较大。首先，国外商品指数经历了现货指数逐步向期货指数的转变，而国内商品指数的发展演变过程并不显著；其次，与国外商品指数产品从场外逐步转向场内发展不同的路径不同，国内商品指数的发展主要由交易所、公募、期货公司等金融机构从场内、场外两个方向同时推进。由于商品指数发展与国外发展的差异性，本课题采取实地走访金融机构的方式获得第一手信息资料进行分析解读。

（3）理论创新：尝试构建商品指数评价体系，研究商品指数衍生品在财富管理中的作用。从商品指数标尺性、可投资性等立足点出发，尝试初步构建国内商品指数的评价体系，并研究商品指数的衍生品在财富管理中的作用，对商品指数期货产品板块设计思路提出建议。

二、商品指数的发展状况

（一）国际商品指数的发展概述

自20世纪50年代商品期货指数在美国诞生后，经过长时间发展，已成为反映商品市场价格总体走势的风向标，此外，也广泛运用于经济形势分析与预测、金融投资等领域。从国际商品指数的发展来看，商品指数的发展可以分为三个部分，分别经历了三代指数，分为被动复制型指数、展期损失规避型指数、主动管理型指数。第一代商品指数产生的目的在于通过构建一个可投资的指数来代表更为广泛的商品市场。其代表有标普高盛商品指数（S&P GSCI）、道琼斯－USB商品指数（DJ－US-BCI）、德意志银行流通商品指数（DBLCI）、罗杰斯世界商品指数（RICI）、纳斯达克商品指数（NQCI）、美林全球商品指数（MLCX）等，其中S&P GSCI和DJ－US-BCI被认为是商品投资的基准，因为他们的总量远超过其他指数产品。

进入21世纪后，由于当时处于互联网泡沫破灭时期，股票市场受到严重影响，发展速度十分缓慢，但新兴市场的高速发展推动着大宗商品价格的高涨，大宗商品也开始成为广大投资者的投资目标，随着大宗商品的发展，商品指数也逐渐走进了人们的视线，得到了广泛的关注，而商品指数的可投资性也被投资者们渐渐挖掘出来，随着投资性商品指数逐渐增多，商品指数也由第一代商品指数过渡到第二代商品指数。相较于第一代商品指数，第二代商品指数减少了展期可能造成的损失。第一代商品指数在市场是期货贴水时，展期过程中能够获得收益；而市场是期货升水时，则展期过程会造成损失。第二代商品指数的目的就是减少这样的损失。其常见的商品指数主要有标准普尔高盛增强指数（SPGSES）、标普高盛远期指数（SGn-MCI）、道琼斯商品远期指数（DJCI n Month Forward）、蒂派森法国巴黎银行增强商

品指数 (DCI – BGI) 等。

随着国外商品指数的不断发展,商品指数也从第二代演变到第三代。第三代商品指数属于主动管理型,尽管第二代商品指数相对于第一代商品指数减少了市场在期货升水时展期所产生的损失,但是也削减了展期的潜在收益。同时,使用非主力远期合约又会受到流动性不足的影响,而且第一代和第二代指数都只能单边做多的投资策略,在大宗商品由长期牛市转入熊市后的漫长时间里,不会有很好的成绩出现。因此第三代商品指数就被设计成为能够在上涨和下跌的市场中都能获得风险溢价的指数,既能够在期货贴水时做多,又能在期货升水时做空,即为多空指数。

随后,以 ETF 基金(交易型开放式基金)为形式的商品指数衍生投资工具得到了迅速发展,这些衍生工具大大降低了个人投资者进行商品指数投资的门槛,因此受到市场的欢迎。德意志银行在美国证券交易所上市追踪德意志银行流通商品指数的 ETF 基金,成为全球首个商品指数基金。继商品指数 ETF 基金成功后,相继推出了基于某类商品分项指数的 ETF 基金,该市场的成长速度极快。后来 ETN(交易所交易债券)的出现推动了商品现代金融产品的创新。

自 2008 年金融危机以来,商品指数产品市场的规模与种类都在不断壮大。ETP 产品(交易平台交易产品)问世以来,全球市场发展迅速,逐渐成为商品指数化投资的最主要途径。至今商品指数产品的类型也越来越多元化,特别是商品指数 ETP 产品的发展非常迅速,已成为市场的主力。

目前国际上的指数公司可以分为三大类:第一类是国际性指数提供商,包括道琼斯、标普、富时和 MSCI(美国指数编制公司)四大指数公司,他们都具有比较完善的全球指数体系,且全球影响力巨大,开发出了指数基金、ETF 和指数期货、期权等衍生产品。第二类是区域性指数提供商,包括一些编制指数的交易所和罗素、恒生等地方性指数商,通常他们能够较为全面地反映当地证券市场的指数体系,且在当地指数产业发展中占有一定的地位优势。第三类属于专业细分领域的指数提供商,主要有 Markit(全球领先的金融信息服务公司)、WisdomTree(美国上市基金公司)等,由于该类指数提供商成立较晚,还没有形成完善的综合指数体系,相对而言,它们往往专注于某一类资产,开发相关的指数基金或 ETF。

从具体数字上看,全球 ETF 产品数和资产规模都持续增长,截至 2020 年,总规模接近 8 万亿美元,其中欧美市场规模仍然领先,美国 ETF 市场规模占比达 68.41%,但是欧美等主要市场 ETF 的产品规模增速放缓,低于全球整体的增速水平 (25.6%)。

美国商品 ETP 的管理规模从 2003 年飞速增长。全球 ETP 2020 年资金净流入 7629 亿美元,较 2017 年创下的 6533 亿美元的最高纪录提高 17%。分类项来看,权益类 ETP 资金流入量为 3657 亿美元,较 2019 年增长 29.3%,商品类 ETP 资金流入量为61.25亿美元，较2019年增长228.6%。但从总规模上看，商品ETF的占比仍然较小，从2015—2020年美国新发行上市的ETF规模来看，权益类仍是新发ETF的主要类型，占比73.39%，而商品类仅占0.86%。

（二）国内商品指数的发展状况总结

我国商品期货指数起步比较晚，对于商品指数的研发还处在初级阶段，目前商品指数以标尺性商品指数居多，各机构推出的商品期货指数品种日渐丰富。国内的商品交易所如大连商品交易所、郑州商品交易所以及上海期货交易所等均编制了包含多个品种在内的综合类商品指数，用以反映市场价格、宏观经济走势以及大类资产配置的投资跟踪。从发布机构的属性看，包括行情信息商、研究机构、期货公司、交易所等各类市场主体均参与到商品期货指数的编制与发布过程中；从指数类型看，当前市场上涵盖的商品期货指数主要包括综合指数、成分指数、板块指数、单品指数等多个类别；从指数内容看，我国商品期货指数市场上以价格指数和收益率指数为主。总的来说，目前国内的商品期货指数产品以期货交易所和中证指数公司发布的数量较为庞大。

国内对于商品期货指数产品的应用仍较为有限。我国现有商品期货指数品种的功能多限于为商品的价格走势提供参考信息，而指数投资功能应用较少。证券公司、商业银行等金融机构在2018年后开始加速布局商品期货指数产品。众多金融机构通过与期货交易所合作的方式，推出与商品期货价格指数挂钩的结构性存款、收益凭证等金融产品。

目前中国商品期货指数产品现阶段面临的主要问题有：（1）政策支撑力度不足，配套体系不健全。我国商品期货指数产品近年来虽取得一定成绩，但其发展速度缓慢，我国对商品指数衍生产品主要停留在理论研究层面，再加上商品期货指数未受到国家及相关部门的充分重视，目前我国尚未对商品期货指数建立一套全面的、行之有效的监管与运行体系。（2）数据信息的分散性制约商品期货指数的产品化与市场化。国际上由于综合指数期货产品能够较为全面地反映市场上全商品价格的波动水平，商品指数期货投资工具得到了各大型投资机构的青睐。但从我国情况来看，综合商品指数的产品化与市场化受到了数据授权问题的制约，我国商品交易数据的知识产权属于不同期货交易所，由于缺乏明确的政策规定，各交易所彼此之间不予授权，因此使得综合类商品指数在市场上缺乏有效依据。（3）缺乏高素质、专业化的人才队伍。商品期货指数作为一种金融衍生工具，可以算是商品市场发展到高级阶段的产物，其对人才的各方面要求更高。目前状况看，受限于我国商品期货指数市场处在初级阶段，缺乏对高水平人才的吸引力，也未建起培养专业人才的体系。（4）不利于期货市场投资者结构优化升级。我国期货市场一直都是散户投资者多、机构客户投资者少，这种结构问题也是制约我国期货市场发展的重要因素。商品指数期货一方面是大型机构进行风险对冲的理想标的，另一方面又丰富了商品期货市场的产品类型，挂钩指数是常见的商品指数期货产品设计方式，通过挂钩商品指数的产品可吸引更多客户参与市场，丰富商品期货市场的参与主体。

我国商品期货指数目前大多数仅停留在编制和发布阶段，较少用来作为投资标的发行产品。当前三大商品交易所的商品指数都只是基于各自交易所上市品种编制，市场上缺少权威的全市场的综合指数及分类指数供投资者作为投资参考。

（三）商品指数的评价体系

通过大量商品指数相关文献的整理，再结合国内商品指数情况，我们对商品价格指数评价指标进行了汇总和分类，最后总结出一套国内商品价格指数评价体系。其中商品指数分为标尺性商品指数与投资性商品指数，这是根据商品指数的编制目标的不同以及商品指数应用方式的不同而划分的。商品指数作为市场的宏观指标，能够准确且及时地反映对应商品市场的总体走势及市场行情的变化，这是其作为标尺性的主要特点。

投资性是指商品指数具有投资价值，既可作为投资基准，又可作为投资对象。投资性商品指数作为期货市场的新型交易产品，为投资者提供了一次性投资于多个商品期货的投资工具，既降低了投资者挑选单个商品期货的成本，又为投资者提供了规避通货膨胀风险的工具。由于商品指数投资具有多种形式，投资性商品指数的评价也具有多样性。

目前对投资性商品指数的评价体系的指标有收益、波动率、指数成分、可投资性。收益评价指标分为累计收益、年化收益、展期收益、风险调整收益（包括特雷诺指数、所提诺指数、詹森指数、夏普指数、信息比率等）几个维度。对商品指数的收益情况评价决定了以指数作为投资跟踪标的资产收益状况，对于追求收益的投资者，收益维度的评价指标是投资参考的重要指标。

在波动评价指标中，波动性能够显示指数收益的稳定性，不同的波动特点能够反映指数在不同市场情况下的收益变化特征。指数波动性可以从波动率、最大回撤、VaR（风险价值）、分散风险性等方面进行评价。通过与投资组合内其他成分进行相关性分析，从中判断能否有效降低投资组合风险的可能。对商品指数波动情况的评价是风险规避型投资者主要参考的指标维度。

指数成分评价指标主要包括指数贡献点、业绩归因、品种数量等。不同的指数包含的成分权重设置有所不同，对权重的分配方式进行评价是指数评价的重要部分，在商品指数的权重参数中加入现货指标可以有效地减少期货市场价格带来的误差，增加指数对于经济的代表性。

可投资性评价指标是对指数应用性质方面的评价，可投资性的优劣决定了商品指数能否作为市场的投资标的，商品指数的投资性评价包括流动性、可投资性以及业绩变现持续性等。指数具备可投资性，需具备稳定性甚至持久性盈利的能力。

标尺性指数的评价主要是通过将指数与市场相关参数进行相关性分析的方式形成。标尺性指标主要是指市场认可度和接受度，对整个行业价格代表性和影响力等，以及在某一商品领域价格的参考性。标尺性商品指数与投资性商品指数不同，该指数通常使用对经济变动较为敏感的商品期货合约作为成分来进行编制，用以反映国内商品市场的整体变化并作为宏观经济的参考，对于市场有一定的预警效果。此外，对相关性的分析可以分析指数的信息传递效应与预警性。

在上述指标中指数成分、可投资性、标尺性等可以作为定性的参考指标，收益、波动率等指标可以以定量指标作为参考。

（四）商品指数与其他金融产品的相关性研究

自申万期货商品综合指数成立以来，申万期货商品综合指数很好地融入市场，积极响应商品市场的发展变化（见图1）。申万期货商品综合指数整体上看处于平稳状态，并没有发生大起大落的变化，2009年到2011年初总体保持着上升趋势，2011年后开始回落至2015年底达到最低点，随后一直保持着上涨趋势，未来随着商品的创新发展或将总体上维持上升趋势。从申万期货商品综合指数和沪深300指数的对比来看，总体上的趋势和沪深300保持一致，除去2014后半年沪深300冲高后回落的变化外，整体趋势并无太大差异，申万期货商品综合指数和沪深300的相关性为0.57。走势图如下（见图1）：

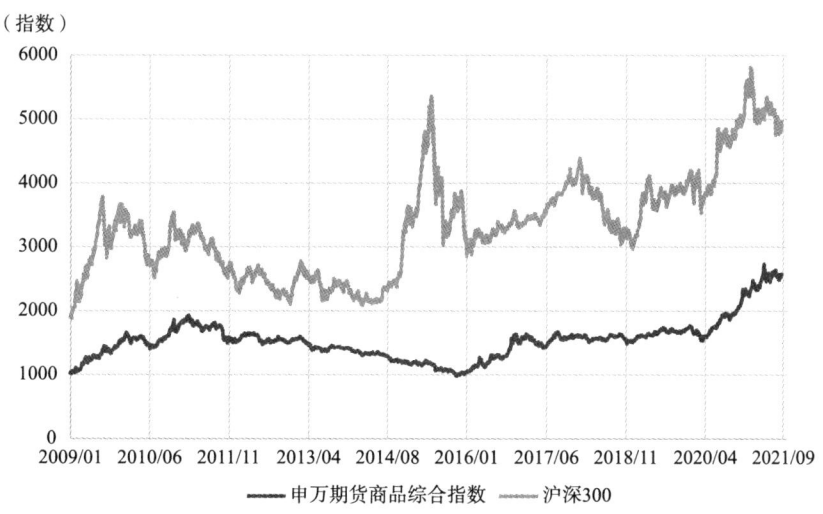

图1　申万期货商品综合指数和沪深300对比

资料来源：Wind。

我们再把申万期货工业品指数拿来和沪深 300 对比可以看出,大体趋势和申万期货商品综合指数一致,他们的相关性为 0.53。走势如下(见图 2):

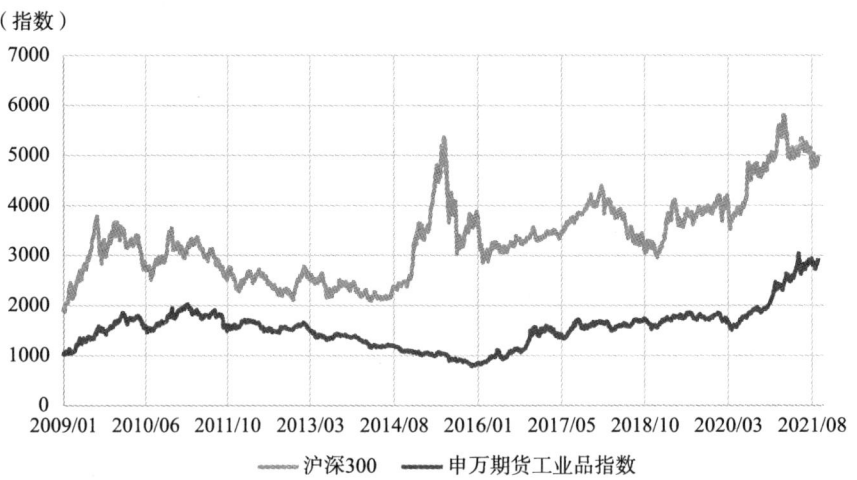

图 2　申万期货工业品指数和沪深 300 对比

资料来源:Wind。

从指数分类上来看,申万期货工业品指数、农产品期货指数、有色金属指数、能化产品期货指数趋势上同向,波动上也呈现同向趋势。具体来看,农产品期货指数相较于其他种类波动要小很多,2020 年后能化产品期货指数的波动和农产品期货指数的波动一致,有色金属和工业品指数的波动一致,且两者的波动要大于农产品和能化产品指数。工业品指数与农产品期货指数的相关性为 0.60,与有色金属期货指数的相关性为 0.94,与能化产品期货指数的相关性为 0.46,农产品期货指数与能化产品期货指数的相关性为 0.75。走势如下(见图 3):

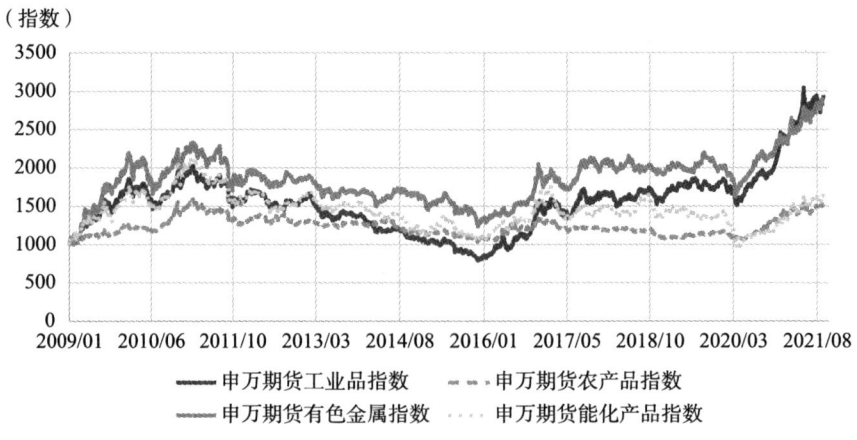

图 3　申万期货各种类期货指数走势

资料来源:Wind。

从商品综合指数和中国 CPI 数据对比来看，我们看到大趋势上有一定的相关性，尤其在 2020 年以前保持着同向变动，只是商品综合指数波动不大。在 2019 年 9 月后 CPI 同比出现了明显的下行，而商品综合指数却相反持着高涨趋势。两者的相关性为 0.16。走势图如下（见图 4）：

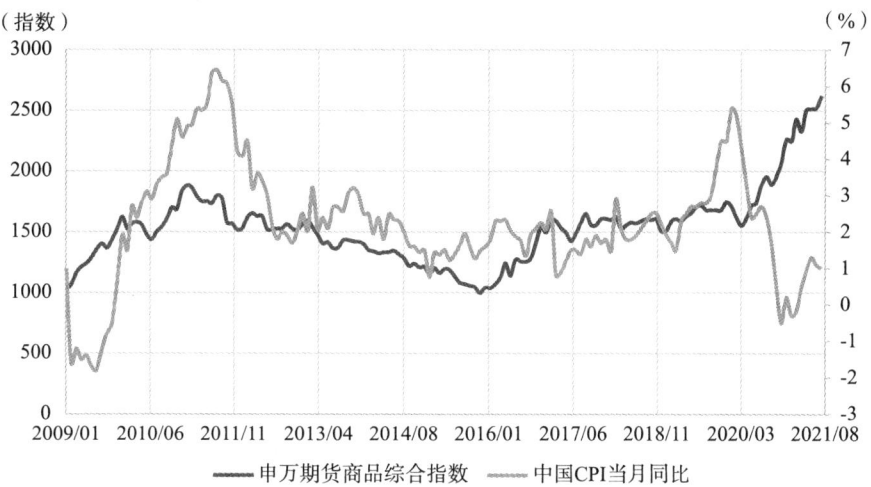

图 4　申万期货商品综合指数与中国 CPI 当月同比对比

资料来源：Wind。

申万期货商品综合指数同中国 PPI 在大趋势上基本同向，但像 2009 年到 2010 年、2016 年到 2017 年 PPI 高涨的走势在商品综合指数上没有完全反映出来，商品综合指数波动相对平缓。两者的相关性为 0.57。走势图如下（见图 5）：

图 5　申万期货商品综合指数与中国 PPI 当月同比对比

资料来源：Wind。

申万期货商品综合指数同中国官方制造业 PMI 的相关性为 0.13，走势图如下（见图 6）：

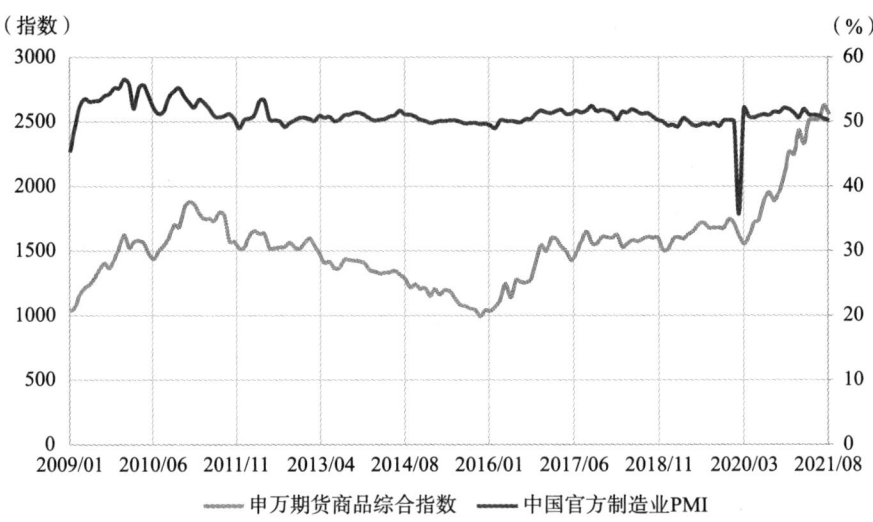

图 6　申万期货商品综合指数与中国官方制造业 PMI 对比

资料来源：Wind。

此外，申万期货商品综合指数和中债总财富指数相比较，总体上不能很好拟合，商品综合指数相较于中债总财富指数更能反映市场变化。两者相关性为 0.43。走势图如下（见图 7）：

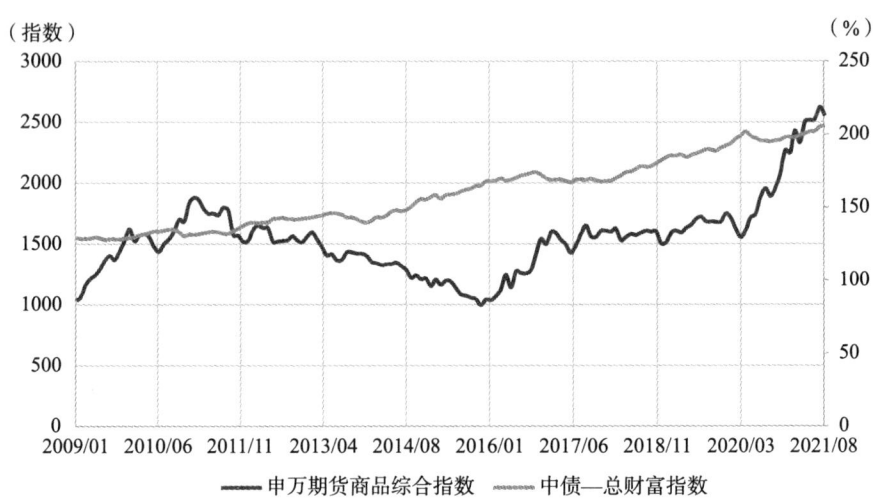

图 7　申万期货商品综合指数与中债—总财富指数对比

资料来源：Wind。

（五）商品指数在 ESG 领域的发展

ESG 是环境（Environmental）、社会责任（Social）、公司治理（Governance）的缩写，提倡责任投资和弘扬可持续发展的新兴投资方式。简单来说就是基金将上述三个最重要的因子纳入投资分析，来评估企业运营的可持续性和社会影响，旨在获得长期稳定的超额收益。

近年来，以 ESG 为基准的 ETF 规模快速增长，市场呈现高度集中。截至 2020 年末，美国市场共有 ESG ETF 82 只，规模约 530 亿美元，相比去年同期增长 236%。2020 年新发 ESG ETF 21 只，跟踪资产规模约 14 亿美元。美国市场规模前 5 的产品规模合计 307 亿美元，占比 58%。

近年来，我国绿色金融政策框架不断完善，绿色金融体系逐步健全，极大地推动了绿色经济发展，并将有力促进碳达峰、碳中和目标的实现。ESG 的投资理念也逐步受到国内市场的接受。

但是大宗商品类的投资产品想要纳入 ESG 目标却面临一定的挑战。首先，参与商品衍生品市场的投资并不会像股票和债券那样会直接影响相关公司的行为，也不会影响标的现货商品的价格，导致 ESG 原则相对难以运用在大宗商品市场。此外，由于商品衍生品投资不会直接转化为实物商品所有权，目前尚不明确商品衍生品与实物商品产量和消费量之间的因果关系（Danielson，2020）。

不过，商品衍生品市场规避风险的目标同 ESG 的众多原则是一致的。从商品指数的角度，已经有指数公司考虑对不同商品进行碳足迹的预计，为符合 ESG 理念的决策提供信息。将周期评估方法（LCA）数据库作为一个相对直接的方法计算单项商品的碳足迹，再整合到指数的编制方法中。投资者可以通过减少（或排除）重度依赖化石燃料的商品权重，以此创建一个经 ESG 筛选的商品指数。

三、国内商品指数产品发展及其在财富管理中的作用

（一）国外商品指数产品化发展路线

国外商品指数化投资可以分为四个历史阶段：

第一阶段市场探索期（1991 年之前）。1991 年以前，虽然市场上已经有了认可度较高的 CRB 指数（路透商品研究局指数），也基于其设计了相关的期货产品。但是由于当时的 CRB 指数为价格指数，在设计中没有考虑长期持有商品期货，即商品期货展期的问题。因此，其更多地适用于风险管理，而非开发指数投资产品。1991 年，高盛推出了 GSCI 商品指数（高盛商品指数）系列，包括价格指数、展期收益指数以及全收益指数三类，从根本上解决了展期和标的问题，标志着指数化投资步入了起步阶段。

第二阶段市场萌芽（1991—2000 年）。这一阶段的标志性事件就是投资机构发现了商品指数化投资在优化大类投资组合上具有一定效果，开始通过指数互换的模

式参与商品指数化投资。不过，相比股票和债券市场，商品市场在 20 世纪的最后十年的表现并不亮眼。因此，尽管同时具备合适的标的指数、一定的投资渠道以及开放式的政策，商品指数化投资也仅仅发展到 60 亿美元。

第三阶段是市场发展期（2001—2009 年）。进入 21 世纪后，股票市场受互联网泡沫破裂的影响开始走熊，而新兴市场的快速发展则带来了大量原材料需求，逐渐推高了大宗商品价格。在此背景下，商品指数化投资得到了市场的广泛关注，金融机构特别是养老金为了获得商品市场整体的收益，开始参与商品指数化投资，相应资产管理规模于 2000 年初的 60 亿美元左右快速增长至 2008 年年中的 2560 亿美元，增速达到 41.7 倍。

其中 2005 年，德意志银行发布的 DB Commodity Index Tracking Fund（后更名为 PowerShares DB Commodity Index Tracking Fund）正式成立，标志商品指数 ETF 正式登上历史舞台，也标志着指数化投资开始从场外向场内转移。

第四阶段是市场整固期（2009 年至今）。2008 年前后，受金融危机的影响，以原油为代表的商品期货价格出现了大幅的波动。美国监管机构一方面担心投机力量，特别是商品指数投资引发的原材料大幅波动；另一方面担心指数互换这种场外衍生品存在较高的对手方风险，因而美国商品期货委员会（CFTC）加强了对商品指数化投资的监管力度。

随着新兴市场的经济增速放缓及原材料产能的持续扩大，商品市场重新回到供需宽松的格局，潜在收益也开始逊于传统资产。受基本面和政策的双重影响，商品指数化投资增速开始放缓，整体规模呈现出平稳震荡的格局。从目前指数的发展成果上来看，主要为指数期货和期权、指数互换、商品 ETF 等。

商品指数互换诞生在 1990 年前后，是由投资银行和机构客户签订的挂钩某一商品指数的浮动收益互换产品。其中，投资银行定期向机构客户提供指数收益，同时从客户方获得固定的管理费。

在国际商品指数中，CRB 最具代表性，已受到各国政府、研究者和投资者的广泛认可和高度评价。此外，国际上著名的商品指数还有标普 - 高盛商品指数（S&P GSCI 指数）、道琼斯 - 瑞士联合银行商品指数（DJ - UBSCI 指数）等，但代表中国的商品指数却仍为空白。

历经多年的发展，我国商品期货和期权市场不断扩容，已上市的品种覆盖农产品、基本金属、贵金属、能源和化工等多个产业领域，形成了与我国经济发展阶段较为完备一致的商品期货品种体系，部分期货品种在国际市场上的影响力不断提升，这为我国编制全国统一性商品指数、上市商品指数期货奠定了基础。迄今为止，我国尚缺乏国际公认的具有权威性的大宗商品指数，推出为国际认可的全国统一性大宗商品指数需求日益迫切。

近年来，全球商品指数化投资发展迅速，由此涌现了大批商品指数基金。随着我国商品期货品种体系的不断丰富和完善，研究组建商品指数公司，编制全国统一性商品指数，上市商品指数期货已成当务之急。商品指数不仅可以作为经济运行的先行指标，也是资本市场、期货市场重要的投资工具。

商品ETF的架构与权益类ETF架构相似，一级市场与二级市场还是赎回代理商来完成，基金公司负责接受代理商的申购赎回及从经纪商来下单。两类ETF的差异在于经纪商换成商品期货经纪商，并且商品ETF需要指定一家全面结算会员来负责期货合约的结算和清算工作。

根据运作方式不同，商品ETF可分为实物支持ETF与非实物支持ETF两大类：实物支持ETF直接持有实物资产或相关仓单，管理机制清晰透明，可以随时以基金份额兑换实物，如全球最大的SPDR黄金ETF、SLV白银ETF；非实物支持ETF不持有实物资产，投资于与大宗商品相关的衍生品，以期货为主，间接复制商品的价格走势与变动，以最小化跟踪误差为目标。

实物支持商品ETF在投资管理模式上较为简单，采用完全被动式的管理方式，既不向外借贷支付运营开支，也不投资于其他流动性资产上，其日常经营活动也较为有限：存入实物，发行ETF份额；应对ETF份额赎回，取出实物；卖出实物，支付基金费用。非实物支持商品ETF的投资管理过程较为复杂，对主动管理的要求较高。例如，由于商品期货合约存在着时效性，展期策略的选择至关重要，管理人需要选择合适的展期合约和展期时机，同时也需要对商品权重作出合理的调整。

（二）国内商品指数产品化发展现状

目前国内商品指数基金市场相较于国外成熟市场来说，还处于初期发展阶段，缺乏权威性商品指数是当前最大问题。我国开发商品指数产品的客观条件基本成熟。第一，我国开发商品指数产品的监管制度已基本成熟。中金所沪深300、上证50和中证500等股指期货及现金交割已经成功运行多年，为指数产品化扫清了制度障碍，也表明我国的监管和风险控制能力已基本成熟。第二，我国开发商品产品的市场环境已基本成熟。从品种来看，我国除能源外已基本涵盖工业品、农业品和贵金属等国际主流交易品种；从规模来看，2020年全国期货市场成交金额约438万亿元，期货市场的金融属性日益显现。第三，我国开发商品指数产品的技术水平已基本成熟。第四，我国开发商品指数产品的投资者基础还较为薄弱。国内商品指数多以中小散户等投资者为主，这一现象有望随着国内金融政策的进一步放松而得到改善。

国内商品指数方面也做了积极尝试，除了已经上市的11个黄金的ETF、1个白银的LOF（上市型开放式基金）和3只非实物支持商品ETF，在其他方面也做了积极的尝试。

2014年12月16日,中国证监会正式发布《公开募集证券投资基金运作指引第一号:商品期货交易型开放式基金指引》,规定了商品期货ETF的定义、投资范围以及披露制度、申赎规定、风险管理、监管要求等法规。

2015年8月6日,我国第一只商品期货交易型公募基金,国投瑞银的白银LOF正式成立,该基金投资于上期所的白银期货,其持有的白银期货的合约价值不低于基金资产净值的90%,不高于110%,并根据合约的期限、流动性等状况合理地进行优化。根据中国证监会披露的基金募集申请核准进度公示表,截至2019年5月,共有13只商品期货基金等待核准,涵盖品种从能源化工到有色金属,从贵金属到饲料、白糖等,范围广泛。

2017年以来,大商所积极开展商品指数互换业务的研究与创新工作。2018年10月12日,由民生银行开发推出的国内首单挂钩大商所商品指数的银行结构性产品正式募集。2019年年初东方证券发行了豆粕指数和农产品指数的收益凭证都引起了市场的广泛关注(见表1)。

表1 商品指数相关产品发行情况

日期	产品类型	发行机构	涉及指数
2018/6/20	收益互换	永安资本	化工指数
2018/10/12	结构性产品	民生银行	铁矿石指数
2018/12/12	收益凭证	广发证券	玉米指数
2018/12/19	收益互换	永安资本	PVC指数
2019/1/7	收益凭证	东方证券	豆粕指数
2019/1/21	收益互换	南华资本	PP指数
2019/2/26	收益凭证	东方证券	农产品指数
2019/6/27	收益凭证	申万宏源	黄金指数
2019/8/2	收益凭证	申万宏源	原油指数
2019/9/24	公募ETF	华夏基金	豆粕指数
2019/10/24	公募ETF	大成基金	有色指数
2019/12/13	公募ETF	建信基金	能化指数

资料来源:申万期货研究所。

截至2020年底,国内共有14只商品ETF和1只LOF,其中11只为实物支持商品ETF,3只为非实物支持商品ETF,资产规模总计为254.53亿元。11只实物支持商品ETF均为黄金ETF,其中7只主要持有上海黄金交易所的AU99.99黄金现货合约,通过投资黄金现货合约来跟踪黄金价格,2020年规模总计为230.27亿元;其余4只主要投资标的为金交所的上海金集中定价合约(SHAU.SGE),2020年规模总计为7.16亿元。

3只非实物支持商品ETF分别追踪的品种/板块为：（1）豆粕，具体跟踪指数为大连商品交易所豆粕期货价格指数（DCESMFI.DCE），主要投资于豆粕期货合约，2020年规模为2.42亿元；（2）有色金属，具体跟踪指数为上海期货交易所有色金属期货价格指数（IMCI.SHF），主要投资于铜、铝、锌、铅、镍、锡六个有色金属期货品种，2020年规模为2.33亿元；（3）能源化工，跟踪指数为易盛郑商所能源化工期货价格指数（000201.CZC），主要投资于PTA、甲醇、动力煤、玻璃四个能源化工期货品种，2020年规模为1.20亿元。此外，国内还有1只追踪白银期货的LOF也采用了非实物支持的方式运作，通过持有白银期货实现对指数的追踪，2020年规模为11.15亿元。

2021年6月30日，广州期货交易所与中证商品指数公司签署战略合作协议。其中提到双方将共同做好商品指数及相关期货产品研发上市工作，未来广州期货交易所或将会推出商品指数期货品种。广期所作为创新型交易所，中证商品指数公司作为创新型数字化金融机构，双方开展紧密合作，对于新时期资本市场建设意义重大，能够通过合作进一步丰富我国金融市场产品体系。

中证商品指数公司是一家新的指数公司，于2020年12月16日在雄安新区注册成立。由上海期货交易所、郑州商品交易所、大连商品交易所、中国金融期货交易所共同发起出资设立，注册资本金10亿元。该公司于2021年3月正式开业，是全国首家商品指数编制运营服务平台。广州期货交易所是2021年1月正式获批设立，4月份揭牌，目前正在积极筹备推动待上市期货品种上市工作。与中证商品指数公司类似，广州期货交易所的股东也包含了上海期货交易所、郑州商品交易所、大连商品交易所、中国金融期货交易所股份有限公司，此外，还包括中国平安、珠江投资、广州金控、香港交易及结算所有限公司。

两家机构都是新成立的公司，而且从股东结构来看，两家机构具有天然的合作基础。双方以签署战略合作框架协议为契机，在指数产品合作开发、信息服务共享、市场推广、股权投资等领域开展全面合作，共同做好商品指数及相关期货产品研发上市工作，服务期货市场高质量发展。预计双方合作推出的商品指数以及相关衍生品，将会极大活跃国内各期货交易所交易的期货品种。高标准构建有公信力和国际竞争力的商品指数体系和指数产品体系，也将会助力资本市场发挥好服务实体经济能力的提升。随着中证商品指数公司和广州期货交易所的设立，商品指数预计会迎来一个新的发展阶段，随着商品指数不断丰富，公募基金中的商品ETF无疑将迎来新的发展机遇。

总结国内指数产品业务，从业务广度上来看，当前公司指数业务的主要方向有以下五个：

1. 公募基金：商品指数 ETF 类产品

从 2014 年中国证监会发布《公开募集证券投资基金运作指引第 1 号——商品期货交易型开放式基金指引》以来，公募基金对商品指数型基金的发行一直受到市场普遍关注，自国投瑞银发行白银 LOF 基金后，一直未有新的商品基金发行。尽管各家公募都积极参与，高峰时期有 30 多家同时申请，但中国证监会除了批准豆粕、有色金属和能化一直没有批新的基金，目前仍有 20 家公募基金在证监会的审批流程中。

从 2019 年 3 月份开始，公募方面又有新的动向，上海证券交易所产品创新中心向部分基金公司下发《关于召开原油期货 ETF 评审会的通知》，上海证券交易所和上海期货交易所联合筛选出 8 家基金管理公司入围原油期货 ETF 评审，8 家入围公司包含 ETF 规模靠前的基金公司；评审前两名的基金管理公司将获得原油期货 ETF 首批授权，这意味着公募基金关于修订《深圳证券交易所证券投资基金交易和申购赎回实施细则》有关条款的通知，在其中修订的几个条款中，均增加了"商品期货 ETF"字样，这也说明交易所也在积极准备相关的发行事宜，但基金审批的关键环节还在证监会层面。

2. 期货资管和私募基金：私募类资管产品

2018 年，部分期货公司分别与第三方指数公司合作发行了相关商品指数被动跟踪型私募类产品，但规模整体较小。随着资管新规对产品规模的规定出台，加上商品交易所对产品类指数授权的限制，私募资管类产品并未有形成明显的发展趋势。

3. 银行：结构性理财

银行结构化理财方面，主要的问题来自以下两个方面：一方面银行必须具有衍生品资质；另一方面必须有商品衍生品相关的专业性人才，银行才有可能去涉足相关业务。

2011 年《银行业金融机构衍生产品交易业务管理暂行办法（2011 修订）》出台，规定银行业金融机构开办衍生产品交易业务的资格分为以下两类：（1）基础类资格：只能从事套期保值类衍生产品交易；（2）普通类资格：除基础类资格可以从事的衍生产品交易之外，还可以从事非套期保值类衍生产品交易。目前若发行挂钩商品的结构化理财产品，必须有普通类资格。目前除五家国有银行和 12 家股份制商业银行有衍生品普通类资格外，部分地方性银行也逐步获得相关资质，尤其是最近两年在江浙地区，地方性银行衍生品资质方面有明显的放开趋势。目前据我们通过政府网站数据统计，具备普通类衍生品资质的地方性银行约有20家，相对国内133家城市商业银行和859家农商行的基数来说，比例还很低。

银行业引入衍生产品交易资格之初，监管对其申请审核非常审慎和严格。国有五大行之外，在全国性股份制银行中，也仅招商银行、浦发银行、兴业银行、中信银行和光大银行在2004年第一批获得批准之列。2005年，中国银监会将《不同意武汉市银行业开办衍生产品交易业务的批复》公示于官方网站上，以此提醒前来申请衍生产品交易资格的众多银行，要做好充分风险控制准备后，再考虑开展衍生品业务。除衍生品资质外，银行商品类相关人才的储备也是影响产品发行的重要因素，目前银行与期货公司业务交叉较少，期货市场对银行资金来说体量有限，银行尤其是中小型银行在商品的衍生品方面投入人力有限。再加上资产偏好，市场环境等因素，使市场商品相关的结构化产品较少，且规模不大。

截至2020年末，中国银行业金融机构法人机构总数量就多达4601家，总资产为319.74万亿元。无论是为自营、套期保值，还是为企业管理资产负债表、对冲不确定的经营风险，银行业衍生品市场前景非常广阔。

4. 券商：收益类凭证

相对于银行结构性理财产品来说，券商收益凭证具有较大的优势，尤其对于产品发行流程上较为便捷；且属于券商表内业务。在资管新规推出后，券商收益凭证是少有的具有保本性质的资产。

收益互换是目前证券公司场外衍生品中除场外期权外的另一大类。前期，互换业务名义本金规模、交易笔数都高于场外期权。2015年11月融资类收益互换新增业务被叫停后，收益互换业务在场外衍生品中的地位被场外期权超越。2018年3月以来，收益互换业务新增交易规模逐步萎缩，私募基金成为收益互换的主要交易对手。

5. 产业客户：场外指数互换

2018年12月19日，大商所上线商品互换业务，标志着我国期货交易所正式开始在商品场外衍生品市场发挥金融基础设施作用，作为金融机构、实体企业的商品场外衍生品业务提供交易登记和结算等综合服务。按交易所的工作安排，场外互换主要以挂钩大商所指数的形式进行。

交易所和期货公司目前主要的推动的模式为：产业客户、银行、期货风险管理子公司三方合作。但从目前达成的主要交易来看，银行并未充分参与其中。若银行未能充分参与，而由产业客户和期货风险管理子公司相互交付保证金的方式来进行的话，对产业客户而言吸引力不大。

银行业衍生产品，可以单独以产品的形式提供给同业或企业客户；也可以将衍生品结构嵌入现有的金融产品组合成新的产品。据我们与部分银行沟通交流中了解，目前银行内部服务产业客户的业务和场外衍生品方面的业务还未完全打通，银行充分参与到场外互换业务还有一定的障碍。中国的场外衍生品市场依然处于发展初期，监管框架还有待完善。目前只有大部分利率衍生品与一部分汇率衍生品实行中央对手清算制度，其余仍在进行双边清算。并且我国的交易数据库备案机制尚不完善，场外衍生品尤其是非中央对手清算的交易数据的集中收集、存储和传递存在一定困难。

国内市场总体来说与商品指数相关的产品还很少，目前中国已经是全球第二大股票类市场，未来商品类的公募基金和专户发展空间巨大。从大类资产配置角度看，国内商品类公募基金发展远远滞后于整体资本市场的发展。从投资者需求角度出发，商品指数化投资也越来越受到金融机构重视。商品指数衍生产品的推出，将为市场引入配置商品资产的财富管理机构，从而将有效改善商品期货市场的投资结构，对稳定商品期货价格、增加市场流动性和做大市场规模都将发挥重要作用。

（三）国内商品指数产品调研成果及存在的问题总结

1. 商品指数产品调研成果

除公募基金受限于市场审批限制外，申万期货指数项目小组产品工作调研主要有四个方向：一是私募类资管产品（期货资管和私募基金）；二是结构化理财（银行）；三是收益类凭证（券商）；四是商品指数场外互换（产业客户）。下面详细介绍一下各方向调研的市场情况：

（1）私募类资管产品

金瑞、永安两家期货公司自2017年4月以来陆续发行了多只指数化产品，2018年6月以后，两家期货公司再未有新的指数产品成立。金瑞期货方面，前期有发行黄金、白银、锌、铝、铜、全商品、农产品、建材、能化、原油等商品指数多空被动跟踪产品，但在2019年底前相继清算了结；永安期货方面，前期有发行钢材及黑色原料指数、有色金属指数多空产品各1个，4只产品也已清算了结。

从2018年12月开始，光大、长江、平安期货也陆续推出挂钩交易所商品指数的资产管理计划，三个产品规模均在1000万至1500万元，主要跟踪标的为郑商所菜粕指数和大商所农产品指数，产品获得一定收益后也相继清算了结。

2020年9月，申万期货推出博研原油1号私募型产品，规模1000万元，主要跟踪原油商品指数，并配合交易能化品种的套利策略，目前产品仍在运营中。

综上，具有跟踪商品指数产品的期货公司共5家，分别为金瑞、光大、长江、平安、申万;产品总体规模为7000万元左右。

（2）结构化理财产品

2018年10月，中国民生银行推出国内首批挂钩大连商品交易所商品指数的银行结构化产品，两只产品规模各1500万元，共3000万元。

（3）收益凭证产品

2019年1月，东方证券推出基于大连商品交易所商品指数开发的2只收益凭证产品。2019年2月，东方证券又推出1只基于郑州商品交易所易盛农产品期货价格收益率综合指数开发的收益凭证产品。3只产品规模各1000万元，共3000万元。2019年6月至7月，申万宏源证券与申万期货合作发行了两只收益凭证产品，规模各2000万元，分别跟踪原油、黄金两个上期所单品种指数。

（4）商品指数场外互换

2018年底至2019年初，特产石化、中菁物产、泰州亚通等几家产业客户先后在大商所互换平台上进行场外商品指数互换交易，标的主要集中在化工品方面，目前整体交易额超过1亿元。

小结

综合上述情况来看，目前市场上各机构推出的商品指数相关产品可概括为具有两个特点：一是规模较小；二是持续性差。

上述机构发行商品指数产品，盈利预期较小，更多是为了吸引市场注意力，宣传公司品牌；在市场还未成熟的情况下，机构并没有持续发行相关产品的动力，也没有形成稳定的产品序列。

2. 存在的相关问题总结

截至2021年9月，申万期货项目小组在公司银行开发一部、IB部、浙江分公司、温州营业部等业务单位的大力支持下，沟通和拜访银行16家、产业客户5家、券商2家、私募1家；重点关注并推进合作的对象有2家银行、1家产业客户。在此基础上，总结各方面的问题如下：

（1）私募类资管产品

目前国内私募类资管产品以主动管理类为主，目前被动跟踪指数的产品较少，市场需求比较低，长期配置商品资产的机构较少。目前工作主要难点在于寻找客户资金方。

目前主要问题为：

①净值波动大：由于被动跟踪类产品具有净值波动大，收益不确定性高等特点，不利于私募基金稳定产品规模，树立市场品牌。

②门槛高：产品规模门槛较高。资管新规出台后，私募基金规模要求从100万

元提升至 1000 万元，对一般私募而言，资金占用较大。

（2）结构化理财产品

从目前我们主要接触到的十几家银行来看，银行客户资源丰富，在产品销售上具有较强优势，但针对和期货公司的合作，各类型银行又有所不同。国内银行可分为大型商业银行（5 家）、股份制商业银行（12 家）、城商行（134 家）、农商行（1311 家）四个类型：

①大型商业银行对衍生品的交易对象要求比较高，一般会选券商而不是期货风险管理子公司，合作空间较小。

②城商行、农商行有普通类衍生品交易资质的家数不足 30 家；开展商品期货类业务，有相关人才储备的银行个数更少，从与几家规模较大的城商行像瑞丰、杭州、泰隆等银行的交流情况来看，目前银行内部缺乏推动相关项目的负责人员，对商品期货类项目也只处于关注了解的阶段。

③股份制银行中，目前接触过的银行有七家。目前有一家正在与期货风险管理子公司走相关的授信流程；两家内部在推动相关产品的发行，还未形成自身的产品线。其他四家暂时不涉及商品期货类的产品。

目前主要问题为：

①缺资质：银行要有普通类衍生品资质。

②缺人员：银行要具备相关商品期货类产品的负责人员，且银行领导层要有意愿推动相关产品的工作。

③缺产品线：银行内部最好已形成成熟的结构化产品线，后期的推动工作会阻力较小。

④缺额度：期货风险管理子公司需要获得银行的场外衍生品授信额度，以便于后期合作推进产品发行工作。

（3）收益凭证产品

券商收益凭证相对于银行结构化理财产品来说具有较大优势，不但在产品发行流程上较为便捷，而且属于券商表内业务。在资管新规推出后，券商收益凭证是少有的具有保本性质的资产。和私募类产品相似，目前工作主要难点在于寻找客户资金方。

目前主要问题为：

①缺资质：银行作为客户，要有普通类衍生品资质。

②缺人员：金融机构作为客户，内部要具备相关商品期货类产品的负责人员。

③缺客户：券商收益凭证额度具有时效性，且相对银行资金来说相对较小，需找到较为合适的投资者。

④缺意向：银行等机构购买收益凭证一般为固定收益品类的比较多，结构化的

收益凭证一般主要针对中小型投资者。

(4) 商品指数场外互换

场外互换业务方面，产业客户需求比较明确且潜在客户数量也较多，但目前市场上，单纯以产业和期货风险管理子公司为合作主体的业务模式还不够成熟，交易双方仍需要互相缴纳高额的保证金，这就没有解决产业客户的资金占用问题，与场内期货合约交易没有本质差别。目前产业客户也还处于试水阶段。

目前主要问题为：

①接受度不高：期货风险管理子公司、产业客户对目前场外互换的业务模式接受度不高，目前仍处于业务尝试阶段。

②业务待成熟：期货风险管理子公司还未形成相应的业务流程，互换产品的报价、结算等业务还有待确定。

③指数难复制：对于商品指数的跟踪问题，在展期阶段，结算价比较难以复制，跟踪误差比较大。

④开户较烦琐：产业客户如果开展场外互换业务，还需前往交易所所在地进行现场开户，开户流程也较为繁杂。

小结

除公募基类产品外，各工作方向产品发行核心影响因素可总结如下（见表2）：

表2　　　　　　　　　　商品指数相关产品发行核心影响因素

序号	工作方向	合作对象	客户基础	机构资质	人员配置	授信额度	机构意愿	业务模式
1	私募类产品	私募基金	✓				✓	
2	银行结构化理财产品	银行		✓	✓	✓		
3	券商收益凭证	券商	✓	✓	✓			
4	场外指数互换	产业客户					✓	✓

资料来源：申万期货研究所。

(四) 商品指数化产品调研总结

1. 从客观上来看，在推进商品指数产品化、商业化过程中，受业务资质、商业模式和监管要求等因素影响，商品指数产品客户基础整体来说较为薄弱。银行和期货公司在产品发行方面的合作也仍属于初级阶段，有待市场的进一步成熟。

2. 从主观上来看，商品指数产品是新生事物，各机构对其了解不够深入。由于业务模式还不够成熟、盈利点不具有吸引力、审批烦琐等原因，合作机构缺乏动力去推动产品的发行工作。

3. 从期货公司自身来讲，在产品工作开展过程中，公司既不掌握产品端，又不掌握资金端，地位相对来说较为被动。由此，项目小组对合作对象内部的业务进展很难去做跟踪和监督，产品进度也很难按自身设定计划推进实施。

4. 虽然困难众多，但当前银行理财子公司兴起，银行内部产品方向也处于深度调整的关键时期，我们可以抓住机遇，寻找产品方向相互契合的银行共同推进商品指数产品的发行。

5. 银行结构化理财产品和场外指数互换两个方向目前都有潜在的合作对象，两方面业务都需要项目小组与子公司相互配合推进，后期需加强与子公司合作。

四、商品指数期货发展探索及其在财富管理中的作用

（一）上市商品指数期货的可行性和必要性

在金融创新和市场需求的推动下，国际商品指数进入一个快速发展阶段。一方面，商品指数创新速度开始加快，新的商品指数不断涌现；另一方面，商品指数衍生投资产品竞争也在加剧。随着商品指数化投资策略的普及，机构投资者开始利用商品指数优化资产组合配置，商品指数逐步成为机构投资者配置大宗商品的主要参考依据。

由于国内商品指数发展还处于初级阶段，大力发展商品指数相关产品对我国商品指数的发展具有非常重要的意义，主要体现在以下四个方面：

第一，对金融市场资产配置组合的影响：商品指数相关资产能优化资产配置的绩效，为投资者提供多元化产品配置和选择。合理的资产配置标的应该包括多元资产，一个合理的资产配置应该包括股票、债券和大宗商品等多类资产，基于合理的配置角度考虑，大宗商品配置必不可少。

第二，对商品期货市场的影响：商品指数相关产品的发展会鼓励投资者长期持有，避免商品期货只作为短期炒作的投机工具使用，指数产品将会使更多的配置型资金长期沉淀在期货市场中，扩充了市场深度，充裕了流动性，使其发挥更好地服务价格发现和套期保值的功能。

第三，对期货公司的影响：商品指数的发展促进期货公司商业模式的改变，将期货公司传统经纪业务、资产管理业务、风险管理业务提升到财富管理业务，使潜在可开发的资产规模有了量级上的跨越。商品指数发行的各个环节都可以开发出新的业务，如资管产品、渠道销售等。指数设计环节中还可以为客户提供定制化的指数，并提供投资咨询业务，也可以根据客户需求发行资管产品，提升资管规模。

第四，对于服务实体经济的影响：商品指数通过全新的业务模式，为实体企业提供了更为便捷的路径，加大企业进行资产配置的合理化进程，企业可以直接实现

一揽子商品的购买，由于标的是大宗商品，质量和仓储问题均无须考虑，方便快捷。

发展商品指数有三个方面的必要性：第一，商品指数是机构投资者和期货市场的桥梁。商品本身具有较强的抗通胀特性，主要是商品价格由其价值决定，较少受到利率与汇率影响，而且与股票、债券市场相关度不高，但是与CPI高度一致。这种特性使得机构投资者有强烈意愿配置商品，从而提高投资的多元化特征。第二，商品指数本身就是将一篮子商品放在一起而且长期持有，能够为期货市场注入稳定、长期的资金，增加市场的流动性，为机构投资者开展套期保值提供了更好的工具。第三，商品指数一般都会领先于CPI和PPI走势，为市场提供了有效的价格信号和投资指引，机构投资者也愿意用商品指数开展风险对冲。

针对上述商品指数产品发展的必要性，开发相应的风险对冲工具也势在必行，商品指数期货是很好的风险管理工具，能让各类型的投资者在构建或投资商品指数产品时解除后顾之忧。目前，期货市场在服务宏观形势研判、产业发展和居民财富管理需要等方面发挥着重要作用，我国期货市场的资产配置吸引力持续提升，客户权益稳步增长。虽然期货市场日趋成熟，上市品种日益增多，但在指数建设方面与证券市场还存在很大差距，商品市场需要一套较为成熟的且被市场高度认可的商品指数进行相关产品的设计，商品指数的成功推广是商品指数期货成功上市的前提和基础。

（二）商品指数开发期货产品的可行性研究

1. 国内期货市场发展日趋成熟

随着金融业深入发展，我国期货市场规模逐渐扩大，2020年中国期货市场成交61.53亿手（单边）和437.53万亿元，同比分别增长55.29%和50.56%，中国期货市场成交量占全球期货市场总成交量的13.2%，较2019年占比11.5%提升了1.7个百分点。在全球场内衍生品市场中，中国四家期货交易所的成交量排名稳中有升。2020年中国期货市场成交量创历史新高，连续两年大幅增长。截至2020年底，中国期货与衍生品市场上市品种数量达到90个。

期货品种的丰富也使得投资者逐渐涌入期货市场，期货产品的流动性也随之加强，市场的结构也会随之越加完善，这给商品期货指数产品发展提供了可行的环境条件。

自改革开放以来，我国逐渐过渡到了更高层次的市场准入、更深程度的对外开放阶段。2018年，我国首个国际化期货品种原油期货上市，开启了我国期货市场国际化的进程。期货市场的国际化对于增强国家的经济实力至关重要，我国的期货市场正逐步走向国际化的角色转变，这不仅将提升我国的国际地位，更进一步增强了我国在国际期货领域的话语权。

2. 法律监管体系的完善以及各方面技术的支持

我国金融领域相关的法律体系逐渐完善，目前有关基金产品的发行的法律文件有《中华人民共和国合同法》《中华人民共和国证券投资基金法》，前者针对基金发行过程中产生的基金合同的制定，后者则规定了基金的募集、发行上市、管理、退市等。对于法律文件中没有详细规定的事项，相关的管理办法、指引文件也陆续出台，以及正在修订推出的《期货法》。这都是为商品指数期货提供了法律支持。

技术方面，我国采用世界先进的交易系统和结算系统，能够实时反映交易情况并针对投资者进行有效监控。同时关于 ETF 产品的跟踪方式、展期方式等都将在计算机中实现，减少人工操作的反复性及误差。

3. 国内外商品期货指数 ETF 提供的借鉴与参考

国外商品指数期货的规模远超国内，其成功的模式若能结合我国的国情用来参考设计相关产品，推动我国商品指数期货的发展，包括指数期货运行机制、投资组合的策略模式以及监管要求等，特别是投资管理方面，例如如何运用基金资产获得稳定且增长的收益，这是值得探究的议题。国外期货市场比较成熟，商品指数期货产品具有较好的发行基础，除此之外，其他可取之处也可考虑应用在国内市场。在设计和其他方面可以适当参考，总的原则是符合相关规定的基础之上有一定的创新，而不一定要拘泥于已有产品的特点。

（三）商品指数期货产品板块组成分析和设计思路建议

1. 当前境内外指数期货产品的板块组成

纵观全球指数发展情况，首个商品指数是由美国商品研究局于 1957 年，依据全球市场 22 种基本的经济敏感商品价格，编制的一种期货价格指数，也称为路透社商品研究局指数（Commodity Research Bureau，CRB）。19 世纪 80 年代，高盛、道琼斯等也纷纷推出了自己的商品期货价格指数，并引入了加权编制方法对指数中商品成分赋予一定比重。据此，商品指数研究与投资的序幕拉开了。全球市场开始根据各自投资标的范畴与需求，陆续推出了一些可投资的商品指数，这些商品指数通过不断改进来优化商品指数的投资性，目前已经发展成为全球范围内具有一定代表性的投资性商品指数。

（1）CRB 指数

最初的 CRB 期货指数由 28 种商品价格组成，其中 26 个来自期货市场，2 个来源于现货市场。为了保持CRB指数有效性，CRB公司从未间断对指数的优化与修改方面的研究。1973年，指数覆盖范围完全剔除现货品种，成为纯粹的商品期货组合。1986年，纽约期货交易所与CRB合作，推出以CRB指数为标的的期货合约。

当前CRB商品涵盖品种数为19个，覆盖六个板块（见表3），商品成分权重分配方式主要有两种：①等权重分配法（以CCI指数为例），即对每个商品品种分配的权重均为5.88%；②根据商品流动性动态调整商品权重法（以TRJ-CRB指数为例）。流动性的衡量一般考虑价格及其变化、持仓量、成交情况、市场深度、价差等指标表现，将商品分为四组（见表4）：组Ⅰ由石油产品组成，由于石油类商品特殊的经济意义，且对商品基准指数的回报及相关特征都具有突出贡献，因此分配较高固定权重33%；组Ⅱ由7种高流动性商品组成，赋值权重42%；组Ⅲ由4种流动性一般的商品，以保证指数的流动性和广泛性表现，赋值40%；组Ⅳ则包含一些权重较差，流动性不如前三组的商品，主要为提高指数多样性，增加指数在软商品、谷物、工业金属、贵金属和畜牧市场的涉猎范围，有益于分散组合风险，赋值5%。TRJ-CRB指数会综合当下期货交易体系中各商品品种的流动性对其进行赋值。商品权重每月更新一次，调高价值相对较低的商品权重，同时调低价值较高的商品权重，直到商品的价格显示出均值回归的特征。

表3　　　　　　　　　　　　CCI商品板块分组及赋值情况

品类	期货品种	各组权重
能源	原油（CL）、取暖油（HO）、天然气（NG）	17.6%
谷物和油籽	玉米（C）、大豆（S）、小麦（W）	17.6%
工业原料	铜（HG）、棉花（CT）	11.8%
畜产品	活牛（LC）、瘦肉猪（LH）	11.8%
贵金属	黄金（GC）、铂（PL）、白银（SI）	17.6%
软金属	可可（CC）、咖啡（KC）、橙汁（JO）、糖（SB）	23.5%

资料来源：财新智库，格盛集团。

表4　　　　　　　　　　　　TRJ-CRB指数商品组成及权重分布

	商品	指数权重	交易所		商品	指数权重	交易所
组Ⅰ	WTI Crude Oil	23%	NYMEX	组Ⅲ	Sugar	5%	NYBOT
	Heating Oil	5%	NYMEX		Cotton	5%	NYBOT
	Unleaded Gas	5%	NYMEX		Cocoa	5%	NYBOT
	总计	33%			Coffee	5%	NYBOT

续表

	商品	指数权重	交易所		商品	指数权重	交易所
组Ⅱ	Natural Gas	6%	NYMEX	组Ⅳ	总计	20%	
	Corn	6%	CBOT		Nickel	1%	LME
	Soybeans	6%	CBOT		Wheat	1%	CBOT
	Live Cattle	6%	CME		Lean Hogs	1%	CME
	Gold	6%	COMEX		Orange Juice	1%	NYBOT
	Alumium	6%	LME		Silver	1%	COMEX
	Copper	6%	COMEX		总计	5%	
	总计	42%					

资料来源：TRJCRB Index Materials。

（2）高盛商品指数（GSCI）

高盛商品指数最早诞生于1991年，是国际市场上资金追踪量最大的商品指数。与CRB相似，GSCI在考虑商品品种的选取时也是主要考虑其流动性。然而在品种权重赋值时则按照全球产量进行分配，即根据每种商品最近5年产量的平均价值来决定。2007年2月，标准普尔从高盛公司手中购买该指数，重新命名为标普高盛商品指数（S&PGSCI指数）。S&PGSCI指数包括24种商品，覆盖5个板块：6种能源品种、5种工业金属品种、8种农产品品种、3种畜牧产品品种和2种贵金属品种。S&PGSCI指数最大的特点是为能源板块赋予最高权重62.63%。权重每年调节一次，每年1月份实施调整（见表5）。

GSCI指数设计的主要思想是：公开、并满足投资者可以便捷地、成本低廉地进行复制投资。GSCI指数在选择商品品种方面同样保持了足够的多样性，以减少因某个商品品种的大幅波动对整个指数的影响。

表5　　　　　　　　高盛商品指数合约成分品种及权重

交易所		商品品种		代码	权重	板块权重
农产品	CBT	Chicago Wheat	芝加哥小麦	W	2.77%	15.41%
	KBT	Kansas wheat	堪萨斯小麦	KW	1.15%	
	CBT	Corn	玉米	C	4.36%	
	CBT	Soybeans	大豆	S	3.14%	
	ICE－US	Coffee	咖啡	KC	0.72%	
	ICE－US	Sugar	糖	SB	1.54%	
	ICE－US	Cocoa	可可	CC	0.32%	
	ICE－US	Cotton	棉花	CT	1.41%	

续表

	交易所	商品品种		代码	权重	板块权重
畜牧	CME	Lean Hogs	瘦猪	LH	1.91%	6.66%
	CME	Live Cattle	活牛	LC	3.48%	
	CME	Feeder Cattle	饲牛	FC	1.27%	
能源	NYM/ICE	WTI Crude Oil	WTI原油	CL	26.42%	62.63%
	NYM	Heating Oil	取暖油	HO	4.45%	
	NYM	RBOB Gasoline	天然气	RB	4.48%	
	ICE-UK	Brent Crude Oil	布伦特原油	LCO	18.61%	
	ICE-UK	Gasoil	乙醇汽油	LGO	5.56%	
	NYM/ICE	Natural Gas	天然气	NG	3.11%	
工业金属	LME	Alumium	铝	MAL	3.89%	11.16%
	LME	Copper	铜	MCU	4.45%	
	LME	Nickel	镍	MNI	0.76%	
	LME	Lead	铅	MPB	0.78%	
	LME	Zinc	锌	MZN	1.28%	
贵金属	CMX	Gold	金	GC	3.72%	4.14%
	CMX	Silver	银	SI	0.42%	

资料来源：S&P GSCI Methodology。

(3) 国内商品指数

我国商品期货指数的发展起步较晚，但在商品指数理论研究方面已经做出了积极的探索。第一代商品指数是被动地持有指数投资标的，投资收益由三部分组成：现货收益、展期收益以及抵押收益，然而由于期货市场固有的期限特征，致使第一代商品指数收益弱化；因此第二代商品指数减少了展期可能造成的损失，但是非主力远期合约的增加又会减少市场在现货溢价时产生的收益，同时降低流动性；基于此，第三代商品指数增加了对商品品种的主动选择以及权重的动态调整。

当前国内现有的商品指数既有研究机构和商业机构联合发布的指数，也有期货交易所发布的指数。然而大多的指数研究都是单个板块研究，例如2007年5月，上海有色金属工业协会发布的涵盖铜、铝、铅、锌、锡、镍六大基本金属的上海有色金属现货市场成交价格指数（SMMI），主要为金融机构投资有色金属产业提供参考。

三大商品期货交易所也根据各自交易品种范围推出了相关指数，例如，上期有色金属指数、易盛农产品期货综合指数、大商所农产品期货价格指数等板块性指数。国内关于综合板块指数研究主要有申万期货商品指数、南华期货商品指数、文华财经商品指数、高盛中国商品指数（GSCCI）和Wind商品品种指数等（见表6）。

表6　　国内主要商品期货指数发布机构及相关品种

发布机构	机构类型	产品类别	部分代表产品
上海期货交易所	交易所	板块指数 单品种指数	上期原油价格指数 上期工业金属期货价格指数
大连商品交易所	交易所	综合指数 板块指数 单品种指数	大商所农产品期货价格综合指数 大商所农产品期货价格指数 大商所油脂油料期货价格指数 大商所玉米期货价格指数
郑州商品交易所	交易所	综合指数 板块指数 单品种指数	易盛农产品期货价格收益率综合指数 易盛农产品期货价格收益率谷物指数 易盛农产品期货价格收益率棉花指数
期货市场监控中心	监控中心	综合指数 板块指数	监控中心中国商品期货指数 监控中心中国工业品期货指数
中证指数	指数公司	综合指数 板块指数	商品 CFCI 农产 CFCI 化工 CFCI
申万期货	期货公司	综合指数 板块指数 单品种指数	申万期货商品指数 申万期货农产品指数
南华期货	期货公司	综合指数 板块指数 单品种指数	南华商品指数 南华工业品指数
文华财经	行情信息商	综合指数 板块指数 单品种指数	文华商品指数 文华工业品指数 文华有色板块指数

资料来源：各指数编制机构官网。

从各指数开发机构属性来看，行情信息商、研究机构、期货公司、交易所等各类市场主体均参与到商品期货指数的编制与发布过程中。从指数类型看，当前市场上涵盖的商品期货指数主要包括综合指数、成分指数、板块指数、单品指数等多个类别。我国现有商品期货指数品种的功能多限于为商品的价格走势提供参考信息，其指数投资功能应用开发尚且不足。

2. 商品指数期货产品板块设计思路建议

综合前文所述，对于商品指数期货产品板块设计思路建议如下：

(1) 重视板块的流动性以及经济大板块的贡献度。比如境外指数在考虑板块设计时，通常会考虑石油特殊的经济地位与政治地位，倾向于赋予石油板块特殊的高固定权重。因此在期货产品板块设计时，也应该更多地结合我国基本国情与经济组织架构，给予流动性高、支柱性型产业相对较高的权重分配。

(2) 设计自上而下的期货数据支持体系。目前，国内对于商品期货指数也并未建立起一套全面系统、行之有效的市场监管与运行体系，这制约了我国商品期货指数未来的发展。由于我国特殊的期货交易体系和各交易所交易品种的倾向性，数据的知识产品隶属于不同期货交易所，在某种程度上也形成了数据区块化。数据支持是指数期货产品板块设计中最关键的因素。在进行板块设计时，同样应考虑交易所之间的数据共享，在考虑数据安全性的前提下，建立全国统筹与顶层设计的期货数据支持体系。

(3) 重视板块设计多样性。在进行期货指数产品设计时，要着重于指数功能维度的设计。板块不仅要涵盖主流的高流通性板块，也要给予低流通性板块一定权重，一个多维度的指数板块设计才可以更好地反映宏观经济走势。此外，选择商品品种方面同样应保持足够的多样性，以减少因某个商品品种的大幅波动对整个指数的影响。

(4) 考虑商品期货产品的经济目的。根据商品指数的编制目的可以将商品指数分为标尺性商品指数与投资性商品指数。标尺性以能准确及时反映市场总体走势和市场行情为研究目标，但是投资性指数则应偏重收益率及波动率的评价为目标。因此在板块设计时，应该着重于研究各品种的收益率与波动率，继而自下而上评估板块分配的合理性。

(5) 定期更新商品指数成分及权重。1986 年，纽约期货交易所上市并发行第一只商品期货价格指数即 CRB 指数，但初期的 CRB 指数在成分合约赋权时过于追求平均化，在一定时间内，使美国期货市场新品种不断上市，CRB 指数却无法反馈。CRB 指数的有效性受到市场质疑，高盛、标普、道琼斯等公司开始相继推出自己的商品指数。商品指数期货在一定程度上体现了经济的运转情况，体现投资者对未来通货膨胀水平的预期，那么指数成分合约及权重将极大程度影响了商品指数的合理性和权威性。

（四）商品指数期货投资在财富管理中的作用

日益丰富的商品期货交易种类将为传统投资组合的风险－收益结构提供可行的改善路径。就理论而言，大宗商品定价主要取决于气候、地理特征等自然特征所引起的全球供求变化，其定价要素明显区别于股票、债券等基于未来现金流折现定价的金融产品；就金融体系而言，商品期货的加入将有效实现组合风险的分散。从耶鲁大学基金会、淡马锡、中投等国内外知名机构投资者的持仓也可以看出，商品期货持仓在投资组合持仓中的占比也有逐渐增加的趋势。

1. 发挥大宗商品价格波动带来的直接收益

商品价格是商品指数最直接的收益来源，而商品整体走势体现在商品转化成终端消费品的价值。例如，铜是空调的重要原材料，生产商要制造空调赚取消费者的金钱，就必须用铜来生产，这使生产商愿意支付资金来购买铜，使铜长久地保有价值。如果商品指数是由全球最重要的一揽子商品组成，那么只要一直消费，商品拥有的价值就永久存续，使商品指数成为全球养老基金等机构投资者长期对抗通胀的重要投资工具。

商品指数是反映现货价格的"晴雨表"，长期来看，与CPI具有正相关性，当通胀抬头、货币政策趋于中性宽松时，可将其作为对冲通货膨胀的工具。同时，大宗商品与股票、债券等市场的主要资产回报呈现低相关性，使挂钩商品指数的产品可作为为市场提供资产管理及风险管理的工具。

在全球量化宽松的背景下，国内利息水平逐步走低，通过设计挂钩商品指数的结构化产品可以增强固收类产品的收益。以申万宏源证券与申万期货合作发行的首只挂钩商品指数结构化浮动收益凭证为例，产品于2019年7月29日到期，规模2000万元，截至到期日，标的商品指数价格相对于期初指数价格上涨0.87%。经核算，确定产品到期年化收益率为3.58%，在保底收益2.8%之外给客户带来0.78%的收益增强。一个月产品期限内为客户带来共计62793元的绝对收益。产品属于固收增强型的结构化收益产品，采用牛市价差的期权结构。产品将绝大部分的资金投入固定收益中获取稳健的收益回报，只将固定收益回报中的一部分资金通过场外期权市场来挂钩标的指数。这类产品的优势在于风险较低，获取稳健收益的同时可以将研究成果定制化收益结构，为客户带来超额收益。

2. 提升移仓收益回报

由于商品期货拥有不同的到期月份，且到期需要移仓换月，因此在何时选择何种月份合约将显著影响指数的长期表现。一般来说，商品指数都是以流动性最佳的期货合约为投资标的，并且随时间推移在主力合约往远月移动时移仓，这种做法确保了商品指数拥有足够的流动性来应对申购赎回，但在某种程度上也付出了较大的移仓成本。

为了提升移仓收益回报，在设计期货指数时：第一，选择主力合约以外，也可以选择其他到期月份合约价格更优的合约，这就表示选择价差结构更佳或合约价格较低的合约。第二，考虑到指数ETF对流动性的需求，我们依然选择主力合约，但是根据品种间的价差结构来分配指数成分的权重。这个方法是基于品种的价差结构通常会持续一段时间，透过配置最多权重给予价差结构最佳的品种，最少权重给予价差结构最差的品种，进而得到一个最优价差结构的指数。

3. 赚取利息收益

由于基金管理人只需要付出合约金额的一部分用作持有商品期货的保证金，使管理人可以运用闲置资金购买流动性和信用较佳的固定收益标的，从而增加指数的回报。

4. 配置商品指数期货优化投资策略

商品期货对股票与债券组成的传统投资组合贡献有差异，不同商品期货品种对传统投资组合的贡献是不同的。对分散化国债头寸的组合，可以通过配置商品期货以获得分散化的优势。而对于股票类投资者，需要对商品期货的类别作出更加细致的筛选。由于中国的商品期货市场各品种之间的交易年限不同，市场成熟度也不一样，故需要长时间地监测其动态相关系数的变化；商品期货的投资，涉及各类实物品种对于经济周期、天气、市场动态、政经事件驱动等影响，对投资组合管理者的要求更是较高，所以投资者应选择自己熟悉的商品期货品种，并按照其与股票、债券的相关性进行动态配置。

马小龙（2017）从DCC（数据中心应用性能分析决策系统）动态相关系数出发，在Markowitz（马科维茨投资组合理论）的均值—方差理论框架下比较所有商品期货与股票、债券的有效边界最优投资组合。结果表示，对于上证股票与商品期货两两组成的投资组合的收益率虽然显著高出债券与商品期货的组合，然而其标准差也更高，导致总的风险调整收益表现不如相对应的债券与商品期货组合。经调查，在中国市场内，商品期货与上证综指有着正的相关关系。商品期货对股票类资产的分散化呈现出不同的特点，从时变相关系数的统计特征能够看出，中国的商品期货类别中，仅贵金属一项与上证综指的相关度较高，其余均处于弱相关状态，这证实了黄金的避险作用。

相对股票来讲，商品期货对债券的分散能力较强。商品期货与上证国债的相关系数几乎围绕着各自的相关系数均值波动，意味着在Markowitz的均值—方差理论框架下，商品期货对国债资产的风险分散能力不错，且这种分散能力相较稳定。

5. 开发挂钩商品指数的收益凭证提升资金效率

首先，商品指数期货可做多也可做空，涨跌两个方向上都能保收益的产品；其次，一般的商品指数收益凭证的底层产品为期权，目前场内市场已有六个商品期权，场外期权产品也很多，可以很好地满足产品设计、风险对冲需求；最终，从投资者处获取全额投资资金，而在期货、期权市场交易时只需缴纳部分保证金，可以大大节约资金使用成本，提升资金使用效率。

2019年1月7日，东方证券开发了2只基于大连商品交易所（简称"大商所"）商品指数的收益凭证产品，挂钩标的为豆粕期货价格指数。2月26日，东方证券发售了1只跟踪郑州商品交易所（简称"郑商所"）易盛商品指数的收益凭证，该产品挂钩易盛农产品期货价格收益率综合指数（简称"农期综指"），是国内首只挂钩综合类（非单品种）商品指数的收益凭证产品。商品指数化投资不仅可以使普通投资者以低门槛、低成本的方式参与大宗商品交易，还可以满足机构多样化的产品开发需求，未来市场发展前景广阔。

通过以上分析，可以发现商品指数期货的推出，不仅可以丰富期货品种类型，提供与期货品种之间的套利对冲机会；其利用现金交割的结算模式也吸引更多机构投资者参与期市，助力优化市场投资者结构。商品指数化产品的多样化，将有利于期货市场投资者向专业化、机构化方向发展，提高期货市场流动性，吸引公募基金、券商或保险机构参与期货市场，促进期货市场更好地发挥定价功能，有助于期货市场更好地服务实体经济，市场效率的提升有利于实体企业进行风险对冲，同时可以推进期货市场国际化进程。

五、研究展望

（一）重视投资者对商品指数的需求

商品指数的发展主要经历了"指数提出—指数完善—产品发行"三个主要的阶段。更深层次看，我们认为驱动指数发展的主要力量来自投资者的资产配置需求。从不同投资者的需要角度出发，期货市场会衍生出不同的指数编制方案，进一步发展出不同的指数产品。

研究目前国内较为主流的商品指数编制方案，可以明显感受到其背后的投资者需求和编制目的。例如，三大商品期货交易所编制的指数，在展期和权重调整期间都考虑多日滚动调仓的处理方法，明显是为公募大额度资金减少冲击成本而设定的，结算价的报价方式也是出于减少市场操控的目的。这种指数很好地满足公募基金的产品设计需求，但若作为场外衍生品的交易标的，尤其是目标额度较小时，此编制方法就显得比较"笨重"，因为结算价的设置会大幅增加场外衍生品的复制的不确定性，从而影响其使用性。Wind（金融数据和分析工具服务商）发布的商品指数权重调整比较频繁，指数整体波动性较大，更偏重作为市场价格指引而存在。总体来说，商品指数编制应具有一定的丰富性和兼容性，针对不同的编制目标进行设计，满足不同层次、不同类型投资者需求。

（二）保持商品指数编制的灵活性

在保证"两个目标和三个基本原则"的前提下，指数的编制可以有较大的灵活性。从国外指数编制历史来看，许多著名的商品指数都经过多次编制方法变更，目的是不断地加强指数的实用性和可投资性，满足不同时代投资者的需求。指数的灵活性主要体现在权重设计上，对比国内外指数的编制方案，权重设计大多从经济指标、流动性或两者相结合的角度进行配置。一般而言，利用经济指标得出权重有较好的稳定性，能反映该品种的现货影响力，而流动性指标具有较强的时变性，受期货合约本身的影响较大，能及时反映品种的流动性，但无法反映该品种的现货市场潜力。我们认为成熟的指数应该兼顾考虑两方面。同时，对于上市运行较稳定且持仓量、成交量等流动性指标能够代表其经济地位的品种，应适度加大其流动性指标的权重。

1. 兼顾期货合约的展期特性

在指数编制过程中要充分考虑期货合约的品种特性。这主要涉及展期的问题，目前主要的两种展期方式可以概括为等金额展期和等持仓展期方式，相对而言，等持仓展期方式操作过程中较为直接方便，等金额展期需要手数得重新计算。那么采用哪种方式较为合理呢，这就取决相关品种期货的特性，像国内原油，有色等品种展期非常频繁，由于主力和次主力之间价差较小可采用等持仓的方式，但对于黄金、能化等品种来说，若同样采用等持仓方式，在主力和次主力价差的情况下，将会很大程度上影响指数产品的合约价值。

2. 国内指数产品化的关注重点

从指数产品化发展的历史来看，商品指数 ETF 无疑是所有产品的重中之重，也是国外养老金、保险等长线配置资金主要的投资首选标的。商品指数的场外互换、期货、期权相关衍生产品有逐步向场内发展的趋势，市场规模也日趋成熟。目前国内市场还处于起步阶段，商品指数场外互换、场外期权规模也都很小，发行机构多数抱有试水的态度，后期我们认为有三个方面情况对商品指数的产品化影响较大，需要市场重点关注：（1）证监会对商品指数 ETF 的审批进度和相关政策变化；（2）期货交易所对商品指数的参考类、产品类授权政策的变化；（3）银行、产业结构、期货风险管理子公司等商品指数产品参与机构内部的业务情况的变化。

商品指数期货具有较强投机性，投资者不仅需要关注其标的包含的具体期货品种，还要关注关于宏观经济和世界经济的动态及未来走势，因此商品指数期货交易能为市场带来更有价值的信息，商品指数期货的行情走势可以为宏观经济调节提供重要参考。因此，商品指数期货交易能够促进整个市场定价效率的提高。

商品指数本身具有的抗通胀特性，并且具有与利率、汇率、股票、债券低相关的特性，使机构投资者有意愿配置商品，提高自身投资的多元化水平，产业客户同样也有指数方面的避险需求。同时，指数化的投资方式也是目前广大投资者普遍接受的一种投资方式，我们有理由相信国内商品指数衍生品的未来发展一定具有非常大的潜力。

商品指数期货和期权作为场内交易的衍生品，在商品期货市场的未来发展中，具有重要地位。在资金持续涌入商品期货市场时，进行衍生品指数化投资工具的创新可以分流资金，调控商品指数产品规模，对于增强市场的流动性具有重要意义。

参考文献

［1］Greer R J. The nature of commodity index returns［J］. The Journal of Alternative Investments, 2000.

［2］Masters M. Testimony before the commodity futures trading commission［R］. Commodity Futures Trading Commission, 2009.

［3］Aulerich N M, Irwin S H, Garcia P. The price impact of index funds in commodity futures markets: evidence from the CFTC's daily large trader reporting system［C］. Conference on Applied Commodity Price Analysis, Forecasting, and Market Risk Management, 2009.

［4］Erb C B, Harvey C R. The strategic and tactical value of commodity futures［J］. Financial Analysts Journal, 2006.

［5］Gorton G, and K Rouwenhorst. Facts and fantasies about commodity futures［J］. Yale ICF Working Paper, 2004.

［6］Nijman T, Swinkels L A P. Strategic and tactical allocation to commodities for retirement savings schemes［J］. The Handbook of Commodity Investing, 2008.

［7］Froot K A. Hedging portfolios with real assets［J］. Journal of Portfolio Management, 1995.

［8］Mou Y. Limits to arbitrage and commodity index investments: Frount-running the goldman roll［J］. Social Science Electronic Publishing, 2010.

［9］Allen F, Morris S, Shin H. Beaty contests and iterated expectations in asset markets［J］. Review of Financial Studies, 2006.

［10］Singleton K J. Investor flows and the 2008 boom/bust in oil prices［J］. Management Science, 2011.

［11］马小龙．中国商品期货指数在资产配置中的作用［D］．上海交通大学，2017．

［12］胡志强．在中国商品期货指数设计研究［D］．华东师范大学，2006．

［13］梁巨方，韩乾．商品期货可以提供潜在组合多样化收益吗［J］．金融研究，2017．

［14］王淼．基于三元DCC-GJR-GARCH模型的现货期货股票市场的动态相关性研究［D］．浙江财经大学，2019．

［15］马骥．指数化投资［D］．吉林大学，2004．

［16］林飞．指数化投资理论、方法及实证研究［D］．厦门大学，2003．

［17］张明辉．指数化投资理论与实证分析［D］．复旦大学，2003．

［18］安德鲁·亚历山大．指数化投资与指数基金［J］．资本市场，1998．

［19］韩贵新．对我国指数化基金运作的几点认识［J］．金融与经济，1999．

［20］谢建军．我国优化指数基金的绩效评价及对策［J］．证券市场导报，2000．

［21］唐黎，段吉华，彭俊伟．指数基金在中国的实践和发展［J］．新金融，2001．

［22］殷杰．指数化投资在我国的效率研究［D］．东南大学，2004．

［23］刘勇．指数化投资与我国引入ETFs的研究［D］．西南财经大学，2005．

［24］范旭东．跟踪误差与优化指数投资策略［D］．西南财经大学，2006．

［25］高用深，权丽平．指数基金探析［J］．山西财经大学学报，2000．

［26］彭甘霖，戴军．策略指数演进路径及国内外发展情况［J］．资本市场，2011．

［27］胡江．金融资产管理公司的财富管理业务［J］．中国金融，2013．

［28］胡文韬．财富管理业务的新发展［J］．新金融，2006．

［29］张凌云．我国财富管理业务发展策略研究［D］．上海交通大学，2014．

［30］王静．我国商业银行财富管理业务研究［D］．吉林大学，2015．

［31］史征．新加坡财富管理业务逆市繁荣［N］．中国信息报，2009．

［32］赵勇．中国指数基金绩效与风险的实证研究［D］．西南财经大学，2008．

［33］高平平．中国发展指数基金的思路探析［D］．苏州大学，2004．

［34］晨星，王蕊．指数基金机会与风险并存［N］．中国证券报，2008．

［35］陈红彦．浅析指数化投资策略［J］．天津经济，2010．

［36］王飞．指数化投资组合的配置技术［N］．期货日报，2009．

［37］周松林．中国指数化投资有广阔发展空间［N］．中国证券报，2008．

［38］徐国祥，刘芳．国外策略指数研究述评及对我国的启示［J］．上海财经

大学学报，2011.

［39］彭甘霖，戴军．策略指数演进路径及国内外发展情况［J］．资本市场，2011.

［40］王欣．股指期货在投资组合管理中的套期保值研究［D］．中国科学技术大学，2009.

［41］张帆．优化指数基金实证研究：动态构建增强型指数基金［D］．厦门大学，2007.

［42］方星海．发展指数化投资利于国际金融中心建设［N］．中国证券报，2010.

［43］桂浩明．指数化投资特别注重择时［N］．上海证券报，2009.

［44］张娅．指数化投资优势明显［N］．上海证券报，2008.

［45］马志刚．中国指数化投资未老先衰［N］．中国证券报，2005.

［46］杨培培．论中国社会保障基金的管理与运作［D］．华东师范大学，2008.

［47］张建君．财富指数化与全球金融危机的根源［J］．学术月刊，2010.

［48］何倩．指数化投资·国际市场主流现象·分析与启示［J］．理论界，2006.

［49］马骥，郑春风．指数化投资对成分股票定价的影响［J］．哈尔滨商业大学学报（社会科学版），2004.

［50］柳青．关于我国基金资产管理指数化的思考［J］．企业经济，2003.

［51］刘婕．我国基本养老保险基金指数化投资的可行性研究［D］．西南交通大学，2014.

［52］周夏风．养老金与指数化投资［N］．中国劳动保障报，2016.

［53］张兆瑞．指数化投资流行背后的"隐忧"［N］．新金融观察，2018.

［54］张德，谢守祥．后危机时代对中国期货市场发展的思考［J］．商场现代化，2010.

［55］吕保军．全球金融危机对中国商品期货市场创新与发展的启示——兼谈商品市场指数化投资与商品指数期货［J］．兰州学刊，2009.

［56］梁春早．期货市场风险度量与对冲研究［D］．天津大学，2011.

［57］茹亚莲．我国发展期货投资基金可行性与政策研究［D］．对外经济贸易大学，2006.

［58］张书忠，李天忠，丁涛．农产品期货价格指数与CPI关系的实证研究［J］．金融研究，2006.

［59］尹力博，韩立岩．大宗商品战略配置——基于国民效用与风险对冲的视角［J］．管理世界，2014.

中期协联合研究计划（第十四期）项目

高分辨率卫星对地观测数据对原油价格发现和预测的应用研究报告

课题负责单位：中科星睿科技（北京）有限公司
课题研究编号：202131040
课题负责人：雷　斌
课题组成员：王雪松　区　东　萧绍林　彭　道　刘　磊
　　　　　　何　云　潘岑岑　桂晨曦（中信期货有限公司）

一、引言

2020年11月,习近平总书记在上海浦东开发开放30周年庆祝大会上强调,要完善金融市场体系、产品体系、机构体系、基础设施体系,建设国际金融资产交易平台,提升重要大宗商品的价格影响力,更好地服务和引领实体经济发展。

大宗商品交易对市场信息有非常迫切的需求。目前,这类数据信息主要来自传统渠道,如交易所、政府统计部门、行业协会、大宗商品生产商或制造商,以及各类交易中介机构或市场调查机构等。对市场参与者而言,通过传统渠道获得的数据信息时效性低,全面性和准确性低,可获得性也低。

以原油为例,目前,国际原油价格主要以WTI和布伦特作为参考,亚太地区一直未能形成权威的原油价格体系,原油进口始终存在"亚洲升水"的现象,导致亚太国家上市的原油期货或相关品种的期货合约,在某种程度上还是WTI和布伦特原油期货市场的"影子市场"。

随着中国在世界原油市场中地位的逐步提升,形成以中国市场为基础的亚太地区原油价格体系,对保障石油价格安全,促进油价形成机制的改革,增加原油市场调控手段,推进人民币国际化等具有重要的意义。

在与原油相关的所有市场信息中,库存信息对未来价格的预期非常敏感。美国能源信息署(EIA)每周、每月和每年都会发布原油及其相关产品的库存报告,OECD中的工业化国家也会定期发布库存统计报告,但是其他国家的库存数据,包括石油消费量快速增长的主要发展中国家和主要生产国的数据,则无法及时获得或者根本无法获得,这些库存信息的缺乏是原油市场的重要不确定性因素,对原油价格有很大影响。

当前,以技术进步驱动的、包括遥感卫星数据在内的非传统数据的爆炸性增长,为提升大宗商品市场透明度提供了新的可能性。利用高分辨率对地观测卫星手段,获得和发布全球原油库存有关的信息,对解决全球大宗商品供应链受信息不足影响导致市场透明度不高的问题,提升我国原油期货市场对国际原油市场的影响力,形成以中国市场为核心的亚太地区原油价格体系,具有重要的意义。

影响原油价格的最根本因素,EIA将其列举为非经合组织(OPEC)国家供应、OPEC国家供应、OECD国家需求、非OECD国家需求、库存、金融市场六个方面。EIA、国际能源署(IEA)和OPEC三家权威机构在观测市场及提供预测等领域的内容和方法也都大致类似,都采用供需平衡表分析法,基于以月度或季度为单位的供需平衡表,通过计算石油市场隐含库存的增加或减少,进而推断油价可能的变化。除此之外,世界银行也会对包括原油在内的大宗商品价格进行每季度展望,各个知名的国际投行也会发布相应的研究报告。PRIA、IHS、JBC、Energy Aspects 等专业咨询机构也为其客户提供油价预测服务。国内的研究团队中,哈尔滨工业大学的韩冬炎研究了石油产量、石油消费、生产成本、库存变化、替代产品、社会经济政治关系六大类因素对石油价格的影响,提出世界石油供求关系变化是石油价格波动的主要因素;石油战略储备和库存与石油价格具有明显的相关性。厦门大学的秦榛通过分析 EIA 库存报告公布对原油期货市场量价关系的影响,探讨了库存报告对原油期货市场信息不对称的影响。以上研究都明确了库存信息是研究石油价格的重要参考数据。

目前,在市场上提供原油库存信息的第三方机构中,Genscape 主要利用无人机获得主要库存地区的信息,MDA 利用合成孔径雷达卫星以 1—2 周的频次获得全球部分库区的库存数据,其中包括了我国接近 100 个库存地点,Orbital Insights 利用光学卫星抽样,统计全球及主要国家的库存数据。

国内,也有公司利用合成孔径雷达卫星数据对美国库欣地区的原油库存进行了持续高频观测,根据中科星睿与申万期货的研究成果,该数据集对 EIA 发布的库欣地区库存数据的预测精度优于 API 发布的数据,并在 EIA 及 API 数据发布之前发布。

以上研究成果还存在一些不足之处。一是数据覆盖性不足,缺少主要发展中国家的数据。二是数据更新的时间频次不高,很多数据均为月度数据甚至是季度数据。三是对数据发布的延迟较长。

本课题在前期研究的基础上,对发布全球原油库存信息的意义进行了较深入的探讨,详细设计了用于全球原油库存观测的卫星系统和算法系统,并探讨了基于原油库存的原油价格发现模型。全球原油库存观测卫星星座的第一批卫星已于 2021 年 4 月 27 日发射,并在一个月前获得了第一批 OECD 国家原油库存观测数据。我们也对卫星产生的第一批库存数据进行了分析,验证了卫星对全球原油库存的观测能力。在本文的第四部分,我们还将介绍通过多源卫星的综合应用,对原油价格形成的宏观经济背景进行观测的方法。本文的第五部分定义能够汇集卫星全部观测能力的数据分析平台,这样的数据分析平台是遥感卫星的综合观测能力能够赋能行业应用的软件基础。

二、市场信息发布对原油价格形成的作用

国际原油产业是能源化工众多产业链的龙头,其价格的影响因素众多。为了更好地预测和分析油价波动对于整个产业链的影响,学术界、产业内诸多人士均做了研究尝试。比如,徐鹏、刘强在《国际原油价格的驱动因素》一文中提出原油价格波动研究是大宗商品研究领域的焦点。其利用 SVAR 模型和历史分解工具,采用

2006—2018年周度数据，分析研究了国际原油价格驱动因素。研究发现，国际原油价格驱动因素主要源自需求侧冲击和美元流动性冲击，而原油供给、商业库存、期货投机等冲击则要相对弱一些。2016年2月以来的这轮油价震荡上涨离不开原油需求的增加和美元的贬值，两者对油价上涨合计贡献72.1%。为有效应对此轮国际油价的震荡上行，建议加快经济高质量发展，提高能源使用效率，深入主要经济体货币政策溢出效应分析，加强原油期货人民币定价权，精准研判全球经济复苏进程。边卫红在《主导全球原油价格走势的因素研判》一文中认为，影响油价的因素主要分为商品和金融两个方面。商品属性主要指供应、需求及库存；金融属性主要指利率、美元和避险情绪。王磊在《世界原油库存与油价的关系》一文中具体分析了库存与油价的关系，通过比较任意库存和非任意库存，认为库存与价格是紧密关联的，成功地计划库存水平可以加强操作和贸易策略。在库存报告对油价的影响上，秦榛在《库存报告对原油期货市场信息不对称的影响》一文中指出，EIA库存报告的公布有利于减少原油期货收益率反转，表明EIA库存报告削弱了知情交易者的信息优势，减少了信息不对称，增加了不知情交易者适应流动性冲击的意愿；还发现不同库存报告公布前，投资者之间信息不对称程度不同，进而会影响库存公布对原油期货量价关系。

在本课题中，我们试图探讨通过使用卫星观测数据发布原油库存数据，对原油期货价格是否能够造成影响。首先，我们将阐述原油价格与库存的一般关系。经典的经济学商品供需模型告诉我们：商品价格受到供需的影响。原油作为一种工业属性较强的原料型商品，其价格自然受到供需的直接影响。在现代的理论中，库存作为一个阶段供需的平衡表现与原油价格存在互相影响就显而易见了。因此，在特定的宏观背景下，供需推演的方向有时会直接以实物库存来体现，有时以投机库存来体现。它们共同的特征是，平衡曲线的迁移与原油价格的波动方向有一定关系。研究原油的供需库存变化，在一定程度上对预测原油价格是有帮助的。这既是基本面派分析原油趋势的主要抓手，又是套利在分析原油跨期价差的视角之一。

研究国际原油价格（无论是WTI还是SC），需要高度关注商业库存等一些核心指标的变化。研究WTI油价，有两个重要的库存数据需要关注。美国石油协会公布库存（API），美国能源署也定期公布众多数据，其中也包括EIA库存数据（商业原油总库存以及库欣地区库存）。同时能源署还会对未来潜在的供需预期以及在各个供需预测水平上的远期商品价格曲线。除了上述两大机构，美国的贝克休斯公司还会公布活跃钻井平台数据，从另一个侧面来表示美国原油的供给变化。

在上述的基本分析逻辑下，我们首先从传统的库存角度分层次、多角度来分析原油供需数据对于预测和分析原油价格的实际意义。

（一）不同价格波动率下库存对油价的影响——以 WTI 和美国原油库存为例

在前面的分析中，我们明确了原油库存是对应单位时间周期内供需平衡的体现。同时，因为价格对供需平衡有影响，所以价格是动态的，库存也是动态的。同时，价格的变化也会引起市场远期供需预期的变化，进而对边际供需产生影响。因此，在这本部分，我们将重点研究原油期货价格在不同波动率（价格表现）下，库存的变化对油价的影响。

我们把 Nymex 原油期货连续合约价格和 EIA 公布的商业原油库存放在一起比对研究（见图1）。尝试从一个较长的周期当中获取原油库存在各个油价波动区间中，对于原油价格的影响。从最近十年 EIA 商业原油库存对价格的影响汇总可以大致观察到三种基本结构。

图1 WTI 原油期货价格与 EIA 原油商业库存对比

第一种是相对的低库存背景和油价处于区间震荡（无论价格是高价区间还是低价区间），这个时期供需往往处于相对平衡，绝对驱动力并不明显。库存波动对于价格影响更多的是短期脉冲式影响。

这个阶段的 EIA 库存和 WTI 油价的互动影响频繁，但整体幅度有限，价格的波动因素更多在于供需面的季节性变化，以及一些短期刺激因素。这个时期，库存的变化一般落后于价格的变化，但会对之后的价格新动向产生助推作用。

以 2011 年到 2014 年整个阶段为例。宏观背景下处于 2009 年油价冲高回落之后的整理周期。经济在之前的金融危机之后开始逐步修复。这个时候，原油价格波动会导致库存出现跟随性变化，当低价补库或者高价清库之后，往往在供需平衡的模型中形成第二次乃至第 n 次的价格跟随前库存趋势的变化。这个时候，相对来说，短周期的库存波动趋势对于下个季节性消费的油价有一定的指引作用。当然，一般都是由于美元货币政策的微调、转向,来推动打破这个供需平衡的。这点不在本篇的讨论范畴内。

另一个比较有意思的时段是2017年12月至2019年12月,这个时期原油库存相较历史的低位区重心太高,但整体仍处于偏低位置。在这个区域,市场一方面在观望等待经济复苏带动去存消化,另一方面又对于OPEC在阶段性供大于求背景下的减产配额充满期待。因此,在相对僵持的库存和原油期货价格震荡区间,构成了低波动率行情下,原油库存对于价格脉冲式的影响。

第二种情况是在高库存背景下,一旦油价处于大幅趋势波动状态(无论上涨还是下跌),库存对价格的影响将进一步增强,直到达到阶段性的估值高位。当然这块是基本面行情研究的重点。影响原油价格的因素是多样的,在本节中,我们更多的是以高库存背景下,库存变化与原油价格的相互表现结果来进行分析。一般而言,此时长周期油价和库存的运行大趋势往往是反向的,而且是震荡下跌或是震荡上扬的模式,即:油价跌,库存涨;库存高位,油价承压。

具体来看,比如图2中2014年12月之前,当时伴随着全球经济的逐步见顶,以及美联储QE退出的预期增加,以及中东与美国在原油出口量的争夺,原油期货价格大幅回落。在这个阶段中,由于库存是低位,一开始对跌价的影响并不显著,紧接着在2014年至2015年的长周期中,EIA的原油库存在低油价背景下开始逐步出现累库情况,并在2015年中达到历史偏高的位置,在这一年的累库过程当中,可以显著地观察到长周期角度下高库存对油价的负面影响,负面影响的第一阶段是在2015年12月底油价形成了自2008年的国际原油牛市行情以来的价格低点。

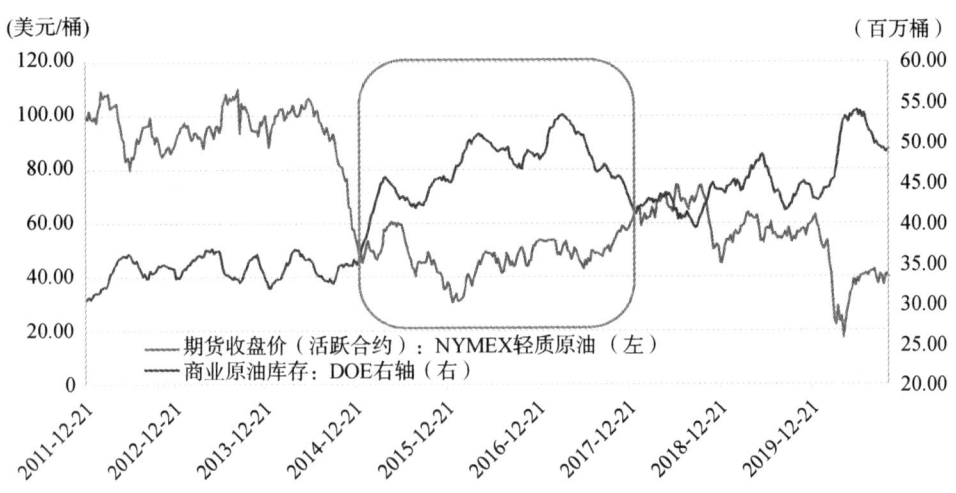

图2 WTI原油期货价格与商业库存量对比

另一个可以观察到的长周期角度案例是2019年4月至2019年8月,WTI油价长期处于低迷,宏观面背景上,全球经济下行,美国的原油出口量增加,同时

OPEC 在协调减产以平衡全球脆弱的原油供给过剩。因此,在供给过剩的大背景下,累库自然而然地成为供需调整过程当中的必然结果。从数据上看,EIA 公布的商业原油库存自 2017 年 9 月形成短暂的库存低位之后,累库显现并最终达到了历史性的新高位置。在这个长周期的过程当中,可以观察到原油价格整体是以重心大幅下降并最终形成了新的历史性新低的方式来对高企的商业原油库存进行反馈。这点也再次说明了,当美国商业原油库存水平处于高位时,对油价的负面影响是较为明显的。当然,由于价格的持续低迷也会导致市场对于后市的预期进一步下降,并影响一些常规采购,甚至是部分投机需求。因而,从基本面角度来看,当 EIA 库存进入高位之后,整体对油价的负面影响,不仅是长期的,甚至其化解去库的过程也是长期的。

第三种情况是,WTI 油价在短期极端行情,此时,原油库存对油价的影响方向和程度会略有不同,但总体会体现出较强的效应。

从价格和库存的回溯角度来看,历史上大部分的时间,相对季节性而言,整个国际原油价格处于比较缓和的波动范围。其实真正可以观测极端行情下库存的机会并不多,但分析国际油价跨区间的大波动案例,对于我们后续研究有重要意义,2020 年由于新冠肺炎疫情的因素,原油库存和价格再次出现了罕见的极端行情(见图 3)。

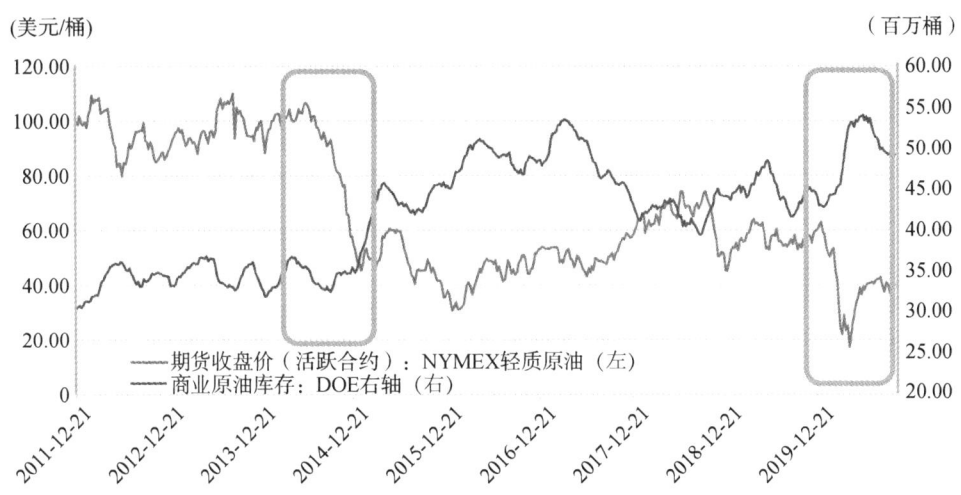

图 3 WTI 原油期货价格与商业库存量对比

具体来看,2015 年 4 月至 6 月,WTI 原油价格大幅下挫后维持在 45 美元/桶上下的水平,从美国整体页岩油的开采成本来看,除了部分地区的页岩油能够覆盖开采的现金流成本外,其他地区的原油的开采处于亏本状态,因此 WTI 油价维持低位区间震荡数月。按照常规的供需理论,此时原油库存应该处于消化状态,一般以去库运行为主。然而,之后的数月原油库存并没有出现特别明显的去库存化,反而在 2016 年又出现了高位累库的格局。当然,从经济学角度来看,全球经济在当时出现了较为明显的增长放缓，在一定程度上抑制了原油的需求，导致了原油库存层面对于原油价格的敏感性进一步下降。

再比如，2020年三四月份，伴随着价格的快速回落，EIA的原油库存出现了较为显著的累库。这主要是新冠肺炎疫情使人们开始采取各种隔离等防护措施，进而，外出旅游、公务出差等的油品短期需求出现真空，并传导至原油端的需求下降。综合来看，在这个时点上，库存并没有出现低价出货的去库存化而是出现了累库的格局。当然，再往后的事态发展，转为价格大幅下挫，甚至出现贴钱运油的情况。直到这个时候，原油价格反弹，同时库存下降。

对于第三种情况，我们稍微总结一下。当处于极端价格波动行情时，极端即意味着：首先，原油供需并不是一个正常的状态；其次，原油供需本身就是一个经济学的经典模型，在这个基础上，原油还承担了美元的金融属性，从而在一定的波动幅度内，价格未必完全是供需库存结果演变的体现。

然而，极端情况的前提往往容易与美元周期的强弱切换同步发生。因此，极端时期油价和库存的关系需要结合当时国际、国内宏观的具体情况来分析，不能一味地以库存演变趋势来预期分析油价。然而，这个并不是否定各个价格区间原油库存波动对于价格变化预测没有意义。相反，它依然是各种情况下最好的抓手。

只要经济没有出现极端危机的情况下，比如2008年的次贷危机之前，以及美国量化宽松周期，油价库存虽然大幅波动，但对应的价格波动均相对有限。毕竟，从零售层面来看，油价具有存储备货的投机需求。因此，只要不出现大的宏观货币驱动因素，短期对于未来的价格预测会体现在油价当中。

（二）库存信息发布对油价的短期影响——以EIA库存信息发布为例

本部分中，我们将观察原油库存变化信息发布对原油价格的短期影响。相对而言，库存变化对价格变化最明显的是库存信息公布当天的油价变化。尤其当原油处于历史低库存区间时，公布消息后WTI油价会做出顺势反应。比如：如果公布的库存数据大幅下降，则油价反弹；反之亦然。但如果把观察的时间周期进一步拉长到库存数据发布后的2—4周的维度，一天里的库存大幅变化对于中周期价格的影响力度就较为有限了。日度库存数据对于更长周期的影响，之前已经有所论述，在此不再赘言。

美国原油市场公开的库存数据有API和EIA两种，以下将从短期库存变化对于油价的变化进行简要探讨。库存数据的公布会引发市场波动，因此吸引了相当多事件驱动性玩家的参与。同时，库存数据也是早期程序化交易继农产品之后的另一个重要日内策略的应用。这里所说的事件性驱动，包括一年8次的美联储会议纪要公布日，全球央行年会，中国、欧洲、日本央行对于金融货币政策的信息披露，也包括了美国高频的宏观经济数据公布时点（如就业人口、失业人口等），甚至还包括一些国家的原油场外期权持仓信息披露。

总体而言，偏利多的库存消息往往能在盘中引发油价的预期性波动。因为，这些短期因素可能会影响供需平衡路径的改变，进而通过库存的变化最终传导至原油价格端。有时，比如美元政策的变化会导致原油需求的变化，而这种变化往往是供需模式或供需结构预期改变的拐点，因此当天通常会形成大波动。

比如2016年11月特朗普胜选，国际金价出现大幅跳涨，原油价格盘中回落。至2016年11月中旬，EIA原油库存触底反弹，并在随后2017年2月中小幅累库。价格层面，美原油日线级别反弹并贯穿至2017年2月底。而从当时的宏观面来看，随后就是我们所熟知的中东开始大采购美国武器，并同时达成原油减产提价政策，变相为有出口企图的美国油企做出一定的让步。因此可以观察到之后4个月内，油价均处于反弹偏强的同期水平（见图4）。

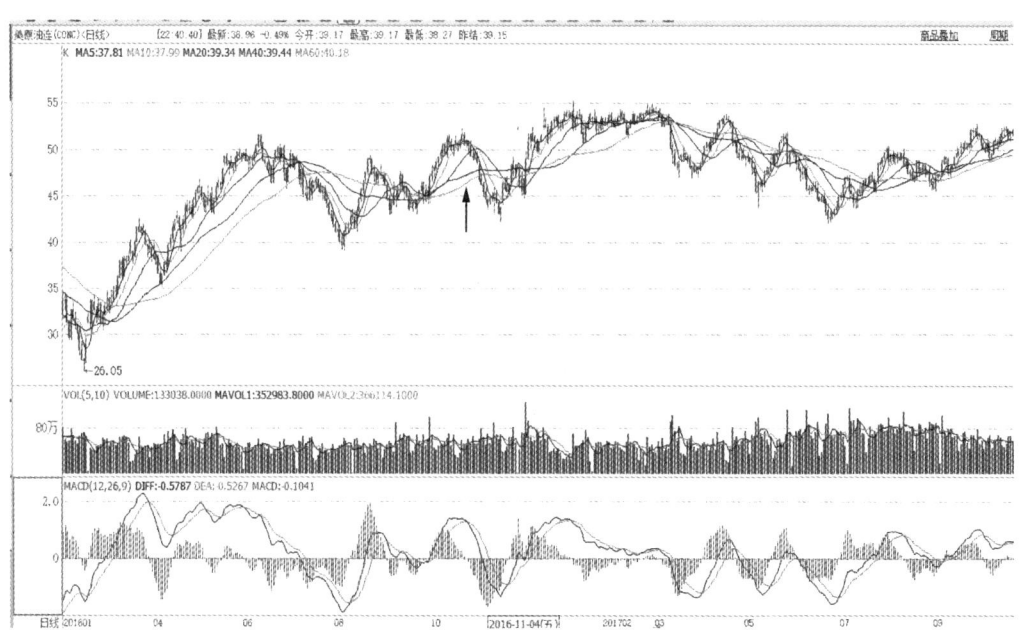

图4 WTI原油期货

因此，综合来看，单日库存信息的大幅波动导致的短期价格趋势，往往是包含在更长维度的趋势当中。同样，2016年特朗普胜选后，原油价格触底并在随后几个月反弹，因为从大周期角度，共和党执政都会对应一个强原油价格周期的预期，这样是利于原油库存的进一步消化。良好预期下，油价触底后才能激发后市价格反弹。当然，要从单日的库存数据变化来推及更长周期的趋势，本来就较困难，但如果结合当时的宏观情况和原油供需实际情况，则利于对下阶段的行情做出判断。

同时，如果我们缩短时间维度，观察原油消息公布后的 WTI 期货价格的变化，也会发现一定的结果。

EIA 每周三 22：30（夏令时）、23：30（冬令时）都会公布库欣地区库存。我们统计了 2019 年 10 月 19 日至 2020 年 11 月 19 日的库存数据和数据公布后半小时 WTI 期货油价的变动情况，发现在总共 57 个样本数据中，有 33 次油价波动方向和库存波动方向相反，约占 58%。这也符合我们的基本结论，即原油库存增加，利空油价（见图 5、图 6、图 7）。

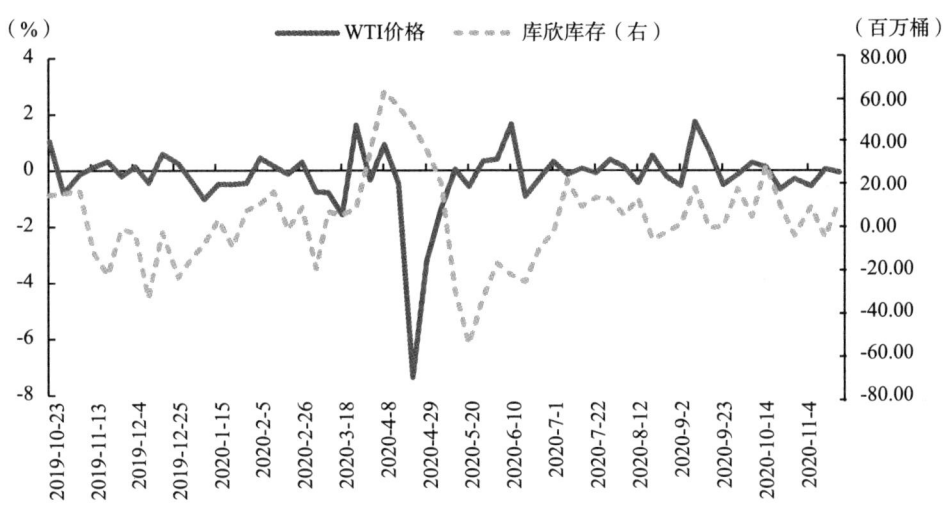

图 5　WTI 30 分钟波动率与库欣库存对比

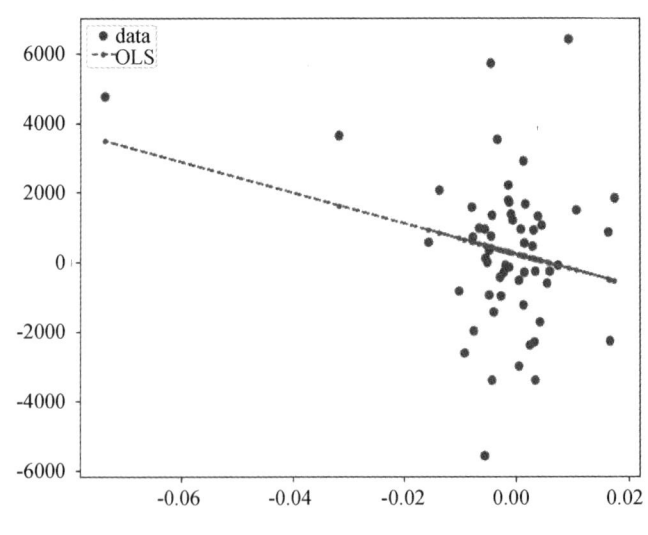

图 6　库存及油价拟合曲线

但是从拟合的情况看，解释力度并不理想，相关性只有 -0.25。我们分析主要原因：部分数据在一定库存水平下对价格影响有限，毕竟影响油价的因素是多样化的。为了能剔除一些其他因素的影响,我们试图分析在库存不同变化程度下油价的变动情况,在库存变化小于200万桶的41次统计中,22次油价和库存反方向波动,占比54%;而库存变化大于200万桶的16次中,11次油价和库存反方向波动,占比69%。说明当库存变化较小时,油价波动受其他因素影响较大,较为无序;但如果库存变化较大,油价将大概率随库存的反方向波动(见图8)。

```
                            OLS Regression Results
==============================================================================
Dep. Variable:                      y   R-squared:                       0.063
Model:                            OLS   Adj. R-squared:                  0.046
Method:                 Least Squares   F-statistic:                     3.676
Date:                Tue, 24 Nov 2020   Prob (F-statistic):             0.0604
Time:                        14:30:52   Log-Likelihood:                -516.64
No. Observations:                  57   AIC:                             1037.
Df Residuals:                      55   BIC:                             1041.
Df Model:                           1
Covariance Type:            nonrobust
==============================================================================
                 coef    std err          t      P>|t|      [0.025      0.975]
------------------------------------------------------------------------------
const        225.1466    286.836      0.785      0.436    -349.685     799.978
x1          -4.41e+04    2.3e+04     -1.917      0.060    -9.02e+04    1995.478
==============================================================================
Omnibus:                        5.169   Durbin-Watson:                   0.811
Prob(Omnibus):                  0.075   Jarque-Bera (JB):                6.512
Skew:                           0.159   Prob(JB):                       0.0385
Kurtosis:                       4.625   Cond. No.                         81.6
==============================================================================
```

图7 统计分析结果

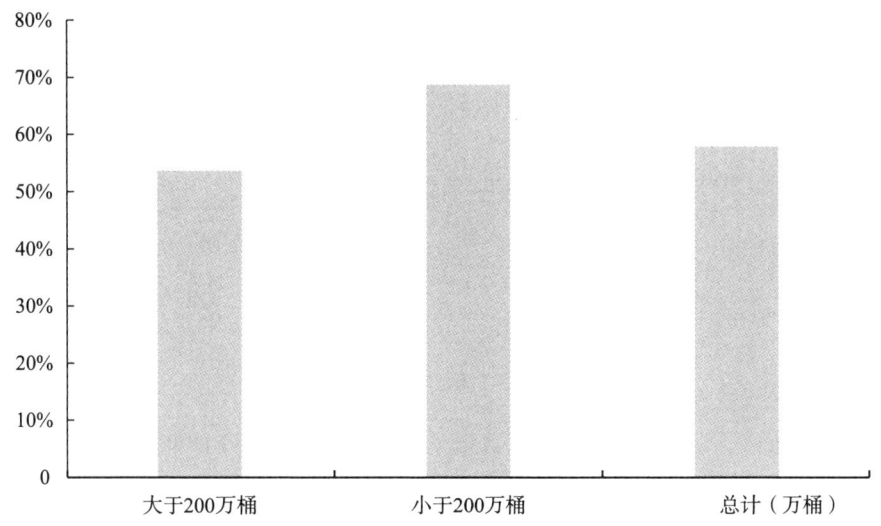

图8 库存不同变化情况下油价与其反方向波动的概率

同时对库存变化大于 200 万桶的情况再次拟合，发现相关性提高至 -0.35，显示库存变化越大，对油价的影响也越大（见图 9、图 10）。

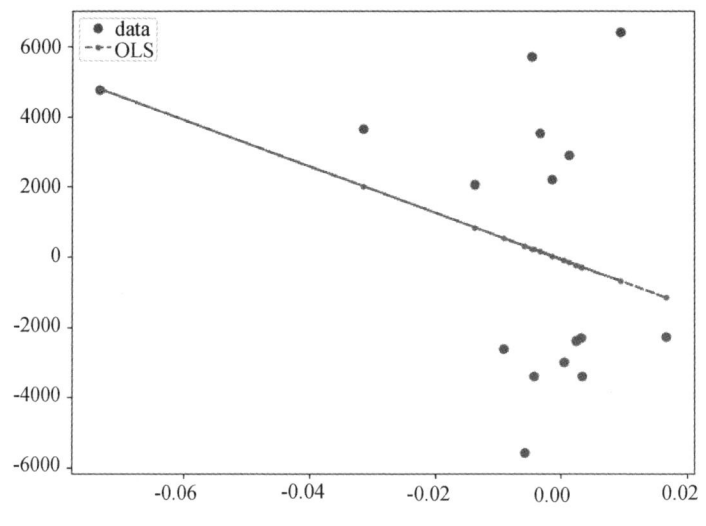

图 9　库存及油价拟合曲线

```
                            OLS Regression Results
==============================================================================
Dep. Variable:                      y   R-squared:                       0.124
Model:                            OLS   Adj. R-squared:                  0.062
Method:                 Least Squares   F-statistic:                     1.991
Date:                Tue, 24 Nov 2020   Prob (F-statistic):              0.180
Time:                        16:17:02   Log-Likelihood:                -153.27
No. Observations:                  16   AIC:                             310.5
Df Residuals:                      14   BIC:                             312.1
Df Model:                           1
Covariance Type:            nonrobust
==============================================================================
                 coef    std err          t      P>|t|      [0.025      0.975]
------------------------------------------------------------------------------
const        -65.4822    990.200     -0.066      0.948   -2189.250    2058.285
x1         -6.597e+04   4.68e+04     -1.411      0.180   -1.66e+05    3.43e+04
==============================================================================
Omnibus:                        0.724   Durbin-Watson:                   0.796
Prob(Omnibus):                  0.696   Jarque-Bera (JB):                0.729
Skew:                           0.360   Prob(JB):                        0.695
Kurtosis:                       2.242   Cond. No.                         50.0
==============================================================================
```

图 10　统计分析结果

综上，我们可以得出结论，库存数据的公布对短期 30 分钟油价有一定的指导意义，其反方向波动的概率在 58%，如果进一步统计库存变化幅度大于 200 万桶的情况，反方向波动的概率达到 69%。

（三）库存的跨市场影响——以美国原油库存与中国原油库存互相影响为例

需要注意的是，跨区套利涉及的影响因素较多，这里仅仅做供需库存对于跨区域原油物流移动的一定情况下的一般性分析。实际上，中美贸易摩擦以来，从美国进口的原油量（从海关公布的数据来看）并不稳定，单纯追踪这个量并不能完美解释价格的变化。但这里实际发生的情况对国际原油物流和实际价格又具有实战层面的参考意义。

国内原油进口期现货价格主要参照迪拜原油，这里油价的传导路径较长，更多是通过全球原油船运的变化来展开。从国内原油进口数据的梳理过程当中可以发现，当美国原油处于淡季时，供需比例中过剩的部分会以出口为主，其中不乏运来中国的原油。这个时候，观察美国原油库存变化对于预测国际油价价格体系，以及潜在的物流流转方向，是有帮助的。因此，美国原油库存的波动就和欧洲定价的布伦特原油产生了联动，并更加间接地和 SC 原油完成了闭环挂钩（见图 11）。

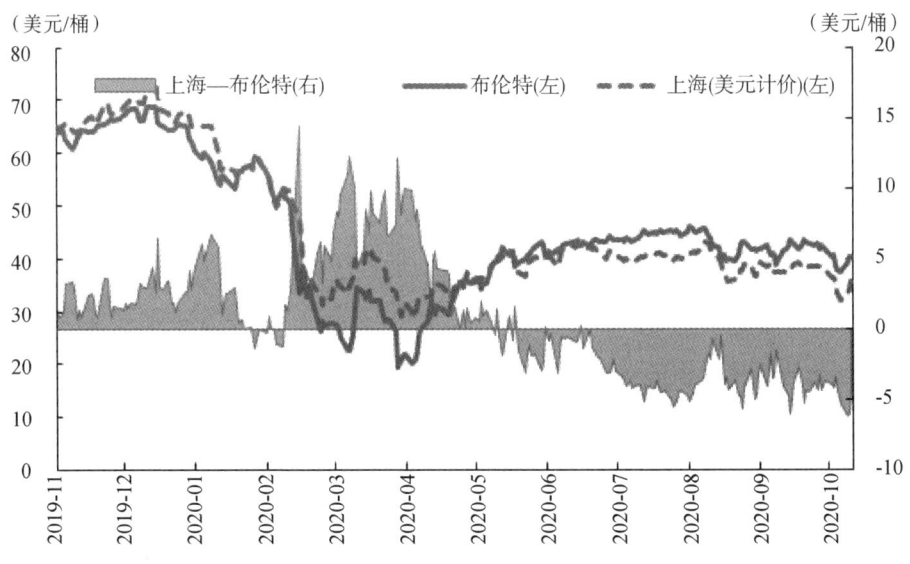

图 11 SC 原油期货价格与 Brunt 原油期货价格对比

提到国际物流，还有一个广义的库存数据就是海上浮仓原油。作为金融属性实物化的原油，它是最能体现货币和原油供需双重性的类库存商业行为。在原油行情历史上，几乎在几次重大的跨区价差波动，抑或是原油期现货的牛市初期，都能观察到贸易商有囤积浮仓的动作。在 2020 年 4 月油价下跌初期，也一度传出有贸易商通过浮仓来储存低价原油的动作。因此，从库存研究的角度，在极端行情下原油浮仓也是国际原油整体库存的一个补充类指标，与 WTI 原油价格的相关性较高。

(四)发布全球原油库存数据的重要性

以上以美国原油库存和 WTI 价格的关系为例阐述原油库存和原油价格的相互依存关系,并以 EIA 发布美国原油库存对 WTI 价格的影响,说明原油库存信息的发布可能对产生油价影响。之所以选择美国这一区域作为案例,是因为美国的原油库存信息发布相对其他国家而言更为透明,数据频次和数据精度都有保障。我们已论述了美国原油库存和中国原油库存存在一定的关联关系,并通过更长的传导链条与国内原油定价发生关联。一个适当的联想是,通过更多国家乃至全球原油库存信息的发布,能够更好地预测国际油价价格体系,从而影响中国原油定价。本部分试图阐释发布全球原油库存对改善国内原油市场参与者信息不对等现状的重要意义。

原油就其商品属性而言,其价格变动与供需关系高度相关,而库存是连接供需两端的重要节点。全球原油库存数据的变动预告了供需两端跷跷板的变化,对原油价格影响力巨大。

美国能源信息署(EIA)列举了影响原油价格的六大因素,包括非欧佩克国家(Non-OPEC)供应、欧佩克国家(OPEC)供应、经合组织国家需求(OECD)、非经合组织国家(Non-OECD)需求、库存、金融市场。

国际能源署(IEA)在其月度发布的石油市场报告中的分析框架也与 EIA 的类似,按照供需面对市场进行预测,涵盖 OECD 和 Non-OECD 需求、OPEC 和 Non-OPEC 供应、OECD 和其他国家库存。在需求端还提供精炼信息,包括全球炼厂开工率、利润等,同时提供连接供需两端的期货市场、现货市场、成品油市场、邮轮市场信息。

OPEC 的分析框架覆盖面更广,其月度展望涵盖近期油价波动、宏观经济、石油需求、石油供应、成品油市场与炼厂运行、油轮市场、库存变化七个方面。当每个月 OPEC 原油产量确定后,IEA 和 OPEC 会通过石油市场隐含库存的增加或减少,推断油价的可能变化。

当我们关注全球原油市场供需变化对原油价格影响的时候,我们还应注意到在过去 20 年的时间里,原油价格的定价权在不断地向太平洋对岸移动。

2008 年至新冠肺炎疫情前油价高点不断下移,而同期,2001—2008 年原油需求的年均增长为 1.3%,2010—2019 年的年均增长则为 1.6%。这种现象在传统原油分析框架中难以解释,其主因在于定价权转移。

2008 年金融危机后美国大力发展页岩油,与传统原油相比,美国页岩油有三个特征:生产周期更短;更为市场化;技术不断进步推动成本中枢下移。进而美国逐渐获得原油定价权。拜登上任后美国开启新能源发展时代,也对传统能源进行政策性约束。页岩油生产是否会伴随油价上涨扩大,是决定未来油价走势的重要考量因素。

库存充当着平衡供应和需求的角色。由于库存可满足现有或未来需求,库存水平对未来的价格预期非常敏感。如果市场预期未来需求增强或供应减少,期货价格就会上涨,同时刺激库存量增长;反之,库存量的超预期变动也会刺激期货价格大幅波动。

库存水平可作为衡量原油价格的标尺。供给过剩,原油库存上升、油价下挫;供给不足,原油库存下降、油价反弹。2021年全美原油库存水平与2018年低点相当,进而原油价格也几乎与2018年高点持平。原油库存与油价的相关度绝对值高达88.1%,投资者多数时间用库存水平衡量油价。

因为美国原油数据信息的可得性和透明度最高,所以,我们以美国为例介绍有关原油库存的几个基本概念。

商业原油库存以美国能源信息署每周公布的可作为商业用途的原油库存为主,商业或战略原油库存均指陆上(on-land)库存。

库存类型包括:

(1) 商业原油净库存 = 商业原油库存 - 管道和水运、铁运中的在途原油。

(2) 净库存即真正放在仓库或厂库中的商业原油库存。

(3) 全国原油库存 = 商业原油库存 + 战略储备原油库存。

(4) 全国石油库存 = 全国原油库存(商业、战略) + 全国成品油库存(商业、战略)。

(5) 全球原油库存 = 各国原油库存 + 海上原油库存。

库容能力可以简单地理解为"库存的上限",但同时还要考虑几个限制性因素导致库容并非可以100%被使用。

(1) 处于合约中的仓储设施可能是空置的,有的并不会立即被使用,因为市场上大多数人不愿意放弃租赁的仓储能力,除非能以更高的价格租出去。

(2) 石油库容虽然是一个统称,但实际中不能将原油和成品油(如航空柴油、汽油和柴油)混合在一起,因为互相污染将严重损坏产品价值。

(3) 工作仓储能力。工业仓储能力不包括油罐底部和预留性空间。油罐底部指的是低于正常油罐吸引管线的容量,包括较难抽取到的水和沉积物。预留性空间指的是在正常操作水平时高于最大工作库存水平的预留空间,为超出工作仓储能力的库存提供一定灵活度,以保证不造成安全隐患和操作中断。一般,工作仓储能力预计占外壳容量的80%。

如何根据库存水平预测油价,需要考虑若干因素:(1) 库存小幅波动时原油价格不会有明确的方向;(2) 在无经济衰退或复苏的冲击下,原油需求变化较为温和平稳,库存的趋势变化往往由供给因素引发;(3) 供给因素方面,需要把握OPEC与页岩油供给背后的政策意愿以及资本开支意愿。

当然，这些因素的综合作用最终都会归结为库存的变动，换句话说，库存变动是供需各方面作用的综合结果。但是，目前市场上恰恰没有全球原油库容和库存的权威数据。

EIA每周、月、年都会发布原油及其相关产品库存统计报告。OECD中的发达国家也会定期发布库存统计报告。但其他国家的库存数据，包括石油消费量快速增长的主要发展国家和主要产油国数据则无法及时获得或者根本无法获得。此外，原油通常会储存在海上的油轮里，这些库存量信息的缺乏是原油市场的又一个不确定因素。

卫星数据公司Orbital Insight对全球27000个浮顶油罐跟踪观测得出结论：截至2020年三季度末，全球大约有60亿桶的石油仓储能力。S&P Global Platts Analytics同期预测，全球石油剩余库容为14亿桶左右，其中，陆地剩余库容10亿桶，海上4亿桶。The Guardian同期预测，市场常规油库容为34亿桶。

全球原油库存基础数据的缺失，加上市场数据在统计口径、范围上的差异，导致原油期货市场价格偏离供需基本面为常态现象，也使原油期货市场参与者处于信息不对等地位，进而处于交易不对等地位。

三、卫星观测全球原油库存数据集的构建

上一部分论述了发布全球原油库存对提升国内原油定价权的重要意义。在此基础上，本课题对卫星观测全球原油库存数据集的具体构成、实现途径进行了详细的规划设计。目前，全球原油库存观测的卫星星座正在有序建设中，并于2021年4月27日将其中的3颗人造地球卫星送入预定轨道。经过一段时间的调试，于2021年八九月份产生第一批全球原油库存数据。本部分首先介绍卫星观测区域的选择、卫星观测星座的构成、卫星观测原油库存的原理和自动化流程设计，然后介绍基于目前已有卫星得到的观测数据以及后续卫星计划。

（一）卫星观测区域的选择

目前全球主要的原油分布在中东、北美、欧洲、俄罗斯、非洲、中南美、大洋洲以及亚洲地区，共计500多个库区，26000多个浮顶型储罐，其中有7000多个大型浮顶型的原油储罐。而这些原油储罐的储油量具有极高的经济和战略价值，以传统人工统计的方法是无法获取的，且大部分国家政策不透明，导致市场参与者很难及时获取全球各国原油库存统计数据。因此，通过遥感卫星对全球原油库区进行观测意义重大。

中科星睿卫星观测的全球原油数据集包含了全球44个国家，其中，欧洲14个国

家、北美洲 3 个国家、中东 13 个国家、南美洲 1 个国家、大洋洲 1 个国家、非洲 1 个国家以及亚洲 12 个国家。表 1 为全球原油库区统计信息。我们定义原油库区储罐直径在 50 米及以上且油罐数量不少于 5 个的油库为有效库区。根据每个国家所属的组织及类别进行分类，共分成 4 个类别：OECD 组织、OPEC 组织、产油国及消费国。

表 1　　　　　　　　　　全球原油数据集观测库区

区域	国家	油库库区数量（个）	有效库区（个）	大型油罐总数（个）	所属组织
欧洲	意大利	19	14	273	OECD
	荷兰	7	4	205	OECD
	俄罗斯	8	5	58	产油国
	英国	16	14	149	OECD
	立陶宛	2	1	6	OECD
	匈牙利	3	3	28	OECD
	捷克	3	1	17	OECD
	波兰	6	5	79	OECD
	奥地利	4	3	26	OECD
	法国	12	8	192	OECD
	西班牙	10	9	159	OECD
	葡萄牙	2	2	37	OECD
	比利时	1	1	41	OECD
	德国	13	10	119	OECD
北美洲	加拿大	16	4	127	OECD
	墨西哥	5	4	50	OECD
	美国	186	94	1413	OECD
中东	巴林	2	1	21	产油国
	埃及	3	3	66	产油国
	伊朗	12	8	128	OPEC
	伊拉克	13	6	70	OPEC
	以色列	5	4	66	OECD
	约旦	1	1	6	消费国
	科威特	7	6	164	OPEC
	阿曼	2	2	29	产油国
	卡塔尔	5	4	80	产油国
	沙特阿拉伯	16	13	226	OPEC
	叙利亚	2	1	43	产油国
	阿拉伯联合酋长国	11	9	152	OPEC
	土耳其	4	2	39	OECD

续表

区域	国家	油库库区数量（个）	有效库区（个）	大型油罐总数（个）	所属组织
南美洲	巴西	15	10	120	产油国
大洋洲	澳大利亚	5	3	27	OECD
非洲	南非	3	3	61	消费国
亚洲	泰国	6	5	89	消费国
	越南	2	2	24	产油国
	印度	28	21	408	消费国
	马来西亚	6	4	54	产油国
	文莱	2	2	18	产油国
	菲律宾	4	4	35	消费国
	缅甸	2	1	12	消费国
	中国	69	69	1985	消费国
	新加坡	2	2	49	消费国
	日本	28	28	718	OECD
	韩国	8	8	195	OECD
	安哥拉	1	1	5	OPEC
合计		577	405	7869	共4个组织

（二）以合成孔径雷达（SAR）卫星为核心的观测系统设计

浮顶式储油罐简称浮顶罐，已经成为储备基地普遍采用的原油储罐。其设计了一个能"贴浮"在油面上，并随储罐内油位升降的"浮顶装置"而区别于无该装置的普通固定顶油罐。浮顶式储油罐分为内浮顶式和外浮顶式两种，因浮盘的灵活上下可以贴近液面，大大减少液面上方的气体空间，因而可以大幅降低所储存物料的蒸发损耗。该种储罐被广泛应用于汽油、航空炼油、柴油等轻质油品和原油的仓储。

对于储罐的液位测量，及测量数据的应用已经成为储备库生产管理的重要工作内容。利用浮顶随油量变化的几何关系，就可以计算出油罐中的油量。

可见光遥感卫星、SAR遥感卫星均可以对原油储罐进行拍摄成像，用来计算储量。目前的商业卫星星座以高分辨率可见光遥感卫星为主。可见光遥感卫星在使用上受观测目标天气影响很大，云雾覆盖时无法得到有效成像。卫星只有运行在有太阳光照射的半球时才能对目标进行成像，限制了卫星的重访能力。本课题组在前期研究中，使用可见光遥感卫星对美国库欣地区进行过为期累积三年的日频观测，每周有效获取数据的次数为2—5次。与可见光卫星相比，SAR卫星能够有效解决这些问题。SAR卫星以其全天时、全天候观测能力成为我们设计全球原油观测系统的核心观测设备。

合成孔径雷达是20世纪高新科技的产物，是利用合成孔径原理、脉冲压缩技术和信号处理方法，以真实的小孔径天线获得距离向和方位向双向高分辨率遥感成像的雷达系统，在成像雷达中占有绝对重要的地位。近年来，由于超大规模数字集成电路的发展、高速数字芯片的出现以及先进的数字信号处理算法的发展，使SAR具备全天候、全天时工作和实时处理信号的能力。

在早期研究雷达成像系统时采用的是真实孔径雷达系统（Real Aperture Radar）。真实孔径雷达成像系统及处理设备相对较为简单，但它存在一个难以解决的问题，就是其方位分辨率要受到天线尺寸的限制。

雷达技术中角分辨率（在两坐标中为方位分辨率，或称为横向距离分辨率）经典概念的数学表达式为：

$$\delta_x = \lambda R/D$$

式中，D为天线孔径，R为斜距。

提高方位分辨率的常规方法只有两条途径：一是采用更短的波长，二是研制尺寸更大的天线。所以要想用真实孔径雷达系统获得较高的分辨率，就需要较长的天线。但是，所采用天线的长短往往又受制于雷达系统被载平台大小的限制，不可能为了提高分辨率无休止地增加天线长度。幸运的是，随着雷达成像理论，天线设计理论、信号处理、计算机软件和硬件体系的不断完善和发展，合成孔径雷达（Synthetic Aperture Radar，SAR）的概念被提出来。

合成孔径雷达系统的成像原理，简单来说，就是利用目标与雷达的相对运动，通过单阵元来完成空间采样，以单阵元在不同相对空间位置上所接收到的回波时间采样序列取代由阵列天线所获取的波前空间采样集合。只要目标被发射能量波瓣照射到或位于波束宽度之内，此目标就会被采样并被成像。利用目标与雷达相对运动形成的轨迹来构成一个合成孔径以取代庞大的阵列实孔径，可保持优异的角分辨率。从潜在的意义上来说，其方位分辨率与波长和斜距无关，是雷达成像技术的一个飞跃。

用一个小天线作为单个辐射单元，将此单元沿一直线不断移动，在不同位置上接收同一地物的回波信号并进行相关解调压缩处理。一个小天线通过"运动"方式就合成一个等效大天线，这样可以得到较高的方位向分辨率，同时方位向分辨率与距离无关，这样SAR就可以安装在卫星平台上，从而可以获取较高分辨率的SAR图像（见图12）。

全球原油库存观测卫星星座由7颗卫星构成，其中的3颗已在轨运行，其余卫星将在近一两年内陆续发射。这些卫星包括齐鲁一号、星睿五号和星睿六号3颗亚米级分辨率的SAR卫星以及齐鲁四号、佛山一号、齐鲁二号、齐鲁三号4颗0.5米分辨率的光学卫星（见图13）。SAR卫星主要用于油罐库存动态变化的监测，而光学卫星则主要用于库区位置确认。通过以上卫星的组网运行，将可实现重点库区的日频重访、全球库存的周频观测目标。

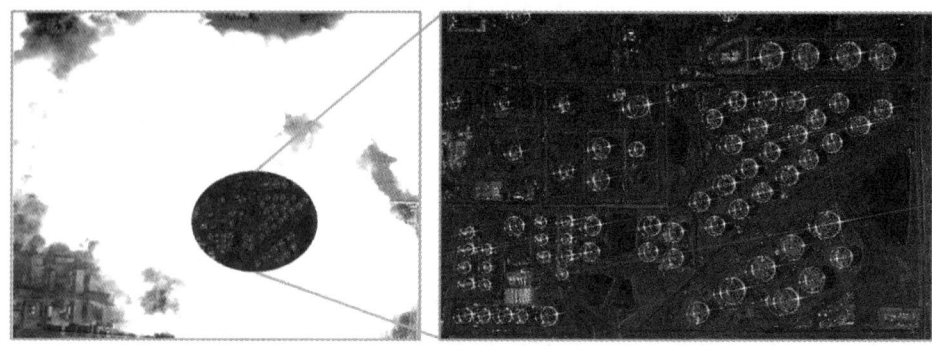

图12　SAR卫星的全天时全天候观测特性

图13　原油观测卫星星座

（三）原油库存观测原理及自动化监测算法

1. SAR卫星监测原油库存的原理

针对油罐目标的两种典型的多径散射机制，根据射线原理和SAR工作原理给出它们的预测模型。

油罐目标的多径散射主要有两种情况：（1）油罐竖直外壁与地面的二次散射；（2）浮动顶油罐竖直内壁与浮动罐顶的二次散射。前者在固定顶油罐和浮顶油罐的SAR成像过程中产生；后者主要在浮顶油罐的浮顶具有一定浮动量时产生。图14示意了浮顶油罐中的某条典型的二次散射射线。这条射线依次经过点 P_1 至 P_4，然后返回雷达接收端，其中，点 P_2 处于油罐内壁弧面，点 P_3 处于浮顶结构所在平面内。

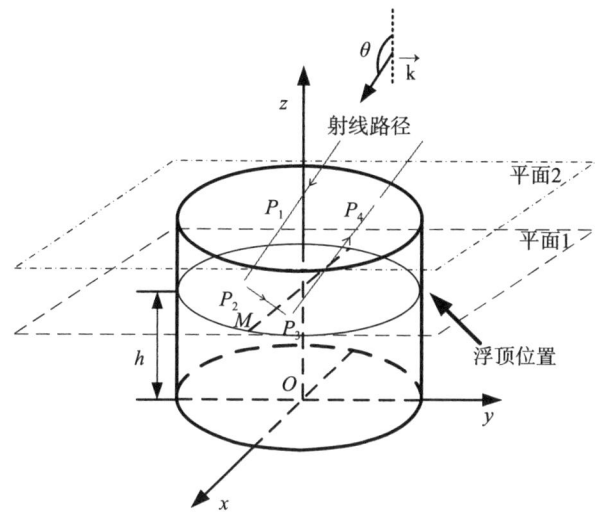

图 14　浮顶圆柱油罐的多径散射示意

根据射线理论，射线的入射方向即为雷达入射波方向，同时，射线循迹根据镜面反射原理进行计算。由于多径散射的发生，该射线首次与目标相交的入射点和最后弹射出目标的点是两个不同的点，因此，为了获得该条射线成像后在 SAR 图像上的聚焦位置，需要根据合成孔径过程进行计算。图 15 示意了一条普适情况下的多径散射线：该条射线到达目标表面 A 点后经过多径散射从目标表面的 B 点弹出。令 η 表示方位向慢时间，v 表示雷达飞行速度，R_{MB} 表示多径散射的路程。该条射线的距离等式为：

$$R(\eta) = R_A(\eta) + R_B(\eta) + R_{MB}(\eta)$$

多普勒频率求出如下：

$$f_d = -\frac{2v_r^2}{\lambda}\left[\frac{(\eta - \eta_A)}{\sqrt{R_A^2 + v_r(\eta - \eta_A)^2}} - \frac{(\eta - \eta_B)}{\sqrt{R_B^2 + v_r(\eta - \eta_B)^2}}\right] - \frac{2}{\lambda}\frac{dR_{MB}(\eta)}{d\eta}$$

上式的 $\dfrac{dR_{MB}(\eta)}{d\eta}$ 项与具体的多径散射情况有关，目标场景越复杂，多径路径越复杂，该项数值越大。在这里，由于油罐目标形状比较规则，近似认为多径路径随方位向变化不大，最后一项近似为零，由此可以推出方位向的聚焦位置为：

$$\eta = \frac{R_A\eta_B + R_B\eta_A}{R_A + R_B}$$

上式给出了多径路径较为规则的情况下，多径散射射线方位向的近似聚焦位置。即：近似等于入射点和出射点的方位位置的平均。距离向聚焦位置也同样近似获得：

$$R = \frac{1}{2}(R_A^0 + R_B^0 + R_{MB})$$

其中，R_A^0 和 R_B^0 分别表示 A 点和 B 点的最短斜距。

外壁发生多径时，二次散射线的端点 P_i 的坐标为：

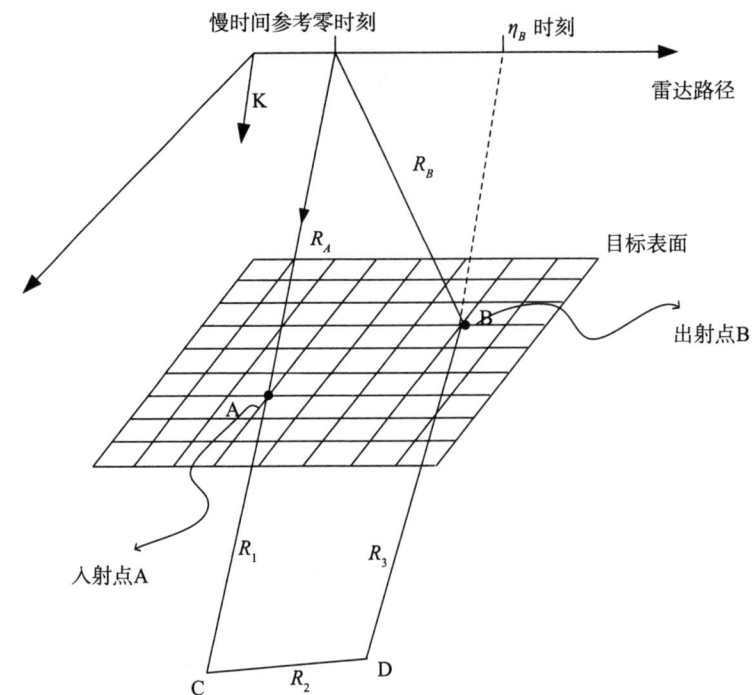

图 15 合成孔径过程中的多径散射示意

$$\begin{cases} P_x = r\cos\varphi_n - rh'\tan\theta\tan\varphi_n\sin\varphi_n \\ P_y = r\sin\varphi_n + rh'\tan\theta\tan\varphi_n\cos\varphi_n \end{cases}$$

内壁发生多径时,对应的二次散射线端点坐标为:

$$\begin{cases} P_x = r\cos\varphi_n + rh'\tan\theta\tan\varphi_n\sin\varphi_n \\ P_y = r\sin\varphi_n - rh'\tan\theta\tan\varphi_n\cos\varphi_n \end{cases}$$

其中,r 为油罐目标的半径。h' 分别对应油罐高度、浮顶浮动距离。

根据以上的分析,建立了油罐目标多径散射在 SAR 图像中的预测模型。根据以上的分析,可以得到圆柱油罐多径散射特征,它的示意图如图 16。多径特征主要有两点:(1)固定顶油罐通常在 SAR 图像上显示三条弧线,它们各自对应的位置如图 16 所示,多径散射对应的弧线的曲率半径大于油罐半径;(2)浮顶油罐通常在 SAR 图像上显示四条弧线。外壁底部多径散射对应的弧线曲率半径大于油罐半径,油罐内侧多径效应对应的弧线显示出更大的半径。根据这样的分析,可在图 16 中标注几何点 B、E、G、M 在实际 SAR 图像中的位置示意。

2. 自动化监测算法

由前文分析可知,SAR 卫星监测原油库存的关键在于确定油罐散射关键特征点的位置。本部分将设计一套自动化算法实现 SAR 遥感图像上油罐位置的定位以及关

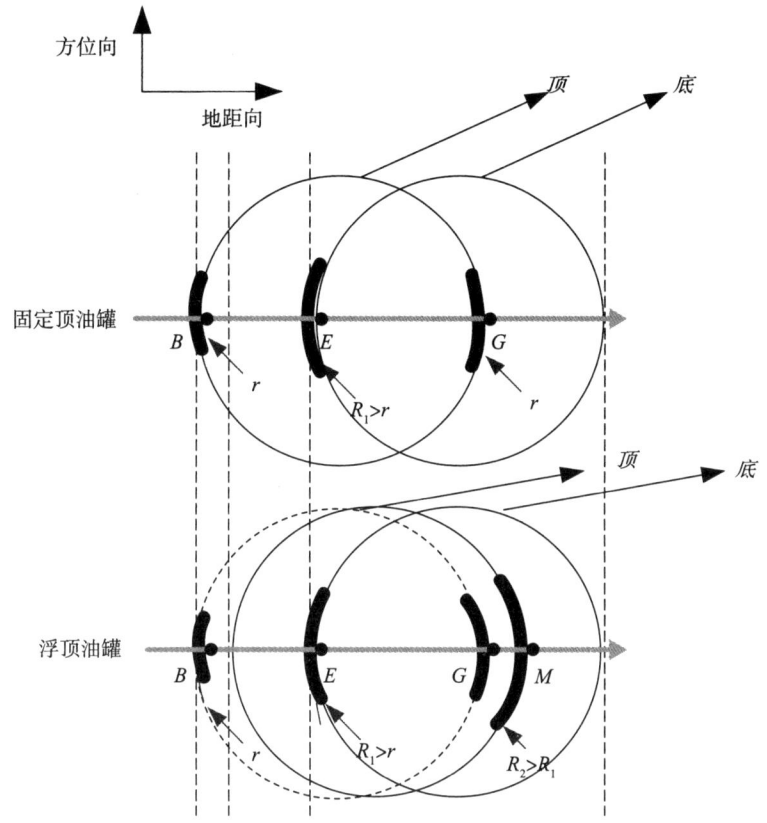

图 16　固定顶油罐和浮顶油罐的多径散射特征示意

键特征点的自动定位，从而实现原油库存信息的自动获取。

我们选用具有目标检测模块的深度神经网络实现油罐定位及关键特征点提取。下文首先介绍具有目标检测模块的深度神经网络的学术发展历程，然后介绍用于进行油罐位置检测和关键点输出的目标检测网络的构造。

（1）目标检测深度神经网络的学术发展历程。目前，国内外学者对遥感图像目标检测算法的研究已有 30 多年。早期遥感领域的目标检测主要集中于红外图像、合成孔径雷达或多光谱遥感影像。例如 Greig 等通过先验知识在 SAR 影像上识别弱小目标，提高卫星遥感影像上弱小目标检测的鲁棒性。Hu 等提出一种结合中分辨率光谱影像和 SAR 影像的溢油检测方法。唐天翼等针对多光谱遥感影像，提出结合色彩空间变换与异常检测的海上船只检测方法，解决了传统阈值分割中船只与复杂海面难以分离的问题。随着卫星遥感分辨率的不断提高，特别是光学卫星遥感空间分辨率达到亚米级，越来越多的学者开始将目标转向高分辨率光学遥感的目标检测。

卷积神经网络（CNN）在图像分类问题上获得了广泛的应用，在很多应用情景下，卷积神经网络的性能甚至超过了人工分类，如 ImageNet 上的图像分类任务、一些医学影像的自动诊断等。与此同时，卷积神经网络也可以用于非分类问题，例如检测问题。和图像分类问题不同，检测的目标是从整幅图像中得到目标物体的位置、大小信息。这意味着 CNN 网络的 Softmax 层需要被更复杂的输出层替代。和图像分类问题相比，检测问题的图像往往更加复杂，同一幅图片上会包含多类物体以及复杂的背景。

下文首先回顾基于卷积神经网络的目标检测方法的发展历史。

Ross Girshick 等于 2014 年提出的 R-CNN 算法标志着卷积神经网络用于目标检测问题的开端。R-CNN 算法的输入为包含目标的图像，输出为一系列的带类别标签的边框，目标物体将恰好包含在边框内。为了实现这一目的，R-CNN 首先使用 Selective Search（以下简称"SS"）方法产生一系列候选框。SS 方法通过遍历多尺度的窗口对具有相似纹理特征、颜色特征或者亮度特征的像素点进行聚类，从而得到大量可能包含目标物体的候选框。随后，R-CNN 将这些候选框缩放到相同的大小，通过训练 CNN 网络提取特征，最后通过支持向量机（SVM）对提取出的特征向量进行分类，得到每个候选框是前景还是背景，以及类别信息。因此，R-CNN 是一个包含 4 个步骤的串行过程。首先输入图像，然后通过 SS 获得大约 2000 个候选区域，缩放这些区域，通过 CNN 计算特征，最后进行 SVM 分类。在训练过程中，正样本由所有和真实边框的 IoU（检测算法中定义的一种衡量不同边框重合程度的变量）大于 0.5 的候选框确定。在算法的最后一步，R-CNN 还拟合了一个线性回归模型，利用卷积层提取的特征调整优化 SS 得到的边框边缘位置。

R-CNN 网络中，对不同形状候选框统一大小的缩放操作有可能造成图像的失真和变形。同时，每一个由 SS 生成的候选框都要通过卷积网络，因此，训练、检测的过程都会比较耗时。Kaiming He 等于 2015 年提出 SPP-net，解决了这一问题。SPP-net 是一种适应多尺度输入的网络结构。不同尺度的输入图像经过若干卷积层之后的特征图通过空间金字塔池化（SPP）层后变成固定长度的向量。因此，R-CNN 的框架可以做出以下改变：通过 SS 生成候选框后，原始输入图像作为整体通过 CNN 网络得到特征图，虽然候选框在特征图上对应的窗口有大有小，但通过 SPP 层后，所有的候选框分别成为一个固定长度的向量。基于 SPP-net 的目标检测算法避免了图像反复通过卷积层，同时避免了对候选区域的缩放。在训练过程中，SPP-net 算法用所有真实的物体边框作为正样本，所有 IoU 不超过 30% 的候选框作为负样本，通过困难负例挖掘方法均衡正负样本数量。SPP-net 还可以通过多尺度输入进行改进，将输入图像缩放到一系列不同的尺度分别通过卷积网络，并且在使候选框长宽接近 224 像素的输入图像的特征图上提取正样本。不同网络可以结合在一起以提升检测性能，结果应通过非最大值抑制（mAP）方法进行综合。

R-CNN 的提出者 Girshick 于 2015 年再次提出了 Fast R-CNN 算法。Fast R-CNN 是对 R-CNN 框架的加速和简化。针对 R-CNN 对每个候选框重复通过卷积网络的问题，Fast R-CNN 沿用了 SPP-net 的做法，对候选框在特征图上进行了池化（pooling），该层定义为 RoI pooling 层。和 SPP-net 不同，RoI pooling 不存在多层级的金字塔结构。Fast R-CNN 解决的第二个问题是 R-CNN 需要训练包含 CNN、SVM、线性回归在内的多个模型，而 Fast R-CNN 则将这些步骤统一为多任务损失函数的单个网络。为此，Fast R-CNN 在全连接层后边连接了两个损失层，其中 softmax 损失层用于判定 RoI 的类别（背景或者物体类别），bbox regressor 损失层使用 smooth L1 函数度量候选边框和真实的物体边框之间的差异。在训练阶段，只有 IoU 大于 0.5 的候选框才会计算 bbox regressor 损失，IoU 在 0.1 到 0.5 之间的候选框用于负样本，这一过程也使 RoI pooling 层向底层的梯度传播能够以可接受的计算量实现。在检测阶段，网络输出每个候选锚定框属于每一类的概率以及每一类别经过回归后的边框位置。最后，通过 mAP 方法得到最终的检测结果。为了使检测更快，对全连接层进行了截断 SVD 压缩。

Shaoqing ren、Kaiming He、Girshick 以及 Jian Sun 于 2016 年对 Fast R-CNN 再次进行了改进，得到了 Faster R-CNN 算法。在 Fast R-CNN 中，候选框的获得仍然沿用 R-CNN 以来的做法，使用 SS 算法得到。这一步骤成为算法效率的瓶颈所在。Faster R-CNN 找到了一种直接从 CNN 网络得到候选框的方法，并将这一网络结构称为 Region Proposal Networks（RPN），用 RPN 替代了 Fast R-CNN 中的 SS。RPN 需要预先设置 k 个"锚定框（anchor box）"，在卷积网络生成的特征图上定义 n×n 的滑动窗（n 取 3），对每个窗口位置经过 RPN 的中间层生成 k 组变量，每组变量包含 2 个得分和 4 个坐标位置变量。对于每个锚定框，2 个得分分别代表属于前景和背景的概率，4 个坐标位置变量定义了边缘框（bounding box）相对于锚定框的偏移量。锚定框是一系列先验的目标边框，在例子中使用了 3 组不同的尺寸和 3 组长宽比，共产生 k=9 个锚定框。RPN 的损失层类似 Fast R-CNN 的损失层，区别是锚定框替代了由 SS 生成的候选框。训练过程中正样本为 IoU 大于 0.7 的锚定框以及与每一个真实边框 IoU 最大的锚定框，负样本为比所有真实边框 IoU 都小于 0.3 的锚定框。介于二者之间的锚定框不对训练产生贡献。算法通过正负样本 1:1 的随机采样减少需要反传的梯度数量。RPN 网络与 Fast R-CNN 网络通过 4 个阶段的训练达到共享卷积层的目的。

Joseph Redmon 等于 2016 年提出了 YOLO 算法。该算法能够实现比 Faster R-CNN 更高效的检测。Faster R-CNN 包含候选框提取、候选框分类与回归两个步骤，虽然共享了参数，但这两部分的训练是各自分别进行的。YOLO 的主要思想是将整个检测过程整合到一个网络中。YOLO 将输入图像按一定的步长分割成格子，每个格子上分别学习得到两个候选框的位置、每个候选框属于某个物体位置中心的概率以及这个格子分别属于 C 个物体类别的条件概率值。在训练阶段，YOLO 使用二范数的目标函数衡量网络生成的候选框与真实物体框之间的差异；在检测阶段，由前景概率和物体类别的条件概率的乘积对目标物体进行检测。和 Faster R – CNN 相比，YOLO 生成较少的候选框，并且由单一的网络同时对候选框的所有参数进行估计，因此方法更快，在一些视频应用中可以达到实时级别。YOLO 的缺点是小物体和位置很靠近的物体检测性能不好。

Wei Liu 等于 2016 年提出 SSD 算法。和 YOLO 类似，SSD 也是一种只需要训练单一网络的方法，因此检测速度比 Faster R – CNN 更快。SSD 的网络结构和 Faster R – CNN 的 RPN 类似，在卷积网络的特征图上生成候选框参数，候选框通过对一系列锚定框的修正得到。SSD 的创新点在于候选框由多个卷积层生成，在不同的卷积层应用不同的锚定框，越靠近顶层的卷积层锚定框越大，因此能够检测多尺度的目标物体。训练阶段通过困难负例挖掘方法均衡正负样本数量以及减少反传计算量。和 RPN 不同，SSD 的 softmax 损失层直接得到所有类别（包含背景类别）的得分值，因此，直接对网络输出进行 mAP 后就能得到检测结果。

与一般的目标检测问题相比，遥感图像上的目标检测问题具有以下特点：

①目标尺寸较小。受限于遥感图像的分辨率，有价值的待检测目标长宽通常只有数十像素。

②目标大小存在先验信息。自然图像上的物体存在近大远小的现象，同类问题在不同图像上的大小变化范围较大，而遥感图像具有确定的分辨率信息，因此待检测目标大小已知。

③目标角度随机。自然图像上的目标物体通常具有较为一致的角度，例如直立或水平。而遥感图像获得的是目标物体的俯视图像，目标的姿态角随机出现。

（2）用于油罐位置检测和关键点输出的目标检测网络。和经典目标检测问题不同的是，我们采用带有自适应旋转角度的目标框框定油罐位置和方向，并同时输出目标的位置、角度、关键点位置三方面的信息。多角度可旋转候选框是检测中非常重要的一环。卷积网络结构保证可旋转候选框可以在输入图像的不同位置搜索待检测目标。在每个位置，可旋转候选框通过旋转一系列角度来生成多角度的预测结果，这是本方案中的 DRBox 检测方法同其他基于 BBox 的检测方法的最大差异。为了减少当前框的总数，在检测中采用的宽高比是与目标类型相一致的。通过这种多角度可旋转候选框策略，我们训练网络使其将检测任务转化为一系列的子任务，每个子任务着重于一个较窄的角度范围内的检测，从而减少了目标旋转对检测产生的影响。下面详述网络模型和训练过程。

①网络模型。针对目标角度随机变化的问题，传统的目标框对不同角度的同类目标需要生成不同大小的边框才能恰好将目标包含进去，为了将固定大小的锚定框和目标类别关联起来，需要给目标框引入新的变量——旋转角度。在传统的目标检

测算法中，目标边框用 BBox（bounding box）表示，本方案拟引入带有角度信息的旋转框 RBox（Rotated Bounding Box）。每个 RBox 将包含 8 个参数：目标的长度和宽度、目标中心点的横纵坐标、目标角度、目标关键点位置、目标被判为前景和背景的概率。

目标检测网络由数据输入层、卷积层、先验 RBox 层、位置预测层、置信度预测层和损失层组成，以下对检测网络中的各层进行详细描述。

a. 数据输入层（Data Input Layer）。训练数据由数据输入层读入，常规的训练数据输入层包含图像和图像的类别标签，而用于检测问题网络的训练输入为图像和目标边框，可以认为是一种复杂标签。所提方法的目标边框信息包含目标的类别标签、目标的中心点坐标、目标的角度和目标的长宽。与一般的检测算法相比，该方法要求训练数据提供带角度信息的目标边框。

b. 卷积层（Convolution Layers）。卷积层可以选用任何一种预训练的网络结构，例如 AlexNet 和 VGGNet，由于 VGGNet 网络较深，具有更好的特征提取能力，因而采用该网络作为预训练模型。此外，卷积网络可以在分类层之前的任何一层截断，以适应图像中具有不同尺寸目标的检测。

c. 先验 RBox 层（Prior RBox Layer）。先验 RBox 层连接在卷积网络之后，用于生成一系列的先验 RBox。先验 RBox 的尺寸由算法的输入预先设置。当待检测目标的尺寸固定时，直接设置为目标尺寸；当待检测目标的尺寸在小范围内变化时，先验 RBox 的尺寸选为变化范围的平均值；当待检测目标的尺寸差异较大时，使用多组具有不同尺寸的 RBox，并将不同大小的 RBox 从不同的卷积层引出。针对多类目标的检测，将先验 RBox 按照目标类别、先验尺寸划分为多组，每组 RBox 按照一定的策略绑定在一个选定的卷积层上。

先验 RBox 的位置由特征图和输入图像的降采样关系得出，每个先验 RBox 由特征图上的一个位置生成。例如，对于输入大小为 300×300 的图像，在 8×8 的特征图上生成的 RBox 将以 $300/8 = 37.5$ 像素的步长覆盖输入图像的各个区域。当目标之间的距离小于这一步长时，将会造成对目标的漏检，因此需要根据目标尺寸确定合适的特征图层，以保证不会发生上述漏检现象。直观上讲，尺寸较小的先验 RBox 应该由较浅的层生成，而尺寸较大的先验 RBox 可以由较深的层生成。通过在不同的卷积层上生成先验 RBox，可以使网络具有检测不同尺寸目标的能力。

为了使网络具有检测目标角度的能力，需要在先验 RBox 中引入角度信息，且角度应当覆盖可能出现的目标角度。当目标需要区分首尾时，先验 RBox 的角度的取值范围为 0 到 360 度，按照一定的步长离散取值；当目标不需要区分首尾时，先验 RBox 的角度的取值范围为 0 到 180 度，按照一定的步长离散取值。综上所述，给定特定的目标类型和尺寸，在一个选定卷积层特征图中的每个位置上生成 R 个具有不同角度的先验RBox，具有不同尺寸目标的先验RBox在不同的卷积层特征图中生成。

  d. 位置预测层（Location Prediction Layer）。位置预测层生成对每个先验RBox的位置修正信息，得到预测RBox的位置、尺寸和角度信息，由引出RBox的特征图上的一个3×3的滑动窗口得到。

  e. 置信度预测层（Confidence Prediction Layer）。置信度预测层对每个先验RBox生成置信度信息，得到预测RBox属于每一类的置信度大小。由于在所提算法中，先验RBox与目标类别是绑定的，因此置信度信息为一个2维的向量，分别代表RBox属于目标和背景的概率，由引出RBox的特征图上的一个3×3的滑动窗口得到。

  f. 损失层（MultiRBox Loss Layer）。损失层计算损失函数并生成网络的误差反传量，包含四部分输入，分别为数据输入层的复杂标签部分，位置预测层、置信度预测层和先验RBox层的输出。损失层的损失函数由位置损失和置信度损失两部分加权叠加，分别度量位置预测和置信度预测的准确程度，可以写为如下形式：

$$L(x,c,l,g) = \frac{1}{N}[\ L_{\text{conf}}(x,c) + \alpha L_{\text{loc}}(x,l,g)\ ]$$

其中，$L_{\text{conf}}(x,c)$为置信度损失，x为指示真实目标边框和预测RBox匹配情况的标记变量，c为置信度预测向量；$L_{\text{loc}}(x,l,g)$为位置损失，l为位置预测向量，即预测RBox参数与先验RBox参数的偏移量，g为真实目标RBox参数与先验RBox参数的偏移量；N为匹配上的RBox的数量。当$N = 0$时，损失层输出也是0。

  ②网络训练。神经网络的训练由正向传播过程和反向传播过程组成，正向传播过程由输入图像经过神经网络的多层后由损失层计算损失值，反向传播过程根据链式法则由后一层的梯度计算前一层的梯度，从而根据损失函数值修正网络中的各层参数。针对所采用的网络模型，网络包括RBox编解码、RBox匹配、正负样本均衡、损失计算和误差反传五部分，以下对各部分进行详细阐述。

  a. RBox编解码。在正向传播过程中，位置预测层得到的向量是预测RBox相对先验RBox的偏移量。由偏移量得到RBox参数的过程定义为解码过程，给定RBox参数得到其与先验RBox偏移量的过程定义为编码过程。这两个基本操作将经常被网络的正向和反向传播过程调用。

  将先验RBox的信息记为d^m，$m \in \{cx,cy,w,h,a\}$，其中，c_x、c_y、w、h和a分别表示目标框的中心点x坐标、y坐标、宽度、高度和角度，用l^m表示预测RBox的编码前信息，g^m表示真实RBox的编码前信息，$\hat{l}^m$表示预测RBox的编码后信息，$\hat{g}^m$表示真实RBox的编码后信息。预测RBox和真实RBox相对于该先验RBox的编码过程，即由先验RBox和预测（真实）RBox的编码前信息计算预测（真实）RBox的编码后信息的过程为：

$$\hat{t}^{cx} = (t^{cx} - d^{cx})/d^w$$

$$\hat{t}^{cy} = (t^{cy} - d^{cy})/d^h$$

$$\hat{t}^w = \log(t^w/d^w)$$

$$\hat{t}^h = \log(t^h/d^h)$$

$$\hat{t}^a = \cos(t^a - d^a)$$

其中，$t \in \{g, l\}$。

为了使训练过程能够利用到角度的周期性质，采用余弦函数对角度参数进行编码。

预测 RBox 相对于先验 RBox 的解码过程为：

$$l^{cx} = \hat{l}^{cx} d^w + d^{cx}$$

$$l^{cy} = \hat{l}^{cy} d^h + d^{cy}$$

$$l^w = d^w \exp(\hat{l}^w)$$

$$l^h = d^h \exp(\hat{l}^h)$$

$$l^a = \arccos(\hat{l}^a) + d^a$$

b. RBox 匹配。在训练过程中，先验 RBox 需要和真实 RBox 逐一进行比对，以确定正负样本。在检测算法中，通常用 IoU 来描述两个 Box 之间的接近程度。IoU 全称为 Intersection-over-union，定义为两个 Box 的交集与并集面积的比值。为了让角度在 IoU 的计算中具有更高的权重，在这一比值后边乘以两个 RBox 角度差的余弦的绝对值，并将这一新定义的指标记为 RIoU。若两个 RBox 之间没有交集，则 RIoU 为 0。由于算法中每个先验 RBox 包含了类别信息，若先验 RBox 与真实 RBox 不属于同一类别，则 RIoU 也为 0。

算法按照下面的策略对先验 RBox 和真实 RBox 进行匹配：对于每个真实 RBox，若存在 RIoU > 0 的先验 RBox，则取 RIoU 最大的先验 RBox 和该真实 RBox 匹配；对于每个先验 RBox，若存在和这个先验 RBox 的 RIoU 大于 0.5 的真实 RBox，则将这两个 RBox 匹配。这些匹配上的先验 RBox 将作为正样本参与损失函数的计算，其他的先验 RBox 作为候选负样本。

c. 正负样本均衡。通常情况下，由 RBox 匹配中的策略得到的负样本数量要远大于正样本的数量，因此，需要对负样本进行缩减，使二者数量均衡。在模型训练过程中，我们往往更关注更容易和正样本混淆的负样本。基于卷积网络的检测算法，我们通常采用困难负例挖掘方法来对负样本进行缩减。首先，对所有负样本通过置信度预测层计算其为背景的置信度，对所有负样本的背景置信度进行排序，最后，按置信度从低到高的顺序采样负样本，使正样本和负样本的数量满足给定的比例。

经过 RBox 匹配和困难负例挖掘后，我们将得到标记变量 $x_{ij} = \{1,0\}$，它表示第 i 个先验 RBox 是否与第 j 个真实 RBox 相匹配，1 表示匹配，0 表示不匹配；所有能够与真实 RBox 匹配的先验 RBox 序号的集合记为 Pos，经过困难负例挖掘的负样本先验 RBox 序号的集合记为 Neg。

d. 损失计算。代价损失函数包含位置损失和置信度损失两部分，代价函数是计算预测 RBox 和真实 RBox 的差异，每个先验 RBox 对应一个预测 RBox，预测 RBox 的相关参数由网络输出。

位置损失代价函数按照以下方法进行计算。检测网络中，位置预测层输出编码后的位置预测向量为 $\hat{l}^m$，$m \in \{cx, cy, w, h, a\}$，真实 RBox 经过编码后为 $\hat{g}^m$，则位置损失由下式计算：

$$L_{loc}(x,l,g) = \sum_{i \in Pos} \sum_{j} \sum_{m \in \{cx,cy,w,h,a\}} x_{ij} \text{smooth}_{L_1}(\hat{l}_i^m - \hat{g}_j^m)$$

其中：

$$\text{smooth}_{L_1}(x) = \begin{cases} 0.5x^2 & if |x| < 1 \\ |x| - 0.5 & otherwise \end{cases}$$

置信度损失代价函数按照以下方法进行计算：每个 RBox 的置信度向量为一个两元数组，分别代表它属于前景和背景的概率。置信度损失由 Softmax 函数计算：

$$L_{conf}(x,c) = -\sum_{i \in Pos} \log(\hat{c}_i^1) - \sum_{i \in Neg} \log(\hat{c}_i^0)$$

其中：

$$p \in \{1,0\}$$

e. 误差反传。在检测网络中，损失层误差反传到位置预测层、置信度预测层、各卷积层，对各层的参数进行修正。先验 RBox 层不需要接受误差反传。因此，在损失层只需要计算：

$$\frac{\partial L(x,c,l,g)}{\partial (c,\hat{l})} = \left[\frac{\partial L_{conf}(x,c)}{\partial c} \quad \frac{\partial L_{loc}(x,l,g)}{\partial \hat{l}} \right]$$

③目标检测与关键点参数输出。训练完成后的检测网络通过两个步骤得到检测结果：首先，输入图像通过检测网络输出位置预测向量和置信度预测向量；其次，位置预测向量和先验 RBox 通过解码过程得到预测 RBox 的大小、位置、角度、关键点参数信息，并将置信度预测结果以及先验 RBox 的类别信息关联到每个预测 RBox 上；最后，通过非最大值抑制（NMS）得到最终检测结果。

对于每一类待检测目标，NMS 首先对前景置信度大于给定数值的输出结果按置信度进行排序，并按顺序取出给定数目的 RBox。依次将这些 RBox 加入输出队列中，并保证每次新输出的 RBox 和已输出的 RBox 的 RIoU 不超过给定阈值。NMS 保证了每个目标不会同时被多个 RBox 选中，且算法最终输出的 RBox 是关于该目标置信度最高的预测 RBox。

④图像金字塔与特征金字塔结构。遥感图像和一般的图像相比,最大的区别在于单幅遥感图像的大小很大,图像金字塔在不同的分辨率上降采样并分割图像,使进入网络输入的图像始终保持在相同的大小。在 NMS 阶段,再将各个分辨率级别上的预测结果进行融合。图 17 为图像金字塔 DrBox 检测的示意图。对于遥感图像来说,这一操作并没有显著增加算法的复杂度。

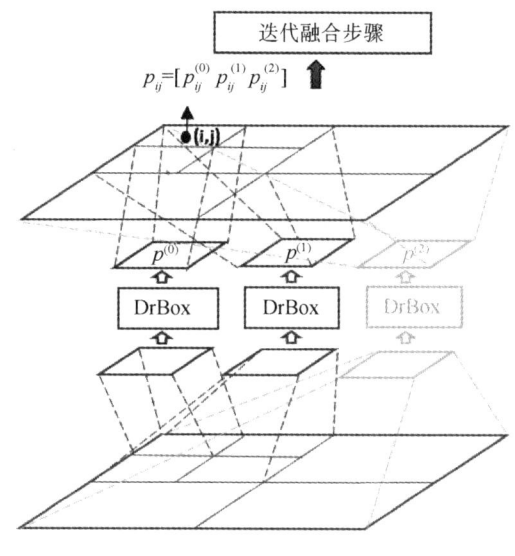

图 17 图像金字塔

特征金字塔的目标是利用卷积神经网络的金字塔特征层级,该层次结构具有从低到高的语义,并在整个过程中构建具有高级语义的特征金字塔。由此产生的特征金字塔网络是通用的。该方法以任意大小的单尺度图像作为输入,并以全卷积的方式输出多层适当大小的特征映射。这个过程独立于主卷积体系结构,金字塔结构包括自下而上的路径、自上而下的路径和横向连接。

第一,自下而上的路径。自下向上的路径是主卷积网络的前馈计算,前馈计算是由尺度步长为 2 的多尺度特征映射组成的特征层级。通常有许多层产生相同大小的输出映射,并且这些层位于相同的网络阶段。对于特征金字塔,为每个阶段定义一个金字塔层。选择每个阶段的最后一层的输出作为特征映射参考集,将丰富其创建金字塔。这种选择是自然的,因为每个阶段的最深层应具有最强大的特征。

具体而言,对于 ResNet,该方法使用每个阶段的最后一个残差块输出的特征激活。对于 conv2、conv3、conv4 和 conv5 输出,将这些最后残差块的输出表示为 {C2, C3, C4, C5},并注意相对于输入图像它们的步长为 {4, 8, 16, 32} 个像素。由于其庞大的内存占用,不会将 conv1 纳入金字塔。

第二,自上而下的路径和横向连接。自上而下的路径通过上采样空间上更粗糙但在语义上更强的来自较高金字塔等级的特征映射来幻化更高分辨率的特征。这些特征随后通过来自自下而上的路径的特征经横向连接进行增强。每个横向连接合并来自自下而上路径和自上而下路径的具有相同空间大小的特征映射。自下而上的特征映射具有较低级别的语义，但其激活可以更精确地定位，因为它被下采样的次数更少。

使用较粗糙分辨率的特征映射，我们将空间分辨率上采样为 2 倍（为了简单起见，使用最近邻上采样）。然后通过按元素相加，将上采样映射与相应的自下而上映射（其经过 1×1 卷积层来减少通道维度）合并。迭代这个过程，直到生成最佳分辨率映射。为了开始迭代，我们只需在 C5 上添加一个 1×1 卷积层来生成最粗糙分辨率映射。最后，我们在每个合并的映射上添加一个 3×3 卷积来生成最终的特征映射，这是为了减少上采样的混叠效应。这个最终的特征映射集称为 {P2，P3，P4，P5}，对应于 {C2，C3，C4，C5}，分别具有相同的空间大小。

由于金字塔的所有层都像传统的特征图像的金字塔一样使用共享分类器/回归器，因此我们在所有特征映射中固定特征维度（通道数记为 d）。在本方案中设置 $d=256$，因此所有额外的卷积层都有 256 个通道的输出。在这些额外的层中没有非线性，在实验中发现这些影响很小。

⑤ResNet 网络

由于油罐目标及要识别的关键点特征比较复杂，需要大型的网络才能有效辨识，因此我们采用 ResNet 网络作为检测网络的主架构。在特征金字塔中，选择 conv2_2、conv3_3、conv4_n（ResNet34：n = 5；ResNet50：n = 5；ResNet101：n = 22；ResNet152：n = 35）、conv5_2 层的输出作为 {C2，C3，C4，C5}。

（四）基于齐鲁一号、齐鲁四号和佛山一号卫星的观测成果

2021 年 4 月 27 日，齐鲁一号、齐鲁四号和佛山一号卫星在山西太原卫星发射中心以"一箭九星"的发射方式成功发射。齐鲁一号雷达卫星具有全天时、全天候不受光照、云层、雾霾等天气影响的特征，解决了光学卫星在晚上或者云雾天气无法成像的不足。齐鲁四号和佛山一号光学卫星达到了 0.5 米的高分辨率，具备常规推扫成像、凝视视频成像等多种成像模式。

在获取光学以及 SAR 原油成像数据后，采用人工智能方法对影像数据进行一系列处理和计算，包括大型浮顶型原油储罐的定位，通过深度神经网络对样本数据进行训练，获得高精度的算法，与美国能源信息署（EIA）发布的官方原油库存数据进行对比，此算法测出的单个储油罐储量精度高达 95%，最后进行自动化生产，即将获取的最新卫星原始数据批量输入已训练好的算法模型中，获取图像数据中每个大型浮顶型储罐的储油量，最终根据计算出来的储油量数据输出库存报表。表 2 是

通过人工智能方法对齐鲁一号影像进行处理和计算，从而得出的部分 OECD 国家 8 月底至 9 月初大型原油库区的相关原油库存统计数据。

表 2　　　　　　　　　　　OECD 国家部分库区原油库存

序号	国家	油库坐标编号	拍摄日期	大型浮顶型油罐数量（罐）	实际测量库存（百万桶）	测量总库存（百万桶）	测量油库总库容（百万桶）	测量数据满库率（%）
1	韩国	C101_1	2021.08.15	24	6.4531	34.4703	59.80125786	57.64
2		C101_2	2021.08.12	31	8.3835			
3		C102_1	2021.08.12	32	9.8746			
4		C102_2	2021.08.16	33	9.7591			
5	意大利	C104_2	2021.08.13	18	3.4717	31.6575	69.5327044	45.53
6		C104_3	2021.09.05	21	3.4762			
7		C104_4	2021.08.26	49	10.0012			
8		C105	2021.09.06	31	8.5305			
9		C106	2021.08.24	36	6.1779			
10	荷兰	C107_1	2021.09.18	39	13.2437	20.116	36.23396226	55.52
11		C107_2	2021.09.01	23	6.8723			
12	法国	C109	2021.08.14	76	20.2604	20.2604	31.48050314	64.36
13	西班牙	C111	2021.09.19	18	5.6204	19.6822	35.66855346	55.18
14		C112	2021.08.17	18	4.0045			
15		C113	2021.09.17	41	10.0573			
16	英国	C115	2021.08.31	18	8.7962	16.3275	22.47044025	72.66
17		C116	2021.08.12	10	4.5663			
18		C117	2021.09.19	16	2.965			
19	德国	C120	2021.09.08	35	13.7585	13.7585	15.56037736	88.42
20	波兰	C123	2021.08.18	20	5.256	14.3178	16.81761006	85.14
21		C124	2021.08.21	29	9.0618			
22	葡萄牙	C126	2021.08.31	18	6.6262	6.6262	9.916352201	66.82
23	以色列	C127	2021.08.12	16	1.4434	6.9451	21.00062893	33.07
24		C128	2021.09.01	30	5.5017			
25	土耳其	C129	2021.08.16	22	4.7071	4.7071	18.93144654	24.86
26	墨西哥	C131	2021.08.12	20	6.85	6.85	11.61509434	58.97
27	比利时	C134	2021.09.19	42	5.5549	5.5549	13.74968553	40.40
28	捷克共和国	C135	2021.08.15	17	7.0429	7.0429	9.896226415	71.17
29	爱尔兰	C136	2021.08.20	14	5.4459	5.4459	7.942138365	68.57

市场上高频发布的 OECD 国家原油库存数据尚属空白,本课题将持续对上述库区进行观测,以期获得更长时间的时间序列数据,用于进行进一步分析。

(五) 下一步卫星计划

全球原油库存观测卫星星座仍在建设中,除了在轨的 3 颗卫星外,尚有 4 颗卫星等待发射或在研,并于不晚于 2022 年底前发射。我们坚信,随着卫星观测星座的建设完成,我们将建立完整的全球原油库存监测体系。

四、基于原油库存数据的价格发现模型初步研究

本部分探讨从卫星对原油库存的高频观测中获取价格变动信号的方法。卫星对原油库存的高频观测尚属于一个新兴话题,可用于回测需求的长时段原油库存卫星监测数据更是非常稀缺。中科星睿自 2018 年 11 月起,对美国库欣地区的 WTI 原油交割库进行了为期 3 年的日频观测。本课题利用 3 年来积累的日频库存观测数据构造了 WTI 价格的发现信号 WTI Signal,并探讨了卫星特有的库存逐罐观测方式可能带来的信息增量。这一数据实验为未来基于全球原油库存的价格发现模型构造提供了众多有用的经验。

(一) 中科星睿对库欣地区库存的长期观测

1. 中科星睿监测库欣地区介绍

为便于原油和成品油的分配管理,美国政府将国土划分为五个区域(Petroleum Administration for Defense Districts,PADDs)(见表 3)。从北美原油市场地域分布情况来看,原油的消费能力、炼制能力、生产与进口能力均呈现明显不均衡分布的特点,这一特点使得区间原油/成品油运输体系的调节作用显得尤为重要。

表 3 北美原油市场(PADDs)分布情况汇总

类别	PADD1	PADD2	PADD3	PADD4	PADD5
区域	美国东海岸地区	中部地区	美湾地区	落基山区	西海岸
石油消费量占比(%)	30	25	26	3	16
炼化能力占比(%)	10	21	48	3	18
原油产量占比(%)	0.40	9	56	8	27

美国拥有世界上最庞大的石油管道运输网络体系,全欧洲的管道网总长仅约为美国的 1/10。美国原油管道布局的基本特征是从南北两端向中心输送的态势。其中,北侧线路是从加拿大西部经山区或经北部至芝加哥及周边地区。南侧线路是从路易斯安那州海上油港(Loop)或美湾或 Permian 盆地至 Pakota 和芝加哥方向。南

部产油区和港口向芝加哥方向输油管道的要津就是库欣（Cushing）。

库欣是位于俄克拉何马州的一个小镇。目前，库欣已经成为一个充满活力的原油现货市场交易中心，拥有24条管线和20个原油储存终端，是全球原油市场供需的关键纽带。原油管道输入能力为370万桶/日，管道输出能力为310万桶/日。其中，输入管道主要输送来自加拿大及美国页岩油区块（包括巴肯、奈厄布拉勒、二叠纪盆地）所产原油；输出管道主要输向美国中心西部区域（PADD2）和墨西哥湾区域（PADD3）的主要炼油中心。

1938年，WTI期货合约首次上市以来，库欣便成为全球定价体系的核心，为芝加哥商品交易所（CME Group）轻质低硫原油期货合约提供了现货收割机制。1986年，库欣被纽约商品交易所（NYMEX）指定为轻质低硫原油期货交割点。根据美国能源信息署（EIA）的统计数据，截至2019年9月，库欣总储存容量为9100万桶，实际可用容量为7600万桶。

WTI原油期货的交割地库欣镇作为20世纪初美国重要的原油开采和加工地区，建设了大量的运输管道和储存设施，有多条重要的输油管道在此地汇聚，为原油交割和运输提供了丰富的基础设施，因此库欣被称为"世界管道的十字路口"。但也正因为库欣地处美国内陆，所以只能通过输油管道与周边页岩油产区、北部加拿大产油区和圣路易斯安那港口连接。由于管道运输的技术限制，通过管道运输原油的方式只能是单向运输，这些连接库欣与产油地及港口的管道都是单向且目的地为库欣地区，导致运往库欣的原油只能在其周边炼厂消化，无法继续向外运输。库欣拥有美国5%—10%的原油库存，越来越多的证据表明，库欣的供需状况变化对于WTI原油价格具有明显影响。例如，2010年开始出现WTI对布伦特的深度贴水（见图18、图19），直接原因就是Bakken的页岩油产量大幅上升之后，增产原油除了进入中部地区炼厂，不能被消化的部分则进入储罐，造成库欣地区库存上升（见图20）。

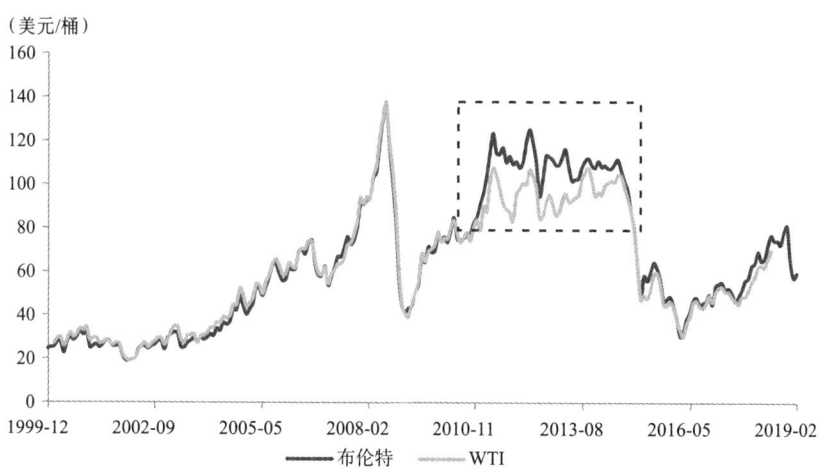

图18 布伦特/WTI原油现货价格

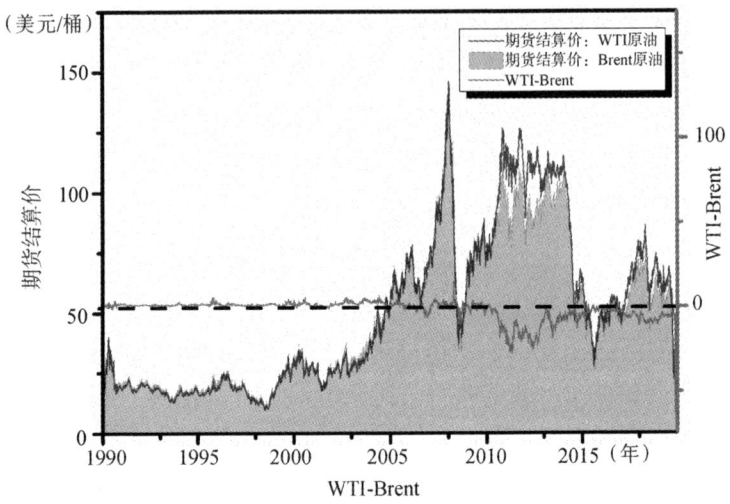

图 19　布伦特/WTI 原油期货价格

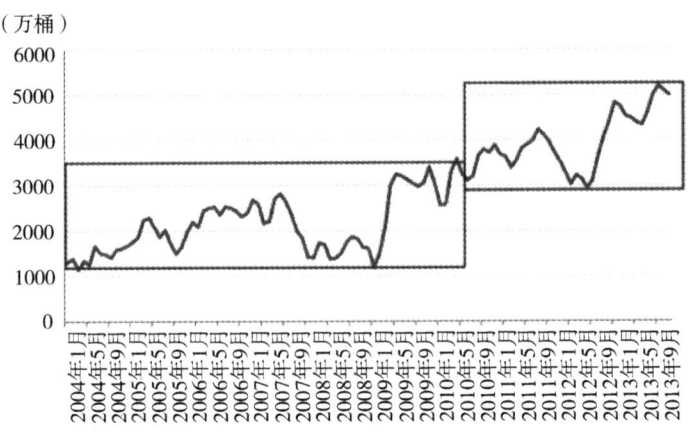

图 20　库欣地区原油库存

为了在官方数据公布前得到库欣的库存数据，市场参与者们不惜重金从能源信息公司购买数据。例如，美国数据供应商 Genscape Inc. 每周会派直升机两次飞临库欣罐区上空拍摄照片，通过分析热成像图片来推算原油库存的储量。库欣的原油仓储数据已经成为当前全球原油定价网络的核心，透过库欣原油库存还可以为预判美国 WTI 原油市场的动向提供有力的信息支撑。

中科星睿成立于 2018 年 5 月，是一家致力于卫星大数据在金融领域应用的高科技公司，核心团队来自中科院和清华大学。公司设计、研制光学卫星、合成孔径雷达（SAR）卫星系统，利用卫星数据和人工智能算法，提取分析全球、区域及重点目标经济运行数据，为企业分析、行业研究、全球及区域经济研判等提供客观、准确的数据和洞察，为银行、期货公司以及金融信息服务商等客户提供能源、基建、地方经济状况等数据和分析报告。

之前由于地面监测手段的局限性，银行和期货公司无法获得准确的原油库存数据来辅助交易。如何精确监测原油库存储量，成为能源期货交易到原油现货融资市场的痛点。国际市场上 Orbital Insight 等公司从卫星影像中提取原油库存，受天气、卫星数据获取能力和成本的限制，通常采用抽样方法，不能保证按照指定频次稳定交付数据。精确度较低的原油库存监测数据，只能帮助期货公司和银行进行定性分析，无法进行定量计算，更不能满足日频或更高频次的交易需求。

中科星睿在高质量的数据、较低的数据获取成本、快速获取数据、持续稳定的数据源、成熟的量化模型处理五个方面通过遥感卫星数据对能源期货、地方基建等领域进行持续稳定的定量分析。2018—2019 年，中科星睿分别与万得（Wind）、路孚特（Refinitiv，原 Thomson Reuters）和彭博（Bloomberg）签订合作协议，陆续向各大金融终端用户提供美国库欣地区原油库存数据及其他基于卫星获得的信息产品。

2. 卫星数据与官方数据相关性分析

（1）数据处理。目前，中科星睿监测的库存数据为日度数据，但官方数据为周度数据，所以需要在公布频率上进行统一，从获取的数据上看，在日期上可以进行对比的共 40 对。由于卫星监测数据单位为百万桶，官方数据为千桶。为方便数据比较，我们将单位统一换算为千桶。

（2）数据对比。对比两组数据，其走势如图 21。卫星存储量与官方公布的库存量之间的相关系数为 0.9769，相关度非常高。卫星原油存储数据与官方库存量之差见图 22。

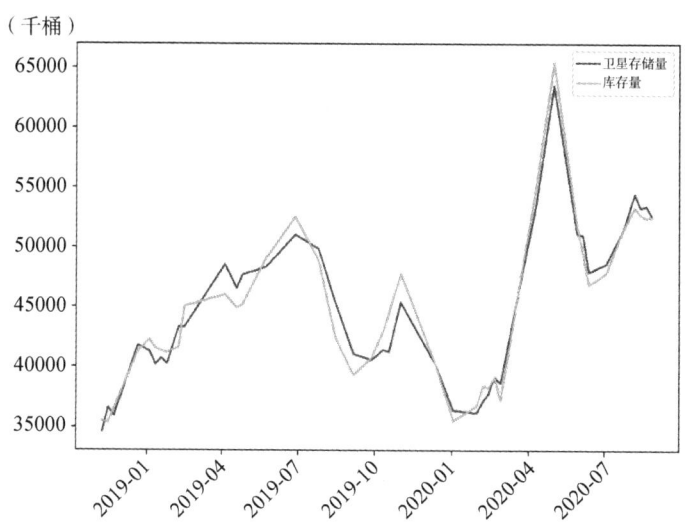

图 21　卫星原油存储数据与官方库存量对比

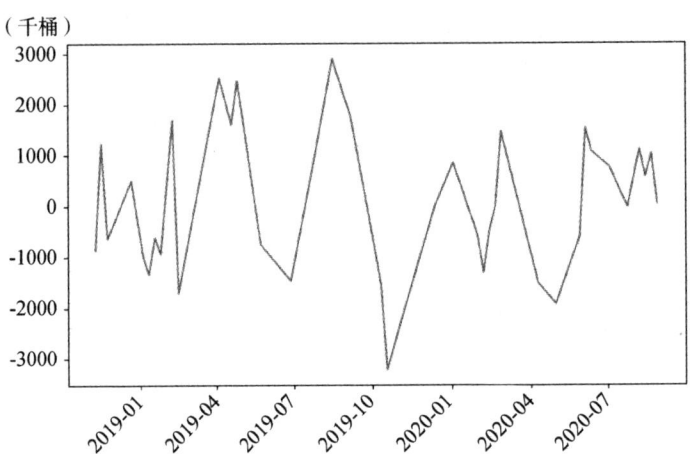

图 22　卫星原油存储数据与官方库存量之差

从两者间的库存差来看,卫星存储数据相较于官方数据,其误差在 3000(千桶)以内波动,其在 2019 年下半年达到最大值,后期有逐步缩小的态势。

在实践应用中,库存量的变化是影响价格的关键因素。由于卫星数据是日频率的数据,我们可以通过官方数据公布前一天的卫星数据来预测下一天的官方数据。若官方数据公布前一天没有获取卫星数据,则再向前取一天数据,依次类推。

按照上述方法,我们考察卫星数据的预测能力(见图 23)。

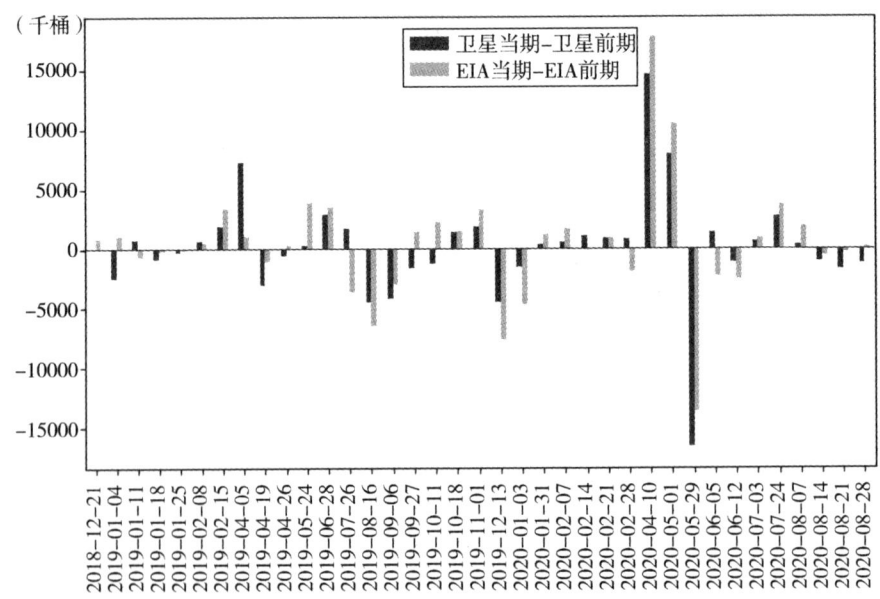

图 23　卫星存储量变化与官方库存量变化对比(1)

从上述柱状图可以看出,在库存量变化比较大的时段,卫星预测数据能保证在变化方向上与官方数据基本一致,但当变化趋小时,在方向上难以保持一致。据目前数据统计,通过卫星数据提前一天进行预测和官方数据实际变化在方向上的一致率为72.97%,意味着使用卫星数据可以相对准确地预测EIA实际库存(见图24)。

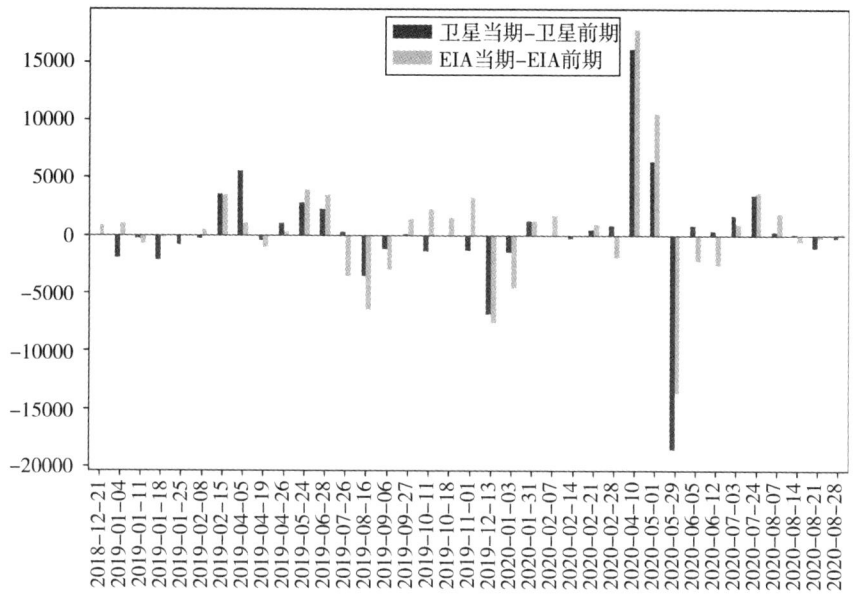

图24 卫星存储量变化与官方库存量变化对比(2)

同时,我们进一步研究了使用本周的卫星数据与上周EIA公布的实际库存数据来提前预测当期的EIA原油库存。数据统计显示,通过卫星数据提前一天进行预测和实际官方数据实际变化在方向上的一致率为67.57%。整体而言,依然具有较好的预期效果。不过,与图23比较而言,使用卫星数据来预测当期的原油库存具有更高的一致性,从而证明了使用中科星睿的库欣地区库存数据具有较高的实用和适用性。

(二)卫星库存观测与原油价格的相关性分析

1. WTI原油期货交割机制

微观经济学中的经典商品价格理论是在需求—供应—价格的一般规律基础上建立的,认为商品的价格与其需求量成反比,而与供应量成正比。然而,在现实市场中,几乎不存在需求量与供应量之间的完全相等,因此,供应量等于需求量的假设显然不能够真实反映市场情况。对于原油市场而言,库存作为供需平衡的结果,势必对原油价格走势产生不可忽略的影响:一般而言,库存增加,市场供应过剩,油价走低;相反,库存减少,原油需求旺盛,油价走高。

国际油价波动影响因素众多,但归结起来主要体现在原油的商品属性、金融属性和政治属性三方面。其中,原油的金融属性和商品属性分别对应原油的宏观周期和库存周期。通常情况下,原油的库存周期和宏观周期同向变化,商品属性和金融属性共振驱动油价单边走势。在交易中,市场的参与者往往基于产量、库存等数据来判断原油边际供需强弱,同时,结合对未来库存的超预期变化来进行交易,真实的库存数据对于基本面的证伪也会修正市场参与者对未来供需强弱的预期。美联储纽约分行尝试采用偏最小二乘法回归模型和大量金融变量,将周度油价进行分解,发现供给在2012年后转为过剩,且在2014年后由供给引发的库存量变化成为油价变化的主导因素。

WTI原油产自美国内陆的西得克萨斯,属于低硫轻质原油,作为主要的原油期货交易品种在芝加哥商品交易所(CME)和纽约商业交易所(NYMEX)挂牌交易,区域内(大西洋西区)的现货原油普遍以WTI基准原油联动作价。美国的原油库存由战略性库存和商业库存两部分构成,由于战略性库存波动较为稳定,商业性库存与市场经济关联性更高,因此一般市场主体更倾向于研究商业库存的波动。市场上目前有两家机构提供库存报告,即美国石油协会(API)和美国能源信息署(EIA)。一般而言EIA库存报告对原油市场相关性更高。EIA在每周三上午公布原油库存数据时,市场往往会有剧烈的反应。例如,2018年8月15日,EIA公布的周度库存报告显示,截至上周五原油库存增加680.5万桶,库存的大幅增加导致当日轻质低硫原油期货(WTI原油期货)价格直接下跌3.03%。WTI原油期货价格与商业库存量对比(见图25)。

图25　WTI原油期货价格与商业库存量对比

根据芝加哥商品交易所的轻质低硫原油(WTI)交割文件规定,交割价格按照离岸价(FOB)进行结算;交割地点为俄克拉何马州库欣的管道或储油设备。从交割方式来看，交割须在俄克拉何马州库欣（Cushing Oklahom）的任何管道或储油设备按离岸价（FOB）条件进行，且有权使用 Enterprise 库欣储油设备或 Enbridge 库欣储油设备的管道。交割须遵循所有适用的联邦行政命令与所有适用的联邦、州和地方法律及法规。

从原油期货交割流程看，WTI 原油期货在最后交易日后开始启动交割流程，由买方和卖方结算会员提交收割意向或收割通知，交易所进行配对并通知买卖双方，然后向结算会员收取交割保证金，在交割和付款完成后退还保证金。其中，交割月即对应合约月份，买卖双方需在交割月之前确定交割时间、形式等具体信息，并在交割月内完成实物交割。买方付款最晚时间为交割月后第一月的第20天，卖方确认收到款项后结束交割。

在确保管道或储油设备没有任何留置或质押，没有未支付的税费或其他款项的前提之下，参与交割的卖方需要将轻质低硫原油交付至卖方的进油管与买方的出油管等储油设备连接处。具体来说，WTI 其实是管道阀门交割：在库欣制定若干个交割点，在交割过程中从一侧通过该点到另一侧完成交割，至于储罐需要买方自行寻找。

若按照 FOB 条件收割，卖方必须：将轻质低硫原油交付至卖方的进油管与买房的出油管等储油设备连接处。如果买方选择通过设施之间传输（"泵送"）进行交割，可将原油由卖方设施转移至 Entterprise 库欣储油设备或 Enbridge 库欣储油设备，卖方承担两者中较低的费用。在商品交付到双方设施连接点之前，卖方仍拥有商品所有权并承担相关风险。

在这种交割制度下 WTI05 多头必须自备仓库，在 5 月 31 日前接受实物交货。这是和其他原油合约最大的不同，即多头需要拥有自备仓库才能参与交割。相较于 WTI 原油，布伦特和 SC 原油虽然同样下跌但并未出现类似的风险事件，主要原因就在于交割制度。布伦特原油由于北海原油现货产量稀少，很久之前就已经变为现金交割，也就没有了现货交割可能导致的多逼空、空逼多。至于上海原油期货，和国内的其他期货品种一样是仓单交割制，即合约到期后空头向多头交割仓单，而原油现货已经储存在交易所指定的交割库中，多头自然没有库容方面的担忧。

WTI 原油特殊的交割方式变相提高了多头参与交割的门槛，为其最后临近交割时不得不割肉出逃埋下伏笔。

2. 存储量与 WTI 油价相关性分析

影响原油价格的因素很多，大体上可分为金融因素和非金融因素。金融因素表现为金融机构对油价的炒作、美元指数对油价的影响等；非金融因素主要包括需求端因素和供给端因素。需求端主要是考虑经济增长对原油的需求，以及新能源产品的需求是否会替代现有原油产品的需求；供给端主要受美国本土页岩油产能释放效果和中东—俄罗斯联合限产执行效果的影响。总体来看，需求端因素与供给端因素将决定国际中长期的油价走势。然而，从短期来看，原油库存对原油价格的影响更为直接。

美国在综合国力、金融实力和对世界石油市场的调控能力上，处于优势地位。美国凭借其拥有的石油定价权、石油贸易权和交易结算权，通过调控国际石油供需，实施货币金融政策，影响市场心理，直接影响和控制着国际石油市场供需和价格走势。此外，美国也是主要的能源消费需求国，在国际经济、地缘经济、军事与战争、生产成本、替代产品、库存变化等各种因素相互作用下，美国会将原油作为一种战略性资源。在过去的多年时间里，美国花大力气布局中东，无疑是为了保护自己的能源安全，通过定期或不定期地权衡国际利弊，从而调整国内石油库存。因此，美国原油的库存量波动直接影响国际石油市场的供求差额。

目前，国外主要的原油库存数据有四种，分别为：API 原油库存、EIA 原油库存、IEA 原油库存和 OPEC 原油库存。API 和 EIA 原油库存主要反映美国原油供给量的变化，分别源于美国石油协会和美国能源署的统计结果。API 原油库存数据的报告内容主要关于美国原油、汽油和蒸馏油库存水平。EIA 数据是按照产品和地区来表示美国的石油需求，同时监控美国原油生产、原油进口及产品油的情况。EIA 原油库存数据测量了美国公司每周的原油库存变化。市场上的交易员广泛采用 EIA 原油库存数据对原油市场行情做判断。由于 API 数据公布得较早，一般情况下，通常将 API 原油库存作为预测 EIA 原油库存的先行指标。近年来，由于全球原油供需格局产生了巨大的变化，尤其是"页岩气革命"之后的变化更甚。美国是影响全球原油需求和原油供应的重要变量，且其作为全球最大的原油消费国与生产国，美国原油库存情况的变化通常可作为全球原油价格走势的风向标。因此，科学地预测和评估美国原油库存情况，对于市场交易者们判断原油期货价格走向显得尤为重要。

在研究卫星监测库欣库存数据与 WTI 油价的预测课题前，我们首先详细回顾一下 2019 年以来美国原油市场的实际情况。

2019 年第一季度，国际油市被"双弱"基调下的供需角力所左右。从供应端来看，受"OPEC + 减产协议"刺激，油价一路高歌猛进，第一季度"OPEC + 减产幅度"超出市场预期，1 月至 3 月 OPEC 减产执行力分别为 92%、104% 和 155%，主动减产执行力度较强，加之美国对委内瑞拉与伊朗的经济制裁，原油市场供给端收缩超出市场预期。从需求端来看，贸易纷争阶段性缓解，中国与美国经济增速超过市场预期。虽然受 OPEC 减产联盟大幅减产的影响，2019 年第一季度全球石油供给大幅收缩，但是第一季度全球石油市场仍处于供大于求状态，全球石油市场呈现自 2018 年第二季度以来，全球石油库存连续 4 个季度增长。第一季度 WTI 原油期货结算价均价为 54.90 美元/桶，区间涨幅达到 29.22%。

2019 年第二季度，贸易争端再起，需求担忧升温。美国特朗普政府在全球范围内制造贸易争端，与包括中国、欧盟、日本、墨西哥、加拿大在内的各个国家（地区）之间均发生贸易争端，这给全球经济带来了显著的负面影响。IMF 在 4 月 9 日发表的新一期的《世界经济展望报告》中再次下调 2019 年全球经济增长预期至 3.3%，比 2019 年 1 月份的预期低 0.2 个百分点。2019 年 4 月份，美国对伊朗的制裁豁免权结束，美伊对抗局势升级，市场对原油供给端的担忧进一步加剧，国际油价加速上涨。进入 5 月，受全球贸易摩擦的影响，权威机构纷纷下调全球经济增速和原油需求增长，加之美国原油库存持续超预期提升，供给端边际利好空间有限，需求端的担忧再次主导市场走势，国际油价宽幅下跌，供需局势复杂多变，给原油市场带来了较大的不确定性。从 2019 年 4 月 22 日至 6 月 5 日，库存方面，从库欣数据可以看出，库欣地区原油库存环比增加 895 万桶，至 5284 万桶，同比增加 20.4%，实现 2019 年上半年以来的最大增幅；库存的大幅上升直接导致油价的下跌，WTI 原油期货结算价下降 20.9%。

2019 年第三季度，OPEC 在 7 月宣布维持减产，加之伊朗出口受到制裁限制，从库欣数据可以看出，8 月中旬至 9 月中旬，库欣原油库存从 4708 万桶下降至 4286 万桶，迎来 WTI 原油价的宽幅上涨，涨幅达到 18.5%。

2019 年第四季度，受 OPEC 产油国（简称"OPEC+"）与俄罗斯等非 OPEC 产油国达成加大减产力度和中美经贸商取得积极进展的刺激，库欣库存量下降，国际油价重拾升势。

以 WTI 原油期货价格观察，自 2019 年以来，单日（收盘结算价）暴跌 3% 以上的情况出现了 13 次，其中一次更是高达 6.5%。这 13 次暴跌中，有高达 8 次是和原油供应面密切相关，美国原油库存已经成为影响期货走势的重要原因。

2020 年初，新冠肺炎疫情在全球肆虐，各国政府相继采取应对机制，实施居家、封城、停工等相应措施，在一定程度上限制了各国居民的出行。这些政策一方面影响了原油的运输，导致原油运输成本上升；另一方面也减少了对原油的需求，但原油产量的反应相对滞后，在一定程度上也引发了原油的大量积压，使原油的仓储成本陡增，直接导致原油价格急剧下降。尤其在 3 月底，由于沙特阿拉伯与俄罗斯就新的减产协议未能达成一致，两国同时宣布将于 4 月份大幅增产，这一决定使本就遭受新冠肺炎疫情重创的原油市场再次遭受暴击，库欣库存量一度高达 6323 万桶，达到近 5 年的最高峰。原油价格在 3 月 6 日以后进入崩盘状态，当日原油跌幅高达 9.41%。在 3 月 9 日跌幅更是高达 26.72%。在供需季度不平衡的情况下，原油价格发生"崩盘"。由于美国的贸易保护与单边主义，原油市场原本存在的熔断机制被改变，ICE 原油出现了史无前例的负油价。

2020年第二季度，随着"OPEC+产油国"在美国的撮合下，重回谈判桌，并取得史上最大规模的减产协议，油市供应端偏紧优势重塑。同年5月，欧美国家疫情防控得到初步缓解，放松防控措施，恢复经济建设，原油悲观的需求得到扭转，原油库存开始下降，供需极度失衡的局面开始修复，伴随着库欣的去库存，油价也开始逐渐回升。

（1）中科星睿库欣库存量和WTI油价相关性分析。本部分我们重点论述了美国能源署公布的库欣地区库存数据与原油价格的价格变化的相关性情况。接下来，我们进一步使用中科星睿的库欣地区原油库存的观测数据来进行分析。

图26是我们通过中科星睿数据中库欣地区原油库存的数据与2020年至今原油的运行轨迹做了时间序列的梳理。首先，我们对比卫星监测到的存储量和油价的关系，两者的相关系数为-0.5145。表现出了较为明确负相关关系。即当库欣地区的原油库存量处于高位的时候，WTI油价往往会易于下跌。基本结论表明，库欣地区的原油库存对于WTI的原油价格有较好的预测作用。

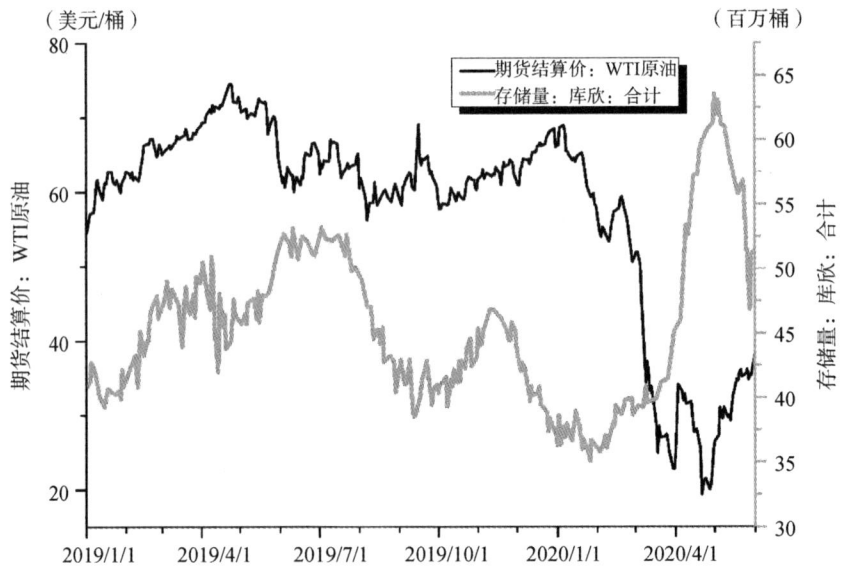

图26 卫星存储量与WTI价格对比

（2）中科星睿库欣库存变化对WTI油价涨跌的影响的实证。在油价的研究方面，我们关注库欣地区原油库存量对于原油价格的影响趋势的同时，对于库欣原油存储量变化对油价涨跌影响的研究也是至关重要的，为此，我们展开了进一步的研究。

我们将中科星睿的库欣地区原油库存数据的周度库存变化量（本周－上周）与本周库存数据的后天的 WTI 期货价格涨跌概率进行分析，研究结果见图 27。

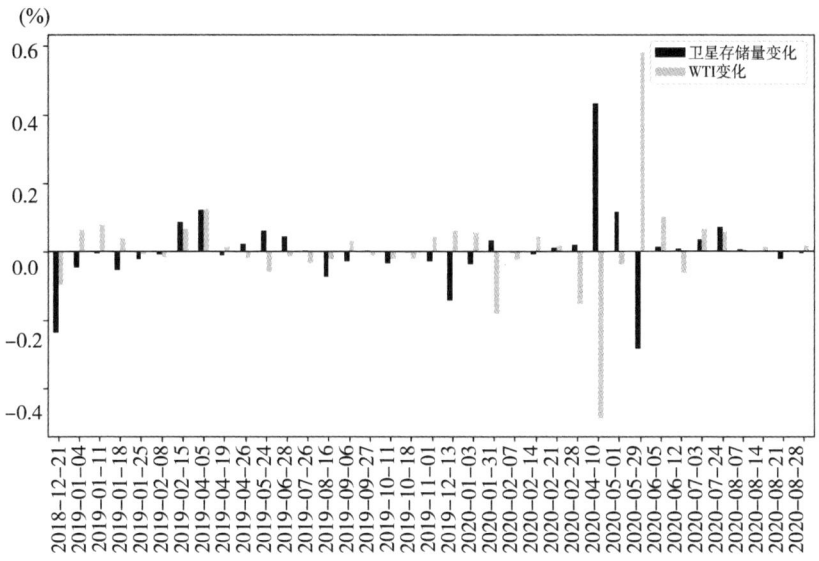

图 27　卫星存储量变化与 WTI 原油价格比较（收益率）

利用提前一天的卫星存储量信息对当周的原油价格涨跌幅度有较好的预测作用。从近两年的历史数据来看，存储量的变化和原油价格的变化方向相反的概率为 59.46%，呈现了较为明显的负相关性。为了进一步明确库存波动方向与油价的影响，我们选取了两个时段来做进一步的研究。

①2019 年 1 月到 2019 年 6 月，油价相对处于区间运行的阶段，即供需扭曲并不大，来观察库存和油价互相影响方式（见图 28）。

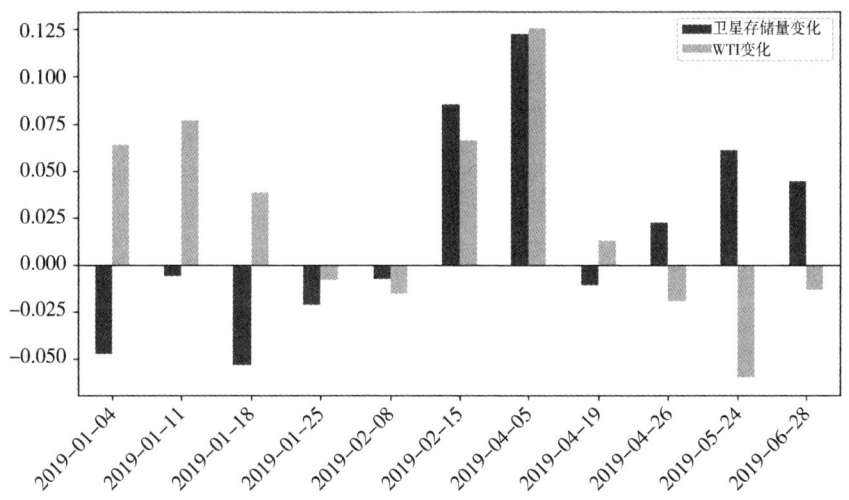

图 28　卫星存储量变化与 WTI 原油价格比较（区间运行时段）

我们的研究结果表明，在一个偏震荡的价格运行趋势下，库欣存储量的变化和原油价格的变化方向相反的概率为 63.64%。

②快速波动时段，我们选取了 2020 年 1 月到 2020 年 6 月，库欣库存的变化对油价的影响，力求研究市场情绪处于极端状态（悲观或是高亢）下，库存对于油价的影响（见图 29）。

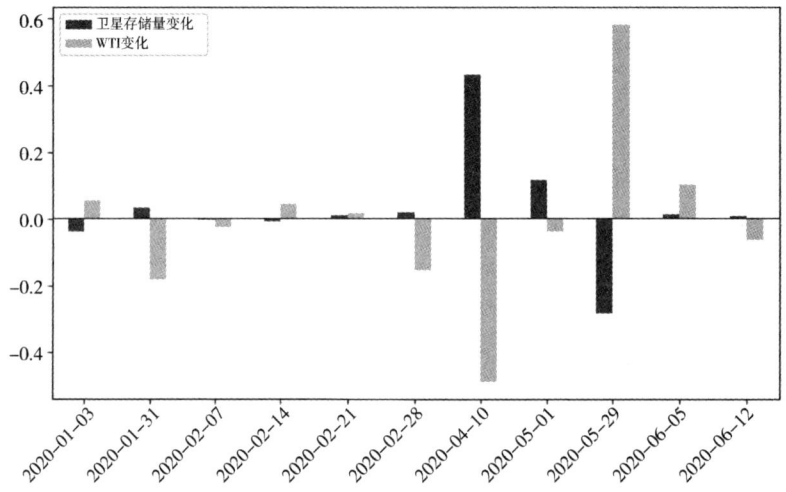

图 29　卫星存储量变化与 WTI 原油价格比较（快速波动时段）

从数据看，存储量的变化和原油价格的变化方向相反的概率为 81.82%。表明当市场情绪较强的时候，库存的大幅波动对油价的负相关性进一步增强。

在上文研究的基础上，为了能进一步研究库欣库存变化对油价的影响，我们将卫星观测数据做均值处理，同时将 WTI 主力合约期货价格收益率也进行均值化处理，并试图找出卫星库存数据能否给出油价方向的信号，结论见图 30。

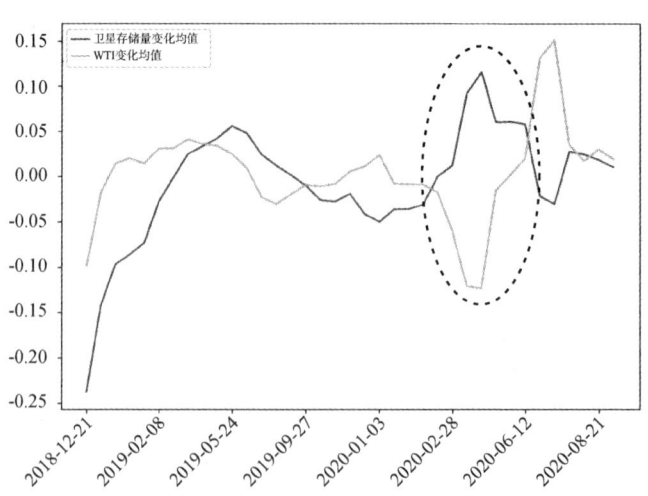

图 30　卫星存储量变化与 WTI 原油价格比较（收益率）

通过对于周度数据平滑之后，可以观察到库存和 WTI 价格变化率出现劈叉时，往往之后的油价会呈现显著的负相关。在图 30 中，库存和油价在出现劈叉之后，如果之后的库存数据出现加速，则油价受到的影响更为显著。

通过全周期和细分周期的研究表明，库欣地区库存与油价有着较高的负相关关系。同时，揭示了当卫星库存数据变化与油价变化出现逆转时，尤其是在库存大幅度变动时，后市油价的运行趋势与库存方向相反。当然，由于卫星数据的累计观测值有限，同时由于影响原油价格的因素是多样化的，这里我们仅讨论当原油供需在相对供需平衡（供需理性）和极端状态下（供需非理性）的库存与价格的互相影响结果。

（3）满库率和 WTI 油价相关性分析。除了存储量数据，满库率也作为重要的研究指标。它提供了另一种视角用来研究何时油价会出现极端情况。一般意义上，满库率越低，意味着需求较好，而相反则是出现了供大于求的情况。因此，满库率一旦达到了高分位，则意味着在库欣地区供需消化能力非常不佳。

我们可对比卫星监测到的满库率和油价的关系，如图 31，两者的相关系数为 -0.5402。

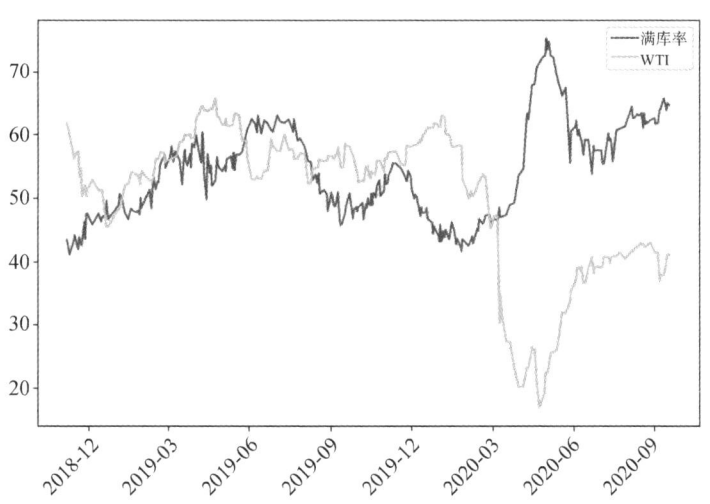

图 31　卫星满库率与 WTI 价格对比

（三）WTI Signals：基于机器学习模型的价格发现因子

基于中科星睿库欣地区原油库存数据，我们研发了基于机器学习模型 WTI 油价发现因子 WTI Signals。

由前文可知，库欣地区的库存和 WTI 油价在不同行情下有不同的相关关系，且库存信息发布会对原油价格产生短期影响。中科星睿库欣地区原油库存数据的发布时效超前 EIA 官方发布数据 4 天左右。WTI Signals 信号试图利用这一时间差提前预判价格，因为每周三的 EIA 信息发布可能影响涨跌方向及幅度。

WTI Signals 产品每周二向用户推送。该产品的推送早于每周三 EIA 发布的原油库存数据。产品包含的交易信号指示了 WTI 原油期货在当周周四的收盘价相对于推送当日（周二）的收盘价的涨跌预测，以及对投放仓位的建议。用户可据此指导其交易，或用于修正其现有的交易模型。

下文将首先对 WTI Signals 的算法原理进行简要介绍，再介绍基于虚拟数据的 14 年回测结果以及自 2019 年以来的小规模实盘结果。

1. WTI Signals 原理介绍

WTI Signals 通过日频库存观测数据组成的时间序列，预测每周的价格涨跌。库存的变动可能对价格产生长期效应，也可能只是产生短期效应。为了使模型预测结果同时体现库存的长短时效应，我们使用一种特殊的人工神经网络来解决这一问题。

人工神经网络是机器学习模型的一种，最早成型于 20 世纪 90 年代，并成功带动了人工智能里连接主义的兴盛。人工神经网络的设计初衷是模拟人类大脑的神经元－突触连接结构。近年来，随着计算机算力的进步和实际需求的增长，人工神经网络的网络层数越来越多，包含越来越多的连接，这也使人工神经网络能够解决越来越复杂的任务。

对于时间序列相关的问题，人们一般习惯性地采用循环神经网络（RNN）来建模，这是因为 RNN 天生的循环自回归的结构是对时间序列很好的表示。传统的卷积神经网络一般认为不太适合时序问题的建模，这主要由于其卷积核大小的限制，不能很好地抓取长时的依赖信息。但是最近也有很多的工作显示，特定的卷积神经网络结构也可以达到很好的效果，比如 Google 提出的用来做语音合成的 wavenet、Facebook 提出的用来做翻译的卷积神经网络。但这个问题，用卷积来做神经网络到底是只适用于特定的领域还是一种普适的模型？学者们设计了一种特殊的卷积神经网络——时序卷积网络（Temporal Convolutional Network，TCN），与多种 RNN 结构相对比，发现在多种任务上的 TCN 都能达到甚至超过 RNN 模型。

TCN 要求模型的输出对输入满足因果性，这是进行时间序列处理的物理基础。通过引入因果卷积（Causal Convolution），TCN 解决了这一问题。因果卷积可以用图 32 直观表示，即对于上一层 t 时刻的值，只依赖于下一层 t 时刻及其之前的值。和传统的卷积神经网络的不同之处在于，因果卷积不能看到未来的数据，它是单向的结构，不是双向的。也就是说，只有有了前面的因才有后面的果，是一种严格的时间约束模型，因此被称为因果卷积。

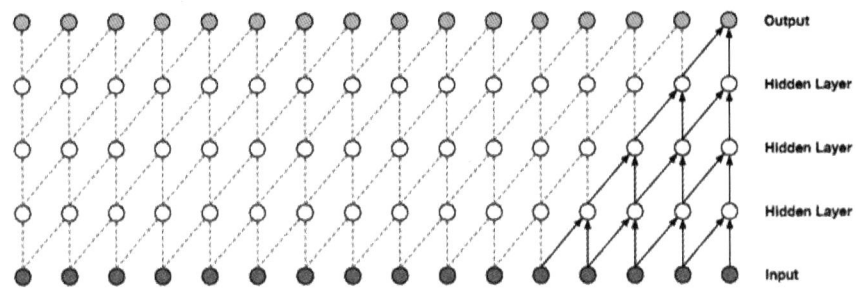

图 32　因果卷积网络结构示意

单纯的因果卷积还存在传统卷积神经网络的问题，即对时间的建模长度受限于卷积核大小，如果要想抓到更长的依赖关系，就需要线性堆叠很多层。为了解决这个问题，研究人员提出了膨胀卷积（见图 33）。

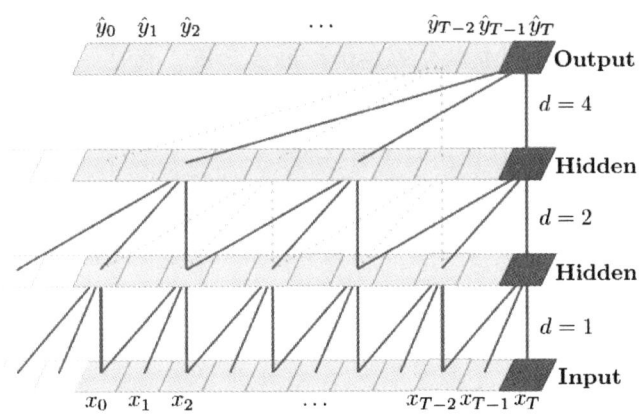

图 33　膨胀卷积网络结构示意

和传统卷积不同的是，膨胀卷积允许卷积时的输入存在间隔采样，采样率受图 33 中的 d 控制。最下面一层 d = 1，表示输入时每个点都采样，中间层 d = 2，表示输入时每两个点采样一个作为输入。一般来讲，越高的层级使用的 d 越大。所以，膨胀卷积使有效窗口的大小随着层数呈指数型增长。这样卷积网络用比较少的层，就可以获得很大的感受野。

TCN 还采用残差连接的方法保证信息的跨层传递。TCN 通过构建残差块代替一层的卷积，如图 34 所示，一个残差块包含两层的卷积和非线性映射，在每层中还加入了 WeightNorm 和 Dropout 来正则化网络。

TCN 的上述结构保证了它具有如下优点：

（1）并行性。当给定一个句子时，TCN 可以将句子并行处理，而不需要像 RNN 那样顺序处理。

（2）灵活的感受野。TCN 的感受野的大小受层数、卷积核大小、扩张系数等决

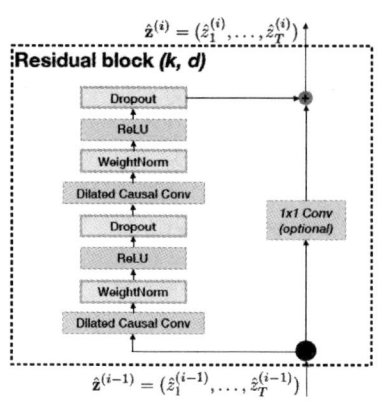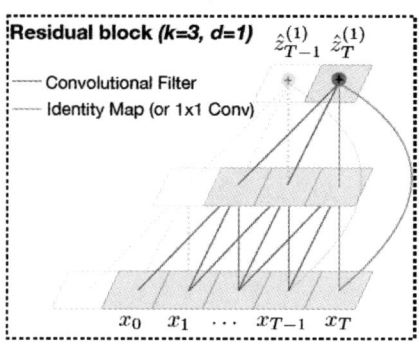

图 34　TCN 的残差连接结构

定，可以根据不同的任务不同的特性灵活定制。

（3）稳定的梯度。RNN 经常存在梯度消失和梯度爆炸的问题，这主要是由不同时间段上共用参数导致的。和传统卷积神经网络一样，TCN 不太存在梯度消失和爆炸问题。

（4）内存更低。RNN 在使用时需要将每步信息都保存下来，这会占据大量的内存，TCN 在一层里面卷积核是共享的，内存使用更低。

正是如上优点，以及在多类时间序列问题中的稳定表现，使 TCN 成为 WTI Signals 产品的主体算法框架。

2. 回测结果

中科星睿库存观测数据开始于 2019 年，为了补充更多年的数据用于回测 WTI Signals 的应用效果，假设在 2004 年至 2019 年里，一个虚拟的库欣地区卫星库存数据总是先于 EIA 官方数据发布，并使用这个虚拟的卫星库存数据作为 WTI Signals 的算法输入。基于 2004 年至 2019 年共 14 年历史数据回测显示，WTI Signals 产品可以达到 60%—70% 的价格涨跌预测精度。据此建立的单一变量交易模型显示，使用该预测信号指导交易，可以实现 173.81% 的平均年收益。数据分析表明，中科星睿原油库存数据的加入增加了该指示信号的可靠性和稳定性。图 35 为 14 年的历史回测收益率情况。

14 年回测结果显示，在历史极端行情下，例如 2008 年前后，WTI Signals 能够准确把握市场时机获得高收益。自 2019 年底起的小规模实盘验证结果也证实了这一想法。如图 36 所示，在 2020 年 3 月至 5 月的流动性危机阶段，累积收益率有大幅的提高。

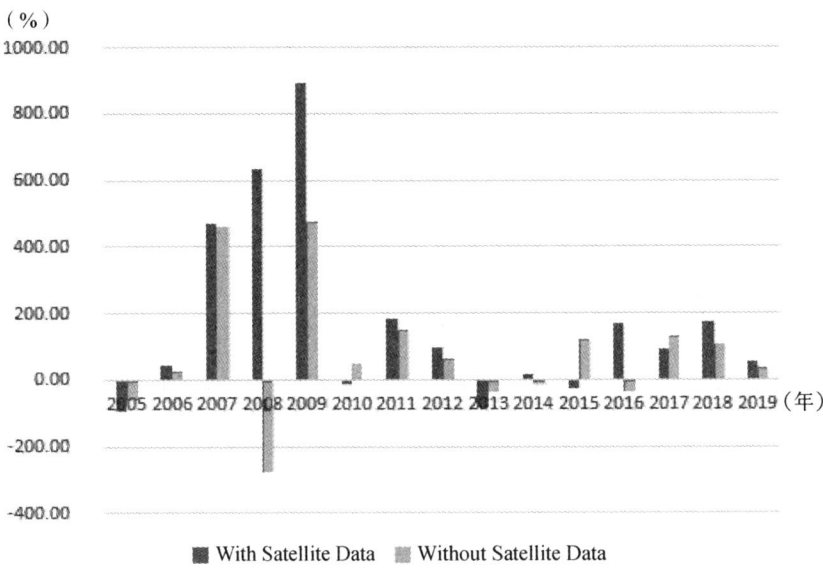

图 35　WTI Signals 的历史回测结果

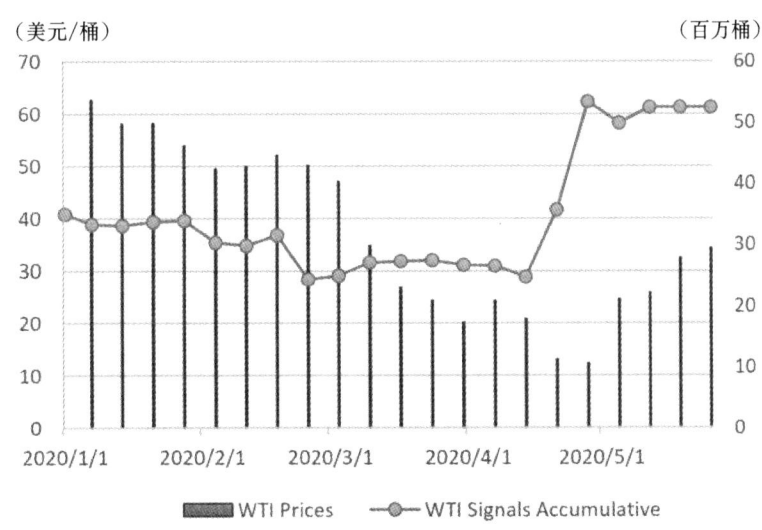

图 36　WTI Signals 的实盘验证结果

WTI Signals 目前仍在逐步优化中。造成 WTI Signals 在个别时段产生较大回撤的主要因素有：

（1）可见光卫星遥感获得的库欣库存数据因为库欣地区阶段性多云天气影响而中断更新，导致对当周库存变化测算不准确；

（2）库欣地区库存不能反映原油库存变动的全部信息。

随着 SAR 卫星全球原油库存观测体系的完善，以上两个问题将可能得到解决。

（四）逐罐库存观测可能产生的信息增量

遥感卫星能够实现原油库存的逐罐观测，不同油罐归属于不同的油气储运公司。由于不同储运公司在原油市场的定位不同，卫星逐罐库存观测数据为评估原油库存变化提供了更有广度的视角。本部分首先分析库欣地区的原油储运设备分布和归属公司，再根据中科星睿的逐罐库存观测得到不同企业库存变化的历史数据，分析不同企业库存对油价的不同影响，探讨逐罐库存观测在库存对价格的影响这一问题上可能产能的信息增量。

1. 库欣地区原油储运设备简介

石油资源帮助俄克拉何马州建立起石油工业体系，并将库欣地区变成了一个新兴城市和重要的石油供应中心，储存了来自美国各地的各类型原油，来自加拿大和墨西哥的进口原油，以及其他地方的原油。库欣地区得益于位于墨西哥湾沿岸、中部大陆和中西部之间的中心位置，通过密集的管道将上游的石油主产区和下游的炼油区连接起来，并且凭借强大的储存能力提供了市场竞争渴望的流动性，由此不断成长为全美重要的管道储运枢纽，被誉为"世界管道的十字路口"。

1983年，库欣优越的地理位置和强大的基础设施促使纽约商品交易所选择这里作为西得克萨斯中质原油期货合约的交割点。WTI是美国最重要的标价，也是石油买家和卖家的全球基准价格。

在20世纪90年代，随着综合石油公司大量剥离中游资产，库欣的所有权和控制权逐渐转移到了中游管道公司。目前，库欣地区原油储罐的容量高达9000万桶。

2015年，库欣地区的原油库存持续上涨，达到6500万桶的历史最高峰。但是到2018年夏季，库存降至1460万桶的新低。大部分学者将库欣原油库存的变化归因于市场对未来价格的期望，也有人认为财政政策也会对库存变化产生一定的影响。

在期货溢价市场，原油的最终价格会高于现货价格，贸易商倾向于在库欣地区储存原油，等合约期一到就高价卖出。如果贸易商最终售出的原油价格高于租用存储空间的成本，那么就有利可图。在多年的期货溢价市场中，贸易商利用这种价差囤油造成了库存的上涨；反之，在现货溢价市场，原油期货价格低于现货价格，交易商则会选择尽快出售现货，导致库存持续下降。另外，资料显示，得克萨斯州对包括石油天然气在内的资产要征收2.12%的从价税。所谓从价税，就是按资源价值所征收的一种州税。而俄克拉何马州没有这类税种。因此，需要和库欣进行原油交割的得克萨斯州石油公司更倾向于在库欣保留库存。

库欣是美国原油的主要交易中心，也是著名的纽约商品交易所西得克萨斯中质原油的价格结算点。目前，每周有超过30亿桶的西得克萨斯中质原油期货合约在此进行交易。

（1）库欣地区重要的石油仓储设施。目前，不包括战略石油储备在内的美国原油仓储总能力为5.59亿桶，具体到库欣地区，其拥有30条管线和20个原油储存终端，是全球原油市场供需的关键纽带。根据EIA数据，库欣总库容是8439万桶，实际可用库容为7600万桶。EIA定义了库欣地区和国防区域石油管理局（PADD）所划分区域的"实际可用库容"和"储罐净体积"。一般而言，考虑到每个储罐都得把灌顶和罐底预留出来给终端操作员管理，而他们通常无法100%利用整个罐体，所以，实际可用库容约占整个储罐体积的85%。

库欣地区的原油储运并非由某个特定公司或管道公司主导。相反，构成交易中心的大约9平方英里区域集中了多家公司。目前，库欣地区共有14家主要仓储运营商，其中Plains All American（PAA，全美平原管道公司）、Enbridge（安桥公司）两家公司占有总容量的约50%。另外几家比较大型的公司包括Magellan Midstream Partners、NGL Energy Partners、SemGroup Corp.、Blueknight Energy Partners和Deeprock Energy Resources。它们管理运营着库欣地区大约350个巨型储油罐，其中一些储罐直径达到300英尺，高48英尺，可容纳60万桶原油。有的储罐能够以每小时超过4万桶的速度接收石油。75%的储罐容量被这些公司租赁给其他公司，包括生产商、中游公司、炼油商、营销商或其中某两种组合。主要仓库管理公司见表4。

表4　　　　　主要仓库管理公司

序号	公司	库容（百万桶）
1	PAA	24.09
2	Enbridge	17.89
3	Rose Rock Midstream	7.59
4	Blueknight	7.38
5	Magellan	7.13
6	NGL Energy Partners	4.26
7	Deeprock	4.00
8	American Midstream	3.25
9	TransCanada	2.80
10	Enterprise	2.52
11	Coffeyville	1.50
12	Barcas	0.80
13	Phillips 66	0.57
14	Centurion	0.48
15	Getka Energy	0.13
合计（库欣）		84.39

①全美平原管道公司（Plains All American，PAA），库容2409万桶。这是一家在纽交所上市的公司，在美国经营石油管道运输、营销和仓储业务，在加拿大开展液化石油气业务，在美国密歇根州和路易斯安那州开展天然气储存业务，拥有约3700万桶（590万立方米）的码头和储存容量，以及1.5万英里（2.5万公里）的原油管道。

②Enbridge能源合伙人公司（即安桥能源），库容1789万桶。安桥能源创立于1949年，前身称为IPL Energy，是一家位于阿尔伯塔省卡尔加里的加拿大跨国能源运输公司，主要业务是在北美地区进行能源运输、分配和生产业务，在加拿大和美国运营北美最长的原油和液态烃运输系统，拥有并经营加拿大最大的天然气分销网络，为安大略省、魁北克省、新不伦瑞克省和纽约州提供配送服务。

③玫瑰岩中游公司（Rose Rock Midstream），属于Sem集团，库容759万桶。主要在北美地区，通过管道将处理厂、炼油厂的储存设施和深水海运码头网络进行连接，运输石油、天然气和其他产品。

④蓝骑士能源伙伴公司（Blueknight Energy Partners，BKEP），库容738万桶。公司创立于2007年，总部位于美国俄克拉何马州，全职雇员约370人，是一家油气中游资产公司，在美国为从事液体沥青和原油产品生产、分销和营销的公司提供综合终端（储存设施）、收集和运输服务；拥有并经营原油运输系统，总长约655英里。公司在俄克拉何马州采购原油，并在库欣交汇处销售这些原油。

⑤麦哲伦中流合伙人公司（Magellan Midstream Partners），库容713万桶。之前，公司的仓储设施由英国石油公司拥有，这是一家总部位于俄克拉何马州塔尔萨的纽交所上市公司，在美国中部石油生产州拥有大量的氨和石油管道，包括83个石油产品终端、超过9000英里的成品油管道、800英里的原油管道和1100英里的氨管道系统。

⑥油气精炼与分销公司（NGL Energy Partners），库容426万桶，主要从事原油物流、水解决方案、液体、零售丙烷、成品油等业务。

⑦Deeprock，库容400万桶。

⑧美国油气中游资产伙伴公司（American Midstream Partners），库容325万桶。公司成立于2009年8月20日，作为特拉华州有限责任合伙公司，主要致力于收购、经营特定天然气管道及其加工业务。公司提供天然气收集、处理、加工、分馏、销售及运输服务，服务地区主要是墨西哥湾沿岸和美国东南部。公司拥有一系列独资有限责任公司和有限合伙公司。

⑨泛加拿大公司（TransCanada Corporation），库容280万桶，成立于1951年，总部位于加拿大的Calgary，全职雇员6779人，是加拿大最大的油气管道集团公司。

⑩企业产品公司（Enterprise），库容252万桶，是一家中等规模的天然气和原油管道公司，总部位于得克萨斯州的休斯敦。

⑪Coffeyville，库容150万桶。Coffeyville隶属于CVR能源公司，是一家拥有

CVR集团股份的、主要致力于石油加工和氮肥生产工业的多元化控股公司。其合伙企业 Refining 是一家独立的石油提炼商和高品质运输燃料的营销商。其氮肥合作商以氨和硝酸铵的形式对氮肥进行生产和销售。该公司主要有以下两大运营部门：石油部门和氮肥部门。炼油商和化肥生产商 CVR 能源公司在堪萨斯州科菲维尔有一家炼油厂——位于美国俄克拉何马州库欣的石油集散地以北 120 英里。

⑫Barcas LLC，库容 80 万桶，主要从事石油工业钻井和生产的与原油储存相关的业务。Barcas Pipeline Ventures LLC 与 Magellan Crude Oil 合作，在俄克拉何马州库欣建造并运营了一个 4250000 桶、70 英亩的油库。

⑬Phillips 66，库容 57 万桶，隶属于全美最大的独立炼厂，美股代码 PSX。

⑭Centurion，库容 48 万桶。

⑮Getka Energy，库容 14 万桶，是一家原油物流供应商，专注于储存、混合和终端解决方案，以及为北美生产商和国内以及国际市场提供管道运输和市场选择。Getka 总部位于塔尔萨，成立于 2018 年初。

（2）库欣地区重要的石油运输设施。库欣地区的管道基础设施非常发达，输入库欣的管道能力为 370 万桶/天，从库欣输出的管道能力为 310 万桶/天（见表 5、表 6）。输入管道主要运输加拿大及美国页岩油区块（包括巴肯、奈厄布拉勒、二叠纪盆地）所产的原油。输出管道将开采出来的原油运输至美国中西部区域（PADD2）和墨西哥湾区域（PADD3）的主要炼油中心。

表 5　　　　　　　　　输入库欣的原油管道

输入管道	运能（万桶/天）	运营商
拱心石管道（来自内布拉斯加州斯蒂尔市）	59	泛加管道公司
盆地管道（二叠纪）	55	平原管道公司
弗拉纳根南部（加拿大/巴肯）	60	加拿大管道公司
矛头管道（加拿大）	19.5	加拿大管道公司
百夫长北管道（二叠纪）	17	西方管道公司
白崖管道（奈厄布拉勒）	21.5	玫瑰石管道公司
Plains Cashion，OK 管道	25	平原管道公司
密西西比石灰管道	15	平原管道公司
小马快递管道（奈厄布拉勒）	32	草原管道公司
鞍角—大平顶山	34	麦哲伦/平原管道公司
玻璃山管道	21	玫瑰岩中游管道公司
山楂管道（从斯特劳德到库欣）	9	山楂管道公司
大盐平原管道	3.5	大盐平原中游管道公司
鹰北管道	2	蓝骑士管道公司

表 6　　　　　　　　　　　　从库欣输出的原油管道

输出管道	运能（万桶/天）	运营商
海路管道	85	企业产品管道公司
拱心石市场管道	70	泛加管道公司
英国石油公司 1 号管道（到芝加哥）	18	英国石油公司
欧扎克管道（到伊利洛伊州伍德里弗）	34.5	加拿大管道公司
奥散奇河管道（到堪萨斯州埃尔多拉多）	16.5	麦哲伦中流合伙人公司
科菲维尔 CVR 管道	11	全美平原管道公司
菲利普斯管道（到俄克拉何马州庞卡市）	12.2	康菲公司
菲利普斯管道（到得克萨斯州博格）	5.9	核星管道公司
红河管道（朗维尤）	12.5	全美平原管道公司
红河管道	2.5	全美平原管道公司
太阳石油管道（两条管线到塔尔萨市）	7	太阳石油管道
切罗基平原管道	2	全美平原管道公司
麦哲伦塔尔萨管道	3	麦哲伦管道公司
钻石管道（到孟菲斯市）	20	全美平原管道公司目前总输出能力：300 万桶/天

主要管道介绍：

①盆地石油管道：由全美平原管道公司运营，以得克萨斯州的威奇托福尔斯为开端，连接得克萨斯州的各个油田。

②百夫长管道：将得克萨斯州西部和新墨西哥州东南部二叠纪盆地的石油输送来库欣。

③Hawthorn 管道：由 Hawthorn 石油运输公司运营，长 17 英里，以俄克拉何马州的斯特劳德为开端，那里是一个铁路卸载站，接收来自北达科他州斯坦利 EOG 资源公司的石油。

④玻璃山管道：由玫瑰岩中游（Sem 集团）公司经营，接收来自俄克拉何马州西部和中北部油田的石油。

⑤大盐平原管道：由 JP 能源公司运营，接收来自俄克拉何马州切罗基油田的石油。

⑥拱心石（Keystone）管道：由泛加拿大公司运营，从加拿大艾伯塔省的 Hardisty 通向得克萨斯州亚瑟港，管道的最大输送能力为 59 万桶/天。

⑦密西西比石灰管道：由全美平原管道公司运营，接收来自俄克拉何马州北部和堪萨斯州南部油田的石油。

⑧PAA Medford 管道：由全美平原管道公司运营，接收来自俄克拉何马州梅德福附近油田的石油。

⑨Pony 快线管道：由 Tallgrass 能源合伙人公司运营，接收怀俄明州根西岛油田的石油，连接庞卡城炼油厂，输送能力为 23 万桶/天，可以增加到 40 万桶/天。

⑩海路管道：由 Enbridge 和企业产品管道公司运营，是通往得克萨斯州费里波特港口的双管道，最大输送能力为 85 万桶/天。

⑪Sem 原油管道：由玫瑰岩中游（Sem 集团）公司运营，接收来自堪萨斯州和俄克拉何马州北部油田的石油。

⑫矛头石油管网：由 Enbridge 经营，是一个接收伊利诺伊州弗拉纳根附近 Enbridge 干线管道的石油管道网，最大输送能力为 12.5 万桶/天。第二条管道是 Flanagan 南方管道，与矛头管道平行；Enbridge 的第三条管道，连接伊利诺伊州罗克珊的伍德河炼油厂。

⑬白崖管道：由玫瑰岩中游（Sem 集团）公司运营，接收科罗拉多州普拉特维尔油田的石油。

2. 库欣地区不同企业库存对油价的影响

库欣地区总库存接近 1 亿桶，分别属于 15 个大小不一、位置不同的能源中游企业。我们将采用相关性计算和主成分分析的方法比较不同库区的库存量及满库率对油价的影响因素。试图揭开究竟哪些库区对油价的影响更大。

（1）相关性

在计算相关性时，我们多采用皮尔逊（Pearson）相关系数进行相关性考察，皮尔逊相关也称为积差相关（或积矩相关），是英国统计学家皮尔逊于 20 世纪提出的一种计算直线相关的方法。

假设有两个变量 X、Y，那么两变量间的皮尔逊相关系数可通过以下公式计算：

$$\rho_{X,Y} = \frac{\text{cov}(X,Y)}{\sigma_X \sigma_Y} = \frac{E[(X-\mu_X)(Y-\mu_Y)]}{\sigma_X \sigma_Y} = \frac{E(XY) - E(X)E(Y)}{\sqrt{E(X^2) - E^2(X)} \sqrt{E(Y^2) - E^2(Y)}}$$

以上列出的四个公式等价，其中，E 是数学期望，cov 表示协方差，σ 表示变量取值的标准差。

当两个变量的标准差都不为零时，相关系数才有定义，皮尔逊相关系数适用于：
①两个变量之间是线性关系，都是连续数据。
②两个变量的总体是正态分布，或接近正态的单峰分布。
③两个变量的观测值是成对的，每对观测值之间相互独立。

如果有两个变量 X、Y，最终计算出的相关系数的含义可以有如下理解：当相关系数为 0 时，X 和 Y 两变量无关系；当 X 的值增大（减小），Y 值增大（减小），两个变量为正相关，相关系数在 0.00 与 1.00 之间；当 X 值增大（减小），Y 值减小（增大），两个变量为负相关，相关系数在 −1.00 与 0.00 之间。

相关系数的绝对值越大,相关性越强,相关系数越接近于 1 或 -1,相关度越强,相关系数越接近于 0,相关度越弱。

通常情况下,通过以下取值范围判断变量的相关强度:相关系数为 0.8~1.0,代表极强相关;相关系数为 0.6~0.8,代表强相关;相关系数为 0.4~0.6,代表中等程度相关;相关系数为 0.2~0.4,代表弱相关;相关系数为 0.0~0.2,代表极弱相关或无相关。

在原油的存储量和 WTI 油价相关性的研究中,我们除了要研究两者之间的线性相关性外,还要重点研究它们涨跌的一致性,以及存储量的前瞻性。

表 7 为各企业库存与 WTI 油价的相关性情况。

表 7　　　　　　　　　库存与 WTI 油价相关性

企业	WTI
Coffeyville	-0.6955
Getka Energy	-0.65756
Barcas	-0.63244
Deeprock	-0.62302
Rose Rock Midstream	-0.53499
TransCanada	-0.53416
Blueknight	-0.52949
American Midstream	-0.48998

通过计算 2018 年 11 月以来各库区满库率及库存与油价的相关性,我们发现整体而言,各个库区的两项数据都和油价呈负相关,这也基本符合库存越高油价越低的常规逻辑。具体分项看,在库存数据上,Coffeyville、Getka Energy、Barcas 分列前三位。具体分析他们的库存和满库率我们就能发现,这三家企业的库存变化量相较其他库区更大,例如 2020 年 4 月末,WTI 油价大跌时,这三家企业的满库率分别达到 80.18%、94.69%、85.06%,均处于高位。进一步统计各个企业的方差,我们发现,在满库率指标上,方差最大的三个正好是 Getka Energy、Barcas 及 Coffeyville,说明这三个企业的库存波幅最大。另一个比较有趣的则是这三家的总库容均在最后五名之内,同时 Phillips 66 和 Centurion 这两个最后五名的另两个与油价的相关性却最差,基本无相关。说明和常规逻辑并不一样,大库容并不会让该企业对油价的影响更大,少数更敏感的罐区库存变化却更能反映油价的变化。表 8 为不同企业满库率的波动率情况。

表 8 不同企业满库率波动率

组	企业	观测数	求和	平均	方差
列 1	Blueknight	323	17128.37	53.02901	287.9251
列 2	Rose Rock Midstream	323	17086.56	52.89957	148.7704
列 3	Deeprock	323	12702.53	39.32672	141.4515
列 4	Enbridge	323	19683.62	60.94	107.8427
列 5	Enterprise	323	18824.2	58.27926	100.3589
列 6	American Midstream	323	10078.05	31.20139	336.8126
列 7	Phillips 66	323	16800.27	52.01322	227.2991
列 8	Magellan	323	17048	52.78019	81.28682
列 9	PAA	323	19866.85	61.50728	42.80764
列 10	Centurion	323	17319.44	53.62056	116.7829
列 11	NGL Energy Partners	323	17866.29	55.31359	94.356
列 12	Coffeyville	323	11722.92	36.29387	360.0755
列 13	TransCanada	323	12750.95	39.47663	197.6683
列 14	Barcas	323	8916.27	27.60455	401.0448
列 15	Getka Energy	323	16268.65	50.36734	742.1946
列 16	合计	323	17726.18	54.87981	64.82728

(2) 主成分分析法

主成分分析法 (Principal Component Analysis, PCA) 是一种运用线性代数的知识来进行数据降维的方法。我们在研究某些问题时，需要处理很多具有相关性的变量数据，但这些数据可能存在噪声和冗余。如果利用主成分分析法，就可以从相关的变量中选择一个，或者将几个变量综合为一个变量，作为代表。用少数变量来代表所有的变量，用来解释所要研究的问题，就能化繁为简，抓住关键，这就是降维的思想。

主成分分析法将多个变量转换为少数几个不相关的变量，转换后的变量能比较全面地反映整个数据集。这是因为数据集中的原始变量之间，存在一定的相关关系，可用较少的综合变量来综合各原始变量之间的信息。由于库欣不同库区库存数据本身存在较多的内在关系，通过数据的降维，我们能提取较为精简的数据信息。

主成分分析法的核心思想是降维，而降维的基础是变量之间的相关性。主成分分析法不要求所有变量都相关，但部分变量之间的相关性比较大才能满足降维的条件，否则强制对不相关的变量进行降维，主成分分析法就失去了实际意义。因此，对于价格内在影响因素相关度较强的期货品种，用主成分分析法进行分析研究是比较合适的。

①主成分分析法在库欣不同库区库存数据上的应用 (库存量)。我们对库欣不

同库区库存数据的研究方法是提取主要的影响变量走势，再将其和价格数据进行比较，以判断两者的相关关系。我们首先选取库存量作为主要分析对象。

目前，我们选取了库欣 15 个地区的库存量数据进行主成分分析，提取了主要的影响因子。那具体确定多少因子作为主要的参考变量呢？我们需要对其波动贡献度进行衡量。

我们首先要确定降维后的向量个数。通过对其波动变量方差占比进行分析，我们选取占比较大的因素。从波动率贡献程度来看，贡献度明显超过 10%，是前两个因子（见图 37），我们主要求取降维后的两个向量作为主要分析目标。

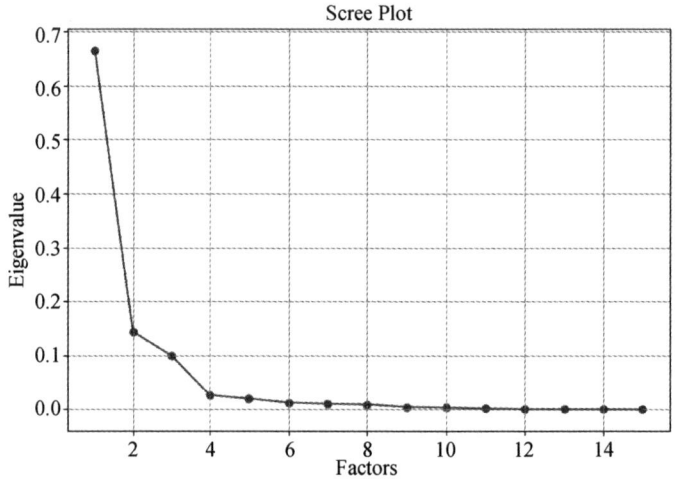

图 37　备选因子的波动率贡献度（库存量）

为方便识别，我们称降维后的变量序列为 principal_component1 和 principal_component2，简称 pc1 和 pc2，经过主成分分析法提取后，两因子走势如图 38 所示。

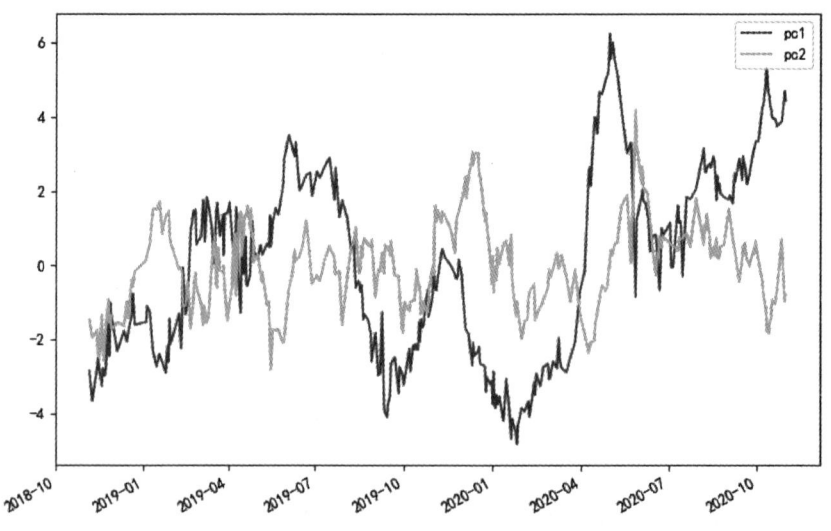

图 38　降维后的变量序列走势（库存量）

pc1、pc2 与原油价格的相关系数分别为 -0.5126、0.0274。各个地区库存数据和 pc1、pc2 的关系如图 39 所示。

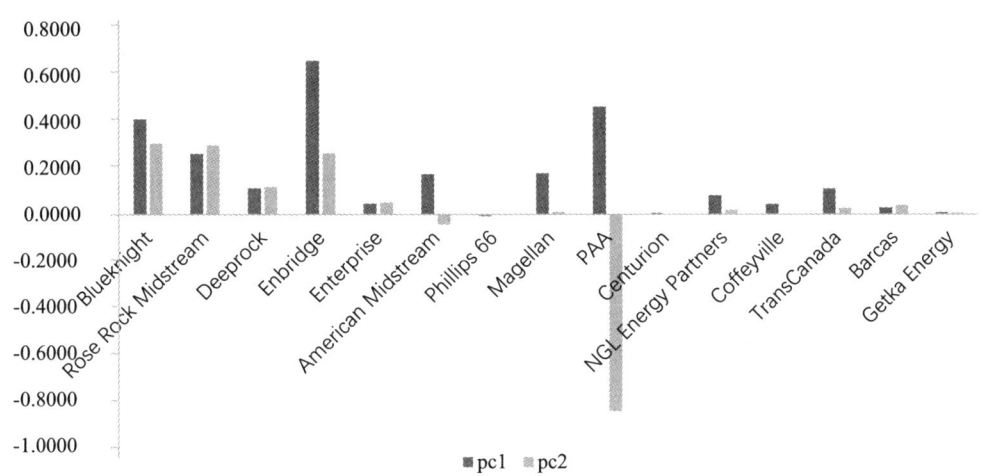

图 39　各个地区库存量数据和 pc1、pc2 的关系

从数据分析可以看出，Enbridge 和 PAA 与两个因子变动的关系更加紧密，说明其对整体的库存量数据影响更大。事实上，Enbridge 和 PAA 作为最大的两家公司，其总库存占库欣地区总量的 50%，因此，他们的数据对整体库存数量影响较大也不足为奇。

②主成分分析法在库欣不同库区库存数据上的应用（满库率）。我们对库欣不同库区库存数据研究方法是提取主要的影响变量走势，再将其和价格数据进行比较，以判断两者的相关关系，由于数据存在库存量与满库率相关度较高且满库率与油价相关性更高，我们选取满库率作为主要分析对象。

目前，我们选取了库欣 15 个地区的满库率数据进行主成分分析，提取了主要的影响因子。那么具体确定多少因子作为主要的参考变量呢？我们需要对其波动贡献度进行衡量。

我们首先要确定降维后的向量个数。通过对其波动变量方差占比进行分析，我们选取占比较大的因素。从波动率贡献程度来看，贡献度明显超过 10%，是前两个因子，我们主要求取降维后的两个向量作为主要分析目标（见图 40）。

为方便识别，我们称降维后的变量序列为 principal_component1 和 principal_component2，简称 pc1 和 pc2，经过主成分分析法提取后，两因子走势如图 41 所示。

pc1、pc2 与原油价格的相关系数分别为 -0.7044、-0.2829（见图 42）。

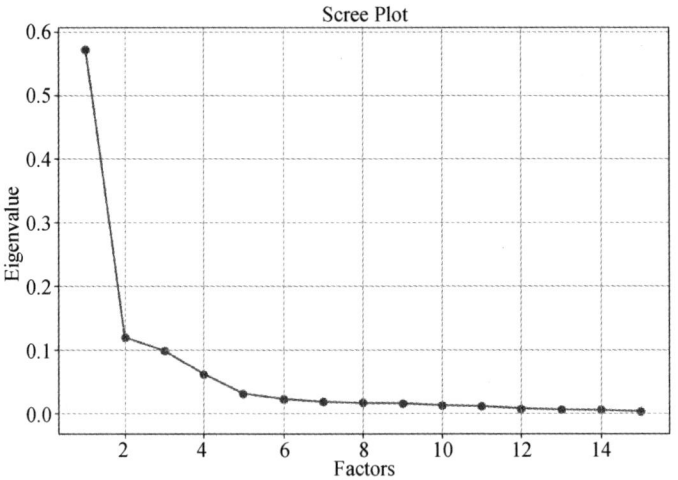

图 40　备选因子的波动率贡献度（满库率）

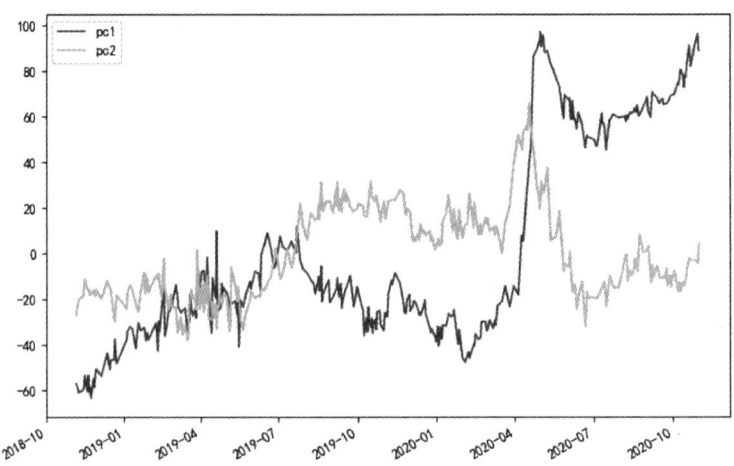

图 41　降维后的变量序列走势（满库率）

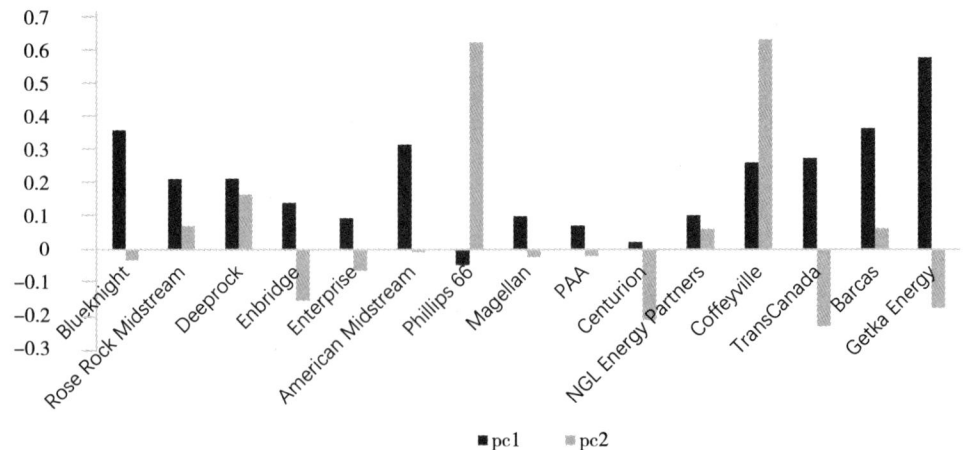

图 42　各个地区库存满库率数据和 pc1、pc2 的关系

从数据分析可以看出，Phillips 66、Coffeyville 和 Getka Energy 与两个因子变动的关系更加紧密，说明其对整体的满库率数据影响更大。

综合而言，Enbridge 和 PAA 作为最大的两家库存企业，对库欣地区库存总量影响最大，但是这两家企业库存波动率不足，导致其对油价不敏感。Phillips 66、Coffeyville 和 Getka Energy 三家小型企业则对库欣地区的满库率数据影响更大。结合之前的相关性分析，我们得出结论，Coffeyville 和 Getka Energy 无论从数据可得性、与油价的相关性以及本身的数据波动率，均表现较好，很适合作为分析未来油价趋势的分项数据。

小结：本部分我们先介绍了库欣地区主要的企业库存和运输管道，随后分别使用相关性分析和主成分分析法对不同企业的库存与 WTI 油价的相关性做对比，最后得出结论，Coffeyville 和 Getka Energy 无论从数据可得性、与油价的相关性以及本身的数据波动率均表现较好，很适合作为分析未来油价趋势的分项数据。

五、宏观经济指标的卫星观测

（一）宏观经济对原油价格的影响机制

原油不仅仅是一种工业品，还和贵金属一样，有很强的金融属性，反映宏观经济的变化以及与其他市场有交互作用。简单来说，当经济发展良好、通货膨胀平稳的预估下，原油的需求量预期增加，需求量端得到良性刺激后造成油价上调，从而推动中下游一连串的化工原材料价格上涨。此外，以美元计费的石油价格，当汇率产生变化，美元的高低可以直接影响原油价格的转变。美元走强，石油价格则承压下降；美元下跌，则给石油价格提供支撑。除经济因素外，政治因素发挥着同样重要的作用。由此可见，真实市场作用机理的复杂程度绝非"上升"这样的简单描述，而是多重因素共同发生作用的结果。

以 2021 年为例，国际原油价格持续上涨。美油期货价格从年初 48.42 美元/桶飙涨至 10 月末的 81.92 美元/桶，年内累计涨幅达 69.19%。布伦特原油期货价格自年初 51.71 美元/桶上涨至 10 月末的 83.06 美元/桶，年内累计涨幅为 60.63%。对 2021 年油价的飙升，市场人士认为，一方面是经济复苏带来原油需求上升，因此 2021 年以来原油价格一路上涨，符合各国从疫情中恢复带来的产能恢复的情况；另一方面，美联储放水催生的资产泡沫也是油价上涨的重要原因。由此可见，2021 年的原油期货价格上涨是原油的商品属性和金融属性共同作用的结果。

(二) 卫星实时观测宏观经济的原理

1. 卫星观测宏观经济的学术研究现状

习近平总书记在同北京大学师生座谈中引用了"长空万里，直下看山河"的诗句。科技的发展使诗句里的内容成为现实，遥感卫星就是用于从长空万里对地球表面的万千事物进行观测的航天器之一。由于其独特的客观视角，用遥感卫星数据进行经济学分析与预测是近年来的新研究方向。其中，利用遥感卫星采集的夜间灯光和可见光数据进行区域经济指标的估计与预测是经济学研究的一个热点。

过去十年，随着遥感卫星技术的迅速发展和机器学习算法的进步，人们可以获取并提取大量的遥感信息（Donaldson 和 Storeygard，2016）。这些遥感信息反映了人类社会的变迁与发展，也和各国经济发展有很高的相关性。对经济学界而言，遥感数据的意义主要体现在三个方面：第一，获取其他方式难以获得的信息。这意味着我们可以获得新的数据来源，对基础数据进行补充。第二，空间分辨率高。这意味着我们可以以更精细的尺度进行经济分析，这种分析可以达到栅格数据的程度，例如 Henderson et al.（2016）测度了栅格单位的收入水平。第三，地理覆盖范围广，这意味着我们可以大尺度地比较国与国之间、地区与地区之间、城市与农村之间的经济差异。

将遥感卫星数据用于预测宏观经济指标主要有两种技术路线：第一种技术路线以夜间灯光数据作为测度经济活动的基准；第二种技术路线以卫星日间拍摄的可见光影像作为输入数据。路线一以 Henderson（2012）为代表，Henderson 首次正式地将夜间灯光数据引入经济学的分析框架，结合夜间灯光数据和现有统计数据测算了不同国家的经济增长率。路线二以 Jean、Neal et al.（2016）为代表，作者从卫星日间可见光影像中提取特征对经济发展进行预测。下文分别介绍这两种研究路线的区别和联系。

（1）夜间灯光卫星遥感数据与宏观经济。近年来一些经济学者将夜间灯光数据引入经济统计框架，用于度量经济活动活跃程度及分布特征，在修订和改进 GDP 统计等方面取得了卓有成效的进展，引发了采用夜间灯光数据的经济学文献持续增长。大量学者的研究发现，灯光亮度与 GDP 之间高度相关（Sutton & Costanza，2002；Elvidge et al.，2009；Ghosh et al.，2010；Chen & Nordhaus，2011；Henderson et al.，2012）。其中，最具代表性的文献来自 Henderson et al.（2012），作者比较正式地将夜间灯光数据引入经济学的分析框架。结合夜间灯光数据和现有统计数据，作者测算了不同国家的经济增长率。作者认为，各国官方统计的经济增长率和真实经济增长率的误差主要是由于统计误差造成的。各国统计能力不同，因此官方统计的

GDP 和真实 GDP 之间的误差也不同。同时，各国夜间灯光增长率和真实经济增长率的回归误差有两个来源，一是卫星拍摄能力造成的误差，二是由于经济结构不同，各国夜间灯光增长率和真实经济增长率之间的关系不同。因此，作者采用两步法：第一步用各国夜间灯光增长率回归预测经济增长率（作者称其为夜光预测经济增长率）；第二步，将官方统计经济增长率和第一步得到的夜光预测经济增长率加权平均，求得各国的经济增长率。当一国统计能力更高时，官方统计经济增长率的权重更高；反之，夜光预测经济增长率权重则更高。本文发现各国实际经济增长率与官方数据存在误差，将经济统计数据和夜间灯光数据相结合可以更加准确地度量经济增长，验证了夜间灯光亮度的变化率可以作为 GDP 增长率的代理变量。

在 Henderson et al. （2012）正式地将夜间灯光数据引入经济学研究之后，经济学者开始积极地采用夜间灯光数据来研究国别和区域经济发展问题。Hu（2019）基于测量误差模型，对 Henderson et al. （2012）的框架进行了两方面扩展：第一，作者将夜光生产函数从线性变为非线性；第二，残差是各国统计能力和地理位置这两个变量的函数，但是具体函数形式未知。作者通过半参估计预测真实人均 GDP。Pinkovskiy 和 Martin （2016）进一步借助夜间灯光数据，建立了一个数据驱动的理论框架，以夜间灯光亮度作为第三方的独立反映经济增长绩效的指标，评估人均 GDP 和家户调查收入指标，两者反映了经济增长的准确性。Michalopoulos 和 Papaioannou（2014）在量化分析制度对非洲国家和地区的经济发展的影响时，采用夜间灯光数据度量地区经济发展水平。Hodler 和 Raschky （2014）基于夜间灯光数据，构建了 1992—2009 年全球 126 个经济体的 38427 个内部区域面板数据，考察了政治领导人的地方偏袒对区域经济发展差异的影响。纵观已有的代表性文献，夜间灯光数据或者应用在 GDP 统计数据较难可得的经济体，或者突破了行政区划的空间限制，显示了其广泛和良好的适用性，现有文献的地理纬度涉及国家单元（Henderson et al.，2012）、城市单元（Storeygard，2016）、种族家乡地单元（Michalopoulos 和 Papaioannou，2014）、大规模的栅格单元（Henderson et al.，2016）、河流单元（Bleakley & Lin，2012）等。

我国经济学界很快就采用夜间灯光数据对中国官方 GDP 统计数据进行调整和评估，主要产生两类文献：一类文献以灯光亮度增长修订 GDP 增长数据，另一类文献将其作为 GDP 增长的一个替代指标。徐康宁等（2015）首次采用 Henderson et al. （2012）的核算框架，采用全球夜间灯光数据测算了中国的实际经济增长率，评估了中国经济增长以及 GDP 统计数据的真实性。卢盛峰等（2017）直接采用夜间灯光数据对我国城市层面的实际生产总值的可信度进行了量化评估。最近的文献倾向于采用夜间灯光亮度变化率作为 GDP 增长率的一个替代变量，对相关问题开展研究。王贤彬等（2017）采用夜间灯光数据，重新评估了中国地区经济差距动态趋势，他们的研究发现在一定程度上表明了夜间灯光亮度在一定条件下可以作为GDP的良好代理指标。实证研究直接采用夜间灯光亮度作为GDP的代理指标逐渐成为常态。

（2）可见光卫星遥感数据与宏观经济。除夜间灯光外，卫星能为我们提供其他丰富的可见光数据，如天气与气候、地势、农业用地与作物类型、城市用地状况、建筑类型、污染监测等（Donaldson和Storeygard，2016）。这些数据被用于经济学各个领域的分析。以农业经济学为例，Costinot和Donaldson（2016）使用联合国粮农组织（FAO）提供的全球农业生态区（GAEZ）数据集，包含土壤、地形、海拔、气候等地理特征的高分辨率数据，估计了气候变化对全球各类作物产量的影响。作者发现，如果允许贸易和生产模式进行调整，气候变化对这些农业市场的影响将相当于全球GDP减少0.26%。产业经济学方面，Faber和Benjamin等（2019）以墨西哥为例，测度了旅游业对经济的长期影响。作者使用了分辨率为30米×30米像素的遥感卫星数据，覆盖了20世纪80年代到90年代墨西哥约9500公里的海岸线。利用这些卫星数据，作者构建了旅游资源丰富程度的代理变量，即海滩质量和考古遗址。作者发现，丰富的旅游资源对当地总就业、人口、GDP和工资都有强烈而显著的正向影响。区域经济学方面，Ehrlich和Maximilian（2018）分析了制度设置对欧洲城市扩张的影响。作者利用1990年、2000年、2006年和2012年的高分辨率卫星图像，提取了36个欧洲国家的44种土地覆盖类型，然后进一步将其分为四个主要类别，即住宅已开发、非住宅已开发、可开发和不可开发，根据这四个类别计算出城市扩张指数。作者发现，非集权国家和地方政治分裂与城市扩张显著正相关，非集权国家的城市扩张指数比中央集权国家高25%—30%。

（3）综合可见光遥感数据、夜光卫星数据预测宏观经济。将机器学习与卫星数据相结合（SIML），利用目标检测算法对地表物体进行分类，从而分析宏观经济，正逐渐成为新的研究方向。

Engstrom和Ryan等（2017）结合高分辨率卫星图像和机器学习算法，对斯里兰卡部分地区的消费水平和贫困率进行预测。作者首先用CNN网络从卫星图像中提取出六种特征：建筑物的数量和密度、阴影覆盖率、汽车的数量、道路的密度和长度、农业类型和屋顶材料；然后将提取出的特征作为解释变量，把平均消费水平和贫困率作为被解释变量进行预测。作者发现，卫星特征能够高度预测地区的平均消费水平和贫困人口比率。地区的汽车数量、建筑高度与城市地区消费和贫困具有较强的相关性，而道路的密度和长度、农业类型与农村地区消费和贫困具有较强的相关性。

Jean和Neal等（2016）用迁移学习对非洲地区贫困水平进行预测。作者指出了传统用日间影响和夜间灯光预测贫困水平存在的问题。如果用日间影像提取的特征直接预测贫困，就会面临样本过少的问题，因为只有少数地区才有贫困的标签。如果用夜间灯光预测贫困，由于贫困线以下地区夜间灯光亮度本来就很低，几乎没有变化，所以夜间灯光对贫困的预测能力非常有限。为了解决以上两个问题，作者综合日间影像和夜光使用迁移学习进行贫困预测：第一步，用CNN网络进行日间影像特征提取；第二步用日间影像特征预测夜间灯光，训练出一个模型；第三步，用第二步训练的模型，将日间影像特征作为输入预测贫困。使用此方法的隐含逻辑是日间图像或夜光对贫困的预测，实际上是真实的其他特征同时影响二者。为了找到这些隐含的其他特征，作者用日间图像预测贫困训练出一个网络。换言之，这个网络包含了真实的其他特征对贫困的相关关系。

Glaeser和Edward等（2018）认为，在城市经济学领域，尽管大数据能提供比传统数据更精细更广泛的数据，但在解决因果问题上仍然存在较大局限性。而大数据与外生冲击数据相结合，将会大幅提升模型的解释力。在本文中，作者首先使用视觉算法从谷歌街道图像数据中提取了7480个特征，然后结合美国社区调查数据（ACS），使用v-SVR算法对纽约街区级收入进行预测。

2. 中科星睿的卫星宏观经济预测模型

（1）模型概述。虽然已有众多文献表明，卫星遥感数据对地面人类经济行为的观测数据能够和GDP等区域经济指标相关联，但如何使用卫星观测数据更实时地预测更多宏观经济指标仍然是一个挑战性的课题。本文认为，一个有实用潜力的卫星宏观经济预测模型应至少包含以下三个要素。

①多源的数据输入。众多前沿学术研究成果表明，综合夜间灯光遥感数据、高分辨率光学遥感数据以及其他经济地物分布数据、行业属性的地理分布数据，能够得到比从单一来源遥感数据更多的信息。同时，多源的数据输入可以用于互相校验，提升数据的质量。例如，夜光卫星数据虽然是一种非常有效的宏观经济表征数据，但也容易受到和经济活动关联不大的偶然杂散灯光的影响，造成对经济活跃程度的误判。而从可见光遥感数据上提取的人工建成区分布，则可以有效滤除偶尔夜间灯光，降低观测噪声。

②高维数据的降维方法。从数学意义讲，卫星图像是一个高维数据，覆盖全国的高分辨率卫星图像为万亿像素量级；高维的卫星图像嵌入一个低维流形中。合适的降维方法是从海量卫星数据中提取经济数据的关键。例如，有学者利用遥感影像上提取的建筑物的数量和密度、阴影覆盖率、汽车的数量、道路的密度和长度、农业类型和屋顶材料等自然地理特征预测区域人均收入的变化情况，这种对遥感影像的特征提取就是数据降维的一个例子。我们发现，更有经济学意义的

数据降维手段更有助于后续宏观经济指标的预测。例如，通过多时相卫星影像序列提取人造地表的建成年代，以及在人造地表上提取住宅区、办公区、商业区、工业区、车站、机场、政府机关、学校、医院、文体设施、公园和市政设施等经济地物分布，能够有助于更好地提取和不同经济指标变化相关的卫星图像变化指征。

③综合的分析工具。卫星数据经过降维处理后形成的特征向量用于进一步的宏观经济指标估计。传统的用于金融数据分析的工具手段，例如时间序列分析、计量经济学分析等方法往往不适用于这类高维特征向量上的金融特征挖掘。人工智能的分析方法有助于更好地从高维特征向量上提取信息。例如，在本文构造的模型框架中，利用夜光数据估计区域经济活跃度时，区域的夜光数据按照来源地物性质的不同被表示为一个高维向量，允许不同分量生产弹性不同，同时允许各个分量之间存在交互关系。由于简单的多项式函数关系难于表达复杂的交互关系，我们使用了一个多层的人工神经网络拟合夜间灯光亮度向量与区域收入之间的关系。我们通过谨慎的训练验证方法控制模型具有合适的 VC 维，并通过蒙特卡洛方法确定生产函数的残差项的方差。

图 43 为包含上述特征的卫星宏观经济预测模型的框架图。

图43　卫星宏观经济预测模型框架

上述框架包含了横跨 30 年时间跨度且按月高频次更新的全国覆盖的夜光遥感数据、高分辨率光学遥感数据、红外遥感数据，用于从遥感数据中提取降维特征的行业企业及各类经济地物分布数据、GIS 空间关联工具，以及用于从降维数据体中提取宏观经济指标的时间序列分析工具、回归分析工具和人工智能经济参数反演工具。

(2) 多源的遥感数据输入。本文构造的宏观经济观测模型包含以下类型的遥感数据。

①夜光遥感数据。夜光遥感数据是通过遥感卫星上搭载的夜间微光传感器获得的地表灯光亮度分布数据。地表的夜间亮光具备反映人类活动的独特的能力，已被广泛应用于国民经济与国家安全领域。例如，权威期刊《美国经济评论》刊文利用夜光遥感数据修正各国 GDP 增长率，缅甸 1992—2002 年的 GDP 年均增长率的官方值为 8.6%，通过夜光数据修正后的年均增长率为 4.3%。又如，威廉玛丽学院 AIDDATA 研究团队调取了 2000—2014 年中国在全球 130 多个国家和地区参与的约 4400 个建设项目后，梳理出这些项目所在地区的灯光明暗变化，结果发现：灯光不仅集中在中国援建项目所在地，还随着时间推移"照亮"了附近地区，呈现向外辐射的趋势，中国参与的基础设施项目不仅推动了当地经济，更带动了周边地区整体发展。图 44 为上海市的夜间灯光亮度图像。图像上每一个像素的灰度值反映了地面一个网格大小区域的夜间平均灯光亮度情况。

图 44 夜光卫星成像结果

②高分辨率光学遥感数据。光学遥感数据是最常用的一类遥感数据。随着技术的进步，运行于太阳同步轨道上的遥感卫星已经能够获取亚米级分辨率的地面影像。在这一分辨率下，地表建筑类型、地面交通运输状况、港口的货物堆放等信息均可以得到定量的精确提取。高分辨率光学遥感数据也是获取经济地物分布的主要数据源。例如，通过深度学习算法，我们能够从高分辨率光学遥感影像上提取全国炼化厂、钢铁厂等经济地物的分布情况。图 45 为北京市高分辨率光学遥感影像，在该影像中可辨识多种城乡地物类型。

图 45　高分辨率光学卫星成像结果

③红外遥感数据。遥感卫星除了可以获取可见光影像外，还可以获取红外波段的地物辐射率信息，通过远红外波段的信息组合，能够反演出地表的温度信息。因此，红外遥感数据可用于观测工业生产的活跃度，和煤炭、原油、铁矿石等大宗商品下游需求密切相关的钢厂、炼化厂等区域往往也是高热辐射区域，这些区域的红外辐射强度和其生产产能具有显著的线性相关关系。图 46 为某工业区域的热红外影像，在图像右上角区域是一个钢铁炼化企业，可以看到，该区域温度显著高于周边区域。这种温差的大小反映了企业的开工率和产量。

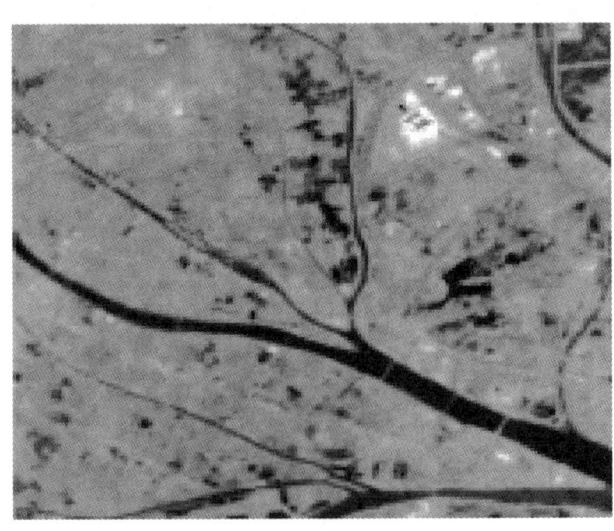

图 46　热红外卫星成像结果

3. 高维遥感数据的降维方法

我们采用下述两组方法的组合将高维遥感数据降维为和经济活动相关的特征向量。

（1）行业企业及各类经济地物分布提取。通过在高分辨率光学遥感图像上进行语义分割机器学习，我们辨识了如下类型地物的空间分布：

住宅地表：包括住宅区域以及住宅的建成年代；

商业地表：具体包括商业街区以及办公楼宇，以及这些街区的建成年代；

工业地表：包括工业区域、工业园区分布以及这些工业区的建成年代；

交通地表：包括交通站点、机场的分布以及建成年代；

行政地表：包括政府、学校、医院、公园、文体设施的分布以及建成年代。

图 47 为北京市的经济地物分布辨识结果。

经济地物分布数据将遥感观测与行业、经济属性相关联，这是能够从遥感观测中获得不同类型宏观经济特征的数据基础。

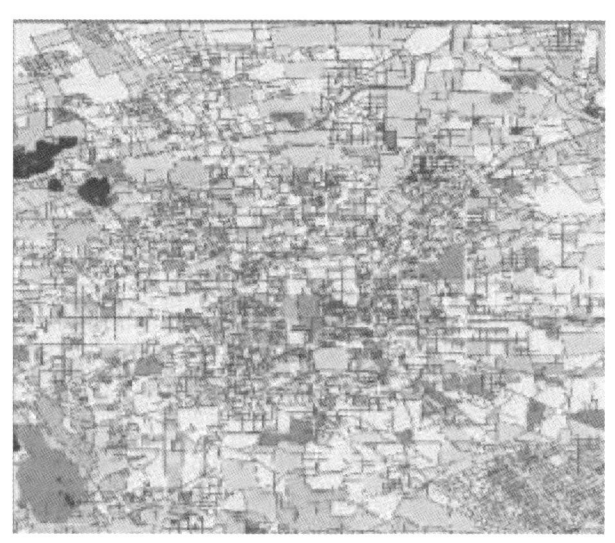

图 47　北京市经济地物分类结果

（2）GIS 空间关联。GIS 空间关联是将不同类型遥感数据以及地物分布数据联系起来的纽带。图 48 展示了通过 GIS 空间关联获得全国夜光地块面板数据的全过程。

在图 48 中，我们得到了全国 288 万个地块上的夜光时间序列，这些时间序列构成了一个庞大的面板数据，每个地块上的解释变量包括这个地块的经济属性、地块所属的行政区域、地块的开发年代。通过时间序列分析手段，我们可以看到每个地块的夜光时间序列包含一个明确的因为开发行为导致的断点变化。这些变化里蕴含着丰富的宏观经济运行信息。

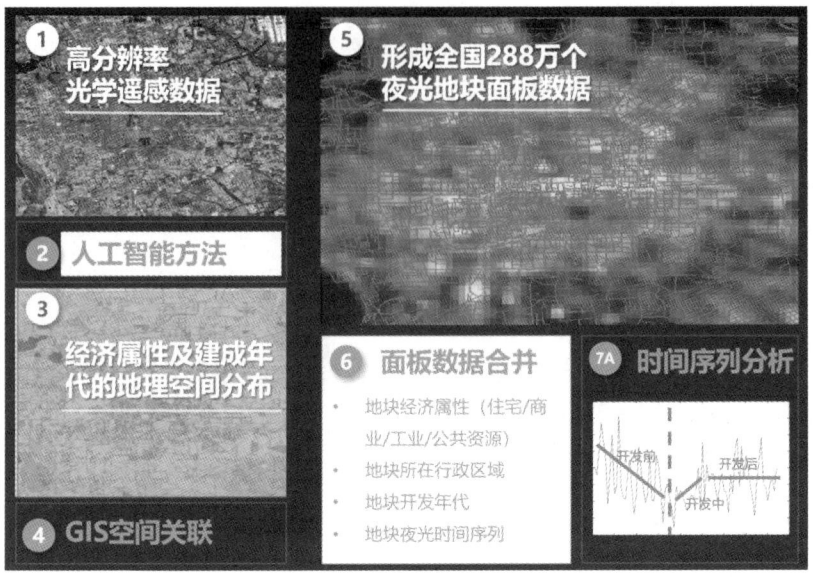

图 48　GIS 空间关联

4. 人工智能分析工具

通过空间聚合、时间聚合等方式，附加在不同类型、不同开发年代上的夜光、红外等遥感表征构成了对全国及每个省、市、县区域的特征表达矩阵。相对原始的遥感图像数据，这些特征表达矩阵的维数大幅降低。然而，仍然需要复杂的手段从特征表达矩阵中获取全国性以及地方性的宏观经济指标。人工智能技术，尤其是深度神经网络用于表征特征表达矩阵和宏观经济指标之间的复杂关联。深度神经网络是近年来新兴的数据分析模型，且已成功应用在了市场情绪量化、舆情分析等领域。一个经过初始化的深度神经网络可以视为表征输入和输出的一个黑箱子，但是经过足够量的样本训练后，网络参数将会为所训练的项目做出自适应的调整。我们的模型使用了一个中型规模的深度网络，从特征表达矩阵中反演各类经济参数。

（三）实证结果

1. 全国性宏观经济指标反演结果及相关性分析

多源卫星对地观测结果经过数据降维、人工智能反演后，与各类宏观经济指标相挂钩。在本部分，我们使用全国遥感数据降维得到的特征矩阵反演全国性宏观经济指标，并设置遥感数据与反演指标具有一个月的超前量。例如，使用 2020 年 12

月的遥感观测数据反演 2021 年 1 月的宏观经济指标。我们认为遥感数据能够反演未来宏观经济指标的原因是在遥感数据中包含了若干经济先行指标变化的表征，例如，加班时长的变化、新建工地开工率的变化等，而这些先行表征能够被降维的数据特征矩阵捕捉到。下文分别针对各类 CPI 价格指数和若干种大宗商品价格指数的反演进行历史数据回测。

（1）CPI 价格指数反演。通过卫星观测数据反演 2015 年 1 月至 2020 年 12 月的 CPI 同比数据，实验结果表明，与反演当月或上个月的 CPI 同比数据相比，在模型选择使用当月卫星观测数据超前反演下个月的 CPI 数据时，结果具有最高的相关性。说明卫星观测能够作为 CPI 同比变化的先行指标。图 49 为通过机器学习算法降维得到的 10 个卫星观测特征变量与超前一个月的 CPI 同比指标的相关性分析结果。R^2 值为 0.471，F 值为 7.233，呈现统计上的显著性（见图 49）。

```
                            OLS Regression Results
==============================================================================
Dep. Variable:                      y   R-squared:                       0.547
Model:                            OLS   Adj. R-squared:                  0.471
Method:                 Least Squares   F-statistic:                     7.233
Date:                Wed, 20 Oct 2021   Prob (F-statistic):           2.29e-07
Time:                        22:23:43   Log-Likelihood:                -72.776
No. Observations:                  71   AIC:                             167.6
Df Residuals:                      60   BIC:                             192.4
Df Model:                          10
Covariance Type:            nonrobust
==============================================================================
                 coef    std err          t      P>|t|      [0.025      0.975]
------------------------------------------------------------------------------
const          2.0943      0.087     24.007      0.000       1.920       2.269
x1             0.0245      0.007      3.393      0.001       0.010       0.039
x2            -0.0512      0.033     -1.558      0.124      -0.117       0.015
x3             0.0474      0.048      0.982      0.330      -0.049       0.144
x4             0.0472      0.054      0.874      0.386      -0.061       0.155
x5             0.1491      0.066      2.246      0.028       0.016       0.282
x6             0.0567      0.083      0.687      0.495      -0.108       0.222
x7             0.4727      0.090      5.259      0.000       0.293       0.653
x8            -0.3285      0.107     -3.058      0.003      -0.543      -0.114
x9            -0.4399      0.126     -3.489      0.001      -0.692      -0.188
x10           -0.1782      0.127     -1.402      0.166      -0.433       0.076
==============================================================================
Omnibus:                        0.969   Durbin-Watson:                   1.014
Prob(Omnibus):                  0.616   Jarque-Bera (JB):                0.403
Skew:                          -0.008   Prob(JB):                        0.818
Kurtosis:                       3.369   Cond. No.                         17.8
==============================================================================
```

图 49　CPI 价格指数反演结果的相关性分析

（2）大宗商品价格指数反演。选取沪铜价格指数作为标的，实验发现，卫星反演指数与沪铜价格指数存在较高的相关性，且超前于沪铜价格变化（见图 50）。

我们也分析了区域卫星观测得到的反演指标与大宗商品价格的相关性，分析结果表明，卫星表征与大宗商品价格指数高相关的区域，同时也是这些商品的主要生产区域。

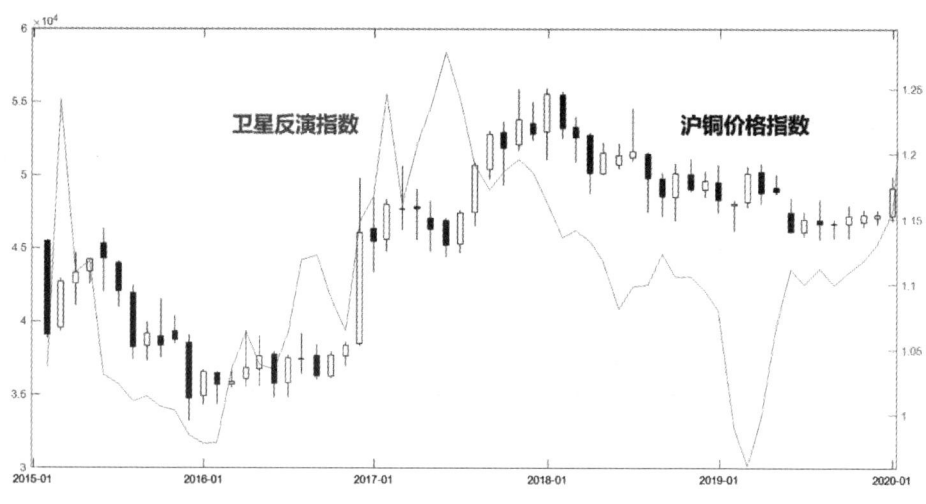

图 50　沪铜价格指数反演结果

2. 地方性宏观经济指标反演结果及相关性分析

在数据空间分辨率允许的前提下，能够获取任意空间尺度上的宏观经济实时观测情况，是卫星数据相对其他数据源的优势之一。图 51 给出通过卫星遥感对全国各地级市宏观经济指标的回测结果。图 51 中，每个地级市每年的经济指标作为一个样本点，横纵轴分别为卫星遥感对每项指标的估计值和统计年鉴发布值。该结果表明，卫星数据经过人工智能特征挖掘后，能够多角度描述一个地方的经济发展情况。

六、卫星观测金融大数据分析平台设计

在本文的前四部分内容里，我们分别讨论了发布全球原油库存的意义，我们为此做的卫星硬件准备、技术准备以及初步成果，基于卫星观测原油库存数据的价格发现了模型的构建，以及原油价格所依存的宏观经济背景的遥感观测机制。前述讨论构成了对原油供需基本面从微观到宏观的卫星视角认知。下文试图解决更一般性的话题：我们需要怎样的软件基础来管理从卫星数据中得到的信息，使卫星数据系统地整合为对大宗商品市场定价的持续信息输入。

本部分首先介绍卫星观测金融大数据分析平台是什么，以及该平台起到的作用。接下来我们将用具体的案例介绍基于卫星数据的多元市场，认知如何通过大数据分析平台得到系统整合。我们将介绍如何通过卫星对原油产业链从上游到下游提供信息，并通过一个大数据分析平台将这些信息整合起来。我们还将介绍未来能源市场最大的确定性——碳中和战略背景下卫星提供的观测及系统整合。

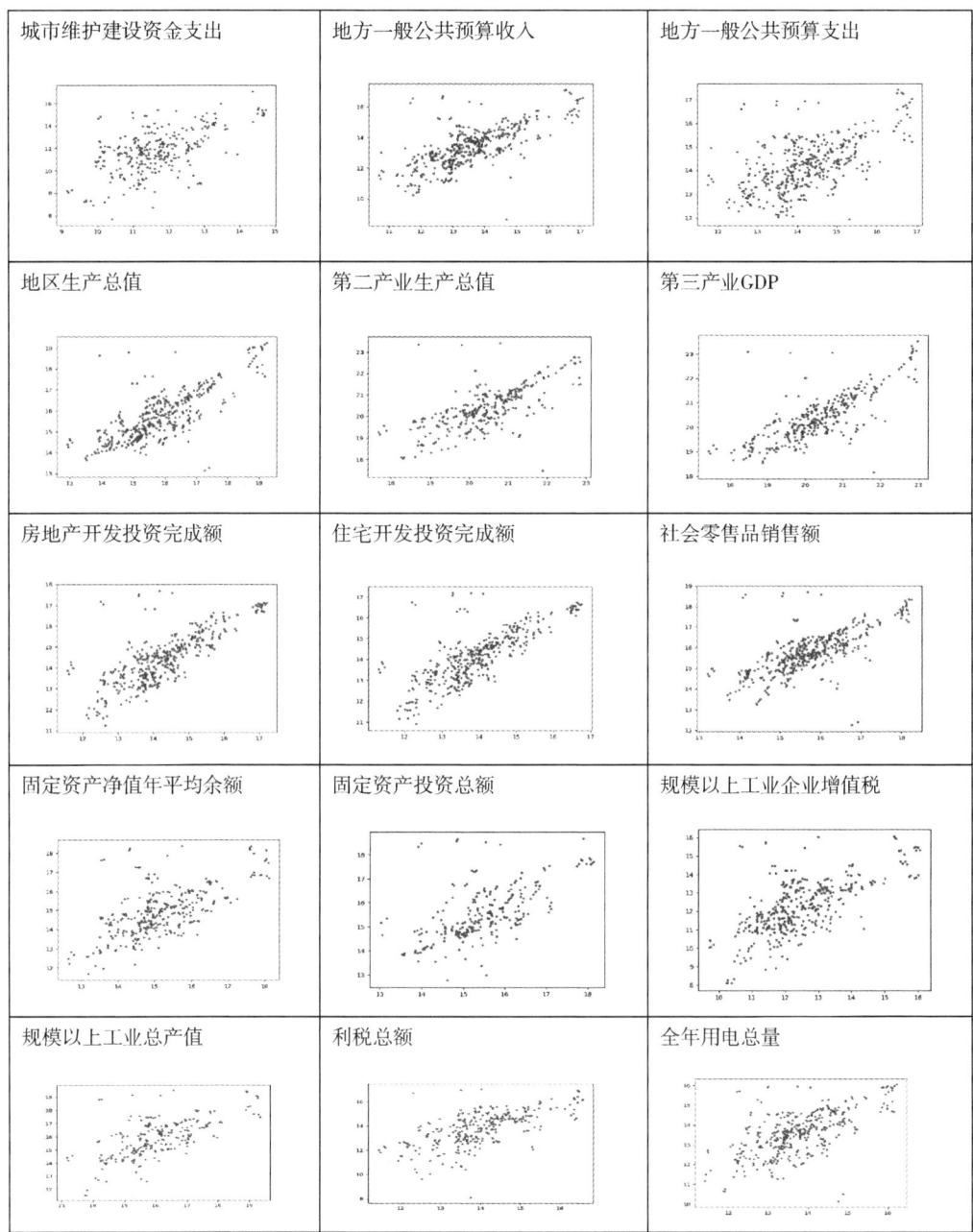

图51 卫星观测与区域经济指数

（一）卫星观测金融大数据分析平台——卫星数据与金融应用的桥梁

21世纪以来，全球卫星产业持续扩大，产值稳步增长，保持了良好的发展态势。卫星产业对军事、经济、社会各方面有巨大的影响力和渗透力。卫星所提供的空间信息、时间基准信息是经济建设和社会发展必不可少的，基本覆盖到社会的各个方面,不仅有利于电信、广播、交通运输和农业等传统产业的结构升级,更能够加速新兴产业的发展,卫星产业已成为拉动经济增长的引擎之一。

从产业链来看,卫星产业自上而下分为卫星制造、卫星发射、地面终端设备以及卫星信息服务四个环节。卫星产业链基于卫星系统和卫星技术,将各类信息产品与服务分发至各级用户,从而构成价值传递的产业链。

2012—2018年,全球卫星产业收入保持逐年增长。2018年,全球卫星产业收入2774亿美元,同比增长3.3%。从增长速率上来看,2013—2015年,全球卫星产业收入增速快速下降,到2015—2018年,收入增速趋于稳定,保持在3%左右。

从收入结构来看,卫星信息服务以及地面终端设备制造业是全球卫星产业收入的主要板块。其中,卫星信息服务收入为1265亿美元,占比为45.60%;其次是地面终端设备,收入为1252亿美元,占比为45.13%;卫星制造的收入达到195亿美元,占比为7.03%,仍位列第三;而卫星发射服务仍居末位,年收入仅62亿美元,占比为2.24%。

2018年,全球发射卫星总量超过300颗,达到314颗,较2017年减少31颗。从发射卫星的类别来看,其中,遥感卫星发射数量最多,占总数的39%;商业通信卫星发射数量紧随其后,占22%;排名第三的是技术试验卫星,占比为18%;导航卫星占比8%;军事侦察卫星占比6%;科研卫星和军用/民用卫星均占4%。

2012—2017年,全球卫星服务业收入逐年增长,增速呈下降态势。2018年卫星服务业收入虽小幅下降,但仍占据卫星产业最大份额,总收入为1265亿美元,较2017年下降1.7%。

从全球卫星信息服务业务收入构成来看,主要来自卫星电视直播和卫星固定通信,两者收入合计占卫星服务业收入的比重接近90%。其中,卫星电视直播收入为942亿美元,比2017年减少3%,占比为74.41%;卫星音频广播收入为58亿美元,较2017年增长7%,占比为4.58%;卫星宽带业务收入为24亿美元,较2017年增长14%,占比为1.97%;卫星固定通信业务收入为179亿美元,与2017年持平,占比为14.14%;卫星移动通信收入为41亿美元,比2017年增长3%,占比为3.24%;遥感领域收入为21亿美元,较2017年减少5%,占比为1.66%。

伴随着卫星产业的壮大,作为在轨数量最多的卫星类型,遥感卫星的应用已经相当广泛,应用程度也在不断加强。卫星遥感已经在土地利用、城市化及荒漠化监测;农作物、森林等可再生资源的监测和评估、灾害监测和环境监测;对道路、建筑工程的设计、选址;城市规划、土地管理、工程评估等方面发挥着越来越重要的作用。在考古、野生动物保护、牧场管理等各个领域也得到了不同程度的应用。随着遥感技术的不断发展,其应用潜力得到了进一步挖掘,在精细农业、环境评价、数字城市等新领域,遥感技术将发挥重要作用,另外,GIS技术、虚拟现实技术、GPS 技术、数据库技术等的快速发展为遥感技术的广泛应用提供了技术支持。

根据调查数据显示，2018 年，全球卫星遥感服务业务收入为 21 亿美元，同比下降 4.5%。2018 年卫星遥感服务业务收入下滑，主要受美国 NGA 和 NRO 两机构交割商业遥感业务等因素影响。2019 年，全球卫星遥感服务业务收入达到 23 亿美元左右。

遥感卫星数据以其独特的优势为金融领域带来巨大的价值，卫星遥感技术正在逐渐成为投行、对冲基金、期货、保险、大型贸易商新的"秘密武器"。卫星遥感数据可以应用的领域包括企业经济活动与生产变化跟踪、农作物产量预测、原油储量跟踪、包括疫情防控期间的产业影响与复工跟踪等方面。

在农业方面，遥感可以监测多个空间尺度范围内（县域、省域、全国、全球等）的作物类型、种植面积、长势、旱涝情况，预测作物产量，这些可以为农产品期货交易、农业保险公司提前提供有分量的信息。具体来说，农业遥感的应用方向主要分为五个方向：农业资源调查、农作物长势监测、农作物营养状况和健康状况监测、农作物灾情监测和评估，以及农作物产量监测和估算。农业资源调查包括农田基础设施调查、耕地资源调查和种植类型调查，利用遥感影像，通过计算机可处理解译，对农作物种植面积进行比对核实。农作物长势监测主要是利用拍摄的遥感影像解译作物不同生长周期的颜色，并将解译出的结果和统计正常的结果进行对比，以了解目前的作物长势和往年同期相比是偏弱还是偏强。在农产品灾情监测和评估方面，可以对台风造成的作物倒伏、干旱造成的生长问题进行全面监测。最后，根据每一个阶段作物的长势，再根据历史年份此等长势的产量作为参考，加上监测到的农产品的种植面积，就可以估算出农产品的最终产量。

在商业方面，通过高分辨率卫星影像可以监测商场停车场的车流量，估算商场零售额，预测商场的盈利情况；可以通过油库油箱体积评估某地区原油储量；通过遥感监测城市化进程和城市扩张，判断城市下一步的重点发展地区，结合 GIS 分析最佳土地利用方案，分析区域经济状况，建立贫富差距图等。

随着商业航天如火如荼的发展，遥感卫星不仅以数据供应者的身份，也以系统构建者的身份参与多个行业的信息化平台建设中。在行业赋能方面，遥感卫星具有以下特征：

1. 全面性

遥感卫星是一种少有的全球信息采集手段，可以短时间内快速大空间范围的信息，这是任何一种其他其他信息收集手段都不具有的优势。借助这一优势，遥感卫星在需要大空间范围的信息作为支撑的信息平台上往往起到弥足轻重的作用。利用遥感卫星的全面性特征，中科星睿搭建的"一带一路"国家基建项目观测平台汇集了我国上千个境外基建项目进度信息，为项目相关方提供全球视角的参考数据。

2. 客观性

和其他信息收集手段相比，遥感卫星数据的采集不需要被观测对象配合，且观测到的是未经任何人为修饰的现象。遥感卫星数据的客观性被用于银行和保险业的授信、增信。例如，目前在多地试点应用的农户信用贷款系统利用卫星观测农户的作物长势作为农户贷款的信用依据。

3. 实时性

即使考虑到信息回传及加工时间，遥感卫星数据也能够反映被观测对象 24 小时内的状况，因此，遥感卫星数据常常应用在对时效需求有高标准要求的行业服务平台上。例如，林业部门的森林火灾预警系统就利用了红外遥感卫星及时发现火点火情。

大宗商品金融行业作为最需要客观、实时、全面信息进行业务决策的行业，和遥感卫星的上述特征不谋而合。金融市场起步更早、发展更成熟的国家往往更加重视能够提供市场全面信息的数据平台的建设。例如美国农业部面向农业大宗商品的市场参与方提供该国各类农作物的实时产量预估信息。这样的土壤也催生了该国更多、更深层次的市场定价信息平台的诞生。例如，美国的 RSMetrix 公司研发的数据分析平台能够汇集全球铜、铝等金属冶炼厂的高分辨率遥感观测信息，并预测大宗商品市场上的价格变化趋势，生成并向客户提供价格变化指示信号。由于利用到了遥感卫星的全球全面观测特性，这个数据分析平台采集的数据不仅包括美国本土，也包含了我国众多金属冶炼厂的实时信息。为了争夺市场定价主动权，我国建设针对大宗商品市场的金融数据分析平台迫在眉睫。

（二）原油产业链信息的卫星观测与系统整合

在上文中我们介绍了全球原油库存数据集的创建以及原油市场所处的宏观经济大背景的遥感观测。原油库存本身并不足以覆盖原油供需平衡链条的全部。下文我们将会看到，卫星观测能够对原油生产、运输、库存、加工和消费等各个环节进行观测，这些信息和库存观测数据合起来构成的结构化数据将能够更好地赋能原油价格的发现过程。

原油产业链的最上游是原油生产。在原油生产方面，卫星可在影响原油产能的重大国际事件发生时获得第一手信息。例如，2019 年 9 月 18 日也门胡塞叛军对沙特阿拉伯 Abqaiq 原油处理设施发动了导弹袭击，卫星获得的高分辨率观测图像第一时间对设施受损情况进行了评估（见图52）。

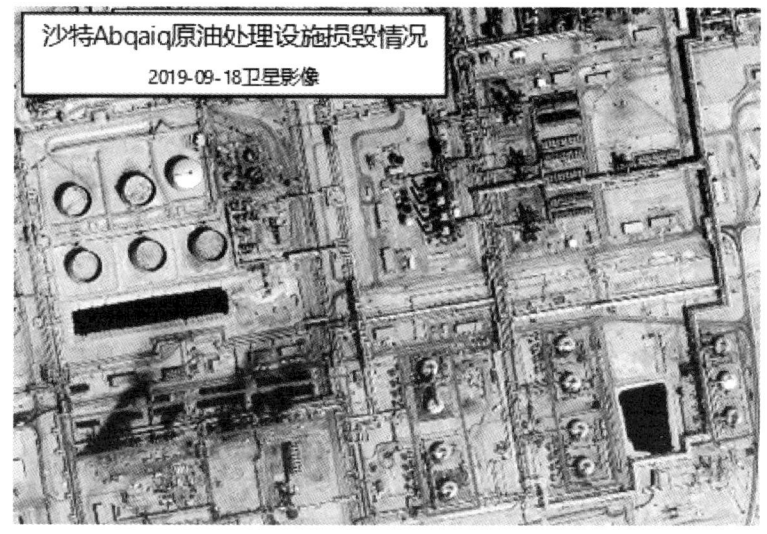

图52　卫星对突发事件的观测

原油进出口与船期状况是和全球原油库存的跨区变动紧密相关的环节。通过观测原油出货、到货港口的油罐、油轮停放、油轮吃水量信息，再综合AIS船期数据，我们能够创建原油进出口相关的完整观测图景（见图53）。

图53　卫星观测原油进出口港口情况

原油库存的下游是炼厂加工。遥感卫星能够观测炼厂开工情况，得益于其红外谱段观测能力。红外谱段是位于可见光和微波区域之间的，波长在0.76—1000微米范围内的区域。大气、云烟等吸收可见光和近红外线，但是对3—5微米和8—14微米的红外线确是透明的，因此，这两个波段被称为红外线的"大气窗口"。利用这两个窗口，人们可以在完全无光的夜晚，或是在烟云密布的战场上，清晰地观察到前方的情况。其中，波长3—5微米的中红外线、热辐射与太阳辐射的反射部分处于同一量级，而波长更长的8～14微米的谱段内，以热辐射为主，反射部分可以忽略不计，所以这一波段被主要用于感应地面物体发射的热辐射能的差异，通常被称为

"热红外"或"远红外""长波红外"。热红外遥感能够得到炼厂的开工情况。在图54的例子中,三家地炼企业的红外观测表明,位于北侧(上方)的两家地炼企业处于开工状态,而南侧的地炼企业则处于停工状态。

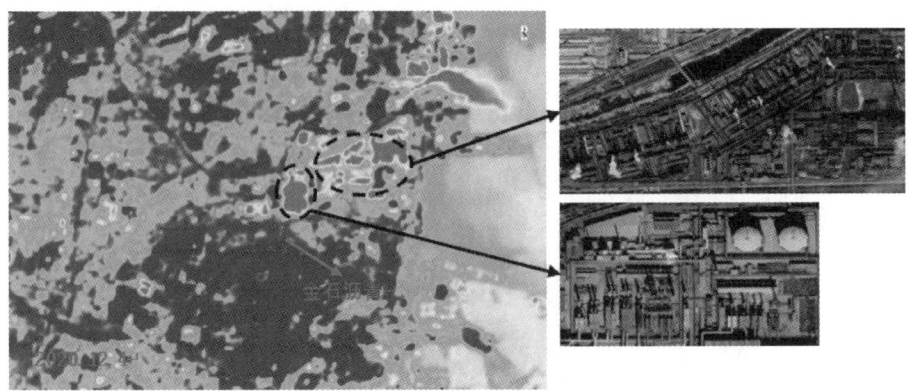

图 54　热红外卫星观测地方炼化企业开工率

卫星还能够对原油产业链上的突发事件进行观测,图 55 为苏伊士运河堵船事件发生时的高分辨率卫星观测影像。在此类事件中,卫星的分辨率已经足够对事件细节(对于该事件而言,除了货轮的状态外,还有岸上应急施工的状态信息)做出清晰判读。

图 55　高分辨率卫星观测苏伊士运河堵船事件

在前文中,我们看到,卫星在原油产业链的信息获取上表现出强大的能力,但同时,卫星所能获取的信息也是破碎的,需要有机整合才能对价格发现发挥作用。而提供了这种信息整合功能的,就是一套针对原油价格发现的大数据分析平台。图

56、图 57 展示了这样的平台的部分功能。我们不仅整合了本部分所述的原油全产业链遥感观测信息，还能够对原油产业未来最大的影响变量——我国的碳中和战略做出路径研判。

图 56　卫星观测金融大数据分析平台原油产业链数据页面

图 57　卫星观测金融大数据分析平台碳中和战略研判数据页面

各类产业向碳中和路径发展是我国未来最大的确定性。以原油市场为代表的大宗商品产业是未来碳交易市场的重要参与方。遥感卫星对碳源汇的直接观测是获得第一手碳数据的必要手段。通过汇集温室气体监测卫星、热红外卫星的监测数据，我们将对每个地级行政区域以及所有高碳排放企业的碳排放情况做出评估，并据此描绘出区域碳排放的结构图景。

通过整合卫星能够得到的所有关于原油产业链的信息而被定义的大数据分析平台能够输出高维的结构化数据。我们的下一个问题是这样的结构化数据如何为使用者提供服务。为此，我们将数据平台定义成柔性的、可编程的，基于这样的考虑，数据平台才能够与原油市场参与者的各类业务无缝嵌入。下面详细介绍这样的柔性设计。

（三）柔性的数据分析平台

卫星对地观测大数据分析平台（以下简称"数据平台"）是一个以遥感卫星数据及其衍生数据为主、汇聚其他另类金融相关数据，并以这些数据为基础，为用户提供在线建模和人工智能分析的云平台。

数据平台汇集了包括来自不同卫星和多种传感器（如可见光、合成空间雷达、夜光、红外、碳排放等）的高分辨率图像与其他观测数据、全球地物分类数据集、大宗商品交易和库存数据、传统媒体新闻、新媒体资讯、脱敏移动定位数据等。在这些数据被汇集到平台后，平台自动对这些数据进行一级和二级特征提取，获得进一步的数值化表达和结构化表达的衍生数据。平台可还利用这些衍生数据和预制的人工智能模型推断出若干指数和信号，用于指导和辅助诸如原油期货等交易和决策。

数据平台的用户可以通过平台提供的在线工作簿，使用包括 Python 在内的多种计算机语言编写算法代码，构建人工智能模型，调用平台提供的遥感卫星数据、一级及二级衍生数据和信号、指数等数据，进行训练、计算、推断等工作，获得用户业务分析结果，指导用户的研究或者交易等业务行为。所有这些工作都可以在平台上在线完成，用户只需要通过浏览器访问数据平台，无须自行准备算力。同时，用户编写的代码还可以访问 RESTful 网络接口，并通过平台 API 注册事件处理动作，方便用户对平台数据变化迅速响应，以及集成用户自己的 IT 系统。

七、结论

本文研究表明，通过构建以数颗 SAR 卫星为主的卫星星座，能够对全球原油库存做出高频次的观测。这样的观测信息的发布将填补市场空白，对我国争取全球原油定价权具有重要的意义。

研究发现，卫星获得原油浮顶罐观测图像后，基于机器学习的自动化算法能够自动得到库存数据，并通过人工智能计算模型自动输出原油价格预测因子。自动化的智能信息产出将是基于卫星的大宗商品大数据服务平台的最大特色之一。

通过综合可见光、夜光、红外等多源卫星数据，可将所有卫星观测得到的从宏观到微观、从产业链上游到下游的原油相关信息进行有机整合。本课题研发的金融分析平台将能够支持市场供需平衡研判、市场宏观经济背景判断以及碳中和战略下的转移风险研判。

继本年度发射三颗高分辨率对地观测卫星后，未来我国将持续发射多颗原油库存监测、宏观经济监测及环境探测卫星，完善金融服务卫星星座，以大宗商品行业的金融市场提供多维度信息为支撑，赋能我国在大宗商品定价话语权的提升。

参考文献

［1］秦榛．库存报告对原油期货市场信息不对称的影响［D］．厦门大学，2019．

［2］韩冬炎．中国石油价格形成机理及调控机制的研究［D］．哈尔滨工程大学，2004．

［3］雷斌，王明志，萧绍林．卫星大数据分析助力大宗商品基本面研究［J］．中国期货，2019（9）．

［4］韩宇，特日根，胡坤，李想．遥感数据在能源期货领域的应用［J］．卫星应用，2021（1）：32-39．

［5］贾罂．WTI和Brent原油期货价格对中国原油期货价格的影响分析［J］．当代石油石化，2020，28（10）：18-23．

［6］卜林，李晓艳，朱明皓．上海原油期货的价格发现功能及其国际比较研究［J］．国际贸易问题，2020（9）：160-174．

［7］赵良育．中国建设国际原油定价中心的路径研究［J］．经济研究导刊，2020（19）：167-168，179．

［8］田洪志，姚峰，李慧．中国是否拥有原油的国际定价权？——基于油价间独立性与传导性视角［J］．中国管理科学，2020，28（11）：90-99．

［9］田洪志，姚峰，罗浩，李慧．中国原油价格争取成为国际基准指标的进程研判［J］．中国软科学，2020（12）：11-21．

［10］张天顶，刘竞择．上海原油期货与国际原油价格联动性问题研究［J］．世界经济研究，2020（12）：3-18，132．

［11］姚曦．WTI_BRENT原油价差的影响因素分析［N］．期货日报，2016．

［12］张峥，佘建跃．原油库存与期货跨期价差关系研究［J］．国际石油经济，2017（9）：38-45．

［13］佘建跃，董丹丹．美国原油出口解禁重塑跨大西洋基准原油价格关系．2016（3）：25-31．

［14］徐鹏，刘强．国际原油价格的驱动因素：需求、供给还是金融．宏观经

济研究, 2019 (7): 84-97.

[15] 边卫红. 主导全球原油价格走势的因素研判. 清华金融, 2019 (11): 109-112.

[16] 郭永峰. 您所不知道的全球原油价格暴跌史. 油品与市场, 2020 (3): 41-43.

[17] 王磊. 世界原油库存与油价的关系. 国际石油经济. 2002 (7): 18-21.

[18] 徐鹏. 从库存周期看2019年大宗商品价格走势 [J]. 中国物价, 2019, 362 (6): 17-20.

[19] 张峥, 许经彤. 原油的商品属性和金融属性. 国际石油经济. 2018 (12): 23-31.

[20] 佘建跃. 国际原油市场的基本面态势和价格逻辑. 国际石油经济. 2016 (8): 53-61.

[21] 周晓玲. 原油商业库存与中国石化原油商储战略构想. 石油化工管理干部学院学报, 2010 (4).

[22] 马郑玮, 张家玮, 曹高航. 国际原油期货价格波动及其影响因素研究 [J]. 价格理论与实践, 2019 (4).

[23] 侯敏. 国际原油期货价格波动的影响因素研究 [D]. 中国石油大学, 2016.

[24] 陈焕. 基于CEEMDAN-GWO-KELM模型的国际原油价格预测研究 [D]. 西南财经大学, 2019.

[25] 秦榛. 库存报告对原油期货市场信息不对称的影响 [D]. 厦门大学, 2019.

[26] 吴力波, 华民. 国际原油价格上涨对中国、美国和日本宏观经济的影响 [J]. 国际石油经济, 2008 (1): 32-37, 45, 87-88.

[27] 李治国, 郭景刚. 国际原油价格波动对我国宏观经济的传导与影响——基于SVAR模型的实证分析 [J]. 经济经纬, 2013 (4): 54-59.

[28] 肖明智, 谢锐. 国际原油价格上涨对中国经济影响的一般均衡研究 [J]. 世界经济与政治论坛, 2012 (1): 38-52.

[29] 王承璋. 国际原油价格波动对我国宏观经济的影响 [D]. 山东大学, 2018.

[30] 田天珺. 近期国际原油价格波动的影响因素及预测研究 [D]. 江西财经大学, 2018.

[31] 张跃军, 范英, 魏一鸣. 基于GED—GARCH模型的中国原油价格波动特征研究 [J]. 数理统计与管理, 2007 (3): 398-406.

[32] 魏蓉蓉, 叶圣伟. 国际原油期货价格波动趋势分析——基于 ARIMA 模型的实证研究 [J]. 价格理论与实践, 2011 (11): 68 – 69.

[33] 张海玲, 侯晖, 孙翊. 基于 VARM 和 VECM 的 Brent 油价定量分析与预测 [J]. 数学的实践与认识, 2017, 47 (12): 7 – 20.

[34] Kilian L. Not all oil price shocks are alike: Disentangling demand and supply shocks in the crude oil market [J]. American Economic Review, 2009, 99 (3): 1053 – 1069.

[35] Bu H. Effect of inventory announcements on crude oil price volatility [J]. Energy Economics, 2014, 46: 485 – 494.

[36] Ye M, Zyren J, Shore J. Forecasting crude oil spot price using OECD petroleum inventory levels [J]. International Advances in Economic Research, 2002, 8 (4): 324 – 333.

[37] Ye S, Karali B. The informational content of inventory announcements: Intraday evidence from crude oil futures market [J]. Energy Economics, 2016, 59: 349 – 364.

[38] Miao H, Ramchander S, Wang T, et al. The impact of crude oil inventory announcements on prices: Evidence from derivatives markets [J]. Journal of Futures Markets, 2018, 38 (1): 38 – 65.

[39] Nikitopoulos C S, Squires M, Thorp S, et al. Determinants of the crude oil futures curve: Inventory, consumption and volatility [J]. Journal of Banking & Finance, 2017, 84: 53 – 67.

[40] Kilian L, Murphy D P. The role of inventories and speculative trading in the global market for crude oil [J]. Journal of Applied Econometrics, 2014, 29 (3): 454 – 478.

[41] Ye M, Zyren J, Shore J. The Disconnect in the Crude – Oil Price and Inventory Relationship [J]. The Journal of Energy and Development, 2006, 32 (1): 93 – 103.

[42] Wu G, Zhang Y J. Does China factor matter? An econometric analysis of international crude oil prices [J]. Energy Policy, 2014, 72: 78 – 86.

[43] Donaldson, Dave, and Adam Storeygard. "The view from above: Applications of satellite data in economics." Journal of Economic Perspectives 30, 4 (2016): 171 – 198.

[44] Costinot, Arnaud, Dave Donaldson, and Cory Smith. "Evolving comparative advantage and the impact of climate change in agricultural markets: Evidence from 1.7 million fields around the world." Journal of Political Economy 124.1 (2016): 205 – 248.

[45] Faber, Benjamin, and Cecile Gaubert. "Tourism and economic development: Evidence from Mexico's coastline." American Economic Review 109.6 (2019): 2245–2293.

[46] Ehrlich, Maximilian V., Christian AL Hilber, and Olivier Schöni. "Institutional settings and urban sprawl: Evidence from Europe." Journal of Housing Economics 42 (2018): 4–18.

[47] Bleakley, Hoyt, and Joseph Ferrie. "Shocking behavior: Random wealth in antebellum Georgia and human capital across generations." The quarterly journal of economics 131.3 (2016): 1455–1495.

[48] Blumenstock, Joshua E., Gabriel Cadamuro, and Robert On. 2015. "Predicting Poverty and Wealth from Mobile Phone Metadata." Science 350 (6264): 1073–1076.

[49] Inglada, Jordi, et al. "Operational high resolution land cover map production at the country scale using satellite image time series." Remote Sensing 9.1 (2017): 95.

[50] Hansen, Matthew C., et al. "High-resolution global maps of 21st-century forest cover change." science 342.6160 (2013): 850–853.

[51] Robinson, Caleb, Fred Hohman, and Bistra Dilkina. "A deep learning approach for population estimation from satellite imagery." Proceedings of the 1st ACM SIGSPATIAL Workshop on Geospatial Humanities. 2017.

[52] Xie, Michael, et al. "Transfer learning from deep features for remote sensing and poverty mapping." Thirtieth AAAI Conference on Artificial Intelligence. 2016.

[53] Engstrom, Ryan, Jonathan Samuel Hersh, and David Locke Newhouse. "Poverty from space: using high-resolution satellite imagery for estimating economic well-being." World Bank Policy Research Working Paper 8284 (2017).

[54] Jean, Neal, et al. "Combining satellite imagery and machine learning to predict poverty." Science 353.6301 (2016): 790–794.

[55] Glaeser, Edward L., et al. "Big data and big cities: The promises and limitations of improved measures of urban life." Economic Inquiry 56.1 (2018): 114–137.

中期协联合研究计划（第十四期）项目

大数据与人工智能助力农业金融稳定
——大宗农产品衍生品定价研究

课题负责单位：华西期货有限责任公司
课题研究编号：202131004
课题负责人：杜　野
课题组成员：陈　思　官欣悦　胡　越　刘雅玲　田　野
　　　　　　王桑原　徐　亮　张一苇

一、引言

(一) 研究背景及意义

"务农重本,国之大纲。"粮食安全是我国国家安全的重要组成部分,解决好"三农"问题是全党全国工作的重中之重。生猪、玉米和豆粕等主要农产品的价格会因供需影响而变动,特别是受近年新冠肺炎疫情等特殊事件的影响,其价格波动加剧。如何在价格波动中保障农民及涉农企业的利益,国家深切关注。除了积极探索"保险+期货"模式,各大交易所也大力推动重点领域农产品期权品种上市,以平缓农产品价格波动。一系列农产品期权的上市不仅丰富了衍生品交易品种,也增加了分散农产品价格风险的渠道,且为相关产业提供了更有效的风险管理工具。农产品场内、场外期权相结合形成了类似价格险的对冲工具,相较于期货,保险保障的功能更全面,适合资金规模和风险承受能力较低的农民和涉农企业,在锁定风险的同时,也能保留期权买方获得收益的可能性。巴西和墨西哥等国家都曾采用过补贴期权权利金的方式鼓励农民和涉农企业参与风险管理,国际经验充分说明了农产品期权权利金补贴是一种有效的农产品价格补贴方式。

场外期权是期权交易的重要形式,可满足投资者的个性化需求,一般由期货公司的风险管理子公司根据投资者需求量身定制。场外期权定价非常依赖于相关产品的波动率。也就是说,在控制其他相关指标一定的情况下,若波动率越高,期权的价格也就越高。业界中一般也直接以波动率作为期权的报价。然而,标的资产波动率并不能从市场直接观察得到。若要对期权进行有效报价,必须对波动率进行估计和预测,基于所得出波动率的有效预测值,进行场外期权的定价和风险对冲指导。但是,在实际运行和风险管理的过程中,存在以下问题。

1. 存在数据孤岛

目前数据分布在我国农业农村部、各行业协会(如养殖业协会、饲料业协会)以及部分数据提供商,数据分布较为分散,数据更新较为滞后,不利于农产品衍生品的定价。

2. 缺乏有效的波动率预测方式

农产品期权定价非常依赖于相关农产品的波动率。由于存在数据孤岛,缺乏对农产品波动率的有效度量和预测,为规避风险,期货公司只能以历史较高波动率确定当前波动率的值,难以给出较公允的价格进行交易和对冲。

针对上述问题，此次研究借助农业金融大数据，运用机器学习优化波动率预测算法，综合考虑农产品金融市场特点，形成了覆盖玉米、豆粕、生猪等关系国计民生的农产品的波动率预测和期权定价支持平台。

（二）文献综述

波动率预测的方法基本上可以分为两类：金融时间序列模型和机器学习模型。前者通常基于特定的概率密度分布，而后者试图拟合数据，不依赖于任何先验知识，通过最小化训练误差得到最优拟合模型。

1. 金融时间序列模型

在金融领域，波动率（通常用 σ 表示）是资产价格序列随时间变化的程度，通常用对数分布的标准差来衡量，一般解释为收益的不确定性。对金融时间序列进行分析可以发现，金融市场中的波动率具有尖峰、厚尾、波动集群和均值回归等显著特点（Poon & Granger，2003）[1]。GARCH 族方法能够刻画出波动率的波动聚集特性和厚尾现象，可基于资产收益率的条件方差随时间的演变规律进行建模。Xu、Bo、Jiang 和 Liu（2019）建立了一个多因子的 GARCH – MIDAS 模型，该模型较好地描述了宏观经济与股市波动之间的关系，同时特别考虑了宏观经济事件发生的频率对股市波动的影响[2]。但是，GARCH 族模型通常假设金融时间序列具有平稳性，不能反映波动率的非对称特点，难以捕捉数据间的非线性关系，其对未来长期波动率的预测有限，难以满足企业对远期成本管理的需求。

而日内高频交易数据的可获得性使异质性自回归（HAR）族模型越来越受学者们的关注，其中，Corsi（2009）提出 HAR – RV 模型比较有代表性[3]。在 HAR – RV 模型的基础上，学者们考虑了杠杆效应（文凤华等，2012，Corsi 和 Renò，2012）[4]、已实现半方差、已实现极差方差（贺志芳等，2016）[5]、隐含波动率（刘晓倩等，2017）[6] 等因素对波动率的影响，但在学者研究过程中，HAR 拓展模型的预测效果并不稳定。

2. 机器学习模型

在机器学习众多方法中，人工神经网络（ANN）和支持向量机（SVM）是最常

---

[1] POON, S. H., GRANGER, C. W, 2003, pp. 478 – 539.
[2] Xu, Q., BO, Z., JIANG, C., et al. 2019, pp. 170 – 185.
[3] CORSI, F., 2009, pp. 17, 174 – 196.
[4] 文凤华，刘晓群，唐海如，等．2012, pp. 1 – 10.
[5] 贺志芳，等．2016, pp. 1160 – 1174.
[6] 刘晓倩，等．2017, pp. 1 – 10.

用的方法。相比于线性预测模型,神经网络能够捕捉复杂的非线性关系。Liu(2019)提出了一种长短期记忆循环神经网络(LSTM RNNs)用于 S&P 500 和 AAPL 指数波动率预测的方法,结果表明,该模型的预测准确性优于 GARCH 模型①。但是神经网络属于黑箱模型,模型的可解释性较差,且通常需要大量的数据来进行训练,网络结构和超参数的确定需要结合经验进行判断。SVM 算法虽然在小规模训练样本上有较好的预测表现,但是对缺失数据比较敏感,对参数和核函数的选择也比较敏感,依赖于经验选择。

3. 混合方法

现有波动率预测混合模型的研究大多是将神经网络模型与 GARCH 族模型进行融合,在提高模型的可解释性的同时兼顾模型预测准确性。Lu、Que 和 Cao(2016)比较了 EGARCH – ANN 与 GJR – GARCH – ANN 两种混合模型的预测效果,研究表明,EGARCH – ANN 模型能更好地预测中国能源市场长期收益序列的波动率②。

现有文献主要关注股票市场中波动率的预测,农产品期货市场的波动率预测研究较少。农产品期货市场的波动率预测大部分都是基于低频收益率数据的 GARCH 模型对期货市场的有效性、市场功能等方面进行分析,从而研究农产品期货市场波动率的特征。此外,以往的研究缺乏从金融资产基本面等宏观角度预测波动率,通常只利用了价格的信息,如经典的波动率预测模型 GARCH 和 HAR。本文所提出的期货波动率的预测框架,不仅考虑了价格等历史信息,还增加了期货交易量、现货市场信息(包括现货价格、现货库存等),以增强模型的预测能力。

(三)研究方法、研究目标及创新点

1. 研究方法

本文主要基于整合的多源大数据库,建立了一个基于双重 XGBoost 模型的农产品期货波动率预测框架,对波动率的长期趋势和短期变化进行建模,并充分利用期货、现货等市场信息。长期趋势和短期变化模型均是基于机器学习的算法 XGBoost,长期趋势模型关注的是未来波动率相较于长期均值是处于高位还是低位,而短期变化模型关注的是未来一段时间内波动率是否会出现较大变化,是否会明显升高或降低,或是维持在当前波动率水平。另外,基于短期变化模型,本文提出了一种波动率的估计方式,根据模型结果在当前历史波动率的基础上加上(减去)调整项来估计未来波动率,从而得到农产品波动率比较准确的估计,并且在生猪、玉米、豆粕

---

① LIU, Y., 2019, pp. 99 – 102.
② LU, X., Que, D., Cao, G., 2016, pp. 1044 – 1049.

等产品上具有一定的普适性。

（1）长期趋势预测。金融时间序列的波动率具有均值回归的特性，即波动率没有长期上涨或者下跌的趋势，而是围绕均值上下波动。为了判断波动率的高低，本项目将周度波动率与长期历史波动率均值进行比较，如果一段时间内波动率持续高于均值水平，说明波动率处于较高水平，表明供需格局出现了新的变化，值得进一步关注。本文对未来两个月的波动率水平进行预测，判断波动率是否处于较高水平。

$$y_1^i = \begin{cases} 1, y^j \geq k \\ 0, y^j < k \end{cases} \quad (1)$$

其中，阈值 k 代表了农产品期货波动率均值。

（2）短期变化预测。长期趋势模型是对波动率进行了静态评估，判断当前波动率是否处于高位，是否合理。而在实际观测中，金融资产波动率还存在一些季节性的因素，波动率可能会出现明显升高或降低、维持较高或较低波动率的情形，需要对波动率的变化趋势进行关注。本研究将波动率变化幅度在阈值 h 以内定义为安全类，把超过阈值 h 定义为风险类。如式（2）所示，y_i 是指期货波动率变化幅度是否大于 h，大于 h 则记为 1，否则记为 0，y_j、y_i 分别指的是当期的波动率和两个月后的波动率。

$$y_2^i = \begin{cases} 1, |y_j - y_i| \geq h \\ 0, |y_j - y_i| < h \end{cases} \quad (2)$$

其中，h 代表了波动率变化幅度阈值。

（3）波动率估计

由于波动率具有聚集性，特别是对于突发的事件，波动率会在一段时间内发生较大变化，需要以新的波动率进行定价，基于此，本研究提出了一种未来波动率的估计方式：当短期波动率变化较大时，加入短期变化以应对波动率过低或过高的预估，具体方法是加上（减去）m 倍波动率的标准差作为短期调整，否则不加入短期调整项。计算公式如下所示：

$$\hat{y}^j = \begin{cases} y^i + trend\max[std(y)m, 2\%], y_2^i = 1 \\ y^i, y_2^i = 0 \end{cases} \quad (3)$$

其中 $\hat{y}^j$ 是未来波动率（两个月）的估计值，y^i 为当前的期货波动率，$std(y)$ 为过去两个月期货波动率的标准差，并取 n 倍标准差与阈值 2% 的最大值，trend 是通过将当前波动率与过去两个月期货波动率的均值进行比较，若当前波动率高于过去两个月均值，则认为波动率处于上升趋势，trend 记为 1；反之，则认为波动率处于下降趋势，trend 记为 -1，且只有在波动率变化幅度变化大于 2% 时生效。

2. 研究目的

通过机器学习模型整合大数据，预测波动率，为期权定价提供更优工具。

3. 创新点

（1）技术创新。XGBoost 提升树模型。基于前人的研究，我们采用了机器学习的方式，提出了一种将不同时间跨度的、多样特征结合起来的框架，使用 XGBoost 提升树模型来预测未来的波动率。同时，在原有场外期权定价模型的基础上，结合标的资产市场价格、合约执行价格、有效期限、无风险利率，运用 Monte – carlo 模拟定价方法进行场外期权的完整定价和 Delta 对冲指导。

（2）平台创新。我们在交叉对比一些数据库的同类数据后，再预处理进入我们的数据库。其中，主要数据不仅包括期货价格、期权价格、现货数据，还包括卫星数据及基本面数据等（包括土地种植面积及天气数据），数据来源为 TradeBlazer、Tushare、Tinysoft 以及麦飞（Mcfly）。

（3）应用创新。一体化执行模块。在农产品"保险+期货"的模式下，针对农产品中的保险费用定价等真实管理决策环境，搭建农产品金融示范平台，在平台中引入数据收集、整理、决策一体化集成化模块，实现智慧支持系统。

4. 总体框架

目前，期货公司在进行农业金融扶持项目中，存在数据孤岛及波动率预测不准确的缺陷让期货公司面临更大的市场风险。基于这个问题，期货公司联合学校大数据研究院合作构建场外期权定价平台，并通过实际应用检验成果，以期提高金融扶贫效率，同时为其他期货公司提供范例，助力农业金融扶贫。总体研究框架如图 1 所示。

二、模型及系统方法论

（一）基于 XGBoost 的波动率预测模型

XGBoost（Extreme Gradient Boosting）是一种可扩展的提升树，在 GBDT 的基础上发展而来，采用加法模型和前向分步算法，基分类器是决策树。XGBoost 在损失函数中加入 L1 和 L2 正则项，避免过拟合，并对目标函数进行二阶泰勒展开，利用梯度下降法进行最优化。对于一个给定的有 n 个样本、m 个特征的数据集 $D = \{(X_i, y_i)\}$（$|D| = n, X_i \in R^m$），XGBoost 的模型可以表示如下：

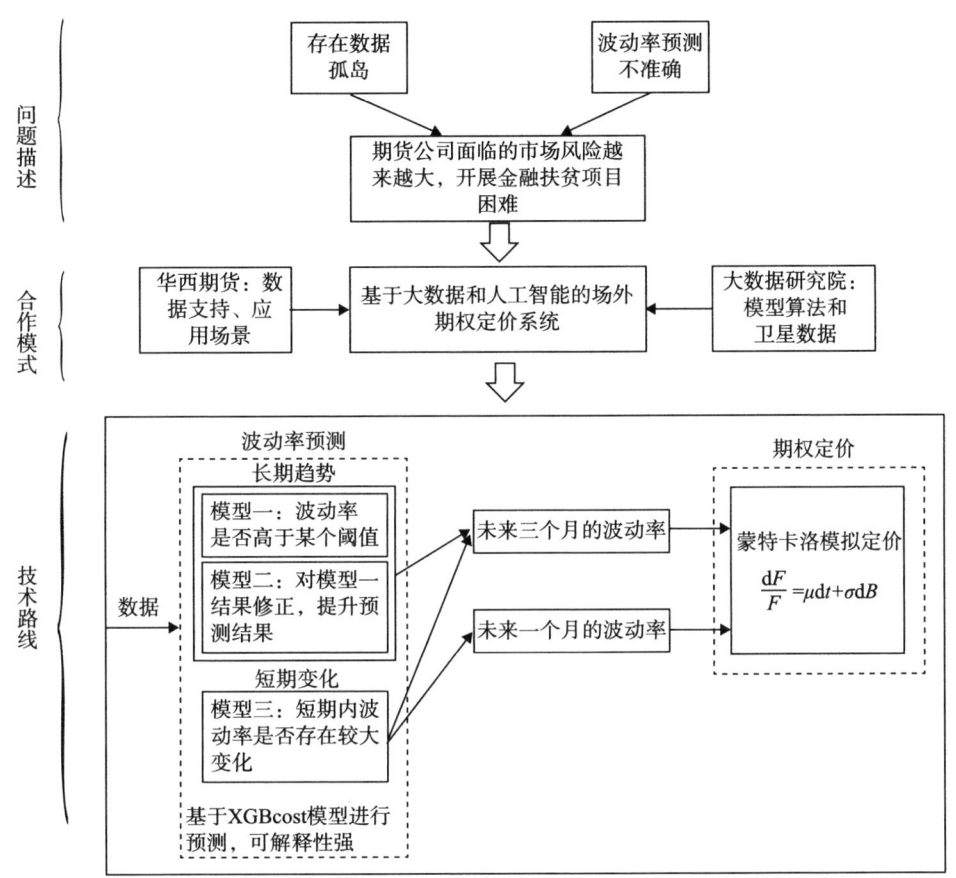

图 1 总体框架

$$\hat{y}_i = \sum_{k=1}^{K} f_k(X_i), f_k \in F \quad (4)$$

其中，$F = \{f : f = w_{q(x)}\}(q:R^m \to T, w \in R^m)$ 是回归树空间，这里的 q 代表了每棵树的结构，可以把每一个样本映射到叶节点，T 代表叶子节点数；w 是每一个叶节点的权重；k 表示回归树的数量。XGBoost 模型通过加总这 k 棵树中对应叶节点的权重 w，得到样本最终的预测值。XGBoost 引入正则项 $\Omega(f)$ 整体求最优解，用以权衡目标函数的下降和模型的复杂程度，避免过拟合。目标函数如公式（5）所示：

$$L(\varphi) = \sum l(\hat{y}_i, y_i) + \sum_k \Omega f(k), \Omega(f) = \gamma T + \lambda \|w\|^2 \quad (5)$$

其中，γ 和 λ 分别是 L1 和 L2 正则项的系数，γT 对叶子节点数进行了限制，$\lambda \|w\|^2$ 对叶子节点的权重值进行了限制，防止模型过拟合。这里的损失函数 l 是可微分凸函数，代表了模型的拟合效果，目标函数的第二项是衡量模型的复杂性以避免过度拟合。每一次迭代，将尝试在模型中添加一棵新的 CART 回归树来优化目标，并以目标函数的得分来衡量给定树结构 q 的好坏。在第 t 次迭代的时候，$\hat{y}_i^{(t)} = \hat{y}_i^{(t-1)} + f_t(x_i)$，新的目标函数可以表示为：

$$Obj^{(t)} = \sum_{i=1}^{n} l(y_i, \hat{y}_t^{(t)}) + \sum_{i=1}^{t} \Omega(f_i)$$

$$= \sum_{i=1}^{n} l(y_i, \hat{y}_t^{(t-1)} + f_t(x_i)) + \Omega(f_t) + constant \tag{6}$$

不同于 GBDT，XGBoost 对目标函数进行二阶展开，其泰勒展式如下所示：

$$f(x + \Delta x) \cong f(x) + f'(x)\Delta x + \frac{1}{2}f''(x)\Delta x^2 \tag{7}$$

假设 $g_i = \partial_{\hat{y}^{(t-1)}} l(y_i, \hat{y}^{(t-1)})$, $h_i = \partial_{\hat{y}^{(t-1)}}^2 l(y_i, \hat{y}^{(t-1)})$，忽略常量项，目标函数可以近似为：

$$Obj^{(t)} \cong \sum_{i=1}^{n} \left[g_i f_t(x_i) + \frac{1}{2} h_i f_t^2(x_i) \right] + \Omega(f_t)$$

$$= \sum_{j=1}^{T} \left[(\sum_{i \in I_j} g_i) w_j + \frac{1}{2} (\sum_{i \in I_j} h_i + \lambda) w_j^2 \right] + \gamma T \tag{8}$$

假定回归树的结构已经确定了，最优的叶节点权重和目标值分别是：

$$w_j^* = -\frac{\sum_{i \in I_j} g_i}{\sum_{i \in I_j} h_i + \lambda}$$

$$Obj = -\frac{1}{2} \sum_{j=1}^{T} \frac{(\sum_{i \in I_j} g_i)^2}{\sum_{i \in I_j} h_i + \lambda} + \gamma T \tag{9}$$

XGBoost 选择贪心机制来做树生长，线性扫描按特征排序后的样本，根据增加了复杂度的基尼指数来选择最佳分割。对树的某一叶节点进行分割，目标值在分割前后的改变量是：

$$Gain = \frac{G_L^2}{H_L + \lambda} + \frac{G_R^2}{H_R + \lambda} - \frac{(G_L + G_R)^2}{H_L + H_R + \lambda} - \gamma \tag{10}$$

XGBoost 模型的扩展性很好，也不需要像 Logistic 回归、支持向量机等模型一样对特征做归一化处理，能够学习到特征间的高维相关性。

（二）期权定价模型

在期权定价库中，对于期权类型，系统主要参考欧式、美式、亚式以及奇异期权对定价进行判断。另外，布莱克休斯（BlackScholes）公式定价模型、二叉树（binomial）定价模型、蒙特卡洛定价模型被作为定价的主要参考模型。

1. 布莱克 – 休斯（Black – Scholes）期权定价模型

在布莱克 – 休斯（Black – Scholes）期权定价模型中，模型通过对波动率、标的物价格、期权执行价、期满时间以及无风险利率等变量对欧式期权进行理论性定价。

看涨期权理论定价表示为：

$$C_0 = S_0 N(d_1) - X e^{-rT} N(d_2) \tag{11}$$

其中：

$$d_1 = \frac{\ln\left(\frac{S_0}{X}\right) + \left(r + \frac{\sigma^2}{2}\right)T}{\sigma \sqrt{T}} \tag{12}$$

$$d_2 = d_1 - \sigma \sqrt{T} \tag{13}$$

根据买卖权平价关系理论，看跌期权理论定价表示为：

$$P = C + X e^{-rT} - S_0 \tag{14}$$

2. 二叉树期权定价模型

二叉树期权定价模型主要针对美式期权，在定价过程中，存续期被分为多个阶段，模型根据标的价格以及历史波动率推出存续期内所有可能发展路径并对路径每一节点进行计算以衡量期权理论定价结果。

3. 蒙特卡洛期权定价模型

在蒙特卡洛斯期权定价模型中，考虑某个与市场变量 S 有关的衍生产品，该衍生产品在 T 时刻产生收益。假定利率为常数，T 时刻时该衍生产品的定价为：

$$S(T) = S(t) \exp\left[\left(\hat{\mu} - \frac{\sigma^2}{2}\right)(T - t) + \sigma \epsilon \sqrt{T - t}\right] \tag{15}$$

其中，$S(t)$ 是 S 在 t 时刻的值，$\hat{\mu}$ 为标的变量在风险中性世界里的收益率期望，σ 为波动率，ϵ 服从标准正态分布。

4. 符号说明

为了细化问题便于研究，按照表1设定符号。基于指定大宗农产品指数期货的历史价格信息，可以计算出指定大宗农产品指数期货的收益及波动率，计算公式如下：

$$\sigma^i = \sqrt{\frac{1}{n} \sum_{t=i-n-1}^{i} (r^i - \bar{r})^2} \tag{16}$$

$$r_i = \log(p_i / p_{i-1}) \tag{17}$$

其中，$\bar{r}$ 是日度收益率 r^i 的均值，同时本文对波动率进行了年化处理，年化波动率 $y^i = \sqrt{252} \sigma^i$，等于日度波动率 σ^i 乘以 $\sqrt{252}$（平均一年有252个交易日）。

表 1　符号说明

符号	说　明
p^i	指定大宗农产品指数期货在第 i 天的收盘价
r^i	指定大宗农产品指数期货在第 i 天的对数收益率
y^i	指定大宗农产品指数期货在第 i 天的波动率
y_1^i	0—1 变量，未来两个月的波动率是否大于长期均值，大于则取 1，反之则取 0
y_2^i	0—1 变量，即未来两个月波动率变化是否会超过1%，超过则取 1，反之则取 0
x^i	影响因素（包括期货价格、期货交易量、现货价格、现货交易量等）
k	指定大宗农产品指数期货波动率的长期均值，本文中取 $k=10\%$
h	指定大宗农产品指数期货波动率变化阈值，本文中取 $h=1\%$
m	m 倍标准差，本文中取 $m=1.96$（置信区间绝对误差超过 1.96 倍标准差的概率小于 5%）

（三）期权定价及对冲支持系统

1. 整合数据库

针对各数据渠道存在的数据孤岛问题，本文建立了一套自动化对冲支持系统来进行数据采集、清洗与加工。最后将处理后的数据归集于统一的数据库中，方便实验研究以及对系统提供基础数据支撑。

整个数据处理流程由数据拉取服务与数据处理服务两个子系统协同完成，它们的职责分别如下。

数据拉取服务：部分数据服务商开放了数据提取 API，该服务定时访问这些 API，提取指定的原始数据表，并预存为数据文件传递给数据处理服务。

数据处理服务：该服务为来自不同渠道的原始数据表提供了统一的提交接口，为其应用不同的数据清洗与加工子流程，同时负责将这些标准化的数据增量更新至基础数据库中。

数据处理管线分为以下几个阶段：

（1）数据采集阶段。对于开放了数据提取 API 的数据源交由数据拉取服务全自动采集；而部分数据服务商仅提供手动下载的数据表，则这部分数据文件由数据管理员人工整理后提交至数据处理服务。

（2）数据清洗与加工阶段。对数据进行异常检查、去重、格式变换、衍生等一系列操作，生成满足入库条件的标准化数据。

（3）数据入库阶段。比对已入库数据，对各表实行增量更新。

表 2 列出了主要的数据表目录。

表2　　　　　　　　　　　　　　　主要数据表目录

数据源	表名	说明	更新频率
天软 tinysoft	options_info	期权合约基本资料	每日9:30采集合约信息 每日16:00采集行情信息 自动采集
	options_trade	日度期权行情与风险指标	
	options_iv	日度隐含波动率表	
	futures_info	期货合约基本资料	
	futures_trade	日度期货行情	
布瑞克数据	lh_supply_demand	[布瑞克]生猪供需平衡表	周度人工下载
	lh_price	[布瑞克]生猪现货价格表	
涌益数据	lh_yy_daily	[涌益]生猪日度数据	周度人工下载
	lh_yy_weekly	[涌益]生猪周度数据	
	lh_yy_profit_weekly	[涌益]生猪养殖利润周度数据	
	lh_yy_monthly	[涌益]生猪月度数据	

2. 波动率监控与预测系统

本文基于XGBoost预测模型构建了大宗农产品（生猪、玉米和豆粕）的期现货波动率监控预测系统的整体框架。同时，系统预测分析数据主要来源于天软数据库、天下粮仓数据库以及Tushare等高可信度公开数据库。其中，主要数据不仅包括期货价格、期权价格、现货数据，还包括了卫星数据及基本面数据等（包括土地种植面积以及天气数据）。对于期货波动率预测模型，模型根据现货周平均价格、期货成交量、历史波动率以及基本面数据如港口库存、播种面积、企业库存、企业深加工等方面对期货波动率进行每日预测，主要输出参数为期货指数1个月、3个月实际波动率，现货价格1个月、3个月实际波动率以及相似期货品种隐含波动率预测。图2为波动率监控与预测系统实操示例。

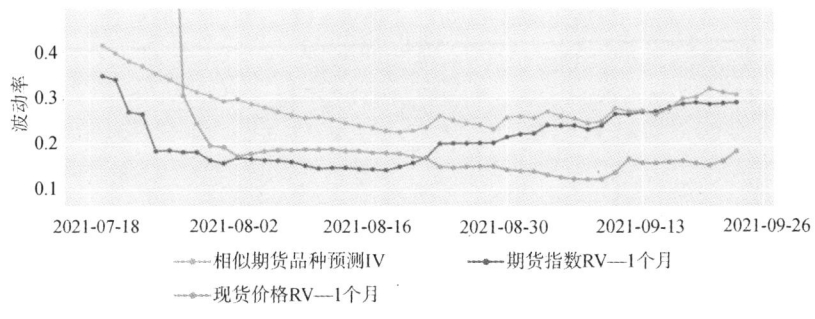

图2　波动率监控预测系统实操示例

3. 价格波动预警系统

本文在期权对冲策略系统研发中加入了价格波动预警系统，以削弱异常价格波动所带来的潜在负面影响。技术方面，系统主要依据波动相关的金融技术指标ATR-10、前结算价、涨停价、跌停价等因素判断并提供当日上限预警价格、下限预警价格。如触发则立即运行对冲策略系统并进行即时盘面持仓调整操作。确保整个交易不因期货产品价格异动受到影响。图3为价格波动预警系统实操示例。

预警指标							
ATR-10：	655.02	前结算价：	15045	涨停价：	16250	跌停价：	13840
预警价格—上限：	15700.02	预警价格—下限：	14389.98				

图3　价格波动预警系统实操示例

4. 期权定价与报价系统

在本次研究中，期权定价与报价系统基于定价、回测以及成本加价三个步骤进行期权报价。对于定价，系统通过定价库获取期权的理论价格，但手续费、非完美对冲风险、对冲资金占用成本会导致实际对冲成本与定价的不同。因此，需要通过回测一个或者多个真实的对冲过程，计算期权的实际对冲成本。基于波动率的预测，通过多次考虑成本的对冲过程，形成期权卖权最终损益的分布。在卖出场外期权的时候，根据自身风险接受能力、最后的成本加价，系统可按照客户自身的结构和议价能力，设置加价幅度以形成最终报价。

下面的例子是对1120吨生猪的场外亚式看跌期权进行对冲，行权价是18100元/吨，对冲时段是2021年8月12日至2021年9月12日。该对冲基于2021年8月12日给定的波动率进行对冲。多次对冲结果形成一个分布，可以指导实际的对冲成本。图4的对冲成本转化为百分比的形式。

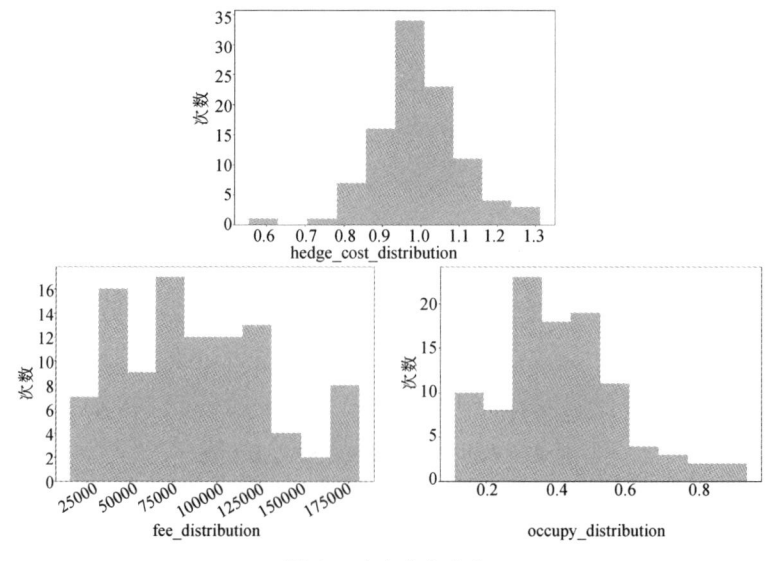

图4　对冲成本分布

我们还可以观察对冲过程的手续费及保证金占用的分布，用以估算资金的占用成本。

5. 对冲回测与执行系统

本次研究中，对冲回测与执行系统通过对冲频率的确认、对冲模型的确定、对冲订单的生成，形成了一套完整的期权对冲方案。首先，对于对冲频率，系统通常进行日内择时单次交易并配有标的物价格大幅变预案。其次，对于对冲模型，系统基于 Delta 计算完成对冲操作并最终根据真实持仓确定调仓方案。在对冲方案回测的过程中，系统基于真实准确的手续费、保证金占用及其相关信息对冲方案给出的订单进行回测操作。该系统的回测完全模拟了实际情况，并通过对整个周期的净值、保证金占用、最终对冲成本等信息的全评价提供不同的对冲方案，图 5 为对冲回测与执行系统实操案例。

计划调仓订单

时间	标的代码	交易手数	标的价格	iv	delta	gamma	vega	rho	thet
2021-10-09 15:15:07	lh2201	3	14225.0	41.1438%	-0.4144	0.0002	23.3675	-13.1777	0.10

接口返回原始Json


```
    "va_type": "生猪",
    "strike_way": "亚式",
    "option_direction": "认沽",
    "underlying_id": "lh2201",
    "orders": [
        {
            "code": "lh2201",
            "volume": 3,
            "price": "14225.0",
            "date": "2021-10-09T15:15:07.421783",
            "delta": -0.41436431018809167,
            "iv": 41.143819058780664,
            "future_pred_vol": null,
            "spot_pred_vol": 0.5223414839184768,
            "iv_approx": 0.3639082077318052,
            "rv_1m": 0.40021265395858424,
```


图 5　对冲回测与执行系统实操案例

6. 波动率模型应用预测准确率

下面以玉米期货为例进行研究。本研究收集了玉米期货的价格信息和交易数据、玉米现货的库存及产量信息等数据，预测玉米指数期货价格的波动率。期货指数价格是期货合约价格按照特定规则加权得到的价格，该价格可以将分散的合约价格转换成一个连续的反映品种价格变动的指数价格，更便于计算波动率指标。

（1）长期趋势预测模型结果。玉米指数期货2012—2019年的波动率均值为10%，未来波动率处于高位（大于均值）的样本数量为367条，处于低位的样本的数量为192条。为了验证模型的有效性和泛化能力，本文进行了交叉验证。将数据集分成5份，不重复地每次取其中一份作为测试集，用其他四份作为训练集训练模型，之后计算该模型在测试集上的预测效果，并取平均值。考虑到该数据集具有时间序列特性，直接五折交叉验证会带来一定的时序特征交叉的问题，容易过拟合，本次研究设置了测试集前后间隔的周期数（n=60天，即3个月），去掉了训练集和测试集样本之间特征可能重叠的部分。

如表3所示，长期趋势预测模型在5个测试集上的预测准确率平均值达到了81%，平均来说，召回率和精确率分别为59%和63%，F1值也到了75%，说明XGBoost模型预测玉米指数期货波动率水平上准确率较高，且泛化能力较强。

表3　　　　　　　　　模型预测效果（五折交叉验证）

测试集	AUC	准确率	精确率	召回率	F1
Fold 1	0.64	0.63	0.51	0.64	0.57
Fold 2	—	0.88	0.00	0.00	—
Fold 3	0.85	0.79	1.00	0.70	0.82
Fold 4	0.86	0.88	0.86	0.79	0.83
Fold 5	0.85	0.86	0.77	0.79	0.78
平均值	0.80	0.81	0.63	0.59	0.75

（2）短期变化模型预测结果。按照波动率变化幅度进行划分，在有效的实验样本中安全类样本数量为400条，风险类样本数量为159条，两者比例大概为2.5:1。同长期趋势预测模型的五折交叉验证处理相比，短期变化预测模型同样划分了5个训练集和测试集，模型在5个测试集上的表现如表4所示。

表4　　　　　　　　　模型预测效果（五折交叉验证）

测试集	AUC	Accuracy	Precision	Recall	F1
Fold 1	0.67	0.66	0.58	0.73	0.65
Fold 2	0.55	0.60	0.07	0.50	0.12
Fold 3	0.61	0.59	0.81	0.29	0.43
Fold 4	0.55	0.84	1.00	0.10	0.18
Fold 5	0.71	0.85	0.80	0.46	0.59
平均值	0.62	0.71	0.65	0.42	0.39

短期变化模型在5个测试集上预测准确率平均值达到了71%。此外，平均来说AUC为62%，召回率和精确率分别为42%和65%，F1值为39%，说明短期变化模

型具有较强的预测能力,对玉米指数期货波动率变化趋势上预测精度较高。而从 F1 值来看,模型难以同时提升精确率和召回率。例如,在第三个测试集上,模型的精确率达到了 81%,在所有预测为危险类的样本中有 81% 预测正确,模型的召回率较低,仅为 29%,即在所有标签为"危险类"的样本中,短期变化模型预测正确的仅占 29%。

(3)波动率估计结果。根据上文中提到的未来波动率预测方法,本次研究对未来波动率(两个月后)的数值进行了估计,以 2019 年 1 月 1 日之前的数据作为训练集,2019 年 4 月 1 日后的数据作为测试集,测试模型在样本外的测试集上的预测效果如图 5 所示。其中,基于本文提出的预测方式所得到的未来波动率预测值与实际值较为接近,比较符合波动率的变化趋势,在波动率变化幅度不大时,使用历史波动率作为未来波动率的估计,与未来实际波动率之间的误差较小,而在波动率发生较大变化时,根据短期趋势模型的预测结果加上(减去)了一个偏差项 max (0.02,1.96 倍波动率标准差),也能够很好地跟踪波动率变化的趋势,尤其是在波动率明显上升的时候。样本外,预测波动率与真实波动率差值最大的为 5%,最小的为 0.1%,差值平均值为 1.25%(见图 6)。

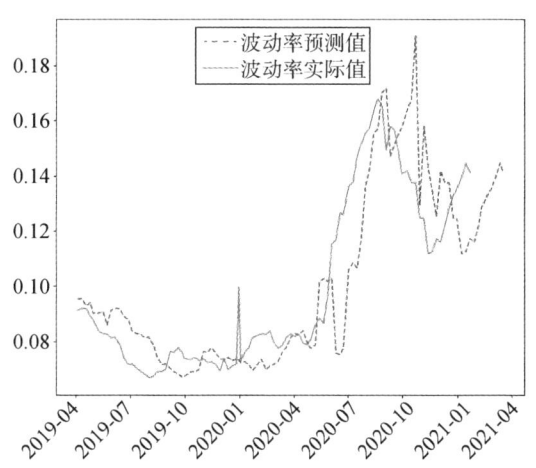

图 6　玉米实际波动率与预测值

本次研究还选取了经典的 GARCH 模型预测未来波动率,并与上文中的模型结果进行对比。为了使 GARCH 模型具有更好的预测能力,在估计方式时采用滚动估计的方式,即以一年的收益率数据(252 天)建立 GARCH 模型,预测未来两个月的波动率数值。GARCH 模型的预测期限越长,预测的结果就会越差。本文使用了玉米指数期货收益率的日度数据建立了 GARCH(1,1)模型,滚动估计的预测结果如图 7 所示。从结果可以发现 GARCH 模型对于长期的波动率预测效果较差,尤其是在波动率大幅上升的时候,GARCH 预测值偏低且差距较大,难以满足风险管理、估值定价等任务的要求。

图7 GARCH (1, 1) 预测结果

对比 GARCH 模型和本文提出的波动率估计方法，可以发现，基于本文所提出的方式得到的波动率预测值更接近于真实值，对长期波动率预测效果更好，与波动率的变化趋势基本一致。

三、期权定价和管理系统应用

（一）"保险+期货"实际案例操作流程

在云南省福贡县政府积极推动和支持下，本次研究参与了大连商品交易所云南省福贡县生猪价格"保险+期货"分散项目，旨在帮助福贡县的生猪养殖户应对生猪价格波动风险。投保方向乙方购买生猪价格保险，乙方向甲方购买场外期权进行风险对冲。项目保费总额为 62.3 万元，保费由当地政府支持资金 10 万元，乙方支持资金 9.8 万元，剩余由甲方代付。此研究实证分析法始于 2021 年 9 月 27 日，围绕对 LH2201 的交易展开。在日常交易日期间，对冲策略指导系统常规运行时间为每日 14：40 分。在加入预警系统后，如 LH2201 价格触发上限或下限预警价格，则立即运行对冲策略指导系统，系统指令均以最快速度（10—20 分钟）反映至实际持仓调整。

（二）案例操作中实际波动率（RV）预测效果

研究统计了实证阶段生猪期货 2201 合约的实际波动率，并测试了模型预测波动率的效果。由于生猪期货的存续时间较短，通常选用历史一个月的生猪波动率的最大值作为波动率预测的基准。图 8 的三个点分别代表了模型预测波动率、实际波动率和历史最高单月波动率。从图 8 中可以发现，有一个月生猪期货的实际波动率高于历史上任意时期。对于这种突然事件,模型给出了足够的预警。由于期权的定价跟波动率正相关,当我们模型预测的波动率比实际的高时,模型充分考虑了风险。

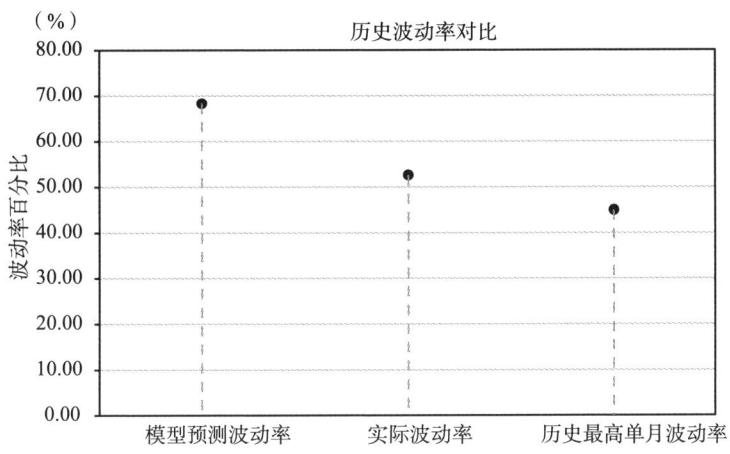

图 8 历史波动率对比

四、推广应用

鉴于目前"三农"问题作为国家和中央工作的重中之重,针对大宗农产品,如何在价格波动中保障农民和涉农企业的利益,一直是国家深切关心的问题。近年来,期货交易所也开始大力发展重点领域农产品期权品种的上市工作,如 2017 年 3 月在大连商品交易所上市的豆粕期货期权等。基于全国农产品期货市场的光明前景,本次所研发的能全面覆盖玉米、豆粕、生猪等大宗农产品的场外期权的定价支持平台符合国家政策背景,端到端的解决方案可广泛地投放到国内主要期货交易机构,以助力解决上述问题。

本次研发平台主要基于双重 XGBoost 模型的农产品期货波动率预测框架,前人研究结果显示了 XGBoost 对农产品,如玉米期货,波动率短期和长期相对优良的预测准确性。同时,我们又加入更加全面的农产品基本面数据、卫星数据、基本面数据。此次研发平台可推广至目前绝大部分大宗农产品期货期权,如苹果、花生等的期货和期权产品。

参考文献

[1] POON S-H, GRANGER C W. Forecasting volatility in financial markets: A review [J]. Journal ofeconomic literature, 2003, 41: 478-539.

［2］XU Q, BO Z, JIANG C, et al. Does Google search index really help predicting stock marketvolatility? Evidence from a modified mixed data sampling model on volatility［J］. Knowledge Based Systems, 2019, 166: 170 – 185.

［3］LIU Y. Novel volatility forecasting using deep learning – Long Short Term Memory Recurrent Neural Networks［J］. Expert Systems with Applications, 2019, 132: 99 – 109.

［4］LU X, QUE D, CAO G. Volatility forecast based on the hybrid artificial neural network and GARCH – type models［J］. Procedia Computer Science, 2016, 91: 1044 – 1049.

［5］CORSI F. A simple approximate long – memory model of realized volatility［J］. Journal of Financial Econometrics, 2019, 7: 174 – 196.

［6］CORSI F, RENò R. Discrete – time volatility forecasting with persistent leverage effect and the link with continuous – time volatility modeling［J］. Journal of Business & Economic Statistics, 2012, 30: 368 – 380.

［7］贺志芳，杨鑫，龚旭，等. 股指期货市场波动率的预测研究［J］. 系统科学与数学, 2016, 36: 1160 – 1174.

［8］刘晓倩，王健，吴广. 基于高频数据 HAR – CVX 模型的沪深 300 指数的预测研究［J］. 中国管理科学, 2017, 25: 1 – 10.

［9］文凤华，刘晓群，唐海如，等. 基于 LHAR – RV – V 模型的中国股市波动性研究［J］. 管理科学学报, 2012, 15: 59 – 67.

附录：论文成果

基于双重 XGBoost 模型的农产品期货波动率预测
——以玉米期货为例的研究[①]

"务农重本，国之大纲。"粮食安全是我国国家安全的重要组成部分，解决好"三农"问题是全党工作的重中之重。玉米和豆粕等主要农产品的价格会受到供需的影响而变动，特别是近年新冠肺炎疫情等特殊事件的影响，更会加剧价格的波动。如何在价格波动中保障农民和涉农企业的利益，是国家深切关心的问题。为了有效平缓农产品价格，国家在 2008 年开始启动了大豆、玉米和棉花等大宗农产品的临时收储政策，但在实践中还是难以完全避免价格的波动风险。另外，20 世纪 90 年代初期，郑州商品交易所和大连商品交易所的设立有利于供相关方开展套期保值。但

[①] 本课题研究单位：西南财经大学工商管理学院、华期创一成都投资有限公司；参与研究人员：胡越、王桑原、徐亮、张一苇。

由于套期保值需要专业的金融知识和货物量门槛，该业务在一般农民中的普及率很低。从 2015 年开始，交易所积极开展农产品"保险 + 期货"模式的探索，保险公司和期货公司将标准化的期货产品和农民需求相结合设计保险产品，于是此模式在农民中开始不断普及。

同时，期货交易所大力开展重点领域农产品场内期货期权品种上市。豆粕期货期权和玉米期货期权分别于 2017 年 3 月和 2019 年 2 月在大连商品交易所正式上市，农产品期权的上市丰富了衍生品交易品种，并增加了分散农产品价格风险的渠道，为相关产业提供了更有效的风险管理工具。农产品场内、场外期权相结合成为保险公司价格险类保险的对冲工具，相对于期货更符合保险保障的功能。美国、巴西和墨西哥等国家都曾采用过补贴期权权利金的方式鼓励农民和涉农企业参与风险管理，国际经验充分说明了农产品期货期权权利金补贴是一种有效的农产品价格补贴方式。

波动率是衡量资产价格波动剧烈程度的指标，波动率与期权权利金成正相关关系。也就是说，控制其他相关指标一定的情况下，若波动率越高，期权的价格也就越高。在 Black – Sholes 期权定价模型中，期权权利金价格与标的物波动率一一对应，且业界也直接以波动率报价作为期权的报价。所以，预测标的物波动率，可以帮助期权交易者对期权的价格进行评估。虽然 GARCH 族方法能够刻画出波动率的波动聚集特性和厚尾现象，但金融时间序列数据一般具有非平稳和非线性的特征，经典的 GARCH 族模型受到解释变量平稳性假设的约束，因此，GARCH 在金融时序数据的非线性建模中效果有限。另外，GARCH 族模型对于未来长期波动率的预测有限，难以满足企业对于远期成本管理的需求。相比之下，支持向量机、稀疏模型族、人工神经网络等机器学习模型限制和假设条件较少，能够很好地捕捉非线性关系。以机器学习模型中的神经网络为例，虽然近年来在金融领域的预测表现突出，但模型的可解释性较差，并且相对于其他的机器学习方法，需要更多的数据来进行训练。SVM 算法虽然在小规模训练样本上有较好的预测表现，但是对缺失数据比较敏感，对参数和核函数的选择也比较敏感，依赖于经验选择。XGBoost 集成模型，是一种提升树模型，在保持高分类精确度的同时能有效防止过拟合，降低模型的复杂度。XGBoost 模型在各大机器学习比赛中表现突出，但目前将此方法运用到波动率的预测的学者很少。

本文基于 XGBoost 模型建立了一个农产品期货波动率的预测框架。首先，分别对波动率的长期趋势和短期变动进行了预测分析，判断未来波动率处于历史高位还是低位，以及短期内波动率是否会发生明显变化。基于短期变化模型的预测结果，本文提出了一种未来波动率的估计方式并进行分析。另外，大多数研究使用波动率的历史信息、技术指标、投资者情绪等变量来预测波动率，对于基本面信息考虑得较少。基于玉米期货波动率的周度数据，本文建立了波动率预测模型，将期货市场信息（历史波动率、成交量）、现货市场信息（价格、库存）、技术指标等变量用于模型预测，用于提升模型的预测性能。

1. 文献综述

在金融领域，波动率（通常用 σ 表示）是资产价格序列随时间变化的程度，通常用样本的标准差来衡量，可以解释为收益的不确定性。是否能够准确地预测金融时间序列的波动率至关重要。波动率常用于投资风险评估、衍生品定价、金融风险管理和对冲等多个金融场景中。对金融时间序列进行分析，可以发现金融市场中的波动率具有尖峰厚尾、波动集群、杠杆效应和均值回归等显著特点，金融时间序列的复杂性也使波动率估计与预测的相关研究十分具有挑战性。

由于波动率具有时间差异性，不会保持恒定，资产持有者总是需要对这种资产持有期内的收益率和方差进行估计，因此条件波动率更适用于各种金融应用场景。根据有效市场假设，资产价格反映了所有可获得的信息，投资者无法从市场中获得超额收益。然而，实证表明，波动率是可以预测的。从研究内容来看，以往研究多关注于历史波动率和已实现波动率两类波动率的预测，历史波动率是通过日度价格数据进行估算，而已实现波动率则是基于交易日内高频数据（如 5 分钟、10 分钟）对波动率进行估计。波动率预测的方法基本上可以分为两类：金融时间序列模型和机器学习模型。前者通常基于特定的概率密度分布，而机器学习的方法试图拟合数据，不依赖于任何先验知识，可通过最小化训练误差。

自回归异方差（Autoregressive Conditional Heteroskedasticity，ARCH）模型是最早应用于金融时间序列波动率预测的模型，而 GARCH 模型可以对资产收益率的条件方差随时间的演变规律进行建模，相比于 ARCH 模型，减少了待估参数的数量，因此得到了研究者的广泛关注。Noh、Engle 和 Kane 比较了隐含波动率回归模型与 GARCH 模型的预测效果，实验表明，GARCH 在 S&P 500 指数的预测表现更优。不少研究者对 GARCH 模型进行了改进。近年来，Barunik、Krehlik 和 Vacha 也提出了 Jump – GARCH 模型，使用小波分解波动率进行分解，分解为连续性波动和跳跃性波动两部分，再使用 GARCH 模型对收益和波动率联合建模。但是 GARCH 族模型通常假设金融时间序列具有平稳性，不能反映波动率的非对称特点，难以捕捉数据间的非线性关系。而日内高频交易数据的可获得性使异质性自回归（HAR）族模型越来越受到学者们的关注，其中 Corsi 提出 HAR – RV 模型比较有代表性。在 HAR – RV 模型的基础上，学者们考虑了连续和跳跃风险、杠杆效应、已实现半方差、已实现极差方差、隐含波动率、投资者关注等因素对波动率的影响。

数据驱动方法通常会用到人工智能和统计建模的方法。人工神经网络（ANN）和支持向量机（SVM）是数据驱动方法中最常用的方法。相比于线性预测模型，神经网络能够捕捉复杂的非线性关系。Barunik、Krehlik 和 Vacha 使用了 ANN 的方法预测能源市场波动率,从高频数据提取出的特征显著提升了波动率的预测效果。

Pradeepkumar 和 Ravi 提出了一种新颖的分位数回归神经网络(PSOQRNN),并使用粒子群优化算法(PSO)进行训练。同时和多种方法进行对比,包括广义自回归条件异方差(GARCH)、多层感知器(MLP)、随机森林(RF)和人工神经网络(ANN)等,而均方误差(MSE)和 DM 检验测试的结果均表明 PSOQRNN 模型的预测性能更优。陈卫华和徐国祥使用了 LSTM 模型对高频沪深 300 指数波动率进行预测,并首次使用了股票论坛数据。Liu 提出了一种长短期记忆循环神经网络(LSTM-RNNs)用于 S & P500 和 AAPL 指数波动率的预测,结果表明,该模型的预测准确性优于 GARCH 模型。Xing、Cambria 和 Zhang 考虑了资产价格与市场情绪之间的双边交互关系,设计了一种资产收益率与市场情绪的联合建模变分递归神经网络(RNN)框架。但是,神经网络属于黑箱模型,且通常需要更多的数据来进行训练,网络结构和超参数的确定需要结合经验进行判断。

近年的学术研究中,波动率预测混合模型大多是将深度学习算法与 GARCH 族模型进行融合,在提高模型的可解释性同时兼顾模型预测准确性。Kristjanpoller 和 Minutolo 提出了一种混合的 ANN – GARCH 模型,将 GARCH 族模型的预测结果及滞后项作为输入的一部分。Lu、Que 和 Cao 比较了 EGARCH – ANN 与 GJR – GARCH – ANN 两种混合模型的预测效果,研究表明,EGARCH – ANN 模型能更好地预测中国能源市场长期收益序列的波动率。Kim 和 Won 提出了一种新颖的混合模型,将 LSTM 模型与多种 GARCH 族模型混合起来预测 KOSPI 200 指数的波动率。通过将多种 GARCH 族模型估计出的参数作为特征的一部分输入神经网络中。比如说 GARCH(1, 1)模型中 p 和 q,分别代表了波动冲击的幅度和过去波动率的持续性。

但是,现有文献主要关注股票市场中波动率的预测,农产品期货市场的波动率预测研究较少。现有农产品期货市场的波动率预测大部分都是基于低频收益率数据的 GARCH 模型对期货市场的有效性、市场功能等方面进行分析,从而研究农产品期货市场波动率的特征。此外,在对波动率进行预测时,以往的研究对于金融资产基本面信息、宏观经济信息关注较少,通常只利用了价格的信息,如经典的波动率预测模型 GARCH 和 HAR。本文所提出的玉米期货波动率的预测框架,不仅考虑价格等历史信息,还增加了期货交易量、现货市场信息(价格、库存),以增强模型的预测能力。

2. 模型方法

2.1　XGBoost 模型

XGBoost(Extreme Gradient Boosting)是一种可扩展的提升树,在 GBDT 的基础上发展而来,采用加法模型和前向分步算法,基分类器是决策树。XGBoost 在损失

函数中加入 L1 和 L2 正则项，避免过拟合，并对目标函数进行了二阶泰勒展开，利用梯度下降法进行最优化。对于一个给定的有 n 个样本，m 个特征的数据集，$D = \{(X_i, y_i)\} (|D| = n, X_i \in R^m)$，XGBoost 的模型可以表示如下：

$$\hat{y}_i = \sum_{k=1}^{K} f_k(X_i), f_k \in F \tag{附1}$$

其中，$F = \{f : f = w_{q(x)}\} (q : R^m \to T, w \in R^m)$ 是回归树空间，这里的 q 代表了每棵树的结构，可以把每个样本映射到叶节点，T 代表叶子节点数；w 是每个叶节点的权重；k 表示回归树的数量。XGBoost 模型通过加总这 k 棵树中对应叶节点的权重 w 得到样本最终的预测值。XGBoost 引入正则项 $\Omega(f)$ 整体求最优解，用以权衡目标函数的下降和模型的复杂程度，避免过拟合。目标函数如下所示：

$$L(\varphi) = \sum l(\hat{y}_i, y_i) + \sum_k \Omega f(k), \Omega(f) = \gamma T + \lambda \|w\|^2 \tag{附2}$$

其中，γ 和 λ 分别是 L1 和 L2 正则项的系数，γT 对叶子节点数进行了限制，$\lambda \|w\|^2$ 对叶子节点的权重值进行了限制，防止模型过拟合。这里的损失函数 l 是可微分凸函数，代表了模型的拟合效果，目标函数的第二项是衡量模型的复杂性以避免过度拟合。每一次迭代，将尝试在模型中添加一棵新的 CART 回归树来优化目标，并以目标函数的得分来衡量给定树结构 q 的好坏。在第 t 次迭代的时候，$\hat{y}_i^{(t)} = \hat{y}_i^{(t-1)} + f_t(x_i)$，新的目标函数可以表示为：

$$\begin{aligned}Obj^{(t)} &= \sum_{i=1}^{n} l(y_i, \hat{y}_t^{(t)}) + \sum_{i=1}^{t} \Omega(f_i) \\ &= \sum_{i=1}^{n} l(y_i, \hat{y}_t^{(t-1)} + f_t(x_i)) + \Omega(f_t) + constant \end{aligned} \tag{附3}$$

不同于 GBDT，XGBoost 对目标函数进行二阶展开，其泰勒展式如下所示：

$$f(x + \Delta x) \cong f(x) + f'(x)\Delta x + \frac{1}{2}f''(x)\Delta x^2 \tag{附4}$$

假设 $g_i = \partial_{\hat{y}^{(t-1)}} l(y_i, \hat{y}^{(t-1)}), h_i = \partial^2_{\hat{y}^{(t-1)}} l(y_i, \hat{y}^{(t-1)})$，忽略常量项，目标函数可以近似为：

$$\begin{aligned}Obj^{(t)} &\cong \sum_{i=1}^{n}\left[g_i f_t(x_i) + \frac{1}{2} h_i f_t^2(x_i)\right] + \Omega(f_t) \\ &= \sum_{j=1}^{T}\left[(\sum_{i \in I_j} g_i) w_j + \frac{1}{2}(\sum_{i \in I_j} h_i + \lambda) w_j^2\right] + \gamma T \end{aligned} \tag{附5}$$

假定回归树的结构已经确定了，最优的叶节点权重和目标值分别是：

$$\begin{aligned}w_j^* &= -\frac{\sum_{i \in I_j} g_i}{\sum_{i \in I_j} h_i + \lambda} \\ Obj &= -\frac{1}{2}\sum_{j=1}^{T} \frac{(\sum_{i \in I_j} g_i)^2}{\sum_{i \in I_j} h_i + \lambda} + \gamma T \end{aligned} \tag{附6}$$

XGBoost 选择贪心机制来做树生长，线性扫描按特征排序后的样本，根据增加了复杂度的基尼指数来选择最佳分割。对树的某一叶节点进行分割，目标值在分割前后的改变量是：

$$Gain = \frac{G_L^2}{H_L + \lambda} + \frac{G_R^2}{H_R + \lambda} - \frac{(G_L + G_R)^2}{H_L + H_R + \lambda} - \gamma \qquad (附7)$$

XGBoost 模型的扩展性很好，也不需要像 Logistic 回归、支持向量机等模型一样对特征做归一化处理，能够学习到特征间的高维相关性。

2.2 符号说明

本文将对玉米期货波动率的长期趋势和短期变化进行分析和预测，为了细化问题便于研究，按照下表1设定符号。基于玉米指数期货的历史价格信息，可以计算出玉米指数期货的收益及波动率，计算公式如下：

$$\sigma^i = \sqrt{\frac{1}{n} \sum_{t=i-n-1}^{i} (r^i - \bar{r})^2} \qquad (附8)$$

$$r_i = log(p_i/p_{i-1}) \qquad (附9)$$

其中，$\bar{r}$ 是日度收益率 r^i 的均值。同时本文对波动率进行了年化处理，年化波动率 $y^i = \sqrt{252}\sigma^i$，等于日度波动率 σ^i 乘以 $\sqrt{252}$（平均一年有 252 个交易日）。

附表1　　　　　　　　　　　符号说明

符号	说明
p^i	玉米指数期货在第 i 天的收盘价
r^i	玉米指数期货在第 i 天的对数收益率
y^i	玉米指数期货在第 i 天的波动率
y_1^i	0—1 变量，未来两个月的波动率是否大于长期均值，大于则取1，反之则取0
y_2^i	0—1 变量，即未来两个月波动率变化是否会超过1%，超过则取1，反之则取0
x^i	影响因素（包括期货价格、期货交易量、现货价格、现货交易量等）
k	玉米指数期货波动率的长期均值，本文中取 $k = 10\%$
h	玉米指数期货波动率变化阈值，本文中取 $h = 1\%$
m	m 倍标准差，本文中取 $m = 1.96$（置信区间绝对误差超过 1.96 倍标准差的概率小于 5%）

2.3 长期趋势预测

金融时间序列的波动率具有均值回归的特性，指波动率没有长期上涨或者下跌的趋势，而是围绕均值上下波动。如附图1所示，玉米指数期货波动率也呈现出了均值回归的特点。为了判断波动率的高低，本文将周度波动率与 2014—2019 年这 5 年的历史波动率均值进行比较，当一段时间波动率持续高于均值水平时，说明波动率处于较高水平,表明供需格局出现了新的变化,值得进一步去关注。本文对未来两个月的波动率水平进行预测,判断是否处于较高水平。

$$y_1^i = \begin{cases} 1, & y^j \geq k \\ 0, & y^j < k \end{cases} \quad \text{(附 10)}$$

其中,阈值 k 代表了 2014—2019 年玉米指数期货波动率均值,$k = 10\%$。

2.4 短期变化预测

长期趋势模型是对波动率进行静态的评估,判断当前波动率是否处于高位,是否合理,而在实际观测中,金融资产波动率还存在一些阶段性、季节性的因素,波动率可能会出现明显升高或降低、维持较高或较低波动率的情形,需要对波动率的变化趋势进行关注。本文将波动率变化幅度在阈值 h 以内定义为安全类,把超过阈值 h 定义为风险类。如下式所示,y_i 是指期货波动率变化幅度是否大于 h,大于 h,则记为 1,否则记为 0,y_j、y_i 分别值的是当期的波动率和两个月后的波动率。

$$y_2^i = \begin{cases} 1, & |y_j - y_i| \geq h \\ 0, & |y_j - y_i| < h \end{cases} \quad \text{(附 11)}$$

其中,h 代表了波动率变化幅度阈值,对于玉米指数期货波动率,本文设置 h = 1%。

2.5 波动率估计

波动率的一个特性是它具有聚集性,特别是对于突发的事件,波动率会在一段时间内发生较大变化,需要以新的波动率对品种进行定价,基于此,本文提出了一种未来波动率的估计方式:当短期波动率变化较大时,加入短期变化以应对波动率的过低或过高预估。具体方法是加上(减去)m 倍波动率的标准差作为短期调整,否则不加入短期调整项。计算公式如下所示:

$$\hat{y}^j = \begin{cases} y^i + trend \times \max[std(y) \times m, 2\%], & y_2^i = 1 \\ y^i, & y_2^i = 0 \end{cases} \quad \text{(附 12)}$$

其中,$\hat{y}^j$ 是未来波动率(两个月)的估计值,y^i 为当前的期货波动率,$std(y)$ 为过去两个月期货波动率的标准差,取 n 倍标准差与阈值 2% 的最大值,trend 是通过将当前波动率与过去两个月期货波动率的均值进行比较,若当前波动率高于过去两个月均值,则认为波动率处于上升趋势,trend 记为 1;反之,则认为波动率处于下降趋势,trend 记为 -1,且只有在波动率变化幅度变化大于 2% 时生效。

3. 数据与实证结果分析

3.1 数据描述与预处理

本文将玉米期货价格的波动率作为预测对象进行试验,收集了玉米期货的价格信息和交易数据、玉米现货的库存及产量信息等数据，部分数据来自一些非公开的专业数据库。

3.1.1 期货价格及交易量

本文选取玉米指数期货的价格序列用于计算玉米期货的波动率。期货指数价格是期货合约价格按照特定规则加权得到的价格，该价格可以将分散的合约价格转换成一个连续的反应品种价格变动的指数价格，更便于计算波动率指标。日度指数期货合约价格数据是公开数据，该数据来自 TradeBlazer①、Tushare②、Tinysoft③ 数据库。除了期货价格，还考虑了期货每日的成交量等历史数据。

3.1.2 现货及基本面数据

该模型需要使用到玉米基本面数据（玉米现货价格、港口库存），这些数据通常由一些专业的机构通过采集和收集获得，该部分数据来自天下粮仓（cofeed）④。

如附图 1 所示，玉米指数期货的价格在 2011—2015 年比较稳定，在 2015—2016 年有明显的下降趋势，价格变化幅度较大，而在随后的 4 年内玉米期货价格持续稳定上升，波动率幅度逐渐变小。从 2020 年开始，玉米指数期货价格迅速升高，期货价格波动率也呈现了明显的上升趋势。玉米指数期货收益率变化图及波动率图反映出了波动率聚集的特点。

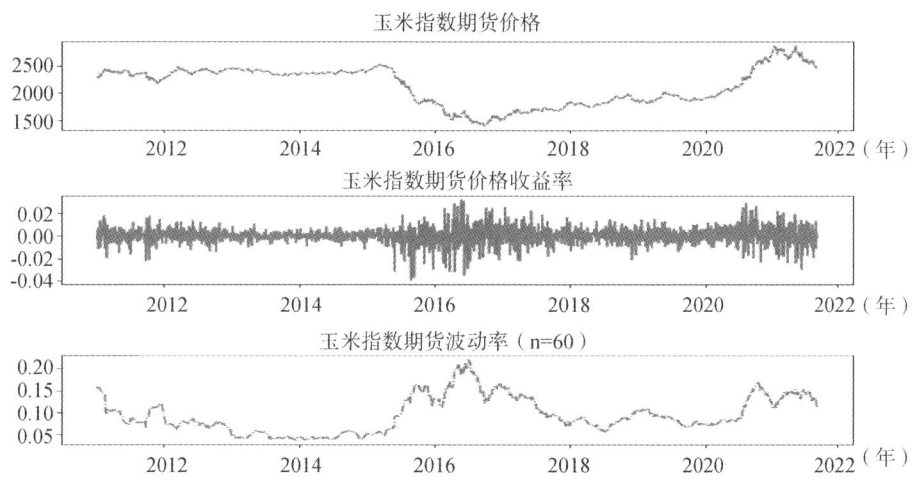

附图 1　玉米指数期货价格、收益率及波动率

附表 2 对玉米指数期货价格、收益率及波动率序列数据进行了描述性统计。玉米指数期货的对数收益率均值为 0.0028%，接近于零。根据峰度和偏度可知，玉米

---

① http：//www.tradeblazer.net/，期货市场交易平台。
② http：//tushare.org/，开源 python 财经数据接口包。
③ http：//www.tinysoft.com.cn/，深圳天软科技。
④ https：//www.cofeed.com/，粮油、饲料行业大型专业化网站。

指数期货收益率具有尖峰厚尾和左偏的分布特征。玉米期货波动率均值为9.42%，最大值为21.96%，最小值为3.64%，中位数为8.3%。

附表2　　　　　　　　　　　　变量的描述性统计

序列	样本量	均值	标准差	最小值	中位数	最大值	峰度	偏度
玉米指数期货价格	2602	2126.95	346.62	1393.07	2264.23	2781.67	-1.12	-0.22
玉米指数期货收益率	2602	0.0028%	0.65%	-3.94%	0.005%	3.20%	4.50	-0.34
玉米指数期货波动率	2602	9.42%	4.08%	3.64%	8.29%	21.96%	-0.32	0.65

由于数据采集频率不一致，数据集中含有日度（如期货交易量）、周度（如现货价格、港口库存）、月度（如深加工消耗量）、年度（如玉米产量）等指标。为了充分利用不同采集频率的数据，本文采用了向后填充的方式对数据中的缺失值进行了填充，如周一现货价格为2200元/吨，那么本周一到周日的现货价格均为2200元/吨，直到下周一采集到新的数据，现货价格才会发生变动，否则现货价格将与最近采集到的现货价格保持一致。此外，考虑到日度数据样本之间的相关性较强，容易有噪声数据和过拟合的可能，本文将日度数据转化为周度数据，即提取出每周五的数据并用于后续的特征选择、模型训练及评估，最终得到2011年1月到2021年3月总计559条周度玉米期货价格数据。

考虑到数据的可得性，本文选取了五大类数据共20个相关指标作为实际波动率的影响因素。具体如附表2所示。本文选取了MTM、RSI、OBV、ATR等波动相关的金融技术指标，动量指标（Momentum Index，MTM）则是衡量价格趋势变化的速度。一般，价格上升，动量值也会随之上升。MTM大体上可反映出价格变化的速度。相对强弱指标（RSI）是通过测量某一个期间内价格上涨总幅度占价格变化总幅度平均值的百分比，评估多空力量的强弱程度，计算周期分别为6、12、24。能量潮指标（OBV），也叫作成交量净额指标，逐日累积每日总成交量。若当天收盘价高于前一日，总成交量为正值；反之为负值。它是从价格变动和成交量增减的关系上推测市场情绪的一种技术指标。平均真实波动范围指标（ATR），可以反映市场投资和风险偏好，衡量市场波动的强烈度，是通过一段时间内的最高价和最低价的差值计算出来的，计算周期分别为10、20、40、60。

附表3　　　　　　　　　　期货实际波动率的影响因子选择

类别	影响因子
历史波动率类	10日收盘价波动率、20日收盘价波动率、40日收盘价波动率、60日收盘价波动率、250日收盘价波动率
期货市场数据	20日平均成交量、40日平均成交量、60日平均成交量、20日成交量标准差
波动相关技术指标	MTM、RSI、OBV、ATR

续表

类别	影响因子
现货价格、存库	过去1月现货平均价格、过去2个月现货平均价格、过去3个月现货平均价格、港口现货库存、过去3个月现货价格波动率、过去3个月港口现货库存波动率
其他	月份、产量

为了减少学习算法的运行时间，增强模型的可解释性，本文从21个影响因子中筛选特征子集用于模型的训练和测试，主要基于相关性和解释能力两个方面进行筛选。首先保留所有特征解释能力较强的特征，在几乎不损失模型的可解释性的同时加快模型的运算速度；其次本文考虑了变量之间的相关性，尝试从相关性强的一组特征中筛选出预测能力最强的特征，构成特征子集。

3.2 长期趋势预测模型结果

玉米指数期货2014—2019年的波动率均值为10%，未来波动率处于高位（大于均值）的样本数量为367条，处于低位的样本的数量为192条。为了验证模型的有效性和泛化能力，本文进行了交叉验证，将数据集分成5份，不重复地每次取其中一次做测试集，用其他4份做训练集训练模型，之后计算该模型在测试集上的预测效果并取平均值，考虑到该数据集具有时间序列特性，直接五折交叉验证会带来一定的时序特征交叉的问题，容易过拟合，本文设置了测试集前后间隔的周期数（n=60天，即3个月），去掉了训练集和测试集样本之间特征可能重叠的部分。

附表4　　　　　　　　模型预测效果（五折交叉验证）

测试集	AUC	准确率	精确率	召回率	F1
Fold 1	0.64	0.63	0.51	0.64	0.57
Fold 2	—	0.88	0.00	0.00	—
Fold 3	0.85	0.79	1.00	0.70	0.82
Fold 4	0.86	0.88	0.86	0.79	0.83
Fold 5	0.85	0.86	0.77	0.79	0.78
平均值	0.80	0.81	0.63	0.59	0.75

如附表4所示，长期趋势预测模型在5个测试集上的预测准确率平均值达到了81%，平均来说，召回率和精确率分别为59%和63%，F1值也到了75%，说明XGBoost模型预测玉米指数期货波动率水平上准确率较高，且泛化能力较强。

XGBoost作为一种提升树模型，其分类器为CART回归树，具有良好的可解释性。在模型训练的过程中，我们可以直观地看到每个特征指标对模型训练的重要性。变量重要性能够较为准确地衡量特征的贡献，一般来说，分数越高，该特征就越重要。长期趋势预测模型的特征重要性柱状图（平均值）如附表5所示。

附表 5　　　　　　　　　　特征重要性（平均值）

特征	重要性得分
ATR（n = 20）	0.5216
月份	0.1157
250 日期货历史波动率	0.0863
现货库存	0.0666
过去 2 个月期货平均成交量	0.0600
过去 3 个月现货库存波动率	0.0578
过去 1 个月期货成交量波动率	0.0559
RSI	0.0363

按照特征重要性进行排序，其中，ATR（n = 20）、月份、250 日期货历史波动率、现货库存、过去 2 个月期货平均成交量的重要性得分最高，特征的累积重要性达到了 80% 以上，由此可见，这些特征的影响程度最高，在分析波动率的长期趋势的时候应该重点关注。其中，ATR 指标重要性最大，市场的波动程度显示出市场的活跃度和投资者的风险偏好，反映了投资者对于未来波动率趋势的预期和态度；玉米现货的库存、月份对于期货波动率的长期趋势也有一定的影响，玉米现货库存的变动等信息可能会影响市场对未来波动率趋势的判断。此外，过去 2 个月期货平均成交量、过去 1 个月期货成交量波动率对波动率的变动也有较大的影响，在以往的研究中也发现，期货市场中收益波动率和成交量之间存在正向关系。

3.3　短期变化模型预测结果

按照波动率变化幅度进行划分，在有效的实验样本中安全类样本数量为 400 条，风险类样本数量为 159，两者比例大概为 2.5∶1。同长期趋势预测模型的五折交叉验证处理一样，短期变化预测模型同样划分了 5 个训练集和测试集，模型在 5 个测试集上的表现如附表 6 所示。

附表 6　　　　　　　　　模型预测效果（五折交叉验证）

测试集	AUC	准确率	精确率	召回率	F1
Fold 1	0.67	0.66	0.58	0.73	0.65
Fold 2	0.55	0.60	0.07	0.50	0.12
Fold 3	0.61	0.59	0.81	0.29	0.43
Fold 4	0.55	0.84	1.00	0.10	0.18
Fold 5	0.71	0.85	0.80	0.46	0.59
平均值	0.62	0.71	0.65	0.42	0.39

短期变化模型在 5 个测试集上预测准确率平均值达到了 71%。此外，平均来说 AUC 为 62%，召回率和精确率分别为 42% 和 65%，F1 值为 39%，说明短期变化模

型具有较强的预测能力,对玉米指数期货波动率变化趋势预测的精度较高。从F1值来看,模型难以同时提升精确率和召回率,比如说,在第三个测试集上,模型的精确率达到了81%,在所有预测为危险类的样本中有81%预测正确,模型的召回率较低,仅为29%,即在所有标签为"危险类"的样本中,短期变化模型预测正确的仅占29%。

在短期变化趋势预测模型中,影响因子的特征重要性得分(平均值)如附表7所示。

附表7　　特征重要性(平均值)

特征	重要性得分
ATR（n=20）	0.3372
过去3个月现货平均价格	0.1979
期货当前收盘价	0.1819
过去1个月期货交易量波动率	0.1107
OBV	0.0964
RSI	0.0758

按照特征重要性进行排序,其中,ATR、过去3个月现货平均价格、期货当前收盘价、过去1个月期货交易量波动率重要性得分最高,排名靠前,说明这些特征对于波动率短期变动的影响较大。其中,ATR（n=20）的重要性仍然是最大,说明平均真实波动范围对于波动率长期趋势和短期变动都具有较大影响。此外,过去3个月现货平均价格对波动率的变动也有较大的影响,期货价格反映了市场对未来现货价格的预期,现货价格的变动会影响未来的期货价格,进而影响期货价格未来的波动率;期货当前收盘价对于波动率的变动也存在重要影响,而以往研究也表明金融资产波动率具有杠杆效应,当价格上升,未来的波动率将会下降,市场趋于动荡;反之,价格波动率将下降,市场趋于平稳。同长期趋势模型一样,期货交易量波动率对波动率的短期变动也有一定的影响。

3.4　波动率估计结果

根据上文提到的未来波动率预测方法,本部分对未来波动率(两个月后)的数值进行了估计。以2019年1月1日之前的数据作为训练集、2019年4月1日后的数据作为测试集,测试模型在样本外的测试集上的预测效果如附图2所示。其中,基于本文提出的预测方式所得到的未来波动率预测值与实际值较为接近,比较符合波动率的变化趋势,在波动率变化幅度不大时,使用历史波动率作为未来波动率的估计,与未来实际波动率之间的误差较小,而在波动率发生较大变化时,根据短期趋势模型的预测结果加上(减去)了一个偏差项 max(0.02,1.96 倍波动率标准差),也能够很好地跟踪波动率变化的趋势,尤其是在波动率明显上升的时候。样本外,预测波动率与真实波动率差值最大的为 5%,最小的为 0.1%,差值平均值为 1.25%。

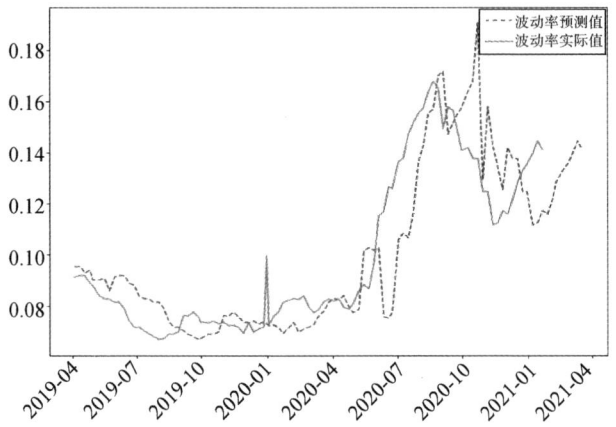

附图 2　实际波动率与预测值

本文还选取了经典的 GARCH 模型预测未来波动率,并与上文中的模型结果进行对比。为了使 GARCH 模型具有更好的预测能力,在估计方式时采用滚动估计的方式,即以一年的收益率数据(252 天)建立 GARCH 模型,预测未来 2 个月的波动率数值。当 GARCH 模型的预测期限越长,预测的结果就会越差。本文使用了玉米指数期货收益率的日度数据建立了 GARCH(1,1)模型,滚动估计的预测结果如附图 3 所示。从结果可以发现,GARCH 模型对于长期的波动率预测效果较差,尤其是在波动率大幅上升的时候,GARCH 预测值偏低且差距较大,难以满足风险管理、估值定价等任务的要求。

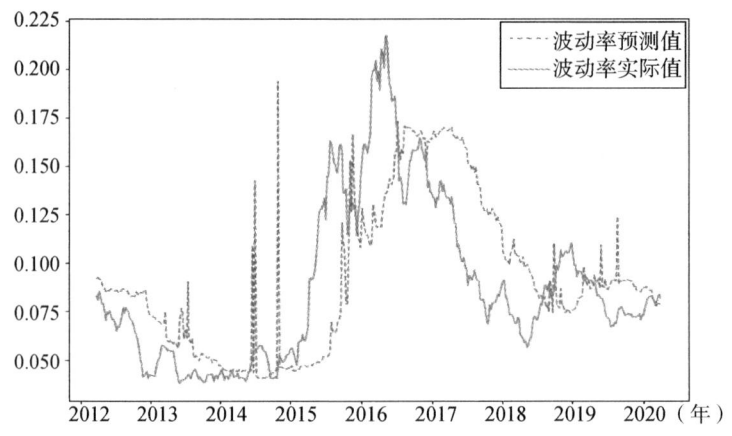

附图 3　GARCH(1,1)预测结果

对比 GARCH 模型和本文提出的波动率估计方法,可以发现基于本文所提出的方式得到的波动率预测值更接近于真实值,对于长期波动率预测效果更好,与波动率的变化趋势基本一致。

4. 结语

本文基于 2011 年 1 月 1 日至 2021 年 3 月 1 日的玉米指数期货周度数据建立了波动率预测模型,使用了 XGBoost 学习算法进行训练,对波动率的长期趋势和短期变化进行了预测和分析,并提出了未来波动率的估计方式,最后与 GARCH 模型的预测表现进行了对比。研究发现:

根据模型的预测效果分析可知:

(1) 基于 XGBoost 机器学习算法的波动率长期趋势模型和短期变化预测精度较高,对未来的预测能力较强。

(2) 市场的波动程度(ATR)、期货的成交量对长期趋势和短期变动都具有较大的影响,同时,玉米现货市场的库存、价格等信息也会产生一定的影响,能够提高模型的预测效果。

(3) 对比 GARCH 和本文中提出的波动率估计方式,后者的预测误差更小,对长期的波动率(未来 2 个月)趋势和变动的预测能力更强。

参考文献

[1] POON S-H, GRANGER C W. Forecasting volatility in financial markets: A review [J]. Journal of economic literature, 2003, 41 (2): 478-539.

[2] PRADEEPKUMAR D, RAVI V. Forecasting financial time series volatility using particle swarm optimization trained quantile regression neural network [J]. Applied Soft Computing, 2017, 58: 35-52.

[3] FAMA E F. The behavior of stock-market prices [J]. The journal of Business, 1965, 38 (1): 34-105.

[4] SRIDHARAN S A. Volatility forecasting using financial statement information [J]. The Accounting Review, 2015, 90 (5): 2079-2106.

[5] NOH J, ENGLE R F, KANE A. Forecasting volatility and option prices of the S&P 500 index [J]. The Journal of Derivatives, 1994, 2 (1): 17-30.

[6] AGNOLUCCI P. Volatility in crude oil futures: A comparison of the predictive ability of GARCH and implied volatility models [J]. Energy Economics, 2009, 31 (2): 316-321.

[7] CHANG J-R, WEI L-Y, CHENG C-H. A hybrid ANFIS model based on AR and volatility for TAIEX forecasting [J]. Applied Soft Computing, 2011, 11 (1): 1388-1395.

[8] BARUNIK J, KREHLIK T, VACHA L. Modeling and forecasting exchange rate volatility in time-frequency domain [J]. European Journal of Operational Research, 2016, 251 (1): 329-340.

[9] CORSI F. A simple approximate long-memory model of realized volatility [J]. Journal of Financial Econometrics, 2009, 7 (2): 174-196.

[10] ANDERSEN T G, BOLLERSLEV T, DIEBOLD F X. Roughing it up: Including jump components in the measurement, modeling, and forecasting of return volatility [J]. The review of economics and statistics, 2007, 89 (4): 701-720.

[11] 赵华. 中国股市的跳跃性与杠杆效应——基于已实现极差方差的研究 [J]. 金融研究, 2012, (11): 179-192.

[12] 文风华, 刘晓群, 唐海如, 等. 基于LHAR-RV-V模型的中国股市波动性研究 [J]. 管理科学学报, 2012, 15 (6): 59-67.

[13] CORSI F, RENò R. Discrete-time volatility forecasting with persistent leverage effect and the link with continuous-time volatility modeling [J]. Journal of Business & Economic Statistics, 2012, 30 (3): 368-380.

[14] 贺志芳, 杨鑫, 龚旭, 等. 股指期货市场波动率的预测研究 [J]. 系统科学与数学, 2016, 36 (8): 1160-1174.

[15] 刘晓倩, 王健, 吴广. 基于高频数据HAR-CVX模型的沪深300指数的预测研究 [J]. 中国管理科学, 2017, 25 (6): 1-10.

[16] 张同辉, 苑莹, 曾文. 投资者关注能提高市场波动率预测精度吗?——基于中国股票市场高频数据的实证研究 [J]. 中国管理科学, 2020, v.28; No.193 (11): 195-208.

[17] 陈卫华, 徐国祥. 基于深度学习和股票论坛数据的股市波动率预测精度研究 [J]. 管理世界, 2018, 34 (1): 180-181.

[18] LIU Y. Novel volatility forecasting using deep learning-long short term memory recurrent neural networks [J]. Expert Systems with Applications, 2019, 132: 99-109.

[19] XING F Z, CAMBRIA E, ZHANG Y. Sentiment-aware volatility forecasting [J]. Knowledge-Based Systems, 2019, 176: 68-76.

[20] KRISTJANPOLLER W, MINUTOLO M C. A hybrid volatility forecasting framework integrating GARCH, artificial neural network, technical analysis and principal components analysis [J]. Expert Systems with Applications, 2018, 109: 1-11.

[21] LU X, QUE D, CAO G. Volatility forecast based on the hybrid artificial neural network and GARCH – type models [J]. Procedia Computer Science, 2016, 91: 1044 – 1049.

[22] KIM H Y, WON C H. Forecasting the volatility of stock price index: A hybrid model integrating LSTM with multiple GARCH – type models [J]. Expert Systems with Applications, 2018, 103: 25 – 37.

书单
FUTURES

一、系列

序号	系列
（一）	期货投资者教育系列丛书
（二）	金融衍生品系列丛书
（三）	中国期货业发展创新与风险管理研究
（四）	中国期货市场年鉴
（五）	"讲故事 学期货"金融国民教育丛书
（六）	全国期货从业人员资格考试参考用书
（七）	服务实体经济系列
（八）	期货投资者保护丛书
……	……

二、明细

（一）期货投资者教育系列丛书

序号	书名	书号
1	铜期货	978-7-5223-0293-5
2	精对苯二甲酸（PTA）期货	978-7-5223-1405-1
3	玉米	978-7-5095-3193-8
4	铝	978-7-5095-3181-5
5	小麦	978-7-5095-3183-9
6	锌	978-7-5095-3190-7
7	线型低密度聚乙烯（LLDPE）	978-7-5095-3184-6

续表

序号	书名	书号
8	早籼稻	978-7-5095-3076-4
9	棉花	978-7-5095-3033-7
10	燃料油	978-7-5095-3034-4
11	菜籽油	978-7-5095-2025-3
12	聚氯乙烯	978-7-5095-2592-0
13	棕榈油	978-7-5095-2589-0
14	黄金	978-7-5095-2532-6
15	白糖期货	978-7-5095-8814-7
16	豆类期货	978-7-5095-8815-4
17	焦炭	978-7-5095-4080-0
18	甲醇	978-7-5095-4093-0
19	铅	978-7-5095-4086-2
20	鸡蛋期货	978-7-5095-5803-4
21	铁矿石期货	978-7-5095-5809-6
22	纤维板、胶合板期货	978-7-5095-5810-2
23	石油沥青期货	978-7-5095-5816-4
24	菜籽系期货	978-7-5095-5743-3
25	白银期货	978-7-5095-5955-0
26	玻璃期货	978-7-5095-5697-9
27	动力煤期货	978-7-5095-5802-7
28	稻谷期货	978-7-5095-5826-3
29	原油期货	978-7-5095-7708-0
30	苹果期货	978-7-5223-0455-7
31	花生期货	978-7-5223-0967-5
32	生猪期货	978-7-5223-0851-7
33	天然橡胶期货	978-7-5223-1184-5
34	钢材期货	978-7-5223-1175-3
35	甲醇期货	978-7-5223-1295-8
36	纸浆期货	978-7-5223-1277-4
……	……	……

（二）金融衍生品系列丛书

序号	书名	书号
1	股指期货（第二版）	978-7-5095-9432-2
2	场外衍生品（第二版）	978-7-5095-9596-1
3	国债期货（第二版）	978-7-5095-9601-2
4	金融期权（第二版）	978-7-5095-9598-5
5	外汇期货（第二版）	978-7-5095-9597-8
6	结构化产品（第二版）	978-7-5095-9600-5
7	金融衍生品习题集（第二版）	978-7-5095-9599-2

（三）中国期货业发展创新与风险管理研究

序号	书名	书号
1	中国期货业发展创新与风险管理研究（8）	978-7-5095-6907-8
2	中国期货业发展创新与风险管理研究（9）	978-7-5095-7523-9
3	中国期货业发展创新与风险管理研究（10）	978-7-5095-8144-5
4	中国期货业发展创新与风险管理研究（11）	978-7-5223-0213-3
5	中国期货业发展创新与风险管理研究（12）	978-7-5223-1483-9
……	……	……

（四）中国期货市场年鉴

序号	书名	书号
1	中国期货市场年鉴（2015年）	978-7-5095-6924-5
2	中国期货市场年鉴（2016年）	978-7-5095-7503-1
3	中国期货市场年鉴（2017年）	978-7-5095-8331-9
4	中国期货市场年鉴（2018年）	978-7-5095-9079-9
5	中国期货市场年鉴（2019年）	978-7-5095-9869-6
6	中国期货市场年鉴（2020年）	978-7-5223-0640-7
7	中国期货市场年鉴（2021年）	978-7-5223-1500-3
……	……	……

（五）"讲故事 学期货"金融国民教育丛书

序号	书名	书号
1	走进期货	978-7-5095-7095-1
2	如何进行期货交易	978-7-5095-7092-0
3	期货的套保和套利	978-7-5095-7093-7

续表

序号	书名	书号
4	期货交易中的"规矩"	978-7-5095-4355-9
5	金属期货	978-7-5095-7087-6
6	农产品期货	978-7-5095-7104-0
7	能化期货	978-7-5095-7088-3
8	金融期货	978-7-5095-7094-4
9	期权	978-7-5095-7217-7
10	场外衍生品	978-7-5095-7091-3

（六）全国期货从业人员资格考试参考用书

序号	书名	书号
1	期货及衍生品基础（第三版）	978-7-5223-1005-3
2	期货法律法规与职业道德	978-7-5223-0997-2
3	期货及衍生品分析与应用（第四版）	978-7-5223-0998-9

（七）服务实体经济系列

序号	书名	书号
1	期货行业主力复工复产案例集	978-7-5223-0168-6
2	期货服务实体经济案例集	978-7-5095-8029-5
……	……	……

（八）期货投资者保护丛书

序号	书名	书号
1	期海导航——期货投资常识与基础知识	978-7-5223-1045-9
2	期海护航——期货交易者合法权益保护	978-7-5223-1531-7

咨询电话：010-88190912

咨询邮箱：jiayanping@cfemg.cn